lonely planet

Polen

Neil Wilson, Tom Parkinson, Richard Watkins

Inhalt

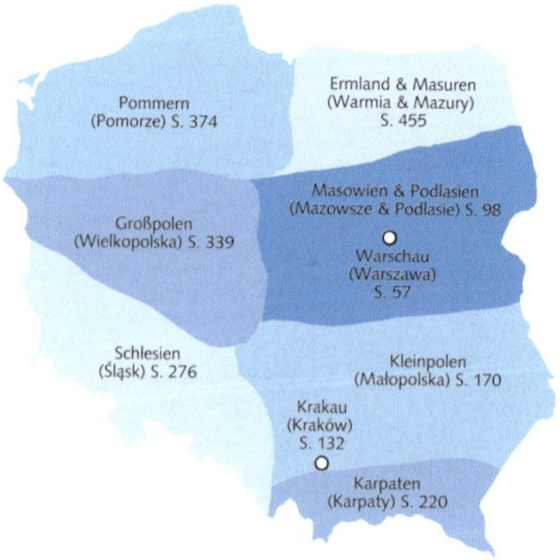

Die Reiseführer von Lonely Planet stehen für unabhängige Reiseinformationen. Lonely Planet verzichtet auf Anzeigen in den Reiseführern und nimmt keinerlei Einträge gegen Bezahlung auf. Lonely-Planet-Autoren nehmen keine Vergünstigungen oder Zahlungen für positive Bewertungen an.

Opinie i komentarze w przewodnikach Lonely Planet są bezstronne. Lonely Planet nie przyjmuje do swoich książek żadnych reklam ani innych gratyfikacji, w zamian za informacje o firmach lub usługach. Autorzy nie akceptują zniżek ani wynagrodzeń w zamian za pozytywne komentarze.

Reiseziel Polen

Geschichte ist in Polen allgegenwärtig – sie liegt praktisch am Straßenrand. Das moderne Polen hat die grauen und lausigen Zeiten des Kommunismus hinter sich gelassen und gibt sich heute als selbstbewusstes, unabhängiges Mitglied des neuen Europa. Trotzdem: Selten ist in einem Land Vergangenes so lebendig und nah wie in Polen.

Auf der einen Seite gibt es Krakau mit seinem mittelalterlichen Marktplatz oder die Hochhäuser und Gourmetrestaurants von Warschau, auf der anderen Seite zeigt sich nur wenige Autostunden entfernt eine ländliche Idylle mit Holzhäusern und Äckern, blumengeschmückten Wegkreuzen und Störchen, die auf Telefonmasten nisten. Hier pflügen die Menschen ihre Felder noch mit Pferden, mähen und stapeln das Heu noch von Hand. Sonntags gehen die Familien in ihren besten Kleidern zum Gottesdienst in eine kleine Holzkirche aus dem 16. Jh.

Die Natur ist in Polen genauso abwechslungsreich wie die tausendjährige Geschichte. Wer sich die Zeit nimmt, um abseits der ausgetretenen Pfade das Land kennen zu lernen, findet herrliche Naturschauspiele und Landschaften: Im Slowinzischen Nationalpark kreisen Seeadler über den Wanderdünen; ein sommerlicher Sonnenuntergang vergoldet die schneebedeckten Bergspitzen der Tatra; ein Kanute zieht im Frühnebel einsam seine Bahnen auf einem der Masurischen Seen; im Urwald von Białowieża schnauft ein stämmiger Wisent Atemwölkchen in die kalte Dezemberluft.

KRZYSZTOF DYDYNSKI

SLOWINZISCHER NATIONALPARK (S. 432)
Schönster und untypischster Abschnitt der polnischen Ostseeküste
DANZIG (S. 377)
Reiche alte Hansestadt mit Charme und Charakter
TORUŃ (S. 412)
Gotische Stadt mit mächtigen Kirchen und Geburtsort von Nikolaus Kopernikus
AUSCHWITZ (S. 323)
Größtes Vernichtungslager der Nazis, heute eine Gedenkstätte
OSTSEE
Zatoka Gdańska
Zatoka Pomorska
Zalew Szczeciński
Odra
DEUTSCHLAND
TSCHECHISCHE REPUBLIK
BERLIN
COTTBUS
DRESDEN
PRAG
HRADEC KRÁLOVÉ
OLOMOUC
OSTRAVA
Łeba
Puck
Wejherowo
GDYNIA
SOPOT
GDAŃSK
Ustka
Lębork
Darłowo
SŁUPSK
Sławno
Kartuzy
KOŁOBRZEG
KOSZALIN
Bytów
Kościerzyna
Tczew
Malbork
Białogard
Miastko
Starogard Gdański
Świnoujście
Gryfice
Połczyn Zdrój
Szczecinek
Chojnice
Kwidzyn
Goleniów
Tuchola
Grudziądz
Złocieniec
Czaplinek
Świecie
SZCZECIN
Stargard Szczecin
Złotów
Chełmno
Wałcz
PIŁA
BYDGOSZCZ
TORUŃ
Choszczno
Chodzież
Strzelce Kraj
Myślibórz
Żnin
Inowrocław
GORZÓW WLKP
Wronki
Oborniki
Strzelno
Kostrzyn
Skwierzyna
Szamotuły
Gniezno
POZNAŃ
Września
Świebodzin
Środa
KONIN
Koło
Śrem
Jarocin
Turek
Gubin
ZIELONA GÓRA
LESZNO
Gostyń
KALISZ
Lubsko
Nowa Sól
Krotoszyn
Żary
Żagań
Głogów
Rawicz
Ostrów Wlkp
SIERADZ
Lubin
Brzeg Dln
Trzebnica
Kępno
Wieluń
Zgorzelec
Bolesławiec
Lubań
LEGNICA
Oleśnica
WROCŁAW
Namysłów
Jawor
Strzegom
Kluczbork
Bogatynia
JELENIA GÓRA
Oława
Świdnica
Brzeg
Strzelin
WAŁBRZYCH
Dzierżoniów
OPOLE
Lubliniec
Ząbkowice Śl
Strzelce Opole
Nysa
Kłodzko
Paczków
Prudnik
Kędzierzyn
Głuchołazy
GLIWICE
Głubczyce
Racibórz
Rybnik
Jastrzębie
Cieszyn
HÖHE ÜBER NN
1500 m
1200 m
900 m
600 m
300 m
150 m
0
0
60 km

Wilna
(Vilnius)
RUSSLAND
(REGION KALININGRAD)
KÖNIGSBERG
(POLN. KRÓLEWIEC;
RUSS. KALININGRAD)
LITAUEN
MALBORG
(MARIENBURG) (S. 423)
Größte und schönste
Burganlage Polens
DIE GROSSEN
MASURISCHEN SEEN (S. 469)
Traumhafte Wald- und Seenlandschaft,
ein Paradies für Segler und Kanuten
Zalew Wiślany
Braniewo
Bartoszyce
ELBLĄG
Lidzbark Warm
Kętrzyn
Giżycko
Olecko
SUWAŁKI
Lida
Augustów
Mrągowo
Ełk
GRODNO
Grajewo
Ostróda
OLSZTYN
Iława
Szczytno
BIAŁOWIEŻA-
NATIONALPARK (S. 127)
Europas größter Tieflandurwald –
unberührte Natur
Nidzica
BIAŁYSTOK
Łomża
WEISSRUSSLAND
Brodnica
Mława
OSTROŁĘKA
Zambrów
Łapy
Golub-Dobrzyń
Hajnówka
Minsk
CIECHANÓW
Ostrów Maz
Bielsk Podl
Białowieża
Sierpc
Narew
Bug
Płońsk
Wyszków
WŁOCŁAWEK
Nasielsk
PŁOCK
Sokołów Podl
Nowy Dwór Maz
Wyszogród
BREST
(BRZEŚĆ)
Gostynin
WARSZAWA
SIEDLCE
Kutno
Sochaczew
Pruszków
Otwock
Mińsk Maz
Biała Podlaska
Łowicz
Żyrardów
Międzyrzec Podl
Góra Kalwaria
Łuków
SKIERNIEWICE
Grójec
Zgierz
ŁÓDŹ
Włodawa
Pabianice
Dęblin
Tomaszów Maz
Puławy
Luzk
Zduńska Wola
RADOM
PIOTRKÓW
TRYB
Opoczno
LUBLIN
CHEŁM
Bełchatów
Skarżysko Kam
Starachowice
Krasnystaw
Vistula
Radomsko
Ostrowiec Św
Kraśnik
Hrubieszów
UKRAINE
KIELCE
Kłobuck
ZAMOŚĆ
CZĘSTOCHOWA
Sandomierz
Stalowa Wola
Biłgoraj
Tomaszów Lub
Tarnobrzeg
Jędrzejów
San
Zawiercie
Mielec
ZAMOŚĆ (S. 212)
Kleinod der Renaissancearchitektur;
über 100 Baudenkmäler der
Weltkulturerbeliste liegen innerhalb
der Stadtmauern
BYTOM
KATOWICE
Olkusz
Chorzów
Chrzanów
Jarosław
KRAKÓW
Dębica
RZESZÓW
TARNÓW
Oświęcim
Bochnia
PRZEMYŚL
Pszczyna
BIELSKO-BIAŁA
Myślenice
Jasło
KROSNO
Sanok
Żywiec
Gorlice
NOWY SĄCZ
TATRA (S. 268)
Phantastische alpine Bergkette,
ein Traum für Wanderer
und Naturfreunde
KRAKAU (S. 132)
Polens wichtigste
historische Stadt und über
500 Jahre lang Königssitz
Nowy Targ
Krynica
Rysy
(2499m)
Zakopane
SLOWAKISCHE
REPUBLIK

Polens Top-Sehenswürdigkeiten sind vielfältig: mächtige mittelalterliche Burgen des Deutschen Ordens, kleine Holzkirchen an den Hängen der Karpaten, Wanderdünen an der Ostsee, schroffe Berggipfel in der Tatra, alte Städtchen und einzigartige Naturschönheiten in den Nationalparks – hier ist eine Auswahl dieser Highlights:

KRZYSZTOF DYDYŃSKI

Idyllische Gartenlandschaft im Łazienki-Park (S. 77) in Warschau

KRZYSZTOF DYDYŃSKI

Romantische Spielerei aus dem 18. Jh. in Arkadia (S. 109)

Originalgetreu rekonstruierte mittelalterliche Gebäude in der Warschauer Altstadt (S. 65)

KRZYSZTOF DYDYŃS

KRZYSZTOF DYDYŃSKI

Zamość (S. 212), die einzigartige Renaissancestadt

KRZYSZTOF DYDYŃSKI

Das Königsschloss auf dem Wawel in Krakau, ein Schmuckstück der reichen Geschichte Polens (S. 139)

Jahrhundertealte Tradition: die farbenprächtige Fronleichnamsprozession (S. 108) in Łowicz

KRZYSZTOF DYDYŃSKI

Das Wallfahrtszentrum Kalwaria Zebrzydowska ist Ostern Schauplatz der Passionsspiele (S. 223)

KRZYSZTOF DYDYŃSKI

KRZYSZTOF DYDYNS

Badespaß und Sonne an den Sandstränden von Świnoujście (Swinemünde; S. 444)

KRZYSZTOF DYDYŃSKI

Mittelalterliche Gassen und Häuser in der Altstadt von Toruń (Thorn; S. 412)

Die Wanderdünen im Slowinzischen Nationalpark (S. 432)

KRZYSZTOF DYDYŃSKI

Die Schädelkapelle von Czermna (S. 309) bei Bad Kudowa-Zdrój (Kudowa)

KRZYSZTOF DYDYŃSK

Bevor es losgeht

Polen ist ein bequemes Reiseland für schlecht organisierte oder Last-Minute-Reisende. Eine große Reisevorbereitung ist nicht nötig. Fehlt etwas im Gepäck, bieten die gut sortierten Läden vor Ort alles, was man braucht. Insbesondere in den Touristenzentren sprechen die Polen sehr häufig Englisch, manchmal auch Deutsch.

REISEZEIT

Die Hauptreisewelle schwappt von Mai bis September über das Land. Der Höhepunkt liegt im Juli und August während der Schul- und Semesterferien, wenn auch die meisten Polen ihren Jahresurlaub nehmen. Die Ostseestrände sind dann voller Urlauber, die Ferienanlagen und Seebäder überfüllt. Hunderte Boote segeln auf den Masurischen Seen und die Berge sind vor Wanderern kaum noch zu sehen.

In dieser Zeit sind die öffentlichen Verkehrsmittel voller als sonst oder sogar bis auf den letzten Platz ausgebucht. Die wenigen noch verfügbaren Unterkünfte sind meist um einiges teurer. Aber zum Glück fangen dies viele Schulen, die in den Ferienmonaten leer stehen, auf und dienen dann als Jugendherbergen. Das Gleiche gilt für die Schlafsäle der Universitäten in den größeren Städten. So ist der Bedarf an preiswerten Unterkünften größtenteils gedeckt. Die meisten Theater bleiben im Juli und August geschlossen.

Genauere Infos s. Klimatabellen S. 499.

Ruhiger ist es in der Nebensaison von Mitte Mai bis Juni und zwischen September und Mitte Oktober. Der große Run ist dann noch nicht ausgebrochen bzw. schon wieder abgeebbt. Das Wetter ist zu dieser Zeit angenehm warm – perfekt für Sightseeing oder Aktivitäten wie Wandern, Reiten, Rad- oder Kanufahren. Viele Kulturereignisse fallen auch in diese Monate.

Der Rest des Jahres – kälter und dunkler – ist vielleicht nicht für jeden attraktiv. Aber wer neugierig auf die polnischen Städte ist oder Kultur tanken möchte, kommt auch zu dieser Jahreszeit auf seine Kosten. Abgesehen vom Skifahren treten Aktivitäten unter freiem Himmel verständlicherweise in den Hintergrund. Auch sind die meisten Campingplätze und Jugendherbergen in den Wintermonaten geschlossen.

Die Skisaison in Polen geht von Dezember bis März. Die Berge des Landes sind spektakulär, nur die Infrastruktur (Hotels und Ferienhütten, Lifte, Seilbahnen, Nahverkehr usw.) ist noch nicht gut entwickelt. Zakopane (S. 270), Polens Winterhauptstadt, und die benachbarte Tatra gehören zu den besten Skigebieten des Landes.

AN ALLES GEDACHT?

- Unterlagen zur Reiseversicherung (S. 507, 512 und 520)
- Fernglas für Vogel- (und Wisent-) Beobachtung (S. 47)
- Robuste Wanderschuhe (S. 492)
- Medikament gegen Kater
- Insektenspray (S. 521)

PREISE

Polen ist zwar nicht mehr so billig, wie es einmal war, aber immer noch verhältnismäßig preiswert. Wie preiswert tatsächlich, hängt vom gewünschten Komfort, der Unterkunft, dem Essen, der Reisedauer und den Transportmitteln ab. Die Preise für Mietautos und Luxushotels ähneln denen im Westen. Bei kleinem Budget, aber der Bereitschaft,

TOP TEN

Burgen & Schlösser

Polen besitzt mehr als 100 Burgen und Schlösser, die zu den schönsten in ganz Europa zählen. Dies sind die zehn Besten:

- Malbork (Marienburg) (S. 423)
- Lidzbark Warmiński (Heilsberg) (S. 466)
- Kwidzyn (Marienwerder) (S. 422)
- Wawel (S. 138)
- Pieskowa Skała (S. 174)
- Baranów Sandomierski (S. 189)
- Niedzica (S. 267)
- Książ (Fürstenstein) (S. 296)
- Gołuchów (S. 370)
- Krzyżtopór (S. 190)

Filmklassiker

Hier sind die zehn besten Filme polnischer Regisseure. Sie sind zum größten Teil in synchronisierter Fassung erhältlich oder verfügen zumindest über deutsche Untertitel. Mehr zum Thema polnisches Kino S. 38.

- *Nóż w wodzie* (Das Messer im Wasser; 1962) Regie: Roman Polański
- *Kanał* (Kanal; 1957) Regie: Andrzej Wajda
- *Człowiek z marmaru* (Der Mann aus Marmor; 1976) Regie: Andrzej Wajda
- *Miś* (Der Teddy; 1981) Regie: Stanisław Bareja
- *Przesłuchanie* (Verhör einer Frau; 1982) Regie: Ryszard Bugajski
- *Seksmisja* (Sexmission; 1984) Regie: Juliusz Machulski
- *Dekalog* (Dekalog; 1987) Regie: Krzysztof Kieślowski
- *Trois Couleurs: Bleu (Drei Farben: Blau;* 1993) Regie: Krzysztof Kieślowski
- *Dług* (Schuld; 1999) Regie: Krzysztof Krauze
- *The Pianist* (Der Pianist; 2003) Regie: Roman Polański

Romane

Die folgenden Romane sind Klassiker polnischer Autoren. Mehr Hintergrund zur polnischen Literatur gibt es auf S. 35.

- *Quo Vadis* (1896, dt. 2004) Henryk Sienkiewicz
- *Mit den Augen des Westens* (1911, dt. 1982) Joseph Conrad
- *Asche und Diamant* (1958, dt. 2002) Jerzy Andrzejewski
- *Solaris* (1961, dt. 1972) Stanisław Lem
- *Die kleine Apokalypse* (1979, dt. 1982) Tadeusz Konwicki
- *Weiser Dawidek* (1987, dt. 1992) Pawel Huelle
- *Träume und Steine* (1995, dt. 1998) Magdalena Tulli
- *Ur und andere Zeiten* (1996, dt. 2000) Olga Tokarczuk
- *Die himmelblaue Stunde* (2001, dt. 2003) Katarzyna Grochola

auch einmal Unbequemlichkeiten in Kauf zu nehmen, sind Ausgaben von rund 24 bis 28 € pro Tag realistisch. Dieser Betrag deckt die Kosten für die Unterkunft in günstigen Hostels und Jugendherbergen, Essen in einfachen Restaurants und Sitzplätze in Bus oder Bahn, außerdem das eine oder andere Kulturevent, ein paar Biere und auch mal ein Taxi. Mit Übernachtungen auf Campingplätzen oder in Jugendherbergen und Essen in Bistros oder Selbstbedienungsläden lässt sich das Ganze auf 16 bis 20 € drücken. Natürlich sind die Städte teurer als die ländlichen Regionen, wobei Warschau sicherlich den Spitzenplatz einnimmt.

Der polnische Złoty (abgekürzt Zł oder im Bankenjargon PLN) wird problemlos in beide Richtungen gegen Euros getauscht. Die Zeiten des Devisenschwarzmarkts sind endgültig vorbei.

WAS KOSTET WIE VIEL?

Doppelzimmer im Mittelklassehotel
200 Zł

Kinokarte
16 Zł

1 l Wodka
40 Zł

Straßenbahnticket in Warschau
2,40 Zł

Busreise (100 km)
14 Zł

LONELY PLANET-INDEX

1 l Benzin
3,85 Zł

1,5 l Mineralwasser
2,50 Zł

0,5 l Żywiec-Bier (Kneipe)
6 Zł

Souvenir-T-Shirt
12 Zł

zapiekanki (überbackenes Baguette)
3 Zł

REISELEKTÜRE

Mit etwas Hintergrundwissen macht Reisen in Polen doppelt so viel Spaß. Der Buchhandel bietet unter dem Schlagwort „Polen" ein breites Sortiment an Reiseliteratur, darunter unzählige Bücher über Sprache, Kultur und Geschichte des Landes.

In *Das Haus der Bronskis* begleitet der renommierte Reisebuchautor Philip Marsden die vertriebene Dichterin Zofia Hinska bei ihrer Rückkehr in das Dorf ihrer Kindheit, das heute in Weißrussland liegt. Auf zauberhafte Weise erwacht hier der Alltag des polnischen Landadels zwischen den beiden Weltkriegen wieder zum Leben.

Kulturschock Polen von Izabella Gawin und Dieter Schulze ist ein Muss für jeden deutschen Polenreisenden. Unter dem Motto „Andere Länder, andere Sitten" deckt das Buch die wahre Mentalität des Nachbarlands auf, von dem in Deutschland bisher nur ein diffuses Bild existiert. Die Polen sind alles andere als nur Wodkatrinker, konforme Katholiken und Autodiebe.

Die Zeit der Naziherrschaft thematisiert Hanna Krall in ihrem Buch *Da ist kein Fluss mehr.* Die Publizistin ist 1937 in Warschau geboren und gehört zu den großen zeitgenössischen Erzählerinnen Polens. Einfach und ohne Pathos berichtet sie von Schicksalen des Holocausts.

Andrzej Stasiuk, ein weiterer wichtiger Gegenwartsautor, beschreibt in *Die Welt hinter Dukla* das Leben in einer polnischen Kleinstadt, nicht weit von der slowakischen Grenze. Immer wieder kehrt der Autor in das Provinznest bei den Waldkarpaten zurück und sucht Antworten auf sein Leben.

INFOS IM INTERNET

Polnisches Fremdenverkehrsamt (www.polen-info.de) Beschreibung empfehlenswerter Reiseziele, Unterkünfte und Tipps für Urlauber.

Pilot.pl (www.pilot.pl) Anklickbare, vergrößerungsfähige Landkarten und Stadtpläne (nur auf Polnisch).

Info-polen.com (www.info-polen.com) Allgemeine Informationen zu Land und Leuten.

Poland: What Where When (www.what-where-when.pl) Online-Version des englischsprachigen Touristenmagazins.

Entdecke Osteuropa (www.entdecke-osteuropa.de) Informationen zu Osteuropa.

Tourismusportal für Polen (www.urlaub-polen.de) Vielfältige Reiseinformationen. Reinschauen lohnt sich.

Travel Poland (www.travelpoland.com) Verlässlicher Online-Service für Zimmerbuchungen.

Reiserouten

KLASSISCHE ROUTEN

BEST OF

Zwei Wochen/von Danzig nach Krakau

Die Topattraktionen des Landes bieten einen wunderbaren Mix aus Stadt und Land, Kultur und Natur. Diese Nord-Süd-Route berührt die wichtigsten Highlights Polens.

Start ist in der großartigen alten Hafenstadt **Danzig** (S. 377). Von dort geht es mit Zwischenstopp an der Deutschordensburg **Malbork** (S. 423) nach Osten zu den **Großen Masurischen Seen** (S. 469). Hier sind Aktivitäten auf dem Wasser oder einfach nur Entspannung angesagt.

Von hier ist es nicht mehr allzu weit bis zum **Nationalpark von Białowieża** (S. 127), wo man von der Pferdekutsche aus wild lebende Wisente beobachten kann.

Die nächste Station ist **Warschau** (S. 57). Für die Hauptstadt sollte man mindestens zwei Tage einplanen und weitere zwei für **Krakau** (S. 132), die weiter südlich gelegene „zweite" Hauptstadt Polens. Krakau ist eine gute Basis für zwei Tagesausflüge: einmal in die bizarre unterirdische Welt des **Salzbergwerks Wieliczka** (S. 154) und zweitens zum Konzentrationslager **Auschwitz** (S. 323) im 60 km westlich gelegenen Oświęcim. Zum Abschluss lohnt sich die Fahrt nach Süden in den **Tatra-Nationalpark** (S. 268) für zwei oder drei Tage Wandern in atemberaubender Landschaft.

Diese 1250 km lange Route ist mit dem Auto in zwei Wochen zu bewältigen; per Bus & Bahn braucht man eher drei Wochen. Wenn die Zeit knapp ist, empfiehlt sich die südliche Hälfte ab Warschau, die in einer Woche bis zehn Tage machbar ist.

STÄDTE, KLÖSTER & BURGEN **Vier Wochen/von Danzig nach Breslau**

Diese Route windet sich gemütlich durch das Kernland Polens und führt zu den schönsten historischen Sehenswürdigkeiten – von mittelalterlichen Städten bis zu imposanten Burgen.

Den Anfang macht die Hafenstadt **Danzig** (S. 377), dann geht es Richtung Südosten zur großartigen Deutschordensburg **Malbork** (S. 423). Von hier lohnt der Abstecher zu einer weiteren sehenswerten Burg des Deutschen Ordens in **Lidzbark Warmiński** (S. 466), bevor im Süden der Besuch der mittelalterlichen Stadt **Toruń** (S. 412) ansteht.

Nun biegt die Reiseroute nach Südwesten ab, nach **Gniezno** (S. 360), der Wiege des polnischen Staates; sie führt weiter nach **Poznań** (S. 342) mit seiner hübschen Altstadt. Nach einem Zwischenstopp im Religionszentrum **Łowicz** (S. 108) heißt die nächste Station **Warschau** (S. 57).

Nach ein paar Tagen in der Hauptstadt geht es gen Südosten ins pittoreske **Kazimierz Dolny** (S. 204), nach **Lublin** (S. 193) mit seiner kleinen, hübschen Altstadt und zur meisterhaften Renaissancestadt **Zamość** (S. 212), eine der schönsten historischen Städte Polens. Bevor der Weg in Richtung Westen nach **Krakau** (S. 132) führt, der großartigen früheren Hauptstadt, liegt das wunderschöne Schloss **Baranów Sandomierski** (S. 189) auf dem Weg.

Wenn Krakau nach ein paar Tagen genug erforscht ist, bietet sich die Stadt als Ausgangsbasis für Tagesausflüge an: zum Pilgerzentrum **Kalwaria Zebrzydowska** (S. 223) und zum beeindruckenden Kloster Jasna Góra in **Częstochowa** (S. 175). Zum Abschluss steht im Westen die alte Stadt **Breslau** (S. 279) auf dem Programm.

Ein Besuch in jeder der hier erwähnten Städte ergibt eine Reisestrecke von rund 2000 km. Bei angenehmem Tempo ist eine Reisezeit von drei bis vier Wochen angebracht.

UNBEKANNTE ROUTEN

DIE ÖSTLICHEN MARSCHEN

Drei Wochen/von Krakau nach Suwałki

Die populärsten Sehenswürdigkeiten Polens liegen entlang der Achse Danzig–Warschau–Krakau–Tatra. Es lohnt sich, in die östlichen Marschen, das Grenzgebiet mit der Ukraine und Weißrussland zu reisen. Nur wenige Besucher verirren sich dorthin.

Von **Krakau** (S. 132) geht es mit Zwischenstopp an der ältesten Ölquelle der Welt in **Bóbrka** (S. 251) vorbei in den Südosten des Landes. Hier liegen **Sanok** (S. 239) mit seiner Ikonensammlung im Schloss und – am besten für mehrere Tage – der **Bieszczady-Nationalpark** (S. 239).

In Richtung Norden führen kleine Straßen nach **Przemyśl** (S. 234) mit seinem kuriosen Glocken- und Pfeifenmuseum vorbei zur Renaissancestadt **Zamość** (S. 212). Weiter geht es nach **Chełm** (S. 209) und seinen Kreidestollen unter dem Hauptplatz. Danach steht **Lublin** (S. 193) auf dem Programm.

Am nächsten Tag geht es zu den nördlicheren ländlichen Regionen Ostpolens, zur Pilgerstätte **Grabarka** (S. 130) mit ihrem Hügel der 20 000 Kreuze, nach **Hajnówka** (S. 126) und zum **Białowieża-Nationalpark** (S. 127). Noch weiter im Norden liegt die Provinzstadt **Białystok** (S. 118), ein guter Ausgangspunkt für Besuche der hölzernen Moscheen nahe der weißrussischen Grenze und der geheimnisvollen Feuchtgebiete des **Biebrza-Nationalparks** (S. 122). Zum Schluss noch ein kurzer Ausflug in den Ferienort **Augustów** (S. 483). Vom nahen **Suwałki** (S. 486) fahren Züge zurück nach Warschau oder weiter nach Vilnius.

Diese 1200 km lange Tour ist am bequemsten mit dem Auto in zwei bis drei Wochen zu bewältigen; sie ist in etwa vier Wochen mit öffentlichen Verkehrsmitteln machbar. Die Strecke bietet sich als schöne Radtour an; Biker brauchen insgesamt sechs Wochen.

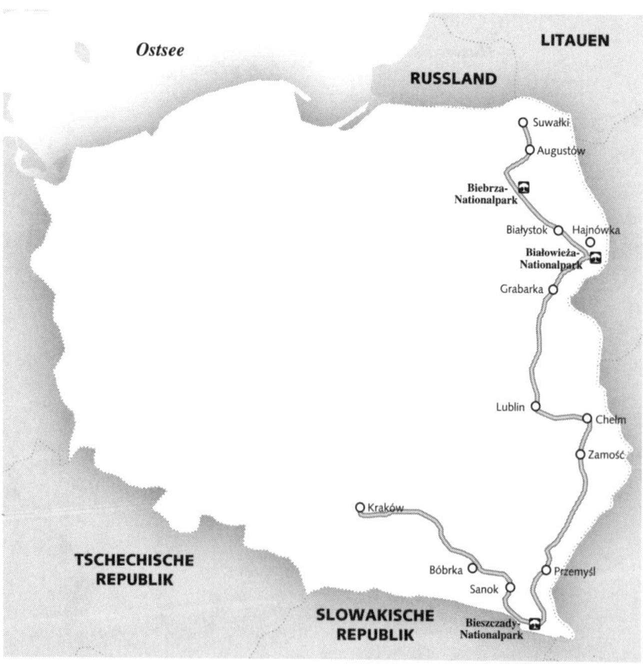

MASSGESCHNEIDERTE TOUREN

UNESCO-WELTERBE

In Polen gibt es zwölf von der Unesco als Welterbe anerkannte Stätten. Sie alle zu besuchen, dauert etwa zwei Wochen.

Start ist bei der großartigen Burg **Malbork** (S. 423), dann geht's weiter mit der mittelalterlichen Stadt **Toruń** (S. 412), beides Hinterlassenschaften des Deutschen Ordens. Die nächste Station heißt **Warschau** (S. 57), deren liebevoll rekonstruierte Altstadt 1980 zum Welterbe erklärt wurde.

Wenn die Zeit es erlaubt, lohnt ein Abstecher zum **Białowieża-Nationalpark** (S. 127), bevor es weiter nach **Zamość** (S. 212) und von da aus über die Holzkirchen von **Binarowa** (S. 253), **Dębno Podhalańskie** (S. 267), **Haczów** (S. 250) und **Sękowa** (S. 255) am Fuß der Karpaten entlang nach Krakau geht.

Krakau (S. 132) und Umgebung weisen die größte Dichte an Unesco-Stätten auf, darunter der historische Stadtkern von Krakau selbst. Weitere Welterbe-Stätten sind von hier in Tagesausflügen zu erreichen: die Pilgerstätte **Kalwaria Zebrzydowska** (S. 223), das bizarre und wunderbare **Salzbergwerk Wieliczka** (S. 154) und das Konzentrationslager **Auschwitz** (S. 323).

Auf dem Weg in die Sudeten liegt die Friedenskirche von **Świdnica** (S. 294). Schließlich geht es wieder Richtung Westen nach Łęknica und zum wunderschönen Mużakowski-Park an der Neiße.

NATIONALPARKS

Polen ist mit seinen unberührten Lebensräumen ein Paradies für Naturliebhaber. Eine Tour durch alle 23 Nationalparks würde rund sechs Wochen dauern. Ein Trip durch die zehn schönsten Naturreservate lässt sich in zwei bis drei Wochen bewältigen.

Von Danzig aus geht es entlang der Küste nach Westen. Mit etwas Glück segelt ein Seeadler über den Dünen des **Słowiński-Nationalparks** (S. 432) oder über den Klippen und Lagunen des **Wolliner Nationalparks** (S. 443).Von hier aus geht es weiter zu den Alpinpflanzen, Birkhähnen und Mufflons des **Karkonosze-Nationalparks** (S. 304).

Im Westen locken die Karpaten mit den Sandsteinformationen des **Góry Stołowe-Nationalparks** (S. 311) und den Fledermaushöhlen des **Ojców-Nationalparks** (S. 173). Jetzt kommt das Highlight der polnischen Nationalparks schlechthin: die Berge des **Tatra-Nationalparks** (S. 268) und die wild-romantische Schlucht des **Pieniny-Nationalparks** (S. 264).

Zurück im Osten warten die bewaldeten Hügel und Bergwiesen des **Bieszczady-Nationalparks** (S. 239), eines der letzten Naturreservate, in denen Wölfe, Bären und Luchse wild leben. Wenn die Zeit reicht, empfiehlt sich noch ein Besuch des für seine Wisentherden berühmten Urwaldes von **Białowieża** (S. 127) und der riesigen Feuchtgebiete des **Biebrza-Nationalparks** (S. 122).

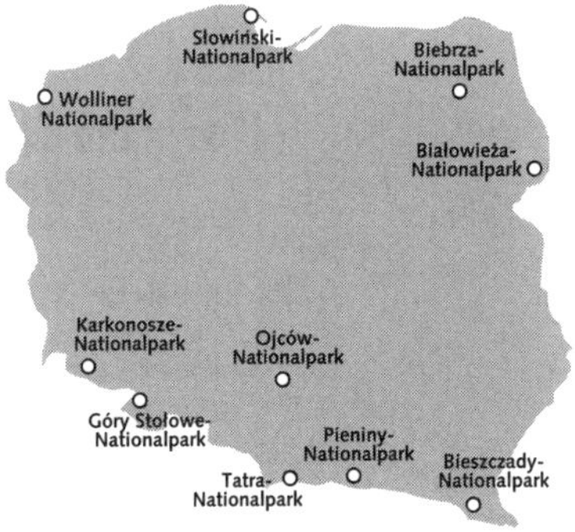

Die Autoren

NEIL WILSON

Hauptautor, Warschau, Masowien & Podlasien

Neil besuchte 1992 zum ersten Mal Osteuropa als Reiseführerautor. Er verfiel sofort der Faszination von mit Folie verschlossenen Wodkaflaschen, Plattenbauten und Wörtern, die auf „-ski" enden. Seitdem kehrt er alle paar Jahre zu Recherchezwecken zurück und staunt jedes Mal über die rasanten Veränderungen. Neil schreibt seit 1988 hauptberuflich und hat seitdem mehr als 40 Reise- und Wanderführer für verschiedene Verlage geschrieben oder mitgeschrieben, in jüngster Zeit vor allem die Lonely Planet-Reiseführer *Eastern Europe* und *Prague*. Er lebt im schottischen Edinburgh.

Die Lieblingsroute des Hauptautors

Die unvergleichlichen Nationalparks im Nordosten des Landes gehören zu den letzten unberührten Urlandschaften. Wunderbare Beispiele sind die riesigen Schilfflächen des Narew (S. 124), die Sümpfe der Biebrza (S. 122) und die Urwälder von Białowieża (S. 127). Ich spüre immer noch die knorrige Borke der riesigen 500 Jahre alten Eiche unter meinen Fingern, kein Laut ist zu hören außer dem Wind, der in den Blättern raschelt, und hin und wieder das Tak-tak eines Spechts. Und dann das Bewusstsein, dass tief in den Wäldern wilde Tiere wie Wisente, Elche und Wölfe durchs Unterholz streifen. Unglaublich spannend.

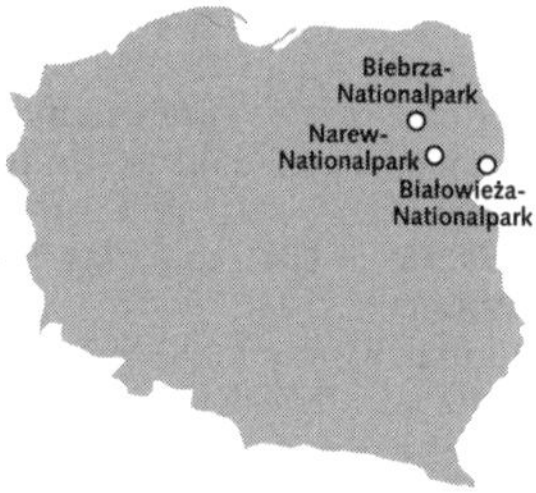

TOM PARKINSON

Schlesien, Großpolen, Pommern, Ermland & Masuren

Tom entdeckte Osteuropa während einer einjährigen Reise quer durch Europa im Anschluss an sein Fremdsprachenstudium. Er erlag dem Charme einer sich öffnenden Region und ist seitdem häufig zurückgekehrt. Der erneute Besuch für diesen Reiseführer im mittlerweile zur EU gehörenden Polen brachte für ihn eine Reihe neuer Erfahrungen: die Flucht vor Sonnenbrand an der Ostsee und vor sintflutartigem Regen in Toruń, hervorragendes Essen und Tanzen im historischen Danzig, Unterricht in polnischen Flüchen beim Kraxeln in den Sudeten, das Bestaunen düsterer Monumente und schräger moderner Kunst, der Kampf gegen die Abhängigkeit von *żurek* (Sauerteigsuppe) und der Besuch von mehr polnischen Kirchen, als selbst der alte Papst Johannes Paul II. gesehen haben mag.

RICHARD WATKINS

Krakau, Kleinpolen, Karpaten

Richard ist gebürtiger Waliser und studierte in Cardiff und Oxford Alte Geschichte. Sein erster bezahlter Job nach dem Studium war englische Konversation für Studenten in Bulgarien. Hier fing er sich ein hartnäckiges Reisefieber ein, das ihn seitdem als Rucksacktourist, Englischlehrer und Reisebuchautor rund um den Globus geführt hat. Richard hat auch an diversen anderen Lonely Planet-Titeln mitgearbeitet, darunter *Eastern Europe* und *Best of Prague*.

Überblick

Am 1. Mai 2004 trat Polen als volles Mitglied der EU bei. Viele Polen befürchteten, die neue Reisefreiheit würde zu einer massenhaften Emigration der gut ausgebildeten jungen Generation führen, um sich besser bezahlte Jobs im Westen zu suchen. Diese Ängste waren unbegründet. Ganz im Gegenteil sind die jungen Polen durchaus optimistisch, dass die europäische Integration ihre Chancen auf gute Jobs im eigenen Land erhöht.

In einer Umfrage äußerten sich 2003 rund 62 % der Polen als „ziemlich" bis „sehr zufrieden" mit dem Leben im Allgemeinen; nur 6 % waren „ziemlich" oder „sehr unzufrieden". Allerdings nannten ganze 65 % die Korruption in Polen als ein „sehr großes" Problem und weitere 25 % hielten sie für ein „ziemlich großes" Problem.

Auch 15 Jahre nach dem Zusammenbruch des Kommunismus ist das politische Leben in Polen noch von Bestechung und Instabilität geprägt. Der frühere Parteiführer der Allianz der Demokratischen Linken (SLD) und Ministerpräsident Leszek Miller musste am 2. Mai 2004 nach einer Serie von Korruptionsskandalen zurücktreten und stürzte seine Partei ins Chaos (allerdings schaffte er es, so lange durchzuhalten, dass er als Regierungschef des EU-Beitritts in die Geschichtsbücher einging).

Mit einer Arbeitslosenquote von 20 % (35 % unter den Jugendlichen), einer stagnierenden Wirtschaft und den Folgen von Korruption und Misswirtschaft in der Regierung sieht die polnische Politik einer ungemütlichen Zukunft entgegen. Nach dem Rücktritt Millers verließen 24 Abgeordnete die SLD und bildeten eine neue Partei mit dem Namen Polnische Sozialdemokratie (SDPL).

Die derzeit interessanten Namen sind Andrzej Lepper und Jan Rokita. Lepper ist Führer der populistischen, EU-feindlichen Samoobrona (Selbstverteidigung der Republik Polen) und spricht Millionen von Polen an, die sich durch den Übergang zum Kapitalismus zu den Verlierern zählen. Rokita leitet die Mitte-Rechts-Partei Platforma Obywatelska (Bürgerplattform), die in wirtschaftlichen Fragen eine liberale und in sozialen eine konservative Haltung hat.

Ein nach wie vor heißes Eisen ist die Frage von Reparationsforderungen vertriebener Volksdeutscher, die in der Folge des Zweiten Weltkriegs Land und Besitz verloren. 2004 strengte die Preußische Treuhand (an deren Spitze Funktionäre der Vertriebenenverbände stehen) eine Klage mit dem Ziel der Rückübereignung verlorener Besitztümer auf heute polnischem Staatsgebiet an – in Polen verständlicherweise ein äußerst sensibles Thema.

In einer Art Gegenschlag beschloss das polnische Parlament im September 2004 einstimmig eine Resolution, die Reparationen für die „enormen materiellen und geistigen Zerstörungen durch die deutsche Aggression, Besatzung und den Völkermord" im Zweiten Weltkrieg fordert (auch wenn Polen in den 1950er Jahren offiziell auf alle Reparationsforderungen verzichtet hat). Bei einem Treffen im November 2004 verfassten der damalige polnische Ministerpräsident und Bundeskanzler Schröder eine gemeinsame Erklärung, die jede juristische Grundlage für Reparationsforderungen auf beiden Seiten ausschließt. Das Thema besitzt aber weiterhin das Potential, die Beziehungen zwischen den beiden Nachbarländern zu vergiften.

Polen war das erste Land, dem Bundespräsident Horst Köhler nach seiner Amtsübernahme einen Besuch abstattete.

KURZINFOS

Bevölkerung: 38,17 Mio. (Oktober 2005)

Fläche: 312 685 km²

BIP (pro Kopf): 5113 € (2004)

Inflation: 2,1 % (2005)

Arbeitslosigkeit: 17,6 % (2005)

Anzahl der Seen: 9000

Anzahl frei lebender Wisente: 350

Bevölkerungsanteil praktizierender Katholiken: 75 %

Jahreskonsum an Wodka: 5,7 l pro Kopf (Russland: 15 l)

Tote im Zweiten Weltkrieg: 20 % der Bevölkerung

Geschichte

Noch ist Polen nicht verloren,
in uns lebt sein Glück.
Was an Ohnmacht ging verloren,
bringt das Schwert zurück.

Die ersten Zeilen der Nationalhymne unterstreichen den Stolz und die Standhaftigkeit der polnischen Nation. Die Polen sind ein patriotisches, freiheitsliebendes und rebellisches Volk. In ihrer über 1000-jährigen, turbulenten Geschichte mussten sie oft um ihre Freiheit und Unabhängigkeit kämpfen.

Eingekeilt zwischen den aggressiven Nachbarn Deutschland und Russland, war Polen immer wieder Einmarschgebiet und Zankapfel. Die Landesgrenzen verschoben sich im Osten und im Westen, Polen gewann Macht und verlor sie wieder: Das größte Reich Europas im 17. Jh. war Ende des 18. Jhs. fast ganz von der Landkarte verschwunden Als unabhängiger Staat trat es erst nach dem Ersten Weltkrieg wieder auf. Nach dem Zweiten Weltkrieg war es stark verwüstet und hatte fast 20 % seiner Bevölkerung verloren.

1989 änderte Polen den Lauf der Geschichte und befreite sich als erstes osteuropäisches Land vom Kommunismus. Damit bestätigte es Stalins Ausspruch von 1944: „Polen den Kommunismus aufzusetzen, ist, wie eine Kuh zu satteln." Seitdem hat das Land große wirtschaftliche, soziale und psychologische Veränderungen erfahren.

DIE ANFÄNGE

Der Name Polen stammt von den Polanen (wörtlich: Bewohner des offenen Feldes). Dieser slawische Stamm siedelte im 10. Jh. an der Warthe (Warta), nahe dem heutigen Posen (Poznań). Ihrem legendären Stammvater Piast gelang es, die verstreut lebenden Stammesgruppen zu vereinen. Er gab dem umliegenden Land, das sie besiedelten, den Namen Polska (später Wielkopolska: Großpolen). Der erste schriftlich belegte Herrscher, Herzog Mieszko I., konvertierte 966 zum Christentum. Dieses Datum gilt als offizielles Gründungsjahr des polnischen Staates.

Im Herzen Europas. Geschichte Polens von Norman Davies und Friedrich Griese ist das Standardwerk schlechthin – ein hervorragend geschriebener Überblick über die polnische Geschichte.

Mieszko I. eroberte die gesamte Küstenregion von Pommern (Pomorze) und dehnte seine Macht bald auf Schlesien (Śląsk) im Süden und Kleinpolen (Małopolska) im Südosten aus. Als er 992 starb, lag der polnische Staat ungefähr innerhalb der heutigen Grenzen, mit Gnesen (Gniezno) als erster Hauptstadt und erstem Erzbistum. Zu dieser Zeit gab es schon Städte wie Danzig, Stettin, Posen, Breslau und Krakau. Allerdings tobten im Norden ständig Kriege und so wechselte das administrative Zentrum des Landes von Großpolen ins weniger verwundbare Kleinpolen. Gegen Mitte des 11. Jhs. erhielt Krakau den Titel „Königliche Residenz".

Als die heidnischen Pruzzen aus der heutigen Nordostspitze Polens 1226 die zentrale Provinz Masowien angriffen, rief Herzog Konrad von Masowien die Ritter des Deutschen Ordens zur Hilfe. Diese hatten sich

ZEITACHSE

966	um 970
Der polnische Staat entsteht	Bau der ersten Kathedrale Gnesens

während der Kreuzzüge besonders bewährt. Nachdem die Ritter die heidnischen Stämme unterworfen hatten, errichteten sie in den eroberten Gebieten einen Staat, den sie von ihrer Burg bei Marienburg aus regierten. Die Ritter wuchsen bald zu einer bedeutenden militärischen Macht in Europa und eroberten das gesamte nördliche Polen.

Erst 1320 war das polnische Königreich wieder vereint. Unter Kazimierz III. Wielki (dem Großen; 1333–70) entwickelte sich das Land zu einem reichen und mächtigen Staat. Kazimierz gewann die Oberhoheit über Masowien zurück, eroberte große Gebiete Podoliens und Rutheniens (heutige Ukraine) und dehnte seinen Herrschaftsbereich damit weit nach Südosten aus.

Kazimierz Wielki war ein aufgeklärter und mächtiger Herrscher. Er führte Rechts-, Wirtschafts-, Handels- und bildungspolitische Reformen durch und schuf so ein solides staatliches Fundament. Über 70 neue Städte gründeten sich. Die Hauptstadt Krakau, wo 1364 auch eine der ersten europäischen Universitäten entstand, florierte. Ein ausgedehntes Netz aus Burgen und Festungen schützte das Land vor Angreifern. Eine Redensart lautet: „Kazimierz übernahm ein Polen, das aus Holz erbaut war, und hinterließ eines aus Stein."

Nikolaus Kopernikus (1473–1543) behauptete als erster Astronom, dass die Erde um die Sonne kreise. Er studierte an der Universität Krakau, die König Kazimierz III. Wielki gegründet hatte. Die Polen sagen, dass Kopernikus „die Sonne anhielt und die Erde bewegte".

DIE JAGIELLONEN-DYNASTIE (1382–1572)

Ende des 14. Jhs. vereinbarte Polen eine dynastische Allianz mit Litauen. Das polnische Staatsgebiet wuchs über Nacht um das Fünffache – und das sollte über die nächsten vier Jahrhunderte auch so bleiben. Unter Władysław II. Jagiełło (1386–1434) eroberte Polen das östliche Pommern, Teile Preußens und den Hafen von Danzig zurück. Jetzt war das polnische Reich für drei Jahrzehnte größter Staat Europas: Es erstreckte sich vom Baltikum bis zum Schwarzen Meer.

1475 begann eine neue Invasionsphase. Dieses Mal zählten zu den Eindringlingen vor allem die Osmanen, die Krim-Tartaren und die Zaren in Moskau. Einzeln und gemeinsam überfielen und plünderten sie wiederholt den Osten und Süden Polens. Einmal konnten sie sogar bis nach Krakau vordringen.

Trotz der Kriege war die Macht des polnischen Königreichs stabil. Neben dem wirtschaftlichen Wohlstand entwickelte sich das Land auch kulturell und geistig weiter, vor allem in der Zeit der Renaissance im frühen 16. Jh. Unter Zygmunt I. Stary (dem Alten; 1506–48) und seinem Sohn Zygmunt II. August (Augustus; 1548–72) blühten Kunst und Wissenschaft, so dass diese Periode als „Goldenes Zeitalter" Polens bezeichnet wird.

Der Großteil der Bevölkerung bestand zu dieser Zeit aus Polen und Litauern, aber es gab auch bedeutende Minderheiten an Deutschen, Rutheniern, Tataren, Armeniern und Letten. Auch die Juden stellten einen wichtigen, wachsenden Teil der Bevölkerung. Ende des 16. Jhs. gab es in Polen mehr Juden als im restlichen Europa zusammengenommen.

1573 beschloss der Sejm (das Unterhaus des polnischen Parlaments) die Religionsfreiheit. Er garantierte damit offiziell die Gleichberechtigung der verschiedenen Glaubensgemeinschaften. Das Gesetz war die Grundlage für das meist friedliche Zusammenleben von Katholiken, Russisch Orthodoxen, Protestanten, Juden und Moslems.

1038
Krakau ist polnische Hauptstadt

1364
Gründung der Krakauer Universität

Politisch entwickelte sich Polen während des 16. Jhs. zu einer parlamentarischen Monarchie. Die meisten Privilegien hatte der *szlachta* (Adel), der rund 10 % der Bevölkerung ausmachte. Im Gegensatz dazu wurde der Stand der Bauern mehr und mehr geschwächt und ähnelte schließlich Leibeigenen.

DIE KÖNIGLICHE REPUBLIK (1573–1795)

Unter Zygmunt August nahm die Bedrohung durch den russischen Expansionismus zu. In der Hoffnung, die Monarchie zu stärken, trat der Sejm 1569 in Lublin zusammen und vereinigte Polen und Litauen zu einem Staat. Er bestimmte auch Warschau zum künftigen Sitz des Parlaments. Da es keinen direkten Thronerben gab, wurde ein Thronfolgesystem eingerichtet. Es beruhte auf der direkten Wahl durch den Adel, der dazu in Warschau zusammenkam. Für den Fall, dass es keinen polnischen Thronanwärter geben sollte, kamen ausländische Kandidaten in Betracht.

Das Experiment endete in der Katastrophe. Bei jeder Königswahl versuchten ausländische Mächte, ihre Kandidaten durch Bestechung der Wähler an die Macht zu bringen. In der Zeit der gewählten Könige regierten in Polen elf Herrscher, von denen nur vier gebürtige Polen waren.

Der legendäre Frauenheld Casanova verbrachte in den 1760er Jahren einige Zeit in Warschau, musste aber nach einem Duell mit einem polnischen Adeligen fliehen.

Der erste gewählte König, Henri de Valois, kehrte nach nur einem Jahr auf dem polnischen Thron nach Frankreich zurück. Sein Nachfolger Stefan Batory (1576–86), Prinz von Transsilvanien, war eine bessere Wahl. Zusammen mit seinem Oberbefehlshaber und Kanzler Jan Zamoyski führte er einige erfolgreiche Schlachten gegen Zar Iwan, den Schrecklichen, an.

Nach Batorys frühem Tod übernahm der Schwede Zygmunt III. Waza (1587–1632) die Krone. Unter seiner Herrschaft erreichte Polen die größte Ausdehnung: Das Land war mehr als drei Mal so groß wie heute. Trotzdem verbinden viele Polen heute den Namen Zygmunt eher mit dem König, der von 1596 bis 1609 die polnische Hauptstadt von Krakau nach Warschau verlegte.

Der Beginn des 17. Jhs. markierte eine historische Wende. Die wachsende Macht des Adels untergrub die Autorität des Sejm, das Land zerfiel in mehrere riesige Privatbesitztümer und die von der unfähigen Regierung enttäuschten Adligen gingen in den bewaffneten Aufstand über.

Zur gleichen Zeit zerrieben fremde Invasoren systematisch das Land. Jan II. Kazimierz Waza (1648–68), der letzte Herrscher der Waza-Dynastie auf dem polnischen Thron, konnte die Angreifer nicht abwehren. Russen, Tataren, Ukrainer, Kosaken, Osmanen und Schweden überrannten das Land von allen Seiten. Vor allem der Überfall durch die schwedischen Truppen 1655 bis 1660 blieb den Polen als „die Sintflut" im Gedächtnis. Unter der Herrschaft von Kazimierz Waza verlor das Land mehr als ein Viertel seines Territoriums, Städte wurden niedergebrannt und geplündert, das Land verwüstet und die Wirtschaft ruiniert. Von den ehemals zehn Millionen Polen starben vier Millionen durch Krieg, Hunger und Pest.

Die Herrschaft von Jan III. Sobieski (1674–96) unterbrach zum letzten Mal den langen Niedergang der Königlichen Republik. Der brillante Be-

1569
Polen und Litauen bilden einen gemeinsamen Staat

1596–1609
Warschau wird Hauptstadt

fehlshaber führte mehrere siegreiche Schlachten gegen die Osmanen an. Die berühmteste war die Schlacht von Wien 1683, in der er die Türken besiegte und zum Rückzug aus Europa zwang.

Zu Beginn des 18. Jhs. war Russland ein mächtiges, riesiges Reich. Systematisch baute es seine Macht über Polen aus. Auch wenn Stanisław August Poniatowski (1764–95) Literatur und Künste förderte und den Wiederaufbau und die barocke Ausschmückung des Warschauer Königsschlosses vorantrieb, blieb er eigentlich nur eine Marionette der russischen Zaren. Während seiner Regierungszeit kam das ganze Ausmaß der nationalen Schieflage zum Vorschein: Katharina die Große lenkte die politischen Angelegenheiten Polens.

Die Website www.polishroots.org/genpoland/polhistory.htm zeigt, wie sich Polens Grenzen in den letzten 200 Jahren verschoben haben. Einen sehr guten allgemeinen Überblick bietet auch www.de.wikipedia.org/wiki/Portal_Polen.

TEILUNGEN

Ein berühmtes Gemälde im Historischen Museum von Warschau mit dem Titel „Der königliche Kuchen" zeigt die Herrscher Russlands, Preußens und Österreichs. Sie zerreißen eine Karte von Polen, während die Krone vom Kopf Stanisław August Poniatowskis fällt, dem „letzen König Polens".

Die drei Staaten verständigten sich auf die Annektierung von rund 30 % des polnischen Gebiets. Diese erste Teilung führte zu Reformen. Am 3. Mai 1791 wurde die neue liberale Verfassung erlassen – die zweite geschriebene Verfassung weltweit nach der amerikanischen.

Allerdings konnte Katharina die Große diese gefährliche Demokratie nicht mehr tolerieren. Russische Truppen erzwangen trotz heftigen Widerstands eine Rücknahme der Reformen. Die zweite Teilung fand 1793 statt; Russland und Preußen rissen mehr als die Hälfte des verbleibenden polnischen Territoriums an sich.

Daraufhin erhoben sich patriotische Kräfte 1794 zum bewaffneten Aufstand. Ihr Anführer war Tadeusz Kościuszkos, ein Held des amerikanischen Unabhängigkeitskrieges. Die Aufständischen gewannen in der Bevölkerung schnell Unterstützung und konnten sogar am Anfang einige Male siegen. Dann aber unterlagen sie den besser bewaffneten russischen Truppen.

Dieses Mal beschlossen die drei Besatzungsmächte, die aufsässige Nation endgültig auszulöschen. Sie teilten den Rest Polens in einer dritten Teilung 1795 unter sich auf. Für die nächsten 123 Jahre verschwand Polen von der Landkarte.

Trotz der Teilungen lebte das geistige und kulturelle Polen weiter; mehrere nationalistische Geheimgesellschaften gründeten sich. Da sie das revolutionäre Frankreich als wichtigsten Verbündeten ansahen, flohen einige ihrer Führer nach Paris und richteten dort ihr Hauptquartier ein.

1815 etablierte der Wiener Kongress das so genannte Kongresspolen, einen scheinbar autonomen polnischen Staat mit dem russischen Zaren als König. Von Anfang an aber übergingen Zar Alexander und seine Nachfolger die liberale Verfassung dieses staatlichen Konstrukts.

Als Antwort auf die russischen Unterdrücker brachen im ganzen Land Aufstände aus. Die wichtigsten waren der Novemberaufstand von 1830 und der Januaraufstand von 1863. Die Russen schlugen beide nieder und bestraften die Aufständischen mit harten Repressionen, Hinrichtungen und Deportationen nach Sibirien.

GEWUSST?

Die Osmanen waren zwar alte Feinde der Polen, aber auch die einzige europäische Macht, die die Teilung des Landes nie anerkannte.

1655–60
Schwedische Invasion (die Sintflut)

1772
Erste polnische Teilung

In den 1870er Jahren verstärkte Russland seine Bemühungen, die polnische Kultur auszulöschen: Im Bildungs-, Verwaltungs- und Handelswesen durfte kein Polnisch mehr, sondern nur noch Russisch gesprochen werden. Dies war auch die Zeit der Massenemigrationen. Als der Erste Weltkrieg ausbrach, waren schon vier Millionen Polen (bei einer Gesamtbevölkerung von 20 bis 25 Millionen) vor allem in die Vereinigten Staaten ausgewandert.

GEWUSST?

Marschall Piłsudskis berühmtestes Zitat lautet: „Geschlagen zu werden und dennoch nicht aufzugeben, das ist Sieg; siegreich zu sein und sich auf seinen Lorbeeren auszuruhen, das ist Niederlage."

DER ERSTE WELTKRIEG (1914–18)

Im August 1914 brach der Erste Weltkrieg aus. Auf der einen Seite standen die Mittelmächte Österreich-Ungarn und Deutschland, auf der anderen Russland und seine westlichen Alliierten. Die Schlachten der Kriegsparteien fanden größtenteils auf polnischem Territorium statt. Viele Menschen starben und viele Werte wurden vernichtet. Da der polnische Staat formal gar nicht existierte, gab es auch keine polnische Armee, die das Land hätte verteidigen können. Stattdessen wurden etwa zwei Millionen Polen in die russischen, deutschen und österreichischen Armeen abgezogen und gezwungen, gegeneinander zu kämpfen.

PIŁSUDSKI – PATRIOT, SOLDAT UND STAATSMANN

Die Polen verehren Marschall Józef Piłsudski bis heute. Der Vater der polnischen Republik war auch ein militärisches Genie und hat im „Wunder an der Weichsel" die mächtige Rote Armee besiegt.

Piłsudski wurde 1867 in der damals russisch besetzten Region Vilnius geboren und trat noch als Jugendlicher der antizaristischen Bewegung bei. Nach seiner Verhaftung 1887 lebte er fünf Jahre lang in sibirischer Verbannung. Von dort kehrte er nach Polen zurück und trat in Warschau der neu gegründeten Polnischen Sozialistischen Partei (PPS) bei. 1900 wurde er noch einmal verhaftet. Nach einer kurzen Zeit in der Warschauer Zitadelle kam er ins St. Petersburger Gefängnis. Ein Jahr später konnte er entkommen und nach Krakau fliehen.

1908 stellte die PPS paramilitärische Einheiten auf, die sich zu den Polnischen Legionen entwickelten und im Ersten Weltkrieg unter Piłsudskis Führung für die polnische Unabhängigkeit kämpften. Nach der deutschen Kapitulation 1918 übernahm Marschall Piłsudski am 11. November in Warschau die Macht und erklärte Polen zum souveränen Staat. Allerdings war durch die russische Revolution ein neuer Feind im Osten entstanden.

1919 startete Piłsudski eine große Offensive in Richtung Osten. Er eroberte große Teile der ehemaligen polnischen Gebiete zurück. Eine sowjetische Gegenoffensive drang bis nach Warschau vor, aber in der berühmten Schlacht von Warschau im August 1920, die als das „Wunder an der Weichsel" bekannt wurde, schlug die polnische Armee unter Piłsudskis Führung die Rote Armee vernichtend.

Kurz nachdem es 1921 wieder ein souveränes Polen mit einer modernen demokratischen Verfassung gab, trat Piłsudski zurück. Desillusioniert von wirtschaftlicher Rezession und politischen Krisen, kehrte er aber schon 1926 wieder auf die politische Bühne zurück. In einem klassischen Staatsstreich marschierte er an der Spitze der Armee auf Warschau zu. Die Straßenkämpfe dauerten drei Tage, es gab 400 Tote und über 1000 Verwundete. Nach dem Rücktritt der Regierung wählte die Nationalversammlung Piłsudski zum Präsidenten. Der aber lehnte ab und forderte stattdessen den Posten des Verteidigungsministers, den er bis zu seinem Tod behielt. Aber niemand zweifelte daran, dass eigentlich Piłsudski das Land hinter den Kulissen lenkte. 1935 starb er an Krebs. Trotz seines diktatorischen Stils wurde er in einem Festakt zwischen den polnischen Königen in der Krypta der Kathedrale auf dem Krakauer Wawel-Hügel beigesetzt.

3. Mai 1791
Polen erhält eine geschriebene Verfassung

1793
Zweite polnische Teilung

Paradoxerweise führte der Erste Weltkrieg zur polnischen Unabhängigkeit. In Folge der Oktoberrevolution 1917 stürzte Russland in einen Bürgerkrieg, der die ganze Konzentration auf die inneren Angelegenheiten forderte. Polen geriet an den Rand der Aufmerksamkeit. Der Zusammenbruch des österreichischen Kaiserreichs im Oktober 1918 und der Rückzug der deutschen Armee aus Warschau im November boten eine unwiederbringliche Chance. Marschall Józef Piłsudski übernahm am 11. November 1918 das Kommando über die Stadt Warschau; er erklärte die polnische Unabhängigkeit und stellte sich an die Spitze des „neuen" Staates. Dieses Datum gilt als Gründungstag der Zweiten Republik. Der Name sollte eine symbolische Brücke zwischen der neuen Zeit und der Königlichen Republik bilden, die vor den Teilungen existiert hatte.

Polen im 20. Jahrhundert von Adam Krzeminski bringt Polens Schicksal im vergangenen Jahrhundert in Kurzform nahe.

ZWISCHEN DEN KRIEGEN (1918–39)

Das neue Polen befand sich in einer verzweifelten Lage. Das Land und die Wirtschaft lagen am Boden. Mehr als 1 Mio. Polen starben nach Schätzungen während des Ersten Weltkriegs. Es gab keine staatlichen Institutionen mehr. Selbst die Staatsgrenzen, die während der Teilungen verschoben worden waren, mussten neu definiert werden. Sie wurden erst 1923 offiziell anerkannt.

In *Kindheit in Ostpreußen* schildert die große Publizistin Marion Gräfin Dönhoff das Leben ihrer Kindheitstage.

Der Versailler Vertrag sprach 1919 Polen den westlichen Teil Preußens und damit den Zugang zur Ostsee zu – allerdings ohne die Stadt Danzig, die Freistaat war. Der Rest der polnischen Westgrenze fiel in Volksabstimmungen Polen zu. Dadurch erhielt Polen wichtige Industrieregionen in Oberschlesien. Die Ostgrenzen legten die polnischen Truppen unter Piłsudski fest, die im polnisch-russischen Krieg 1919/20 die Rote Armee schlugen: Riesige Teile der heutigen Ukraine und Weißrusslands kamen zu Polen.

Nach den Gebietskämpfen umfasste die Zweite Republik 400 000 km^2 und 26 Mio. Menschen. Ein Drittel der Bevölkerung war nichtpolnischer Herkunft, darunter vor allem Juden, Ukrainer, Weißrussen und Deutsche.

Piłsudski zog sich 1922 vorläufig aus der Politik zurück. Eine Reihe instabiler Kabinette aus wechselnden Koalitionen kämpften nach ihm mit den gewaltigen ökonomischen und gesellschaftlichen Problemen.

Völlig unerwartet riss Piłsudski im Mai 1926 durch einen Militärputsch die Macht an sich und behielt sie bis zu seinem Tod 1935. Das Parlament verlor zunehmend an Macht. Diktatur und politische Repression hatten allerdings kaum Auswirkungen auf den Alltag. Die wirtschaftliche Situation war relativ stabil und das kulturelle und intellektuelle Leben entwickelten sich gut.

Reise in Polen von Alfred Döblin ist eine Zeitreportage von 1924; der jüdische Schriftsteller war im Auftrag des S. Fischer-Verlags unterwegs auf den Spuren der armen Bevölkerung des Landes.

Auf der internationalen Bühne befand sich Polen in den 1930er Jahren in einer schwierigen Lage. Um die Beziehungen zu seinen beiden feindseligen Nachbarn zu stabilisieren, unterzeichnete Polen Nichtangriffspakte – mit der Sowjetunion und auch mit Deutschland, wo mittlerweile die Nationalsozialisten an der Macht waren. Es zeigte sich aber schnell, dass diese Abkommen nur scheinbare Sicherheit boten.

Am 23. August 1939 unterzeichneten die Außenminister des Deutschen Reichs und der Sowjetunion, von Ribbentrop und Molotow, in Moskau ihrerseits einen Nichtangriffspakt. Dieser enthielt ein Geheimprotokoll,

1795
Dritte polnische Teilung

1810
Geburt Frédéric Chopins

das die zukünftige Gebietsverteilung in Osteuropa zwischen den beiden Großmächten regelte. Stalin und Hitler planten, Polen zwischen sich aufzuteilen.

DER ZWEITE WELTKRIEG (1939–45)

Winston Churchill sagte einmal: „Polen war das einzige Land, das niemals und in keiner Form mit den Nazis kollaboriert hat, und keine einzige polnische Truppe hat jemals an der Seite der Wehrmacht gekämpft."

Am 1. September 1939 brach der Zweite Weltkrieg mit einem massiven deutschen Einmarsch in Polen aus. Die Kämpfe begannen in der Freien Stadt Danzig, wo deutsche Truppen auf der Westerplatte auf erbitterten Widerstand einer kleinen polnischen Einheit stießen. Der Kampf dauerte eine Woche. Zur gleichen Zeit stürmten deutsche Truppen Warschau, das am 28. September kapitulierte. Der letzte polnische Widerstand war Anfang Oktober gebrochen. Hitler wollte in dem neu eroberten Gebiet einen Marionettenstaat errichten. Weil er aber nicht auf polnische Kollaborateure zurückgreifen konnte, annektierte er Westpolen direkt. Und die Landesmitte erklärte er zum Generalgouvernement unter dem Befehl des deutschen Generalgouverneurs in Krakau.

Am 17. September marschierte die Sowjetunion in Ostpolen ein und annektierte das Gebiet im November. Damit war Polen innerhalb von nur zwei Monaten wieder geteilt. In beiden besetzten Landesteilen kam es zu Massenverhaftungen, Vertreibungen und Exekutionen. Nach Schätzungen deportierten die Sowjets zwischen 1939 und 1940 zwischen einer

DAS MASSAKER VON KATYŃ

Im April 1943 stießen deutsche Einheiten im Kampf gegen sowjetische Truppen an der Ostfront im Wald von Katyń, nahe Smolensk im heutigen Weißrussland, auf ausgedehnte Massengräber. Erste Ausgrabungen brachten die Überreste mehrer Tausend polnischer Soldaten und Zivilisten zu Tage, die mit Kopfschüssen exekutiert worden waren. Die Sowjetregierung lehnte jede Verantwortung ab und beschuldigte die Nazis. Zwei Jahre später war der Krieg vorbei, die Sowjets übernahmen die Macht in Polen und das Thema Katyń blieb für Jahrzehnte ein Tabu, auch wenn viele Polen davon wussten.

Erst 1990 gestanden die Sowjets „Fehler" ein, veröffentlichten aber keine Details. Im Oktober 1992 schließlich machte die russische Regierung Geheimdokumente zugänglich, die belegten, dass Stalins Politbüro für das Massaker von Katyń verantwortlich war. In der Zwischenzeit waren im Sommer 1991 zwei weitere Massengräber polnischer Soldaten in Zentralrussland entdeckt worden.

Ende der 1990er Jahre vervollständigte sich das Bild. Kurz nach ihrem Einmarsch in Polen im September 1939 trieben die Sowjets schätzungsweise 180 000 polnische Gefangene – Soldaten, Polizisten, Richter, Politiker, Intellektuelle, Wissenschaftler, Lehrer, Professoren, Schriftsteller und Priester – in Lager in der gesamten Sowjetunion und den besetzten Gebieten. Auf Stalins Befehl im März 1940 hin wurden etwa 21 800 dieser Gefangenen erschossen und in Massengräbern verscharrt.

Mit diesen Exekutionen sollte die intellektuelle Elite der polnischen Gesellschaft ausgelöscht und die führenden Köpfe beseitigt werden. Statistiken zufolge verlor Polen im Zweiten Weltkrieg 21 % seiner Richter, 30 % seiner Hochschullehrer, 40 % seiner Ärzte und 57 % seiner Anwälte.

Der ganze Horror von Katyń kam schließlich bei Exhumierungen durch polnische Archäologen in den Jahren 1995 und 1996 zu Tage. Die Ergebnisse sind im Katyń-Museum in Warschau (S. 79) dokumentiert.

1815 Etablierung Kongresspolens

1830 Novemberaufstand gegen die Russen

und zwei Millionen Polen nach Sibirien, in die arktischen Provinzen und nach Kasachstan. Viele von ihnen kehrten nie zurück.

Kurz nach Kriegsausbruch bildete sich in Frankreich eine polnische Exilregierung unter General Władysław Sikorski, die im Juni 1940 nach London übersiedelte. Sikorski starb im Juli 1943 bei einem Flugzeugabsturz in Gibraltar, sein Nachfolger auf dem Posten des Ministerpräsidenten war Stanisław Mikołajczyk.

Mit Hitlers Angriff auf die Sowjetunion am 22. Juni 1941 steuerte der Krieg in eine neue, dramatische Phase. Die Deutschen trieben die Sowjets aus Ostpolen und drangen tief in russisches Territorium ein. Über drei Jahre lang stand ganz Polen unter deutscher Besatzung. Hitlers Ziel war es, die polnische Nation auszulöschen und Deutschland einzuverleiben. Hunderttausende Polen wurden nach Deutschland in Arbeitslager deportiert und die meisten Anführer hingerichtet. Jede intellektuelle und geistige Führerschaft sollte unterbunden werden.

Hitler wollte vor allem die polnischen Juden auslöschen. Die NS-Besatzer isolierten diese zuerst in Ghettos und deportierten sie später in die Vernichtungslager. Fast die gesamte jüdische Bevölkerung Polens (3 Mio.) und schätzungsweise 1 Mio. Polen starben in den Lagern. In der Hauptstadt Warschau lebten die Juden im völlig überfüllten Ghetto, wo es 1943 zum organisierten, aber erfolglosen Aufstand kam (siehe S. 74).

Schon kurz nach Kriegsausbruch war vor allem in den Städten eine Widerstandsbewegung entstanden, die die Bereiche Erziehung, Kommunikation und Recht am Laufen halten wollte. 1940 stellte die Exilregierung bewaffnete Einheiten auf, aus denen sich die Armia Krajowa (AK; Polnische Heimatarmee) entwickelte. Diese spielte eine wichtige Rolle im Warschauer Aufstand (siehe S. 26).

In der Zwischenzeit bat Stalin Polen um Unterstützung gegen die deutsche Wehrmacht, die auf Moskau vorrückte. Daraufhin stellte sich Ende 1941 die offizielle polnische Armee wieder auf, allerdings streng kontrolliert von den Sowjets. Trotzdem gelang es dem polnischen Oberbefehlshaber, General Anders, den Großteil seiner Truppen nach Nordafrika verlegen zu lassen, wo sie bei Tobruk und später im italienischen Monte Cassino siegten.

Hitlers Niederlage in Stalingrad markierte 1943 die Wende an der Ostfront. Jetzt marschierte die Rote Armee Richtung Westen. Nach der Befreiung von Lublin wurde am 22. Juli 1944 das prokommunistische Polnische Nationale Befreiungskomitee (PKWN) mit den Funktionen einer Übergangsregierung betraut. Eine Woche später erreichte die Rote Armee die Vorstädte von Warschau.

Die Hauptstadt selbst war noch von den Deutschen besetzt. Die Widerstandsbewegung versuchte verzweifelt, doch noch eine unabhängige polnische Verwaltung aufzubauen und damit die Stadt zu kontrollieren, bevor die sowjetischen Truppen einmarschierten. Es kam zum tragischen Warschauer Aufstand von 1944 (siehe S. 26), der scheiterte. Den ganzen Winter lang rückte die Rote Armee weiter durch polnische Landstriche nach Westen vor und erreichte schließlich Berlin. Am 8. Mai 1945 kapitulierte das Deutsche Reich.

Die Auswirkungen des Krieges auf Polen waren entsetzlich. Über 6 Mio. Menschen waren gestorben, etwa 20 % der Vorkriegsbevölkerung. Von

GEWUSST?

Einer Legende nach soll im Zweiten Weltkrieg polnische Kavallerie deutsche Panzer angegriffen haben. Tatsächlich rieb zu Beginn des Krieges ein polnisches Kavallerieregiment eine deutsche Infanteriedivision auf und wurde daraufhin von deutschen Panzern attackiert. Die Nazipropaganda verdrehte den Vorfall, um die polnische Rückständigkeit hervorzuheben.

Der Warschauer Aufstand 1944 von Wlodzimierz Borodziej behandelt das schwärzeste Kapitel der deutschen Besatzungszeit während des Zweiten Weltkriegs.

Aufstand der Verlorenen von Norman Davies ist ebenfalls eine brillante Darstellung des Warschauer Aufstandes von 1944.

DER WARSCHAUER AUFSTAND 1944

Als sich die deutschen Truppen im Sommer 1944 vor der Roten Armee zurückzogen, bereitete der polnische Widerstand in Warschau die Befreiung der Stadt vor. Am 1. August 1944 wurde der Befehl zum Aufstand gegeben, um die Stadt unter polnisches Kommando zu stellen, bevor die Rote Armee eintraf. Die Armia Krajowa (AK; Polnische Heimatarmee) war nicht ausreichend bewaffnet und zahlenmäßig unterlegen, hoffte aber, das Stadtzentrum einnehmen und eine Woche halten zu können, bis Fallschirmeinheiten der Alliierten und der Roten Armee die Deutschen ganz aus der Stadt treiben sollten.

Der Aufstand verlief zuerst erstaunlich gut. Die AK, die Barrikaden aus Pflastersteinen errichtete und die Kanalisation als Kommunikationsweg nutzte, konnte große Teile der Stadt unter ihre Kontrolle bekommen. Es kam aber keine Hilfe von außen. Die Alliierten waren zu beschäftigt mit ihrem Brückenkopf in der Normandie und die Entsendung von Luftlandeeinheiten nach Warschau war zu kompliziert. Die Rote Armee, die am anderen Ufer der Weichsel in Praga lagerte, rührte keinen Finger. Als Stalin vom Aufstand erfuhr, stoppte er die Offensive und untersagte seinen Generälen jeden Eingriff in die Kämpfe. Er wollte den Deutschen freie Hand lassen, um den polnischen Widerstand gegen eine kommunistische Machtübernahme im Land zu vernichten.

Die Kämpfe tobten 63 Tage lang mit unvorstellbarer Brutalität. Dann mussten die Aufständischen schließlich kapitulieren. Rund 200 000 Polen starben. Die Rache der Sieger war fürchterlich: Hitler befahl, alle Einwohner Warschaus zu töten, keine Gefangenen zu machen und jedes Haus zu sprengen oder niederzubrennen. Erst am 17. Januar 1945 marschierte die Rote Armee schließlich ein, um Warschau zu „befreien". Die ausgestorbene Stadt war nur noch ein einziger Schutthaufen.

Für die Polen ist der Warschauer Aufstand eines der heroischsten – und tragischsten – Ereignisse des Krieges. Das Museum des Warschauer Aufstands (S. 76) und das Denkmal des Warschauer Aufstands (S. 70) halten die Erinnerung daran lebendig.

den 3 Mio. Juden, die 1939 in Polen gelebt hatten, überlebten nur 80 000 bis 90 0000. Land und Städte lagen in Trümmern; in Warschau standen nur noch etwa 15 % der Häuser. Viele Polen, die den Krieg im Exil überlebt hatten, wollten auch unter den neuen politischen Machthabern nicht nach Hause zurückkommen.

DIE KOMMUNISTISCHE HERRSCHAFT

Auf der Konferenz von Jalta beschlossen Roosevelt, Churchill und Stalin im Februar 1945, Polen unter sowjetische Herrschaft zu stellen. Die Ostgrenze sollte grob der deutsch-russischen Demarkationslinie von 1939 folgen. Tatsächlich annektierte die Sowjetunion 180 000 km² des ehemals polnischen Territoriums. Im August 1945 legten die Alliierten in Potsdam die Westgrenze entlang Oder und Neiße fest und gaben Polen damit nach Jahrhunderten deutscher Fremdherrschaft rund 100 000 km² seiner westlichen Provinzen zurück.

Auf die radikalen Grenzverlegungen folgte die Zwangsumsiedelung von rund 10 Mio. Menschen: Polnischstämmige wurden in den neu definierten Staat Polen umgezogen, während Deutsche, Ukrainer und Weißrussen außerhalb der Grenzen ausgesiedelt wurden. Am Ende waren 98 % der polnischen Bevölkerung ethnisch gesehen polnisch.

Sobald Polen formal unter sowjetischer Kontrolle stand, startete Stalin eine intensive Kampagne. Widerstandsführer wurden der Kollaboration mit den Nazis bezichtigt, in Moskau vor Gericht gestellt und erschossen

1920
Polen schlägt die Rote Armee in Warschau

1. September 1939
Deutscher Einmarsch in Polen löst den Zweiten Weltkrieg aus

oder zu willkürlich festgesetzten Haftstrafen verurteilt. Die Moskauer Herrscher stellten im Juni 1945 eine polnische Übergangsregierung zusammen und schickten sie nach Warschau. Die allgemeinen Wahlen verschoben sich auf 1947, damit die Geheimpolizei Zeit hatte, prominente polnische Politiker zu verhaften. Trotzdem erhielt Stanisław Mikołajczyk, der einzige Vertreter der Exilregierung, der nach Polen zurückkehrte, über 80 % der Stimmen.

Die „offiziellen" Zahlen ergaben allerdings eine deutliche Mehrheit für die Kommunisten. Der neue Sejm wählte Bolesław Bierut zum Präsidenten. Mikołajczyk wurde wegen Spionage angeklagt, so dass er zurück nach England floh.

Die englischsprachige Website www.warsawuprising.com bietet eine umfangreiche Foto- und Quellensammlung zu den schrecklichen Ereignissen des Warschauer Aufstands.

1948 gründete sich die Polnische Vereinigte Arbeiterpartei (PZPR), kurz „die Partei". Sie hatte das Machtmonopol inne. 1952 verabschiedete sie eine Verfassung im Stil der Sowjetunion. Das Amt des Präsidenten fiel weg und die Macht dem Ersten Sekretär des Zentralkomitees der Partei zugeschlagen. Polen wurde Mitglied des Warschauer Pakts.

Trotz der Schreckensherrschaft gewann der stalinistische Fanatismus in Polen nie so viel Einfluss wie in den Nachbarstaaten und ließ nach Stalins Tod 1953 ziemlich bald nach. Die Geheimpolizei verlor an Macht. Es gab ein paar Zugeständnisse an öffentliche Forderungen, darunter an die Pressefreiheit und die polnische Kultur. Als Nikita Chruschtschow auf dem 20. Parteitag 1956 dem Stalinismus abschwor, starb Bierut an einem Herzinfarkt.

Ein großer Arbeiteraufstand um „Brot und Freiheit" brach im Juni 1956 in Poznań aus. Panzer schlugen ihn schnell nieder. 76 Tote und über 900 Verletzte waren das traurige Ergebnis. Kurz danach wurde Władysław Gomułka, ein politischer Gefangener der Stalinära, zum Generalsekretär der Partei gewählt. Er erhielt am Anfang Unterstützung aus der Bevölkerung, zeigte aber bald autoritäre Züge, setzte die Kirche unter Druck und verstärkte die Verfolgung der Intelligenzija. Eine Wirtschaftskrise brachte ihn zu Fall: Als er 1970 offizielle Preiserhöhungen verkündete, brachen in Danzig, Gdynia und Stettin Massenstreiks aus, die wieder um den Preis von 44 Toten mit Gewalt niedergeschlagen wurden. Die Partei, die ihr Gesicht wahren wollte, enthob Gomułka des Amtes und ersetzte ihn durch Edward Gierek.

Ein neuer Versuch, die Preise zu erhöhen, führte 1976 zu Arbeiteraufständen, dieses Mal in Radom und Warschau. Gierek musste weitere Auslandskredite aufnehmen, aber gleichzeitig harte Devisen verdienen, um die Zinsen bezahlen zu können. So war er gezwungen, Waren aus dem heimischen Markt abzuziehen und im Ausland zu verkaufen. 1980 betrugen die Auslandsschulden umgerechnet fast 17 Mrd. Euro – die Wirtschaft lag am Boden.

Mittlerweile hatte sich die Opposition zu einer bedeutenden Kraft mit prominenter Unterstützung entwickelt. Die Wahl des Erzbischofs von Krakau, Karol Wojtyła, zum Papst Johannes Paul II. 1978 und sein triumphaler Besuch in der Heimat ein Jahr später verstärkten den politischen Gärprozess. Als die Regierung im Juli 1980 wieder Preiserhöhungen für Lebensmittel ankündigte, brachen im ganzen Land starke und gut organisierte Streiks und Aufstände aus. Im August lagen die großen Häfen, die schlesischen Kohlebergwerke und die Lenin-Werft in Danzig lahm.

19. April 1943
Ausbruch des Aufstands im Warschauer Ghetto

1. August 1944
Ausbruch des Warschauer Aufstands

Im Gegensatz zu den früheren Aufständen zeichneten sich die Proteste 1980 nicht durch Gewalt aus. Die Streikenden gingen nicht auf die Straße, sondern blieben in den Fabriken und an den Arbeitsstellen.

SOLIDARNOSC

Nach langen und zähen Verhandlungen in der Lenin-Werft gab es am 31. August 1980 eine Übereinkunft. Die Regierung war gezwungen, die meisten Forderungen der Streikenden anzunehmen. Die wichtigste Forderung war das Recht auf unabhängige Gewerkschaften und Streiks. Im Gegenzug stimmten die Arbeiter zu, sich an die Verfassung zu halten und die Partei als alleinige Macht anzuerkennen.

Arbeiterdelegationen aus dem ganzen Land kamen zusammen und gründeten die landesweite autonome Gewerkschaft Solidarność (Solidarität). Der erste Vorsitzende war der Danziger Streikführer Lech Wałęsa. Im November erkannte die Regierung die Solidarność offiziell an, die mittlerweile zehn Millionen Mitglieder hatte (60 % der Erwerbstätigen). Interessanterweise stammten rund 1 Mio. Mitglieder aus der Partei selbst.

Edward Giereks Nachfolger war Stanisław Kania, der 1981 von General Wojciech Jaruzelski ersetzt wurde. Jaruzelski behielt weiterhin seine bisherigen Ämter als Ministerpräsident und Verteidigungsminister.

Die Solidarność hatte eine ungeheure Wirkung auf die polnische Gesellschaft. Nach 35 Jahren Unterdrückung stürzten sich die Polen in eine spontane und chaotische Form der Demokratie. Die Solidarität führte lange Debatten über den Reformprozess und die freie Presse entwickelte sich. Zum ersten Mal konnten die Polen Tabuthemen wie den Hitler-Stalin-Pakt und das Massaker von Katýn offen diskutieren.

Klaus Bachmann nimmt in *Polens Uhren gehen anders* das deutsche Nachbarland und seine Menschen kurz vor dem EU-Beitritt unter die Lupe.

Natürlich waren die zehn Millionen Mitglieder der Solidarność keine homogene Gruppe. Es ist größtenteils Lech Wałęsas charismatischer Persönlichkeit zuzuschreiben, dass die Gewerkschaft in ihrem Kampf um eine politische Harmonie mit der Regierung einen moderaten Kurs beibehielt.

Die Regierung sah sich allerdings sowohl von den Sowjets als auch von den eigenen Hardlinern unter Druck gesetzt und lehnte große Reformen und die Vorschläge der Solidarność mehr und mehr ab. Dadurch blieben der Gewerkschaft nur noch Streiks als legale Antwort übrig. Die Wirtschaftskrise verschärfte sich immer mehr. Nach den erfolglosen Gesprächen im November 1981 zwischen Regierung, Solidarität und Kirche verschärften sich die gesellschaftlichen Spannungen. Es kam zum politischen Stillstand.

DAS KRIEGSRECHT UND SEINE FOLGEN

Als General Jaruzelski frühmorgens am 13. Dezember 1981 unerwartet das Kriegsrecht ausrief, standen schon Panzer in den Straßen, waren Armeeposten an jeder Ecke aufgezogen und hatten paramilitärische Trupps mögliche Versammlungsorte besetzt. Die Macht fiel in die Hände des Militärrats zur nationalen Rettung (WRON), einer Gruppe von Offizieren unter der Leitung Jaruzelskis.

Sie verbot die Solidarność und alle öffentlichen Versammlungen, Demonstrationen und Streiks bei Strafe. Mehrere Tausend Menschen, unter

1947 „Wahl" der Kommunistischen Regierung

1978 Karol Wojtyła, Erzbischof von Krakau, wird Papst Johannes Paul II.

ihnen die meisten Gewerkschaftsführer und Lech Wałęsa selbst, wurden interniert. Daraufhin brachen spontane Demonstrationen und Streiks aus, die aber zerschlagen wurden. Das Kriegsrecht war innerhalb von zwei Wochen nach seiner Ausrufung in ganz Polen in Kraft.

Ob der Staatsstreich nun von der Sowjetunion gesteuert war oder einfach Jaruzelskis Versuch war, einer militärischen Intervention zuvorzukommen, er erreichte auf jeden Fall sein Ziel: Die Reformbewegung war zerschlagen und das Leben kehrte zum alten kommunistischen Trott zurück.

Allerdings hatte Jaruzelski keine Unterstützung in der Bevölkerung, denn die meisten Polen lehnten die Regierung ab. Im Oktober 1982 löste die Regierung die Gewerkschaft Solidarität offiziell auf und ließ Wałęsa frei. Das Kriegsrecht wurde im Juli 1983 aufgehoben.

Solidarność machte in wesentlich kleinerem Maßstab im Untergrund weiter. Sie hatte weiter große Sympathie und Unterstützung in der Bevölkerung. Im Juli 1984 verkündete die Regierung eine begrenzte Amnestie und ließ einige Oppositionelle frei. Aber jeder öffentliche Protest führte zu Verhaftungen und erst 1986 kamen alle politischen Gefangenen frei.

DER ZUSAMMENBRUCH DES KOMMUNISMUS

Die Wahl Michail Gorbatschows zum Präsidenten der Sowjetunion 1985 und seine Glasnost- und Perestroika-Programme stießen den demokratischen Reformprozess in ganz Osteuropa an. Polen war wieder das Versuchskaninchen. Jaruzelski machte bei seinen Befugnissen Zugeständnisse und zeigte sich beim Demokratisierungsprozess kompromissbereit. Im April 1989 wurde bei Vereinbarungen am so genannten runden Tisch zwischen Regierung, Opposition und Kirche die Solidarität wieder zugelassen und der Opposition der Weg ins Parlament geöffnet.

Bei den folgenden halbfreien Wahlen im Juni 1989 gelang Solidarność die Wahl einer überwältigenden Mehrheit ihrer Kandidaten in den Senat, das Oberhaus des Parlaments. Allerdings hatten sich die Kommunisten 65 % der Sitze im Sejm reserviert. Jaruzelski war als Präsident der Stabilisierungsfaktor und politischer Garant für Moskau und die einheimischen Kommunisten. Aber dann erhielt der nichtkommunistische Ministerpräsident Tadeusz Mazowiecki das Amt auf persönlichen Druck Lech Wałęsas hin. Diese neue Machtaufteilung ebnete den Weg für den Zusammenbruch des Kommunismus in Osteuropa, der wie eine Kettenreaktion ablief. Die Partei löste sich 1990 auf; es fehlten ihr die Mitglieder und das Selbstvertrauen.

„die Partei löste sich 1990 auf; es fehlten ihr die Mitglieder und das Selbstvertrauen"

Im Januar 1990 setzte die Regierung ein Reformpaket in Kraft, das die Planwirtschaft in eine freie Marktwirtschaft umwandeln sollte. Verfasser des radikalen Plans war der Finanzminister Leszek Balcerowicz. Wie in einer Art Schocktherapie gab es plötzlich keine Preisbindung mehr, Subventionen entfielen, der Geldfluss wurde gestrafft und die Währung in einer harten Abwertung voll konvertibel mit den westlichen Währungen gemacht.

Innerhalb weniger Monate schien sich die Wirtschaft zu stabilisieren. Es gab keine Lebensmittelknappheit mehr und die Ladenregale waren voll. Gleichzeitig aber schossen die Preise in die Höhe und die Arbeitslosenzahlen explodierten. Die erste optimistische Welle schlug in Unsi-

1980
Gründung der Gewerkschaft Solidarność

13. Dezember 1981
Verhängung des Kriegsrechts in Polen

cherheit und Unzufriedenheit um und die strengen Sparmaßnahmen machten die Regierung in der Bevölkerung immer unbeliebter.

Zeit der Freiheit. Aus den Zentren von Mitteleuropa von Timothy Garton Ash bietet unterhaltsame Einsichten in eine politische Entwicklung über den polnischen Tellerrand hinaus.

Mitte der 1990er Jahre entwickelten Mazowiecki und Wałęsa unterschiedliche Vorstellungen davon, wie schnell der Reformprozess vorangehen sollte. Wałęsa fand, dass die Regierung die alten Kommunisten nicht schnell genug aus ihren Posten in Politik und Wirtschaft entließ. Mazowiecki waren politische Säuberungen in diesen schwierigen Zeiten zu riskant und wollte sich lieber auf das Wirtschaftsprogramm konzentrieren. Die erbitterte Rivalität hielt bis zu den Präsidentschaftswahlen im November 1990 an. Diese ersten vollständig freien Wahlen entschied Wałęsa für sich. Es entstand die Dritte Republik.

DIE PRÄSIDENTSCHAFT LECH WAŁĘSAS

Während Wałęsas fünfjähriger Amtszeit erlebte Polen fünf Regierungen und fünf Ministerpräsidenten. Alle versuchten auf ihre Weise, die neue Demokratie umzusetzen.

Nach seiner Wahl ernannte Wałęsa seinen früheren Berater Jan Krzysztof Bielecki zum Ministerpräsidenten. Bieleckis Kabinett versuchte, die strenge Sparpolitik der früheren Regierung weiterzuführen, aber sie fand keine Unterstützung im Parlament und gab nach einem Jahr auf. Die nächste Regierung unter Ministerpräsident Jan Olszewski konnte sich auch nicht einigen und brach nach nur fünf Monaten auseinander.

Im Juni 1992 stimmte Wałęsa einer Regierung unter Hanna Suchocka von der Demokratischen Union zu. Die unabhängige und redegewandte Universitätsprofessorin und Verfassungsrechtlerin war eine polnische Margaret Thatcher. Ihre Koalitionsregierung sicherte sich die parlamentarische Mehrheit, fand aber bei zu vielen Themen zu keiner Übereinstimmung und verlor im Juni 1993 ein Misstrauensvotum.

„damit gewannen sie die öffentliche Stimmung für sich und das Pendel schlug nach links aus"

Wałęsa war ungeduldig. Statt ein weiteres Mitglied der Solidarność mit der Regierungsbildung zu beauftragen, löste er das Parlament auf und rief eine Neuwahl aus. Das war ein Fehler. Die postkommunistischen Oppositionsparteien beschuldigten die Parteien der scheidenden Koalition, ein Missmanagement geführt zu haben und gleichgültig zu sein gegenüber den schmerzhaften gesellschaftlichen Folgen der radikalen Reformen. Sie versprachen ein ausgewogenes Programm, das das Wachstum und die Bedürfnisse der Menschen zu gleichen Teilen beachte. Damit gewannen sie die öffentliche Stimmung für sich und das Pendel schlug nach links aus.

Die Wahl führte zu einer links orientierten Regierung aus zwei Parteien: der Allianz der Demokratischen Linken (SLD) und der Bauernpartei PSL. Beide waren reformierte kommunistische Parteien aus der Zeit vor 1989. Sie besaßen im Sejm mit seinen 460 Sitzen eine Mehrheit von fast zwei Dritteln. Der PSL-Führer Waldemar Pawlak lenkte die Koalition. Der Transformationsprozess zu einer Marktwirtschaft verlangsamte sich, vor allem bei der Privatisierung und den ausländischen Investitionen.

Die anhaltenden Spannungen innerhalb der Koalition und die ständigen Auseinandersetzungen mit dem Präsidenten führten im Februar 1995 zu einer neuen Veränderung. Wałęsa hatte gedroht, das Parlament wieder aufzulösen, wenn Pawlak nicht durch einen reformfreudigeren Kan-

1990
Auflösung der Kommunistischen Partei Polens

November 1990
Erste demokratische Präsidentschaftswahlen

didaten ersetzt würde. Das Parlament benannte Józef Oleksy, wieder einen ehemaligen Funktionär der Kommunistischen Partei. Aber die Auseinandersetzungen mit dem Präsidenten blieben.

Fast alle politischen Parteien und auch die meisten Polen kritisierten Wałęsas Regierungsstil und seine Leistungen immer mehr. Sein unberechenbares Verhalten und der eigenwillige Umgang mit der Macht führten dazu, dass die Zustimmung, die er 1990 noch hatte, in einer Umfrage Anfang 1995 auf 8 % der Wählerstimmen fiel – der niedrigste Stand aller Zeiten. Trotzdem wollte Wałęsa eine zweite Amtszeit übernehmen und schaffte das wie durch ein Wunder sogar fast.

DIE PRÄSIDENTSCHAFT ALEKSANDER KWAŚNIEWSKIS

Die Wahl im November 1995 war ein Kopf-an-Kopf-Rennen zwischen dem antikommunistischen Volkstribun Lech Wałęsa und dem wesentlich jüngeren ehemaligen kommunistischen Technokraten und jetzigen SLD-Vorsitzenden Aleksander Kwaśniewski: Wałęsa gewann 33 % der Stimmen, Kwaśniewski 35 %. Da keiner die absolute Mehrheit erringen konnte, gab es zwei Wochen später eine Stichwahl. Kwaśniewski konnte sie nur knapp für sich entscheiden (51,7 % bei 48,3 % für Wałęsa).

Das Amt des Ministerpräsidenten übernahm mit Włodzimierz Cimoszewicz ein weiterer ehemaliger Funktionär der KP. Mit Präsidentschaft, Regierung und Parlament hatten die Postkommunisten praktisch die Macht in der Hand. Wałęsa warnte vor einem „roten Dreieck". Die Mitte und die Rechte – fast die Hälfte der politischen Nation – hatten keinen Einfluss mehr auf Entscheidungen. Eine Verliererin war auch die Kirche, die Wałęsa während seiner Präsidentschaft stark unterstützt hatte. Deswegen warnten auch die Kirchenoberen die Gläubigen vor der Gefahr eines „neuen Heidentums" unter der neuen Regierung.

Bei den Parlamentswahlen 1997gewann eine Allianz aus etwa 40 kleinen Parteien, die sich aus der Solidarität entwickelt hatten. Diese Allianz mit dem Namen Wahlaktion Solidarität (AWS) bildete eine Koalition mit der liberalen Freiheitsunion (UW) und drängte die Exkommunisten in die Opposition. Die neue Regierung unter Ministerpräsident Jerzy Buzek von der AWS kurbelte das Privatisierungsprogramm wieder an.

Im Oktober 1997 ersetzte dann eine neue Verfassung die von 1952 aus Sowjetzeiten.

Der politische Stil Aleksander Kwaśniewskis unterschied sich sehr von der unwirschen und unberechenbaren Art seines Vorgängers Wałęsa. Kwaśniewskis Amtszeit war vor allem von ständigen Auseinandersetzungen und undurchsichtigen Mauscheleien geprägt. Kwaśniewski brachte aber Ruhe in den politischen Alltag und arbeitete erfolgreich sowohl mit dem linken als auch dem rechten Flügel des politischen Establishments zusammen. Das brachte ihm eine breite öffentliche Unterstützung ein und ebnete den Weg für eine weitere Amtszeit.

„zur Präsidentschaftswahl im Oktober 2000 traten sage und schreibe 13 Kandidaten an"

Im März 1999 erhielt Polen (zusammen mit Tschechien und Ungarn) die Vollmitgliedschaft in der Nato.

Zur Präsidentschaftswahl im Oktober 2000 traten sage und schreibe 13 Kandidaten an. Aber der Sieger stand schon am Anfang fest: Kwaśniewski hatte während des Wahlkampfs konstant an der Spitze der Umfrageergebnisse gelegen und gewann die Wahl dann auch mit 54 %

1995 Wahl Aleksander Kwaśniewskis zum polnischen Präsidenten

1999 Polen wird volles Mitglied der NATO

„die Parlamentswahlen im September 2001 veränderten die gesamte politische Landschaft“

der Stimmen. Auf dem zweiten Platz landete mit 17 % der Geschäftsmann Andrzej Olechowski. Auch Wałęsa hatte es nochmal versucht, er musste aber mit nur 1 % der Stimmen eine katastrophale Niederlage einstecken. Das politische Leben des legendären Solidarność-Führers endete so in einer Demütigung.

Die Parlamentswahlen im September 2001 veränderten die gesamte politische Landschaft. Die große Gewinnerin war die SLD, die damit ihr zweites Comeback feierte, mit 216 Sitzen im Sejm – nur 15 Sitze von der absoluten Mehrheit entfernt. Die SLD koalierte mit der PSL und wiederholte so die wackelige Allianz von 1993. Der ehemalige hochrangige Kommunist Leszek Miller wurde Ministerpräsident.

Am 1. Mai 2004 trat Polen der EU bei. Nur einen Tag nach dem EU-Beitritt erklärte Miller seinen Rücktritt – und das in Zeiten wachsender Unruhe über die hohe Arbeitslosigkeit und den niedrigen Lebensstandard. Millers Platz übernahm der angesehene Wirtschaftswissenschaftler und SLD-Angehörige Marek Belka.

NEUERE ENTWICKLUNGEN

Mit den Parlamentswahlen im September 2005 zeichnete sich eine neue Wende ab. Das konservative Lager hatte sich zur stärksten Kraft entwickelt. An ihrer Spitze steht die Partei Recht und Gerechtigkeit (PiS), geführt von Jarosław Kaczyński. Das Amt des Präsidenten erhielt sechs Wochen später dessen Zwillingsbruder Lech Kaczyński, der damit den bisherigen Amtsinhaber Aleksander Kwaśniewski ablöste. Lech Kaczyński schlug in einer Stichwahl Donald Tusk von der liberalen Bürgerplattform (PO) deutlich mit 55,5 zu 45,5 % der Stimmen.

Fünfzehn Jahre nach dem Zusammenbruch des Kommunismus steht das Land immer noch vor schwierigen Aufgaben. Die Wirtschaft stagniert und Korruption ist an der Tagesordnung. Lech Kaczyński gilt als nationalkonservativ. Der ehemalige Berater des Streikkomitees auf der Danziger Lenin-Werft und engste Vertraute Wałęsas brach schon 1991 mit dem Solidarność-Führer. Die politischen Überzeugungen waren zu unterschiedlich.

Das große Projekt des Präsidenten ist die so genannte Vierte Republik. Damit soll die Übergangszeit beendet werden, die noch stark durch die kommunistische Vergangenheit geprägt war. Kaczyńskis Ziele sind ein starker Staat, mehr Befugnisse für den Präsidenten und höhere Sozialleistungen, darunter Rente.

Der Bruder des Präsidenten, Jarosław Kaczyński, hatte – trotz des Sieges bei den Parlamentswahlen – auf den Posten des Regierungschefs verzichtet, um die Chancen seines Bruders auf das Präsidentschaftsamt nicht zu schwächen. Zwei Brüder in den höchsten politischen Ämtern wären den Polen wahrscheinlich suspekt gewesen.

1. Mai 2004
Polen tritt der EU bei

Oktober 2005
Lech Kaczyński ist neuer Präsident

Kultur

MENTALITÄT

Die Polen sind ein ziemlich anpassungsfähiges und erfinderisches Volk. Sie lösen familiäre oder staatliche Probleme sehr individuell. Die Geschichte hat häufig gezeigt, dass es selten einen gesellschaftlichen Konsens über eine wichtige nationale Frage gab. Auf der anderen Seite können sich die Polen in kritischen Zeiten erstaunlich gut zusammenraufen. Dabei geht es manchmal auf sympathische Weise etwas unlogisch und weltfremd zu. Die Polen lieben Witze und sind in der Regel ziemlich entspannt, sie können aber in einer Auseinandersetzung schlagartig ernst und hitzig werden.

Gebrauchsanweisung für Polen (2005) von Radek Knapp bringt auf den Punkt, was jeder Ausländer über die polnische Mentalität wissen sollte. Der gebürtige Warschauer und in Wien lebende Autor vereint Slawisches und Westeuropäisches in Personalunion und schreibt ironisch, sympathisch, grundehrlich.

Im Großen und Ganzen sind die Polen eher konservativ und traditionell eingestellt. Ein Grund dafür ist der Katholizismus, der für sie eine wichtige Rolle spielt. Andere Gründe sind die eingeschränkten Kommunikationsmöglichkeiten und die veraltete Infrastruktur in einigen Landesteilen.

Angesichts der polnischen Geschichte, vor allem des Zweiten Weltkriegs, überrascht es kaum, dass die Vergangenheit in den Köpfen der Polen tief verwurzelt ist.

Westeuropäer können die Auswirkungen des EU-Beitritts und die Gräben, die er in der Bevölkerung gerissen hat, nur schwer nachvollziehen. Die Mehrheit der Polen sieht in dem Beitritt die Garantie für die Unabhängigkeit ihres Landes (auf Bannern wurde der 1. Mai 2004 als „Ende von Jalta" gefeiert), aber es gibt auch welche, die glauben, mit dem Beitritt ihre hart erkämpfte Unabhängigkeit an die Bürokraten in Brüssel verloren zu haben.

Die Polen sind im Allgemeinen freundlich und offen. Eine Redensart lautet: „Mit einem Gast im Haus kommt Gott ins Haus." Freunden gegenüber kann ihre Großzügigkeit und Freigiebigkeit bis zur Selbstaufgabe gehen.

Bei der Begrüßung ist es in Polen sehr wichtig, sich die Hand zu geben. Männer sollten bei der Begrüßung von Frauen in konservativeren Gegenden darauf achten, dass die Frau die Initiative zum Händeschütteln ergreift. Immer wieder kann man sogar heute noch den guten alten Handkuss beobachten. Auch hier ist es wieder die Frau, die das Signal dazu gibt.

Polnische Männer schenken Frauen gerne Blumen. Es gelten dafür immer noch alte Regeln, die aber nicht mehr so streng wie früher sind. Rosen zum Beispiel sollten nur zu besonderen Anlässen überreicht werden und Sträuße möglichst aus einer ungeraden Anzahl an Blumen bestehen.

Die Polen sind oft nicht so pünktlichkeitsfanatisch wie Westeuropäer. Manchmal lassen sie einen Freund auch ein bisschen warten. Absolut unhöflich ist es sogar, zu einer Einladung auf die Minute genau zu kommen oder – ganz schlimm – vor der angegebenen Zeit.

LEBENSART

Seit der Kapitalismus in den 1990er Jahren den Kommunismus ersetzt hat, hat sich das Leben in den polnischen Städten schnell dem in Westeuropa angepasst. Die Einkaufsstraßen sind voller Geschäfte, auf deren Namen man überall in der westlichen Welt stößt; über die Fernseher flimmern die üblichen amerikanischen und deutschen Soaps und Serien und kein Pole würde seine Wohnung ohne *komórka* (Handy) verlassen. Das durchschnittliche Monatseinkommen stieg zwischen 1989 und 2003 von 36 € auf 480 €. In der gleichen Zeit sank die Inflation von 250 % auf 2 %. Der Neubeginn hat einen großen Hunger nach Selbstentfaltung geweckt. Die Polen haben viele Ideen, wie sie die Vorteile der EU-Mitgliedschaft für sich nutzen können. Wände und Laternenmasten sind zugekleistert mit Werbung, für Sprachkurse in Englisch, Deutsch und Russisch oder Diplome in Wirtschaftswissenschaften und IT.

Trotzdem: Alte Gewohnheiten lassen sich schwer ablegen. Immer wieder unerwartet zeigt sich die ganz traditionelle Art, wie in Polen Geschäfte gemacht werden. Zum Beispiel gab es 2004 einen Werbespot für Reisen nach Warschau, der nicht etwa mit Geld, sondern mit freien Übernachtungen vergütet wurde – ein typisch polnischer Handel.

Zwischen den Städten und den ländlichen Gemeinden tut sich eine immer größere Kluft auf. Die Menschen auf dem Land leben noch sehr traditionell. Ein Besuch der hintersten Ecken Polens ist manchmal wie eine Zeitreise. Hier melken Familien das Vieh, das am Straßenrand weidet, noch von Hand. Das Heu wird genauso von Hand geerntet und mit dem Pferdekarren vom Feld nach Hause gefahren. Die Polen zieht es zum einfachen Leben hin, auch wenn sie noch so überzeugte Stadtmenschen sind. Viele fahren am Wochenende aufs Land, um Pilze und Beeren zu sammeln.

Die römisch-katholische Kirche ist den meisten Polen sehr, sehr wichtig. 75 % der Bevölkerung sind praktizierende Katholiken. Damit gehört Polen zu den religiösesten Ländern Europas. Am Sonntagmorgen ist es üblich, dass die ganze Familie gut angezogen zur Kirche geht. Ob in Warschau oder im kleinsten Dorf, spielt keine Rolle.

BEVÖLKERUNG

Polen zählte 2004 rund 38 Mio. Einwohner. Die demografische Wachstumsrate, die in der Nachkriegszeit noch sehr hoch war, ist in den letzten beiden Jahrzehnten auf etwa 0,02 % gesunken. Damit ist sie vergleichbar mit deutschen Verhältnissen.

In der Folge des Zweiten Weltkriegs kam es zu riesigen Auswanderungswellen und so ist die ethnische Zusammensetzung der Bevölkerung heute nahezu homogen. Offiziellen Statistiken zufolge stellen Polen 96,7 % der Bevölkerung, Deutsche 0,4 %, Ukrainer und Weißrussen jeweils etwa 0,1 %, die restlichen 2,7 % umfassen weitere Minderheiten wie Juden, Litauer, Tataren, Roma, Lemken, Bojken und noch ein Dutzend anderer Volksgruppen.

Die heutige ethnische Zusammensetzung unterscheidet sich deutlich von der vor dem Krieg. Polen war jahrhundertelang eines der kosmopolitischsten Länder Europas, darunter mit der größten jüdischen Gemeinde des Kontinents. Kurz vor dem Zweiten Weltkrieg lebten rund 3 Mio. Juden in Polen – heute sind es noch 5000 bis 10 000.

GEWUSST?

Die beliebtesten polnischen Vornamen sind Piotr, Jan und Andrzej für Jungen und Anna, Maria und Katarzyna für Mädchen.

Die Bevölkerungsdichte ist sehr unterschiedlich. Oberschlesien ist die am dichtesten besiedelte Region, die nordöstlichen Grenzgebiete die am dünnsten besiedelte. Über 70 % der Bevölkerung leben heute in den Städten, 1930 waren es nur 30 %. Warschau ist die mit Abstand größte Stadt (1,75 Mio.), danach kommen Łódź (793 200) und Krakau (770 000).

Nach groben Schätzungen leben zwischen 5 und 10 Mio. Polen im Ausland; die meisten haben das Land in den zwei großen Auswanderungswellen des letzten Jahrhunderts verlassen: zu Beginn des 20. Jhs. und während des Zweiten Weltkriegs. Die Auswanderungsbewegung hielt nach dem Krieg in kleinerem Maßstab an, was vor allem an der Wirtschaftskrise in den 1980er und 90er Jahren lag. Die meisten Polen im Ausland leben in den USA.

Nach dem EU-Beitritt 2004 haben viele eine neue Auswanderungswelle befürchtet. Diese Angst scheint aber unbegründet zu sein, zumindest, wenn sich die Wirtschaft des Landes weiter so erholt.

GEWUSST?

Mit fast 5 Mio. Einwohnern polnischer Herkunft wird Chicago häufig als die zweitgrößte polnische Stadt nach Warschau bezeichnet.

SPORT

Fußball *(Piłka nożna)* ist der beliebteste Sport im Land und zieht regelmäßig Massen von Zuschauern an. Die beliebtesten und erfolgreichsten Mannschaften sind unter anderen Wisła Kraków und Legia Warszawa. Polens Nationalmannschaft war in den 1970er Jahren relativ stark und errang bei den Weltmeisterschaften 1974 und 1982 den dritten Platz. Sie konnte aber in den letzten zwanzig Jahren nicht mehr an diese Erfolge anknüpfen.

Populäre Sportarten sind auch Basketball, Volleyball und der Radsport. Polen hatte international Erfolg in der Leichtathletik, im Kajakfahren und Rudern. Bei den neueren Trendsportarten Tennis und Skifahren kann Polen bis jetzt noch keine international erfolgreichen Stars bieten. Außerdem hat der Pferderennsport viele Fans; es gibt einige Rennbahnen im Land, unter anderem in Warschau und Sopot.

RELIGION

In Polen sind 91 % der Bevölkerung katholisch, 75 % leben diesen Glauben aktiv. Damit ist es ein zutiefst religiöses Land. Überflüssig zu erwähnen, dass der 2005 verstorbene polnische Papst Johannes Paul II. die Position der Kirche in seiner Heimat noch mehr gestärkt hat. Die übrigen 9 % der polnischen Bevölkerung gehören der orthodoxen, protestantischen und jüdischen Glaubensminderheit an.

In der Vergangenheit erstreckte sich das polnische Territorium entlang der Grenzen von Rom und Byzanz und die katholische Kirche (Kościół Katolicki) musste ihren Einfluss mit anderen Glaubensrichtungen teilen, vor allem mit der orthodoxen Kirche (Kościół Prawosławny). 1596 teilte sich die orthodoxe Hierarchie in Polen von der russisch-orthodoxen Kirche und akzeptierte den römischen Papst als Oberhaupt. Dadurch entstand in Polen die so genannte unierte Kirche (Kościół Unicki), die auch griechisch-katholische Kirche (Kościół Greko-Katolicki) genannt wird. Trotz des Doktrinwechsels behielt die unierte Kirche ihre orthodoxen Gottesdienstformen und die liturgische Sprache. Die unierte Kirche hat heute nur noch wenige Anhänger (höchstens 0,5 %), vorwiegend Ukrainer und Lemken, die seit den Zwangsumsiedlungen nach dem Zweiten Weltkrieg übers ganze Land verstreut leben.

Nach dem Zweiten Weltkrieg verschob sich die polnische Grenze nach Westen. Damit ist die orthodoxe Kirche mit den charakteristischen Zwiebeltürmen nur noch in einem schmalen Streifen am östlichen Rand des Landes zu finden. Ihre Anhänger machen weniger als 1 % der Bevölkerung aus, aber trotzdem ist sie die zweitgrößte Glaubensrichtung nach dem Katholizismus.

Der Protagonist in *Die kleine Apokalypse* (1979) von Tadeusz Konwicki soll sich vor dem Hauptquartier der Kommunistischen Partei bei lebendigem Leib verbrennen. Der Roman folgt ihm auf seinem Weg durch die Stadt und bei seinem Entscheidungsprozess, ob er diesen selbstzerstörerischen Akt des Protestes wirklich vollziehen soll.

KUNST & KULTUR

Literatur

Der große Name der polnischen Literatur des 19. Jhs. ist Adam Mickiewicz (1798–1855). Dieser Dichter der Romantik ist den Polen, was den Deutschen ihr Goethe ist. Er ist Kultikone und Leitfigur seiner Zeit wie für heutige Künstler. Mickiewicz ist in Novogródek im heutigen Weißrussland geboren und war schon in seiner Jugend politisch aktiv. Für fünf

DIE KATHOLISCHE KIRCHE HEUTE

Nach dem Zusammenbruch des Kommunismus 1989 strengte sich die römisch-katholische Kirche in Polen gewaltig an, das von den Kommunisten hinterlassene Vakuum zu füllen. Die Kirche übernahm Land, Macht und die Rolle der moralischen Instanz. Lech Wałęsa war während seiner Amtszeit als Präsident der stärkste Förderer der Kirche. Er hatte immer einen Priester an seiner Seite.

Die Einmischung der Kirche in die staatlichen Angelegenheiten schlug sich auch in der politischen Tagesordnung nieder. Anfang der 1990er Jahren war der Kampf gegen die Abtreibung wichtigstes Thema und drängte wirtschaftliche Fragen in den Hintergrund. Nachdem die Abtreibung 1956 unter den Kommunisten legalisiert worden war, hatte sie sich als gängiges Mittel zur Geburtenkontrolle etabliert. Obwohl nur etwa 10 % der Bevölkerung grundsätzlich gegen Abtreibungen war, erreichte die Kirche ihr Ziel: Das Parlament verabschiedete ein Antiabtreibungsgesetz, das 1993 in Kraft trat. Gemäßigte Kräfte erreichten immerhin, dass das Gesetz ergänzt wurde. So wurde der Zugang zu Verhütungsmitteln allgemein möglich und Sexualkundeunterricht in den Lehrplan der Schulen integriert.

Die Kirche sorgte sich auch um die junge Generation und forderte die Wiedereinführung des Religionsunterrichts an den Schulen. Die freiwillige Teilnahme am Religionsunterricht wurde 1990 für die Grundschule eingeführt und 1992 Pflichtfach. Die Massen junger Anwärter in den Priesterseminaren führten zu einem Überangebot an Geistlichen. Priester entwickelten sich so zu einem neuen „Exportschlager" – viele katholische Geistliche in Europa stammen heute aus Polen.

Seit 1994 verliert die Kirche an Unterstützung. Das lässt sich zum einen als natürliche Gegenreaktion auf die anfängliche Begeisterung deuten. Der mehr liberal eingestellte Teil der Bevölkerung lehnt aber auch obligatorischen Religionsunterricht in den Schulen zunehmend ab, ebenso die strengen Antiabtreibungsgesetze und die zahlreichen Privilegien der Kirche (die zum Beispiel Sendelizenzen in den Medien bevorzugt erhält).

Die Popularität der Kirche hat weiter gelitten, als die Kirche 1995 die Rückkehr ehemaliger kommunistischer Politiker an die Macht unterstützte. Damit stieß sie viele Wähler vor den Kopf. Die Wähler wandten sich gegen Wałęsa, den großen Befürworter der Kirche, und stimmten bei den Präsidentschaftswahlen für Aleksander Kwaśniewski.

Die Kirche hatte auch ihre Schwierigkeiten, sich mit dem EU-Beitritt Polens zu arrangieren. Johannes Paul II. stimmte diesem zwar zu, aber die Kirche erklärte sich nur bereit, den Beitritt zu unterstützen, wenn die Antiabtreibungsgesetze unangetastet bleiben würden.

Jahre musste er in die Verbannung nach Zentralrussland. In den 1830er Jahren verließ er Polen ganz und lehrte als Professor für Literatur in Lausanne und Paris. Seine großen Werke, die im Exil entstanden, sind von einem patriotischen Ton geprägt. Mickiewiczs berühmtestes Gedicht kennt noch heute jeder Schüler in Polen; es ist das Epos *Pan Tadeusz* (1834), eine romantische Beschwörung einer verlorenen Welt, und handelt vom polnisch-litauischen Adel des 18. Jhs., der durch die Teilung von 1795 auseinander gerissen wurde. Das Warschauer Literaturmuseum (S. 69) hat Mickiewicz eine Sonderausstellung gewidmet.

Zwei weitere große Romantiker des 19. Jhs. waren Juliusz Słowacki (1809–49) und Zygmunt Krasiński (1812–59). Beide mussten wie Mickiewicz als Patrioten im Exil schreiben. Ihre Namen sind auf vielen Denkmälern, Straßenschildern und Plätzen in ganz Polen verewigt.

Henryk Sienkiewicz' Roman *Quo Vadis?* spielt im Alten Rom und erzählt die Liebesgeschichte zwischen dem Römer Vinicius und der Christin Lygia. Dieser Klassiker unter den historischen Romanen wurde mit dem Nobelpreis für Literatur geehrt.

Der Nobelpreis für Literatur wurde 1901 zum ersten Mal vergeben. Vier Jahre später war Henryk Sienkiewicz (1846–1916) der erste polnische Autor, der diese Ehre erhielt. Er bekam den Preis für seinen Roman *Quo vadis?*, der erste Bestseller der Welt, übersetzt in Dutzende Sprachen. Bis heute wird das Meisterwerk immer wieder neu aufgelegt. Noch ein polnischer Nobelpreisträger war 1924 Władysław Reymont (1867–1925). Sein vierbändiges Nationalepos *Die Bauern* (Chłopi) thematisiert das Landleben in Polen.

Józef Teodor Konrad Nałęcz Korzeniowski (1857–1924) stammte aus einem verarmten, patriotischen Landadelsgeschlecht in Berdyczów in der heutigen Ukraine. Er verließ das Land 1874 und fuhr zwanzig Jahre zur See. Danach ließ er sich in England nieder. Er sprach zwar seine polnische Muttersprache fließend, schrieb aber ausschließlich auf Englisch. Heute ist er weltweit unter dem Namen Joseph Conrad bekannt und seine Romane (u. a. *Herz der Finsternis* und *Lord Jim*) gelten als Klassiker der englischen Literatur.

In der Zwischenkriegszeit tauchten einige brillante avantgardistische Schriftsteller auf, die die literarische Welt aber erst nach dem Zweiten Weltkrieg voll anerkannte. Zu ihnen zählten Bruno Schulz (1892–1942), Witold Gombrowicz (1904–69) und Stanisław Ignacy Witkiewicz (auch als Witkacy bekannt; 1885–1939). Das Multitalent Witkacy konnte nicht nur malen, sondern auch schreiben und fotografieren. Er schrieb ungewöhnliche philosophische Essays wie etwa die „Theorie der reinen Form" und entwickelte das absurde Theater, lange bevor Ionesco es berühmt machte. Erst in den 1960er Jahren entdeckte die internationale Theaterwelt Witkacys Stücke wie *Die Mutter* (Matka) oder *Die Schuster* (Szewcy). Witkacy beging kurz nach Ausbruch des Zweiten Weltkriegs Selbstmord, weil er damit zeigen wollte, dass er von dem so genannten Katastrophismus, dem Zerfall der Zivilisation, überzeugt war.

Im Roman *Solaris* (1961) von Stanisław Lem wird ein Psychologe zu einer Raumstation geschickt, deren Besatzung von Figuren aus der Vergangenheit heimgesucht wird. Ganz in der Tradition bester Sciencefiction verwendet Lem hier einen futuristischen Schauplatz, um zu erforschen, was den Menschen zum Menschen macht – in diesem Fall die Unmöglichkeit, wirklich zu wissen, was im Kopf eines anderen Menschen vor sich geht.

Die Nachkriegszeit stellte die polnischen Autoren vor eine schwierige Entscheidung: Sie konnten den Kommunismus hinnehmen und sich an ihn verkaufen oder unabhängig bleiben und Verfolgung riskieren. Czesław Miłosz (1911–2004) brach mit dem Regime und lieferte mit *Verführtes Denken* (Zniewolony Umysł) eine Analyse dieses Problems. Miłosz, der den größten Teil seines Lebens im amerikanischen Exil verbrachte, ist die herausragende Figur der polnischen Nachkriegsliteratur und erhielt 1980 den Nobelpreis für sein Lebenswerk.

Eine Größe der Nachkriegsliteratur ist der Schriftsteller, Filmautor und Regisseur Tadeusz Konwicki (geb. 1926). Er engagierte sich als Jugendlicher während des Zweiten Weltkriegs im polnischen Widerstand. Die kommunistischen Zensoren in der Zeit vor 1989 bissen sich an seinen Werken die Zähne aus. Konwicki wurde (u. a. auf der Website www.culture.pl) als „das Gewissen der Gesellschaft sowie ihr Zerrspiegel" bezeichnet. Er hat über zwanzig Romane geschrieben, von denen die bekanntesten *Die kleine Apokalypse* (Mała Apokalipsa) und *Der polnische Komplex* (Kompleks Polski) sind.

Zuletzt ging der Nobelpreis für Literatur 1996 nach Polen, an Wisława Szymborska (geb. 1923), eine Lyrikerin aus Krakau, die außerhalb Polens aber kaum bekannt ist. Die schwedische Akademie beschrieb sie als den weiblichen „Mozart der Poesie" mit „einer Prise Wut à la Beethoven". Eine gute Einführung in ihr Werk ist der Sammelband *Die Gedichte,* in deutscher Übersetzung 2002 erschienen.

Stanisław Lem (geb. 1921) ist ohne Zweifel Polens wichtigster Sciencefiction-Autor. Rund 27 Millionen Bücher in 41 Sprachen wurden weltweit verkauft. Der berühmteste seiner über dreißig Romane ist *Solaris,* der 2002 in einer Neuverfilmung mit George Clooney in die Kinos kam.

Zur jüngeren Generation polnischer Schriftsteller zählen der Danziger Journalist und Autor Pawel Huelle (geb. 1957), Olga Tokarczuk (geb. 1962) und die Psychologin und Übersetzerin Magdalena Tulli (geb. 1955). Katarzyna Grochola schreibt pointierte Romane über die Frauen im modernen Polen; Kritiker haben sie schon mit Helen Fielding, der Autorin der *Bridget Jones*-Romane, verglichen.

Olga Tokarczuk ist eine der beliebtesten Autorinnen Polens. Ihr erster Roman *Taghaus, Nachthaus* (1998) erzählt mal geistreich und klug, mal tragisch und komisch die Geschichte eines polnischen Dorfes und seiner skurrilen Einwohner nahe der tschechischen Grenze.

Kino

Als Erfinder des Kinos gelten zwar allgemein die Brüder Lumière, aber manche nennen auch den Polen Piotr Lebiedziński als den eigentlichen Urheber, weil er schon 1893 eine Filmkamera baute, also zwei Jahre, bevor der Kinowahn ausbrach.

Auf der vom Adam Mickiewicz-Institut betriebenen Website www.culture.pl/de/culture finden sich aktuelle Informationen und Aufsätze zu den Themen Literatur, Musik, Kunst, Theater, Architektur usw.

Der erste polnische Film entstand 1908, aber erst nach dem Ersten Weltkrieg kam es zu einer nennenswerten Filmproduktion. Bis Mitte der 1930er Jahre waren die polnischen Filme größtenteils triviale Komödien oder Adaptionen populärer Romane. Außerhalb der Landesgrenzen kannte sie kaum jemand. Den größten polnischen Beitrag zum internationalen Film lieferte in dieser Zeit die Schauspielerin Pola Negri. Nach ihrem Debüt in polnischen Filmen machte sie sich weltweit einen Namen.

In den ersten zehn Jahren nach dem Zweiten Weltkrieg war die polnische Filmindustrie ziemlich bedeutungslos, abgesehen vielleicht von einigen halbdokumentarischen Filmen, die die Grausamkeiten des Krieges thematisierten. Ein Beispiel dafür ist *Die letzte Etappe* (Ostatni Etap), ein bewegendes Dokudrama von Wanda Jakubowska, die selbst Auschwitz überlebte.

Roman Polańskis Debüt *Nóż w wodzie* (Das Messer im Wasser; 1963) ist ein vollendetes Stück Filmkunst, ein spannender intellektueller Wettkampf zwischen zwei Männern in unterschiedlichen Lebensaltern um eine schöne Frau. Schauplatz ist eine Yacht auf den Großen Masurischen Seen. Der Film wurde als bester ausländischer Film für den Oscar nominiert.

Die Zeit zwischen 1955 und 1963 war dann dermaßen produktiv, dass man sie auch als Polnische Schule bezeichnet. Den Anfang machte Andrzej Wajda. Die Bewegung griff auf die Literatur zurück und befasste sich mit den moralischen Bewertungen des Krieges. Ihr gemeinsamer Nenner war das Motiv des Heldentums. In dieser Zeit entstand ein Dutzend guter Filme wie Wajdas berühmte Trilogie *Eine Generation* (Pokolenie), *Der Kanal* (Kanał) und *Asche und Diamant* (Popiół i Diament). Seitdem hat der unermüdliche Wajda alle zwei Jahre einen Film gedreht, darunter *Der Mann aus Marmor* (Człowiek z Marmuru), *Mann aus Eisen* (Człowiek z Żelaza) und *Danton.*

In den 1960er Jahren erschienen zwei Jungtalente auf der Bildfläche: Roman Polański und Jerzy Skolimowski. Polański drehte mit *Das Messer im Wasser* (Nóż w wodzie) nur einen Spielfilm in Polen und setzte danach seine Karriere im Westen fort.

Skolimowski drehte vier Filme; der letzte Film, *Hände hoch!* (Ręce do Góry) aus dem Jahr 1967, wurde aber bis 1985 offiziell unter Verschluss gehalten. Auch Skolimowski verließ Polen. Während Skolimowski im Ausland wenig bekannt wurde, schaffte es Polański bis ganz an die Spitze. Zu seinen großen Erfolgen zählen unter anderem die Kassenschlager *Wenn Katelbach kommt…, Rosemaries Baby, Chinatown, Macbeth, Bitter Moon* und *Der Tod und das Mädchen.*

Als ein weiterer Botschafter des polnischen Kinos gilt Krzysztof Kieślowski. Er begann seine Karriere 1977 mit *Die Narbe* (Blizna), sein erster international anerkannter Spielfilm war *Der Filmamateur* (Amator). Nach mehreren Kinofilmen wagte er die zehnteilige Fernsehserie *Dekalog,* die in vielen Ländern ausgestrahlt wurde. Im Anschluss produzierte er den Film *Die zwei Leben der Veronika.* Sein außergewöhnliches Können als Filmemacher bewies er mit der Trilogie *Drei Farben: Blau/Weiß/Rot.* Für diese Trilogie erhielt er bedeutende internationale Filmpreise, die ihn als einen der besten Filmemacher Europas auszeichneten. Krzysztof Kieślowski starb bei einer Herzoperation im März 1996.

Der Pianist (2003), die bewegende wahre Geschichte eines Überlebenden des Warschauer Ghettos, brachte Regisseur Roman Polański drei Oscars (unter anderem für den besten Schauspieler und die beste Regie) und zwei Baftas ein.

Weitere große Regisseure begannen ihre Karriere unter den Kommunisten, zum Beispiel Krzysztof Zanussi, Andrzej Żuławski und Agnieszka Holland. Auch die postkommunistische Ära hat viele junge Talente hervorgebracht. Keiner von ihnen hat aber bisher Polański oder Wajda das Wasser reichen können.

Polen hat neben Regisseuren auch erstklassige Kameraleute hervorgebracht, etwa Janusz Kaminski, der für seine Arbeit bei Steven Spielbergs *Schindlers Liste* und *Der Soldat James Ryan* zwei Oskars bekam. Er war auch leitender Kameramann bei dem Film *Vergessene Welt: Jurassic Park.*

Weniger berühmt sind einige weitere polnische Kameraleute, die jedoch auch für verschiedene große Hollywoodproduktionen bemerkenswerte Arbeit geleistet haben, darunter Adam Holender *(Asphalt-Cowboy),* Andrzej Bartkowiak *(Die Wahrheit und nichts als die Wahrheit, Jade, Zeit der Zärtlichkeit, Die Ehre der Prizzis),* Andrzej Sekuła *(Pulp Fiction)* und Piotr Sobociński *(Marvins Töchter, Kopfgeld – Einer wird bezahlen).*

Krzysztof Kieślowskis Filmtrilogie *Drei Farben* (1993–94) untersucht, in welcher Weise sich die Ideale der Französischen Revolution *Freiheit, Gleichheit, Brüderlichkeit* im täglichen Leben niederschlagen. Der Film *Blau*, der die Freiheit behandelt und als der beste der drei Filme gilt, erzählt die Geschichte einer Frau, die nach dem Tod ihres Mannes versucht, sich von allen Bindungen und Verpflichtungen zu befreien.

Musik

Der größte Name in der polnischen Musikgeschichte ist natürlich Frédéric Chopin (1810–49). Er hat die polnische Klassik geprägt wie kein zweiter und sich dafür von den traditionellen höfischen Melodien und Volkstänzen inspirieren lassen, etwa *Polonez* (Polonaise), *Mazurek* (Masurka), *Oberek* und *Kujawiak.* Niemand vor oder nach ihm in der Geschichte der polnischen Musik hat es so wie er verstanden, Elemente der Volksmusik für klassische Kompositionen zu nutzen. Er hat dafür international höchste Anerkennung erhalten. Den Namen Chopin setzen daher viele mit polnischer Klassik gleich.

Im Schatten von Chopins Ruhm stand ein Komponist, der sich auch von Volkstänzen inspirieren ließ: Stanisław Moniuszko (1819–72). Er schuf die polnische Nationaloper. Seine beiden bekanntesten Opern, *Halka* und *Straszny Dwór,* gehören zu den Säulen des polnischen Opernrepertoires. Noch ein großer Komponist des 19. Jhs. und außerdem ein virtuoser Geiger war Henryk Wieniawski (1835–80).

Weiser Dawidek (1992) von Pawel Huelle ist teils Thriller, teils Parabel und eine faszinierend vielschichtige Geschichte über einen 13-jährigen jüdischen Jungen mit übernatürlichen Kräften, der in einer sommerlichen Ferienidylle auf geheimnisvolle Weise verschwindet.

Anfang des 20. Jhs. errangen zwei polnische Pianisten Weltruhm: Ignacy Paderewski (1860–1941) und Artur Rubinstein (1886–1982), der bis zu seinem Tod auftrat.

Der wichtigste Komponist der ersten Hälfte des 20. Jhs. war Karol Szymanowski (1882–1937). Sein bekanntestes Werk, das Ballett *Harnasie,* war von der Volksmusik der Tatraregion beeinflusst, die er in den zeitgenössischen Stil übertrug.

Bei der Neuen Musik spielt Polen weit vorne mit. In den 1950er und 1960er Jahren ragten eine ganze Reihe von Komponisten heraus, darunter Witold Lutosławski *(Musique Funèbre* und *Jeux Vénitiens)* und Krzysztof Penderecki mit seinen monumentalen und dramatischen

DER CHOPIN-PFAD

In Warschau und Umgebung gibt es mehrere Orte, die mit dem Komponisten Frédéric Chopin zu tun haben.

- Chopin-Denkmal (S. 78) – im Sommer an Sonntagnachmittagen Klavierkonzerte mit Werken des Meisters (S. 91)
- Chopin-Museum (S. 73)) – ein kleines Museum im Hauptquartier der polnischen Chopin-Gesellschaft
- Heiligkreuzkirche (S. 72) – hier liegt Chopins Herz begraben
- Warschauer Universität (S. 72) – hier studierte Chopin von 1826 bis 1829 Musik
- Żelazowa Wola (S. 97) – Chopins Geburtsort; sein Geburtshaus ist heute ein Museum

POLNISCHER HIP-HOP

Die polnische Musikszene kennt alles von Folk über Jazz bis Punk. Im Fernsehen aber scheint es fast nur noch hauseigenen Hip-Hop zu geben. Ob das nun an der früheren Zensur unter den Kommunisten oder an der hohen Jugendarbeitslosigkeit liegt, ist unklar, auf jeden Fall hat sich seit 1990 eine ganze Generation mit Enthusiasmus auf die Gangsta-Philosophie gestürzt. Der gegenwärtige weltweite Hype um diesen Musikstil hat den vielen polnischen Crews und Posses die Türen weit geöffnet.

Nur wenig von dem, was in Funk und Fernsehen läuft, ist musikalisch revolutionär. Hauptsache, viele wollen es hören – Hip-Hop ist im polnischen Mainstream fest verankert. Es ist praktisch die einzige polnischsprachige Musik überhaupt im Land. Sie wird zwar sicher niemals Eminem vom Markt drängen, aber mittlerweile werden sogar in London polnische Rap-Nächte veranstaltet. Klar, dass Deutschland das Land außerhalb Polens ist, wo die Szene und der Markt am stärksten boomen – schließlich leben hier besonders viele Polen.

Zu den interessanten Namen zählen 52 Dębiec, Ascetoholix, Zipera, Jeden Osiem L, Slums Attack, Grammatik, Fisz, Kaliber 44 und Kodex II. In Warschau kann man auf 101,5 Mhz bei Radiostacja reinhören oder sich einen zugeschnittenen Mix beim Sender besorgen, um einen Eindruck von der Szene zu bekommen. Gesendet wird zwar auf Polnisch und die meisten werden deswegen kaum ein Wort verstehen, aber irgendwann bekommt jeder mit, dass das Wort *Kurwa* ziemlich oft auftaucht (es entspricht dem bösen englischen F-Wort und beweist, dass so manches im Hip-Hop die nationalen Grenzen längst überwunden hat).

Werken *Dies Irae, Ubu Rex, Die Teufel von Loudon, Die sieben Tore von Jerusalem* und *Credo.*

Henryk Górecki stand zuerst im Schatten dieser Komponisten und entwickelte dann eine ganz eigene musikalische Sprache. Seine Symphonie Nr. 3 entstand schon 1976, aber erst Anfang der 1990er Jahre bekam die zweite Aufnahme dieses Werks die gebührende internationale Aufmerksamkeit. Mit diesem sensationellen Erfolg gewannen auch die anderen Kompositionen Góreckis an Bedeutung, vor allem seine Streichquartette Nr. 1 und 2, die er für das international bekannte Kronos Quartet komponierte.

Eine gute deutsche Chopin-Website mit einer ausführlichen Biografie, einem Werkverzeichnis und vielen weiteren Informationen findet sich derzeit unter www.chopingesellschaft.de/index1.html.

Der Jazz entwickelte sich in Polen in den 1950er Jahren zuerst im Untergrund und zwar im Umfeld des legendären Pianisten Krzysztof Komeda, der später auch die Musik zu den meisten frühen Roman Polański-Filmen schrieb. Komeda inspirierte und beeinflusste viele polnische Jazzmusiker, zum Beispiel Michał Urbaniak (Geige, Saxophon), Zbigniew Namysłowski (Saxophon) und Tomasz Stańko (Trompete). Sie alle waren die Ikonen des polnischen Jazz der 1960er Jahre und sind bis heute aktiv. Urbaniak ging in die USA und ist heute der bekannteste polnische Jazzmusiker.

In der jungen Generation ist wahrscheinlich Leszek Możdżer (Klavier) die größte Entdeckung. Ausnahmepianisten sind aber auch Andrzej Jagodziński und Włodzimierz Pawlik. Zu den weiteren Nachwuchstalenten zählen Piotr Wojtasik (Trompete), Maciej Sikała (Saxophon), Adam Pierończyk (Saxophon), Piotr Baron (Saxophon) und Cezary Konrad (Drums).

Der polnische Pop orientiert sich an den westlichen Trends, weist aber darüber hinaus eine eigene Klangfarbe und -sprache auf. Zu den großen Veteranen der Rock- und Popszene zählen Lady Punk, Republika, Budka Suflera, Manaam und Bajm.

In den vergangenen Jahren wurde in Polen quasi jede Musikrichtung von Salsa bis Rap produziert. Zwei beliebte Bands, die Folk und Pop mischen, sind Brathanki und Golec u Orkiestra.

Architektur

Im Lauf der Jahrhunderte hat Polen die meisten westeuropäischen Architekturstile aufgegriffen und um lokale Eigenheiten ergänzt. In der Romanik (10. – 13. Jh.) war Stein der meist verwendete Baustoff; der architektonische Stil war streng, funktional und schlicht. Rundbögen, halbkreisförmige Apsiden und symmetrische Grundrisse gehörten zur üblichen Ausstattung. Heute gibt es in Polen nur noch wenige sehenswerte romanische Bauwerke, eins ist die Stiftskirche in Tum (S. 111).

Die Gotik kam in der ersten Hälfte des 13. Jhs. nach Polen, aber erst im 14. Jh. wurden die Stilelemente der so genannten Hochgotik allgemein übernommen. Spitzbogen und Rippengewölbe charakterisieren diese Epoche. Die Bauherren setzten immer öfter Ziegel statt Stein ein. Gerade die Sakralbauten erreichten bisher ungekannte Höhen und monumentale Ausmaße. Die Gotik herrschte in Polen über eine lange Zeit vor, zahllose Kirchen, Burgen, Rathäuser und Bürgerhäuser zeugen noch heute davon. Ein Beispiel ist die gewaltige Festung Malbork (S. 423). Ein sehenswertes gotisches Erbe findet sich unter anderem in Krakau (S. 132), Lublin (S. 193), Breslau (S. 279), Gniezno (S. 360) und Toruń (S. 412).

Warschau war die erste europäische Hauptstadt, die der Oper leidenschaftlich verfiel – die erste Opernaufführung fand 1628 im Königsschloss statt, nur 28 Jahre nach der weltweit ersten Opernaufführung in Florenz.

Im 16. Jh. verdrängte eine neue Mode aus Italien die Gotik als beherrschenden Architekturstil: Die schmückende Renaissancearchitektur mit ihrer klaren Form und Linienführung strebte weniger nach Höhe und Volumen als nach perfekten Proportionen und äußerer Schönheit. Im Gegensatz zur Gotik durfte das Mauerwerk hier niemals unverkleidet bleiben. Dem Geschmack der Zeit entsprechend, lag der Schwerpunkt auf Details und Verzierungen wie Basreliefs, Giebel, Gesimse, Galerien, Rundbögen und Stuck. Polen hat eine ganze Reihe von Renaissancebauten zu bieten, zum Beispiel das Schloss und die Sigismundkapelle auf dem Wawel in Krakau (S. 138), Schloss Baranów Sandomierski (S. 189) und Burg Ogrodzeniec (S. 175). Viele Bauten wurden später mit Elementen des Barock „verschönert".

Der Barock dominierte in Polen im 17. Jh. und war ein voller Erfolg. Der üppige, hoch dekorative Stil wurde einfach der bestehenden Architektur übergestülpt, was sich besonders klar an den Innenräumen vieler Kirchen und Adelspaläste zeigt. Der prominenteste Vertreter des Barock in Polen war Tylman von Gameren. Der niederländische Baumeister ließ sich in Polen nieder und entwarf unglaublich viele Bauwerke. Zu seinen Meisterwerken zählen der Krasiński-Palast in Warschau (S. 70), der Palast von Nieborów (S. 109), die St.-Anna-Kirche in Krakau (S. 146) und die Königliche Kapelle von Danzig (S. 387). Im 18. Jh. erreichte der Barock im französisch inspirierten Rokoko seinen Höhepunkt. Der Rokoko hinterließ aber keine großen Spuren im Land, das zu dieser Zeit ziemlich im wirtschaftlichen und politischen Chaos versank.

Anfang des 19. Jhs. begann in Polen eine architektonische Epoche, die sehr vielschichtig war und verschiedene Stile der Vergangenheit aufgriff. Es war die Zeit der Neorenaissance, Neogotik und sogar Neoromanik, vor allem aber des Neoklassizismus, der sich mit seinen griechischen und römischen Elementen vom überladenen Barock und opulenten Rokoko abhob. In dieser Ära entstanden monumentale Paläste mit Säulenhallen und Kirchen, die wie römische Tempel aussahen. Der italienische Architekt Antonio Corazzi war in dieser Zeit sehr aktiv in Polen und entwarf mehrere neoklassizistische Massivbauten wie das Teatr Wielki (Großes Theater; S. 71) in Warschau. Die Hauptstadt weist heute übrigens noch die deutlichsten Spuren des Neoklassizismus auf.

Der Eklektizismus beherrschte die zweite Hälfte des 19. Jhs. Er griff alle vorangegangenen Moden auf, brachte aber keine bedeutenden architektonischen Schmuckstücke hervor. Wesentlich innovativer war der in England, Frankreich, Österreich und Deutschland entstandene Jugendstil, der Anfang des 20. Jhs. auch im geteilten Polen Anhänger fand und einige Spuren hinterließ, vor allem in Krakau (S. 132) und Łódź (S. 101). Nach dem Ersten Weltkrieg feierte der Neoklassizismus noch einmal ein Comeback, wurde aber kurz vor dem Zweiten Weltkrieg vom Funktionalismus verdrängt.

In der Nachkriegszeit bemühten sich die Polen in erster Linie, ihre zerstörten Städte wieder aufzubauen. Das Ergebnis ihrer heldenhaften Anstrengungen ist beachtlich, wenn man bedenkt, wie viel zerstört war. Die kommunistischen Machthaber bevorzugten die Formensprache des sozialistischen Realismus. Das Gebäude, das diesen Stil sicher am besten verkörpert, ist der von der Sowjetunion gestiftete Kulturpalast in Warschau (S. 74).

GEWUSST?

Warschau ist mit nicht weniger als 174 Hochhäusern Polens Wolkenkratzer-Hauptstadt. Das älteste Gebäude ist das 66 m hohe Hotel Warszawa am Plac Powstanców Warszawy. Es wurde 1934 erbaut und hat im Krieg schweren Beschuss überstanden.

Seit den 1960er Jahren folgt die polnische Architektur allgemeinen westeuropäischen Strömungen, allerdings mit einem entscheidenden Unterschied: Fast alle großen Städte sind heute von riesigen Vorstädten aus anonymen Plattenbauten umgeben – die traurige Folge des starken Urbanisierungstrends. Zur Verteidigung muss man aber auch sagen, dass Polen schlicht nicht über die notwendigen Gelder verfügt hat, um ästhetische Komponenten in Erwägung zu ziehen. Für Polen gab es schließlich keinen Marshallplan, der anderen westeuropäischen Nationen den Wiederaufbau nach dem Krieg erleichtert hat.

Malerei

Der in Vendig geborene Bernardo Bellotto (1722–80) war der Neffe und Schüler des berühmten venezianischen Malers Canaletto. Sein Steckenpferd waren Veduten, naturgetreue Landschaftsdarstellungen und Stadtansichten. Bellotto reiste quer durch Europa und arbeitete schließlich als Hofmaler von König Stanisław August Poniatowski (1764–95) in Warschau. Im Warschauer Königsschloss (S. 67) ist ein ganzer Raum seinen detaillierten Stadtansichten gewidmet. Sie haben sich beim Wiederaufbau der Altstadt nach dem Zweiten Weltkrieg als unschätzbare Vorlage erwiesen. Bellotto signierte seine Werke gerne mit „de Canaletto" und ist deswegen in Polen meist unter dem Namen seines berühmten Onkels bekannt. Im Schloss sind auch noch Werke von Marcello Bacciarelli (1731–1818) ausgestellt. Der Lieblingsportraitmaler des Königs hielt auch wichtige Ereignisse der polnischen Geschichte in seinen Bildern fest.

Fast jedes polnische Museum hat mindestens ein Bild von Jan Matejko (1838–93) in seinem Bestand. Der in Krakau geborene Maler schuf Historiengemälde, die die großen Leistungen der Nation glorifizierten. Er wollte damit die Idee eines unabhängigen und stolzen Polens lebendig halten, als es Polen als staatliche Einheit nicht mehr gab. Sein bekanntestes Werk ist das großformatige Tableau *Die Schlacht bei Grünwald* (1878), das heute im Warschauer Nationalmuseum ausgestellt ist (S. 76). Das in drei Jahren entstandene Bild zeigt den berühmten Sieg der vereinigten polnischen, litauischen und ruthenischen Truppen unter König Władisław II Jagiełło über die Deutschritter im Jahr 1410 (S. 19).

Andere Maler dieser Zeit, die vor allem Schlachtengemälde schufen, waren Józef Brandt (1841–1915) und Wojciech Kossak (1857–1942). Kossak war einer der Künstler, die das kolossale, in Breslau ausgestellte *Panorama Racławicka* (S. 281) geschaffen haben, und ist auch vor allem deswegen bekannt.

Im ausgehenden 19. Jh. entwickelte sich in Europa der Impressionismus, dem die polnischen Künstler aber eher reserviert gegenüberstanden.

Auch wenn viele große Maler dieser Zeit sich irgendwie von dem neuen Stil beeinflussen ließen, zum Beispiel Aleksander Gierymski (1850–1901), Józef Chełmoński (1849–1914), Władysław Podkowiński (1866–95), Leon Wyczółkowski (1852–1936) und Julian Fałat (1853–1929), drückten sie sich doch lieber traditionell aus und behielten den Realismus bei. Das gilt vor allem für einen besonders wichtigen Teil ihrer Werke, die polnischen Landschaftsbilder.

Im Gegensatz dazu waren die außerhalb Polens lebenden polnischen Künstler, vor allem in Paris, sehr wohl von dieser Revolution in der europäischen Malerei beeinflusst – unter ihnen Olga Boznańska (1865–1940), deren Portraits deutliche Spuren des Impressionismus aufweisen, und Tadeusz Makowski (1882–1932), der Elemente des Kubismus für sich adaptierte und einen individuellen, leicht wiedererkennbaren Stil entwickelte.

GEWUSST?

Jan Matejko portraitierte jeden polnischen König von 960 bis 1790 und malte jedes wichtige Ereignis und jede Schlacht der polnischen Geschichte. Die Website www.malarze.com zeigt viele seiner Werke.

Nach dem Zweiten Weltkrieg und bis 1955 beherrschte der sozialistische Realismus auch die bildenden Künste. Danach befreiten sich diese immer mehr davon und fanden zu vielfältigen Formen, Strömungen und Techniken. Zu den herausragenden Namen des 20. Jhs. zählt Tadeusz Kulisiewicz (1899–1988). Er arbeitete zwar schon vor dem Krieg als Künstler, schuf aber erst in der Nachkriegszeit mit seinen zarten Zeichnungen Meisterwerke. Tadeusz Kantor (1915–90) ist vor allem durch sein Avantgardetheater Cricot 2 berühmt geworden, er malte und zeichnete aber auch und nutzte verschiedene experimentelle Ausdrucksformen für seine Kunst. Jerzy Nowosielski (geb. 1923) ließ sich in seiner Malerei stark von der Ikonografie der orthodoxen Kirche beeinflussen; er gestaltete die Innenräume mehrerer Kirchen, etwa den der orthodoxen Kirche der Heiligen Dreifaltigkeit in Hajnówka, (S. 126). Als einer der besten zeitgenössischen Maler Polens gilt Zdzisław Beksiński (geb. 1929), der in seinen Werken eine einzigartige, geheimnisvolle Traumwelt geschaffen hat.

Volkskunst & Kunsthandwerk

Polen besitzt eine lange und reiche Tradition an Volkskunst und Kunsthandwerk mit deutlichen regionalen Eigenheiten. Die Volkskultur ist am stärksten in den Bergregionen, vor allem im Podhale am Fuß der Tatra, erhalten geblieben, wobei auch andere, relativ kleine Enklaven wie Kurpie und Łowicz (beide in Masowien) diese Traditionen noch am Leben erhalten.

Industrialisierung und Urbanisierung verdrängen die alten Bräuche mehr und mehr. Die Menschen tragen ihre Trachten höchstens noch an hohen Fest- und Feiertagen. Das Kunsthandwerk und die handgemachten Alltagsgegenstände landen meist als Souvenirs in den Shops oder als Exponate im Museum. Die wachsende Anzahl volkskundlicher Museen ist ein Zeichen dafür, dass die traditionelle Volkskunst aus dem wirklichen Leben verschwindet. Die Museen zeigen, was davon übrig geblieben ist. Eine besonders interessante Form, Volkskundliches nahe zu bringen, sind die Skansen (Freilichtmuseum, siehe Erklärung S. 44), die traditionelle ländliche Architektur und Lebensweisen sehr authentisch bewahren.

Auch wenn die Volkskunst zunehmend aus dem Alltag verschwindet, gibt es außerhalb von Museen und Skansen noch einiges zu entdecken. Traditionen sterben in Polen nicht über Nacht aus, auch weil die polnische Landbevölkerung sehr konservativ und religiös ist. Richtig lebendig werden die Traditionen an religiösen Feiertagen und auf Volksfesten. Dann können ausländische Besucher am ehesten erahnen, wie tief die alten Bräuche noch im Land verwurzelt sind.

POLENS SKANSEN

„Skansen" ist das schwedische Wort für Freilichtmuseum, es hat sich vor allem in Skandinavien und den osteuropäischen Ländern eingebürgert. Ein Skansen will die traditionelle Volkskultur und -architektur bewahren. Es versammelt typische Wohn- und Wirtschaftsgebäude (Häuser, Scheunen, Kirchen, Mühlen) aus einer Region an einem Ort meist in Form eines Dorfs. Die Gebäude werden im Originalstil eingerichtet. Besucher können sich auch traditionelle Haushaltsgeräte und Werkzeuge ansehen und sich so ein Bild vom Leben vergangener Zeiten machen.

Das Konzept des Freilichtmuseums entstand im späten 19. Jh. in Schweden und verbreitete sich schnell über ganz Europa und bis in die USA. Die meisten Skansen stehen in Skandinavien und Mitteleuropa. Das größte Freilichtmuseum der Welt ist das Muzeul Satului in Bukarest.

Das erste polnische Skansen entstand 1906 in Wdzydze Kiszewskie (S. 410) nahe Danzig und zeigt vor allem kaschubische Volkskultur. Ein weiteres entstand 1927 in Nowogród (S. 116) in Nordmasowien, das der Volkskunst von Kurpie gewidmet ist. Beide sind im Zweiten Weltkrieg fast völlig zerstört worden, konnten aber später wieder aufgebaut werden.

Zurzeit gibt es in ganz Polen etwa 35 Skansen, die alle eine spezielle regionale Ausrichtung verfolgen. Sie heißen meist *Muzeum Budownictwa Ludowego* (Museum für Volksarchitektur), *Muzeum Wsi* (Museumsdorf) oder *Park Etnograficzny* (Volkskundlicher Park) – oder alle auch einfach Skansen.

Die meisten Skansen entstehen dadurch, dass Gebäude aus der Region an einem Ort zusammengetragen und wieder zusammengesetzt werden. Es gibt aber auch einige kleine Skansen, die sich noch am Originalort befinden, wie das in Kluki (S. 433), und Spezialskansens wie das in Bóbrka (S. 251), das sich mit der Erdölförderung befasst. Eine Top Ten-Liste der Skansen aufzustellen, ist kaum möglich, aber die in Sanok (S. 240) und Nowy Sącz (S. 256) sollte sich kein Besucher entgehen lassen.

Tanz & Theater

Die polnische Theatertradition reicht bis ins Mittelalter zurück, das Theater im eigentlichen Sinn hat sich aber erst in der Zeit der Renaissance entwickelt. Es lehnte sich ursprünglich stark an die führenden Theaternationen Frankreich und Italien an. Im 17. Jh. kamen die ersten wirklich polnischen Theaterstücke auf die Bühne. 1765 gründete sich in Warschau das erste dauerhafte Theaterensemble. Der spätere Direktor, Wojciech Bogusławski, gilt als Begründer des polnischen Theaters.

Die politische Teilung des Landes behinderte auch die Entwicklungen in der Theaterwelt. Nur in Krakau und Lemberg (Lviv) genossen die Bühnen noch relative Freiheit, aber selbst dort wurde keins der großen romantischen Dramen aufgeführt. Dazu kam es erst Anfang des 20. Jhs. Bei Ausbruch des Ersten Weltkriegs existierten zehn dauerhafte polnische Theater. Zwischen den Kriegen lebte die Szene in den beiden Zentren Warschau und Krakau unglaublich auf.

Nach dem Zweiten Weltkrieg erwarb sich das polnische Theater auch über die Landesgrenzen hinaus Anerkennung. Zu den Häusern mit dem besten Ruf zählt das Teatr Laboratorium, das 1965 in Breslau gegründete wurde, unter der Leitung von Jerzy Grotowski. Dieses einzigartige Experimentaltheater wurde 1984 aufgelöst und Grotowski arbeitete bis zu seinem Tod Anfang 1999 nur noch als Lehrer im Ausland.

Ein anderer herausragender internationaler Erfolg war Tadeusz Kantors Theater Cricot 2, das er 1956 in Krakau gründete. Leider wird man seine besten Schöpfungen, *Die tote Klasse* (Umarła Klasa) und *Wielopole, Wielopole,* nie wieder sehen können. Kantor starb 1990 und das Theater wurde wenige Jahre später aufgelöst.

Zu den kraftvollsten und ausdrucksstärksten Häusern des experimentellen Theaters zählen heute das Gardzienice im gleichnamigen Ort nahe

Lublin, das Teatr Witkacego (Witkacy-Theater) in Zakopane und das Wierszalin in Białystok.

Das beste Mainstream-Ensemble in Krakau ist das Teatr Stary (Alte Theater). In Warschau gibt es sogar mehrere sehr gute Bühnen, zum Beispiel das Centrum Sztuki Studio, Teatr Polski (Polnische Theater), Teatr Ateneum, Teatr Powszechny und Teatr Współczesny.

Wichtige polnische Theaterregisseure sind unter anderem Jerzy Jarocki, Jerzy Grzegorzewski, Kazimierz Dejmek, Andrzej Wajda, Krystian Lupa und Maciej Prus.

Berühmt sind auch noch das Wrocławski Teatr Pantomimy (Pantomimentheater von Breslau) und das Polski Teatr Tańca (Polnische Tanztheater) in Poznań.

„zwischen den Kriegen lebte die Theaterszene unglaublich auf"

Natur & Umwelt

GEOGRAFIE

Polen bedeckt eine Fläche von 312 685 km². Es ist an seiner größten Ausdehnung von West nach Ost 680 km breit und von Nord nach Süd 650 km lang. Das Land hat ungefähr die Form eines Vierecks. Polen hat im Nordwesten eine 524 km lange Küste an der Ostsee, es grenzt im Westen an Deutschland (460 km Grenze), im Süden an die Tschechische und die Slowakische Republik (zusammen 1310 km) und im Osten und Nordosten an die Ukraine, Weißrussland, Litauen und Russland (zusammen 1244 km).

Ein flüchtiger Blick auf die Landkarte zeigt Polen als ausgedehnte Tiefebene – 75 % des Landes liegen weniger als 200 m über dem Meeresspiegel –, aber bei näherer Betrachtung ist die Topografie vielfältiger. Die Landschaft wurde in der letzten Eiszeit vom skandinavischen Kontinentalgletscher geformt, der sich nach Süden über die polnischen Ebenen schob und dann vor 10 000 Jahren wieder zurückzog. Vier verschiedene Zonen sind zu erkennen, die jeweils von Osten nach Westen verlaufen: die südlichen Berge, das zentrale Tiefland, die Seenplatten und die Ostseeküste.

GEWUSST?

Angeblich hat Lenin selbst 1912 oder 1914 den Rysy bestiegen. Ein Stein in Gipfelnähe, auf dem er gesessen haben soll, wurde mit Hammer und Sichel bemalt.

Die Berge erstrecken sich von den Sudeten (Sudety) im Südwesten über die Tatra bis zu den Beskiden (Beskidy) im Südosten. Die Sudeten sind geologisch gesehen uralte Erhebungen, deren höchster Punkt der Gipfel der Schneekoppe (Śnieżka; 1602 m) ist. Der höchste Gipfel ganz Polens ist der Rysy (2499 m) in der Tatra, einer zerklüfteten Bergkette an der slowakischen Grenze.

Im Norden der Tatra liegt die weit niedrigere und dicht bewaldete Gebirgskette der Beskiden mit dem Babia Góra (1725 m) als höchstem Gipfel. Den Südostzipfel Polens nehmen die zur Tatra gehörenden Bieszczady ein, ihr höchster Gipfel ist der Tarnica (1343 m).

Die Kulturlandschaften des zentralen Tieflands mit den historischen Regionen Niederschlesien (Dolny Śląsk), Großpolen (Wielkopolska), Masowien (Mazowsze) und Podlasien (Podlasie) erstrecken sich von Westen nach Osten über die Mitte des Landes. Hier lagerten die Schmelzwasser der Eiszeitgletscher dicke Sand- und Schlammschichten ab. Es ist einer der fruchtbarsten Böden des Landes – die Kornkammer Polens.

An manchen Orten, wie zum Beispiel im Kampinoski-Nationalpark (S. 96) im Westen Warschaus, hat der Wind diese eiszeitlichen Sandablagerungen zu bis zu 30 m hohen Dünen aufgetürmt. Sie gehören zu den höchsten Inlanddünen Europas. In Schlesien, im Westen des Tieflands, waren die riesigen Kohlevorkommen der Motor der industriellen Revolution des 19. Jhs.

Der Südrand des Kontinentalgletschers hinterließ beim Abschmelzen einen breiten Moränengürtel. Daraus entstand eine Seeplatte, die heute die sanft gewellten Ebenen Pommerns (Pomorze), Ermlands (Warmia) und Masurens (Mazury) umfasst. Dank des weniger fruchtbaren sauren Lehmbodens gibt es hier mehr Wälder als Äcker, aber vor allem Tausende von Seen, die meisten davon in Masuren. Polen hat mehr als 9000 Seen – mehr als jedes andere europäische Land mit Ausnahme Finnlands.

Die vierte Zone ist die Ostseeküste mit ihren Dünenlandschaften und sumpfigen Feuchtgebieten. Die eiszeitlichen Sand- und Kiesablagerungen formten nicht nur die Strände der Badeorte, sondern auch die Wanderdünen des Słowiński-Nationalparks (S. 432), die Sandbänke und Kiesgruben der Halbinsel Hela (Mierzeja Helska; S. 407) und das Weichseldelta (Wisła).

Alle polnischen Flüsse münden in die Ostsee. Der längste ist die Weichsel (1090 km), die mit ihren wichtigen Zuläufen Bug und Narew durch die Landesmitte fließt. Sie wird auch „Mutterfluss Polens" genannt, weil sie durch die historisch bedeutenden Städte Krakau und Warschau fließt und vollständig innerhalb der Landesgrenzen liegt. Der zweitgrößte Fluss ist die Oder (Odra) an der Westgrenze.

TIERE & PFLANZEN

Tiere

Polen ist ein Paradies für Naturliebhaber. Es ist eines der letzten Länder des europäischen Kontinents, wo große Säugetiere wie Elch und Wisent noch in freier Wildbahn leben. Wälder, Ebenen, Sümpfe und Berge sind die Heimat von etwa 90 Säugetierarten, darunter Hasen, Rotwild, Wildschweine und Füchse. In den Wäldern im äußersten Nordosten leben Elche und Luchse, die Wälder der Berge sind Lebensraum von Braunbären und Wildkatzen.

Im Białowieża-Nationalpark (S. 127) in Podlasien leben heute noch mehrere Hundert Wisente. Diese gewaltigen Tiere wanderten früher in riesigen Herden über den ganzen Kontinent. Anfang des 20. Jhs. hatte der Mensch sie fast ausgerottet, heute sind sie wieder erfolgreich ausgewildert worden.

GEWUSST?

Die 1090 km lange Weichsel, die in den Karpaten entspringt und östlich von Danzig in die Ostsee mündet, ist der siebtlängste Fluss Europas (ohne Russland).

Wölfe finden sich in verschiedenen Regionen Polens, vor allem in den Bieszczady und anderen Teilen der Karpaten, aber auch in den Wäldern im Osten wie dem Białowieża-Nationalpark. Ihre Zahl nimmt allerdings auf Grund intensiver Bejagung durch Jäger und Schäfer bedenklich ab, obwohl es seit 1998 ein Gesetz gibt, das die Tiere unter Schutz stellt. Die Gesamtpopulation beläuft sich nach Schätzungen im Land auf etwa 750 Wölfe.

Die polnischen Ebenen sind die Heimat verschiedener Wildpferdarten, von denen einige in Zoos erhalten werden konnten. Der Tarpan, eine der Arten, findet sich im Białowieża-Nationalpark. In Polen werden traditionell Araber gezüchtet, die überall in der Welt sehr begehrt sind. Araber aus polnischer Zucht gewinnen regelmäßig internationale Preise. Überhaupt ist Reiten bei den Polen sehr beliebt.

Auch Vogelbeobachter kommen in diesem Land voll auf ihre Kosten. Die Seen und Sümpfe an der Ostseeküste und die sumpfigen Senken von Narew und Biebrza beherbergen viele Arten von Wasservögeln und bieten Zugvögeln wie Gänsen, Enten und Watvögeln im Frühling und Winter Landeplätze. An den Masurischen Seen lebt eine kleine Gemeinschaft von Kormoranen. Die Störche, die im Frühling aus Afrika heimkehren, um ihre Nester auf Dächern und Schornsteinen zu bauen, sind gern gesehene Gäste auf dem Land.

GEWUSST?

Früher glaubte man, dass ein Storchennest auf dem Dach vor Blitzschlag schützt.

Der *orzeł* (Adler) ist das Nationalsymbol Polens. Er wurde im 12. Jh. ins Königliche Wappen aufgenommen. Vor allem in den Gebirgen im Süden sind verschiedene Arten heimisch, zum Beispiel Steinadler, Schlangenadler, der sehr seltene Zwergadler sowie Schell- und Schreiadler. Der Seeadler, der die Vorlage zum Nationalwappen geliefert haben soll, lebt in den Nationalparks Słowiński (S. 432) und Wolin (S. 444).

Pflanzen

In prähistorischen Zeiten war Polen vermutlich vollständig von großen Urwäldern bedeckt. Sie erstreckten sich über das gesamte europäische Tiefland. Heute findet sich nur noch ein winziger Rest dieses ursprünglichen Mischwaldes, er wird im Herzen des Białowieża-Nationalpark mit seinen 500 Jahre alten Eichen geschützt.

Etwas mehr als ein Viertel des gesamten Landes ist bewaldet. Der Anteil wächst – jedes Jahr werden rund 100 bis 130 km² neuer Wald angepflanzt. 2025 sollen 30 % der Landesfläche aus Wald bestehen. Über 80 % der Wälder stehen unter staatlicher Verwaltung und davon sind rund 2 % durch Nationalparks geschützt. Die mit Abstand häufigste Baumart ist die Kiefer (70 % der Gesamtfläche), aber der Anteil der laubwechselnden Arten wie Eiche, Buche, Birke und Linde (die früher den größten Teil der Urwälder ausmachten) nimmt zu und trägt zur biologischen Vielfalt und Widerstandsfähigkeit des Waldes bei.

Informationen über die Nationalparks liefert die Website der Polnischen Tourismusorganisation www.poland-tourism.pl (Rubrik Natur und Gesundheit/Nationalparks; auch auf Deutsch) sowie die Website der Nationalparkverwaltung (www.mos.gov.pl/kzpn; auch auf Englisch).

Die Wälder liefern Holz (etwa 20 Mio. m³ pro Jahr), Pilze und Beeren. Sie sind nicht nur Lebensraum für Wildtiere, sondern auch Jagdrevier (heute größtenteils eingeschränkt) und Raum für Erholung und Freizeitaktivitäten.

In den Bergen im Süden Polens wachsen Alpinpflanzen wie Steinbrech, Rittersporn und das heimische Rispengras *Poa granitica* sowie rund 700 Arten von Flechten.

NATURSCHUTZ

Etwa 23 % des Landes sind gegenwärtig geschützt, in Form von National- oder Landschaftsparks. In Zukunft sollen es rund 30 % sein.

Polen hat 23 *parki narodowe* (Nationalparks) mit einer Gesamtfläche von 3200 km², das macht knapp 1 % des Landes aus. Die Parks sind relativ gleichmäßig über das Land verteilt, in den Karpaten gibt es aller-

Nationalpark	Merkmale	Aktivitäten	Beste Besuchszeit	Seite
Białowieża	Urwald; Wisent, Elch, Luchs, Wolf	Naturbeobachtung, Wandern	Frühjahr, Sommer	S. 127
Biebrza	Fluss, Feuchtgebiet, Wald; Elch, Doppelschnepfe, Seggenrohrsänger	Vogelbeobachtung, Kanufahren	Frühjahr, Herbst	S. 122
Kampinos	Wald, Sanddünen	Wandern, Mountainbiking	Sommer	S. 96
Karkonosze	Berg; Zwergkiefer, Alpinpflanzen	Wandern, Mountainbiking, Skifahren	Sommer, Winter	S. 304
Narew	Fluss, Sumpf, Schilffläche; Biber, Wasservögel	Vogelbeobachtung, Kanufahren	Frühjahr, Herbst	S. 124
Ojców	Wald, Felsformationen, Höhlen; Adler, Fledermäuse	Wandern	Herbst	S. 173
Roztocze	Wald; Elch, Wolf, Biber, Tarpan	Wandern	Frühjahr, Herbst	S. 218
Słowiński	Wald, Sumpf, Sanddünen; Seeadler, Wasservögel	Wandern, Vogelbeobachtung	ganzjährig	S. 432
Tatra	Hochgebirge; Gemse, Adler	Wandern, Klettern, Skifahren	ganzjährig	S. 268
Wolin	Wald, See, Küste; Seeadler, Wisent	Wandern, Vogelbeobachtung	Frühjahr, Herbst	S. 444

dings insgesamt sechs Parks. Einer von ihnen, der Białowieża-Nationalpark (S. 127), steht auf der Welterbeliste der Unesco.

Ungefähr 85 % der Parkfläche gehören dem Staat, die restlichen 15 % befinden sich in privater Hand. Der Staat plant, die privaten Flächen in den nächsten zehn oder zwanzig Jahren nach und nach aufzukaufen. Die Verwaltung der Parks unterliegt einer eigenen Behörde im Umweltministerium; der Unterhalt wird aus dem Staatshaushalt finanziert.

Für einen Besuch der Parks ist keine besondere Genehmigung nötig, aber die meisten erheben eine Eintrittsgebühr (rund 5 Zł). Sie muss im Parkbüro oder an einer Mautstelle bezahlt werden. Campen ist in den Parks nur an ausgewiesenen Stellen erlaubt.

Neben den Nationalparks gibt es noch ein Netz so genannter *parki krajobrazowe* (Landschaftsparks). Wie der Name schon sagt, liegt der Schwerpunkt hier auf der Landschaft, die hübsch und sehenswert ist, aber nicht so streng geschützt wird wie die Nationalparks. Der erste Landschaftspark entstand 1976. Heute gibt es 105 solcher Parks. Sie sind in allen Regionen Polens zu finden und bedecken zusammen 20 000 km^2 bzw. 6 % der Landesfläche.

Schließlich gibt es noch die *rezerwaty* (Reservate). Sie umfassen meist kleine Gebiet mit einem besonderen Naturmerkmal: eine alte Baumgruppe, einen See mit seltenen Pflanzen oder eine interessante Felsformation.

UMWELTPROBLEME

Zu den drängenden Umweltfragen, die in den letzten Jahren auch die Schlagzeilen beherrscht haben, gehören die Fernverkehrsstraße Via Baltica und die drohende Abholzung des Waldes von Białowieża.

Auf der polnischen Website des Worldwide Fund for Nature (WWF; www.wwf.pl) finden sich Informationen zu Umweltkampagnen. Eine englischsprachige Version ist im Aufbau.

Die Via Baltica ist eine mehrspurige Fernstraße, die irgendwann von Warschau über die baltischen Staaten bis nach Helsinki führen soll. Das Problem ist, dass die geplante bevorzugte Strecke durch Nordostpolen und damit durch die Nationalparks Biebrza und Narew und die Wälder von Augustów und Knyszyn gehen würde. Die Alternativroute führt zwar an allen Schutzgebieten, aber auch an Białystok vorbei, das den ökonomischen Schub, den es durch die Fernstraße erhalten würde, dringend braucht.

Nur 16 % des riesigen Waldes von Białowieża in Podlasien sind durch den Białowieża-Nationalpark geschützt. Der größte Teil genießt nur eingeschränkten Schutz; es ist zum Beispiel nur verboten, Bäume zu fällen, die älter als 100 Jahre sind. Andererseits wächst der Druck, die Fällquoten zu erhöhen, weil diese Region tendenziell arm ist. Aus diesem Grund hat der Worldwide Fund for Nature (WWF) in Polen eine Kampagne für eine Ausweitung des Nationalparks gestartet.

Das kommunistische Regime hat seinerzeit keinen Zloty für den Umweltschutz ausgegeben. Jahrzehnte intensiver Industrialisierung haben die Flüsse in Abwasserkanäle und die Luft in Smog verwandelt. Erst nach dem Zusammenbruch des Systems wurde 1990 das Umweltschutzministerium eingerichtet und damit eine Umweltpolitik in Gang gesetzt, die die Schäden der Vergangenheit beseitigen soll. Heute, 15 Jahre später, erholt sich die Natur zwar, sie ist aber immer noch in einem schlimmen Zustand.

Etwa 10 % des Landes sind urbane und industrielle Gebiete, die wegen ihres hohen Verschmutzungsgrads als „ökologische Gefahrenzonen" gelten. Ihre Regenerierung ist ein Hauptziel der heutigen Umweltpolitik.

Die Luftverschmutzung ist nach wie vor eines der größten Probleme des Landes. Der Hauptverursacher ist der Energiesektor mit seinen ver-

DER WEISSSTORCH – EIN GLÜCKSVOGEL

Jedes Kind weiß, dass der Klapperstorch die Babys bringt – oder? In vielen Ländern, und auch in Polen, gelten Störche *(bocian)* als Glücksbringer. Das macht Meister Adebar besonders beliebt. Alle wollen, dass er zum Nisten das eigene Dach auswählt.

Die Storchenart, die in Polen am häufigsten vorkommt, ist der Weißstorch *(Ciconia ciconia)*. Der etwa 1 m große Vogel mit einer Flügelspanne von bis zu 2 m hat einen weißen Körper, schwarze Flugfedern, einen roten Schnabel und lange rote Beine. Er ist stimmlos, kann aber kräftig und ausdauernd mit dem Schnabel klappern.

Jeden Sommer ist Polen die Heimat von rund 30 000 Storchenpaaren. Die meisten nisten in Masuren und Podlasien im Nordosten des Landes.

Im Frühling treffen die Störche aus weit entfernten Gegenden, Südafrika zum Beispiel, ein und kehren zu denselben Nestern zurück, die sie das Jahr vorher gebaut haben. Zu den beliebtesten Plätzen gehören Dächer und Schornsteine von Bauernhäusern, Kirchen- und Burgtürme, Telefon- und Strommasten.

Die Weißstorchpopulation nimmt ständig ab. Vor allem der Mensch greift in den natürlichen Lebensraum der Störche ein: durch trockengelegte Feuchtgebiete, intensive Landwirtschaft und Abholzen alter, hoher Bäume, die früher Nistplätze waren. Viele Störche sterben auch, wenn sie auf Strommasten nisten oder auf Hochspannungsleitungen landen wollen.

alteten Technologien und hoch giftigen Brennstoffen wie Braun- und Steinkohle. Die Situation ist in den großen Industriestädten am schlimmsten. Das gilt vor allem für Oberschlesien, das nur 2 % des Landes ausmacht, aber für nahezu 20 % der Schwefeldioxid-Emissionen verantwortlich ist.

Mit der sechsthöchsten Kohlendioxid-Emission in Europa trägt Polen bedeutend zur globalen Erwärmung bei. Das Ziel, die Emissionen zu reduzieren, liegt noch in weiter Ferne. Bisher ist es gelungen, das (alarmierend hohe) Niveau von 1990 zu halten, was schon beachtlich ist. Mittlerweile wird das Land von der Weltbank unterstützt. Ironischerweise sind gerade die schlimmsten Umweltverschmutzer die größten Wohltäter: die gigantischen qualmenden Fabriken nämlich, die nach und nach bankrott gehen und schließen.

Polens natürliche Wasservorräte sind begrenzt und die Menge an verfügbarem Trinkwasser pro Kopf ist eine der niedrigsten in Europa. Gleichzeitig ist die Wasserversorgung ineffizient, so dass der Pro-Kopf-Verbrauch sehr hoch ist. Die Lage wird noch zusätzlich dadurch schlimmer, dass ein großer Teil des verfügbaren Wassers wegen schlechten Abwassermanagements verschmutzt ist. Noch ein Problem ist, dass fast alle Flüsse in die Ostsee münden und die ist eine flache und tidenlose Wasserfläche mit wenig Umwälzung und deswegen sehr anfällig für Verschmutzungen.

Polen ist eines der Länder in Europa, die die meisten Industrieabfälle produzieren. Diese stammen in Polen hauptsächlich aus dem Kohlebergbau und der Schwerindustrie und sind höchstens zu 1 % behandelt. Auch die städtische Abfallwirtschaft arbeitet mangelhaft: Der Hausmüll landet praktisch unsortiert auf den Deponien.

Essen & Trinken

Polen war schon immer ein kosmopolitisches Land. Jüdische, litauische, weißrussische, ukrainische, russische, ungarische und deutsche Traditionen haben deutliche Spuren auf der polnischen Speisekarte hinterlassen. Umgekehrt haben polnische Spezialitäten viele andere Länderküchen beeinflusst. Die Polen kochen gerne herzhaft und lieben große Portionen, viel Fleisch und Wild, Eintöpfe, Saucen und – da kommt man nicht dran vorbei – Kartoffeln und Klöße. Kein Wunder, dass ein Spruch lautet: „Jedzcie, pijcie, i popuszczajcie pasa" (Iss, trink und mach den Gürtel auf).

Die bekanntesten polnischen Spezialitäten sind *bigos* (Sauerkraut mit verschiedenen Fleischsorten), *pierogi* (Teigtaschen) und *barszcz* (Rote Bete-Suppe, eine Variante des russischen Borscht). Zu den beliebtesten Gewürzen zählen in Polen Majoran, Dill und Kreuzkümmel.

GEWUSST?

Der beliebteste Imbiss auf die Hand ist in Polen *zapiekanki*: ein aufgeschnittenes Baguette mit gehackten Pilzen, Ketchup und mit Käse überbacken.

TYPISCHES & SPEZIALITÄTEN

Chleb (Brot) ist in der polnischen Kultur immer schon mehr als nur ein Nahrungsmittel gewesen. Es ist auch ein Fruchtbarkeits- und Glückssymbol und spielt bei Hochzeiten eine große Rolle. Nach der Feier besucht das Brautpaar die Eltern des Bräutigams, um deren Segen zu erhalten. Es wird mit Brot und Salz begrüßt. Traditionell besteht polnisches Brot aus Roggenmehl, aber die Bäckereien bieten noch viele andere Sorten an, die mit deutschem Brot auf jeden Fall mithalten können.

Roggen ist auch die Grundzutat für *żurek*, eine Suppe aus Rinder- oder Hühnerbrühe, Speck, Zwiebeln, Pilzen und saurer Sahne, die ihren unverwechselbaren Geschmack dem *kwas* (Sauerteig) verdankt. Dazu essen die Polen oft ein *z jaikiem* (hart gekochtes Ei) oder *z kiełbasą* (polnische Wurst).

Hoch im Kurs steht auch Buchweizenmehl, das in Form von *kasza gryczana* (Buchweizengrütze) eine häufige Beilage ist.

ABENTEUER FÜR DEN GAUMEN

Wenn es ein wirklich traditionelles polnisches Gericht gibt, dann ist das *bigos*. Dafür werden Sauerkraut, frisch gehackter Kohl und Fleisch (Schwein, Rind, Wild, Wurst und Speck) mehrere Stunden bei schwacher Hitze gekocht, beiseite gestellt und mehrfach wieder erhitzt. Diese lange und aufwändige Prozedur verstärkt den Geschmack und kann mehrere Tage dauern. Das Ergebnis ist umwerfend! Ein gut zubereitetes *bigos* ist ein echtes kulinarisches Erlebnis. Jede Familie hütet das Geheimnis, welche Zutaten und Gewürze sie in ihr *bigos* gibt und wie lange sie es kocht. Jedes *bigos* schmeckt also immer ein bisschen anders.

Wegen der zeitaufwändigen Zubereitung steht *bigos* selten auf der Speisekarte von Restaurants. Das Gericht, das unter diesem Namen in den billigeren Restaurants aufgetischt wird, hat meist nicht viel mit dem Original zu tun. Am besten ist immer noch eine Einladung in eine polnische Familie – auf jeden Fall annehmen! *Bigos* schmeckt am besten, wenn dazu viel Wodka getrunken wird. Deswegen ist es auch klug, direkt eine Flasche als Gastgeschenk mitzubringen.

Nur Mut ...

Experimentierfreudige Reisende sollten sich für diejenigen Gerichte auf der Speisekarte entscheiden, die eigentlich weniger appetitlich klingen – es lohnt sich fast immer. Zu diesen Köstlichkeiten gehören *nóżki w galarecie* (glasierte Schweinefüße), *flaki* (Kutteln oder Pansen in Gemüsebouillon), *karp w galarecie* (glasierter Karpfen) und *czernina* (Entenblutsuppe).

Pierogi (Piroggen) sind quadratische oder halbmondförmige Teigtaschen aus Hefe-, Nudel- oder Blätterteig, die zum Beispiel mit Quark, Kartoffeln, Hackfleisch, Sauerkraut oder Champignons gefüllt sind. Sie werden meistens gekocht und dann in zerlassener Butter geschwenkt.

Beliebte Hauptspeisen sind *schab wieprzowy* (geschmorte Schweinelendchen), *dzik* (Wildschwein) mit Kreuzkümmel und Majoran, *golonka* (gekochte Schweinefüße) mit Meerrettich und Sauerkraut und *kaczka z jabłkami* (gebackene Ente mit Äpfeln). Die Beilage ist fast immer *ziemniaki* (Kartoffeln) in allen möglichen Formen – gekocht, gebraten oder gestampft. Ein uraltes polnisches Gericht ist *placki ziemniaczane* (Kartoffelpuffer) aus geriebenen Kartoffeln und Zwiebeln, oft mit Sauerrahm serviert.

Die Polen haben schon immer gern die Möglichkeiten, die die freie Natur bietet, genutzt und das ist auch heute noch so: Im Sommer gehen viele in den Wald und sammeln wilde Pilze und Beeren. Die alten Traditionen, Nahrung für den Winter haltbar zu machen, sind noch längst nicht ausgestorben, im Gegenteil: Die polnische Küche bietet viel Eingelegtes, Eingemachtes, Räucherfisch und Pökelfleisch. Eine besondere Spezialität sind *ogórki kiszone* (eingelegte Dillgurken), die auf den Märkten in offenen Holzfässern verkauft werden.

GETRÄNKE

Tee & Kaffee

Die Polen trinken leidenschaftlich gerne Tee. Der *herbata* (Tee) wird nach osteuropäischer Tradition im Glas serviert und oft ohne Milch getrunken. Stattdessen gibt's dazu eine Zitronenscheibe und viel, viel Zucker. Restaurants servieren oft ein Glas heißes Wasser und einen Teebeutel.

Kawa (Kaffee) ist auch sehr beliebt. Die Polen trinken in der Regel *kawa parzona*, gemahlene Bohnen, die direkt im Glas mit kochendem Wasser aufgegossen werden.

GEWUSST?

Wodka führt mit 96 % Anteil den polnischen Spirituosenmarkt an.

Inzwischen sind auch die phantasievollen – manchmal auch phantasielosen – Kaffeekreationen der Coffee-to-go-Kultur bis nach Polen vorgedrungen. In Warschau und anderen Städten entstehen immer mehr Kaffeebars im Stil von Starbucks.

Bier & Wein

Es gibt zahlreiche polnische Biermarken, zum Beispiel Żywiec, Okocim und EB. Gut zu wissen: Das *piwo* (Bier) ist nicht immer gekühlt. Wer also ein kaltes Bier will, fragt besser nach einem *zimne piwo.*

Die Weinkultur ist im Gegensatz dazu weniger stark ausgeprägt. Der Jahreskonsum liegt unter 1 l pro Kopf (verglichen mit 56 l pro Kopf in Frankreich ...). Das Land selbst produziert keinen eigenen *wino* (Wein), abgesehen von Obstweinen und undefinierten „Gärprodukten", die *wino-wino* oder *bełt* heißen und eher billiger Wodkaersatz sind.

Neben den importierten Weinen, traditionell aus Ungarn und Bulgarien, bieten Restaurants und Geschäfte heute auch europäische Weine an, vor allem aus Deutschland, Frankreich und Spanien.

Spirituosen

Wódka ist nach wie vor der beliebteste Hard Drink. Die Polen konsumieren ihn in großen Mengen. Wie in Russland ist der Wodka auch in Polen Nationalgetränk und die Polen behaupten, ihn überhaupt erst erfunden zu haben.

Die Menschen in den Städten ändern langsam ihre Trinkgewohnheiten, viele schwenken vom Wodka auf Bier um. Aber außerhalb der großen

WODKA – ABER RICHTIG!

Zunächst einmal: Cocktails auf Wodkabasis sind in Polen völlig daneben. Die Polen trinken Wodka pur aus Schnaps- oder auch schon mal aus Wassergläsern. Egal, um welche Menge Wodka es geht, sie trinken immer auf Ex – *do dna* (bis zur Neige). Danach beruhigen sie die Kehle mit einem Happen zu essen oder einem Schluck Mineralwasser. In der Zwischenzeit werden die Gläser schon wieder aufgefüllt.

Klar, dass es den meisten Nicht-Polen schwer fällt, bei Trinkgelagen lange mitzuhalten, und sie ziemlich schnell die Tuchfühlung zur realen Welt verlieren. Locker bleiben und lieber die eine oder andere Runde auslassen, ist mehr als empfehlenswert. Das wird den „normalen" Polen zwar etwas befremden, aber Gästen gegenüber begegnen sie halt auch mit Nachsicht. Eins steht auf jeden Fall fest: Niemals versuchen, einen Polen unter den Tisch zu trinken. *Na zdrowie* (Prost)!

Städte ist die Flasche Wodka auf dem Tisch, in Restaurant oder Kneipe, immer noch Usus.

Wodka ist nicht gleich Wodka, es gibt ihn in den verschiedensten Geschmacksrichtungen. Neben dem Basiswodka gibt es viele Sorten, von extra süß bis staubtrocken, zum Beispiel *myśliwska* (mit Wacholderbeerenaroma), *wiśniówka* (mit Kirschen), *żubrówka* (mit Büffelgras aus dem Białowieża-Urwald) und *jarzębiak* (mit Vogelbeeren). Andere bekannte Spirituosen sind *krupnik* (Honiglikör), *śliwowica* (Pflaumenschnaps), *winiak* (Trester) und *Goldwasser* (ein dickflüssiger Likör mit echten Blattgoldflocken). Und dann gibt es noch selbst gebrannten *bimber* in diverser Qualität. Wodka wird gekühlt getrunken, aromatisierte Brände bei Zimmertemperatur.

Wodka wird traditionell in Halb- und Viertelliterflaschen verkauft, aber seit dem EU-Beitritt ist das beliebte *ćwiartka* (Viertel) ein Auslaufmodell, das durch die standardisierte 0,2 l-Flasche ersetzt werden soll. Resultat: Der Verkauf von Viertelliterflaschen hat stark angezogen, sie gelten schon als Souvenir.

WOHIN ZUM ESSEN?

Restauracja (Restaurant) bezeichnet ganz allgemein genau das: Essen mit Bedienung. Dieser Begriff deckt die ganze Bandbreite von Gastronomiebetrieben ab: vom Dorfkrug, der Hauptmahlzeiten für unter 20 Zł anbietet, bis zum Gourmettempel, der das Reisebudget in eine Existenzkrise stürzt. Einfache Restaurants sind oft in kleineren Orten und Vorstädten zu finden, die Edelausgabe fast nur in den großen Städten. Auf der Speisekarte steht häufig die englische und/oder deutsche Übersetzung der Gerichte. In den ganz einfachen Restaurants sind die Karten allerdings nur auf Polnisch und auch die Kellner sprechen kaum etwas anderes.

Die Restaurants öffnen in der Regel zwischen 9 und 10 Uhr (dann meist mit Frühstück) oder gegen Mittag. Die Schließzeiten variieren von Laden zu Laden und von Stadt zu Land. In kleineren Städten kann es schon schwierig sein, nach 21 Uhr noch etwas zu essen zu bekommen; in den großen Städten gibt es immer ein Lokal, das auch um 23 Uhr oder gegen Mitternacht noch geöffnet ist.

Eine *bar mleczny* (Milchbar) ist eine simple Cafeteria mit Selbstbedienung. Die meist fleischlosen Mahlzeiten kosten ziemlich wenig. „Milch"-Bar deswegen, weil ein guter Teil des Angebots aus Milchprodukten besteht. Hier werden Hungrige schon für 8–12 Zł satt. Die Milchbars sind entstanden, um gerade auch die ärmeren Leute zu versorgen. Der Staat hat sie früher subventioniert. Seit der Einführung der freien Marktwirtschaft mussten viele Bars aufgeben. Einige haben überlebt, weil sie jetzt auch Fleischgerichte anbieten, die Qualität des Angebots verbessert und die Preise angehoben haben.

Die Milchbars öffnen gegen 7 oder 8 Uhr und schließen zwischen 18 und 20 Uhr (an Samstagen früher); nur wenige öffnen sonntags. Die Speisekarte hängt an der Wand. Man sagt der Kassiererin, was man möchte und zahlt im Voraus. Dann erhält man eine Quittung, die man an der Essensausgabe abgibt. Nach dem Essen räumt jeder sein Geschirr selbst ab. Milchbars sind sehr beliebt, deswegen bildet sich öfter eine Schlange in den Läden, aber trotzdem ist die Wartezeit nie lange. Rauchen und Alkohol sind verboten.

Ein *kawiarnia* (Café) war im kommunistischen Polen mehr ein Treffpunkt als ein Ort zum Essen. Die Gäste konnten Kaffee, Tee, Gebäck und verschiedene Getränke bestellen, aber kaum etwas Substantielles. Heute servieren die meisten Cafés Snacks und kleine Mahlzeiten. Die Grenze zwischen einem Café und einem kleinen Restaurant ist oft fließend. Cafés öffnen meist gegen 10 Uhr und schließen irgendwann zwischen 21 Uhr und Mitternacht. In den meisten Cafés ist Rauchen erlaubt – vor dichtem Bodennebel sei gewarnt.

KURZ GESAGT

Guten Appetit heißt auf Polnisch *Smacznego*.

VEGETARIER & VEGANER

Vegetarier müssen in Polen nicht verhungern – die billigste Wahl ist immer noch eine Milchbar. Mittlerweile bieten auch viele Restaurants vegetarische Gerichte an. Oft ist Vegetarisches billiger als ein Fleischgericht. Hier ein paar typische vegetarische Gerichte:

knedle – Knödel mit Pflaumen- oder Apfelfüllung
kopytka – polnische Gnocchi aus Mehl und Kartoffeln
leniwe pierogi – Quarknocken
naleśniki – Pfannkuchen, meist *z serem* (mit Quark) oder *z dżemem* (mit Marmelade), dazu Sauerrahm und Zucker
pierogi – gefüllte und gekochte Teigtaschen; die beliebtesten sind *z serem* (mit Quark), *z jagodami* (mit Blaubeeren) und *z kapustą i grzybami* (mit Kraut und Waldpilzen)
placki ziemniaczane – Kartoffelpuffer (Reibekuchen); werden *ze śmietaną* (mit Sauerrahm) oder *z cukrem* (mit Zucker) serviert
pyzy – Kartoffelklöße

Beilagen & Salate

Zu vielen Hauptgerichten gibt es Kartoffeln – gekocht oder gestampft. *Frytki* (Pommes frites) und gedämpfte Buchweizengrütze ist aber auch beliebt. *Surówki* (*sałatki;* Salate) kommen als leichte Mahlzeit oder als Beilage unter anderem in folgenden Varianten auf den Tisch:

ćwikła z chrzanem – gekochte und geriebene Rote Bete mit Meerrettich
mizeria ze śmietaną – Gurkensalat in Sauerrahm
sałatka z pomidorów – Tomatensalat, meist mit Zwiebeln
surówka z kiszonej kapusty – Sauerkraut, manchmal mit Apfel und Zwiebel verfeinert

FÜR KLEINE ESSER

Kinder sind in den meisten Restaurants willkommen. Es gibt selten eine spezielle Kinderkarte – am besten einfach eine kleinere Portion bestellen. Mehr Informationen zum Reisen mit Kindern auf S. 499.

ESSKULTUR

Die Polen fangen den Tag mit einem *śniadanie* (Frühstück) an, das Deutsche, Österreicher oder Schweizer kaum überraschen wird: *chleb z masłem* (Brot und Butter), *ser* (Käse), *szynka* (Schinken), *jajka* (Eier) und *herbata* oder *kawa*.

DIE KUNST, EINE POLNISCHE SPEISEKARTE ZU LESEN

Die Speisekarte ist wie bei uns normalerweise in mehrere Abschnitte unterteilt, zum Beispiel *przekąski* (Vorspeisen), *zupy* (Suppen), *dania drugie* (Hauptgerichte), *dodatki* (Beilagen), *desery* (Desserts) und *napoje* (Getränke). Die Hauptgerichte unterteilen sich meist weiter in *dania mięsne* (Fleischgerichte), *dania rybne* (Fischgerichte), *drób* (Geflügelgerichte) und *dania jarskie* (vegetarische Gerichte).

Neben dem Gericht steht der Preis und oft eine Mengen- oder Gewichtsangabe. Der Preis des Hauptgerichts schließt in der Regel Beilagen wie Kartoffeln, Pommes frites, Salat usw. nicht mit ein. Die Preise dafür stehen im Abschnitt *dodatki*. Nur, wenn Hauptgericht und Beilagen zusammen aufgeführt sind, gilt der Preis für alles.

Manchmal – vor allem bei Fisch – wird auch anstelle einer Standardportion der Preis pro 100 g angegeben. Deswegen ist es gut, bei der Bestellung nach der Größe des Fischs zu fragen. Um Überraschungen auf der Rechnung zu vermeiden, unbedingt die Karte sorgfältig lesen und die Bestellung klar und deutlich aufgeben.

Die wichtigste und reichhaltigste Mahlzeit des Tages ist das *obiad* (Mittagessen). Die meisten Polen essen es zwischen 13 und 17 Uhr zu Hause, in der *stołówka* (Betriebskantine) oder in einer Milchbar.

Das Abendessen heißt *kolacja*. Zeit und Umfang sind dafür nicht klar festgelegt: Das Abendessen kann wie ein Mittagessen ausfallen, ein simples Abendbrot oder auch nur Gebäck und Tee sein.

Etikette und Tischmanieren unterscheiden sich kaum von denen im Westen. Zu Beginn einer Mahlzeit wünschen sich alle *smacznego* (guten Appetit). Dem „Prost“ beim Trinken entspricht im Polnischen das *na zdrowie* (auf die Gesundheit).

SPRACHFÜHRER ESSEN

Für den experimentierwilligen Sprachbegeisterten finden sich auf S. 524 einige Ausspracheregeln.

Was heißt ...?

Einen Tisch (für vier), bitte.
Poproszę stolik dla (czterech osób).

Kann ich/können wir die Speisekarte sehen?
Czy można prosić o kartę?

Was ist Ihre Spezialität?
Jaka jest specjalność zakładu?

Was können Sie empfehlen?
Co pan/pani poleca?

Sind die Beilagen im Preis inbegriffen?
Czy dodatki są wliczone w cenę?

Die Rechnung, bitte
Poproszę o rachunek?

Was steht auf der Karte?

barszcz czerwony – Rote Bete-Suppe; kann als *barszcz czysty* (klar), *barszcz z uszkami* (mit kleinen Teigtaschen mit Fleischfüllung) oder mit *barszcz z pasztecikiem* (einer heißen Teigtasche mit Fleischfüllung) serviert werden

befsztyk tatarski – Tartar (rohes Hackfleisch mit gehackter Zwiebel, Eigelb und gehackter Dillgurke); sollte aus gesundheitlichen Gründen absolut frisch und nur in sehr guten Restaurants gegessen werden

botwinka – Suppe aus den Stengeln und Blättern junger Roter Bete; wird oft mit einem hart gekochten Ei serviert

bryzol – gegrilltes Beefsteak
chłodnik – kalte Rote Bete-Suppe mit Sauerrahm und frischem Gemüse; ein super Sommergericht
gołąbki – Kohlrouladen mit Hackfleisch- und Reisfüllung, manchmal zusätzlich mit Pilzen
grochówka – Erbsensuppe, manchmal *z grzankami* (mit Croutons) serviert
kapuśniak – Sauerkraut-Kartoffelsuppe
kotlet schabowy – paniertes Schweinekotelett, fast auf jeder Karte zu finden
krupnik – dicke Gerstengraupensuppe mit verschiedenem Gemüse und manchmal mit Fleischstücken
łosoś wędzony – Räucherlachs
melba – Eiskrem mit Schlagsahne und Obst
pieczeń wieprzowa – Schweinebraten
pieczeń wołowa – Roastbeef
polędwica pieczona – Rinderfiletbraten
rosół – Rinder- oder Hühnerbrühe, meist *z makaronem* (mit Nudeln)
rumsztyk – Rumpsteak
sałatka jarzynowa – Gemüsesalat
schab pieczony – Schweinelendchen, oft mit Backpflaumen und Kräutern
sztuka mięsa – gekochtes Fleisch, meist mit Meerrettich serviert
śledź w oleju – Hering in Öl
śledź w śmietanie – Hering in Sauerrahm
zraz zawijany – gedämpfte Rinderrouladen, oft mit Pilz- und/oder Schinkenfüllung, serviert in einer Sauerrahmsauce
zupa grzybowa – Pilzsuppe
zupa jarzynowa – Gemüsesuppe
zupa ogórkowa – Dillgurkensuppe, meist mit Kartoffeln und Gemüse
zupa pomidorowa – Tomatensuppe, meist *z makaronem* (mit Nudeln) oder *z ryżem* (mit Reis)
zupa szczawiowa – Sauerampfersuppe, meist mit hart gekochtem Ei

Essglossar

bażant – Fasan
befsztyk – Beefsteak
budyń – Milchpudding
ciastko – Gebäck, Kuchen
dorsz – Dorsch
dzik – Wildschwein
gęś – Gans
indyk – Truthahn
kaczka – Ente
karp – Karpfen
kurczak – Huhn
lody – Eiskrem
pstrąg – Forelle
sarna – Reh
stek – Steak
zając – Hase

Warschau (Warszawa)

INHALT

Wie Phoenix aus der Asche hat sich Warschau aus den Trümmern des Zweiten Weltkriegs erhoben. Eine ehrgeizige und blühende Hauptstadt steht heute wieder an den Ufern der Weichsel. Warschau ist Polens kosmopolitischste, dynamischste und progressivste Stadt mit Luxushotels, Gourmetrestaurants, eleganten Geschäften und einer reichen und bunten Kulturszene. Wer fein Essen, ins Museum, ins Theater, in die Oper oder auf Märkte gehen möchte – in Warschau gibt's mehr Auswahl als in jeder anderen polnischen Stadt.

Der erste Eindruck von Warschau ist nicht immer der beste, besonders wenn man aus dem Bahnhof hinaus auf die schmutzige und mit Schlaglöchern übersäte Aleja Jerozolimskie tritt. Doch das ist nur die halbe Wahrheit. Die Altstadt und das Königsschloss sind postkartenreif rekonstruiert worden, die Park- und Palastanlagen von Łazienski und Wilanów zählen zu den schönsten in ganz Polen. Die Museen und Denkmäler zeugen zwar auch heute noch sichtbar vom Leid der Polen während des Zweiten Weltkriegs, die Stadt bietet aber auch die besten Restaurants und das abwechslungsreichste Nachtleben des Landes.

In gewisser Weise versinnbildlicht Warschau das Polen des 21. Jhs. In der geistigen Haltung wie auch im Stadtbild mischen sich Altes und Neues; die Metropole hält die Traditionen hoch, aber gleichzeitig ist sie auf der Überholspur in Richtung Zukunft unterwegs.

HIGHLIGHTS

- **Architektur** Die originalgetreu restaurierte Altstadt (S. 65)
- **Kultur** Die Schätze des Nationalmuseums (S. 76)
- **Geschichte** Die Schrecken des Zweiten Weltkriegs im Museum des Warschauer Aufstands (S. 76)
- **Relaxen** Der zauberhafte Łazienki-Park (S. 77)
- **Essen & Trinken** Schlemmen im Restaurant Sense (S. 86)
- **Nightlife** Cocktails im Szenelokal NoBo (S. 89)
- **Kaufrausch** Der Antiquitätenmarkt Bazar na Kole (S. 93)

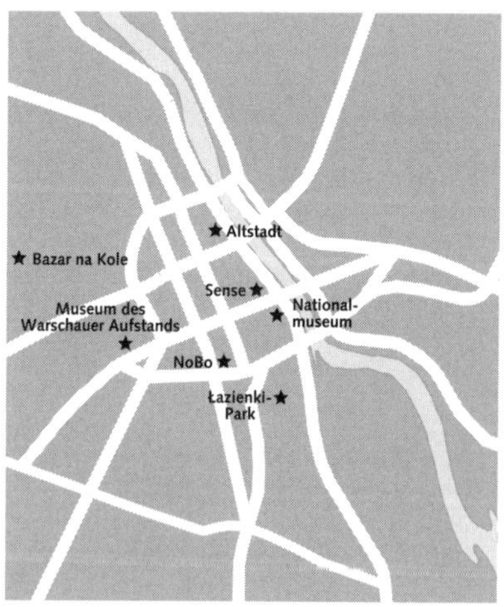

- VORWAHL: 22
- BEVÖLKERUNG: 1,75 MIO.
- FLÄCHE: 495 KM^2

GESCHICHTE

Für polnische Verhältnisse ist Warschau ein junger Hüpfer. Städte wie Krakau, Posen, Breslau und Danzig feierten schon ihren 500. Geburtstag, da begann sich die heutige Hauptstadt gerade erst aus den dunklen Wäldern Masowiens zu erheben.

Anfang des 14. Jhs. erbauen die masowischen Herzöge eine erste Festung an der Stelle, an der heute das Königsschloss steht. 1413 erklären sie Warschau zu ihrem Sitz. Wie viele mittelalterliche polnische Städte ist auch Warschau um einen zentralen Platz herum angelegt und mit einer Befestigungsmauer umgeben. Als 1526 der letzte masowische Herzog ohne Erben stirbt, fallen Warschau und ganz Masowien unter die Herrschaft des polnischen Königs in Krakau.

Nach der Union von Polen und Litauen 1569 wendet sich Warschaus Schicksal zum Besseren. Der Sejm (eine der beiden Kammern des Parlaments) wählt die Stadt wegen ihrer zentralen Lage zum Versammlungsort. Schließlich verlegt König Zygmunt III. Waza die Hauptstadt von Krakau nach Warschau.

Wie auch das übrige Polen fällt die Stadt an der Weichsel der schwedischen Invasion 1655 bis 1660 zum Opfer, erholt sich danach aber erstaunlich schnell. Während das 18. Jh. für den polnischen Staat eine Zeit des katastrophalen Niedergangs darstellt, erlebt Warschau paradoxerweise eine Periode größten Reichtums, in der viele große Paläste und Kirchen errichtet werden. Das kulturelle und künstlerische Leben floriert besonders unter der Herrschaft des letzten polnischen Königs, Stanisław August Poniatowski. 1791 schreibt Warschau als europäischer Trendsetter Geschichte: Die erste Verfassung wird unterzeichnet. Zu diesem Zeitpunkt zählt die Stadt bereits 120 000 Einwohner.

Nach der polnischen Teilung von 1795 wird Warschau auf den Status einer Provinzstadt degradiert, aber erneut mit dem Hauptstadttitel geadelt, als Napoleon 1807 das Herzogtum Warschau ausruft. Es bleibt ab 1815 Hauptstadt des von Russland abhängigen Königreichs Polen („Kongresspolen“). Bis zum Ersten Weltkrieg liegen die Geschicke des Landes in russischen Händen. Die zweite Hälfte des 19. Jhs. sticht als Phase der fortschreitenden Entwicklung und Industrialisierung Warschaus hervor – ein Beispiel sind die Eisenbahntrassen, die die Stadt fortan mit Wien und St. Petersburg verbinden.

Mit Ende des Ersten Weltkriegs erlangt Polen endlich seine Unabhängigkeit wieder. Warschau, erneut Landeshauptstadt, entwickelt sich in den folgenden zwei Jahrzehnten unglaublich, sowohl in Industrie und Bildung, als auch in Wissenschaft und Kultur. Die Bevölkerung wächst zwischen 1918 und 1939 von 750 000 auf 1,3 Mio. an. Die jüdische Gemeinde, in Warschau traditionell stark vertreten, zählt am Vorabend des Zweiten Weltkriegs 380 000 Mitglieder.

1. September 1939: Erste deutsche Bomben fallen auf Polen, nur eine Woche später liegt Warschau unter Beschuss. Trotz heftigen Widerstands muss sich die Stadt am 28. September geschlagen geben – es ist erst der Anfang der Tragödie. Die über fünfjährige Besatzungszeit durch die Nationalsozialisten ist von Verhaftungen, Exekutionen und Deportationen geprägt. Zwei Aufstände werden grausam niedergeschlagen.

Der erste Aufstand bricht im April 1943 aus (S. 74). Die dezimierte jüdische Bevölkerung, eingepfercht im Warschauer Ghetto, kämpft mit nur wenigen Waffen fast einen Monat lang verzweifelt gegen die erdrückende deutsche Übermacht. Vergebens.

Der zweite Aufstand 1944 (S. 26) ist von der Hoffnung getragen, die Stadt noch vor Ankunft der Roten Armee (die bereits am Ostufer der Weichsel lagert) zu befreien und eine unabhängige Regierung einzusetzen. Die Straßenkämpfe beginnen am 1. August, doch nach 63 Tagen müssen die Widerstandskämpfer kapitulieren. Systematisch machen die Deutschen in den folgenden drei Monaten die Stadt dem Erdboden gleich. Am 17. Januar überqueren dann sowjetische Truppen die Weichsel und „befreien“ Warschau.

Über 800 000 Menschen (mehr als die Hälfte der Einwohner) sterben, über 85 % der Gebäude liegen in Schutt und Asche. Keine andere Stadt Polens hat so viele Opfer, keine andere hat ein solches Ausmaß an Zerstörung erfahren. Der Gedanke liegt nach dem Krieg nahe, die Hauptstadt an einen anderen Ort zu verlegen. Aber die Entscheidung fällt für den Wiederaufbau. Die wichtigsten Baudenkmäler und vor allem die Altstadt werden anhand alter Ge-

WARSCHAU (WARSZAWA)

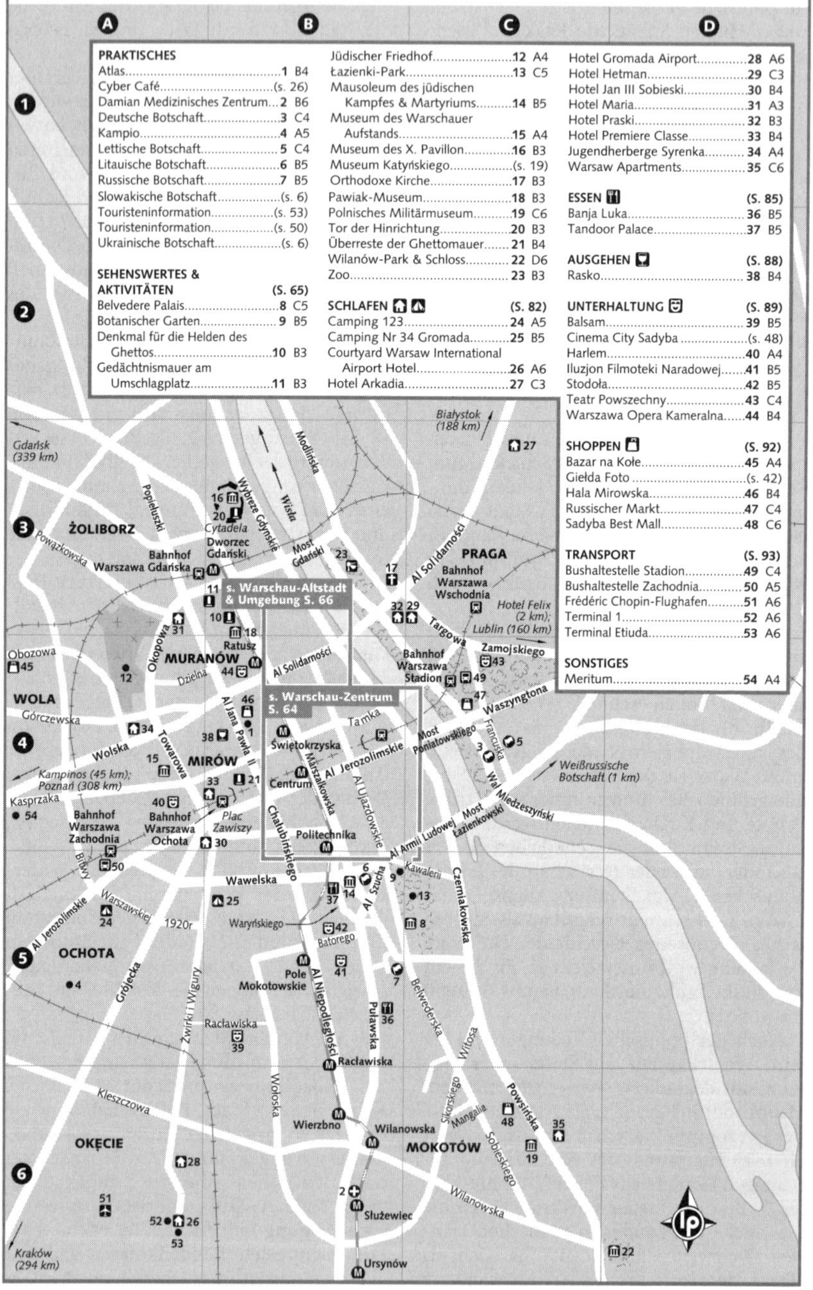

PRAKTISCHES

SEHENSWERTES & AKTIVITÄTEN (S. 65)

SCHLAFEN (S. 82)

ESSEN (S. 85)

AUSGEHEN (S. 88)

UNTERHALTUNG (S. 89)

SHOPPEN (S. 92)

TRANSPORT (S. 93)

SONSTIGES

WARSCHAU IN…

… einem Tag

Man beginnt den Tag am besten in einem Café in der Ul Nowy Świat. Gut gestärkt bietet sich dann ein Besuch des prächtigen Warschauer **Königsschlosses** (S. 67) an. Den Rest des Vormittags kann man durch die kleinen Straßen und Gassen der **Altstadt** (S. 68) bummeln und in einem der Restaurants am Altstädter Marktplatz Mittag essen; zum Beispiel im **Dom Restauracyjny Gessler** (S. 86). Das Nachmittagsprogramm beginnt mit dem **Historischen Museum** (S. 68). Anschließend geht es quer durch die Stadt zum **Museum des Warschauer Aufstands** (S. 76). Für einen schönen Rundblick von der Aussichtsterrasse des **Kulturpalastes** (S. 74) ist der späte Nachmittag die beste Tageszeit. Ein Abendessen in einem der schönen Restaurants südlich der Al Jerozolimskie rundet den Tag ab; das **Banja Luka** (S. 87 bzw. 88) ist nett für alle, die es rustikal mögen.

… zwei Tagen

Wer zwei Tage Zeit hat, kann am zweiten Morgen durch den schönen **Łazienki-Park** (S. 77) schlendern oder noch weiter im Süden das **Muzeum Katyńskiego** (S. 79) oder **Wilanów** (S. 78) besuchen. Für den Nachmittag bieten sich je nach Lust und Laune eine Besichtigung der Kulturschätze des **Nationalmuseums** (S. 76) an oder ein Bummel über den **Russischen Markt** (S. 92), wo nach Warschauer Art gehandelt wird. Wenn die Reisekasse es irgendwie zulässt, sollte dieser Tag mit einem Abendessen in **Kurt Scheller's Restaurant** (S. 88) beendet werden – garantiert ein unvergesslicher Genuss.

mälde und Fotografien originalgetreu rekonstruiert.

Quasi aus dem Nichts muss eine neue Stadt entstehen und für die Bevölkerung Wohnraum und Infrastruktur geschaffen werden. Das Vermächtnis der Kommunisten schindet leider bei den heutigen Besuchern wenig Eindruck. Im Zentrum dominierten noch bis vor wenigen Jahren stalinistische Stadtplanung und triste Betonklötze des Spätkommunismus. Nicht besser die Vororte, wo die meisten Einwohner der Stadt ein Zuhause in anonymen Plattenbauten fanden.

Mit der Einführung der Marktwirtschaft 1989 hat sich auch Warschaus Gesicht rasant verändert. In den Himmel ragende Türme aus Stahl und Glas setzen neue Akzente im ehemals monotonen Grau-in-Grau, die Schaufensterauslagen bestechen durch ultramoderne Designs und Farben und in den Vororten sprießen Villen und Einfamilienhäuser wie Pilze aus dem Boden.

ORIENTIERUNG

Die Weichsel (Wisła) teilt Warschau in zwei sehr unterschiedliche Hälften: die Altstadt mit dem heutigen Stadtzentrum auf der Westseite des Flusses und dem Stadtteil Praga am Ostufer, der kleiner ist und nur wenige Sehenswürdigkeiten bietet. Dafür aber umso mehr neue Hotels.

Das westliche Zentrum ist ein riesiges Gebiet und wirkt auf Neulinge erst mal ziemlich verwirrend. Es wird einfacher, wenn man die Stadt gedanklich in ein Quadrat mit neun Feldern teilt. Die beiden waagerechten Außengrenzen bilden die Ost-West-Achsen Al Solidarności und Al Jerozolimskie; die beiden Hauptverkehrsadern von Nord nach Süd, die Ul Towarowa (und ihre Verlängerungen Ul Okopowa und Ul Żwirki i Wigury) sowie die Ul Marszałkowska, stellen die senkrechten Außengrenzen dar.

Innerhalb dieses Quadrats liegen die historischen Bereiche der Altstadt und der Neustadt im oberen rechten Eck, der Stadtkern aus dem 19. Jh. direkt darunter im mittleren Feld der rechten Spalte. Das Mittelfeld beherbergt den modernen Finanzdistrikt, wo sich auch der weithin sichtbare Kulturpalast befindet und Teile des ehemaligen jüdischen Ghettos, das sich nördlich in die mittlere obere Spalte erstreckt. Das restliche Zentrum, das nach dem Zweiten Weltkrieg entstand, verläuft südlich der Al Jerozolimskie in den unteren Feldern der mittleren und rechten Spalte.

Der Königsweg (Trakt Królewski; ein alter Prozessionsweg) führt von der Altstadt entlang der Ul Krakowskie Przedmieście, Ul Nowy Świat und der Al Ujazdowskie (durch das mittlere rechte und das untere rechte Feld) nach Süden bis zum Łazienki-Park. Wilanów, ein weiterer Sommersitz des Königs, liegt südlich in einem Vorort der Stadt.

Warschaus Zentralbahnhof (Warszawa Centralna, auch Dworzec Centralny genannt) thront an der Al Jerozolimskie, also am unteren Ende des mittleren Felds. Der Busbahnhof, Warszawa Zachodnia, ist 3 km westlich ebenfalls an der Al Jerozolimslie angesiedelt, der Internationale Flughafen befindet sich südwestlich der Stadt.

PRAKTISCHE INFORMATIONEN

Buchläden

Atlas (Karte S. 60; ☎ 620 36 39; Al Jana Pawła II 26; ⏲ Mo–Fr 10–19 Uhr, Sa 10–16 Uhr) Auf Landkarten, Stadtpläne, Atlanten und Reiseführer spezialisiert; die beste Adresse für Wander- und Nationalparkkarten.

EMPiK Megastore Ul Marszałkowska (Karte S. 64; ☎ 827 82 96; Ul Marszałkowska 116/122); Ul Nowy świat (Karte S. 64; ☎ 827 06 50; Ul Nowy Świat 15/17) Große Auswahl an fremdsprachigen, darunter auch deutschen Zeitungen und Zeitschriften; die Filiale in der Ul Marszałkowska bietet viele Landkarten, Reiseführer und Bildbände an.

Traffic Club (Karte S. 64; ☎ 692 14 54; Ul Bracka 25; ⏲ Mo–Sa 10–22 Uhr, So 10–19 Uhr) Dieser große, gemütliche Buchladen mit Sesseln und Tischen liegt in einem wunderschön restaurierten Kaufhaus mit Buntglasfenstern vom Anfang des 20. Jhs. Immense Auswahl an Stadtplänen in der 1. Etage, Regale mit deutschen Romanen in der 2. Etage.

Geld

Wechselstuben *(kantors)* und Banken tauschen Euro in Złoty um. Am Zentralbahnhof und am Flughafen sind die *kantors* 24 Stunden geöffnet, die Wechselkurse sind aber ungünstiger. Traditionell am schlechtesten sind sie in der Altstadt. Auch die meisten Reisebüros und die größeren Hotels tauschen um. Die besten Wechselkurse gibt's in der Regel bei den Banken – vergleichen zahlt sich aus.

Geldautomaten, die fast alle Kreditkarten bei der Bargeldauszahlung akzeptieren, gibt es überall im Zentrum.

Amex Marriott Hotel (Karte S. 64; ☎ 630 69 52; Al Jerozolimskie 65/79; ⏲ Mo–Fr 8–20 Uhr, Sa & So 10–18 Uhr); Ul Sienna (Karte S. 64; ☎ 581 51 15; Ul Sienna 39; Mo–Fr 9–18 Uhr) Das Personal spricht Englisch und es gibt hier keine langen Schlagen.

Bank Pekao Marriott Hotel (Karte S. 64; ☎ 630 53 03; Al Jerozolimskie 65/79); Plac Bankowy (Karte S. 66; ☎ 531 10 00; Plac Bankowy 2); Ul Krakowskie Przedmieście (Karte S. 64; ☎ 828 42 00; Ul Krakowskie Przedmieście 1); Ul Wilcza (Karte S. 64, ☎ 625 76 13; Ul Wilcza 70) Hat über ein Dutzend Filialen im gesamten Innenstadtbereich. Barauszahlung mit Kreditkarten am Schalter oder am Automaten.

Western Union (Karte S. 64; Info ☎ 636 56 88, kostenlos ☎ 0800 120 224; Bank BPH, Al Jerozolimskie 27; ⏲ Mo–Fr 9–17 Uhr) Geldanweisung; Niederlassungen an verschiedenen Orten. Diese hier ist die polnische Zentrale.

Internetzugang

Einige schummrige und schmuddelige Internetcafés sind in den Einkaufsarkaden unter dem Warschauer Zentralbahnhof. Die unten aufgeführten Cafés sind wesentlich gemütlicher.

Casablanca (Karte S. 66; ☎ 828 14 47; Ul Krakowskie Przedmieście 4/6; 10 Min. 1,50 Zł; ⏲ 9–1 Uhr)

Cyber Café (Karte S. 60; ☎ 650 01 72; Courtyard Warsaw International Airport Hotel, Ul Żwirki i Wigury 1; 1 Std. ab 25 Zł; ⏲ 24 Std.) Vornehmes Café in der Hotellobby mit Hotspot für Wireless-Zugang mit dem eigenen Laptop und drei Terminals für alle User ohne Laptop. Zugangscodes gibt's beim Kellner.

Internet Café (Karte S. 64; ☎ 826 60 62; Ul Nowy Świat 18/20; 1 Std. 4 Zł; ⏲ Mo–Fr 9–23 Uhr, Sa & So 10–22 Uhr)

Pub Internetowy Piękna (Karte S. 64; ☎ 622 33 77; Ul Piękna 68a; 1 Std. 4 Zł; ⏲ Mo–Fr 9–24 Uhr, Sa & So 12–24 Uhr)

Simple Internet Café (Karte S. 64; ☎ 628 31 90; Ul Marszałkowska 99/101; 1 Std. 1–4 Zł; ⏲ 24 Std.) Mit 150 Terminals Warschaus größtes Internetcafé. Höchste Gebühren 19–23 Uhr, niedrigste 2–7 Uhr. Passwort an der Theke kaufen. Nicht verbrauchtes Guthaben bleibt stehen.

Verso Internet (Karte S. 66; ☎ 831 28 54; Ul Freta 17; 1 Std. 5 Zł; ⏲ Mo–Fr 8–20 Uhr, Sa 9–17 Uhr, So 10–16 Uhr)

Kulturzentren

Die Kulturzentren habe alle eine eigene Bibliothek mit Büchern, Zeitungen und Zeitschriften des jeweiligen Landes.

Goethe-Institut (Karte S. 64; ☎ 505 90 00; www.goethe.de/warschau auf Deutsch & Polnisch; Eingang: Ul Chmielna 11a; Postanschrift: Ul Chmielna 13a)

Österreichisches Kulturforum (☎ 620 96 20; www.austria.org.pl/deutsch auf Deutsch & Polnisch; Ul Prózna 8)

Schweizer Kulturstiftung Pro Helvetia (☎ 881 06 88; www.pro-helvetia.pl auf Deutsch & Polnisch; Ul Chocimska 3/1)

Medizinische Versorgung

Der Rettungsdienst ist zu erreichen unter ☎ 999, ☎ 112 und ☎ 628 24 24, mit einem

Gesprächspartner, der Deutsch spricht, ist aber kaum zu rechnen. Im Notfall sind die medizinischen Zentren Falck oder LIM die besseren Ansprechpartner. Für weniger dringende Behandlungen spricht nichts gegen die vielen ambulanten Kliniken (*przychodnia*). Empfehlungen gibt's im Hotel oder bei der Botschaft (S. 492).

Warschau ist sehr gut mit Apotheken (*apteka*) und einem nächtlichen Notdienst ausgestattet. Welche Apotheke nachts geöffnet ist, steht in den polnischen Tageszeitungen, zum Beispiel *Gazeta Wyborcza*.

Apteka 21 (Karte S. 64; ☎ 825 31 28; Warszawa Centralna, Zentralbahnhof, Al Jerozolimskie 54; 🕓 24 Std.) 24-Stunden-Apotheke am Bahnhof.

Centrum Medyczne LIM (LIM-Center, Medizinisches Zentrum; Karte S. 64; ☎ 458 70 00, 630 30 30; www.cm-lim.com.pl; im Gebäude des Marriott Hotels, Al Jerozolimskie 65/79; 🕓 Mo–Fr 7–21 Uhr, Sa 8–20 Uhr, So 9–13 Uhr) Privatklinik mit englischsprachigen Fachärzten und eigenem Rettungsdienst; Laboruntersuchungen, Hausbesuche.

Damian (Medizinisches Zentrum, Karte S. 60; ☎ 847 33 13, 853 16 44; www.damian.com.pl; Ul Wałbrzyska 46; 🕓 Mo–Fr 7–21 Uhr, Sa 8–16 Uhr, So 10–15 Uhr) Ambulante Privatklinik mit gutem Ruf und verschiedenen medizinischen Einrichtungen.

EuroDental (Karte S. 64; ☎ 627 58 88; www.eurodental.com.pl; Ul Śniadeckich 12/16; 🕓 Mo–Sa 8–20 Uhr, So 10–18 Uhr) Private Zahnklinik mit englisch- und deutschsprachigem Personal.

Falck Medycyna (Medizinisches Zentrum; Karte S. 66; ☎ 536 97 40, 24-Std.-Notruf ☎ 96 75; Ul Sapieżyńska 10; 🕓 Mo–Fr 7.30–20 Uhr, Sa 8–14 Uhr) Dänisches Unternehmen mit eigener ambulanter Klinik, 24-Stunden-Rettungsdienst, englischsprachigen Ärzten und Rettungssanitätern; Hausbesuche auf Anfrage. Kosten für eine Rettungsfahrt: 360 Zł (Kostenübernahme durch private oder gesetzliche Krankenkasse vor Reiseantritt klären).

Notfall

Europaweiter allgemeiner Notruf ☎ 112 über Mobilfunk, s. auch Rubrik „Medizinische Versorgung".

Feuerwehr (☎ 998)
Pannenhilfe (☎ 981)
Polizei (☎ 997)
Touristennotruf (☎ 0800 200 300)
Unfallrettung (☎ 999)
Warschauer Stadtpolizei (☎ 986)

Post & Telefon

Warschau ist mit über 100 Postfilialen gut versorgt; die Hauptpost ist unten aufgeführt. Wer sich Briefe schicken lassen will, gibt die Adresse der Hauptpost an: c/o Poste Restante, Poczta Główna, Ul Świętokrzyska 31/33, 00-001 Warszawa; die Post wird 14 Werktage lang aufbewahrt.

Kartentelefone gibt es in Warschau an fast jeder Ecke. In der Hauptpost ist Telefonieren auch gegen Bargeld möglich.

Hauptpost (Poczta Główna; Karte S. 64; ☎ 826 03 03; Ul Świętokrzyska 31/33; 🕓 24 Std.) Briefmarken, Paketdienst und sogar Verpackservice. Postlagernde Briefe, Poste restante, liegen am Schalter 12.

Reisebüros

Almatur (Karte S. 64; ☎ 826 35 12, 826 26 39; www.almatur.com.pl; Ul Kopernika 23; 🕓 Mo–Fr 9–19 Uhr, Sa 10–15 Uhr) Schüler- und Studentenreisen, internationale Flug-, Bus- und Fährtickets sowie Segel-, Ruder- und Reiturlaube.

Kampio (Karte S. 58; ☎ 823 70 70; www.kampio.com.pl; Ul Maszynowa 9/2; 🕓 Mo–Fr 10–17 Uhr) Reisebüro mit Schwerpunkt Ökotourismus. Organisiert Ruder-, Rad- und Vogelbeobachtungstouren in wenig bereisten Regionen;Radtouren in Masuren und Vogelbeobachtung in den Nationalparks Białowieża und Biebrza.

Orbis Travel (www.pbp.com.pl nur auf Polnisch) Plac Konstytucji (Karte S. 64; ☎ 629 92 01; Plac Konstytucji 4; 🕓 Mo–Fr 10–18 Uhr); Ul Bracka (Karte S. 64; ☎ 827 72 65; Ul Bracka 16; Mo–Fr 10–18 Uhr) Größte Reisebürokette Polens mit Filialen in der ganzen Stadt.

Pekaes Bus (www.pekaesbus.com.pl) Ul Żurawia (Karte S. 64; ☎ 621 34 69; Ul Żurawia 26; 🕓 Mo–Fr 8.30–18 Uhr, Sa 9–14 Uhr); Warszawa Centralna, Zentralbahnhof (Karte S. 64; nördliche U-Bahn-Arkade, Warszawa Centralna, Zentralbahnhof) Offizielle Eurolines-Agentur in Warschau, verkauft Busfahrscheine zu Zielen in ganz Europa.

STA Travel (Karte S. 64; ☎ 626 00 80; www.sonatatravel.com.pl; Ul Krucza 41/43; 🕓 Mo–Fr 10–18 Uhr) Spezialisiert auf günstige Flugangebote für bestimmte Altersgruppen und Studenten; auch normales Reisebüro.

Wasteels (Karte S. 64; ☎ 825 50 09; www.wasteels.com.pl nur auf Polnisch; Warszawa Centralna, Zentralbahnhof, Al Jerozolimskie 54; 🕓 Mo–Sa 8.30–19.30 Uhr, So 10–19 Uhr) Busreisen in verschiedene europäische Städte, darunter eine Expressverbindung nach Berlin mit Ermäßigung für Schüler und Studenten unter 26 Jahren. Verkauft auch EuroDomino-Tickets.

Touristeninformation

Die Filialen der offiziellen Warschauer Touristeninformation verteilen kostenlos Stadtpläne und Broschüren wie den praktischen Führer „Warschau in Kürze"; sie verkaufen auch Stadtpläne anderer pol-

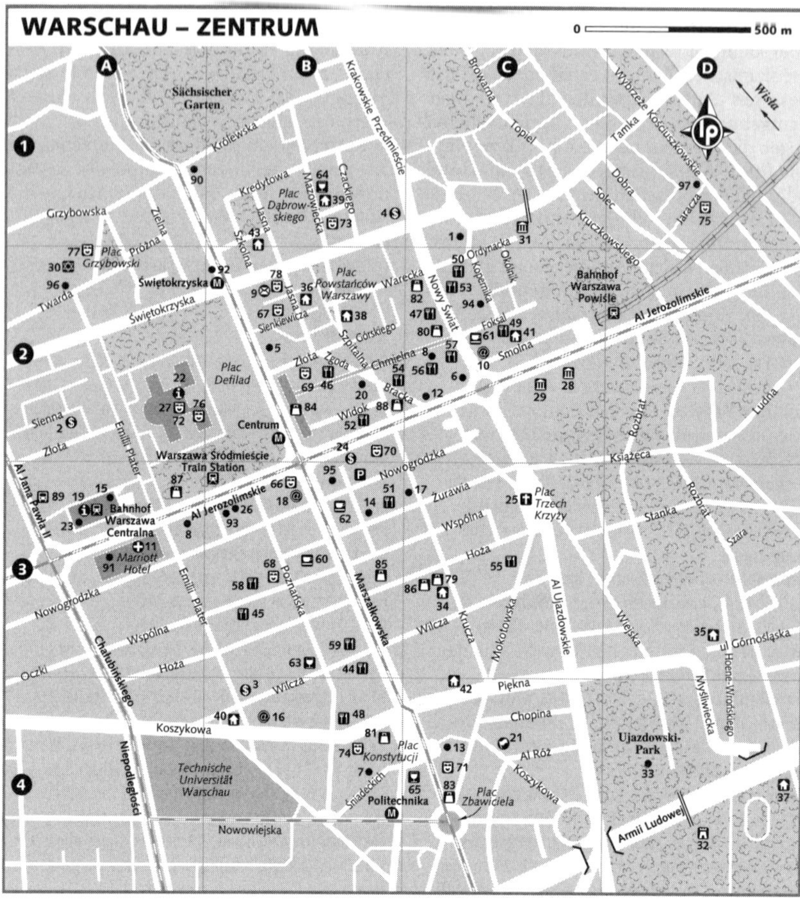

nischer Städte und reservieren Hotelzimmer. Auch die Warschauer Touristenkarte gibt es hier: Sie bringt freien oder ermäßigten Eintritt in Museen, freie Fahrt mit den öffentlichen Verkehrsmitteln und Ermäßigungen in einigen Theatern, Sportzentren und Restaurants. 24-Stunden-Karte/3-Tage-Karte 35 Zł/65 Zł.

Kostenlose englischsprachige Monatsblätter für Touristen wie zum Beispiel *Poland: What, Where, When; What's Up in Warsaw* und *Welcome to Warsaw* liegen in den Lobbies der besseren Hotels aus. Sie listen aktuelle Veranstaltungen und besprechen neu eröffnete Restaurants, Bars und Clubs. Ausführlicher sind die Stadtmagazine *Warsaw Insider* (8 Zł) und *Warsaw in Your Pocket* (5 Zł).

Centrum Informacji Turystycznej (Touristeninformationszentrum; ☎ 94 31; www.warsawtour.pl auch in Deutsch) Flughafen (Karte S. 60; ⌚ Mai–Sept. 8–20 Uhr, Okt.–April 8–18 Uhr); Altstadt (Karte S. 64; Ul Krakowskie Przedmieście 89; ⌚ Mai–Sept. 9–20 Uhr, Okt.–April 9–18 Uhr); Warszawa Centralna, Zentralbahnhof (Karte S. 64; ⌚ Mai–Sept. 8–20 Uhr, Okt.–April 8–18 Uhr); Warszawa Zachodnia, Busbahnhof (Karte S. 60; ⌚ 9–17 Uhr)

Warschauer Informationszentrum für Tourismus & Kultur (Karte S. 64; ☎ 656 68 54; www.e-warsaw.pl auch in Deutsch; Kulturpalast, Plac Defilad 1; ⌚ Mo–Fr 9–17 Uhr, Sa & So 9–15 Uhr) Informationen zu kulturellen Veranstaltungen.

PRAKTISCHES
- Almatur Reisebüro ... 1 C1
- Amex ... 2 A2
- Amex ... (s. 11)
- Apteka 21 ... (s. 19)
- Bank Pekao ... 3 B4
- Bank Pekao ... 4 B1
- Bank Pekao ... (s. 11)
- EMPiK Megastore ... 5 B2
- EMPiK Megastore ... 6 C2
- EuroDental ... 7 B4
- Goetheinstitut Warschau ... 8 C2
- Hauptpost ... 9 B2
- Internetcafé ... 10 C2
- LIM Medizinisches Zentrum ... 11 A3
- Orbis Travel ... 12 C2
- Orbis Travel ... 13 C4
- Pekaes Bus ... 14 B3
- Pekaes Bus ... 15 A3
- Pub Internetowy Piękna ... 16 B4
- STA Travel ... 17 C3
- Simple Internet Café ... 18 B3
- Touristeninformation ... 19 A3
- Traffic Club ... 20 B2
- Tschechische Botschaft ... 21 C4
- Warschauer Informationszentrum für Tourismus & Kultur ... 22 A2
- Wasteels ... 23 A3
- Western Union ... 24 B2

SEHENSWERTES & AKTIVITÄTEN (S. 65)
- Zentrum für Zeitgenössische Kunst ... (s. 32)
- Alexanderkirche ... 25 C3
- Chopin-Museum ... (s. 31)
- Fotoplastikon ... 26 B3
- Kulturpalast ... 27 A2
- Polnisches Militärmuseum ... 28 C2
- Nationalmuseum ... 29 C2
- Nożyk-Synagoge ... 30 A2
- Ostrogski-Palast ... 31 C1
- Schloss Ujazdówski ... 32 D4
- Spielplatz ... 33 D4

SCHLAFEN (S. 82)
- Biuro Podrózy Syrena ... 34 C3
- Dizzy Daisy Hostel ... 35 D3
- Friends Guesthouse ... 36 B2
- Hotel Agrykola ... 37 D4
- Hotel Gromada ... 38 B2
- Hotel Mazowiecki ... 39 B1
- Hotel Rialto ... 40 B4
- Jugendherberge Smolna ... 41 C2
- Nathan's Villa Hostel ... 42 C4
- Oki Doki Hostel ... 43 B1

ESSEN (S. 85)
- Bacio ... 44 B3
- Bar Aysza Tripolis ... 45 B3
- Bar Krokiecik ... 46 B2
- Bar Mleczny Familijny ... 47 C2
- Bar Sałatkowy z Tukanem ... 48 B4
- Chianti ... 49 C2
- Deco Kredens ... 50 C2
- India Curry ... 51 B3
- Kurt Scheller's Restaurant ... (s. 40)
- London Steak House ... 52 B2
- Melon ... 53 C2
- Między Nami ... 54 B2
- Restauracja Adler ... 55 C3
- Restauracja Polska ... 56 C2
- Sense ... 57 C2
- Warsaw Tortilla Factory ... 58 B3
- Warsaw Tortilla Factory ... 59 B3

AUSGEHEN (S. 88)
- Antykwariat ... 60 B3
- Cava ... 61 C2
- Green Coffee ... 62 B3
- NoBo ... 63 B3
- Paparazzi ... 64 B1
- U Szwejka ... 65 C4

UNTERHALTUNG (S. 89)
- Bileteria Rondo ... 66 B3
- Chopin-Gesellschaft ... (s. 31)
- Fantom ... (s. 54)
- Filharmonia Narodowa ... 67 B2
- Ground Zero ... 68 B3
- Hybrydy ... 69 B2
- Kasy ZASP ... 70 B2
- Kino Luna ... 71 C4
- Kinoteka ... 72 A2
- Klub Tygmont ... 73 B1
- Punkt ... 74 B4
- Teatr Ateneum ... 75 D1
- Teatr Dramatyczny ... 76 A2
- Teatr Żydowski ... 77 A2
- Underground Music Café ... 78 B2

SHOPPEN (S. 92)
- Cepelia ... 79 C3
- Cepelia ... 80 C2
- Cepelia ... 81 B4
- Cepelia ... (s. 18)
- Desa Unicum ... 82 C2
- Desa Unicum ... 83 C4
- Galeria Centrum ... 84 B2
- Galeria Grafiki i Plakatu ... 85 B3
- Księgarmia Muzyczna Odeon ... 86 C3
- Marks & Spencer ... 87 A3
- Smyk ... 88 B2

TRANSPORT (S. 93)
- Bushaltestelle Polski Express ... 89 A3
- Local Rent-A-Car ... 90 A3
- LOT ... 91 B2
- Punkt Informacji ZTM ... 92 A1

SONSTIGES
- Academia Polonica ... 93 B3
- IKO ... 94 C2
- Mazurkas Travel ... 95 B3
- Our Roots ... 96 A2
- Schola Polonica ... 97 D1

GEFAHREN & ÄRGERNISSE

Warschau ist nicht gefährlicher als andere Metropolen der Welt. Aber wie in allen großen Städten sind die Straßen nachts unsicherer und in öffentlichen Verkehrsmitteln oder Menschentrauben ist auf Wertsachen zu achten. Langfinger sind vor allem in den Bussen der Linie 175 (zwischen Flughafen und Innenstadt), in den Straßenbahnen auf der Al Jerozolimskie und rund um den Zentralbahnhof aktiv. Vor der Taximafia sollten sich Nichtwarschauer besonders hüten (S. 96).

Extrem lästig können im Sommer auch die Mücken werden, gerade bei den Sehenswürdigkeiten in Flussnähe wie den Parks Łazienki und Wilanów.

SEHENSWERTES

Altstadt & Umgebung

In Warschaus Altstadt (Stare Miasto) waren nach dem Zweiten Weltkrieg rund 90 % der Häuser total zerstört, das Gebiet war praktisch ein einziger Schuttberg. Die umfassenden Aufbauarbeiten zwischen 1949 und 1963 hatten vor allem ein Ziel: Dem historischen Kern sein ursprüngliches Gesicht aus dem 17. und 18. Jh. wiederzugeben. Heute sieht im gesamten Altstadtgebiet jedes Haus mindestens 200 Jahre alt aus. Die Unesco honorierte diese Meisterleistung der polnischen Restauratoren und nahm Warschaus Altstadt in die Welterbeliste auf.

SCHLOSSPLATZ

Vom dreieckigen Schlossplatz (Plac Zamkowy) aus starten die meisten Neuankömmlinge einen Rundgang durch die Altstadt. In der Mitte des Platzes steht die 22 m hohe **Sigismund-Säule** (Kolumna Zygmunta III; Karte S. 64), ein Denkmal für den König, der die Hauptstadt von Krakau nach Warschau verlegte. Der Sohn des Königs hat die Säule 1644 errichten lassen; sie ist Polens zweitältestes weltliches Denkmal (nach dem Danziger Neptun). Die Säule haben Granaten im Krieg zerstört, aber die Statue blieb erhalten und bekam vier Jahre nach Kriegsende eine neue Säule. Die Ori-

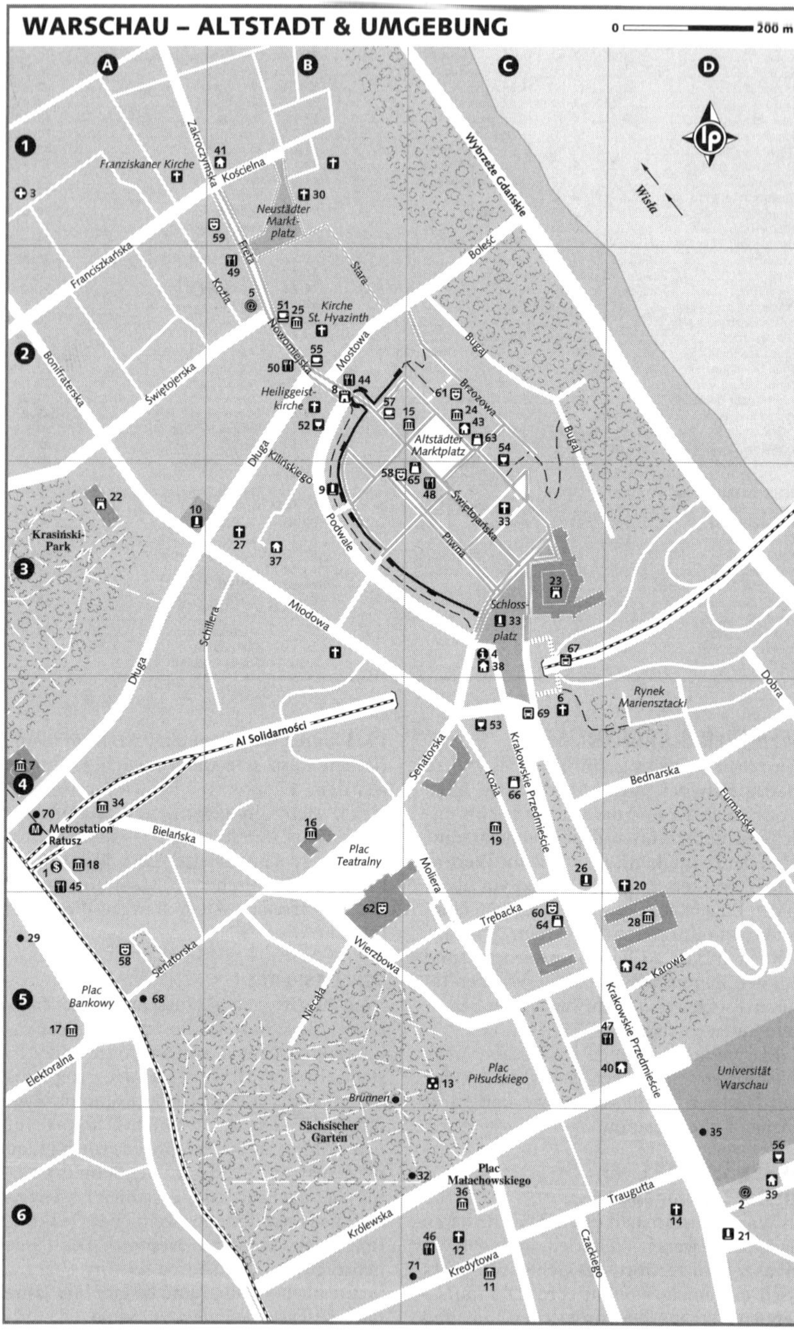
WARSCHAU – ALTSTADT & UMGEBUNG
0
200 m
A
B
C
D
1
2
3
4
5
6
Wisła
Franziskaner Kirche
Zakroczymska
Kościelna
Neustädter Markt-platz
Wybrzeże Gdańskie
Freta
Franciszkańska
Kozla
Stara
Boleść
Kirche St. Hyazinth
Nowomiejska
Mostowa
Bugaj
Bonifraterska
Świętojerska
Heiliggeist-kirche
Brzozowa
Altstädter Marktplatz
Długa
Kilińskiego
Podwale
Świętojańska
Piwna
Krasiński-Park
Schloss-platz
Miodowa
Schillera
Rynek Mariensztacki
Dobra
Al Solidarności
Senatorska
Kozia
Krakowskie Przedmieście
Bednarska
Furmańska
Metrostation Ratusz
Bielańska
Plac Teatralny
Moliera
Trębacka
Karowa
Wierzbowa
Niecała
Plac Bankowy
Elektoralna
Plac Piłsudskiego
Brunnen
Sächsischer Garten
Universität Warschau
Plac Małachowskiego
Traugutta
Królewska
Kredytowa
Czackiego

PRAKTISCHES
Bank Pekao ... 1 A4
Casablanca ... 2 D6
Falck Medizinisches Zentrum ... 3 A1
Touristeninformation ... 4 C3
Verso Internet ... 5 B2

SEHENSWERTES & AKTIVITÄTEN (S. 65)
Akademische Kirche St. Anna ... 6 C4
Archäologisches Museum ... 7 A4
Barbakane ... 8 B2
Denkmal des Kleinen Aufständischen ... 9 B3
Denkmal des Warschauer Aufstands ... 10 A3
Ethnografisches Museum ... 11 C6
Evangelische Kirche ... 12 C6
Grabmal des unbekannten Soldaten ... 13 C5
Heiligkreuzkirche ... 14 D6
Historisches Museum ... 15 C2
Jabłonowski-Palais ... 16 B4
Johannes-Paul-II.-Sammlung ... 17 A5
Jüdisches Historisches Institut ... 18 A4
Karikaturenmuseum ... 19 C4
Karmeliterkirche ... 20 D4
Kopernikus-Denkmal ... 21 D6
Krasiński Palace ... 22 A3
Königsschloss ... 23 C3
Literaturmuseum ... 24 C2
Maria-Skłodowska-Curie-Museum ... 25 B2
Mickiewicz-Denkmal ... 26 C4
Polnische Armeekathedrale ... 27 B3
Radziwiłł-Palais ... 28 D5
Rathaus ... 29 A5
Sakramentinerinnenkirche ... 30 B1
Sigismund-Säule ... 31 C3
Spielplatz ... 32 C6
St.-Johanniskathedrale ... 33 C3
Unabhänigkeitsmuseum ... 34 A4
Universität ... 35 D6
Zachęta Nationale Kunstgalerie ... 36 C6

SCHLAFEN (S. 82)
Bursa Szkolnictwa Artystycznego ... 37 B3
Dom Literatury ... 38 C3
Hotel Harenda ... 39 D6
Hotel Orbis Europejski ... 40 D5
Le Regina ... 41 B1
Le Royal Méridien Bristol Hotel ... 42 D5
Old Town Apartments ... 43 C2

ESSEN (S. 85)
Arsenal ... (s. 7)
Bar Mleczny Pod Barbakanem ... 44 B2
Bar Sałatkowy z Tukanem ... 45 A4
Bar Sałatkowy z Tukanem ... 46 C6
Café Design ... 47 D5
Dom Restauracyjny Gessler ... 48 C3
Fret@Porter ... 49 B2
Restauracja Pod Samsonem ... 50 B2

AUSGEHEN (S. 88)
Café Belle Epoque ... 51 B2
Chimera ... 52 B2
Irish Pub ... 53 C4
John Bull Pub ... 54 C2
Pożegnanie z Afryką ... 55 B2
Pub Harenda ... 56 D6
Same Fusy ... 57 B2

UNTERHALTUNG (S. 89)
Jazz Bistro Gwiazdeczka ... 58 B3
Jazz Café Helicon ... 59 B1
Kino Rejs ... 60 C5
Kokon ... 61 C2
Teatr Wielki ... 62 B5

SHOPPEN (S. 92)
Desa Unicum ... 63 C2
Galeria Art ... 64 C5
Galeria Plakatu ... 65 C3
Neptunea ... 66 C4

TRANSPORT (S. 93)
Bahnhaltestelle Plac Zamkowy (Linien 13, 23, 26, 32, 45) ... 67 C3
Hala sprzedal biletów ZTM ... 68 A5
Bushaltestelle Miodowa (Linie 175) ... 69 C4
Punkt informacji ZTM ... 70 A4

SONSTIGES
Polonicum ... (s. 35)
Trakt ... 71 C6

ginalsäule aus Granit liegt heute an der Südmauer des Königsschlosses.

KÖNIGSSCHLOSS

Die Ostseite des Schlossplatzes dominiert das **Königsschloss** (Zamek Królewski; Karte S. 66; ☎ 657 21 70; www.zamek-krolewski.art.pl; Schlossplatz 4; Tour I Erwachsene/Schüler & Studenten 10/5 Zł, Tour II 18/12 Zł, So Besichtigung auch ohne Führung; Mitte April–Sept. Di–Sa 10–18 Uhr, So & Mo 11–18 Uhr, Okt.–Mitte April Di–Sa 10–16 Uhr, So 11–16 Uhr). Das Schloss existiert seit dem 14. Jh. und erlebte seine Blütezeit in der Mitte des 17. Jhs. Unter der Herrschaft von Stanisław August Poniatowski (1764–95) wurde es im prachtvollen Barockstil umgebaut und so zu einem der schönsten Königsschlösser Europas. Im Zweiten Weltkrieg gab Hitler persönlich die Anordnung, das Schloss zu zerstören. Die vollständige Wiederherstellung dauerte von 1971 bis 1984: Tausende Fragmente des Originalbauwerks wurden bei den Arbeiten integriert und Kunstwerke, die den Krieg unbeschadet überstanden haben, sind im neuen Schloss wieder zu sehen.

Der beeindruckendste Teil des Schlosses ist das Große Appartement im 1. Stock, das der **Große Ballsaal** dominiert. Wunderbar restauriert, erstrahlt der Saal mit vergoldetem Stuck und goldenen Säulen im Glanz von 1781. Er diente als Audienz- und Konzertsaal sowie bei wichtigen Anlässen als Ball- und Bankettsaal. Das riesige Deckengemälde, *Die Ordnung des Chaos*, ist eine Rekonstruktion der Arbeit von Marcello Bacciarelli, die nach dem Krieg entstand. Es zeigt König Stanisław, der die Welt ordnet. Das Gesicht des Königs erscheint auch in der Marmormedaille über dem Haupteingang, es wird von den allegorischen Figuren für Frieden und Gerechtigkeit flankiert.

Den benachbarten **Rittersaal** hat König Stanisław persönlich entworfen. Er war als nationales Pantheon gedacht; sechs große Ölgemälde (erhaltene Originale) zeigen Schlüsselszenen der polnischen Geschichte. Eine Tür führt in das kleinere **Marmorkabinett**, das im Stil des 16. Jhs. mit buntem Marmor und Trompe l'œil-Gemälden ausgestattet ist. Das Kabinett beherbergt 22 Portraits polnischer Könige, darunter König Bolesław Chrobry und ein riesiges Gemälde mit vergoldetem Rahmen von Stanisław August Poniatowski.

In das **Appartement des Königs** gelangt man durch den prächtigen **Thronsaal**. Hier ist das Dekor in Rot und Gold gehalten, besonders die 86 polnischen Adler stechen hervor, die mit Silberdraht in den Baldachin des Throns gestickt sind. Am hinteren Ende der königlichen Gemächer liegt der **Canaletto-Saal** mit 23 Gemälden von Bernardo Bellotto (1722–80); der Künstler verwendete den Namen seines berühmteren Onkels Canaletto und ist in Polen eher unter diesem Namen bekannt. Bellottos zahllose Gemälde zeigten War-

DIE WIEDERGEBURT EINES SCHLOSSES

Die Geschichte des Königsschlosses reicht bis ins 14. Jh. zurück, als die masowischen Herzöge hier eine Burg aus Holz und Lehm errichteten. Später entstand dann das gemauerte Schloss, das stark erweitert wurde, als die Hauptstadt nach Warschau verlegt wurde. Das Schloss war bis zum Fall der Republik 1795 Sitz des Königs und des Sejm. Dann hielten die Zaren hier Einzug. Nachdem Polen 1918 seine Unabhängigkeit wieder erlangt hatte, nutzte der Staatspräsident das Schloss als Residenz. Lange Zeit blieb das Schloss im Zweiten Weltkrieg von großen Schäden verschont, aber nach dem Warschauer Aufstand 1944 sprengten es die deutschen Besatzer in die Luft.

Erst 1971 begann der Wiederaufbau und seit 1984 erstrahlt das Barockschloss wieder in altem Glanz. Viele Polen im In- und Ausland spendeten für den Wiederaufbau dieses Nationaldenkmals und Symbols Warschaus. Auch viele Freiwillige legten Hand mit an. Das heutige Bauwerk ist in großen Teilen nur eine Kopie, aber es enthält auch noch viele Fragmente des Originalgebäudes. Für die Ausstattung der dreihundert Räume des Schlosses wurden Stilmöbel und Kunstwerke aus anderen historischen Gebäuden zusammengetragen. Bei einigen Gegenständen handelt es sich sogar um Originale, die während des Krieges versteckt worden waren.

Ein großer Teil des Schlosses ist heute Museum. Es zeigt, wie sich das frühere Leben am Königshof abspielte. Bei einem Gang durch die stilecht ausgestatteten Räume mit Kunstwerken und Möbeln der einzelnen Epochen ist es schwer vorstellbar, dass das heutige Gebäude gerade einmal vierzig Jahre alt ist.

schaus Architektur mit so viel Liebe zum Detail, dass die Werke, die den Zweiten Weltkrieg überlebten, als Vorlage für den Wiederaufbau der historischen Bauten dienten.

Das **Appartement des Kronprinzen** befindet sich ebenfalls im 1. Stock. Hier gibt es eine Sammlung historischer Gemälde von Jan Matejko, darunter auch eines seiner berühmtesten Werke, *Die Verfassung vom 3. Mai 1791*. Auf diesem Bild wird König Stanisław von der jubelnden Menge auf Schultern ins Schloss getragen. Infotafeln neben den Bildern (in Polnisch und Englisch) erklären die tiefe Symbolik der Gemälde.

Gegen einen Aufpreis von 45 Zł pro Gruppe gibt's eine **geführte Tour** durchs Schloss auf Deutsch oder Englisch (☎ 657 23 38). Auch wenn die Führer oft kurzfristig zur Verfügung stehen, ist eine Buchung im Voraus sicherer. Tour I führt in den Keller, die Appartements des Hofes, die Parlaments räume und das Appartement des Kronprinzen. Tour II umfasst das Große Apparte ment und das Appartement des Königs. Am besten ist die Besichtigung des Schlosses aber an einem Sonntag. Dann ist es erlaubt, auch ohne Gruppenführung durch die Räume zu gehen.

ALTSTADT

Die Ul Świętojańska (St.-Johannis-Str.) führt vom Schlossplatz in Richtung Altstadt vorbei an der neogotischen Fassade der **Johanniskathedrale** (Katedra Św Jana; Karte S. 66; ☎ 831 02 89; Ul Świętojańska 8; Eintritt frei; 🕑 Mo–Sa 10–13 Uhr & 15–18 Uhr, So 15–18 Uhr). Diese älteste Kirche Warschaus wurde im 15. Jh. an der Stelle einer Holzkirche errichtet und öfter umgebaut. Sie wurde im Zweiten Weltkrieg komplett zerstört und danach in ihrer gotischen Form neu errichtet. Sehenswert sind die Renaissancegrabplatten der letzten beiden masowischen Herzöge aus rotem Marmor im rechten Seitenschiff und die **Krypta** (Eintritt 1 Zł), in der sich unter anderem das Grab des Schriftstellers und Nobelpreisträgers Henryk Sienkiewicz befindet.

Der **Altstädter Marktplatz** (Rynek Starego Miasta) ist der schönste Platz Warschaus. Hier gibt es viele Straßencafés und Künstlerstände – schwer vorstellbar, dass von den vielen Gebäuden nach dem Krieg gerade einmal die Wände von zwei Häusern (nämlich Nr. 34 und 36) noch standen. Heute ist der Platz eine gelungene Mischung aus Renaissance- und Barockstil mit gotischen und neoklassizistischen Elementen. In der Mitte des Platzes steht die Statue der **Sirene** (Syrena; 1855), das Wappensymbol Warschaus. Früher stand hier das alte Rathaus. Es wurde 1817 abgerissen, als die Verwaltung zum Plac Teatralny umzog.

Das **Historische Museum** (Muzeum Historyczne Warszawy; Karte S. 66; ☎ 635 16 25; Rynek Starego Miasta 42; Erwachsene/Schüler & Studenten 5/2,50 Zł, So Eintritt frei; ⌚ Di & Do 11–18 Uhr, Mi & Fr 10–15.30 Uhr, Sa & So 10.30–16.30 Uhr) nimmt die gesamte Nordseite des Marktplatzes ein. Die riesige Sammlung des Museums dokumentiert Warschaus Geschichte von den Anfängen bis heute. Besonders interessant sind die Fotos, die das zerstörte Warschau nach dem Zweiten Weltkrieg zeigen, und der Dokumentarfilm über den Wiederaufbau der Stadt (läuft mehrfach täglich).

Die Dauerausstellung des nahen **Literaturmuseums** (Muzeum Literatury; Karte S. 66; ☎ 831 40 61; Rynek Starego Miasta 20; Erwachsene/Schüler & Studenten 5/4 Zł, So Eintritt frei; ⌚ Mo, Di & Fr 10–15 Uhr, Mi & Do 11–18 Uhr, So 11–17 Uhr) ist Polens Nationaldichter Adam Mickiewicz gewidmet.

Die Ul Nowomiejska führt nach Nordwesten zur roten Backsteinbastion **Barbakane** (Karte S. 66). Der halbrunde Wehrturm schließt mit einer hübschen Renaissancebrüstung ab. Er wurde im 19. Jh. teilweise abgetragen, nach dem Zweiten Weltkrieg aber wieder aufgebaut.

NEUSTADT

Die Neustadt (Nowe Miasto) entstand Ende des 14. Jhs. kurz nach der Altstadt. 1408 erhielt sie schon das Recht einer eigenen Gerichtsbarkeit und Verwaltung. Damit gab es nur einen halben Kilometer voneinander entfernt zwei Städte mit jeweils eigenem Markplatz, Rathaus und einer eigenen Gemeindekirche. Lange Zeit waren die Einwohner der Neustadt gesellschaftlich weniger angesehen als die der Altstadt und die Neustadt verfügte auch anders als die Altstadt nicht über Befestigungsmauern.

Ul Freta ist die Hauptstraße der Neustadt. Sie verläuft von der Barbakane nordwärts zum **Neustädter Marktplatz** (Rynek Nowego Miasto). Der Weg führt am Geburtshaus von Marie Curie (s. Kasten unten) vorbei. Hier ist heute das **Marie-Skłodowska-Curie-Museum** (Muzeum Marii Skłodowskiej-Curie, Karte S. 66; ☎ 831 80 92; Ul Freta 16; Erwachsene/Schüler & Studenten 6/3 Zł, Do Eintritt frei; ⌚ Di–Sa 10–16 Uhr, So 10–14 Uhr). Es zeigt eine kleine Ausstellung über das

MARIE CURIE

1995 wurde der Leichnam Marie Curies (1867–1934) umgebettet und im Pariser Panthéon beigesetzt. Sie war damit die erste Frau, der diese Ehre in Anerkennung ihrer Verdienste zuteil wurde. Marie Curie hat unter anderem die chemischen Elemente Radium und Polonium entdeckt. Mit ihrer Arbeit legte sie den Grundstein für die Radiologie, die Kernphysik und die Strahlenmedizin. Sie war nicht nur die erste Frau, die einen Nobelpreis erhielt, sondern auch der erste Mensch, der zweimal mit dem Nobelpreis ausgezeichnet wurde.

Als Maria Skłodowska wurde sie in Warschau geboren. Sie wuchs in einer polnischen Lehrerfamilie auf und verbrachte die ersten 24 Jahre ihres Lebens in dieser Stadt. Die Naturwissenschaften faszinierten die junge Frau und sie beschloss, Wissenschaftlerin zu werden. Doch unter russischer Herrschaft blieb Frauen der Zugang zu höherer Bildung verschlossen.

Daher ging Maria 1891 nach Paris, studierte dort Physik und Mathematik an der Sorbonne und schloss beide Fächer mit erstklassigen Noten ab. 1895 heiratete sie den französischen Physiker Pierre Curie (1859–1906) – und nannte sich seitdem Marie. Die wissenschaftliche Zusammenarbeit der Eheleute erwies sich als sehr erfolgreich, obwohl die beiden zunächst in sehr ärmlichen Verhältnissen lebten und ihr improvisiertes Labor eher einem Schuppen glich.

Ihre Experimente mit Uranstrahlen führten 1898 zur Entdeckung zweier neuer radioaktiver Elemente: Polonium (das Marie nach ihrer Heimat Polen benannte) und Radium. 1903 erhielten die Curies gemeinsam mit Antoine Henri Becquerel für die Entdeckung der radioaktiven Strahlen den Nobelpreis für Physik.

Nachdem Pierre 1906 durch einen tragischen Unfall ums Leben kam, konzentrierte sich Marie ganz auf die gemeinsam begonnene Arbeit. An der Sorbonne übernahm sie die Stelle ihres Mannes als Dozent und Leiter des Instituts für Physik. Sie war damit die erste Frau seit Gründung der Universität vor 650 Jahren, die hier lehrte. Zwei Jahre später wurde sie Professorin, 1911 erhielt sie für die Isolierung reinen Radiums den Nobelpreis für Chemie.

Marie Curie war 1914 an der Gründung des Institut de Radium in Paris beteiligt, das sich später zu einem bedeutenden Zentrum für Kernphysik und Chemie entwickelte. Sie unterstützte 1932 auch die Einrichtung des Radium-Instituts in Warschau. 1934 starb Marie Curie an Leukämie – eine Folge ihrer langjährigen Arbeit mit radioaktiven Stoffen.

EIN SYMBOL DES GLAUBENS

In ganz Warschau findet sich auf Gebäuden, an Denkmälern, in Museen und auf alten Fotografien ein Monogramm: ein „P", das auf einem ankerförmigen „W" sitzt, das Symbol für den katholischen Glauben. Das Monogramm ist das Zeichen der Armia Krajowa, der polnischen Heimatarmee, die 1944 den Aufstand gegen die deutschen Besatzer anführte. „PW" steht hier für „Polska Walczy" (Polen kämpft). Da „PW" aber auch als „Powstanie Warszawskie" (Warschauer Aufstand) gelesen werden kann, ist das Monogramm zum Symbol für den Kampf gegen die Besatzungsmacht geworden.

Leben der berühmten Physikerin, die hier 1867 geboren wurde.

Die **Sakramentinerinnenkirche** (Kościół Sakramentek; Karte S. 66; ☎ 635 71 13; Rynek Nowego Miasto 2) stammt von Tylman van Gameren, dem berühmtesten Barockarchitekten Polens. Während des zweiten Warschauer Aufstands 1944 diente die Kirche als Lazarett. Mehrere Hundert Menschen starben hier bei Bombenangriffen.

UL DŁUGA

Von der Ul Freta führt die Ul Długa nach Südwesten, vorbei an der **Polnischen Armeekathedrale** (Katedra Polowa Wojska Polskiego; Ul Długa 13/15), einer Gedenkstätte für die polnischen Soldaten. Vor der Kirche symbolisieren ein großer Anker und ein Flugzeugpropeller Marine und Luftwaffe. Die Relieftür zeigt große Schlachten der polnischen Armee. In der Kirche finden sich unzählige Erinnerungsplaketten für die Soldaten.

An der Kreuzung zwischen Ul Długa und Ul Bonifraterska steht das **Denkmal des Warschauer Aufstands** (Pomnik Powstania Warszawskiego; s. Kasten S. 26). Riesige, in Bronze gegossene Kämpfer der polnischen Heimatarmee (Armia Krajowa) entsteigen wie Geister den Ruinen ihrer Stadt, andere klettern durch ein Loch hinunter in die Kanalisation. Das Denkmal wurde am 1. August 1989, dem 45. Jahrestag des Aufstandes, eingeweiht.

Auf der anderen Seite der Ul Bonifraterska liegt das **Krasiński-Palais** (Pałac Krasińskich; 1677). Das Palais hat Tylman van Gameren entworfen. Viele sagen, es sei einer der schönsten Barockpaläste Warschaus.

ZITADELLE

Nördlich der Neustadt beherrscht die riesige **Zitadelle** (Cytadela; Karte S. 60) aus dem 19. Jh. diesen Abschnitt des westlichen Weichselufers. Der russische Zar ließ sie nach der Niederschlagung des Novemberaufstands (1830/31) erbauen – nicht zur Verteidigung der Stadt, sondern um die Warschauer Bevölkerung einzuschüchtern. Die Festung war auch das Gefängnis für politische Häftlinge.

Das riesige Tor der Festung auf der Flussseite ist auch unter dem Namen **Tor der Hinrichtung** (Brama Straceń; Karte S. 60) bekannt. Eine Gedenkstätte erinnert an die politischen Gefangenen, die hier hingerichtet wurden. Vom Tor aus führt ein kurzer gepflasterter Weg zum Museum des X. Pavillon (Muzeum X. Pawilon; Karte S. 60; ☎ 839 23 83; Ul Skazańców 25; Eintritt frei; 🕘 Mi–So 9–16 Uhr). Hier ist ein Flügel des ehemaligen Gefängnisses noch erhalten. Die Zellen sind nach berühmten Gefangenen benannt. Der bekannteste unter ihnen war Józef Piłsudksi in Zelle Nr. 25 im 1. Stock. Besonders makaber: In einer Zelle steht der Amboss, auf dem die Gefangenen ihre Ketten selbst schmieden mussten.

Das Museum zeigt eine ungewöhnliche Gemäldesammlung von Alexander Sochaczewski (1843–1923). Er war hier gemeinsam mit 20 000 anderen antirussischen Aufrührern inhaftiert, bevor er 1866 in ein sibirisches Arbeitslager deportiert wurde. Seine Bilder zeichnen die Leiden der Gefangenen nach. Ein Bild mit dem Titel *Pożegnanie Europy* (Abschied von Europa) zeigt einen Konvoi verzweifelter Deportierter (darunter auch der Künstler selbst) an einem schneebedeckten Obelisken im Ural, der die Grenze zwischen Europa und Asien markiert. Auf dem Gelände des Museums steht auch eine echte *kibitka*, eine geschlossene Gefängniskutsche, mit der Gefangene nach Osten transportiert wurden.

Südlich der Altstadt

Im Bezirk südlich der Altstadt – von der Al Solidarności nach Süden bis zur Al Jerozolimskie und von der Ul Krakowskie Przedmieście nach Westen bis zur Ul Marszałkowska – pochte im 19. Jh. das wirtschaftliche und kulturelle Herz Warschaus. An der Hauptstraße, der Ul Krakowskie Przedmieście, beginnt der Königsweg (Trakt Królewski), ein mehrere Kilometer langer Prozessionsweg vom Königsschloss über die Ul Nowy Świat und Al Ujazdowskie zur königlichen Sommerresidenz im Łazienki-Park (S. 77).

PLAC BANKOWY

Der Bankenplatz (Plac Bankowy) war im 19. Jh. das Finanzzentrum Warschaus. An der Westseite des Platzes stehen großartige neoklassizistische Gebäude, die Antonio Corazzi in den 1820er Jahren entworfen hat. Darunter sind auch das **Rathaus** (Ratusz; Karte S. 66) und ein ehemaliger Herzogspalast, in dem seit 1947 Stadtbehörden untergebracht sind. Im Gebäude der früheren Börse und der Bank von Polen befindet sich heute die **Johannes-Paul-II.-Sammlung** (Kolekcja im Jana Pawła II; Karte S. 66; ☎ 620 27 25; Plac Bankowy 1; Erwachsene/Schüler & Studenten 5/2,50 Zł; 🕒 Di–So 10–16 Uhr). Diese Sammlung schenkte die Familie Carrol-Porczyński der katholischen Kirche. Sie umfasst Werke der herausragendsten europäischen Künstler, zum Beispiel von Cranach, Rubens, Velázquez, Goya, Renoir, Sisley, van Gogh und de Chirico.

Die Ostseite des Platzes wurde nach dem Zweiten Weltkrieg neu gestaltet. Ein blauer Wolkenkratzer ragt dort in die Höhe. Früher stand an dieser Stelle die Synagoge, bis die Nationalsozialisten sie zerstörten. Der Bau des Wolkenkratzers war von permanenten Problemen begleitet und konnte erst nach dreißig Jahren fertig gestellt werden – der Legende nach soll ein Warschauer Rabbi das Grundstück verflucht haben. Direkt dahinter liegt das **Jüdische Historische Institut** (Żydowski Instytut Historyczny; Karte S. 66; ☎ 827 92 21; www.jewishinstitute.org.pl; Ul Tłomackie 3/5; Erwachsene/Schüler & Studenten 10/5 Zł; 🕒 Mo–Mi & Fr 9–16 Uhr, Do 11–18 Uhr) mit Bibliothek und Museum. Ausgestellt sind Gemälde, Skulpturen und religiöse Objekte der jüdischen Kultur sowie Fotos des Warschauer Ghettos von 1940 bis 1943.

An der Nordseite des Platzes befindet sich an der stark befahrenen Kreuzung das **Staatliche Archäologische Museum** (Państwowe Muzeum Archeologiczne; Karte S. 66; ☎ 831 15 37; Ul Długa 52; Erwachsene/Schüler & Studenten 6/3 Zł, So Eintritt frei; 🕒 Mo–Do 9–16 Uhr, Fr 11–18 Uhr, So 10–16 Uhr). Es ist im früheren Königlichen Zeughaus untergebracht und zeigt eine Sammlung zur Frühgeschichte Polens in wechselnden Ausstellungen.

Auf einer nahe gelegenen Verkehrsinsel mitten auf der Al Solidarności steht das **Unabhängigkeitsmuseum** (Muzeum Niepodległości; Karte S. 66; ☎ 826 90 91; Al Solidarności 62; Erwachsene/Schüler & Studenten 5/2 Zł, So Eintritt frei; 🕒 Di–Fr 10–17 Uhr, Sa & So 10–16 Uhr). Hier gibt es wechselnde Ausstellungen zu Polens Unabhängigkeitskampf.

PLAC TEATRALNY

Der ausgedehnte Theaterplatz (Plac Teatralny) wird nach Süden vom monumentalen **Teatr Wielki** (früher Großes Theater, heute Nationaltheater; Karte S. 66; ☎ 826 50 19; Plac Teatralny 1) begrenzt. Das neoklassizistische Gebäude, erbaut zwischen 1825 und 1833, ist eines der größten Opernhäuser Europas. Architekt war wieder einmal Antonio Corazzi. Das Gebäude brannte im Zweiten Weltkrieg ab, die Fassade wurde rekonstruiert und das Innere des Gebäudes dem damaligen Zeitgeschmack angepasst. Das Haus verfügt über einen großen Saal mit 1900 Plätzen und zwei kleinere Bühnen. Direkt gegenüber liegt das **Jabłonowskie-Palais** (Pałac Jabłonowskich; Karte S. 66). Von 1817 bis zum Zweiten Weltkrieg diente es als Rathaus der Stadt.

SÄCHSISCHER GARTEN & UMGEBUNG

Der wunderschöne **Sächsische Garten** (Ogród Saski; Karte S. 66; Eintritt frei; 🕒 24 Std.) wurde im 18. Jh. als erster öffentlicher Park der Stadt nach dem Vorbild der einzigartigen französischen Gärten von Versailles angelegt. Entlang des Hauptwegs stehen Kastanienbäume und barocke **Statuen** (allegorische Figuren der Tugenden, Wissenschaften und Elemente). Schön ist auch der kleine **Zierteich** mit einem **Wasserturm** aus dem 19. Jh., der wie ein runder griechischer Tempel aussieht.

Am Ostende des Parks am Piłsudski-Platz (Plac Piłsudskiego) stand früher einmal das Pałac Saski. Das sächsische Palais aus dem 18. Jh. diente als königliche Residenz. Auch dieses Gebäude wurde im Zweiten Weltkrieg von der Wehrmacht zerstört, aber danach nicht wieder aufgebaut. Übrig blieb nur ein Arkadengang, in dem sich seit 1925 das **Grabmahl des unbekannten Soldaten** (Grób Nieznanego Żołnierza; Karte S. 66) befindet.

Jede Stunde findet hier ein Wachwechsel statt. Dann marschieren Soldaten zwischen dem Grabmahl und dem Radziwiłł-Palais (Pałac Radziwiłłów) hin und her – und warten an der Ampel auf Grün! Die große Zeremonie der feierlichen Wachablösung findet jeden Sonntag um 12 Uhr statt.

Auf der Südseite der Ul Królewska liegt die **Zachęta Nationale Kunstgalerie** (Zachęta Narodowa Galeria Sztuki; Karte S. 66; ☎ 827 58 54; www.zacheta.art.pl; Plac Małachowskiego 3; Erwachsene/Schüler & Studenten 10/7 Zł, Do Eintritt frei; 🕑 Di–So 12–20 Uhr). In dem neoklassizistischen Tempel werden wechselnde Ausstellungen moderner Kunst gezeigt.

Ganz in der Nähe steht die **Evangelische Kirche** (Kościół Ewangelicki) aus dem 18. Jh. (Karte S. 66; ☎ 827 68 17; Plac Małachowskiego). Der runde Bau wird von der größten Kuppel Warschaus gekrönt und ist für seine erstklassige Akustik bekannt. Hier finden auch viele Konzerte statt.

Auf der anderen Straßenseite bietet das **Ethnografische Museum** (Muzeum Etnograficzne; Karte S. 66; ☎ 827 76 41; Ul Kredytowa 1; Erwachsene/Schüler & Studenten 8/4 Zł, Mi Eintritt frei; 🕑 Di, Do & Fr 9.30–16 Uhr, Mi 11–18 Uhr, Sa & So 10–17 Uhr) einen Einblick in polnische Volkskunst und -kultur. Außerdem gibt es hier noch eine Sammlung mit Stammeskunst aus Afrika, Ozeanien und Lateinamerika.

UL KRAKOWSKIE PRZEDMIEŚCIE

Das nördliche Ende der Ul Krakowskie Przedmieście (Straße der Krakauer Vorstadt) stößt auf den Schlossplatz und wird von der **Akademischen Kirche St. Anna** (Kościół akademicki Św Anny; Karte S. 66; ☎ 826 89 91; Ul Krakowskie Przedmieście 68) dominiert. Die Kirche wurde 1454 erbaut, brannte aber nieder. Die Schweden haben sie in den 1660er Jahren im barocken Stil wieder aufgebaut. Bei weiteren Umbauten erhielt das Gebäude eine neoklassizistische Fassade, der freistehende Glockenturm allerdings einen Neorenaissance-Look. Wie durch ein Wunder blieben der Kirche stärkere Schäden durch den Zweiten Weltkrieg erspart. Das Innere besticht durch den barocken Wandschmuck, das Trompe l'œil-Deckengemälde, den Rokokohochaltar und die reich verzierten Orgelpfeifen. Die **Aussichtsplattform** (Erwachsene/Kinder 2/1 Zł; 🕑 Mo–Fr 10–20 Uhr, Sa & So 10–21 Uhr) auf dem Glockenturm bietet einen grandiosen Blick über die Altstadt.

Richtung Süden gelangt man zum **Mickiewicz-Denkmal** (Pomnik Mickiewicza, Karte S. 66) und kurz danach zur früheren **Karmeliterkirche** (Kościół Karmelitów; Karte S. 66; ☎ 826 05 31; Ul Krakowskie Przedmieście 52/54). Wie St. Anna wurde auch diese Kirche während des Krieges nicht zerstört. Sie hat bis heute ihre Ausstattung aus dem 18. Jh., darunter der von Tylman van Gameren entworfene Hochaltar.

Neben der Kirche liegt das neoklassizistische **Radziwiłł-Palais** (Pałac Radziwiłłów; Karte S. 66). Vier steinerne Löwen und eine Reiterstatue, das **Denkmal des Fürsten Józef Poniatowski**, „bewachen" das Palais. Der Fürst war ein Neffe des letzten polnischen Königs, Stanisław August, und Oberkommandeur der Polnischen Armee des Herzogtums Warschau. Heute ist das Palais die offizielle Residenz des polnischen Präsidenten.

Ein kleiner Abstecher in die Ul Kozia führt zum **Karikaturenmuseum** (Muzeum Karykatury; Karte S. 66; ☎ 827 88 95; Ul Kozia 11; Erwachsene/Schüler & Studenten 5/2,50 Zł, Sa Eintritt frei; 🕑 Di, Mi & Fr–So 11–17 Uhr, Do 11–18 Uhr). Wen mal eine andere Art Museum interessiert, der findet hier rund 15 000 Originalzeichnungen von polnischen und ausländischen Karikaturisten, außerdem satirische und humoristische Bücher, Zeitschriften und ähnliche Dinge.

Ein prunkvolles Tor mit polnischem Adler markiert den Eingang zur **Universität Warschau** (Uniwersytet Warszawski; ☎ 620 03 81; Ul Krakowskie Przedmieście 26/28). Das älteste Gebäude der Uni ist das Kazimierzowski-Palais (Pałac Kazimierzowski; 1634) am östlichen Ende des Universitätsgeländes (heute Büro des Rektors). Seit der Gründung 1816 war die Universität von Warschau immer ein Ort des unabhängigen politischen Denkens. Kein Wunder, dass sie sowohl dem zaristischen System als auch der kommunistischen Regierung ein Dorn im Auge war. In der Nachkriegszeit gingen von ihr viele Studentenproteste aus.

Auf Grund ihrer Nähe zur Universität hat die **Heiligkreuzkirche** (Kościół Św Krzyża; ☎ 826 89 10; Ul Krakowskie Przedmieście 3) wahrscheinlich mehr Demonstrationen gesehen und mehr Tränengas gerochen als jede andere Kirche Polens. Während des Warschauer Aufstands war sie heftig umkämpft. Dabei wurde sie stark beschädigt, aber einige Teile des barocken Altars blieben verschont und schmücken heute den Innenraum. Beach-

EIN ELEFANT IN SPITZENUNTERWÄSCHE

In der Warschauer City ragt ein Gebäude wie eine riesige Rakete in den Himmel: das „Geschenk der Freundschaft" aus den Tagen der Sowjetära.

Das Gebäude trägt offiziell den Namen Pałac Kultury i Nauki oder auch schlicht PKiN (Kulturpalast bzw. Palast der Kultur und der Wissenschaft S. 74). Es wurde zwischen 1952 und 1955 erbaut. Nach seiner Fertigstellung war es mit 231 m das höchste Gebäude in Europa (Moskau ausgenommen) und auch heute ist es noch das höchste Polens (und das fünfthöchste Europas). Die meisten Warschauer konnten das Gebäude von Anfang an nicht ausstehen. Sie gaben ihm verschiedene Spitznamen: Stalinpalast, Russische Hochzeitstorte oder Vertikale Kaserne. Der schönste aller Spitznamen ist und bleibt aber „Elefant in Spitzenunterwäsche". Er spielt sowohl auf die schiere Größe als auch auf die Zuckerbäckerarchitektur des Gebäudes an.

Im Kulturpalast gibt es unter anderem eine riesige Kongresshalle (die der Kommunistischen Partei Polens als Versammlungsort diente, wo aber auch schon die Rolling Stones Konzerte gaben), drei Theater, ein Multiplexkino, zwei Museen und mehrere Hektar Büroräume. In den Untergeschossen des Gebäudes leben um die fünfzig verwilderte Katzen. Ein Tierarzt schaut nach sogar ihnen, weil sie das Gebäude von Ratten frei halten.

Nach dem Zusammenbruch des Kommunismus gab es viele Diskussionen darüber, was nun mit dem ungeliebten Koloss geschehen sollte. Die Vorschläge reichten vom Abriss bis zu einem Ring aus Hochhäusern, die das Gebäude verdecken sollten. Das riesige freie Gelände rund um das PKiN ist nun für die Stadtentwicklung reigegeben. Die Bauarbeiten an den Złote Tarasy (Goldenen Terrassen) westlich des Kulturpalastes haben bereits begonnen. Hier entstehen unter anderem ein Einkaufs- und Erholungszentrum und ein neuer Busbahnhof.

tenswert ist das Epitaph für Frédéric Chopin links an der zweiten Säule des Hauptschiffs. Dahinter verbirgt sich eine Urne mit dem Herzen des Komponisten. Chopins letzter Wille war es, dass sein Herz nach seinem Tod von Paris hierher gebracht würde.

Die nachdenkliche Figur auf einem Säulensockel südlich der Universität stellt **Nikolaus Kopernikus** dar (Pomnik Mikołaja Kopernika; Karte S. 66), den großen polnischen Astronom, der „die Sonne anhielt und die Erde bewegte", wie die Polen sagen. Während des Zweiten Weltkriegs ersetzten die Deutschen erst die polnische Inschrift durch eine deutsche und später entfernten sie sogar die Statue ganz. Nach dem Krieg fand man sie auf einem Schutthaufen in Schlesien wieder und brachte sie an ihren ursprünglichen Standort zurück.

UL NOWY ŚWIAT

Hinter der Kreuzung mit der Ul Świętokrzyska ändert die Ul Krakowskie Przedmieście ihren Namen in **Ul Nowy Świat** (Neue Welt). Vom 19. Jh. bis zum Zweiten Weltkrieg war dies die schickste Einkaufsmeile Warschaus mit eleganten Geschäften und beliebten Cafés. Nach der fast vollständigen Zerstörung im Krieg wurde hier genauso akribisch wieder aufgebaut wie in der Altstadt. So erhielt die Straße ihr klassizistisches Gesicht vom Anfang des 19. Jhs. zurück – die stilistische Einheit ist erstaunlich. Auch heute gibt es in der Straße viele Läden, Boutiquen, Buchläden und Cafés, sie ist wieder eine der belebtesten Einkaufsstraßen der Stadt.

Ein kleiner Abstecher in die Ul Ordynacka führt zum **Palais Ostrogski** (Pałac Ostrogskich; Karte S. 64). Das kleine Barockpalais (mal wieder von Tylman van Gameren) thront auf einer Erhebung am stark befestigten Steilufer der Weichsel und ist heute Sitz der Chopin-Gesellschaft. Im bezaubernden Konzertsaal finden Vorträge und Kammerkonzerte statt. Zudem gibt es ein kleines **Chopin-Museum** (Karte S. 64; ☎ 827 54 71; Ul Okólnik 1; Erwachsene/Schüler & Studenten 10/5 Zł, Mi Eintritt frei; 🕓 Mai–Sept. Mo, Mi & Fr 10–17 Uhr, Do 10–18 Uhr, Sa & So 10–14 Uhr, Okt.–April geschl.); es ist Leben und Werk des großen polnischen Komponisten gewidmet.

Finanzbezirk

Warschaus aufstrebender Finanzbezirk liegt südwestlich der Altstadt zwischen Ul Marszałkowska, Al Jerozolimskie, Ul Jana Pawła II und Al Solidarności. In den letzten zehn Jahren sind hier in einer wahren Bau-

DAS WARSCHAUER GHETTO

Bei Ausbruch des Zweiten Weltkriegs lebten in Warschau 380 000 Juden (rund 30 % der gesamten Stadtbevölkerung) und damit mehr als in jeder anderen Stadt der Welt mit Ausnahme New Yorks.

Im November 1940 errichteten die Nationalsozialisten in den vorwiegend jüdischen Wohnvierteln Muranów und Mirów westlich des Stadtzentrums ein Ghetto, das von einer 3 m hohen Mauer umschlossen wurde. In den folgenden Monaten zwängten sie 450 000 Juden aus Warschau und Umgebung in dieses Ghetto. Es war das größte und überfüllteste in Europa. Bis Mitte 1942, noch bevor die Nationalsozialisten also mit der Deportation der Juden in die Konzentrationslager begonnen hatten, waren schon 100 000 Menschen an Hunger oder Krankheiten gestorben.

Im Rahmen einer konzertierten Aktion wurden im Sommer 1942 rund 300 000 Juden aus dem Ghetto in das Vernichtungslager Treblinka (S. 116) gebracht. Als dann in April 1943 nur noch etwa 50 000 Menschen im Ghetto lebten, begannen die Nationalsozialisten mit der endgültigen Auslöschung des Ghettos. In ihrer Verzweiflung griffen die Ghettobewohner zu den Waffen, es kam am 19. April zu einem Aufstand.

Von Anfang an war klar, dass die Juden gegen die stark bewaffneten Nationalsozialisten nur wenige Chancen hatten. Die deutsche Luftwaffe bombardierte das Ghetto und verwandelte es in eine brennende Hölle. Die heftigen Kämpfe dauerten drei Wochen. Dann umstellte die SS am 8. Mai den Kommandobunker der Aufständischen und warf eine Gasbombe hinein. Die Mitglieder des Kommandos und ihr Anführer, Mordechaj Anielewicz, nahmen sich daraufhin das Leben.

Etwa 7000 Juden starben bei den Kämpfen, weitere 6000 kamen bei den Bombenangriffen und in den Feuern um. Auf der Seite der Nationalsozialisten gab es etwa 300 Tote und 1000 Verwundete. Bis auf ein paar Mauerstücke, die man heute noch sehen kann, ist vom Warschauer Ghetto nichts übrig geblieben.

wut zwischen den typischen Plattenbauten strahlende neue Hochhaustürme emporgeschossen.

Orientierungspunkt in diesem Wirrwarr aus Wolkenkratzern ist ein Vermächtnis der kommunistischen Ära: der **Kulturpalast** (Pałac Kultury i Nauki, PKiN; Karte S. 64; ☎ 656 71 36; www.pkin.pl; Plac Defilad 1; Eintritt frei; 🕒 So–Do 9–20 Uhr, Fr & Sa 9–23 Uhr). Er ist immer noch Polens – und damit auch Warschaus – höchstes Gebäude und ein Wahrzeichen der Stadt. Der Kulturpalast war in den 1950er Jahren ein „Geschenk der Freundschaft" der Sowjetunion an die polnische Nation (s. auch Kasten S. 73). Ein Expresslift, der auf die Ohren geht, schnellt einen in irrwitziger Geschwindigkeit in die 30. Etage (in 115 m Höhe), wo die **Aussichtsterrasse** (Erwachsene/Schüler & Studenten 18/12 Zł; 🕒 9–18 Uhr) einen gigantischen Rundblick über die Stadt bietet. Die Warschauer witzeln, dies sei der beste Aussichtspunkt der Stadt, weil es der einzige ist, von dem aus man den Kulturpalast nicht sehen kann ... Der Haupteingang liegt an der Ul Marszałkowska. Geradeaus die Treppen hinauf findet sich das Ticket Office. Zur einstündigen **Führung** (☎ 656 63 45; wycieczka@pkin.pl; pro Person 40 Zł; 🕒 Juni–Aug. Mo–Sa 10 Uhr & 14 Uhr) durch den Kulturpalast gehört die riesige Kongresshalle mit 2800 Sitzplätzen (früher Versammlungsort der Kommunistischen Partei), das Versammlungs- und Besprechungszimmer aus Marmor und der Raum, in dem der frühere sowjetische Präsident Breschnew besonders gern relaxte. Führungen müssen im Voraus gebucht werden und finden erst ab fünf Personen statt.

Nur etwas südlich des Kulturpalastes liegt das **Fotoplastikon** (Karte S. 64; ☎ 625 35 52; Al Jerozolimskie 51; Erwachsene/Schüler & Studenten 8/5 Zł; 🕒 Mo–Fr 12–17 Uhr, Sa 11–14 Uhr), nachweislich das letzte seiner Art in Europa. Eine große rotierende Trommel mit einzelnen Gucklöchern zeigt stereografische 3D-Fotografien aus dem frühen 20. Jh., einige sogar in Farbe. Jede Vorführung besteht aus 48 Bildern und dauert etwa 20 Minuten. Der Eingang liegt abseits der Straße im Innenhof. Das Fotoplastikon läuft seit 1901 im Familienbetrieb.

Ehemaliges Jüdisches Ghetto

Vor dem Zweiten Weltkrieg gab es in Warschau eine rege jüdische Gemeinde mit rund 380 000 Mitgliedern. Sie wohnten hauptsächlich in den Bezirken Mirów und

Muranów, die sich vom heutigen Finanzbezirk nach Norden bis zur Ul Zygmunta Słomińskiego und nach Westen bis zur Ul Towarowa und Ul Okopowa erstreckten. Hier errichteten die Nationalsozialisten 1940 das berüchtigte Warschauer Ghetto (s. auch Kasten S. 74). Nach der Niederschlagung des Ghettoaufstandes 1943 rissen die Nationalsozialisten diese beiden Stadtviertel bis auf die Grundmauern ab. So ist heute vom jüdischen Warschau nur noch wenig erhalten.

Das gesamte Gebiet zu Fuß abzulaufen, ist eine ziemliche Aufgabe. Glücklicherweise liegen die wichtigsten Sehenswürdigkeiten im nördlichen Teil relativ nahe beieinander. Mit einer der Straßenbahnlinien 16, 17, 19, 29 oder 33 geht es über die Al Jana Pawła II nach Norden bis zur Haltestelle Anielewicza und dann zu Fuß einen Häuserblock zurück bis zum **Pawiak-Museum** (Muzeum Pawiak; Karte S. 60; ☎ 831 13 17; Ul Dzielna 24/26; Eintritt frei; 🕑 Mi & Fr 9–17 Uhr, Do & Sa 9–16 Uhr, So 10–16 Uhr). Dieses Gebäude von 1830 war früher das berüchtigtste Gefängnis Polens. Hier waren die Feinde des russischen Zaren eingekerkert; während des Zweiten Weltkriegs diente es als Hauptgefängnis der Gestapo. Zwischen 1939 und 1944 passierten rund 100 000 Gefangene die Tore. 37 000 von ihnen wurden noch auf dem Gelände hingerichtet, 60 000 in die Gaskammern transportiert. 1944 sprengten die Nationalsozialisten das Gefängnis; nur etwa die Hälfte des Tors, der Stacheldraht sowie drei Zellen (die man besichtigen kann) blieben erhalten. Dokumente bringen nahe, was die Gefangenen hier durchgemacht haben müssen.

Etwa 200 m nördlich des Pawiak-Museums, an der Ecke Ul Anielewicza und Ul Zamenhofa, liegt ein schöner Park mit Bäumen. Im Sommer liegen hier viele und sonnen sich – eine fast unwirklich friedvolle Umgebung für das **Denkmal für die Helden des Ghettos** (Pomnik Bohaterów Getta; Karte S. 60). Das Denkmal erinnert an die Tausenden Toten des Ghettoaufstandes 1943. Es ist aus dem schwedischen Granit gehauen, den ursprünglich die Nationalsozialisten für ein Siegesdenkmal hierher gebracht hatten. Auf der einen Seite zeigt ein Bronzerelief am Boden liegende Aufständische, auf der anderen Seite ist eine Szene in den Stein gemeißelt: Ein jüdischer Ältester hält eine Thora in den Armen und führt eine Gruppe an. Im Hintergrund sind Soldatenhelme und Bajonette zu erkennen.

Im nordwestlichen Zipfel des Parks liegt der **Willy-Brandt-Platz** (Skwer Willy Brandt). Hier erinnert ein Monument an den Besuch des damaligen deutschen Bundeskanzlers Willy Brandt am 7. Dezember 1970, als dieser mit seinem historischen Kniefall vor dem Denkmal für die Helden des Ghettos stellvertretend für alle Deutschen die Verantwortung für die an den Polen begangenen Kriegsverbrechen übernahm.

Folgt man der Ul Zamenhofa von hier aus nach Norden, kommt man an einem Park mit einem Hügel vorbei, auf dem ein einfacher Kalksteinblock ruht. Dies ist die **Gedenkstätte für Mordechaj Anielewicz**, den Anführer des Ghettoaufstandes, der 1943 an dieser Stelle in einem Bunker starb. Von hier aus geht es weiter zum nördlichen Ende der Ul Zamenhofa, dort links in die Ul Stawki und an der Straßenbahnhaltestelle über die Straße. Die **Gedächtnismauer am Umschlagplatz** wurde an der Stelle des Bahnhofs errichtet, von dem aus die Warschauer Juden nach Treblinka (S. 116) deportiert wurden. Die vier Marmorwände symbolisieren die Viehwagen, in die die Getriebenen gepfercht wurden. Zum Gedenken an die unzähligen Toten sind jüdische Vornamen, von Aba bis Zygmunt, in den Stein graviert. Eine Inschrift lautet: „Diesen Weg des Leidens und Todes gingen vom Warschauer Ghetto in die Gaskammern der nationalsozialistischen Todeslager 1942–43 über 300 000 Juden."

Ein kurzer Spaziergang (15 Minuten) nach Westen entlang der Ul Stawki und dann nach Süden entlang der Ul Okopowa führt zum **Jüdischen Friedhof** (Cmentarz Żydowski; Karte S. 60; ☎ 838 26 22; Ul Okopowa 49/51; Erwachsene/Schüler & Studenten 4/2 Zł; 🕑 Mo–Do 10–16 Uhr, Fr 9–13 Uhr, So 9–16 Uhr). Er wurde 1806 angelegt, im Krieg zum Glück wenig beschädigt und zählt über 150 000 Grabsteine. Es ist die größte Ansammlung von Gräbern in Europa. Leider ist ein großer Teil inzwischen vernachlässigt und überwuchert. Eine Tafel in der Nähe des Eingangs weist auf die Gräber berühmter polnischer Juden hin, wie etwa Ludwik Zamenhof, den Schöpfer der internationalen Kunstsprache Esperanto. Das **Grabmal von Ber Sonnenberg** (1764–1822) ist bestimmt eines der schönsten Grabdenkmale des Kontinents. Zu finden ist es, wenn man dem ersten gepflasterten Weg hinter dem Kartenhäuschen nach links folgt und dann an der ersten Wegabzweigung nach rechts auf die linke Seite sieht: Das Grabmal ist die überdachte Konstruktion an der Mauer. Auf einer Seite zeigt ein Marmorrelief eine befestigte Stadt an einem Fluss und einen jüdischen Friedhof; auf der anderen Seite sind der Turmbau zu Babel, ein Wald voller Musikinstrumente und ein sinkendes Schiff auf einem Fluss zu sehen.

Fünf Minuten nordwestlich des Kulturpalastes liegt am Plac Grzybowski das **Jüdische Theater** (Teatr Żydowski; Karte S. 64; ☎ 620 70 25; www.teatr -zydowski.art.pl; Plac Grzybowski 12/16) und dahinter die **Nożyk-Synagoge** (Synagoga Nożek; Karte S. 64; ☎ 620 43 24; Ul Twarda 6; Eintritt 3,50 Zł; 🕑 So–Do 10–20 Uhr, Fr 10–16 Uhr). Die 1902 im neoromanischen Stil erbaute Synagoge ist nach ihrem Gründer benannt. Als einzige Synagoge Warschaus hat sie den Zweiten Weltkrieg, wenn auch stark beschädigt, überstanden. Nach der Restaurierung ist sie heute wieder ein Treffpunkt der jüdischen Gemeinde.

Die **Ul Próżna**, eine kleine Seitenstraße vom Plac Grzybowski gegenüber dem Jüdischen Theater, bietet auch heute noch ein schauriges und fast unwirkliches Bild: Hier sind die im Krieg zerstörten roten Backsteinmauern bis heute nicht wieder aufgebaut, der frühere Fassadenstuck von Bombeneinschlägen abgebröckelt und die Wände mit Einschusslöchern übersäht. Ein paar Häuserblocks nach Süden stehen im Hinterhof des Hauses Ul Sienna 55 die letzten Überreste der **Ghettomauer** (Mury Getta; Karte S. 60).

Im südwestlichen Zipfel des früheren Ghettos lohnt das **Museum des Warschauer Aufstands** (Muzeum Powstania Warszawskiego; Karte S. 60; ☎ 626 95 06; www.1944.pl; Ul Przyokopowej 28; Eintritt frei; 🕑 Do 10–20 Uhr, Fr–So 10–18 Uhr) einen Besuch. Das Museum besteht seit dem 1. August 2004, dem 60. Jahrestag des Aufstands, und ist in einem ehemaligen Kraftwerk untergebracht. Fotografien, Filme und Berichte von Überlebenden dokumentieren die Geschichte des tragischen Kampfes (s. Kasten S. 26).

Südlich der Al Jerozolimskie

Die Al Jerozolimskie ist Warschaus große Ost-West-Achse. Die jüdische Siedlung Nowa Jerozolima (Neu Jerusalem) aus dem 18. Jh., die damals am westlichen Rand von Warschau lag, gab der Straße ihren Namen. Südlich der Aleja hat die kommunistische Regierung in den 1950er Jahren rund um die breite Ul Marszałkowska ein neues Stadtzentrum errichtet. Die frühe Nachkriegsarchitektur entlang der Hauptverkehrsachse erreicht am **Plac Konstytucji** (Platz der Verfassung) ihren Höhepunkt. Der Platz ist ein Paradebeispiel für die Architektur des sozialistischen Realismus. Er wird von drei riesigen Laternenpfählen aus Stein und zwei gigantischen Kolonnaden geprägt. Der Zugang von Süden ist mit Arkaden gesäumt, die überdimensionale Reliefs mit heroischen Arbeitern tragen. Die übergroßen, rechtwinkligen Formen stehen für kommunistische Konformität und Macht. Der Platz wurde im Rahmen der Marszałkowska-Siedlung (Marszałkowska Dzielnica Mieszkaniowa, besser als „MDM“ bekannt) angelegt, eine sozialistische Vorzeigewohnsiedlung.

NATIONALMUSEUM & MILITÄRMUSEUM

Östlich der Kreuzung von Al Ujazdowskie und Al Jerozolimskie liegt das riesige Gebäude des **Nationalmuseums** (Muzeum Narodowe; Karte S. 64; ☎ 621 10 31; www.mnw.art.pl; Al Jerozolimskie 3; Erwachsene/Schüler & Studenten 12/7 Zł, Sa Eintritt frei; 🕑 Di, Mi & Fr–So 10–16 Uhr, Do 10–18 Uhr). Es besitzt Sammlungen von der Archäologie bis zur polnischen Kunst des 20. Jhs. Das Museum ist auch für Rollstuhlfahrer zugänglich.

Der größte Schatz des Museums ist ohne Zweifel die Faras-Sammlung, eine Ausstellung frühchristlicher Kunst aus der Stadt Faras am Ufer des Nils im heutigen Sudan. Polnische Archäologen haben die Kunstschätze nach dem Bau des Assuanstaudamms vor dem steigenden Wasser gerettet. Die Fresken und architektonischen Fragmente stammen aus dem 8. bis 12. Jh. und verbinden antike ägyptische Symbole mit christlicher Ikonografie. Besonders schön sind die oft farbenfrohen Bilder wie das der Heiligen Anna, die ihren Finger an die Lippen presst, oder das der Madonna mit Kind vor blauem Hintergrund mit Sternen, die die Erzengel Michael und Gabriel flankieren. Ein Modell der zerstörten Kathedrale von Faras zeigt, wo sich die Fresken früher befanden.

Die Abteilung für mittelalterliche Kunst zeigt eine ausgezeichnete Sammlung polnischer religiöser Gemälde und Skulpturen, darunter einige ziemlich drastische Darstellungen von Kreuzigung und Martyrium. Sehr beeindruckend ist das große Wrocław-Triptychon mit dem *Martyrium der Hl. Barbara* (1447). Die geschnitzten Reliefs zeigen Bilder vom Leben und Tod der Heiligen; in der oberen rechten Ecke wird sie beispielsweise durch eine Wand von einem Engel gerettet; unten links wird sie gefoltert und unten rechts hinter einem Pferd her gezogen, während ein Engel darüber ihr Leichentuch trägt.

Die Obergeschosse sind der **polnischen Kunst** vom 16. bis Mitte des 20. Jh. gewidmet. Sehenswert ist unter anderem die Galerie mit historischen Gemälden von Jan Matejko, besonders sein episches Gemälde über *Die Schlacht von Grünwald* (1878). Die beiden Hauptfiguren des Gemäldes sind der weiß gekleidete Ulrich von Jungigen, Großmeister der Deutschritter, und zu seiner Linken Witold, Großherzog von Litauen. Er sitzt in Rot gekleidet auf einem wilden Ross und hat sein Schwert in Siegerpose erhoben. Im selben Raum findet sich auch Matejkos berühmtes Bildnis des *Stańczyk* (1862). Der Hofnarr von König Sigismund I. dem Alten verkörpert auf dem Gemälde das Gewissen der Nation und denkt traurig über eine große militärische Niederlage nach, während König und Königin im Hintergrund tanzen.

In einem anderen Teil des Gebäudes ist eine Abteilung des **Polnischen Militärmuseums** (Muzeum Wojska Polskiego; Karte S. 64; ☎ 629 52 71; Al Jerozolimskie 3; Erwachsene/Schüler & Studenten 12/7 Zł, Mi Eintritt frei; 🕑 Mi–So 10–16 Uhr) untergebracht (s. S. 79). Es dokumentiert die Geschichte der polnischen Armee von der Gründung des Staates Polen bis zum Zweiten Weltkrieg. Im Park neben dem Museum stehen schwere Geschütze, Panzer und Kampfflugzeuge aus dem Zweiten Weltkrieg.

AL UJAZDOWSKIE & UMGEBUNG

Von der Ul Nowy Świat verläuft der Königsweg weiter nach Süden Richtung Łazienki-Park. Ein Stück folgt er der Al Ujazdowskie, einer schönen Chaussee mit Villen und Parks – Warschaus Diplomatenviertel. Dann verläuft er über den Platz der drei Kreuze (Plac Trzech Krzyży), in dessen Mitte die **Alexanderkirche** (Kościół Św Aleksandra; Karte S. 64) aus dem 19. Jh. nach dem Vorbild des römischen Pantheon steht.

Etwa 1 km südlich der Al Jerozolimskie liegt auf der Ostseite der Al Ujazdowskie das prächtige **Schloss Ujazdowskie** (Zamek Ujazdowski; Karte S. 64). König Sigismund III. Wasa hat es um 1620 als Sommerresidenz erbauen lassen. 1944 brannten es die Nationalsozialisten dann nieder, das kommunistische Regime sprengte es 1954 und schließlich hat man es in den 1970er Jahren wieder aufgebaut. Heute beherbergt es ein **Zentrum für Zeitgenössische Kunst** (Centrum Sztuki Współczesnej; Karte S. 64; ☎ 628 12 71; www.csw.art.pl; Al Ujazdowskie 6; Erwachsene/Schüler & Studenten 10/5 Zł, Do Eintritt frei; 🕑 Di–Do, Sa & So 11–17 Uhr, Fr 11–21 Uhr), das moderne Kunst in wechselnden Ausstellungen zeigt.

Direkt südlich des Schlosses liegt der 1818 angelegte Botanische Garten (Ogród Botaniczny; Karte S. 60; ☎ 628 75 14; Al Ujazdowskie 4; Erwachsene/Schüler & Studenten 4,50/2,50 Zł; 🕑 April–Okt. 10–19 Uhr).

Ganz in der Nähe ist das **Mausoleum des jüdischen Kampfes & Martyriums** (Mauzoleum Walki i Męczeństwa; Karte S. 60; ☎ 629 49 19; Al Szucha 25; Eintritt frei; 🕑 Mi 9–17 Uhr, Do & Sa 9–16 Uhr, Fr 10–17 Uhr, So 10–16 Uhr). Der Eingang liegt links neben dem Haupteingang des imposanten Ministeriums für Volksbildung und Sport. Im Zweiten Weltkrieg hatte die Gestapo hier ihr Hauptquartier eingerichtet. Dieses kleine Museum ist Gedenkstätte für die Tausenden von Polen, die hier verhört, gefoltert und ermordet wurden. Zu besichtigen ist im Keller ein Gang mit drei Wartezellen (die wegen ihrer Sitzanordnung „Tram" genannt wurden), ein Verhörraum eines Gestapooffiziers (mit Peitschen, Schlagstöcken, Schlagringen und Ähnlichem) und mehrere Gefängniszellen. Durch den Spion von Zelle Nr. 3 ist ein Einschussloch in der Rückwand der Zelle zu erkennen. Im Gang wurde während der Verhöre ein Radio laut gedreht, um die Schreie der Gefangenen zu übertönen.

ŁAZIENKI-PARK

Der **Łazienki-Park** (Park Łazienkowski; Karte S. 60; ☎ 625 79 44; Ul Agrykola 1; Eintritt frei; 🕑 Sonnenauf- bis -untergang), die frühere Sommerresidenz von König Stanisław August Poniatowski, war einmal das Jagdrevier von Schloss Ujazdowski. Der König kaufte das Grundstück 1776 und verwandelte es in kürzester Zeit in einen wunderschönen Park mit Palast, Amphitheater, verschiedenen exzentrischen Spielereien und weiteren Gebäuden. Der Park hat mehrere Eingänge, am beliebtesten ist aber der an der Ul Ujazdowskie.

Vom Tor führt der Weg bergab vorbei am runden **Wasserreservoir** (Wodozbiór; Eintritt frei; Di–So 9–16 Uhr). Hier wurde das Wasser gesammelt und über Holzrohre zum Palast und den Brunnen geleitet. Heute ist in dem Gebäude eine Kunstgalerie untergebracht. Etwas weiter unten liegt das hübsche kleine **Weiße Haus** (Biały Dom; Erwachsene/Schüler & Studenten 5/3 Zł; Di–So 9–16 Uhr), das erste Gebäude, das im Park errichtet wurde (1776). Der König wohnte hier, bis der Palast fertig gestellt war. Ein großer Teil der Innenausstattung aus dem 18. Jh. ist noch erhalten.

Am Fuß des Hügels liegt ein künstlicher See und darin das schöne, neoklassizistische **Palais auf der Insel** (Pałac na Wodzie; ☎ 625 79 44; Erwachsene/ermäßigt 12/9 Zł, Do Eintritt frei; Di–So 9–16 Uhr), die Sommerresidenz des Königs. Wie die meisten anderen Gebäude des Parks hat Domenico Merlini auch das Palais entworfen. Dabei integrierte er das hier bereits existierende Badehaus, von dem der Park auch seinen Namen hat (*łazienki* = Bäder). Im Zweiten Weltkrieg versuchten die Nationalsozialisten den Palast zu sprengen. Dabei zerstörte ein Feuer fast das gesamte 1. Stockwerk. Nach der Wiederinstandsetzung kann das Palais nun in geführten Gruppen besichtigt werden. Besonders sehenswert sind die Marmorreliefs aus dem 17. Jh. mit Szenen aus Ovids *Metamorphosen*, die schon das alte Badehaus schmückten, und der prunkvolle Ballsaal.

Ganz in der Nähe des Palastes liegt das **Amphitheater auf der Insel** (Amfiteatr na Wyspie). Es wurde 1790 nach dem Vorbild des antiken römischen Theaters von Herculaneum erbaut. Im Sommer finden hier manchmal Theateraufführungen statt, wobei Teile der Inszenierung auch auf das Wasser ausgelagert werden, weil das Theater eben auf einer Insel im See liegt.

Das **Chopin-Denkmal** (Pomnik Chopina) von 1926 steht in der Nähe des mittleren Parkeingangs von der Al Ujazdowskie. Es zeigt den Komponisten in einem Moment der Inspiration. Hier werden von Mai bis September sonntags (um 12 Uhr und um 16 Uhr) Freiluftkonzerte mit Musik von Chopin veranstaltet. Deswegen stehen zwischen den Rosenbeeten lange Bankreihen für die Zuhörer.

Am südlichen Ende der Al Ujazdowskie liegt das **Belvedere-Palais** (Pałac Belweder; Karte S. 60; Ul Belwederska 52), das zeitweise (nämlich 1926–35) die offizielle Residenz von Marschall Józef Piłsudski und später von polnischen Präsidenten (1945–52 und 1989–94) war.

WILANÓW

Am Stadtrand, 6 km südlich von Łazienki, liegt Wilanów, noch eine Park- und Schlossanlage, die in diesem Fall König Jan III. Sobieski als Sommerresidenz nutzte. Dieser König hat sich in den Geschichtsbüchern verewigt, weil er 1683 in der Schlacht von Wien die Türken bezwang.

Der König erwarb das Land 1677 und wandelte das schon bestehende einfache Landgut in eine schmucke italienische Barockvilla um (er nannte sie „Villa Nuova", wovon sich auch der polnische Name ableitet). Nach dem Tod des Königs wechselte Wilanów öfter den Besitzer, die alle anoder umbauen ließen und dabei die verschiedensten Stile von Barock bis Neuklassizismus einbrachten. Im Zweiten Weltkrieg haben die Nationalsozialisten das Schloss geplündert, das Gebäude selbst aber hat keine größeren Schäden davongetragen. Die meisten geraubten Kunstwerke und Möbelstücke sind nach dem Krieg wieder zurückgeführt worden und so erstrahlt das Schloss nach jahrzehntelangen Restaurierungsarbeiten heute wieder in altem Glanz.

Bei einer Führung durch **Schloss Wilanów** (Pałac Wilanów; Karte S. 60; ☎ 842 07 95; Ul Wiertnicza 1; Führungen auf Polnisch für Erwachsene/Schüler & Studenten 20 Zł/10 Zł, fremdsprachliche Führungen, z. B. auf Deutsch, 135 Zł; Mo & Do–Sa 9.30–16 Uhr, Mi 9.30–18 Uhr, Mitte Mai–Mitte Sept. So 9.30–19 Uhr, Mi–Mo 9.30–16 Uhr; letzter Einlass 90 Min. vorher) wandern die Besucher durch verschieden eingerichtete Räume aus unterschiedlichen Epochen und in unterschiedlichen Stilen. Besonders sehenswert sind die zweigeschossige Eingangshalle, der große Speisesaal und die Galerie mit Portraits aus dem 16. bis 19. Jh. Darunter sind auch so genannte Sargportraits: Bilder von Verstorbenen auf Zinn- oder Kupferplatten, die bei der Beerdigung auf dem Sarg befestigt werden. Die Fassade des Schlosses ist kunstvoll mit Wandmalereien verziert, darunter ist eine Sonnenuhr aus dem 17. Jh.

mit einem Basrelief von Chronos, dem Gott der Zeit.

Das Seitentor neben dem nördlichen Schlossflügel führt in die **Park- und Gartenanlagen** (Erwachsene/Schüler & Studenten 4,50/2,50 Zł, Do Eintritt frei; ⌚ 9.30–Sonnenuntergang). Wie im Palast gibt es auch hier verschiedene Stilrichtungen. Im Zentrum liegt ein gepflegter italienischer Barockgarten auf zwei Ebenen, der sich vom hinteren Teil des Schlosses bis zum See erstreckt. Südlich davon ist ein englisch-chinesischer Park angelegt und im nördlichen Parkteil ein englischer Landschaftsgarten. Bei **Bootsrundfahrten** über den See (pro Person 8 Zł) empfiehlt sich im Sommer ein Mückenabwehrspray.

Die **Orangerie** (Oranżeria; Erwachsene/Schüler & Studenten 6/3 Zł, Do Eintritt frei; ⌚ Mi–Mo 9.30–14.30 Uhr) hinter dem Nordflügel des Schlosses präsentiert in einer Ausstellung Kunsthandwerk und Skulpturen aus der Zeit vom 16. bis 19. Jh.

Direkt vor dem Haupttor zum Schlossgelände liegt das **Plakatmuseum** (Muzeum Plakatu; ☎ 842 26 06; Ul Kostki Potockiego 10/16; Erwachsene/Schüler & Studenten 8/5 Zł, Mi Eintritt frei; ⌚ Di–So 10–15.30 Uhr). Es ist das einzige Plakatmuseum in Polen und wahrscheinlich eines von ganz wenigen weltweit. Plakate aller Art sind hier in regelmäßig wechselnden Ausstellungen zu sehen. In geraden Jahren findet hier seit 1966 in den Sommermonaten die Internationale Plakat-Biennale statt.

Wilanów ist mit den Buslinien 116 oder 180 von jeder Haltestelle auf Ul Krakowskie Przedmieście, Ul Nowy Świat oder Al Ujazdowskie aus zu erreichen.

FORT SADYBA

Der Weg nach Wilanów führt an den roten Backsteinmauern von Fort Sadyba aus dem 19. Jh. vorbei, das heute eine Abteilung des **Polnischen Militärmuseums** (Muzeum Wojska Polskiego; Karte S. 60; ☎ 842 66 11; Ul Powsińska 13; Eintritt frei; ⌚ Mi–So 10–16 Uhr) beherbergt. Die Ausstellung über das polnische Heer und die Luftwaffe umfasst im Außenbereich auch viele ausgemusterte Panzer, schwere Geschütze, gepanzerte Fahrzeuge, Flugzeuge, Hubschrauber, Raketen und anderes Militärgerät.

Direkt hinter dem Eingang liegt das **Muzeum Katyńskiego** (Karte S. 60) Hier werden schockierende Zeugnisse vom Massaker der Sowjets an polnischen Offizieren und Intellektuellen im Jahr 1940 gezeigt (s. Kasten S. 24). So findet sich zum Beispiel die Kopie eines Briefes, den der Leiter der Geheimpolizei, Beria, an Stalin schrieb und in dem er rät, den polnischen Offizieren „ohne Befragung und ohne Vorlage von Beweisen die höchste Strafe – die Erschießung – zukommen zu lassen".

Es gibt zwar nur wenige Infotafeln, die nicht auf Polnisch geschrieben sind, aber eigentlich sind lange Erklärungen auch nicht notwendig: Die Berge persönlicher Gegenstände wie Kämme, Brillen, Münzen, Zigarettenanzünder, Pfeifen, Gürtelschnallen und Stiefel, die bei der Exhumierung der Massengräber 1995 und 1996 gefunden wurden, und die Fotos mit Schädelreihen, alle mit Einschussloch, sprechen für sich.

Um hierher zu kommen, entweder die Buslinie 131 vom Zentralbahnhof bis zur Endhaltestelle nehmen oder an irgendeiner Haltestelle auf Ul Krakowskie Przedmieście, Ul Nowy Świat oder Al Ujazdowskie in die Linie 180 einsteigen und bis zur Haltestelle Sabyda fahren.

Praga

Praga ist Warschaus östlicher Vorort. Er besteht seit dem 15. Jh. Die Ortschaft am rechten Ufer der Weichsel war zuerst eigenständig und wurde dann 1791 eingemeindet. Bis zum Ausbruch des Zweiten Weltkriegs wuchs Praga zu einem großen Arbeiterviertel an. Praga war nur am Rand von den Schlachten 1944 betroffen, so dass hier einige Vorkriegsbauwerke erhalten geblieben sind. Der interessanteste Bereich liegt am Weichselufer direkt gegenüber der Altstadt. Nur 15 Minuten zu Fuß oder eine kurze Fahrt mit einer Straßenbahn, die über die Śląsko-Dąbrowski-Brücke nach Osten führt, und schon ist man da.

Direkt hinter der Śląsko-Dąbrowski-Brücke liegt der **Zoologische Garten** (Ogród Zoologiczny; Karte S. 60; ☎ 619 40 41; Ul Ratuszowa 1/3; Erwachsene/Schüler & Studenten 12/6 Zł; ⌚ 9–18 Uhr). Der 1928 gegründete Zoo hält etwa 3000 Tiere von 280 verschiedenen Tierarten aus aller Welt. Etwas weiter die Al Solidarności hinunter steht an der Kreuzung mit der Ul Targowa die **Orthodoxe Kirche** (Cerkiew Prawosławna; ☎ 619 08 86; Al Solidarności 52) mit ihren fünf Zwiebeltürmen. Die Kirche wurde 1860 im russisch-byzantinischen Stil erbaut und ist innen noch im Original erhalten.

Eines der Highlights von Praga ist der Russische Markt (s. S. 90). Er findet im stillgelegten **Stadion Dziesięciolecia** (Stadium des zehnten Jubiläums) statt, das 1957 zum zehnten Jubiläum Polens als kommunistischer Staat erbaut wurde.

STADTSPAZIERGANG

In Warschaus überschaubarer Altstadt wimmelt es nur so von verwinkelten Gassen, kleinen Durchgängen und verwunschenen Plätzen. Dieser Spaziergang führt hinein in die abgelegenen Seitengassen und zu den weniger bekannten Ecken der Stadt.

Ausgangspunkt ist der Plac Krasińskich, erreichbar mit der Buslinie 175. Erster Stopp ist das **Denkmal des Warschauer Aufstands** (**1**; S. 70). Von hier aus geht es die Ul Długa nach Nordosten und dann rechts in die Ul Kilińskiego, an deren Ende die Befestigungsmauer der Altstadt steht. Jetzt geht es weiter nach rechts und dann links in den Park unterhalb der Stadtmauer. Hier liegt das **Denkmal des Kleinen Aufständischen (2)**, eine Gedenkstätte für die im Warschauer Aufstand getöteten Kinder. Von hier folgt man dem Weg auf der Innenseite der Mauer nach Norden bis zur **Barbakane (3)**, wo im Sommer oft Kunst unter freiem Himmel ausgestellt ist.

Jetzt geht es rechts entlang der Ul Nowomiejska bis zum **Altstädter Marktplatz** (**4**; S. 68), wo sich eine Pause in einem der netten Straßencafés anbietet. Anschließend geht es quer über den Platz, dann links die Ul Celna hinunter und rechts zu einem **Aussichtspunkt (5)** mit Blick über den Fluss auf Praga. Steigt man die Treppe links neben dem Hintereingang des John Bull Pub hinauf, gelangt man auf den malerischen kleinen **Plac Kanonia (6)**. Die zerbrochene Glocke aus dem 17. Jh. in der Platzmitte wurde nach dem Zweiten Weltkrieg aus den Trümmern der **St. Johanniskathedrale** (**7**; S. 68) geborgen. Hinter der Glocke befindet sich ein Tordurchgang mit einem Galeriegang darüber. Dies war früher ein Verbindungsgang von der Kathedrale zur königlichen Residenz im Schloss. Dann der Gasse neben der Kathedrale folgen, am Ende links und bis zum Schlossplatz und dem **Königsschloss** (**8**; S. 67) gehen.

Am Südende des Schlossplatzes geht es nun direkt vor dem Glockenturm der **Annakirche** (**9**; S. 72) links die Stufen hinunter. Dann rechts dem Pfad mit Kopfsteinpflaster folgen, der sich bergab um die Kirche herum windet. Etwas weiter bergab liegt ein kleiner Platz, Rynek Mariensztacki, praktisch mitten im Herzen des hübschen Stadtviertels **Mariensztat (10)**. Es wurde 1948 mit Häusern im Stil des 18. Jhs. neu aufgebaut und war das erste sozialistische Wohnraumprojekt. Nun geht es rechts die Ul Sowia entlang und dann das steile Kopfsteinpflaster der Ul Bednarska hinauf bis zum Endpunkt des Spaziergangs am Königsweg auf der Ul Krakowskie Przedmieście.

Start/Ziel: Plac Krasińskich/Königsweg
Strecke: 2 km
Dauer: eine Stunde

KURSE

In Warschau gibt es viele private Schulen, die Polnisch als Fremdsprache anbieten. Ein dreiwöchiger Intensivkurs kostet zwischen 1400 und 1800 Zł, Einzelunterricht zwischen 25 und 50 Zł die Stunde.

Academia Polonica (Karte S. 64; ☎ 629 93 11; www.academiapolonica.com; Al Jerozolimskie 55/14)

IKO (Karte S. 64; ☎ 826 22 59; www.iko.com.pl; Ul Kopernika 3)

Meritum (Karte S. 60; ☎ 314 44 88; www.meritum.com.pl; Ul Gizów 6)

Polonicum (Institut für polnische Sprache & Kultur für Ausländer an der Universität Warschau; Karte S. 66; ☎ 552 15 55; www.polonicum.uw.edu.pl; Ul Krakowskie Przedmieście 26/28)

Schola Polonica (Karte S. 64; ☎ 625 26 52; www.schola.pl; Ul Jaracza 3/19)

WARSCHAU MIT KINDERN

Kinder für Warschau zu begeistern, ist wirklich nicht schwer. Es gibt viele Angebote, vom Zoologischen Garten (S. 79) bis zur Aussichtsplattform des Kulturpalastes (S. 74). Schön ist zum Beispiel auch ein Spaziergang durch den Łazienki-Park, wo Pfaue frei herumlaufen, oder eine Bootstour auf dem See beim Palais auf der Insel. Auch in Wilanów (S. 78) kann man mit dem Boot fahren.

Beide Abteilungen des Polnischen Militärmuseums (S. 77 und S. 79) sind auf Kinder eingestellt: Die Kleinen dürfen sogar in einige der Panzer, Flugzeuge und Hubschrauber hineinklettern.

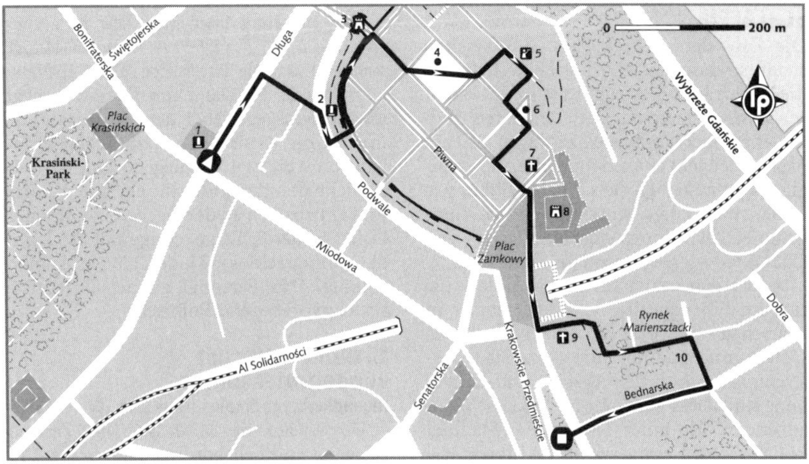

Gut ausgestattete und sichere Kinderspielplätze finden sich beispielsweise im Sächsischen Garten (Karte S. 66) und im Ujazdowski-Park (Karte S. 64).

Weitere Ideen stehen auf der offiziellen Website der Touristeninformation www.warsawtour.pl/index.php?id=55&olang=1 (auf Deutsch).

GEFÜHRTE TOUREN

Mazurkas Travel (Karte S. 64; ☎ 629 18 78; www.mazurkas.com.pl; in der Lobby des Novotel Centrum, Ul Nowogrodzka 24/26; 🕑 Mo–Fr 9–18 Uhr) Warschaus größter Tourveranstalter, fünfstündige Stadtrundfahrten (90 Zł pro Person) oder längere Ausflüge nach Krakau (Kraków) oder Danzig (Gdańsk).

Our Roots (Karte S. 64; ☎ /Fax 620 05 56; Ul Twarda 6; 🕑 Mo–Fr 10–14 Uhr) Spezialisiert auf jüdische Sehenswürdigkeiten in Warschau; täglich Besichtigungen der jüdischen Gedenkstätten. Andere Führungen können organisiert werden. Vertreibt auch Reiseführer und Publikationen zum Thema Juden in Warschau.

Trakt (Karte S. 66; ☎ 827 80 68; www.trakt.com.pl; Ul Kredytowa 6; 🕑 Mo–Fr 8–19 Uhr, Sa & So 9–13 Uhr) Geführte Stadtspaziergänge (400 Zł pro Gruppe bis zu 5 Std.) in verschiedenen Sprachen, darunter auch Deutsch und Englisch.

FESTIVALS & EVENTS

Internationales Festival zeitgenössischer Musik „Warschauer Herbst“ (www.warsaw-autumn.art.pl) Schon seit vierzig Jahren findet dieses Festival im September für jeweils zehn Tage statt. Es ist der ganze Stolz der Stadt. Hier ist beste Avantgardemusik aus aller Welt zu hören, darunter auch die Werke junger polnischer Komponisten.

Internationales Filmfest Warschau (www.wff.pl) Ein bekanntes zehntägiges Festival, das jedes Jahr im Oktober stattfindet, mit vollem Programm: Filmpremieren, Vorlesungen und Workshops zum Beispiel zum Thema Drehbuchschreiben. Die Filme haben englische Untertitel.

Internationaler Frédéric Chopin-Klavierwettbewerb (www.konkurs.chopin.pl) Dieser prestigeträchtige Klavierwettbewerb findet nur alle fünf Jahre statt. Der nächste Termin ist September/Oktober 2010.

JVC Jazz Festival Warschau „Jazz Jamboree“ (www.festivalproductions.net) Dieses dreitägige Jazzfestival ist eines der renommiertesten in Europa und findet jedes Jahr Ende Oktober statt. Hier sind praktisch alle Sterne des Jazzhimmels schon einmal aufgetreten, von Dizzy Gillespie über Miles Davis bis zu Wynton Marsalis.

Mozart-Festspiele (www.wok.pol.pl) Jedes Jahr von Mitte Juni bis Ende Juli; Ausrichter ist die Warszawska Opera Kameralna (Warschauer Kammeroper). Aufführungen aller 26 Bühnenproduktionen Mozarts sowie eine Auswahl seiner anderen Werke.

Straßenkunst-Festival (Festiwal Sztuka Ulicy; www.sztukaulicy.pl) Das fünftägige Festival mit Straßentheater, Kunstinstallationen unter freiem Himmel und Happenings findet jedes Jahr in der ersten Julihälfte statt. Die einzelnen Aufführungsorte werden nicht angekündigt – einfach auf den öffentlichen Plätzen wie dem Altstädter Markt, am Königsweg, in öffentlichen Parks oder sogar an Bushaltestellen schauen.

Warsaw Summer Jazz Days (www.adamiakjazz.pl auf Polnisch) Dieses Musikfestival läuft von Juli bis August und bringt internationale Jazzgrößen in die Stadt. Auch lokale Musiker treten auf. Die Hauptkonzerte finden in der Kongresshalle im Kulturpalast statt.

SCHLAFEN

Die Zahl der guten Hotels in Warschau steigt, so dass das Angebot heute teilweise die Nachfrage übersteigt. Es kann also nicht schaden, in einem der besseren Hotels nach Rabatten oder Nachlässen zu fragen. Seit ein paar Jahren gibt es auch moderne, unabhängige Backpacker-Hostels. Leider gibt es wie bisher nur wenige Mittelklasse- oder Budgethotels, die wenigstens einen Hauch von Charakter oder Atmosphäre aufweisen.

Außer den paar Fünf-Sterne-Hotels, die sich im Finanzbezirk befinden, gibt es in Warschau kein wirkliches „Hotelviertel". Die Unterkünfte sind über die ganze Stadt verstreut. Gerade in der Altstadt und Umgebung sind aber kaum gute Mittelklassehotels zu finden. Ein guter Tipp ist der Stadtteil Praga, wo seit einiger Zeit die Hotels wie Pilze aus dem Boden schießen. Praktischerweise liegt es nur eine kurze Straßenbahnfahrt von der Altstadt entfernt.

Die Büros der Touristeninformation (S. 63), auch die Schalter am Flughafen und am Zentralbahnhof, helfen gerne bei der Hotelbuchung.

Altstadt & Umgebung

MITTELKLASSEHOTELS

Old Town Apartments (Karte S. 66; ☎ 887 98 00; www.warsawshotel.com; Rynek Starego Miasta, Altstädter Marktplatz 12/14; 1-/2 B-Apt. ab 240/370 Zł) Die Agentur vermietet Apartments für eine bis sechs Personen in zentraler Lage am oder um den Altstädter Marktplatz herum. Die Wohnungen sind modern eingerichtet, haben Badezimmer und Küche mit Kochplatte und Kühlschrank, aber kein Telefon. In einem Apartment mit einem Schlafzimmer können bis zu vier Personen schlafen, davon zwei auf einem Schlafsofa im Wohnzimmer.

SPITZENKLASSEHOTELS

Le Regina (Karte S. 66; ☎ 531 60 00; www.leregina.com; Ul Kościelna 12; EZ & DZ 650-960 Zł, Suite 1500-3500 Zł; ☒ 🖳 🖻) Das Le Regina ist in einem wunderschönen Palast mit Arkadengang im Stil des 18. Jhs. und liegt nur einen kurzen Spaziergang von der Altstadt entfernt. Ein gelungener Mix aus alter Architektur und modernem Design. Die Zimmer sind hell und luftig und in Schoko- und Vanilletönen gehalten. Die besten Zimmer glänzen in poliertem Walnussholz, Chrom und Marmor.

Dom Literatury (Haus der Literatur; Karte S. 66; ☎ 635 04 04, ☎ /Fax 828 39 20; fundacja@fundacjadl.com; Ul Krakowskie Przedmieście 87/89; EZ/DZ/3BZ 220/370/450 Zł; Ⓟ) Das Dom Literatury liegt ideal direkt gegenüber dem Königsschloss und ist die Zentrale des polnischen PEN-Clubs. Es bietet 13 gediegene Zimmer mit zurückhaltender Einrichtung, tiefen Sofas und Holzbalken an der Decke. Alle Zimmer liegen in der 3. Etage, einige mit Blick auf das Königsschloss. Leider gibt es keinen Aufzug. Das Personal an der Rezeption spricht vorwiegend Polnisch.

Südlich der Altstadt

BUDGETUNTERKÜNFTE

Jugendherberge Smolna (Karte S. 64; ☎ /Fax 827 89 52; Ul Smolna 30; Schlafsaal/EZ/DZ 35/62/114 Zł) Zentral gelegene und beliebte Jugendherberge. Die insgesamt 110 Betten verteilen sich auf Einzel- und Doppelzimmer und Schlafsäle mit zwölf Betten. Die Zimmer sind einfach, aber kompromisslos sauber. Es herrscht ein strenges Regiment: Ab 23 Uhr sind die Türen zu und Alkohol ist absolut verboten. Vom Flughafen mit der Buslinie 175 oder vom Zentralbahnhof mit jeder Straßenbahn, die nach Osten fährt.

Oki Doki Hostel (Karte S. 64; ☎ 826 51 12; www.okidoki.pl; Plac Dąbrowskiego 3; Schlafsaal/EZ/DZ 45/110/130 Zł; 🖳) Das Oki Doki ist ein schickes und modernes Hostel in zentraler Lage. Die Zimmer sind individuell und mit künstlerischen Ambitionen nach einzelnen Themen gestaltet. Die Schlafsäle sind hier eigentlich Vierbettzimmer. Das Hostel hat eine eigene Bar, die auch spät noch offen hat, den Club (hier kann man morgens auch das Frühstück kaufen), einen Waschsalon und – ist zu jeder Tages- und Nachtzeit offen. Altstadt und Zentralbahnhof liegen beide nur zehn Minuten zu Fuß entfernt.

Bursa Szkolnictwa Artystycznego (Karte S. 66; ☎ 635 41 74; Fax 635 36 31; Ul Miodowa 24a; Schlafsaal 36 Zł; 🕑 Juli & Aug.) Dieser Schlafsaal einer Kunstschule ist sauber und ruhig und nur 200 m von der Altstadt entfernt. Der Eingang liegt allerdings in der Ul Kilińskiego – einfach den Schildern „Bursa" zur Rückseite des Hauses folgen.

MITTELKLASSEHOTELS

Hotel Mazowiecki (Karte S. 64; ☎ 827 23 65; www.hotelbelwederski.pl; Ul Mazowiecka 10; EZ/DZ ohne Bad 150/200 Zł, mit Bad 200/250 Zł) Das Hotel war frü-

> **DER TIPP VOM AUTOR**
>
> **Hotel Rialto** (Karte S. 64; ☎ 584 87 00; www.hotelrialto.com.pl; Ul Wilcza 73; EZ/DZ 560/630 Zł; P ⊠) Das Rialto ist eines der wenigen Warschauer Hotels mit wirklichem Charakter. Polens erstes Boutiquehotel ist ein umgebautes Stadthaus und wahres Schmuckstück aus den frühen 1920er Jahren. Jedes der 44 Zimmer ist individuell im Jugend- oder Art Deco-Stil eingerichtet: Möbel, Lampen, Mosaikkacheln, Marmor im Badezimmer, alles stammt entweder original aus der Zeit oder ist eine hochwertige Replik. Zu den Verwöhnfacilities des Hauses zählen eine Sauna, ein Dampfbad, die Bibliothek mit gemütlichen Sofas, das Zigarrenzimmer und das ausgezeichnete Restaurant Kurt Scheller (S. 88). Alle Zimmer sind mit Flachbildschirm-Fernseher, DVD-/CD- Player und Internetzugang ausgestattet.

her eine Herberge für Offiziere, steht heute aber jedem offen. Die triste kommunistische Einrichtung wurde mit Farbe, gelben Vorhängen, grünem Teppichboden und neuen Möbeln aufgepeppt. Alles in allem ein angenehmes Mittelklassehotel in sehr zentraler Lage.

Hotel Gromada (Karte S. 64; ☎ 582 99 90; www.hotels.gromada.pl; Plac Powstańców Warszawy 2; EZ/DZ ohne Bad 200/230 Zł, mit Bad 320/350 Zł; P ⊠) Von außen wirkt der 300-Betten-Betonklotz wirklich nicht ansprechend. Die Zimmer sind aber sauber und gemütlich und das Preis-Leistungs-Verhältnis ist für die zentrale Lage einfach hervorragend.

SPITZENKLASSEHOTELS

Le Royal Méridien Bristol Hotel (Karte S. 66; ☎ 551 10 00; www.warsaw.lemeridien.com; Ul Krakowskie Przedmieście 42/44; EZ & DZ ab 750 Zł; P ⊠ ▣ ▣) Das Hotel aus dem Jahr 1899 gilt nach einer millionenschweren Restaurierung heute als Polens Luxushotel Nr. 1. Hinter der neoklassizistischen Fassade, die nachts spektakulär von unten angestrahlt wird, verbergen sich wahre Jugendstilschätze. Die Zimmer sind sehr groß und gleichzeitig stilecht und gemütlich. Das Personal liest einem die Wünsche von den Lippen ab. Die Altstadt ist nur ein paar Minuten entfernt.

Hotel Orbis Europejski (Karte S. 66; ☎ 826 50 51; www.orbis.pl; Ul Krakowskie Przedmieście 13; EZ/DZ/Suite 400/460/870 Zł; P ⊠) Dieses historische Hotel strahlt Eleganz und Größe aus: außen mit Jugendstilfassade, innen geräumige, altmodische Zimmer. Beliebt wegen der Nähe zum Sächsischen Garten und natürlich wegen seiner Architektur.

Hotel Harenda (Karte S. 66; ☎ 826 00 71; www.hotelharenda.com.pl; Ul Krakowskie Przedmieście 4/6; EZ/DZ/Suite 325/360/500 Zł; P ▣) Das elegante neoklassizistische Gebäude besticht durch die ruhige Lage nahe der Altstadt und seinen schönen Bau. Die Einzelzimmer sind eher klein, aber die Badezimmer tadellos. Hier zahlt man die super Lage eindeutig mit.

Finanzbezirk

MITTELKLASSEHOTELS

Premiere Classe (Karte S. 60; ☎ 624 08 00; www.premiereclasse.com.pl; Ul Towarowa 2; EZ/DZ 175/200 Zł; P ⊠) Das preiswerteste von drei französischen Hotels einer Kette, die in einem Komplex untergebracht sind. Die Zimmer schlicht und modern, die eingebauten Badezimmer etwas eng, aber die Preise ok. Mit der Buslinie 175, die vor der Tür hält, kommt man sowohl zum Flughafen als auch in die Altstadt. Um das Hotel zu finden, am besten nach dem Hotel-Campanile Ausschau halten; der Eingang des Premiere Classe liegt versteckt um die Ecke auf der Nordseite. Das Frühstück kostet 18 Zł extra.

Friends Guesthouse (Karte S. 64; ☎ 601 24 34 44; www.friends-poland.com; Ul Sienkiewicza 4; EZ/DZ 190/240 Zł) Das schwulenfreundliche Gästehaus bietet drei kompakte, aber schnieke Zimmer mit eigener Dusche. Toilette und Kitchenette werden gemeinschaftlich genutzt. Das Personal ist freundlich und professionell, die Lage ideal.

SPITZENKLASSEHOTELS

Hotel Maria (Karte S. 60; ☎ 838 40 62; www.hotelmaria.pl; Al Jana Pawła II 71; EZ/DZ 340/400 Zł; P ▣) Das Gebäude des familienfreundlichen Hotels Maria wirkt innen und außen sehr modern. Die 22 einladenden Zimmer sind groß und hell. Das Hotel liegt nah an den jüdischen Sehenswürdigkeiten, die Altstadt ist mit dem Bus in nur zehn Minuten zu erreichen.

Hotel Jan III Sobieski (Karte S. 60; ☎ 579 10 00; www.sobieski.com.pl; Plac Zawisy 1; EZ/DZ 900/1050 Zł; P ⊠ ▣) Die auffällige Fassade des Sobieski in leuchtendem Rosa, Gelb und Rot am westlichen Ende der Al Jerozolimskie ist nicht zu übersehen. In diesem modernen Business-Hotel ist das Personal hilfsbereit und es gibt alles, was Geschäftsmann bzw. -frau so braucht. Es liegt auf halbem Weg zwischen Flughafen und Altstadt, in praktischer Nähe zum Finanzbezirk.

Südlich der Al Jerozolimskie

BUDGETUNTERKÜNFTE

Nathan's Villa Hostel (Karte S. 64; ☎ 622 29 46; www.nathansvilla.com; Ul Piękna 24/26; Schlafsaal/EZ/DZ 50/120/140 Zł; ⊠ 💻) Klasse neues Backpacker-Hostel, das in einem ruhigen Innenhof südlich des Zentrums liegt. Es bietet denselben hohen Standard wie das Schwesterhaus in Krakau. Küche, Gemeinschaftsraum, Lesezimmer und kostenlose Waschmaschinenbenutzung gehören zum Angebot, es gibt keine Sperrstunde. Das Hostel ist sehr beliebt, deswegen unbedingt im Voraus buchen! Busverbindung ab Zentralbahnhof: mit den Linien 131, 501, 505 oder 525 bis Plac Konstytucji.

Dizzy Daisy Hostel (Karte S. 64; ☎ 660 67 12; www.hostel.pl; Ul Górnośląska 14; EZ/DZ/3BZ 80/100/135 Zł; 🕒 Juli & Aug.) Das Hostel mit schlichten, sauberen Zimmern (keine Schlafsäle) liegt südlich des Stadtzentrums in einem renovierten alten Haus in Flussnähe. Es gibt Küche, Gemeinschaftsraum, 24-Stunden-Rezeption, keine Sperrstunde. Ein Doppelzimmer mit eigenem Bad kostet 120 Zł. Von der Al Jerozolimskie nimmt man die Buslinie 107 (die Haltestelle liegt vor dem Novotel, einen Block östlich des Zentralbahnhofs) bis Haltestelle Wiejska; dann unter der Brücke durch die Stufen hinunter über die Straße.

Hotel Agrykola (Karte S. 64; ☎ 622 91 10; www.hotelagrykola.pl auf Polnisch; Ul Myśliwiecka 9; Schlafsaal ab 20 Zł, EZ/DZ 270/320 Zł; Ⓟ) Das Agrykola ist eine Unterkunft irgendwo zwischen Hotel und Hostel mit angeschlossenem Fitnesscenter. Das helle und moderne Haus bietet Restaurant, Sauna und Solarium und es gibt keine Sperrstunde. Es liegt ein wenig abseits: Von der Al Jerozolimskie (Haltestelle am Novotel, einen Block östlich des Zentralbahnhofs) nimmt man die Buslinie 107 bis Haltestelle Rozbrat. Der Eingang befindet sich auf der anderen Seite des Kreisverkehrs, unterhalb der Überführung.

Biuro Podróży Syrena (Karte S. 64; ☎ 628 75 40; www.kwatery-pryvatne.pl; Ul Krucza 17; EZ/DZ ab 70/100 Zł, 4B-Apt. ab 200 Zł; 🕒 Büro Mo–Fr 9–19 Uhr, Sa 11–19 Uhr, So 14–19 Uhr) Die Agentur vermittelt private Zimmer und auch ganze Apartments für kurze Aufenthalte. Alle Unterkünfte liegen im Stadtzentrum. Selbst Buchungen für nur eine Nacht sind möglich.

Camping 123 (Karte S. 60; ☎ 823 37 48; Ul Warszawskiej 1920r 15/17; pro Zelt 10 Zł; Ⓟ 🏊) Der riesige Campingplatz liegt in der nähe des Busbahnhofs Warszawa Zachodnia, die Rasenfläche ist gepflegt, es gibt auch schattige Plätze unter Bäumen und einen Tennisplatz. Außerdem werden Holzbungalows für zwei Personen (84 Zł) vermietet. Aber Achtung: Die Wände sind sehr dünn und man bekommt von den anderen Nachbarn praktisch alles mit.

Camping Nr 34 Gromada (Karte S. 60; ☎ 825 43 91; Ul Żwirki i Wigury 32; pro Zelt 10 Zł, plus 10 Zł pro Person; 🕒 Mai–Sept.; Ⓟ) Gromada ist der zentralste und unter Backpackern beliebteste Campingplatz, sowohl vom Flughafen (Buslinien 175 und 188) als auch vom Zentralbahnhof (Buslinien 136 und 175) ganz einfach zu erreichen.

MITTELKLASSEHOTELS

Warsaw Apartments (Karte S. 60; ☎ 550 45 50; www.warsaw-apartments.com.pl; Ul Augustówka 9; 1-/2-Personen-Apt. 220/250 Zł; Ⓟ) Der moderne Apartmentblock liegt mit dem Bus 15 Minuten südlich des Zentrums und bietet Wohnungen mit einem oder zwei Schlafzimmern, Telefon, TV, Herd und Kühlschrank. Sie werden pro Nacht gebucht. Ist der Aufenthalt länger als einen Monat, reduziert sich der Preis um 50 %.

IN FLUGHAFENNÄHE

Courtyard Warsaw International Airport Hotel (Karte S. 60; ☎ 650 01 00; www.marriott.com; Ul Żwirki i Wigury 1; EZ & DZ ab 430 Zł; Ⓟ ⊠ 💻 🏊) Direkt gegenüber der Abflughalle des Flughafens – näher geht's nicht, es sei denn, man schläft im Flughafen.

Hotel Gromada Airport (Karte S. 60; ☎ 576 46 00; www.hotele.gromada.pl; Ul 17 Stycznia 32; EZ/DZ ab 200/230 Zł; Ⓟ) Nur 800 m nördlich des Flughafens, mit den Buslinien 175 oder 188 nur zwei Stationen entfernt.

Praga

MITTELKLASSEHOTELS

Hotel Praski (Karte S. 60; ☎ 818 49 89; www.praski.pl; Al Solidarności 61; EZ/DZ 240/300 Zł; Ⓟ) Nur gut 1 km von der Altstadt entfernt liegt das Hotel Praski in einem gut renovierten Apartmentblock, von wo es einen schönen Blick auf einen Park gibt. Das Hotel hat kleinere, sehr gemütliche Zimmer in Burgunderfarben, Rosa und Grün und preiswertere Zimmer mit Badezimmer auf dem Flur (EZ 160 Zł, DZ 220 Zł).

Hotel Arkadia (Karte S. 60; ☎ 678 50 55; www.hotelarkadia.pl; Ul Radzymińska 182; EZ/DZ/Suite 190/260/390 Zł; Ⓟ) Das Arkadia ist ein attraktives modernes Hotel mit familiärer Atmosphäre, geräumigen Zimmern und einem freundlichen Service. Mit dem Bus (Linien 190 oder 512) dauert es nur zehn Minuten bis zur Altstadt. Eine preisgünstige Alternative also am Ostufer.

Hotel Felix (☎ 610 21 82; www.felix.com.pl; Ul Omulewska 24; EZ & DZ ab 175 Zł; Ⓟ) Das Hotel liegt zwar in einem langweiligen Block à la Sowjetära, ist aber mit modernen Möbeln und farbigen Stoffen innen freundlich eingerichtet. Das Felix bietet sehr saubere Zimmer zu vernünftigen Preisen. An den Wochenenden, von Juli bis August sowie im Winter sind die Preise noch etwas niedriger. Das Frühstück kostet allerdings 20 Zł extra. Vom Zentralbahnhof aus mit den Straßenbahnlinien 9, 24 oder 44 bis zur Haltestelle Wspólna Droga.

SPITZENKLASSEHOTELS

Hotel Hetman (Karte S. 60; ☎ 511 98 00; www.hotelhetman.pl; Ul Kłopotowskiego 36; EZ/DZ 300/360 Zł; Ⓟ) Obwohl am anderen Flussufer gelegen, ist das Hetman nur 1 km von der Altstadt entfernt. Die Zimmer sind brandneu eingerichtet (in gedeckten Rosa- und Grüntönen), die Badezimmer glänzen und es gibt sogar einen Fitnessraum mit Jacuzzi. Ruhige Lage und trotzdem mit Bussen und Bahnen aus allen Himmelsrichtungen wirklich gut zu erreichen.

Westliche Vororte

BUDGETUNTERKÜNFTE

Jugendherberge Syrenka (Karte S. 60; ☎ 632 88 29; www.ptsm.com.pl/ssmnr6; Ul Karolkowa 53a; Schlafsaal/EZ/DZ 36/160/260 Zł; Ⓟ 💻) Das freundliche, einladende Haus hat viele Zimmer mit strahlend neuen Badezimmern, ein Café und eine Gästeküche. Die Schlafsäle müssen von 11 bis 17 Uhr geräumt werden und ab 23 Uhr ist Sperrstunde. Die Herberge liegt in Wola, etwa 2 km vom Bahnhof entfernt. Straßenbahnlinien 12 oder 24 nach Westen bis zur Haltestelle DT Wola und durch die Unterführung unter dem Kaufhaus Centrum Wola hindurch.

ESSEN

Warschaus Gastroszene ist besser als in jeder anderen Stadt Polens. Hier gibt es die meisten Restaurants, die größte Auswahl an ausländischen Küchen und einige der besten Gourmettempel des Landes. Aber es ist auch für kleine Reisebudgets viel dabei. Die meisten teureren Restaurants haben Speisekarten auch auf Englisch oder sogar Deutsch und akzeptieren Kreditkarten.

Essen in der Hauptstadt ist ein bisschen teurer als im Rest des Landes, die Durchschnittspreise (für ein Hauptgericht) liegen entsprechend bei: Kategorie „günstig“ weniger als 20 Zł, „mittelteuer“ 20 bis 40 Zł und „teuer“ über 40 Zł.

Altstadt & Umgebung

GÜNSTIG

Bar Mleczny Pod Barbakanem (Karte S. 66; ☎ 831 47 37; Ul Mostowa 27/29; Hauptgerichte 2–7 Zł; 🕑 Mo–Fr 8–17 Uhr, Sa & So 9–17 Uhr) Die beliebte Milchbar direkt neben der Barbakane hat den Fall des eisernen Vorhangs überlebt und bietet bis heute preiswerte, wenig spektakuläre Gerichte an. Um ihren Standort wird sie bestimmt von vielen besseren Restaurants beneidet.

MITTELTEUER

Fret@Porter (Karte S. 66; ☎ 635 37 54; Ul Freta 37; Hauptgerichte 30–60 Zł; 🕑 12–24 Uhr) Hier hat man die Wahl zwischen der Straßenterrasse mit herrlichem Blick auf den Neustädter Marktplatz oder dem ausgefallenen Innenraum. Moderne Kunst hängt an den Wänden, es gibt bunte Servietten und Polstermöbel im edlen Streifenlook. Auch die Speisekarte bietet mutige Gegensätze, von traditionellen polnischen Gerichten (grüne Linsensuppe mit Minze, gebratene Ente oder gegrilltes Schweinefleisch) bis hin zu Exotischem wie Känguru- und Emusteaks.

Restauracja Pod Samsonem (Karte S. 66; ☎ 831 17 88; Ul Freta 3/5; Hauptgerichte 15–25 Zł; 🕑 10–23 Uhr) Das Restaurant liegt in der Neustadt und

DER TIPP VOM AUTOR

Sense (Karte S. 64; ☎ 826 65 70; Ul Nowy Świat 19; Hauptgerichte 20–55 Zł; ⌚ Mo–Do 12–23 Uhr, Fr & Sa 12–0.30 Uhr, So 12–22 Uhr) Rote Ziegel, Teak und Terrakotta, dazu dunkelbraune Lederbänke, Deckenventilatoren und Gartenterrasse: In diesem wirklich trendigen Restaurant mit Bar ist entspanntes Essen angesagt. Die Speisekarte ist asiatisch angehaucht und bietet malaysische, thailändische und indonesische Spezialitäten wie etwa saftige Satay-Spieße und Nasi Goreng, aber auch Steak und Meeresfrüchte.

wird von Einheimischen genauso gern wie von Auswärtigen besucht. Wer hierher kommt, möchte preisgünstige polnische Küche mit jüdischem Einschlag wie etwa *gefilte Fisch* (marinierter Hering) oder *kawior po żydowsku* („jüdischer Kaviar" – fein gehackte Hühnerleber mit Knoblauch). Das Restaurant ist ziemlich beliebt, besonders für einen der begehrten Außentische muss man schon mal Wartezeit einkalkulieren.

TEUER

Dom Restauracyjny Gessler (Karte S. 66; ☎ 831 44 27; Rynek Starego Miasta 21/21a; Hauptgerichte 50–100 Zł; ⌚ 11–24 Uhr) Das Haus Gessler verfügt über zwei unterschiedliche Speiseräume: ein elegantes Restaurant im Erdgeschoss und eine rustikale Schenke im labyrinthartigen Gewölbekeller. Auf der Speisekarte stehen vor allem traditionelle polnische Speisen, von Borscht und *żurek* (saure Roggensuppe) bis hin zu Wildbraten mit Moosbeeren und mit Äpfeln gefüllter gebratener Ente. Reservierung wird empfohlen.

Südlich der Altstadt

GÜNSTIG

Bar Krokiecik (Karte S. 64; ☎ 827 30 37; Ul Zgoda 1; Hauptgerichte 8–17 Zł; ⌚ 9–20 Uhr) Diese Self-Service-Bar ist zu Recht sehr beliebt. Sie ist die moderne Version einer polnischen Milchbar, es gibt Suppen (Borscht und *żurek*), Salate und warme Gerichte wie *fasolka po bretońsku* (Bohneneintopf mit Würstchen) und *ragout z kurczaka* (Hühnerragout).

Bar Sałatkowy z Tukanem Plac Bankowy (Karte S. 66; ☎ 531 25 20; Plac Bankowy 2; Salat 2–5 Zł; ⌚ Mo–Fr 8–20 Uhr, Sa 10–17 Uhr); Ul Koszykowa (Karte S. 64; ☎ 630 88 20; Ul Koszykowa 54, ⌚ Mo–Fr 8–19 Uhr, Sa 10–16 Uhr); Ul Kredytowa (Karte S. 66; ☎ 827 71 19; Ul Kredytowa 2; ⌚ Mo–Fr 10–19 Uhr, Sa 10–17 Uhr) Die Salatbar bietet eine große Auswahl frischer und abwechslungsreicher Salate, wie etwa *bałkańska* (Tomate, Gurke, Paprika, Oliven und Feta), *kukurydziana* (Mais, Haselnuss und Zwetschgen) und *mamut* (Stangenbohnen, Mandeln und Vinaigrette). Die Hauptfiliale ist ein auf Hochglanz polierter Laden mit Selbstbedienung und liegt in der Einkaufspassage im Erdgeschoss des unübersehbaren blauen Hochhauses am Plac Bankowy.

Melon (Karte S. 64; ☎ 828 64 28; Ul Nowy Świat 52; Hauptgerichte 8–17 Zł; ⌚ Mo–Sa 12–20 Uhr) Das ehemalige Mata Hari (das Schild hängt noch in der Gasse am Eingang) ist eine preiswerte und gemütliche Café-Bar und liegt versteckt in einem Innenhof. Die leckeren vegetarischen Speisen sind auch zum Mitnehmen. Im Angebot sind Suppen (Mungbohnensuppe, Brokkolicremesuppe) und Salate (Spinat, Kichererbsen und Tofu) oder vegetarische Bratlinge, Samosas und Knödel.

Między Nami (Zwischen dir & mir; Karte S. 64; ☎ 827 94 41; Ul Bracka 20; Hauptgerichte 10–20 Zł; ⌚ Mo–Sa 10–23 Uhr, So 16–22 Uhr) Eine kleine, schicke Café-Bar mit Möbeln aus hellem Holz, weißen Wänden, Designerlampen und einer Außenterrasse, die durch einen wahren Topfpflanzendschungel abgetrennt ist. Hier kommen leckere vegetarische Gerichte auf den Tisch und das Angebot wechselt täglich. Die hausgemachte Tomatensuppe ist köstlich. Das Café hat kein Schild über der Tür – einfach nach den Gauloises Blondes-Markisen Ausschau halten.

Außerdem gibt es schnelle und preiswerte Mahlzeiten in der **Bar Mleczny Familijny** (Karte S. 64; ☎ 826 45 79; Ul Nowy Świat 39; Hauptgerichte 2–6 Zł; ⌚ Mo–Fr 7–20 Uhr, Sa & So 9–17 Uhr), günstig gelegen, aber ein bisschen kantinenmäßig, und in der kleinen **Bar Aysza Tripolis** (Karte S. 64; ☎ 621 67 23; Ul Wspólna 65a; Hauptgerichte 5–10 Zł; ⌚ 11–24 Uhr) mit den besten orientalischen Speisen der Stadt.

MITTELTEUER

Café Design (Karte S. 66; ☎ 828 57 03; Ul Krakowskie Przedmieście 11; Hauptgerichte 28–38 Zł; ⌚ Mo–Sa 10–24 Uhr, So 11–24 Uhr) Drinnen ziemlich stylish mit Möbeln aus Mahagoni und cremefarbenem Leinen, draußen auf der kleinen Terrasse eher gemütlich mit Korbstühlen und vor allem einer tollen Aussicht auf das beeindruckende Hotel Bristol. Die internationale Speisekarte listet kleine Speisen, wie einen Salat mit Ziegenkäse, Ruccola und Walnüssen, und (im Spätsommer) duftende *kurki* (frische Pfifferlinge), in Butter sautiert und mit Toast serviert.

Restauracja Polska (Karte S. 64; ☎ 826 38 77; Ul Nowy Świat 21; Hauptgerichte 25–50 Zł; 🕑 12–23 Uhr) Das Polska ist ein typisch polnisches Restaurant. Hierher kommen die Familien, wenn es was zu feiern gibt. Folkloristische Deko mit Spitzentischdecken und Blumen, die Bedienung läuft in Kellneruniform herum. Die Speisekarte bietet deftige Hausmannskost. Perfekt, um polnische Klassiker wie *pierogi* (Teigtaschen), *żurek* (Suppe) oder *schab z dzika* (Wildschweinbraten mit knusprigen Klößen) kennen zu lernen. Das Restaurant liegt ein ganzes Stück von der Straße weg – bei Haus Nr. 21 durch das Tor gehen und immer geradeaus, bis es auf der rechten Seite auftaucht. Nicht durch die heruntergekommene Fassade abschrecken lassen!

Chianti (Karte S. 64; ☎ 828 02 22; Ul Foksal 17; Hauptgerichte 30–50 Zł; 🕑 12–23 Uhr) Ein rustikaler, mit Kerzenlicht erleuchteter Keller mit groben Steinwänden und gusseisernen Lampenständern. Wer zu zweit romantisch italienisch Essen gehen möchte, ist im Chianti richtig. Gerichte sind unter anderem Carpaccio, hausgemachte Pasta, Kalbfleisch, Lachs und im Spätsommer Wildpilze. Dazu passt hervorragend eine Flasche des Weins, dem das sehr beliebte Restaurant seinen Namen verdankt.

Arsenał (Karte S. 66; ☎ 635 83 77; Ul Długa 52; Hauptgerichte 15–35 Zł; 🕑 9–23 Uhr) Das Restaurant liegt in dem selben Gebäude aus dem 17. Jh., in dem auch das Archäologische Museum untergebracht ist. Es serviert hausgemachte Pasta mit einer Auswahl an Saucen, frische Salate, knusprige Pizzen und italienische Eiscreme. Familien kommen gerne her, weil die Kleinen auf dem Spielplatz herumtoben können, während die Eltern ihr Essen in Ruhe genießen.

TEUER

Deco Kredens (Karte S. 64; ☎ 826 06 60; Ul Ordynacka 13; Hauptgerichte 30–60 Zł; 🕑 Mo–Fr 10–23 Uhr, Sa & So 11–23 Uhr) Dieses Restaurant ist durch seinen hinreißenden Jugendstil in Rot und Gold einfach nur schön, mit Spiegeln, Marmor, buntem Glas und Fotografien von Man Ray. Die mit Leder verkleidete Bar wird von zwei kurvenreichen Nymphen aus schwarzem Onyx in goldenen Bikinis eingerahmt. In den großen Sesseln möchte man die Speisekarte (mit polnischen und internationalen Gerichten) am liebsten so lange wie möglich studieren. Die knusprig gebratene Ente mit Rote Bete und Bratapfel ist köstlich.

London Steak House (Karte S. 64; ☎ 827 00 20; Al Jerozolimskie 42; Hauptgerichte 40–70 Zł; 🕑 11–24 Uhr) Das Thema England wird hier voll durchgezogen: von der roten Telefonzelle und dem roten Briefkasten am Eingang über die Schaufensterpuppe in Bobby-Uniform bis hin zu Salz- und Pfefferstreuern in Form englischer Telefonhäuschen. Rosen sind der tragende Bestandteil der Raumausstattung. Berühmt ist das Haus aber für seine Steaks: Hier gibt's das beste britische Rindfleisch vom Sirloin-Steak mit Zwiebel-, Pfeffer-, Senf- oder Champignonsauce bis zum T-Bone-Steak mit allem drum und dran.

Südlich der Al Jerozolimskie

GÜNSTIG

Warsaw Tortilla Factory (Karte S. 64; ☎ 621 86 22; Ul Wilcza 46; Hauptgerichte 12–24 Zł; 🕑 So–Do 12–1 Uhr, Fr & Sa 12–2 Uhr) Eines der besten und echtesten mexikanischen Restaurants der Stadt und besonders bei Mexikanern sehr beliebt. Die Einrichtung der Factory ist die übliche modische Mischung aus roten Ziegeln, dunk lem Holz und Stahl; die Speisekarte lässt selbst beim hungrigsten Chilifan keinerlei Wünsche offen. An Wochenenden gibt es um 17 Uhr einen speziellen „Hangover Brunch" und dazu kräftig gewürzte Bloody Marys.

MITTELTEUER

India Curry (Karte S. 64; ☎ 816 13 50; Ul Żurawia 22; Hauptgerichte 30–46 Zł; 🕑 11–23 Uhr) Indische Kunst, Holzschnitzereien, Blumengirlanden und Kerzen: Im India Curry lässt sich entspannt hervorragende indische Küche genießen. Das Angebot reicht von knusprigen Garnelen mit feurig scharfer Chilipaste bis zu den Klassikern Tandoori-Hühnchen oder Rogan Josh (Lammcurry). Auf der Speisekarte finden sich ebenso viele vegetarische wie Fleischgerichte, zum Beispiel *malai kofta* (mit Nüssen gefüllte Hüttenkasebällchen in einer Kokos-Kräuter-Cashewkernsauce) oder *aloo bhindi bhaji* (Kartoffelcurry mit Okraschoten).

Banja Luka (Karte S. 60; ☎ 854 07 82; Ul Puławska 101; Hauptgerichte 18–35 Zł; 🕑 12–24 Uhr) Ein einladendes und kinderfreundliches Balkanrestaurant mit bekannt rustikalem Charme: Tische aus Kiefernholz, an den Steinwänden Fischernetze, reichlich frische Blumen und eine Gartenterrasse mit plätscherndem Springbrunnen. Auf der Speisekarte stehen serbische und kroatische Spezialitäten, etwa *Čevapčiči* (herzhafte Hackfleischröllchen mit Paprikasauce) und *Penjene Palačinky* (frittierte Taschen mit Käse und Spinat in Dill und Sahne).

Bacio (Kuss; Karte S. 64; ☎ 626 83 03; Ul Wilcza 43; Hauptgerichte 25–50 Zł; 🕑 Mo–Fr 12–24 Uhr, Sa & So 13–24 Uhr) Ein romantisches kleines Restaurant, das über und über mit Kunst, Möbeln, Kerzen, Kräutersträußen und den Zeugnissen eines offensichtlichen Katzenfetischismus voll gestopft ist. Das Bacio ist für großzügige Portionen und eine authentische italienische Küche berühmt, es serviert Köstlichkeiten von hauchdünnem Carpaccio bis zu Linguine in Trüffelsauce.

Tandoor Palace (Karte S. 60; ☎ 825 23 75; Ul Marszałkowska 21/25; Hauptgerichte 25–50 Zł; 🕑 12–22.30 Uhr) Das Tandoor Palace gilt als das beste indische Restaurant Polens. Es beschäftigt in der Küche erfahrene Köche aus Nordindien, die die Gerichte im original *tandoor* (einem indischen Lehmofen) zubereiten. Die umfangreiche Speisekarte reicht von Klassikern wie Butterhühnchen, *shahi kroma* (Huhn oder Lamm in einer mild-cremigen Mandelsauce) und *biryani* bis hin zu *Kashmiri balti*-Gerichten und heißen Platten.

Restauracja Adler (Karte S. 64; ☎ 628 73 84; Ul Mokotowska 69; Hauptgerichte 28–48 Zł; 🕑 Mo–Fr 8–24 Uhr, Sa & So 13–24 Uhr) Das Adler ist eine kleine Oase der Bierstubengemütlichkeit mitten im Betondschungel des Plac Trzech Krzyży. Im rustikalen Speiseraum und an den Gartentischen unter den Bäumen wird Erdinger Weißbier mit prächtiger Schaumkrone serviert. Der Service ist ausgezeichnet, die Speisekarte 100 % bayerisch, ob Schweinshaxe mit Klößen und Kraut oder Apfelstrudel mit Vanilleeis.

TEUER

Kurt Scheller's Restaurant (Karte S. 64; ☎ 584 87 71; Hotel Rialto, Ul Wilcza 73; Hauptgerichte 50–150 Zł; 🕑 So–Fr 12–22.30 Uhr, Sa 17.30–22.30 Uhr) Herr Scheller mit dem auffälligen Schnurrbart ist Polens berühmtester Koch und sein bezaubernden Jugendstilrestaurant gilt als feinstes Etablissement Warschaus. Das internationale Speiseangebot reicht von geräuchertem Stör über würzig-feurige Thaisuppe und scharf gebratenes Thunfischfilet mit Püree aus sonnengetrockneten Tomaten bis zu in Honig mariniertem Kalbfleisch. Auch den typisch polnischen Gerichten gibt Herr Scheller eine besondere Note, etwa Enten-Borscht mit Koriander oder in der Pfanne gebratener *sandacz* (Zander) mit Tomaten-Konfit und Ruccola-Pesto.

AUSGEHEN

Bars & Kneipen

Die meisten Bars und Kneipen öffnen gegen 11 oder 12 Uhr und schließen erst, wenn der *ostatniego gościa* (letzte Gast) gegangen ist – also irgendwann zwischen Mitternacht und 4 Uhr morgens.

Chimera (Karte S. 66; ☎ 635 69 19; Ul Podwale 29) Der schöne, schattige Biergarten des Chimera ist ein willkommener Rückzugsort und scheint mindestens 1 Mio. km von den belebten Straßen des nahen Altstädter Marktplatzes entfernt zu liegen. Die Kellerbar ist dagegen eine gemütlich-chaotische Mischung aus Sperrmüll, verrückter Kunst, cooler Musik und Wir-unter-dreißig-Leuten in Partylaune.

Irish Pub (Karte S. 66; ☎ 826 25 33; Ul Miodowa 3) Warschaus original Irish Pub ist nach wie vor ein beliebter Ort, um gepflegt abzustürzen. Das schummrige Pub mit dicht gedrängten Tischen, klebrigen Holzdielen und dem gewissen Lärmpegel schenkt Guinness, Kilkenny und Belfast Ale vom Fass aus. An den meisten Abenden gibt es Livemusik (Celtic, Country, Folk, Blues).

John Bull Pub (Karte S. 66; ☎ 831 03 67; Ul Jezuicka 4) Das John Bull war wahrscheinlich das erste englische Pub hinter dem Eisernen Vorhang. Ein Traum aus poliertem Messing, Mahagoni und dunklem Bier, gemütlich und gleichzeitig elegant. An Sommertagen ist aber die Terrasse auf der Rückseite mit Blick über die Weichsel der eigentliche Magnet.

Pub Harenda (Karte S. 66; ☎ 826 29 00; Ul Krakowskie Przedmieście 4/6) In dieser verqualmten Kellerbar hat man sich dem ernsthaften Trinken verschrieben. Auf eng gestellten Holzbänken sitzen dicht gedrängt entschlossene Trinker, die bis in die frühen Morgenstunden einarmiges Reißen praktizieren.

Bessere Luft ist auf jeden Fall im Biergarten, wo es unter der Woche regelmäßig Livejazz und Jamsessions und Samstagabends Hip-Hop-Parties gibt.

Paparazzi (Karte S. 64; ☎ 828 42 19; Ul Mazowiecka 12) Eine durchgestylte und extrem trendige Café-Bar, geschmückt mit Fotos der lokalen Prominenz. Das (männliche) Abendpublikum trägt hauptsächlich teure Anzüge und blinzelt unter enge Röcke, während Mann die wahnsinnig umfangreiche Cocktailkarte studiert. Nachmittags, wenn die Gäste das neueste Modemagazin beim Café Latte oder dem Glas Zinfandel durchblättern, geht es hier definitiv entspannter zu.

NoBo (Karte S. 64; ☎ 622 40 07; Ul Wilcza 58a) Vor und nach dem Clubbing ist das NoBo die angesagteste Bar der Stadt. Eine exotisch angehauchte Farbkombination aus Scharlachrot, Kastanie und Schoko mit weichen Sofas und sanfter Chill-Out-Musik. Das NoBo ist für seine erstklassigen Cocktails und Fusion-Küche bekannt. Hier haben schon viele Top-DJs aus ganz Europa aufgelegt.

U Szwejka (Karte S. 64; ☎ 621 62 11; Plac Konstytucji 1) Nach dem *Braven Soldaten Schwejk* benannt. Eine gemütliche Kneipe mit dem besten Bier Tschechiens, dem Pilsener Urquell, und vielen leckeren Gerichten. An den Tischen im Freien hat man einen unverstellten Blick auf den Plac Konstytucji und seine imposante sozialistisch-realistische Architektur.

Cafés

Pożegnanie z Afryką (Karte S. 66; ☎ 831 44 20; Ul Freta 4/6; Kaffee 8–10 Zł, Snacks 8–12 Zł; 🕑 11–21 Uhr) Das „Jenseits von Afrika" ist ein winziges Café, das ausschließlich Kaffee anbietet – aber was für Kaffee! Kunden haben die Wahl zwischen etwa fünfzig verschiedenen Sorten und noch einigen verführerischen Kuchen. Serviert wird der Kaffee in kleinen Tassen. Diese Adresse ist das Mutterhaus einer Kette mit rund zwanzig Filialen in allen größeren Städten des Landes. Zum Mitnehmen gibt es die Kaffeesorten als ganze Bohne oder frisch gemahlen.

Café Belle Epoque (Karte S. 66; ☎ 635 41 05; Ul Freta 18; Tee 10 Zł, Hauptgerichte 10–20 Zł; 🕑 12–22 Uhr) Das urgemütliche Café ist ein Traum aus Chiffon, Samt und zarten Lampenschirmen, dazu Nippes und staubigen Antiquitäten – und fast alles hier kann man kaufen. Neben der ausgezeichneten Teeauswahl gibt es verschiedene Kuchen, Snacks und kleine Mahlzeiten.

Antykwariat (Karte S. 64; ☎ 629 99 29; Ul Żurawia 45; Kaffee 8 Zł; 🕑 Mo–Fr 11–23 Uhr, Sa & So 13–23 Uhr) Auch das niedliche Café Antiquariat ist voll gestopft mit alten Möbeln und abgewetzten Kissen, knarzenden Stühlen, Tinnef und gerahmten Postkarten von Warschau. Gerne schnappen sich die Gäste ein Buch aus den überquellenden Regalen und trinken dabei Tee oder Kaffee. Je später der Nachmittag, desto mehr Studenten finden sich hier ein und dann kann es in den kleinen Räumen stickig werden.

Green Coffee (Karte S. 64; ☎ 629 83 73; Ul Marszałkowska 84/92; Kaffee 9 Zł, Snacks 7–15 Zł; 🕑 7–23 Uhr) Ein gehobener Coffee Shop im modernen Design mit klaren Linien, sehr freundlichem Personal und dem besten Kaffee in Warschau. Eine Oase der Ruhe, obwohl das Green Coffee mitten auf der hektischen Ul Marszałkowska liegt.

Cava (Karte S. 64; ☎ 826 64 27; Ul Nowy Świat 30; Kaffee 7–12 Zł, Snacks 15–25 Zł; 🕑 Mo–Fr 9–24 Uhr, Sa & So 10–24 Uhr) Drinnen dunkle Designertheken und Velourlederhocker, draußen klassische Regiestühle aus Segeltuch – was braucht man mehr, um Kaffee zu schlürfen, Leute zu beobachten und gemütlich zu entspannen? Für den kleinen Appetit zwischendurch gibt es hier Salate, Ciabatta-Sandwiches und herrlich klebrige Kuchen und Gebäck.

Same Fusy (Nur Teeblätter; Karte S. 66; ☎ 831 99 36; Ul Nowomiejska 10; Tee 12–19 Zł, Snacks 8–12 Zł; 🕑 13–23 Uhr) Dieses Teehaus direkt am Altstädter Markt pflegt seinen exotischen Stil mit Leopardenmusterstühlen, Hockern aus afrikanischen Bongotrommeln und großen Schlangen aus Pappmaschee an den Wänden. Hier gibt es 150 verschiedene Teesorten, von Darjeeling aus Indien bis zu argentinischem *Yerba Mate*, dazu dicke Stücke einer Art Rüeblitorte und keltische Musik aus den Lautsprechern.

UNTERHALTUNG

Warschau hat eine reiche und vielseitige Kulturszene, besonders viel klassische Musik, Oper und Theater. Genauso gut gibt es aber auch leichte Unterhaltung, Bars, Kneipen, Nacht- und Jazzclubs und natürlich Kinos.

Die Freitagsausgabe der *Gazeta Wyborcza* und das Kulturmonatsmagazin *WiK* (Warszawa i Kultura) informieren detailliert über aktuelle Ausstellungen in Museen und Galerien, Theaterveranstaltungen, Musikevents und Festivals – auf Polnisch allerdings. Das Stadtmagazin *Aktivist* erscheint ebenfalls monatlich und liegt kostenlos in Restaurants, Bars und Clubs aus.

Auf Englisch erscheinen monatlich der *Warsaw Insider* und wöchentlich die *Warsaw Voice*. Auch sie listen die aktuellen Kulturereignisse und nennen beliebte Bars, Kneipen und Nachtclubs.

Karten für Theater, Oper, Konzert und andere Events gibt es bei **Kasy ZASP** (Karte S. 64; ☎ 621 94 54, 621 93 83; Al Jerozolimskie 25; 🕒 Mo–Fr 11–18.30 Uhr) und **Bileteria Rondo** (Karte S. 64; U-Bahn Arkade Nr. 1 & 36, Ecke Al Jerozolimskie & Ul Marszałkowska; 🕒 Mo–Fr 8–20 Uhr, Sa 9–20 Uhr, So 11–19 Uhr). Für große Events gibt's Karten auch am Bileteria-Schalter in den EMPIK Megastores (S. 62). Natürlich verkaufen auch die jeweiligen Theaterkassen Tickets.

Musikclubs & Diskos

Stodoła (Karte S. 60; ☎ 825 60 31; Ul Batorego 10; Erwachsene/Schüler & Studenten 15/10 Zł; 🕒 19–4 Uhr) Warschaus größte und Polens älteste Studentendisko (seit 1956 in Betrieb und seit 1972 an diesem Ort), mit Eurodance, Techno, House, R & B, Soul und Hip-Hop, oft auch Livebands.

Balsam (Karte S. 60; ☎ 844 74 85; Ul Racławiska 99; 🕒 18–4 Uhr) Der Neuzugang in der Clubszene der Hauptstadt residiert in den Kellergewölben des Fort Mokotów aus dem 19. Jh. In manchen Nächten vibrieren die ehrwürdigen Wände des Forts im Beat von Hip-Hop, Ragga und Dance und regelmäßig gibt es hier Livegigs von Rock über Jazz bis Folk.

Punkt (Karte S. 64; ☎ 502 62 75 81; Ul Koszykowa 55; Eintritt 10–20 Zł; 🕒 Mi & Do 21–4 Uhr, Fr & Sa 21–6 Uhr) Klein, voll und laut – das Punkt zieht immer ein bereites, trinkfestes Publikum an; DJs und lokale Livebands.

Underground Music Café (Karte S. 64; ☎ 826 70 48; Ul Marszałkowska 126/134; Erwachsene/Schüler & Studenten Mi–Sa 10/5 Zł; 🕒 Mo–Sa 13–4 Uhr, So 16–4 Uhr) Niedrige Decken, niedrige Preise: Im dunklen und vollen Keller hüpfen Horden von Studis und Backpackern zu House, Pop, R & B, Soul, Funk und Hip-Hop. Donnerstags laufen die Hits der Siebziger und Achtziger.

Hybrydy (Karte S. 64; ☎ 822 30 03; Ul Złota 7/9; Erwachsene/Schüler & Studenten 12/6 Zł, Fr & Sa 22/12 Zł; 🕒 Di–Sa 21–3 Uhr) Alteingesessener Studentenclub, Hauptraum mit runder Bühne und langer, geschwungener, gut beleuchteter Bar. Hier werden regelmäßig DJ-Nächte und Livegigs veranstaltet.

Ground Zero (Karte S. 64; ☎ 625 39 76; Ul Wspólna 62; Eintritt 20 Zł; 🕒 Mi–Sa 21–4 Uhr) Das Gebäude des Clubs soll angeblich ein ehemaliger Atombunker sein, der über einen unterirdischen Gang mit dem Kulturpalast verbunden ist. Der riesige Dance-Club zieht die Massen an und alle, die auf der Suche sind. Freitags ist Ladies Night (freier Eintritt für Frauen), samstags werden Diskoklassiker aufgelegt.

Harlem (Karte S. 60; ☎ 435 56 67; Ul Kolejowa 8/10; Eintritt 15 Zł; 🕒 Mi, Fr & Sa 21–6 Uhr) Die ehemals

SCHWULEN- & LESBENSZENE IN WARSCHAU

Warschaus schwul-lesbische Szene wagt sich seit Mitte der 1990er Jahre immer mehr an die Öffentlichkeit und inzwischen gibt es einige ganz vernünftige schwul-lesbische Treffpunkte in der Hauptstadt. Der aktuelle Veranstaltungskalender und Adressen stehen auf den Websites www.innastrona.pl, www.gay.pl und www.warsaw.gayguide.net.

Rasko (Karte S. 60; ☎ 890 02 99; Ul Krochmalna 32a; 🕒 17–3 Uhr) Das Rasko ist in Warschau unter Schwulen und Lesben die beliebteste Bar; ein einladender und gemütlicher kleiner Pub mit regelmäßigen Karaoke- und Drag-Abenden.

Kokon (Karte S. 66; ☎ 831 95 39; Ul Brzozowa 37; Eintritt 9 Zł; 🕒 16–3 Uhr) Das Kokon ist ein schwuler Club über vier Stockwerke im Herzen der Altstadt. In schickem Design-Ambiente gibt es hier Hits aus den 70ern und 80ern, Gay House und eine wöchentliche Drag-Show.

Fantom (Karte S. 64; ☎ 828 54 09; Ul Bracka 20a; Eintritt 15 Zł; 🕒 Mo–Fr 14–2 Uhr, Sa 14–4 Uhr, So 16–1 Uhr) Das 1994 eröffnete Fantom ist Polens ältester Gayclub und jeden Samstag ab 22 Uhr steigt hier eine gigantische Party. Sauna, Jacuzzi, Sex Shop und Video Lounge bringen die Gäste schnell ins Schwitzen; der unauffällige Eingang (eine schwarze Tür mit der Aufschrift „Fantom") liegt im Hof hinter dem Między Nami.

heruntergekommene Fabrikhalle hat sich zu einem der beliebtesten Warschauer Clubs entwickelt, der von DJs mit Urban Music, Hip-Hop, R & B und Gangsta Rap beschallt wird. Hier treffen sich Typen mit umgedrehten Baseballkappen und Girlies in engen Oberteilen; Bier durch Strohhalme zu schlürfen, ist hipp.

Jazz

Jazz Café Helicon (Karte S. 66; ☎ 635 95 05; Ul Freta 45/47) Eine kleine Café-Bar im schicken Schwarzweißlook mit gelegentlichen Fotoausstellungen. Das Helicon ist in einem ehemaligen Musikladen untergebracht und verkauft bis heute Jazz- und Blues-CDs. Der Besitzer legt gerne die CD, die man kaufen möchte, vorher auf. Dienstags, donnerstags und sonntags gibt es hier Livejazz (Eintritt frei).

Klub Tygmont (Karte S. 64; ☎ 828 34 09; Ul Mazowiecka 6/8; Fr & Sa Eintritt 10 Zł, So–Do Eintritt frei; 🕑 Mo–Do 15–1 Uhr, Fr 15–4 Uhr, Sa & So 18–4 Uhr) Das Tygmont ist ein Jazzclub im alten Stil mit dunkler Atmosphäre und rauchiger Luft. Bis 0.30 Uhr kann man hier auch zu Abend essen. Livejazz gibt es an allen Abenden unter der Woche, am Wochenende findet Latino-Tanzunterricht mit anschließender Latino-Disko statt.

Jazz Bistro Gwiazdeczka (Karte S. 66; ☎ 887 87 65; Ul Piwna 40; Eintritt frei; 🕑 10–24 Uhr) In diesem eleganten, modernen Club mit nackten Ziegelwänden, weißen Arkaden und einem schönen Atrium mit Glasdach wird fast jeden Abend von 19 bis 22 Uhr die entspannte Jazzvariante (Klavier plus Sänger/-in) gegeben.

Klassische Musik & Oper

Filharmonia Narodowa (Nationale Philharmonie; Karte S. 64; ☎ 826 72 81, Konzertkasse ☎ 551 71 28; www.filharmonia.pl; Ul Jasna 5; 🕑 Mo–Sa 10–14 Uhr & 15–19 Uhr) Das Stammhaus des weltberühmten polnischen Philharmonieorchesters und des Philharmonischen Chors verfügt über einen großen Konzertsaal (Eingang Ul Sienkiewicza 10) und einen Kammermusiksaal (Eingang Ul Moniuszki 5). In beiden Sälen finden regelmäßig Konzerte statt. Die Kasse ist am Eingang an der Ul Sienkiewicza.

Warszawa Opera Kameralna (Warschauer Kammeroper; Karte S. 60; ☎ 831 22 40; www.wok.pol.pl; Al Solidarności 76b; 🕑 Opernkasse 10–19 Uhr) Das Repertoire der Warschauer Kammeroper reicht von mittelalterlichen Mysterienspielen bis zu zeitgenössischer Musik. Berühmt ist sie aber für ihre Mozart-Opern und die alljährlichen Mozart-Festspiele.

Teatr Wielki (Großes Theater/Nationaltheater; Karte S. 66; ☎ 692 02 08; www.teatrwielki.pl; Plac Teatralny 1; 🕑 Theaterkasse Mo–Fr 9–19 Uhr) Das neoklassizistische Theater wurde ursprünglich 1833 erbaut und nach dem Zweiten Weltkrieg wieder aufgebaut. Es ist Warschaus Hauptbühne für Oper und Ballett. Das Repertoire umfasst Werke internationaler und polnischer Komponisten, etwa von Stanisław Moniuszko.

Chopin-Gesellschaft (Karte S. 64; ☎ 827 54 71; Ostrogski-Palast, Ul Okólnik 1) Im wunderschönen Auditorium des Ostrogski-Palastes (auch Sitz des Chopin-Museums; S. 73) veranstaltet die Chopin-Gesellschaft regelmäßig Klavierkonzerte. Im Sommer finden von Mai bis September zudem jeden Sonntag Klavierkonzerte am Chopin-Denkmal im Łazienki-Park (S. 77) und in Chopins Geburtshaus in Żelazowa Wola (S. 97) statt.

Kino

Die meisten Filme werden im Original mit polnischen Untertiteln vorgeführt (praktisch nur Kinderfilme sind synchronisiert). Das aktuelle Programm steht unter www.kino.pl (es ist zwar nur auf Polnisch, aber trotzdem verständlich – einfach auf „Repertuar", dann auf „Warszawa" und zum Schluss auf den Namen des Kinos klicken). Hier eine Auswahl an guten Kinos:

Cinema City Sadyba (Karte S. 60; ☎ 550 33 33; Ul Powsińska 31; Eintritt 22 Zł) Modernes Multiplexkino mit zwölf Sälen. Für Rollstuhlfahrer zugänglich.

Iluzjon Filmoteki Narodowej (Karte S. 60; ☎ 646 12 60; www.fn.org.pl; Ul Narbutta 50a; Eintritt 10–16 Zł) Die Filmoteki ist Warschaus wichtigstes Arthouse-Programmkino und gleichzeitig Haus des Nationalen Filmarchivs.

Kino Luna (Karte S. 64; ☎ 621 78 28; www.kinoluna.pl auf Polnisch; Ul Marszałkowska 28; Eintritt 5–16 Zł) Zeigt hauptsächlich Arthousefilme aus aller Welt.

Kino Rejs (Karte S. 66; ☎ 826 33 35; Ul Krakowskie Przedmieście 21/23; Eintritt 5–15 Zł) Mainstreamfilme.

Kinoteka (Karte S. 64; ☎ 826 19 61; www.kinoteka.pl; Plac Defilad 1; Eintritt 18 Zł) Das Multiplexkino im Kulturpalast, Eingang Al Jerozolimskie.

Theater

Das polnische Theater hatte schon immer einen guten Ruf. Warschau hat über zwanzig Theater, davon dürfen sich einige mit gutem Gewissen zu den besten des Landes zählen. Die meisten schließen allerdings während der landesweiten Sommerferien im Juli und August. Hier die führenden Häuser, die alle zu zeitgenössischen Aufführungen tendieren:

Teatr Ateneum (Karte S. 64; ☎ 625 73 30; Ul Jaracza 2)
Teatr Dramatyczny (Karte S. 64; ☎ 620 21 02; www.teatrdramatyczny.pl; Kulturpalast, Plac Defilad 1)
Teatr Powszechny (Karte S. 60; ☎ 818 25 16; Ul Zamojskiego 20)

Das **Teatr Żydowski** (Jüdisches Theater; Karte S. 64; ☎ 620 70 25; www.teatr-zydowski.art.pl; Plac Grzybowski 12/16) lässt sich in seinen Stücken von jüdischer Kultur und Tradition inspirieren. Einige der Produktionen sind auf Jiddisch – polnische oder englische Übersetzung über Kopfhörer.

SHOPPEN

Das Einkaufsangebot in Warschau hat sich im letzten Jahrzehnt unglaublich verändert. Westliche Marken haben die Stadt regelrecht überflutet und die alten, schmuddeligen Läden der kommunistischen Ära sind praktisch alle verschwunden. Überall stehen moderne Einkaufszentren und Supermärkte, die Läden sind hervorragend bestückt und das Personal ist heute um Längen freundlicher als noch zu kommunistischen Zeiten.

Die Haupteinkaufsmeile der Stadt liegt zwischen dem Kulturpalast und der Ul Nowy Świat, entlang des östlichen Teils der Al Jerozolimskie und des südlichen Teils der Ul Marszałkowska.

Kunsthandwerk & Souvenirs

Cepelia Plac Konstytucji (Karte S. 64; Plac Konstytucji 5); Ul Chmielna (Karte S. 64; Ul Chmielna 8); Ul Krucza (Karte S. 64; Ul Krucza 23); Ul Marszałkowska (Karte S. 64; ☎ 628 77 57; Ul Marszałkowska 99/101) Der alteingesessene Kunsthandwerksladen hat alles auf Lager: Holzschnitzereien, Töpferwaren, Skulpturen, Stoffe, Stickereien, Spitze, Gemälde und Trachten aus verschiedenen polnischen Regionen.

Neptunea (Karte S. 66; ☎ 826 02 47; Ul Krakowskie Przedmieście 47/51; ⌚ Mo–Fr 11–19 Uhr, Sa 11–17 Uhr) Neben einem riesigen Angebot an Kunsthandwerk, Möbeln und Musikinstrumenten aus aller Welt bietet das Neptunea auch polnischen Schmuck aus Silber und Bernstein an sowie handgearbeitetes Steinzeug, Mineralien und Kristalle.

Desa Unicum Rynek Starego Miasta (Karte S. 66; ☎ 621 66 15; Rynek Starego Miasta 4/6; ⌚ Mo–Fr 11–19 Uhr, Sa & So 11–16 Uhr); Ul Marszałkowska (Karte S. 64; Ul Marszałkowska 34/50, nahe Plac Zbawiciela); Ul Nowy Świat (Karte S. 64; Ul Nowy Świat 51, an der Ecke Ul Warecka) Desa Unicum ist ein Kunst- und Antiquitätenhandel, der antike Möbel, Silberwaren, Uhren, Gemälde, Ikonen und Schmuck verkauft. Aber Achtung: Die Ausfuhr von Kunstgegenständen, die vor 1945 hergestellt wurden, ist verboten bzw. nur mit einer speziellen Genehmigung erlaubt (S. 507).

Galeria Plakatu (Karte S. 66; ☎ 831 93 06; Rynek Starego Miasta 23; ⌚ 10–19 Uhr) Das Geschäft hat über 2000 Kunstplakate auf Lager, von originalen Film- und Theaterplakaten bis zu Arbeiten zeitgenössischer polnischer Grafiker. Beliebt sind polnische Zirkusplakate aus den 1960er und 70er Jahren und natürlich die politischen Plakate der Solidarność aus dem Jahr 1989.

Galeria Grafiki i Plakatu (Karte S. 64; ☎ 621 40 77; Ul Hoża 40; ⌚ Mo–Fr 11–18 Uhr, Sa 10–15 Uhr) Diese Galerie ist definitiv die beste Adresse für Originaldrucke und -grafiken in Polen, verkauft aber auch schöne Poster.

Galeria Art (Karte S. 66; ☎ 828 51 70; Ul Krakowskie Przedmieście 17) Die Galeria Art gehört der Gewerkschaft Polnischer Künstler und zeigt eine breite Auswahl an zeitgenössischer polnischer Kunst. Der Leiter gibt zu jedem ausgestellten Werk gerne Auskunft (auch auf Englisch).

Księgarnia Muzyczna Odeon (Karte S. 64; ☎ 621 80 69; Ul Hoża 19; ⌚ Mo–Fr 10–18 Uhr, Sa 10–15 Uhr) Musikalienhandlung, verkauft aber auch polnische Jazz- und Klassik-CDs (von Chopin bis Penderecki).

Märkte

Russischer Markt (Karte S. 60; Stadion Dziesięciolecia, Eingänge Ul Waszyngtona & Al Zieleniecka; ⌚ 6–13 Uhr) Hier findet Europas größter Flohmarkt statt. Mehrere Tausend Stände drängen sich wie in Dantes Bild der Hölle in konzentrischen Kreisen dicht um das stillgelegte Stadion Dziesięciolecia (manchmal auch X-lecia geschrieben; Stadium des 10. Jubiläums). Je weiter man sich in den Markt hineinwagt, desto zweifelhafter werden die Waren. Außen werden Schuhe und Bekleidung verkauft, weiter innen dann raubkopierte *kompakty* (CDs und DVDs), Ausrüstungsgegenstände der ehemaligen Sowjetarmee (natürlich auch Waffen) und illegale Spirituosen (die Verkäufer flüstern den Vorbeigehenden „*spirytus, spirytus*" zu). Dazwischen findet man alles von unechtem Pelz über Parfum, Handtaschen, Angelausrüstung bis hin zu Brillen und Werkzeugmaschinen. Vorsicht: Hier sind viele Taschendiebe unterwegs!

Bazar na Kole (Karte S. 60; Ul Obozowa; ⌚ Sa & So früher Morgen–14 Uhr) Dieser riesige und faszinierende Antik- und Flohmarkt liegt im westlichen Vorort Koło. Hier gibt's ein Sammelsurium aus altem landwirtschaftlichen Gerät, Möbeln und Relikten aus dem Zweiten Weltkrieg (rostige Wehrmachtshelme, Munitionsschachteln und Patronenhülsen). Dazwischen liegen Messingplatten mit dem eingravierten polnischen Adler, wunderschöne Lampen aus den 1930er Jahren, massenweise alte Uhren, schmiedeeiserne Schlüssel zu längst verschollenen Türen, Schmuck, Hutnadeln, Broschen, zerbrochene Puppen und sehr viel schlechte Kunst. Mit der Straßenbahn der Linien 12, 13 oder 24 bis Haltestelle Dalibora fahren.

Hala Mirowska (Karte S. 60; Al Jana Pawła II; ⌚ Sonnenauf- bis -untergang) Die Original-Ziegelpavillons dieses Marktplatzes aus dem 19. Jh. sind leider in moderne Supermärkte umgewandelt worden. Aber an der Süd- und Westseite finden sich noch Stände, die prall gefüllt sind mit frischen Blumen, Obst und Gemüse, Wildpilzen, Beeren, Schweinehaxen, Würstchen, Räucherfisch, lebendigen Karpfen und eingelegten Gurken aus dem Holzfass.

Giełda Foto (Karte S. 60; ☎ 825 60 31; Ul Batorego 10; ⌚ So 10–14 Uhr) Der Fotomarkt im Studentenclub Stodoła weist eine erstaunliche Auswahl an Kameras und Zubehör auf. Hierher kommen die Leute sogar aus anderen Städten, um Fotozubehör zu kaufen oder zu verkaufen. Fast alles ist preiswerter als im Laden und wer sich für Fotografie interessiert, sollte diesen Markt auf keinen Fall auslassen.

Einkaufszentren & Kaufhäuser

Galeria Centrum (Karte S. 64; ☎ 551 45 17; Ul Marszałkowska 104/122; ⌚ Mo–Fr 9.30–21 Uhr, Sa 9.30–20.30 Uhr, So 10.30–17 Uhr) Die privatisierte Version der früheren staatlichen Kaufhauskette Dom Towarowe. Damen-, Herren- und Kinderbekleidung, Schuhe, Accessoirs, Kosmetik und Schmuck zu vernünftigen Preisen.

Marks & Spencer (Karte S. 64; ☎ 652 05 24; Al Jerozolimskie 52; ⌚ Mo–Fr 10–20 Uhr, Sa 10–18 Uhr, So 10–16 Uhr) Das berühmte britische Kaufhaus bietet auch in Warschau Mode und Kosmetik an. Das Gebäude sieht irgendwie nach Übergangslösung aus, aber das liegt schlicht daran, dass es genau das ist. Das Stadtplanungsamt hat noch nicht endgültig entschieden, was mit dem Grundstück geschehen soll.

Smyk (Karte S. 64; ☎ 551 43 00; Ecke Al Jerozolimskie & Ul Krucza; ⌚ Mo–Fr 9.30–20.30 Uhr, Sa 9–20 Uhr, So 10–16 Uhr) Der Name des Kaufhauses kommt aus der Umgangssprache und bedeutet „kleines Kind". Entsprechend ist das Motto des Hauses „*cały dla małych*" (alles für die Kleinen) – hier gibt es Kinderbekleidung, Schuhe, Kinderwagen, Babyartikel, Spielzeug, Bücher und Schreibwaren.

Sadyba Best Mall (Karte S. 60; ☎ 550 30 00; Ul Powsińska 31) Eine glitzernde moderne Einkaufspassage mit vielen Modeshops (Levi's, Pietro Filipi, Andriotti), Schuhgeschäften (Gino Rossi und Max&Max), Juwelieren und Parfümerien, einer Filiale des American Bookstore, einem Multiplexkino und rund einem Dutzend Restaurants und Snackbars.

AN- & WEITERREISE

Auto

Alle großen europäischen Autovermietungen betreiben Büros in Warschau (S. 511). Polnische Agenturen sind oft billiger, das Personal spricht aber oft nur Polnisch. Zu den besten lokalen Anbietern zählt **Local Rent-a-Car** (☎ 826 71 00; www.lrc.com.pl; Ul Marszałkowska 140). Ein Opel Corsa kostet inklusive Steuern, Kasko, Diebstahlschutz und unbegrenzter Kilometerzahl 31 € pro Tag bzw. 231 € pro Woche.

Bus

In Warschau gibt es zwei Busbahnhöfe der Państwowa Komunikacja Samochodowa (PKS). **Warszawa Zachodnia** (Karte S. 60; ☎ 822 48 11; Al Jerozolimskie 144) liegt westlich der Innenstadt und fährt südliche und westliche Ziele im In- und Ausland an. Von **Dworzec Warszawa Stadion** (Busbahnhof Stadion; ☎ 818 15 89; Ecke Ul Zamojskiego & Ul Targowa) am Ostufer starten alle Inlandsreisen Richtung Norden, Osten und Südosten. Die Tickets werden jeweils an den Busbahnhöfen verkauft. Einige Auslandsziele werden auch vom Busbahnhof hinter dem Zentralbahnhof Warszawa Centralna aus angefahren.

PKS betreibt mehrere Buslinien, die täglich verkehren. Ab Warschau Zachodnia werden Gdańsk (Danzig; 50 Zł, 6½ Std.), Częstochowa (Tschenstochau; 35 Zł, 3½ Std.), Kazimierz Dolny (22 Zł, 3½ Std.), Kraków (Krakau; 39 Zł, 5½ Std.), Olsztyn (Allenstein; 32 Zł, 4 Std.), Toruń (Thorn; 35 Zł, 4 Std.), Wrocław (Breslau; 45 Zł, 6½ Std.) und Zakopane (53 Zł, 7½ Std.) angefahren. Von Warschau Stadion gibt es täglich Busverbindungen nach Lublin (25 Zł, 3½ Std.), Białystok (24 Zł, 3¾ Std.) und Zamoúă (37 Zł, 4¾ Std.).

Die Busse von Polski Express fahren ab Flughafen Frédéric Chopin und nehmen an einer eigenen Bushaltestelle (Karte S. 64; Al Jana Pawła II) neben dem Zentralbahnhof Passagiere auf. Polski Express vertreibt seine Tickets über eigene Verkaufsbüros, aber auch über einzelne Orbis Travel-Niederlassungen und **Almatur** (Karte S. 64; ☎ 826 35 12, 826 26 39; www.almatur.com.pl; Ul Kopernika 23; ⌚ Mo–Fr 9–19 Uhr, Sa 10–15 Uhr). Das Hauptbüro **Centralny Punkt Informacji i Sprzedaży Biletów** (Zentralinformation & Ticketverkauf; ☎ 844 55 55; ⌚ 6.30–21.30 Uhr) liegt direkt neben der Bushaltestelle. An den PKS-Busbahnhöfen werden Polski Express-Tickets allerdings nicht verkauft. Polski Express fährt nach Białystok (34 Zł, 3¾ Std.; 1-mal tgl.), Gdynia via Gdańsk (Gdingen über Danzig; 72 Zł, 7½ Std., 2-mal tgl.), Kraków (Krakau; 67 Zł, 8 Std., 2-mal tgl.), Lublin (34 Zł, 3¼ Std., 6-mal tgl.), Szczecin (Stettin; 80 Zł, 11 Std., 2-mal tgl.) und Łódę (30 Zł, 2½ Std., 3-mal tgl.).

Infos zu internationalen Bustouren s. Abschnitt „Auf dem Landweg" im Kapitel An- und Weiterreise (S. 508).

Flugzeug

FLUGHAFEN

Der **Warschauer Flughafen Frédéric Chopin** (Port Lotniczy im F Chopina; Karte S. 60; ☎ 650 41 00; www.lotnisko-chopina.pl) liegt im Vorort Okęcie, am südlichen Ende der Ul Żwirki i Wigury, 10 km südlich des Stadtzentrums. Über ihn werden alle In- und Auslandsflüge abgewickelt.

In der Internationalen Ankunftshalle *(odloty)* in Terminal 1 ist eine **Touristeninformation** (⌚ 8–20 Uhr). Sie verkauft Stadtpläne und hilft gern bei der Suche nach einer Unterkunft. Außerdem gibt es einige **Wechselstuben** (⌚ 24 Std.), Geldautomaten, Autovermietungen und eine Gepäckaufbewahrung (pro Gepäckstück und Tag 5 Zł; ⌚ 24 Std.). Der **Zeitschriftenhandel Ruch** (⌚ 5–22 Uhr) verkauft auch Fahrscheine für die öffentlichen Verkehrsmittel.

Im Obergeschoss von Terminal 1 ist die Internationale Abflughalle *(przyloty)* mit den Schaltern der Fluggesellschaften, eine **Bank** (⌚ Mo–Fr 8–18 Uhr, Sa 8–13 Uhr) und eine **Post** (⌚ Mo–Fr 8–20 Uhr, Sa 8–14 Uhr).

Billig-Airlines wie Wizz, Germanwings und SkyEurope benutzen den Terminal Etiuda (Karte S. 60), der in einem separaten Gebäude etwas südlich des Hauptterminals untergebracht ist. Etiuda ist ein schlichtes, überfülltes Gebäude, das jede Annehmlichkeit vermissen lässt, zum Beispiel gibt es weder electronic-Check-In noch Bars oder Restaurants, Einkaufsmöglichkeiten oder Gepäckbänder. Das Gepäck muss also nach dem Einchecken zur Sicherheitskontrolle getragen werden.

An Terminal 2 wurde während der Erstellung dieses Reiseführers noch gebaut. Er soll Ende 2006 fertig werden.

FLÜGE

Informationen zu Inlandsflügen und Preisen sind auf S. 514 zusammengestellt. Tickets können bei **LOT** (Polnische Flugesellschaft; Karte S. 64; ☎ 0801 300 952; www.lot.com.pl; Marriott Hotel, Al Jerozolimskie 65/79; ⌚ Mo–Fr 9–19 Uhr, Sa 9–15 Uhr) oder bei den meisten Reisebüros gebucht werden. Der Flugplan der LOT listet sowohl In- und Auslandsflüge der eigenen Flotte als auch Flüge von und nach Polen einiger anderer Fluggesellschaften auf.

Zug

Warschau besitzt mehrere Bahnhöfe, die meisten Reisenden kommen aber am Zentralbahnhof **Warszawa Centralna** (Dworzec Centralny; Karte S. 64; Al Jerozolimskie 54) an. Über ihn wird fast der gesamte In- und Auslandsverkehr abgewickelt. Infos über Züge von oder nach Warschau stehen im Abschnitt An- und Weiterreise des jeweiligen Ortes, internationale Zugverbindungen auf S. 509.

Da alle In- und Auslandszüge im Warschauer Zentralbahnhof enden, sollte man sofort nach Ankunft aussteigen und sein Gepäck gut im Auge behalten – Diebstahl und Raub sind hier an der Tagesordnung.

In der großen Bahnhofshalle gibt es Geldautomaten, Snackbars, eine Post, Zeitschriftenläden (verkaufen auch Bus- und Straßenbahntickets) und eine Touristeninformation. In den unterirdischen Gängen zu den Bahnsteigen sind Dutzende *kantors* (Wechselstuben; eine ist 24 Std. geöffnet), die Gepäckaufbewahrung (🕒 7–21 Uhr), Gepäckschließfächer, Imbissbuden, weitere Verkaufsstellen für Tickets des öffentlichen Nahverkehrs, Internetcafés und Buchläden.

Die Verkaufsschalter für Inlandszüge liegen an der Ostseite der Bahnhofshalle (eine Stunde Schlange stehen ist hier völlig normal). Fahrscheine für internationale Zugverbindungen gibt es im Büro am westlichen Ende der Halle oder über die größeren Orbis Travel-Reisebüros. Außerdem stehen in den Unterführungen zum Zentralbahnhof unzählige Buden, die Fahrscheine für internationale und nationale Verbindungen bis kurz vor Abfahrt verkaufen.

Einige Inlandszüge halten auch am Bahnhof **Warszawa Śródmieście** (Karte S. 64; Al Jerozolimskie), nur 300 m östlich vom Zentralbahnhof, am Bahnhof **Warszawa Zachodnia** (Karte S. 60; Al Jerozolimskie), neben dem Busbahnhof Warszawa Zachodnia, oder am Bahnhof Warszawa Wschodnia in Praga, am Ostufer der Weichsel.

UNTERWEGS VOR ORT

Auto & Motorrad

Warschaus Straßen haben Schlaglöcher – manche mehr, andere weniger. Autofahren kann hier also ziemlich anstrengend sein.

Das Parken in den meisten Straßen der City ist gebührenpflichtig. Die Parkscheinautomaten *(parkomat)* nehmen nur Münzen an. Wie bei uns wird der Parkschein sichtbar hinter die Windschutzscheibe gelegt. Wer auf Nummer sicher gehen will, parkt auf einem bewachten Parkplatz *(parking strzeżony)*, von denen es im Zentrum mehrere gibt. Einer zum Beispiel liegt auf der Ul Parkingowa, hinter dem Novotel (Karte S. 64).

PZM (☎ 981, 96 37; Ul Kaszubska 2) bietet einen Pannendienst *(pomoc drogowa)* rund um die Uhr.

Vom/Zum Flughafen

Der preiswerteste Transfer zwischen Flughafen und Stadt ist die Buslinie 175 (2,40 Zł, alle 8–15 Min., 5–23 Uhr). Sie fährt die gesamte Strecke vom Flughafen, über Al Jerozolimskie, Ul Nowy Świat und Ul Krakowskie Przedmieście, bis zur Haltestelle Miodowa (Karte S. 66; 30–40 Min.) in der Altstadt.

Wer nachts ankommt, kann zwischen 23 Uhr und 5 Uhr den Nachtbus 611 nehmen, der zwischen dem Flughafen und dem Zentralbahnhof verkehrt. Die Haltestelle – die mit dem rot-gelben Bushäuschen – liegt auf der Verkehrsinsel vor der Internationalen Ankunftshalle. Eine zweite Haltestelle liegt vor dem Terminal Etiuda. Gepäck immer im Auge behalten, weil im Nachtbus leider auch viele Taschendiebe mitfahren. Tickets für den Nachtbus gibt es beim Zeitschriftenhandel Ruch in der Ankunftshalle (S. 94). Sie müssen im Bus noch abgestempelt werden.

Der Taxistand liegt direkt vor der Ankunftshalle und wird von MPT Radio Taxi, Sawa Taxi und Taci Merc angefahren. Alle drei Unternehmen haben Schalter im Terminal und geben dort Auskunft über die Fahrpreise – eine Fahrt zum Hotel Premiere Classe sollte etwa 20 Zł, zur Altstadt etwa 30 Zł kosten. Nichtlizenzierte Taxifahrer sprechen die Passagiere in der Ankunftshalle direkt an, sind aber meist eine schlechte Alternative.

Öffentliche Verkehrsmittel

Warschaus öffentliche Verkehrsmittel betreibt **Zarząd Transportu Miejskiego** (Städtische Behörde für Öffentlichen Verkehr; 24-Std.-Info ☎ 94 84; www.ztm.waw.pl). Das Streckennetz umfasst Straßenbahnen, Busse und U-Bahnen (Metros). Für alle gelten dieselben Fahrscheine. Die wichtigsten Linien fahren relativ zuverlässig und zwischen 5 und 23 Uhr in kurzen Abständen. Während der Rushhour (7–9 Uhr und 16.30–18.30 Uhr) sind Busse und Bahnen sehr voll. Nach 23 Uhr fahren Nachtbusse aus der Innenstadt in die wichtigsten Vororte. Hauptknotenpunkt des Nachtbusverkehrs liegt an der Ul Emilii Plater neben dem Kulturpalast. Von hier aus fahren die Busse alle halbe Stunde ab.

Fahrscheine für die Öffentlichen Verkehrsmittel werden in den Ruch- oder Relay-Zeitschriftenläden, in Hotels, Postfilialen, an den U-Bahn-Stationen und in einigen Warenhäusern verkauft. Schilder mit der Aufschrift „Sprzedaż Biletów ZTM" weisen auf die Verkaufsstellen hin.

Fahrscheine, Fahrpläne und weitere Informationen sind auch an diesen ZTM Infoschaltern erhältlich:

Hala sprzedaż biletów ZTM (Karte S. 66; Ul Senatorska 37; Mo–Fr 7–17 Uhr)

Punkt informacji ZTM (Karte S. 64; Pawilon 09, U-Bahn Station Ratusz; Mo–Fr 7–19 Uhr)

Punkt informacji ZTM (Karte S. 64; Pawilon 1000G, U-Bahn Station Świętokrzyska; Mo–Fr 7–19 Uhr)

Ein Einzelfahrschein *(jednorazowy bilet)* kostet 2,40 Zł (Kinder ab 4 Jahren zahlen 1,25 Zł; unter 4 Jahren ist die Fahrt frei). Der Fahrschein gilt aber nur auf einer Strecke für eine Linie. Umsteigen ist also damit nicht möglich. Mit einem 90-Minuten-Ticket für 6 Zł *(90-minutowy bilet)* kann man ab Entwertung 90 Minuten fahren und so oft umsteigen, wie man möchte. Es gibt auch Tages-, Dreitages- und Wochenkarten ohne Umsteigebeschränkung (9,60 Zł/14,40 Zł/32 Zł). Eine einfache Fahrt im Nachtbus kostet 4,80 Zł. Fahrscheine können auch in Bus oder Bahn gelöst werden, aber nur gegen abgezähltes Kleingeld; außerdem sind sie teurer (Einzelfahrschein 3 Zł). Ausländische Studenten unter 26 Jahren mit Internationalem Studentenausweis (International Student Identity Card; ISIC) erhalten einen Preisnachlass von 48 % (nur in Warschau).

Es gibt keine Schaffner in den Fahrzeugen. Die Tickets werden an kleinen gelben Maschinen in Bus oder Bahn oder am Eingang der Metro (mit dem Magnetstreifen nach unten) entwertet. Dabei wird Datum und Uhrzeit (bei Einzelfahrscheinen die Nummer der Linie) aufgestempelt. Es wird häufig kontrolliert! Die Strafen sind hoch, wenn man ohne gültigen Fahrschein erwischt wird (120 Zł). Seit kurzem laufen Kontrolleure in Zivil herum und nehmen sich anscheinend besonders gerne Touristen vor. Augen auf aber auch vor Taschendieben, die in vollen Bussen und Bahnen (besonders auf der Linie 175 entlang der Al Jerozolimskie) ihr Unwesen treiben.

Seit 1983 arbeitet die Stadt am Metronetz. Bisher ist nur eine einzige Linie in Betrieb, die vom südlichen Vorort Ursynów (Station Kabaty) über die City nach Dworzec Gdański fährt. Die Fertigstellung der Verlängerung nach Młociny im Norden ist für 2007 geplant und irgendwann soll es auch eine zweite Linie in Ost-West-Richtung geben. Die Metroeingänge sind durch ein großes gelbes Schild mit einem roten „M" gekennzeichnet. Jede Station verfügt über ein öffentliches WC und einen Aufzug. In der Metro gelten zwar dieselben Fahrscheine wie in Bus und Bahn, sie werden aber nicht in den Wagons, sondern an den Schranken zum Bahnsteig entwertet. Züge fahren alle acht Minuten, während der Rushhour alle vier Minuten.

Taxi

Taxis gibt es in Warschau reichlich und Taxifahren ist gar nicht mal so teuer: 6 Zł Grundpreis plus 1,30 bis 2 Zł pro Kilometer (nach 22 Uhr 50 % Aufpreis). Zu den zuverlässigen Taxiunternahmen zählen **MPT Radio Taxi** (☎ 919), **Partner Taxi** (☎ 96 69), **Super Taxi** (☎ 96 22), **Tele Taxi** (☎ 96 27) und **OK! Taxi** (☎ 96 28).

Diese Taxis sind durch ein Schild mit Name und Telefonnummer des Taxiunternehmens gekennzeichnet. Vorsicht vor der Taximafia, die horrende Preise verlangt und ziemlich ruppig reagiert, wenn der Fahrgast seine Bedenken am hohen Preis äußert. Erkennbar ist die Taximafia daran, dass ihre Fahrzeuge nicht gekennzeichnet sind. Sie lungern meist bei den offiziellen Taxiständen herum, vor Luxushotels und an beliebten Touristenattraktionen, sprechen aber auch Reisende in der Ankunftshalle des Flughafens an.

Alle offiziellen Warschauer Taxis haben einen ordnungsgemäß eingestellten Taxameter, dessen angezeigter Preis bezahlt wird. Der Taxameter sollte also bei Fahrtbeginn in Gegenwart des Fahrgastes eingestellt werden, damit dieser nicht die Fahrt seines Vorgängers noch einmal mitbezahlt. Natürlich werden Taxis auf der Straße auch herangewinkt, besser ist es aber, einen Wagen per Telefon vorzubestellen; dafür fällt keine Gebühr an.

RUND UM WARSCHAU

KAMPINOS-NATIONALPARK

☎ 22

Der **Kampinos-Nationalpark** (Kampinoski Park Narodowy; ☎ 722 60 01) ist auch als Puszcza Kampinoska (Kampinoski-Urwald) bekannt. Er beginnt direkt an der nordwestlichen Stadtgrenze von Warschau und erstreckt sich von da aus ca. 40 km nach Westen. Er ist einer der größten Nationalparks Polens. Zu zwei Dritteln besteht er aus Kiefern- und Eichenwald.

Im Park gibt es einige der höchsten Sanddünen Europas; auf den meisten wachsen Bäume, die teilweise bis zu 30 m hoch sind. Außerdem gibt es Torfmoore, die schwer zugänglich sind und die einheimische Tierwelt schützen. Elche, Biber und Luchse leben hier, zeigen sich aber selten. Bei Hasen, Füchsen, Rehen und gelegentlichen Wildschwein stehen die Chancen, ihnen zu begegnen, schon besser. Auch einige Vogelarten sind hier anzutreffen, wie zum Beispiel Schwarzstörche, Kraniche, Reiher und Weihen.

Das **Kampinos-Waldmuseum** (Muzeum Puszczy Kampinoskiej; ☎ 725 01 23; Granica; Eintritt frei; 🕑 Di–So 9–16 Uhr) liegt 1 km westlich des Dorfes Kampinos an der Südgrenze des Parks. Es zeigt eine Ausstellung über Polens Nationalparks und umfasst auch ein kleines Skansen (Freilichtmuseum) mit Waldhütten.

Der Park ist bei den Hauptstädtern sehr beliebt. Viele nutzen die insgesamt 300 km langen ausgeschilderten Wander- und Radwanderwege. Vor allem der östliche Teil des Parks, der näher an der Stadt liegt, ist beliebt, weil er an die öffentlichen Verkehrsmittel angeschlossen ist. Der westliche Teil wird weniger besucht. Neben Halbtags- und Tageswanderungen gibt es auch zwei längere Wanderwege, die durch den gesamten Park führen. Beide starten von Dziekanów Leśny an der Ostseite des Parks. Der rote Wanderweg (54 km) endet in Brochów, der grüne (51 km) in Żelazowa Wola.

Für eine Wandertour durch den Park empfiehlt sich die Wanderkarte *Kampinoski Park Narodowy* (Maßstab 1:30 000), die in größeren Warschauer Buchläden (S. 62) erhältlich ist.

Im Park selbst gibt es keine Unterkünfte, aber mehrere Stellen, an denen Camping erlaubt ist. Außerhalb der Parkgrenzen gibt es Hotels in Czosnów, Laski, Leszno, Tułowice und Zaborów. Eine vollständige Liste mit Unterkünften in Parknähe ist bei der Touristeninformation in Warschau (S. 63) erhältlich.

An- & Weiterreise

Beliebter Start für Ausflüge in den östlichen Parkteil ist der Ort Truskaw. Eine Verbindung von Warschau aus besteht über die Straßenbahnlinien 4 und 36 ab Ul Marszałkowska nach Norden bis Plac Wilsona und ab da mit dem Citybus Linie 708 (werktags 2–3-mal stündl., sonn- und feiertags 1-mal stündl.) bis Truskaw.

PKS-Busse fahren ab Busbahnhof Warszawa Zachodnia bis Kampinos (8 Zł, 1 Std., 3-mal tgl.).

ŻELAZOWA WOLA

☎ 46

Frédéric Chopin wurde am 22. Februar 1810 in dem kleinen Dörfchen Żelazowa Wola, 53 km westlich von Warschau, am Rande des Kampinos-Nationalparks geboren. Sein Geburtshaus wurde restauriert und mit Möbeln der Zeit eingerichtet. Es ist heute ein **Museum** (☎ 863 33 00; Erwachsene/Schüler & Studenten Museum & Park 12/6 Zł, nur Park 4/2 Zł; 🕑 Mai–Sept. Di–So 9.30–17.30 Uhr, Okt.–April 10–16 Uhr). Das hübsche kleine Landhaus hat einen entzückenden Garten, aber leider wenig Originalbestand zu bieten. Wegen der Ruhe und idyllischen Lage ist es trotzdem einen Abstecher wert.

Von Anfang Mai bis zum 17. Oktober, Chopins Todestag, werden hier jeden Sonntag und oft von hochkarätigen Pianisten **Klavierkonzerte** gegeben. Meist sind es zwei Konzerte von etwa einer Stunde (eins um 11 Uhr, eins um 15 Uhr). Außer dem Eintrittspreis für den Park wird kein zusätzlicher Eintritt verlangt. Das Programm ist in Warschau erhältlich (bei der Touristeninformation, S. 63, oder im Chopin-Museum, S. 73).

Es gibt hier zwar ein Restaurant direkt gegenüber dem Museumseingang, aber keinerlei Unterkünfte. Die nächste Übernachtungsmöglichkeit liegt etwa 6 km entfernt in Sochaczew.

An- & Weiterreise

PKS-Busse fahren ab dem Busbahnhof Warszawa Zachodnia bis Ýelazowa Wola (10 Zł, 1¼ Std., 3-mal tgl.). Der Morgenbus fährt in Warschau um 9.45 Uhr ab und der Nachmittagsbus Richtung Warschau verlässt Żelazowa Wola um 16.38 Uhr.

Verschiedene Reisebüros in Warschau bieten Ausflüge zu den Sonntagskonzerten an und machen das Ganze somit ziemlich unkompliziert. Die Touristeninformation und das Chopin-Museum halten eine Liste der Anbieter bereit.

Masowien & Podlasien (Mazowsze & Podlasie)

INHALT

Wenn Polen im Herzen Europas liegt, dann liegt Masowien im Herzen Polens. Das ehemalige Herzogtum Masowien ist Warschaus Hinterland – ein sanft hügeliges, landwirtschaftlich geprägtes Gebiet mit Schlössern und Kathedralen. Es wird von den drei Flüssen Weichsel, Narew und Bug durchzogen. Aus der größtenteils ländlichen Region fällt eine Stadt raus: Łódź. Polens Textilzentrum Nr. 1, Filmhauptstadt und zweitgrößte Stadt des Landes, ist hauptsächlich wegen ihrer Szenemeile mit Restaurants, Bars und Jugendstilgebäuden in der Ul Piotrkowska berühmt. Alle anderen Sehenswürdigkeiten in Masowien sind Paläste, Parks, Schlösser und Kirchen und natürlich die beiden historischen Städtchen Płock und Pułtusk.

Podlasien liegt im Osten und erstreckt sich bis an die Grenze zu Weißrussland. Je tiefer man in die bewaldeten Ebenen kommt, desto rustikaler wird die Region: kleine Dörfer aus traditionellen Holzhäusern, grasende Milchkühe am Straßenrand, mit Grassoden gedeckte Kartoffelspeicher in den Gärten und alte Damen, die auf Fahrrädern über die schlaglöchrigen Straßen holpern. Hier zählt nur das Erleben der Natur: wilde Wisente im moosigen Urwald von Białowieża ins Visier nehmen, mit dem Kajak auf dem weiten, Schilf gesäumten Flussbett der Biebrza paddeln oder kuscheln bei einer Schlittenfahrt durch die winterlichen Wälder von Białowieża.

HIGHLIGHTS

- **Essen & Trinken**
  Die Restaurants an der Ul Piotrkowska in Łódź (S. 106)
- **Schlafen**
  Fürstliche Ferien im Schlosshotel Dom Polonii in Pułtusk (S. 115)
- **Architektur**
  Der Barockpalast von Nieborów (S. 109)
- **Ungewöhnlich**
  Die romantischen Spielereien von Arkadia (S. 109)
- **Hightech aus Holz** Die funktionsfähige Wassermühle in Ciechanowiec (S. 117)
- **Im Boot unterwegs**
  Eine Kajaktour im Biebrza-Nationalpark (S. 123)
- **Tierwelt**
  Wisente im Białowieża-Nationalpark (S. 128)
- **Religiöse Traditionen**
  Die prachtvolle Fronleichnamsprozession in Łowicz (S. 108)

VORWAHLEN: 23, 24, 25, 42, 46, 85, 86	BEVÖLKERUNG: 8,986 MIO. (einschließlich Warschau)	FLÄCHE: 76 118 KM²

MASOWIEN & PODLASIEN (MAZOWSZE & PODLASIE)

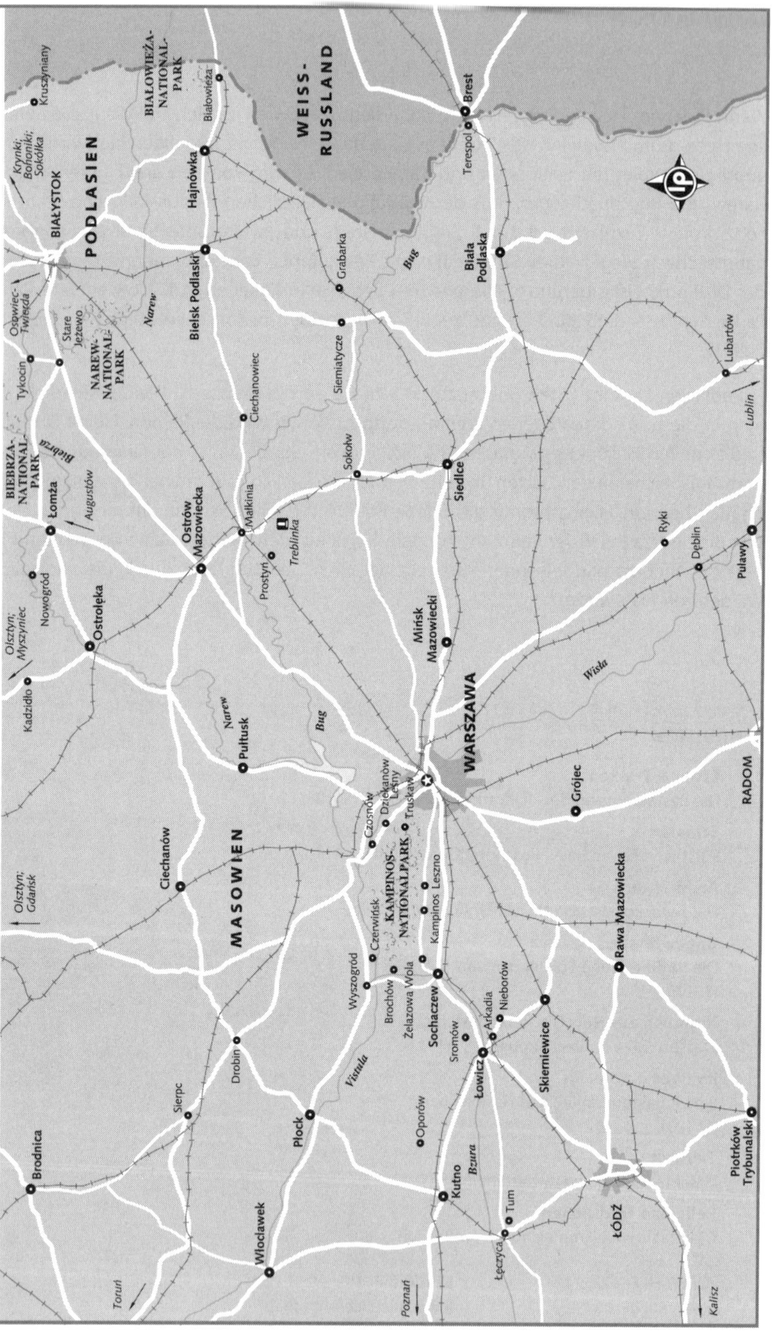

MASOWIENS WESTEN

ŁÓDŹ

☎ 42 / 793 200 Ew.

Łódź ist eine lebhafte und freundliche Stadt abseits der üblichen Touristenpfade. Im Zentrum stehen einige wunderschöne Jugendstilgebäude. Polens größte Filmstudios und eine der berühmtesten Filmhochschulen Europas (gegründet 1948) liegen in Łódź. Fast alle Größen des polnischen Kinos wie Polański, Wajda und Kieślowski haben hier studiert. Es war nur eine Frage der Zeit, bis jemand die Parallele zu Hollywood ziehen und den schmerzenden Spitznamen „Holly-Łódź" aufs Tapet bringen würde.

Auf den ersten Blick wirkt Łódź chaotisch, schmuddelig und heruntergekommen, aber das ist nur eine Seite der Medaille. Es gibt zwar kein einziges Gebäude in der Stadt, das älter als 200 Jahre ist, aber das macht der enorme Reichtum an Architekturdenkmälern des 19. und 20. Jhs. wieder wett. Und außerdem hat die Stadtverwaltung in den letzten Jahren einiges unternommen, um das Stadtzentrum aufzupeppen.

Geschichte

Für polnische Verhältnisse ist Łódź eine ziemlich junge Stadt. Die schnelle Industrialisierung im 19. und 20. Jh. machte sie zur zweitgrößten Stadt Polens. Die Stadt setzte auf Textilindustrie und der verdankt sie den Namen „polnisches Manchester". Łódź blieb bis zum Beginn des 19. Jhs. eine unbedeutende Siedlung, obwohl es urkundlich schon im 14. Jh. erwähnt wird. In den 1820er Jahren begann die Regierung des Königreichs Polen ein Programm zur Industrialisierung des Landes. Das Los fiel auf Łódź als zukünftiges Textilzentrum. Von da an startete die Stadt durch – ein unglaublicher ökonomischer Boom.

Unternehmer – Polen, Juden und Deutsche gleichermaßen – strömten in die Stadt, um Textilfabriken zu bauen. Wenig später folgten die Arbeiter. Die Erfindung der Dampfmaschine 1838 und die Aufhebung der Zollgrenzen zu Russland 1850 förderten den Aufschwung der Stadt nur noch mehr. Die reichen Fabrikanten bauten sich stilvolle Villen, während eintönige Arbeitersiedlungen rund um die Innenstadt aus dem Boden schossen. Bis zum Beginn des Ersten Weltkriegs war die Einwohnerzahl von Łódź tausendfach gestiegen und auf eine halbe Million geklettert.

Nach dem Ersten Weltkrieg verlangsamte sich das Wachstum der Stadt – hauptsächlich weil der russische Markt weggefallen war. Industriezweige wie die Maschinenindustrie und die chemische Industrie expandierten aber weiterhin. In den 1930er Jahren machte die polnische Bevölkerung etwa die Hälfte der Stadtbewohner aus, der Rest waren Juden und Deutsche. Während des Zweiten Weltkriegs errichteten die Nationalsozialisten in Łódź – genau wie in der Hauptstadt Warschau – ein Ghetto, in dem 200 000 Juden aus Großpolen, Deutschland, Österreich, der Tschechoslowakei und Luxemburg zusammengepfercht waren. Anders als Warschau blieben der Stadt größere Zerstörungen während des Zweiten Weltkriegs erspart. Auch wenn die Zahlen in den letzten Jahren leicht zurückgegangen sind, ist Łódź bis heute Polens Textilhauptstadt und für die Hälfte der gesamten Textilproduktion des Landes verantwortlich.

Orientierung

Die Ul Piotrkowska ist die 3,6 km lange Nord-Süd-Achse von Łódź. Die meisten touristischen Sehenswürdigkeiten, Hotels und Restaurants liegen an dieser Straße oder in direkter Nähe. Der Hauptbahnhof, Łódź Fabryczna, und der Busbahnhof, Dworzec Centralny PKS (Państwowa Komunikacja Samochodowa), liegen nebeneinander, vom Nordende der Ul Piotrkowska nur zwei Blocks nach Osten. Es gibt noch einen zweiten Bahnhof, Łódź Kaliska, 1,5 km westlich der Ul Piotrkowska.

Praktische Informationen

BUCHLÄDEN

EMPiK Ul Narutowicza (Ul Narutowicza 8/10; 🕓 Mo–Fr 10–19 Uhr, Sa 10–15 Uhr); Ul Piotrkowska (Ul Piotrkowska 81; 🕓 Mo–Sa 9–21 Uhr, So 11–19 Uhr) In der Filiale in der Ul Piotrkowska gute Auswahl an ausländischen Zeitungen und Zeitschriften.

Księgarnia Oxpol (☎ 630 20 13; Ul Piotrkowska 63; 🕓 Mo–Fr 10–18 Uhr, Sa 10–15 Uhr) Hier gibt's englischsprachige Bücher.

GELD

In der Ul Piotrkowska und den Seitenstraßen gibt es viele *kantors* (private Wechselstuben) und Geldautomaten. Die **Bank Pekao** (Haupt-

ŁÓDŹ

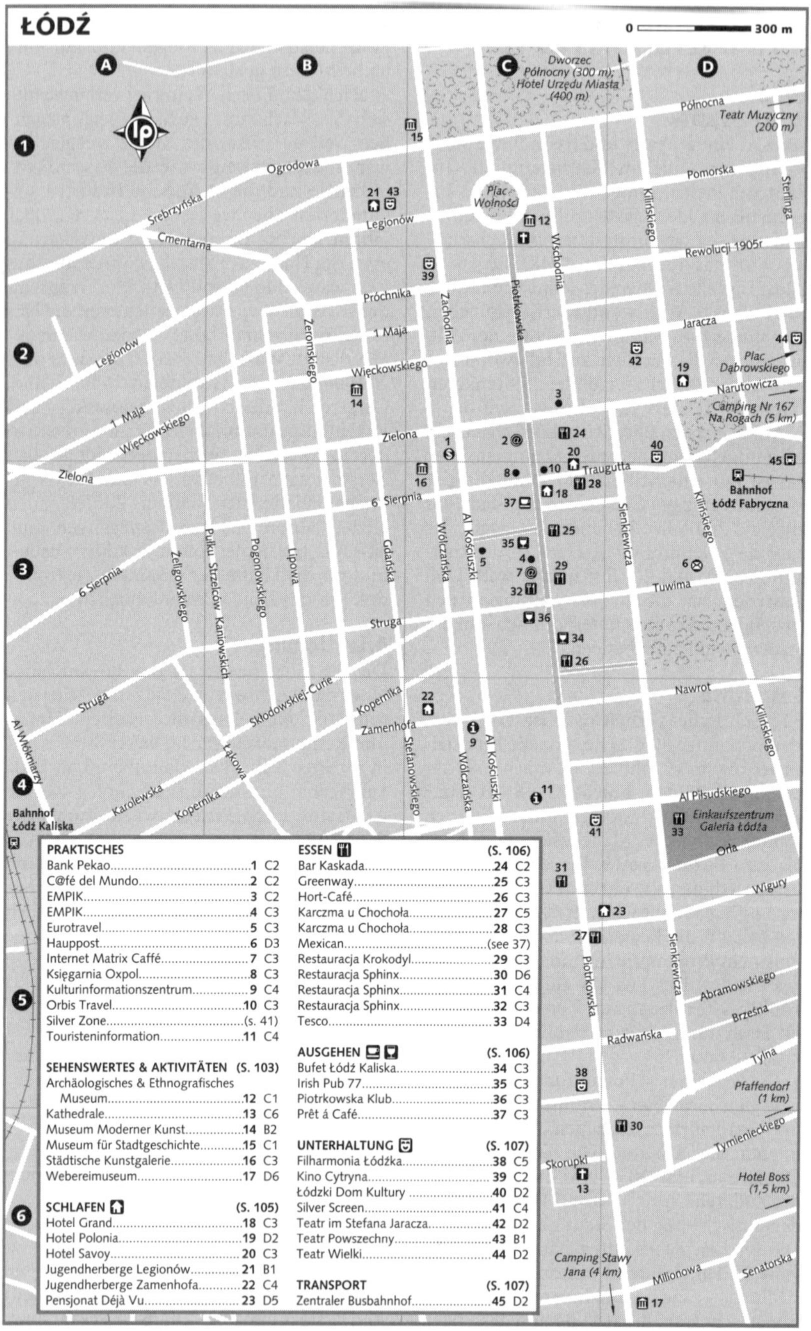

PRAKTISCHES
Bank Pekao 1 C2
C@fé del Mundo 2 C2
EMPIK 3 C2
EMPIK 4 C3
Eurotravel 5 C3
Hauppost 6 D3
Internet Matrix Caffé 7 C3
Księgarnia Oxpol 8 C3
Kulturinformationszentrum 9 C4
Orbis Travel 10 C3
Silver Zone .... (s. 41)
Touristeninformation 11 C4

SEHENSWERTES & AKTIVITÄTEN (S. 103)
Archäologisches & Ethnografisches Museum 12 C1
Kathedrale 13 C6
Museum Moderner Kunst 14 B2
Museum für Stadtgeschichte 15 C1
Städtische Kunstgalerie 16 C3
Webereimuseum 17 D6

SCHLAFEN (S. 105)
Hotel Grand 18 C3
Hotel Polonia 19 D2
Hotel Savoy 20 C3
Jugendherberge Legionów 21 B1
Jugendherberge Zamenhofa 22 C4
Pensjonat Déjà Vu 23 D5

ESSEN (S. 106)
Bar Kaskada 24 C2
Greenway 25 C3
Hort-Café 26 C3
Karczma u Chochoła 27 C5
Karczma u Chochoła 28 C3
Mexican .... (see 37)
Restauracja Krokodyl 29 C3
Restauracja Sphinx 30 D6
Restauracja Sphinx 31 C4
Restauracja Sphinx 32 C3
Tesco 33 D4

AUSGEHEN (S. 106)
Bufet Łódź Kaliska 34 C3
Irish Pub 77 .... 35 C3
Piotrkowska Klub 36 C3
Prêt á Café 37 C3

UNTERHALTUNG (S. 107)
Filharmonia Łódźka 38 C5
Kino Cytryna 39 C2
Łódzki Dom Kultury 40 D2
Silver Screen 41 C4
Teatr im Stefana Jaracza 42 D2
Teatr Powszechny 43 B1
Teatr Wielki 44 D2

TRANSPORT (S. 107)
Zentraler Busbahnhof 45 D2

niederlassung; ☎ 637 03 33; Al Kościuszki 47; ⌚ Mo–Fr 8–18 Uhr, Sa 10–14 Uhr) hat über ein Dutzend Filialen in der ganzen Stadt und zahlt Bargeld gegen Visa und Mastercard aus.

INTERNETZUGANG

C@fé del Mundo (☎ 633 68 67; 1. OG, Ul Piotrkowska 53; 1 Std. 1,50 Zł ; ⌚ 9–24 Uhr) Netter Laden mit 45 Computern.

Internet Matrix Caffé (☎ 632 68 06; Ul Piotrkowska 83; 1 Std. 2 Zł; ⌚ 9–24 Uhr) Schmuddeliges Kellercafé, viele Gamer im Teeniealter.

Silver Zone (☎ 639 58 00; Al Piłsudskiego 5; 1 Std. 6 Zł; ⌚ 10–23 Uhr) Bequeme Plätze und schneller Zugang.

POST

Hauptpost (☎ 633 94 52; Ul Tuwima 38; ⌚ 24 Std.)

REISEBÜROS

Eurotravel (☎ 630 44 88; Al Kościuszki 22; ⌚ Mo–Fr 9.30–17.30 Uhr, Sa 10–13 Uhr) Jugendreisen, Busfahrkarten ins In- und Ausland, Eurolines.

Orbis Travel (☎ 636 61 26; Ul Piotrkowska 68; ⌚ Mo–Fr 9–18 Uhr, Sa 10–14 Uhr) Normales Reisebüro.

TOURISTENINFORMATION

Centrum Informacji Kulturalnej (Kulturinformationszentrum; ☎ 633 92 21; www.cik.lodz.pl auf Polnisch; Ul Zamenhofa 1/3; ⌚ Mo–Fr 10–18 Uhr, Sa 10–14 Uhr) Informationen zu kulturellen Veranstaltungen und was sonst noch so läuft.

Centrum Informacji Turystycznej (Touristeninformation; ☎ 638 59 56; www.uml.lodz.pl auf Englisch; Al Kościuszki 88; ⌚ Mo–Fr 8–18 Uhr, Sa 9–13 Uhr) Allgemeine Touristeninformationen; hier gibt es ein kostenloses Magazin auf Englisch: *Welcome to Łódź.*

Sehenswertes

UL PIOTRKOWSKA

Hauptachse der Stadt ist die kerzengerade, 3,6 km lange Ul Piotrkowska. Die Prachtstraße ist größtenteils Fußgängerzone und voller Restaurants, Kneipen, Straßencafés, Kunstgalerien und schicker Boutiquen. Sie ist auch eine Bühne für Festivals, Straßenmusikanten, Happenings und Straßentheater. Ihre vielen restaurierten historischen Fassaden machen sie zu Polens schönster Jugendstilstraße. Die meisten Sehenswürdigkeiten der Stadt liegen nur wenige Blocks von der Ul Piotrkowska entfernt.

MUSEUM FÜR STADTGESCHICHTE

Ein guter Ausgangspunkt für eine Stadttour ist das **Museum für Stadtgeschichte** (Muzeum Historii Miasta Łodzi; ☎ 654 03 23; Ul Ogrodowa 15; Erwachsene/ermäßigt 6/3 Zł, Mi freier Eintritt; ⌚ Di & Do 10–16 Uhr, Fr–So 10–14 Uhr, Mi 14–18 Uhr) in der Nähe des nördlichen Endes der Ul Piotrkowska. Das Museum befindet sich im prächtigen Palais der Familie Poznański. Sie gehörte zu den wohlhabendsten jüdischen Textilfabrikanten der Stadt. Die Hauptattraktion sind die prunkvollen Innenräume – sie erinnern mehr an einen Fürstenpalast als an das Wohnhaus eines Industriellen. Außerdem zeigt das Museum Ausstellungen zur Stadtgeschichte, zum jüdischen Ghetto und zu berühmten Persönlichkeiten der Stadt wie dem Pianisten Arthur Rubinstein, dem Schriftsteller Jerzy Kosiński und dem Dichter Julian Tuwim. Alle drei Persönlichkeiten sind jüdischer Abstammung und wurden in Łódź geboren.

ARCHÄOLOGISCHES UND ETHNOGRAFISCHES MUSEUM

Ganz in der Nähe, am ehemaligen Marktplatz Plac Wolności (Freiheitsplatz) liegt das **Archäologische und Ethnografische Museum** (Muzeum Archeologiczne i Etnograficzne; ☎ 632 84 40; Plac Wolności 14; Erwachsene/ermäßigt 6/4 Zł, Di freier Eintritt; ⌚ Di, Do & Fr 10–17 Uhr, Mi 9–16 Uhr, Sa 9–15 Uhr, So 10–15 Uhr). Es zeigt archäologische Funde aus Zentralpolen von der Steinzeit bis zum Mittelalter sowie regionale volkskundliche Ausstellungen.

MUSEUM MODERNER KUNST

Zwei Blocks westlich der Ul Piotrkowska zeigt das **Museum moderner Kunst** (Muzeum Sztuki; ☎ 633 97 90; Ul Więckowskiego 36; Erwachsene/ermäßigt 6/4 Zł, Do freier Eintritt; ⌚ Di 10–17 Uhr, Mi & Fr 11–17 Uhr, Do 12–19 Uhr, Sa & So 10–16 Uhr) eine umfangreiche Sammlung von Gemälden, Zeichnungen, Skulpturen und Fotografien polnischer und ausländischer Künstler aus dem 20. Jh., aber auch viele zeitgenössische Werke. Das Museum besitzt auch Werke von Picasso, Chagall und Ernst, die aber leider nicht immer zu sehen sind.

STÄDTISCHE KUNSTGALERIE

Die **Städtische Kunstgalerie** (Miejska Galeria Sztuki; ☎ 632 79 95; Ul Wólczańska 31/33; Erwachsene/ermäßigt 4/2 Zł; ⌚ Di–Fr 12–17 Uhr, Sa & So 12–16 Uhr) liegt nicht weit entfernt in einer 1903 erbauten Jugendstilvilla. Einst gehörte sie dem deutschen Fabrikanten Leopold Kindermann. Die Villa selbst, aber auch die wechselnden

Ausstellungen zeitgenössischer polnischer Künstler sind einen Besuch wert.

WEBEREIMUSEUM

Fast am südlichen Ende der Ul Piotrkowska steht das **Webereimuseum** (Centralne Muzeum Włókiennictwa; ☎ 683 26 84; Ul Piotrkowska 282; Erwachsene/ermäßigt 6/4 Zł, Fr freier Eintritt; 🕓 Di, Mi & Fr 9–17 Uhr, Do 11–19 Uhr, Sa & So 11–16 Uhr). Es ist in einer der ältesten Textilfabriken der Stadt, der **Weißen Fabrik** aus den 1830er Jahren, untergebracht. Das Museum stellt verschiedene Geräte aus, von frühen Webstühlen bis zu modernen Webmaschinen. Im 1. Stock gibt es Stoffe, Bekleidung und Zubehör aus der Textilindustrie.

PFAFFENDORF

Der Gebäudekomplex **Pfaffendorf** (Księży Młyn; ☎ 674 96 98; Ul Przędzalniana 72; Erwachsene/ermäßigt 6/3 Zł; 🕓 Di 10–17 Uhr, Mi & Fr 12–17 Uhr, Do 12–19 Uhr, Sa & So 11–16 Uhr) mit Fabrik, Arbeitersiedlung und Unternehmervilla entstand 1875 und war früher Eigentum der wohlhabenden Fabrikantenfamilie Herbst. Heute ist die Villa ein Museum. Es zeigt, wie die Großindustriellen vor dem Zweiten Weltkrieg lebten. Auf ihrer Flucht vor dem Krieg nahmen die Bewohner zwar Möbel und Kunstgegenstände mit, das Haus ist aber inzwischen wieder originalgetreu eingerichtet. Pfaffendorf liegt 1,5 km östlich des Webereimuseums. Man geht zwanzig Minuten durch die Ul Tymienieckiego oder nimmt die Buslinie 55.

JÜDISCHES GHETTO

Im Mai 1940 riegelten die Nationalsozialisten den nördlichen Teil der Łódźer Innenstadt ab und errichteten das jüdische Ghetto. Nach dem deutschen Namen für Łódź wird es auch Litzmannstadt-Ghetto genannt. Bis zum August 1944 lebten ca. 200 000 Juden in dem Ghetto. Als die Rote Armee Łódź 1945 befreite, hatten weniger als 900 Juden überlebt. Die Touristeninformation verteilt Broschüren für einen Rundgang durch das ehemalige Ghetto.

JÜDISCHER FRIEDHOF

Der **Jüdische Friedhof** (Cmentarz Żydowski; ☎ 656 70 19; Ul Bracka 40; Eintritt 4 Zł; 🕓 So–Do 9–17 Uhr, Fr 9–15 Uhr) entstand 1892, um für die Mitglieder der großen und wachsenden jüdischen Gemeinde eine letzte Ruhestätte zu schaffen. Mit einer Fläche von 40 ha ist er der größte

DER HOLLY-ŁÓDŹ BOULEVARD

Die Ul Piotrkowska im Herzen der Stadt ist Łódź wichtigste Shoppingmeile. Sie lockt täglich massenweise Einheimische und Besucher in die umliegenden Läden, Restaurants, Cafés und Bars.

Im 19. Jh. wurde die Ul Piotrkowska als Verbindungsstraße nach Piotrków Trybunalski angelegt. Von dieser damals bedeutendsten Stadt der Region hat sie auch ihren Namen. Anfang des 20. Jhs. war die Ul Piotrkowska ein prachtvoller Boulevard mit Jugendstilhäusern und teuren Restaurants. Nach dem Zweiten Weltkrieg wurde sie jedoch zu einer tristen, grauen Straße mit rußgeschwärzten Fassaden und ein paar halbleeren Geschäften – so wie die meisten Straßen im kommunistischen Polen eben aussahen. In den 1990er Jahren blühte sie wieder auf, als eine Gruppe ortsansässiger Künstler und Architekten die Interessengemeinschaft Ul Piotrkowska gründete und die öde Straße in eine pulsierende Einkaufsmeile verwandelte.

Vor dem berühmten **Hotel Grand** in Nr. 72, das schon seit 1888 in Betrieb ist, liegt die **Aleja Gwiazd** (Allee der Stars). Wie beim „Walk of Fame" auf dem Hollywood Boulevard in Los Angeles sind in die Allee der Stars Bronzesterne im Gedenken an polnische Filmgrößen eingelassen. Ganz in der Nähe im Haus Nr. 78 lebte der bedeutende polnische Pianist Arthur Rubinstein. Vor dem Haus steht das Bronzedenkmal **Rubinsteins Klavier** – ein beliebtes Fotomotiv. Nur ein paar Schritte weiter vor dem Haus Nr. 104 steht ein weiteres Denkmal, **Tuwims Bank**. Es erinnert an den Łódźer Dichter Julian Tuwim. Es soll Glück bringen, die Nase des Dichters zu berühren. Das letzte Denkmal in der Reihe ist **Reymonts Koffer** vor dem Haus Nr. 135. Es zeigt den Nobelpreisträger für Literatur, Władysław Reymont, der auf einem großen Reisekoffer sitzt.

Der nördliche Teil der Ul Piotrkowska ist zwar Fußgängerzone, aber öffentliche Verkehrsmittel gibt es trotzdem! Mit einer **Fahrradrikscha** (rikszą; ☎ 919, per Handy ☎ 0800 500 919) wird man blitzschnell und preiswert vom einen Ende der Straße zum anderen gebracht – auch auf Bestellung per Telefon, wie bei einem Taxi.

jüdische Friedhof in Europa. Von den wunderschönen Grabsteinen sind noch etwa 68 000 erhalten. Der Friedhof liegt 3 km nordöstlich des Stadtzentrums. Hierher führt die Straßenbahnlinie 1 ab der Ul Kilińskiego oder die Linie 6 ab Al Kościuszki. Der Eingang des Friedhofs ist direkt bei der Bahnstation in der Ul Zmienna. Männer müssen eine Kopfbedeckung tragen.

Festivals & Events

Łódżer Balletttreffen Tanz- und Ballettfestival mit polnischen und ausländischen Ensembles jedes zweite Jahr an zwei Wochen im Mai. Veranstaltungsbühne im Teatr Wielki.

Internationale Teppich-Triennale Internationale Ausstellung von Wandteppichen und anderer Textilkunst. Die Hauptausstellung wird von Juni bis Oktober im Webereimuseum gezeigt. Weitere Ausstellungen in privaten Kunstgalerien. Die 12. Triennale findet 2007 statt.

Camerimage (www.camerimage.pl auf Englisch) Siebentägiges, internationales Filmkunstfestival mit Vorführungen im Teatr Wielki. Das Festival findet jährlich von Ende November bis Anfang Dezember statt.

Schlafen

Da nur wenige ausländische Besucher nach Łódź kommen, sind die Hotels der Stadt nicht besonders originell. Sie sind ganz auf die Bedürfnisse von Geschäftsleuten und Messebesuchern zugeschnitten.

BUDGETUNTERKÜNFTE

Jugendherberge Legionów (☎ 630 66 80; www.ptsm.pl/lodz auf Englisch, deutsche Version in Vorbereitung; Ul Legionów 27; Schlafsaal 18–30 Zł, EZ/DZ ab 45/70 Zł; P ⊠) Die Einzel- und Doppelzimmer mit Radio, TV und eigenem Badezimmer haben Hotelstandard. Außerdem gibt's ein Café und einen Fitnessraum. Diese Jugendherberge ist eine der besten in Polen. Die Rezeption hat 24 Stunden geöffnet, aber ab 22 Uhr ist Sperrstunde. Alkohol ist nicht erlaubt. Da es hier oft voll wird, lohnt es sich im Voraus zu buchen.

Jugendherberge Zamenhofa (☎ 636 65 99; Ul Zamenhofa 13; Schlafsaal 18–30 Zł, EZ/DZ 45/70 Zł) Die zweite Jugendherberge der Stadt ist nicht ganz so nobel wie die Legionów. Es gibt weniger und kleinere Zimmer und Gemeinschaftsbäder. Normalerweise ist von Donnerstag bis Montag geöffnet, es sei denn, man bucht im Voraus für Gruppen oder die andere Jugendherberge ist voll.

Camping Nr 167 Na Rogach (☎ 659 70 13; Ul Łupkowa 10/16; Zelt 8–10 Zł, Auto 12 Zł, DZ 68–98 Zł; P) Der Campingplatz liegt 5 km nordöstlich des Stadtzentrums an der Straße nach Łowicz. Wegen seiner beheizbaren Holzhütten und geschützten Zeltplätze ist er rund ums Jahr interessant. Ab Ul Narutowicza beim Bahnhof Łódź Fabryczna fahren die Buslinien 56 und 60 hier heraus.

Camping Stawy Jana (☎ 646 15 51; Ul Rzgowska 247; Zeltplatz pro Person 5 Zł, Auto 5 Zł, EZ/DZ 35/70 Zł; P) Stawy Jana gehört zu einem Sportzentrum. Man kann zelten oder beheizbare Hütten mieten. Die Straßenbahnlinie 5 ab der Ul Kilińskiego in der Nähe des Bahnhofs Łódź Fabryczna fährt hierher. Von der Endhaltestelle sind es noch etwa 500 m zu Fuß in Richtung Süden.

MITTELKLASSEHOTELS

Hotel Boss (☎ 672 48 89; www.hotel-boss.pl auf Deutsch; Ul Tatrzańska 11; EZ/DZ ab 80/110 Zł; P ⊠) Von außen wirkt das Hotel wie ein seelenloser Betonklotz, innen ist aber einiges unternommen worden, um die Zimmer gemütlich zu machen. Zu Fuß ist man vom Zentrum eine Weile unterwegs, aber das Hotel ist angenehm und preisgünstig. Mit den Straßenbahnlinien 7 und 13 ab Ul Piotrkowska in zehn Minuten zu erreichen.

Hotel Polonia (☎ 632 87 73; www.hotelspt.com.pl auf Polnisch; Ul Narutowicza 38; EZ/DZ 75/110 Zł, mit eigenem Bad 125/140 Zł) Das altersschwache Polonia (1932 erbaut) ist dringend renovierungsbedürftig. Die Standardzimmer und die preiswerteren Zimmer mit Gemeinschaftsbad sehen noch aus wie in den 1970er Jahren. Aber die günstige Lage, nur ein paar Minuten von der Ul Piotrkowska und dem Bahn- und Busbahnhof entfernt, macht vieles wett.

Hotel Urzędu Miasta (☎ 640 66 09; Fax 640 66 45; Ul Bojowników Getta Warszawskiego 9; EZ/DZ/3BZ 100/144/180 Zł) Das Hotel wird von der Stadtverwaltung betrieben und hat einfache, ziemlich langweilige Zimmer. Durch die Lage nur 500 m nördlich vom Plac Wolności ergibt sich aber ein gutes Preis-Leistungs-Verhältnis.

SPITZENKLASSEHOTELS

Pensjonat Déjà Vu (☎ 636 20 60; ziemiaobiecana@lodzonline.com; Ul Wigury 4/6; DZ 260 Zł; P) Die charmante Pension befindet sich in einer prachtvollen Villa aus dem Jahr 1925. Stil und Ein-

MASOWIEN & PODLASIEN

richtung des Originalgebäudes sind samt dunkler Holzverkleidung, kupfernen Bettgestellen, Buntglas und antiken Möbeln erhalten. Sogar das Empfangspersonal ist im Stil der 1920er Jahre gekleidet! Es gibt nur sechs Doppelzimmer, daher unbedingt im Voraus buchen.

Hotel Grand (☎ 633 99 20; www.orbis.pl auf Deutsch; Ul Piotrkowska 72; EZ 190–348 Zł, DZ 190–433 Zł; P ☒) Das altmodische Hotel Grand ist das älteste Hotel der Stadt und liegt inmitten des Trubels der Ul Piotrkowska. 1888 auf dem Höhepunkt des Textilbooms eröffnet, war es lange Zeit das beste Haus am Platz und empfing so illustre Gäste wie Pablo Casals und Isadora Duncan. Die Aufenthaltsräume haben sich bis heute den Charme der Jahrhundertwende bewahrt, während die komfortablen Zimmer eher modern und schlicht sind.

Hotel Savoy (☎ 632 93 60; Fax 632 93 68; Ul Traugutta 6; EZ/DZ 150/220 Zł) Das Savoy ist nicht so ehrwürdig wie das Grand, liegt aber auch sehr zentral, zu Fuß nur fünf Minuten vom Bahnhof und der Ul Piotrkowska entfernt. Die braun-beigen Standardzimmer versprühen kommunistisches Flair. Es gibt aber auch Zimmer im „Retro-Stil" (Einzelzimmer für 235 Zł, Doppelzimmer für 310 Zł), die durch neue Teppiche, Tapeten und auf antik getrimmte Möbel altmodisch wirken sollen.

Essen

Karczma U Chochoła (☎ 632 51 38; Ul Traugutta 3; Hauptgerichte 18–46 Zł; ⏲ So–Do 12–23 Uhr, Fr & Sa 12–24 Uhr) Das U Chochoła ist ein Familienrestaurant im Stil eines traditionellen Landgasthofs mit Holzbalken, klobigen Holztischen und -stühlen und folkloristischer Dekoration an den Wänden. Hier wird traditionelle polnische Hausmannskost – von Borscht bis Schweinebraten – serviert, man kann auch auf der rückseitigen Terrasse essen. In der zweiten Filiale in der Ul Piotrkowska 200 (gleiche Öffnungszeiten und Preise) gibt es freitags um 21 Uhr Livejazz.

Mexican (☎ 633 68 68; Ul Piotrkowska 67; Hauptgerichte 15–30 Zł; ⏲ 11.30–2 Uhr) In dem hellen, lebhaften Innenhofrestaurant mit plätscherndem Brunnen bemühen sich Kellnerinnen in Pseudo-Flamencokleidern (oder ist bauchfrei etwa traditionell mexikanisch?) und Kellner in Pseudo-Sombreros, Latino-Atmosphäre aufkommen zu lassen. Das Mexican bietet annehmbare Margaritas, leckere Fajitas und dienstags bis samstags ab 19 Uhr Latino-Musik.

Restauracja Krokodyl (☎ 630 52 62; Ul Piotrkowska 88; Hauptgerichte 25–40 Zł; ⏲ 9–24 Uhr) Dunkles Holz und cremefarbenes Leinen geben diesem durchgestylten Restaurant mit Bar ein minimalistisches Ambiente. Die Karte ist international, bietet aber auch eine gute Auswahl an polnischen Klassikern wie scharfwürzige *żurek* (traditionelle Roggensuppe), Entenbraten oder Lammrücken.

Greenway (☎ 632 08 52; Ul Piotrkowska 80; Hauptgerichte 6.50–8 Zł; ⏲ 10–1 Uhr) Die schicke, moderne, vegetarische Cafébar serviert leckere Gerichte wie vegetarisches Chili (mit Bohnen und Mais), indische Gemüse-Köfte und Spinatklößchen.

Restauracja Sphinx (☎ 632 23 68; Ul Piotrkowska 93; Hauptgerichte 10–20 Zł; ⏲ So–Do 12–23 Uhr, Fr & Sa 12–24 Uhr) Gehört zu einer Restaurantkette, die in Łódź gegründet wurde und in ganz Polen Filialen hat. Das Restaurant ist mit Palmen, Pyramiden und Sphinxen etwas merkwürdig ägyptisch gestylt und verkauft sowohl orientalisches (Shawarma, Schaschlik und Döner Kebab) als auch polnisches Fastfood (Grillhähnchen, Steak und Schweinefleisch). Große Portionen und schneller Service. Weitere Filialen liegen in der Ul Piotrkowska 175 a und 270.

Hort-Café (☎ 636 63 77; Ul Piotrkowska 106/110; Hauptgerichte 8–20 Zł; ⏲ Mo–Sa 9–20 Uhr, So 11–20 Uhr) Dieses kleine, gemütliche Lokal ist Café und Bäckerei in einem. Inmitten wuchernder Topfpflanzen und Blumen werden Gebäck, Sahnetorten, Milchshakes, Eis, kleine Speisen, Salate und Crêpes serviert. Es gibt eine Außenterrasse für den Sommer und zwei Bäume, die durchs Dach wachsen!

Für einen Happen zwischendurch eignet sich die **Bar Kaskada** (☎ 633 50 92; Ul Narutowicza 7/9; Hauptgerichte 2–5 Zł; ⏲ Mo–Fr 10–18 Uhr, Sa & So 10–16 Uhr). Selbstversorger finden alles Notwendige im **Tesco supermarket** (☎ 635 70 00; Al Piłsudskiego 15; ⏲ Mo–Sa 8–21 Uhr, So 9–20 Uhr) im riesigen Galeria Łódźa-Einkaufszentrum.

Ausgehen

Pret á Café (☎ 632 92 03; Ul Piotrkowska 67; ⏲ Mo–Fr 9–13 Uhr, Sa 11–22 Uhr, So 12–22 Uhr) Dieses hippe kleine Ecklokal in einer Seitenstraße der Ul Piotrkowska ist minimalistische Cafébar und Boutique in einem. An der Wand hängt gerahmte Designermode und auf den beigegrauen Lederbänken liegen Modemagazine aus. Außerdem gibt es einen Mini-Catwalk für spontane Modeschauen und einen Kleiderständer mit schicken Klamotten zum Stöbern.

Bufet Łódź Kaliska (☎ 630 69 55; Ul Piotrkowska 102) Das Łódź Kaliska ist ein großer, stickiger Musikclub auf zwei Etagen. Das etwas schmuddelige Styling des lebhaften Etablissements besteht aus abgewetzten Tischen und massenweise Konzertpostern. Liveacts locken ein bunt gemischtes Publikum aus der Łódźer Szene an. Im Sommer tummeln sich die Besucher auf der zur Straße hin gelegenen Terrasse.

Piotrkowska Klub (☎ 632 24 78; Ul Piotrkowska 97) Diesen Laden kann man nicht verfehlen! Vor dem Club steht eine schmiedeeiserne, gläserne Lounge mit zwei Etagen, die ein bisschen an einen blumengeschmückten Straßenbahnwagen erinnert. Sie wird „das Aquarium" genannt. Von diesem sehr beliebten Teil des Lokals hat man einen tollen Blick auf die Ul Piotrkowska. Drinnen gibt es eine Bar im Retro-Stil mit Holzvertäfelung und Lederbezügen sowie einen intimen Clubraum mit schummriger Beleuchtung und gemütlichen Nischen.

Irish Pub 77 (☎ 632 48 76; Ul Piotrkowska 77) Ziegelwände, Fliesenböden, Holzverkleidung, verspiegelte Wände, polierte Gläser über der Bar und junge, fesch gekleidete Bedienungen – alles ist so, wie man es von einem Irish Pub erwartet, inklusive Guinness und Kilkenny vom Fass. Im Hinterhof gibt's einen großen Biergarten und die Karte bietet herzhafte Gerichte wie gegrilltes Schweinefleisch und Röstgemüse, serviert auf rustikalen Holztellern.

Unterhaltung

Das **Centrum Informacji Kulturalnej** (Kulturinformationszentrum; ☎ 633 92 21; www.cik.lodz.pl auf Polnisch; Ul Zamenhofa 1/3; 🕑 Mo–Fr 10–18 Uhr, Sa 10–14 Uhr) informiert über alles, was gerade läuft, und verkauft Karten für einige Shows. Hier gibt es das Monatsmagazin *Kalejdoskop* (auf Polnisch) mit allen wichtigen Programmen und Terminen der Theater, Kinos, Kunstgalerien und Museen. Infos gibt's auch auf der polnischsprachigen Website www.reymont.pl.

KINOS

Als Hauptstadt der polnischen Filmindustrie ist Łódź mit Kinos gut versorgt. Günstig in der Innenstadt liegen:

Łódzki Dom Kultury (Łódź Kulturzentrum; ☎ 633 98 00; Ul Traugutta 18; Eintritt 10–12 Zł) In zwei Sälen werden hauptsächlich Mainstreamfilme gezeigt.

Kino Cytryna (☎ 632 18 59; Ul Zachodnia 81/83; Eintritt 10–12 Zł) Eine Mischung aus Hollywood-Streifen und Programmkino.

Silver Screen (☎ 639 58 58; Al Piłsudskiego 5; Eintritt 14–18 Zł) Multiplexkino mit zehn Sälen.

OPER, THEATER & KLASSISCHE MUSIK

Teatr Wielki (Großes Theater; ☎ 633 99 60; Plac Dąbrowskiego; 🕑 Theaterkasse Di–Sa 12–19 Uhr, So 15–19 Uhr) Wichtigste Opern- und Ballettbühne der Stadt, die auch für Festivals und Gastschauspiele genutzt wird.

Filharmonia Łódzka (Łódźer Philharmonie; ☎ 637 14 82; www.filharmonia.lodz.pl auf Englisch; Ul Piotrkowska 243; 🕑 Kasse Mo–Do 12–16 Uhr, an Aufführungstagen ab 15 Uhr) Klassische Konzerte in der Philharmonie jeden Freitagabend und manchmal zusätzlich an anderen Wochentagen.

Weitere Theater der Stadt:

Teatr Muzyczny (Musiktheater; ☎ 678 19 68; Ul Północna 47/51) Führt hauptsächlich Operetten und Musicals auf.

Teatr im Stefana Jaracza (☎ 632 66 18; Ul Jaracza 27) Eines der angesehensten Theater Polens.

Teatr Powszechny (☎ 633 50 36; Ul Legionów 21) Bühne für polnische Stücke.

An- & Weiterreise

BUS

Der **Dworzec Centralny PKS** (Zentraler Busbahnhof; ☎ 631 97 06; Plac Sałacińskiego 1) liegt direkt neben dem Bahnhof Łódź Fabryczna. Von hier fahren Busse nach Warschau (23 Zł, 2½ Std., 7-mal tgl.), Płock (22 Zł, 3 Std., 5-mal tgl.), Kielce und Radom. Polski Expressbusse fahren zum Warschauer Flughafen (30 Zł, 2½ Std., 3-mal tgl.), sowie via Częstochowa (Tschenstochau) und Katowice (Kattowitz) nach Danzig (60 Zł, 6¼ Std., 1-mal tgl.) und Krakau (57 Zł, 6 Std., 2-mal tgl.).

Busse nach Lowitz verkehren ab **Dworzec Północny** (Nördlicher Busbahnhof; ☎ 616 04 33; Ul Smugowa 30/32). Er liegt 1 km nördlich vom Zentralen Busbahnhof.

ZUG

Es gibt zwei Bahnhöfe in der Stadt. **Łódź Fabryczna** (Bahnhof ☎ 636 55 55, Zugauskunft ☎ 94 36; Plac Sałacińskiego 1) liegt nur ein paar Blocks östlich der Ul Piotrkowska und ist der wichtigste Verbindungsbahnhof nach Warschau

(29 Zł, 1¾ Std., mind. 1-mal stündl.) und Krakau (38 Zł, 3½ Std., 1-mal tgl.). **Łódź Kaliska** (Bahnhof ☎ 664 44 04, Zugauskunft ☎ 93 14; Al Unii Lubelskiej 3/5) liegt westlich des Stadtzentrums und wickelt die Züge nach Wrocław (Breslau; 42 Zł, 4 Std., 3-mal tgl.), Poznań (Posen; 40 Zł, 3½ Std., 4-mal tgl.) und Łowicz (11 Zł, 1¾ Std., 6-mal tgl.) ab. Von hier aus geht es auch nach Toruń (Thorn), Bydgoszcz (Bromberg), Kalisz und Gdańsk.

Unterwegs vor Ort

Miejskie Przedsiębiorstwo Komunikacyjne (MPK; Auskunft ☎ 672 11 12) betreibt die öffentlichen Verkehrsmittel in Łódź. Für Busse und Straßenbahnen gilt dasselbe Tarifsystem. Karten müssen bei Fahrtbeginn an Bord entwertet werden und sind dann für einen bestimmten Zeitraum gültig. Passagiere können unbegrenzt zwischen Bussen und Bahnen umsteigen. Es gibt 10-, 30-, 60- und 120-Minuten Karten für 1,50 Zł, 2,20 Zł, 3,30 Zł und 4,40 Zł. Eine 24-Std.-Karte kostet 8,80 Zł.

Taxis bestellt man bei **Euro Taxi** (☎ 646 46 46, 96 67). Die **Fahrradrikschas** (☎ 919, per Handy ☎ 0800 515 919) auf der Ul Piotrkowska werden auch telefonisch bestellt und kosten 5 bis 10 Zł pro Fahrt (maximal zwei Passagiere).

ŁOWICZ

☎ 46 / 32 000 Ew.

Łowicz wurde im 12. Jh. gegründet und war über 600 Jahre lang Sitz des Erzbischofs von Gnesen, der höchsten kirchlichen Autorität in Polen. Die Stadt ist vor allem für ihre imposante Stiftskirche am zentralen Marktplatz berühmt. Außerdem ist sie ein Zentrum für regionales Kunsthandwerk. Ein Besuch der Stadt ist während der prunkvollen Fronleichnamsfeierlichkeiten (Boże Ciało) am interessantesten.

Praktische Informationen

Polskie Towarzystwo Turystyczno-Krajoznawcze (PTTK; Polnischer Tourismus- & Landschaftsverband; ☎ 837 32 69; Stary Rynek 3; ⌚ Mo–Fr 9-16 Uhr) Das Büro liegt am Marktplatz und bietet allgemeine Informationen.

Sehenswertes

Die riesige **Stiftskirche** (☎ 837 62 66; Stary Rynek 24/30) aus dem 15. Jh. dominiert den Altstadtmarkt (Stary Rynek). Ursprünglich im gotischen Stil erbaut, wurde sie mehrmals renoviert und ist heute eine Mischung aus verschiedenen Stilrichtungen mit Renaissance-, Barock- und Rokokoelementen. In der Kirche liegen zwölf Erzbischöfe von Gnesen sowie Primasse von Polen begraben.

Am gegenüberliegenden Ende des Platzes steht das **Regionalmuseum** (☎ 837 39 28; Stary Rynek 5/7; Erwachsene/ermäßigt 7/4 Zł, Sa freier Eintritt; ⌚ Di–So 10–16 Uhr, an Tagen nach Feiertagen geschl.). Es ist in einem ehemaligen Missionsseminar aus dem 17. Jh. untergebracht und wurde von dem umtriebigen, niederländischen Künstler Tylman van Gameren entworfen. Die ehemalige Priesterkapelle beherbergt barocke Kunst. Ihre Decke ist mit barocken Fresken (1695) des italienischen Künstlers Michelangelo Palloni geschmückt. Im 1. Stock des Museums gibt es archäologische Funde aus der Region und Wissenswertes über die Geschichte von Łowicz. Im 2. Stock befindet sich die Volkskunstabteilung mit einheimischen Trachten, verzierten Holzmöbeln, bunten Scherenschnitten, bemalten Ostereiern, Töpferwaren und Holzschnitzereien. Im Garten des Museums stehen zwei alte **Bauernhäuser** aus der Region. Sie sind komplett eingerichtet mit Originalmöbeln, Gerätschaften und Dekoration.

Feste

Der wichtigste religiöse Feiertag in Łowicz ist **Fronleichnam**. Fast alle Beteiligten der Fronleichnamsprozession tragen leuchtende und reich bestickte traditionelle Trachten und umrunden den Marktplatz und die Stiftskirche. Die prachtvollste Fronleichnamsfeier im ganzen Land gibt einen guten Einblick in den tief verwurzelten Katholizismus im ländlichen Polen. Die Prozession beginnt gegen 12 Uhr und dauert rund zwei Stunden.

Schlafen & Essen

Jugendherberge (☎ 837 37 03; Ul Grunwaldzka 9; Schlafsaal 8–12 Zł; ⌚ Juli & Aug.) Die schlichte Jugendherberge ist nur im Sommer geöffnet und liegt an der Schnellstraße Warschau–Posen, 1,5 km nördlich des Stary Rynek.

Hotel Aneta (☎ 837 04 48; hotel_aneta@lowicz.com.pl; Ul Powstańców 1883r 12; DZ/3BZ 45/60 Zł, DZ mit Bad 80 Zł) Das Hotel wurde in Fertigbauweise errichtet und war früher eine Arbeiterunterkunft. Die kleinen schlichten Zimmer sind nicht gerade der höchste Luxus, reichen aber für einen Kurzaufenthalt. Das Hotel liegt 1,5 km südlich des Stadtzentrums.

Hotel Zacisze (☎ 837 33 26; odidk@2com.pl; Ul Kaliska 5; EZ/DZ/3BZ 85/110/170 Zł; P) Das moderne angenehme Hotel liegt nur 300 m südlich vom Stary Rynek. Es wirkt wie ein Motel aus den 1970er Jahren, hat ein eigenes Restaurant mit vernünftigen Preisen und ein Hallenschwimmbad.

An- & Weiterreise

Bahnhof und Busbahnhof liegen direkt nebeneinander, fünf Minuten zu Fuß vom Stary Rynek in östliche Richtung. Es gibt regelmäßige Schnellzugverbindungen nach Warschau (22 Zł, 1 Std., alle 2 Std.) und Kutno (14 Zł, ½ Std., stündl.) sowie einen Bummelzug nach Łódź (11 Zł, 1¾ Std., 6-mal tgl.).

RUND UM ŁOWICZ

Nieborów & Arkadia

☎ 46 / 1500 Ew.

Im späten 17. Jh. entwarf Tylman van Gameren für den Primas von Polen und Erzbischof von Gnesen, Kardinal Radziejowski, den **Barockpalast von Nieborów**. Er liegt 10 km südöstlich von Łowicz.

Nach mehreren Besitzerwechseln kaufte Prinz Michał Hieronim Radziwiłł 1774 den Palast. Gemeinsam mit seiner Frau zwängte er jede Menge kostbare Möbel und Kunstwerke in das Haus, darunter zahlreiche Gemälde, antike Skulpturen und eine beeindruckende Bibliothek. Neben dem alten Barockgarten legte Szymon Bogumił Zug einen frei gestalteten, englischen Landschaftsgarten an. 1881 wurde auf dem Gelände die damals einzige Majolikamanufaktur (poröse glasierte Tonwaren) Polens eröffnet. Sie blieb mit Unterbrechungen bis 1906 in Betrieb.

In den 1920er Jahren veränderte sich der Palast zum letzten Mal und ein Mansardengeschoss wurde auf das Gebäude aufgesetzt. Bis zum Zweiten Weltkrieg blieb der Palast im Besitz der Familie Radziwiłł. Danach ging er zum Glück unversehrt in Staatsbesitz über und wurde in ein Museum umgewandelt.

Mehr als die Hälfte der Palasträume gehören heute zum **Museum Nieborów** (☎ 838 56 35; Erwachsene/ermäßigt 10/5 Zł, nur für den Park 5/3 Zł, Mo freier Eintritt; März & April tgl. 10–16 Uhr, Mai & Juni tgl. 10–18 Uhr, Juli–Sept. Mo–Fr 10–16 Uhr, Sa & So 10–18 Uhr, Okt. Di–So 10–15.30 Uhr). Im Erdgeschoss sind römische Skulpturen und Basreliefe aus der Antike ausgestellt. In den 1. Stock kommt man durch ein außergewöhnliches Treppenhaus mit holländischen Schmuckkacheln aus dem 17. Jh.

Hier ist alles restauriert und mit vielen Kunstgegenständen im Originalstil eingerichtet. Sehenswert sind die Kachelöfen, die in der örtlichen Majolikafabrik hergestellt wurden und alle unterschiedlich sind. Außerdem gibt es in der Bibliothek zwei Globusse aus dem 17. Jh. von dem venezianischen Geografen Vincenzo Coronelli.

Alte Linden stehen am breiten Mittelweg des **Französischen Gartens** (10 Uhr–Sonnenuntergang) auf der Südseite des Palastes. Hier gibt es überall Skulpturen, Statuen, Grabsteine, Sarkophage, Pfeiler, Stelen und andere Steinfragmente aus verschiedenen Epochen. Die meisten stammen aus Arkadia. Der **Englische Landschaftsgarten** (10 Uhr–Sonnenuntergang) mit Bach, See und Teichen liegt im westlichen Teil hinter dem L-förmigen Wasserspeicher.

Die Frau des Prinzen Radziwiłł, Prinzessin Helena von Nieborów, schuf in den 1770er Jahren den romantischen Landschaftspark **Arkadia** (Erwachsene/ermäßigt 5/2 Zł, Mo freier Eintritt, Parken 8 Zł; 10 Uhr–Sonnenuntergang). Er sollte ein „idyllisches Land des Friedens und der Freude" sein, wurde aber nach dem Tod der Prinzessin völlig vernachlässigt. Die meisten Kunstwerke sind heute im Palast von Nieborów zu sehen. Die verlassenen Gebäude des Parks verfielen mit der Zeit. Heute ist der Park eine idyllische geheimnisvolle Welt voller Bäume, verwunschener Ruinen, abgeblätterter Pavillons, Tempel und charmanter Verrücktheiten. Dazu gehören ein **Gotisches Häuschen** (Domek Gotycki) aus rotem Ziegelstein oberhalb der **Sibyllengrotte**, ein „römisches" Aquädukt und der imposante **Altarraum des Erzpriesters** (Przybytek Arcykapłana). An der Front dieser phantasievollen künstlichen Ruine prangt ein klassisches Basrelief. Es stellt dar, wie die Hoffnung eine Chimere nährt. Kernstück des Parks ist der **Dianatempel** (Świątynia Diany) direkt am See. Darin stehen römische Skulpturen und Grabdenkmäler.

Erst in den letzten Jahren wurden ein paar Restaurierungsarbeiten am Dianatempel und am Altarraum des Erzpriesters durchgeführt, aber die anderen Gebäude und der Park selbst blieben fast unangetastet. Paradoxerweise verstärkt gerade die Aura des Verfalls die romantische Atmosphäre dieses Ortes.

SCHLAFEN

In und um Nieborów gibt es keine Hotels, nur eine **Jugendherberge** (☎/Fax 838 56 94; Al Legionów Polskich 92; Schlafsaal 8–12 Zł; ⌚ Juli & Aug.). Sie liegt 1,5 km nördlich vom Palast an der Straße nach Bednary. Der Campingplatz **Camping Nr 77** (☎ 838 56 92; Zelt 6 Zł, plus 6 Zł pro Person, Hütten ab 45 Zł; ⌚ Mai–Okt.) liegt westlich der Parkanlagen an der Straße nach Skierniewice (800 m zu Fuß vom Hauptparktor).

AN- & WEITERREISE

Arkadia liegt 4 km südöstlich von Łowicz, südlich der Straße von Łowicz nach Skierniewice (Nr. 70). Nieborów ist an derselben Straße 5 km hinter Arkadia. Wenn die Hauptstraße bei Nieborów eine scharfe Kurve nach rechts macht, fährt man weiter geradeaus. Der Palast steht nach 300 m auf der rechten Seite.

Bummelzüge von Warschau (ab Warszawa Śródmieście, Warszawa Zachodnia und anderen Pendlerbahnhöfen, aber nicht ab Warszawa Centralna) nach Łowicz halten in Mysłaków (12 Zł, 1¾ Std., 5–6-mal tgl.). Dies ist die letzte Station vor Łowicz. Vom Bahnhof sind es zehn Minuten zu Fuß nach Arkadia und weitere 5 km (ca. 50 Min. zu Fuß) nach Nieborów. Die Züge Warschau–Łowicz halten auch in Bednary, das nur 4 km von Nieborów entfernt ist.

Täglich verkehren fünf bis sechs Busse zwischen Łowicz und Skierniewice, die alle sowohl Arkadia als auch Nieborów anfahren.

Sromów

☎ 46 / 800 Ew.

Sromów ist ein winziges Dörfchen mit einer großen Sehenswürdigkeit: ein privates **Volksmuseum** (Muzeum Ludowe; ☎ 838 44 72; Eintritt 6 Zł; ⌚ Mo–Sa 9–19 Uhr, So 12–19 Uhr). Es wurde von dem begabten Kunsthandwerker und begeisterten Kunstsammler Julian Brzozowski gegründet.

Das Museum besteht aus vier Gebäuden und einem Garten mit volkstümlichen Statuen. In zwei Gebäuden werden maschinell bewegte Modelle gezeigt. Sie stellen Szenen des traditionellen Dorflebens dar: eine Hochzeit auf dem Land, einen königlichen Festumzug, eine Fronleichnamsprozession in Łowicz und die vier Jahreszeiten auf einem Bauernhof. Ein weiteres Modell mit einem Dutzend lebensgroßer Figuren steht in der Kapelle neben dem Museum. Sie wurde zum Gedenken an den Besuch von Papst Johannes Paul II. im Jahr 1999 erbaut. Alle Figuren sind aus Holz geschnitzt und sorgfältig bemalt und eingekleidet. Sie bewegen sich zu Musik und werden von 28 Elektromotoren angetrieben. Die bewegten Bilder sind das Ergebnis von fünfzig Jahren intensiver Arbeit der Familie Brzozowski – ein kitschiges, aber einzigartiges und faszinierendes Schauspiel.

In den beiden anderen Gebäuden hat der Museumsbesitzer rund dreißig alte Pferdewagen und Kutschen aus den umliegenden Dörfern zusammengetragen. Weitere Ausstellungsstücke sind traditionelle Scherenschnitte, regionale Trachten, folkloristische Gemälde, verzierte Holztruhen und Stickereien. Wer vor verschlossenen Türen steht (was außerhalb der Saison schon mal vorkommt), fragt einfach bei Familie Brzozowski im Haus auf der gegenüberliegenden Straßenseite nach. Ein Mitglied der Familie führt Besucher gern persönlich durch das Museum.

Obwohl das Dörfchen nur 65 km von Warschau entfernt ist, geht es hier sehr beschaulich zu: Die alten Holzhäuser sind zum Teil noch mit Riet gedeckt, Kühe grasen neben der Straße und Hühner machen die Gegend unsicher.

AN- & WEITERREISE

Das Dorf Sromów, 10 km nordöstlich von Łowicz, sucht man selbst auf detaillierten Karten mit großem Maßstab vergeblich. Man nimmt am besten die Straße 2 (E 30) Richtung Poznań (Posen). Der Abzweig nach Sromów liegt auf der rechten Seite, 16 km hinter Sochaczew und 8 km vor Łowicz. 1 km vor dem Abzweig weist ein kleines Schild auf das Museum in Sromów („Sromów – Muzeum") hin und an der Abfahrt selbst steht ein Wegweiser Richtung Rybno. Das Museum liegt 2 km von der Hauptstraße entfernt am ersten Abzweig nach links.

Mit öffentlichen Verkehrsmitteln ist es schwieriger. Sporadisch verkehren Busse zwischen Łowicz und Rybno, die einen auf

Wunsch an der Straße nach Rybno 1 km vor dem Museum absetzen.

ŁĘCZYCA & TUM

☎ 24 / 17 000 & 500 Ew.

Inmitten der Sümpfe im Flusstal der Bzura liegt Łęczyca (Lentschütz), eine kleine Stadt mit 1500-jähriger Geschichte. Alles begann im 6. Jh., als 2 km vom heutigen Stadtgebiet entfernt eine Festung errichtet wurde. Im 10. Jh. folgte der Bau einer Benediktinerabtei und einer der ersten christlichen Kirchen Polens, die im 12. Jh. durch eine monumentale romanische Stiftskirche ersetzt wurde. Die Siedlung wuchs, wurde aber im 14. Jh. von Deutschrittern niedergebrannt. Daraufhin zog die Stadt an ihren heutigen Standort um, wo sie eine Burg und massive Stadtmauern erhielt.

Während der nächsten beiden Jahrhunderte entwickelte sich Łęczyca prächtig, wurde religiöses Zentrum und Schauplatz mehrerer Kirchensynoden. Kriege, Brände und Seuchen machten der Stadt allerdings schwer zu schaffen, sodass im 19. Jh. sogar große Teile der Stadtmauer und fast die ganze Burg als Baumaterial verkauft wurden. Der übrig gebliebene Teil der Burg wurde nach dem Zweiten Weltkrieg restauriert und in ein Museum umgewandelt.

Hauptattraktion ist das **Łęczyca Museum** (☎ 721 24 49; Ul Zamkowa 1; Erwachsene/ermäßigt 4/2 Zł; 🕑 Di–Fr 10–16 Uhr, Sa & So 10–15 Uhr) in der Burgruine. Es zeigt eine bescheidene archäologische und historische Sammlung und hat eine volkskundliche Abteilung mit regionalem Kunsthandwerk, hauptsächlich Holzschnitzereien.

Am ursprünglichen Standort von Łęczyca entstand eine zweite Siedlung namens **Tum**. Die ursprüngliche Festung ist heute eine Ruine, aber die **Stiftskirche** wurde restauriert. Sie ist Polens größte romanische Kirche und ein hervorragendes Beispiel romanischer Baukunst. Obwohl sie mehrfach wieder aufgebaut wurde, blieb ihre ursprüngliche Form aus dem 12. Jh. im Wesentlichen erhalten. Die imposante Wehrkirche aus Granit und Sandstein besitzt zwei runde und zwei quadratische Türme sowie halbrunde Altarnischen an den Enden des Hauptschiffs. Im Inneren sind romanische Elemente erhalten geblieben, aber vor allem in den Seitenschiffen sind spätere gotische Einflüsse erkennbar. Das romanische Nordportal im Vorbau (dem Eingang der Kirche) ist eines der schönsten in ganz Polen. Ebenfalls aus romanischer Zeit stammen die Freskenfragmente im Westchor. Sollte die Kirche verschlossen sein, kann man sich den Schlüssel in der Pfarrei, 100 m östlich der Kirche auf der gegenüberliegenden Straßenseite, abholen.

Schlafen

Die einzige vernünftige Unterkunft in Łęczyca ist das **Zajazd Senator** (☎ /Fax 721 24 04; Ul Ozorkowskie Przedmieście 47, Łęczyca; DZ/3BZ 100/130 Zł). Es liegt 3 km vom Zentrum entfernt an der Straße nach Łódź. In Tum gibt es weder ein Bett noch etwas zu essen.

An- & Weiterreise

Vom Bahnhof am südlichen Stadtrand Łęczycas fahren täglich mehrere Züge Richtung Norden nach Kutno (6 Zł, 40 Min.) und Richtung Süden nach Łódź (8 Zł, 1 Std.).

Der Busbahnhof liegt in der Nähe der Burg. Es gibt jede Menge Busverbindungen nach Łódź (35 km) und ein paar nach Kutno (25 km). Von Łęczyca nach Tum sind es zu Fuß nur 30 Minuten.

OPORÓW

☎ 24 / 1000 Ew.

Das Städtchen Oporów liegt weit abseits der Touristenströme. Hierher verschlägt es kaum jemanden, obwohl sich ein Abstecher ins gotische **Schloss** wirklich lohnt. Es ist nicht besonders groß oder aufwändig konstruiert, aber dafür eines der wenigen Schlösser Polens, das noch in seiner Originalform erhalten ist.

Die befestigte Residenz wurde Mitte des 15. Jhs. von Władysław Oporowski, dem Erzbischof von Gnesen, erbaut. Im Lauf der Zeit wechselte das Schloss mehrfach seinen Besitzer, wurde baulich aber wenig verändert. Die wichtigsten Anpassungen sind die im 17. Jh., eingefügte Holzdecke mit Renaissanceverzierungen im 1. Stock, die Vergrößerung der Fenster und der Bau einer Terrasse am Eingang.

Nach dem Zweiten Weltkrieg restauriert, beherbergt das Schloss heute das **Stadtmuseum Oporów** (☎ 285 91 22; Erwachsene/ermäßigt 4/2 Zł, Sa freier Eintritt; 🕑 Di–So 10–16 Uhr) mit Möbeln, Gemälden, Waffen und anderen Gegenständen aus dem 15. bis 19. Jh. Die meisten Exponate stammen nicht aus dem Schloss selbst, sondern aus anderen alten Schlössern und Residenzen der Region. Das Schloss ist von einem Graben umgeben und hat einen schönen **Park** (freier Eintritt; ⌚ 8–18 Uhr).

Oporów erreicht man am besten mit dem Auto.

PŁOCK

☎ 24 / 130 000 Ew.

Auf einem Felsen über der Weichsel thront die Stadt Płock, eine der ältesten Siedlungen Polens. Nach langen Jahren der Vernachlässigung wurde die Altstadt in letzter Zeit ein bisschen aufgepeppt, sieht aber größtenteils immer noch ziemlich heruntergekommen aus. Wer gerade in der Gegend ist, kann hier wegen der Hand voll Museen, der Kathedrale und der schönen Lage an der Weichsel einen Zwischenstopp einlegen.

Von 1079 bis 1138 war Płock königliche Residenz und der erste masowische Ort, der 1237 Stadtrechte erhielt. Die Stadtmauern wurden im 14. Jh. gebaut und bis zum 16. Jh. war Płock ein wohlhabendes Handelszentrum. Bei der großen Flut der Weichsel im Jahr 1532 rutschten die Hälfte der Burg und ein Teil der Stadtmauer in den Fluss. Aber es sollte noch schlimmer kommen. Kriege, Brände und Seuchen setzten der Stadt in den folgenden Jahrhunderten zu und beendeten ihren Wohlstand. Płock konnte seine frühere Blüte nie wieder erreichen und verpasste die Entwicklung zur Großstadt.

Nach dem Zweiten Weltkrieg machte das kommunistische Regime Płock zu einem Industriezentrum und baute nur 2 km nördlich vom historischen Zentrum eine riesige Ölraffinerie und eine petrochemische Fabrik.

Praktische Informationen

Bank Pekao (☎ 262 77 08; Ul Kwiatka 6; ⌚ Mo–Fr 8–18 Uhr, Sa 10–14 Uhr)

Centrum Informacji Turystycznej (Touristeninformation; ☎ 367 19 44; Dom Darmstadt, Stary Rynek 8; ⌚ Mai–Sept. Mo–Fr 9–17 Uhr, Sa 10–14 Uhr, Okt.–April Mo–Fr 8–16 Uhr)

EMPiK (☎ 262 49 16; Plac Narutowicza 5; ⌚ Mo–Fr 9–18 Uhr, Sa 9–14 Uhr) Buchladen.

Hauptpost (☎ 262 57 54; Ul Bielska 14b; ⌚ Mo–Fr 8–20 Uhr, Sa 8–14 Uhr)

Klub Internetowy Intercafé (Internetcafé; ☎ 266 45 73; Ul Rembielińskiego 6a; 1 Std. 6 Zł; ⌚ Mo–Do 8–22 Uhr, Fr & Sa 8–24 Uhr, So 10–23 Uhr)

Sehenswertes

Die einzigen Überreste der gotischen **Burg** sind die beiden Ziegeltürme: der **Uhrturm** (Wieża Zegarowa) und der **Adelsturm** (Wieża Szlachecka). Die angrenzende Benediktinerabtei aus dem 16. Jh. wurde ausgiebig restauriert und beherbergt heute das **Masowische Museum** (Muzeum Mazowieckie; ☎ 262 44 91; Ul Tumska 2; Erwachsene/ermäßigt 5/2 Zł, Do freier Eintritt; ⌚ Mitte Mai–Sept. Di–Do & So 9–16 Uhr, Fr & Sa 10–17 Uhr, Okt.–Mitte Mai Mi–Fr 9–15 Uhr, Sa & So 9–16 Uhr). Es zeigt Exponate zur Stadt- und Burggeschichte, besitzt aber auch Polens schönste Jugendstilsammlung mit Mobiliar, Gemälden, Skulpturen, Glas, Keramiken und Alltagsgegenständen aus Polen und dem Ausland.

Die mächtige **Kathedrale** (freier Eintritt; ⌚ Mo–Sa 10–17 Uhr, So & Feiertage 14–17.30 Uhr) aus dem 12. Jh. hat zwar durch viele Umgestaltungen ihren ursprünglichen romanischen Charakter verloren, bleibt aber trotzdem ein imposantes Bauwerk. Beachtenswert ist das bronzene Hauptportal, eine Kopie des Originalportals aus dem 12. Jh. Es wurde von ortsansässigen Bischöfen in Auftrag gegeben. Das Originalportal verschwand unter mysteriösen Umständen und tauchte im russischen Nowgorod wieder auf, wo es heute noch ist. Das bronzene Relief im Tympanon über dem Portal zeigt die Anbetung der Heiligen Drei Könige und darunter ein Modell der Kathedrale (als symbolisches Geschenk).

Die Kathedrale wird von einer Renaissancekuppel aus dem 16. Jh. überspannt. Drinnen befinden sich Grabsteine und Altarbilder aus verschiedenen Epochen. Die Fresken stammen aus dem frühen 20. Jh. In der Königskapelle am Ende des Nordschiffs sind die Sarkophage der polnischen Könige Władysław Herman und Bolesław Krzywousty aufgestellt. Sie residierten beide in Płock.

Neben der Kathedrale steht das **Diözesanmuseum** (Muzeum Diecezjalne; ☎ 262 26 23; Ul Tumska 3a; Erwachsene/ermäßigt 4/2 Zł; ⌚ Mai–Sept. Di–Sa 10–15 Uhr, So 11–16 Uhr, Okt.–April Mi–Sa 10–13 Uhr, So 11–14 Uhr). Es zeigt eine Sammlung von Gemälden, sakraler Kunst und folkloristischen Holzschnitzereien.

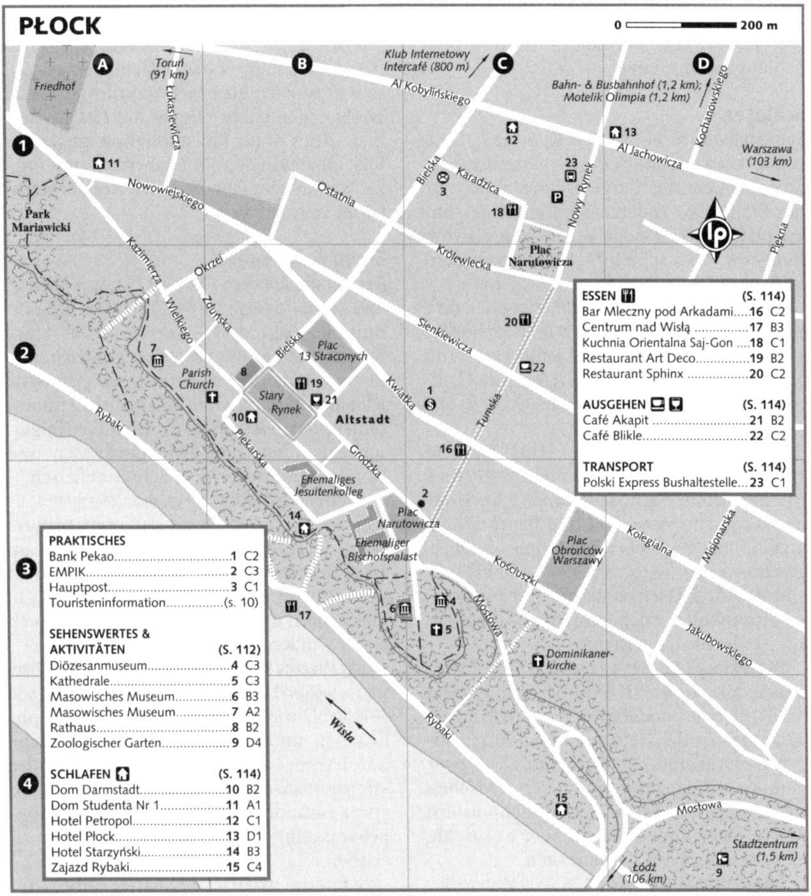

Nordwestlich von Burg und Kathedrale erstreckt sich die **Altstadt**. Die Straßenverläufe sind zwar größtenteils erhalten geblieben, aber die Architektur hat sich über die Jahrhunderte stark verändert. Heute fällt vor allem der neoklassizistische Stil des 19. Jhs. ins Auge, zum Beispiel bei den Häuserfassaden an der Ul Grodzka, der Hauptdurchgangsstraße der Altstadt.

Der **Stary Rynek** (Altstadtmarkt) war im 14. Jh. das Herz von Płock. Heute stehen hier renovierte Gebäude aus dem 18. und 19. Jh.

An der Westseite des Platzes steht das neoklassizistische **Rathaus** (Ratusz). Es wurde nach dem Abriss des alten gotischen Rathauses 1820 erbaut.

Weiter westlich stehen zwei große **Speicher** aus dem 19. Jh., die erst kürzlich restauriert wurden. In einem ist eine Nebenstelle des **Masowischen Museums** untergebracht (☎ 262 25 95; Ul Kazimierza Wielkiego 11b; Erwachsene/ermäßigt 2/1 Zł, Sa freier Eintritt; 🕑 Mitte Mai–Sept. Di–Do & So 9–16 Uhr, Fr & Sa 10–17 Uhr, Okt.–Mitte Mai Mi–Fr 9–15 Uhr, Sa & So 9–16 Uhr). Das Museum zeigt in wechselnden Ausstellungen volkskundliche Exponate und folkloristische Kunst.

Von den Speichern führt ein Weg am Rand des Hochufers entlang zurück zur Kathedrale – ein schöner Spaziergang mit tollem Blick auf die Weichsel. Östlich der Straßenbrücke oberhalb des Flusses liegt der **Zoologische Garten** in einem idyllischen Waldstück (Ogród Zoologiczny; ☎ 262 32 72; Ul Norbertańska

2; Erwachsene/ermäßigt 6/3 Zł; ⌚ Mai–Sept. 9–20 Uhr, Okt.–April 9–15 Uhr). Hier gibt es Polens größte Schlangensammlung.

Schlafen

Dom Studenta Nr 1 (☎ 262 43 40, 262 43 58; Ul Nowowiejskiego 6; Schlafsaal 28 Zł) Die ganzjährig geöffnete Jugendherberge ist die günstigste der Stadt. Die anderen sind entweder nur saisonal geöffnet oder liegen weit ab vom Zentrum. Man schläft in Vierbettzimmern mit Gemeinschaftsbädern.

Motelik Olimpia (☎ 262 04 07; olimpia46@poczta.onet.pl; Ul Dworcowa 46; EZ/DZ 60/80 Zł, mit eigenem Bad 80/100 Zł; P) Das einfache kleine Hotel mit elf Zimmern hat einen Garten mit Grillplatz. Es liegt günstig gegenüber von Bahn- und Busbahnhof.

Dom Darmstadt (☎ 264 11 11; Fax 262 20 00; Stary Rynek 8; DZ 120 Zł) Ein Zimmer im gemütlichen, ruhigen Dom Darmstadt muss man lange im Voraus buchen, denn die Pension liegt idyllisch mit Blick über den Rynek im Obergeschoss eines historischen Stadthauses. Es gibt nur drei Doppelzimmer mit Gemeinschaftsbad und -küche. Im Erdgeschoss des Hauses ist die Touristeninformation.

Hotel Płock (☎ 262 93 93; www.hplock.plocman.pl auf Deutsch; Al Jachowicza 38; EZ/DZ 135/150 Zł; P) Das große, klobige, moderne Hotel an der Hauptverkehrsader der Neustadt liegt 1 km nördlich der Altstadt. Die Einrichtung ist zwar neu, trotzdem fühlt man sich zwischen Velourstapeten, Satin- und Plüschpolstern wie in einer anderen Zeit. Wer's plüschig mag, kann es hier gut aushalten.

Zajazd Rybaki (☎/Fax 264 56 57; Ul Mostowa 5/7; EZ/DZ/3BZ 140/160/200 Zł; P) „Fischers Gasthof" befindet sich in einem sanierten Haus aus dem 19. Jh. nahe der Weichsel. Die Zimmer mit Holzbalken und Blick auf den Fluss haben ein uriges Flair und im hauseigenen Restaurant gibt's traditionelle polnische Küche.

Hotel Starzyński (☎ 262 40 61; www.starzynski.com.pl auf Englisch; Ul Piekarska 1; EZ 190–280 Zł, DZ 250–330 Zł, Suite 350–450 Zł; P) Dieses Hotel aus der kommunistischen Zeit ist architektonisch „interessant". Der riesige, rautenförmige Klotz klebt am Rand des Hochufers über der Weichsel. Die Einrichtung ist verschroben, aber nicht abstoßend, und erinnert ein bisschen an Art déco. Von den teureren Zimmern und dem Hotelrestaurant hat man einen tollen Blick auf den Fluss.

Hotel Petropol (☎ 262 44 51; www.orbis.pl auf Deutsch; Al Jachowicza 49; EZ/DZ 200/260 Zł; P ⊠) Das Petropol ist auf Geschäftleute eingestellt und ansonsten groß, sehr komfortabel und ein bisschen langweilig. Es hat riesige Zimmer (eines ist für Rollstuhlfahrer eingerichtet), einen kleinen Fitnessbereich und englischsprachiges Personal. Das Restaurant ist leider ziemlich öde.

Essen & Ausgehen

Restauracja Art Deco (☎ 268 57 51; Stary Rynek 17; Hauptgerichte 15–40 Zł; ⌚ 11–23 Uhr) Das Restaurant liegt auf der Sonnenseite des Stary Rynek und hat die besten Außentische am Platz. Auf der Speisekarte stehen polnische Klassiker wie *czernina staropolska* (Entenblutsuppe), *pierogi*-Platte (gefüllte Teigtaschen), Enten- oder Schweinebraten und Knödel mit knusprigem Schweinefleisch.

Centrum nad Wisłą (Ul Rybaki; Hauptgerichte 3,50–5 Zł; ⌚ 11–21 Uhr) Das familienorientierte Lokal in Holzpavillons im Park unten am Fluss serviert Bier und Alkoholfreies. Auf dem großen offenen Grill brutzeln Fisch, Hähnchen und Steaks. Hier gibt's auch einen Kinderspielplatz.

Bar Mleczny Pod Arkadami (☎ 262 95 21; Ul Tumska 5; Hauptgerichte 4–8 Zł; ⌚ Mo–Fr 9–18 Uhr, Sa & So 9–16 Uhr) Diese schlichte Kantine hat alle politischen und wirtschaftlichen Umbrüche der letzen Jahrzehnte überlebt. Seit der kommunistischen Ära hat sich hier kaum etwas verändert. Man hat die seltene Möglichkeit, eine echte polnische Milchbar zu erleben.

Schnelle asiatische Snacks gibt's im **Kuchnia Orientalna Saj-Gon** (☎ 268 77 00; Plac Narutowicza 1, Nowy Rynek 9). Das **Restauracja Sphinx** (☎ 262 84 81; Ul Tumska 13) bietet polnisches oder orientalisches Fastfood in riesigen Portionen.

Im **Café Blikle** (☎ 268 34 57; Ul Tumska) lässt es sich bei Kuchen, Kaffee und Eiscreme gut aushalten und im **Café Akapit** (☎ 262 97 73; Stary Rynek 27) beobachtet man das Treiben auf dem Stary Rynek bei einem preiswerten Bier.

An- & Weiterreise

Bahn- und Busbahnhof liegen fast 2 km nordöstlich von der Altstadt. Es gibt nur eine Zugverbindung am Tag nach Warschau und keinen direkten Zug nach Toruń (Thorn).

PKS-Busse fahren regelmäßig nach Warschau (21 Zł, 2 Std., 10-mal tgl.), zweimal täglich nach Danzig und einmal täglich nach Toruń (Thorn). Polski Expressbusse fahren nach Warschau und Bydgoszcz (6-mal tgl). Die **Polski Express Bushaltestelle** (Ul Nowy Rynek) liegt gegenüber dem Hotel Płock im Zentrum der Neustadt.

SIERPC

☎ 24 / 20 000 Ew.

Der Ort Sierpc hat ein interessantes Freilichtmuseum: Im **Skansen** (Muzeum Wsi Mazowieckiej; ☎ 275 28 83; Ul Narutowicza 64; Erwachsene/ermäßigt 9/6 Zł; ⌚ Mai–Sept. Mo–Fr 8–17 Uhr, Sa & So 9–16 Uhr, Okt.–April Di–So 9–15 Uhr) steht ein typisches masowisches Dorf mit einem Dutzend Bauernhäusern aus der Region. Wie in den meisten Freilichtmuseen sind die Häuser mit traditionellen Möbeln und Gerätschaften eingerichtet.

Das Freilichtmuseum liegt 3 km westlich von Sierpc und ist ab der Abzweigung im Ortskern ausgeschildert. Auf den letzten 2 km ist die Straße unbefestigt.

MASOWIENS NORDEN & OSTEN

PUŁTUSK

☎ 23 / 19 000 Ew.

Pułtusk ist eine der älteste Städte Masowiens, deren Geschichte bis ins 10. Jh. zurückreicht. Sie erlebte ihre Blüte im 15. und 16. Jh. als Residenz der Bischöfe von Płock. Damals war sie ein wichtiges Handels- und Kulturzentrum. Später wurde die Stadt mehrmals durch heftige Brände und Belagerungen zerstört. Pułtusk stand oft im Mittelpunkt kriegerischer Auseinandersetzungen. Napoleon führte 1806 hier eine seiner schwierigsten Schlachten gegen Russland und 1944 lag die Stadt mehrere Monate genau an der Frontlinie, wodurch 80 % der Gebäude zerstört wurden.

Sehenswertes & Aktivitäten

Die Altstadt liegt auf einer Insel und in ihrer Mitte befindet sich der 400 m lange, Kopfstein gepflasterte **Rynek**. Er ist der längste Markplatz des Landes. Mitten auf dem Platz steht der Ziegelturm des Rathauses aus dem 15. Jh. Hier ist heute das **Regionalmuseum** untergebracht (☎ 692 51 32; Rynek; Erwachsene/ermäßigt 5/3 Zł; ⌚ Di–Sa 10–16 Uhr, So 10–14 Uhr). Es widmet sich der Stadtgeschichte und archäologischen Funden aus der Region. In dem grünen **Haus** (Nr. 29) ganz in der Nähe an der Ostseite des Platzes wohnte Napoleon nach der Schlacht von Pułtusk.

Am Nordende des Platzes steht die **Kollegiatskirche** *(kolegiata)*. Sie wurde 1440 im gotischen Stil errichtet, aber ein Jahrhundert später im Renaissancestil umgebaut. Im Inneren sind jede Menge Barockaltäre zu sehen. Das Gewölbe des Mittelschiffs zieren Stuckarbeiten aus der Renaissance, während die Seitenschiffe im gotischen Stil erhalten sind. Sehenswert ist das Wandgemälde aus dem 16. Jh. in der Kapelle am Kopf des rechten Seitenschiffs.

Am gegenüberliegenden Ende des Platzes steht das **Schloss**, das im späten 14. Jh. erbaut wurde. Der ehemalige Bischofssitz wurde über die Jahrhunderte mehrfach umgebaut und ist heute ein Luxushotel und Konferenzzentrum.

Um die Nordseite des Schlosses führt ein Kopfsteinpflasterweg runter zu einem kleinen Hafen. Hier gibt es eine **Ruderboot- und Kajakvermietung** (6 Zł pro Std.).

Schlafen & Essen

Dom Polonii (☎ 692 90 00; www.dompolonii.pultusk.pl auf Englisch; Ul Szkolna 11; EZ/DZ/3BZ/Suite 250/330/390/530 Zł; Ⓟ) Das Dom Polonii im restaurierten und gründlich umgestalteten Schloss ist eine stilvolle Unterkunft. Die dunkel gehaltenen Zimmer mit knarzenden Parkettböden und vorsintflutlichen Wasserleitungen künden vom früheren Glanz des Gemäuers. In anderen Gebäuden in und um das Schlossgelände gibt es preiswertere Zimmer (DZ 110 bis 240 Zł). Das Hotel hat mehrere Restaurants.

Hotel Baltazar (☎ 692 04 75; www.hotel-baltazar.com.pl auf Englisch; Ul Baltazara 41; DZ/3BZ 120/150 Zł; Ⓟ) Versteckt am Ende einer Seitenstraße etwa 1 km nördlich vom Rynek (ausgeschildert) liegt diese moderne, helle und geräumige Alternative zum Dom Polonii mit sehr freundlichem Personal.

Hotel Zalewski (☎ 692 05 23; zalewski@post.pl; Ul Jana Pawła II 19; EZ/DZ 100/120 Zł; Ⓟ) Das Beste an diesem Hotel ist seine günstige Lage am Südende der Stadt ganz in der Nähe des Busbahnhofs. Ansonsten ist die motelartige Unterkunft ein wenig altersschwach.

Restauracja Karmazynowa (Hauptgerichte 30–70 Zł; 11–23 Uhr) Der altmodische Speisesaal des Dom Polonii mit Holzvertäfelung, goldgerahmten Spiegeln und Perserteppichen bietet klassische polnische Küche mit gefülltem Hecht, *pierogi*, Schweinefleisch, Wild und Kalbsfleisch.

An- & Weiterreise

Pułtusk liegt an der Straße, die von Warschau zu den Masurischen Seen führt. Hier fährt kein Zug, es gibt aber regelmäßig Busse von und nach Warschau (12 Zł, 1½ Std., halbstündlich). Der **Busbahnhof Pułtusk** (Ul Nowy Rynek) liegt direkt neben der Hauptstraße, etwa 600 m südwestlich des Rynek.

NOWOGRÓD

☎ 86 / 1800 Ew.

Nowogród ist eine kleine Stadt am Fluss Narew am östlichen Rand des Puszcza Zielona (Grüner Wald). Sie war eine der Festungsstädte der masowischen Fürsten. Außerdem zählte sie zu den traditionellen Handwerkszentren im Norden Masowiens. Die Einwohner sind Kurpier, eine Volksgruppe mit eigenen Trachten, eigener Musik und eigenem Kunsthandwerk. Berühmt sind ihre kunstvollen Scherenschnitte und ihre Webkunst.

Der **Skansen Kurpiowski** (☎ 217 55 62; Ul Zamkowa 25; Erwachsene/ermäßigt 5,50/3 Zł; Mai–Sept. Mo–Fr 8–16 Uhr, Sa & So 10–17 Uhr, Okt.–April Mo–Fr 9–14 Uhr) ist das zweitälteste Freilichtmuseum in Polen. Es wurde 1927 gegründet und liegt spektakulär an einem Steilufer hoch über dem Narew. Wie der Rest der Stadt wurde das Museum im Zweiten Weltkrieg vollkommen zerstört und musste von Grund auf wieder zusammengeflickt werden. Die meisten Gebäude sind echte Bauernhäuser aus Holz aus dem 19. Jh., die aus der gesamten Region Kurpie zusammengetragen wurden. Mit allen Bauernhäusern, Schuppen, Kornspeichern und Mühlen gibt es hier rund dreißig Gebäude mit faszinierenden architektonischen Details und kunstvollen Dekorationen. Das Museum besitzt auch eine Sammlung von Bienenkörben, von denen einige sogar aus hohlen Baumstämmen hergestellt sind.

Übernachten kann man in der nur im Sommer geöffneten **Jugendherberge** zwei Blocks südlich des Rynek (☎ 217 55 17; Ul 11 Listopada 12; Schlafsaal 12–16 Zł; Juli & Aug.) und im modernen **Hotel Zbyszko** am Ufer des Narew am westlichen Ende der Stadt (☎/Fax 217 55 18; Ul Obrońców Nowogrodu 2; EZ/DZ/3BZ 110/150/190 Zł; P).

Zum Skansen kommt man am besten mit dem Auto. Der Bus zwischen Warschau und Nowogród (20 Zł, 3½ Std.) fährt nur einmal täglich an Wochenenden (Fr–So). Die Bushaltestelle ist am Rynek, nur ein paar Minuten zu Fuß vom Skansen entfernt.

TREBLINKA

☎ 25

Auf einer friedlichen Lichtung, tief in den Fichtenwäldern Masowiens verborgen, steht ein Monolith aus Granit inmitten eines Feldes aus 17 000 kantigen, aufrecht stehenden Steinplatten. Auf vielen von ihnen steht ein Ortsname. Unter den Grasflächen, vermischt mit dem Sand der Ebene, ruht die Asche von 800 000 Menschen.

Treblinka war nach Auschwitz das zweitgrößte Vernichtungslager der Nationalsozialisten. Sein Name wird ewig mit den Schrecken des Holocaust verbunden sein. Zwischen Juli 1942 und August 1943 wurden in den Gaskammern des Lagers täglich mehr als 2000 Menschen, die meisten davon Juden, umgebracht. Ihre Leichen wurden auf großen Scheiterhaufen verbrannt.

Nach einem Aufstand der Lagerinsassen im August 1943 wurde das Todeslager vollkommen zerstört, das Gelände wurde umgepflügt und verlassen. Hier befindet sich heute das **Museum des jüdischen Kampfes und Martyriums** (Muzeum Walki i Męczeństwa; ☎ 787 90 76; Eintritt 2 Zł; 24 Std.). Eine kleine Straße zweigt von der Landstraße zwischen Małkinia und Sokołów Podlaski ab und führt zu einem Parkplatz und einem **Kiosk** (April–Okt. 9–19 Uhr, Nov.–März 9–16 Uhr). Hier kann man sich informieren und Broschüren kaufen.

Der zehnminütige Fußweg zum ehemaligen Vernichtungslager **Treblinka II** verläuft an einem Mahnmal entlang. Es symbolisiert die frühere Bahnstrecke, auf der die Juden aus dem Warschauer Ghetto in Viehwagons hierher gebracht wurden. Das große Granitmonument steht 200 m östlich der Rampe am früheren Standort der Gaskammern. Es ist von einem symbolischen Friedhof aus Grabsteinen umgeben. Die Namen der Orte, aus denen die Lagerinsassen stammten, sind eingraviert. Im Gegensatz zu Auschwitz ist in Treblinka nichts von dem Vernichtungslager erhalten geblieben. Die Beschreibungen auf dem Lageplan des ehemaligen Lagers sprechen aber für sich: „Gebäude für das Sortieren von Gold und Wertgegenständen"; „Lagerhaus für das Eigentum der Insassen (als Bahnhof getarnt)"; „Baracken, in denen sich die Frauen entkleiden, ihre Habe abgeben mussten und den Kopf geschoren bekamen"; „Zugang zu den Gaskammern".

Ein weiterer, zwanzigminütiger Fußweg führt zum Gelände des Arbeitslagers **Treblinka I**. Es wurde vor Treblinka II errichtet. Reste dieses Lagers, zum Beispiel die Betonfundamente der zerstörten Baracken, sind noch erhalten.

An- & Weiterreise

Treblinka liegt 100 km nordöstlich von Warschau. Mit dem Auto sind es zwei Stunden. Man folgt der Landstraße 8 Richtung Białystok und biegt 15 km nördlich von Wyszków rechts ab auf die Landstraße 694 Richtung Ciechanowiec. In Małkinia (nach 26 km) nimmt man den ersten Abzweig nach rechts und folgt dem Schild nach Ciechanowiec. Direkt hinter der Eisenbahn biegt man wieder rechts ab (Landstraße 677 Richtung Przewóz). Weiter geht es über eine alte Holzbrücke über den Fluss Bug und dann über eine Eisenbahnlinie ins Dorf Treblinka (4 km von Małkinia). Nach weiteren 4 km geradeaus durchquert man das Dörfchen Poniatowo. Noch einmal fährt man über die Eisenbahnlinie und dann rechts in die Zufahrt zu den Mahnmalen.

Małkinia liegt an der Zuglinie Warschau–Białystok. Alle zwei Stunden kommen Züge aus Warszawa Centralna an und noch häufiger aus Warszawa Wileńska (15 bis 25 Zł, 1¾ Std.). Es gibt keine Busverbindung nach Treblinka. Man muss ein Taxi vom Bahnhof nehmen oder einem 8 km langen Fußmarsch machen. Das Taxi kostet zwischen 50 und 100 Zł, je nachdem wie lange der Taxifahrer warten soll.

CIECHANOWIEC

☎ 86 / 4800 Ew.

Ciechanowiec an der Grenze von Masowien und Podlasien ist berühmt für sein **Landwirtschaftsmuseum** (Muzeum Rolnictwa; ☎ 277 13 28; Ul Pałacowa 5; Erwachsene/ermäßigt 6/3 Zł; 🕑 Mai–Sept. Mo–Sa 9–16 Uhr, So 9–18 Uhr, Okt.–April tgl. 9–16 Uhr). Es ist in einem ehemaligen Landsitz untergebracht und besteht aus einem Palais aus dem frühen 19. Jh., Stallungen, Kutscherhaus und Nebengebäuden, die heute Ausstellungsräume sind. Das Außengelände ist ein **Freilichtmuseum** (Skansen) mit vierzig Holzhäusern aus Masowien und Podlasien – von einfachen Bauernkaten bis zu Herrenhäusern der Adligen. Daneben gibt es Kornspeicher, Scheunen und Mühlen. Eine Wassermühle aus dem 19. Jh. ist sogar noch funktionsfähig. Außerdem hat das Museum eine große Sammlung an Bienenkörben.

Bei der Führung werden die Innenräume einiger Holzhäuser und alte landwirtschaftliche Maschinen, altertümliche Traktoren, einfache Dampfmaschinen, Pferdekarren und Werkzeuge gezeigt. Es gibt auch einen kleinen botanischen Garten mit Heilpflanzen und eine veterinärmedizinische Ausstellung. Die Führung dauert rund zwei Stunden.

Deutsch- und englischsprachige Führungen sind generell möglich (40 Zł pro Gruppe), wer aber sichergehen will, sollte vorher im Museum anrufen und buchen.

Schlafen

Das **Museum** (☎ 277 13 28; Zi. 25 Zł pro Person) hat 45 Betten. Sie sind auf verschiedene Räume im Palais und in den anderen Gebäuden verteilt. Darunter sind so schicke Unterkünfte wie das Jagdhäuschen von 1858 und die Wassermühle. Beide gehören zum Freilichtmuseum. Die Ausstattung der Zimmer variiert, der Preis bleibt aber immer gleich.

An- & Weiterreise

Die Bushaltestelle liegt ein paar Minuten zu Fuß vom Museum entfernt. Täglich halten hier ein halbes Dutzend Busse aus Białystok (13 Zł, 2½ Std.). Nachmittags kommen zwei Schnellbusse (24 Zł, 2¾ Std.) und morgens ein normaler Überlandbus (20 Zł, 3½ Std.) aus Warschau (Haltestelle Dworzec Warszawa).

PODLASIEN

In Podlasien (wörtlich übersetzt „Land am Wald") gibt es riesige Wälder, die sich früher über die ganze Region erstreckten. Hauptattraktion ist eines der ursprünglichsten Waldgebiete Europas, die Puszcza

Białowieska (Urwald von Białowieża), heute ein Nationalpark.

Aber es gibt noch viel mehr zu entdecken und zu erleben, zum Beispiel die Nationalparks an den Flüssen Biebrza und Narew. In ihren Flusstälern wurden weite Marschlandgebiete unter Naturschutz gestellt.

Da Podlasien an der Grenze zu Weißrussland liegt, prallten hier schon immer zwei Kulturen aufeinander. Reisende haben manchmal den Eindruck, in einem vollkommen anderen Land zu sein: ein Mischmasch aus West und Ost, katholischem und orthodoxem Christentum. Je weiter man sich von den Hauptstraßen entfernt, desto mehr orthodoxe Kirchen mit Zwiebeltürmen sieht man und desto mehr Weißrussisch hört man.

Die Tataren siedelten im 17. Jh. in Podlasien, wodurch das Gebiet muslimisch geprägt wurde. Dieser Einfluss ist bis heute spürbar (s. Kasten S. 125). Aber auch die früher hier lebenden Juden haben Spuren hinterlassen (S. 122).

Bis auf den Nationalpark Białowieża ist Podlasien keine stark besuchte Region – ausländische Besucher verschlägt es nur selten hierher. Die einzige Großstadt ist Białystok. Alles andere, besonders die ländlichen Gebiete, wirkt verschlafen. Hier hat sich seit Jahrhunderten nicht viel verändert und die dort lebenden Menschen gemächlich vor sich hin.

BIAŁYSTOK

☎ 85 / 280 000 Ew.

Białystok wurde schon im 16. Jh. gegründet, erblühte aber erst im 18. Jh., als Jan Klemens Branicki seinen Amtssitz hierher verlegte und ein Schloss baute. Er war Oberbefehlshaber der polnischen Armee und besaß große Ländereien. Sogar die Stadt gehörte ihm. Ein Jahrhundert später bekam Białystok Aufwind durch die Textilindustrie und entwickelte sich schließlich zu Polens zweitwichtigstem Textilzentrum nach Łódź.

Der Textilboom lockte Unternehmer unterschiedlicher Herkunft an, darunter Polen, Juden, Russen, Weißrussen und Deutsche. Ihnen folgte ein Strom von Arbeitern. Die Stadt wuchs unkontrolliert und chaotisch, was heute noch zu erkennen ist. Beim Ausbruch des Zweiten Weltkriegs gab es in Białystok 80 000 Einwohner und 250 Textilfabriken.

Während des Polnisch-Russischen Kriegs richteten die Sowjets 1920 eine provisorische kommunistische Regierung im Schloss Branicki ein. Die Anführer Julian Marchlewski und Feliks Dzierżyński gründeten eine polnische Sowjetrepublik, die aber nur einen Monat lang bestand.

Der Zweite Weltkrieg traf Białystok hart. Die Nationalsozialisten ermordeten die Hälfte der Bevölkerung, darunter fast alle Juden, zerstörten die meisten Industrieanlagen und legten das Stadtzentrum in Schutt und Asche. Beim Wiederaufbau nach dem Krieg konzentrierte man sich zunächst auf das Notwendige: Industrie, Infrastruktur und Verwaltung wurden in Stand gesetzt und das tägliche Überleben wurde gesichert. Historische und ästhetische Überlegungen spielten keine Rolle, was heute noch sichtbar ist.

In Białystok gibt es nicht viele Sehenswürdigkeiten und die Stadt ist kein Hauptreiseziel in Polen. Die Mischung aus polnischer und weißrussischer Kultur verleiht ihr aber eine besondere Atmosphäre, wie sie in keiner anderen polnischen Stadt zu finden ist. Białystok ist außerdem ein günstiger Ausgangspunkt für Ausflüge nach Tykocin, Kruszyniany und Bohoniki.

Praktische Informationen

Bank BPH (☎ 664 61 11; Rynek Kościuszki 7; 🕓 Mo–Fr 8–18 Uhr)

Bank Pekao (☎ 664 88 00; Ul Sienkiewicza 40; 🕓 Mo–Fr 8–18 Uhr, Sa 9–13 Uhr)

Cyber Net (Internetcafé; ☎ 742 33 11; Ul Grochowa 2; 1 Std. 1,50 Zł; 🕓 9–24 Uhr)

EMPiK (Buchladen; ☎ 743 50 68; Ul Sienkewicza 3; 🕓 Mo–Fr 9.30–18.30 Uhr, Sa 9.30–15 Uhr) Verkauft auch ausländische Bücher, Zeitungen und Zeitschriften.

Hauptpost (☎ 732 87 64; Ul Warszawska 10; 🕓 Mo–Fr 8–20 Uhr, Sa 8–14 Uhr)

Punkt Informacji Turystycznej (Touristeninformation; ☎ 653 79 50; 1. Stock, Ul Sienkiewicza 3; 🕓 Mo–Fr 10–18 Uhr) Im Büro von Holiday Travel.

Sehenswertes

Das Stadtzentrum wird von dem dreieckigen Rynek Kościuszki, dem früheren Marktplatz, geprägt. In seiner Mitte steht das **Rathaus** aus dem 18. Jh. Das Gebäude wurde nach dem Krieg wieder aufgebaut und beherbergt heute das **Podlasien Museum** (Muzeum Podlaskie; ☎ 742 14 73; Rynek Kościuszki 10; Erwachsene/ermäßigt 4/2 Zł; 🕓 Di–So 10–17 Uhr). In der kleinen

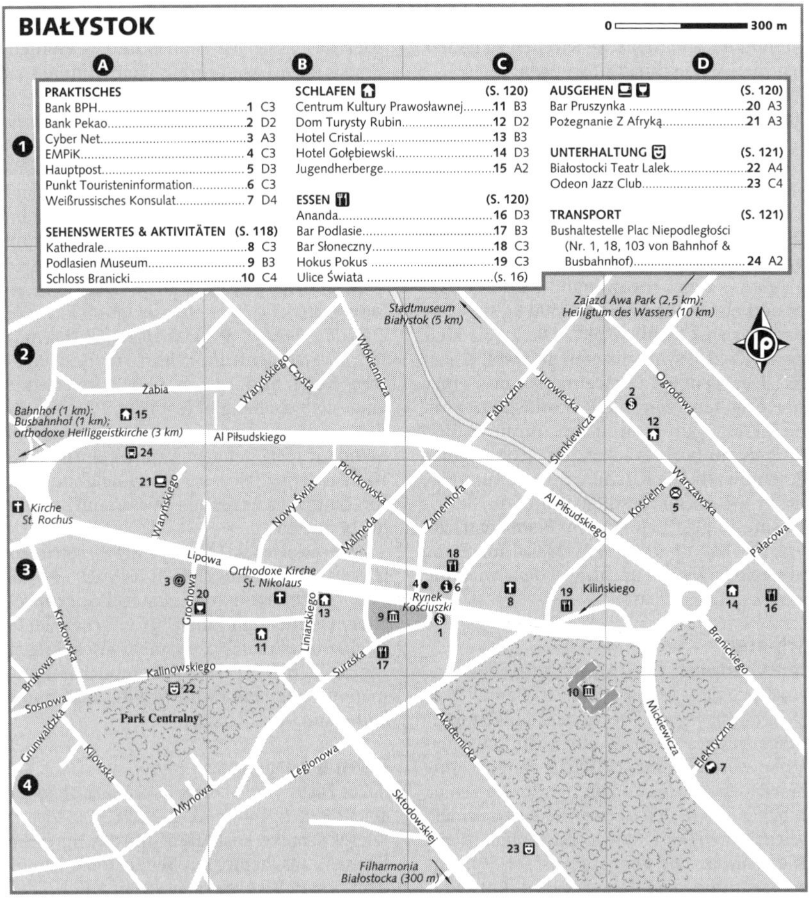

Sammlung polnischer Malerei sind auch wichtige Namen wie Malczewski und Witkacy vertreten.

In dem Park östlich des Marktplatzes liegt das **Schloss Branicki** (Pałac Branickich). Jan Klemens Branicki war eine wichtige politische Figur und einst Anwärter auf den polnischen Thron. Nachdem aber Stanisław August Poniatowski zum König gewählt worden war, verließ Branicki den Hof und baute in Białystok eine Residenz. Sie sollte genauso bedeutend und prachtvoll sein wie die Residenz des Königs. Das riesige, u-förmige Barockschloss wurde auch „Versailles des Nordens“ genannt. 1944 brannten die Nationalsozialisten auf ihrem Rückzug das Schloss nieder. Nach dem Krieg wurde die Fassade entsprechend dem Original aus dem 18. Jh. wieder aufgebaut. Die Innenräume wurden allerdings bis auf den großen Ballsaal stark modernisiert. Heute ist das Schloss Sitz einer medizinischen Hochschule und für die Öffentlichkeit nicht zugänglich. Besucher können aber durch den Schlosspark wandern und die Fassadenmalereien bewundern.

Direkt gegenüber vom Palast steht eine seltsame Konstruktion aus zwei Kirchen: An eine kleine **alte Gemeindekirche** aus dem 17. Jh. wurde eine pseudo-gotische **Kathedrale** gebaut. Die Kathedrale wurde Anfang des 20. Jhs. als „Erweiterung“ der Gemeindekirche errichtet. Dies war für die Polen die einzige Möglichkeit, der zaristischen Bürokratie ein Schnippchen zu schlagen. Das Verbot, neue katholische Kirchen zu bauen, hat man so geschickt umgangen.

Die moderne **Orthodoxe Heiliggeistkirche** (Cerkiew Św Ducha; ☎ 653 28 54; Ul Antoniuk Fabryczny 13) liegt 3 km nordwestlich des Zentrums und ist einen kleinen Abstecher wert. Die Buslinie 5 ab Ul Lipowa hält ganz in ihrer Nähe. Der Bau der monumentalen Kirche begann in den frühen 1980er Jahren. Sie ist die größte orthodoxe Kirche Polens. Auf der großen, zwiebelförmigen Mittelkuppel prangt ein riesiges Kreuz (1500 kg schwer), das Christus symbolisiert. Die zwölf kleineren Kreuze symbolisieren die zwölf Apostel. Der große Innenraum ist mit einer prachtvollen, zentralen Ikonostase, zwei kleineren Ikonostasen an ihren Seiten und einem beeindruckenden Kronleuchter geschmückt. Die Kirche wird nur zum täglichen Morgengottesdienst und zur Sonntagsmesse geöffnet. Wer im **Pfarrbüro** (Kancelaria; 🕑 Mo–Fr 8–11 Uhr & 15–17 Uhr) im Haus hinter der Kirche nachfragt, dem wird die Kirche aufgeschlossen.

Schlafen

Jugendherberge (☎ 652 60 69; www.ssm.bialystok.ids.pl auf Englisch; Al Piłsudskiego 7b; Schlafsaal 19–25 Zł; 🕑 ganzjährig geöffnet) Die moderne Jugendherberge befindet sich in einer altmodischen Villa, eingepfercht zwischen Betonwohnblocks, etwas abseits von der Straße hinter Block Nr. 7. In den holzverkleideten Schlafsälen stehen sechs bis 16 Etagenbetten aus Kiefernholz. Die Rezeption ist 24 Stunden geöffnet und es gibt eine Küche. Entweder wandert man 1,5 km von der Eisenbahnüberführung zur Jugendherberge oder nimmt die Buslinie 1 oder 18 und steigt an der ersten Station aus.

Zajazd Awa Park (☎ 675 05 86; www.awapark.pl auf Deutsch; Ul 27 lipca 24/1; Zi. 50–100 Zł; P 💻) Das neue Hotel mit sauberen, modernen Zimmern ohne überflüssigen Schnickschnack befindet sich 2,5 km nordöstlich des Zentrums. Das Hotel ist eine echte Bereicherung, liegt aber leider etwas ab vom Schuss. Die Buslinien 3, 6 oder 18 ab Ul Sienkiewicza Richtung Norden oder die Buslinie 18 vom Bahnhof fahren hierher.

Dom Turysty Rubin (☎ 677 23 35; rubin@puszcza.pl; Ul Warszawska 7; DZ/3BZ 70/90 Zł, mit eigenem Bad 120/150 Zł) Die wunderschöne Fassade aus dem 19. Jh. ist zwar, wie auch die etwas abgenutzten Zimmer, renovierungsbedürftig, aber das Hotel ist sauber und gemütlich. Erstklassige Lage nur ein paar Minuten zu Fuß vom Zentrum entfernt.

Centrum Kultury Prawosławnej (☎ 744 30 10; ckp@orthodox.bialystok.pl; Ul Św Mikołaja 5; EZ/DZ 90/150 Zł; ⊠) Das Kulturzentrum der orthodoxen Gemeinde steht jedem offen. Es bietet ruhige Nichtraucherzimmer mit eigenem Bad und liegt nur einen Spaziergang vom Zentrum entfernt.

Hotel Cristal (☎ 742 50 61; www.cristal.com.pl auf Englisch, Deutsch in Vorbereitung; Ul Lipowa 3; EZ 230–270 Zł, DZ 250–300 Zł; P) Das Hotel Cristal mitten im Stadtzentrum gehört zur Best Western Kette und ist auf Geschäftsreisende eingestellt. Daher gibt es an den Wochenenden für die modernen, nach internationalem Standard ausgestatteten Zimmer einen Preisnachlass von 20 % bis 30 %. Hotelgäste können Sauna, Jacuzzi und Fitnessraum kostenlos benutzen.

Hotel Gołębiewski (☎ 743 54 35; www.golebiewski.pl auf Deutsch; Ul Pałacowa 7; EZ/DZ 260/280 Zł; P 🏊) Das Gołębiewski (ein echter Zungenbrecher) ist auch ein Hotel für Geschäftsleute in einem charakterlosen, mehrgeschossigen Block. Es bietet geräumige, moderne Zimmer und einen Fitnessbereich mit Schwimmbad, Sauna und Jacuzzi.

Essen & Ausgehen

Hokus Pokus (☎ 741 63 48; Ul Kilińskiego 12; Hauptgerichte 8–18 Zł; 🕑 Mo–Sa 10–23 Uhr, So 12–23 Uhr) Dieses schicke Restaurant mit Bar in einer kleinen, unscheinbaren Seitenstraße ist auf dem besten Weg, das angesagteste Lokal der Stadt zu werden. Die Inneneinrichtung ist eine Mischung aus Retro-Stil, rostbraunen Polstern, Chrom, Lammfell und Edelstahl. Die Karte bietet italienische und amerikanische Küche: leckere Pizza, Pasta, Steaks und Burger.

Ananda (☎ 741 33 36; Ul Warszawska 30; Hauptgerichte 10–16 Zł; 🕑 12–22 Uhr) Dieser Laden liegt versteckt hinter dem Hotel Gołębiewski. Von außen wirkt er altmodisch, ist aber drinnen künstlerisch angehaucht. Die sehr moderne Speisekarte bietet überwiegend Vegetarisches aus China und Thailand, aber auch polnische Fischgerichte. Im Sommer kann man auch in einem kleinen Garten sitzen.

Ulice Świata (☎ 740 41 61; Ul Warszawska 30a; Hauptgerichte 12–20 Zł; 🕑 13–23 Uhr) Direkt neben dem Ananda liegt dieses schmucke, zweigeschossige Restaurant mit einer riesigen Auswahl an Speisen aus aller Welt, von Afrika und Amerika über Mexiko bis zum Mittelmeer.

Pożegnanie Z Afryką (☎ 625 55 05; Ul Waryńskiego 3/5; 🕑 10–20 Uhr) Die Filiale des berühmten Warschauer Cafés hält 30 verschiedene Kaffeemischungen bereit und ist der beste Ort für eine gute Tasse Kaffee.

Bar Pruszynka (☎ 744 63 14; Ul Grochowa 3; Hauptgerichte 4–8 Zł; 🕑 Mo–Do 10–1 Uhr, Fr & Sa 10–3 Uhr, So 12–24 Uhr) Im Sommer sind die Gäste auf der Außenterrasse ab 17 Uhr schon weithin hörbar. Die Bar Pruszynka ist eine der lebhaftesten und beliebtesten Kneipen in Białystok. Am Wochenende lockt sie mit Livemusik, Disko und Karaoke junges Partyvolk an.

Die besten Adressen für schnelles und preiswertes Essen sind die **Bar Podlasie** (☎ 742 25 04; Rynek Kościuszki 15; Hauptgerichte 6–10 Zł; 🕑 8–20 Uhr) und die **Bar Słoneczny** (☎ 743 58 15; Ul Sienkiewicza 5; Hauptgerichte 6–10 Zł).

Unterhaltung

Białystok bemüht sich sehr, ein ausgewogenes Kulturprogramm auf die Beine zu stellen:

Filharmonia Białostocka (☎ 732 23 31; Ul Podleśna 2) Das philharmonische Orchester gibt jeden Freitag klassische Konzerte. Auch Gastauftritte und Orchestertourneen.

Białostocki Teatr Lalek (☎ 742 50 31; Ul Kalinowskiego 1) Das Theater ist eines der besten Puppentheater in Polen. An mindestens drei Abenden pro Woche werden Kinderstücke wie *Pinocchio* oder *Kasperle*, aber auch traditionelle polnische Geschichten aufgeführt.

Odeon Jazz Club (☎ 742 49 88; Ul Akademicka 10/1; 🕑 12–1 Uhr) Die Stadt hat zwar keine ausgeprägte Jazzszene, aber in diesem alteingesessenen Club gibt es am Wochenende oft Livejazz und -blues.

An- & Weiterreise

Der **PKS Busbahnhof Dworzec** (☎ 745 80 18; Ul Bohaterów Monte Cassino 10) und der **PKP Bahnhof Dworzec** (☎ 682 42 12; Ul Dworcowa 1) liegen 2 km westlich des Zentrums direkt nebeneinander. Der Fußmarsch ins Zentrum dauert etwa 20 Minuten. Mit den Buslinien 2, 4 oder 28 bis Rynek Kościuszki geht´s schneller.

BUS

Es gibt regelmäßige Busverbindungen von Warschau (ab Warszawa Dworzec) nach Białystok (24 Zł, 3¾ Std., 4-mal tgl.). Einmal täglich verkehrt ein Polski Expressbus vom Warschauer Flughafen. Busse nach Olsztyn (Allenstein; 28 Zł, 5 Std.) fahren dreimal täglich und nach Danzig (44 Zł, 9 Std.) einmal täglich.

Internationale Busverbindungen bestehen einmal täglich nach Minsk in Weißrussland und einmal wöchentlich (freitags) nach Vilnius (Wilna; 40 Zł, 8 Std.) in Litauen.

ZUG

Die wichtigsten Zugverbindungen bestehen nach Warschau (Bahnhof Warszawa Wschodnia; 34 Zł, 2½ Std, alle 2 Std.), nach Krakau (60 Zł, 4¾ Std., 1-mal tgl.) und über Olsztyn (Allenstein) nach Danzig (49 Zł, 7½ Std., 2-mal tgl.).

Auslandszüge von Warschau nach Wilna (241 km) und St. Petersburg (948 km) halten in Białystok. Wer Richtung Wilna oder St. Petersburg weiterreisen möchte, sollte sich im Voraus erkundigen, ob er ein Transitvisum für Weißrussland benötigt, denn der Zug fährt über Hrodna ein kurzes Stück durch Weißrussland.

RUND UM BIAŁYSTOK

10 km nördlich von Białystok ist das **Heiligtum des Wassers** (Sanktuarium Święta Woda), eine Wunderquelle, die schon seit dem frühen 18. Jh. Pilger anzieht. Aber seit der nahe Hügel 1997 zum Denkmal des 3. Jahrtausends oder zum Berg der Kreuze erklärt wurde, hat sich der Ort dramatisch verändert. Seitdem strömen Massen von Pilgern hierher und stellen Kreuze in allen Größen und Formen auf. Heute sind es schon über 10 000 Kreuze und jedes Jahr kommen neue dazu.

Die Pilgerstätte liegt 2 km nördlich von Wasilków an der Straße nach Sokółka, gegenüber der gelben Tankstelle. Um hierher zu kommen, nimmt man die Buslinie 100 ab Ul Bohaterów Monte Cassino gegenüber dem PKS Busbahnhof in Białystok.

TYKOCIN

☎ 85 / 2100 Ew.

Tykocin entstand, als die masowischen Fürsten hier im 13. Jh. eine Festung errichteten. Im 15. Jh. entwickelte sich der Ort rasant, was sich 1543 noch steigerte, als er Eigentum von König Sigismund II. August wurde. Während dieser Zeit siedelten auch die Juden in Tykocin. Ihre schnell wachsende Gemeinde prägte den Charakter des Ortes über die folgenden vier Jahrhunderte.

An der Handelsroute Warschau–Wilna gelegen, genoss Tykocin zahlreiche königliche Privilegien und wurde zum wichtigsten Handelszentrum der Region. Erst gegen Ende des 18. Jhs. lief ihm Białystok den Rang ab. Von da an ging es mit der Stadt bergab. Im Zweiten Weltkrieg verlor Tykocin durch die Judenvernichtung die Hälfte der Einwohner. In den 1950er Jahren wurden Tykocin sogar die Stadtrechte entzogen und sie wurde wieder ein einfaches Dorf. 1994 erlangte die Stadt diesen Status wieder, aber ansonsten hat sich nichts verändert. Bis heute ist Tykocin ein kleines, verschlafenes Nest, in dem nicht viel los ist. Nur ein paar historische Gebäude zeugen von der illustren Vergangenheit der Stadt.

Sehenswertes

Die **Synagoge** von Tykocin stammt aus dem 17. Jh. und ist die besterhaltene Barocksynagoge Polens. Ihre quadratische Form dominiert den Westteil der Stadt, das ehemalige jüdische Viertel. Das nüchterne Bauwerk wurde 1642 errichtet und bis zum Zweiten Weltkrieg als Gotteshaus genutzt.

Nach dem Krieg wurde die Synagoge renoviert und ist heute das **Jüdische Museum Tykocin** (☎ 718 16 13; Ul Kozia 2; Erwachsene/ermäßigt 5/3 Zł; 🕒 Di–So 10–17 Uhr). Ein massiver Almemor (zentrale Plattform, auf der aus der Thora gelesen wird) befindet sich in der Mitte und ein kunstvoller Aron Kodesh (Heilige Lade, in der die Thorarollen aufbewahrt werden) in der Ostwand. Im Gebäude sind viele originale Fresken und hebräische Inschriften erhalten. Zu den Ausstellungsstücken zählen Talmudausgaben, liturgische Gegenstände und andere religiöse und rituelle Objekte. Ein weiterer Teil des Museums ist im **Talmudhaus** rechts hinter der Synagoge untergebracht. Hier finden wechselnde Ausstellungen statt.

Am anderen Ende der Stadt steht die barocke **Dreifaltigkeitskirche** (Kościół Św Trójcy) aus dem 18. Jh. Ihre beiden symmetrischen Türme sind über Arkadengänge mit dem Hauptgebäude verbunden und ragen am weitläufigen **Rynek** auf (Marktplatz, genannt Plac Czanieckiego). In der Mitte des Platzes steht das **Denkmal für Stefan Czarniecki**, einen Nationalhelden, der sich in den Schlachten gegen die Schweden hervortat. Die Statue aus den 1760er Jahren ist eines der ältesten weltlichen Denkmäler Polens.

Schlafen & Essen

Dom Pod Czarnym Bocianem (Haus zum Schwarzen Storch; ☎ 718 74 08; www.czarnybocian.prv.pl auf Deutsch; Ul Poświętna 16; DZ 80 Zł) Ein ortsansässiges Lehrerehepaar betreibt diese freundliche Pension in einer hübschen, modernen Villa am Ufer des Narew. Es gibt fünf Doppelzimmer mit eigenem Bad. Gäste dürfen in der Küche Snacks und Mahlzeiten zubereiten und das Kajak umsonst benutzen.

Dworek Nad Łąkami (☎ 718 74 44, in Białystok ☎ 742 16 70; dworek@dworek.com.pl; Kiermusy; EZ/DZ 190/250 Zł; Ⓟ) Dieses beeindruckende Herrenhaus im traditionellen polnischen Stil ist Teil eines Komplexes mit einem eigenen Landgasthof (Karczma Rzym) und einer pseudomittelalterlichen Burg inklusive Bankettsaal. Es liegt 3 km nordwestlich von Tykocin an der Straße zum Dörfchen Nieciece.

Im Sommer wird die örtliche Schule Tykocins in eine schlichte **Jugendherberge** umgewandelt (☎ 718 16 85; Ul Kochanowskiego 1; Schlafsaal 12–16 Zł; 🕒 Juli & Aug). Das **Restauracja Tejsza** (☎ 718 77 50; Ul Kozia 2; Hauptgerichte 10–20 Zł; 🕒 10–20 Uhr) im Keller des Talmudhauses (Eingang auf der Rückseite) bietet preiswerte koschere Gerichte.

An- & Weiterreise

Tykocin liegt 38 km westlich von Białystok. Täglich fahren etwa 20 Busse von Białystok nach Tykocin (8 Zł, 1 Std.). Sie halten am Stary Rynek, 100 m von der Synagoge entfernt.

BIEBRZA-NATIONALPARK

☎ 86

Der Biebrza-Nationalpark umspannt fast das gesamte, über 100 km lange Flussbett der Biebrza von ihrer Quelle an der weißrussischen Grenze bis zum Zusammenfluss mit dem Narew. Der 1994 gegründete Nationalpark ist der größte Polens.

Das **Tal der Biebrza** ist das größte natürliche Sumpfgebiet Mitteleuropas. In der abwechslungsreichen Landschaft gibt es Flussarme, Torfmoore, Sümpfe und Feuchtwälder. Es gedeihen zahlreiche Moosarten, Riedgras und verschiedene Heilkräuter. Hier leben Wölfe, Wildschweine, Füchse, Rehe, Otter und Biber. Der eigentliche König des Nationalparks ist jedoch der Elch. Etwa 500 Exemplare streifen durch den Nationalpark.

Außerdem gibt es 270 Vogelarten (mehr als die Hälfte aller Vogelarten in Polen), was den Park zu einem beliebten Ziel für Vogelbeobachter macht. Dazu zählen Storche, Kraniche, Habichte, Brachvögel, Bekassinen, Kampfläufer, Reiher, Weihen, Sumpfhühner, Wasserläufer, Eulen, Raupenfänger und mindestens ein halbes Dutzend Sängerarten. Zu den seltenen Arten gehören die Doppelschnepfe, die Weißflügelseeschwalbe und der Seggenrohrsänger.

Praktische Informationen

Wer den Park erkunden will, sollte vorher im **Besucherzentrum** (☎ 272 06 20; www.biebrza.org.pl auf Englisch; Osowiec-Twierdza; Erwachsene/ermäßigt 4/2 Zł; ⌚ Mai–Sept. tgl. 7.30–19.30 Uhr, Okt.–April Mo–Fr 7.30–15.30 Uhr) vorbei schauen. Es liegt am Haupteingang des Parks, direkt an der Straße vom Bahnhof Osowiec-Twierdza. Hier bezahlt man auch den Eintritt.

Das hilfsbereite Personal informiert Besucher über den Nationalpark und seine Einrichtungen, gibt Tipps, wo man übernachten und essen oder Lebensmittel kaufen kann. Es kennt auch die besten Beobachtungsposten für bestimmte Vogelarten und weiß, wie man dorthin kommt. Hier kann man Führungen buchen (40 Zł pro Std. und Gruppe) und Kajaks mieten (4 Zł pro Std. oder 20 Zł pro Tag). Karten und Broschüren über den Park sind reichlich vorhanden, teilweise sogar auch in Fremdsprachen.

Sehenswertes & Aktivitäten

Der Park lässt sich grob in drei Bereiche unterteilen: Das **Nordbecken** (Basen Północny) ist das kleinste und am wenigsten besuchte Gebiet des Parks. Das **Mittelbecken** (Basen Środkowy) erstreckt sich am breiten Mittellauf des Flusses und besteht aus Feuchtwäldern und Sümpfen. Das ebenfalls weitläufige **Südbecken** (Basen Południowy) ist von Marschen und Torfmooren bedeckt. Besonderes Highlight ist die **Rote Marsch** (Czerwone Bagno) im Mittelbecken, ein strikt geschütztes Naturreservat, in dessen Erlenfeuchtwald etwa 400 Elche leben.

Trotz der vielen Sümpfe können weite Teile des Parks ziemlich leicht zu Fuß erkundet werden. 200 km Wanderwege durch die interessantesten Regionen des Parks sind ausgeschildert, davon führen fast 50 km durch die Rote Marsch. Deiche, Felsbrocken und Dünen mitten in den Sümpfen eignen sich hervorragend als Aussichtspunkte, um Vögel zu beobachten. Mehrere Aussichtstürme am Rand des Marschlandes bieten einen weiten Blick über den Naturpark.

Der Park lässt sich auch gut mit einem **Boot** erkunden. Die wichtigste Wasserroute führt von der Ortschaft Lipsk flussabwärts bis zum Örtchen Wizna. Im gemütlichen Tempo kann man die 139 km in sieben bis neun Tagen zurücklegen. Am Fluss gibt es mehrere Zeltplätze. Lebensmittel kann man in den Städtchen am Flussufer kaufen. Weitere Informationen und Landkarten erhält man im Besucherzentrum in Osowiec-Twierdza. Es gibt auch die Möglichkeit, für ein paar Stunden oder einen Tag ein Kajak zu mieten und eine kleine Tour auf dem Fluss machen. Tipps gibt das Personal. Der Zugang zu den Kajakrouten kostet 5,50 Zł für Erwachsene. Zum Mietpreis kommt noch eine Konzession von 3,50 Zł pro Tag hinzu.

Schlafen

Innerhalb und außerhalb der Parkgrenzen gibt es mehrere Zeltplätze. Die strategisch günstigsten liegen in Osowiec-Twierdza (2 km vom Besucherzentrum), in Grzędy (am Eingang zur Roten Marsch) und in Barwik (hier ist auch das Gebiet der Doppelschnepfe). Alle drei sind mit dem Auto erreichbar und haben Parkplätze. Eine Übernachtung im eigenen Zelt kostet etwa 5 Zł pro Person. In der **Jagdhütte** in Grzędy gibt es außerdem fünf Schlafsäle für bis zu 16 Personen (pro Person 30 Zł).

Die nächsten Hotels sind in Goniądz, Mońki und Rajgród. Jugendherbergen gibt es unter anderem in Goniądz, Grajewo, Osowiec-Twierdza und Wizna. Sie sind alle nur im Juli und August geöffnet. Es gibt aber auch noch siebzig Agrotourist-Höfe in der Region. Auch hierzu erhält man nähere Informationen im Besucherzentrum des Nationalparks.

An- & Weiterreise

Osowiec-Twierdza liegt 50 km nordwestlich von Białystok an der Eisenbahnlinie Białystok–Ełk (16 Zł, 1 Std., 6-mal tgl.). Das

MASOWIEN & PODLASIEN

Büro des Nationalparks ist nur 200 m vom Bahnhof Osowiec-Twierdza entfernt. In direkter Nähe gibt es mehrere Wanderwege und Aussichtstürme.

Ein eigener fahrbarer Untersatz ist in dieser Gegend von Vorteil, da man die Attraktionen des Nationalparks so am besten erreicht.

NAREW-NATIONALPARK

Ein weiteres, unter Naturschutz stehendes Marschland ist der Narew-Nationalpark (Narwiański Park Narodowy). Er ist genauso interessant wie die Biebrza, aber weniger auf Besucher eingerichtet. Der Nationalpark umfasst einen ungewöhnlichen Flussabschnitt des Narew, der auch „polnischer Amazonas“ genannt wird. Hier splittet sich der Fluss in zahllose Nebenarme auf und bildet ein 2 km breites Delta aus sumpfigen Wasserläufen.

Der Nationalpark ist 73 km² groß, wovon 25 % Sumpflandschaft und weitere 3 % Wasser sind. Es versteht sich von selbst, dass die Flora und Fauna hier an das Leben in Feuchtgebieten angepasst ist. Überall wachsen gelbe und weiße Wasserlilien. Typisches Säugetier ist der Biber. Mindestens 250 Tiere leben in etwa 70 Biberburgen. Aber auch bei Vögeln ist der Flusslauf sehr beliebt. Von den 200 vertretenen Arten brüten etwa 150 im Nationalpark.

Sehenswertes & Aktivitäten

Der interessanteste Teil des Nationalparks liegt im Nordwesten, wo die Flussarme ein weitläufiges Labyrinth bilden. Den besten Eindruck der Sumpflandschaft hat man vom **Boot**, während man durch schmale Kanäle und über Teiche rudert, in deren kristallklarem Wasser Fische und Pflanzen bis in 2 m Tiefe sichtbar sind. Die beste Zeit um Vögel zu beobachten ist früh morgens oder spät nachmittags. Dann sind die Wasservögel am aktivsten.

Die besten Ausgangspunkte zur Erkundung des Nationalparks sind der kleine Weiler Kurowo und das Dorf Uhowo. **Kurowo** liegt am Westufer des Narew und ist mit der Außenwelt nur durch eine holprige Straße verbunden. Hier fährt nur selten ein Auto. Im Zentrum des kleinen Weilers steht ein Landsitz aus dem 19. Jh., der von einem 10 ha großen Park umgeben ist. Hier befindet sich heute die **Nationalparkverwaltung** (☎ 85-718 14 17; www.npn.pl auf Polnisch; 🕒 Mo–Fr 7.30–15.30 Uhr) und eine kleine Ausstellung über die Geschichte des Nationalparks. Man darf in der Nähe des Gebäudes zelten und die Toiletten benutzen. Duschen oder ein Restaurant gibt es allerdings nicht. Hier ist Selbstversorgung angesagt. Kajaks sind für 4 Zł pro Stunde zu mieten.

Uhowo ist etwas größer und liegt am Südende des Parks nahe Łapy. Hier hat die Agentur **Kaylon** (☎ 85-715 53 08; www.kaylon.pl auf Englisch, deutsche Version im Aufbau; Ul Kolejowa 8) ihr Büro. Sie organisiert von Mai bis September Kajaktouren durch den Nationalpark. Ein drei- bis fünftägiger Trip kostet zwischen 270 und 430 Zł pro Person, plus 22 Zł pro Tag Kajakmiete oder 32 Zł pro Tag für einen Dreier-Kanadier.

An- & Weiterreise

Es gibt keine öffentlichen Verkehrsmittel nach Kurowo. Ohne Auto oder Fahrrad bleibt also nur eine kleine Wanderung. Ausgangspunkt ist das Dörfchen Stare Jeżewo 28 km westlich von Białystok an der Hauptverbindungsstraße (Nr. 8) nach Warschau. Hierher fahren regelmäßig Busse von Białystok. Von Stare Jeżewo geht man auf der Straße nach Sokoły 500 m in südliche Richtung und biegt dann an der ersten Kreuzung (ohne Beschilderung) nach links ab. Dieser Straße folgt man 3 km bis zu einer weiteren Kreuzung. Man hält sich rechts und geht 1 km nach Süden bis zu einem großen Kornspeicher, an dem sich der Weg gabelt. Der linke Weg erreicht nach 1 km Kurowo. Der Fußmarsch dauert etwas länger als eine Stunde und führt durch eine idyllische Landschaft.

KRUSZYNIANY & BOHONIKI

☎ 85

Die beiden kleinen Dörfer nahe der weißrussischen Grenze östlich von Białystok sind für ihre Holzmoscheen berühmt, die einzigen erhaltenen historischen Moscheen in Polen. Sie wurden von den Tataren gebaut, die hier Ende des 17. Jhs. siedelten.

Kruszyniany ist ein über 2 km langes Straßendorf, das viel größer aussieht als es ist. Die grün gestrichene **Moschee** steht im Zentrum des Dorfes, etwas abseits der Straße, versteckt zwischen ein paar Bäumen. Die rustikale Holzkonstruktion aus dem 18. Jh. ähnelt alten christlichen Holzkirchen.

Der bescheidene Innenraum der Moschee ist ganz aus Fichtenholz und in zwei Räume aufgeteilt. Der kleinere Raum ist für die Frauen, die den Hauptgebetsraum nicht betreten dürfen. Der größere ist mit Teppichen ausgelegt und hat eine kleine Gebetsnische in der Wand – der Mihrab, der nach Mekka ausgerichtet ist. Direkt daneben ist der Minbar, die Kanzel, von der aus der Imam seine Gebete spricht. Die kunstvollen Texte an den Wänden, die Muhirs, sind Verse aus dem Koran.

Die Moschee ist noch in Betrieb. An hohen muslimischen Feiertagen ist sie fast zu klein für die Gemeinde. Außerhalb der Gebetszeiten ist sie verschlossen. Auf freundliche Bitte im Haus Nr. 57 nebenan (auf derselben Straßenseite) wird die Moschee allerdings für eine Besichtigung aufgeschlossen. Beim Betreten des Gotteshauses ist angemessene Kleidung Vorschrift (keine nackten Beine oder Arme) und die Schuhe müssen vor dem Gebetsraum ausgezogen werden.

Der **Mizar** (muslimischer Friedhof) liegt in einem Waldstück 300 m hinter der Moschee. Die jüngeren Grabsteine stehen am Rand des Friedhofs und sind im christlichen Stil. Sie zeigen deutlich, wie sehr sich die Kulturen hier vermischt haben. Tiefer im Wald sind die älteren Grabsteine fast im Unterholz verborgen. Einige tragen russische Inschriften, ein Vermächtnis aus der Zarenzeit.

DIE TATAREN POLENS

Im 13. Jh. verwüsteten Horden eines brutalen mongolischen Reitervolks aus Zentralasien große Teile Osteuropas. Die umherstreifenden Krieger (allgemein als Tataren bezeichnet) stammten aus dem riesigen mongolischen Reich Dschingis Khans. In seiner Blütezeit erstreckte es sich vom Schwarzen Meer bis zum Pazifik. Die Tataren überfielen Polen zum ersten Mal 1241. Danach überrollten und zerstörten sie mehrmals große Teile Schlesiens und Kleinpolens, einschließlich des Königssitzes Krakau. So schnell wie sie gekommen waren, verschwanden die Mongolen auch wieder. Bis auf ein paar Legenden (wie etwa die des Lajkonik in Krakau, s. S. 158) hinterließen sie nur wenige Spuren. Kurz darauf zerfiel das mongolische Reich in mehrere, unabhängige Khanate.

Gegen Ende des 14. Jhs. fühlten sich Polen und Litauen mehr und mehr durch den Deutschen Orden bedroht, denn dieser breitete seine Gebiete schnell nach Süden und Osten aus. Litauen, das kurz darauf ein politisches Bündnis mit Polen einging, suchte als Verteidigungsmaßnahme nach Immigranten zur Besiedelung der unbewohnten Grenzgebiete. Es nahm Flüchtlinge und Kriegsgefangene aus den Khanaten auf der Krim und an der Wolga auf. Sie waren Nachfahren aus dem einst mächtigen Reich der Goldenen Horde, das von den Erben Dschingis Khans regiert wurde. Die neuen Siedler waren muslimische Tataren verschiedener Stämme.

Die militärische Einbeziehung der Tataren in polnische Angelegenheiten begann 1410 bei der Schlacht von Grunwald (Tannenberg), in der König Jagiełło den Deutschen Orden besiegte. In dieser Schlacht kämpfte eine kleine Einheit tatarischer Reiter an der Seite der polnisch-litauischen Armee. Von diesem Zeitpunkt an nahm die Zahl der tatarischen Siedler zu, wie auch ihre Teilnahme an Schlachten zur Verteidigung ihrer neuen Heimat. Ende des 17. Jhs. gab es mehrere tatarische Kavallerieregimenter. Sie unterstützten die polnischen Truppen bei zahlreichen Kriegen.

Nach dem Sieg über die Türken in der Schlacht von Wien 1683 schenkte König Jan Sobieski den Tataren, die unter polnischer Flagge gekämpft hatten, Ländereien im Osten Polens. Hier gründeten sie neue Siedlungen und bauten Moscheen. Von diesen Dörfern haben sich nur Kruszyniany und Bohoniki einen Teil ihres tatarischen Erbes bewahrt. Aber auch hier ist außer den Moscheen und den Friedhöfen nur wenig erhalten. Verschiedene Bevölkerungsgruppen haben sich im Lauf der Zeit vermischt oder sind abgewandert, sodass hier heute nur noch wenige Familien rein tatarischer Abstammung leben.

Von den rund 3000 Menschen tatarischer Herkunft leben heute die meisten in den großen Städten wie Warschau, Białystok oder Danzig. An wichtigen Feiertagen versammeln sie sich aber immer noch in Kruszyniany und Bohoniki, da hier Polens einzige Moscheen stehen (abgesehen von einer in den 1990er Jahren in Danzig gebauten Moschee). Normalerweise werden sie auch hier auf einem der beiden tatarischen Friedhöfe beerdigt. Es gibt nur noch einen weiteren in Warschau.

Das Dörfchen **Bohoniki** ist kleiner, ebenso wie seine **Moschee**. Die Atmosphäre und Innenausstattung der Moschee ist ähnlich wie in Kruszyniany, allerdings etwas bescheidener. Auch hier kann die Moschee besichtigt werden. Die Schlüssel erhält man im Haus auf der gegenüberliegenden Straßenseite.

Der **muslimische Friedhof** von Bohoniki liegt 1 km nördlich der Moschee. Am Rande des Dorfes führt links ein Weg zu einem kleinen bewaldeten Areal. Genau wie in Kruszyniany stehen auch hier die älteren Grabsteine weiter innen und sind von Gras und Büschen überwuchert.

In beiden Dörfern gibt es keine Übernachtungsmöglichkeiten, aber Kruszyniany hat ein außergewöhnliches Restaurant in einem Original-Tatarenzelt, einer Yurte. Die **Tatarische Yurte** (☎ 710 84 60; Ul Słowackiego 26; Hauptgerichte 10–20 Zł; 🕑 10–20 Uhr) serviert traditionelle tatarische Gerichte wie *babka ziemniaczana* (Kartoffelküchlein). Da der Raum offen ist, kann man dem Gastgeber sogar bei der Zubereitung zusehen.

Die beiden Dörfer liegen 37 km auseinander und jeweils ca. 50 km von Białystok entfernt. Sie sind nur mit dem Auto erreichbar, öffentliche Verkehrsmittel gibt es nicht.

HAJNÓWKA

☎ **85 / 25 000 Ew.**

Hajnówka liegt am Rande des Waldes von Białowieża und ist das wichtigste Eingangstor zum Nationalpark. Die Stadt wurde im 18. Jh. als Schutzposten für den Wald gegründet. Die polnischen Könige und später die Zaren gingen hier zur Jagd. Die wirkliche Ausbeutung des Waldes begann jedoch erst Anfang des 20. Jhs., als die Zaren mit heftigen Problemen im eigenen Land zu kämpfen hatten. Die Stadt wuchs und ist heute ein Zentrum der lokalen Holzindustrie. Sie hat eine teils polnische, teils weißrussische Bevölkerung.

Praktische Informationen

PTTK-Büro (☎ 682 27 85; Ul 3 Maja 37; 🕑 Mo–Fr 9–17 Uhr, Sa 9–13 Uhr) Hier gibt's Infos über die Region und Landkarten des Nationalparks.

Sehenswertes

Die orthodoxe **Dreifaltigkeitskirche** (Cerkiew Św Trójcy; ☎ 873 29 71; Ul Dziewiatowskiego 13) ist die wichtigste (und eigentlich auch einzige) Sehenswürdigkeit der Stadt. Sie ist eine der schönsten modernen orthodoxen Kirchen Polens. Der Bau wurde in den 1970er Jahren begonnen, aber erst zwei Jahrzehnte später abgeschlossen. Die ungleichmäßige Konstruktion wird von einem gewellten Dach überspannt und hat zwei schlanke Türme, von denen einer 50 m hoch ist. Mit dem kühnen, unkonventionellen Entwurf hat der polnische Architekt Aleksander Grygorowicz einen imposanten Sakralbau geschaffen.

Auch der Innenraum ist gelungen. Unter den Ikonen und Fresken gibt es Werke von Jerzy Nowosielski und die Buntglasfenster stammen von Krakauer Kunsthandwerkern. Sehenswert sind auch der Kronleuchter und die Ikonostase.

Das **Pfarrbüro** (Kancelaria; 🕑 Mo–Sa 10–13 Uhr & 14–17 Uhr) ist im Haus neben der Kirche. Während der Öffnungszeiten ist ein Priester anwesend, der die Kirche aufschließt und eine kleine Führung macht. Ansonsten ist die Kirche nur während der Gottesdienste geöffnet (sonntags 10 Uhr, wochentags 8 Uhr).

Hajnówkas einzige andere Attraktion ist weniger religiös, aber dafür umso bekannter. Die **Bar U Wołodzi** (☎ 682 46 26; Ul 3 Maja 34a) ist in ganz Polen für ihre bizarre Sammlung kommunistischer Erinnerungsstücke berühmt. Im VIP-Zimmer kann man jede Menge sowjetischer Uniformen anprobieren und Schnappschüsse machen.

Schlafen

Die meisten Reisenden machen auf dem Weg nach Białowieża nur einen kurzen Zwischenstopp in Hajnówka. Wer hier aber tatsächlich übernachten will, hat die Wahl zwischen dem freundlichen, modernen **Hotelik Orzechowski** (☎ 682 27 58; www.hotel-orzechowski.com.pl auf Deutsch; Ul Piłsudskiego 14; EZ/DZ/3BZ 100/140/180 Zł) und dem etwas tristen **Dom Nauczyciela** (☎/Fax 682 25 85; Ul Piłsudskiego 6; EZ/DZ/3BZ 60/80/100 Zł).

An- & Weiterreise

Bahnhof und Bushaltestellen liegen direkt nebeneinander im Stadtzentrum südlich der Hauptkreuzung und des Kreisverkehrs. Von Białystok fahren häufig Busse nach Hajnówka (12 Zł, 2 Std., 12-mal tgl.).

Von Warschau gibt es eine Verbindung mit dem Schnellzug ab Warszawa Wschodnia bis Siedlce, von dort geht es weiter mit dem D-Zug nach Hajnówka (40 Zł, 4½ Std., 2-mal tgl.). Außerdem gibt es täglich einen Direktzug von Warschau nach Hajnówka (4 Std.).

BIAŁOWIEŻA-NATIONALPARK

☎ 85

Der Białowieża-Nationalpark (Białowieski Park Narodowy) ist der älteste Nationalpark des Landes und für seine Wisente berühmt. Hier ist es gelungen, diese europäischen Verwandten des Bisons wieder auszuwildern. Der Nationalpark schützt nur einen kleinen Teil des wesentlich größeren Urwalds von Białowieska (Puszcza Białowieska). Er erstreckt sich zu beiden Seiten der polnisch-weißrussischen Grenze.

Die *puszcza* (der Urwald) war einst ein riesiges, kaum zugängliches Waldgebiet, das sich über Hunderte von Kilometern erstreckte. Heute ist es auf eine Fläche von rund 1200 Quadratkilometern geschrumpft und liegt ungefähr jeweils zur Hälfte in Polen und in Weißrussland. Im 15. Jh. war der Urwald der private Jagdgrund der polnischen Monarchen und später der russischen Zaren. Im Ersten Weltkrieg fiel er dann in die Hände der deutschen Besatzer, die rund 5 Mio. m^3 Holz fällten. Die Randgebiete des Waldes wurden nach und nach besiedelt und mehr Bäume wurden gefällt. Dadurch verringerte sich die Fläche des Waldes und sein Ökosystem veränderte sich. Dennoch blieb das wilde Kerngebiet dieses großen Urwalds, der lange unter dem Schutz des königlichen Patronats stand, erhalten. Heute ist er der größte ursprüngliche Auenwald Europas.

Kurz nach dem Ersten Weltkrieg wurde der Kernbereich der *puszcza* zum Naturschutzgebiet erklärt und dann 1932 formell in einen Nationalpark umgewandelt. Der Park ist heute 105 km^2 groß, davon sind 47 km^2 streng geschützt. Er gehört zum Weltkulturerbe der Unesco.

Orientierung

Das Dorf Białowieża ist ein guter Ausgangspunkt für Exkursionen in den Nationalpark. Es liegt 85 km südöstlich von Białystok. Hier gibt es Unterkünfte und Verpflegung sowie mehrere Reisebüros, die Ausflüge in den streng geschützten Bereich des Nationalparks organisieren.

Das Dorf erstreckt sich über 3 km am Südrand des Nationalparks. Im Zentrum liegt der rechteckige Schlosspark (Park Pałacowy) mit dem Museum für Naturgeschichte. Die Touristeninformation und das Hotel Żubrówka befinden sich am Südeingang des Park Pałacowy, die Jugendherberge ist in der Nähe des Osteingangs.

Der Bus aus Hajnówka hält in Białowieża an drei Bushaltestellen: am Dorfeingang gegenüber dem Campingplatz, am Hotel Żubrówka (am nächsten zum PTTK-Büro) und an der Post (am nächsten zur Jugendherberge und zum Museum).

Man sollte sich direkt bei der Ankunft in einem der Reisebüros nach einer Tour durch den streng geschützten Bereich des Nationalparks erkundigen. Dieser Kernbereich darf nämlich nur mit einem Reiseleiter betreten werden. Es kann eine Weile dauern, bis eine Tour organisiert ist oder man eine Gruppe beisammen hat, um die Kosten zu teilen. In der Zwischenzeit bietet das Museum eine gute Einführung in den Lebensraum und die Tier- und Pflanzenwelt des Waldes.

KARTEN & STADTPLÄNE

Empfehlenswert ist eine Wanderkarte im Maßstab 1:85 000. Von ATI Kart gibt es eine englischsprachige Karte *Białowieża Forest & Neighbourhood* mit Informationen sowie Stadtplänen von Hajnówka und Białowieża. Sie ist in Buchhandlungen in Warschau und Białystok und in den PTTK-Büros in Hajnówka und Białowieża erhältlich.

Praktische Informationen

GELD

Vor dem **Hotel Żubrówka** (☎ 681 23 03; www.hotel-zubrowka.pl auf Polnisch, deutsche Version im Aufbau; Ul Olgi Gabiec 6) steht ein Geldautomat, aber auch die Hotelrezeption wechselt Geld.

REISEBÜROS

Mehrere Reisebüros organisieren Touren durch den Nationalpark. Wichtigster Anbieter ist das PTTK-Büro, das deutsche, englische und russische Führungen durch den streng geschützten Teil des Nationalparks anbietet (180 Zł für bis zu 3 Std., danach 60 Zł pro Std.). Außerdem werden Parkausflüge mit der *britzka* (dem Pferdewagen) und im Winter mit dem Pferdeschlitten (ab 125 Zł für vier Personen) organisiert. Das Büro verleiht auch Fahrräder (5 Zł pro Std., 25 Zł pro Tag).

Weitere Agenturen mit mehrsprachigen Guides:

Biuro Turystyki Ryś (☎ 681 22 49, 0608 582 840; Ul Krzyże 22)

Nature Tour (☎ 681 20 07, 0606 443 007; naturetour@wp.pl; Park Dyrekcyjny 4/1)

TOURISTENINFORMATION

Besucherzentrum des Nationalparks (☎ 681 29 01; www.bpn.com.pl auf Englisch; Park Pałacowy; Di–So 8–16 Uhr) Eine kleine Holzhütte am Osteingang des Park Pałacowy. Informationen über den Park gibt's auch im Museum für Naturgeschichte.

PTTK-Büro (Biuro Usług Turystycznych PTTK; ☎ 681 22 95; www.pttk.bialowieza.pl auf Englisch; Ul Kolejowa 17; Mo–Fr 8–16 Uhr, Sa 8–15 Uhr) Vermittelt Unterkünfte, Parkführungen und Mietfahrräder.

Sehenswertes

SCHLOSSPARK (PARK PAŁACOWY)

1894 wurde ein Schloss für den russischen Zaren auf dem Areal eines früheren Jagdschlösschens der polnischen Könige errichtet. Drumherum wurde der **Schlosspark** angelegt (Park Pałacowy; Eintritt frei; 24 Std. geöffnet). Die **Russisch-Orthodoxe Kirche** neben dem Osteingang des Parks stammt aus derselben Zeit. Der südliche Eingang des Schlossparks neben dem PTTK-Büro führt zu einem Fischteich und einem **Obelisken**. Dieser erinnert an eine Wisentjagd von König August III. von Sachsen im Jahr 1752. Die königliche Ausbeute an jenem Tag waren 42 Wisente, 13 Elche und zwei Rehe.

Der Hauptweg führt an einem **Tor** aus Ziegelsteinen vorbei, dem einzigen Überbleibsel des Zarenschlosses. Der Rest wurde 1944 von den Nationalsozialisten niedergebrannt. Hier steht heute das **Museum für Naturgeschichte** (Muzeum Przyrodniczo-Leśne; ☎ 681 22 75; Park Pałacowy; Erwachsene/ermäßigt 10/5 Zł, Aussichtsturm 5/2,50 Zł; Mitte April–Sept. Mo–Fr 9–16.30 Uhr, Sa & So 9–17 Uhr, Okt.–Mitte April Di–So 9–16 Uhr). Es zeigt Ausstellungen zur Geschichte des Nationalparks, zur Archäologie und Ethnografie der Region sowie Pflanzen und Tiere, die im Nationalpark leben. Hierzu gehört auch ein Exemplar der berühmten Wisente. Das Museum hat auch einen Aussichtsturm mit tollem Ausblick über das Dorf. Direkt nördlich des Museums lieg ein 250 Jahre alter Eichenhain.

Der Haupteingang zum streng geschützten Areal des Nationalparks liegt hinter der nordwestlichen Ecke des Schlossparks.

STRENG GESCHÜTZTES GEBIET DES BIAŁOWIEŻA-NATIONALPARKS

Bereits 1921 unter Schutz gestellt, ist das streng geschützte Gebiet (Obszar Ochrony Ścisłej; Erwachsene/Kinder 10/5 Zł) der älteste Teil des Nationalparks. Es umfasst rund 4750 ha Urwald, der im Norden und Westen von den sumpfigen Flüssen Hwożna und Narewka und im Osten vom Urwald des weißrussischen Bielawiezskaja-Nationalparks begrenzt wird.

Das Terrain ist überwiegend flach, teils sumpfig und von Mischwäldern aus Eichen, Weißbuchen, Fichten und Kiefern bedeckt. Alte Bäume erreichen hier gigantische Ausmaße. Es gibt 50 m hohe Fichten und Eichen mit 2 m Durchmesser. Einige Eichen sind über 500 Jahre alt. Im Wald leben selten gewordene Säugetiere: Elche, Hirsche, Rehe, Wildschweine, Luchse, Wölfe, Biber und natürlich der unangefochtene König der *puszcza*, der Wisent. Außerdem gibt es hier über 120 Vogelarten, darunter Eulen, Kraniche, Storche, Haselhühner und neun verschiedenen Spechtarten.

Das streng geschützte Gebiet darf nur in Begleitung offizieller Guides betreten werden. Sie können über Reisebüros (s. Infos S. 127) gebucht werden. Man durchquert den Park zu Fuß, mit der Kutsche oder im Winter mit einem Pferdeschlitten. Eine durchschnittliche Tour dauert drei Stunden, es gibt aber auch längere Routen zu entlegeneren Gebieten (fünf Stunden und mehr).

Beim Wandern erlebt man den Wald am intensivsten. Die meisten Besucher entscheiden sich dafür. Die normale Route führt über einen 8 km langen Wanderweg und dauert etwa vier Stunden. Im Frühjahr (von März bis April) ist der Nationalpark ziemlich sumpfig und wird manchmal für Besucher geschlossen.

WISENTRESERVAT

Wer keine Zeit für eine Führung durch das streng geschützte Gebiet hat, kann einige der Tiere auch im Wisentreservat (Rezerwat Żubrów; ☎ 681 23 98; Erwachsene/ermäßigt 6/3 Zł; Mai–Sept. tgl. 9–17 Uhr, Okt.–April Di–So 8–16 Uhr) aus der Nähe kennen lernen. Hier werden die typischen Bewohner der *puszcza* wie Wisente, Elche, Wildschweine, Wölfe, Hirsche und Rehe in großen, rustikalen Gehegen gehalten. Etwas ganz Besonderes ist das *żubroń*, eine in Białowieża gezüchtete Kreuzung aus Wisent und Kuh. Das Zuchtergebnis ist erfolgreich: Das *żubroń* wird inzwischen größer als das Wisent selbst und erreicht bis zu 1200 kg Gewicht.

Eine weitere Besonderheit ist der Tarpan *(Equus caballus gomelini)*, ein kleines, kräftiges, mausgraues Pferd mit einem dunklen Streifen auf dem Rücken. Er ist mit dem polnischen Wildpferd *(Equus ferus silvestris)* verwandt, das einst in der ukrainischen Steppe lebte, aber im 19. Jh. ausstarb. Der Tarpan im Reservat ist das Ergebnis einer kontrollierten Zucht aus den 1930er Jahren. Die charakteristischen Merkmale der Rasse blieben erhalten.

Das Reservat liegt 3 km westlich des Schlossparks (über die Straße 4,5 km). Es ist zu Fuß über den grünen oder gelben Wanderweg erreichbar, die beide am PTTK-Büro losgehen. Ein weiterer Wanderweg mit dem hübschen Namen Żebra Żubra (Wisentrippchen) führt ebenfalls zum Reservat. Vom PTTK-Büro kann man auch eine Kutsche nehmen.

WEG DER KÖNIGLICHEN EICHEN

3 km nördlich des Wisentreservats liegt der Weg der Königlichen Eichen (Dęby Królewskie). Der kurze Wanderweg schlängelt sich durch die Bäume. Einige sind über 400 Jahre alt. Jeder Baum trägt den Namen eines polnischen oder litauischen Monarchen. Der dickste Brocken ist Stefan Batory: Er hat einen Umfang von 5,10 m, ist 40 Meter hoch und 450 Jahre alt.

Zu den Königlichen Eichen gelangt man über die Straße von Białowieża Richtung Narewka (blauer Weg neben dem PTTK-Büro). Nach 5 km kommt eine Kreuzung, an der es nach rechts noch etwa 200 m auf einer Piste bis zu den Eichen sind. Vom Wisentreservat kann man auch den gelben Wanderweg (3 km) nehmen. Eine Kutschfahrt zum Wisentreservat führt an den Königlichen Eichen vorbei.

Schlafen & Essen

In Białowieża gibt es neben den hier aufgelisteten eine ziemlich große Auswahl an preisgünstigen Unterkünften. An der Straße ins Dorf stehen jede Menge Schilder, die *pokoj gościnne* (Gästezimmer) in Privathäusern (25 bis 35 Zł pro Person) anbieten.

Jugendherberge Paprotka (☎ 681 25 60; www.paprotka.com.pl auf Englisch; Ul Waszkiewicza 6; Schlafsaal 14–19 Zł, DZ 50 Zł) Eine einladende Jugendherberge in einem alten Holzhaus hinter dem senffarbenen Schulgebäude. Neben ein paar Doppel- und Vierbettzimmern gibt es hier Schlafsäle für sechs bis zwölf Personen, eine Küche und einen hübschen, großen Aufenthaltsraum mit offenem Kamin.

Pensjonat Unikat (☎ 681 27 74; www.unikat.bialowieza.com auf Polnisch, deutsche Version im Aufbau; Ul Waszkiewicza 39; DZ/3BZ/4BZ 100/120/140 Zł; Ⓟ) 300 m hinter der Jugendherberge steht dieses

MASOWIEN & PODLASIEN

DER WISENT – GERADE NOCH MAL DAVON GEKOMMEN

Der Wisent *(Bison bonasus; żubr* auf Polnisch) ist Europas größtes Landsäugetier. Ein Wisent kann manchmal sogar über 1000 kg schwer und bis zu 25 Jahre alt werden. Die mächtigen Rinder sehen zwar ziemlich schwerfällig aus, erreichen aber, wenn es darauf ankommt, ein Tempo von fünfzig Stundenkilometern.

Wisente lebten früher auf dem ganzen europäischen Kontinent. Durch die zunehmende Abholzung der Wälder in Westeuropa wurden sie aber immer weiter nach Osten gedrängt. Im 19. Jh. gab es nur noch paar Hundert frei lebende Wisente im Urwald von Białowieża. 1916 waren es noch etwa 150 Tiere – drei Jahre später waren auch diese vollständig ausgerottet. Es lebten nur noch etwa 50 Wisente in verschiedenen Zoos rund um den Globus.

1929 startete dann in Białowieża ein Versuch, die Wisente vor dem endgültigen Aussterben zu retten. Mehrere Zootiere wurden in ihrer natürlichen Umgebung wieder ausgesetzt. Und der Versuch glückte: Heute leben allein im Urwald von Białowieża wieder mehr als 300 Tiere, weitere 350 wurden an verschiedenen Orten in Polen angesiedelt. Viele Wisente aus Białowieża wurden auf europäische Zoos und Wildparks verteilt, sodass man die heutige Population auf etwa 2500 Tiere schätzt.

rustikale Gästehaus mit 50 Betten. Es ist wie eine Jagdhütte aufgemacht: überall Holzverkleidungen, ein Wisentkopf über dem Kamin und Hirschfelle an den Wänden über den Betten.

Dom Turysty PTTK (☎ 681 25 05; Park Pałacowy; DZ/3BZ/4BZ 80/96/120 Zł) Der Pavillon aus rotem Ziegelstein aus dem 19. Jh. liegt im Schlosspark und wird vom PTTK-Büro betrieben. Die Zimmer sind einfach und klein, haben aber eigene Badezimmer. In einem Bistro gibt's preiswerte Mahlzeiten. Da das Dom Turysty bei Schülern und Studenten sehr beliebt ist, wird es hier manchmal voll und laut.

Hotel Żubrówka (☎ 681 23 03; www.hotel-zubrowka.pl auf Polnisch, deutsche Version im Aufbau; Ul Olgi Gabiec 6; EZ 260–290 Zł, DZ 290–320 Zł, Suite 380–900 Zł; Ⓟ 💻) Das Hotel der Best Western-Kette ist das schickste am Ort und widmet sich ebenfalls dem Thema Jagdhütte: Zimmer mit dunklen Holzmöbeln, viele rote Ziegelsteine, Holzbalken und Wisentköpfe hinter der Rezeption. Die Suiten haben offene Kamine.

Hotel Białowieski (☎ 681 20 22; www.hotel.bialowieza.pl auf Deutsch; Ul Waszkiewicza 218b; EZ 140–170 Zł, DZ 170–200 Zł, Suite 390 Zł; Ⓟ 💻) Die Zimmer im kinderfreundlichen Hotel Białowieski sind hell und modern und genauso komfortabel wie im Żubrówka, nur nicht ganz so gemütlich. Viele Zimmer haben Balkone mit Blick in den Garten. Hinter dem Hotel gibt's einen Spielplatz.

Camping U Michała (☎ 681 27 03; Ul Krzyże 11; pro Person 14–16 Zł) Der Campingplatz ist gut ausgestattet und komfortabel. Er liegt direkt neben der Hauptstraße am Dorfeingang, nur fünf Minuten zu Fuß vom PTTK-Büro entfernt. Es gibt warme Duschen, Grillplätze und Stromanschlüsse für Gäste mit Wohnwagen.

Die Restaurants in den Hotels Białowieski und Żubrówka sind recht gut. Gegenüber dem Żubrówka ist eine Pizzeria und am Parkplatz hinter dem PTTK-Büro steht ein Grillimbiss. Selbstversorger finden alles Notwendige im Lebensmittelladen **Sklep Jarzębinka** (🕑 Juli & Aug. Mo–Sa 7–22 Uhr, So 8–22 Uhr, Sept.–Juni Mo–Sa 7–21 Uhr, So 11–19 Uhr) gegenüber vom Hotel Żubrówka.

An- & Weiterreise

Die PKS-Busse von Hajnówka nach Białowieża (4,40 Zł, 1 Std., 8-mal tgl.) fahren am Busbahnhof Hajnówka (vor dem Bahnhof) an der Haltebucht 2 ab. Auch Busse des privaten Busunternehmens Oktobus fahren nach Białowieża (7-mal tgl). Ihre Haltestelle ist vor dem auffälligen CTO-Laden an der Hauptstraße von Hajnówka, der Ul 3 Maja.

Außerdem gibt es zwei oder drei direkte Busverbindungen pro Tag von Białystok nach Białowieża (13 Zł, 2 Std.).

GRABARKA

Der **Heilige Berg von Grabarka** ist den meisten katholischen Polen kaum ein Begriff. Für die Orthodoxe Polnische Kirche ist er aber eine der wichtigsten Pilgerstätten. Der „Berg" (eher ein bewaldeter Hügel) liegt abseits der Hauptstraßen und der großen Städte 1 km östlich des unbedeutenden Dorfes Grabarka. Die einzige größere Stadt in der Region ist Siemiatycze, 9 km weiter westlich.

Im Wald oben auf dem Hügel verstecken sich ein **Kloster** und eine **Kirche**. Die Holzkirche aus dem 18. Jh. ging 1990 in Flammen auf, wurde aber in ähnlicher Form wieder aufgebaut. Das Kloster wurde nach dem Zweiten Weltkrieg gegründet. Es sollte den Nonnen aus den ehemals fünf orthodoxen Orden, die nach dem Krieg im ganzen Land umherirrten, ein neues Zuhause zu geben. Seitdem ist Grabarka zum größten orthodoxen Pilgerzentrum Polens herangewachsen.

Am beeindruckendsten ist der Hügel der Kreuze. Hier stehen über 20 000 Kreuze in verschiedenen Formen und Größen, von 5 cm Miniaturkreuzen bis zu meterhohen Gebilden. Die Geschichte der Kreuze von Grabarka geht auf das Jahr 1710 zurück. Damals wütete eine Choleraepidemie in der Region und viele Menschen starben. Als die Katastrophe ihren Höhepunkt erreicht hatte, kam ein geheimnisvolles Zeichen vom Himmel. Die Menschen sollten ein großes Kreuz bauen und es auf den nahen Hügel tragen. Wer es bis auf den Hügel schaffte, entging dem Tod. Kurz darauf war die Epidemie vorbei. Der Hügel wurde zu einem wundertätigen Ort erklärt und eine Danksagungskirche wurde errichtet. Seitdem bringen Pilger Kreuze mit und stellen sie neben dem ersten Kreuz auf.

Der höchste Feiertag in Grabarka ist **Spas** (der Tag der Verklärung Christi) am 19. August. Die Feierlichkeiten beginnen am Vortag um 18 Uhr mit Messen und Gebeten. Sie dauern die ganze Nacht und gipfeln am folgenden Tag um 10 Uhr in der Großen Liturgie unter Leitung des Metropolitans der orthodoxen Kirche Polens. Bis zu 50 000 Menschen aus dem ganzen Land nehmen daran teil.

Bevor sie auf den heiligen Hügel steigen, führen die Gläubigen im Fluss am Fuß des Hügels rituelle Waschungen durch und trinken aus der heiligen Quelle. Ihr Wasser soll Wunder vollbringen können. Manche füllen das Wunderwasser in große Flaschen ab, damit sie auch zu Hause vor Unheil geschützt sind und mit dem Wasser Kranke heilen können. Die mitgebrachten Kreuze werden gesegnet und dann zu der spektakulären Sammlung hinzugefügt.

In dieser Nacht verwandelt sich der Wald in einen riesigen Park- und Campingplatz: Autos und Zelte stehen auf jedem freien Fleck zwischen den Bäumen. Neben diesen modernen Pilgern gibt es immer noch viele ältere, traditionell gesinnte Besucher. Sie kommen zu Fuß ohne Campingausrüstung und wachen die ganze Nacht. Das Licht ihrer dünnen Kerzen unterstreicht die mystische Atmosphäre.

Wer selbst an dieser magischen Nacht teilnehmen möchte, hat demnach zwei Optionen – im Zelt schlafen oder wach bleiben. Natürlich macht auch der Kommerz vor dieser Veranstaltung nicht Halt: Es gibt zahlreiche Verkaufsstände mit Essen, Getränken und Devotionalien, darunter CDs und Kassetten mit orthodoxer Kirchenmusik.

An- & Weiterreise

Vom Bahnhof Sycze (ein Bahnsteig auf einsamer Flur) ist es nur ein kurzer Spaziergang zum Hügel. Sycze wird von Siedlce (10 Zł, 1¼ Std., 5-mal tgl.) und Hajnówka (10 Zł, 1½ Std., 4-mal tgl.) angefahren. Außerdem kommt jeden Tag ein Direktzug aus Warschau (30 Zł, 3 Std.).

Der Heilige Berg ist etwa 1 km vom Bahnsteig entfernt. Es gibt keine Hinweisschilder, aber der gelbe Fußpfad nach Süden führt ans Ziel. Kommt man aus Richtung Hajnówka an, muss man vom Bahnsteig aus der Straße nach links folgen. Die Straße macht später eine Rechtskurve, aber nimmt den Weg geradeaus in den Wald – dort stößt man auf den Fußpfad und Hinweisschilder.

Krakau (Kraków)

INHALT

Krakau ist die drittgrößte Stadt Polens. Hierher kommen mit Abstand die meisten Besucher. Krakau war über ein halbes Jahrtausend Königssitz und ist daher mehr mit der Geschichte Polens verknüpft als jede andere Stadt des Landes. Sie ist wundersamerweise die einzige große polnische Stadt, die den Zweiten Weltkrieg unbeschadet überstanden hat. Krakau – das sind die Altstadt mit ihren gotischen Kirchen, das prächtige Königsschloss, die Kathedrale auf dem Wawel, die stillen Synagogen des ehemaligen jüdischen Viertels von Kazimierz und die vielen ungewöhnlich gut erhaltenen historischen Gebäude aus dem Mittelalter und der Renaissance.

Keine andere polnische Stadt besitzt so viele historische Bauten und Denkmäler und nirgendwo sonst im Land sind so viele Kunstwerke (2,5 Mio.) an einem Ort versammelt. Das Zentrum Krakaus besitzt einen so hohen historischen und kunsthistorischen Wert, dass die Unesco es 1978 auf ihre erste Welterbeliste setzte. Krakau war schon immer und ist bis heute ein Zentrum polnischer Kultur. Viele wichtige Vertreter der zeitgenössischen Kunst und Kultur – zum Beispiel Andrzej Wajda, Roman Polański und Krzysztof Penderecki, um nur einige zu nennen – fühlen sich mit Krakau verbunden; auch zwei Literaturnobelpreisträger, Czesław Miłosz und Wisława Szymborska, leben hier. Außerdem stammte der erste polnische Papst, Johannes Paul II., aus Krakau.

Krakau wirklich kennen zu lernen dauert mehrere Tage oder sogar eine ganze Woche. Je länger man bleibt, desto faszinierender wird die Stadt. Hier findet außerdem fast immer irgendein Festival oder Event statt.

HIGHLIGHTS

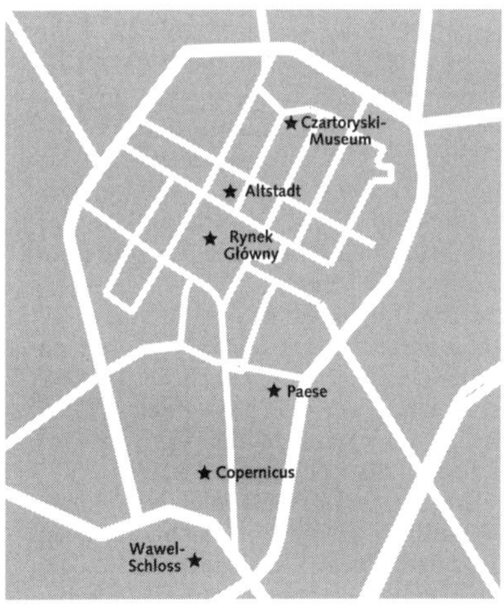

- **Geschichte**
  Gang durch die polnische Historie im großartigen Königsschloss (S. 139)
- **Kultur Leonardo da Vincis**
  Porträt einer Dame mit Hermelin im Czartoryski-Museum (S. 145)
- **Relaxen**
  In den vielen Cafés am Hauptmarkt (Rynek Główny; S. 144)
- **Ungewöhnlich**
  Das einzigartige Mikroklima im Salzbergwerk Wieliczka (S. 154)
- **Essen & Trinken**
  Herrlich schlemmen im Paese (S. 164) oder Copernicus (S. 164)
- **Freizeit**
  Der ultramoderne Aqua-Komplex Park Wodny (S. 155)
- **Romantisch**
  Eine Fahrt mit der Pferdekutsche durch die Altstadt (S. 155)

VORWAHL: 12	BEVÖLKERUNG: 770 000	FLÄCHE: 327 KM²

GESCHICHTE

Die ersten Belege für das Bestehen der Stadt stammen aus dem 7. Jh. Im 8. und 9. Jh. ist Krakau eine der Siedlungen der westslawischen Wislanen, die mehrere Jahrhunderte später ganz Kleinpolen (Małopolska) besiedeln. Die erste schriftliche Erwähnung stammt von 965: Ibrahim ibn Yaqub, ein arabischer Kaufmann jüdischer Abstammung aus Cordoba, besucht die Stadt und erwähnt in seinen Reiseaufzeichnungen das Handelszentrum Krakwa.

Im Jahr 1000 entsteht das Bistum Krakau und 1038 wird Krakau zur Hauptstadt des Piasten-Königreichs. Im 11. Jh. werden die Burg auf dem Wawel und mehrere Kirchen gebaut. Die Stadt, die um den Hügel herum angeordnet ist, nimmt an Größe und gleichzeitig Macht zu.

1241 überrennen die Tataren Krakau und brennen die überwiegend aus Holz gebaute Stadt nieder. 1257 entsteht die neue Stadtmitte im Schachbrettmuster mit einem zentralen Marktplatz. Ziegel und Steine ersetzen weitgehend das Holz als Baumaterial. Die Gotik ist jetzt der vorherrschende Baustil.

Mit der Herrschaft König Kazimierz Wielki, einem Förderer von Kunst und Wissenschaften, brechen gute Zeiten an. 1364 gründet er die Akademie von Krakau (die später in Jagiellonen-Universität umbenannt wird). Sie ist zu dieser Zeit die zweitgrößte Universität Europas (nach Prag). Im letzten Jahrzehnt des 15. Jhs. studiert hier der Astronom Nikolaus Kopernikus, der später seine heliozentrische Theorie vom Universum entwickelt.

Im 16. Jh. erreicht das aufstrebende Krakau wirtschaftlich und kulturell einen Höhepunkt. Die mittelalterliche Wawel-Burg weicht einem mächtigen Palast, Wissenschaft und Lehre blühen und die Einwohnerzahl überschreitet die 30 000.

Dieser Zustand ist leider nicht von Dauer. 1596 wird die Hauptstadt nach Warschau verlegt und obwohl Krakau weiterhin der Schauplatz von Krönungen und Königsbegräbnissen bleibt, residieren König und Hofstaat nun in Warschau – auch das politische und kulturelle Leben wandert dorthin ab. Die schwedische Invasion von 1655 richtet großen Schaden an. Die zahlreichen Invasionen im 18. Jh. beschleunigen den Niedergang zusätzlich. Am Ende des Jahrhunderts liegt die Einwohnerzahl nur noch bei 10 000. In der Folge der dritten polnischen Teilung fällt Krakau unter österreichische Herrschaft.

Österreich übt von allen drei Besatzern des Landes (Preußen, Russland und Österreich) die wenigsten Repressionen aus und die Stadt genießt ein vernünftiges und zunehmendes Maß an kultureller und politischer Freiheit. In den letzten Jahrzehnten des 19. Jhs. hat sich Krakau wieder zu einer Hochburg der polnischen Kultur und zur heimlichen Hauptstadt des Landes Polen entwickelt, das formal nicht existiert. In den 90er Jahren des 19. Jhs. entsteht hier die künstlerische Avantgardebewegung Młod Polska (Junges Polen). Von hier geht auch eine nationale Unabhängigkeitsbewegung aus, aus der später die Polnischen Legionen unter Józef Piłsudski hervorgehen.

Als der Zweite Weltkrieg ausbricht, wohnen 260 000 Menschen in Krakau, darunter 65 000 Juden. Während des Kriegs werden auch in Krakau jüdische Einwohner in aller Stille abgeholt, die niemals wieder gesehen werden. Die Deutschen plündern die Stadt zwar gründlich, größere Schlachten oder Bombardierungen bleiben ihr aber erspart. Damit ist Krakau praktisch die einzige polnische Stadt, deren alte Bausubstanz nicht im Krieg zerstört wurde und nahezu intakt geblieben ist.

Nach der Befreiung errichten die kommunistischen Machthaber in Windeseile das gigantische Stahlwerk Nowa Huta nur wenige Kilometer vom historischen Stadtkern entfernt. Sie wollen die festen intellektuellen und religiösen Strukturen der Stadt aufbrechen. Das gesellschaftliche Experiment hat weniger durchschlagenden Erfolg als das unerwartete Nebenprodukt: die katastrophalen Folgen für die Umwelt. Baudenkmäler, die das Wüten der Tataren, der Schweden, der Nazis und viele Naturkatastrophen überstanden haben, werden nach und nach von saurem Regen und Giftgas zerfressen.

Durch Nowa Huta und die anderen neuen Vorstädte wächst Krakau nach dem Krieg um das Dreifache an. Sie ist Polens drittgrößte Stadt nach Warschau und Łódź. Der historische Kern hat sich allerdings kaum verändert – er ist immer noch politischer, administrativer und kultureller Mittelpunkt der Stadt.

ORIENTIERUNG

Das Schöne an Krakau ist, dass quasi alles bequem erreichbar ist und sich das meiste in der Altstadt konzentriert. Sogar Konsulate, die sonst oft ruhige Wohngebiete außerhalb der City bevorzugen, sitzen hier direkt im Herzen des historischen Viertels.

Die Altstadt ist rund 800 m breit und 1,2 km lang. Sie gruppiert sich um den zentralen Hauptmarkt (Rynek Główny) herum und wird vom Planty eingerahmt, einem heute aufgeschütteten und begrünten ehemaligen Wehrgraben. An der Südspitze der Altstadt liegt der Wawel-Hügel mit dem Königsschloss, dahinter schließt sich das Viertel Kazimierz an.

Bus- und Bahnhof liegen nebeneinander am nordöstlichen Rand der Altstadt. Der Hauptmarkt, das Herz der Stadt, ist etwa 600 m vom Bahnhof entfernt. Der Flughafen Kraków-Balice (auch nach Johannes Paul II. benannt) liegt 12 km westlich des Stadtzentrums und ist mit einer regulären Buslinie zu erreichen. Bei Taxis darauf achten, dass sie lizenziert sind und ein Taxameter haben. Weitere Infos zum Flughafentransfer gibt es auf S. 168.

Karten & Stadtpläne

In den Touri-Infos liegen sehr gute Stadtpläne kostenlos aus. Für einen Kurzbesuch reichen sie allemal aus. Soll es etwas detaillierter sein, auf den Stadtplan *Falk Kraków* im Maßstab 1:20 000 von **Pascal** (www.pascal.onet.pl auf Polnisch) zurückgreifen, der auch einen Plan der Altstadt im Maßstab 1:10 000 und einen Plan von Nowa Huta (1:30 000) bietet. Er kostet etwa 6 Zł und ist in den meisten Buchläden zu bekommen.

PRAKTISCHE INFORMATIONEN

Buchläden

Columbus (Karte S. 140–141; ☎ 431 20 98; Ul Grodzka 60)

EMPiK (Karte S. 140–141; ☎ 429 45 77; Rynek Główny 5) Gute Auswahl englischsprachiger Romane und internationaler Zeitungen und Zeitschriften. Die Kartenabteilung ist gut sortiert.

Inter Book (Karte S. 140–141; ☎ 632 10 08; Ul Karmelicka 27)

Jarden Jewish Bookshop (Karte S. 149; ☎ 421 71 66; Ul Szeroka 2) Die größte Buchauswahl zu jüdischen Themen. Liegt im Viertel Kazimierz.

Massolit Books & Café (☎ 432 41 50; Ul Felicjanek 4) Verkauft neue und gebrauchte englischsprachige Bücher, zum Beispiel auch zur polnischen Geschichte und Literatur.

Sklep Podróżnika (Karte S. 140–141; ☎ 429 14 85; Ul Jagiellońska 6) Super Auswahl an Landkarten und Stadtplänen.

Szawal (Karte S. 140–141; ☎ 421 53 61; Ul Długa 1)

Geld

Bargeld wechseln die zahlreichen *kantors* (private Wechselstuben) in der Altstadt. Einige sind auch sonntags offen, bieten dann aber schlechtere Kurse. Besser ist es, spätestens am Samstag genug polnisches Geld für das ganze Wochenende zu besorgen. Geldautomaten sind überall im Stadtzentrum.

Bank Pekao (Karte S. 140–141; Rynek Główny 31) Hier kann man noch Reiseschecks einlösen. Barauszahlung mit Visa- und MasterCard-Kreditkarten am Schalter und am Automaten vor der Tür.

Infos im Internet

www.cracow-life.com/krakau_polen.php Viele Tipps zum Essen, Trinken und Ausgehen auf Deutsch.

www.explore-krakow.com Englischsprachige Infos zu Sehenswürdigkeiten und Aktivitäten.

www.krakow-info.com Super Einführung in die Stadt, allerdings wieder auf Englisch.

Willkommen in Krakau (www.krakow.pl auf Deutsch & Englisch) Umfangreiche touristische und kulturelle Informationen und vieles mehr.

Internetzugang

In der Stadt gibt es Internetcafés in Hülle und Fülle. Alle unten genannten Cafés liegen am Hauptmarkt bzw. im Umkreis von 100 m und sind mindestens bis 22 Uhr, manche sogar bis Mitternacht geöffnet. Die Preise schwanken, aber eine Stunde kostet um die 5 Zł.

Cafe Internet br@cka (Karte S. 140–141; ☎ 421 78 52; Ul Bracka 3–5)

Cafe Internet Citiplex Ars (Karte S. 140–141; ☎ 421 41 99; Ul Św Jana 6)

Cafe Internet e-network (Karte S. 140–141; ☎ 431 23 94; Ul Sienna 14)

Cyber Café U Luisa (Karte S. 140–141; ☎ 421 90 92; Rynek Główny 13)

InterMark Internet Club (Karte S. 140–141; ☎ 422 03 19; Ul Floriańska 30)

Klub Garinet (Karte S. 140–141; ☎ 423 22 33; Ul Floriańska 18)

Klub Internetowy Pl@net (Karte S. 140–141; ☎ 292 76 85; Rynek Główny 24) Praktisch, weil direkt am Hauptmarkt.

Looz Internet Café (Karte S. 140–141; ☎ 428 42 10; Ul Mikołajska 13)

GROSSRAUM KRAKAU

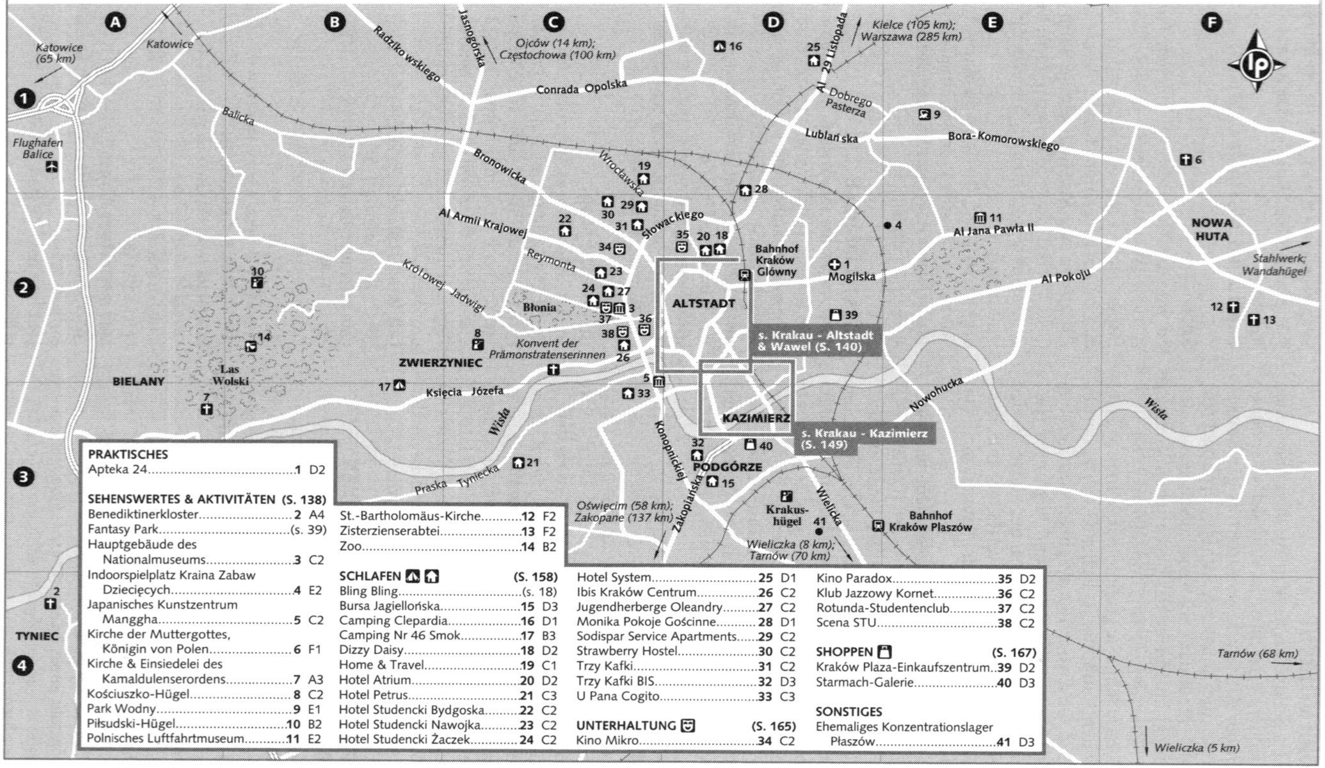

PRAKTISCHES
Apteka 24 .... 1 D2

SEHENSWERTES & AKTIVITÄTEN (S. 138)
Benediktinerkloster 2 A4
Fantasy Park .... (s. 39)
Hauptgebäude des Nationalmuseums 3 C2
Indoorspielplatz Kraina Zabaw Dziecięcych 4 E2
Japanisches Kunstzentrum Manggha 5 C2
Kirche der Muttergottes, Königin von Polen 6 F1
Kirche & Einsiedelei des Kamaldulenserordens 7 A3
Kościuszko-Hügel 8 C2
Park Wodny 9 E1
Piłsudski-Hügel 10 B2
Polnisches Luftfahrtmuseum 11 E2
St.-Bartholomäus-Kirche 12 F2
Zisterzienserabtei 13 F2
Zoo 14 B2

SCHLAFEN (S. 158)
Bling Bling .... (s. 18)
Bursa Jagiellońska 15 D3
Camping Clepardia 16 D1
Camping Nr 46 Smok 17 B3
Dizzy Daisy 18 D2
Home & Travel 19 C1
Hotel Atrium 20 D2
Hotel Petrus 21 C3
Hotel Studencki Bydgoska 22 C2
Hotel Studencki Nawojka 23 C2
Hotel Studencki Żaczek 24 C2
Hotel System 25 D1
Ibis Kraków Centrum 26 C2
Jugendherberge Oleandry 27 C2
Monika Pokoje Gościnne 28 D1
Sodispar Service Apartments 29 C2
Strawberry Hostel 30 C2
Trzy Kafki 31 C2
Trzy Kafki BIS 32 D3
U Pana Cogito 33 C3

UNTERHALTUNG (S. 165)
Kino Mikro 34 C2
Kino Paradox 35 D2
Klub Jazzowy Kornet 36 C2
Rotunda-Studentenclub 37 C2
Scena STU 38 C2

SHOPPEN (S. 167)
Kraków Plaza-Einkaufszentrum .. 39 D2
Starmach-Galerie 40 D3

SONSTIGES
Ehemaliges Konzentrationslager Płaszów 41 D3

IZZET KERIBAR

Warschauer Altstadt und Sigismund-Säule (S. 65)

Kulturpalast, Warschau (S. 74)

KRZYSZTOF DYDYŃSKI

KRZYSZTOF DYDYŃSKI

Łazienki-Park und das Palais auf der Insel (S. 77), Warschau

IZZET KERIBAR

Straßenbahn in Warschau (S. 95)

KRZYSZTOF DYDYNSKI

Polinnen in Trachten bei der Fronleichnamsprozession (S. 108) in Łowicz

KRZYSZTOF DYDYNSKI

Bauernhaus, Nowogród (S. 116)

KRZYSZTOF DYDYŃSKI

Ruinen von Arkadia (S. 109)

Mahnmal, Treblinka II, Treblinka (S. 116)

KRZYSZTOF DYDYNSKI

BRENT WINEBRENNER

Das Königsschloss auf dem Wawel aus dem 16. Jh. (S. 138), Krakau

KRZYSZTOF DYDYŃSKI

Szenecafé in Krakau (S. 165)

Die Tuchhallen (S. 144), Krakau

KRZYSZTOF DYDYŃSKI

MANFRED GOTTSCHALK

Pferdekutsche (S. 155), Krakau

KRZYSZTOF DYDYŃSKI

Burg Krzyżtopór (S. 190), Ujazd

KRZYSZTOF DYDYŃSKI

Burg Krzyżtopór (S. 190), Ujazd

Felsformationen, Krakau-Tschenstochauer Jura (S. 173)

KRZYSZTOF DYDYŃSKI

Bürgerhäuser mit Arkadengängen am Großen Markt, Altstadt von Zamość (S. 212)

KRZYSZTOF DYDYŃSKI

Kulturzentren

Goethe-Institut (Karte S. 140–141; www.goethe.de/ms/kra/deindex.htm auf Deutsch; ☎ 422 69 02; Rynek Główny 20)
Österreichisches Kulturforum (☎ 424 99 30; Ul Krupnicza 42)
Stiftung Judaica (Karte S. 149; ☎ 430 64 49; www.judaica.pl; Ul Meiselsa 17)

Medizinische Versorgung

Die Stadt hat mehr als 200 Apotheken. Im Notfall nennen das **Generalkonsulat der Bundesrepublik Deutschland**, (☎ 424 30 00; Ul Stolarska 7) und der **ADAC** (www.adac.de; ☎ +49–89–76 76 76) deutschsprachige Ärzte.
Apteka 24 (Karte S. 136; ☎ 411 01 26; Ul Mogilska 21) 24-Std.-Apotheke im Osten der Altstadt.
Dent America (Karte S. 140–141; ☎ 421 89 48; Plac Szczepański 3) Eine polnisch-amerikanische Zahnklinik.
Falck (☎ 96 75; Ul Racławicka 26) Hausbesuche und eigener Rettungsdienst.
Medicover (☎ 430 00 34; Ul Krótka 1) Hier arbeiten auch englischsprachige Fachärzte; Laboruntersuchungen.
Mediprof (☎ 421 79 97; Ul Szpitalna 38) Viele englischsprachige Fachärzte.

Notfall

Europaweiter allgemeiner Notruf ☎ 112 über Mobilfunk, s. auch Rubrik „Medizinische Versorgung".
Feuerwehr (☎ 998)
Medizinische Information (☎ 9439)
Polizei (☎ 997)
Touristennotruf (☎ 0800 200 300, Mobilfunk ☎ 601 55 55; 🕑 8–24 Uhr) Deutsch und Englisch.
Unfallrettung (☎ 999)

Post

Hauptpost (Karte S. 140–141; Ul Westerplatte 20; 🕑 Mo–Fr 7.30–20.30 Uhr, Sa 8–14 Uhr, So 9–11 Uhr) Hier können alle Briefe an die Lieben zu Hause abgegeben werden.

Reisebüros

Orbis Travel (Karte S. 140–141; ☎ 422 40 35; Rynek Główny 41) Verkauft Tickets für die öffentlichen Verkehrsmittel und organisiert Touren – siehe S. 156.
Sonata Travel (Karte S. 141–142; ☎ 429 51 65; Ul Św Tomasza 4) STA Travel-Vertretung mit billigen Flugangeboten für junge Menschen und Studenten.

Touristeninformation

Die englischsprachigen Zeitschriften *Welcome to Craców & Małopolska* und *The Visitor: Kraków & Zakopane* gibt's kostenlos in den Touri-Infos, einigen Reisebüros und besseren Hotels. Informativer, vor allem, wenn es um Essen, Trinken und Unterkünfte geht, ist das Büchlein *Kraków in Your Pocket* (5 Zł).
Kulturinformationszentrum (Centrum Informacji Kulturalnej; Karte S. 140–141; ☎ 421 77 87; www.karnet.krakow.pl auf Englisch; Ul Św Jana 2; 🕑 Mo–Fr 10–18 Uhr, Sa 11–16 Uhr) Massenweise Infos und Ticketverkauf für Kulturevents.
Kraków-Touristenkarte (www.krakowcard.com auf Deutsch; 2-/3-Tageskarte 45/65 Zł) Die Krakauer Touristenkarte ist bei den Touristeninformationen erhältlich, sie bietet freie Fahrt im ÖPNV und freien Eintritt in vielen Museen der Stadt.
Małopolska-Touristeninformationszentrum (Karte S. 140–141; ☎ 421 77 06; www.mcit.pl; Rynek Główny 1/3; 🕑 April–Sept. Mo–Fr 9–19 Uhr, Sa & So 9–16 Uhr; Okt.–März Mo–Fr 9–17 Uhr, Sa 9–14 Uhr) Die Hauptstelle der Touristeninfo in den Tuchhallen ist immer überfüllt.
Touristeninformation (Karte S. 149; ☎ 432 08 40; Ul Józefa 7; 🕑 Mo–Fr 9–16 Uhr) Diese Filiale in Kazimierz informiert vor allem über das jüdische Erbe des Viertels.
Touristeninformation (Karte S. 140–141; ☎ 432 01 10; Ul Szpitalna 25; 🕑 Mo–Fr 8–20 Uhr, Sa & So 9–17 Uhr) Kleiner und weniger voll, in der Nähe des Hauptbahnhofs.

GEFAHREN & ÄRGERNISSE

Krakau gilt als ziemlich sicher. Aber natürlich zieht die Stadt nicht nur Touristen an, sondern auch Taschendiebe und andere Kleinkriminelle. Vorsicht im Gedränge ist also schon geboten. Autos sollten nicht an schlecht einsehbaren Orten abgestellt werden, denn Autodiebstähle und -aufbrüche nehmen zu.

Im Zentrum der Altstadt produzieren viele Restaurants, Kneipen und Veranstaltungsorte einen ganz schönen Lärm. Wer einen leichten Schlaf hat, sollte ein Zimmer nach hinten raus buchen. Im Hochsommer ist der Besucheransturm in der Stadt überwältigend, lange Schlangen an den Hauptsehenswürdigkeiten wie dem Königsschloss und Wartezeiten in den beliebteren Restaurants sind unvermeidbar. Viele Pferdekutschen fahren in der Altstadt herum, was manchmal zu brenzligen Situationen mit den Fußgängern führt.

Wie in anderen polnischen Städten auch, passiert es schon mal, dass ganze Museumsabteilungen ohne Vorwarnung oder Nachlass beim Eintrittspreis schließen. Unbedingt also am Eingang das Personal nach den aktuellen Schließzeiten fragen.

SEHENSWERTES

Der Wawel

Der Wawel-Hügel ist mit mehr polnischer Geschichte getränkt als jeder andere Ort im Land. Er war von den ersten Tagen des polnischen Staates an über 500 Jahre lang Sitz der Könige und hat auch nach der Verlegung der Hauptstadt nach Warschau seine symbolische, fast magische Kraft bewahrt. Als stummer Wächter eines Jahrtausends nationaler Geschichte ist der Wawel die wohl meist besuchte Sehenswürdigkeit Polens.

Der Weg den Hügel hinauf beginnt am Ende der Ul Kanonicza. Hinter der Reiterstatue des Tadeusz Kościuszko windet er sich nach links zu einem großen offenen Platz, der von mehreren Gebäuden umgeben ist. Hauptanziehungspunkte hier sind natürlich die Kathedrale und das Königsschloss.

Für die Besichtigung dieser beiden Sehenswürdigkeiten sind vier Stunden das Mindeste. Kathedrale und Schloss haben unterschiedliche Öffnungszeiten. Im Sommer ist früh morgens die beste Zeit, um die langen Schlangen an der Kasse zu umgehen. Alternativ lassen sich die Tickets auch am Vortag oder noch früher telefonisch bestellen (☎ 422 16 97). An den Wochenenden ist der Wawel in der Regel total überlaufen.

KRAKAU

KATHEDRALE AUF DEM WAWEL

In der **Kathedrale Hl. Wenzel und hl. Stanislaus** (Karte S. 140–141; Königsgräber & Glockenturm Erwachsene/ermäßigt 8/4 Zł; ⏲ Mo–Sa 9–15.45 Uhr, So 12.15–15.45 Uhr) haben die meisten Krönungen und Beisetzungen polnischer Monarchen stattgefunden. Ein Gang vorbei an den grandiosen Sarkophagen ist wie eine Wanderung durch die polnische Geschichte. Viele große Künstler waren an der Errichtung der Kathedrale beteiligt und haben hier großartige Kunstschätze hinterlassen. Die Kathedrale selbst ist nicht nur ein außergewöhnliches Kunstwerk, sondern auch geistliches Heiligtum des Landes.

Das heutige Gebäude ist schon das dritte an dieser Stelle. Es wurde zwischen 1320 und 1364 errichtet. Die ursprüngliche Kathedrale (St.-Gereons-Kirche) wurde um 1020 vom ersten polnischen König Bolesław Chrobry gebaut und etwa hundert Jahre später durch einen größeren romanischen Bau ersetzt. Ein Brand ließ 1305 nur die St.-Leonards-Krypta übrig.

Die heutige Kathedrale hat im Prinzip eine gotische Struktur, die dann durch Kapellen in den verschiedensten Baustilen ergänzt wurde. Am Eingang fallen die massive Eisentür und die riesigen prähistorischen Tierknochen an einer Kette auf der linken Seite auf. Sie sollen magische Kräfte haben: Solange sie dort hängen, wird auch

DER HL. STANISLAUS – SCHUTZPATRON POLENS

Der erste Heilige Polens war zu Lebzeiten der Krakauer Bischof Stanisław Szczepanowski. Im Jahr 1079 verurteilte ihn König Bolesław Śmiały (Bołeslaw der Kühne) zum Tode, weil der Bischof ihn exkommuniziert hatte. Der Legende nach hat der König das Urteil selbst vollstreckt und den Bischof geköpft.

Damit erreichte der König aber nicht nur die Heiligsprechung des Bischofs als Schutzpatron Polens, sondern zog auch noch einen Fluch auf die gesamte königliche Linie. Das erste Opfer des rachsüchtigen Heiligen war der König selbst, der ins Exil gezwungen wurde. Seine Nachfolger errichteten eine Kirche am Tatort (die Skałka bzw. Paulinerkirche) und unternahmen Wallfahrten dorthin. Aber es nutzte ihnen alles nichts, auch nicht der Bau eines wahren Mausoleums mitten in der Kathedrale auf dem Wawel – der Fluch hing hartnäckig über dem Thron. Alle waren überzeugt, dass niemals mehr ein König mit dem Namen Stanisław auf dem Wawel gekrönt und beigesetzt werden konnte. Deswegen sind zwei königliche Stanisławs, Leszczyński und Poniatowski, an anderer Stelle gekrönt und beerdigt worden.

Der Fluch zog noch weitere Kreise: Kein Kleriker mit Namen Stanisław konnte Bischof von Krakau werden. Die einzige Ausnahme, Stanisław Dąbski, wurde 1699 gewählt, erkrankte aber und starb wenige Monate später. Die Kirchenfürsten wagten es nicht mehr, einen weiteren Stanisław zu wählen. Gleichzeitig versuchten sie fieberhaft, den Heiligen gnädig zu stimmen. Jedes Jahr am Sonntag nach dem 8. Mai (dem Namenstag des Heiligen) zieht eine Prozession unter großer Teilnahme des Episkopats von der Kathedrale auf dem Wawel zur Skałka-Kirche.

die Kathedrale stehen. Die Knochen wurden zu Beginn des 20. Jhs. auf dem Gelände ausgegraben.

Im Inneren verliert man schnell die Orientierung; Sarkophage, Grabsteine und Altäre, die über Schiff, Chor und Wandelgang verstreut sind, gleichen einem Labyrinth. Die schönste Kapelle ist die **Sigismundkapelle** (Kaplica Zygmuntowska) an der Südwand, die in Reiseführern oft als „schönste Renaissancekapelle nördlich der Alpen“ bezeichnet wird. Von außen ist sie leicht an ihrer vergoldeten Kuppel zu erkennen. Bei Redaktionsschluss befand sie sich noch im Restaurierungszustand und die großartigen Silberplatten waren im Museum der Kathedrale ausgestellt.

Ein weiteres Highlight ist die **Heiligkreuzkapelle** (Kaplica Świętokrzyska) in der Südwestecke der Kirche. Ihre byzantinischen Fresken aus dem Jahr 1470 und der Marmorsarkophag von Veit Stoß aus dem Jahr 1492 sind einzigartig.

Mittendrin steht das **Mausoleum des hl. Stanisław** (Mauzoleum Św Stanisława). Der Bischof von Krakau wurde 1253 zum Schutzheiligen Polens ernannt (s. Kasten S. 138). Der silberne Sarkophag mit zwölf Reliefs aus dem Leben des Heiligen wurde zwischen 1669 und 1671 in Danzig angefertigt; der geschmückte Baldachin darüber ist etwa vierzig Jahre älter.

Auf dem **Sigismundturm** (Zugang durch die Sakristei) ist die Sigismundglocke zu besichtigen, die im Volksmund einfach „Zygmunt“ heißt. Sie wurde 1520 gegossen und ist 2 m hoch bei einem Durchmesser von 2,50 m. Mit 11 t ist sie die größte historische Glocke Polens. Der Klöppel alleine wiegt 350 kg – an kirchlichen Feiertagen und bedeutenden nationalen Ereignissen sind sechs starke Männer nötig, um die Glocke zum Schwingen zu bringen.

In der Kathedrale lohnt sich der Abstieg (vom linken Gang aus) in die **Dichter-Krypta**, in der die drei großen romantischen Dichter Adam Mickiewicz, Juliusz Słowacki und Cyprian Kamil Norwid beigesetzt sind.

Weiter hinten im gleichen Gang liegt der Eingang zur **St.-Leonards-Krypta**, dem einzigen Überbleibsel der romanischen Kathedrale aus dem 12. Jh. Dahinter befinden sich die feuchtkalten **Königsgräber**, wo neben den Königen auch mehrere Nationalhelden liegen, darunter Tadeusz Kościuszko und Józef Piłsudski. Den Besuch dieser Gräber am besten am Ende des Rundgangs durch die Kathedrale einplanen, denn der Ausgang liegt außerhalb des Gebäudes.

Schräg gegenüber der Kathedrale liegt das **Museum der Kathedrale** (Muzeum Katedralne; Karte S. 141–142; Erwachsene/ermäßigt 5/2 Zł; 🕒 Di–So 10–15 Uhr) mit historischen Exponaten wie liturgischen Gegenständen und Kroninsignien, aber keiner einzigen Krone. Die Preußen haben sie alle 1790 aus der Schatzkammer gestohlen und wahrscheinlich eingeschmolzen. Jede einzelne Krone bestand vermutlich locker aus 1 kg Gold – vom künstlerischen Wert ganz zu schweigen.

KÖNIGSSCHLOSS

Das **Königsschloss auf dem Wawel** (Karte S. 140–141; ☎ 422 51 55; www.wawel.krakow.pl) war bis ins frühe 17. Jh. hinein sowohl politisches als auch kulturelles Zentrum Polens. Wie die Kathedrale ist es bis heute ein nationales Symbol.

Die ursprünglich relativ kleine Residenz ließ König Bolesław Chrobry im frühen 11. Jh. neben der Kapelle der Jungfrau Maria (auch bekannt als Rotunde der Hl. Felix und Adauctus) errichten. Kazimierz Wielki machte daraus eine formidable gotische Burg. Diese brannte 1499 nieder. König Zygmunt Stary gab eine neue Residenz in Auftrag. In einem Zeitraum von dreißig Jahren entstand ein Renaissancepalast, den italienische Architekten entworfen hatten. Die Grundstruktur ist trotz zahlreicher Erweiterungen und Umbauten (darunter der von Arkaden umringte, geräumige Innenhof) bis heute erhalten.

Nicht nur einmal haben Preußen und Schweden das Schloss geplündert und verwüstet. Nach der letzten Teilung haben es dann die Österreicher besetzt, die aus dem Wawel eine Zitadelle machen wollten. Sie planten, das Schloss in eine Kaserne und die Kathedrale in eine Garnisonskirche zu verwandeln. Die königlichen Gräber sollten woandershin verlegt werden. Einige ihrer Vorhaben setzten die Österreicher sogar in die Tat um. So wurden die königliche Küche und das Kutschenhaus zu einem Militärhospital umfunktioniert und zwei Kirchen auf dem äußeren Hof geschleift, um Platz für einen Exerzierplatz zu schaffen. Während der Arbeiten stand den Österreichern die Rotunde der Hl. Felix und Adauctus im

KRAKAU – ALTSTADT & WAWEL

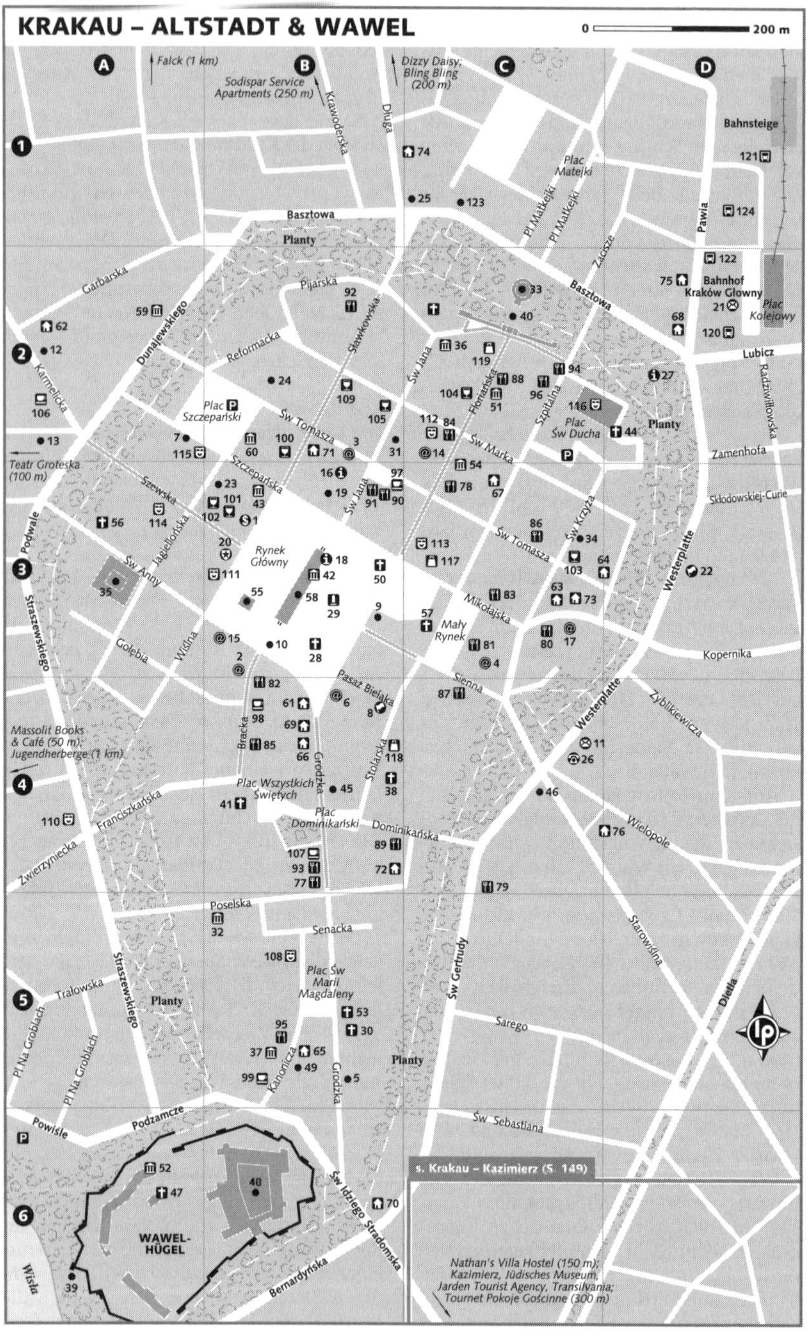

PRAKTISCHES
Bank Pekao ... 1 B3
Cafe Internet br@cka ... 2 B3
Cafe Internet Citiplex Ars ... 3 B2
Cafe Internet e-network ... 4 C3
Columbus ... 5 B5
Cyber Café U Luisa ... 6 B4
Dent America ... 7 A2
Deutsches Konsulat ... 8 B4
EMPiK ... 9 B3
Goethe-Institute ... 10 B3
Hauptpost ... 11 C4
Inter Book ... 12 A2
Intercrac Travel ... 13 A2
InterMark Internet Club ... (s. 104)
Klub Garinet ... 14 C2
Klub Internetowy Pl@net ... 15 B3
Kulturinformationszentrum ... 16 B3
Looz Internet Café ... 17 C3
Małopolska Touristeninformationszentrum ... 18 B3
Orbis Travel ... 19 B3
Polizeirevier ... 20 B3
Post/Telefon ... 21 D2
Russisches Konsulat ... 22 D3
Sklep Podróżnika ... 23 B3
Sonata Travel ... 24 B2
Szawal ... 25 C1
Telekommunikationszentrum ... 26 C4
Touristeninformation ... 27 D2

SEHENSWERTES & AKTIVITÄTEN (S. 138)
Adalbertkirche ... 28 B3
Adam-Mickiewicz-Denkmal ... 29 B3
Andreaskirche ... 30 B5
Andrzej Mleczko-Galerie ... 31 B2
Archäologisches Museum ... 32 B5
Barbakane ... 33 C2
Bird Service ... 34 C3
Collegium Maius ... 35 A3
Czartoryski-Museum ... 36 C2
Erzbischöfliches Museum ... 37 B5
Dominikanerkirche ... 38 B4
Drachenhöhle ... 39 A6
Florianstor ... 40 C2
Franziskanerkirche ... 41 B4
Galerie Polnischer Malerei des 18. und 19. Jhs ... 42 B3
Historisches Museum der Stadt Krakau ... 43 B3
Heiligkreuzkirche ... 44 D2
Jan Fejkiel-Galerie ... 45 B4
Jan-Pol ... 46 C4
Kathedrale auf dem Wawel ... 47 A6
Königsschloss auf dem Wawel ... 48 B6
Marco der Pole ... 49 B5
Marienkirche ... 50 B3
Matejko-Haus ... 51 C2
Museum der Kathedrale ... 52 A6
Pfarrkirche St. Peter und Paul ... 53 B5
Pharmaziemuseum ... 54 C3
Rathausturm ... 55 B3
St.-Anna-Kirche ... 56 A3
St.-Barbara-Kirche ... 57 C3
Tuchhallen ... 58 B3
Versicherungsmuseum ... 59 A2
Wyspiański-Museum ... 60 B2

SCHLAFEN (S. 158)
Dom Polonii ... 61 B4
Hotel Alexander ... 62 A2
Hotel Amadeus ... 63 C3
Hotel Campanile ... 64 C3
Hotel Copernicus ... 65 B5
Hotel Jan ... 66 B4
Hotel Pollera ... 67 C3
Hotel Polonia ... 68 D2
Hotel Rezydent ... 69 B4
Hotel Royal ... 70 B6
Hotel Saski ... 71 B2
Hotel Wawel-Tourist ... 72 B4
Hotel Wit Stwosz ... 73 C3
Pokoje Gościnne Jordan ... 74 C1
Waweltur ... 75 D2
Wielopole Guest Rooms ... 76 D4

ESSEN (S. 162)
Balaton ... 77 B4
Bar Mleczny Dworzanin ... 78 C3
Bar Wegatariański Vega ... 79 C4
Bombaj Tandoori ... 80 C3
Casa della Pizza ... 81 C3
Copernicus ... (s. 65)
Gospoda CK Dezerter ... 82 B4
Green Way ... 83 C3
Gruzińskie Chaczapuri ... 84 C2
Guliwer ... 85 B4
Ipanema ... 86 C3
Jadłodajnia ... 87 C4
Jama Michalika ... 88 C2
Metropolitan ... (s. 71)
Paese ... 89 B4
Restauracja Cherubino ... 90 B3
Restauracja Chłopskie Jadło ... 91 B3
Restauracja Cyrano de Bergerac ... 92 B2
Restauracja Pod Aniołami ... 93 B4
Restauracja Sasiedzi ... 94 C2
Smak Ukraiński ... 95 B5
Smaki Świata ... 96 C2

AUSGEHEN (S. 164)
Café Camelot ... 97 B3
Coffee Republic ... 98 B4
Demmers Teehaus ... 99 B5
Free Pub & Dekafencja ... 100 B2
Klub Pasja ... 101 B3
Music Bar 9 ... 102 B3
Nic Nowego ... 103 C3
Piwnica Pod Złotą Pipą ... 104 C2
Pod Papugami ... 105 B2
TriBeCa Coffee ... 106 A2
Wiśniowy Sad ... 107 B4

UNTERHALTUNG (S. 165)
Cricoteka ... 108 B5
Equinox ... 109 B2
Filharmonia Krakówska ... 110 A4
Harris Piano Jazz Bar ... 111 B3
Indigo Jazz Club ... 112 C2
Jazz Club U Muniaka ... 113 C3
Piec' Art ... 114 A3
Stary Teatr ... 115 A2
Teatr im Słowackiego ... 116 C2

SHOPPEN (S. 167)
Alhena ... 117 C3
Galeria Plakatu ... 118 B4
Labirynt ... 119 C2

TRANSPORT (S. 167)
Buslinie 152 zum Flughafen ... 120 D2
Buslinie 208 zum Flughafen ... 121 D1
Centrum Turystyki ... 122 D2
LOT-Büro ... 123 C1
Minibusse nach Wieliczka ... (s. 121)
PKS-Busbahnhof ... 124 D1

Weg, sie rissen kurzerhand einen großen Teil davon nieder. Außerdem legten sie einen Ring aus massiven Ziegelsteinen um den Hügel und ruinierten dabei auch noch die ursprünglichen gotischen Befestigungsanlagen.

Erst 1918 gewannen die Polen das Schloss zurück und begannen mit der Restaurierung. Die Arbeiten wurden nach dem Zweiten Weltkrieg fortgesetzt. Ein Gutteil der früheren äußeren Form und der Inneneinrichtung konnte so wiederhergestellt werden.

Das Schloss ist heute ein Museum mit fünf unterschiedlichen Abteilungen, für die man jeweils ein eigenes Ticket braucht, das nur eine bestimmte Zeit gültig ist. Für einige Bereiche sind die Eintrittskarten kontingentiert, weshalb man früh kommen oder telefonisch vorbestellen sollte. Selbst an „freien" Tagen ist ein Ticket nötig. Ein Kartenverkauf befindet sich auf der Zugangsstraße zum Hügel, gegenüber der Kościuszko-Statue, ein weiterer im Inneren der Schlossanlage.

Die **Königlichen Kemenaten** (Komnaty Królewskie; Erwachsene/ermäßigt 12/7 Zł, Mo Eintritt frei; Mo 9.30–12 Uhr, Di & Fr 9.30–16 Uhr, Mi, Do & Sa 9.30–15 Uhr, So 10–15 Uhr) mit Eingang in der Südostecke des Hofs beherbergen die größte und beeindruckendste Ausstellung der Anlage. Der endlose Weg führt hier vorbei an Räumen und Kammern, die in ihren ursprünglichen Renaissance- und Frühbarockstil zurückversetzt und mit entsprechenden Möbeln und Kunstwerken voll gestopft wurden.

Zu den beiden größten und schönsten Innenräumen gehört der **Senatorensaal**. Hier fanden früher Senatssitzungen, Hofzeremonien, Bälle und Theateraufführungen statt. An den Wänden hängen wertvolle Teppiche

DAS WAWEL-CHAKRA

Gott Shiva warf einst sieben magische Steine in die sieben Teile der Welt und einer von ihnen landete in Krakau. Die Orte strahlten fortan die Energie des Gottes aus. Den Hindu-Esoterikern zufolge sind diese sieben Orte Zentren einer übernatürlichen Energie, die außergewöhnliche spirituelle Stärke verleihen soll. Die auch als Chakren bekannten Zentren stehen mit den sieben Himmelskörpern in Verbindung und sind im Einzelnen Delhi (Mond), Delphi (Venus), Jerusalem (Sonne), Krakau (Jupiter), Mekka (Merkur), Rom (Mars) und Welehrad (Saturn). Die sieben Erd-Chakren haben ihre sieben Entsprechungen in den spirituellen Kraftzentren des menschlichen Körpers.

Krakaus Chakra liegt auf dem Wawel, in der Nordwestecke des Schlosshofs. Es soll sich im Chor der früheren St.-Gereons-Kirche konzentrieren, die als die erste Kathedrale auf dem Wawel gilt und etwa 1020 errichtet wurde. Heute sind nur noch die Fundamente und die Krypta dieser Kirche erhalten und für Besucher nicht zugänglich. Der heilige Stein, der der Legende nach hier liegt, soll nicht nur lebensspendende Energien abgeben, sondern auch die Stadt vor Unglücken beschützen (zum Beispiel vor der Zerstörung im Zweiten Weltkrieg).

Die Geschichte des Wawel-Chakras ist so mystisch wie das Chakra selbst. Es ist nicht bekannt, ob den Königen bewusst war, worauf sie da residierten – zumindest gibt es keine historischen Überlieferungen. Im 19. Jh. entwickelte sich der Wawel zu einem legendären Ort, was aber wohl mehr an seiner Bedeutung als stellvertretendes Symbol für Polen lag, das zu dieser Zeit offiziell als Land nicht existierte.

Erst ein indischer Reisender machte auf das Chakra aufmerksam. Er besuchte Krakau in den frühen 1920er Jahren und zeigte ein besonderes Interesse an der früheren St.-Gereons-Kirche. In den folgenden Jahren kamen eine Reihe weiterer Hindu-Besucher, die alle gezielt nach der Kirchenruine fragten, wo sie zum wachsenden Erstaunen der Wawel-Verwaltung stundenlang in tiefer Stille meditierten. Noch überraschter war die Verwaltung, als eine indische Regierungsdelegation unter Leitung von Ministerpräsident Nehru höflich darum bat, im Rahmen der offiziellen Besichtigung des Wawels auch zur Ruine geführt und dort alleine gelassen zu werden.

Das Chakra zog alle Arten von Wünschelrutengängern an, die mit ihren Instrumenten herumwedelten und verkündeten, der Wawel strahle eine viel stärkere Energie ab als jeder andere bekannte Ort in Polen. Sie gaben auch an, dass die Hauptquelle dieser Strahlung unter dem Chor der St.-Gereons-Kirche liege. Ihre Studien, gespickt mit Diagrammen, Zahlen und klugen Kommentaren, sollen die Einzigartigkeit und übernatürlichen Eigenschaften des Ortes bestätigen.

aus dem 16. Jh. mit der Geschichte Adams und Evas. Der zweite herausragende Raum ist der **Gesandtensaal**. Aus der wunderschönen Kassettendecke schauen dreißig individuell geschnitzte Köpfe auf den Besucher herab. Ursprünglich waren es einmal 194 Köpfe, die 1540 Sebastian Tauerbach schnitzte. Sie sollten das Leben des Menschen von der Wiege bis zur Bahre dokumentieren. Ein weiteres Highlight ist der flämische Bildteppich von 1550, auf dem Gott zu Noah spricht.

Sehenswert sind auch die **Königlichen Privatgemächer** (Prywatne Apartamenty Królewskie; Erwachsene/ermäßigt 15/12 Zł; Di & Fr 9.30–16 Uhr, Mi, Do & Sa 9.30–15 Uhr, So 10–15 Uhr); der Eingang liegt in der Mitte der Ostseite des Hofes. Die privaten Bereiche des Schlosses geben Einblick ins Leben der Royals. Die Gemächer sind nur im Rahmen einer Führung zu besichtigen (im Eintrittspreis enthalten); englischsprachige Führungen beginnen zu jeder vollen Stunde.

Auch hier hängen viele prächtige alte flämische Bildteppiche an den Wänden. Die Sammlung geht auf König Zygmunt August zurück und umfasste einmal 356 Exemplare, von denen heute aber nur noch 138 existieren. Nichtsdestotrotz ist dies wahrscheinlich die größte Sammlung Europas und eine der wertvollsten Besitzungen des Wawel.

Kronschatz und Rüstkammer (Skarbiec Koronny i Zbrojownia; Erwachsene/ermäßigt 12/7 Zł, Mo Eintritt frei; s. Königliche Kemenaten) befinden sich in den gotischen Gewölben im nordöstlichen Teil des Schlosses. Das berühmteste Exponat des Kronschatzes ist das Szczerbiec (Schartenschwert; um 1250), das bei allen polnischen Krönungen seit 1320 zur Verwendung kam. Die angrenzende Rüstkammer zeigt Waffen aus verschiedenen Epochen (vorwiegend aus dem 15. bis 17. Jh.) und eine Nachbildung des Banners des Deutschen Ordens, das 1410 in der Schlacht von Grunwald (Tannenberg) erobert wurde.

Die Ausstellung **Östliche Kunst** (Sztuka Wschodu; Erwachsene/ermäßigt 6/4 Zł, Mo Eintritt frei; ⌚ s. Königliche Kemenaten) zeigt eine Sammlung türkischer Banner und Waffen des 17. Jhs. aus der Schlacht von Wien. Daneben sind alte Perserteppiche, chinesische und japanische Keramiken und andere asiatische Antiquitäten zu sehen. Der Eingang liegt in der Nordwestecke des Hofes.

Die Ausstellung **Der verschollene Wawel** (Wawel Zaginiony; Erwachsene/ermäßigt 6/4 Zł, Mo Eintritt frei; ⌚ Di & Fr 9.30–16 Uhr, Mi, Do & Sa 9.30–15 Uhr, So 10–15 Uhr) ist in der ehemaligen königlichen Küche zu sehen. Neben den Überbleibseln der Rotunde der Hl. Felix und Adauctus aus dem späten 10. Jh., der ersten Kirche Polens, sind hier viele archäologische Fundstücke (u. a. farbenfrohe Keramikkacheln von den Schlossöfen) und Modelle früherer Wawel-Kirchen zu sehen. Der Eingang liegt auf der Außenseite des Schlosses.

DER KRAKAUER DRACHE

Die Geschichte geht so: Es lebte einst ein mächtiger Prinz namens Krak oder Krakus, der eine Burg auf einem Hügel am Ufer der Weichsel errichtete und ihr den Namen Wawel gab. Er gründete auch eine Stadt und benannte diese nach sich selbst. Es wäre ein Paradies gewesen, hätte nicht in einer Höhle unter der Burg ein Drache gelebt. Dieser furchtbare und ewig hungrige Tatzelwurm verschlang Vieh- und Schafherden und verschmähte auch hin und wieder einen Menschen nicht. Vor allem schöne Jungfrauen hatten es ihm angetan.

Der kluge Prinz befahl, einen mit Schwefel gefüllten Schafsbalg anzuzünden und in die Höhle zu werfen. Das verfressene Untier verschlang den Köder mit einem Happs und spürte den brennenden Schwefel erst, als der schon im Magen lag. Der Drache eilte zum Fluss und trank so viel Wasser, dass er schließlich platzte und die Bürger der Stadt ein gigantisches Feuerwerk sahen. So wurde die Stadt gerettet. Der Drache ist mittlerweile Wahrzeichen der Stadt und hat ein Denkmal an seiner alten Wirkungsstätte bekommen.

DRACHENHÖHLE

Zum Abschluss der Wawel-Besichtigung lohnt sich noch ein Besuch der **Drachenhöhle** (Smocza Jama; Karte S. 140–141; Eintritt 3 Zł; ⌚ April–Okt. 10–17 Uhr), wo der legendäre Wawel-Drache (Smok Wawelski) wohnt.

Der Eingang zur Höhle liegt neben dem **Diebesturm** (Baszta Złodziejska) am Westrand des Hügels. Von hier aus öffnet sich ein schöner Panoramablick über die Weichsel und die westlichen Vororte sowie das Japanische Kunstzentrum Manggha am jenseitigen Ufer und den Kościuszko-Hügel in der Ferne.

Hinter dem Ticketautomaten am Eingang geht es 135 Stufen in die Tiefe, etwa 70 m durch die feuchte Höhle und dann hinaus ans Ufer der Weichsel, direkt neben den Feuer speienden Bronzedrachen des Bildhauers Bronisław Chromy.

Altstadt

Der Grundriss für die Altstadt entstand 1257 nach den Tatarenangriffen und ist mehr oder weniger in seiner ursprünglichen Form erhalten geblieben. Der Bau der Befestigungen begann im 13. Jh. und es dauerte fast zwei Jahrhunderte, die mächtige, 3 km lange Doppelmauer mit 47 Türmen, acht Haupttoren und einem breiten Wehrgraben anzulegen.

Mit der Weiterentwicklung der Militärtechnologie verlor das System irgendwann seine Schutzfunktion und wurde Anfang des 19. Jhs. mit Ausnahme eines kleinen Abschnitts im Norden vollständig geschleift. Der Graben wurde aufgeschüttet und bepflanzt und umgibt heute die Altstadt mit einem Grüngürtel, dem so genannten Planty.

Die Altstadt von Krakau bietet genügend historische Sehenswürdigkeiten für mehrere Tage. Dazu gesellen sich Dutzende Museen und nahezu zwanzig Kirchen, von weiteren Glanzstücken ganz abgesehen.

Mit wenigen Ausnahmen ist die Altstadt autofrei oder zumindest nur eingeschränkt befahrbar. Verkehrslärm und Abgase sind also weitgehend hieraus verbannt. Am besten bummelt man gemütlich und ohne festen Plan durch die Altstadt, genießt die architektonischen Details und nimmt sich Zeit für die Galerien und die gemütlichen Cafés und Kneipen links und rechts des Wegs.

RYNEK GŁÓWNY

Der 200 x 200 m große **Hauptmarkt** (Rynek Główny) ist der größte mittelalterliche Marktplatz in Polen, wenn nicht sogar in ganz Europa. Er gilt als einer der schönsten städtischen Entwürfe seiner Zeit. Er wurde 1257 entworfen und ist bis heute erhalten, auch wenn sich die Gebäude im Lauf der Jahrhunderte verändert haben. Die meisten von ihnen wirken heute neoklassizistisch, aber die Fassaden täuschen – die Bausubstanz ist zum Teil erheblich älter, was sich an den Durchgängen, architektonischen Details und Innenräumen erkennen lässt. Die Keller stammen meist aus dem Mittelalter.

Ins Auge fallen sofort die **Tuchhallen** (Sukiennice; Karte S. 140–141). Sie wurden im 14. Jh. als Stoffhandelszentrum gebaut, 1555 von einem Feuer verwüstet und im Renaissancestil wieder aufgebaut. Im späten 19. Jh. kamen hübsche Arkaden hinzu, die das Gebäude optisch aufwerteten. Heute werden im Erdgeschoss Kunsthandwerk und Souvenirs verkauft, während das Obergeschoss die **Galerie Polnischer Malerei und Plastik des 18. und 19. Jhs.** (Karte S. 140–141; ☎ 422 11 66; Erwachsene/ermäßigt 5/2,50 Zł, So Eintritt frei; 🕒 Di, Mi & Fr–So 10–15 Uhr, Do 10–17.30 Uhr) beherbergt. Hier sind Bilder unter anderem von Józef Chełmoński, Jacek Malczewski, Aleksander Gierymski und dem Meister monumentaler Historienbilder, Jan Matejko, ausgestellt.

Der **Rathausturm** (Wieża Ratuszowa; Karte S. 140–141; ☎ 422 99 22, Durchwahl 218; Eintritt 4 Zł; 🕒 10–16.30 Uhr) neben den Tuchhallen ist alles, was vom Rathaus aus dem 15. Jh. übrig geblieben ist, als es in den 1820er Jahren abgerissen wurde. Der Turm wurde in den letzten zehn Jahren umfangreich renoviert und kann im Sommer besichtigt werden.

An der Nordecke des Rynek beherbergt das Palais Krzysztofory das **Historische Museum der Stadt Krakau** (Muzeum Historyczne Krakowa; Karte S. 140–141; ☎ 422 99 22; Rynek Główny 35; Erwachsene/ermäßigt 4/2,50 Zł; 🕒 Di, Mi & Fr 9–15.30 Uhr, Do 11–16 Uhr). Hier hat alles einen Platz gefunden, was irgendwie mit der Vergangenheit der Stadt zu tun hat, zum Beispiel Uhren, Rüstungen, Gemälde, *szopki* (Weihnachtskrippen) und das Kostüm des Lajkonik (s. Kasten S. 158).

An der Südecke steht die kleine, überkuppelte **Adalbertkirche** (Kościół Św Wojciecha; Karte S. 140–141). Sie stammt aus dem 10. Jh. und ist damit eine der ältesten Kirchen Krakaus. Im Keller sind die Originalfundamente zu sehen. Dazu gibt es eine kleine Ausstellung archäologischer Funde aus Ausgrabungen auf dem Rynek.

Einige Schritte nördlich der Kirche steht das von den vier allegorischen Figuren Vaterland, Gelehrsamkeit, Dichtung und Tapferkeit umgebene Denkmal für den Schriftsteller Adam Mickiewicz (Karte S. 140–141). Hier findet jedes Jahr Anfang Dezember der Weihnachtskrippen-Wettbewerb statt (s. S. 158).

Die Blumenstände auf der Nordseite des Denkmals sollen angeblich schon seit Anbeginn der Zeit dort stehen. Dieser Bereich ist außerdem der „Weidegrund" für die Taubenpopulation Krakaus, die zahlenmäßig wahrscheinlich direkt nach Venedig kommt.

MARIENKIRCHE

Im Osten wird der Hauptmarkt von der **Marienkirche** (Kościół Mariacki; Karte S. 140–141; Rynek Główny 4; Erwachsene/ermäßigt 4/2 Zł; 🕒 Mo–Sa 11.30–18 Uhr, So 14–18 Uhr) überragt. Die erste Kirche an diesem Standort wurde um 1220 gebaut und zeittypisch „ausgerichtet" – das heißt, das Presbyterium wies nach Osten. Nach der Zerstörung durch die Tataren begann auf dem Fundament der alten Kirche der Bau einer gewaltigen Basilika. Deshalb steht die Kirche schräg zum Platz.

Der Bau wird von zwei ungleichen Türmen dominiert. Der kürzere Turm (69 m) mit Renaissancekuppel und fünf Glocken dient als Glockenturm, während der höhere (81 m) traditionell als Wachturm der Stadt gehörte. Die Spitze ist umringt von Türmchen – ein hervorragendes Beispiel mittelalterlicher Kunstfertigkeit – und erhielt 1666 eine 350 kg schwere, vergoldete Krone mit einem Durchmesser von 2,5 m. Die vergoldete Kugel auf der Spitze birgt die Chronik der Stadt Krakau.

Der Haupteingang durch die spätbarocke Vorhalle aus den 1750er Jahren wird nur von Gottesdienstbesuchern genutzt; Touristen betreten die Kirche durch das Südportal, das direkt in den Chor führt. Der Chor wird von prächtigen Buntglasfenstern aus dem späten 14. Jh. erleuchtet. Auf der gegenüber liegenden Seite, über der Orgelempore, befindet sich ein schönes Jugendstilfenster von Stanisław Wyspiański und Józef Mehoffer. Die farbenfrohen

MUSIKALISCHES WAHRZEICHEN

Jede Stunde erschallt vom höheren Turm der Marienkirche das *hejnał mariacki,* ein Trompetensignal, das nacheinander in alle vier Himmelsrichtungen geblasen wird. Diese Melodie aus fünf Tönen diente im Mittelalter als Alarmsignal. Die heutige Melodie bricht mittendrin ab. Der Legende zufolge griffen die Tataren die Stadt an und der Wachmann, der gerade das Alarmsignal trompetete, wurde dabei von einem Pfeil im Hals getroffen. Seither bleibt das Signal unvollständig. Seit 1927 wird das *hejnał mariacki* jeden Mittag vom polnischen Radio übertragen.

Wandgemälde von Jan Matejko harmonieren perfekt mit der mittelalterlichen Architektur und bilden einen passenden Hintergrund für den Hauptaltar, der als das größte Meisterwerk gotischer Kunst in Polen gilt.

Das Altarbild ist ein Pentaptychon (bestehend aus einem Mittelbild und zwei Flügelpaaren), das aus Lindenholz geschnitzt, bemalt und vergoldet ist. Das Hauptmotiv ist „Mariä Entschlafung", während die Flügel Szenen aus dem Leben Jesu Christi und der Jungfrau Maria zeigen. Der Altaraufsatz zeigt die „Krönung der Madonna", zu beiden Seiten stehen die Statuen der Schutzheiligen Polens, die Hl. Stanislaus und Adalbert.

Das 13 m hohe und 11 m breite Pentaptychon ist das größte mittelalterliche Kunstwerk seiner Art. Der Nürnberger Bildhauer Veit Stoß (in Polen Wit Stwosz genannt) brauchte zwölf Jahre, bis es 1489 feierlich geweiht und enthüllt werden konnte.

Das Altarbild wird täglich um 11.50 Uhr geöffnet und nach der Abendmesse wieder geschlossen, außer am Samstag, wenn es für die Frühmesse am Sonntag offen gelassen wird. Sehenswert sind auch das ebenfalls von Veit Stoß angefertigte Steinkruzifix auf dem Barockaltar am Kopfende des südlichen Seitenschiffs und das noch größere Kruzifix auf dem Lettner, das seinen Schülern zugeschrieben wird.

Im Süden der Kirche liegt der bezaubernde kleine **Marienplatz** (Plac Mariacki), der bis ins frühe 19. Jh. hinein als Gemeindefriedhof diente. Die **St.-Barbara-Kirche** (Kościół Św Barbary; Karte S. 140–141) aus dem 14. Jh. am Ostrand des Platzes war die Friedhofskapelle. Neben dem Eingang findet sich eine offene Kapelle mit Steinfiguren von Jesus und drei Aposteln, die ebenfalls der Stoß-Schule zugerechnet werden.

Ein Durchgang neben der Kirche führt direkt auf den **Kleinen Markt** (Mały Rynek), früher zweitgrößter Marktplatz der Stadt, auf dem hauptsächlich Fleisch gehandelt wurde.

CZARTORYSKI-MUSEUM

Das **Czartoryski-Museum** (Muzeum Czartoryskich; Karte S. 140–141; ☎ 422 55 66; Ul Św Jana 19; Erwachsene/ermäßigt 7/4 Zł; 🕑 Di–Do, Sa & So 10–15.30 Uhr, Fr 10–18 Uhr) ist eines der besten der Stadt und eine Art Museum eines Museums. 1800 gründete Prinzessin Izabela Czartoryska in Puławy das erste historische Museum des Landes. Nach dem Novemberaufstand 1830 (in den die Familie verwickelt war) wurde die Sammlung erst nach Paris geschmuggelt und in den 1870er Jahren nach Krakau gebracht. Im Zweiten Weltkrieg verschleppten die Nazis die Sammlung nach Deutschland – nicht alle Exponate konnten zurückgeholt werden. Trotzdem: Es gibt eine Menge zu sehen, etwa eine tolle Sammlung italienischer, holländischer und flämischer Gemälde. Die Stars der Ausstellung sind Leonardo da Vincis *Porträt einer Dame mit Hermelin* (ca. 1482) und Rembrandts *Landschaft mit dem Barmherzigen Samariter* (1638). Andere Ausstellungen zeigen griechische, römische, ägyptische und etruskische Kunst und türkische Waffen sowie Gebrauchsgegenstände wie Teppiche, Sättel und ein Zelt aus der Schlacht von Wien 1683. Die meisten Erläuterungen sind auf Französisch, aber es gibt auch mal englische Erklärungen. Ein bis zwei Stunden Zeit ist Minimum für den Besuch der Sammlungen.

COLLEGIUM MAIUS

Das **Collegium Maius** (Karte S. 140–141; ☎ 422 05 49; Ul Jagiellońska 15; Erwachsene/ermäßigt 10/5 Zł; 🕑 Mo–Mi & Fr 10–15 Uhr, Do 10–18 Uhr, Sa 11–14 Uhr) ist Teil der alten Universität. Es ist das älteste noch existierende Universitätsgebäude Polens und eines der schönsten Beispiele für die gotische Architektur des 15. Jhs. in der Stadt. Es besitzt einen großartigen Arkadenhof und ein Universitätsmuseum im Inneren.

Im Rahmen einer Führung sieht man historische Einrichtungen mit seltenen astronomischen Instrumenten aus dem 16. Jh., die Kopernikus höchstpersönlich benutzt haben soll, einen bizarren Alchimistenraum, alte Rektorenzepter und als Highlight den ältesten erhaltenen Globus (um 1510), auf dem der amerikanische Kontinent eingezeichnet ist! Das Programm umfasst noch die Aula mit ihrer originalen Renaissancedecke und die unzähligen Porträts von Königen, Mäzenen und Professoren der Universität.

Die Gruppenführungen beginnen jede halbe Stunde; einmal täglich findet eine Führung in Englisch statt. Touren auf Deutsch und Französisch können auf Anfrage arrangiert werden. Im Sommer unbedingt im Voraus buchen, entweder persönlich im Museumsbüro (im 1. Stock) oder telefonisch. Die Besichtigung des **Arkadenhofs** (⌚ 7 Uhr–Sonnenuntergang) ist kostenlos.

Spannend ist auch die interaktive Ausstellung **Alte und moderne Wissenschaft** (☎ 422 10 33, Durchwahl 1319; Erwachsene/ermäßigt 6/4 Zł; ⌚ Mo–Sa 10–14.30 Uhr) Kleine, große und ganz große Kinder lernen hier spielerisch etwas über Schallwellen, Zeitmessung und Alchimie.

ST.-ANNA-KIRCHE

Um die Ecke vom Collegium Maius steht die barocke **St.-Anna-Kirche** (Kościół Św Anny; Karte S. 140–141; Ul Św Anny 11), die im späten 17. Jh. der allgegenwärtige Architekt Tylman van Gameren als Universitätskirche entworfen hat. Hier fanden lange Zeit die feierliche Eröffnung des akademischen Jahrs, Promotionsfeiern und die Beisetzung bedeutender Professoren statt. Der großzügig dimensionierte, helle Innenraum, die edle Ausstattung, die Grabplatten und Epitaphe sowie der prächtige Stuck und die Fresken, die auch noch allesamt stilistisch homogen sind, machen die Kirche zu einem der schönsten Barockgebäude Polens.

PHARMAZIEMUSEUM

Das **Pharmaziemuseum** (Muzeum Farmacji; Karte S. 140–141; ☎ 421 92 79; Ul Floriańska 25; Erwachsene/ermäßigt 6/3 Zł; ⌚ Di 15–17 Uhr, Mi–So 11–14 Uhr) ist eines der größten – und besten – europäischen Museen seiner Art. In einem schönen alten Stadthaus hält es eine Sammlung von 22 000 Exponaten bereit, unter anderem Laborausstattungen, seltene pharmazeutische Gerätschaften, Glasgefäße, Steinzeug, Mörser, Krüge, Fässer, medizinische Fachbücher und Dokumente.

MATEJKO-HAUS

Im **Matejko-Haus** (Dom Matejki; Karte S. 140–141; ☎ 422 59 26; Ul Floriańska 41; Erwachsene/ermäßigt 5/3 Zł, So Eintritt frei; ⌚ Di, Do, Sa & So 9–15.30 Uhr, Mi & Fr 11–18 Uhr) wohnte und arbeitete der Maler Jan Matejko die zwanzig fruchtbarsten Jahre seines Lebens, nämlich von 1873 bis 1893. Der unangefochtene König der nationalhistorischen Malerei ist für seine kraftvollen Monumentalgemälde mit Szenen aus der polnischen Geschichte berühmt. Sein Haus ist heute ein Museum, das Memorabilien und kleinformatige Gemälde und Zeichnungen ausstellt (die großformatigen Bilder hängen in der Galerie in den Tuchhallen). Das Haus stammt aus dem 16. Jh. und wurde nach Plänen Matejkos umgebaut.

FLORIANSTOR

Das **Florianstor** (Brama Floriańska; Karte S. 140–141) ist das einzige der ursprünglich acht Stadttore, das nicht der „Modernisierung“ des 19. Jhs. zum Opfer gefallen ist. Es wurde um 1300 errichtet, wobei der obere Teil später hinzugefügt wurde. Auch die Mauern mit ihren Türmen beiderseits des Tors sind erhalten geblieben. Hier befindet sich heute eine Freiluftgalerie, die zum Teil unglaublichen Kitsch anbietet.

BARBAKANE

Das beeindruckendste Überbleibsel der mittelalterlichen Befestigungsanlage ist die **Barbakane** (Karte S. 140–141; Erwachsene/ermäßigt 5/3 Zł; ⌚ Sommer 10.30–18 Uhr), eine mächtige, runde Ziegelbastion mit sieben Wachtürmen. Die 3 m dicken Mauern werden von 130 Schießscharten durchbrochen. Die Barbakane wurde um 1498 als zusätzlicher Schutz für das Florianstor gebaut, mit dem sie über einen schmalen Gang über den Wehrgraben hinweg verbunden war. Sie ist einer der wenigen erhalten Festungsbauten ihrer Art in Europa – und auch einer der größten und schönsten.

ARCHÄOLOGISCHES MUSEUM

Das **Archäologische Museum** (Muzeum Archeologiczne; Karte S. 140–141; ☎ 422 75 60; Ul Poselska 3; Erwachsene/ermäßigt 7/5 Zł; ⌚ Mo–Mi 9–14 Uhr, Do 14–16 Uhr, Fr & So 10–14 Uhr) stellt die Geschichte Kleinpolens von der Altsteinzeit bis ins frühe Mittelalter aus. Daneben gibt es noch eine Ausstellung über die Kultur des Alten Ägypten mit einigen Mumien menschlicher und tierischer Herkunft. Nach all den toten Gegenständen nutzen viele Besucher gerne die Gärten mit Rosensträuchern, Magnolienbäumen und zeitgenössischen Plastiken zum Relaxen und Füßevertreten.

HEILIGKREUZKIRCHE

Die Besichtigung der äußerlich unscheinbaren, kleinen **Heiligkreuzkirche** (Kościół Św Krzyża; Karte S. 140–141; Ul Św Krzyża 23) aus dem 15. Jh. darf bei keinem Krakaubesuch fehlen! Das gotische Fächergewölbe ist tatsächlich eines der schönsten der Stadt. Nur ein einziger zentraler Pfeiler stützt das Gewölbe, das 1528 errichtet und erst kürzlich von Grund auf renoviert wurde.

FRANZISKANERKIRCHE

Die mächtige **Franziskanerkirche** (Kościół Franciszkanów; Karte S. 140–141; Ul Franciszkańska) wurde in der zweiten Hälfte des 13. Jhs. gebaut, aber nach mindestens vier Feuern immer wieder umgebaut und umgestaltet. Beim letzten Feuer 1850 brannte fast der gesamte Innenraum aus. Die Jugendstilfenster des Chors und über der Orgel (eines der größten in Polen) sind besonders interessant. Entworfen hat sie Stanisław Wyspiański, der auch die meisten Fresken im Presbyterium und im Querschiff schuf.

Neben der Kirche liegt das Kloster. Den gotischen Kreuzgang gibt es heute noch, von den Fresken aus dem 15. Jh. sind Fragmente erhalten. An den Wänden des Kreuzgangs hängen Porträts der Krakauer Bischöfe. Der Kreuzgang ist vom Querschiff der Kirche oder durch einen außerhalb gelegenen Eingang neben dem Chor zu erreichen.

DOMINIKANERKIRCHE

Mächtig ist nicht nur die Franziskanerkirche, sondern auch die **Dominikanerkirche** (Kościół Dominikanów; Karte S. 140–141; Ul Stolarska 12) aus dem 13. Jh. Den Innenraum hat hier 1850 ebenfalls ein Feuer schwer beschädigt, wobei die angebauten Kapellen aus dem 16. und 17. Jh. relativ glimpflich davonkamen. Die monumentalen neogotischen Beichtstühle und das passende Kirchengestühl sind eine spätere Errungenschaft. Bemerkenswert ist das Originalportal aus dem 14. Jh. im Haupteingang.

Das Kloster hinter der Nordmauer der Kirche wird von der Straße her betreten. Der Kreuzgang hat seine gotische Form weitgehend behalten. Hier sind viele schöne Grabplatten und Gemälde.

WYSPIAŃSKI-MUSEUM

Das **Wyspiański-Museum** (Muzeum Wyspiańskiego; Karte S. 140–141; ☎ 422 70 21; Ul Szczepańska 11; Erwachsene/ermäßigt 7/5 Zł; 🕓 Di–Fr 11–18 Uhr, Sa & So 10–15 Uhr) ist einem der beliebtesten Söhne der Stadt und der Schlüsselfigur der Bewegung Młoda Polska (Junges Polen) gewidmet. Auf zwei Stockwerken des Szołayski-Hauses können Besucher die vielseitige Kunst von Stanisław Wyspiański kennen lernen. Der Maler, Dichter und Theaterautor war auch noch für seine Werke aus Buntglas berühmt. Ein paar davon sind Bestandteil der Ausstellung.

Der sicher ungewöhnlichste Entwurf Wyspiańskis war die „Akropolis“ im Rahmen eines Projekts, das zum Ziel hatte, den Wawel als politisches, religiöses und kulturelles Zentrum des Landes wiederherzustellen. Das Modell zu diesem Entwurf verdeutlicht die kuriose Mischung aus Epochen und Stilen, mit griechischem Amphitheater und einem römischen Circus. Wyspiańskis Entwurf wurde nie realisiert. Berechnungen zeigten später, dass der Hügel die Gebäude gar nicht alle hätte tragen können.

PFARRKIRCHE ST. PETER UND PAUL

Den ersten Barockbau Krakaus, die **Pfarrkirche St. Peter und Paul** (Kościół Św Piotra i Pawła; Karte S. 140–141; Ul Grodzka) haben die Jesuiten errichtet, die 1583 in die Stadt geholt wurden, um die Reformation zu bekämpfen. Die Kirche im kreuzförmigen Grundriss und mit großer Kuppel wirkt innen erfrischend nüchtern, abgesehen einmal von dem schönen Stuck im Gewölbe. Die Darstellung der Zwölf Apostel auf den Säulen vor der Kirche sind Kopien der Originale von 1723.

ANDREASKIRCHE

Eine der ältesten Kirchen Krakaus ist die **Andreaskirche** (Kościół Św Andrzeja; Karte S. 140–141; Ul Grodzka) vom Ende des 11. Jhs. Ihre strenge romanische Fassade ist weitgehend erhalten. Drinnen überrascht dann ein totaler Szenenwechsel: Der kleine Innenraum wurde im 18. Jh. einer barocken Generalüberholung unterzogen.

ERZBISCHÖFLICHES MUSEUM

Das **Erzbischöfliche Museum** (Muzeum Archidiecezjalne; Karte S. 140–141; ☎ 421 89 63; Ul Kanonicza 19; Erwachsene/ermäßigt 5/3 Zł; Di–Sa 10–15 Uhr) residiert in einem Stadthaus aus dem 14. Jh. und zeigt eine Sammlung religiöser Plastiken und Gemälde vom 13. bis 16. Jh. Außerdem ist das Zimmer, in dem Karol Wojtyła (alias Papst Johannes Paul II.) von 1951 bis 1958 wohnte, für Besucher zugänglich – komplett mit Mobiliar und Skiern.

VERSICHERUNGSMUSEUM

Wenn man gar nicht mehr weiß, was man noch unternehmen soll, ist das **Versicherungsmuseum** (☎ 422 88 11; Karte S. 140–141; Ul Dunajewskiego 3; Eintritt frei; Do–Fr 9–11 Uhr), übrigens das einzige seiner Art in Polen, einen Versuch wert. Hier liegen Dokumente und Policen aus sowie „Dokumente, die mit Versicherungspolicen in Zusammenhang stehen". Dazu gibt es Porträts und historische Gegenstände. Für die ganz Wissbegierigen steht sogar eine Bibliothek zur Verfügung.

Außerhalb der Altstadt

JAPANISCHES KUNSTZENTRUM MANGGHA

Das **Kunstzentrum Manggha** (Centrum Sztuki i Techniki Japonskiej ›Manggha‹; Karte S. 136; ☎ 267 27 03; www.manggha.krakow.pl auf Polnisch; Ul Konopnickiej 26; Erwachsene/ermäßigt 5/3 Zł, So Eintritt frei; Di–So 10–18 Uhr) am Südufer der Weichsel ist das geistige Kind Andrzej Wajdas. Der polnische Starregisseur stiftete die 340 000 Dollar des Kyoto Prize, den er 1987 für sein künstlerisches Schaffen erhielt, für eine dauerhafte Unterbringung der umfangreichen Sammlung des Nationalmuseums, die japanische Kunst, Keramiken, Waffen, Stoffe, Schriftrollen, Holzschnitte und Comics umfasst. Das Gebäude (1994 eröffnet) hat der japanische Architekt Arata Isozaki entworfen. Der Großteil der Ausstellung besteht aus rund 6500 Stücken aus der Sammlung Feliks Jasieńskis (1861–1929), der unter seinem Pseudonym Manggha bekannt und ein ständiger Reisender, Kunstsammler, Literaturkritiker und Essayist war. Er stiftete die Sammlung dem Krakauer Nationalmuseum, ohne dass es die Räumlichkeiten gab, um sie auch auszustellen. Das Zentrum besitzt noch ein multifunktionales Hightechauditorium für die Präsentation japanischer Kultur (Film, Theater, traditionelle Musik). Führungen in mehreren Sprachen (100 Zł).

POLNISCHES LUFTFAHRTMUSEUM

Das **Polnische Luftfahrtmuseum** (Muzeum Lotnictwa Polskiego; Karte S. 136; ☎ 412 90 00; Al Jana Pawła II 39; Erwachsene/ermäßigt 7/4 Zł, Mo Eintritt frei; Mai–Okt. Di–Fr 9–16 Uhr, Sa 10–15 Uhr, So 10–16 Uhr, Nov.–April Mo–Fr 9–15 Uhr) hat mit über hundert Exponaten die größte Sammlung von Flugmaschinen in Polen. Hier stehen seltene britische, deutsche und russische Modelle aus dem Ersten Weltkrieg und polnische Flugzeuge vom Zweiten Weltkrieg bis heute.

Kazimierz

Was heute einer der inneren Bezirke Krakaus ist, war lange Zeit eine unabhängige Stadt mit eigener Stadtverfassung und eigenen Gesetzen. Kazimierz ist bequem zu Fuß vom Wawel aus zu erreichen. Die bunte Geschichte des Bezirks hängt eng mit der ehemals gemischten jüdisch-polnischen Bevölkerung zusammen. Auch wenn die ethnische Struktur heute völlig anders ist, zeichnet die Architektur noch deutlich die ehemaligen Grenzen zwischen christlichen und jüdischen Wohnvierteln nach. In Kazimierz stehen bedeutende Sehenswürdigkeiten wie Kirchen, Synagogen und Museen.

DER WESTTEIL VON KAZIMIERZ

Der westliche Teil von Kazimierz war traditionell katholisch (mit den entsprechenden Kirchen) und hat viel von seinem ursprünglichen Charakter bewahrt, auch wenn sich hier zwischen dem frühen 19. Jh. und dem Zweiten Weltkrieg viele Juden niederließen.

Geht man vom Wawel aus am Flussufer entlang nach Süden, gelangt man direkt hinter der Brücke zur **Paulinerkirche** (Kościół Paulinów; Ul Skałeczna 15), die die Polen wegen ihrer Lage auf einem Kalkfelsen oft einfach Skałka (Fels) nennen. Die heutige Barockkirche aus dem 18. Jh. ist die dritte Kirche an dieser Stelle. Früher standen hier erst eine romanische Rotunde und dann eine gotische Kirche. Der Ort ist mit dem Bischof Stanisław (Stanislaus) verbunden, der 1253 heilig gesprochen und Schutzpatron Polens wurde.

Das Gedenken an den Heiligen lebt im düsteren Innenraum der Kirche weiter. Hier ist sogar noch der Baumstumpf (auf dem linken Altar), auf dem der König den

Bischof geköpft haben soll. Der Leichnam ist angeblich in den Teich vor der Kirche geworfen worden. Der Teich wurde später eingefasst und mit einer Statue des Hl. Stanislaus in der Mitte versehen. Das Wasser soll wundersame Kräfte besitzen.

Der Kult um den Heiligen hat den Fels zu einer Art nationalem Pantheon gemacht. Die Krypta unter der Kirche beherbergt die Gräber von zwölf bedeutenden Polen, unter anderen des mittelalterlichen Chronisten Jan Długosz, des Komponisten Karol Szymanowski und der Maler Jacek Małczewski und Stanisław Wyspiański.

Rund 200 m östlich steht die **Pfarrkirche St. Katharina und St. Margaretha** (Kościół Św Katarzyny; Ul Augustiańska 7). Die Kirche (1363 begonnen und 35 Jahre später vollendet) zählt zu den monumentalsten der Stadt und hat sich ihren ursprünglichen gotischen Stil besonders gut bewahrt. Die Türme sind allerdings nie vollendet worden. Die Kirche stand ursprünglich an einer Ecke des Marktplatzes von Kazimierz, der im 19. Jh. zugebaut wurde. Den luftigen, weiß gekalkten Innenraum schmückt ein reich vergoldeter Barockaltar aus dem Jahr 1634.

Die Ul Skałeczna Richtung Osten hinunter und dann rechts in die Ul Krakowska geht es zum früheren **Rathaus** (Karte S. 149). Es war im späten 14. Jh. in der Mitte eines großen Marktplatzes errichtet worden. Der heutige Plac Wolnica ist der kümmerliche Rest des Marktplatzes. Im 16. Jh.

KRAKAU – KAZIMIERZ

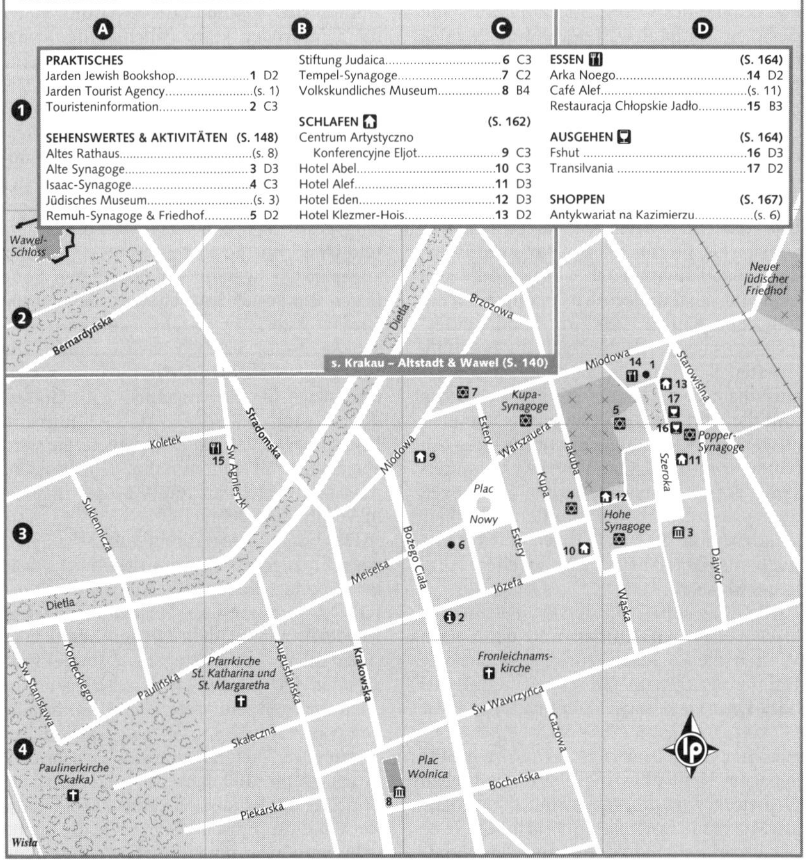

wurde das Rathaus bedeutend erweitert und mit einer Renaissancefassade versehen. Das seit dem Zweiten Weltkrieg hier untergebrachte **Volkskundliche Museum** (Muzeum Etnograficzne; Karte S. 149; ☎ 430 55 63; Plac Wolnica 1; Erwachsene/ermäßigt 4/3 Zł, So Eintritt frei; 🕒 Mo 10–18 Uhr, Mi–Fr 10–15 Uhr, Sa & So 10–14 Uhr) besitzt eine der größten Sammlungen des Landes. Nur ein kleiner Teil ist davon ausgestellt. Die Dauerausstellung zeigt Innenräume traditioneller Bauernhäuser (Erdgeschoss), Trachten aus ganz Polen, außergewöhnliche Weihnachtskrippen (1. Stock) sowie Volkskunst, religiöse Malerei und Holzschnitzereien (2. Stock).

In der Nordostecke des Plac Wolnica steht die **Fronleichnamskirche** (Kościół Bożego Ciała; Ul Bożego Ciała) von 1340. Sie war die erste Kirche in Kazimierz und für lange Zeit auch Pfarrkirche des Ortes. Ihr Innenraum mit riesigem Hauptaltar, ungewöhnlich massivem Chorgestühl und einer Kanzlei in Bootsform ist Barock in Reinform. Besonders schön sind die aus dem 15. Jh. erhaltenen Buntglasfenster im Presbyterium.

KRAKAU

DAS JÜDISCHE VIERTEL

Das jüdische Viertel von Kazimierz, eine winzige Fläche von 300 x 300 m nordöstlich der Fronleichnamskirche, entwickelte sich über die Jahrhunderte zu einem Zentrum jüdischer Kultur, das im Land seinesgleichen suchte. Als die Nazis die Juden im Zweiten Weltkrieg ermordeten, haben sie auch die jüdische Kultur, das jüdische Leben und die Atmosphäre des Viertels komplett ausgelöscht. Heute zeugen nur noch die Gebäude vom jüdischen Erbe. Auf wundersame Weise haben alle sieben Synagogen den Krieg mehr oder minder gut überstanden. Nur eine von ihnen dient heute noch als Gotteshaus. Zwei weitere sind heute Museen.

Der Weg führt von der Fronleichnamskirche erst nach Norden und dann nach Westen die Ul Józefa entlang (früher der Haupteingang zum jüdischen Viertel) zur **Isaak-Synagoge** (Synagoga Izaaka; Karte S. 149; ☎ 430 55 77; Ul Kupa 18; Eintritt 7 Zł; 🕒 So–Fr 9–17 Uhr). Die zwischen 1640 und 1644 errichtete größte Synagoge Krakaus wurde 1989 der jüdischen Gemeinde zurückgegeben und dient heute als Museum. Im Inneren sind noch Reste des ursprünglichen Stucks und der Wandgemälde zu sehen. Außerdem werden zwei Dokumentarfilme über das jüdische Viertel 1936 und die Zwangsumsiedlung ins Krakauer Ghetto gezeigt.

Einen Häuserblock weiter östlich steht die **Alte Synagoge** (Stara Synagoga; Karte S. 149; ☎ 422 09 62; Ul Szeroka 24; Eintritt 6 Zł; 🕒 Mo 10–14 Uhr, Mi, Do Sa & So 9–15.30 Uhr, Fr 10–17 Uhr). Der Name bezieht sich darauf, dass dies das älteste jüdische Gotteshaus Polens ist (Ende des 15. Jhs.). Nach einem Brand 1557 hat der italienische Architekt Matteo Gucci die Synagoge im Renaissancestil restauriert. Die Nazis haben sie geplündert und teilweise zerstört. Wiederaufgebaut beherbergt sie heute das kleine **Jüdische Museum** (Karte S. 149). Der Gebetsraum wurde mit der Bimah (zentrales Podest, auf dem die Thora gelesen wird) und der ursprünglichen Aron Kodesh (der Nische in der Ostwand, in der die Thorarollen aufbewahrt werden) wiederhergestellt und enthält heute eine Ausstellung liturgischer Gegenstände. Die Nachbarräume sind jüdischen Traditionen und jüdischer Kunst gewidmet.

Im Norden der Alten Synagoge verläuft die Ul Szeroka, die zentrale Straße des jüdischen Viertels. Sie wirkt eher wie ein lang gestreckter Platz als wie eine Straße und ist oft mit Touristenbussen und Autos zugeparkt. Ungefähr am nördlichen Ende liegen die **Remuh-Synagoge** und der **Remuh-Friedhof** (Karte S. 149; ☎ 422 12 74; Ul Szeroka 40; Erwachsene/ermäßigt 5/2 Zł; 🕒 So–Fr 9–16 Uhr). Die Synagoge ist die kleinste in Kazimierz, aber die einzige, die noch regelmäßig für Gottesdienste genutzt wird. Der reiche Kaufmann Israel Isserles ließ sie 1553 bauen. Sie wird aber meist mit seinem Sohn, dem Philosophen und Gelehrten Rabbi Moses Isserles, in Verbindung gebracht.

Der Friedhof liegt direkt hinter der Synagoge. Er ist genauso alt wie diese und wurde im frühen 19. Jh. für Beisetzungen geschlossen, als ein größerer Friedhof angelegt wurde. Während des Zweiten Weltkriegs rissen die Nazis die Grabsteine ab. Bei Erdarbeiten hat man nach dem Krieg einige Steine wieder gefunden. Daraufhin begannen systematische Ausgrabungsarbeiten, bei denen etwa 700 Grabsteine zu Tage kamen. Einige waren 400 Jahre alt und herrliche Beispiele der Renaissancekunst. Möglicherweise hat die jüdische Gemeinde die Steine selbst vergraben, um sie vor der Entweihung

DIE JÜDISCH-POLNISCHE GESCHICHTE VON KAZIMIERZ

Die Stadt Kazimierz wurde 1335 von König Kazimierz Wielki am Südrand Krakaus gegründet und erhielt auch von ihm ihren Namen. Dank der zahlreichen königlichen Privilegien entwickelte es sich schnell und hatte schon bald ein eigenes Rathaus, einen Marktplatz, der fast so groß war wie der Krakaus, und zwei riesige Kirchen. Die Stadt umgab sich mit Wehrmauern und war Ende des 14. Jhs. nach Krakau die bedeutendste und wohlhabendste kleinpolnische Stadt.

Die ersten Juden siedelten kurz nach der Gründung in Kazimierz, aber erst gegen Ende des 15. Jhs. begann ihre Zahl zu wachsen, weil König Jan Olbracht die Juden 1494 aus Krakau vertrieben hatte. Die jüdische Bevölkerung wohnte in einem relativ kleinen Teil von Kazimierz im Nordosten des christlichen Viertels, das sich mit einer Mauer abgrenzte.

Die folgende Geschichte von Kazimierz ist von Feuer, Flut und Pest gekennzeichnet. In dieser Zeit lebten die beiden Bevölkerungsgruppen Seite an Seite, aber getrennt voneinander. Das jüdische Viertel nahm verfolgte Juden aus ganz Europa auf, wuchs dadurch schnell und prägte nach und nach den Charakter der gesamten Stadt.

Ende des 18. Jhs. wurde Kazimierz von Krakau eingemeindet und in den 1820er Jahren verschwanden schließlich die Mauern. Bei Ausbruch des Zweiten Weltkriegs war Kazimierz eine vorwiegend jüdische Vorstadt mit einer eigenständigen Kultur und Atmosphäre. Die Nazis haben dann die meisten Bewohner in den Vernichtungslagern ermordet. Von den 65 000 Krakauer Juden im Jahr 1939 (von denen die meisten in Kazimierz wohnten), überlebten nur etwa 6000 den Krieg. Die heutige jüdische Bevölkerung der Stadt wird auf 100 bis 150 Menschen geschätzt.

Unter den Kommunisten war Kazimierz größtenteils ein vergessener Fleck auf der Krakauer Karte. Das lag vermutlich daran, dass die Regierung der sensiblen jüdischen Frage aus dem Weg gehen wollte. Anfang der 1990er Jahre tauchte das Viertel wieder in Reiseprospekten auf, aber sein schmuddeliges Straßenbild sorgte nicht gerade für ein gutes Image. Dann kam Steven Spielberg, drehte den Kinofilm *Schindlers Liste* und veränderte die Situation über Nacht.

Eigentlich spielt die Handlung gar nicht in Kazimierz, sondern im Konzentrationslager Płaszów, im Ghetto von Podgórze und in Schindlers Fabrik, die alle weiter im Südosten, jenseits der Weichsel, liegen. Trotzdem lenkte der Film die Aufmerksamkeit auf die Krakauer Juden. Kazimierz, das einzige sichtbare Überbleibsel der jüdischen Vergangenheit, profitierte am stärksten davon. Heute zieht es Scharen von Schindler-Pilgern an einen Ort, den zehn Jahre vorher kaum jemand besuchte. Es ist schon bittere Ironie, dass zwei Stunden auf der Leinwand mehr bewirken als ein halbes Jahrtausend Geschichte.

Die jahrelange Vernachlässigung sieht man dem Viertel auch heute noch an; bis auf einige privat restaurierte und erneuerte Teilstücke ist es immer noch sehr heruntergekommen. Die begrenzten Mittel und ungeklärten Eigentumsverhältnisse früherer jüdischer Grundstücke verhindern ein umfassendes Sanierungsprogramm. Die Restaurierung der Synagoge des Viertels schreitet allerdings langsam voran.

durch die fremden Armeen zu schützen, die im 18. Jh. Krakau eroberten. Die Grabsteine wurden sorgfältig restauriert. Sie machen den Friedhof heute zu einem der besterhaltenen jüdischen Friedhöfe aus der Zeit der Renaissance. Der Grabstein des Rabbi Moses von 1572 steht direkt hinter der Synagoge.

Die neoromanische **Tempel-Synagoge** (Karte S. 149; Ul Miodowa 24; Erwachsene/ermäßigt 5/2 Zł; ⌚ So–Fr 10–18 Uhr) aus dem Jahr 1862 ist die jüngste Synagoge in Kazimierz. Wände und Decke des großen Gebetsraums mit seiner umlaufenden Galerie sind mit farbenfrohen floralen und geometrischen Mustern verziert, die durch die schönen Buntglasfenster ergänzt werden.

Viel größer als der alte Remuh-Friedhof ist der **Neue jüdische Friedhof** (Ul Miodowa 55) hinter der Eisenbahnbrücke. Er wurde um 1800 eröffnet und ist der einzige Friedhof für Juden in Krakau, der noch benutzt wird. Seine Größe deutet an, wie groß die jüdische Bevölkerung einmal gewesen sein muss. Zurzeit stehen hier etwa 9000 Grabsteine (die ältesten um 1840), von denen einige wahre Kunstwerke sind.

Im Gegensatz zum gepflegten Remuh-Friedhof wirkt die neue Anlage einen Tick vernachlässigt. Sie erscheint dadurch ein bisschen unheimlich. Man betritt den Friedhof entweder durch die Leichenhalle oder durch das Tor im Zaun – je nachdem, was gerade offen ist.

Zurück in die Altstadt geht's per Straßenbahn ab Ul Starowiślna oder zu Fuß. Die Jarden Tourist Agency (S. 157) führt durch das jüdische Erbe des Viertels; sie bietet unter anderem auch die Tour „Schindlers Liste" an (der Kinofilm machte das Viertel weltberühmt).

Krakaus Vororte

ZWIERZYNIEC

Die Hauptattraktion des Krakauer Vororts Zwierzyniec ist der **Kościuszko-Hügel** (Kopiec Kościuszki; Karte S. 136; Al Waszyngtona; Erwachsene/ermäßigt 5/2,50 Zł; 🕑 9 Uhr–Sonnenuntergang, Ausstellung 9.30–15 Uhr). Er wurde zwischen 1820 und 1823 errichtet, um den Mann zu ehren, der in Zeiten der Fremdherrschaft den Traum von einem unabhängigen Polen verkörperte. Vom Hügel aus bietet sich ein schöner Blick über die Stadt.

Der Eingang liegt in einer neogotischen Kapelle, in der Erinnerungsstücke des Nationalhelden ausliegen. Die Festung am Fuß des Hügels haben um 1840 die Österreicher gebaut, ein Teil davon ist heute Hotel und Restaurant.

Die Buslinie 100 fährt jede Stunde vom Plac Matejki gegenüber der Barbakane direkt zum Denkmal.

Auf dem Weg nach Zwierzyniec liegt das **Hauptgebäude des Nationalmuseums** (Karte S. 136; Gmach Główny; ☎ 295 55 00; Al 3 Maja 1; Erwachsene/ermäßigt 8/5 Zł, So Eintritt frei; 🕑 Di & Do 9–15.30 Uhr, Mi & Fr 11–18 Uhr, Sa & So 10–15.30 Uhr) mit drei Dauerausstellungen: die Galerie der Polnischen Malerei des 20. Jhs., die Galerie der Schönen Künste und Polnische Wappen und Nationalfarben. Dazu kommen noch zahlreiche wechselnde Ausstellungen. Die Galerie der Malerei zeigt eine umfangreiche Sammlung polnischer Gemälde (und Plastiken) von 1890 bis heute. Es gibt mehrere Buntglasentwürfe (z. B. für die Kathedrale auf dem Wawel) von Stanisław Wyspiański und eine beeindruckende Auswahl von Bildern Witkacys.

Auch Jacek Malczewski und Olga Boznańska sind gut vertreten. Unter den Nachkriegskünstlern stechen vor allem Tadeusz Kantor, Jerzy Nowosielski und Władysław Hasior hervor.

LAS WOLSKI

Der 485 ha große **Las Wolski** (Wolski-Wald; Karte S. 136) hinter Zwierzyniec ist die größte Waldfläche innerhalb der Stadtgrenzen. Die Krakauer kommen gern her, um die Natur zu genießen.

Der hügelige Südteil des Waldes zur Weichsel hin ist auch als Srebrna Góra (Silberberg) bekannt und wird von der mächtigen **Kirche und Einsiedelei des Kamaldulenserordens** (Kościół i Erem Kamedułów; Karte S. 136) gekrönt. Der Orden kam 1603 aus Italien nach Polen und gründete im Lauf der Zeit im ganzen Land ein Dutzend Klöster, von denen nur noch zwei existieren (das andere steht in Masuren).

Der Orden weckt allein schon wegen seiner strengen Regeln und der asketischen Lebensweise die Neugier der Besucher. Das Motto „Memento mori" (Bedenke, dass du sterben musst) hat ganz sicher schon den einen oder anderen zu einem ironischen Lächeln verleitet. Die Mönche leben in ihren Einsiedelhäusern in Abgeschiedenheit und treffen einander nur während des gemeinsamen Gebets; manche lehnen den Kontakt mit der Außenwelt völlig ab. Sie ernähren sich vegetarisch und essen – bis auf fünf gemeinsame Mahlzeiten im Jahr – alleine in ihren Zellen. Es gibt kein Fernsehen oder Radio und auch keine anderen Ablenkungen. Die Mönche schlafen zwar nicht in Särgen, wie auch schon verschiedentlich gemunkelt wurde, aber sie bewahren die Schädel ihrer Vorgänger in den Häusern auf.

Krakau war der erste Sitz der Kamaldulenser in Polen. Zwischen 1603 und 1642 wurden eine Kirche und zwanzig Einsiedeleien errichtet und eine Mauer um den Komplex hochgezogen. Seitdem hat sich nicht mehr viel geändert. Der Ort besitzt eine gigantisch gute Lage und kann besichtigt werden.

Der Zugang erfolgt über eine lange Allee, die zum Haupteingang führt. Im Inneren steht man vor der massiven weißen Kalksteinwand der Kirche (50 m hoch und 40 m breit). Der geräumige Innenraum mit nur einem Schiff wird von einem Fassgewölbe überspannt, auf beiden Seiten liegen Barockkapellen.

Unter dem Chor befindet sich eine große Kapelle für die Gebete und rechts davon die Krypta der Eremiten. Die Toten werden ohne Sarg in Wandnischen aufgebahrt und eingemauert. Lateinische Inschriften nennen das Alter der Verstorbenen und die in der Einsiedelei verbrachte Zeit. Die Nischen werden nach achtzig Jahren geöffnet und die Überreste an ihren endgültigen Ruheort umgebettet. Mit Ausnahme der Schädel, die in den jeweiligen Häusern aufbewahrt werden.

Im Garten hinter der Kirche stehen 14 bewohnte Einsiedeleien (die anderen Mönche leben in dem Gebäude neben der Kirche). Der Garten ist für die Öffentlichkeit gesperrt. Gelegentlich laufen Mönche in ihren cremeweißen Kutten in der Kirche herum.

Männer dürfen die Kirche und die Krypta täglich von 8 bis 11 Uhr und von 15 bis 17 Uhr (im Herbst und Winter bis 16 Uhr) besuchen; Frauen ist der Besuch nur an hohen Feiertagen erlaubt. Davon gibt es zwölf im Jahr: 7. Februar, 25. März, Ostersonntag, Pfingstsonntag und -montag, Fronleichnam, 19. Juni, Sonntag nach dem 19. Juni, 15. August, 8. September, 8. Dezember und 25. Dezember.

Die Einsiedelei liegt 7 km westlich vom Stadtzentrum. Am besten die Bahnlinien 1, 6 oder 32 bis zur Endstation in Zwierzyniec nehmen und dann in einen beliebigen Bus nach Westen, mit Ausnahme der Linie 100, steigen. Vom Fuß des Srebrna Góra ist es noch ein Fußweg von 200 m den Hügel hinauf.

Von der Einsiedelei aus geht es 1 km durch den Wald nach Norden bis zum **Zoo** (Ogród Zoologiczny; Karte S. 136; ☎ 425 35 51; Ul Leśna 23; Erwachsene/ermäßigt 8/4 Zł; 🕓 9 Uhr–Sonnenuntergang). Auf 20 ha leben hier 2000 Tiere aus 300 Arten aus aller Welt.

Noch 1 km weiter nördlich liegt der **Piłsudski-Hügel** (Kopiec Piłsudskiego; Karte S. 136), der jüngste und größte der vier Hügel der Stadt, der zu Ehren des Marschalls nach seinem Tod 1935 aufgeschüttet wurde. Die Buslinie 134 fährt vom Zoo aus zurück in die Stadt.

TYNIEC

Der Vorort Tyniec liegt 10 km vom Stadtzentrum entfernt. Hier thront ein **Benediktinerkloster** (Klasztor Benedyktynów; Karte S. 136) auf einem steilen Kalksteinfelsen über der Weichsel. Die Benediktiner kamen in der zweiten Hälfte des 11. Jhs. nach Polen und ließen sich zunächst in Tyniec nieder. Die ursprüngliche romanische Kirche wurde samt dem Kloster mehrfach zerstört und wieder aufgebaut. Heute ist die Kirche im Prinzip ein Barockbau, auch wenn die Steinfundamente und die zum Teil unverputzten unteren Bereiche der Mauern eine frühere Herkunft verraten.

Man betritt die Anlage durch ein wehrhaftes Portal, das eher an ein Burgtor erinnert, und gelangt in einen großen Hof. An dessen gegenüberliegender Seite steht ein achteckiger Holzpavillon mit einem Steinbrunnen von 1620.

Das Kloster kann nicht besichtigt werden, aber die Kirche steht jedem offen. Hinter einer nüchternen Fassade ist der dunkle Innenraum mit einer Mischung aus Barock- und Rokoko-Elementen ausgestattet. Die Orgel ist schlicht, besitzt aber einen schönen Klang. Im Sommer werden hier auch Konzerte veranstaltet. Das aktuelle Programm gibt es beim Kulturinformationszentrum (S. 137). Ein Konzert rundet die Besichtigung des Gebäudes ab und lohnt den Ausflug erst richtig. Die Buslinie 112 fährt vom Rynek Dębnicki nahe dem Rondo Grunwaldzkie zum Kloster.

NOWA HUTA

Der jüngste und größte Vorort Krakaus, **Nowa Huta** (Neues Stahlwerk; Karte S. 136; www.nh.pl auf Polnisch) ist das Resultat der überstürzten Industrialisierung in der Nachkriegszeit. In den 1950er Jahren wurden 10 km östlich des Stadtzentrums ein gigantisches Stahlwerk und eine Trabantenstadt für die Arbeiter gebaut. Die Hütte produzierte nach kurzer Zeit über 50 % der gesamten Eisen- und Stahlmenge des Landes und der Vorort uferte zu einem Ballungszentrum mit mehr als 200 000 Einwohnern aus.

Mit dem wachsenden Umweltbewusstsein wurde die Produktion zurückgefahren und die Belegschaft verkleinert, aber die gigantische Anlage ist immer noch in Betrieb, auch wenn sie noch so unrentabel ist.

Das Stahlwerk kann nicht besichtigt werden, wohl aber der Ort selbst. Verglichen mit den mittelalterlichen Straßen der Altstadt ist Nowa Huta ein Schock. Die Straßenbahnlinien 4 und 15 fahren vom Hauptbahnhof zum zentralen Plac Centralny. Es spielt keine Rolle, wo die Besichtigungstour beginnt – die Umgebung ist nur begrenzt

NOWA HUTA – EIN KOMMUNISTISCHER WUNSCHTRAUM

Die Kommunisten errichteten nach dem Krieg ziemlich planlos das Stahlwerk Nowa Huta. Sie wollten in Krakau eine „gesunde" Arbeiterklasse heranziehen und den starken aristokratischen, kulturellen und religiösen Traditionen der Stadt einen kräftigen Schuss Industriekultur verpassen. Wirklich rationale Gründe spielten nur eine untergeordnete Rolle. Zum Beispiel verfügte Krakau weder über Erz- noch über Kohlevorkommen und praktische alle Rohstoffe mussten von weit entfernten Orten herangeschafft werden. Unbeachtet blieben auch die Tatsachen, dass das Werk auf einem der fruchtbarsten Böden der Region errichtet wurde und dass die neue Anlage alte Dörfer zerstörte, deren Geschichte bis ins frühe Mittelalter zurückreichte.

Der kommunistische Traum sollte sich nicht wirklich erfüllen. Nowa Huta konnte die starken traditionellen Wurzeln der Stadt nicht kappen. Im Gegenteil entwickelte es sich eher zu einer Bedrohung: Hier brachen öfter Streiks aus als anderswo und das ebnete schließlich den Weg für den Zerfall des Kommunismus. Eine Auswirkung ganz anderer Art hatte das Stahlwerk noch auf die Stadt: Es sorgte für eine katastrophale Umweltverschmutzung, die die Gesundheit der Menschen, die Natur und die historischen Bauten der Stadt bedroht.

abwechslungsreich. Das graue Betonmeer stalinistischer Architektur herrscht vor, aber es gibt auch interessante Ausnahmen.

Im Nordwesten des Vororts steht die **Kirche der Muttergottes, Königin von Polen** (Karte S. 136; Ul Obrońców Krzyża), gemeinhin als *Arka Pana* (Arche des Herrn) bekannt. Das interessante, wenn auch etwas plumpe bootsförmige Gebäude war 1977 die erste neue Kirche, die in Nowa Huta gebaut werden durfte. Bis dahin nutzten die Einwohner zwei historische Kirchen, die der Betonlawine irgendwie entkommen waren. Beide liegen am südöstlichen Rand Nowa Hutas im Vorort Mogiła und lohnen einen Besuch, wenn man schon mal in der Gegend ist. Die kleine, hölzerne **St.-Bartholomäus-Kirche** (Kościół Św Bartłomieja; Karte S. 136; Ul Klasztorna) stammt aus der Mitte des 15. Jhs., was sie zur ältesten noch stehenden Holzkirche mit drei Schiffen in Polen macht. Sie wird nur zur Sonntagsmesse geöffnet. Zu anderen Zeiten im Haus auf der Rückseite fragen, vielleicht schließt einem dann eine Nonne das Gebäude auf.

Auf der anderen Straßenseite steht die **Zisterzienserabtei** (Opactwo Cystersów; Karte S. 136), die aus einer Kirche und einem Kloster mit einem großen Park dahinter besteht. Die Zisterzienser kamen 1140 nach Polen und gründeten ihr erstes Kloster in Jędrzejów. Später gründeten sie Klöster im ganzen Land, unter anderen auch 1222 dieses in Mogiła.

Die Kirche (fast immer geöffnet) besitzt einen Innenraum mit drei Schiffen. Sie ist in einer ausgewogenen Mischung aus Gotik-, Renaissance- und Barockelementen gehalten. Sehenswert sind die Kapelle des Gekreuzigten (im linken Querschiff), das gotische Polyptychon im Chor und das wunderschöne Buntglasfenster dahinter.

WIELICZKA

Knapp hinter der Stadtgrenze von Krakau (etwa 15 km vom Stadtkern entfernt) liegt Wieliczka mit seinem berühmten **Salzbergwerk** (Kopalnia Soli; ☎ 278 73 02; www.kopalnia.pl; Ul Daniłowicza 10; Erwachsene/ermäßigt 34/20 Zł, nach 18 Uhr & Nov.–Feb. 20 % Nachlass; 🕒 April–Okt. 7.30–19.30 Uhr, Nov.–März 8–16 Uhr). Es ist seit mindestens 700 Jahren ununterbrochen in Betrieb. Damit ist es die älteste aktive Industrieanlage Polens.

Im Bergwerk herrscht ein Mikroklima, das vor allem medizinisch wichtig ist. In einer Tiefe von 211 m befindet sich ein Sanatorium, in dem Allergiker behandelt werden.

Das Bergwerk ist ein Labyrinth mit etwa 300 km Stollen auf neun Sohlen, von denen die tiefste in 327 m Tiefe liegt. Ein Teil des Bergwerks ist als Museum zugänglich – sehr faszinierend. Das Salzbergwerg Wieliczka steht auf der Welterbeliste der Unesco.

Man kann die drei oberen Sohlen des Bergwerks zwischen 64 und 135 m Tiefe besichtigen. Es öffnet sich hier eine unheimliche Welt aus Schächten und Kammern, die aus dem soliden Salz geschlagen wurden. Einige von ihnen wurden als Kapellen mit Altarbildern und Statuen ausgestaltet, andere mit Figuren und Denkmälern ausgeschmückt – alles, wohlgemerkt, aus Salz. Es gibt sogar unterirdische Seen.

Das Highlight ist die **Kapelle der Seligen Kinga** (Kaplica Błogosławionej Kingi), die mit 54 m Länge, 17 m Breite und 12 m Höhe einer oberirdischen Kirche ziemlich nahe kommt. Die gesamte Ausstattung – von den Leuchtern bis zu den Altarstücken – besteht hier aus Salz. Die Fertigstellung dieses unterirdischen Tempels dauerte mehr als dreißig Jahre (1895–1927); 20 000 t Salz mussten dafür abgetragen werden. Hin und wieder finden hier Messen und Konzerte statt.

Besucher werden in Gruppen geführt. Die Besichtigung zu Fuß dauert etwa zwei Stunden – also unbedingt feste, bequeme Schuhe anziehen. Die Temperatur im Bergwerk beträgt 14 °C (warme Kleidung nicht vergessen). Wenn die Besucher die Anlage im Sommer überrennen, finden alle fünf Minuten Führungen statt. Im Winter beginnen sie alle halbe Stunde bis Stunde, je nachdem, ob genügend Interessierte da sind.

Die Führung findet meist auf Polnisch statt, aber im Sommer (Juli bis August) gibt es um 10 Uhr, 11.30 Uhr, 12.30 Uhr, 13.45 Uhr, 15 Uhr und um 17 Uhr Führungen auch auf Englisch (im Juni und September drei Führungen täglich). Im Juli und August gibt es auch zweimal täglich Führungen auf Deutsch. Die Zeiten können sich ändern, deswegen vorher bei einer Touristeninformation nachfragen. Der Souvenirshop am Eingang des Bergwerks verkauft Broschüren auch auf Englisch.

Auf der dritten Ebene befindet sich ein **Museum** (☎ 278 32 66; 🕓 8–16 Uhr) zu Geschichte und Technik des Salzbergbaus in 16 ausgearbeiteten Kammern. Hier enden auch die Führungen. Der Eintritt ist im Preis für die Führung inbegriffen. Von hier fährt ein Aufzug zurück an die Oberfläche.

In der Nähe des Krakauer Busbahnhofs fahren zwischen 6 Uhr und 20 Uhr alle zehn Minuten Minibusse nach Wieliczka und liefern Besucher vor dem Salzbergwerk ab (2 Zł). Tagsüber verkehrt alle 45 Minuten ein Zug zwischen Krakau und Wieliczka (3,50 Zł), aber der Bahnhof von Wieliczka ist ein ganzes Stück vom Bergwerk entfernt.

AKTIVITÄTEN

Wer's stilvoll mag, nimmt sich für eine erste Tour durch Krakau eine **Pferdekutsche.** Sie stehen am Hauptmarkt. Die Kutscher zeigen gern die Sehenswürdigkeiten der Altstadt, die sie am wichtigsten finden, die Fahrgäste können aber auch selbst entscheiden, wohin die Reise geht (120 Zł/Std.).

Der **Park Wodny** (Karte S. 136; ☎ 616 31 90; www.parkwodny.pl auf Polnisch; Ul Dobrego Pasterza 126; Tageskarte Erwachsene/ermäßigt Mo–Fr 41/33 Zł, Sa & So & öffentliche Feiertage 45/37 Zł; 🕓 Juni–Aug. 8–22.30 Uhr, Sept.–Mai 8.30–22 Uhr), 2,5 km nordöstlich der Altstadt, ist ein riesiger moderner Aqua-Erlebnispark. Mehrere Pools, Wasserrutschen, Jacuzzis, Kletterwände und Saunen, dazu Videospiele, ein Internetcafé, ein Restaurant und eine Bar machen das Vergnügen komplett. Es gibt auch Tickets für eine Stunde (Erwachsene/ermäßigt 15/12 Zł) und drei Stunden (31/23 Zł). Für Kinder unter drei Jahren ist der Eintritt frei.

Rund 2 km östlich des Stadtzentrums bietet der **Fantasy Park** (Karte S. 136; ☎ 290 95 15; www.fantasypark.pl auf Englisch; Al Pokoju 44; 🕓 10–2 Uhr) im Kraków Plaza-Einkaufszentrum 16 Bowlingbahnen (ca. 44 Zł pro Std.), Pooltische, Videospiele und eine Bar. Es gibt sogar eine betreute Spielecke für die Kleinen und freitags und samstags finden Diskos statt (ab 21 Jahre).

STADTSPAZIERGANG

Der Rundgang beginnt vor der **Marienkirche (1)** am Rynek Główny, führt im gemütlichen Tempo um den Hauptmarkt herum, durch die **Tuchhallen (2)** mit den Kunstgewerbeständen und ins Obergeschoss mit der **Galerie Polnischer Malerei und Plastik des 18. und 19. Jhs. (3)**. Von dort aus geht es auf der Ul Szewska nach Westen bis zur Kreuzung mit der Ul Jagiellońska. Auf dieser dann nach Süden zum **Collegium Maius (4)** für einen kurzen Blick in den Arkadenhof und weiter bis zur Kreuzung mit der Ul Gołębia. Der folgt man bis zur Ul Bracka, auf der es wiederum nach Süden an der **Franziskanerkirche (5)** vorbeigeht.

Die Läden auf der Ul Grodzka bieten sich als Zwischenstopp für einen Imbiss zwischendurch an. Auf der Ul Senacka geht es anschließend weiter nach Süden auf die bezaubernde Ul Kanonicza, die direkt zum **Wawel-Hügel (6)** führt. Hier unbedingt das prächtige **Königsschlosses (7)** und die **Kathedrale (8)** anschauen oder wenigstens den herrlichen Blick über den Fluss mit Ruhe genießen.

Start/Ziel: Marienkirche/Kathedrale auf dem Wawel
Strecke: 1,5 km
Dauer: eineinhalb Stunden

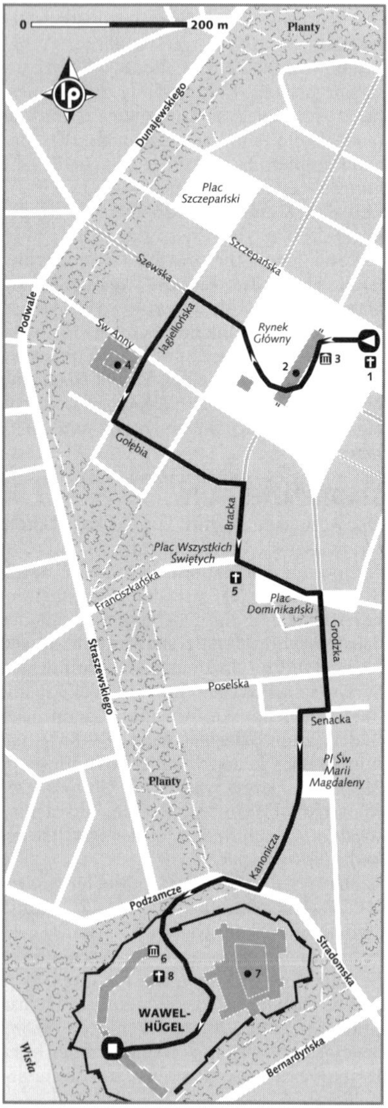

KRAKAU MIT KINDERN

Krakau ist nicht die kinderfreundlichste aller Städte, aber in und rund um Krakau herum gibt es schon Möglichkeiten, um Kinder ein paar Tage lang zu beschäftigen. Der **Park Wodny** (S. 155) ist für kleinere Kinder bestimmt die beste Wahl. Der supermoderne und gut angelegte Aquapark hat drei große Swimmingpools und die längste Wasserrutsche Polens (202 m).

Der **Fantasy Park** (S. 156) bietet betreutes Spielen mit Klettergerüsten und Ähnlichem für die ganz Kleinen. Ältere Kinder versuchen sich gerne am Billardqueue oder an der Bowlingkugel.

Wissenschaft zum Anfassen gibt es im **Collegium Maius** (S. 145), wo ältere Kinder und Jugendliche mit Licht- und Schallwellen und anderen wissenschaftlichen Gegenständen experimentieren können. Die Ausstellungen im **Japanischen Kunstzentrum Manggha** (S. 148) und **Polnischen Luftfahrtmuseum** (S. 148) sind je nach Interesse und Alter auch denkbar.

Außerhalb des Stadtzentrums bietet sich natürlich der **Zoo** (S. 153) für einen Ausflug an. Daran kann sich ein gemütlicher Spaziergang in der Umgebung anschließen.

Die Puppenshow *Golem*, die regelmäßig im **Teatr Groteska** (S. 166) aufgeführt wird, ist ein Hit bei Kindern und Erwachsenen, aber vielleicht nicht unbedingt für die ganz Kleinen geeignet.

Etwa 2 km nordöstlich des Zentrums liegt an der Al Jana Pawla II das **Kraina Zabaw Dziecięcych** (Karte S. 136; ☎ 411 30 07; Ul Nieduża 4; ⌚ 9–21 Uhr), ein betreuter Indoorspielplatz für Kleinkinder. Der Eintritt beginnt bei 6 Zł für die erste Stunde.

Topolino (☎ 633 06 62) bietet einen Babysitterservice an. Preise und Verfügbarkeit telefonisch erfragen. Auch viele bessere Hotels organisieren für ihre Gäste einen Babysitter. Die Touristeninfos in Krakau sind in diesem Bereich überhaupt keine Hilfe.

GEFÜHRTE TOUREN

Drei Reisebüros betreiben gemeinsam ein festes Rundfahrt- und Ausflugsprogramm für Krakau und Umgebung: **Orbis Travel** (Karte S. 140–141; ☎ 422 40 35; Rynek Główny 41), **Jan-Pol** (Karte S. 140–141; ☎ 421 42 06; Ul Westerplatte 15/16) und **Intercrac Travel** (Karte S. 140–141; ☎ 422 58 40; Ul Krupnicza 3). Sie bieten: Sightseeing mit der Kutsche (110 Zł), die Tour „Spuren jüdi-

FREIER EINTRITT

In Krakau stehen allen Besuchern diese Sehenswürdigkeiten kostenlos zur Verfügung:

- Besuch des Königsschlosses an einem Montag und das Leben der früheren Royals kennen lernen.
- Spaziergang durch die Kopfsteingassen der Altstadt und über den Hauptmarkt.
- Besuch des Nationalmuseums an einem Sonntag und alle Sammlungen gratis anschauen.
- Straßenkünstler, die häufig auf dem Hauptmarkt und in den angrenzenden Straßen auftreten.
- Tour durch die privaten Kunstgalerien und einen Zugang zur zeitgenössischen polnischen Kunst bekommen.
- Alle Kirchen der Stadt mit Ausnahme der Marienkirche, die Eintritt verlangt, besichtigen.
- Viele Konzerte, Shows oder Ausstellungen im Stadtzentrum genießen (Einzelheiten in den Stadtmagazinen).

scher Kultur“ (110 Zł), Fahrten zum Salzbergwerk Wieliczka (120 Zł), Vernichtungslager Auschwitz und Birkenau (120 Zł) und nach Zakopane (255 Zł). Studenten unter 25 Jahren erhalten 25% Rabatt auf die Touren nach Wieliczka und Auschwitz; 10% Rabatt bekommen alle, die eine zweite Tour gleich mitbuchen. In allen drei Reisebüros liegt die Broschüre *Cracow Tours* mit ausführlichen Beschreibungen kostenlos aus.

Die **Jarden Tourist Agency** (Karte S. 149; ☎ 421 71 66; www.jarden.pl auf Englisch; Ul Szeroka 2) im jüdischen Viertel von Kazimierz ist das bekannteste Reisebüro, das Führungen zum jüdischen Erbe der Stadt anbietet. Rundgänge durch Kazimierz kosten zwischen 35 und 45 Zł pro Person (2 oder 3 Std.). Die Tour „Schindlers Liste“ (2 Std. mit dem Auto) kostet 65 Zł pro Person. Alle Touren werden im Voraus gebucht, Mindestteilnehmerzahl ist drei. Die Führung ist auf Englisch, aber es können auch deutschsprachige arrangiert werden. Jarden bietet außerdem eine Auschwitz-Birkenau-Tour (6 bis 7 Std. mit dem Auto) an. Dafür muss die Gruppe aus mindestens vier Personen bestehen (ca. 120 Zł pro Person).

Marco der Pole (Karte S. 140–141; ☎ 430 21 31; www.marcoderpole.com.pl auf Deutsch; Ul Kanonicza 15) organisiert von April bis Oktober Spaziergänge durch die Altstadt und durch Kazimierz. Beide kosten 70 Zł (50 Zł für Studenten unter 25 Jahren mit internationalem Studentenausweis und Kinder unter 14). Tickets gibt es bei den Touristeninformationen, bei Hotels und kurz vor der Führung an Ort und Stelle. Die Spaziergänge starten an den Tuchhallen, gegenüber der Marienkirche.

Bird Service (Karte S. 140–141; ☎ 292 14 60; www.bird.pl auf Deutsch; Ul Św Krzyża 17) ist einer der größten Spezialisten des Landes für Vogelbeobachtungen. Organisiert Reisen nach Ostpolen, mit den Nationalparks Białowieża und Biebrza. Darüber hinaus stehen einwöchige Fahrradtouren entlang des Dunajec in den Karpaten auf dem Programm.

Bird Service organisiert auch das Polish Bird Festival, das jedes Jahr in der zweiten Maiwoche in Nordostpolen stattfindet. Dieses Reisepaket umfasst acht Übernachtungen, inklusive Halbpension und Infos, und ideale Bedingungen für die Vogelbeobachtung.

FESTIVALS & EVENTS

In Krakau findet jedes Jahr eine Fülle von Veranstaltungen statt. Das Kulturinformationszentrum (S. 165) hält ausführliche Veranstaltungsprogramme bereit. Auch in der Umgebung finden großartige Veranstaltungen statt, wie das berühmte **Passionsspiel**, das jedes Jahr an Gründonnerstag und Karfreitag in Kalwaria Zebrzydowska aufgeführt wird.

Festival der Seemannslieder „Shanties“ (Februar)

Orgelmusiktage (März/April) Dieses Festival bietet seit dreißig Jahren die Möglichkeit, in verschiedenen Stadtkirchen Orgelkonzerte zu hören.

Festival des Studentenliedes (Mai) Das Festival wird seit Mitte der 1960er Jahre veranstaltet. Einige Konzerte finden auch auf dem Hauptmarkt statt.

Juvenalia (Mai) Der Krakauer Studentenkarneval: Die Studis erhalten symbolisch die Schlüssel der Stadt und übernehmen für vier Tage und drei Nächte die Macht. Dabei wird in den Straßen getanzt, es gibt Kostümumzüge, Maskenbälle und jede Menge Spaß.

Cracovia Marathon (Mai) Internationales Laufevent mit zunehmender Beliebtheit.

LAJKONIK – KRAKAUS HELD

Lajkonik ist eine Legendengestalt. Der Mann in schmucken Gewändern ist als Tatar verkleidet und reitet auf einem Pferd. Er erwacht jedes Jahr an einem Donnerstag, sieben Tage nach Fronleichnam, zum Leben und führt einen munteren Umzug an vom Konvent der Prämonstratenserinnen in der Vorstadt Zwierzyniec bis zum Hauptmarkt (Rynek Główny).

Musiktruppen begleiten den Umzug, der für den Weg mindestens sechs Stunden braucht. Der Lajkonik tanzt, springt und rennt, begrüßt die Zuschauer, besucht Cafés am Straßenrand, sammelt Spenden und schlägt spaßeshalber Menschen mit seiner Klappe, was ihnen Glück bringen soll. Am Hauptmarkt begrüßt der Bürgermeister dann den Lajkonik und überreicht ihm ein symbolisches Lösegeld und einen Kelch mit Wein.

Die Geschichte geht auf die Tatarenüberfälle des 13. Jhs. zurück. Den Flößern von Zwierzyniec gelang es, den tatarischen Khan zu schlagen. Der Anführer der Flößer legte dessen Kleidung an und ritt im Triumphzug in die Stadt. Die Lajkonik-Feiern finden seit mindestens 200 Jahren statt.

Die Figur des Pferdes und das Kostüm des Lajkonik hat Stanisław Wispiański entworfen. Die Originale werden im Historischen Museum der Stadt Krakau aufbewahrt. Das gesamte Kostüm wiegt rund 40 kg.

Polnische & Internationale Kurzfilmfestivals (Mai/Juni)

Lajkonik-Umzug (ein Donnerstag im Mai oder Juni) Sieben Tage nach Fronleichnam zieht ein farbenfroher Umzug unter Leitung des Lajkonik, einer komischen Figur im Kostüm eines reitenden Tataren, von Zwierzyniec zum Hauptmarkt.

Festival der Jüdischen Kultur (Juni/Juli) Reihe von Kulturveranstaltungen mit Theater, Film, Musik und Kunstausstellungen, die mit einem großen Klezmerkonzert unter freiem Himmel auf der Ul Szeroka zu Ende geht. Wahrscheinlich das größte Festival dieser Art in Europa.

Orgelkonzerte (Ende Juni bis Ende August) Jeden Sonntag im Benediktinerkloster von Tyniec. Im Juli und August auch in der Marienkirche.

Internationales Festival der Straßentheater (Juli) Auf dem Hauptmarkt.

Sommer-Jazz-Festival (Juli) Das Beste des modernen polnischen Jazz.

Festival „Alter Jazz in Krakau" (Juli und August) Nur traditionellere Formen des Jazz.

Internationales Festival der Alten Musik (August) Das wichtigste Musikereignis des Jahres dauert zwei Wochen; fünf Jahrhunderte Musik – vom Mittelalter bis zur Moderne – stehen auf dem Programm. Orte sind Konzertsäle, Kirchen und historische Stätten.

Wettbewerb der schönsten Krakauer Weihnachtskrippen *(szopki)* (1. Donnerstag im Dezember) Zieht jedes Jahr Horden von Schaulustigen auf dem Hauptmarkt neben dem Adam-Mickiewicz-Denkmal an. Die Krakauer *szopki* sind eine besondere Variante der Weihnachtskrippe. Sie werden oft sehr detailreich aus Karton, Holz, Alufolie und ähnlichen Materialien angefertigt, meist in Kirchenform. Die preisgekrönten Exemplare sind bis Mitte Februar in einer Sonderausstellung im Historischen Museum zu sehen. Das Volkskundliche Museum zeigt alte Weihnachtskrippen.

SCHLAFEN

Krakau ist der Touristenmagnet schlechthin in Polen – und das schlägt sich natürlich auch in den Preisen nieder. Es gibt zwar immer mehr Übernachtungsmöglichkeiten, gerade in der Sommersaison im Voraus zu buchen, kann aber trotzdem nicht schaden. In der Altstadt finden sich neben einigen preiswerten Unterkünften vor allem Hotels der mittleren und gehobenen Klasse; die günstigeren und teilweise echt billigen Häuser liegen jenseits des Planty.

Die schönen mittleren und gehobenen Hotels in Kazimierz liegen oft sehr ruhig. Einige der teureren Hotels geben ihre Preise auch in Euro oder US-Dollar an.

In letzter Zeit sind außerhalb des Stadtkerns moderne Jugendherbergen entstanden, die den Bedürfnissen (und Ansprüchen) der Backpacker aus dem Westen entgegenkommen. Will man etwas länger bleiben, sind Privatzimmer und Apartments eine mögliche Lösung. **Waweltur** (Karte S. 140–141; ☎ 422 19 21; www.waweltur.com.pl auf Polnisch; Ul Pawia 8; EZ/DZ/Apt. ab 55/107/140 Zł; 🕓 Mo–Fr 8–20 Uhr, Sa 8–14 Uhr) vermittelt Unterkünfte in Privathäusern in der ganzen Stadt. Meist sind es Apartments für Selbstversorger mit Küche und Bad.

Manchmal sprechen Leute offensichtliche Touristen auch auf der Straße an. Die Fremdenverkehrsämter raten zwar davon ab, darauf einzugehen, aber wer sich trotzdem darauf einlässt, sollte sich die Lage auf einem Stadtplan zeigen lassen und vor allem erst zahlen, wenn er das Zimmer gesehen und akzeptiert hat.

Stadtzentrum & Vororte

BUDGETUNTERKÜNFTE

Krakau ist voll mit preiswerten Unterkünften, nur wenige liegen aber nahe an der City. Relativ neu sind die hellen, sauberen, modernen Hostels mit Personal, das neben Polnisch auch noch eine andere Sprache spricht. Die älteren, billigeren, traditionellen Jugendherbergen sind dem einen oder anderen Nichtpolen vielleicht etwas zu einfach. In der Ferienzeit sind sie außerdem mit lautstarken Schülergruppen belegt und es gibt manchmal Probleme mit der Hygiene. In den Sommerferien vermieten Studentenwohnheime Zimmer am Stadtrand; sie sind oft ganz gut ausgestattet.

Krakau hat mehrere Campingplätze, alle ziemlich weit vom Stadtzentrum entfernt, aber gut an öffentliche Verkehrsmittel angebunden.

Nathan's Villa Hostel (☎ 422 35 45; www.nathansvilla.com auf Englisch; Ul Św Agnieszki 1; Schlafsaal ab 45 Zł; Ⓟ 💻) Das beste Hostel der Stadt, praktisch auf halbem Weg zwischen Altstadt und Kazimierz. Gemütliche Zimmer, blitzblanke Badezimmer, kostenlose Waschmaschinenbenutzung, Frühstück und freundliche Stimmung inklusive: ein echter Hit unter Backpackern.

Dizzy Daisy (Karte S. 136; ☎ 292 01 71; www.hostel.pl auf Deutsch; Ul Pędzichów 9; Schlafsaal/DZ/3BZ 35/100/135 Zł; 💻) Eine weitere Niederlassung der expandierenden angesehenen Kette. Kürzlich renoviert, modern, super Ausstattung, zieht eine internationale Truppe von Partypeople an.

Bling Bling (Karte S. 136; ☎ 634 05 32; www.blingbling.pl auf Englisch; Ul Pędzichów 7; Schlafssal 45 Zł) Noch ein sehr modernes Hostel, wenige Häuser vom Dizzy Daisy entfernt und mit dem gleichen super Standard.

Bursa Jagiellońska (Karte S. 136; ☎ 656 12 66; www.bursa.krakow.pl auf Deutsch; Ul Śliska 14; EZ/DZ/3BZ/4BZ 53/92/129/156 Zł; 🕒 Juli–Sept.; Ⓟ 💻) Die Bursa liegt in Podgórze, 2,5 km von der Altstadt entfernt (erreichbar mit der Straßenbahnlinie 10), gehört zur Uni Krakau und ist eines der besseren Studentenwohnheime. Saubere, gut ausgestattete Unterkunft mit freier Waschmaschinenbenutzung, Internetzugang und Gemeinschaftsküchen. Für Studenten mit internationalem Studentenausweis (Euro<26, ISIC, GO'25, ITIC) gibt es 10 % Rabatt.

Hotel Studencki Żaczek (Karte S. 136; ☎ 633 19 14; www.zaczek.com.pl; Al 3 Maja 5; EZ/DZ/3BZ 85/120/150 Zł) Das Żaczek liegt praktischerweise nur 1 km westlich der Altstadt. Es bietet verschiedene Zimmergrößen, auch billigere Zimmer mit Gemeinschaftsbad. Das Frühstück kostet 10 Zł extra.

Strawberry Hostel (Karte S. 136; ☎ 636 15 00; Ul Racławicka 9; Schlafsaal/DZ 40/50 Zł; 🕒 Juli & Aug.; Ⓟ) Dieses gut geführte und bei Reisenden sehr beliebte 200-Betten-Hostel ist sauber und gemütlich, liegt 2 km nordwestlich der Altstadt und ist mit mehreren Straßenbahnen leicht erreichbar.

Trzy Kafki BIS (Karte S. 136; ☎ 263 20 10; www.trzykafki.pl auf Englisch; Ul Kawaryjska 42; EZ/DZ/3BZ 60/80/100 Zł) Südlich der Weichsel, sauberes kleines Gästehaus; eine deutliche Verbesserung gegenüber dem originalen Trzy Kafki Hostel, auch wenn es nur Gemeinschaftsbäder gibt. Guter Ausgangsort für eine Erkundung von Kazimierz, aber ein langer Marsch bis in die Altstadt.

Hotel Studencki Nawojka (Karte S. 136; ☎ 633 58 77; www.nawojka.bratniak.krakow.pl auf Englisch; Ul Reymonta 11; EZ/DZ/3BZ ab 80/85/100 Zł; ▣) 2 km westlich des Stadtzentrums bietet das Nawojka ganzjährig ein Dutzend saubere und schlichte Zimmer mit Bad, in den Sommerferien auch noch Studentenzimmer. Auf dem Gelände befindet sich sogar ein Gemüseladen. Erreichbar ab Hauptbahnhof mit der Buslinie 179.

Hotel Studencki Bydgoska (Karte S. 136; ☎ 638 77 88; www.bydgoska.bratniak.krakow.pl auf Englisch; Ul Bydgoska 19; EZ 50–90 Zł, DZ 70–110 Zł, 3BZ 90–129 Zł; 🕒 Juli–Sept.; 💻) Das Bydgoska ist ein billiges und einfaches Studentenhotel, liegt nordwestlich vom Zentrum und ist vom Bahnhof mit den Buslinen 501, 511 und 208 zu erreichen. Während des Semesters preiswerte Betten für rund dreißig Gäste, wesentlich mehr noch (mit Bad und Küche) in den Sommermonaten. Vor Ort gibt es ein Restaurant, einen Fitnessraum und ein Fernsehzimmer.

Trzy Kafki (Karte S. 136; ☎ 632 88 29; www.trzykafki.pl auf Englisch; Al Słowackiego 29; EZ/DZ/3BZ 50/70/90 Zł; 💻) Rund 1,5 km nordwestlich der Altstadt; eines von drei Gästehäusern einer Kette in der Stadt, relativ schlichte Zimmer mit modernen Gemeinschaftsbädern und

-küchen und einem Wäscheservice. Das Frühstück kostet 9 Zł extra.

Jugendherberge Oleandry (Karte S. 136; ☎ 633 88 22; Fax 633 89 20; Ul Oleandry 4; Schlafsaal 28 Zł) Diese große, häufig laute und renovierungsbedürftige Jugendherberge mit mitternächtlicher Sperrstunde liegt nur 1 km westlich der Altstadt. Mit der Bahnlinie 15 vom Hauptbahnhof bis knapp hinter das Hotel Cracovia fahren.

Camping Nr 46 Smok (Karte S. 136; ☎ 429 83 00; Ul Kamedulska 18; Camping pro Person/Zelt 15/19 Zł; Ⓟ) Ruhiger Campingplatz rund 4 km westlich der Altstadt. Vom Bahnhof Kraków Główny Bahnlinie 2 bis zur Endstation in Zwierzyniec nehmen und in einen nach Westen fahrenden Bus (außer Linie 100) steigen.

Camping Clepardia (Karte S. 136; ☎ 415 96 72; www.campclep@poczta.onet.pl; Ul Pachońskiego 28A; Camping pro Platz/Person 8/15 Zł, DZ/3BZ im Bungalow 80/100 Zł; Juni–Sept.; Ⓟ) Der Platz stellt Zeltflächen zur Verfügung und vermietet auch Bungalows mit Bad, die Gäste dürfen den Swimmingpool nebenan benutzen. Der Platz liegt 4 km nördlich des Zentrums und ist mit der Buslinie 115 vom Hauptbahnhof aus zu erreichen. Die Haltestelle liegt am Supermarkt Billa.

MITTELKLASSEHOTELS

Die meisten Mittelklasseunterkünfte liegen außerhalb des Stadtkerns, aber häufig in fußläufiger Entfernung zum Hauptmarkt und den wichtigsten Sehenswürdigkeiten. Weitere Übernachtungsmöglichkeiten liegen weiter draußen, hauptsächlich im Norden und Westen.

Hotel Saski (Karte S. 140–141; ☎ 421 42 22; www.hotelsaski.com.pl auf Englisch; Ul Sławkowska 3; EZ/DZ/Suite 260/330/410 Zł; ☒) Wenn einem der Sinn nach Belle Epoque steht, man aber nicht den Preis dafür zahlen möchte, ist das Saski genau richtig. Dieses schöne alte Etablissement liegt in einer historischen Stadtresidenz direkt am Hauptmarkt. Der uniformierte Portier, der rappelnde historische Aufzug und das elegante Mobiliar verleihen dem Hotel einen warmen Glanz, auch wenn die Zimmer selbst relativ schlicht gehalten sind (trotzdem sehr moderne Badezimmer und Doppeltüren). Das Frühstück im benachbarten Restaurant Metropolitan (S. 163) ist hervorragend. Nachteil der zentralen Lage des Hotels ist unter Umständen das lautstarke Nachtleben in den umliegenden Kneipen und Cafés.

Hotel Petrus (Karte S. 136; ☎ 269 29 46; www.petrus.net.pl auf Deutsch; Ul Pietrusińskiego 12; EZ/DZ/3BZ 209/270/280 Zł; Ⓟ) Dieses wunderschöne Hotel liegt ruhig in der Nähe des Park Skały Twardowskiego, etwa 2 km südwestlich der City. Die Gästezimmer sind nüchtern und modern eingerichtet, es gibt eine gemütliche Lounge mit offenem Kamin, eine Sauna, einen Fitnessraum, ein Restaurant und einen Biergarten.

U Pana Cogito (Karte S. 136; ☎ 269 72 00; www.pcogito.pl auf Deutsch; Ul Bałuckiego 6; EZ/DZ/Apt. 42/54/61 €; Ⓟ ☒) Knallweiß scheint das Leitmotiv des Innenausstatters in diesem freundlichen und kleinen Hotel mit sechs Zimmern 1 km südwestlich des Zentrums gewesen zu sein. Alle Zimmer verfügen über ein großes Bad und einen Kühlschrank. Das Apartment besitzt einen eigenen Eingang. Die Preise sind bei längeren Aufenthalten verhandelbar. Das Hotel betreibt ein eigenes Restaurant – natürlich auch in frischem, minimalistischem Weiß gehalten.

Hotel Wawel-Tourist (Karte S. 140–141; ☎ 424 13 00; www.wawel-tourist.com.pl auf Deutsch; Ul Poselska 22; EZ 210–270 Zł, DZ 310–380 Zł; ☒) In unmittelbarer Nähe der geschäftigen Ul Grodzka, ganz gutes Preis-Leistungs-Verhältnis, die etwas teureren, frisch renovierten Zimmer sind groß und bequem. Das Haus liegt weit genug von der Hauptverkehrsader entfernt, so dass man vom Lärm weitgehend verschont bleibt.

Hotel System (Karte S. 136; ☎ 614 48 00; www.hotelsystem.pl auf Deutsch; Al 29 Listopada 189; EZ/DZ ab 99/198 Zł; Ⓟ ☒) Das Hotel System liegt knapp 3 km nordöstlich der Altstadt. Das große, sehr moderne Haus bietet schicke Zimmer und ein für den Preis erstaunliches Angebot (freier Internetzugang, Fitnessraum, Sauna und ein gutes Restaurant).

Home & Travel (Karte S. 136; ☎ 633 80 80; www.hometravel.pl auf Deutsch; Ul Wrocławska 5a; EZ/DZ 120/180 Zł; ☒) Eher neues Etablissement im Norden der Altstadt mit gehobenem, modernem Ambiente. Die geräumigen Zimmer haben Kühlschrank und Tee- und Kaffeemaschine, zum Teil Modem-Anschluss.

Sodispar Service Apartments (Karte S. 136; ☎ 0602 247 438; www.sodispar.pl auf Englisch; Ul Lubelska 12; Apt. 100–480 Zł;) Sodispar bietet im Norden der Altstadt mehrere bequem eingerichtete Apartments für bis zu vier Personen an.

Gut für alle, die länger in Krakau bleiben wollen. Mindestmietzeit beträgt zwei Tage, bei längeren Aufenthalten gibt es Rabatte. Die Apartments haben freien Internetzugang, für kleines Geld kann ein Computer gemietet werden.

Wielopole Guest Rooms (Karte S. 140–141; ☎ 422 14 75; www.wielopole.pl auf Englisch; Ul Wielopole 3; EZ/DZ ab 150/225 Zł; ⊠ Ⓟ) Die hellen, modern eingerichteten Zimmer des Wielopole befinden sich in einem renovierten Häuserblock am Ostrand der Altstadt und verfügen durchgehend über makellos saubere Bäder. Das (auf dem Zimmer servierte!) Frühstück kostet extra. Für die relativ zentrale Lage ist das Hotel wirklich preiswert.

Hotel Jan (Karte S. 140–141; ☎ 430 19 92; www.hotel-jan.com.pl auf Englisch; Ul Grodzka 11; EZ/DZ/3BZ 236/353/460 Zł) Das Hotel Jan ist ein restauriertes Stadthaus an einer belebten (und häufig lauten) Fußgängerzone, nur einen Steinwurf vom Hauptmarkt entfernt. Die Zimmer sind hübsch und gemütlich. Frühstück gibt's mit viel Atmosphäre im kühlen mittelalterlichen Keller (die Gänge in grauem Marmor sind allerdings definitiv zu düster).

Hotel Alexander (Karte S. 140–141; ☎ 422 96 60; www.alexhotel.pl auf Deutsch; Ul Gabarska 18; EZ/DZ 280/360 Zł; Ⓟ ⊠) Das Alexander ist ein modernes, wenn auch etwas anonymes Hotel mit dem üblichen Drei-Sterne-Komfort: absolut in Ordnung, aber unpersönlich. Das Haus liegt an einer schmucklosen, ruhigen Seitenstraße im Westen der Altstadt.

Dom Polonii (Karte S. 140–141; ☎/Fax 422 43 55; Rynek Główny 14; DZ/Suite 235/348 Zł) Eine zentralere Unterkunft ist kaum aufzutreiben. Das Dom hat nur zwei Doppelzimmer (mit Blick über den Hauptmarkt) und eine Doppelsuite, die alle im obersten Stockwerk liegen. Also nicht überraschend, dass das Haus schnell ausgebucht ist.

Hotel Royal (Karte S. 140–141; ☎ 421 35 00; www.royal.com.pl auf Englisch; Ul Św Gertrudy 26–29; EZ 160–210 Zł, DZ 220–300 Zł, 3BZ 300–330 Zł, Suite 360 Zł; Ⓟ) Dieses beeindruckende Jugendstilgebäude ist eines der erstaunlich wenigen Hotels in direkter Nähe zum Wawel. Es gibt zwei Kategorien: Die teureren Zwei-Sterne-Zimmer sind gemütlich eingerichtet und den eintönigen Ein-Stern-Zimmern auf der Rückseite eindeutig vorzuziehen.

Hotel Polonia (Karte S. 140–141; ☎ 422 12 33; www.hotel-polonia.com.pl auf Deutsch; Ul Basztowa 25; EZ/DZ/Suite 251/285/450 Zł) Das Polonia residiert in einem prächtigen alten Haus in der Nähe des Bahnhofs. Die Zimmer sind hell und modern eingerichtet, liegen aber zum größten Teil zur geräuschvollen Hauptstraße hin. Die Suiten sind naturgemäß besonders großzügig und schön.

Ibis Kraków Centrum (Karte S. 136; ☎ 299 33 00; www.accorhotels.com auf Deutsch; Ul Syrokomli 2; EZ/DZ 199/259 Zł; Ⓟ ⊠) Unprätentiöses modernes Hotel westlich der Altstadt mit bekanntem internationalen Ibis-Standard. Preiswert, aber nichts für Leute, die etwas Typisches suchen.

Monika Pokoje Gościnne (Karte S. 136; ☎ 413 84 80; www.hotelmonika.pl auf Deutsch; Ul Langiewicza 6; EZ/DZ/3BZ/Suite 150/215/290/430 Zł; Ⓟ) Viele saubere, schlichte Zimmer, auch große Suiten mit eigener Küche. Das Haus arrangiert Touren für die Gäste. Am Wochenende sind die Zimmer etwas billiger.

Pokoje Gościnne Jordan (Karte S. 140–141; ☎ 421 21 25; www.jordan.pl/en auf Englisch; Ul Długa 9; EZ/DZ/3BZ 140/210/280 Zł) Kleines, preiswertes Etablissement am Nordrand der Altstadt. Die Zimmer liegen über einem Reisebüro, das die Reservierung vornimmt.

SPITZENKLASSEHOTELS

In der Altstadt und den Straßen drum herum gibt es eine ganze Ansammlung gehobener Hotellerie. Verständlich, die Gegend hat unheimlich Atmosphäre, aber nicht alle Häuser sind ihr Geld wert.

Hotel Copernicus (Karte S. 140–141; ☎ 424 34 00; www.hotelcopernicus.com; Ul Kanonicza 16; EZ/DZ/Suite 650/750/1100 Zł; ⊠) Zweifellos die feinste und luxuriöseste Adresse der Stadt. Das Copernicus liegt zwischen zwei wunderschön restaurierten Gebäuden an einer der schönsten Straßen Krakaus. Die Bar mit traumhaftem Blick über den Wawel und der Swimmingpool im mittelalterlichen Kellergewölbe tragen noch zur Klasse des Hauses bei.

Hotel Wit Stwosz (Karte S. 140–141; ☎ 429 60 26; www.wit-stwosz.com.pl auf Deutsch; Ul Mikołajska 28; EZ/DZ/3BZ ab 290/340/430 Zł) Das Hotel Wit Stwosz ist ein kürzlich renoviertes Stadthaus aus dem 16. Jh. Die Zimmer sind vollständig modernisiert, allerdings zum Teil etwas schlicht eingerichtet. Insgesamt ein gutes Preis-Leistungs-Verhältnis für ein Edelhotel.

Hotel Campanile (Karte S. 140–141; ☎ 424 26 00; www.campanile.com.pl auf Englisch; Ul Św Tomasza 34; DZ/Suite 310/520 Zł; Ⓟ ⊠) Diese Krakauer Filiale der französischen Hotelkette bietet wenige Häuserblocks vom Hauptmarkt entfernt 106 nette, helle Zimmer in den Campanile-typischen Grün- und Cremetönen. Mehrere Zimmer sind auch behindertengerecht ausgestattet.

Hotel Amadeus (Karte S. 140–141; ☎ 429 60 70; www.hotel-amadeus.pl auf Deutsch; Ul Mikołajska 20; EZ/DZ/Apt. 130/140/200 €; ⊠) Das Amadeus ist eines der vornehmsten Häuser Krakaus. Der Name passt zum Flair. Die Zimmer sind geschmackvoll möbliert und der Service sehr gut, allerdings sind einige Zimmer etwas klein und langweilig eingerichtet. Das Hotel bietet Sauna, Fitnessraum und ein hoch geschätztes Restaurant.

Hotel Pollera (Karte S. 140–141; ☎ 422 10 44; www.pollera.com.pl auf Deutsch; Ul Szpitalna 30; EZ/DZ 295/345 Zł; Ⓟ) Prachtvolles Haus mit großen Zimmern und elegantem Mobiliar. Die Einzelzimmer sind wenig aufregend, aber die Doppelzimmer klasse. Das Haus liegt ruhig und zentral.

Hotel Rezydent (Karte S. 140–141; ☎ 429 54 95; www.rthotels.com.pl auf Deutsch; Ul Grodzka 9; EZ/DZ/3BZ 68/90/110 €; ⊠) Das restaurierte mittelalterliche Haus liegt nur wenige Schritte vom Hauptmarkt weg. Die Zimmer sind perfekt gepflegt und haben zum Teil ihren historischen Charme bewahrt. Die Lage über einer Kebap-Bude an der Hauptdurchgangsstraße verströmt leider nicht so viel Flair.

Hotel Atrium (Karte S. 136; ☎ 430 02 03; www.hotelatrium.pl auf Deutsch; Ul Krzywa 7; EZ/DZ/Apt. 77/97/147 €; Ⓟ ⊠) Das saubere, nüchterne und moderne Hotel Atrium bietet fünfzig gemütliche Zimmer und ein gutes Restaurant in der Nähe des Hauptbahnhofs.

Kazimierz

MITTEL- & SPITZENKLASSEHOTELS

Kazimierz bietet eine kleine, aber nette Auswahl an Hotels der Mittel- und Luxusklasse, einige mit unverkennbar jüdischem Flair. Alles in allem ein angenehmer, ruhiger und feiner Bezirk für einen Aufenthalt in Krakau.

Centrum Artystyczno Konferencyjne Eljot (Karte S. 149; ☎ 430 66 06; www.eljotartcenter.pl auf Englisch; Ul Miodowa 15; EZ/DZ/Suite 239/299/429 Zł; ⊠ 💻) Die Zimmer sind groß, schick und modern (unter anderem mit Internetanschluss). Im Gebäude finden auch gelegentlich Theater- und Musikevents statt, im Keller stehen Konferenzräume zur Verfügung. Die Preise sind am Wochenende niedriger und es gibt einen ansehnlichen Rabatt bei Onlinebuchung.

Hotel Klezmer-Hois (Karte S. 149; ☎/Fax 411 12 45; www.klezmer.pl auf Englisch; Ul Szeroka 6; EZ/DZ ab 48/60 €) Dieses einzigartige kleine Hotel wurde im originalen jüdischen Vorkriegsstil restauriert und bietet zehn luftige, individuell eingerichtete Zimmer (die günstigeren ohne eigenes Bad). Im Haus gibt es ein gutes jüdisches Restaurant, eine Kunstgalerie und jeden Abend Livemusik.

Hotel Eden (Karte S. 149; ☎ 430 65 65; www.hoteleden.pl auf Englisch; Ul Ciemna 15; EZ/DZ/3BZ 200/280/370 Zł; ⊠) Das Eden nimmt drei sorgfältig restaurierte Stadthäuser aus dem 15. Jh. ein und bietet darin 27 bequeme Zimmer, ein Pub, eine Sauna und die einzige Mikwe (traditionelles jüdisches Badehaus) in Polen. Auf Anfrage gibt es sogar koschere Mahlzeiten.

Hotel Abel (Karte S. 149; ☎ 411 87 36; www.hotelabel.pl auf Englisch; Ul Józefa 30; EZ/DZ ab 120/160 Zł; ⊠) Das unprätentiöse Hotel Abel verfügt über 15 saubere, schlichte Zimmer im Herzen des jüdischen Viertels. Ein netter, freundlicher Ort mit einem guten Preis-Leistungs-Verhältnis für diesen Teil der Stadt.

Hotel Alef (Karte S. 149; ☎/Fax 421 38 70; Ul Szeroka 17; EZ/DZ/Suite 46/62/78 €) Das Hotel Alef hat große, nette Zimmer mit echten Antiquitäten. Im Erdgeschoß liegt das malerische Café Alef (S. 164), ein sehr gutes jüdisches Restaurant. Vom obersten Stockwerk aus genießt man einen großartigen Ausblick.

ESSEN

Nach polnischen Maßstäben ist Krakau ein kulinarisches Paradies. Die Altstadt ist voll mit Gastronomie, die etwas für jeden Geschmack und Geldbeutel anbietet.

Viele preiswerte Esslokale heißen *jadłodajnia*. Die kleinen Restaurants bieten herzhafte polnische Hausmannskost zu sehr kleinen Preisen an. In der Ul Grodzka gibt es zahlreiche Imbissbuden, die besseren Restaurants liegen in den Straßen um den Hauptmarkt herum. Einige davon sind völlig überteuerte Touristenfallen. In Kazimierz trifft man auf viele kleine Restaurants mit jüdischer Küche, die den Weg dahin auf jeden Fall lohnen.

Stadtzentrum

GÜNSTIG

Smaki Świata (Karte S. 140–141; ☎ 428 27 70; Ul Szpitalna 38; Hauptgerichte 10,50–16,80 Zł; ⌚ Mittag- & Abendessen) Nicht weit vom Bahnhof entfernt, bietet auf zwei Etagen herzhafte internationale vegetarische Küche wie Moussaka, Pasta und Chimichingas, dazu preiswerte Snacks und ausgesuchte Teesorten.

Gruzińskie Chaczapuri (Karte S. 140–141; ☎ 604 508 380; Ecke Ul Floriańska & Ul Św Marka; Hauptgerichte 8–20 Zł; ⌚ 9 Uhr–Mitternacht) Etwas Besonderes: günstiges und freundliches georgisches Restaurant mit interessanten, aber leckeren Spezialitäten, zum Beispiel Käsepastete. Die Karte setzt sich aus Grillgerichten, Steaks und Salaten zusammen, auch der Wein ist nicht schlecht.

Gospoda CK Dezerter (Karte S. 140–141; ☎ 422 79 31; Ul Bracka 6; Hauptgerichte 10–25 Zł; ⌚ Mittag- & Abendessen) Hübsches Lokal mit Schwerpunkt auf traditionellen, fleischreichen mitteleuropäischen Spezialitäten, auch österreichisch-ungarische Küche.

Green Way (Karte S. 140–141; ☎ 431 10 27; Ul Mikołajska 14; Hauptgerichte 8–11 Zł; ⌚ Mo–Sa 10–22 Uhr, So 11–21 Uhr) Hier gibt's die besten vegetarischen Gerichte der Stadt, darunter Veggie-Burger, Enchiladas und Salate.

Restauracja Sąsiedzi (Karte S. 140–141; ☎ 421 41 46; Ul Szpitalna 40; Hauptgerichte 6–19,50 Zł; ⌚ Mittag- & Abendessen) Nur unwesentlich teurer als die anderen *jadłodajnias*, aber schicker und länger geöffnet. Auf zwei Etagen (einschließlich schöner Keller) gutes Essen, auch Fisch und Vegetarisches.

Bar Mleczny Dworzanin (Karte S. 140–141; ☎ 422 76 21; Ul Floriańska 19; Hauptgerichte 5–15 Zł; ⌚ Mittag- & Abendessen) Polnische Milchbar und eines der billigsten Lokale der Stadt, wegen der leckeren Speisen und niedrigen Preise häufig überlaufen. Die Salatbar ist nicht zu verachten.

Bar Wegetariański Vega (Karte S. 140–141; ☎ 422 34 94; Ul Św Gertrudy 7; Hauptgerichte 5–10 Zł; ⌚ Mittag- & Abendessen) Das Vega ist ein hervorragendes, ausschließlich vegetarisches Restaurant, das köstliche Pierogi, Crêpes, Tofugerichte und Salate in hellem und schönem Ambiente serviert.

Jadłodajnia (Karte S. 140–141; ☎ 421 14 44; Ul Sienna 11; Hauptgerichte 5–15 Zł; ⌚ Mo–Fr 9–17 Uhr, Sa & So 10–15 Uhr) Ein altmodisches Billigrestaurant aus dem Jahr 1934 (die Karte hat hier seit dem ersten Tag vermutlich nie gewechselt). Der Fokus liegt auf Suppen, Salaten und Fleisch-Kartoffel-Gerichten.

Taco Mexicano (Karte S. 140–141; ☎ 421 54 41; Ul Poselska 20; Hauptgerichte 10–15 Zł; ⌚ Mittag- & Abendessen) Das Taco Mexicano ist bei Einheimischen und Besuchern gleichermaßen wegen seiner relativ authentischen mexikanischen Küche zu vernünftigen Preisen bliebt. Es gibt Enchiladas, Burritos und Tacos, die man mit *café carajillo* oder Tequila runterspült.

MITTELTEUER

Bombaj Tandoori (Karte S. 140–141; ☎ 422 37 97; Ul Mikołajska 11; Hauptgerichte 13–30 Zł; ⌚ Mittag- & Abendessen) Das beste Curryhaus in der Stadt mit freundlicher Bedienung und einer umfangreichen typisch indischen Karte. Die Mittagsmenüs bieten für 13 Zł sehr viel. Besonderer Marketing-Gag: Gäste erhalten abends einen 20 %igen Rabatt auf ihr nächstes Abendessen.

Ipanema (Karte S. 140–141; ☎ 422 53 23; Ul Św Tomasza 28; Hauptgerichte 15–120 Zł; ⌚ Mittag- & Abendessen) Das brasilianische Restaurant mit der ungezwungenen Atmosphäre ist kunterbunt mit Bananenstauden und Kaffeemaschinen geschmückt und serviert Steaks, Grillgerichte, Fischspezialitäten und interessante afrobrasilianische Kreationen. Allerdings scheint es grundsätzlich zu jedem Gericht den guten alten polnischen Kohl als Beilage zu geben.

Metropolitan (Karte S. 140–141; ☎ 421 98 03; Ul Sławkowska 3; Hauptgerichte 20–50 Zł; ⌚ 7.30 Uhr–Mitternacht) Das zum Hotel Saski gehörende Metropolitan ist ein todschickes und topmodernes Restaurant mit kosmopolitischem Flair. Die Wände sind mit Fotos von London gepflastert. Ein guter Tipp auch zum Frühstücken. Sonst gibt es Pasta, Grillgerichte und Steaks.

Smak Ukraiński (Karte S. 140–141; ☎ 421 92 94; Ul Kanonicza 15; Hauptgerichte 15–50 Zł; ⌚ Mittag- & Abendessen) Dieses kleine Restaurant liegt in einem gemütlichen kleinen Keller an einer der schönsten Straßen Krakaus. Folklore, Kitsch, Kellner in bunten Westen und authentische ukrainische Küche mit Unmengen Klößen und Borscht stehen auf dem Programm.

Jama Michalika (Karte S. 140–141; ☎ 422 15 61; Ul Floriańska 45; Hauptgerichte 15–50 Zł; ⌚ 8–22 Uhr) Das 1895 eröffnete Jama Michalika war ursprünglich ein Szenetreff für Schriftsteller,

Maler, Schauspieler und andere Künstlertypen. Heute ist es ein elegantes, leider auch etwas touristisches Restaurant mit einer sehr grünen Innendekoration und Unmengen von Puppen und Theaterzeichnungen an den Wänden. Die traditionelle polnische Küche ist ihren Preis wert, aber das Personal scheint arg lichtscheu zu sein. Ärgerlich sind auch die obligatorisch (und gegen Gebühr!) zu nutzende Garderobe und die Münztoiletten.

Casa della Pizza (Karte S. 140–141; ☎ 421 64 98; Mały Rynek 2; Hauptgerichte 15–30 Zł; 🕑 Mittag- & Abendessen) Der typische gastfreundliche, unprätentiöse Italiener, abseits des Touristenstroms mit einer langen Pizza- und Pastakarte. Hier kann man auch einfach nett einen trinken gehen.

Guliwer (Karte S. 140–141; ☎ 430 24 66; Ul Bracka 6; Hauptgerichte 15–40 Zł; 🕑 Mo–Sa Mittag- & Abendessen) Das Guliwer sieht mit den getrockneten Kräutern und Blumen an der Decke wie eine provençalische Bauernküche aus und serviert auch gute französische Küche. Nur die Bedienung kommt etwas missmutig um die Ecke.

Balaton (Karte S. 140–141; ☎ 422 04 69; Ul Grodzka 37; Hauptgerichte 20–40 Zł; 🕑 Mittag- & Abendessen) Die quietschende Tür und das schäbige Äußere wirken nicht wirklich einladend, aber die einfachen ungarischen Gerichte sind sehr beliebt und werden an langen Tischen serviert, die sich schnell füllen. Das kann natürlich auch an der strategisch günstigen Lage und weniger an der kulinarischen Zauberei liegen.

Restauracja Cherubino (Karte S. 140–141; ☎ 429 40 07; Ul Św Tomasza 15; Hauptgerichte 15–45 Zł; 🕑 Mittag- & Abendessen) Das Cherubino serviert herzhafte toskanische und polnische Küche in charmanter Atmosphäre zwischen antiken Kutschen und Booten.

TEUER

Paese (Karte S. 140–141; ☎ 421 62 73; Ul Poselska 24; Hauptgerichte 20–56 Zł; 🕑 Mittag- & Abendessen) Im Paese gibt es korsische und französische Küche wie zum Beispiel Fielt Mignon, Ente in Lavendelsauce und Rehrücken. Außerdem stehen vegetarische und Fischgerichte auf der Speisekarte. Das Essen ist gut, die Preise akzeptabel, das Interieur hell und freundlich.

Copernicus (Karte S. 140–141; ☎ 424 34 21; Ul Kanonicza 16; Hauptgerichte 49–70 Zł; 🕑 Mittag- & Abendessen) Im gleichnamigen Hotel untergebracht und eins der erstklassigen Restaurants Krakaus. Zubereitet werden unter anderem Ente, Kaninchen, Fisch und Wild; der Service ist erwartungsgemäß exquisit.

Restauracja Pod Aniołami (Karte S. 140–141; ☎ 421 39 99; Ul Grodzka 35; Hauptgerichte 25–70 Zł; 🕑 Mittag- & Abendessen) „Unter den Engeln" liegt in einem Kellergewölbe mit folkloristischem Schnickschnack und serviert hervorragende polnische Küche.

Restauracja Cyrano de Bergerac (Karte S. 140–141; ☎ 411 72 88; Ul Sławkowska 26; Hauptgerichte 45–100 Zł; 🕑 Mittag- & Abendessen) Eine der Topadressen Krakaus, bietet edle, authentische französische Cuisine in einem der hübschesten Keller der Stadt. Die Preise sind relativ hoch und die Portionen nicht gerade überwältigend, aber die Qualität rechtfertigt den Preis.

Kazimierz

MITTELTEUER

Café Alef (Karte S. 149; ☎ 421 38 70; Ul Szeroka 17; Hauptgerichte 12–38 Zł; 🕑 Mittag- & Abendessen) Dieses selbstbewusste malerische Lokal im Herzen von Kazimierz bietet zwischen antikem Mobiliar und Gemälden eine große Auswahl an jüdisch inspirierten Gerichten wie Hühnchen *knedlach* und gefüllter Gänsehals.

Restauracja Chłopskie Jadło (Hauptgerichte 20–50 Zł; 🕑 Mittag- & Abendessen) Ul Św Agnieszki 1 (Karte S. 149; ☎ 421 85 20); Ul Św Jana 3 (Karte S. 140–141; ☎ 429 51 57) Nur einen kurzen Fußweg vom Wawel entfernt. Sieht aus wie ein rustikaler Landgasthof irgendwo an einer Straßenkreuzung im mittelalterlichen Polen und serviert auch traditionellen polnischen „Bauernfraß", wie der Name besagt. An manchen Abenden gibt es hier Livefolk. Das Chłopskie Jadło ist ein ungewöhnliches kulinarisches Abenteuer für ausländische Gäste – und das zu vernünftigen Preisen. Eine kleinere Filiale findet sich in der Altstadt.

Ähnliche Küche, Einrichtung und Atmosphäre (und Preise) findet man einige Schritte die Straße hinunter im **Hotel Klezmer-Hois** (Karte S. 149; ☎ 411 12 45; Ul Szeroka 6) und im **Arka Noego** (Karte S. 149; ☎ 429 15 28; Ul Szeroka 2), wo man koscheren Wodka probieren und Klezmermusik hören kann.

AUSGEHEN

Allein in der Altstadt gibt es über hundert Kneipen und Bars. Einige bieten auch kleine Happen und Mahlzeiten an. Beliebt sind

Kellergewölbe, die leider oft von begeisterten Kettenrauchern eingenebelt werden. Manche Kneipen schließen um Mitternacht, andere erst am frühen Morgen. Wer weder auf Alkohol noch Zigaretten steht, findet in der ganzen Stadt genug Tee- und Kaffeehäuser.

Pod Papugami (Karte S. 140–141; ☎ 422 82 99; Ul Św Jana 18; ⌚ 13–2 Uhr) „Unter den Papageien" ist ein irgendwie „irisches" Kellerpub. Die Deko aus alten Motorrädern, Straßenschildern und anderem Schrott beginnt langsam etwas altmodisch zu wirken.

Nic Nowego (Karte S. 140–141; ☎ 421 61 88; Ul Św Krzyża 15; ⌚ Mo–Fr 7–3 Uhr, Sa & So 10–3 Uhr) Das von einem waschechten Iren betriebene Nic Nowego ist eines der authentischen Irish Pubs in Krakau. Eine helle, moderne Kneipe mit großartiger Atmosphäre, die sogar Essen serviert.

Transilvania (Karte S. 149; ☎ 431 14 09; Ul Szeroka 9; ⌚ 10–2 Uhr) Das Transilvania ist eine gesellige, ungewöhnliche Kneipe, bei der das Vampirthema stark im Vordergrund steht. Gothic-Requisiten und gelegentliche Tarotséancen verleihen der bierseligen Szenerie das gewisse Etwas.

Piwnica Pod Złotą Pipą (Karte S. 140–141; ☎ 421 94 66; Ul Floriańska 30; ⌚ Mittag–Mitternacht) Eine weitere einladende Kellerbar, in der sich die Gäste eher gepflegt unterhalten als Musik hören wollen. Es werden auch leichte Mahlzeiten serviert.

Free Pub & Dekafencja (Karte S. 140–141; ☎ 802 90 82; Ul Sławkowska 4; ⌚ 11–zum letzten Gast) Eine nette Mischung aus Kaffeehaus und Bar. Der Free Pub hat länger geöffnet als die meisten Kneipen. Ganz Zähe können hier den Tag mit einem Cappuccino und einem Muffin beginnen und viele Stunden später mit ein paar Bieren ausklingen lassen.

Coffee Republic (Karte S. 140–141; ☎ 0605 403 382; Ul Bracka 4; ⌚ 8.30–Mitternacht) Dieser herrlich relaxte Studententreff lädt zum verlängerten Café latte und ausgiebigen Zeitunglesen ein. Außerdem gibt es hier Kuchen und Snacks.

Wiśniowy Sad (Karte S. 140–141; ☎ 430 21 11; Ul Grodzka 33; ⌚ 10–22 Uhr) Das „Kirschgarten" erweckt die Welt Tschechows zum Leben: alte Möbel, Spitzendeckchen und Antiquitäten, dazu Tee und Gebäck in russischem Stil. Von Donnerstag bis Sonntag kann man hier an seinem Darjeeling nippen und dem Pianoman zuhören - sehr zivilisiert.

Demmers Teehaus (Karte S. 140–141; ☎ 423 16 60; Ul Kanonicza 21) Eine Filiale des berühmten Wiener Teehauses und wahrscheinlich der beste Ort in Krakau für eine gepflegte Tasse Tee. Das Demmers hält rund hundert Teesorten bereit, von denen viele in einem intimen Teeraum im Keller aus dem 13. Jh. probiert werden können.

TriBeCa Coffee (Karte S. 140–141; ☎ 421 30 85; Ul Karmelicka 8; ⌚ Mo–Fr 9–21 Uhr, Sa & So 10–15 Uhr) Ein gemütliches und einladendes Kaffeehaus, das neben hervorragendem Kaffee auch Sandwiches und Backwaren anbietet.

Café Camelot (Karte S. 140–141; ☎ 421 01 23; Ul Św Tomasza 17; ⌚ 9 Uhr–Mitternacht) Künstlercafé, das mit genialer polnischer Volkskunst dekoriert ist und neben Kaffee, Kuchen und Getränken auch ein paar leichte Speisen anbietet. Im Keller gibt es gelegentlich Lyriklesungen und Livemusik.

UNTERHALTUNG

In Krakau boomt das kulturelle Leben. Über das ganze Jahr verteilt finden zahlreiche Festivals statt. Das **Kulturinformationszentrum** (Centrum Informacji Kulturalnej; Karte S. 140–141; ☎ 421 77 87; www.karnet.krakow.pl auf Englisch; Ul Św Jana 2; ⌚ Mo–Fr 10–18 Uhr, Sa 10–16 Uhr) in unmittelbarer Nähe des Hauptmarkts stellt ausführliche Programme zur Verfügung. Es gibt auch das informative polnisch-englische Monatsmagazin *Karnet* (3 Zł) mit Veranstaltungshinweisen heraus und verkauft Tickets.

Ein weiteres (kostenloses) Veranstaltungsmagazin ist das polnische *Weekend w Krakowie* (Wochenende in Krakau), das aber weniger detailliert ist. Tolle Infos zu Unterhaltung, Bars, Kneipen und Diskos bietet das englischsprachige *Kraków In Your Pocket* (5 Zł).

Die beiden großen Tageszeitungen *Gazeta Krakowska* und *Gazeta Wyborcza* drucken Kino-, Theater- und Konzertprogramme ab. Die Freitagsausgabe der *Gazeta Wyborcza* beinhaltet umfangreiche Veranstaltungstipps und Infos zu Museen, Galerien und Aktivitäten.

Musikclubs

In der Altstadt sind einige Clubs und Diskos. Die Folgenden sind empfehlenswert.

Klub Pasja (Karte S. 140–141; ☎ 423 04 83; Ul Szewska 5) Der in einem weitläufigen Kellergewölbe untergebrachte Klub Pasja ist trendy und wird vor allem von Ausländern besucht. Er ist täglich geöffnet und besitzt auch einen Billardraum.

Music Bar 9 (Karte S. 140–141; ☎ 422 25 46; Ul Szewska 9) Nicht weit vom Pasja entfernt; diese Location mit einer großen Bar in einem überdachten Hof und einer Disko im Keller zieht von Dienstag bis Samstag ein überwiegend junges Publikum an.

Equinox (Karte S. 140–141; ☎ 421 17 71; Ul Sławkowska 13/15) Das Equinox war lange Zeit einer der beliebtesten Clubs und veranstaltet jede Nacht Disko.

Fshut (Karte S. 149; ☎ 429 26 09; Ul Szeroka 10) Eine der angesagtesten neuen Locations in Krakau, spielt jede Nacht so ziemlich alles von R&B über Reggae bis House. An den Wochenenden legen Gast-DJs auf. Der Kellerclub lockert das Programm in unregelmäßigen Abständen mit Modenschauen, Ausstellungen und anderen Events auf.

Jazz

Krakau hat eine vibrierende Jazzszene und mehrere Clubs.

Jazz Club U Muniaka (Karte S. 140–141; ☎ 423 12 05; Ul Floriańska 3; Tickets 20 Zł; ⌚ 18.30–2 Uhr) Dies ist einer der schönsten und bekanntesten Jazzkeller. Er wurde vom Saxophonveteran Janusz Muniak gegründet, der auch häufiger hier auftritt. Von Donnerstag bis Samstag finden fast immer Konzerte statt.

Harris Piano Jazz Bar (Karte S. 140–141; ☎ 421 57 41; Rynek Główny 28; Tickets 15–20 Zł; ⌚ 13–2 Uhr) In diesem ausgesprochen aktiven Club spielen fast jeden Abend Jazz- und Bluesbands.

Indigo Jazz Club (Karte S. 140–141; ☎ 429 17 43; Ul Floriańska 26; ⌚ 15–3 Uhr) In einem faszinierenden Kellergewölbe mit phantastischer Akustik; renommierter Club ohne festes Programm, aber ein- bis zweimal die Woche Livejazz.

Piec' Art (Karte S. 140–141; ☎ 429 64 25; Ul Szewska 12; ⌚ 15 Uhr–Mitternacht) In diesem gemütlichen Jazzkeller finden meist mittwochs Konzerte statt, an anderen Tagen Gigs in lockerer Folge.

Klub Jazzowy Kornet (Karte S. 136; ☎ 427 02 44; Al Krasińskiego 19; ⌚ Mo–Sa 11–23 Uhr, So 15–23 Uhr) Etwas außerhalb des Zentrums bietet das Kornet mittwochs und freitags kostenlose Konzerte und/oder Jam-Sessions und an anderen Abenden verschiedene Jazz und Blues Acts.

Klassische Musik

Die **Filharmonia Krakowska** (Krakauer Philharmonie; Karte S. 140–141; ☎ 422 43 12; www.filharmonia.krakow.pl auf Englisch; Ul Zwierzyniecka 1; Tickets 6–20 Zł) ist das Haus eines der besten Orchester des Landes. Konzerte finden regelmäßig freitags und samstags und unregelmäßig an anderen Tagen statt.

Kino

Krakau hat etwa zwanzig Kinos, die Hälfte davon im Zentrum. Künstlerisch wertvolle Mainstreamfilme zeigen am ehesten das **Kino Mikro** (Karte S. 136; ☎ 634 28 97; Ul Lea 5), **Kino Paradox** (Karte S. 136; ☎ 430 00 25; Ul Krowoderska 8) und der Filmclub des **Rotunda-Studentenclubs** (Karte S. 136; ☎ 634 34 12; Ul Oleandry 1).

Theater

Krakau besitzt ein Dutzend Theater und damit mehr als jede andere polnische Stadt, abgesehen von Warschau. Manche Bühnen sind herausragend.

Cricoteka (Karte S. 140–141; ☎ 422 83 32; Ul Kanonicza 5; ⌚ Mo–Fr 10–14 Uhr) Die Cricoteka ist das Dokumentationszentrum des Avantgardetheaters Cricot 2, das 1955 von Tadeusz Kantor gegründet wurde. Es ist das international bekannteste Theater Krakaus und wurde 1990 nach Kantors Tod aufgelöst. Die Cricoteka ist für Theaterfans einen Besuch wert.

Stary Teatr (Altes Theater; Karte S. 140–141; ☎ 422 85 66; Ul Jagiellońska 5; Tickets 20–30 Zł) Das bekannte Stadttheater, auf dessen Brettern schon die Crème de la Crème der Krakauer Theaterszene gestanden hat.

Teatr im Słowackiego (Słowacki-Theater; Karte S. 140–141; ☎ 422 45 75; Plac Św Ducha 1; Tickets 11–20 Zł) Dieses Theater konzentriert sich auf polnische Klassiker und großformatige Produktionen. Es ist in einem großen und opulenten Gebäude (denkmalgeschützt) untergebracht, das 1893 der Pariser Oper nachempfunden wurde. Es wurde 1991 vollständig renoviert und besitzt einen grandiosen Innenraum. Neben Theater- finden hier auch Opern- und Ballettaufführungen statt, denn die Stadt besitzt kein eigenes Opernhaus.

Teatr Groteska (☎ 632 92 00; Ul Skarbowa 2; Tickets 10–14 Zł) Das „groteske Theater" ist eigentlich vor allem für das Stück *Golem* bekannt. Es dreht sich um die jüdische Sage, bei der eine Tonfigur (der Golem) zum Leben erweckt wird und als stummes Wesen gewaltige Kräfte besitzt. Im Theater finden auch manchmal Konzerte statt.

Scena STU (Karte S. 136; ☎ 422 27 44; Al Krasińskiego 16; Tickets 15 Zł) Das STU begann in den 1970er Jahren als „zorniges", politisch engagiertes Avantgarde-Studententheater und war vom ersten Tag an erfolgreich. Heute ist es weder zornig noch politisch engagiert, was aber nichts daran ändert, dass hier ein professionelles Ensemble arbeitet.

SHOPPEN

In Krakaus Altstadt liegen in Laufweite vom Hauptmarkt sehr viele Geschäfte. Vom hippen T-Shirt bis zum edlen Kristallglas gibt es alles zu kaufen. Zum Warmwerden beginnt eine Shoppingtour am besten in der Ul Grodzka und Ul Floriańska.

Antiquitäten & Kunsthandwerk

Als Ausgangspunkt bieten sich hier die **Tuchhallen** (S. 144) mit Dutzenden kleinen Läden an; die Auslage umfasst Bernsteinschmuck, Schachspiele, Glas, Textilien und andere Souvenirs zu vernünftigen Preisen.

Alhena (Karte S. 140–141; ☎ 421 54 95; Pl Mariacki 1) Dieser kleine Laden verkauft schöne Glaswaren, unter anderem auch Produkte der berühmten Glasmanufaktur Krosno.

Antykwariat na Kazimierzu (Karte S. 149; ☎ 292 61 53; Ul Meiselsa 17) Faszinierend, was dieses Geschäft im Untergeschoss der Stiftung Judaica anbietet: eine bunte Sammlung an antikem Porzellan, Glasware, Gemälden, Büchern und mehr.

In den Sommermonaten findet an einem Wochenende in jedem Monat ein Antiquitäten- und Flohmarkt auf dem Hauptmarkt statt. In den anderen Monaten ist dieser Markt an jedem zweiten und vierten Samstag im Monat in der Ul Siemiradzkiego 13 aufgebaut.

Bücher & Musik

EMPiK (Karte S. 140–141; ☎ 429 42 34; Rynek Główny 5) Wie die anderen Filialen auch verkauft dieser EMPiK eine große Auswahl an Tonträgern und Büchern sowie internationale Zeitungen und Zeitschriften. Für 4 Zł die Stunde gibt es auch einen Internetzugang.

Jarden Jewish Bookshop (Karte S. 149; ☎ 421 71 66; Ul Szeroka 2) Dieser Buchladen hat das beste Angebot an Büchern zu jüdischen Themen, außerdem CDs mit jüdischer Musik.

Jazz Compact (☎ 422 26 53; Rynek Główny 28) Winziger Laden, aber umfangreiche Auswahl an Jazzmusik (auch polnische).

Zeitgenössische Kunst

Krakau ist eine Stadt, die schnell Einblick in die aktuelle polnische Kunstszene gewährt. Wer will, kann auch direkt in zeitgenössische Kunst investieren. Die Freiluftgalerie am Florianstor ist immer ein guter Tipp, wenn einem der Sinn nach der „Vase mit Blume" eines unbekannten Talents steht. Daneben hat die Stadt viele ernstzunehmende Kunstgalerien zu bieten.

Starmach-Galerie (Karte S. 136; ☎ 656 43 17; Ul Węgierska 5) Eine der angesehensten Galerien der Stadt mit bekannten zeitgenössischen Malern. Vermutlich nicht für jeden Geldbeutel geeignet.

Labirynt (Karte S. 140–141; ☎ 292 60 80; Ul Floriańska 36) Labirynt offeriert einen eher bezahlbaren Mix aus Malerei und Bildhauerei.

Jan Fejkiel-Galerie (Karte S. 140–141; ☎ 429 15 53; Ul Grodzka 25) Fejkiel hat die schönste Sammlung zeitgenössischer Drucke und Zeichnungen in Krakau.

Andrzej Mleczko-Galerie (Karte S. 140–141; ☎ 421 71 04; Ul Św Jana 14) Die Galerie zeigt und verkauft Comic-Zeichnungen eines der beliebtesten satirischen Comiczeichner Polens.

Galeria Plakatu (Poster-Galerie; Karte S. 140–141; ☎ 421 26 40; Ul Stolarska 8–10) Hat zweifelsohne die beste Auswahl an Postern in der Stadt.

AN- & WEITERREISE

Bus

Der PKS-Busterminal liegt direkt neben dem Bahnhof Kraków Głowny. Vor allem nach Zakopane bietet sich ein Reisebus an (9 Zł, 2½ Std.), weil die Fahrt viel kürzer ist und auch schneller als mit dem Zug geht. PKS-Expressbusse fahren jede Stunde ab. Es gibt auch zwei Privatanbieter auf dieser Strecke, Trans-Frej und Szwagropol, die etwas schneller sind (10 Zł, 2 Std.). Sie fahren vor dem Busterminal ab. Tickets für Trans-Frej gibt es bei **Waweltur** (Karte S. 140–141; ☎ 422 19 21; Ul Pawia 8); das **Centrum Turystyki** (Karte S. 140–141; ☎ 422 29 04; Ul Worcella 1) verkauft die Tickets für Szwagropol.

Es gibt drei Morgenbusse der PKS nach Częstochowa (Tschenstochau; 11,50 Zł, 2 ½ Std.) und drei Morgen- und zwei Nachmittagsbusse nach Oświęcim (Auschwitz;

10 Zł, 1½ Std.). Außerdem fahren täglich zwei Busse nach Lublin (28 Zł, 4½ Std.), zwei nach Zamość (30 Zł, 5 Std.) und acht nach Cieszyn (Teschen; 13,50 Zł, 2 Std.) an der tschechischen Grenze. Es fahren mehrere Busse nach Warschau (39 Zł, 5 Std.). Andere Ziele erreicht man besser mit dem Zug. Tickets gibt es direkt am Busterminal. Die Busse nach Oświęcim fahren nicht am Terminal, sondern an der Haltestelle auf der gegenüberliegenden Seite des Bahnhofs ab, die über einen Gang unter den Bahnsteigen hindurch zu erreichen ist.

In Krakau starten viele internationale Busverbindungen, zum Beispiel nach Amsterdam (311 Zł, 20½ Std.), London (450 Zł, 27 Std.), München (250 Zł, 19 Std.), Paris (319 Zł, 24 Std.), Riga (200 Zł, 20 Std.), Rom (295 Zł, 25 Std.), Wien (140 Zł, 10½ Std.) und zu vielen anderen Zielen. Infos und Tickets gibt es bei den Reisebüros, wie **Sindbad** (☎ 421 02 40) im Busterminal. Auf der Website www.eurolinespolska.com.pl (auf Englisch) stehen die aktuellen Preise und Fahrpläne.

KRAKAU

Flugzeug

Der Flughafen Balice (Johannes Paul II. International Airport) liegt westlich der Stadt. Das **Büro der LOT** (Karte S. 140–141; ☎ 411 67 00; Ul Basztowa 15) kümmert sich um Tickets und Reservierungen.

Die einzigen Inlandsflüge gehen von hier nach Warschau. Die Fahrt in die Hauptstadt ist aber mit dem Zug wesentlich billiger und außerdem halten die Züge direkt in der City. Von Krakau gibt es Direktflüge unter anderem nach Frankfurt/Main und Wien.

Zug

Alle internationalen und die meisten nationalen Zugverbindungen laufen über den Hauptbahnhof Kraków Głowny am nordöstlichen Rand der Altstadt. Der einzige andere Bahnhof von Bedeutung ist Kraków Płaszów, 4 km südöstlich des Stadtzentrums, der einige Züge abfertigt, die nicht über Kraków Głowny fahren. Züge zwischen den beiden Bahnhöfen fahren alle 15 bis 30 Minuten. Alle hier aufgeführten Züge fahren am Hauptbahnhof ab.

Täglich fahren zehn Züge von Krakau nach Warschau (37 Zł, 2¼ Std.). Außerdem gibt es mehrere Verbindungen nach Wrocław (Breslau; 40,20 Zł, 3¼ Std.), zwei nach Poznań (Posen; 56 Zł, 6 Std.) und zwei nach Lublin (48 Zł, 5 Std.).

Nach Częstochowa (Tschenstochau; 30 Zł, 2 Std.) fahren zwei schnelle Morgenzüge und mehrere Züge am Nachmittag und Abend. Züge nach Katowice (Kattowitz; 20 Zł, 1½ Std.) fahren alle halbe Stunde bis Stunde. Jeden Tag fahren mehrere Züge nach Tarnów (20 Zł, 1½ Std.), die durch Boúnia (einem Tor nach Nowy Wiúnicz) kommen. Ein Dutzend davon fährt weiter nach Rzeszów (35 Zł, 3½ Std.).

Nach Oświęcim (Auschwitz; 19 Zł, 1½ Std.) fahren zwei Züge am frühen Morgen und dann erst wieder am Nachmittag. Mehr Verbindungen nach Oświęcim bietet der Bahnhof Kraków Płaszów, auch wenn diese nicht regelmäßig verkehren. Es lohnt ein Blick in die Busfahrpläne, bevor man sich auf den Weg nach Płaszów macht.

International gibt es täglich ein oder zwei Direktzüge nach Berlin, Bratislava (Pressburg), Bukarest, Budapest, Hamburg, Kiew, Odessa, Prag und Wien.

Tickets und Reservierungen gibt es direkt am Hauptbahnhof oder bei **Orbis Travel** (Karte S. 140–141; Rynek Główny 41).

UNTERWEGS VOR ORT

Auto & Motorrad

Die wenigen Parkmöglichkeiten und das Fahrverbot in der Altstadt machen Autofahren in Krakau eher schwierig als praktisch. In die Stadt gelangt man meist über die A4, die bei Auf- und Abfahrt 5 Zł Maut kostet. Die Altstadt ist für den Autoverkehr gesperrt, mit Ausnahme der Zufahrt zu zwei bewachten Parkplätzen auf dem Plac Szczepański und dem Plac Św Ducha (rund 8 bis 10 Zł pro Stunde – wenn denn ein Parkplatz frei ist). Oder einen der bewachten Parkplätze in der Umgebung nutzen. Das Parken im Bereich außerhalb der Altstadt, der so genannten Zone C, erfordert spezielle Tickets *(karta postojowa)*, die der Kiosk Ruch verkauft; sie müssen korrekte Angaben zu Monat, Tag und Zeit enthalten und gut sichtbar hinter die Windschutzscheibe gelegt werden. Die Tickets kosten 4 Zł für eine Stunde oder 55 Zł für 24 Stunden.

Vom/Zum Flughafen

Der Flughafen Balice liegt etwa 12 km westlich des Stadtzentrums. Die Buslinie 208, die im Norden des PKS-Busterminals abfährt, verbindet ihn mit der Altstadt und dem Bahnhof (2,60 Zł). Er wird häufiger angefahren von der Linie 152 von der Bushaltestelle an der Ul Lubicz, südlich des Bahnhofs. Eine Taxifahrt vom Stadtzentrum zum Flughafen kostet zwischen 30 Zł und 60 Zł.

Öffentliche Verkehrsmittel

Die meisten Sehenswürdigkeiten liegen in der Altstadt oder fußläufig. Öffentliche Verkehrsmittel sind nur notwendig für die, die außerhalb des Zentrums wohnen. Der Krakauer ÖPNV verfügt sowohl über Busse als auch über Bahnen. Sie fahren zwischen 5 Uhr und 23 Uhr. Später verkehren noch Nachtbusse. An Straßenkiosken kann man Einzel- (2,20 Zł), Einstunden- (2,80 Zł) und Eintagestickets (9 Zł) kaufen, die in Bahn und Bus noch entwertet werden müssen. Umfangreiches Gepäck wie ein großer Rucksack kostet einen zusätzlichen Einzelfahrschein. Die Tickets für die Nachtbusse kosten 4,40 Zł.

Taxi

Beim Taxifahren unbedingt darauf achten, einen lizenzierten Fahrer mit Taxameter auszuwählen. Bekanntere Unternehmen sind:

Barbakan Taxi (☎ 0800 404 400)
Euro Taxi (☎ 96 64)
Express Taxi (☎ 0800 111 111)
Metro Taxi (☎ 96 67)
Radio Taxi (☎ 0800 500 919)

RUND UM KRAKAU

Krakau ist ein idealer Ausgangspunkt für Tagestrips zu nahe gelegenen Zielen, wie zum Beispiel zum **Ojców-Nationalpark** (S. 173) oder nach **Oświęcim** (die Vernichtungslager Auschwitz und Auschwitz-Birkenau; S. 323). Besonders zu Ostern lohnt sich eine Fahrt nach **Kalwaria Zebrzydowska** (S. 223). Interessant sind auch **Nowy Wiśnicz** (S. 223) und **Dębno** (S. 225), wenn man nicht weiter nach Osten will.

Kleinpolen (Małopolska)

INHALT

Kleinpolen umfasst ein ziemlich großes Gebiet im südöstlichen Polen. Es grenzt im Osten an die Ukraine, im Norden an Masowien und im Süden an die Karpaten. Kleinpolen ist eine sehr ländliche Region mit Bauerndörfern, malerischer Landschaft und sanften, grünen Hügeln. Hierher verirren sich nur wenige ausländische Besucher. Größte Stadt und wichtigster Verkehrsknotenpunkt ist Lublin – ein historisch wichtiger Ort, der allerdings ästhetisch nicht viel zu bieten hat. Ein Spaziergang durch die kleine, hübsche Altstadt lohnt sich aber auf jeden Fall. Die Hauptattraktion der Region ist Tschenstochau, das religiöse Zentrum Polens mit dem wichtigsten katholischen Schrein des Landes. Er ist der *Schwarzen Madonna* gewidmet und lockt seit Jahrhunderten Pilgerströme an.

Eine Reise durch Kleinpolen sollte unbedingt nach Zamość führen. Die einzigartige, etwas deplaziert wirkende Renaissancestadt sieht aus, als wäre sie in Norditalien aufgesammelt und im Lubliner Hochland wieder abgesetzt worden. Weitere interessante Ziele sind die Stadt Chełm mit ihren faszinierenden Kreidegewölben und das idyllische Kazimierz Dolny. In diese Kleinstadt fahren die Warschauer am Wochenende gern zum Ausspannen. Außerdem gibt es im Roztocze-Nationalpark und im Świętokrzyski-Nationalpark traumhafte Natur- und Wandergebiete.

Historisch bildet Kleinpolen zusammen mit Großpolen die Wiege des polnischen Staates. Es wurde im frühen Mittelalter von Slawen besiedelt und gewann an Bedeutung, als Krakau 1038 zum Königssitz ernannt wurde. Die königliche Provinz erfreute sich der besonderen Aufmerksamkeit der Könige, die zum Schutz der Region eine Reihe von Festungen errichteten. Als Grenzland hat Kleinpolen viele Unruhen, Invasionen und Kriege erlebt, war aber immer eines der „polnischsten" Gebiete des Landes. Bis heute ist dieses traditionelle Flair allgegenwärtig.

HIGHLIGHTS

- **Architektur**
  Eine Zeitreise in die einzigartige Renaissancestadt Zamość (S. 212)
- **Pilgerpfade**
  Polens Nationalheiligtum, die *Schwarze Madonna* von Tschenstochau (S. 175)
- **Kultur**
  Die bezaubernde Dreifaltigkeitskapelle (S. 196) in der Burg von Lublin mit ihren farbenprächtigen Wandmalereien
- **Wandern**
  Die Wanderwege im Roztocze-Nationalpark (S. 218)
- **Naturerlebnis**
  Die Paradieshöhle (S. 182) bei Kielce
- **Ungewöhnlich**
  Das verrückte Sonnenuhrenmuseum von Jędrzejów (S. 183)

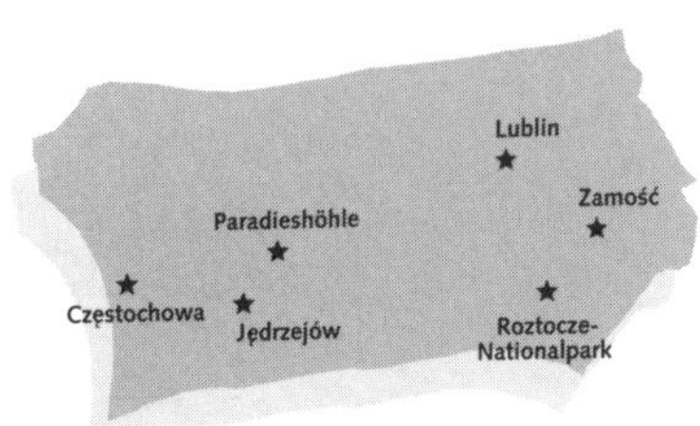

- VORWAHLEN: 12, 15, 32, 34, 41, 48, 81, 82, 84

KLEINPOLEN

KLEINPOLEN (MAŁOPOLSKA)

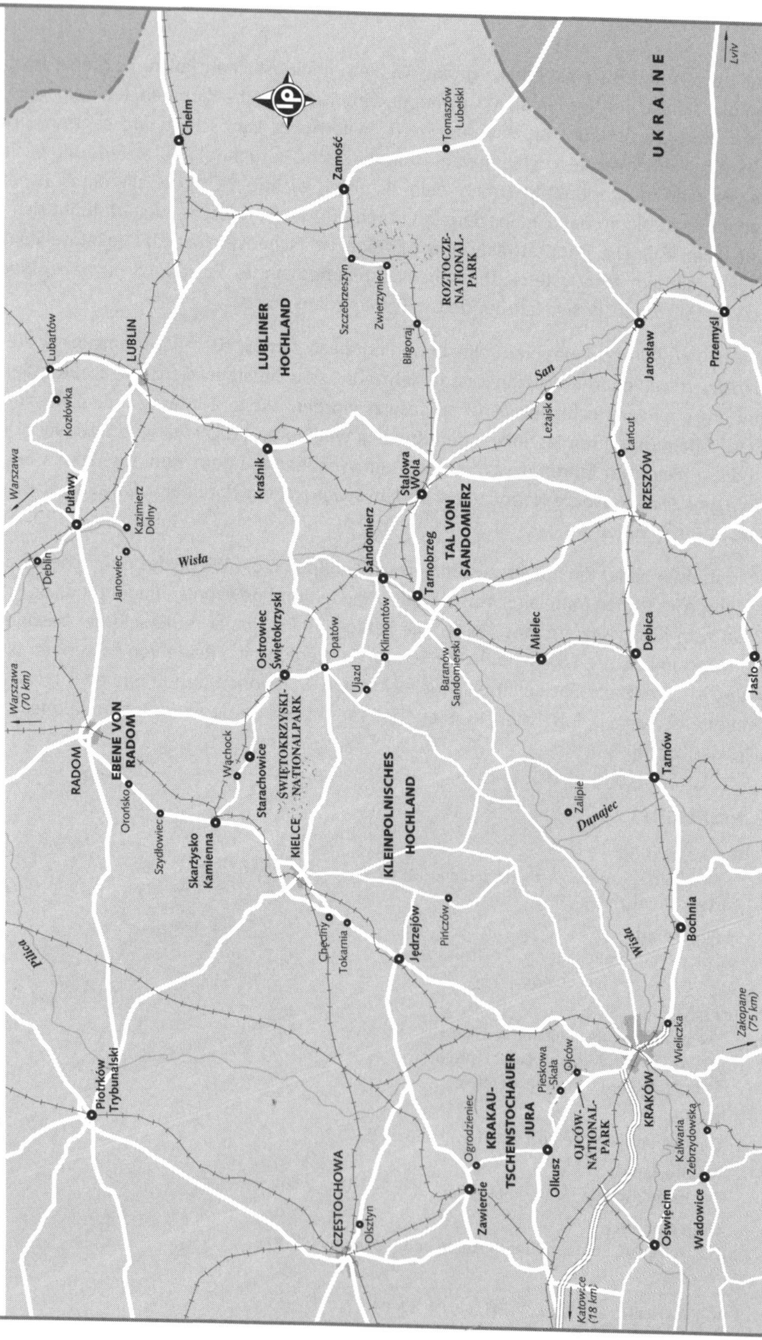

An- & Weiterreise

Lublin, Radom und Częstochowa (Tschenstochau) sind wichtige Verkehrsknotenpunkte für Busse und Züge aus ganz Polen. Es gibt häufige Verbindungen zu den wichtigsten Städten der Region sowie nach Warschau und Krakau.

Detaillierte Informationen gibt es in den Ortskapiteln unter der Überschrift An- & Weiterreise.

Unterwegs vor Ort

Die meisten Städte in Kleinpolen haben gute Busverbindungen zu ihren Nachbarstädten. Busse sind generell das praktischste öffentliche Transportmittel. Züge sind meistens langsamer, fahren seltener und die Bahnhöfe liegen weiter vom Ortszentrum entfernt. Private Minibusse sind oft eine schnelle und preiswerte Alternative. Nähere Informationen gibt es in den Unterwegs vor Ort-Abschnitten der einzelnen Städte.

DER KRAKAU-TSCHENSTOCHAUER JURA

Der Krakau-Tschenstochauer Jura (Wyżyna Krakowsko-Częstochowska) ist ein malerischer Landstrich. Er ist zwischen 20 und 40 km breit und erstreckt sich über 100 km von Krakau nach Tschenstochau. Der Jura bildete sich vor etwa 150 Mio. Jahren aus Kalkstein. Der Name Jura leitet sich von dem Kalksteingebirge in Frankreich ab.

Die Erosion hat hier eine Menge bizarrer Felsformationen erschaffen: freistehende Felsnadeln, Keulen und Tore. Mit 500 bis 1000 Höhlen ist dies außerdem die höhlenreichste Region Polens. Besonders viele Höhlen gibt es im Umkreis von Ojców und bei dem kleinen Dorf Olsztyn in der Nähe von Tschenstochau. Sie sind größtenteils unerforscht – ein Paradies für Höhlenforscher und Abenteurer.

Die Flora und Fauna des Hochlandes ist sehr abwechslungsreich. Hier gibt es weite Flächen von Mischwäldern mit Buchen, Kiefern und Fichten. In den Höhlen leben 17 verschiedene Arten von Fledermäusen – sie sind das Wahrzeichen des Jura. Gelegentlich begegnet man aber auch Hasen, Rehen und sogar Elchen.

Die größte Attraktion der Region sind die zahlreichen Burgen. Als Schlesien in der Mitte des 14. Jhs. an Böhmen fiel, wurde der Jura zur natürlichen Grenze zwischen den beiden Königreichen. Um die Grenze zu verstärken, ließ König Kazimierz Wielki auf dem gesamten Weg zwischen Krakau und Tschenstochau eine Kette von Festungen errichten. Was lag näher, als die Burgen auf die Hügel an der Abrisskante des Hochlandes zu setzen? Sie sollten, genau wie die Chinesische Mauer, ein unüberwindliches Hindernis für die Feinde sein. Tatsächlich haben die Böhmen dieses Bollwerk nie bezwungen, aber wohl nur, weil es keine größeren Konflikte mehr mit Böhmen gab. Stattdessen wurden viele Burgen 1655 bei der schwedischen Invasion zerstört und weitere Kriege im 18. Jh. hinterließen von den meisten nur noch Ruinen. Bis auf Pieskowa Skała wurden die Festungen nicht wieder aufgebaut. Heute gibt es über das Hochland verteilt etwa ein Dutzend Burgruinen. Die beeindruckendsten sind in Ogrodzieniec und in Olsztyn.

Das Hochland lässt sich am besten bei einer Wanderung über den „Adlerhorststieg“ (Szlak Orlich Gniazd) erkunden. Der rot ausgeschilderte Wanderweg schlängelt sich von Krakau 164 km weit bis nach Tschenstochau durch die interessantesten Teile des Jura. Er führt auch an einigen Burgruinen vorbei. Die durchschnittliche reine Wanderzeit beträgt 42 Stunden. Übernachtungsmöglichkeiten wie Jugendherbergen (nur im Juli und August geöffnet), Hotels oder Agrotouristhöfe liegen nie weiter als einen Tagesmarsch entfernt, man braucht also keine Campingausrüstung. Es gibt gute Wanderkarten, auf denen sowohl der Weg als auch die touristischen Einrichtungen eingezeichnet sind. Nähere Informationen und Wanderkarten bekommt man in den Touristeninformationen in Krakau und Tschenstochau.

OJCÓW-NATIONALPARK

☎ 12

Mit nur 21,5 km² ist der Ojców-Nationalpark (Ojcowski Park Narodowy) Polens kleinster Nationalpark. Trotzdem ist er sehr malerisch und abwechslungsreich und umfasst die schönsten Bereiche des Krakau-Tschenstochauer Juras. Obwohl der Park so klein ist, gibt es hier zwei Burgen, mehrere

Höhlen, beeindruckende Felsformationen und eine vielfältige Pflanzenwelt. Der größte Teil des Parks besteht aus Mischwald aus Buchen, Fichten, Eichen und Hainbuchen – besonders im Herbst ein tolles Fotomotiv.

Orientierung

Die spannendste Route durch den Park ist die Straße am Flüsschen Prądnik entlang. Sie führt auch an den beiden interessantesten Sehenswürdigkeiten im Nationalpark vorbei: an dem Dörfchen Ojców und an der Burg Pieskowa Skała. Sie liegen nur 7 km voneinander entfernt. Man kann zwar auch einen Bus nehmen, aber die Strecke ist so schön, dass man sie am besten zu Fuß zurücklegt. Der „Adlerhorststieg" führt auch über diese Straße.

Der Park ist wirklich bezaubernd und man sollte sich viel Zeit nehmen. In Krakau kann man die Wanderkarte *Ojcowski Park Narodowy* im Maßstab 1:22 500 kaufen. Darauf sind alle Wanderwege, Felsformationen, Höhlen, Schluchten usw. eingezeichnet.

Sehenswertes & Aktivitäten

Ojców ist das einzige Dorf innerhalb des Nationalparks. Es besteht hauptsächlich aus Holzhäusern an der Uferböschung des Flüsschens. Auf dem Hügel am Nordende des Dorfes thront die Ruine der **Burg Ojców** mit einer Originalpforte aus dem 14. Jh. und einem achteckigen Turm.

In einem der beiden lang gestreckten Gebäude südlich der Burg ist das **Museum für Naturgeschichte** (Muzeum Przyrodnicze; ☎ 389 20 40; Eintritt 2 Zł; ⌚ Mitte Mai–Mitte Nov. Di–So 9–16.30 Uhr, Mitte Nov.–Mitte Mai Di–Fr 8–15 Uhr). Es widmet sich der Geologie, Archäologie, Flora und Fauna des Nationalparks.

Ein paar Schritte weiter südlich steht eine Holzvilla, in der das **Regionalmuseum** (Muzeum Regionalne; ☎ 389 20 10; Erwachsene/ermäßigt 5/3 Zł; ⌚ Di–So 10–15.30 Uhr) untergebracht ist. Hier geht es um die Geschichte und Ethnografie der Region.

Der schwarze Weg verläuft von der Burg Ojców nach Süden und führt zur **Łokietek-Höhle** (Jaskinia Łokietka; Eintritt 5 Zł; ⌚ April–Nov. 9.30–16.30 Uhr). Die 250 m lange Höhle besteht aus einer kleineren und zwei größeren Kammern. Führungen dauern eine halbe Stunde.

Die **Wierzchowska Górna-Höhle** (☎ 411 07 21; Erwachsene/ermäßigt 6/4 Zł; ⌚ Mai–Aug. 9–17 Uhr, April, Sept. & Okt. 9–16 Uhr) ist größer und interessanter. Sie liegt im Dörfchen Wierzchowie 5 km südlich von Ojców außerhalb des Nationalparks am gelben Wanderweg. Mit 1 km Länge, von denen 370 m besichtigt werden können, ist sie die längste Höhle der Region. Jede volle Stunde beginnt eine fünfzigminütige Führung. Die Temperatur in der Höhle beträgt das ganze Jahr hindurch nur 7,5 °C.

Die **Dunkle Höhle** (Jaskinia Ciemna) in der Nähe von Ojców am grünen Wanderweg und die **Fledermaushöhle** (Jaskinia Nietoperzowa) – etwas weiter entfernt am blauen Wanderweg – können ebenfalls im Sommer besichtigt werden.

200 m nördlich der Burg Ojców liegt oberhalb des Flüsschens die **Kapelle über dem Wasser** (Kaplica na Wodzie). Sie entstand durch den Umbau des ehemaligen Badehauses. Die Kapelle wird nur zur Sonntagsmesse geöffnet.

Im kleinen Dörfchen Grodzisko 2 km weiter nördlich teilt sich die Straße. Man hält sich links am Fluss entlang. Der rote Weg geht wenig später rechts von der Straße ab. Er führt den Hügel hinauf zur **Kirche der Seligen Salomea**. Sie stammt aus dem 17. Jh. und wurde auf dem Grund eines ehemaligen Klarissenklosters errichtet. Die Statuen auf der Kirchenmauer stellen Salomea und ihre Familie dar. Hinter der Kirche steht ein steinerner Elefant (1686) mit einem Obelisken auf dem Rücken.

Der rote Weg führt wieder zur Straße hinunter und stößt nach einigen Kilometern auf eine 18 m hohe Kalksteinsäule, die **Herkules Keule** (Maczuga Herkulesa) genannt wird.

Nur ein wenig weiter steht die **Burg Pieskowa Skała**. Sie stammt aus dem 14. Jh., wurde aber erst im 16. Jh. zu einer mächtigen Festung umgebaut. Sie ist die am besten erhaltene Burg des Hochlandes und beherbergt heute ein **Museum** (☎ 389 60 04; Eintritt 4 Zł; ⌚ Di–So 10–15.30 Uhr).

Den großen äußeren Burghof kann man betreten, ohne Eintritt zu zahlen. Von hier aus geht es weiter in den inneren Arkadenhof und zum Museum. Es zeigt europäische Kunst vom Mittelalter bis zur Mitte des 19. Jhs., einschließlich Mobiliar, Skulpturen, Gemälden und Keramiken.

Im Café-Restaurant im äußeren Hof kann man die Tour bei einem Bier, einem Kaffee oder einer Mahlzeit ausklingen lassen. Im Sommer gibt es auch eine Terrasse auf dem Dach mit tollem Blick über die Burg und die umliegenden Wälder.

Schlafen & Essen

In Ojców gibt es Zimmer in Privathäusern für 30 Zł bis 60 Zł pro Person. Sie können über das **Ojcowianin Reisebüro** (☎ 389 20 89) oder das **PTTK-Büro** (☎ 389 20 10; ojcow.pttk.pl auf Polnisch), gebucht werden. Beide befinden sich im Gebäude des Regionalmuseum.

Camping Złota Góra (☎ 389 20 14; Złota Góra; Bett im festen Zelt 20 Zł; ⏲ Mai–Sept.) Der Campingplatz hat Betten in sechs großen Militärzelten und ein Restaurant.

Dom Wycieczkowy Zosia (☎ 389 20 08; Złota Góra; Bett im DZ, 3BZ oder 4BZ 26–30 Zł) Das Hostel ist 500 m vom Campingplatz entfernt und eines der wenigen, die das ganze Jahr über geöffnet haben. Es liegt 1 km westlich der Burg Ojców.

An- & Weiterreise

Es gibt einige Morgenbusse von Krakau nach Ojców (4,40 Zł, 1½ Std.). Von hier aus kann man zur Burg Pieskowa Skała wandern und dort den Bus zurück nach Krakau nehmen (5 Zł, 1½ Std.).

OGRODZIENIEC

☎ 32 / 4500 Ew.

Auf der höchsten Erhebung des Hochlands (504 m) thront die märchenhafte Ruine der **Burg Ogrodzieniec** (☎ 673 22 20; Eintritt 3 Zł; ⏲ April–Okt. 9 Uhr–Sonnenuntergang). Sie ist eine der bezauberndsten Burgruinen im ganzen Land. Fundament und Teile der Wände sind aus Naturstein gebaut – typisch für die Burgen dieser Region. Ursprünglich wurde die Festung unter König Kazimierz Wielki errichtet, dann aber von ihrem späteren Besitzer, dem wohlhabenden Krakauer Bankier Seweryn Boner, im 16. Jh. erweitert und umgebaut. Er engagierte die besten italienischen Baumeister des Hofes, die die gotische Festung in eine Renaissanceresidenz verwandelten. Sie soll fast so prunkvoll gewesen sein wie das Schloss Wawel. Leider wurde es 1656 von den Schweden zerstört und seine Pracht war dahin. Nachdem der letzte Besitzer die Burg um 1810 aufgab, wurde sie nicht mehr verändert und ist heute ein Besuchermagnet.

An- & Weiterreise

Ogrodzieniec liegt an der Straße von Zawiercie nach Olkusz, auf der regelmäßig Busse verkehren. Die Burgruine liegt 2 km östlich von Ogrodzieniec im Örtchen Podzamcze. Auch hierher fahren regelmäßig Busse. Zawiercie ist mit dem Zug hervorragend an Częstochowa (Tschenstochau) angebunden, während von Olkusz regelmäßig Busse direkt nach Krakau fahren.

TSCHENSTOCHAU (CZÊSTOCHOWA)

☎ 34 / 260 000 Ew.

Tschenstochau ist das religiöse Zentrum und das Nationalheiligtum Polens. Die Stadt verdankt ihren Ruhm der *Schwarzen Madonna* des Klosters Jasna Góra („Heller Berg"). Schon seit Jahrhunderten zieht sie Pilger aus allen Landesteilen Polens und aus dem Ausland an.

Heute ist Tschenstochau einer der größten Wallfahrtsorte der Welt. In Polen ordnet man ihn hinter Varanasi, Mekka, Lourdes und Rom an fünfter Stelle ein. Das gesamte Jahr über, aber besonders zu Marienfesten, drängen große Pilger- und Besucherströme in die Stadt. Wichtigster Feiertag ist natürlich Mariä Himmelfahrt am 15. August. Der magischen Anziehung dieser Stadt entgeht kaum jemand, sei es aus religiöser Überzeugung oder aus reiner Neugier.

Geschichte

Tschenstochau wurde 1220 erstmals urkundlich erwähnt. Die Entwicklung der Stadt begann aber eigentlich erst, als 1382 der Paulinenorden aus Ungarn in die Stadt zog und auf dem Jasna Góra ein Kloster gründete. Seinen Ruhm verdankt das Kloster einem Marienbildnis, der so genannten *Schwarzen Madonna*. Es wurde dem Kloster 1384 geschenkt und faszinierte schon bald zahlreiche Gläubige, da ihm Wunder zugesprochen wurden.

Als das Kloster immer reicher und bedeutender wurde, erweiterte man es schrittweise und verwandelte es in eine Festung mit massiven Mauern und Bastionen. Es war einer der wenigen Orte in Polen, der den schwedischen Belagerungen von 1655 und 1656 standhielt – natürlich eine weitere Wundertat der *Schwarzen Madonna*. Seitdem ziehen riesige Pilgerströme hierher. Interessanterweise war die Madonna vor der

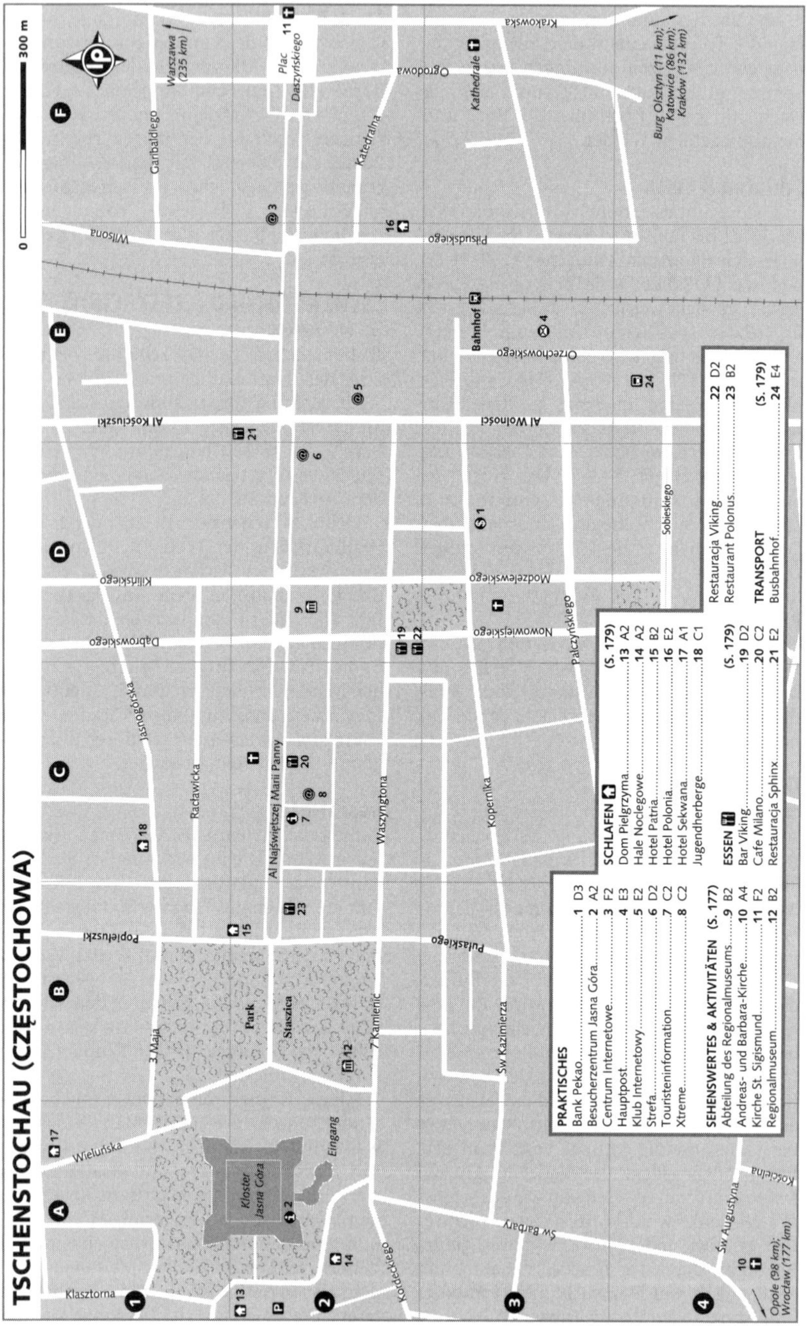

TSCHENSTOCHAU (CZĘSTOCHOWA)
0
300 m
A
B
C
D
E
F
1
2
3
4
Kloster Jasna Góra
Eingang
Park Staszica
Al Najświętszej Marii Panny
Plac Daszyńskiego
Bahnhof
Kathedrale
Warszawa (235 km)
Burg Olsztyn (11 km); Katowice (86 km); Kraków (132 km)
Opole (98 km); Wrocław (177 km)
Wieluńska
Klasztorna
3 Maja
Kordeckiego
7 Kamienic
Św Kazimierza
Św Barbary
Św Augustyna
Kościelna
Popiełuszki
Pułaskiego
Racławicka
Jasnogórska
Waszyngtona
Kopernika
Dąbrowskiego
Nowowiejskiego
Kilińskiego
Modzelewskiego
Pałczyńskiego
Sobieskiego
Al Kościuszki
Al Wolności
Orzechowskiego
Wilsona
Piłsudskiego
Garibaldiego
Katedralna
Ogrodowa
Krakowska
PRAKTISCHES
Bank Pekao 1 D3
Besucherzentrum Jasna Góra 2 A2
Centrum Internetowe 3 F2
Hauptpost 4 E3
Klub Internetowy 5 E2
Strefa 6 D2
Touristeninformation 7 C2
Xtreme 8 C2
SEHENSWERTES & AKTIVITÄTEN (S. 177)
Abteilung des Regionalmuseums 9 B2
Andreas- und Barbara-Kirche 10 A4
Kirche St. Sigismund 11 F2
Regionalmuseum 12 B2
SCHLAFEN (S. 179)
Dom Pielgrzyma 13 A2
Hale Noclegowe 14 A2
Hotel Patria 15 B2
Hotel Polonia 16 E2
Hotel Sekwana 17 A1
Jugendherberge 18 C1
ESSEN (S. 179)
Bar Viking 19 D2
Cafe Milano 20 C2
Restauracja Sphinx 21 E2
Restauracja Viking 22 D2
Restaurant Polonus 23 B2
TRANSPORT (S. 179)
Busbahnhof 24 E4

Belagerung nach Schlesien in Sicherheit gebracht worden, was sie aber offenbar nicht davon abhielt, das Kloster zu retten.

Tschenstochau wuchs zunächst nur, um Platz für die vielen Pilger zu schaffen. Erst in der zweiten Hälfte des 19. Jhs. führte der Bau der Eisenbahnlinie Warschau–Wien auch zu einer kommerziellen und wirtschaftlichen Entwicklung. Beim Ausbruch des Zweiten Weltkriegs hatte die Stadt 140 000 Einwohner.

Nach dem Krieg versuchten die Kommunisten, die religiöse Bedeutung der Stadt zu verdrängen. Sie trieben stattdessen ihre industrielle Entwicklung voran. Heute ist Tschenstochau ein Zentrum der Stahlindustrie und anderer Industriezweige. Rußige Schornsteine prägen das Stadtbild. Dazwischen ragt jedoch nach wie vor der stolze Turm des Paulinenklosters auf und weist den Pilgern den Weg zu ihrem Reiseziel.

Orientierung

Die Hauptverkehrsader im Stadtzentrum ist die Al Najświętszej Marii Panny (Allee der Allerheiligsten Jungfrau Maria; kurz Al NMP). Am Westende der breiten Allee steht das Kloster auf dem Jasna Góra und an ihrem Ostende die Kirche St. Sigismund. Etwas südlich des Ostendes etwa 2 km vom Kloster entfernt liegen der Bahnhof und der Busbahnhof. Die meisten Unterkünfte sind in der Umgebung des Klosters und die meisten Restaurants liegen in der Al NMP oder ihren Nebenstraßen.

Praktische Informationen

In der Al NMP gibt es viele *kantors* (private Wechselstuben) und Geldautomaten.

Bank Pekao (Ul Kopernika 19) Zahlt Bargeld gegen Visa und Mastercard aus.

Centrum Informacji Turystycznej (Touristeninformation; ☎ 368 22 60; Al NMP 65; 🕓 Mo–Fr 9–17 Uhr, Sa 9–14 Uhr)

Centrum Internetowe (Internetcafé; Dom Handlowy Seka, Al NMP 12D; 1 Std. 3–4 Zł)

Jasnogórskie Centrum Informacji (Besucherzentrum Jasna Góra; ☎ 365 38 88; www.jasnagora.pl auf Deutsch; 🕓 Mai–Mitte Okt. 7.30–19 Uhr, Mitte Okt.–April 8–17 Uhr) Auf dem Klostergelände gibt es ein eigenes Besucherzentrum mit Informationsmaterial.

Klub Internetowy (Internetcafé; Al Wolności 11; 3–4 Zł pro Std.) Internetzugang.

Strefa (Internetcafé; Al NMP 29; 1 Std. 3–4 Zł) Internetzugang.

Xtreme (Internetcafé; Al NMP 65A; 1 Std. 3–4 Zł) Internetzugang.

Sehenswertes

DIE KLOSTERANLAGE AUF DEM JASNA GÓRA

Das Kloster sieht immer noch aus wie eine Festung, die sich wie ein Wahrzeichen des Katholizismus über den Dächern der Stadt erhebt. Es liegt westlich des Stadtzentrums auf einem Hügel und ist schon von weitem an seinem schlanken Turm zu erkennen. Der Haupteingang ist auf der Südseite und führt durch vier hintereinander liegende Tore. Auf der Westseite gibt es noch ein Tor. Die Tore zum Klostergelände sind von 5.30 bis 21.30 Uhr geöffnet.

Auf dem Klostergelände befinden sich mehrere Gebäude, darunter eine Kapelle, eine Kirche und das Kloster. Die **Gnadenkapelle** (Kaplica Matki Bożej) ist der älteste Teil des Komplexes. Hier wird die *Schwarze Madonna* aufbewahrt. Das Madonnenbildnis steht auf einem Hochaltar und wird nachts (von 21.30 Uhr bis 6 Uhr) und mittags (von 12 bis 13.30 Uhr, bzw. samstags, sonntags und an Feiertagen von 13 Uhr bis 14 Uhr) mit einem silbernen Vorhang verhängt. Manchmal ist es schwierig, einen Blick auf die Madonna zu erhaschen, da die Kapelle immer voller Pilger ist.

Die große **Basilika** *(bazylika)* grenzt im Süden an die Kapelle und war früher eine einschiffige gotische Kirche. Ihre heutige Form erhielt die Basilika erst im 17. Jh. Sie ist mit prunkvollen barocken Stuckarbeiten und Fresken verziert.

An die Nordseite der Kapelle schließt sich das Kloster an. Im 1. Stock kann der **Rittersaal** (Sala Rycerska) aus dem 17. Jh. besichtigt werden. An seinen Wänden hängen neun Gemälde, die wichtige Ereignisse aus der Geschichte des Klosters zeigen: den Bildersturm der Hussiten 1430 oder die Belagerung durch die Schweden 1655. In einer Ecke des Saals steht eine exakte Kopie der *Schwarzen Madonna*. Da sie nicht in prunkvolle Gewänder gekleidet ist, kann man die Ikone hier besser sehen.

In der Klosteranlage gibt es drei **Museen** (🕓 April–Sept. 9–17 Uhr, Okt.–März 9–16 Uhr). Der Eintritt ist frei, man kann aber an jedem Museumseingang etwas spenden.

Das **600-Jahr-Museum** (Muzeum Sześćsetlecia) auf der Westseite der Klosteranlage

DIE SCHWARZE MADONNA VON TSCHENSTOCHAU

Die *Schwarze Madonna* ist ein Gemälde auf einer Lindenholztafel (122 cm x 82 cm groß), das die Jungfrau Maria mit dem Jesuskind darstellt. Das Gemälde wirkt zwar wie eine byzantinische Ikone, aber seine Herkunft ist unklar. Die Entstehungszeit wird auf irgendwann zwischen dem 6. und 14. Jh. geschätzt. Nach unterschiedlichen Theorien könnte die Madonna aus Byzanz, Rotreußen, Italien, aber auch aus Ungarn stammen. Sicher ist nur, dass die Ikone 1382 aus Reußen nach Polen kam und ein paar Jahre später dem Paulinenorden geschenkt wurde.

Im Jahr 1430 wurde das Gemälde beim Bildersturm der reformatorischen Hussiten beschädigt: sie zerkratzten das Gesicht der Madonna und zerbrachen die Holztafel. Das Bild wurde in einer Künstlerwerkstadt in Krakau restauriert. Die Narben im Gesicht der Madonna wurden aber als Erinnerung an den frevlerischen Angriff belassen.

In einer Zeremonie mit 200 000 Gläubigen wurde die *Schwarze Madonna* 1717 sogar zur „Königin von Polen" gekrönt. Es war das erste gekrönte Gemälde außerhalb Italiens. Seitdem wird die Madonna mit reich verzierten Gewändern eingekleidet und trägt eine Krone. Inzwischen besitzt sie eine ansehnliche Garderobe und wird zu besonderen Anlässen neu eingekleidet.

stellt liturgische Gefäße und Roben, alte Musikinstrumente, Gemälde mit Szenen des Klosterlebens, Portraits der Gründer und Äbte des Klosters und einige Weihgaben aus (darunter die Medaille des Friedensnobelpreisträgers Lech Wałęsa von 1983). Direkt nebenan steht das **Zeughaus** *(arsenał)* mit türkischen Waffen aus der Schlacht um Wien 1683, Medaillen, Karten und anderen Militaria.

Die **Schatzkammer** *(skarbiec)* liegt über der Sakristei und zeigt Weihgaben der Gläubigen. Unter den vielen Dankesgaben gibt es alte Reliquien, Monstranzen, Hausaltäre, Gemälde von Mateijko und eine Robe für die Madonna.

Zum Abschluss kann man noch auf den **Glockenturm** (wieża; ⌚ April–Sept. 8–16 Uhr) steigen. Er wurde mehrfach zerstört und wieder aufgebaut. Die heutige Konstruktion stammt aus dem Jahr 1906. Mit über 106 m Höhe ist er Polens höchster historischer Kirchturm. Auf der Kirchturmspitze sitzt ein Rabe mit einem Stück Brot im Schnabel – das Wappentier der Pauliner. Das Glockenspiel im Turm mit 36 Glocken spielt jede Viertelstunde ein Marienlied.

NOCH MEHR SEHENSWERTES

Die Klosteranlage ist zwar die größte Sehenswürdigkeit der Stadt, aber wer noch etwas Zeit hat, bekommt auch noch mehr zu sehen. Die **Andreas-und-Barbara-Kirche** (Kościół Św Andrzeja i Barbary; Ul Św Barbary) liegt 1 km südlich des Klosters und wurde im 17. Jh. an der Stelle erbaut, wo die Hussiten das Bildnis der Madonna geschändet und weggeworfen haben sollen. Der Legende nach fanden die Mönche das Bildnis wieder und wollten es gerade vom Schlamm säubern, als auf wundersame Weise eine Quelle aus dem Boden sprudelte. Über dieser Quelle wurde eine Kapelle errichtet. Sie liegt hinter der Kirche. Die Quelle existiert heute noch und soll heilende Wirkung haben. Das Deckengemälde in der Kapelle illustriert die Geschichte der Wunderquelle.

Das **Regionalmuseum** (Muzeum Częstochowskie; ☎ 324 32 75; Plac Biegańskiego 45; Eintritt 3 Zł; ⌚ Mi–Sa 8.30–16 Uhr, So 10–16 Uhr) im klassizistischen Rathaus von 1828 zeigt volkskundliche Objekte der Region, moderne polnische Malerei und wechselnde Ausstellungen. Eine weitere **Abteilung des Regionalmuseums** (Park St Staszica; ⌚ Mi–Sa 8.30–16 Uhr, So 10–16 Uhr) im Park St. Staszica zeigt ebenfalls Wechselausstellungen.

BURG OLSZTYN

Ein Ausflug zur 11 km von Tschenstochau entfernten Burg Olsztyn ist eine nette Abwechslung. Die Burg ist zwar nur noch eine Ruine, aber ausgesprochen hübsch. Gegenüber vom Bahnhof in Tschenstochau fahren ab Ul Piłsudskiego die Buslinien 58 und 67 nach Olsztyn. Man kann auch über den „Adlerhorststieg" wandern, der am Plac Daszyńskiego anfängt und über Olsztyn bis nach Krakau führt.

Feste & Events

Internationales Festival der Sakralmusik „Gaude Mater" Die wichtigste Kulturveranstaltung der Stadt findet jedes Jahr im Mai statt.

Marienfeiertage Die wichtigsten Marienfeiertage in Jasna Góra sind am 3. Mai, 16. Juli, 15. August, 26. August, 8. September, 12. September und 8. Dezember. An diesen Tagen quillt das Kloster über vor Pilgern.

Mariä Himmelfahrt (15. August) Der wichtigste Marienfeiertag ist Mariä Himmelfahrt – Gläubige aus ganz Polen machen sich zu Fuß nach Tschenstochau auf. Die Pilger aus Warschau brechen jedes Jahr am 6. August zu ihrem 250 km langen Pilgermarsch auf. Bis zu 250 000 Pilger strömen jährlich an Mariä Himmelfahrt zum Kloster Jasna Góra.

Schlafen

Da Tschenstochau ein Pilgerziel ist, bekommt man nicht immer schnell eine Unterkunft (vor allem, wenn sie preiswert sein soll). Besonders um die Marienfeiertage ist alles ausgebucht. An diesen Festen meidet man die Stadt lieber oder macht einen Tagesausflug.

Hotel Sekwana (☎ 324 89 54, ☎/Fax 324 63 67; Ul Wieluńska 24; EZ/DZ/Apt. 150/200/280 Zł; Ⓟ) Das Sekwana ist ein gemütliches Hotel in der Nähe des Klosters mit 20 Zimmern und einem Restaurant mit polnischer und französischer Küche.

Hotel Patria (☎ 324 70 01; patria@orbis.pl; Ul Popiełuszki 2; EZ/DZ/Apt. 344/448/680 Zł; Ⓟ ⊠) Das Patria ist ein Luxushotel in direkter Klosterumgebung. Wie die meisten Hotels der Orbis-Kette ist es sauber, modern und komfortabel, aber ziemlich gesichtslos. Teilweise bietet es attraktive Wochenendrabatte.

Hale Noclegowe (☎ 377 72 24; Ul Klasztorna 1; Schlafsaal 15–20 Zł; ⏲ Mai–Mitte Okt.) Die von der Kirche betriebene Unterkunft direkt neben dem Kloster hat mit die preiswertesten Betten der Stadt. Sie ist sauber, aber spartanisch eingerichet. Waschräume und Toiletten werden gemeinsam benutzt und es gibt kein warmes Wasser. Um 22 Uhr ist Sperrstunde.

Dom Pielgrzyma (☎ 324 70 11; Ul Wyszyńskiego 1/31; Schlafsaal/EZ/DZ ab 20/60/90 Zł) Das Dom wird ebenfalls von der Kirche betrieben. Es liegt direkt hinter dem Kloster, hat ein gutes Preis-Leistungs-Verhältnis und eine eigene, preiswerte Cafeteria. Auch hier wird um 22 Uhr die Tür abgeschlossen.

Hotel Polonia (☎ 324 23 88; Fax 365 11 05; Ul Piłsudskiego 9; EZ/DZ/3BZ/4BZ 100/120/150/180 Zł) Das Polonia liegt günstig direkt gegenüber vom Bahnhof und hat für seine Preisklasse recht komfortable Zimmer, auch wenn es ein wenig in die Jahre gekommen ist.

Jugendherberge (☎ 324 31 21; Ul Jasnogórska 84/90; Schlafsaal 20 Zł; ⏲ Juli & Aug.) Die bescheidene Jugendherberge mit 90 Betten liegt auch in der Nähe des Klosters, ist aber nur im Hochsommer geöffnet.

Essen

Erwartungsgemäß gibt es in Klosternähe neben der erwähnten Cafeteria im Dom Pielgrzyma und einer Snackbar am Campingplatz viele preiswerte Essensmöglichkeiten. Aber auch in der Al NMP kann man sich gut verpflegen.

Restaurant Polonus (☎ 801 33 18; Al NMP 75; Hauptgerichte ab 15 Zł; ⏲ 10–24 Uhr) Ein ordentliches Restaurant am Klosterhügel, das hochwertige polnische Küche serviert.

Bar Viking (☎ 324 57 68; Ul Nowowiejskiego 10; Hauptgerichte 10–28 Zł; ⏲ 10–22 Uhr) Die Bar Viking ist eines der preiswertesten Lokale der Stadt, serviert leckere Mahlzeiten und hat im Sommer Außengastronomie. Das gleichnamige Restaurant direkt nebenan ist etwas gehobener.

Cafe Milano (☎ 365 49 29; Al NMP 57/59; ⏲ 7–23 Uhr) Das von Spaniern betriebene Café hat den besten Espresso und Cappuccino und das beste Eis der Stadt – unbedingt empfehlenswert.

Restauracja Sphinx (☎ 366 41 85; Al Kościuszki 1; Hauptgerichte 15–35 Zł; ⏲ Mittag- & Abendessen) Wie überall serviert das pseudo-orientalisch dekorierte Sphinx die üblichen Kebab-und Salat-Gerichte in den verschiedensten Variationen.

An- & Weiterreise

BUS

Vom Busbahnhof ganz in der Nähe des Bahnhofs fahren viele Überlandbusse ab, zum Beispiel nach Jędrzejów (10,50 Zł, 2 Std.) und Opole (11,50 Zł, 2 Std.). Täglich um 14 Uhr fährt ein Direktbus nach Ogrodzieniec (7,80 Zł, 1 Std.).

Wer keine Lust hat, so lange zu warten, kann auch einen der vielen Züge nach Katowice (Kattowitz) nehmen, in Zawiercie aussteigen und von dort mit dem Bus weiterfahren.

Nach Krakau fahren täglich mehrere Busse über verschiedene Strecken. Sie brauchen bis zu drei Stunden. Man nimmt am besten einen schnelleren Polski Expressbus (20 Zł, 2 Std., 3-mal tgl.). Diese fahren auch nach Warschau (50 Zł, 3 Std., 1-mal tgl.).

ZUG

Vom **Bahnhof** (Al Wolności) fahren täglich mehrere Schnellzüge nach Warschau (35 Zł, 3½ Std.) und nach Krakau (25 Zł, 2 Std.). Züge nach Katowice (Kattowitz; 17 Zł, 1½ Std.) fahren sogar stündlich. Von dort aus gibt es Anschlusszüge nach Krakau und Wrocław (Breslau).

DAS KLEINPOLNISCHE HOCHLAND

Das Kleinpolnische Hochland (Wyżyna Małopolska) wird von den Flüssen Weichsel und Pilica begrenzt. Hier erheben sich die Heiligkreuzberge (Góry Świętokrzyskie). Am Fuß der Berge liegt Kielce, die wichtigste Stadt der Region. Neben verschiedenen kulturellen Sehenswürdigkeiten kann man die weite, wunderschöne Landschaft des Hochlands erkunden.

KIELCE

☎ 41 / 220 000 Ew.

Das kleine Stadtzentrum von Kielce mit Häusern aus dem 19. Jh. liegt in einem Tal inmitten sanfter Hügel. Auf den umliegenden Hängen erstrecken sich Vororte aus der Nachkriegszeit.

Die Stadt selbst hat nicht viel zu bieten, liegt aber ganz in der Nähe eines herrlichen Gebirgszugs (s. S. 184). Sie eignet sich gut als Ausgangspunkt für einen Trip in den Nationalpark.

In der Umgebung von Kielce gibt es noch andere interessante Ausflugsziele (s. S. 182).

Praktische Informationen

Auf der Ul Sienkiewicza gibt es zahlreiche *kantors* (Wechselstuben).

Arena (☎ 344 22 47; Ul Piotrkowska 6; 2–3 Zł pro Std.) Internetzugang.

Bank Pekao (Ul Sienkiewicza 18) Zahlt Bargeld gegen Visa und Mastercard aus und hat einen Bankautomat.

Małpka (☎ 343 86 81; Ul Słowackiego 8; 1 Std. 2–3 Zł) Internetzugang.

Miejski Ośrodek Informacji Turystycznej (☎ 367 64 36; Rynek 1; 🕑 Nov.–März Mo–Fr 7.30–17 Uhr, April–Okt. Mo–Fr 7.30–19 Uhr, Sa 10–15 Uhr) Die Touristeninformation befindet sich im Gebäude der Stadtverwaltung.

Planetka (☎ 344 87 92; Ul Planty 12; 1 Std. 2–3 Zł) Internetzugang.

Strefa 51 (☎ 366 09 89; Ul Paderewskiego 34; 1 Std. 2–3 Zł) Internetzugang.

Sehenswertes

Die wichtigste Sehenswürdigkeit der Stadt ist der ehemalige **Palast der Krakauer Erzbischöfe** (Pałac Biskupów Krakowskich). Der prunkvolle Barockpalast aus dem 17. Jh. spiegelt Krakaus damaligen Wohlstand wider. Vom 12. Jh. bis 1789 waren Kielce und Umgebung im Besitz der Krakauer Bischöfe, die den Palast als einen ihrer Bischofssitze errichteten.

Heute befindet sich hier das **Nationalmuseum** (☎ 344 40 14; Plac Zamkowy 1; Erwachsene/ermäßigt 10/5 Zł, So Eintritt frei; 🕑 Di 10–18 Uhr, Mi–So 9–16 Uhr). Es zeigt Originalmöbel aus dem 17. und 18. Jh. Besonders wertvoll sind die drei kunstvollen Deckengemälde aus der Werkstatt des Venezianers Tommaso Dolabella. Sie entstanden um 1641. Von einem umlaufenden Fries im ehemaligen Speisesaal, dem größten Raum des Palastes, blickt der gesamte Clan der Krakauer Bischöfe auf die Besucher herunter. Die obere Reihe wurde in den 1640er Jahren gemalt, die untere kam zwei Jahrhunderte später dazu.

Im Seitenflügel des Palastes befindet sich eine Galerie mit polnischen Gemälden vom 17. Jh. bis zum Zweiten Weltkrieg, und im Erdgeschoss gibt es eine Sammlung historischer Rüstungen sowie Wechselausstellungen.

Gegenüber vom Palast steht die ursprünglich romanische **Kathedrale**. Der heutige Bau stammt aus dem 17. Jh., wurde aber mehrfach baulich verändert. Das erkennt man an der prunkvollen Innenausstattung, bei der allerdings der Barockstil dominiert.

In der Nähe liegt das **Stadtmuseum Kielce** (Muzeum Wsi Kieleckiej; ☎ 344 92 97; Ul Jana Pawła II 6; Eintritt 6 Zł; 🕑 Mo–Fr & So 10–15 Uhr). In dem riedgedeckten Herrenhaus aus dem 18. Jh. werden wechselnde kulturgeschichtliche Ausstellungen gezeigt.

Das **Spielzeugmuseum** (Muzeum Zabawkarstwa; ☎ 344 40 78; Ul Kościuszki 11; Eintritt 2 Zł; 🕑 Di–So 10–17 Uhr) hat eine einmalige Sammlung historischer und moderner Spielzeuge.

Schlafen

Preiswerte Übernachtungsmöglichkeiten sind in Kielce rar gesät, aber es gibt ein paar passable Alternativen in der mittleren Preisklasse.

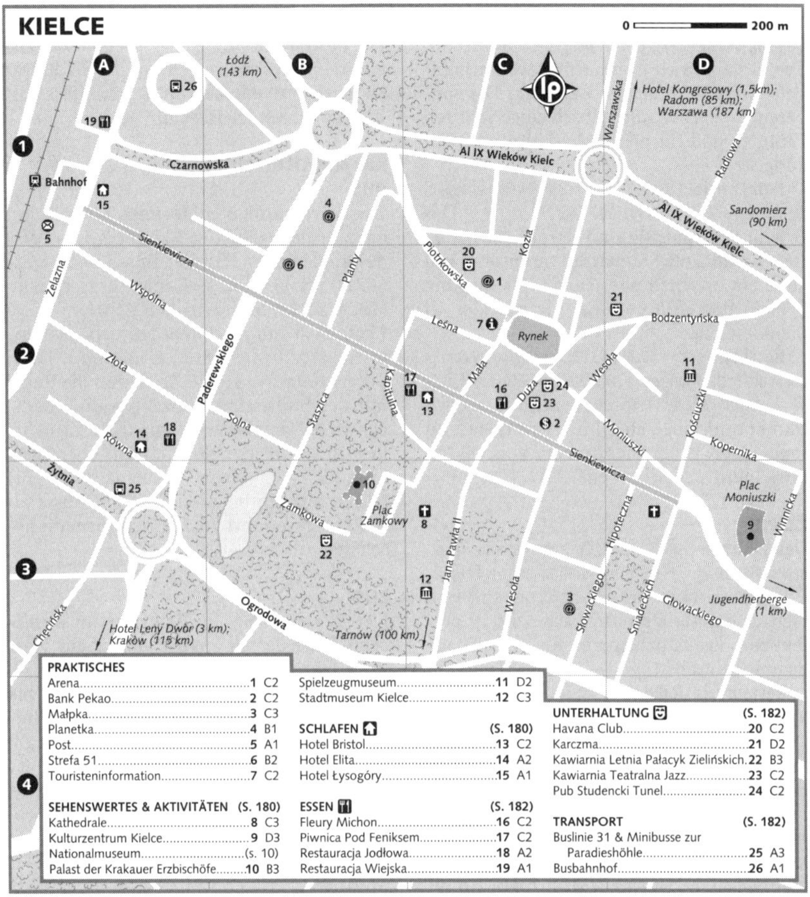

BUDGETUNTERKÜNFTE

Jugendherberge (☎ 342 37 35; Ul Szymanowskiego 5; Schlafsaal 25–30 Zł) Die PTTK Jugendherberge ist gut geführt, aber nichts Besonderes. Sie hat 67 Betten und liegt 1,5 km östlich vom Stadtzentrum.

MITTEL- & SPITZENKLASSEHOTELS

Hotel Leśny Dwór (☎ 362 10 88; www.lesnydwor.com.pl auf Englisch; Ul Szczepaniaka 40; EZ/DZ/Suite 160/220/350 Zł; Ⓟ) 3 km südwestlich des Zentrums liegt das charmante Hotel Leśny Dwór. Es ist eines der schönen, kleineren Hotels in Kielce und bietet propere, stilvolle Zimmer zu moderaten Preisen. Es hat ein gutes Restaurant und liegt idyllisch direkt gegenüber vom Park Baranowski.

Hotel Kongresowy (☎ 332 63 93; www.exbud.com.pl auf Deutsch; Ul Manifestu Lipcowego 34; EZ/DZ/Suite Mo–Fr ab 260/320/470 Zł, Sa & So ab 156/192/282 Zł; Ⓟ ⊠) In einem großen Komplex 1,5 km nordöstlich der Stadt befindet sich dieses topmoderne Luxushotel mit der besten Ausstattung weit und breit. Die Zimmer sind allesamt schick und geräumig, haben einen Modemanschluss und super saubere Badezimmer. Es gibt ein „Wellnesscenter" mit Fitnessraum, Sauna, Jacuzzi und Massage, zwei ausgezeichnete Restaurants und Konferenzräume. Die Wochenendpreise sind wirklich Schnäppchen. Vom Stadtzentrum fahren die beiden Buslinien 4 und 34 hierher.

Hotel Elita (☎ 344 22 30; www.hotelelita.com.pl auf Englisch; Ul Równa 4A; EZ/DZ/Apt. 200/260/360 Zł; Ⓟ) Das Hotel mit elf Zimmern ist wahrscheinlich die beste Wahl im Zentrum. Die sauberen, modernen und hübsch eingerichteten Zimmer sind für hiesige Verhältnisse nicht zu teuer.

Hotel Bristol (☎ 368 24 60; bristol@webmedia.pl; Ul Sienkiewicza 21; EZ/DZ/3BZ 190/240/270 Zł; Ⓟ) Das Bristol liegt günstig und ist mit seinen 45 Betten eine gute Standardunterkunft, wenn auch ein bisschen überteuert. Der Eingang liegt in der Ul Kapitulna, nicht in der Ul Sienkiewicza.

Hotel Łysogóry (☎ 366 55 00; www.lysogory.com.pl auf Deutsch; Ul Sienkiewicza 78; EZ/DZ/Apt. 240/330/450 Zł; Ⓟ) Auch dieses Hotel ist zentral gelegen und komfortabel, aber im Ortsvergleich zu teuer. Der Wochenendrabatt von bis zu 50 % lohnt sich schon eher.

Essen

Fleury Michon (☎ 344 63 11; Ul Sienkiewicza 28; Hauptgerichte 5–10 Zł; 🕑 Frühstück & Mittagessen) Dieses Café mit frischen Brötchen, Croissants und Gebäck hat nur ein paar Tische und ist perfekt zum Frühstücken oder für einen Snack zwischendurch.

Restauracja Jodłowa (☎ 361 04 87; Ul Paderewskiego 3/5; Hauptgerichte 5–13 Zł; 🕑 Mittag- & Abendessen) Ein preiswertes, typisch polnisches Restaurant mit herzhaftem polnischem Essen und netter Atmosphäre.

Piwnica Pod Feniksem (☎ 343 19 20; Ul Sienkiewicza 25; Hauptgerichte 10–30 Zł; 🕑 Mittag- & Abendessen) Das Kellerrestaurant mit Bar serviert gute polnische Küche in schlichtem Ambiente. Die Spezialität des Hauses ist Kalbfleisch.

Restauracja Wiejska (☎ 366 05 45; Ul Czarnowska 22; Hauptgerichte 10–60 Zł; 🕑 Mittag- & Abendessen) Dieses Restaurant auf zwei Ebenen ist mit viel folkloristischem Schnickschnack und Holz wie ein alter Landgasthof aufgemacht. Hier gibt es traditionelle polnische Hausmannskost.

Ausgehen

Im **Karczma** (☎ 368 22 87; Ul Bodzentyńska 9) und im **Pub Studencki Tunel** (☎ 344 52 00; Ul Duża 7) kann man gut ein paar Gläser Bier trinken. Im Sommer sitzt man bei derselben Tätigkeit auf der Terrasse vom **Kawiarnia Letnia Pałacyk Zielińskich** (☎ 368 20 55; Ul Zamkowa 5) draußen.

Unterhaltung

Der **Havana Club** (☎ 343 80 04; Ul Piotrkowska 12) ist eine der angesagtesten Diskos der Stadt. Das **Kawiarnia Teatralna Jazz** (☎ 344 58 36; Ul Duża 9) ist Kielces führender Jazzclub.

An- & Weiterreise

BUS

Der merkwürdige, ufoförmige Busbahnhof ganz in der Nähe des Bahnhofs ist relativ gut angebunden. Es gibt Busse nach Łódź (15,80 Zł, 3 Std., 6–7-mal tgl.), Krakau (12,50 Zł, 1½ Std., 5-mal tgl.), Święty Krzyż (5,60 Zł, 1 Std., 4–5-mal tgl.) und Sandomierz (10,50 Zł, 2 Std., 6-mal tgl.). Nach Święta Katarzyna (4,40 Zł) fahren die Busse mit der Endstation Bodzentyn und Starachowice. Nach Nowa Słupia (6,20 Zł) fährt der Bus mit der Endstation Ostrowiec Świętokrzyski. Nach Tokarnia (4,40 Zł) fahren alle ein bis zwei Stunden Busse ab – Näheres erfährt man am Informationsschalter.

ZUG

Der Bahnhof liegt im Zentrum am westlichen Ende der Ul Sienkiewicza. Sehr viele Züge fahren von hier nach Radom (20 Zł, 2 Std.) und einige von ihnen weiter bis Warschau (42 Zł, 3½ Std.). Weitere Zugverbindungen bestehen nach Krakau (34 Zł, 3 Std., 10-mal tgl.), Lublin (45 Zł, 4 Std., 5–6-mal tgl.) und Częstochowa (Tschenstochau; 22 Zł, 1½ Std., 3-mal tgl.).

RUND UM KIELCE

☎ 41

Paradieshöhle

Die **Paradieshöhle** (Jaskinia Raj; ☎ 346 55 18; Führungen 10 Zł; 🕑 Mai–Aug. Di–So 10–17 Uhr, April & Sept.–Nov. Di–So 10–16 Uhr) wurde 1964 entdeckt und ist eine der schönsten Tropfsteinhöhlen Polens (die schönste ist wohl die Bären-Tropfsteinhöhle in den Sudeten, s. S. 315). Obwohl sie ziemlich klein ist – am höchsten Punkt gerade mal 8 m hoch – hat sie ein paar beeindruckende Räume mit Stalaktiten, Stalagmiten und Säulen.

Im Gebäude am Eingang der Höhle befinden sich der Ticketschalter, ein Café und ein Museum. Einige hier ausgestellte Fundstücke zeigen, dass früher Tieren und Menschen in der Höhle hausten. Ein 180 m langer Rundgang führt durch die Höhlenkammern. Man kann die Höhle nur bei

KLEINPOLEN

einer Führung (auf Polnisch) in Gruppen bis zu 15 Personen betreten. Die Führung dauert eine halbe Stunde. Fotografieren ist nicht erlaubt.

Die Paradieshöhle ist ein beliebtes Ausflugsziel für Schulklassen. Besonders im Mai und Juni haben es einzelne Besucher oft schwer, noch einen Platz in einer Führung zu ergattern. Wegen der Umweltbedingungen in der Höhle darf pro Tag nur eine bestimmte Anzahl von Besuchern hinein. Bestimmte Tage können daher schon komplett ausgebucht sein. Wer auf Nummer sicher gehen möchte, sollte im Voraus buchen (☎ 346 55 18). Warme Kleidung ist empfehlenswert, denn die Temperatur in der Höhle beträgt das ganze Jahr über gerade mal 9 °C.

Die Höhle liegt 10 km von Kielce entfernt. Vom Abzweig an der Straße nach Krakau sind es noch 600 m. Die Buslinie 31 von Kielce nach Chęciny verkehrt halbstündlich (sonntags stündlich) und hält auf freundliche Bitte in der Nähe. Die Haltestelle in Kielce liegt an der Ecke Ul Żytnia und Ul Paderewskiego. Man lässt sich am besten an der Bushaltestelle kurz vor dem Abzweig zur Höhle absetzen, die nächste reguläre Bushaltestelle ist ein ganzes Stück entfernt. Von der Haltestelle in Kielce fahren auch private Minibusse zur Höhle. Abfahrt ist, sobald der Bus voll ist.

Neben dem Parkplatz an der Höhle liegt das kleine Hotel **Zajazd Raj** (☎ 346 51 27; EZ/DZ/4BZ 90/120/200 Zł). Es hat elf annehmbare Zimmer und ein passables Restaurant mit polnischer Küche (Hauptgerichte 8 Zł bis 38 Zł).

Tokarnia

Im Dorf Tokarnia liegt das **Freilichtmuseum des Dorfes Kielce** (Muzeum Wsi Kieleckiej; ☎ 315 41 71; Erwachsene/ermäßigt 6/4 Zł; 🕑 April–Okt. Di–Sa 10–17 Uhr, Nov.–März Mo–Fr 9–14 Uhr). Mit einer Fläche von 80 ha (davon 20 ha Wald) ist es einer der größten Skansens (Freilichtmuseum) in Polen. Dreißig Gebäude samt Inneneinrichtung sind hier wieder aufgebaut worden. Es gibt eine tolle Sammlung landwirtschaftlicher Geräte und anderer Gegenstände. Besonders ausgefallen sind die großen Holzfässer, die aus ganzen Baumstämmen geschnitzt wurden. Um alles zu sehen, sollte man zwei Stunden einplanen. Im Sommer gibt es im Gebäude am Eingang ein Café.

Der Skansen liegt 20 km von Kielce an einer Strecke, die stündlich von Bussen befahren wird. Man steigt am besten an der Bushaltestelle in Tokarnia aus und geht den letzten Kilometer bis zum Freilichtmuseum zu Fuß.

JĘDRZEJÓW

☎ 41 / 18 000 Ew.

Der ganze Stolz von Jędrzejów ist das **Sonnenuhrenmuseum** (Muzeum Zegarów Słonecznych; ☎ 386 24 45; Rynek 7/8; Eintritt 5 Zł; 🕑 Mai–Sept. Di–So 9–16 Uhr, Okt.–April 9–15 Uhr, an Feiertagen & Folgetagen geschl.). Mit mehr als 300 Ausstellungsstücken besitzt es nach Oxford und Chicago die drittgrößte Sonnenuhrensammlung der Welt. In der Ausstellung gibt es Taschensonnenuhren aus dem 16. und 17. Jh. aus Elfenbein mit einer verstellbaren Breitengradeinstellung, zwei raffinierte Instrumente, die die Zeit bis auf eine halbe Minute genau messen können, und mehrere Sonnenuhren aus dem Fernen Osten. Das verrückteste Exponat ist ein Gerät aus dem 18. Jh. mit einer Kanone, die jeweils zu Mittag feuerte. Das älteste Stück der Sammlung stammt aus dem Jahr 1524 und kann die Zeit nachts anhand der Position der Sterne messen. Außerdem besitzt das Museum eine umfangreiche gnomonische (Gnomonie – die Wissenschaft der Sonnenuhren) Bibliothek, alte Uhren, Möbel und Haushaltsgegenstände.

Alle Besucher werden in Gruppen von fünfzig Personen durch das Museum geführt. Die fünfzigminütigen Führungen beginnen jede volle Stunde. Die letzte Führung beginnt eine Stunde vor Schließung.

Wer sich für Kirchen interessiert, sollte das **Zisterzienserkloster** (Opactwo Cystersów; Ul 11 Listopada) besichtigen. Es liegt 2 km westlich des Rynek an der Straße nach Kattowitz. Das Kloster wurde 1140 gegründet und war das erste Zisterzienserkloster Polens. Historisch ist es mit Wincenty Kadłubek (1161–1223) verknüpft, dem Bischof von Krakau und ersten polnischen Chronisten. Er schrieb die *Chronica Polonorum*, verbrachte die letzten Jahre seines Lebens in diesem Kloster und ist auch hier begraben.

Die ursprünglich romanische Kirche wurde mehrfach umgebaut. Zuletzt kamen im 18. Jh. die Zwillingstürme dazu und der Innenraum erhielt eine barocke Ausstattung. Die Stuckwände sehen wir Marmor aus. Zu der opulenten Ausstattung gehören prunkvolle Altarbilder, reich verziertes Gestühl im Presbyterium und eine wunderschöne Orgel. Der kleine Barocksarg Kadłubeks aus dem 17. Jh. steht in der Seitenkapelle des linken Gangs. Im Innenhof des benachbarten Klosters ist ein gotischer Kreuzgang aus dem 15. Jh..

Schlafen & Essen

Das **Noclegi Zacisze** (☎ 386 18 26; Al Piłsudskiego 4; EZ/DZ 35/45 Zł) ist offensichtlich die einzige Übernachtungsmöglichkeit der Stadt. Der große, fade Klotz 800 m westlich des Rynek an der Ul 11 Listopada bietet einfache Zimmer und hat ein eigenes Restaurant. Im Zentrum gibt es noch weitere Restaurants.

An- & Weiterreise

Bahn- und Busbahnhof liegen direkt nebeneinander 2 km westlich des Rynek. Stadtbusse verkehren zwischen Rynek und Bahn- und Busbahnhof. Da Jędrzejów sowohl an der Straße als auch an der Bahnlinie Krakau–Kielce liegt, gibt es gute Verbindungen in beide Richtungen. Man muss nie länger als eine Stunde auf einen Bus oder Zug warten.

ŚWIĘTOKRZYSKI-NATIONALPARK

☎ 41

Die Bergregion Góry Świętokrzyskie (wörtlich Heilig-Kreuz-Berge) erstreckt sich von Osten nach Westen 70 km weit über das Kleinpolnische Hochland. Sie ist Polens geologisch älteste und niedrigste Bergformation, da die Erosion hier schon seit mehr als 300 Mio. Jahren ihre Spuren hinterlässt. Die höchste Erhebung ist nur 612 m hoch und der gesamte Gebirgszug wirkt eher wie eine sanfte, bewaldete Hügellandschaft als wie ein richtiges Gebirge. Die Region ist teilweise noch sehr ursprünglich und der Nationalpark soll die Gebiete schützen, die noch erhalten sind.

Der Świętokrzyski-Nationalpark erstreckt sich über die zentrale und höchste Bergkette der Łysogóry (Kahle Berge). Sie ist 15 km lang und an jedem Ende erhebt sich eine Bergspitze: im Westen der Łysica (612 m) und im Osten der Łysa Góra (595 m). Dazwischen liegt ein Waldgebiet aus Fichten und Buchen, das fast die gesamten 60 km² des Nationalparks bedeckt. An den nördlichen Hängen direkt unterhalb der Bergspitzen gibt es ungewöhnliche *gołoborza*, Anhäufungen von abgebrochenem Quarzgestein.

Neben diesen Naturschönheiten sind das Kloster Święty Krzyż, das benachbarte Museum (beide auf dem Berg Łysa Góra) und ein weiteres Museum im Dorf Nowa Słupia am Fuß der Berge sehenswert. Ein Trip in die Berge ist ein schöner Halbtags- oder Tagesausflug.

AN- & WEITERREISE

Der Nationalpark liegt 20 km östlich von Kielce. Ein Bus aus der Stadt fährt drei wichtige Ausgangspunkte an: das Dorf Święta Katarzyna am westlichen Parkende am Fuß des Bergs Łysica, das Kloster Święty Krzyż auf dem Berg Łysa Góra und das Dorf Nowa Słupia, 2 km östlich von Święty Krzyż.

Wer kein begeisterter Wanderer ist, sollte den direkten Bus nach Święty Krzyż nehmen, das Kloster besichtigen und dann runter nach Nowa Słupia zum dortigen Museum gehen. Anschließend geht es dann mit dem Bus zurück nach Kielce oder wo immer man hinmöchte.

Für Wanderbegeisterte gibt es einen 18 km langen, markierten Wanderweg von Nowa Słupia über Święty Krzyż nach Święta Katarzyna. Nowa Słupia bietet sich als Ausgangspunkt an, da hier und im nahe gelegenen Święty Krzyż zwei Museen sind. Wer am anderen Ende des Wanderwegs startet, muss früh losgehen, wenn er die Museen noch besichtigen will. Die folgende Beschreibung umfasst die gesamte Route von Nowa Słupia nach Święta Katarzyna.

Nowa Słupia

Das Dorf Nowa Słupia ist wegen seines **Bergbaumuseums** (Muzeum Starożytnego Hutnictwa Świętokrzyskiego; ☎ 317 70 18; Ul Świętokrzyska 59; Erwachsene/ermäßigt 4/2 Zł; 🕑 Di–So 9–16 Uhr) an der Straße nach Święty Krzyż bekannt. Es steht an der Stelle, wo 1955 zwei primitive Schmelzöfen *(dymarki)* aus dem 2. Jh. n. Chr. ausgegraben wurden. Da in der näheren Umgebung viele derartige Öfen gefunden wurden, wird vermutet, dass die Region früher ein wichtiges Metallverarbeitungszentrum war, das größte bisher entdeckte in Europa.

Vom Museum führt ein 2 km langer Pfad, der Königsweg (Droga Królewska), hinauf nach Święty Krzyż (mit dem Auto ist es ein 16 km langer Umweg).

In Nowa Słupia gibt es ein paar preiswerte Übernachtungsmöglichkeiten und Privatzimmer. Die PTSM **Jugendherberge** (☎ 317 70 16; Ul Świętokrzyska 61; Schlafsaal 25–30 Zł) neben dem Museum hat sechzig Betten in Zweibett- und Vierbettzimmer und großen Schlafsälen.

Die Busse von Nowa Słupia fahren alle nach Kielce (6,20 Zł, 1½ Std.). Nach Sandomierz muss man entweder in Ostrowiec Świętokrzyski oder in Łagów umsteigen.

Święty Krzyż

Dem Benediktinerkloster Święty Krzyż (Heilig-Kreuz) auf der Bergkuppe Łysa Góra verdankt die Gebirgskette ihren Namen. Es wurde im 12. Jh. an der Stelle einer heidnischen Gebetsstätte aus dem 8. und 9. Jh errichtet. Die **Heilig-Kreuz-Kirche** (Mo–Sa 9–17 Uhr, So & Feiertage 12–17 Uhr) des Klosters wurde mehrfach wieder aufgebaut. Die heutige Kirche mit ihrem überwiegend neoklassizistischen Inneren stammt aus dem 18. Jh.

Das Kloster mit dem gotischen Kreuzgang entspricht mehr seiner ursprünglichen Form. Es beherbergt ein kleines **Missionsmuseum** (Muzeum Misyjne; ☎ 317 70 21; Mo–Sa 9–12 & 13–16 Uhr, So 12–16 Uhr) und zeigt einige Objekte, die die Missionare gesammelt haben.

Das **Naturkundemuseum** (Muzeum Przyrodniczo-Leśne; ☎ 317 70 87; Eintritt 3 Zł; April–Okt. Di–So 10–16 Uhr, Nov.–März Di–So 9–15 Uhr, Feiertage & Folgetage geschl.) liegt auf der Westseite des Kloster, gegenüber von einem riesigen Fernsehmast. Es beschäftigt sich mit der Geologie und der Tier- und Pflanzenwelt des Parks.

Das Quarzgestein befindet sich direkt hinter dem Fernsehmast an einem kurzen Pfad.

In der Nähe des Parkplatzes an der Zufahrtsstraße, 2 km vor Święty Krzyż, gibt es zwei preiswerte Unterkünfte direkt nebeneinander. Das **Jodłowy Dwór** (☎ 302 50 28; Fax 302 61 46; DZ/3BZ 90/120 Zł) ist ein großes Hotel mit 160 Betten. Es ist zwar nicht sehr luxuriös, aber passabel und hat ein preiswertes Restaurant. Das Frühstück ist im Preis inbegriffen. Im schlichten, aber akzeptablen **Almatur Jodłowy** (☎ 302 50 97; Bett in Zi. mit/ohne eigenem Bad 50/40 Zł) gibt es fünfzig Betten und einfache Speisen.

Von Święty Krzyż kann man mit dem Bus direkt nach Kielce fahren (32 km, alle 3 Std.) oder dem roten Wanderweg nach Święta Katarzyna folgen.

Der Wanderweg

Die 16 km von Święty Krzyż nach Święta Katarzyna sind eine leichte, vierstündige Wanderung. Die ersten 2 km folgt der Weg der Straße zum Parkplatz (wo auch das Hotel Jodłowy Dwór und die Almatur Jugendherberge sind). Dann zweigt er nach Westen ab und führt ca. 9 km am Waldrand entlang. Dann geht es in den Wald, auf den Łysica hinauf und schließlich in Serpentinen 2 km hinunter nach Święta Katarzyna.

Święta Katarzyna

Das kleine Dorf entwickelt sich zu einem lokalen Ferienzentrum mit mehreren einfachen Unterkünften und Restaurants. Dazu zählt auch die **Jugendherberge** (☎ 311 20 88; Ul Kielecka 45; Schlafsaal 25–30 Zł) auf einem schönen Gelände. Hier können 45 Gäste in einfachen Schlafsälen für vier bis acht Personen unterkommen.

Das ehemalige Dom Wycieczkowy PTTK, heute **Ośrodek Wypoczynkowy Jodełka** (☎ 311 21 11; Fax 311 21 12; Ul Kielecka 3; EZ/DZ 45/78 Zł), ist stark aufgemöbelt worden. Es bietet heute ein gutes Preis-Leistungs-Verhältnis und hat ein eigenes Restaurant.

Für alle, die nach der Wanderung nicht in Swieta Katarzyna bleiben möchten, gibt es regelmäßige Busverbindungen nach Kielce (4,40 Zł).

DAS TAL VON SANDOMIERZ

Das Tal von Sandomierz (Kotlina Sandomierska) erstreckt sich über ein riesiges Gebiet am Zusammenfluss von Weichsel und San. Das historische Zentrum und heute wichtigstes Reiseziel der Region ist die Stadt Sandomierz. Aber es gibt in der Umgebung auch noch ein paar beeindruckende Burgen.

SANDOMIERZ

☎ 15 / 27 000 Ew.

Sandomierz ist ein hübscher kleiner Ort, der oberhalb der Weichsel auf einem 40 m hohen

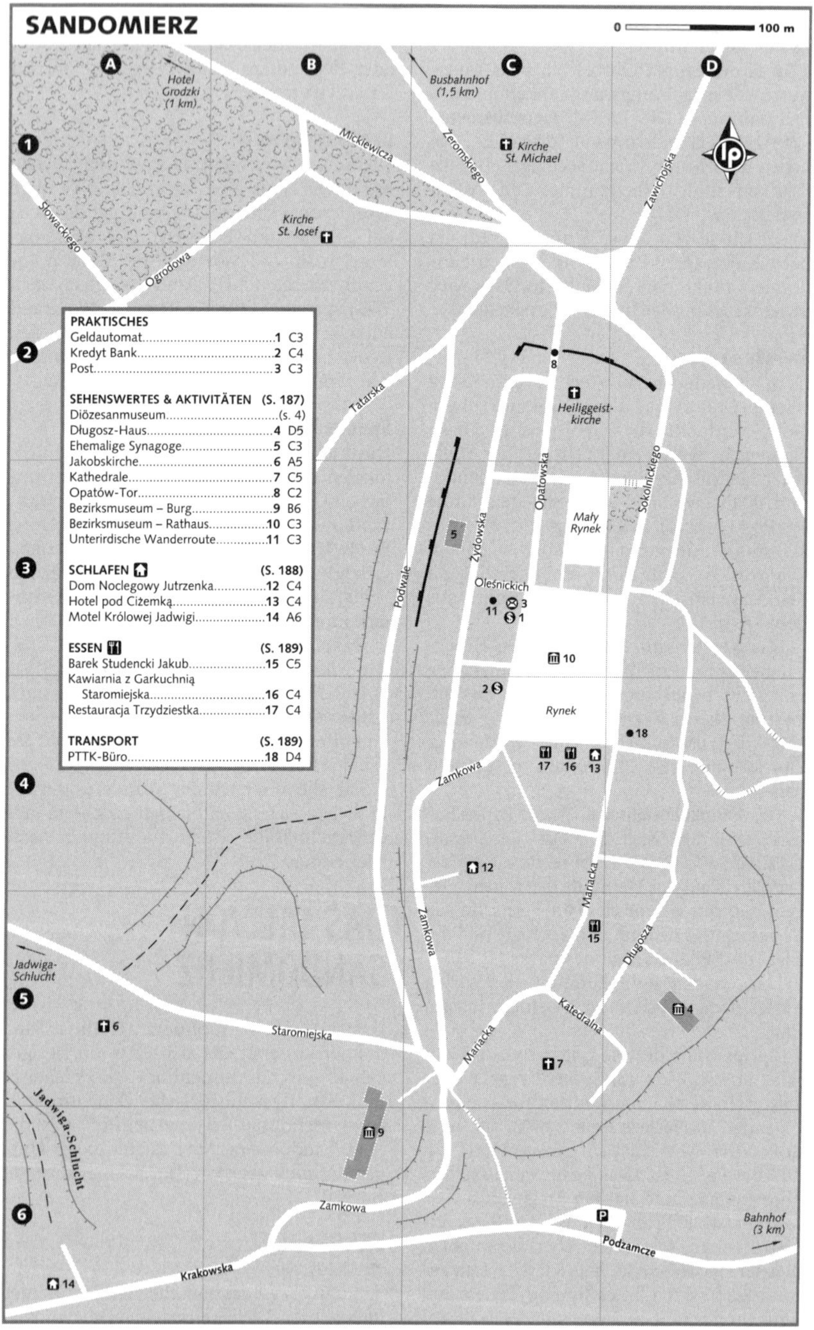
SANDOMIERZ
0
100 m
A
B
C
D
1
2
3
4
5
6
Hotel Grodzki (1 km)
Busbahnhof (1,5 km)
Mickiewicza
Żeromskiego
Kirche St. Michael
Zawichojska
Słowackiego
Ogrodowa
Kirche St. Josef
Tatarska
Heiliggeist-kirche
Opatowska
Sokolnickiego
Mały Rynek
Żydowska
Podwale
Oleśnickich
Rynek
Zamkowa
Mariacka
Długosza
Katedralna
Jadwiga-Schlucht
Staromiejska
Jadwiga-Schlucht
Zamkowa
Krakowska
Podzamcze
Bahnhof (3 km)
PRAKTISCHES
Geldautomat....1 C3
Kredyt Bank....2 C4
Post....3 C3
SEHENSWERTES & AKTIVITÄTEN (S. 187)
Diözesanmuseum....(s. 4)
Długosz-Haus....4 D5
Ehemalige Synagoge....5 C3
Jakobskirche....6 A5
Kathedrale....7 C5
Opatów-Tor....8 C2
Bezirksmuseum – Burg....9 B6
Bezirksmuseum – Rathaus....10 C3
Unterirdische Wanderroute....11 C3
SCHLAFEN (S. 188)
Dom Noclegowy Jutrzenka....12 C4
Hotel pod Ciżemką....13 C4
Motel Królowej Jadwigi....14 A6
ESSEN (S. 189)
Barek Studencki Jakub....15 C5
Kawiarnia z Garkuchnią Staromiejska....16 C4
Restauracja Trzydziestka....17 C4
TRANSPORT (S. 189)
PTTK-Büro....18 D4

Hügel liegt. Er verströmt den Charme einer typisch ländlichen, in die Jahre gekommenen Stadt und besitzt einige schöne historische Gebäude, Überbleibsel einer glanzvollen Vergangenheit. Schon allein wegen ihrer Atmosphäre und ihrer Architektur ist die Stadt einen Besuch wert.

Geschichte

Es ist nicht klar, wann genau die Stadt gegründet wurde, aber im 11. Jh. nennt der Chronist Gall Anonim Sandomierz neben Krakau und Breslau als Hauptniederlassung des Königreichs *(sedes regni prinzipale)*. Als die Stadt 1259 bei einem Tatarenüberfall zerstört wurde, verlegte und befestigte man sie im 14. Jh. an ihrem heutigen Standort. Als geschäftige Hafen- und Handelsstadt an der Route zwischen Krakau und Kiew wuchs und gedieh Sandomierz. Mitte des 17. Jhs. hatte die Blüte der Stadt ein jähes Ende – von der Invasion der Schweden erholte sie sich nie wieder richtig. Beim Ausbruch des Zweiten Weltkriegs hatte die Stadt nur noch 10 000 Einwohner, nicht viel mehr als drei Jahrhunderte zuvor.

Den Zweiten Weltkrieg überstand die Stadt unbeschadet und bewahrte sich so ihre historische Architektur. In den 1960er Jahren hätte sie diese aber ironischerweise fast doch noch verloren: Der weiche Lößboden, auf dem Sandomierz steht, drohte in den Fluss abzurutschen. Bei einer riesigen Rettungsaktion wurde die Stadt ein zweites Mal „befestigt", diesmal aber durch riesige Beton- und Stahlmassen, mit denen die rutschigen Hänge gesichert wurden. Heute ist die Stadt sicher und restauriert und präsentiert stolz ihre historischen Schmuckstücke.

Praktische Informationen

Es gibt keine spezielle Touristeninformation in der Stadt, aber ein **PTTK-Büro** (☎ 832 23 05; www.pttk-sandomierz.pl auf Deutsch; Rynek 12).

In der Altstadt gibt es nur wenige *kantors* (Wechselstuben), darunter eins in der **Post** (Rynek 10). Die Kredyt Bank ein paar Häuser weiter südlich von der Post wechselt ebenfalls Geld und bietet wahrscheinlich bessere Kurse. Noch ein paar *kantors* gibt es auf der Ul Mickiewicza nahe der Ecke Ul 11 Listopada, etwa 1 km nordwestlich der Altstadt. Einer der wenigen Geldautomaten im Zentrum steht am Haus Rynek 9.

Sehenswertes

Das **Opatów-Tor** (Brama Opatowska; Ul Opatowska; Eintritt 1 Zł; 🕒 Sommer 10–17.30 Uhr) aus dem 14. Jh. ist der wichtigste Zugang zur Altstadt. Die Stadtbefestigung bestand früher aus vier Toren, aber dieses ist das einzige erhaltene. Die hübsche Renaissancebalustrade wurde im 16. Jh. aufgesetzt. Das Tor hat eine Aussichtsplattform, der Rundblick über die Altstadt ist aber von hier aus nicht so toll.

Am abschüssigen **Rynek** stehen historische Gebäude aus unterschiedlichen Epochen. Einige wurden erst nach dem Zweiten Weltkrieg errichtet. Im 16. Jh. hatten alle Häuser am Rynek Arkadengänge. Heute sind davon nur noch zwei übrig, die Häuser Nr. 10 und Nr. 27.

Das **Rathaus** in der Mitte des Rynek ist das älteste Gebäude des Platzes. Dem ursprünglich gotischen Gebäude wurden in der Renaissance dekorative Balustraden aufgesetzt und ein Turm hinzugefügt. Im Erdgeschoss befindet sich eine Abteilung des **Bezirksmuseums – Rathaus** (Muzeum Okręgowe – Ratusz; Ryne; Erwachsene/ermäßigt 4/3 Zł; 🕒 Mai–Sept. Di–So 10–17 Uhr, Okt.–April Di–Fr 9–14 Uhr, Sa & So 10–15 Uhr). Sie befasst sich mit der Stadtgeschichte und besitzt ein Modell, das zeigt, wie die Stadt vor 300 Jahren ausgesehen hat.

Eine der wichtigsten Sehenswürdigkeiten der Stadt ist die **Unterirdische Wanderroute** (Podziemna Trasa Turystyczna; ☎ 832 30 88; Ul Oleśnickich; Erwachsene/ermäßigt 6,50/3,50 Zł; 🕒 Mai–Sept. 10–18 Uhr, Okt.–April 10–17 Uhr). Sie führt durch eine Reihe von dreißig Kellergewölben unter den Häusern rund um den Rynek. Hauptsächlich zwischen dem 15. und 16. Jh. als unterirdische Speicher erbaut, wurden die Keller nicht mehr gebraucht und vernachlässigt, als der Handel zurückging. Da sie nur in die Erde gegraben und nicht richtig gesichert waren, wurde der Boden unter der Stadt instabil. Dies führte zu der Beinahe-Katastrophe in den 1960er Jahren. Bei einer komplizierten Instandsetzung von 1964 bis 1977 wurden die Keller restauriert und abgestützt. So ist die Stadt heute wieder sicher und um eine Attraktion reicher.

Die Kellertour beginnt in der Ul Oleśnickich, einer Seitenstraße des Rynek, und endet im Rathaus. Sie ist 500 m lang und der tiefste Keller liegt 12 m unter der Erdoberfläche. Zur Besichtigung muss man sich einer Führung anschließen (nur auf

DAS MARTYROLOGIUM ROMANUM IN DER KATHEDRALE VON SANDOMIERZ

Einen sehr ungewöhnlichen Anblick in der Kathedrale von Sandomierz bieten zwölf Gemälde: Sie werden *Martyrologium Romanum* genannt. Bei näherem Hinsehen erkennt man, dass sie alle nur vorstellbaren Foltermethoden und grausame menschliche Todesarten zeigen. Ihre Detailgenauigkeit ist abstoßend und faszinierend zugleich.

Die bizarre Gemäldereihe aus dem frühen 18. Jh. stammt von Karol de Prevot. Die Bilder sollen die zwölf Monate des Jahres symbolisieren. Neben jeder Folterszene steht eine Ordnungszahl, die offenbar den Monatstag angeben soll. Der Legende nach kann man hier anhand des Monats und des Tages seiner Geburt herausfinden, wie man sterben wird.

Prevot ist auch der Urheber von vier weiteren makabren Gemälden unterhalb der prunkvollen Barockorgel an der Rückwand der Kirche. Sie illustrieren Ereignisse aus der Geschichte von Sandomierz, wie das Tatarenmassaker von 1259 und die Sprengung der Burg durch die Schweden im Jahr 1656.

Polnisch), die vierzig Minuten dauert. Führungen finden stündlich statt.

Ganz in der Nähe steht die **Synagoge** (Ul Żydowska) aus dem 18. Jh. Im Inneren sind Reste der Dekoration erhalten. Sie kann aber leider nicht besichtigt werden, da hier die Meldebehörde der Stadt untergebracht ist.

Die Ul Mariacka führt vom Rynek zur **Kathedrale** (☎ 832 73 43; Ul Mariacka; 🕑 für Besucher Di–Sa 10–14 Uhr & 15–17 Uhr, So & Feiertage 15–17 Uhr). Der massive Bau aus den 1360er Jahren ist größtenteils gotisch, bis auf die im 17. Jh. ergänzte Fassade. Im Inneren überwiegt jedoch das Barocke, auch wenn noch einige frühere Kunstwerke erhalten sind, wie zum Beispiel die russisch-byzantinischen Fresken im Altarraum. Diese heute in Polen sehr seltenen Fresken wurden in den 1420er Jahren angefertigt, später aber weiß übertüncht und erst bei Renovierungsarbeiten im 20. Jh. wieder entdeckt und restauriert.

Ganz in der Nähe steht das **Długosz-Haus** (Dom Długosza), das 1476 für den gleichnamigen mittelalterlichen Historiker gebaut wurde. Heute ist hier das **Diözesanmuseum** (Muzeum Diecezjalne; ☎ 832 23 04; Ul Długosza 9; Erwachsene/ermäßigt 4/3 Zł; 🕑 April–Okt. Di–Sa 9–16 Uhr, So & Feiertage 13.30–16 Uhr, Nov.–März Di–Sa 9–15 Uhr, So & Feiertage 13.30–15 Uhr). Es stellt Mobiliar, Wandteppiche, Keramiken, kunsthandwerkliche und archäologische Stücke sowie eine Sammlung sakraler Kunst aus.

Etwas unterhalb der Kathedrale steht die **Burg**. Sie ersetzte im 14. Jh. eine hölzerne Befestigung und wurde über die nächsten drei Jahrhunderte ständig erweitert. Heute beherbergt sie das **Bezirksmuseum – Burg** (Muzeum Okręgowe – Zamek; ☎ 644 57 57; Ul Zamkowa 14; Erwachsene/ermäßigt 3/2 Zł; 🕑 Mai–Sept. Di–So 10–17 Uhr, Okt.–April Di–Fr 9–16 Uhr, Sa & So 10–15 Uhr). Hier sind kleine ethnografische, archäologische und künstlerische Sammlungen, die Burgküche und wechselnde Ausstellungen zu sehen.

Die **Jakobskirche** (Kościół Św Jakuba; ☎ 832 73 43; Ul Staromiejska; 🕑 für Besucher 10–16 Uhr) ist das älteste Bauwerk der Stadt. Sie stammt aus dem Jahr 1230, ist wahrscheinlich die älteste Backsteinkirche Polens und für ihr romanisches Portal berühmt. Von außen ist die Kirche typisch romanisch, aber der Innenraum wurde modernisiert. Zu den wenigen historischen Objekten der Kirche gehört der Sarkophag im Presbyterium, der 1676 aus einem einzelnen Eichenstamm gefertigt wurde. Im Glockenturm neben der Kirche befinden sich die beiden ältesten Glocken Polens. Sie wurden 1314 und 1389 gegossen und werden nur zu besonderen Gelegenheiten geläutet.

Ein Stück weiter an der Ul Staromiejska steht die Paulskirche. Hier führt links ein Pfad in die **Jadwiga-Schlucht** (Wąwóz Królowej Jadwigi) hinunter, die malerischste Schlucht der Stadt. An ihrem Ende trifft man auf die Ul Krakowska oder gelangt über den ersten Pfad nach links wieder zurück zur Jakobskirche.

Schlafen

Hotel Pod Ciżemką (☎ 832 05 50; www.sandomierz-hotel.com.pl auf Polnisch; Rynek 27; DZ/Suite 250/300 Zł) Das umfassend renovierte Pod Ciżemką ist das beste Hotel in der Altstadt und bietet sechs gemütliche Doppelzimmer, drei Suiten und ein gutes Restaurant.

Motel Królowej Jadwigi (☎/Fax 832 29 88; www.motel.go3.pl auf Englisch; Ul Krakowska 24; DZ/3BZ/4BZ 150/170/220 Zł; Ⓟ) Ein wenig außerhalb der

KLEINPOLEN

Altstadt liegt dieses Motel mit 14 hübschen Zimmern und einem netten Restaurant. Das ganze Haus ist mit Antiquitäten, Gemälden und Blumen geschmückt. Highlights sind der Fitnessraum und das Billardzimmer.

Hotel Grodzki (☎ 832 24 23; www.hotelgrodzki.pl auf Deutsch; Ul Mickiewicza 38; DZ/3BZ mit Bad 170/270 Zł, DZ ohne Bad 120 Zł; Ⓟ) Das Grodzki ist ein großes, modernes Hotel 1 km nordwestlich der Altstadt. Es bietet ordentliche Standardzimmer und passable polnische Küche im eigenen Restaurant. Die Doppelzimmer mit Bad sind sehr klein, aber trotzdem kein schlechter Deal, da das umfangreiche Frühstück im Preis inbegriffen ist.

Dom Noclegowy Jutrzenka (☎ 832 22 19; Ul Zamkowa 1; EZ/DZ/3BZ 60/70/90 Zł; Ⓟ) Das Jutrzenka ist eine der preiswertesten Unterkünfte in der Altstadt. Es hat nur sechs Zimmer mit Gemeinschaftsbad, ist aber sauber und völlig akzeptabel.

Essen

Barek Studencki Jakub (☎ 832 72 29; Ul Mariacka 9l; Hauptgerichte 8–15 Zł; ⏲ Mittag- & Abendessen) Das Jakub ist eine kleine Souterrain-Cafeteria mit den preiswertesten Gerichten der Stadt.

Rund um den Rynek gibt es weitere preiswerte Lokale, wie beispielsweise das **Restauracja Trzydziestka** (☎ 644 53 12; Rynek 30; Hauptgerichte 10–15 Zł; ⏲ Mittag- & Abendessen) und das **Kawiarnia z Garkuchnią Staromiejska** (☎ 832 37 78; Rynek 28; Hauptgerichte 8–15 Zł; ⏲ Mittag- & Abendessen). Beide servieren einfache, aber gute Speisen.

Wer gediegener essen gehen möchte, probiert es am besten in den Hotelrestaurants im **Hotel Pod Ciżemką** (☎ 832 05 50; Rynek 27), **Motel Królowej Jadwigi** (☎ /Fax 832 29 88; Ul Krakowska 24) oder im **Hotel Grodzki** (☎ 832 24 23; Ul Mickiewicza 38).

An- & Weiterreise

BUS

Der Busbahnhof liegt zwar zentraler als der Bahnhof, ist aber trotzdem 1,5 km von der Altstadt entfernt (nordwestlich). Von Brama Opatowska fahren aber häufig Stadtbusse zum Busbahnhof.

Täglich fahren ein Dutzend Busse nach Warschau (50 Zł, 3 Std.), die ungefähr genauso viel kosten wie der Zug.

Nach Tarnobrzeg (4 Zł, 45 Min.) fährt jede halbe Stunde ein Bus; der Vorstadtbus Linie 11 ab Brama Opatowska nimmt aber eine günstigere Strecke und fährt genauso häufig. Von Tarnobrzeg gibt es dann weitere Busse nach Baranów Sandomierski (4 Zł, 50 Min.).

Wer nach Ujazd möchte, muss erst nach Klimontów fahren (Abfahrt stündlich) und dort umsteigen.

ZUG

Der Bahnhof liegt 3 km südöstlich der Altstadt auf der gegenüberliegenden Seite der Weichsel und wird von Stadtbussen ab/nach Brama Opatowska angefahren. Täglich fahren drei Schnellzüge nach Warschau (55 Zł, 3½ Std.) und zwei nach Przemyśl (38 Zł, 2½ Std.).

BARANÓW SANDOMIERSKI

☎ 15 / 1500 Ew.

Bei Baranów Sandomierski wurden in den 1950er Jahren große Schwefelvorkommen entdeckt. Das Dorf ist aber weniger für den Schwefel, als für sein **Schloss** berühmt (☎ 811 80 40; Ul Zamkowa 20; Erwachsene/ermäßigt 6/4 Zł; ⏲ Ausstellungen Di–Sa 9–14.30 Uhr, So 9–17 Uhr, Okt.–April Sa & So wird eine Std. früher geschlossen, Feiertage & Folgetage geschl.).

Das Palais wurde Ende des 16. Jhs. für die Familie Leszczyński erbaut, die in der Region Großpolen (Wielkopolska) riesige Ländereien besaß. Zunächst war es von einer mächtigen Befestigungsanlage umgeben, die aber im 19. Jh. abgetragen wurde. Man vermutet, dass das Schloss nach Entwürfen des talentierten italienischen Architekten Santi Gucci erbaut wurde. Er errichtete auch viele andere Bauwerke in Polen.

Im späten 17. Jh. beauftragten die neuen Besitzer, die Familie Lubomirski, Tylman van Gameren mit einer Erweiterung des Westflügels. Obwohl das Schloss im 19. Jh. bei zwei großen Bränden stark beschädigt wurde, hat man es immer wieder aufgebaut und bis zum Zweiten Weltkrieg war es fast durchgängig bewohnt. Im Krieg wurde es erneut in Mitleidenschaft gezogen und ging danach in den Besitz des staatlichen Schwefelkombinats Siarkopol über, das es restaurierte und bis vor kurzem für seinen Erhalt verantwortlich war.

Das Palais zählt zu den schönsten Renaissanceschlössern Polens. Es liegt in einem malerischen, gut gepflegten Park, hat vier Ecktürme und einen bezaubernden Arkadenhof. Die zweigeschossigen Arkaden, deren Bögen von schlanken Säulen getragen werden, erinnern stark an italienische Architektur. Sehenswert sind die phantasievollen Masken an den Säulenkapitellen, die freskenverzierten Gewölbe und die stattlichen Steinportale.

Ein paar Zimmer mit Original-Inneneinrichtung können besichtigt werden. In der ehemaligen Kapelle an der Westseite des Schlosses werden wechselnde Ausstellungen gezeigt.

Außerdem gibt es im Schlosskeller eine Ausstellung, die sich in Gedenken an den letzten Besitzer den Errungenschaften der Schwefelindustrie widmet. Es werden auch ein paar archäologische Funde gezeigt, darunter Teile der gotischen Befestigung, die bei der Restaurierung des Schlosses nach dem Zweiten Weltkrieg gefunden wurden.

Schlafen & Essen

Westlich des Schlosses befindet sich das **Hotel Zamkowy** (Schlosshotel) (☎/Fax 811 80 39; Ul Zamkowa 20; www.baranow.motronik.com.pl auf Deutsch; EZ/DZ/Suite 170/250/300 Zł; Ⓟ). Es ist umfassend modernisiert und bietet höchsten Standard. Es gibt sogar einige Zimmer und eine Suite im Schloss selbst. Das Hotel hat im Keller ein eigenes Restaurant.

An- & Weiterreise

Der Bahnhof liegt relativ weit außerhalb des Dorfes, daher nimmt man besser einen Bus. Die Bushaltestelle ist in der Nähe des Rynek, etwa 1,5 km vom Schloss entfernt.

Es gibt keinen direkten Bus nach Sandomierz, aber viele nach Tarnobrzeg (4 Zł), wo man viele Anschlüsse hat. Einige Busse nach Tarnobrzeg fahren direkt vor dem Schlosseingang ab.

Es gibt vier Schnellbusse nach Krakau (19 Zł, 2 Std.); der letzte hält vor 13 Uhr im Dorf. Alle Busse nach Krakau fahren über Tarnów (12 Zł, 1½ Std.). Außerdem fahren täglich vier Busse nach Warschau (26 Zł, 4 Std.), einer nach Zamość (17 Zł, 3 Std.) und zwei über Tarnów und Nowy Sącz nach Zakopane.

UJAZD

☎ 15 / 600 Ew.

Im kleinen Dorf Ujazd erhebt sich die imposanten Ruine der **Burg Krzyżtopór** (☎ 860 11 33; Eintritt 4 Zł; ⌚ bis Sonnenuntergang). Das monumentale Gebäude wurde zwischen 1631 und 1644 von dem italienischen Architekten Lorenzo Muretto (in Polen Wawrzyniec Senes genannt) für den Wojewoden der Provinz, Krzysztof Ossoliński, errichtet. Sie war eine der außergewöhnlichsten Burgen Polens.

Innerhalb massiver Steinmauern mit fünf Bastionen errichtet, sollte die Burg den Kalender symbolisieren. Die vier Türme standen für die Jahreszeiten und die zwölf Säle für die Monate. Es gab exakt 52 Zimmer, eines für jede Woche des Jahres, und 365 Fenster. Der Architekt vergaß natürlich nicht, ein zusätzliches Fenster für Schaltjahre einzubauen, das in den normalen Jahren zugemauert wurde.

In die Decke des großen Speisesaals war ein riesiges Kristallaquarium eingelassen. Unter der Burg wurde ein weitläufiges Kellersystem angelegt. Einige Keller dienten als Stallungen für die 370 weißen Hengste des Besitzers und sollen sogar mit Spiegeln und Futterkrippen aus schwarzem Marmor ausgestattet gewesen sein. Wie jede Burg, die etwas auf sich hält, besaß auch diese einen Tunnel. Er führte bis zur Burg des Bruders des Schlossherrn im 15 km entfernten Ossolin. Der Tunnelboden soll mit Zucker bestreut gewesen sein, damit sich die beiden Brüder gegenseitig im Pferdeschlitten besuchen und dabei eine fiktive Reise durch den Schnee genießen konnten.

Von den Marmorkrippen und dem Aquarium ist zwar nichts mehr zu sehen, aber dennoch ranken sich viele Geschichten um die Burg. Legende und Realität vermischen sich und geben der Burg ihr sagenumwobenes Image. Ossolińskis großes Interesse an Astrologie und Magie hat sicher ihren Teil dazu beigetragen.

Leider konnte der Burgherr sein Zuhause nicht lange genießen – er starb 1645, nur ein Jahr nach Vollendung des Bauwerks. Zehn Jahre später fügten die Schweden der Burg großen Schaden zu und raubten ihre wertvollsten Schätze. Obwohl die späteren Besitzer bis 1770 einige Gebäudeteile bewohnten, war die Burg nur noch ein Schatten ihrer früheren Pracht und verfiel danach sehr schnell.

Nach dem Zweiten Weltkrieg gab es Pläne, aus der Burg eine Militärakademie zu machen, die aber wieder verworfen wurden. Der Bau blieb jahrzehntelang seinem

Schicksal überlassen. Anfang der 1990er Jahre begannen Restaurationsarbeiten – man wollte die Burg in ein Hotel verwandeln. Aber auch dieser Plan scheiterte. Bis wieder jemand eine neue Idee hat, bleibt es also bei einer beeindruckenden Ruine.

Wie durch ein Wunder trägt das Eingangstor immer noch die beiden massiven Steinsymbole der Burg: das Kreuz (Krzyż) symbolisiert die religiöse Hingabe des Burgherren und das Beil (Topór) sein Familienwappen. Beide sind gut erhalten.

Ein Besuch der Ruine ist ein absolutes Muss – je länger man hier ist, desto mehr wächst sie einem ans Herz. Sie liegt abseits der ausgetretenen Pfade und wird besonders unter der Woche wenig besucht. Manchmal hat man das alte Gemäuer sogar ganz für sich allein.

Schlafen & Essen

In direkter Umgebung gibt es keine Hotels, man kann aber an der Burg oder sogar in ihrem Innenhof zelten. Dieser idyllische Übernachtungsort ist allerdings für Alleinreisende nicht unbedingt zu empfehlen. Essen gehen kann man hier auch nicht. Es gibt nur einen kleinen Kiosk am Eingang zur Burg, der ein paar Grundnahrungsmittel verkauft.

An- & Weiterreise

Ujazd liegt an einer Nebenstraße und hat keine direkten Verkehrsverbindungen zu den größeren Städten der Region. Nur von Opatów (3,80 Zł, 45 Min.) und Klimontów (3,20 Zł, 35 Min.) fahren mehrfach täglich Busse nach Ujazd. Opatów und Klimontów sind von Sandomierz und Kielce zu erreichen.

DIE EBENE VON RADOM

Die Ebene von Radom (Równina Radomska) erstreckt sich zwischen Kleinpolen im Süden und Masowien im Norden. In diese relativ kleine Region verschlägt es nur wenige Reisende. Alles konzentriert sich auf die geschäftige Stadt Radom. Allein schon der Skansen direkt außerhalb der Stadt ist einen Besuch wert. Auch ein Abstecher ins Zentrum für Polnische Skulpturen in Orońsko und in das hübsche Städtchen Szydłowiec mit seiner mittelalterlichen Kirche und seinem einzigartigen Museum für traditionelle Musikinstrumente lohnt sich.

RADOM

☎ 48 / 250 000 Ew.

Radom ist ein wichtiges Industriezentrum 100 km südlich von Warschau. Obwohl die Stadt während der Herrschaft von König Kazimierz Wielki stark befestigt war, ist von ihrem historischen Charakter heute nur noch wenig erhalten. Wer hierher kommt, sollte unbedingt den Skansen besuchen.

Sehenswertes

Die von Kazimierz Wielki im 14. Jh. gegründete Altstadt, die Miasto Kazimierzowskie, ist zwar in ihrem Grundriss erhalten, nicht aber in ihrer Bebauung. Das besterhaltene Überbleibsel dieser Zeit ist wahrscheinlich die gotische **Pfarrkirche** St. Johannes aus den 1360er Jahren.

Einen Block westlich von der Kirche liegt der Rynek. Der Platz ist von einem Mischmasch aus Gebäuden, die hauptsächlich aus dem 19. Jh. stammen, umgeben. An seiner Südseite steht das **Stadtmuseum** (Muzeum im Jacka Malczewskiego; ☎ 362 43 29; Rynek 11; Erwachsene/ermäßigt 5/3 Zł; 🕑 Di–Do 9–16 Uhr, Fr 10–17 Uhr, So 10–16 Uhr) mit einer kleinen archäologischen Sammlung und wechselnden Ausstellungen.

Östlich der Altstadt befindet sich heute das Zentrum Radoms. Es erstreckt sich an der 1 km langen pulsierenden Hauptstraße Ul Żeromskiego, die zum Teil Fußgängerzone ist. Hier stehen einige stolze neoklassizistische Gebäude aus dem 19. Jh.

Am interessantesten ist jedoch zweifellos der **Skansen** (Muzeum Wsi Radomskiej; ☎ 332 92 81; Ul Szydłowiecka 30; Erwachsene/ermäßigt 5/3 Zł; 🕑 Mai–Sept. Di–Fr 9–17 Uhr, Sa & So 10–18 Uhr, Okt.–April Di–So 10–15 Uhr) am südwestlichen Stadtrand. Das Freilichtmuseum liegt 9 km außerhalb des Stadtzentrums, 1 km neben der Straße nach Kielce. Die Buslinien 5, 17 und K halten ganz in der Nähe des Freilichtmuseums.

Im Skansen wurden traditionelle ländliche Gebäude aus der ganzen Region zusammengetragen. Hier stehen fünf wunderschöne Windmühlen und es gibt eine Sammlung von über 100 Bienenkörben. Einige Bauernhäuser sind originalgetreu eingerichtet, in anderen werden Ausstellungen zur regionalen Kulturgeschichte gezeigt.

KLEINPOLEN

Schlafen & Essen

Hotel Gromada (☎ 330 85 86; radom@gromada.pl; Ul Bulwarowa 15; EZ/DZ Mo–Do 220/250 Zł, Fr–So 190/219 Zł; Ⓟ) Das Gromada ist das beste Hotel der Stadt. Es liegt 2,5 km westlich des Stadtzentrums an einem ruhigen Fleck in der Nähe des Borki-Stausees. Die hellen, geräumigen Zimmer haben alle einen eigenen Kühlschrank und es gibt ein Restaurant, eine Bar und ein Businesscenter im Hotel.

Hotel Glass (☎ 340 25 85; www.hotelglass.radom.pl auf Deutsch; Ul Prażmowskiego 17; EZ/DZ/Suite 108/160/215 Zł; Ⓟ 💻) Das moderne Hotel mit glitzernder Glasfassade hat relativ schlichte, funktionale Zimmer. Es liegt aber günstig, ist komfortabel und hat ein eigenes Restaurant und ein Solarium.

Hotel Iskra (☎ 383 87 45; www.hoteliskra.radom.pl auf Polnisch; Ul Planty 4; EZ/DZ Mo–Fr ab 110/120 Zł, Sa & So ab 80/100 Zł; Ⓟ) Gegenüber dem Bahnhof liegt eines der preiswertesten Hotels im Zentrum. Es ist ziemlich schlicht und nichts sagend, hat aber ein eigenes Restaurant.

Jugendherberge (☎ 360 05 14; Ul Kilińskiego 20; Schlafsaal 25–30 Zł) Die Jugendherberge liegt zentral, hat das ganze Jahr geöffnet und bietet vierzig Betten in Sechs- bis Achtbettzimmern. Zwischen 17 und 21 Uhr kann eingecheckt werden.

An- & Weiterreise

Bahn- und Busbahnhof liegen direkt nebeneinander 2 km südlich der Hauptstraße Ul Żeromskiego. Täglich verkehren viele Züge (18 Zł, 3 Std.) und noch mehr Busse (13,50 Zł, 2½ Std.) nach Warschau. Es gibt täglich mehrere Busverbindungen nach Lublin (12,50 Zł, 2½ Std.) und Puławy (7,80 Zł, 1½ Std.). Nach Kielce (30 Zł, 2 Std.) fährt man am besten mit dem Zug (es gibt mind. 15 Züge am Tag). Busse nach Szydłowiec (5,50 Zł, 50 Min.) fahren ungefähr stündlich. Mit ihnen oder mit dem Stadtbus K kommt man auch nach Orońsko (3,80 Zł, 30 Min.).

OROŃSKO

☎ 48 / 1200 Ew.

In dem Straßendörfchen Orońsko in der Nähe von Radom befindet sich das **Zentrum für Polnische Skulpturen** (Centrum Rzeźby Polskiej; ☎ 618 45 16; www.rzezba-oronsko.pl auf Englisch; Ul Topolowa 1; Erwachsene/ermäßigt 5/3 Zł; 🕒 Ausstellungsräume & Palast Mai–Sept. Di–Fr 8–16 Uhr, Sa & So 10–18 Uhr, Okt.–April Di–Fr 7–15 Uhr, Sa & So 8–16 Uhr, Park bis Sonnenuntergang). Es liegt auf dem Gelände eines Landsitzes aus dem 19. Jh. mit Palais, Kapelle, Orangerie, Kornspeicher und Kutscherhaus inmitten eines idyllischen Landschaftsparks.

Die Ausstellungshalle wurde 1993 errichtet und zeigt wechselnde Ausstellungen moderner polnischer Kunst. In der Orangerie und den Außengebäuden sind ebenfalls verschiedene Ausstellungen. Einige Skulpturen stehen verstreut im Park. Zum Zentrum gehören auch Ateliers verschiedener Künstler, die hier leben und arbeiten.

Das Palais ist im Stil des späten 19. Jhs. erhalten. Es sieht noch genauso aus wie zu der Zeit, als der polnische Maler Józef Brandt (1841–1915) hier lebte und arbeitete. Das Palais kann auch besichtigt werden.

Schlafen & Essen

Das Künstlerzentrum hat ein eigenes **Hotel** (☎/Fax 618 45 16; www.rzezba-oronsko.pl auf Englisch; Ul Topolowa 1; EZ/DZ/3BZ 55/80/95 Zł; Ⓟ) in einem ehemaligen Kornspeicher. Es gibt hübsche Zimmer und ein Café mit Getränken und Snacks. Auf rechtzeitige Anfrage bietet die Küche des Zentrums auch Mahlzeiten für Hotelgäste an. Drei Mahlzeiten am Tag kosten 26,50 Zł pro Person.

An- & Weiterreise

Orońsko liegt an der Straße von Radom nach Kielce, auf der häufig Busse verkehren (eine Zugverbindung gibt es nicht). Nach Radom (3,80 Zł, 30 Min.) fährt entweder der Radomer Stadtbus K oder der PKS-Bus aus Szydłowiec. Diese Buslinien halten ganz in der Nähe des Freilichtmuseums (auf halber Strecke nach Radom). Nach Szydłowiec (3,20 Zł, 30 Min.) fahren alle dreißig Minuten PKS-Busse ab. Nach Kielce gibt es keine Direktbusse. Man muss in Skarżysko Kamienna umsteigen.

SZYDŁOWIEC

☎ 48 / 14 000 Ew.

Szydłowiec ist ein altes Städtchen an der Straße von Radom nach Kielce. Es besitzt schon seit 1470 Stadtrechte. Über die Jahrhunderte gehörte es verschiedenen großen Adelsfamilien wie den Sapiehas und den Radziwiłłs. Sie machten Szydłowiec zu einer wohlhabenden Stadt.

Kurz vor Ausbruch des Zweiten Weltkriegs bestand die Bevölkerung zu 70 % aus

Juden. Es gibt einige wichtige Sehenswürdigkeiten, die einen Besuch lohnen.

Sehenswertes

Das **Rathaus** in der Mitte des Rynek ist ein schmuckes, schlossähnliches Gemäuer mit Türmen und einer dekorativen Balustrade. Es ist rundum weiß getüncht. Das im 17. Jh. erbaute Rathaus ist ein schönes Beispiel für polnische Renaissancearchitektur.

Die **Kirche** liegt im Schatten hoher Bäume auf der Südseite des Rynek und stammt aus dem 15. Jh. Ihre Innenausstattung, darunter ein hölzerner Hochaltar, das Polyptychon im Presbyterium, die getäfelte Decke unter der Orgelempore und die beeindruckende, flache Holzdecke des Mittelschiffs, ist aus dem frühen 16. Jh.

Etwa 500 m nordwestlich des Rynek steht das große, von einem Burggraben umgebene Schloss aus dem 16. Jh. Hier ist das einzige **Museum für traditionelle Musikinstrumente** (Muzeum Polskich Ludowych Instrumentów Muzycznych; ☎ 617 17 89; Ul Sowińskiego 2; Erwachsene/ermäßigt 4/3 Zł; 🕒 Di–So 9–15.30 Uhr) Polens untergebracht. Es besitzt über 2000 Musikinstrumente, kann aber aus Platzmangel immer nur eine kleine Auswahl austellen.

Die Stadt hat auch einen der größten **Jüdischen Friedhöfe** Polens. Heute ist nur noch ein Viertel des ursprünglichen Friedhofs zu sehen. Von seiner Gründung im Jahr 1788 bis zum Zweiten Weltkrieg war das Areal wesentlich größer. Seit Jahrzehnten unberührt stehen hier zwischen Bäumen und Büschen über 2000 Grabsteine, die zumeist aus dem 19. Jh. stammen. Der älteste Grabstein ist von 1831. Zum Friedhof gelangt man über die Ul Kilińskiego östlich des Rynek, biegt dann links in die Ul Kościuszki (Richtung Radom) und nach 250 m rechts in die Ul Spółdzielcza. Zum Friedhof sind es dann noch 100 m.

Schlafen & Essen

Die einzige Unterkunft in der Stadt ist die **Jugendherberge** (☎ 617 59 55, 617 41 46; Ul Kolejowa 16; Schlafsaal 25–30 Zł). Sie befindet sich in einem hübschen Haus direkt hinter ein paar langweiligen Wohnblocks 1 km südöstlich des Rynek.

Das gemütlichste Lokal der Stadt ist das **Piwnica Szydłowiecka** (☎ 617 02 24; Rynek 1; Hauptgerichte 10–20 Zł; 🕒 Mittag- & Abendessen) im Keller des Rathauses.

An- & Weiterreise

Der Busbahnhof liegt 1 km nördlich des Rynek. Von hier fahren jede Menge Busse nach Radom (5,50 Zł, 50 Min.) und passieren Orońsko. Nur wenige Busse fahren direkt nach Kielce (6,80 Zł, 1½ Std.).

Der Bahnhof liegt 5 km östlich der Stadt – Zug fahren lohnt sich nicht.

DAS LUBLINER HOCHLAND

Das Lubliner Hochland (Wyżyna Lubelska) erstreckt sich östlich der Flüsse Weichsel und San bis an die ukrainische Grenze. Es ist weitgehend unberührt. Lublin ist die einzige größere Stadt. Je weiter man nach Osten kommt, desto stärker wird der Einfluss der Russisch-Orthodoxen Kirche. Ein eigenes Auto ist sehr nützlich, wenn man die hinteren Winkel der Region erkunden möchte. Mit öffentlichen Verkehrsmitteln sind im Grunde nur die drei historisch wichtigen Städte und religiösen Zentren – Lublin, Kazimierz Dolny und Zamość – und deren direkte Umgebung erreichbar.

LUBLIN

☎ 81 / 360 000 Ew.

Lublin ist immer eine der bedeutendsten Städte Polens gewesen. Schon allein durch ihre Grenznähe übernahm sie in vielen historisch bedeutenden Momenten, wenn das Schicksal des Landes auf dem Spiel stand, die Führung. 1569 wurde hier die Lubliner Union unterzeichnet: Sie vereinte Polen und Litauen zum damals größten Staat Europas, der sich von der Ostsee fast bis ans Schwarze Meer erstreckte.

Kurz vor Ende des Ersten Weltkriegs wurde in Lublin im November 1918 die erste Regierung des unabhängigen Polens gegründet. Sie ernannte kurz darauf Józef Piłsudski zum Staatschef. Ebenfalls in Lublin setzten die Sowjets 1944 in der Endphase des Zweiten Weltkriegs ihre provisorische kommunistische Regierung ein. Lublin wird auch als wahrer Geburtsort der Solidarność angesehen: Die Streikwelle erfasste 1980 ganz Polen und führte schließlich zum Danziger Abkommen.

Trotz seiner historischen Bedeutung hinkte Lublin immer hinter den illustren,

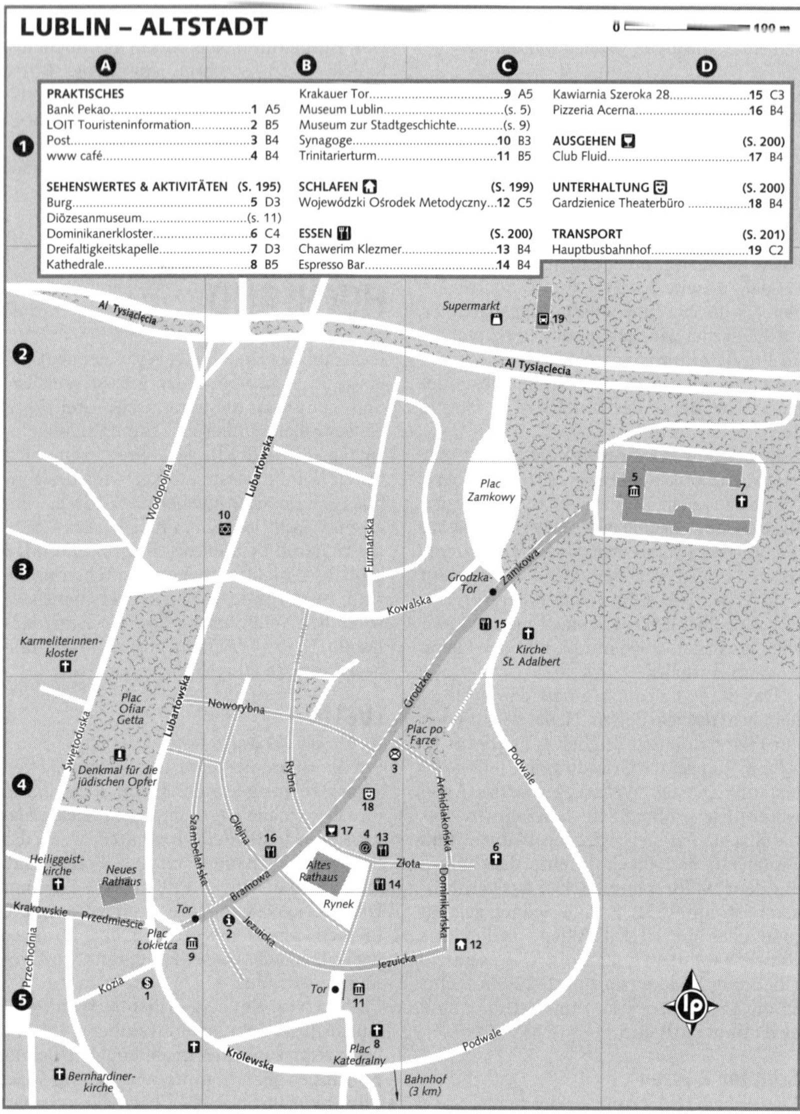

progressiveren oder schlichtweg schöneren Städten Polens her. Bis heute wirken einige Stadtbezirke ziemlich ärmlich und heruntergekommen.

Die kleine, gut erhaltene Altstadt mit ihrer eleganten Mischung aus Architektur der Gotik, der Renaissance und des Barock lädt hingegen zum Flanieren ein. Außerdem ist Lublin durch seine gute Verkehrsanbindung ein perfekter Ausgangspunkt für Ausflüge ins Umland.

Geschichte

Lublin war zunächst ein Vorposten zum Schutz Polens gegen die häufigen Überfälle der Tataren, Litauer und Ruthenier. Im

12. Jh. wurde am Standort der heutigen Burg eine Festung errichtet. 1317 bekam Lublin Stadtrechte und kurz darauf ließ Kazimierz Wielki eine Burg und Befestigungsmauern errichten.

Als sich das Königreich Polen nach Südosten ausbreitete, wurde Lublin ein wichtiges, expandierendes Handelszentrum. 1578 gründete man hier das Krontribunal, den höchsten Gerichtshof der Provinz Kleinpolen. Gegen Ende des 16. Jhs. hatte Lublin über 10 000 Einwohner und die Stadt entwickelte sich prächtig.

Das Ende der glanzvollen Zeiten stand jedoch bevor. Wie auch für andere Städte begann für Lublin Mitte des 17. Jhs. eine Zeit des Niedergangs. Vor dem Ersten Weltkrieg erholte sich die Stadt wieder und 1918 wurde die Katholische Hochschule Lublin (allgemein KUL genannt) gegründet. Sie blieb sogar während der Zeit der kommunistischen Herrschaft in Betrieb. Bis zum Zusammenbruch des Kommunismus 1989 war sie die einzige private Universität in Osteuropa.

Mitte des 14. Jhs. entwickelte sich in Lublin eine jüdische Gemeinde. Sie wuchs schnell und nur 200 Jahre später hatte die Stadt nach Krakau und Lemberg (Lviv) die drittgrößte jüdische Bevölkerung Polens. Mitte des 18. Jhs. bestand die Hälfte der Einwohner aus Juden und kurz vor dem Zweiten Weltkrieg waren es 30 %. In der Stadt gab es sehr viele Synagogen und Gebetshäuser und vier jüdische Friedhöfe. Über die Ermordung der jüdischen Bevölkerung durch die Nationalsozialisten informiert die nahe gelegene Gedenkstätte des Vernichtungslagers Majdanek.

Seit dem Zweiten Weltkrieg hat sich die Größe Lublins verdreifacht. Die Stadt ist heute eines der größten und wichtigsten Industrie- und Bildungszentren im Osten Polens. Riesige Vorstädte und Fabriken sind rund um die historische Altstadt aus dem Boden geschossen.

Glücklicherweise wurde Lublin im Krieg nicht schwer beschädigt, sodass in der Altstadt noch viele historische Bauten erhalten sind. Frühe Restaurierungsarbeiten nach dem Krieg waren nur oberflächlich, daher wirkt das Viertel heute heruntergekommen und baufällig. Ein gründlicheres Restaurierungsprojekt läuft gerade an, macht aber nur langsam Fortschritte.

Orientierung

Obwohl Lublin eine ziemlich große, geschäftige Stadt ist, zieht meistens nur die vergleichsweise kleine Altstadt die Aufmerksamkeit auf sich. Die Neustadt erstreckt sich nach Westen an der Hauptverkehrsader Ul Krakowskie Przedmieście entlang, die später in die Al Racławickie übergeht. Hier liegt der Stadtpark Ogród Saski, eine weitläufige, freundliche Grünanlage in einem ansonsten schäbigen und verbauten Gebiet.

Mit dem Bus kommt man am nördlichen Rand der Altstadt an. Der Bahnhof liegt weniger günstig 2 km südlich des Stadtzentrums.

Praktische Informationen

Internetcafés sind täglich von 10 bis 22 Uhr oder länger geöffnet und berechnen etwa 5 Zł pro Stunde. An der Ul Krakowskie Przedmieście und in den Seitenstraßen gibt es viele *kantors* (Wechselstuben) und ein paar Geldautomaten.

Bank Pekao Ul Krakowskie Przedmieœcie (Karte S. 196; Ul Krakowskie Przedmieście 64); Ul Królewska (Karte S. 194; Ul Królewska 1) Zahlt Bargeld gegen Visa und Mastercard aus.

Brokilon (Karte S. 196; ☎ 534 56 22; Ul Graniczna 13) Internetzugang.

Enzo Internet (Karte S. 186; ☎ 534 75 25; 1. Stock, Ul Krakowskie Przedmieście 57) Internetzugang.

LOIT Touristeninformation (Karte S. 194; ☎ 532 44 12; www.lublin.pl auf Polnisch; Ul Jezuicka 1/3; 🕓 Mai–Sept. Mo–Sa 10–18 Uhr; Okt.–April Mo–Sa 9–17 Uhr) Hilfsbereites, mehrsprachiges Personal und massenweise kostenlose Broschüren mit Vorschlägen zu Stadtrundgängen.

www café (Karte S. 194; ☎ 442 35 80; 3. Stock, Rynek 8) Internetzugang.

Sehenswertes

BURG

Die imposante Burg aus dem 14. Jh. steht im Nordosten der Altstadt auf dem Burghügel. 1820 wurden die Überreste der Festung in ein Gefängnis umgewandelt, das bis 1944 in Betrieb war. Während der deutschen Besatzung wurden über 100 000 Menschen durch das Gefängnis geschleust und anschließend in Konzentrationslager deportiert. Im Hauptteil des Gebäudes befindet sich heute das **Museum Lublin** (Karte S. 194; ☎ 532 50 01; www.zamek-lublin.pl auf Polnisch; Ul Zamkowa 9; Erwachsene/ermäßigt 10/6 Zł, Sa Eintritt frei; 🕓 Mi–Sa 9–16 Uhr, So 9–17 Uhr). Es zeigt Gemälde, Silber, Porzellan, Holzschnitzereien und

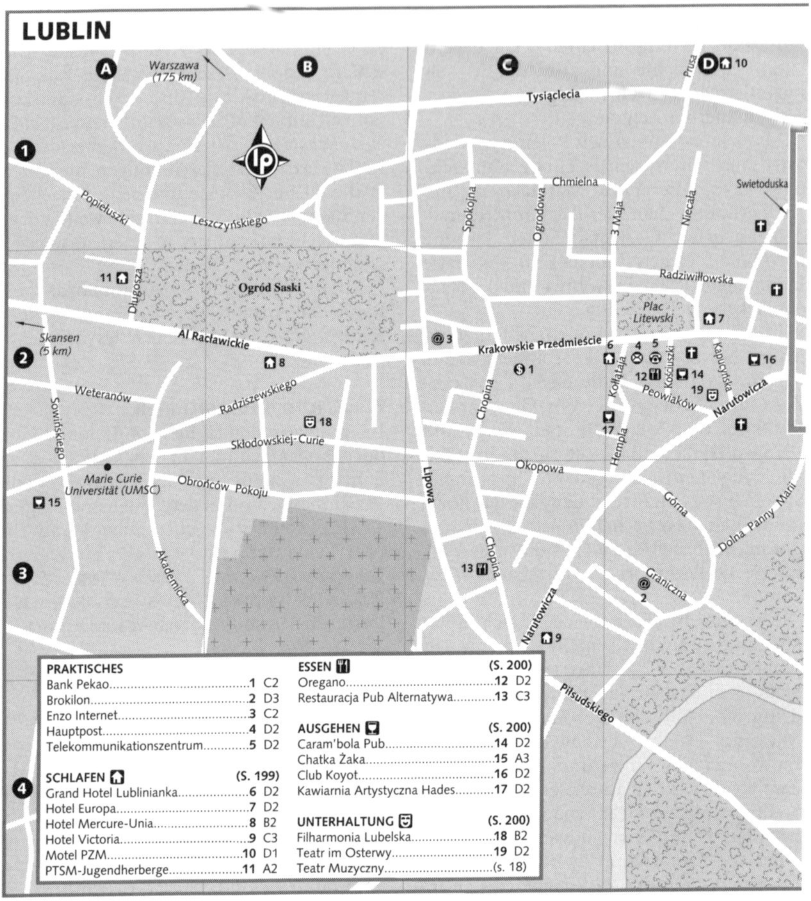

Waffen. Die Ausstellungsstücke sind fast alle nur auf Polnisch beschriftet. Die Gemäldeabteilung zeigt polnische Werke vom 18. Jh. bis zur Gegenwart. Hier findet man berühmte Namen wie Jacek Malczewski, Witkacy und Tadeusz Kantor, sowie zwei wichtige Werke von Jan Matejko: *Die Lubliner Union von 1569* und das kleinere Gemälde *Die Ankunft der Juden in Polen 1096*. Zu den skurrilen Stücken gehört der „Prankenabdruck des Teufels“ auf einem Tisch aus dem 17. Jh. im Foyer. Er ist mit einer faszinierenden Stadtlegende verknüpft, in der Dämonen einer Witwe zur Hilfe eilen, der Unrecht angetan wurde.

Am Ostende der Burg steht die bezaubernde **Dreifaltigkeitskapelle** (im Museumseintritt enthalten; Eintritt nur Kapelle: Erwachsene/ermäßigt 6/4 Zł; Mo–Sa 9–15.45 Uhr, So 9–16.45 Uhr) aus dem 14. Jh. Zu ihr gelangt man nur durch den Museumseingang. Ihr Inneres ist komplett mit bunten russisch-byzantinischen Fresken aus dem Jahr 1418 bedeckt. Sie wurden später überputzt und erst 1897 wieder entdeckt. Die umfassenden Restaurierungsarbeiten dauerten mit einigen Unterbrechungen genau 100 Jahre. Die Fresken sind wahrscheinlich die kunstvollsten Wandmalereien in ganz Polen.

ALTSTADT

Die Altstadt (Stare Miasto) ist so klein, dass man ihre schmalen, gewundenen Gassen in weniger als einer Stunde erkunden kann.

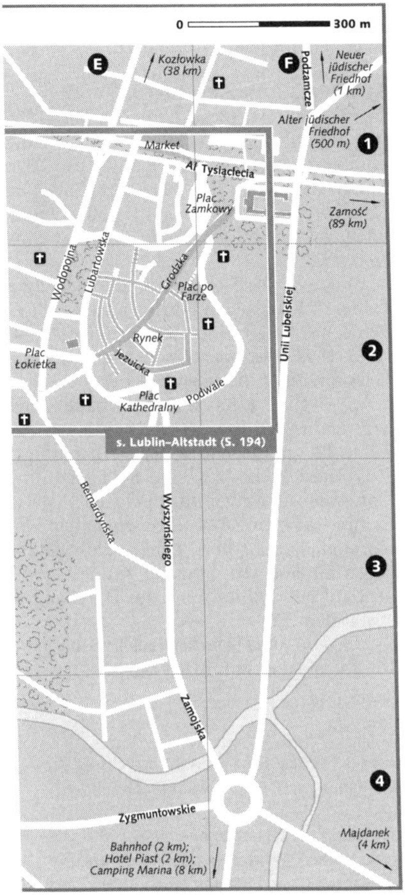

Leider ist hier nicht sehr viel los, da es außer am Rynek und in der Ul Grodzka nur wenige Geschäfte, Cafés und Restaurants gibt. Die meisten Straßen sind unbeleuchtet und nach acht oder neun Uhr abends ist hier niemand mehr unterwegs. Nachts sollte man die kleinen Seitenstraßen und die Gegend um die Burg und den Busbahnhof lieber meiden. Mittelpunkt der Altstadt ist der Rynek, der ungleichmäßig geformte Marktplatz mit dem neoklassizistischen **Alten Rathaus** (1781; Karte S. 194). Das einzige bedeutende Überbleibsel der früheren Stadtmauer ist das aus dem 14. Jh. stammende **Krakauer Tor** (Brama Krakowska; Karte S. 194). Auf das gotische Tor wurde im 16. Jh. ein achteckiger Aufbau im Renaissancestil gesetzt, der wiederum 1782 eine barocke Kuppel erhielt. Heute beherbergt das Tor das **Museum zur Stadtgeschichte** (Muzeum Historii Miasta Lublina; Karte S. 194; ☎ 532 60 01; Plac Łokietka 3; Erwachsene/ermäßigt 3/1,50 Zł; 🕓 Mi–Sa 9–16 Uhr, So 9–17 Uhr). Es illustriert anhand alter Dokumente und Fotografien die Geschichte Lublins.

Einen weiten Blick über die Altstadt hat man vom **Trinitarierturm** (1819; Karte S. 194. Hier befindet sich auch das **Diözesanmuseum** (Muzeum Archiecezjalne; Karte S. 194; ☎ 743 73 92; Plac Katedralny; Erwachsene/ermäßigt 7/5 Zł; 🕓 April–Okt. 10–17 Uhr). Neben dem Turm steht die im 16. Jh. erbaute **Kathedrale** (Plac Katedralny; 🕓 Sonnenauf- bis -untergang), eine ehemalige Jesuitenkirche. Ihre beeindruckenden illusionistischen Fresken sind das Werk des mährischen Künstlers Józef Mayer. Das Gemälde der Jungfrau Maria soll 1945 Tränen vergossen haben – es wird von den Gläubigen der Region besonders verehrt.

Sehenswert ist die **Flüsterkapelle** (kaplica akustyczna; 🕓 Di–So 10–14 Uhr & 15–17 Uhr). Sie hat eine tolle Akustik: Zwei Leute, die in entgegengesetzten Ecken stehen und flüstern, können sich verstehen. Hinter der Kapelle befindet sich die **Schatzkammer** (skarbiec; 🕓 Di–So 10–14 Uhr & 15–17 Uhr). Hier kann man die Trompe l'oeil-Fresken von Mayer genauer betrachten (die Fresken in der Kapelle sind Kopien). Der Eingang zur Kapelle und zur Schatzkammer liegt am hinteren Ende des rechten Seitenschiffs.

Ein weiterer beeindruckender Sakralbau ist das **Dominikanerkloster** (Kościół Dominikanów; Karte S. 194; Ul Złota 9). Es wurde 1342 von König Kazimierz Wielki gegründet, brannte aber zweimal nieder. Es wurde im Renaissancestil wieder erbaut und erhielt später eine barocke Innenausstattung. Hier wurde 1569 die Lubliner Union unterzeichnet. 1886 schlossen die Russen das Kloster und die Mönche konnten erst knapp ein Jahr vor Ausbruch des Zweiten Weltkriegs zurückkehren. Vom kommunistischen Nachkriegsregime wurden sie erneut vertrieben und kehrten schließlich 1993 wieder zurück. Die jahrzehntelange Vernachlässigung ist dem Kloster anzusehen und die Renovierungsarbeiten kommen nur langsam voran. Direkt rechts hinter dem Eingang zur Kapelle hängt ein großes historisches Gemälde, das den Brand der Stadt im Jahr 1719 darstellt. Es stammt von einem unbekannten Künstler.

MAJDANEK

4 km südöstlich vom Zentrum Lublins liegt Majdanek, das nach Auschwitz zweitgrößte Vernichtungslager. Hier wurden insgesamt 235 000 Menschen, darunter über 100 000 Juden umgebracht. Nur vier Monate nach der Befreiung des Lagers wurde auf dem Gelände das **Staatliche Museum Majdanek** (Państwowe Muzeum na Majdanku; ☎ 744 19 55; Eintritt frei; ⌚ Mai–Sept. 8–18 Uhr, Okt.–April 8–15 Uhr) gegründet. Es war die weltweit erste Gedenkstätte ihrer Art. Baracken, Wachtürme und Stacheldrahtzäune sehen noch genauso aus wie im Zweiten Weltkrieg. Grauen erregend sind vor allem die Krematorien und Gaskammern.

Im Besucherzentrum am Eingang wird ein kurzer Film (2 Zł) gezeigt. Von hier führt ein ausgeschilderter „Besucherweg" (5 km) am massiven **Denkmal des Kampfes und Martyriums** vorbei zum **Mausoleum**, wo die Asche vieler Opfer aufbewahrt wird.

Der Oberleitungsbus 156 fährt in der Nähe der Bank Pekao ab und über die Ul Królewska bis zum Eingang von Majdanek.

Durch die Stadt führt auch ein ausgeschilderter **Historischer Wanderweg durch das Jüdische Lublin**. In der Touristeninformation gibt es hierzu eine Broschüre (*Heritage Trail of the Lublin Jews* auf Englisch).

STÄTTEN JÜDISCHER KULTUR

Bei der ersten Volkszählung im Jahr 1550 wurden 840 Juden in Lublin erfasst. Kurz vor dem Zweiten Weltkrieg waren es 42 830 Juden, von denen nur 8000 den Holocaust überlebten. Heute leben in Lublin noch höchstens zwei Dutzend jüdische Einwohner.

Von den 38 Synagogen, die vor dem Zweiten Weltkrieg in Betrieb waren, gibt es heute nur noch eine **Synagoge** (Karte S. 194; ☎ 532 09 22; Ul Lubartowska 8; ⌚ Ausstellung So 13–15 Uhr oder nach Vereinbarung). Sie liegt, wie vor dem Krieg, im 1. Stock eines Gebäudes aus dem frühen 20. Jh., das sich nahtlos in die Reihe der umliegenden Häusern einfügt. Hier weist nichts auf eine Synagoge hin. Gottesdienste finden nur noch selten statt. Es gibt eine kleine Ausstellung mit alten Fotografien, hebräischen Büchern und Sakralgegenständen. Der Eingang zur Synagoge liegt auf der rechten Seite des Durchgangs hinter dem Tor.

Auf dem **Alten jüdischen Friedhof** aus dem 16. Jh. stehen nur noch dreißig lesbare

DAS VERNICHTUNGSLAGER MAJDANEK

Im südöstlichen Lubliner Vorort Majdanek errichteten die Nationalsozialisten ihr östlichstes Vernichtungslager. Seine Lage wurde entsprechend Hitlers Plänen zur „Osterweiterung" gewählt – eine Region mit einem hohen jüdischen Bevölkerungsanteil.

Nach den ursprünglichen Plänen sollte das Lager endgültig 516 ha umfassen und 250 000 Insassen gleichzeitig aufnehmen. Nach der Niederlage der deutschen Wehrmacht an der Ostfront wurden die Pläne jedoch geändert. Nur etwa 20 % der geplanten Anlage wurden errichtet. Dennoch war Majdanek eines der größten Vernichtungslager.

Das Lager wurde im Herbst 1941 in Betrieb genommen und in den darauf folgenden Jahren durch die Zwangsarbeit der Häftlinge ständig erweitert. Mitte 1942 wurden Gaskammern errichtet, in denen die meisten Hinrichtungen stattfanden. Außerdem kamen viele Insassen durch Massenexekutionen, Hunger und Erschöpfung ums Leben. Die meisten Opfer starben durch das Gas Zyklon B, wovon 7700 kg ins Lager gebracht wurden. Zunächst wurden die Leichname auf Scheiterhaufen aus Lastwagengestellen verbrannt. 1943 wurde zu diesem Zweck dann ein Krematorium errichtet, in dem bis zu 1000 Leichen am Tag verbrannt werden konnten.

Sämtliche wertvollen Besitztümer der Opfer behielten die Nationalsozialisten für sich. Kleidung, persönliche Gegenstände, Schmuck und Geld wurden den Insassen bei ihrer Ankunft im Lager abgenommen. Dann wurden allen Gefangenen die Haare geschoren und zur Verarbeitung in eine Textilfabrik gebracht: insgesamt 730 kg Haare. Gold- und Silberzähne wurden den Leichen weggenommen. Die Nationalsozialisten verwendeten die Asche der Verbrannten sogar als Dünger für die Gärten und Felder des Lagers.

Das Lager Majdanek wurde im Juli 1944 von der Roten Armee befreit. In den drei Jahren, in denen es in Betrieb war, wurden hier 235 000 Menschen aus 50 Nationen umgebracht. Zu den Opfern zählten etwa 110 000 Juden und 75 000 Polen.

Grabsteine. Der älteste stammt aus dem Jahr 1641. Er ist der älteste jüdische Grabstein Polens, der noch an seinem ursprünglichen Standort steht. Der Friedhof liegt auf einem Hügel zwischen der Ul Sienna und der Ul Kalinowszczyzna – nur ein kurzer Spaziergang von der Burg in nordöstliche Richtung. Er ist von einer hohen Backsteinmauer umgeben und das Tor ist normalerweise verschlossen. Den Schlüssel erhält man im Haus von **Frau Honig** (☎ 747 86 76; Apt. 7, Ul Dembowskiego 4) 200 m nördlich des Friedhofs. Sie schließt Besuchern gern auf und freut sich über eine Spende.

Der **Neue jüdische Friedhof** wurde 1828 gegründet. Bis 1942 wurden hier 52 000 Juden begraben. Nach der nahezu vollständigen Verwüstung durch die Nationalsozialisten blieben nur wenige beschädigte Grabsteine übrig. 1991 wurde am Eingang ein modernes Mausoleum aus Beton gebaut mit einem kleinen Museum zur Geschichte der Lubliner Juden. Der Friedhof liegt 1 km nördlich des alten Friedhofs an der Ul Walecznych. Friedhof und Museum können täglich von Sonnenauf- bis Sonnenuntergang besichtigt werden; ein Wächter ist Tag und Nacht anwesend.

SKANSEN

Lublin hat einen interessanten **Skansen** (Muzeum Wsi Lubelskiej; Museum des Lubliner Dorfes; ☎ 533 85 13; Ul Warszawska 96; Erwachsene/ermäßigt 6/4 Zł; 🕐 9–18 Uhr) 5 km westlich vom Zentrum an der Straße nach Warschau. Auf einem hügeligen, 25 ha großen Gelände steht ein halbes Dutzend alter Bauernhäuser mit Originaleinrichtung. Hier sieht alles aus wie in einem traditionellen Dorf. Außerdem gibt es ein elegantes Gutshaus, eine Windmühle, eine orthodoxe Kirche und ein geschnitztes Holztor (1903) von Stanisław Witkiewicz (s. S. 270).

Die Buslinien 18, 20 und 5 fahren ab Al Racławickie im Zentrum Richtung Freilichtmuseum.

Schlafen

Lublin hat ein großes Angebot an Unterkünften, von preiswerten, einfachen Hostels bis zu ziemlich teuren Tophotels. Ausländische Besucher sind in Lublin immer noch eine Seltenheit. Die meisten Hotelzimmer werden von polnischen und osteuropäischen Geschäftsleuten belegt. Daher sind viele Unterkünfte leider nichts Besonderes und überteuert.

BUDGETUNTERKÜNFTE

PTSM Jugendherberge (Karte S. 196; ☎/Fax 533 06 28; Ul Długosza 6; Schlafsaal/3BZ 24/28 Zł) Die bescheidene, gut geführte Jugendherberge liegt 2 km westlich der Altstadt. Sie ist vom Bahnhof mit der Buslinie 150 und vom Busbahnhof mit den Buslinien 5, 10, 18 und 57 erreichbar. Die Jugendherberge liegt mitten im Univiertel in einer kleinen Seitenstraße der Ul Długosza (50 m). Bettwäsche kostet 6 Zł extra.

Wojewódzki Ośrodek Metodyczny (Karte S. 194; ☎ 532 92 41; www.wodn.lublin.pl auf Polnisch; Ul Dominikańska 5; Bett 45 Zł) Die Zimmer sind mit zwei bis fünf Betten ausgestattet. Das Preis-Leistungs-Verhältnis ist in Ordnung, daher ist es hier oft voll. Es lohnt sich, im Voraus zu buchen. Von außen ist das Hotel an dem Schild mit der Aufschrift „Wojewódzki Ośrodek Doskonalenia Nauczycieli" zu erkennen.

Hotel Piast (☎ 532 16 46; Ul Pocztowa 2; EZ/DZ/3BZ 46/62/81 Zł) Das Piast direkt gegenüber vom Bahnhof ist praktisch, wenn man spät ankommt oder früh abreist. Ansonsten liegt es relativ weit ab vom Schuss in einer eher unfreundlichen Gegend.

Camping Marina (☎/Fax 744 10 70; Ul Krężnicka 6; pro Zelt 8 Zł, Hütten ab 55 Zł; 🕐 Mai–Sept.) Der Campingplatz liegt ganz nett an einem künstlich angelegten See, dem Zalew Zemborzycki, 8 km südlich der Altstadt. Man nimmt die Buslinien 17, 20 oder 21 vom Bahnhof bis zur Station Stadion Sygnał und von dort die Buslinie 25.

MITTEL- & SPITZENKLASSEHOTELS

Grand Hotel Lublinianka (Karte S. 196; ☎ 446 61 00; www.lublinianka.com auf Englisch; Ul Krakowskie Przedmieście 56; EZ 65–117 €, DZ 75–140 €; P ⊠) Das Grand Hotel befindet sich in einem beeindruckenden alten Bankgebäude und ist die mondänste Unterkunft der Stadt. Die preiswerteren Zimmer im 3. Stock sind relativ klein. Die Standardzimmer mit glänzenden Marmorbädern sind ansprechender. Die Benutzung der Sauna und des türkischen Bades ist im Preis inbegriffen. Es gibt auch ein gutes Restaurant im Hotel. Der Wochenendrabatt von 30 % macht das Hotel vielleicht auch bei Reisenden mit kleinem Geldbeutel erschwinglicher.

Hotel Europa (Karte S. 196; ☎ 535 03 03; www.hoteleuropa.pl auf Englisch; Ul Krakowskie Przedmieście 29; EZ/DZ 290/380 Zł; P ⊠) Das blitzsaubere Hotel Europa hat die zentralste Lage und bietet rundum modernisierte Zimmer in einem restaurierten Haus aus dem 19. Jh. in Lublins Einkaufsstraße Nr. 1. Es ist sehr beliebt und immer schnell ausgebucht.

Hotel Mercure-Unia (Karte S. 196; ☎ 533 72 12; www.orbis.pl auf Deutsch; Al Racławickie 12; EZ/DZ ab 320/380 Zł; P ⊠) Das große Hotel bietet den üblichen gehobenen Standard einer Hotelkette und ist hauptsächlich auf Geschäftsreisende ausgerichtet. Es liegt günstig, hat helle, komfortable Zimmer und ist gut geführt. Die Atmosphäre ist allerdings nicht so toll.

Hotel Victoria (Karte S. 196; ☎ 532 70 11; Fax 532 90 26; Ul Narutowicza 58/60; EZ/DZ ab 190/290 Zł; P ⊠) Der düstere Betonklotz liegt zwar etwas ab vom Zentrum, ist aber zu Fuß immer noch erreichbar. Kleine Zimmer, mürrisches Personal und viele lärmende Geschäftsreisende tragen nicht gerade zur Attraktivität dieses Hotels bei. Für ein oder zwei Nächte ist es aber ganz in Ordnung.

Motel PZM (Karte S. 196; ☎ 533 42 32; Ul Prusa 8; EZ/DZ ab 120/160 Zł; P) Das PMZ ist ein typisches unspektakuläres modernes Gebäude, aber sauber, funktional und in praktischer Nähe zum Busbahnhof. Hier stimmt das Preis-Leistungs-Verhältnis.

Essen & Ausgehen

Wer nach Kulinarischem sucht, wird am ehesten in der Altstadt und ihrer direkten Umgebung fündig. Aber auch im „neuen“ Teil der Stadt liegen einige Restaurants verstreut.

Kawiarnia Szeroka 28 (Karte S. 194; ☎ 534 61 09, Ul Grodzka 21; Hauptgerichte etwa 20 Zł; ◷ Mittag- & Abendessen) Ein hübsches, charmantes Lokal mit guter, wenn auch nicht gerade innovativer jüdischer und polnischer Küche. Natürlich fließt dazu viel Bier und Wodka. Hinter dem Haus gibt es eine Außenterrasse und abends wird häufig Live Klezmermusik (jüdische Folklore) geboten. Für die Musik werden 12 Zł zusätzlich berechnet, die sich aber auf jeden Fall lohnen.

Chawerim Klezmer (Karte S. 194; ☎ 534 73 05; Ul Złota 2; Hauptgerichte 12–19 Zł; ◷ Mo–Do 13–23 Uhr, Fr & Sa 13–1 Uhr, So 13–22 Uhr) Der gemütliche, kleine Laden in einem Kellergewölbe neben dem Rynek ist mit jüdischem Kunsthandwerk und Fotografien ausstaffiert. Es wird jüdische und polnische Küche zu vernünftigen Preisen angeboten. Auf der guten Weinkarte gibt's auch einige Weine aus Israel. Vorsicht auf der schmalen Wendeltreppe!

Oregano (Karte S. 196; ☎ 442 55 30; Ul Kościuszki 7; Hauptgerichte 27–45 Zł; ◷ Mittag- & Abendessen) Das angenehme, gehobene Restaurant hat sich auf mediterrane Küche spezialisiert: Hier gibt's Pasta, Paella und Meeresfrüchte.

Pizzeria Acerna (Karte S. 196; ☎ 532 45 31, Rynek 2; Pizza ab 11 Zł; ◷ Mittag- & Abendessen) Die Souterrain-Pizzeria ist ein beliebtes Lokal am Rynek und bietet preiswerte Pizza und Pasta.

Restauracja Pub Alternatywa (Karte S. 196; ☎ 532 48 46; Ul Chopina 11; Hauptgerichte 10–20 Zł; ◷ Mo–Sa 11–24 Uhr, So 14–24 Uhr) Eine betriebsame Kellerkneipe abseits des Trubels mit regelmäßiger Livemusik. Hier gibt es die üblichen Pizzen und andere Kleinigkeiten.

Espresso Bar (Karte S. 194; ☎ 534 49 43; Rynek 9; ◷ 12–24 Uhr) Diese gemütliche Bar ist für Cappuccino, aber auch für etwas Stärkeres genau das Richtige. Sie wird von einem netten, englischsprachigen Paar geführt und serviert auch kleine Gerichte und Snacks. Ungewöhnlich für Lublin: Sie liegt nicht in einem Keller!

Caram'bola Pub (Karte S. 196; ☎ 534 63 80; Ul Kościuszki 8; ◷ 11 Uhr–spät) Das kleine Pub ist ein netter Ort für ein oder zwei Gläser Bier. Auch hier gibt es preiswertes Kneipenessen.

Unterhaltung

Die wichtigste Lokalzeitung *Kurier Lubelski* veröffentlicht täglich einen Veranstaltungskalender. Im monatlich erscheinenden, kostenlosen *Lublin w Pigułce* werden Kulturveranstaltungen aufgelistet. In der Touristeninformation bekommt man ebenfalls gute Tipps.

MUSIKCLUBS

Club Koyot (Karte S. 196; ☎ 743 67 35; Ul Krakowskie Przedmieście 26; ◷ Mo–Fr 12 Uhr–spät, Sa & So 17 Uhr–spät) Leicht versteckt in einem Hinterhof liegt der Club Koyot und bietet fast jeden Abend Livemusik.

Club Fluid (Karte S. 194; ☎ 607 689 383; Ul Grodzka 1; ◷ 12 Uhr–spät) Hier gibt es auch Konzerte. Man sollte in der Stadt nach Plakaten Ausschau halten.

Kawiarnia Artystyczna Hades (Karte S. 196; ☎ 532 56 41; Ul Peowiaków 12) Das Hades hat an einigen Abenden Livemusik und freitags normalerweise Disko. Hier findet jedes Jahr im Oktober das dreitägige Hades Jazz Festival statt.

Chatka Żaka (Karte S. 196; ☎ 533 32 01; Ul Radziszewskiego 16) Der Studentenclub der Marie Curie Universität bietet einen Poolbillard, Biergarten und manchmal Livemusik.

THEATER

Teatr im Osterwy (Karte S. 196; ☎ 532 42 44; Ul Narutowicza 17) Im wichtigsten Schauspielhaus der Stadt werden hauptsächlich Klassiker, vor allem polnische Stücke aufgeführt.

Filharmonia Lubelska (Karte S. 196; ☎ 532 44 21; Ul Skłodowskiej-Curie 5) Das Philharmonieorchester hat einen riesigen neuen Konzertsaal, in dem es Konzerte mit klassischer und zeitgenössischer Musik gibt.

Teatr Muzyczny (Karte S. 196; ☎ 532 25 21; Ul Skłodowskiej-Curie 5) Das Musicaltheater ist im selben Gebäude wie die Philharmonie und führt Operetten und Musicals auf.

Gardzienice Theatre (Karte S. 194; ☎ 532 98 40, 532 96 37; Ul Grodzka 5A) Theaterfreunde sollten dieses experimentelle Ensemble, das derzeit zu den besten in ganz Polen zählt, nicht verpassen. Die Produktionen sind ein Wirrwarr aus Bildern und Geräuschen und werden barfuß bei Kerzenlicht aufgeführt. Sie strotzen vor Energie und Geschwindigkeit und werden von Musik und Gesang der Schauspieler begleitet. Das Theater wurde 1977 im kleinen Dorf Gardzienice 28 km südöstlich von Lublin gegründet, wo es sich bis heute befindet. Das Ensemble ist oft auf Auslandstourneen. Vorstellungen im eigenen Haus finden daher nur an Wochenenden vor kleinem Publikum statt – in das winzige Theater passen nicht viele hinein. Man muss unbedingt im Voraus buchen.

An- & Weiterreise

BUS

Der Hauptbusbahnhof, Dworzec Główny PKS, am Fuß der Burg in der Altstadt wickelt den meisten Busverkehr ab. Von einer Bushaltestelle direkt hinter dem Busbahnhof fahren zusätzlich diverse Minibusse zu zahlreichen Zielen im ganzen Land, inklusive Warschau (25 Zł, 3½ Std., alle 30 Min.). Einige andere Busse, darunter auch die nach Zamość (9 Zł, 2 Std., alle 20 Min.), fahren von einem weniger organisierten Busplatz westlich des Busbahnhofs ab.

Nach Kazimierz Dolny (8,10 Zł, 2 Std.) fahren stündlich Busse. Man sollte nach einem Bus mit dem Ziel Puławy Ausschau halten. Er fährt über Nałęczów und Kazimierz. PKS-Busse nach Zamość (10 Zł, 2½ Std.) verkehren jede halbe Stunde.

Es gibt täglich drei Busse nach Sandomierz (1,50 Zł, 2½ Std.); die Endstation ist Tarnobrzeg. Busse nach Chełm (10 Zł, 1½ Std.) fahren halbstündlich und morgens gibt es einen direkten Schnellbus nach Krakau (25 Zł, 4 Std.). Der Polski Expressbus nach Warschau fährt stündlich (34 Zł, 3 Std.).

Morgens fahren zwei Busse nach Kozłówka (6,20 Zł, 1½ Std.). Dorthin gibt es bis 15 Uhr keine weitere Verbindung. Diese Busse sind auf dem Fahrplan schwer zu finden – am besten fragt man am Informationsschalter.

Sechs Busse fahren täglich vom Südterminal neben dem Bahnhof nach Przemyśl (18,50 Zł, 3 Std.).

ZUG

Der Hauptbahnhof Lublin Główny ist von der Altstadt aus mit dem Oberleitungsbus 160 und diversen anderen Bussen, zum Beispiel den Linien 13 und 17 zu erreichen. Täglich fahren von hier mehrere Schnellzüge nach Warschau (34 Zł, 3½ Std.) und Radom (25 Zł, 2½ Std.), sowie zwei Schnellzüge nach Krakau (45 Zł, 3 Std.). Zugtickets werden am Bahnhof und bei **Orbis Travel** (Ul Narutowicza 33A) verkauft. Züge nach Chełm (19 Zł, 2 Std.) verkehren alle ein bis zwei Stunden.

KOZŁÓWKA

☎ 81

Das Dörfchen Kozłówka 38 km nördlich von Lublin ist für sein prachtvolles spätbarockes Schloss berühmt, das in der Mitte des 18. Jhs. erbaut wurde. Die Residenz wurde 1799 von der Familie Zamoyski erworben und beherbergt heute das **Museum Zamoyski** (☎ 852 83 00; www.muzeumzamoyskich.lublin.pl auf Deutsch; Erwachsene/ermäßigt 10/5 Zł; ⌚ März–Okt. Mo–Fr 10–16 Uhr, Sa & So 10–17 Uhr, Nov. & Dez. 10–15 Uhr). Es zeigt Stilmöbel, Keramiköfen und eine große Gemäldesammlung. Die meisten Bilder stammen aus dem 17. bis 19 Jh., große Meisterwerke sind aber nicht darunter.

SOZIALISTISCHER REALISMUS – KUNST ALS POLITISCHES WERKZEUG

Der Sozialistische Realismus entwickelte sich in den 1920er Jahren in der Sowjetunion. Dort war er ab Mitte der 1930er Jahre der einzige akzeptierte Stil in den bildenden Künsten, der Architektur, in Film, Musik und Literatur. Nach dem Zweiten Weltkrieg breitete sich die Kunstrichtung schnell in den Ländern des Ostblocks aus, die damals von der Sowjetunion kontrolliert wurden.

Das neue Regime in Polen ließ den Künstlern zunächst ein wenig ideologische und kulturelle Freiheit. Erst als sich die Kommunisten 1949 stark und etabliert genug fühlten, wurde der Sozialistische Realismus formell eingeführt. Er blieb bis 1955 offizielle künstlerische Doktrin. In dieser kurzen Zeit entstanden zahlreiche Gemälde, Skulpturen, Denkmäler, Gedichte und Lieder.

Nach offiziellem Kredo war der Sozialistische Realismus „eine kreative Möglichkeit, den Marxismus in die Welt der Kunst zu übertragen". Mit dieser Doktrin sollte die „sozialistische Kultur" durch die Kunst vorangetrieben und die kommunistische Ideologie verbreitet werden. Die Kunst wurde damit auf die Rolle eines kommunistischen Propagandamittels reduziert. Die Künstler konnten sich nicht mehr länger frei entfalten, sondern waren dem offiziellen Dogma und einer pseudo-künstlerischen Formensprache verpflichtet.

Die neue „Kunstrichtung" zielte auf die Massen und nicht auf eine intellektuelle Elite. Sie sollte auch von einfachen Leuten verstanden werden. Um die neue Ideologie leichter zu vermitteln, bezogen sich Malerei und Bildhauerei auf den Realismus und die Akademische Kunst des 19. Jhs. Moderne Stilrichtungen, künstlerische Experimente oder individuelle Kreativität kamen absolut nicht in Frage. Die neue Kunst musste optimistisch und motivierend sein und die neue Ordnung voranbringen.

Die kommunistischen Führer wurden sehr häufig dargestellt. Darüber hinaus war die Verherrlichung der Arbeit ein beliebtes Motiv: freudig arbeitende Maurer, glücklich lächelnde junge Frauen, die mit dem Traktor ein Feld pflügen, oder enthusiastische Werftarbeiter beim Bau eines Schiffes. Weitere wichtige Themen waren bedeutende historische und gesellschaftliche Ereignisse, die Treffen der Kommunistischen Partei und des Kongresses usw.

Nach Stalins Tod 1953 ebbte diese engstirnige Haltung in Polen ziemlich schnell ab. Arbeiten des Sozialistischen Realismus wurden diskret aus öffentlichen Gebäuden entfernt und eingelagert. Das Zentrallager des Ministeriums für Kultur und Kunst befand sich in Kozłówka. Hierhin wurden die meisten Werke gebracht. Schloss Kozłówka wurde erst 1977 fürs Publikum geöffnet. Heute sind die Werke wieder an Wänden und auf Sockeln zu bestaunen – diesmal allerdings als historische Museumsstücke.

Der Palast ist auch für seine **Galerie des Sozialistischen Realismus** (Erwachsene/ermäßigt 4/2 Zł; ⌚ März–Okt. Mo–Fr 10–16 Uhr, Sa & So 10–17 Uhr, Nov. & Dez. 10–15 Uhr) bekannt. Neben einer überwältigenden Menge an Portraits und Statuen kommunistischer Führer gibt es idealisierte Szenen mit Bauern und Fabrikarbeitern, die zum Wohl des Sozialismus arbeiten.

Übernachten kann man in den Palastzimmern oder auf einem **Agrotourist-Hof** (☎ 852 83 00). Aktuelle Preise und Verfügbarkeit der Zimmer sollte man im Voraus erfragen.

An- & Weiterreise

Ausgangspunkt für Ausflüge nach Kozłówka ist normalerweise Lublin. Von hier fahren jeden Morgen zwei Busse nach Kozłówka, normalerweise Richtung Michóv. Nur wenige Busse fahren nachmittags direkt nach Lublin zurück. Ein Blick auf den Fahrplan lohnt sich also vor dem Museumsbesuch. Alternativ kann man auch einen der häufig verkehrenden Busse nach Lubartów nehmen und dort in einen der Busse oder Minibusse nach Lublin umsteigen. Nachmittags gibt es außerdem ein paar Busse von Kozłówka nach Puławy.

PUŁAWY

☎ 81 / 55 000 Ew.

Die Stadt Puławy erblühte Ende des 18. Jhs., als die Aristokratenfamilie Czartoryski sie zu einem wichtigen politischen, kulturellen und intellektuellen Zentrum machte. Adam Kazimierz Czartoryski und seine Frau Izabela trugen eine große Bibliothek und Kunstsammlung zusammen und verkehrten mit Künstlern und Schriftstellern. 1830 unterstützten die Czartoryskis vehement den Novemberaufstand. Als dieser fehlschlug, wurde ihr gesamtes Landgut vom Zar beschlagnahmt und die Familie musste ins Ausland fliehen. Die Kunstsammlung hatten sie zuvor heimlich nach Paris geschafft. In den 1870er Jahren kam sie zurück nach Polen, aber nicht nach Puławy, sondern nach Krakau. Heute ist sie der Kernbestand des Krakauer Museums Czartoryski.

Nach dem Zweiten Weltkrieg wurde in Puławy ein großes Nitratkombinat gebaut und die Stadt verwandelte sich in ein stark verschmutztes Industriezentrum.

Praktische Informationen

In Puławy gibt es keine spezielle Touristeninformation. Das **PTTK-Büro** (☎ 886 47 56; Ul Czartoryskich 8A) am Eingang zur Czartoryski Park- und Palastanlage ist aber eine geeignete Anlaufstelle.

Die **Bank Pekao** (Al Królewska 11A) befindet sich ganz in der Nähe des Schlosses. Im Stadtzentrum gibt es mehrere *kantors*, einige davon in der Ul Piłsudskiego.

Sehenswertes

Der **Palais Czartoryski** wurde von Tylman van Gameren entworfen und zwischen 1676 und 1679 erbaut. Es ist im Lauf der Zeit mehrfach umgebaut worden und heute ein nüchternes neoklassizistisches Bauwerk. Er beherbergt ein landwirtschaftliches Forschungsinstitut und kann normalerweise nicht besichtigt werden. Man kann aber versuchen, einen diskreten Blick hineinzuwerfen. Man geht am besten durch den Haupteingang und dann rechts die Treppe hoch. Wirklich sehenswert sind nämlich nur zwei Säle im 1. Stock: der Musiksaal und der Gotische Saal.

Der **Schlosspark** (Eintritt frei; 🕑 bis Sonnenuntergang) wurde im 18. Jh. von Prinzessin Izabela angelegt. Der typisch romantische Park (ähnlich dem Park von Arkadia) umfasst verschiedene Pavillons und Gebäude. Der Sybillentempel (Świątynia Sybilli) und das Gotische Haus (Domek Gotycki) stammen beide aus dem frühen 19. Jh. Von Mai bis Oktober sind hier Ausstellungsräume. Am Eingang des Parks zeigt eine Schautafel die Lage der wichtigsten Sehenswürdigkeiten.

Das **Regionalmuseum** (☎ 887 86 74; Ul Czartoryskich 6A; Eintritt 3 Zł; 🕑 Di–So 10–14 Uhr) liegt 200 m nördlich des Palais und zeigt volkskundliche und archäologische Funde sowie wechselnde Ausstellungen. Einige davon beschäftigen sich auch mit der Familie Czartoryski.

200 m weiter westlich steht an der Ul Piłsudskiego die **Czartoryski-Kapelle**, die zwischen 1801 und 1803 nach dem Vorbild des römischen Pantheons entstand. Der runde Innenraum ist von einer Kuppel gekrönt. Von der ursprünglichen Innenausstattung ist leider nichts mehr vorhanden. Die Kapelle wird heute als Gemeindekirche genutzt.

Schlafen & Essen

In Puławy gibt es ein paar versprengte, triste Hotels im Betonblockstil, die Preise sind aber passabel. Mittag- und Abendessen nimmt man am besten in den Hotelrestaurants ein.

Jugendherberge (☎ 886 33 67; Fax 888 36 56; Ul Włostowicka 27; Schlafsaal 30 Zł) Die große Jugendherberge mit 118 Betten liegt 2 km vom Zentrum an der Straße nach Kazimierz Dolny. Wer von hier nach Kazimierz fahren will, muss nicht erst ins Zentrum; der Bus hält fast neben der Tür der Jugendherberge.

Hotel Wisła (☎/Fax 886 46 15, 886 27 37; Ul Wróblewskiego 1; DZ/3BZ 120/140 Zł; Ⓟ) Das erschwingliche, etwas altmodische Hotel in zentraler Lage bietet geräumige Zimmer mit Bad und hat ein eigenes Restaurant.

Centrum Szkoleniowo-Kongresowe Instytutu Uprawy, Nawożenia i Gleboznawstwa (☎/Fax 887 73 06, 887 73 07; Al Królewska 17; EZ/DZ 108/146 Zł; Ⓟ) Das Centrum ist einer der typisch tristen Hotelblocks in ruhiger Lage, nur 200 m vom Palast entfernt. Es hat ein eigenes Restaurant und vernünftige Preise.

An- & Weiterreise

BUS

Der PKS-Busbahnhof liegt im Stadtzentrum. PKS-Busse nach Lublin (7 Zł, 90 Min.) fahren alle halbe Stunde; Verbindungen nach Warschau (19 Zł, 3 Std.) sind seltener. Polski Express fährt beide Städte jeweils siebenmal täglich an. PKS-Busse fahren auch nach Radom (7,80 Zł, 2 Std., 4–5-mal tgl.) und Łódź (16 Zł, 2½ Std., 4-mal tgl.). Es gibt einen Morgenbus nach Lubartów, der in Kozłówka hält.

Kazimiers Dolny (3,20 Zł, 1 Std.) wird einmal stündlich von PKS-Bussen angefahren, ist aber auch mit der Vorstadtbuslinie 12 erreichbar, die vor dem Busbahnhof abfährt. Man nimmt am besten immer den nächstmöglichen Bus. Das gleiche gilt für Busse nach Janowiec (entweder PKS oder Stadtbuslinie 17).

ZUG

Die Stadt hat zwei Bahnhöfe, Puławy und Puławy Miasto. Letzterer ist der Hauptbahnhof und liegt näher am Zentrum, ist aber immer noch 2 km davon entfernt. Er wird von Stadtbussen und natürlich von Taxis angefahren.

Nach Lublin gibt es mindestens einen Zug pro Stunde (17 Zł, 2 Std.). Mit dem Bus ist es allerdings günstiger, da er in beiden Städten direkt im Zentrum hält. Züge nach Warschau (25 Zł, 2½ Std.) fahren einmal stündlich. Nach Krakau (36 Zł, 4 Std.) gibt es nur morgens und abends jeweils eine Zugverbindung. Es fahren aber mehrere Schnellzüge nach Radom (18 Zł, 2 Std.) und weiter nach Kielce (22 Zł, 3 Std.). Von hier gibt es regelmäßige Verbindungen nach Krakau.

KAZIMIERZ DOLNY

☎ 81 / 4000 Ew.

Das hübsche, malerische Städtchen Kazimierz Dolny liegt am Ufer der Weichsel an einem bewaldeten Hügel. Hier locken schöne historische Gebäude, ein interessantes Museum und die reizvolle Landschaft. Schon seit vielen Jahren zieht es Künstler und Intellektuelle nach Kazimierz Dolny. Im Sommer sind Maler, die ihre Staffelei im Freien aufstellen, keine Seltenheit.

Kazimierz Dolny ist, besonders bei Warschauern, zu einem beliebten Wochenend- und Ferienziel geworden. Dadurch hat es zwei ganz unterschiedliche Gesichter: Unter der Woche und in der Nebensaison ist es ein verschlafenes, altmodisches Örtchen und an Sommerwochenenden tobt das Leben.

Geschichte

Die Stadt wurde im 14. Jh. von König Kazimierz Wielki (daher der Name) gegründet. Er ließ eine Burg bauen, verlieh dem Ort Stadtrechte und damit zahlreiche Privilegien. Die Stadt erhielt den Beinamen Dolny (unten), damit man sie von einem anderen Kazimierz am oberen Flusslauf, das heute zu Krakau gehört, unterscheiden konnte.

Kazimierz Dolny entwickelte sich bald zu einem blühenden Handelszentrum. Waren aus der gesamten Region, überwiegend Getreide und Salz, wurden von hier nach Danzig verschifft und von dort exportiert. Besonders zwischen der Mitte des 16. und der Mitte des 17. Jhs. ging es der Stadt ausgesprochen gut. Während dieser Zeit wurden ein großer Hafen, prächtige Bürgerhäuser und über fünfzig Speicher errichtet. Die Stadt hatte 1630 über 2500 Einwohner.

Aber der Krieg mit Schweden, der darauf folgende Nordische Krieg und die Choleraepidemie von 1708 machten Kazimierz Dolny schwer zu schaffen. Die Verlagerung des Weichselbetts weg von der Stadt nach Westen besiegelte ihren wirtschaftlichen Niedergang. Im 19. Jh. zog Puławy als neues Handels- und Kulturzentrum an Kazimierz vorbei. Einen kleinen Aufschwung erlebte die Stadt noch im 19. Jh. als Reiseziel. Doch dann folgten der Erste und der Zweite Weltkrieg und große Teile der Stadt wurden zerstört. Nach dem Zweiten Weltkrieg sollte ein Stadtentwicklungsplan die Stadt in ihrer historischen Form bewahren. Seitdem sind viele historische Gebäude restauriert worden.

Die Geschichte der Stadt ist wie die der Region eng mit der jüdischen Kultur verbunden. Seit der Stadtgründung waren die Juden ein wichtiger Bestandteil der Gemeinschaft und stellten im 19. Jh. den größten Bevölkerungsanteil. Vor dem Zweiten Weltkrieg waren mehr als die Hälfte der Einwohner Juden, von denen aber nur wenige den Krieg überlebten. Etwa 3000 Juden aus Kazimierz und Umgebung wurden in Vernichtungslagern der Nationalsozialisten umgebracht.

Praktische Informationen

Das **PTTK-Büro** (☎ 881 00 46; Rynek 27; 🕓 Mai–Sept. Mo–Fr 8–18 Uhr, Sa 10–17.30 Uhr, Okt.–April Mo–Fr 8–16 Uhr, Sa 10–14.30 Uhr) verkauft Landkarten, Broschüren und Postkarten. Viel mehr hat es allerdings nicht zu bieten.

In Kazimierz gibt es keine Bank. Die nächste ist in Puławy. In der **Post** (Ul Tyszkiewicza 2) gibt es ein *kantor* (Wechselstube) und hinter dem Gebäude steht ein Geldautomat.

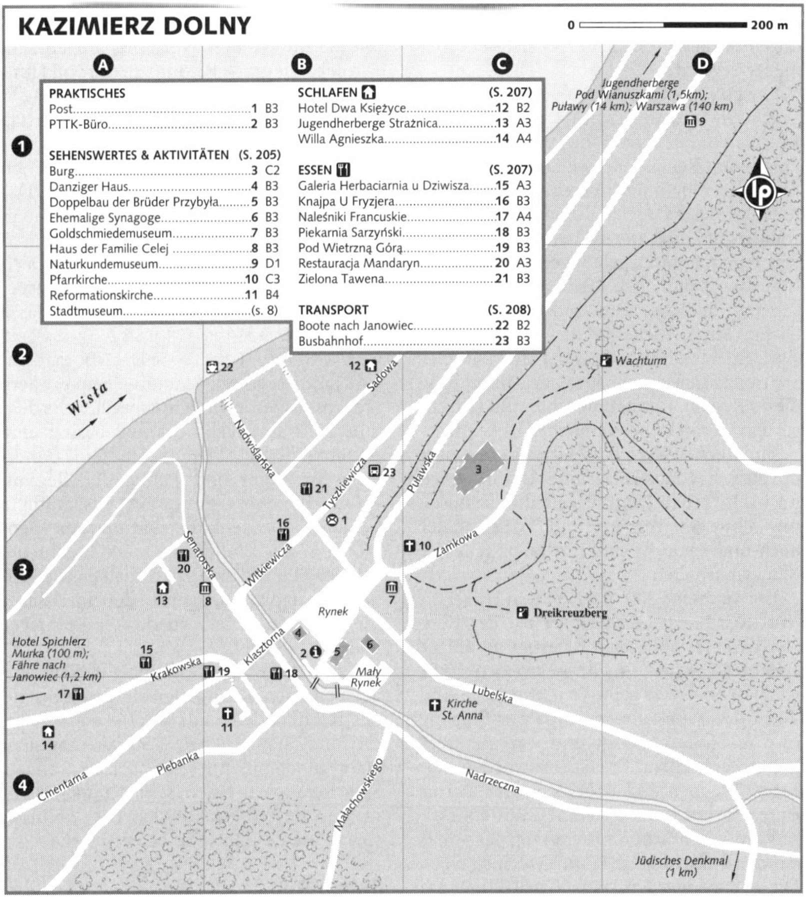

Sehenswertes

Mitten auf dem **Rynek** steht ein alter Holzbrunnen. Der Platz ist von Patrizierhäusern gesäumt. Die beiden schönsten Gebäude haben Arkadengänge: der **Doppelbau der Brüder Przybyła** (Kamienice Przybyłów). Die 1615 errichteten Häuser haben prächtige Renaissancefassaden. Zum Fassadenschmuck gehören Bas-Relief-Figuren des Heiligen Nikolaus und Christopherus, der Schutzpatrone der Besitzer.

Ebenfalls am Rynek steht das barocke **Danziger Haus** (Kamienica Gdańska) aus dem Jahr 1795, sowie einige Häuser aus dem 18. und 19. Jh. mit den typischen Arkadengängen und hölzernen Dachschindeln.

Ein weiteres historisches Gebäude, das **Haus der Familie Celej** (Kamienica Celejowska), stammt aus dem Jahr 1630. Hier befindet sich das **Stadtmuseum** (☎ 881 01 04; Ul Senatorska 11; Eintritt 5 Zł; Mai–Sept. Di–So 10–17 Uhr, Okt.–April Di–So 10–15 Uhr, an Feiertagen und Folgetagen geschl.). Es zeigt Gemälde von Kazimierz und Umgebung sowie eine Ausstellung zur Stadtgeschichte.

Das winzige **Goldschmiedemuseum** (Muzeum Sztuki Złotniczej; ☎ 881 02 71; Ul Zamkowa 2; Erwachsene/ermäßigt 6/4 Zł; Mai–Sept. Mo 10–13 Uhr, Di–So 10–17 Uhr, Okt.–April Di–So 10–15 Uhr) zeigt Gold- und Silberarbeiten, darunter silberne jüdische Sakralkunst und Schmuck.

Auf einem nahen Hügel steht die **Reformationskirche** (Kościół Reformatów). Sie wurde Ende des 16. Jhs. gebaut, später aber durch barocke und neoklassizistische Elemente ergänzt.

Die gotische **Pfarrkirche** an der gegenüberliegenden Seite des Rynek wurde Mitte des 14. Jhs. erbaut, später aber umgestaltet, als Polen vom Renaissancestil überrollt wurde. Im Inneren befindet sich eine interessante, reich verzierte Orgel aus dem Jahr 1620, die ebenso gut klingt wie sie aussieht. Hier werden regelmäßig Orgelkonzerte abgehalten. Interessant sind auch das Renaissancechorgestühl im Altarraum und die manieristischen Stuckarbeiten in den Gewölben. Sie sind ein klassisches Beispiel der Lubliner Spätrenaissance, eine spezielle Stilrichtung dieser Region. Der Kronleuchter mit Hirschgeweih ist ein ungewöhnliches Dekostück.

Ein Stück weiter in der Ul Zamkowa liegt die **Burg,** bzw. die Burgruine. Ursprünglich im 14. Jh. erbaut, wurde sie teilweise durch die Schweden zerstört und verfiel später nach und nach. Es sind nur noch Teile der Mauern erhalten.

Der **Wachturm** 200 m weiter den Hügel hinauf wurde ein Jahrhundert vor der Burg als Teil einer hölzernen Befestigungsanlage errichtet, die heute nicht mehr existiert. Er ist 20 m hoch und seine Grundmauern sind 4 m dick. Zum Schutz wurde der Eingang in 6 m Höhe angelegt und war nur über Leitern erreichbar. Erst später wurden hölzerne Treppen angebaut. Von der Turmspitze hat man einen schönen Rundblick.

Vom Wachturm führt ein Weg nach links auf den **Dreikreuzberg** (Góra Trzech Krzyży). Die Kreuze wurden im frühen 18. Jh. zum Gedenken an die Pest aufgestellt, die die Bevölkerung der Stadt stark dezimierte. Der Blick von hier oben über die Stadt ist noch schöner als der vom Wachturm. Der Weg den Berg hinunter führt direkt zurück zur Pfarrkirche und zum Rynek.

An der Ul Lubelska ist die aus dem 18. Jh. stammende **Synagoge** einen Blick wert. Sie wurde nach dem Krieg wieder aufgebaut und in ein Kino umgewandelt. Direkt dahinter steht ein wieder aufgebautes Holzhaus, in dem sich früher die jüdische Metzgerei befand. Hier war früher das jüdische Stadtviertel, von dem aber nicht viel erhalten ist.

Das bewegendste Erinnerungsstück an die jüdische Vergangenheit ist wohl das **Jüdische Denkmal.** Es wurde 1984 zum Gedenken an die Juden aus Kazimierz errichtet, die im Zweiten Weltkrieg umgebracht wurden. Die große Betonmauer ist von Hunderten Grabplatten und Grabsteinresten des alten jüdischen Friedhofs bedeckt. Er lag früher direkt hinter der Mauer. Ein paar wunderschön gemeißelte Grabsteine stehen noch an ihrem ursprünglichen Platz. Das Denkmal steht 1 km vom Rynek entfernt an der Straße nach Opole Lubelskie.

Auf der anderen Stadtseite befindet sich an der Straße nach Puławy das **Naturkundemuseum** (Muzeum Przyrodnicze; ☎ 881 03 26; Ul Puławska 54; Erwachsene/ermäßigt 5/3 Zł; Mai–Sept. Di–So 10–17 Uhr, Okt.–April Di–So 10–15 Uhr, an Feiertagen & Folgetagen geschl.). Es ist in einem großen, tadellos restaurierten Kornspeicher aus dem Jahr 1591 untergebracht und besitzt eine mineralogische Abteilung und eine Abteilung für Flora und Fauna der Region. Im Obergeschoss gibt es eine ausgetüftelte hölzerne Deckenkonstruktion aus dem 16. Jh. – ein Wunderwerk der Ingenieurskunst. Die massiven Holzbalken werden nur von Holzzapfen und -dübeln zusammengehalten. Hier wurde kein einziger Nagel verwendet.

Nur wenige der etwa fünfzig **Speicher** sind noch erhalten. Die meisten wurden während des Kornhandelbooms im 16. und 17. Jh. errichtet. 50 m neben dem Speicher mit dem Naturkundemuseum steht noch ein weiterer Speicher. Noch einen sehr schönen sieht man in der Ul Krakowska: Hier befindet sich heute das Hotel Spichlerz Murka.

Aktivitäten

Die Gegend um Kazimierz Dolny gehört zum **Naturpark Kazimierz** (Kazimierski Park Krajobrazowy). Hier wurden viele Wanderwege angelegt, die streckenweise durch malerische Schluchten führen, wie sie für die Region typisch sind.

Drei einfache, kurze Wanderungen, die *szlaki spacerowe* (Spazierrouten), sind gelb, grün und rot ausgeschildert. Die wesentlich längeren *szlaki turystyczne* (Touristenrouten) haben blaue, grüne und rote Markierungen. Fast alle Wanderwege starten auf dem Rynek. Im PTTK-Büro gibt es Wanderkarten für den Park.

Festivals & Events

Das bekannte **Folk Festival** findet am letzten Juniwochenende statt. Auf dem Mały Rynek werden Konzerte abgehalten, während sich der große Rynek mit Kunsthandwerksständen füllt. Hier kann man Musik hören, die heute nur noch selten gespielt wird. Viele Amateurgruppen, Solisten und große Chöre treten in den Trachten ihrer Region auf.

Kazimierz hat auch ein kleines **Film- & Kunstfestival** im August mit klassischer Musik, Kunstausstellungen und Openairkino.

Schlafen

In Kazimierz gibt es jede Menge Übernachtungsmöglichkeiten, vor allem Zimmer in Privathäusern. Das PTTK-Büro am Rynek vermittelt Zimmer in Privathäusern für 30 bis 60 Zł pro Person. Fast jedes dritte Haus in der Stadt bietet Privatzimmer an. Sie sind an den Schildern *„pokoje"* (Zimmer) und *„noclegi"* (Unterkunft) leicht zu erkennen. Darüber hinaus gibt es aber auch einige Hostels und Hotels. Sie sind besonders im Frühling und Sommer an den Wochenenden meist komplett ausgebucht. Man muss unbedingt frühzeitig reservieren.

BUDGETUNTERKÜNFTE

Jugendherberge Pod Wianuszkami (☎/Fax 881 03 27; Ul Puławska 80; Schlafsaal/DZ 30/70 Zł) Die Jugendherberge liegt 1,5 km vom Rynek entfernt in einem alten Speicher und hat 68 Betten. Sie ist freundlich, gut geführt und Frühstück ist im Preis inbegriffen.

Jugendherberge Strażnica (☎ 881 04 27; Ul Senatorska 25; Schlafsaal 35 Zł) Die etwas kleinere und schlichtere Jugendherberge liegt versteckt in einem Gebäude neben der Feuerwache. Frühstück ist inbegriffen.

MITTELKLASSEHOTELS

Hotel Dwa Księżyce (☎/Fax 881 07 61; Ul Sadowa 15; EZ/DZ/Suite 140/180/300 Zł; P ⊠) Das „Zwei Monde" liegt in einer ruhigen Gasse in Zentrumsnähe und ist wahrscheinlich das beste Hotel am Ort. Es hat 16 moderne, schicke Zimmer und zwei Apartments, fast alle mit Balkon, sowie ein Restaurant und eine kommerzielle Kunstgalerie.

Willa Agnieszka (☎ 882 03 56; willa_agnieszka@wp.pl; Ul Krakowska 41a; EZ/DZ Mo–Fr 128/183 Zł, Sa & So 105/152 Zł; P) Die Willa Agnieszka ist ein topmodernes, ruhiges Hotel mit zwölf großen, hellen Zimmern. Es gibt ein Restaurant und einen Konferenzraum.

Hotel Spichlerz Murka (☎/Fax 881 00 36; Ul Krakowska 59/61; EZ/DZ 90/160 Zł) Das Hotel befindet sich in einem alten Speicher auf einem Privatgelände an einer sehr ruhigen Gasse. Auch wenn die Zimmer eher spartanisch sind, hat das Hotel einen gemütlichen Charakter. Die Besitzer betreiben in der Nähe noch ein weiteres elegantes Hotel und einen Campingplatz.

Essen

Im gesamten Stadtzentrum von Kazimierz gibt es jede Menge Cafés und Restaurants.

Zielona Tawerna (☎ 881 03 08; Ul Nadwiślańska 4; Hauptgerichte 15–30 Zł; ⌚ Mittag- & Abendessen) Die „Grüne Taverne" befindet sich in einem alten Holzhaus und ist voller Antiquitäten. Es gibt eine riesige Auswahl an gegrilltem Fleisch und Fisch, Salaten und vegetarischen Speisen. Der hübsche Biergarten ist ein gemütlicher Ort für einen Drink.

Piekarnia Sarzyński (☎ 881 06 43; Ul Nadrzeczna 6; Hauptgerichte ab 6 Zł; ⌚ Frühstück & Mittagessen) Die Bäckerei verkauft leckere Brötchen, Kuchen und Brote. Spezialität des Hauses sind ausgefallene Brote in Tierform, darunter Hähne und Krebse. Es gibt auch ein Café, in dem kleine Speisen wie Salate und Teigtaschen serviert werden.

Naleśniki Francuskie (☎ 882 03 35; Ul Krakowska 26; Crêpes 4–5 Zł; ⌚ Mo–Fr 13–19 Uhr, Sa 11–20 Uhr, So 10–19 Uhr) Dieses originelle, kleine Café etwas abseits vom Zentrum ist der richtige Ort, wenn man Appetit auf Crêpes hat. Die Karte bietet eine riesige Auswahl und es gibt jede Menge Teesorten.

Restauracja Mandaryn (☎ 881 02 20; Ul Senatorska 17; Hauptgerichte 20–30 Zł; ⌚ Mittag- & Abendessen) Mit polnischer und internationaler Küche hat das leicht orientalisch angehauchte Mandaryn eine der vielseitigeren Speisekarten von Kazimierz mit Omelettes, Salaten und Steaks.

Galeria Herbaciarnia U Dziwisza (☎ 881 02 87; Ul Krakowska 6; Tee ab 3 Zł; ⌚ Frühstück & Mittagessen) Ein urig-gemütlicher Mix aus Kunstgalerie und Teehaus. Hier kann man zwischen hundert verschiedenen Teesorten wählen.

Knajpa U Fryzjera (☎ 881 04 26; Ul Witkiewicza 2; Hauptgerichte 19–25 Zł; ⌚ Mittag- & Abendessen) Dieses kleine, kuschelige Lokal in einem ehemaligen Friseursalon bietet echte jüdische Küche in netter Atmosphäre.

Pod Wietrzną Górą (☎ 881 05 43; Ul Krakowska 1; Hauptgerichte 11–23 Zł; ⌚ Frühstück, Mittag- & Abendessen)

Das helle, moderne Restaurant hat das übliche Angebot an polnischen Gerichten, von Grillspezialitäten über Steaks bis zu Klößen, bietet aber auch leichtere Speisen und Pizzen. Im Hinterhof gibt es einen Biergarten.

Anreise & Unterwegs vor Ort

Kazimierz Dolny ist ein günstiger Zwischenstopp auf der Strecke Lublin–Warschau, bietet sich aber auch als Tagesausflug von Lublin aus an. Einen Bahnhof gibt es hier nicht, aber eine gute Busanbindung.

BUS

Der PKS-Busbahnhof liegt 100 m nördlich des Rynek und bietet jede halbe Stunde Busverbindungen nach Puławy (3,20 Zł, 45 Min.). Ähnlich häufig fährt der Regionalbus 12 aus Puławy. Er hält in Puławy direkt am Bahnhof. Nach Lublin (8,10 Zł, 2 Std.) fahren ungefähr einmal stündlich Busse. Nach Warschau fahren täglich fünf Schnellbusse (22 Zł, 3½ Std.). Man kann auch mit dem Bus nach Puławy fahren und dort den Zug nehmen.

SCHIFF

Wenn sich im Sommer genügend Passagiere finden, kann man einen netten Bootsausflug nach Janowiec auf der anderen Seite der Weichsel machen. Auskunft hierzu gibt es am Kai am Ende der Ul Nadwiślańska.

Von Mai bis September verkehrt auch eine Auto- und Passagierfähre. Sie legt 1 km westlich vom Hotel Murka Spichlerz ab.

JANOWIEC

☎ 81 / 1200 Ew.

Das Dorf Janowiec liegt 2 km stromaufwärts auf der gegenüberliegenden Seite der Weichsel von Kazimierz Dolny. Es ist für seine **Burg** bekannt, die heute zum **Museum Janowiec** (☎ 881 52 28; Ul Lubelska 20; Erwachsene/ermäßigt 8/6 Zł; Mai–Okt. Mo–Fr 10–17 Uhr, Sa & So 10–14 Uhr, Nov.–April Mo 10–14 Uhr, Di–Fr 10–17 Uhr, Sa & So 10–19 Uhr) gehört.

Die Burg wurde Anfang des 16. Jhs. von der Familie Firlej erbaut und von den späteren Besitzern in den nächsten hundert Jahren nach und nach erweitert. Am Ende hatte sie über 100 Räume und war eine der größten und prächtigsten Burgen Polens. Viele berühmte Architekten, wie Santi Gucci und Tylman van Gameren, haben an der Gestaltung der Burg mitgewirkt.

Im 19. Jh. verfiel die Burg langsam und im Ersten und Zweiten Weltkrieg wurden weitere große Teile zerstört. Im kommunistischen Polen war sie die einzige Burg in Privatbesitz, bis ihr Besitzer sie 1975 dem Staat schenkte. Zu diesem Zeitpunkt war sie nur noch eine Ruine.

Auch heute ist die Burg noch eine Ruine, aber in den letzten Jahren hat sich viel getan. Durch intensive Restaurierungsarbeiten sind einige Räume und Teile der Burgmauern inklusive Verließen, Wehrgängen und Außenanstrich bereits neu entstanden. Die Burgmauern fallen besonders ins Auge: Sie sind mit waagerechten roten und weißen Streifen und grotesken Figuren bemalt. Das Ganze wirkt wie der Witz eines modernen Künstlers, ist es aber nicht, wie Historiker bezeugen. In einigen der rekonstruierten Räume ist eine Ausstellung zur Burggeschichte untergebracht.

Im Park neben der Burg steht ein **Gutshaus** aus den 1760er Jahren. Es gehört zum Museum und ist im Stil seiner Zeit ausgestattet, was einen guten Einblick in das Leben des polnischen Adels im 18. Jh. gibt. Zu den Außengebäuden gehören auch zwei zweigeschossige Speicher mit einer interessanten **volkskundlichen Ausstellung**. Sie zeigt alte Fischerboote, Keramiken, Werkzeuge und andere Haushaltsgegenstände.

Ein Spaziergang hinunter ins Dörfchen Janowiec am Fuß der Burg lohnt sich. Hier steht eine gotische **Pfarrkirche** aus der Mitte des 14. Jhs., die in den 1530er Jahren im Stil der Renaissance umgebaut wurde. Im Inneren ist das Grabmal der Familie Firlej, das zwischen 1586 und 1587 in der Werkstadt von Santi Gucci entstand.

Schlafen & Essen

Das PTTK-Büro in Kazimierz Dolny (s. S. 204) gibt Auskunft über freie Privatzimmer in Janowiec. Essen kann man entweder im **Restauracja Serokomla** (☎ 881 52 77; Ul Sandomierska 24; Hauptgerichte 10–20 Zł; Mittag- & Abendessen) oder im **Maćkowa Chata** (☎ 881 54 62; Ul Sandomierska 2; Hauptgerichte 10–15 Zł; Mittag- & Abendessen); beide Lokale liegen in der Nähe des Ryniek von Janowiec.

An- & Weiterreise

Von Kazimierz Dolny nach Janowiec kommt man mit einem Ausflugsboot oder einer Fähre. Es gibt aber auch regelmäßige Bus verbindungen von/nach Puławy (3,10 Zł, 30 Min.) mit dem Regionalbus 17 und mit PKS-Bussen.

CHEŁM

☎ 82 / 70 000 Ew.

Chełm ist eine mittelgroße Stadt in der Nähe der ukrainischen Grenze, 70 km von Lublin entfernt. Sie liegt abseits der üblichen Touristenpfade, obwohl sie nicht weit von der Strecke Lublin–Zamość entfernt ist. Von beiden Städten lässt sich Chełm gut als Tagesausflug besuchen. Die Stadt liegt interessanterweise auf einer 800 m dicken Kreideschicht. Mehrere Jahrhunderte lang waren diese Kreidevorkommen die wirtschaftliche Grundlage der Stadt. Die Tunnel des ehemaligen Kreidebergwerks sind heute ihre Hauptattraktion. Der Ort hat aber auch einen schönen umfriedeten Kathedralenhof, der zum Entspannen und Spazierengehen einlädt.

Geschichte

Chełm wurde im 10. Jh. gegründet und wechselte, wie viele Städte an der östlichen Grenze, mehrfach seine Zugehörigkeit zwischen den polnischen Piasten und den Kiewer Fürsten.

1366 nahm König Kazimierz Wielki das Gebiet in Besitz und fünfzig Jahre später richtete König Władysław Jagiełło hier ein katholisches Bistum ein.

Zu dieser Zeit zogen auch viele Juden in die Stadt und ihre Gemeinde wuchs stetig. Ende des 18. Jhs. stellten die Juden etwa 60 % der Bevölkerung. Damals standen 49 Häuser am Marktplatz, von denen 47 Juden gehörten.

Wie in vielen anderen Städten des Landes waren auch in Chełm ab dem 17. Jh. die guten Zeiten vorbei. Es folgten Krieg, Verwüstung und Polens langsamer Niedergang. Danach kamen die polnischen Teilungen und die Stadt wurde zunächst von Österreich und dann von Russland besetzt.

Erst zu Zeiten des Ersten Weltkriegs begann Chełm sich langsam als Teil des Unabhängigen Polens zu erholen. Aber zwei Jahrzehnte später folgten die Schrecken des Zweiten Weltkriegs mit Massenmorden an den Juden, deren Gemeinde auf 17 000 Mitglieder angewachsen war.

Praktische Informationen

Es gibt ausreichend *kantors* (Wechselstuben) in der Stadt, einige davon in der Ul Lwowska.

Adyton (☎ 501 047 907; Ul Lwowska 13P; 2 Zł pro Std.; 🕑 10–22 Uhr) Gutes, zentrales Internetcafé.

Bank Pekao (Al I Armii Wojska Polskiego 41) Die Bank ist außerhalb des Zentrums, hat aber mehrere zentral gelegene Geldautomaten, zum Beispiel in der Lwowska 13 und der Ul Lubelska 65 und 69.

Chełmski Ośrodek Informacji Turystycznej (Touristeninformation; ☎ 565 36 67; itchelm@wp.pl; Ul Lubelska 63; 🕑 Mo–Fr 8–16 Uhr, Sa & So 9–14 Uhr) Die Touristeninformation bietet eine Menge Infomaterial und mehrere kostenlose Broschüren, darunter auch eine Broschüre über historische Bauten und einen Stadtführer (beides auf Englisch).

Stadtbücherei Chełm(☎ 563 95 92; Ul Partyzantów 27)

Sehenswertes

Die Top-Sehenswürdigkeit der Stadt ist das ehemalige **Kreidebergwerk** (Chelmer Kreidegewölbe) (Chełmskie Podziemia Kredowe; ☎ 565 25 30; www.um.chelm.pl auf Deutsch; Ul Lubelska 55A; Erwachsene/ermäßigt 9/6 Zł; 🕑 9–16 Uhr). Die Tunnel wurden bis zu einer Tiefe von zwölf Metern von Hand in den Kreidefelsen geschlagen. Mit dem Abbau der Kreide wurde bereits im Mittelalter begonnen und im 16. Jh. war Chełm im ganzen Land für seine hochwertige Schreibkreide bekannt. Bis 1939 war das dreigeschossige Tunnellabyrinth auf 15 km Länge angewachsen. Der ausgehöhlte Untergrund wurde zu einer echten Bedrohung für die Stadt. Nach dem Einsturz eines Hauses wurde das Bergwerk 1965 geschlossen und viele der Gänge zugeschüttet. Ein knapp 2 km langer Abschnitt wurde verstärkt und zu einer Besucherattraktion umgewandelt.

Das Bergwerk kann man nur mit einer geführten Gruppe betreten (nur auf Polnisch). Führungen beginnen normalerweise täglich um 11 Uhr, 13 Uhr und 16 Uhr und dauern 45 Minuten. Warme Kleidung wird empfohlen, da die Temperatur in den Tunneln nur 9 °C beträgt.

Chełm liegt in einer Ebene mit einem Hügel in der Mitte. Die erste Siedlung und die erste Befestigungsanlage waren auf dem Hügel. Außer einer deutlichen Bodenwelle, auf der heute ein Holzkreuz steht, ist von ihnen nichts erhalten.

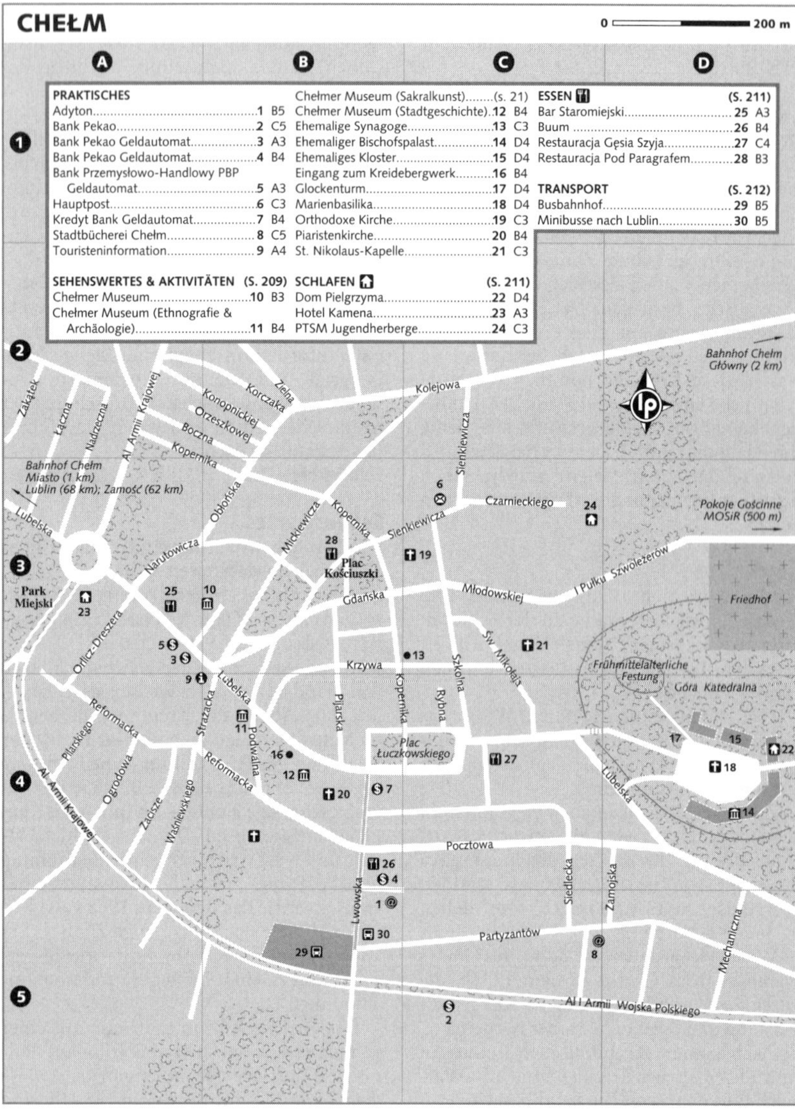

Heute steht die strahlend weiße **Marienbasilika** (Bazylika Mariacka) auf dem Hügel. Sie ist von weiteren kirchlichen Gebäuden umgeben, darunter ein ehemaliger Bischofspalast und ein ehemaliges Kloster. Die spätbarocke Basilika entstand durch den Umbau des ehemaligen Uniten-Doms, der hier Mitte des 18. Jhs. erbaut wurde. Das Innere der Basilika ist schlicht und weitestgehend schmucklos. Es gibt jedoch einen silbernen Altarbehang am Hochaltar, auf dem polnische Ritter bei der Anbetung der Mutter Gottes von Chełm abgebildet sind. Das Marienbildnis selbst schmückt den Altar; es ist allerdings eine Replik. Das Original wurde während des Ersten Weltkriegs von den Russen entwendet und ist heute in der Ukraine. Direkt neben der Kirche ragt der freistehende, 40 m hohe **Glockenturm** auf. Er wurde im 19. Jh. im orthodoxen Stil errichtet und später teilweise neoklassizistisch umgestaltet.

Beeindruckender ist aber die ehemalige **Piaristenkirche** (Kościół Pijarski) in der Nähe des Plac Łuczkowskiego. Die spätbarocke Kirche mit Zwillingstürmen wurde Mitte des 18. Jhs. mit ovalem Grundriss errichtet. Durch ein prachtvoll verziertes Portal geht es in ein vollständig mit Fresken verziertes Kirchenschiff. Die illusionistischen Wandmalereien wurden 1758 von Józef Mayer erstellt, der auch die Lubliner Kathedrale gestaltet hat. Die Kircheneinrichtung ist im Rokokostil gehalten. Heute wird sie als Pfarrkirche genutzt.

Im ehemaligen Kloster nebenan ist das **Chełmer Museum** (Muzeum Chełmskie; ☎ 565 26 93; Ul Lubelska 55; Erwachsene/ermäßigt 3/2 Zł, Do Eintritt frei; 🕑 Di–Fr 10–15.30 Uhr, Sa & So 11–15 Uhr). Es zeigt eine Sammlung moderner polnischer Malerei, einige naturgeschichtliche Exponate und Wechselausstellungen. Das Museum hat drei Außenstellen mit denselben Öffnungszeiten und denselben Eintrittspreisen. Es gibt aber auch ein Gemeinschaftsticket für alle vier Museen (Erwachsene/ermäßigt 6/4 Zł). Die **Abteilung Ethnografie und Archäologie** (Ul Lubelska 56a) zeigt eine Sammlung archäologischer Funde, die bis in die Steinzeit zurückreichen, sowie einige volkskundliche Exponate und Wechselausstellungen. Die **Abteilung Stadtgeschichte** (Ul Lubelska 57) zeigt Dokumente und Fotografien zur Chełmer Stadtgeschichte. In der dritten Abteilung, der **St. Nikolaus-Kapelle** (Ul Św Mikołaja 4), wird Sakralkunst des 18. bis 20. Jhs. ausgestellt. Außerdem wird die Kirche als Konzertsaal genutzt.

Eines der wenigen Relikte der jüdischen Vergangenheit ist die unauffällige **Synagoge** aus dem Jahr 1914. Sie liegt an der Ecke Ul Kopernika und Ul Krzywa, ist heute ein Bürogebäude, aber trotzdem für die Öffentlichkeit zugänglich. Ein paar Schritte weiter nach Norden, am Plac Kościuszki, steht die neoklassizistische **Orthodoxe Kirche**. Sie wurde 1852 unter zaristischer Herrschaft erbaut.

Schlafen

Chełm hat keine große Auswahl an Unterkünften. Wer nicht in einem Schlafsaal übernachten möchte, sollte den Besuch in Chełm besser als Tagesausflug von Lublin oder Zamość aus planen. Die Touristeninformation gibt Auskunft über Jugendherbergen, die aber nur in der Saison geöffnet sind.

Dom Pielgrzyma (☎ 565 36 56; Ul Lubelska 2; Schlafsaal/EZ/DZ 15/50/100 Zł) Das „Pilgerhaus" ist eine interessante preiswerte Unterkunft. Es liegt in einem ruhigen Gebäude aus dem 18. Jh. auf dem Gelände der Marienbasilika. Es hat zwei Einzelzimmer und ein Doppelzimmer mit eigenem Bad und einen Schlafsaal mit 25 Betten. Es liegt allerdings innerhalb des Kathedralenhofs, der um 21.30 Uhr schließt.

PTSM Jugendherberge (☎ 564 00 22; Ul Czarnieckiego 8; Schlafsaal 30 Zł) Die Jugendherberge mit 48 Betten liegt günstig direkt im Zentrum, hat saubere, gemütliche Schlafsäle und gibt bei mehr als einer Übernachtung einen kleinen Preisnachlass.

Pokoje Gościnne MOSiR (☎ 563 02 86; Ul I Pułku Szwoleżerów 15A; DZ/3BZ/4BZ 60/58–90/77 Zł) Das MOSiR ist ein schlichtes Budgethotel neben der Sportarena hinter dem Hügel mit der Basilika. Die preiswerteren Dreier- und Viererzimmer sind sehr spartanisch und haben kein eigenes Bad.

Hotel Kamena (☎ 565 64 01; www.hotelkamena.pl auf Deutsch; Al Armii Krajowej 50; EZ/DZ 115/150 Zł; Ⓟ) Das Hotel Kamena ist ein tristes Überbleibsel aus kommunistischer Zeit. Die kaputten Fenster an der Rezeption sind nicht gerade Vertrauen erweckend. Aber die Zimmer sind sauber, die Lage ist zentral und es gibt ein Hotelrestaurant.

Essen

Restaurants sind über die ganze Stadt verstreut. Einige liegen in der Umgebung des Plac Łuczowskiego. In der Fußgängerzone in der Ul Lwowska gibt es ein paar Cafés und Pizzerias.

Bar Staromiejski (☎ 565 43 40; Ul Lubelska 68; Hauptgerichte 5–10 Zł; 🕑 Mo–Fr 8–18 Uhr, Sa 8–15 Uhr) Die ehemalige Milchbar ist das preiswerteste Lokal am Ort und bietet die übliche Auswahl an günstigen polnischen Gerichten. Der Koch schwört auf Kutteln. Unbedingt bestellen!

Buum (☎ 565 84 62; Ul Lwowska 7a; Hauptgerichte 8–15 Zł; 🕑 Mittag- & Abendessen) Die Pizzeria mit dem prägnanten Namen liegt an Chełms Hauptgeschäftsstraße und hat eine umfangreiche Speisekarte mit Pizza und Pastagerichten.

Restauracja Gęsia Szyja (☎ 565 23 21; Ul Lubelska 27; Hauptgerichte 10–20 Zł; ⏲ Mittag- & Abendessen) In den gemütlichen Gewölbekellern des Gęsia Szyja sitzt man angenehm. Es gibt traditionelle polnische Küche, aber auch Pizza.

Restauracja Pod Paragrafem (☎ 564 06 10; Ul Gdańska 13; Hauptgerichte 15–20 Zł; ⏲ Mo–Fr 10–23 Uhr, Sa & So 14–23 Uhr) Ein weiteres Lokal mit herzhaftem polnischem Essen von der „Fleisch-trifft-Kohl"-Sorte.

An- & Weiterreise

BUS

Der Busbahnhof liegt an der Ul Lwowska, 300 m vom Rynek entfernt. PKS-Busse nach Lublin (10 Zł, 1½ Std.) fahren alle zwei Stunden ab. Die schnelleren privaten Minibusse fahren noch öfter (9 Zł, 1 Std.); Abfahrt ist direkt neben dem Busbahnhof. Täglich fahren auch einige PKS-Busse (10 Zł, 1½ Std.) und diverse Minibusse (9 Zł, 1½ Std.) nach Zamość. Außerdem gibt es täglich zwei Schnellbusse direkt nach Warschau (229 km).

ZUG

Die Stadt hat zwei Bahnhöfe: Chełm Miasto 1 km westlich und Chełm Główny 2 km nordöstlich der Altstadt. Beide werden von Stadtbussen angefahren. Züge nach Lublin (18 Zł, 2 Std.) fahren alle ein bis zwei Stunden. Es gibt drei Schnellzüge täglich nach Warschau. Diese Züge halten an beiden Bahnhöfen.

ZAMOŚĆ

☎ 84 / 65 000 Ew.

Perle der Renaissance, Padua des Nordens und Stadt der Arkaden sind nur drei der vielen Titel, mit denen Zamość in Reiseführern angepriesen wird. Dies ist zwar leicht übertrieben, aber das Städtchen ist wirklich einzigartig. Es wurde im 16. Jh. von dem italienischen Architekten Bernardo Morando als Gesamtkunstwerk angelegt und in einem Zug erbaut.

Bis heute ist die Stadt relativ unverändert erhalten. Mit mehr als 100 Baudenkmälern von historischem und künstlerischem Wert wurde die Altstadt von Zamość 1992 in die Weltkulturerbeliste der Unesco aufgenommen.

Geschichte

Zamość ist die Idee von Jan Zamoyski (1542–1605). Er war königlich polnischer Großkanzler und Kronfeldherr. Als Mann der Renaissance wollte Zamoyski eine ideale Stadt entwerfen, die gleichzeitig Kulturzentrum, Handelszentrum und uneinnehmbare Festung sein sollte.

Wie fast alle Aristokratensprösslinge seiner Zeit hatte auch Zamoyski in Padua studiert. Deshalb suchte er in Italien und nicht im benachbarten Russland nach Inspiration. Für seinen großen Plan verpflichtete er Bernardo Morando, einen italienischen Architekten aus Padua. Dieser setzte die Ideen Zamoyskis anhand der damaligen Theorien zur Städteplanung um.

Das Projekt startete 1580 und nach nur elf Jarhen standen bereits 217 Gebäude und nur noch 26 Grundstücke lagen brach. Kurz darauf waren die Arbeiten an den öffentlichen Gebäuden wie Palast, Kirche, Rathaus und Universität beendet und die Stadt wurde mit einer massiven Befestigungsanlage umgeben.

Das Experiment erwies sich als genauso erfolgreich wie sein Gründer gehofft hatte. Die Lage der Stadt direkt an der Kreuzung der Handelsrouten Lublin–Lemberg und Krakau–Kiew zog viele ausländische Händler an: Armenier, Juden, Griechen, Deutsche, Schotten und Italiener ließen sich hier nieder. 1594 wurde die Akademie von Zamość gegründet. Sie war nach Krakau und Vilnius die dritte Institution höherer Bildung in Polen und entwickelte sich schnell zu einem wichtigen Bildungszentrum.

Den ersten Test ihrer Wehrhaftigkeit überstand die Stadt 1648 bei einem Überfall der Kosacken mit Bravour. Die Qualität ihrer Befestigung stellte sie dann während der schwedischen Invasion 1656 erneut unter Beweis – Zamość war (neben Tschenstochau und Danzig) eine von drei polnischen Städte, die dem Ansturm der Schweden standhielten.

Während der polnischen Teilungen fiel Zamość erst an Österreich, kam aber später unter zaristische Herrschaft. In den 1820er Jahren bauten die Russen die Stadtbefestigung noch weiter aus, was ästhetisch aber eher nachteilig war. Ehemals prachtvolle Gebäude wie der Palast, die Akademie und

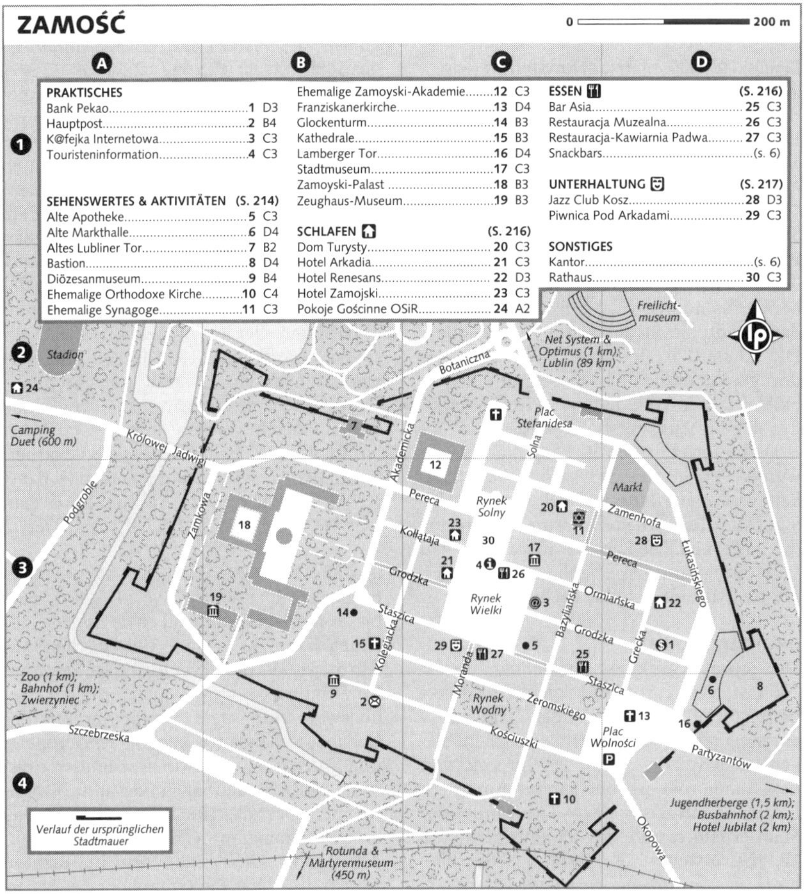

das Rathaus wurden militärischen Zwecken angepasst und bekamen ein einheitliches Kasernenoutfit. Die Befestigungsanlagen wurden 1866 aufgegeben und kurz darauf teilweise abgetragen.

Im Zweiten Weltkrieg erklärten die Nationalsozialisten Zamość zu einem Germanisierungszentrum und benannten die Stadt in „Himmlerstadt" um. Nach brutaler Vertreibung der polnischen Bevölkerung siedelten sich die Deutschen hier an, denn Hitler wollte die Stadt zu einem östlichen Bollwerk des Dritten Reichs ausbauen. Als sie vor der Roten Armee fliehen mussten, gelang es den Deutschen glücklicherweise nicht, die Stadt zu zerstören.

Praktische Informationen

In der Altstadt kann man in der öffentlichen Bücherei in der ehemaligen Synagoge den Computer benutzen. Die Internetcafés der Stadt sind grundsätzlich von 10 bis 21 Uhr geöffnet und nehmen 2 bis 3 Zł pro Stunde. In den alten Markthallen gibt es einige *kantors*.

Bank Pekao (Ul Grodzka 2) Die Bank hat einen Geldautomaten und zahlt Bargeld gegen Visa und Mastercard aus. Sie wechselt wie die *kantors* Bargeld, die Kurse sind aber wahrscheinlich schlechter als in den Großstädten.

K@fejka Internetowa (☎ 639 29 32; Rynek Wielki 10) Internetzugang.

NetSystem (☎ 639 34 75; Ul Peowiaków 9) Internetzugang.

Optimus (☎ 639 20 56; Ul Peowiaków 6) Internetzugang.
Zamojski Ośrodek Informacji Turystycznej (Touristeninformation; ☎/Fax 627 08 13; Rynek Wielki 13; Mai–Sept. Mo–Fr 8–18 Uhr, Sa 10–16 Uhr, So 10–15 Uhr, Okt.–April Mo–Fr 8–16 Uhr) Die Touristeninformation ist im Rathaus, hat hilfsbereites, gut informiertes Personal und eine Auswahl an Landkarten und Broschüren.

Sehenswertes

Zamość gehört definitiv zu den Städten, in denen es mehr Spaß macht, einfach nur umherzuschlendern, als die Stadt gezielt mit dem Stadtplan in der Hand zu erkunden. Die Altstadt ist teilweise Fußgängerzone und gerade einmal 600 m lang und 400 m breit. In ihrer Mitte liegt der Große Markt, der sich als Ausgangspunkt anbietet.

Die ursprünglichen Befestigungsanlagen wurden von den Russen bis zur Unkenntlichkeit verändert. Nur auf der Ostseite der Stadt sind Teile erhalten, darunter auch eine der Bastionen. Die Lage der ursprünglichen Befestigungsanlagen ist anhand des Walles, der die Altstadt umgibt, nachvollziehbar.

GROSSER MARKT

Der Rynek Wielki ist spektakulär. Er ist 100 m x 100 m groß und von alten Bürgerhäusern mit Arkadengängen gesäumt – ein einzigartiger Renaissancemarkt im italienischen Stil. Er wird an der Nordseite von dem hohen rosafarbenen **Rathaus** dominiert. Ursprünglich kurz nach Gründung der Stadt erbaut, wurde das Rathaus Mitte des 17. Jhs. erweitert und erhielt 1768 seine große geschwungene Freitreppe.

An jeder Seite des Rynek stehen acht Häuser, bis auf die Nordseite mit dem Rathaus. In der Mitte jeder Seite trifft eine Zugangsstraße auf den Platz. Diese bilden die Hauptachsen der Stadt. Die West-Ost-Achse verläuft vom Palast zur wichtigsten Bastion, während die Nord-Süd-Achse die drei Markplätze miteinander verbindet. Der Stadtgründer Jan Zamoyski wollte nicht, dass das Rathaus mit seinem Palast konkurrierte und die Sicht versperrte. Deshalb steht das Rathaus nicht wie üblich in der Mitte des Marktplatzes.

Ursprünglich hatten alle Häuser am Platz prachtvolle Balustraden, die aber in den 1820er Jahren entfernt wurden. Nur bei den Häusern an der Nordseite hat man sie rekonstruiert. Sie sind heute – und waren es wahrscheinlich immer – die schönsten Häuser des Platzes. In zwei Gebäuden ist das **Stadtmuseum** (Muzeum Zamojskie; ☎ 638 64 94; Rynek 24/26; Eintritt 4 Zł; Di–So 9–16 Uhr) untergebracht. Zu den interessanten Ausstellungsstücken des Museums gehören ein Modell der Stadt, wie sie im 16. Jh. ausgesehen hat, und ein Brief an Jan Zamoyski von seinem Architekten Bernardo Morando. In dem Brief ist ein handgemalter Plan des Großen Marktes mit allen Namen der ersten Hausbewohner. Außerdem werden Portraits der Familie Zamoyski, Trachten und archäologische Funde der Region gezeigt. Sehenswert sind zwei erhaltene Holzdecken und Verzierungen an den Fenstern und Türen.

Bei einem Spaziergang um den Rynek sieht man schöne Hauseingänge (z. B. bei Nr. 21 und 25) und dekorative Stuckarbeiten an den Gewölben und Arkaden (z. B. bei Nr. 10). Auch die alte Apotheke aus dem Jahr 1609, das Haus Nr. 2, ist sehenswert.

IN DER ALTSTADT

Es dauerte über 40 Jahre, von 1587 bis 1628, bis die **Kathedrale** südwestlich des Rynek vollendet war. Die Fassade des Kirchenbaus wurde im 19. Jh. stark verändert, doch im Innenraum ist vieles noch erhalten. Sehenswert sind die Gewölbe im Stil der Lubliner Renaissance, kunstvolle Steinmetz- und Stuckarbeiten sowie eine ungewöhnliche, mit Arkadenbögen verzierte Orgelempore. Der silberne Rokoko-Tabernakel im Hochaltar stammt aus dem Jahr 1745. In der Zamoyski-Kapelle vorn im rechten Seitenschiff liegt die Grabplatte des Stadtgründers. Die Treppe neben der Kapelle führt hinunter in die Familienkrypta. Sie kann gegen ein kleines Eintrittsgeld besichtigt werden.

Nach dem Aufstieg auf den freistehenden **Glockenturm** (Eintritt 1 Zł; Mai–Sept. Mo–Sa 10–16 Uhr) hat man einen schönen Blick. Die Aussichtsplattform liegt allerdings nicht hoch genug, um die gesamte Altstadt und den Rynek überblicken zu können. Der ursprüngliche Turm war aus Holz und brannte ab. Die heutige Konstruktion wurde zwischen 1755 und 1675 erbaut. Im Turm gibt es drei Glocken. Die größte ist nach dem Stadtgründer Jan benannt, wiegt 4300 kg und ist über dreihundert Jahre alt.

Hinter der Kathedrale steht das ehemalige Priesterhaus von 1610, Infułatka genannt. Die prächtige Eingangstür führt ins **Diözesanmuseum** (Muzeum Sakralne; Ul Kolegiacka 2; Eintritt 3 Zł; Mai–Sept. Mo–Fr 10–16 Uhr, Sa & So 10–13 Uhr, Okt.–April Sa & So 10–13 Uhr). Es zeigt sakrale Kunstgegenstände.

Westlich der Kathedrale (der ehemaligen Kollegiatskirche) liegt das alte Zeughaus mit dem **Zeughaus-Museum** (Muzeum Arsenał; ☎ 638 40 76; Ul Zamkowa 2; Erwachsene/ermäßigt 4/2,50 Zł; Mo–Fr 9–16 Uhr). Es besitzt eine kleine, eher mittelmäßige Sammlung von Kanonen, Schwertern, Musketen und anderen Waffen und zeigt wechselnde Ausstellungen. Nördlich davon ist der **Zamoyski-Palast** (Pałac Zamoyskich). Er muss früher eine prächtige Residenz gewesen sein, wurde aber in den 1830er Jahren in ein Militärkrankenhaus umgewandelt. Heute befinden sich hier Verwaltungsbüros und das Haus kann nicht besichtigt werden.

Das **Alte Lubliner Tor** (Stara Brama Lubelska) etwas nördlich auf der gegenüberliegenden Seite der Ul Królowej Jadwigi ist ein Ziegelbau, der aber nur noch teilweise erhalten ist. Kurz nach seiner Erbauung im Jahr 1588 wurde das Tor in Gedenken an die siegreiche Schlacht von Byczyna zugemauert. In dieser Schlacht wurde der österreichische Erzherzog Maximilian, der Anspruch auf den polnischen Thron erhob, gefangen genommen und triumphierend durch dieses Tor in die Stadt geführt. Er war der letzte, der durch das Tor ging.

Östlich des Tors befindet sich die berühmte **Akademie**, die ihre Pracht ebenfalls in zaristischer Zeit einbüßte. Direkt dahinter ist der Rynek Solny, der Salzmarkt. Er liegt auf der Rückseite des Rathauses. Sehenswert ist das Symbol der Gerechtigkeit über dem Tor. Hier war früher ein Gefängnis.

Einen Block östlich des Rynek Solny steht die **Renaissancesynagoge**, die zwischen 1610 und 1618 erbaut wurde. Die schmuckvollen Balustraden des Bauwerks wurden liebevoll rekonstruiert. Heute ist hier eine Bücherei untergebracht. Während ihrer Öffnungszeiten kann man die teilweise erhaltenen Stuckarbeiten und Reste von Fresken an den Deckengewölben besichtigen.

Das Gebiet um den Rynek Splny und die Ul Zamenhofa war einst das Herz des jüdischen Viertels. Im Jahr 1588 bekamen die Juden die Erlaubnis, in Zamość zu siedeln. Mitte des 19. Jhs. waren 60 % der 4000 Einwohner Juden. Kurz vor dem Zweiten Weltkrieg war ihre Gemeinde auf 12 000 Menschen (45 % der Stadtbevölkerung) angewachsen. 1941 wurden die Juden in ein Ghetto gepfercht, das westlich der Altstadt angelegt worden war. Nur ein Jahr später waren die meisten von ihnen in Konzentrationslagern gestorben.

Am östlichen Rand der Altstadt liegt die **Alte Markthalle** (Hala Targowa) mit zahlreichen kleinen Läden, einem *kantor* und ein paar schlichten Cafés. Direkt neben der Markthalle befindet sich eine **Bastion** – von ehemals sieben Bastionen ist diese am besten erhalten. Stadtrundgänge mit einem Reiseleiter (auf Polnisch) führen an der **Stadtmauer** (☎ 627 07 48; Erwachsene/ermäßigt 2/1,5 Zł; Mai–Sept. Mo–Sa 9–17 Uhr) entlang und in unterirdische Wehrgänge, deren Eingang neben dem **Lemberger Tor** (Brama Lwowska) liegt. Es ist eins von drei ehemaligen Stadttoren. Trotz späterer Änderungen sind ein Teil des Fassadenschmucks und eine Inschrift über die Stadtgründung (auf der Ostseite) erhalten.

Gegenüber dem Tor steht die gewaltige **Franziskanerkirche** (Kościół Franciszkanów; Plac Wolności). Als sie zwischen 1637 und 1665 gebaut wurde, galt sie als größte und schönste Barockkirche Polens. Von ihrer Pracht ist aber leider so gut wie nichts erhalten. Nach den polnischen Teilungen wandelten die Österreicher die Kirche in ein Krankenhaus um. Die Russen nutzten sie bis 1840 als Waffenarsenal. Später war sie eine Kaserne und die schönen Zwillingstürme wurden abgerissen. Zwischen den Weltkriegen waren hier ein Museum und ein Kino untergebracht. Nach dem Zweiten Weltkrieg zog eine Kunstschule ein, nachdem für das Museum eine neue Bleibe gefunden war. Erst 1994 forderten die Franziskaner den Bau zurück und machten ihn erneut zu einer Kirche.

Weiter südlich steht die ehemalige **Orthodoxe Kirche**, die in den 1620er Jahren von griechischen Händlern gebaut wurde. Ein halbes Jahrhundert später erhielt sie einen Wehrturm. Die Kirche wurde mehrfach umgebaut, ein Teil der ursprünglichen Stuckdekorationen im Gewölbe ist jedoch erhalten.

NOCH MEHR SEHENSWERTES

450 m südwestlich der Altstadt steht die **Rotunda**, eine ringförmige Festung, die in

den 1820er Jahren als Teil der Stadtbefestigung erbaut wurde. Im Zweiten Weltkrieg benutzten die Nationalsozialisten sie für Hinrichtungen. 8000 Stadtbewohner wurden hier umgebracht. Heute befindet sich hier das **Märtyrermuseum** (Muzeum Martyrologii; Ul Męczenników Rotundy; Eintritt frei; ⌚ Mai–Okt. 9–18 Uhr), eher eine Gedenkstätte als ein Museum.

Zamość hat auch einen kleinen **Zoo** (Ogród Zoologiczny; ☎ 639 34 70; Ul Szczebrzeska 8; Erwachsene/ermäßigt 4/2 Zł; ⌚ April–Sept. 9–19 Uhr, Okt.–März 7–15 Uhr). Hier sind einheimische Tiere und ein paar „Exoten" wie Affen und Tiger zu sehen. Der Zoo liegt gegenüber vom Bahnhof.

Festivals & Events

In Zamość finden jedes Jahr drei Jazzfestivals statt: das Festival **Jazz im Grenzland** im Juli, das **Internationale Treffen der Jazzsänger** im September und das **Zamość Blues Festival** Anfang Dezember. Alle drei werden vom **Jazz Club Kosz** (☎ 638 60 41; Ul Zamenhofa 3) organisiert und finden auch dort statt.

Beim **Theatersommer Zamość** werden jedes Jahr von Mitte Juni bis Mitte Juli auf dem Rynek Wielki vor der imposanten Kulisse des Rathauses unter freiem Himmel Theaterstücke aufgeführt.

Schlafen

Zamość ist mit Unterkünften ziemlich gut ausgestattet. Die meisten sind allerdings eher langweilig – erstaunlich bei einer Stadt mit so vielen architektonischen Reichtümern. Die besten Hotels befinden sich in der Altstadt.

BUDGETUNTERKÜNFTE

Dom Turysty (☎ 639 26 39; Ul Zamenhofa 11; EZ & DZ 45 Zł) Dieses sehr kleine Hotel hat hübsche, einfache Zimmer mit Gemeinschaftsbad. Es ist zwar schlicht, liegt aber absolut zentral und der Preis ist unschlagbar.

Jugendherberge (☎ 627 91 25; Ul Zamoyskiego 4; Schlafsaal 12–16 Zł; ⌚ Juli & Aug.) Die einfache, aber funktionale Jugendherberge ist ein echter Preishit. Sie befindet sich in einer Schule 1,5 km von der Altstadt entfernt in praktischer Nähe zum Busbahnhof.

Pokoje Gościnne OSiR (☎ /Fax 638 60 11; www.osir.zamosc.pl auf Polnisch; Ul Królowej Jadwigi 8; Schlafsaal/EZ/DZ/3BZ/4BZ inkl. Frühstück 23,50/90/125/150/180 Zł; P) Das OSiR ist ein Sporthotel und daher manchmal von Sportmannschaften belegt. Es ist ebenfalls eine preiswerte Alternative in Laufweite zur Altstadt.

Camping Duet (☎ 639 24 99; Ul Królowej Jadwigi 14; EZ/DZ/3BZ 65/75/95 Zł; P) Der günstig gelegene Campingplatz ist nur 1,5 km westlich der Altstadt und hat saubere Bungalows, Tennisplätze, ein eigenes Restaurant, eine Sauna und ein Jacuzzi. In die größeren Bungalows passen bis zu sechs Personen.

MITTEL- & SPITZENKLASSEHOTELS

Bei allen Preisen ist Frühstück inbegriffen.

Hotel Zamojski (☎ 639 25 16; zamojski@orbis.pl; Ul Kołłątaja 2/4/6; EZ/DZ Mo–Fr 202/285 Zł, Sa & So 160/190 Zł; P ☒) Dieses angenehme Hotel der Orbis-Kette ist das beste Hotel der Stadt. Es befindet sich in drei gründlich modernisierten, miteinander verbundenen historischen Häusern neben dem Rynek. Die Zimmer sind sehr schick und geschmackvoll eingerichtet und haben alle eine Minibar. Das Hotel hat zwei empfehlenswerte Restaurants (auch für Nicht-Hotelgäste) und ein Fitnesscenter.

Hotel Renesans (☎ 639 20 01; hotelrenesans@hoga.pl; Ul Grecka 6; EZ/DZ Mo–Fr 128/183 Zł, Sa & So 105/152 Zł; P) Dieser Betonklotz ist wirklich umwerfend hässlich und hat gar nichts mit der Renaissance zu tun. Er liegt aber sehr zentral, die Zimmer sind in Ordnung und wenn man den braun gemusterten Teppichboden ignorieren kann, lässt es sich hier aushalten. Die Wochenendrabatte sind sehr günstig.

Hotel Arkadia (☎ 638 65 07; makben@wp.pl; Rynek Wielki 9; DZ/3BZ 150/180 Zł; P) Das Arkadia hat nur sechs Zimmer, davon zwei mit Blick auf den Rynek. Es ist ein tolles altes Gemäuer in erstklassiger Lage und mit viel Charme, hat aber schon bessere Tage gesehen.

Hotel Jubilat (☎ 638 64 01; hoteljubilat@hoga.pl; Ul Kardynała Wyszyńskiego 52; EZ/DZ Mo–Fr 126/166 Zł, Sa & So 104/138 Zł; P) Das Jubilat ist akzeptabel, aber ziemlich langweilig. Es liegt direkt neben dem Busbahnhof – ideal, wenn man spät ankommt oder früh abreist, aber ansonsten recht weit ab vom Schuss. Die Hotelleitung ist dieselbe wie beim Hotel Renesans.

Essen

Es gibt zwar ein paar Restaurants in der Altstadt, die Auswahl hält sich aber in Grenzen. Die Hotelrestaurants sind die beste Wahl. Wer nur eine Kleinigkeit für den schnellen Hunger sucht, findet diverse Snackbars in der alten Markthalle.

Restauracja Muzealna (☎ 638 64 94; Ul Ormiańska 30; Hauptgerichte 10–25 Zł; ⏲ Mittag- & Abendessen) Das Muzealana befindet sich in einem Keller unter dem Hauptmarkt. Es ist ein gemütliches Restaurant mit vielen Wandgemälden. Hier wird gehobene polnische Küche serviert und die Bar ist gut ausgestattet. Vom Platz führt eine Treppe hinunter zum Eingang.

Restauracja-Kawiarnia Padwa (☎ 638 62 56; Ul Staszica 23; Hauptgerichte 7–14 Zł; ⏲ Mittag- & Abendessen) Auch dieses Restaurant liegt in einem Keller gegenüber vom Rathaus. Das Padwa ist ein bodenständiges Lokal mit herzhaften polnischen Gerichten zu fairen Preisen.

Bar Asia (☎ 639 23 04; Ul Staszica 10; Hauptgerichte ab 8 Zł; ⏲ Mo–Fr 8–17 Uhr, Sa 8–15.30 Uhr) Die traditionelle Milchbar serviert preiswertes und deftiges polnisches Essen, also tendenziell viele Suppen, Klöße und Kohl.

Unterhaltung

Piwnica Pod Arkadami (☎ 627 14 43; Ul Staszica 25) Als eine der ersten Kneipen in Zamość erfreut sich dieses Kellerlokal mit Poolbillard bei den Einheimischen großer Beliebtheit und ist oft sehr voll.

Jazz Club Kosz (☎ 638 60 41; Ul Zamenhofa 3) Neben den Festivals (s. S. 216) gibt es im Kosz immer wieder spontane Konzerte und Jam Sessions, wenn gerade zufällig irgendein Musiker in der Stadt auftaucht. Der Eingang liegt auf der Rückseite des Gebäudes.

An- & Weiterreise

BUS

Der Busbahnhof liegt 2 km östlich des Stadtzentrums. Er ist durch Busse gut an die Altstadt angebunden. Bis 18 Uhr fahren jede halbe Stunde Schnellbusse und normale Busse nach Lublin (11,50 Zł, 2 Std.). Dieselbe Strecke fahren aber auch diverse private Minibusse, die schneller und preiswerter sind (10 Zł, 1½ Std.). Es verkehren zwei Morgenbusse über Łańcut nach Rzeszów (16 Zł, 3 Std.) und einen nach Przemyśl (17 Zł, 3½ Std.).

Ein morgendlicher Schnellbus fährt direkt nach Krakau (21 Zł, 4 Std.) und vier nach Warschau (247 km). Gegenüber dem Busbahnhof fahren private Minibusse zu unterschiedlichen Zielen ab. Nähere Informationen enthält der Fahrplan an der Abfahrtshaltestelle.

ZUG

Der Bahnhof liegt 1 km südwestlich der Altstadt und ist per Bus, aber auch zu Fuß erreichbar. Von hier gibt es mehrere Züge nach Lublin (20 Zł, 3½ Std.). Sie lohnen sich aber nicht, da sie einen riesigen Umweg fahren – die Busse sind viel schneller.

Drei Züge fahren direkt nach Warschau (45 Zł), brauchen aber geschlagene sechs Stunden. Schneller geht es mit dem Bus direkt bis Warschau oder nach Lublin und von dort aus weiter mit dem Zug. Fahrpläne gibt's in der Touristeninformation.

ZWIERZYNIEC

☎ 84 / 3800 Ew.

Zwierzyniec, 32 km südwestlich von Zamość, entstand erst Ende des 16. Jhs., als Jan Zamoyski hier ein Wildreservat anlegte (s. S. 218). Kurz darauf errichtete die Familie ihre Sommerresidenz mit einer palastartigen Villa aus Lärchenholz und einem weitläufigen Park. Später wurde auf einer Insel im See gegenüber der Villa eine Kapelle gebaut. In der Zwischenzeit wuchs ein kleines Dörfchen um die Residenz herum und entwickelte sich schließlich zu einer Kleinstadt. Der Palast wurde 1833 abgerissen.

Praktische Informationen

Die kleine **Touristeninformation** (☎ 687 26 60; zokir@poczta.oneta.pl; Ul Słowackiego 2; ⏲ Mai & Sept. Mo–Sa 8–19 Uhr, Juli & Aug. Mo–Sa 8–19 Uhr, So 9–17 Uhr, Okt.–April Mo–Fr 8–16 Uhr) liegt im Stadtzentrum.

Sehenswertes

Heute ist Zwierzyniec ein beliebter Ausgangspunkt für Ausflüge in den Roztocze-Nationalpark. Hier ist auch der Sitz der Nationalparkverwaltung. Außerdem hat der Ort ein **Naturkundemuseum** (Muzeum Przyrodnicze; ☎ 687 20 66; Ul Plażowa 3; Erwachsene/ermäßigt 3/2 Zł; ⏲ Mai–Okt. Di–So 9–17 Uhr, Nov.–April Di–So 9–16 Uhr). Es ist dem Park angegliedert und liegt am südlichen Stadtrand, rund 1 km von der Bushaltestelle entfernt.

Das einzige erhaltene Bauwerk der ehemaligen Sommerresidenz der Zamoyskis ist die kleine Kapelle. Als **Kapelle auf dem Wasser** (Kaplica na Wodzie) bekannt, liegt diese kleine Barockkirche sehr malerisch auf einer der vier Inselchen in dem kleinen See mit dem vielsagenden Namen Kirchenteich (Staw Kościelny). Eine Brücke führt vom Ufer zu der Insel. Der See liegt auf halber Strecke zwischen der Bushaltestelle und dem Museum.

In der Nähe der Kirche liegt die **Zwierzyniec Brauerei**. Sie wurde 1806 gegründet und braut ein hervorragendes Bier mit dem Namen – ja, genau: Zwierzyniec. Besichtigungen sind normalerweise nicht möglich, aber man sollte das Bier auf jeden Fall in der Bar beim Eingang zur Brauerei probieren. Dies ist im Grunde der einzige Ort, wo man dieses Bier bestellen kann, denn fast die gesamte Produktion wird exportiert.

Schlafen & Essen

Neben den hier aufgeführten Unterkünften hat der Ort mehrere Ferienheime und reichlich Privatzimmer – die Touristeninformation hilft weiter.

Camping Echo (☎ 687 23 14; Ul Biłgorajska 3; Zeltplatz/pro Person 6,50/6,50 Zł, Hütte pro Person 12–17 Zł; 🕑 Mai–Sept.; Ⓟ) Der Campingplatz hat spartanische Hütten mit drei bis sechs Betten und einen Imbiss mit einfachen Snacks.

Jugendherberge (☎ 687 21 75; Ul Partyzantów 3B; Schlafsaal 30 Zł; 🕑 Juli & Aug.) Die Sommerherberge mit 40 Betten ist schlicht und preiswert und in der hiesigen Schule untergebracht.

Hotel Jodła (☎ 687 20 12; Fax 687 21 24; Ul Parkowa 3A; D/3BZ 57,78/86,67 Zł) Das Hotel liegt in der Nähe der Bushaltestelle in einer großen Holzvilla mit zwei Nebengebäuden. Es ist einfach, aber freundlich und hat ein eigenes Café. Auf Nachfrage werden auch warme Speisen serviert und ab der zweiten Nacht werden die Zimmerpreise billiger.

Karczma Młyn (☎ 687 25 27; Ul Wachniewskiej 1A; EZ/DZ 60/80 Zł) Das hübsche und preiswerte Karczma hat fünf angenehme Zimmer. Das Restaurant ist wahrscheinlich das beste am Ort.

Ośrodek Wypoczynkowy Anna (☎ 687 25 90; Ul Dębowa 1; DZ 70–80 Zł, 3BZ 120–140 Zł; Ⓟ) Das Anna ist eine gute, zentral gelegene Unterkunft mit sauberen, gemütlichen Zimmern. Leider haben nur die teureren Zimmer eigene Bäder.

An- & Weiterreise

Die Bushaltestelle liegt an der Ul Zamojska im Stadtzentrum. Daneben steht ein Schild mit einem großen Stadtplan, auf dem alle Sehenswürdigkeiten und Einrichtungen eingezeichnet sind. Die Busse nach Zamość (32 km) fahren relativ häufig durch Zwierzyniec. Seltener sind Busse zu den weiter entfernten Zielen wie Sandomierz und Rzeszów. Der Bahnhof liegt etwa 1 km östlich der Stadt.

ROZTOCZE-NATIONALPARK

☎ 84

Der **Roztocze-Nationalpark** (Roztoczański Park Narodowy; Parkverwaltung in Zwierzyniec ☎ 687 20 70; roztoczepn@pro.onet.pl; Ul Plażowa 2, Zwierzyniec; Eintritt 2 Zł) wurde 1974 gegründet und umfasst südlich und östlich von Zwierzyniec ein Gebiet von 79 km². Das Areal war als Teil des Besitzes der Familie Zamoyski über 350 Jahre lang Naturreservat. Jan Zamoyski erwarb 1589 einen ganzen Landstrich mit sechs Städten, 149 Dörfern und insgesamt 1600 km² Wald. Er zäunte ein Wildreservat ab und nannte es Zwierzyniec (daher der Name der Stadt). In der damaligen Zeit war dies eine erstaunliche Errungenschaft, denn das Reservat wurde nicht als Jagdrevier, sondern als Schutzzone für einheimische Tiere angelegt. Hier lebten im 19. Jh. die letzten echten Tarpane (s. S. 129). Sie wurden jedoch an Einheimische abgegeben, als das Landgut unter der Zarenherrschaft zerfiel.

Das ehemalige Zamoyski-Reservat ist heute Teil des Nationalparks. Das hügelige, fast komplett bewaldete Terrain ist noch sehr ursprünglich und hat eine reiche Tier- und Pflanzenwelt. Der Fluss Wieprz fließt von Osten nach Westen durch den Park. Er ist einer der am wenigsten verschmutzten Flüsse in dieser Region.

Im Wald gibt es eine interessante Mischung aus typischen Tal- und Gebirgspflanzen. Wegen der abwechslungsreichen Topografie, der unterschiedlichen Bodenbeschaffenheit, Klimaeinflüssen und Wasserquellen wachsen hier ganz verschiedene Baumarten: Fichten, Tannen, Kiefern, Rotbuchen, Bergahorn, Hainbuchen, Eichen, Ulmen und Linden. Die Fichten werden bis zu 50 m hoch. Sie sind die höchsten Fichten in Polen und die Buchen werden fast genauso groß.

Die Tierwelt des Parks ist ebenso vielfältig. Hier trifft man fast alle Waldtiere: Hirsche, Rehwild, Wildschweine, Füchse, Marder, Dachse, Elche, Wölfe und manchmal lassen sich sogar Luchse sehen. 1996 wurden hier wieder Biber angesiedelt und 1982 wurde ein Schutzgebiet für Tarpane geschaffen.

Außerdem leben im Park 190 Vogelarten, darunter Schreiadler, Schwarzstörche und Wespenbussarde. Rund 130 Arten brüten regelmäßig im Park. Auch die Insektenwelt ist besonders artenreich: es gibt zum Beispiel 2000 verschiedene Käfersorten.

Wanderwege

Die meisten Wanderwege durch den Park starten am Museum in Zwierzyniec (s. S. 217). Hier werden Broschüren und Wanderkarten zum Nationalpark verkauft. Das Personal gibt Tipps und Informationen. Hinter dem Museum kann man Tarpane sehen – man sollte das Personal fragen, wo sie sich gerade aufhalten.

Der beliebteste Wanderweg führt vom Museum nach Süden auf die Kuppe des Bukowa Góra (Buchenberg). Er ist 306 m hoch; der Aufstieg beträgt 75 m. Der nur 1,5 km lange Wanderweg gibt einen guten Einblick in die verschiedenen Waldregionen des Nationalparks. Alle 500 m wechselt der Wald von Tannen zu Fichten und zu Buchen.

Von dem Hauptwanderweg zweigen mehrere Seitenwege ab, sodass man einen anderen Weg zurücknehmen kann. Es gibt auch einige längere Wanderwege. Sie werden Touristenwege genannt und führen durch verschiedene Bereiche des Parks. Diese Wege sind auf den Wanderkarten eingezeichnet. Tipps und weiteres Infomaterial gibt's beim Museumspersonal.

Die Karpaten (Karpaty)

INHALT

Die Karpaten sind das höchste und größte Gebirge Zentraleuropas. Sie bilden von der Süd grenze zur Slowakei bis zur Ukraine eine der schönsten Landschaften Polens. Diese Region mit ihren bewaldeten Hügeln und schneebedeckten Bergen ist größtenteils unberührt und wild zerklüftet – ein Paradies für Wanderer, Ski- und Radfahrer aus Polen und ganz Europa. Da die Karpaten relativ abgelegen und schwer zugänglich sind, haben sie sich eine starke regionale Kultur bewahrt. Bis heute werden Traditionen hier groß geschrieben. Immer noch stehen viele malerische Blockhäuser und rustikale Holzkirchen sowie Hunderte winzige Kapellen und Schreine am Straßenrand.

Die größte Stadt der Region ist das ausufernde Rzeszów. Es ist zwar verkehrstechnisch hervorragend angebunden, hat aber ansonsten wenig zu bieten. Das beliebteste Reiseziel ist der Ferienort Zakopane im Herzen der Tatra (Tatry). Hier an der slowakischen Grenze sind die höchsten Berge der polnischen Karpaten – eine tolle Region zum Skifahren und Bergwandern. Außerdem gibt es ein paar bescheidene Städtchen, gute Ausgangspunkte, um die ursprünglichen Nationalparks und schönsten Wanderwege Polens kennen zu lernen. Wer nicht gerade die einzigartigen und faszinierenden Sehenswürdigkeiten in historischen Städten wie Przemyśl, Tarnów und Sanok erkundet, kann in friedlichen Kurorten ausspannen.

In diese ländliche Ecke Polens verschlägt es nur wenige ausländische Besucher. Wer kein eigenes Auto hat und mehr als nur einen winzigen Ausschnitt sehen möchte, steht wirklich vor einer Herausforderung. Daher lautet das Motto: Anpassen an das Tempo und die Gepflogenheiten der Einheimischen – und der gemütlichen Erkundung einer der überwältigendsten Landschaften Polens steht nichts im Weg.

HIGHLIGHTS

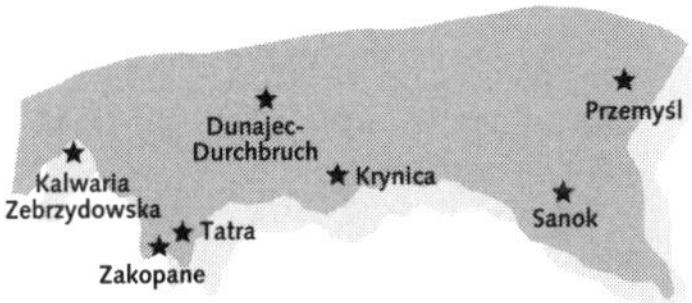

- **Kultur**
  Die mystischen Osterpassionsspiele in Kalwaria Zebrzydowska (S. 223)
- **Heilige Stätten**
  Die Ikonenroute (S. 242) von Sanok mit ihren hübschen orthodoxen und katholischen Holzkirchen (S. 241)
- **Relaxen**
  Mineralquellen und entspannende Massagen im idyllischen Krynica (S. 260)
- **Ungewöhnlich**
  Interessantes über Glockenkunde und Tabak im einzigartigen Glocken- und Pfeifenmuseum von Przemyśl (S. 234)
- **Berge**
  Wandern oder Skifahren im beliebten Wintersportort Zakopane in der Tatra (S. 270)
- **Wassersport**
  Eine Floßfahrt durch den Dunajec-Durchbruch (S. 266)

- VORWAHLEN: 13, 14, 16, 17, 18, 33

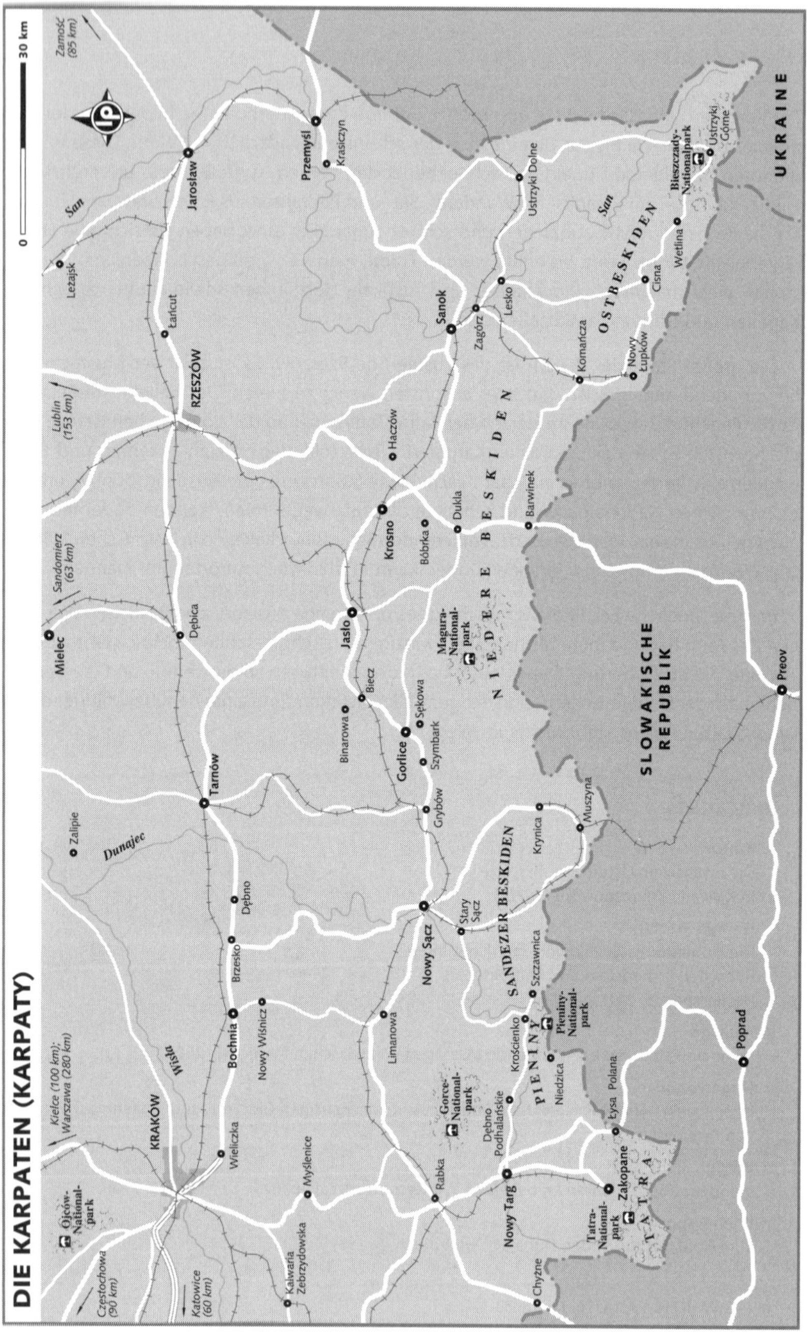
DIE KARPATEN (KARPATY)
0
30 km
Zamość (85 km)
Lublin (153 km)
Sandomierz (63 km)
Kielce (100 km); Warszawa (280 km)
Częstochowa (90 km)
Katowice (60 km)
San
Dunajec
Wisła
Leżajsk
Jarosław
Przemyśl
Krasiczyn
Łańcut
RZESZÓW
Mielec
Dębica
Zalipie
Tarnów
Dębno
Brzesko
Bochnia
Nowy Wiśnicz
Wieliczka
KRAKÓW
Ojców-National-park
Myślenice
Kalwaria Zebrzydowska
Limanowa
Nowy Sącz
Stary Sącz
Grybów
Gorlice
Szymbark
Sękowa
Binarowa
Biecz
Jasło
Krosno
Bóbrka
Haczów
Dukla
Magura-National-park
Barwinek
Sanok
Zagórz
Lesko
Ustrzyki Dolne
Komańcza
Nowy Łupków
Cisna
Wetlina
Bieszczady-Nationalpark
Ustrzyki Górne
OSTBESKIDEN
NIEDERE BESKIDEN
SANDEZER BESKIDEN
Krynica
Muszyna
Szczawnica
Krościenko
Pieniny-National-park
PIENINY
Niedzica
Rabka
Gorce-National-park
Dębno Podhalańskie
Nowy Targ
Chyżne
Zakopane
Łysa Polana
Tatra-National-park
TATRA
Poprad
Preov
SLOWAKISCHE REPUBLIK
UKRAINE

An- & Weiterreise
Über die Verkehrsknotenpunkte Krakau im Westen und Rzeszów im Osten geht es in die Karpaten. Beide Städte haben Flugverbindungen nach Warschau; nach Krakau gibt es auch ein paar internationale Direktflüge (S. 167). Die meisten größeren Städte sind per Bus oder Bahn an den Rest des Landes angebunden.

Unterwegs vor Ort
Auch wenn ein Zug in die meisten wichtigen Städte der Region fährt, ist der Bus manchmal schneller und bequemer. Trotzdem kann das Reisen in entlegenen Gegenden wie den Bieszczady (Ostbeskiden) frustrierend langsam sein – wer nicht unendlich viel Zeit und Muße hat, sollte lieber mit dem eigenen Auto fahren.

DAS KARPATEN-VORLAND

Das Karpatenvorland ist ein grüner, hügeliger Streifen, der sich von den wirklichen Bergen im Süden bis zu den Tälern von Weichsel und San im Norden erstreckt. Mit Ausnahme von Kalwaria Zebrzydowska, das meist bei Rundreisen von Krakau aus besucht wird, liegen die meisten Sehenswürdigkeiten der Region an der Straße Krakau–Tarnów–Rzeszów–Przemyśl. In diesem Kapitel werden sie entsprechend von Osten nach Westen aufgelistet.

KALWARIA ZEBRZYDOWSKA
☎ 33 / 4800 Ew.

Kalwaria Zebrzydowska ist nach Tschenstochau das zweitwichtigste Wallfahrtszentrum Polens. Die Stadt liegt in einer hügeligen Landschaft 30 km südwestlich von Krakau und verdankt ihre Existenz und ihren Ruhm dem Krakauer Woiwoden Mikołaj Zebrzydowski. Er ließ 1600 eine Kirche und ein Kloster für den Bernhardinerorden bauen. Da die Gegend dem Gelände von Jerusalem ähnelte, wollte er einen vergleichbaren Ort der Anbetung schaffen.

Im Jahr 1617 waren bereits 24 Kapellen über die umliegenden Hügel verteilt. Einige sahen aus, als seien sie direkt aus dem Heiligen Land importiert. Als der Ort immer mehr Pilger anzog, wurden auch immer mehr Kapellen gebaut, bis es schließlich insgesamt vierzig Stück waren. 1999 nahm die Unesco den Wallfahrtsort in ihre Welterbeliste auf.

Sehenswertes
KIRCHE
Die ursprüngliche **Kirche** wurde nach und nach erweitert und ist heute ein massives Bauwerk. Ihren barocken Hauptaltar schmückt eine silberne Statue der Muttergottes. Das heiligste Bildnis Marias befindet sich jedoch in der **Zebrzydowski-Kapelle** links vom Hauptaltar. Der Legende nach vergossen die Augen der Muttergottes 1641 Tränen – von da an gab es immer wieder Wunder. An allen Tagen, die Maria gewidmet sind, strömen Scharen von Pilgern nach Kalwaria, vor allem aber vom 13. bis zum 15. August. Dann finden zwischen den Kapellen Prozessionen statt. Wirklich berühmt ist Kalwaria durch seine Passionsspiele geworden.

PASSIONSSPIELE
Diese Mischung aus religiöser Feier und Volkstheater findet in Kalwaria seit dem 17. Jh. statt. Im Rahmen der zweitägigen Osterprozession werden die letzten Tage Christi von Einheimischen und Mönchen dargestellt.

Die Prozession beginnt am frühen Nachmittag des Gründonnerstags und geht bis Sonnenuntergang. In dieser Zeit legen die Teilnehmer etwa die Hälfte des Rundwegs um die Kapellen zurück. Um 6 Uhr am Morgen des Karfreitags geht die Prozession bis zum frühen Nachmittag weiter. Auf dem Weg hält sie an vielen Kapellen für Gebete inne. Während der Prozession wird ein Schauspiel aufgeführt. Auf die Zuschauer wirkt es manchmal so packend und realistisch, dass besonders engagierte Pilger schon versucht haben, „Jesus“ aus der Hand seiner „Peiniger“ zu befreien.

Die Jahreszeit trägt stark zur dramatischen Atmosphäre bei, vor allem wenn Ostern früh im Jahr liegt. Das Wetter ist gegen Ende des Winters unbeständig, jederzeit kann ein Regen- oder Schneeschauer niederprasseln und große Teile der Strecke bestehen garantiert überwiegend aus Schlamm. Außerdem wird es bitterkalt, wenn man den ganzen Tag im Schneckentempo um die Kapellen herumgeht.

Während der beiden großen religiösen Feste ist Kalwaria völlig überlaufen, während es ansonsten ein eher verschlafener Ort ist.

Schlafen

Alle genannten Preise in diesem Kapitel gelten, falls nicht anders erwähnt, für Zimmer mit eigenem Bad und Frühstück.

Dom Wycieczkowy Indra (☎ 876 62 54; www.indra.com.pl auf Polnisch; Ul Zebrzydowice 10; DZ/3BZ/4BZ ab 50/60/80 Zł; Ⓟ) Das Indra ist ein charmantes, einladendes Haus mit schlichten, gemütlichen Zimmern. Zimmer mit eigenem Bad kosten rund das Doppelte, aber das Indra ist auch eines der besseren Häuser der Stadt.

Hotel Merkury Tatarscy (☎/Fax 867 62 77; Ul Sądowa 11; EZ/DZ/3BZ ab 99/108/162 Zł; Ⓟ) Vorteile des Merkury sind seine zentrale Lage und seine gemütlichen Zimmer.

Hotel Kalwarianka (☎/Fax 876 64 92; Ul Mickiewicza 16; EZ/DZ/3BZ ab 33/45/52 Zł; Ⓟ) Das direkt neben dem Stadion gelegene Kalwarianka ist schlicht und eines der billigsten Hotels am Ort. Zimmer mit eigenem Bad kosten etwas mehr. Das Haus hat einen eigenen Tennisplatz.

An- & Weiterreise

Es fahren täglich mehrere Busse von Krakau nach Kalwaria (5,60 Zł, 1 Std.). Außerdem halten Züge auf dem Weg nach Zakopane in Kalwaria.

NOWY WIŚNICZ

☎ 14 / 2500 Ew.

Die kleine Stadt Nowy Wiśnicz südlich von Bochnia wird wegen ihres Schlosses in vielen Reiseführern erwähnt. Der italienische Architekt Matteo Trapola baute das wohlproportionierte, frühbarocke Gebäude für einen der mächtigsten Männer seiner Zeit, den Adligen Stanisław Lubomirski (1583–1649).

Sobald das Schloss fertig war, beauftragte Lubomirski den gleichen Architekten mit dem Bau des Karmeliterklosters. Es ist genauso prächtig und ähnlich befestigt wie das Schloss und wurde zwischen 1622 und 1635 etwa 500 m hügelaufwärts vom Schloss erbaut. Beide Anlagen sind durch einen unterirdischen Gang miteinander verbunden. Als das Kloster fertig war, hatte sich der energiegeladene Lubomirski bereits einer anderen Neuerwerbung zugewandt: dem Wiederaufbau des Schlosses von Łańcut.

Nachdem die Karmeliter in den 1780er Jahren von den Österreichern vertrieben worden waren, wurde das Kloster in ein Gefängnis umgewandelt. Noch heute sitzen hier besonders gefährliche Verbrecher unter scharfer Bewachung ihre Haftstrafen ab.

Sehenswertes

Das **Schloss** (☎ 612 83 41; Erwachsene/ermäßigt 3/2 Zł; 🕒 Okt.–April Mo–Fr 9–14 Uhr; Mai–Sept. Mo 9–14 Uhr, Di–Do 9–16 Uhr, Fr 9–17 Uhr, Sa 10–17 Uhr, So & Feiertage 10–18 Uhr) liegt vom Stadtzentrum 1,5 km den Hügel hinauf. Es wurde zwischen 1615 und 1621 erbaut und steht teilweise auf den Fundamenten der Mauern einer Festung aus dem 14. Jh. Die neue Anlage soll gut auf einen feindlichen Angriff vorbereitet gewesen sein – es gab genügend Lebensmittel und Munition, um eine dreijährige Belagerung zu überstehen. Trotz dieser Wehrhaftigkeit ergaben sich die Schlossbewohner 1655 den schwedischen Truppen, unter der Bedingung, dass diese das Schloss nicht zerstörten. Die Schweden hielten zwar ihr Wort, plünderten aber nach Kräften und transportierten schließlich 150 Wagenladungen mit erbeuteten Schätzen ab. Das Schloss wurde noch von weiteren Schicksalsschlägen getroffen, unter anderem 1831 von einem Feuer, das nur noch eine Ruine zurückließ. Erst nach dem Zweiten Weltkrieg begann man mit der Restaurierung, die noch nicht abgeschlossen ist. Die Außenmauern stehen zwar schon wieder, aber in den Innenräumen ist noch viel zu tun.

Alle Besucher werden in Gruppen durch das Schloss geführt, sodass es zu Wartezeiten kommen kann. Die 45-minütige Tour führt über den Hof, durch Räume in den beiden Obergeschossen, in die überkuppelte Kapelle, in einen großen Saal mit Schmuckdecke und in einen riesigen, 30 mal 9 m großen und 9 m hohen Ballsaal. Außerdem gibt es den Sarkophag von Stanisław Lubomirski, eine kleine Ausstellung mit drei Modellen des Schlosses aus verschiedenen Perioden und eine Fotodokumentation über den Wiederaufbau nach dem Krieg zu sehen.

Die Straße auf den Hügel führt zum Gefängnis. Auf halbem Weg steht ein schönes Holzhaus namens Korzynówka. Hier war Jan Matejko regelmäßig zu Gast. Heute ist es ein bescheidenes **Museum** (☎ 612 83 47; Eintritt 2 Zł; 🕒 Mi–So 10–14 Uhr) mit Andenken an den berühmten polnischen Maler.

Im Stadtzentrum in der Nähe des Rynek steht die **Pfarrkirche**. Sie wurde ebenfalls von Trapola entworfen.

Schlafen & Essen

In Nowy Wiśnicz gibt es ein paar Hotels. Im nahen Bochnia ist die Auswahl aber wesentlich größer.

Hotel Cold (☎ 612 28 02; www.hotel.cold.pl auf Englisch; Ul Storynka 5, Bochnia; EZ/DZ/Apt. 95/135/160 Zł; Ⓟ) Trotz des etwas unglücklich gewählten Namens bietet dieses sehr elegante, moderne Hotel in Bochnia einen guten Gegenwert fürs Geld. Es hat ein Restaurant, einen Tennisplatz und eine Bowlingbahn und liegt mitten in der Stadt.

Hotel Kmita (☎/Fax 612 88 25; DZ/Suite 240/440 Zł; Ⓟ) Das Kmita befindet sich im rekonstruierten Gebäude auf der Schlossmauer und bietet 22 Betten in bequemen Zimmern und Suiten. Es hat zwar ein eigenes Restaurant, die Mahlzeiten müssen aber vorbestellt werden.

Hotel Restauracja Hetmańska (☎ 685 54 10; Ul Grunwaldzka 2; EZ/DZ 20/60 Zł; Ⓟ) Das Hetmańska ist das billigste Hotel von Nowy Wiśnicz mit zwanzig Betten in schlichten, aber akzeptablen Zimmern über einem guten Restaurant. Die Einzelzimmer haben keine eigenen Bäder.

Hotel Atlas (☎ 685 59 30; Stary Wiśnicz 410; EZ/DZ/Suite 107/150/185 Zł; Ⓟ) Das kleine Atlas hat zehn hübsche Zimmer und ein eigenes Restaurant. Das Frühstück kostet extra. Das Hotel liegt 2,5 km von Nowy Wiśnicz (3 km vom Schloss) entfernt an der Straße nach Bochnia.

Im Ortszentrum am Rynek gibt es ein paar einfache Lokale.

An- & Weiterreise

Nowy Wiśnicz ist von Bochnia aus (2,40 Zł, 15 Min.) gut mit dem Vorortbus 12 zu erreichen. Er fährt stündlich. Auch PKS-Busse fahren alle Viertelstunde nach Nowy Wiśnicz. Bochnia liegt an der Hauptverbindung Krakau–Tarnów und wird regelmäßig von Bussen und Zügen angefahren.

DĘBNO

☎ 14 / 1200 Ew.

Auf halber Strecke zwischen Bochnia und Tarnów liegt das kleine Dorf Dębno. Seine **Burg** wird zwar wenig besucht, ist aber ein schönes Beispiel für eine kleine befestigte Residenz. Sie wurde in den 1470er Jahren auf den Fundamenten einer älteren Festung errichtet und bis in die 1630er Jahre nach und nach erweitert. Trotz mehrerer Plünderungen blieb die Bausubstanz weitgehend unbeschädigt. Die Restaurierung nach dem Krieg dauerte über dreißig Jahre, aber das Ergebnis kann sich sehen lassen: Die Burg sieht fast genauso aus wie vor 350 Jahren.

Die Burg besteht aus vier zweigeschossigen Gebäuden. Sie sind an den Ecken miteinander verbunden und umschließen einen kleinen Innenhof. Die Anlage schmücken kunstvolle Ecktürme, Erkerfenster und Türen, die fast unbeschädigt sind.

Heute ist die Burg ein **Museum** (☎ 665 80 35; Erwachsene/ermäßigt 4/3 Zł; 🕓 Di 10–17 Uhr, Mi & Fr 9–15 Uhr, Do 9–17 Uhr, Sa & So 11–15 Uhr). Ein Großteil der Räume und der Keller sind zu besichtigen. In den Zimmern befinden sich originalgetreue Möbel und Ausstellungen von Gemälden und Waffen. Die kompakte Größe der Zimmer vermittelt das wohltuende Gefühl, ein Privathaus zu besuchen. Die beiden einzigen größeren Zimmer sind die Ritterkammer und der Musiksaal, in dem heute gelegentlich Klavierkonzerte stattfinden.

Schlafen & Essen

Das **Restauracja Agawa** (☎ 665 83 17; Wola Dębińska 278; DZ 70 Zł) liegt 1 km die Schnellstraße nach Tarnów hinunter und bietet preiswerte Küche und zehn Zimmer im 1. Stock an. Ebenfalls sehr schlichte Zimmer hat der **Klub Sportowy Jadowniczanka** (☎ 686 70 19; Ul Sportowa 24, Brzesko; Bett im DZ/3BZ 15 Zł; Ⓟ). Er liegt 3 km weiter westlich an der Straße nach Bochnia.

An- & Weiterreise

Die Burg ist ein netter Zwischenstopp auf der Straße von Krakau nach Tarnów. Auf dieser Schnellstraße verkehren regelmäßig Busse, die im Dorfzentrum anhalten. Die Burg ist dann noch 500 m entfernt.

TARNÓW

☎ 14 / 125 000 Ew.

Tarnów ist ein wichtiges regionales Industriezentrum, was aber beim Schlendern durch die hübsche, schön restaurierte Altstadt nicht weiter auffällt. Die Stadt hat einiges zu bieten – eine Unterbrechung der Reise lohnt sich unbedingt.

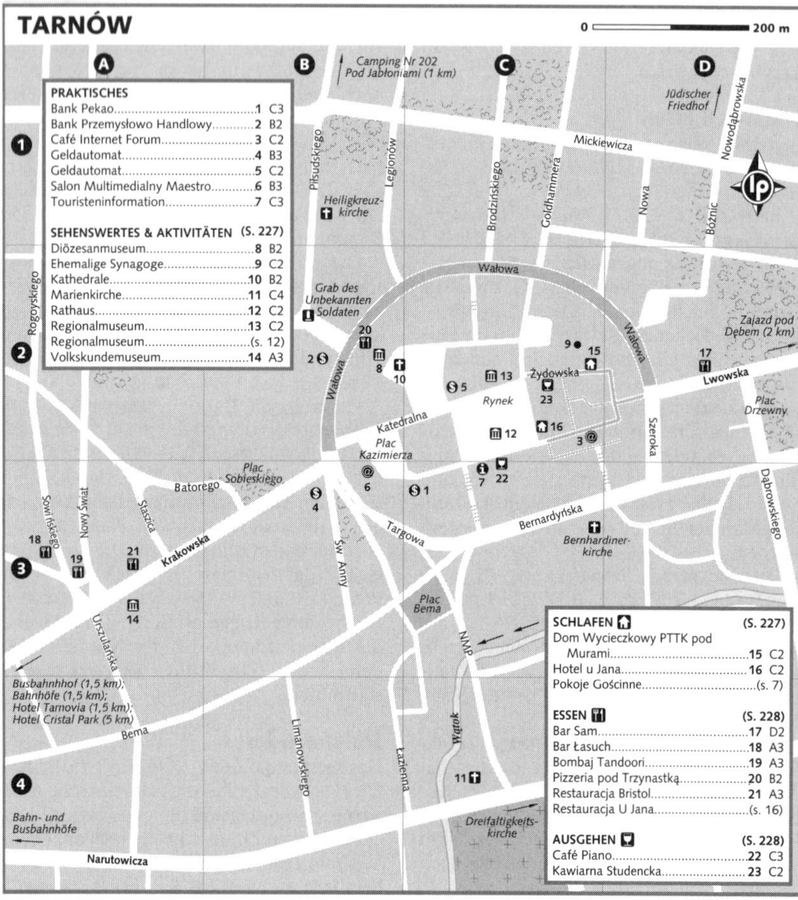

Der Stadtplan zeigt eine vertraute Anlage: ein ovales Stadtzentrum mit einem großen, rechteckigen Platz in der Mitte. Alles weist darauf hin, dass die Stadt im Mittelalter geplant wurde. Tatsächlich ist Tarnów eine alte Stadt, die schon 1330 ihre Stadtrechte erhielt. Sie erblühte in der Renaissance als Handelszentrum an der viel genutzten Route Krakau–Kiew. Sogar ein Ableger der Krakauer Universität wurde hier gegründet.

Wie viele Städte der Region hatte Tarnów eine bedeutende jüdische Gemeinde, die im 19. Jh. die Hälfte der Stadtbevölkerung ausmachte. Von den 20 000 Juden, die 1939 hier wohnten, überlebten nur wenige den Krieg. Heute gilt die Stadt als wichtiges Zentrum der relativ kleinen polnischen Roma-Bevölkerung.

Praktische Informationen

GELD

Am Plac Katedralny und am Plac Sobieskiego stehen Geldautomaten in zentraler Lage. Außerdem wechseln die **Bank Przemysłowo Handlowy** (Ul Wałowa 10) – mit schöner Fassade – und die **Bank Pekao** (Plac Kazimierza Wielkiego 4) Geld. Auch *kantors* (private Wechselstuben) gibt es überall im Stadtzentrum.

INTERNETZUGANG

Zugang zum Netz bieten:

Café Internet Forum (☎ 627 43 46; Ul Wekslarska 9)

Salon Multimedialny Maestro (Plac Kazimierza Wielkiego 5)

TOURISTENINFORMATION
Tarnowskie Regionalne Centrum Koordynacji i Obsługi Turystyki (☎ 637 87 35; www.it.tarnow.pl auf Deutsch; Rynek 7; ⏲ ganzjährig Mo–Fr 8–18 Uhr, Mai–Sept. Sa 9–17 Uhr)

Sehenswertes

Der **Rynek** hat sich nicht stark verändert. Das **Rathaus** in der Mitte des Platzes ist eine vertraute Kombination aus gotischen Mauern und einem Turm mit Renaissancebalustrade auf dem Dach. Das Renaissanceportal auf der Südseite führt zum **Regionalmuseum** (Muzeum Okręgowe; ☎ 621 21 49; Rynek 1; Erwachsene/ermäßigt 4/3 Zł; ⏲ Di & Do 10–17 Uhr, Mi & Fr 9–15 Uhr, Sa & So 10–14 Uhr). Es zeigt historische Gemälde, Rüstungen, Waffen, Möbel, Glas und Keramik. Die **Außenstelle des Museums** (Rynek 20/21) in den Arkadenhäusern an der Nordseite des Platzes zeigt wechselnde Ausstellungen.

Die **Kathedrale** stammt aus dem 14. Jh., wurde aber in den 1890er Jahren gründlich umgestaltet und schließlich in einen neogotischen Bau verwandelt. Im Innenraum befinden sich mehrere Renaissance- und Barockgräber. Zwei Grabstätten im Chor zählen zu den größten im Land. Interessant sind auch das Gestühl aus dem 15. Jh. unter der Chorempore und zwei Steinportale an der Süd- und Westseite. Sie stammen beide aus dem frühen 16. Jh.

In einem Haus von 1524 direkt hinter der Kathedrale befindet sich das **Diözesan-Museum** (Muzeum Diecezjalne; ☎ 621 99 93; Plac Katedralny 6; Eintritt frei; ⏲ Di–Sa 10–12 Uhr & 13–15 Uhr, So & Feiertage 9–12 Uhr & 13–14 Uhr). Es zeigt eine schöne Sammlung gotischer Sakralkunst, darunter phantastische Madonnen und Altarstücke, sowie eine umfangreiche Ausstellung religiöser und volkstümlicher Glasmalerei. Sie gilt als die beste im ganzen Land.

Im östlichen Bereich des Rynek wohnten traditionell Juden, aber von der ursprünglichen Architektur ist nur wenig erhalten. Von der **Synagoge** aus dem 17. Jh. an der Ul Żydowska gibt es nur noch den gemauerten Almemor (Lesepult für die Thorarollen). Ergreifender ist der **jüdische Friedhof** (Cmentarz Żydowski). Ein kurzer Fußweg nach Norden auf der Ul Nowodąbrowska und dann rechts in die Ul Słoneczna führt zu ihm. Der Friedhof stammt aus dem 17. Jh. Hier gibt es 3000 Grabsteine, von denen viele schon bedenklich schräg stehen oder umgefallen sind. Der älteste stammt aus dem Jahr 1734. Das ursprüngliche Friedhofstor befindet sich heute im United States Memorial Museum in Washington. Der Friedhof ist abgeschlossen, ein Blick über den Zaun von der Ul Słoneczna ist aber möglich. Bei der Aufsichtstheke des Regionalmuseums am Rynek 20/21 erhalten Besucher auf Anfrage einen Schlüssel.

Ein Besuch der **Ul Wałowa** in der Altstadt mit ihren schönen neoklassizistischen Gebäuden ist ein Muss. Da sie für den Verkehr gesperrt ist, ist die Straße ein beliebter Treffpunkt der Einheimischen. In einem Bogen folgt sie dem Verlauf des mittelalterlichen Wehrgrabens.

Das **Volkskundemuseum** (Muzeum Etnograficzne; ☎ 622 06 25; Ul Krakowska 10; Erwachsene/ermäßigt 4/3 Zł; ⏲ Di & Do 10–17 Uhr, Mi & Fr 9–15 Uhr, Sa & So 10–14 Uhr) zeigt Ausstellungen zur Roma-Kultur. Auf der Rückseite gibt es sechs Wohnwagen der Roma zu besichtigen.

Südlich der Altstadt stehen zwei wunderschöne Holzkirchen. Die **Marienkirche** (Kościół NMP; Ul Konarskiego) stammt aus den 1440er Jahren und ist eine der ältesten erhaltenen Holzkirchen Polens. Im Innenraum gibt es reizvolle volkstümliche Motive und einen schönen Rokokoaltar.

500 m weiter südlich über die Ul Tuchowska steht hinter dem Friedhof die **Dreifaltigkeitskirche** (Kościół Św Trójcy). Sie wurde 1562 erbaut und hat ein ebenso charmant-naives rustikales Dekor und einen frühbarocken Hauptaltar.

Schlafen

Hotel U Jana (☎ 626 05 64; www.hotelujana.pl auf Deutsch; Rynek 14; EZ/DZ/3BZ ab 150/200/280 Zł) Das U Jana ist das beste Hotel in der Altstadt und liegt direkt am Rynek. Die Zimmer sind schön gestaltet und haben moderne Bäder. Gegenüber dem Hotel gibt es auch ein sehr gutes Restaurant.

Hotel Tarnovia (☎ 621 26 71; www.hotel.tarnovia.pl auf Deutsch; Ul Kościuszki 10; EZ/DZ/Suite ab 90/144/370 Zł; Ⓟ) Das Drei-Sterne-Haus Tarnovia liegt in einem modernen Vorort nahe den Bahn- und Busbahnhöfen und ist eines der besten Hotels der Stadt. Die Zimmer sind hell und geräumig und es gibt einen Fitnessraum, ein Solarium und eine Galerie mit moderner Kunst.

Hotel Cristal Park (☎ 633 12 25; www.hotel.cristalpark.pl auf Englisch; Ul Traugutta 5; EZ/DZ/3BZ ab 135/200/328 Zł; P ⊠ 🖳) Etwa 5 km westlich der Stadt steht das Cristal Park, ein gehobenes, modernes Hotel mit hohem Komfort. Es liegt etwas ab vom Schuss, aber in der Nähe gibt es ein öffentliches Schwimmbad, Tennisplätze und eine Eislaufbahn.

Zajazd Pod Dębem (☎ 626 96 20; www.zajazd.poddebem.tarnow.pl auf Englisch; Ul Marusarz 9B; EZ/DZ/3BZ ab 77/105/125 Zł; P) Das makellos saubere, moderne Hotel liegt 2 km östlich der Stadt und bietet mit freundlichen Zimmern und einem guten Restaurant ein hervorragendes Preis-Leistungs-Verhältnis. Frühstück kostet 11 Zł extra.

Dom Wycieczkowy PTTK Pod Murami (☎ /Fax 621 05 00; Ul Żydowska 16; EZ/DZ/3BZ 50/80/90 Zł) Dieses schlichte, aber annehmbare Hotel hat einfache Zimmer mit Gemeinschaftsbädern, liegt aber sehr günstig in unmittelbarer Nähe des Rynek.

Pokoje Gościnne (☎ 627 87 35; Fax 627 87 38; Rynek 7; EZ/DZ/3BZ 60/85/100 Zł; P) Die vier Zimmer im Obergeschoss werden vom Fremdenverkehrsamt vermietet und bieten viel fürs Geld. Die Rezeption ist rund um die Uhr besetzt.

Camping Nr 202 Pod Jabłoniami (☎ 621 51 24; www.camping.tarnow.pl auf Deutsch; Ul Piłsudskiego 28A; Betten in 1-/2-/4-Bett-Bungalows 15 Zł; 🕒 April–Nov. P) Der Campingplatz von Tarnów liegt 1 km nördlich der Altstadt. Er bietet einfache, preiswerte Bungalows mit Gemeinschaftsbädern.

Essen

Restauracja U Jana (☎ 626 46 36; Rynek 14; Hauptgerichte 15–50 Zł; 🕒 Mittag- & Abendessen) Dieses gehobene Restaurant befindet sich im gleichnamigen Hotel und serviert traditionelle polnische Küche auf hohem Niveau.

Bombaj Tandoori (☎ 627 07 60; Ul Nowy Świat 2; Hauptgerichte 20–40 Zł; 🕒 Mittag- & Abendessen) Dieses hervorragende Restaurant ist eine interessante Bereicherung der kulinarischen Szene und bietet indische und asiatische Küche in elegantem Ambiente.

Restauracja Bristol (☎ 621 22 79; Ul Krakowska 9; Hauptgerichte 15–49 Zł; 🕒 Mittag- & Abendessen) Ein Überbleibsel aus der kommunistischen Ära mit altmodischem Dekor und entsprechender Atmosphäre. Hier gibt es die übliche Auswahl an herzhaften polnischen Spezialitäten.

Bar Łasuch (☎ 627 71 23; Ul Sowińskiego 4; Hauptgerichte 5–15 Zł; 🕒 Mo–Fr 8–19 Uhr, Sa 8–15 Uhr) Eine modernisierte Milchbar – nichts Spektakuläres, aber das Essen ist preiswert und macht satt.

Bar Sam (☎ 627 71 19; Ul Lwowska 12; Hauptgerichte 5–10 Zł; 🕒 7–19 Uhr) Noch eine umgestrickte Milchbar. Das Sam serviert günstige Gerichte und liegt in Altstadtnähe.

Pizzeria Pod Trzynastką (☎ 621 97 35; Ul Wałowa 13; Hauptgerichte 5–10 Zł; 🕒 Mittag- & Abendessen) Ein schlichtes kleines Restaurant mit preiswerten Pizzas und Salaten.

Ausgehen

Café Piano (☎ 621 92 48; Rynek 9) Das charmante Café liegt in einem schön dekorierten Keller. Hier gibt's jede Menge Drinks, ein paar günstige Gerichte und freitags abends manchmal Livejazz.

Kawiarna Studencka (☎ 0600 693 323; Ul Żydowska 3) Eine gemütliche, traditionelle Kneipe mit regelmäßiger Livemusik.

An- & Weiterreise

Bahn- und Busbahnhof liegen direkt nebeneinander im Südwesten der Stadt, ungefähr 1 km von der Altstadt entfernt. Wer nicht laufen will, nimmt die Buslinien 2, 9, 30, 32, 35, 37 oder 41.

BUS

Es fahren regelmäßig Busse nach Krakau (10 Zł, 2 Std.) im Westen sowie nach Jasůo (7,60 Zł, 1½ Std.) und Krosno (9,80 Zł, 2 Std.) im Südwesten. Nach Sandomierz (11,80 Zł, 2½ Std.) gelangt man mit einem der Busse nach Tarnobrzeg und steigt dort um. Sie fahren alle zwei Stunden. Zwischen Tarnobrzeg und Sandomierz gibt es regelmäßige Verbindungen.

ZUG

Züge nach Krakau (20 Zł, 2 Std.) fahren stündlich. Wer die Burg von Nowy Wiśnicz besuchen möchte, muss in Bochnia aussteigen. Es fahren regelmäßig Züge nach Rzeszów (22 Zł, 2½ Std.) und Nowy Sącz (Neu Sandez; 24 Zł, 3 Std.), sowie nach Warschau (39 Zł, 4½ Std.).

ZALIPIE

☎ 14 / 800 Ew.

Seit fast einem Jahrhundert ist das Dorf Zalipie als Zentrum der Volksmalerei bekannt:

Die Einwohner dekorierten ihre Häuser mit farbenfrohem Blumenbildern. Im Grunde verschönerten sie alles, was nicht weglaufen konnte: Bauernhäuser, Scheunen, Brunnen, Öfen, Werkzeuge und Möbel.

Die bekannteste Malerin war Felicja Curyłowa (1904–74). Ihr Bauernhof ist seit ihrem Tod ein öffentliches **Museum** (☎ 641 19 12; Eintritt 2 Zł; ⌚ Di–So 10–16 Uhr). Sollte es verschlossen sein, erhält man im Haus gegenüber die Schlüssel.

Um die Tradition lebendig zu erhalten, gibt es seit 1948 jedes Jahr einen Wettbewerb um das am schönsten geschmückte Haus. Er findet am Wochenende nach Fronleichnam statt, ist aber keine Touristenshow. Wer Zalipie nach Abschluss des Wettbewerbs besucht, bekommt die frischen Malereien zu sehen.

Das **Haus der Malerinnen** (Dom Malarek; ☎ 641 19 38) wurde 1978 als Zentrum für die Künstlerinnen des Ortes gegründet. Vor dem Haus steht eine große Tafel mit einem Plan des Dorfes. Hier sind die bemalten Häuser und der so genannte „Pfad der bemalten Gehöfte“ eingezeichnet. Wer zu hohe Erwartungen hat, wird jedoch enttäuscht: Es sind nur ein gutes Dutzend Häuser bemalt.

Es gibt nur wenige Busse täglich aus Tarnów (5,60 Zł, 1½ Std.) und das Dorf erstreckt sich über eine ziemlich große Fläche. Es empfiehlt sich, mit dem eigenen Auto zu fahren, statt durchs Dorf zu laufen. Aktuelle Informationen über Zalipie gibt es bei der Touristeninformation und im Volkskundemuseum in Tarnów.

RZESZÓW

☎ 17 / 155 000 Ew.

Die wichtigste Stadt Südostpolens ist ein riesiges, unübersichtliches Ballungszentrum. Auf den ersten Blick bietet sie wenig Anreiz für einen längeren Aufenthalt. Allerdings gibt es in Rzeszów ein paar interessante Museen und mehrere beachtenswerte historische Gebäude. Außerdem ist es eine bedeutende Universitätsstadt und ein wichtiges regionales Verkehrszentrum – eine gute Basis für die Erkundung des Umlands.

Rzeszów entstand im 13. Jh. als unbedeutende ruthenische Siedlung. Als Kazimierz Wielki Mitte des 14. Jhs. große Gebiete Rutheniens (heutige Ukraine) eroberte, wurde die Stadt polnisch und erhielt ihren heutigen Namen. Der lokale Herrscher Mikołaj Spytek Ligęza gab im 16. Jh. eine Burg und eine Kirche in Auftrag und ließ Befestigungen bauen. Die Stadt wuchs dadurch erheblich. Später fiel sie der mächtigen Familie Lubomirski in die Hände, aber auch das konnte ihren allmählichen Niedergang nicht aufhalten. Er hatte ganz Polen erfasst.

Dank der rapiden Entwicklungen der Nachkriegszeit wuchs Rzeszów schnell wieder, allerdings auf Kosten der Ästhetik. Der Grundriss der Stadt ist immer noch verwirrend. Glücklicherweise hat ein großer Teil des historischen Kerns die kommunistischen Bagger überlebt, sodass sich ein Zwischenstopp lohnt.

Praktische Informationen

GELD

Bargeld gibt es bei der **Bank Pekao** (Al Cieplińskiego 1) gegenüber dem Hotel Rzeszów gegen Visa und Mastercard, sowie am Geldautomaten. Im Zentrum stehen sehr viele Geldautomaten, zum Beispiel am riesigen Einkaufszentrum Europa II in der Al Piłsudskiego 34, in der Galleria Graffica und in der Ul 3 Maja 21 und 23. Es gibt auch zahlreiche *kantors* (private Wechselstuben).

INTERNETZUGANG

Surfen ist in Rzeszów günstig (zwischen 3 und 4 Zł pro Stunde). Im Zentrum gibt es:

Kawiarnetka (☎ 852 69 14; Ul Bardowskiego 5; ⌚ 24 Std.)

Matrix (☎ 853 70 70; Ul Mickiewicza 4)

Net Computers (☎ 852 99 11; Ul Zygmuntowska 7)

Tio Media (☎ 852 71 08; Plac Śreniawitów 6)

TOURISTENINFORMATION

Touristeninformation (☎ 852 46 11; www.rcit.res.pl auf Polnisch; Ul Asnyka 6; ⌚ Mo–Fr 9–18 Uhr, Sa 10–16 Uhr) Winzig, aber ungemein hilfreich. Hat eine große Auswahl an Karten zu Stadt und Umgebung im Angebot.

Sehenswertes

Der größte Teil des **Rynek** wurde in den letzten Jahren restauriert, aber die Arbeiten sind noch nicht abgeschlossen. In der Mitte des Platzes steht ein Denkmal für Tadeusz Kościuszko. Das **Rathaus** aus dem 16. Jh. wurde vor hundert Jahren vollständig im pseudogotischen Stil überarbeitet und wirkt in dieser Umgebung etwas fehl am Platz.

Die neueste Attraktion der Stadt ist die **Unterirdische Touristenroute** (Podziemna Trasa Turystyczna; ☎ 875 41 99; Rynek 12, Eingang an der Ul Króla Kazimierza; Eintritt 4 Zł; ⌚ Di & Fr 10–17 Uhr, Mi & Do 9–17 Uhr, So 12–17 Uhr). Es dauerte 17 Jahre, 34 alte Keller zu einem 213 m langen Erkundungspfad zu verbinden. Er wurde 2001 eröffnet. Die Keller stammen aus verschiedenen Jahrhunderten (vom 15. bis zum 20.) und liegen auf mehreren Ebenen. Der tiefste Keller befindet sich fast zehn Meter unter den Pflastersteinen des Rynek. Eine geführte Besichtigung dauert etwa eine halbe Stunde.

Das **Volkskundliche Museum** (Muzeum Etnograficzne; ☎ 862 02 17; Rynek 6; Erwachsene/ermäßigt 5/3 Zł; ⌚ Di–Do & So 9–14 Uhr, Fr 9–17 Uhr) zeigt in einer Dauerausstellung traditionelle Trachten und Holzschnitzereien aus der Region und ab und zu wechselnde Ausstellungen.

Das Volkskundliche Museum ist eine Abteilung des **Regionalmuseums** (Muzeum Okręgowe; ☎ 853 52 78; Ul 3 Maja 19; Erwachsene/ermäßigt 6/4 Zł, So Eintritt frei; ⌚ Di & Fr 10–17 Uhr, Mi & Do 10–15 Uhr, So 9–14 Uhr). Dieses ist im ehemaligen Piaristenstift untergebracht und zeigt polnische Malerei vom 18. bis zum 20. Jh., europäische Malerei vom 16. bis zum 19. Jh., Glaskunst, Fayencen und Mobiliar. Eine zusätzliche Attraktion ist das mit Fresken ausgeschmückte Gewölbe aus dem 17. Jh.

Einen kurzen Spaziergang nach Süden liegt das barocke **Lubomirski-Schloss** (Ul Dekerta).

Rzeszów

Tylman van Gameren entwarf es im frühen 18. Jh. Hier befindet sich heute die Akademie der Musik.

Ganz in der Nähe steht die **Burg**. Seit ihren Anfängen im 16. Jh. hat sie sich stark verändert, aber der Torturm und die Bastionen haben noch ihre ursprüngliche Form. Vom 19. Jh. bis 1981 diente die Burg als Gefängnis, unter anderem für politische Gefangene. Sie wurde in den 1990er Jahren gründlich renoviert und beherbergt heute das Gericht.

Wieder zurück im Norden steht die **Bernhardinerkirche** (Kościół Bernardynów; Ul Sobieskiego) mit ihrer opulenten Ausstattung und Dekoration. Sie wurde als Mausoleum für Ligęza gebaut. Lebensgroße Alabasterfiguren seiner Familie stehen an den Seitenwänden der Kapelle. In der vergoldeten Kapelle zur Rechten steht die Statue der Heiligen Jungfrau aus dem frühen 16. Jh. Ihr werden zahlreiche Wunder zugeschrieben. Beeindruckende Wandmalereien auf beiden Seiten zeigen hundert Menschen, die von der Heiligen Jungfrau geheilt wurden.

Ganz in der Nähe ist das übertriebene **Kommunistische Denkmal** (Al Cieplińskiego) „zum Gedenken an die Helden der revolutionären Kämpfe" beim besten Willen nicht zu übersehen. Es türmt sich über einem recht nüchternen Platz vor dem Hotel Rzeszów auf und ist eines der wenigen Überbleibsel des alten Regimes. Heute haben hier die Skateboarder das Sagen.

Weiter ostwärts Richtung Ul Bożnicza stehen zwei Synagogen eng beieinander. Die **Neustädter Synagoge** (Synagoga Nowomiejska; ☎ 853 38 11; Ul Sobieskiego 18) aus dem 18. Jh. ist zwar von außen weniger attraktiv, hat aber im Inneren mehr zu bieten. Sie beherbergt eine Kunstgalerie. Der Eingang zum Café liegt im 1. Stock und ist ein Werk des zeitgenössischen Bildhauers Marian Kruczek. Die **Altstädter Synagoge** (Synagoga Staromiejska; Ul Bożnicza 4) wurde im 17. Jh. erbaut. Hier ist heute das Archiv der Stadt und ein Studienzentrum zur Geschichte der Rzeszówer Juden.

Schlafen

In Rzeszów gibt es viele Unterkünfte der Budget- und Mittelklasse. Die meisten sind jedoch ziemlich langweilig und funktional. Die Preise sind aber durchweg vernünftig.

BUDGETUNTERKÜNFTE

Hotel Sportowy (☎ /Fax 853 49 97; Ul Jałowego 23A; EZ/DZ 70/100 Zł; P) Das Sportowy befindet sich in einem Sportkomplex 1 km westlich des Rynek. Es ist ein tolles, gut ausgestattetes Budgethotel. Es gibt auch billigere Doppelzimmer ohne Bad oder Waschbecken (ab 50 Zł).

Jugendherberge (☎ 853 44 30; Rynek 25; Schlafsaal/DZ/3BZ ab 15/50/75 Zł) Dies ist die billigste und zentralste Option – die Jugendherberge liegt direkt am Rynek. Sie hat ein paar Doppel- und Dreibettzimmer, aber überwiegend Schlafsäle mit neun bis 18 Betten. Bettwäsche kostet 5 Zł extra.

Hotel Eden (☎ 852 56 83; www.hotel.eden.prv.pl auf Deutsch; Ul Krakowska 150; EZ/DZ/3BZ/4BZ ab 30/60/90/120 Zł) Das Eden ist ein Studentenhostel mit gutem Niveau, aber weit ab vom Schuss: 4 km vom Zentrum entfernt. Zimmer mit Waschbecken oder eigenem Bad sind etwas teurer. Die Buslinien 1 oder 22 von der Al Piłsudskiego nach Westen fahren hierher.

Hotel Polonia (☎ 852 03 12; Ul Grottgera 16; EZ/DZ 65/80 Zł) Das Hotel Polonia wurde überholt und ist für den Preis jetzt ganz in Ordnung, auch wenn die Lage gegenüber vom Bahnhof nicht gerade malerisch und ruhig ist.

MITTELKLASSEHOTELS

Hotel Restauracja Nowy Dwór (☎ 856 09 90; www.hotelnowydwor.pl auf Polnisch; Świlcza 146; DZ/Suite ab 140/450 Zł; P) Rund 10 km westlich der Stadt an der E4 Richtung Krakau gelegen, ist das Nowy Dwór eines der schickeren Hotels der Gegend. Es bietet attraktive, gut ausgestattete Zimmer und ein passables Restaurant. Ohne eigenes Auto ist das Hotel schwer erreichbar.

Hotel Forum (☎ 859 40 38; www.hotelforum.pl auf Englisch; Ul Lisa Kuli 19; EZ/DZ/Apt. 140/180/300 Zł; P) Das modernisierte Hochhaus liegt im gleichen Block wie das Einkaufszentrum Galeria Graffica und hat mit seinen hellen, geräumigen Zimmern und großen Badezimmern zurzeit das beste Angebot der Stadt. Außerdem ist es praktisch, einen Supermarkt, Cafés und eine Bank direkt vor der Tür zu haben.

Zajazd Polonez (☎ 860 54 50; www.polonez.rzeszow.pl auf Englisch; Ul Graniczna 21; EZ/DZ/Suite 100/160/250 Zł; P) Das Polonez liegt 2,5 km vom Stadtzentrum entfernt im Vorort Drabinianka. Das attraktive, moderne Hotel steht an einem ruhigen, wenn auch nicht allzu praktischen Standort. Alle Zimmer haben Bad und Internetzugang und das Hotel hat ein eigenes Restaurant.

Hotel Rzeszów (☎ 875 00 00; www.hotelesemako.com.pl auf Deutsch; Al Cieplińskiego 2; EZ/DZ/Apt. ab 95/220/250 Zł; P) Dieses Betonhochhaus ist ziemlich trist und altmodisch und hat den funktionalen Glamour des Ostblocks der 1980er Jahre. Es liegt aber sehr zentral und bequem. Auch die Preise sind vernünftig. Die billigeren Einzelzimmer sind winzig, aber völlig Ok und das Restaurant serviert eine große Auswahl annehmbarer polnischer Gerichte.

Dom Polonii (☎/Fax 862 14 52; Rynek 19; EZ/DZ 130/220 Zł) Eine weitere sehr zentral gelegene Unterkunft mit nur zwei Einzelzimmern und zwei Doppelsuiten (mit Blick über den Rynek). Das Haus bietet ein gutes Preis-Leistungs-Verhältnis, ist aber meist ausgebucht.

Hotel Pod Ratuszem (☎ 852 97 80; Fax 852 97 70; www.hotelpodratuszem.rzeszow.pl auf Polnisch; Ul Matejki 8; EZ/DZ 100/160 Zł) Ein modernes, zentral gelegenes Hotel mit 13 hübschen, aber recht kleinen Zimmern. Das Haus ist nichts Besonderes, hat aber ein faires Angebot.

SPITZENKLASSEHOTELS

Hotel Prezydencki (☎ 862 68 35; www.hotele prezydenckie.com.pl auf Englisch; Ul Podwisłocze 48; EZ/DZ/Suite 230/320/490 Zł; P) Das große, moderne Prezydencki liegt 1 km südöstlich des Stadtzentrums am anderen Ufer des Wislok und ist hauptsächlich auf Geschäftsreisende ausgerichtet. Dadurch wirkt es etwas seelenlos, ist aber hell und sauber. Es gibt eine Sauna, ein Solarium und ein Restaurant.

Essen

Ruma Makan (☎ 0603 795 794; Ul Kolejowa 9; Hauptgerichte 6,50–12,50 Zł; Mittag- & Abendessen) Wer erwartet in Rzeszów schon ein indonesisches Restaurant? Aber dieses kleine, freundliche Lokal ist wirklich authentisch. Das Ruma Makan bietet ein preiswertes Büfett mit viel vegetarischer Auswahl sowie traditionelle Fisch- und Hühnchengerichte. Man zahlt für den Teller und füllt ihn nach Belieben. Der indonesische Koch erläutert gern das Angebot.

El Gringo (☎ 864 21 18; Rynek 17; Hauptgerichte 12–20 Zł; Mittag- & Abendessen) Burritos, Tacos und andere mexikanische Standards stehen auf der Speisekarte dieses farbenfrohen Lokals mit Kakteen und Sombreros, das sich auch für einen oder mehr Drinks eignet.

Bar Bolero (☎ 852 02 49; Ul Mickiewicza 19; Hauptgerichte 5–10 Zł; Mittag- & Abendessen) Eine der besten Adressen für eine leckere, preiswerte Mahlzeit im Stadtzentrum. Das Bolero bietet eine große Auswahl an Gerichten, inklusive Salate in angenehmer Atmosphäre. Es hat einen Nichtraucherbereich im Kellergewölbe.

Sphinx (☎ 853 45 98; Ul Kościuszki 9; Hauptgerichte 8,90–40,90 Zł; Mittag- & Abendessen) Eine weitere Filiale der landesweit allgegenwärtigen Restaurantkette mit ägyptisch inspiriertem Dekor und vielen Variationen an Kebab-, Kohl- und gegrillten Fleischgerichten. Das Restaurant ist verlässlich, aber nicht besonders aufregend und immer voll. Das gefakte Kasbah-Dekor ist jedenfalls bemerkenswert.

Selbstversorger finden in den Einkaufszentren **Europa II** (Al Piłsudskiego 34) und **Galeria Graffica** (Ul Lisa Kuli 19) gut sortierte Supermärkte. Außerdem gibt's in beiden mehrere Snackbars, Cafés und größere Restaurants.

Unterhaltung

Alibi (☎ 852 93 33; Ul Mickiewicza 13) In diesem modernen Restaurant mit Nachtclub gibt's an den meisten Abenden Disko.

Tawerna Żeglarska (☎ 862 02 39; Rynek 6, Eingang in der Ul Króla Kazimierza) Die von Studenten besuchte „Seemannstaverne" hat öfter Livemusik im Programm.

An- & Weiterreise

Bahn- und Busbahnhof liegen direkt nebeneinander nur 500 m vom Rynek entfernt. Rzeszów ist ein bedeutender Verkehrsknoten und viele Busse und Bahnen fahren in alle Richtungen. Der Flughafen liegt in Jasionka, 11 km nördlich der Stadt. Die Buslinie 14 von der Al Piłsudskiego fährt zum Flughafen.

BUS

Den ganzen Tag über fahren PKS-Busse nach Sanok (10,60 Zł, 2 Std.), Krosno (8,60 Zł, 1½ Std.), Przemyúl (10,20 Zł, 2 Std.) und Lublin (24 Zł, 3½ Std.). Weitere Ziele sind Ustrzyki Dolne (13,50 Zł, 2½ Std., 6-mal tgl.), Ustrzyki Górne (25 Zł, 3½ Std., 4-mal tgl.), Zamość (26,90 Zł, 3 Std., 2-mal tgl.) und Nowy Sącz (Neu Sandez; 25 Zł, 3 Std., 2-mal tgl.). Die Busse nach Łańcut (4 Zł, 30 Min.) fahren halbstündlich und sind praktischer als Züge, da sie näher am Palais halten. Eurolines betreibt zahlreiche internationale Verbindungen vom Busbahnhof. Es gibt Tafeln mit detaillierten Informationen zu den Zielen, wie zum Beispiel London, Paris, Prag und L'viv in der Ukraine. Weitere Informationen gibt's bei **Centrum Eurobus** (☎ 852 64 98).

FLUGZEUG

Es gibt das ganze Jahr über tägliche Flüge nach Warschau. Dies ist Rzeszóws einzige direkte Flugverbindung. Das **LOT-Büro** (☎ 862 03 47; Plac Ofiar Getta 6) macht Buchungen und verkauft Tickets.

ZUG

Täglich fahren etwa zwanzig Züge nach Przemyśl (21 Zł, 1½ Std.) und Tarnów (20 Zł, 1½ Std.), sowie ein Dutzend nach Krakau (33 Zł, 3 Std.). Nach Warschau (40 Zł, 4½ Std.) fahren morgens zwei Expresszüge und abends ein Schnellzug. Außerdem gibt es einen Zug, der via L'viv nach Kiew fährt.

ŁAŃCUT

☎ 17 / 18 000 Ew.

Łańcut ist berühmt für sein Schloss – eine der bekanntesten und größten Adelsresidenzen in ganz Polen mit einer großen, vielfältigen Kunstsammlung.

Das Gebäude stammt aus dem 15. Jh., aber Stanisław Lubomirski baute es zu einem prachtvollen Palais aus. Kurz nach der Fertigstellung seines wunderschönen Schlosses in Nowy Wiśnicz erwarb er das große Anwesen in Łańcut. Er beauftragte Matteo Trapola mit dem Entwurf eines noch spektakuläreren Hauses. Es wurde zwischen 1629 und 1641 erbaut und mit einer Befestigungsanlage in Form eines fünfzackigen Sterns umgeben. Dies entsprach damals den neuesten italienischen Theorien zum Festungsbau.

Etwa 150 Jahre später wurden die Befestigungen teilweise eingerissen und das Schloss im Stil des Rokoko und des Neoklassizismus umgestaltet. Die letzte bedeutende Veränderung erfolgte gegen Ende des 19. Jhs. und verpasste dem Schloss seine neobarocke Fassade.

Über die Jahrhunderte wurde im Schloss eine phantastische Kunstsammlung zusammengetragen. Der letzte Privateigentümer Alfred Potocki galt als einer der reichsten Männer im Polen der Vorkriegszeit. Kurz vor dem Eintreffen der Roten Armee belud er im Juli 1944 elf Eisenbahnwagons mit den wertvollsten Stücken und floh nach Liechtenstein.

Sehenswertes

Direkt nach dem Zweiten Weltkrieg übernahm der Staat das Schloss und öffnete es als **Schlossmuseum** (☎ 225 20 08; Ul Zamkowa 1; Erwachsene/ermäßigt 18/11 Zł; ⌚ 9–16 Uhr) für die Öffentlichkeit – offenbar waren noch genügend Kunstwerke für eine Ausstellung übrig. Die Sammlung ist seitdem systematisch erweitert und vervollständigt worden. Heute ist sie wahrscheinlich noch größer als vor dem Krieg. Einige Räume sind so voll gestopft, dass es kaum möglich ist, alles beim ersten Besuch zu sehen.

Das Schloss kann in geführten Gruppen besichtigt werden. Führungen dauern 1½ Stunden. Die letzte Führung beginnt eine Stunde vor Schluss, wird aber meist in halsbrecherischem Tempo durch die Räume gejagt. Englisch-, französisch- und deutschsprachig Führungen kosten 180 Zł pro Gruppe (zzgl. Tickets). Sie können unter der Telefonnummer ☎ 225 29 23 einen oder zwei Tage im Voraus gebucht werden. Im Sommer gibt es hier viele Individualreisende und Reisegruppen, denen man sich unter Kostenbeteiligung anschließen kann.

Die Führung umfasst den gesamten 1. Stock und den Westflügel des Erdgeschosses, insgesamt rund fünfzig Räume. In dem sorgfältig restaurierten Interieur aus verschiedenen Perioden und Stilen gibt es zahlreiche unterschiedliche Gemälde, Plastiken und Kunstobjekte. Highlights sind das (später umgebaute) Theater aus dem 18. Jh., der Ballsaal und der Speisesaal mit einem Tisch für achtzig Personen.

Nach der Besichtigung der Innenräume werden die Besucher um die benachbarte **Orangerie** und anschließend zum Kutschenhaus geführt. Hier befindet sich eine Sammlung von 55 **Kutschen** von Potocki. Das Museum hat seit dem Zweiten Weltkrieg weitere 75 Fahrzeuge erworben, was diese Sammlung zur größten ihrer Art macht.

Anschließend bietet sich noch ein individueller Besuch der **Ikonensammlung** (Erwachsene/ermäßigt 6/3,50Zł; ⌚ 9–16 Uhr) an. Es gibt über 1000 Ikonen, von denen die ältesten aus dem 15. Jh. stammen. Allerdings ist der Ausstellungsraum eigentlich ein Lagerraum, daher ist nur eine kleine Auswahl der Ikonen zu sehen.

Das Schloss liegt in einem gepflegten **Park** (Eintritt frei; 7 Uhr–Sonnenuntergang).

Direkt vor dem Park steht die **Synagoge** (Erwachsene/ermäßigt 7/4 Zł; 15. Juni–30. Sept. Di–So 10.30–16.30 Uhr) aus dem 18. Jh. Ein Großteil ihrer ursprünglichen Dekoration ist erhalten. Besuche sind auch außerhalb der angegebenen Monate möglich, müssen aber einige Tage im Voraus per Fax an die Nummer 225 20 12 erbeten werden.

Festivals & Events

An zehn Tagen im Mai findet in Łańcut das **Festival der Alten Musik** mit Kammerkonzerten im Ballsaal des Schlosses statt. Das Festival hat einen hervorragenden Ruf und die Tickets sind wegen der begrenzten Sitzplätze schnell ausverkauft. Während des Festivals ist das Schloss für Besucher geschlossen.

Schlafen & Essen

Hotel Zamkowy (☎ 225 26 71; Fax 225 26 72; Ul Zamkowa 1; DZ 60–165 Zł, 3BZ 90–180 Zł) Das schlichte Hotel befindet sich im Schloss. Es ist ganz in Ordnung und günstig, solange man kein Zimmer mit eigenem Bad braucht, das wesentlich teurer ist. Das Haus ist im Sommer fast immer ausgebucht. Das hoteleigene Restaurant Restauracja Zamkowa auf der anderen Seite des Hofs serviert akzeptable Küche zu annehmbaren Preisen.

Dom Wycieczkowy PTTK (☎ 225 45 12; Fax 225 31 84; Ul Dominikańska 1; Bett in DZ/3BZ/4BZ 15–25 Zł; P) Das Hostel mit fünfzig Betten im ehemaligen Dominikanerkloster neben dem Rynek hat schlichte Zwei- bis Zehnbettzimmer mit Gemeinschaftsbädern und ein eigenes Restaurant.

Pensjonat-Restauracja Pałacyk (☎/Fax 225 20 43; www.palacyk.lancut.pl auf Deutsch; Ul Paderewskiego 18; DZ/Apt. 120/150 Zł) Das Pałacyk („kleiner Palast") liegt 200 m südlich der Synagoge in einem winzigen, palastartigen Herrenhaus und ist eine sehr angenehme Unterkunft. Es hat sechs Doppelzimmer, eine Suite und ein Restaurant.

Hotel Szwadron (☎ 225 60 42; Ul Mickiewicza 16; DZ/3BZ ab 30/45 €; P) Etwa 300 m vom Pałacyk entfernt, bietet das Szwadron in einem historischen Herrenhaus (von 1784) 26 Betten und ein Restaurant. Netter Familienbetrieb.

An- & Weiterreise

Der Busbahnhof befindet sich 500 m nordöstlich vom Schloss; der Bahnhof liegt noch 2 km weiter nördlich. Daher ist die An- und Weiterreise mit dem Bus wesentlich bequemer.

Busse fahren halbstündlich nach Rzeszów (4 Zł, 30 Min.) und stündlich nach Przemyśl (8,70 Zł, 1½ Std.).

PRZEMYŚL

☎ **16 / 70 000 Ew.**

Przemyśl ist eine kleine, verschlafene Stadt nahe der ukrainischen Grenze und etwas abseits der Touristenpfade. Sie hat einen hübschen Marktplatz, ein paar interessante Museen und viele Plätze, an denen man an warmen Tagen mit einem kalten Drink in der Hand relaxen kann.

Przemyśl wurde im 10. Jh. in einer Gegend gegründet, die von Polen und Ruthenien heftig umkämpft war. Die Herrschaft über die Stadt wechselte mehrmals, bis Przemyśl 1340 von der polnischen Krone annektiert wurde. Die Stadt erblühte im 16. Jh., hatte danach aber schwere Zeiten. Während der polnischen Teilungen fiel sie unter österreichische Verwaltung.

Etwa 1850 begannen die Österreicher, Przemyśl zu befestigen. Diese Arbeiten dauerten bis zum Ausbruch des Ersten Weltkriegs. Es entstand eine der größten Festungen Europas, vermutlich sogar die zweitgrößte nach Verdun. Sie bestand aus einem Doppelring von Erdwällen: einem 15 km langen inneren Kreis und einem dreimal längeren äußeren Gürtel mit mehr als sechzig Forts an strategisch wichtigen Punkten. Dieses mächtige Festungssystem spielte im Ersten Weltkrieg eine bedeutende Rolle, aber trotzdem musste sich die Garnison 1915 mangels Proviant den Russen ergeben.

Gegen Ende des Zweiten Weltkriegs waren nur noch 60 % der Gebäude Przemyśls intakt. Die wichtigsten historischen Baudenkmäler der Altstadt wurden restauriert, während am gegenüberliegenden Ufer des San neue Stadtviertel entstanden.

Orientierung

KARTEN & STADTPLÄNE

Die Karte *Przemyśl Plus 6* im Maßstab 1:15 000 ist überall erhältlich und umfasst auch Stadtpläne von Sanok, Łańcut und Ustrzyki Dolne.

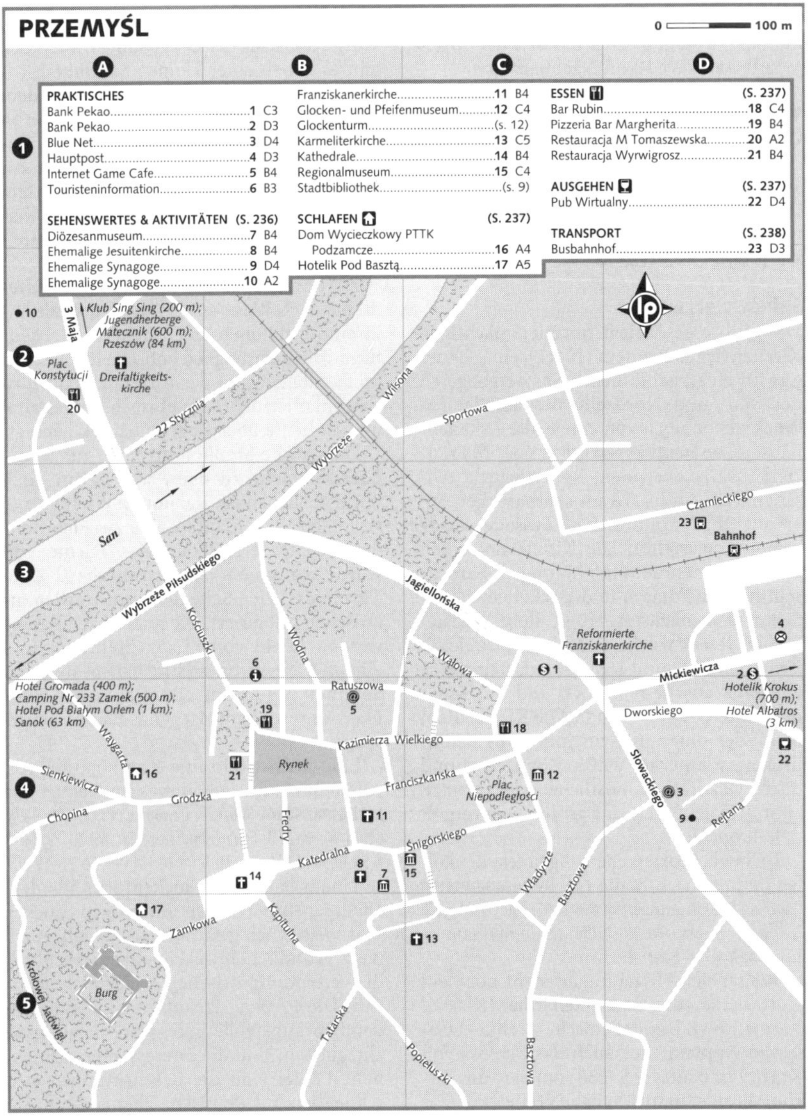

Praktische Informationen

GELD

Die Filialen der Bank Pekao in der Ul Jagiellońska 7 und der Ul Mickiewicza 6 wechseln Geld und haben Geldautomaten. Weitere Geldautomaten stehen in der Altstadt. Im Stadtzentrum gibt es mehrere *kantors,* die aber häufig schlechte Wechselkurse bieten. Vergleiche bei mehreren Wechselstuben lohnen sich.

INTERNETZUGANG

Das **Internet Game Café** (☎ 676 92 60; Ul Ratuszowa 8) liegt am zentralsten, ist aber eher eine laute Spielhalle für Kids. Alternativen sind der Internetservice der **Miejska Biblio-**

teka Publiczna (Stadtbibliothek; Ul Słowackiego 15) in der alten Synagoge oder das **Blue Net** (☎ 678 55 62; Ul Słowackiego 14) im Nachbarhaus.

TOURISTENINFORMATION

Centrum Informacji Turystycznej (☎ 675 16 64; oitinform@wp.pl; Rynek 26; ⌚ Mai–Aug. Mo–Fr 8–18 Uhr, Sa 9–15 Uhr, Sept.–April Mo–Fr 8–16 Uhr) Touristeninformation an der Nordseite des Rynek mit freundlichem, mehrsprachigem Personal und reichlich Kartenmaterial. Nimmt auch Hotelbuchungen vor.

Sehenswertes

Die pittoreske **Altstadt** mit vier mächtigen Kirchen liegt auf einem Hügel – ein schöner Ort für einen gemütlichen Spaziergang. An der Süd- und Nordseite des abfallenden **Rynek** stehen noch von einige alte Arkadenhäuser. Die **Franziskanerkirche** (Kościół Franciszkański) neben dem Rynek wurde zwischen 1754 und 1778 im spätbarocken Stil erbaut. Ihre monumentale Fassade wurde später umgestaltet. Die Kirche hat einen schönen Innenraum mit blumigem Barockschmuck an Altären und Deckengewölbe.

Auf dem nächsten Hügel steht die ehemalige **Jesuitenkirche** (Kościół Pojezuicki). Zwischen 1627 und 1659 erbaut, stammt sie ebenfalls aus dem Barock und hat sogar noch ihre Originalfassade. Die Kirche dient heute der unierten Gemeinde. Alle katholischen Elemente wurden entfernt und durch Dekorationen östlicher Riten ersetzt, zum Beispiel durch eine großflächig vergoldete Ikonostase.

Im benachbarten ehemaligen Jesuitenkolleg befindet sich heute das **Diözesanmuseum** (Muzeum Archidiecezjalne; ☎ 678 27 92; Plac Czackiego 2; Eintritt frei; ⌚ Mai–Okt. 10–15 Uhr) mit einer Sammlung sakraler Kunst.

Weiter den Hügel hinauf steht noch ein Gotteshaus: die **Karmeliterkirche** (Kościół Karmelitów). Der italienische Architekt Galeazzo Appiani (der auch das Schloss von Krasiczyn baute, s. S. 238) entwarf die Kirche. Einige ursprüngliche Teile wie das Hauptportal und der Stuck im Deckengewölbe sind noch erhalten. Bemerkenswert ist die hölzerne Kanzel: Sie hat wie ein Boot Mast, Segel und Takelage.

Ein paar Schritte unterhalb der Kirche steht das **Regionalmuseum** (Muzeum Ziemi Przemyskiej; ☎ 678 33 25; Plac Czackiego 3; Erwachsene/ermäßigt 4/2 Zł; ⌚ Di & Fr 10.30–17.30 Uhr, Mi, Do, Sa & So 10–14 Uhr). Im Erdgeschoss befindet sich eine ziemlich eintönige Sammlung archäologischer Funde aus der Umgebung. Im 1. Stock gibt es neben einer kleinen Sammlung ruthenischer Ikonen und Kunstwerke aus dem 15. Jh. auch liturgische Gegenstände, die an die jüdische Kultur der Stadt erinnern. Außerdem gibt es hier eine Ausstellung zur Geschichte der Burg mit Fotos, Postkarten, Waffen und anderen Gegenständen. In weiteren Räumen werden wechselnde Ausstellungen gezeigt.

Ein kurzer Spaziergang über die Ul Katedralna nach Westen führt zur **Kathedrale** mit ihrem 71 m hohen, freistehenden Glockenturm. Die ursprünglich gotische Kirche (was im Deckengewölbe des Altarraums noch zu erkennen ist) wurde mehrfach umgestaltet und ist heute überwiegend barock geprägt.

Die gleiche Straße führt hoch zur **Burg** – oder vielmehr zu dem, was davon noch übrig geblieben ist. Kazimierz Wielki baute sie in den 1340er Jahren, aber zwei Jahrhunderte später erhielt sie vier Türme und wurde zu einem Renaissancebau. Zwei Türme und eine Seite der Burg wurden inzwischen restauriert. Die renovierten Räume werden heute vom Teatr Fredreum und einem Café genutzt. Ein Turm steht im Sommer Besuchern offen, aber der Blick über die Altstadt ist von Bäumen versperrt.

Eine höchst seltsame Kombination von Ausstellungsstücken gibt es im **Glocken- und Pfeifenmuseum** (Muzeum Dzwonów i Fajek; ☎ 678 96 66; Ul Władycze 3; Erwachsene/ermäßigt 4/2 Zł; ⌚ Di, Fr & Sa 10.30–17.30 Uhr, Mi & Do 10–14 Uhr, So 11–19 Uhr) in einem barocken Glockenturm aus dem 18. Jh.: mehrere Etagen mit antiken Glocken und meisterlich geschnitzten Pfeifen. Auch nach gründlichem Nachdenken erschließt die Verbindung zwischen beiden nicht wirklich. Die Pfeifen, darunter einige außerordentlich kunstvolle Exemplare neben ganz alltäglichen, sind die interessanteren Exponate. Leider sind die Beschriftungen ausschließlich auf Polnisch. Thematische Abwechslung gibt es durch eine Vitrine mit Zigarrenabschneidern. Vom Dach bietet sich ein toller Panoramablick über die Stadt.

Wer sich für Militäranlagen interessiert, sollte die berühmten österreichisch-ungarischen **Befestigungen** besichtigen. Da diese allerdings meist aus Erdwällen bestanden, ist heute jede Menge Gras und sonstige Vegetation darüber gewachsen, sodass nicht mehr viel zu erkennen ist. Die besten Stellen sind **Siedliska** (Fort I), **Łętownia** (Fort VIII) und **Bolestraszyce** (Fort XIII). In der Touristeninformation gibt's Wissenswertes über diese Sehenswürdigkeiten und Wegbeschreibungen.

Die einzigen wichtigen Überbleibsel jüdischer Kultur sind zwei **Synagogen** vom Ende des 18. bzw. Anfang des 19. Jhs. Vor dem Zweiten Weltkrieg waren es noch vier. Die Synagogen wurden nach dem Krieg renoviert, sind aber heute nicht mehr als solche in Benutzung. Die eine liegt am Plac Konstytucji am Nordufer des San, die andere (die heutige Stadtbibliothek) steht in der Ul Słowackiego.

Schlafen

In Przemyśl gibt's für Besucher genug vernünftige Budget- und Mittelklasseunterkünfte.

BUDGETUNTERKÜNFTE

Dom Wycieczkowy PTTK Podzamcze (☎ 678 53 74, ☎/Fax 678 32 74; Ul Waygarta 3; Schlafsaal/DZ 17,50/53 Zł; P) Das PTTK-Hotel liegt nur einen Häuserblock vom Rynek entfernt und bietet die üblichen schlichten, aber sauberen Zimmer und Gemeinschaftsküchen.

Jugendherberge Matecznik (☎/Fax 670 61 45; Ul Lelewela 6; Schlafsaal 16–20 Zł; P) Diese große Jugendherberge liegt 1 km nördlich der Altstadt auf der anderen Seite des San in einer ruhigen Seitenstraße der Hauptverkehrsader Ul 3 Maja.

Camping Nr 233 Zamek (☎/Fax 675 02 65; Wybrzeże Piłsudskiego 8A; DZ/3BZ/4BZ 34/50/65 Zł; P) Der Campingplatz bietet schlichte Zimmer in winterfesten Bungalows und liegt relativ nah am Stadtzentrum. Die nicht winterfesten Bungalows sind von Mai bis September geöffnet.

MITTELKLASSEHOTELS

Hotel Gromada (☎ 676 11 11; www.hotels.gromada.pl auf Polnisch; Wybrzeże Piłsudskiego 4; EZ/DZ Mo–Do 159/199 Zł, Fr–So 139/185 Zł; P ☒) Dieses moderne, zentral gelegene Haus mit 116 Zimmern und eigenem Restaurant gehört zur landesweiten Gromada-Kette und bietet hohen Standard. Die Wochenendpreise sind echte Schnäppchen.

Hotel Pod Białym Orłem (☎/Fax 678 61 07; Ul Sanocka 13; DZ/3BZ/Apt. 120/145/250 Zł; P) 1 km westlich der Altstadt gelegen, ist dieses Hotel mit 16 Zimmern mit eigenem Bad eine bezahlbare Unterkunft in Gehweite von der Altstadt.

Hotel Albatros (☎ 678 08 70; www.albatros.przemysl.pl auf Deutsch; Ul Ofiar Katynia 26; EZ/DZ/3BZ/4BZ 119/149/179/199 Zł; P) Das Albatros ist von außen ein anonymer Betonkasten 3 km östlich des Stadtzentrums. Innen ist es aber hell und freundlich, hat verschiedene Zimmerkategorien, ein gutes Restaurant und ein eigenes Reisebüro.

Hotelik Pod Basztą (☎ 678 82 68; Ul Królowej Jadwigi 4; EZ/DZ/3BZ 39/59/89 Zł) In ruhiger, zentraler Lage bietet dieses Hotel ein Einzel-, fünf Doppel- und ein Dreibettzimmer – alle ohne eigenes Bad.

Hotelik Krokus (☎/Fax 678 51 27; Ul Mickiewicza 47; EZ/DZ 60/100 Zł) Das Krokus liegt 1,3 km östlich des Rynek und bietet Zimmer mit angemessenem Standard und eigenem Bad. Es liegt in Bahnhofsnähe.

Essen & Ausgehen

Restauracja M Tomaszewska (☎ 670 72 40; Plac Konstytucji 3 Maja 6; Hauptgerichte 12–45 Zł; 🕑 9–12 Uhr) Das elegante, überraschend preiswerte Tomaszewska liegt am Nordufer des San. Es serviert sehr gute polnische Küche im Belle Époque-Salon mit Farnen, Girlanden, alten Fotos und Königsportraits.

Pizzeria Bar Margherita (☎ 678 98 98; Rynek 4; Hauptgerichte 5,50–20 Zł; 🕑 Mittag- & Abendessen) Auf der Speisekarte dieser einladenden Pizzeria gibt es eine lange Liste von Pizzas, Risottos, Pasta und Fastfood wie zum Beispiel Hot Dogs. Eines der preiswertesten Lokale am Platz.

Bar Rubin (☎ 678 25 78; Ul Kazimierza Wielkiego 19; Hauptgerichte 8–20 Zł; 🕑 Mittag- & Abendessen) Dieses kleine, freundliche Familienrestaurant ist eines der besten Speiselokale in der Altstadt und hat leckere polnische Küche zu bezahlbaren Preisen. Es gibt nur sieben Tische – Warten ist vor allem am frühen Nachmittag nicht unüblich.

Restauracja Wyrwigrosz (☎ 678 58 58; Rynek 20; Hauptgerichte 7–20 Zł; 🕑 Mittag- & Abendessen) Als willkommene Abwechslung zur polnischen Küche serviert dieses Kneipenrestaurant preiswerte asiatische Gerichte. Im Sommer sitzt man in bequemen Korbstühlen unter freiem Himmel mit Blick auf den Rynek.

Das Restauracja Wyrwigrosz ist auch gut für einen Drink. Die Alternative ist das moderne **Pub Wirtualny** (☎ 676 04 70; Ul Dworskiego 12), ebenfalls mit Außengastronomie.

Unterhaltung

Klub Sing Sing (☎ 677 05 00; Ul 3 Maja 19) Das Sing Sing liegt im weitläufigen Untergeschoss des Einkaufszentrums Dom Handlowy Szpak, 200 m vom Plac Konstytucji entfernt. Es gibt ein Restaurant, eine Bar, eine Pizzeria, Pooltische und eine der hippsten Diskos der Stadt.

An- & Weiterreise

Bahnhof und Busbahnhof liegen nebeneinander am nordöstlichen Stadtrand.

BUS

Täglich fahren mindestens fünf Busse nach Sanok (8,70 Zł, 1½ Std.). Außerdem gibt es Verbindungen nach Ustrzyki Dolne (9,60 Zł, 2 Std., 3 bis 4-mal tgl.) und Rzeszów (11 Zł, 2 Std., 10-mal tgl.).

ZUG

Züge nach Rzeszów (21 Zł, 1½ Std.) fahren regelmäßig. Es gibt jeden Tag mehrere Schnell- und zwei Expresszüge nach Krakau (41 Zł, 3 bis 4 Std.). Ein Express- und zwei Schnellzüge fahren täglich nach Warschau (50 Zł, 4 bis 5 Std.) und ein Schnellzug fährt nach Lublin (40 Zł, 3 Std.). Außerdem liegt Przemyśl an den internationalen Strecken nach Lviv (Lemberg), Odessa und Kiew.

Das neobarocke Bahnhofsgebäude ist heute ein Baudenkmal. Seine Innen- und Außendekorationen von 1895 sind noch erhalten.

KRASICZYN

☎ 16 / 1000 Ew.

Niemand würde das kleine Dorf Krasiczyn bemerken, wenn es hier nicht ein **Renaissanceschloss** (☎ 671 83 16; Erwachsene/ermäßigt 5,50/3,50 Zł; 🕑 nur für Führungen) gäbe. Es gilt als eines der schönsten seiner Art und liegt in einem ausgedehnten **Landschaftspark** (Führungen Erwachsene/ermäßigt 1/0,50 Zł; 🕑 Sonnenauf- bis -untergang) mit vielen verschiedenen Sträuchern und Bäumen.

Das Schloss wurde von dem Italiener Galeazzo Appiani für die Familie Krasicki entworfen und zwischen 1592 und 1618 erbaut. Trotz zahlreicher Kriege und Brände sieht es noch fast so aus wie am Anfang, ist aber in keinem guten Zustand. Es wird bereits seit mehreren Jahrzehnten Stück für Stück restauriert.

Das Schloss ist fast quadratisch um einen großen, teils mit Arkaden versehenen Hof herum angelegt. Es hat vier unterschiedliche zylindrische Ecktürme. Sie stehen für die soziale Rangordnung der Zeit und wurden im Uhrzeigersinn, ausgehend von der Südwestecke, nach Gott, dem Papst, dem König und dem Adel benannt. Der Gottesturm hat eine Kuppel und beherbergt eine Kapelle. Ein fünfter, quadratischer Turm steht in der Mitte der Westmauer. Zu diesem Haupteingang führt eine lange, überdachte Brücke über einen breiten Wehrgraben. Im Königsturm gibt es eine Ausstellung mit dem merkwürdigen Titel **Galerie der Industrieentwicklungsbehörde**. Sie zeigt Werke zeitgenössischer Künstler aus der Region. Der Eintritt ist im Eintrittspreis für das Schloss inbegriffen.

Der Hof und drei der Türme können im Sommer im Rahmen von Führungen besichtigt werden. Sie beginnen stündlich zwischen 10 und 16 Uhr.

Schlafen & Essen

Hotel Zamkowy (☎ 671 83 21; www.krasiczyn.motronik.com.pl auf Deutsch; Krasiczyn 179; EZ/DZ/3BZ/Suite ab 130/210/270/330 Zł; P ⊠) Das Hotel Zamkowy im früheren Kutschenhaus des Schlosses bietet elegante, komfortable und moderne Zimmer in einer einzigartigen historischen Umgebung – zweifellos eine der schönsten und stimmungsvollsten Unterkünfte in ganz Polen. Die Suiten sind in Blau-, Rosa- oder Grüntönen gehalten und das Haus verfügt über Fitnessraum, Sauna, Solarium und Restaurant. Am schönsten ist eine Übernachtung in den liebevoll restaurierten Zimmern des Schlosses selbst (DZ/Suiten für 210/400 Zł). Weitere Optionen sind der vollständig ausgestattete Jagdpavillon mit fünf Betten (800 Zł) und der zauberhafte Schweizer Pavillon aus dem 17. Jh. (DZ/Suite für 180/270 Zł). Hier gibt es sogar einen eigenen Hausgeist! Fahrräder und Angelausrüstung können gemietet werden, das zum Angeln notwendige Boot ebenfalls (15 Zł pro Std.). Auch Paketpreise sind möglich.

An- & Weiterreise

Das Schloss ist im Rahmen einer kurzen Rundfahrt von Przemyśl (2,80 Zł, 20 Min.) mit einem PKS-Bus oder mit der regulären

Vorortbuslinie 40 zu erreichen. Von Krasiczyn aus kann man weiter nach Sanok (7,80 Zł, 1 Std., 4-mal tgl.) oder nach Ustrzyki Dolne (8,70 Zł, 1½ Std., 3-mal tgl.) fahren.

DIE OSTBESKIDEN (BIESZCZADY)

Die Bieszczady sind eine wilde, dünn besiedelte Bergregion mit dichten Wäldern und grünen Lichtungen in der äußersten Südostecke Polens zwischen Ukraine und Slowakei. Dieser ursprüngliche Landstrich zählt zu den schönsten Gebieten Polens. Es gibt kaum Tourismus, nur wenige Straßen und öffentliche Verkehrsmittel. Die abgelegenen Bieszczady sind ein tolles Reiseziel für Naturliebhaber und Wanderer abseits der ausgetretenen Pfade.

Die Bieszczady sind ein Gebirgszug, der sich über 60 km von Osten nach Westen an der polnischen Grenze entlang erstreckt. Die niedrigeren Hügel im Norden heißen Przedgórze Bieszczadzkie. Die Bieszczady umfassen die gesamte Region südöstlich der Bahnlinie Nowy Łupków–Zagórz–Ustrzyki Dolne bis zur Grenze: insgesamt 2100 km^2, von denen 60 % mit Fichten- und Buchenwald bedeckt sind. Die Baumgrenze ist bei 1200 m, darüber liegen die *połoniny*, steppenartige Weiden, die im Juni besonders saftig sind.

Der höchste und spektakulärste Teil ist der Bieszczady-Nationalpark (Bieszczadzki Park Narodowy). Mit 271 km^2 ist er der drittgrößte Nationalpark Polens nach Biebrza und Kampinos. Der höchste Gipfel ist die Tarnica (1346 m).

Die Region war früher wesentlich dichter besiedelt – nicht von Polen, sondern von Bojken und Lemken (s. Kasten S. 241). Der Skansen (Freilichtmuseum) in Sanok zeigt einige schöne Beispiele bojkischer und lemkischer Architektur.

SANOK

☎ 13 / 40 000 Ew.

Die meisten Polen denken bei Sanok vermutlich an den Autosan – ein in Polen produzierter Bus, der auf Überlandverbindungen und als Stadtbus im ganzen Land eingesetzt wird. Das Automobilwerk sowie einige weitere Fabriken machen die Stadt zu einem bedeutenden Industriezentrum. Sanok ist aber auch der Ausgangspunkt der faszinierenden Ikonenroute (S. 242), eines ausgeschilderten Wanderwegs an den vielen Kirchen der Umgebung entlang. Das kleine Stadtzentrum ist recht hübsch und in der Umgebung gibt es ein paar lohnende Sehenswürdigkeiten – darunter das hervorragende Museum der Volksarchitektur, eines der besten Freilichtmuseen in Europa.

Praktische Informationen

GELD

Bankautomaten stehen in den Filialen der Bank Pekao in der Ul Mickiewicza 29 und der Ul Kościuszki 4. In der Ul Kościuszki gibt es einige *kantors*, weitere sind im Stadtzentrum.

TOURISTENINFORMATION

Anstelle einer offiziellen Touristeninformation gibt es ein hilfreiches **PTTK-Büro** (☎ 463 21 71; www.sanok.pl auf Deutsch; Ul 3 Maja 2; ⌚ Mo–Fr 8–16 Uhr). Broschüren und Informationen sind auch am Infotisch bei **Orbis Travel** (☎ 463 28 59; Ul Grzegorza 4; ⌚ Mo–Fr 8–17 Uhr, Sa 9–13 Uhr) erhältlich. Beide organisieren auch Unterkünfte.

Sehenswertes

Eine der Hauptattraktionen Sanoks ist das **Historische Museum** (Muzeum Historyczne; ☎ 464 13 66; Ul Zamkowa 2; Eintritt 10 Zł; ⌚ 16. Juni–15. Sept. Mo 12–15 Uhr, Di–So 9–17 Uhr, 16. Sept.–15. Juni Mo 12–15 Uhr, Di & Mi 9–17 Uhr, Do–So 9–15 Uhr). Es befindet sich in einem gründlich sanierten Schloss aus dem 16. Jh. und hat mehrere Abteilungen, zum Beispiel eine Sammlung von 700 ruthenischen Ikonen. Sie gilt als die schönste Polens. Ausgestellt sind etwa 450 Exponate aus dem 15. bis 18. Jh. Sie werden in chronologischer Reihenfolge gezeigt, sodass sich ein Bild von der stilistischen Entwicklung ergibt: Naive, etwas unwirklich wirkende Bilder wichen nach und nach realistischeren Ikonen, die den römisch-katholischen Einfluss widerspiegeln. Die meisten Ikonen wurden nach dem Zweiten Weltkrieg von aufgegebenen unierten Kirchen erworben. Neben dieser Ausstellung gibt es auch noch Ikonensammlungen in Przemyśl, Łańcut, Nowy Sącz und im Skansen von Sanok.

Der zweite Schatz des Museums ist die Sammlung von Bildern Zdzisław Beksińskis

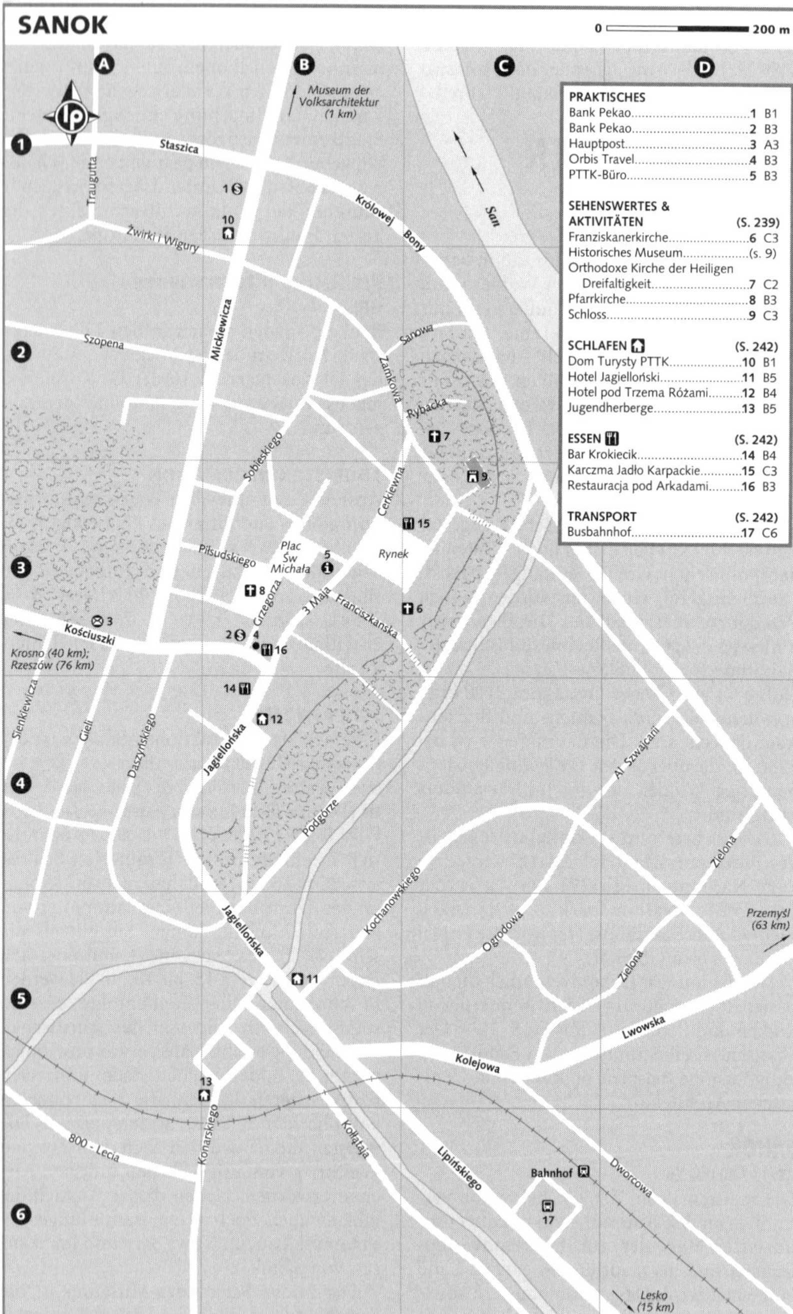
SANOK
0
200 m
A
B
C
D
1
2
3
4
5
6
Museum der Volksarchitektur (1 km)
Staszica
Traugutta
Żwirki i Wigury
Królowej Bony
San
Mickiewicza
Szopena
Sanowa
Zamkowa
Rybacka
Sobieskiego
Cerkiewna
Piłsudskiego
Plac Św Michała
Rynek
Grzegorza
3 Maja
Franciszkańska
Kościuszki
Krosno (40 km); Rzeszów (76 km)
Sienkiewicza
Gieli
Daszyńskiego
Jagiellońska
Podgórze
Al. Szwajcarii
Zielona
Kochanowskiego
Ogrodowa
Przemyśl (63 km)
Lwowska
Kolejowa
Konarskiego
Kołłątaja
800 - Lecia
Lipińskiego
Bahnhof
Dworcowa
Lesko (15 km)
PRAKTISCHES
Bank Pekao 1 B1
Bank Pekao 2 B3
Hauptpost 3 A3
Orbis Travel 4 B3
PTTK-Büro 5 B3
SEHENSWERTES & AKTIVITÄTEN (S. 239)
Franziskanerkirche 6 C3
Historisches Museum (s. 9)
Orthodoxe Kirche der Heiligen Dreifaltigkeit 7 C2
Pfarrkirche 8 B3
Schloss 9 C3
SCHLAFEN (S. 242)
Dom Turysty PTTK 10 B1
Hotel Jagielloński 11 B5
Hotel pod Trzema Różami 12 B4
Jugendherberge 13 B5
ESSEN (S. 242)
Bar Krokiecik 14 B4
Karczma Jadło Karpackie 15 C3
Restauracja pod Arkadami 16 B3
TRANSPORT (S. 242)
Busbahnhof 17 C6

BOJKEN & LEMKEN

Die Bieszczady, die Niederen Beskiden und die Sandezer Beskiden wurden ab dem 13. Jh. von verschiedenen Nomadenstämmen aus dem Süden und Osten besiedelt. Die bekanntesten waren die Wołosi vom Balkan und die Rusini aus Ruthenien. Über die Jahrhunderte vermischten sich die Stämme und es entwickelten sich zwei eigenständige ethnische Gruppen: die Bojken (Bojkowie) und die Lemken (Łemkowie).

Die Bojken lebten im Osten der Bieszczady östlich von Cisna, während die Lemken in den Bergregionen der westlichen Bieszczady bis in die Sandezer Beskiden hinein siedelten. Beide Volksgruppen hatten viele kulturelle Gemeinsamkeiten, obwohl es deutliche Unterschiede in Dialekt, Tracht und Architektur gab. Mit ihren ukrainischen Nachbarn teilten sie den orthodoxen Glauben.

Nach der Kirchenunion von Brest im Jahr 1596 konvertierten die meisten Lemken und Bojken zur unierten Kirche: Sie erkannte die Oberhoheit Roms an, behielt aber die alten östlichen Riten und religiösen Bräuche bei. Ab Ende des 19. Jhs. setzte die römisch-katholische Kirche aber langsam und systematisch die lateinischen Riten durch. Als Reaktion kehrten viele Einheimische zur orthodoxen Kirche zurück. Bei Ausbruch des Zweiten Weltkriegs wurden beide Glaubensrichtungen in der Region – mehr oder weniger harmonisch – nebeneinander praktiziert. Die Gesamtbevölkerung der Bojken und Lemken betrug schätzungsweise 200 000 bis 300 000 Menschen. Ethnische Polen waren in der Minderheit und die römisch-katholische Kirche war bedeutungslos.

Dies veränderte sich nach dem Zweiten Weltkrieg komplett, als die Grenzen verschoben und die neue Regierung eingesetzt wurde. Nicht jeder war mit dem Zustand zufrieden und einige Gegner weigerten sich, die Waffen niederzulegen. Eine dieser bewaffneten Fraktionen war die Ukrainische Widerstandsarmee in den Bieszczady. Hier herrschte noch fast zwei Jahre lang Bürgerkrieg.

Um die Rebellenbasis zu zerstören, beschloss die Regierung, die Einwohner aller Dörfer umzusiedeln. Bei der so genannten „Aktion Weichsel" (Operacja Wisła) wurde 1947 der größte Teil der Bevölkerung brutal in die Sowjetunion oder in die nördlichen und westlichen Gebiete Polens deportiert, die man gerade erst den Deutschen wieder abgerungen hatte. Ironischerweise waren die Bojken und Lemken die Hauptopfer der Aktion, obwohl sie mit dem ganzen Konflikt nichts zu tun hatten – sie lebten nur zufällig in der Region. Sogar aus westlicheren Gebieten, in denen es gar keine Partisanenaktivitäten gab, wurden Lemken deportiert. Ihre Dörfer wurden zurückgelassen oder zerstört. Die Überlebenden wurden zusammen mit Einwohnern anderer Regionen neu angesiedelt. Am Ende blieben nur etwa 20 000 Lemken und sehr wenige Bojken in der Region.

Heute sind die orthodoxen und unierten Kirchen die sichtbarsten Überbleibsel der Tragödie. Hier stehen immer noch viele verfallene Holzbauten und unterstreichen die natürliche Schönheit der Landschaft. Beim Wandern auf abgelegen Pfaden an der ukrainischen Grenze stößt man auf zerstörte Dörfer, Häuserruinen und verwilderte Obstgärten.

im obersten Geschoss des Schlosses. Beksiński wurde in Sanok geboren. Er lebt auch hier und ist einer der bedeutendsten zeitgenössischen Maler Polens. Die Ausstellung zeigt neunzig Bilder, darunter einige seiner besten Arbeiten.

Eine tolle Sehenswürdigkeit ist der Skansen: Das **Museum der Volksarchitektur** (Muzeum Budownictwa Ludowego; ☎ 463 16 72; Ul Rybickiego 3; Erwachsene/ermäßigt 9/6 Zł; Mai–Okt. 8–18 Uhr, Nov.–April 8–16 Uhr) liegt 1,5 km nördlich des Stadtzentrums. Das größte Freilichtmuseum Polens hat 120 traditionelle Gebäude aus dem Südosten des Landes zusammengetragen und wieder aufgebaut. Es bietet einen Einblick in die Kultur der Bojken und Lemken. Es gibt vier wunderschöne Holzkirchen (eine katholische und drei unierte), ein Gasthaus, eine Schule und sogar eine Feuerwache. Viele Häuser sind originalgetreu möbliert und dekoriert, während andere Ausstellungen wie zum Beispiel eine Sammlung von 200 Ikonen enthalten.

Besucher werden in Gruppen von bis zu zwanzig Personen durch das Museum geführt. Die Führung (auf Polnisch) dauert zwei Stunden. Im Sommer stehen manchmal englischsprachige Reiseleiter zur Verfügung; Besucher rufen am besten vorher unter ☎ 463 16 72 an oder erkundigen sich beim Ticketschalter. Die Führungen kosten 30 Zł pro Gruppe, zusätzlich zum Eintrittspreis. Das Museum verkauft Broschüren in Deutsch mit einer kurzen Beschreibung ausgewählter Exponate. Am Eingang gibt es ein Café mit der üblichen Auswahl an Snacks und leichten Gerichten. Vom Rynek fahren die Buslinien 1 und 3 bis zur Brücke über den San. Diese führt zum Eingang des Skansen.

Die älteste Kirche der Stadt ist die **Franziskanerkirche** (Ul Franciszkanska) aus den 1630er Jahren. Sie wurde aber seitdem mehrfach umgebaut. Auf dem linken Altar steht ein Bild der Jungfrau Maria. Die neoromanische **Pfarrkirche** (Ul Grzegorza) wurde zwischen 1874 und 1886 erbaut. Ihre Wände schmücken Jugendstilgemälde. Die neoklassizistische **Orthodoxe Kirche der Heiligen Dreifaltigkeit** (Ul Zamkowa) wurde 1784 erbaut und diente ursprünglich der unierten Gemeinde. Sie wird nur für die Sonntagsmesse von 10.30 Uhr bis 17 Uhr geöffnet, aber im Haus nebenan gibt es auf höfliche Nachfrage einen Schlüssel.

Schlafen

Hotel Jagielloński (☎/Fax 463 12 08; Ul Jagiellońska 49; EZ/DZ/3BZ ab 90/110/130 Zł; Ⓟ) Das Jagielloński ist das beste Hotel am Ort und bietet ein hervorragendes Preis-Leistungs-Verhältnis. Die Zimmer sind groß und haben eigene Bäder. Das Hotel hat auch ein eigenes Restaurant, das vermutlich zum Besten zählt, was die Stadt zu bieten hat (Hauptgerichte 16 bis 32 Zł; für Mittag- & Abendessen geöffnet).

Hotel Pod Trzema Różami (☎/Fax 463 09 22; Ul Jagiellońska 13; EZ/DZ 75/95 Zł; Ⓟ) Etwa 200 m südlich des Rynek bietet das kleine „Unter Drei Rosen" schlichte, aber saubere und akzeptable Zimmer in zentraler Lage. Im Erdgeschoss gibt's eine Pizzeria.

Jugendherberge (☎/Fax 463 09 25; Ul Konarskiego 10; Schlafsaal 12–15 Zł; ⏲ Juli & Aug.) Mit ihren sechzig Betten ist die Jugendherberge die billigste Übernachtungsmöglichkeit der Stadt. Sie liegt zwischen Busbahnhof und Stadtzentrum.

Dom Turysty PTTK (☎ 463 10 13, ☎/Fax 463 14 39; Ul Mickiewicza 29; Schlafssal/DZ/3BZ 18/50/75 Zł) Das ganzjährig geöffnete, große PTTK-Hostel hat Betten in Hülle und Fülle. Eigene Badezimmer und niedrige Preise wirken auf den ersten Blick verlockend, aber einige Zimmer sind ziemlich schäbig und sollten vor der Buchung gründlich inspiziert werden. Es gibt ein eigenes Restaurant – schlicht, aber äußerst preisgünstig.

Essen

Die meisten Unterkünfte haben eigene Restaurants. Interessant sind auch folgende Lokale:

Bar Krokiecik (Ul Jagiellońska 2; Hauptgerichte 5–10 Zł; ⏲ Mittag- & Abendessen) Die Bar Krokiecik ist ein preisgünstiges akzeptables Speiselokal.

Restauracja Pod Arkadami (☎ 464 44 54; Ul Grzegorza 2; Hauptgerichte 10–20 Zł; ⏲ Mittag- & Abendessen) Dieses Kellerrestaurant bleibt nicht lange im Gedächtnis, serviert aber solide polnische Küche.

Karczma Jadło Karpackie (☎ 464 67 00; Rynek 12; Hauptgerichte 12–25 Zł; ⏲ 9–22 Uhr) Ein einladendendes, freundliches Restaurant mit Bar am Rynek. Es gibt die übliche Auswahl an polnischen Speisen und Bieren.

An- & Weiterreise

Bahnhof und Busbahnhof liegen 1 km südöstlich des Stadtzentrums nebeneinander.

Täglich fahren jeweils zwei Schnellzüge nach Warschau (55 Zł, 5 Std.) und Krakau (35 Zł, 3½ Std.). Ein Dutzend normaler Züge fahren täglich über Krosno nach Jasło (18 Zł, 2 Std.).

Es gibt regelmäßige Busverbindungen nach Rzeszów (10,60 Zł, 1½ Std.) und Lesko (3,80 Zł, 20 Min.). Außerdem fahren Busse nach Ustrzyki Dolne (6,20 Zł, 1 Std., etwa 10-mal tgl.) und Ustrzyki Górne (10,50 Zł, 1½ Std., 6-mal tgl.). Mehrere Busse fahren nach Cisna (7,80 Zł, 1 Std.) und Wetlina (8,90 Zł, 1½ Std.) – im Sommer mit zusätzlichen Verbindungen. Zwei Busse fahren nach Komańcza (6,20 Zł, 1 Std.). Fünf Busse fahren direkt nach Krakau (31 Zł, 3 Std.) und zwei nach Warschau (40 Zł, 4 bis 5 Std.).

RUND UM SANOK

Ikonenroute

In der Umgebung von Sanok liegen verstreute kleine Dörfer, die oft noch ihre alten orthodoxen oder unierten **Kirchen** haben – ein Relikt der ethnischen und religiösen Zusammensetzung der Region vor dem Krieg. Viele dieser Kirchen liegen an einem markierten Wanderweg, der Szlak Ikon (Ikonenroute). Die beliebteste Strecke ist eine 70 km lange Schleife. Sie beginnt und endet in Sanok und windet sich durch das nördlich der Stadt gelegene San-Tal. Die reine Wanderzeit beträgt 15 Stunden, der Weg ist aber auch für Fahrräder geeignet.

Es geht an einem Dutzend Kirchen vorbei: zauberhafte kleine Holzbauten, typisch für diese Region. Die meisten stammen aus dem 18. und 19. Jh. Die älteste orthodoxe Holzkirche Polens aus dem Jahr 1510 liegt auch am Weg in **Ulucz**. Alle Kirchen können besichtigt werden. Die Verantwortlichen lassen Besucher herein und führen sie durch die Kirchen. Eine kleine Spende ist jederzeit willkommen.

Eine längere Strecke führt durchs Tal der Oslawa südlich von Sanok in die Bieszczady bis fast an die slowakische Grenze. Dieser Weg ist aber nicht so gut ausgeschildert, da sich die meisten Kirchen nahe der Hauptstraße befinden. Eine der interessantesten Kirchen an dieser Strecke ist die orthodoxe Holzkirche von Turzańsk (s. S. 248). Sie wurde 1803 erbaut.

Eine große Tafel vor dem Schloss von Sanok zeigt eine Karte der ersten Strecke und eine allgemeine Beschreibung (auf Polnisch). Weitere Informationen und Broschüren (auf Polnisch und Englisch) über die Wanderwege sowie Übernachtungs- und Essensmöglichkeiten gibt es beim PTTK-Büro und bei Orbis Travel in Sanok. Hier erfährt man auch, wen man bitten muss, die Kirchen für Besichtigungen zu öffnen.

Czerteż

Czerteż ist ein kleines Dorf 5 km nordwestlich von Sanok an der Straße nach Rzeszów. Es hat eine schöne unierte Holzkirche von 1772 mit einer Original-Ikonostase. Sie gehört nicht zur Ikonenroute, ist aber trotzdem eine der schönsten Kirchen in der Region. Ein Kurzbesuch lohnt sich. Von Sanok fährt ein Bus hierher. Die Kirche liegt versteckt in einem dichten Waldstück hinter einer landwirtschaftlichen Kooperative. Auch hier gibt es Führungen. Über nähere Einzelheiten informiert das PTTK-Büro.

LESKO

☎ 13 / 6200 Ew.

Lesko wurde 1470 gegründet und hatte ursprünglich eine gemischte polnisch-ruthenische Bevölkerung. Ab dem 16. Jh. kamen viele Juden, vor allem aus Spanien hierher. Sie waren auf der Flucht vor der Inquisition. Der Zuzug war so groß, dass die Juden im 18. Jh. die Hälfte der Stadtbevölkerung stellten.

Der Zweite Weltkrieg und die darauf folgenden Jahre veränderten die ethnische Zusammensetzung der Bevölkerung komplett. Die Juden wurden von den Nazis umgebracht, die Ukrainer vom polnischen Militär besiegt und die Lemken deportiert. Die Stadt wurde ohne nennenswerte Industrie wiederaufgebaut und ist heute ein kleiner Urlaubsort auf dem Weg nach Süden in die Bieszczady.

Praktische Informationen

TOURISTENINFORMATION

Bieszczadzkie Centrum Informacji Turystycznej (☎ 469 66 95; 🕑 Mo–Fr 8–16 Uhr) Befindet sich in einem Pavillon neben dem Rathaus am Rynek. Der große Stadtplan auf der Tafel neben dem Büro ist hilfreich.

Sehenswertes

Lesko hat ein bemerkenswertes jüdisches Erbe. Die **Synagoge** (Ul Joselewicza) neben dem Rynek stammt aus dem 17. Jh. und hat deutliche spanische Einflüsse. Ihrem Turm ist heute noch anzusehen, dass er früher ein Teil der Wehranlagen der Stadt war. Im Inneren befindet sich jetzt eine Kunstgalerie, aber von der ursprünglichen Dekoration ist nur noch wenig übrig geblieben. An der Frontseite gibt es einige kleine Anbauten – hier waren die Gebetsräume für die Frauen.

Wer der Ul Moniuszki bergab folgt, trifft auf der rechten Seite auf Stufen. Sie führen hinauf zum alten **jüdischen Friedhof**. Hier stehen mehr als 1000 Grabsteine zwischen Bäumen und hohem Gras. Die ältesten stammen aus der Mitte des 16. Jhs. Einige sind erstaunlich reich verziert. Die einsamen, langsam verfallenden Grabsteine bieten einen sehr beeindruckenden Anblick.

In der Mitte des Rynek steht das **Rathaus** aus dem 19. Jh. 200 m weiter nördlich befindet sich die **Pfarrkirche** (Ul Kościuszki). Sie wurde 1539 erbaut und trägt noch viele gotische Merkmale. Der freistehende barocke Glockenturm kam 1725 hinzu. Damals wurde auch das Innere der Kirche barock geprägt, zum Beispiel durch den Hauptaltar und die reich geschmückte Kanzel.

Lasko hat auch ein **Schloss** – es liegt an der Straße nach Sanok, 200 m vom Rynek entfernt. Anfang des 16. Jhs. gebaut, verlor es seine Originalgestalt fast völlig durch umfangreiche neoklassizistische Umbauten. In der Nachkriegszeit wurde es zu einem Hotel umgebaut.

Schlafen & Essen

Hotelik Ratuszowa (☎ 469 86 32; ratuszowa@ooh.pl; Rynek 12; EZ/DZ/3BZ 50/70/125 Zł) Dieses gemütliche Hotel im Stadtzentrum hat kleine, schlichte Zimmer und ist einer der besseren Übernachtungsorte.

Motel Fux (☎ 469 67 81; Ul Bieszczadzka 4; EZ/DZ/3BZ 20/40/60 Zł; Ⓟ) Das Fux hinter der Tankstelle ist ein unauffälliges Motel mit schlichten, aber sauberen Zimmern. Die Preise sind unschlagbar.

Pensjonat Zamek (☎ 469 62 68; Fax 469 68 78; Ul Piłsudskiego 7; EZ/DZ/3BZ 90/110/138 Zł) Die Pension Zamek befindet sich im Schloss und war früher ein Ferienheim für Bergarbeiter. Stilvolle Gemächer gibt es allerdings nicht, sondern ein normales Hotel mit 100 Betten, Fitnessraum und Mountainbike-Vermietung.

Camping Nad Sanem (☎ 469 66 89; Ul Turystyczna 1; Bett pro Person 18 Zł, Halbpension 36 Zł; ⌚ Mai–Sept.) Der Campingplatz liegt am Flussufer unterhalb des Schlosses. Es gibt ein paar Bungalows mit unterschiedlich großen Zimmern, einen Zeltplatz und ein Restaurant.

Rund um den Rynek gibt es mehrere einfache Restaurants.

An- & Weiterreise

Es gibt keine Zugverbindung nach Lesko. Der Busbahnhof liegt in der Straße nach Sanok, der Ul Piłsudskiego, 1 km vom Rynek entfernt. Alle erwähnten Hotels sind bequem vom Busbahnhof zu erreichen.

Eine Menge Busse fahren nach Sanok (3,80 Zł, 20 Min.) und einige fahren weiter nach Krosno (7,80 Zł, 1 Std.). Zehn Busse fahren täglich nach Rzeszów (11,50 Zł, 2 Std.) und einer fährt direkt nach Krakau (30 Zł, 3 Std.).

In die Bieszczady fahren mehrere Busse täglich: nach Cisna (6,50 Zł, 1 Std.) und einige sogar bis nach Wetlina (7,80 Zł, 1½ Std.). Drei oder vier Busse fahren über Ustrzyki Dolne nach Ustrzyki Górne (10,20 Zł, 2 Std.). Im Sommer gibt es zusätzliche Busse zu diesen Zielen.

USTRZYKI DOLNE

☎ 13 / 8800 Ew.

Ustrzyki Dolne ist eine ziemlich öde Stadt im Südosten Polens, eigentlich nur ein Zwischenstopp auf dem Weg nach Süden in die Bieszczady. Abgesehen vom **Naturgeschichtlichen Museum** (Muzeum Przyrodnicze; ☎ 461 10 91; Ul Bełska 7; Erwachsene/ermäßigt 3/2 Zł; ⌚ ganzjährig Di–Sa 9–17 Uhr, Juli & Aug. So 9–14 Uhr) in der Nähe des Rynek gibt es nicht viel zu sehen. Dafür bietet das Museum eine gute Einführung in die Geologie, Flora und Fauna des Bieszczady-Nationalparks.

Bergsteiger und -wanderer, die individuell unterwegs sind, haben in Ustrzyki Dolne die letzte Gelegenheit, Proviant zu kaufen und Geld zu wechseln. Weiter südlich wird es schwieriger, an Lebensmittel zu kommen.

Praktische Informationen

GELD

In der Stadt gibt es einige *kantors,* zum Beispiel in der Touristeninformation. Die **Bank Pekao** (Rynek 17) liegt nebenan und betreibt einen Geldautomaten im Einkaufszentrum Dom Handlowy Halicz östlich vom Rynek. Ein weiterer Geldautomat steht gegenüber vom Museum.

TOURISTENINFORMATION

Bieszczadzkie Centrum Informacji i Promocji (☎ 471 11 30; Rynek 16; ⌚ Mo–Fr 8–17 Uhr)

Auskunft (⌚ ganzjährig Di–Sa 9–17 Uhr, Juli & Aug. So 9–14 Uhr) Im Museum. Informationen zum Bieszczady-Nationalpark.

Schlafen & Essen

In der Stadt gibt es ein paar Hotels und viele Privatzimmer.

Willa Stasia (☎ 461 11 11; willa_stasia@op.pl; Ul Ustjanowa Górna 58; DZ/3BZ/Apt. 100/135/180 Zł; Ⓟ) Das Stasia ist ein traditionelles Holzchalet mit schönen, kiefernholzgetäfelten Zimmern und hellen, modernen Bädern. Die Apartments sind groß und sehr komfortabel.

Dom Wyczasowy Laworta (☎ 461 11 78; www.dwlaworta.com.pl auf Polnisch; Ul Nadgórna 107; EZ/DZ/3BZ/Apt. 95/140/180/380 Zł; Ⓟ) Das Laworta ist ein großes, ruhiges Haus mit eigenem Park im Norden der Stadt, 1,5 km oberhalb des Bahnhofs. Es ist gut ausgestattet: Hier gibt es Tennisplätze, eine Sauna und ein Restaurant.

Hotelik Bieszczadzki (☎ 461 10 71; Fax 461 10 74;

Rynek 19; EZ/DZ/3BZ/4BZ ab 30/50/70/90 Zł) Das Bieszczadzki liegt am zentralsten, ist ziemlich schlicht und hat ein eigenes preiswertes Restaurant. Zimmer mit eigenem Bad kosten etwas mehr.

An- & Weiterreise

Bahnhof und Busbahnhof befinden sich in einem Gebäude. Mit dem Zug kommt man nicht allzu weit: Die Verbindungen nach Przemyśl und Warschau wurden eingestellt und es gibt nur noch ein paar Züge nach Zagórz und Jasło. Die Busverbindungen sind aber in Ordnung. Täglich fahren sehr viele Busse über Lesko (5 Zł, 30 Min.) nach Sanok (6,20 Zł, 1 Std.). Fünf Busse (im Sommer mehr) fahren jeden Tag nach Ustrzyki Górne (7,20 Zł, 1½ Std.). Die meisten kommen aus Przemyúl oder Sanok. Außerdem gibt es noch Verbindungen zu anderen Zielen wie Przemyśl (9,60 Zł, 2 Std., 5-mal tgl.), Rzeszów (13,50 Zł, 2½ Std., 5-mal tgl.) und Krakau (34 Zł, 4 Std., 1-mal täglich).

USTRZYKI GÓRNE

☎ 13 / 500 Ew.

Ustrzyki Górne ist eher eine locker verteilte Häuserkette an der Straße als ein richtiges Dorf. Trotzdem ist es das wichtigste Basislager für Wanderungen in die Bieszczady. Dank seiner Lage inmitten der wunderschönen Berge, die heute zum Nationalpark gehören, zieht der Ort schon seit langem abenteuerlustige Bergwanderer an und ist entsprechend ausgestattet.

Seit dem Bau der Rundstraße durch die Bieszczady zwischen 1955–62 sind die Berge zugänglicher und populärer geworden. Die Region verändert sich langsam, ist aber immer noch abgelegen. Ustrzyki Górne ist ein gutes Beispiel dafür: Es gibt ein paar Gelegenheiten zum Einkaufen, Übernachten und Essen, aber sonst nichts. Das Dorf erwacht im Sommer zum Leben und versinkt für den Rest des Jahres in einen tiefen Schlaf. Im Winter sorgen nur ein paar Skilangläufer für Abwechslung.

Schlafen & Essen

Neben den hier aufgeführten Adressen bieten viele Einheimische Privatzimmer an – sogar der Pfarrer vermietet Betten in einem großen Haus neben der Kirche. Winzige Dörfer wie dieses haben oft keine Straßennamen, aber die allgemeinen Angaben sollten ausreichen.

Hotel Górski (☎ 461 06 04; Fax 461 06 20; EZ/DZ ab 18/36 €; Ⓟ) Dieses von der PTTK betriebene Hotel am Ortsausgang Richtung Ustrzyki Dolne ist mit Abstand das größte und komfortabelste am Ort. Es hat 64 Zimmer verschiedener Kategorien – alle sauber, komfortabel und modern mit eigenem Bad. Das Haus hat einen Fitnessraum und eine Sauna, sowie ein eigenes, preiswertes Restaurant.

Hotelik Biały (☎ 461 06 41; Bett im 4- oder 5BZ 25 Zł) Das Hostel mit 63 Betten wird von der Verwaltung des Bieszczady-Nationalparks betrieben. Es liegt in einer Seitenstraße, etwa 500 m vom Abzweig neben dem Laden

WANDERN IN DEN BIESZCZADY

Die Bieszczady sind eines der schönsten Wandergebiete Polens: eine wunderschöne Region, die leicht zu erwandern ist. Zelt und Kochausrüstung sind nicht notwendig, denn Hostels und Berghütten liegen nur einen Tagesmarsch voneinander entfernt und verpflegen Wanderer. Das Haupttrekkinggebiet ist der Nationalpark mit den beliebten Ausgangspunkten Ustrzyki Górne und Wetlina. Auch Cisna ist eine gute Basis.

Einmal in den Bergen, geht es leichter als erwartet. Es gibt zahlreiche, gut markierte Wanderwege mit verschiedenen kurzen und langen Strecken. In allen drei Ausgangsorten gibt es PTTK-Hostels mit freundlichem Personal und Informationsmaterial. Hier stehen Infotafeln, auf denen alle Wege samt Wanderzeit, Steigungen und Gefällen eingezeichnet sind. Die Berghütten bieten immer Übernachtungsmöglichkeiten und Verpflegung, egal wie voll sie sind. Im Juli und August muss man wahrscheinlich auf dem Boden schlafen, da die Hütten ziemlich klein sind, also Schlafsack nicht vergessen!

Die Bieszczady-Karte im Maßstab 1:50 000 zeigt die gesamte Region, nicht nur den Nationalpark. Auch wer die Gegend mit dem eigenen Auto erkunden möchte, sollte sich diese hilfreiche Karte besorgen.

entfernt. Es ist etwas gehobener als das Kremenaros.

Schronisko PTTK Kremenaros (☎ 0502 234 501; Schlafssal 19 Zł, Bett im DZ/3BZ 22/20 Zł; Apr–Okt.) Das Kremenaros ist das letzte Haus an der Straße nach Cisna. Es ist alt und schlicht, hat aber freundliches Personal und eine angenehme Atmosphäre. Das Gospoda Kremenaros hat eine sehr kurze Speisekarte, aber das Essen ist preisgünstig und annehmbar.

Camping Nr 150 PTTK (☎ 461 06 17; Zeltplatz/pro Person 6/6 Zł, Bett in Hütte ab 38 Zł; Mai–Sept.) Der Campingplatz liegt im Norden des Dorfes. Er hat ein paar alte Dreierhütten ohne Bad und neuere Doppelhütten mit Bad.

Neben den beiden ganzjährig geöffneten PTTK-Restaurants gibt es im Sommer noch mehr Lokale an der Hauptstraße.

An- & Weiterreise

Täglich fahren vier Busse nach Ustrzyki Dolne (7 Zł, 1½ Std.), zwei nach Krosno (13,50 Zł, 2½ Std.) und einer nach Rzeszów (25 Zł, 3½ Std.). Im Juli und August fahren noch mehr Busse zu diesen Zielen. Zusätzlich gibt es mehrere Busse nach Wetlina (3,80 Zł, 25 Min.) und Cisna (6,50 Zł, 45 Min.).

WETLINA

☎ 13 / 400 Ew.

Auch Wetlina ist ein beliebter Ausgangspunkt für Wanderungen durch die Bieszczady. Der Ort ähnelt Ustrzyki Górne und bietet nur eine begrenzte Auswahl an Übernachtungs- und Essensmöglichkeiten.

Schlafen & Essen

Zajazd Pod Połoniną (☎ 468 46 11; Bett in DZ/3BZ/4BZ 20–80 Zł) Das Zajazd hat 48 Betten in Zimmern mit oder ohne Bad sowie ein preiswertes Restaurant. Hin und wieder vermietet es auch Fahrräder.

Dom Wycieczkowy PTTK (☎ 463 22 04; Schlafsaal/Bett im DZ/3BZ 12/20–25 Zł) Dieses alte, ziemlich spartanische Hotel bietet ganzjährig Betten in Doppel-, Dreibett- und Mehrbettzimmern. Im Sommer kann man auf dem Gelände auch in Hütten übernachten oder sein Zelt aufstellen. Außerdem gibt es ein schlichtes Restaurant.

Pensjonat U Rumcajsa (☎ 468 46 33; EZ/DZ/3BZ 20/40/60 Zł; P) Die kleine Pension bietet einfache, praktische Zimmer für ein oder zwei Nächte.

Einheimische vermieten auch Privatzimmer. Im Sommer öffnen an der Hauptstraße einige Speiselokale.

An- & Weiterreise

Wetlina ist das ganze Jahr über sowohl von Sanok (8,90 Zł, 1½ Std.) als auch von Lesko (7,80 Zł, 1½ Std.) täglich mit mehreren Bussen erreichbar. Außerdem fahren im Sommer täglich einige Busse Richtung Osten nach Ustrzyki Górne (3,80 Zł, 25 Min.).

CISNA

☎ 13 / 700 Ew.

Cisna liegt im Grenzgebiet zwischen den ehemaligen Territorien der Bojken im Osten und der Lemken im Westen. Die Region war vor dem Zweiten Weltkrieg relativ dicht besiedelt. Heute leben in Cisna und Umgebung kaum mehr als 1000 Menschen – und doch ist es das größte Dorf im Zentrum der Bieszczady. Der Ort selbst ist nicht besonders attraktiv, hat aber einige Unterkünfte und ist ein guter Ausgangspunkt für Wanderer. Hier fährt auch die Schmalspurbahn.

Schlafen & Essen

Ośrodek Wczasowy Perełka (☎ /Fax 468 63 25; Bett 60 Zł; P) Die wahrscheinlich beste Unterkunft im Ort hat 34 Betten in Einzel- und Doppelzimmern und im Sommer in Hütten. Auf Anfrage werden auch Mahlzeiten serviert.

Bacówka PTTK Pod Honem (☎ 0503 137 279; www.podhonem.home.pl auf Deutsch; Bett im Schlafsaal/DZ/3BZ/4BZ 19/22/21/20 Zł) Das von der PTTK betriebene Hostel mit 44 Betten liegt wunderschön am Berghang über Cisna. Vom Ortskern führt eine steile, unbefestigte Straße 2 km bergauf. Das Haus ist schlicht und freundlich. Wer will, darf auf dem Boden schlafen, wenn alle Zimmer ausgebucht sind. Außerdem bekommt man hier einfache Mahlzeiten.

Villa Helena (☎ 0502 573 061; EZ/DZ 20/35 Zł) Dieses hübsche kleine Gasthaus hat elf saubere, altmodische Zimmer. Es ist ziemlich schlicht, aber gemütlich.

Noclegi Okrąglik (☎ 468 63 49; Bett im DZ/3BZ/4BZ 20-60 Zł) Das Okrąglik liegt zentral an der Kreuzung und bleibt so lange geöffnet, wie es Nachfrage gibt. Es hat einfache Zimmer und Gemeinschaftsbäder.

Pokoje Noclegowe Centrum (☎ 468 63 90; Cisna 51; Bett 15–50 Zł) Eine weitere schlichte, zentral

DIE KARPATEN

gelegene Unterkunft mit mehreren Zimmern und Gemeinschaftsbädern.

Im Sommer öffnen an der Kreuzung mehrere preiswerte Lokale.

An- & Weiterreise

BUS

Mehrere Busse fahren täglich nach Sanok (7,80 Zł, 1 Std.) und Wetlina (4 Zł, 25 Min.). Im Sommer gibt es zusätzliche Verbindungen, unter anderem nach Ustrzyki Górne.

ZUG

Der Schmalspurzug **Bieszczadzka Kolejka Leśna** (Bieszczady Waldzug) wurde für den Holztransport gebaut. Seine Hauptstation war in Majdan, 2 km westlich von Cisna. Der erste Streckenabschnitt zwischen Majdan und Nowy Łupków wurde Ende des 19. Jhs. gebaut und später Richtung Norden nach Rzepedź und Richtung Osten über Wetlina nach Moczarne verlängert. Der Zug wurde auf der Strecke Majdan–Rzepedź noch bis 1993 für den Holztransport genutzt. Zusätzlich wurde im Sommer ein Touristenzug auf dieser Strecke in Betrieb genommen. Die Fahrt hat etwas an Charme eingebüßt, seit 1980 die Dampf- durch eine Diesellok ersetzt wurde. Die Strecke ist aber immer noch spektakulär.

1993 wurden sowohl der Fracht- als auch der Personenzug wegen des gefährlichen Zustands der Gleise vorübergehend eingestellt. Nach mehreren Jahren Pause befährt der Touristenzug heute wieder den 12 km langen Abschnitt von Majdan nach Przysłup (auf halber Strecke zwischen Cisna und Wetlina) und in die umgekehrte Richtung 18 km von Majdan nach Wola Michowa. Informationen zu Fahrplänen und Fahrpreisen gibt's am **Bahnhof Majdan** (☎ 468 63 35; Fax 468 63 01) und bei den Touristeninfos der Region.

KOMAŃCZA

☎ 13 / 600 Ew.

Komańcza liegt in einem Tal zwischen den Bieszczady und den Niederen Beskiden. Es ist ebenfalls eine gute Basis für Wanderer. Das Dorf ist zwar nicht so beliebt wie Ustrzyki Górne, Wetlina oder Cisna, hat dafür aber etwas anderes zu bieten.

Komańcza ist den Deportationen im Rahmen der „Aktion Weichsel" im Jahr 1947 entkommen – daher gibt es hier eine größere ethnische und religiöse Vielfalt als in der übrigen Region.

Heute gibt es noch eine bedeutende lemkische Gemeinde in Komańcza und Umgebung. Die alten unierten und orthodoxen Riten sind noch nicht vom Katholizismus verdrängt worden.

Eine neuere Attraktion ist die so genannte **Grenzüberschreitende Fahrradroute** (Transgraniczna Trasa Rowerowa), eine ausgeschilderte Fahrradroute bis in die Slowakei. Die Touristeninformation hält Karten, Broschüren und Informationen bereit.

Praktische Informationen

TOURISTENINFORMATION

Centrum Informacji Turystycznej (☎ 467 70 76; www.komancza.regiony.pl auf Englisch; 🕑 Mo–Fr 7–15 Uhr) Im Gemeindeamt.

Sehenswertes

Komańcza ist zwar klein, hat aber drei Kirchen im Angebot: eine unierte, eine orthodoxe und eine katholische. Sie werden alle genutzt. Die älteste ist die schöne **Orthodoxe Holzkirche** von 1805 am Dorfrand an der Straße nach Dukła. Sie öffnet nur während der sonntäglichen Frühmesse für ihre kleine Gemeinde. Der **orthodoxe Pope** (☎ 467 72 24; Komańcza 216) schließt die Kirche für eine Besichtigung auf.

Ein Großteil der Einwohner sind unierte Christen. In den späten 1980er Jahren bauten sie eine große **unierte Kirche** im Ortszentrum. Im Keller der Kirche befindet sich das **Lemken-Museum** mit einer kleinen Sammlung von Objekten (Haushaltsgeräte, Werkzeuge, Artefakte) der lemkischen Kultur. Das Museum ist normalerweise abgeschlossen – wer in der **Plebania** (Pfarrei) (☎ 467 72 24) nachfragt, bekommt den Schlüssel.

Die bescheidene, hölzerne **Römisch-Katholische Kirche** wurde in den frühen 1950er Jahren für neu angesiedelte Anhänger dieser Glaubensrichtung gebaut. Vor dem Zweiten Weltkrieg waren sie in dieser Region nicht ansässig. Die Kirche steht gegenüber vom Bahnhof an der Straße nach Sanok.

Wer dieser Straße nach Norden folgt und nach 1 km links in den Weg abbiegt, der unter der Eisenbahnbrücke hindurchführt, gelangt zum **Nazarenenkloster**. In dieser schönen Holzvilla wurde Kardinal Stefan Wyszyński, bis 1981 Primas von Polen, von 1955–56 unter Arrest gehalten. Das Haus ist heute eine Art Heiligtum, auch wenn es im Inneren nichts Besonderes zu sehen gibt.

Schlafen & Essen

Schronisko PTTK (☎ 467 70 13; Schlafsaal 16 Zł, Bett in Hütte 25–30 Zł; Ⓟ) Das 20-Betten-Haus Schronisko ist vollständig renoviert und ganzjährig geöffnet. Es steht in der Nähe des Klosters und bietet schlichte warme Mahlzeiten und einen guten Standard. Im Sommer stehen auch Hütten zur Verfügung.

Darüber hinaus gibt es hier eine Jugendherberge, einen Campingplatz und mehrere Agrotourist-Höfe – erkennbar an den „Agroturystyka"-Schildern an der Hauptstraße.

An- & Weiterreise

Die Normalspurbahn fährt täglich viermal von Komańcza über Rzepedź nach Zagórz und zurück. Von Zagórz gibt es regelmäßige Busverbindungen nach Sanok und Lesko.

Täglich fahren mehrere Busse nach Sanok (7 Zł, 1 Std.). Ein Bus fährt nach Cisna (5 Zł, 45 Min.) und es gibt eine unregelmäßige Verbindung nach Dukła (6,80 Zł, 1 Std.).

RUND UM KOMAŃCZA

Kirchenfans treffen auf fünf schöne unierte und orthodoxe Kirchen in der Umgebung von Komańcza. Das erste Exemplar steht im Dorf **Rzepedź**, 5 km nördlich von Komańcza und 750 m westlich der Hauptstraße. Die Holzkirche aus dem Jahr 1824 wurde in den letzten Jahren umfangreich restauriert. Vor dem Eingang steht ein Glockenturm. Heute ist sie eine unierte Kirche. Herr Sławomir Jurkowski, der 500 m von der Kirche entfernt in der Straße Rzepedź 26 wohnt, hat den Schlüssel.

Anders, aber vielleicht noch attraktiver ist die Kirche in **Turzańsk**. Sie steht 1,5 km östlich von Rzepedź und ist mit grazilen Zwiebeldächern und einem frei stehenden Glockenturm geschmückt. Die Innendekoration und die Rokoko-Ikonostase der Kirche aus dem Jahr 1803 sind noch erhalten. Heute hält hier die orthodoxe Gemeinde jeden zweiten Sonntag um 10 Uhr ihre Messe. Der Schlüssel ist bei Teodor Tchoryk, Turzańsk 63, am anderen Ende des Dorfes etwa 2 km von der Kirche entfernt, erhältlich.

Eine weitere *cerkiew* (orthodoxe oder unierte Kirche) steht im Dorf **Szczawne**, 3 km nördlich von Rzepedź, an der Hauptstraße kurz vor dem Eisenbahnübergang. Sie folgt ebenfalls dem orthodoxen Ritus und liegt versteckt hinter einer Baumgruppe auf der linken Seite. Messe wird jeden zweiten Sonntag gehalten. Die Schlüssel liegen bei Jan Walorny, Szczawne 20, in dem großen weißen Haus beim Bahnhof, 2 km von der Kirche entfernt.

DIE NIEDEREN BESKIDEN (BESKID NISKI)

Die Niederen Beskiden sind eine Bergkette, die sich über 85 km von Westen nach Osten an der slowakischen Grenze erstreckt. Sie werden im Westen von den Sandezer Beskiden (Beskid Sądecki) und im Osten von den Bieszczady begrenzt. Wie der Name schon sagt, handelt es sich nicht um riesige Berge – der höchste Gipfel ist nicht höher als 1000 m. Die sanften, dicht bewaldeten Hügel der Niederen Beskiden eigenen sich besser zum Wandern als ihre steilen Nachbarn. Hier gibt es zwar weniger spektakuläre Ausblicke als in den Bieszczady, dafür hat die Gegend mit ihren kleinen orthodoxen und unierten Kirchen eine Menge Charme. Die meisten Kirchen befinden sich in der Westhälfte.

KROSNO

☎ 13 / 49 000 Ew.

Krosno wurde im 14. Jh. gegründet und erblühte in der Renaissance – man sprach sogar von „Klein-Krakau". Wie das übrige Polen erlebte es aber später einen Niedergang. Durch die Erdölindustrie erholte sich die Region wieder und heute ist Krosno ein regionales Ölzentrum. Außerdem ist es für seine Glasmanufakturen gekannt.

Heute ist Krosno eine ganz normale Stadt mit einem winzigen historischen Stadtkerns auf einem Hügel – ein Überbleibsel aus der ruhmreichen Vergangenheit. In der Nähe gibt es einige interessante Sehenswürdigkeiten, vor allem die Kirche in Haczów und den Skansen in Bóbrka.

Praktische Informationen

GELD

Die **Bank Pekao** (Ul Bieszczadzka 5) ist relativ weit vom Zentrum entfernt, aber die **PKO Bank** (Ul Słowackiego 4) liegt direkt am Rynek und hat einen Geldautomaten. In der Altstadt gibt es mehrere *kantors*.

INTERNETZUGANG

Zwei zentrale Angebote:
Internet Expo (Rynek 10)
Kafejka Internetowa (Ul Piłsudskiego 10)

TOURISTENINFORMATION

Touristeninformation (☎/Fax 432 77 07; www.krosno.pl auf Deutsch; Rynek 5; Mo–Fr 9–17 Uhr, Sa 9–14 Uhr) Am Rynek.

Sehenswertes

Die **Altstadt** ist der zentrale Punkt für Besucher. Der große **Rynek** sieht teilweise noch so aus wie früher: An der Süd- und an einem Teil der Nordseite stehen Häuser mit breiten Arkadengängen.

Ein paar Schritte östlich des Rynek steht die **Franziskanerkirche** (Kościół Franciszkanów) aus dem 15. Jh. Sie ist heute mit neogotischem Mobiliar ausgestattet. Hauptattraktion ist die **Familienkapelle der Oświęcim** (Kaplica Oświęcimów) links vom Eingang. Der italienische Architekt Vincenti Petroni baute die Kapelle 1647. Sein Landsmann Jan Falconi schmückte sie mit Stuckarbeiten aus. Sie ist fast originalgetreu erhalten und gilt als eine der schönsten Barockkapellen Polens.

Ein weiterer riesiger Ziegelbau steht 50 m nordwestlich vom Rynek: die **Pfarrkirche**. Sie wurde 1402 erbaut und 1637 fast vollständig durch einem Brand zerstört; nur der Altarraum blieb verschont. Anschließend wurde die Kirche in verändertem Stil wieder aufgebaut. Im Gegensatz zu ihrem nüchternen Äußeren ist der Innenraum überschwänglich dekoriert. Der prunkvoll vergoldete Hauptaltar und die kunstvolle Kanzel sind 350 Jahre alt. Die Orgel sieht etwas bescheidener aus, gilt aber wegen ihres hervorragenden Klangs als die beste Orgel in der Region. Der freistehende Glockenturm mit dem Zwiebeldach wurde im 17. Jh. errichtet und enthält die drei Glocken Urban, Jan und Marian. Urban ist mit einem Umfang von 490 cm eine der größten Glocken des Landes.

Einen Häuserblock weiter nordwestlich befindet sich das **Regionalmuseum** (Muzeum Podkarpackie; ☎ 432 43 01; Ul Piłsudskiego 16; Erwachsene/ermäßigt 4/3 Zł, So Eintritt frei; Mai–Okt. Di–So 10–16 Uhr, Nov.–April Di–So 10–14 Uhr) im früheren Bischofspalast aus dem 15. Jh. Es besitzt die üblichen historischen, archäologischen und Kunstabteilungen. Das Highlight ist allerdings eine umfangreiche Sammlung alter

WANDERN IN DEN NIEDEREN BESKIDEN

Zwei Hauptwanderwege ziehen sich durch die gesamte Bergkette. Der blaue Weg beginnt in Grybów, führt nach Südosten bis zur Grenze und an ihr entlang in östliche Richtung bis nach Nowy Łupków in der Nähe von Komańcza. Der rote Weg startet in Krynica, kreuzt den blauen Weg bei Hańczowa, führt in östliche Richtung an den Nordhängen der Beskiden entlang und endet schließlich in Komańcza. Beide Wege führen noch weiter nach Osten in die Bieszczady.

Wer die gesamten Niederen Beskiden durchwandern möchte, braucht auf beiden Strecken vier bis sechs Tage. Es gibt aber auch noch andere Wanderwege und Schotterstraßen, die die beiden Hauptwege miteinander verbinden.

In den kleinen Dörfern in der Region gibt es überall Jugendherbergen, aber die meisten sind nur im Juli und August geöffnet. Länger oder ganzjährig geöffnet haben eine Reihe von Agrotourist-Höfen. Für ambitionierteres Trekking ist eine Campingausrüstung sinnvoll. Proviant bekommt man auch in den Dörfern, wesentliche Dinge sollten aber von Anfang an mit im Gepäck sein.

Die wichtigsten Ausgangspunkte für die Niederen Beskiden sind Krynica, Grybów und Gorlice für den Westteil, Komańcza und Sanok für den Ostteil und Krosno, Dukla und Barwinek für den mittleren Teil.

Die Karte *Beskid Niski i Pogórze* im Maßstab 1:125 000 liefert alle nötigen Informationen für Wanderungen. Sie ist in den größeren Städten, aber nur selten in der Region selbst erhältlich. Die Karte ist auch hilfreich, wenn man die Region mit dem eigenen Auto erkunden möchte.

Kerosinlampen, die als die größte in Europa gilt. Sehenswert ist auch eine Sammlung von zeitgenössischen Kunstwerken der Glasmanufakturen aus der Region.

Direkt gegenüber liegt das **Kunsthandwerksmuseum** (Muzeum Rzemiosła; ☎ 432 41 88; Ul Piłsudskiego 17; Erwachsene/ermäßigt 4/3 Zł; ⏰ Mo–Fr 8–15 Uhr, Sa 10–14 Uhr) mit einer großen Auswahl an Exponaten der regionalen Kunsthandwerke: Uhrmacherei, Weberei, Sattlerei und sogar Friseurhandwerk.

Etwa 1 km nördlich der Stadt liegt die berühmte **Glasmanufaktur Krosno** (☎ 432 80 00; www.krosno.com.pl auf Englisch; Ul Tysiąclecia 13). Im werkseigenen Laden werden die Erzeugnisse verkauft, wobei sich die Preise kaum von denen der Glas- und Kristallgeschäfte unterscheiden.

Schlafen

Hotel Krosno-Nafta (☎ 436 62 12; www.hotel.nafta.pl auf Deutsch; Ul Lwowska 21; EZ/DZ/4BZ 230/360/500 Zł; Ⓟ) Das große, moderne Hotel liegt 1 km vom Zentrum entfernt an der Straße nach Sanok und ist die Topadresse in der Stadt. Es wurde renoviert und bietet zufrieden stellende Unterkünfte und ein eigenes, gehobenes Restaurant. Es gibt Wochenendrabatte.

Hotelik Restauracja Śnieżka (☎ 432 34 49; sniezka1@polbox.com; Ul Lewakowskiego 22; EZ/DZ/3BZ 80/100/120 Zł; Ⓟ) Dieses hübsche, kleine Hotel liegt sehr nah am Bahnhof und Busbahnhof und hat nur sechs gemütliche Zimmer – alle topmodern eingerichtet mit glänzenden Holzböden und großen Badezimmern. Wie der Name schon sagt, gibt es auch ein eigenes Restaurant.

Hotel Bengol (☎ 436 04 78; www.bengol.rze.pl auf Englisch; Ul Długa 15D; EZ/DZ/Suite 150/200/280 Zł; Ⓟ) Das umgebaute Haus in einer ruhigen Wohngegend westlich des Stadtzentrums hat nur acht geräumige, schicke Zimmer. Außerdem erwartet die Gäste überraschenderweise ein gutes indisches Restaurant.

Reshotel (☎ 432 19 54; Ul Okulickiego 13A; EZ/DZ 30/50 Zł) Die frühere Arbeiterunterkunft liegt in einem Industrievorort 1 km westlich des Bahnhofs. Sie steht heute jedem offen und ist ganzjährig eines der günstigsten Hotels in Krosno.

Essen

Piwnica Wójtowska (☎ 432 15 32; Rynek 7; Hauptgerichte 10–30 Zł; ⏰ Mittag- & Abendessen) Das Piwnica befindet sich in einem hübschen Kellergewölbe am Rynek und serviert polnische Gerichte und internationale Küche der Hähnchen-mit-Fritten-Klasse.

Marhaba Bar (☎ 420 24 92; Ul Sienkiewicza 2; Hauptgerichte 5–10 Zł; ⏰ Mittag- & Abendessen) Im Marhaba gibt es preiswerte nahöstliche Gerichte wie Kebab, Falafel und Köfte.

La Piazza (☎ 436 82 22; Rynek 6; Hauptgerichte 12–20 Zł; ⏰ 9 Uhr–Mitternacht) Dieses italienisch angehauchte Restaurant serviert die üblichen Pizzas und Pasta.

Cukierna Santos (☎ 431 51 27; Ul Staszica 16; Gebäck 3–6 Zł; ⏰ Frühstück, Mittag- & Abendessen) Die kleine Bäckerei ist äußerst beliebt und verkauft Gebäck, Kuchen und andere süße und herzhafte Snacks. In der Ecke stehen auch ein paar Tische.

An- & Weiterreise

Bahnhof und Busbahnhof liegen nebeneinander 1,5 km westlich der Altstadt. Zu Fuß sind es etwa 15 Minuten; es gibt aber auch einen Stadtbus.

Die meisten Züge befahren die Strecke Zagórz–Jasło, die auch nach Sanok, aber nicht viel weiter führt. Außerdem fahren Züge nach Warschau (55 Zł, 6 Std., 3-mal tgl.) und Krakau (29 Zł, 3 Std., 4-mal tgl.).

Busse fahren öfter und bedienen die gesamte Region. Ein Dutzend Busse fährt Richtung Osten nach Sanok (6,90 Zł, 1½ Std.). Von dort fahren vier weiter nach Ustrzyki Dolne (10 Zł, 2 Std.) und zwei nach Ustrzyki Górne (15 Zł, 3 Std.). Täglich fahren mehrere Schnellbusse nach Krakau (26 Zł, 3 Std.) und stündlich fahren Busse nach Rzeszów (8,60 Zł, 1½ Std.). In Richtung Süden fahren täglich etwa sieben Busse nach Dukła (4,80 Zł, 45 Min.) und nach Bóbrka (3,20 Zł, 30 Min.). Mindestens fünf Busse fahren täglich nach Haczów (3,60 Zł, 40 Min.). Busse, die über Haczów nach Brzozów fahren, stehen auf dem Fahrplan.

HACZÓW

13 km östlich von Krosno steht im Dorf Haczów die vermutlich größte gotische **Holzkirche** Europas. Sie wurde Mitte des 15. Jhs. auf den Fundamenten einer anderen Kirche errichtet, die Władysław Jagiełło 1388 erbaute. Sie ist wahrscheinlich auch die älteste Holzkirche Europas. Im Innenraum sind wunderschöne Wandmalereien. Sie stammen vermutlich aus dem Jahr 1494, wurden 1955 entdeckt und in den 1990er Jahren res-

tauriert. Es gibt fünf barocke Seitenaltäre. Der Hauptaltar mit seiner einzigartig schönen Pietà aus dem Jahr 1400 steht heute in der neuen Kirche nebenan. Diese wurde zwischen 1935 und 1939 errichtet.

Beide Kirchen sind tagsüber geöffnet. Sollte das nicht der Fall sein, schließt der Priester, der im Haus nebenan wohnt, gern auf. Eine weitere schöne Holzkirche steht in **Blizne**, 5 km nördlich von Brzozów.

An- & Weiterreise

Man muss nie länger als eine Stunde auf einen Bus nach Krosno warten. Sie fahren entweder über Krościenko Wyżne oder Miejsce Piastowe. Außerdem fahren regelmäßig über den Tag verteilt Busse nach Brzozów (3,20 Zł, 25 Min.).

BÓBRKA

☎ 13 / 800 Ew.

Im kleinen Dorf Bóbrka 10 km südlich von Krosno wurde sehr früh Öl entdeckt. Ignacy Łukasiewicz versenkte hier 1854 den ersten Ölbohrer der Welt in der Erde.

Skansen

An der ersten Ölfundstelle befindet sich heute ein Skansen mit dem **Museum der Erdölindustrie** (Muzeum Przemysłu Naftowego; ☎ 433 34 89; 38-458 Chorkówa; Erwachsene/ermäßigt 4/3 Zł; ⏲ Mai–Sept. Di–So 9–17 Uhr, Okt.–April Di–So 7–15 Uhr).

Dieses Freilichtmuseum wurde 1961 eröffnet und ist einzigartig: Hier gibt es ausnahmsweise keine alten Bauernhäuser, sondern alte Ölfördertechnik. Den Kern bilden einige frühe Ölminen mit alten Bohrtürmen und Maschinerie. Im Franek, einem erhaltenen Bohrschacht aus dem Jahr 1860, blubbert noch das Öl. Der nahe gelegene Schacht Janina ist über 100 Jahre alt und wird noch immer kommerziell genutzt.

Im früheren Bürogebäude von Ignacy Łukasiewicz ist ein kleines Museum. In der Sammlung von Kerosinlampen gibt es einige dekorative, aber auch rein funktionale Modelle. Interessant ist der Originalplan des Ölfelds von Bóbrka mit den eingezeichneten Bohrtürmen. Die tiefste Bohrung ging bis in 319 m Tiefe. Außerdem ist hier eine Kopie der von Łukasiewicz erfundenen Lampe. Łukasiewicz erfand auch eine Methode zur Reinigung von Erdöl.

Schlafen & Essen

Gospodarstwo Agroturystyczne Bazyl (☎ 469 19 30; www.bobrka.com auf Deutsch; Bóbrka 60; DZ/3BZ 105/125 Zł; Ⓟ) Dieses charmante, moderne Gasthaus

BÓBRKAS SCHWARZES GOLD

Erdöl kennt man in der Region von Krosno schon seit Jahrhunderten. Es quoll aus Felsspalten an die Oberfläche und wurde von den Einheimischen für medizinische und Haushaltszwecke verwendet. Im Jahr 1854 versenkte Ignacy Łukasiewicz dann den vermutlich ersten Ölbohrer der Welt im Boden und startete die kommerzielle Erdölförderung.

Łukasiewicz, ein graduierter Pharmazeut der Universitäten L'viv, Krakau und Wien, erforschte die Eigenschaften von Erdöl und gewann als Erster Paraffinöl aus Petroleum. 1853 konstruierte er die erste Kerosinlampe der Welt – sie kam bei einer unaufschiebbaren nächtlichen Operation im Krankenhaus von L'viv als Beleuchtung zum Einsatz. Ein Jahr später entzündete Łukasiewicz in Gorlice die erste kerosinbetriebene Straßenlaterne der Welt. Ein Wirt aus der Gegend wies ihn dann auf eine Stelle im Wald von Bóbrka hin, an der sich große Mengen von Erdöl in Bodensenken sammelten.

Der erste Versuch der Ölförderung bestand aus einem 120 m langen und 1,20 m tiefen Graben, aus dem das Öl mit Eimern abgeschöpft wurde. Allerdings war die Ausbeute ziemlich gering. Experimente mit senkrechten Bohrlöchern erwiesen sich als wesentlich effizienter. Im Jahr 1858, vier Jahre nach den ersten Versuchen, förderte der neue Schacht Małgorzata 4000 l Öl pro Tag – ein Meilenstein in der Erdölförderung.

Sofort wurden überall weitere Bohrungen vorgenommen und primitive Raffinerien entstanden. Die Region blühte auf und der Wohlstand erreichte kurz vor dem Ersten Weltkrieg seinen Höhepunkt. Als später anderswo größere Vorkommen entdeckt wurden, nahm die Bedeutung der lokalen Ölfelder ab. Eine geringe Förderung wurde zwar aufrechterhalten, aber die Fördermengen sind heute unbedeutend. Die Fundstelle erinnert vor allem an die Geschehnisse vor 150 Jahren: die Entdeckung eines Produkts, das die Welt veränderte.

ist die einzige verlässliche Übernachtungsmöglichkeit in Bóbrka. Es bietet makellos saubere, gepflegte Zimmer und eine ruhige, freundliche Atmosphäre. Auf Wunsch werden auch Mahlzeiten aus heimischen Produkten serviert. Außerdem gibt es Kunsthandwerkskurse und Ponyreiten für Kinder. Bleibt man länger als eine Nacht, verringert sich der Zimmerpreis. Ohne eigenes Bad aus kostet ein Bett nur 40 Zł.

Viele Einwohner von Bóbrka vermieten auch Privatzimmer, aber das Angebot wechselt oft. Die Touristeninformation in Krosno hilft weiter.

An- & Weiterreise

Der übliche Ausgangspunkt für einen Abstecher nach Bóbrka ist Krosno. Es fahren etwa zehn Busse pro Tag (an Wochenenden weniger) nach Bóbrka. Der Skansen liegt 2 km entfernt und wird von Bussen nicht angefahren. Die Straße führt durch den Wald und lädt zu einem entspannten Spaziergang ein. Alternativ nimmt man einen der häufigen Busse von Krosno nach Kobylany oder Makowiska, steigt in Równe Skrzyżowanie aus und läuft 600 m bergauf zum Skansen. Ein oder zwei Busse aus Równe fahren südwärts nach Dukła. Man kann aber auch 1,5 km nach Osten zur Hauptstraße laufen, wo stündlich Busse nach Dukła vorbeikommen.

DUKŁA

☎ 13 / 2200 Ew.

Dukła liegt beim Dukła-Pass (Przełęcz Dukielska), dem niedrigsten und besten Weg über die Westkarpaten. Im 16. Jh. brachte diese strategische Lage dem Ort Wohlstand. Dukła wurde zu einem Zentrum des Weinhandels an der Handelsroute nach Ungarn. Im Herbst 1944 führte die Lage der Stadt jedoch zu ihrer Zerstörung. Ganz in der Nähe wurde eine der heftigsten Bergschlachten des Zweiten Weltkriegs geführt. Die vereinten russischen und tschechoslowakischen Einheiten durchbrachen die deutsche Verteidigung und es gab über 100 000 Tote.

Sehenswertes

Mitten auf dem großen **Rynek** von Dukła steht das niedrige Rathaus. Auf der anderen Seite der Straße nach Krosno steht die mächtige **Pfarrkirche.** Sie wurde zwischen 1764 und 1765 errichtet und ist ein schönes Beispiel spätbarocker Architektur.

Schräg gegenüber der Kirche ist das **Historische Museum** (Muzeum Historyczne; ☎ 433 00 85; Trakt Węgierski 5; Erwachsene/ermäßigt 4/3 Zł; 🕑 Mai–Sept. Di–So 10–16 Uhr, Okt.–April Di–So 10–15.30 Uhr) in einem Palais aus dem 18. Jh. Es zeigt eine Dauerausstellung zur Schlacht von 1944 und einige wechselnde Ausstellungen. Im Park des Palais stehen schwere Waffen aus dem Zweiten Weltkrieg.

Schlafen & Essen

Dom Wycieczkowy PTTK (☎ 433 00 46; Rynek 18; Schlafsaal 17–20 Zł, Bett im EZ/3BZ 30/25 Zł) Die PTTK bietet die üblichen schlichten, unauffälligen Zimmer und hat ein günstiges Restaurant.

Schonisko Młodzieżowe Jugendherberge (☎ 433 08 86; Rynek 9; Schlafsaal 16–20 Zł) Eine weitere einfache, ganzjährig geöffnete Schlafgelegenheit am Rynek mit vierzig Betten.

An- & Weiterreise

Es fahren regelmäßig Busse nach Krosno (4,80 Zł, 45 Min.) im Norden und es gibt mehrere Verbindungen nach Barwinek im Süden (3,80 Zł, 40 Min.), nahe der Grenze. Der Grenzübertritt geht schnell und einfach, sämtliche Złoty sollten aber vorher im *kantor* von Barwinek umgetauscht werden – sie sind in Svidnik oder Bardejov auf der slowakischen Seite schwer loszuwerden.

Ein Saisonbus fährt durchs Hinterland von Dukla (6,80 Zł, 1 Std.) nach Komancza (6,80 Zł, 1 Std.) und weiter nach Cisna (8,90 Zł, 2 Std.) – eine Abkürzung in die Bieszczady.

BIECZ

☎ 13 / 5100 Ew.

Biecz ist eine der ältesten Siedlungen Polens und war lange Zeit ein geschäftiges Handelszentrum. Es profitierte von der Handelsroute nach Süden über die Karpaten nach Ungarn. Im 17. Jh. schwand der Wohlstand und Biecz blieben nur noch die Erinnerungen an bessere Zeiten. Noch heute wirkt der Ort verschlafen, aber wegen einiger bedeutender Denkmäler und einem schönen Museum lohnt sich ein Zwischenstopp.

Sehenswertes

Das Wahrzeichen der Stadt ist das **Rathaus** auf dem Rynek, oder besser gesagt, sein

66 m hoher, achteckiger **Turm**. Der Turm sieht ein bisschen wie ein Leuchtturm aus und wurde zwischen 1569 und 1581 erbaut – nur das Dach ist eine barocke Zugabe. Vor kurzem wurde er mitsamt Renaissanceschmuck und ungewöhnlichem 24-Stunden-Ziffernblatt der Uhr an der Ostseite restauriert. Im Rathaus befindet sich heute das Gemeindeamt – während der Bürozeiten dürfen manchmal Besucher in den Turm.

Westlich vom Rynek steht eine monumentale **Pfarrkirche**. Der mächtige gotische Ziegelbau aus dem späten 15./frühen 16. Jh. zeugt vom früheren Reichtum der Stadt, wirkt aber heute für ihre Bedürfnisse etwas überdimensioniert. Die meisten Kirchenschätze sind im Altarraum: zum Beispiel der flämische Hauptaltar aus der Spätrenaissance und das massive Gestühl aus dem frühen 17. Jh. Weniger auffällig, aber genauso beachtenswert ist die vergoldete Holzschnitzerei neben dem Hauptaltar, die den Familienstammbaum der Jungfrau Maria zeigt. Weiter oben hängt ein beeindruckendes Kruzifix von 1639.

Die Kirche steht Besuchern nur kurz vor und nach den Gottesdiensten offen. An Sonntagen werden mehrere Messen gehalten, aber an Wochentagen finden sie nur am frühen Morgen und späten Nachmittag statt.

Biecz hat ein gutes **Regionalmuseum** (☎ 447 10 93; Ul Węgierska & Ul Kromera 3; Erwachsene/ermäßigt 2/1 Zł; 🕑 Okt.–April Di–Sa 8–15 Uhr, Mai–Sept. So 9–14 Uhr) in zwei Gebäuden aus dem 16. Jh. in der Nähe der Kirche. Das Haus in der Ul Węgierska zeigt eine vollständig eingerichtete alte Apotheke samt Laboratorium, sowie Musikinstrumente, traditionelle Haushaltsgegenstände und Werkzeug aus alten Handwerksstätten. Der zweite Teil des Museums in der Ul Kromera zeigt Ausstellungen zur Stadtgeschichte und archäologische und numismatische Sammlungen.

Schlafen & Essen

Hotel Centennial (☎ /Fax 447 15 76; www.centennial.com.pl/en/welcome.html auf Englisch; Rynek 6; EZ/DZ 182/235 Zł; Ⓟ) Das gehobene Hotel Centennial ist am besten ausgestattet. Es hat unterschiedlich große Suiten in zwei historischen Bürgerhäusern. Das Hotel hat drei Restaurants – eines davon, das Restauracja Ogród, serviert exzellente, preiswerte polnische Küche. An Wochenenden gibt es oft erhebliche Rabatte.

Jugendherberge (☎ /Fax 447 10 14; Ul Parkowa 1; Schlafsaal 25–30 Zł) Die Jugendherberge mit sechzig Betten befindet sich in einem großen alten Schulgebäude 1 km vom Rynek entfernt. Sie liegt auf der oberen Etage und bietet mit Doppel- und Vierbettzimmern mehr Privatsphäre als die meisten anderen Jugendherbergen.

Hotel Restauracja Grodzki (☎ /Fax 447 11 21; Ul Kazimierza Wielkiego 35; EZ/DZ 55/75 Zł) Ein akzeptables, preiswertes Gasthaus in der Nähe der Jugendherberge – nichts Außergewöhnliches, aber mit eigenem Restaurant.

An- & Weiterreise

Der Bahnhof liegt 1 km westlich vom Zentrum. Täglich fahren zehn Züge nach Jasło (9 Zł, 25 Min.), zwei nach Nowy Sącz (Neu Sandez; 18 Zł, 1½ Std.), zwei nach Krakau (27 Zł, 2½ Std.) und einer nach Warschau (50 Zł, 5 Std.).

Biecz hat keinen Busbahnhof. Alle durchkommenden Busse halten am Rynek. Nach Jasło (5 Zł, 35 Min.) gibt es regelmäßige Verbindungen, aber nur ein paar Busse fahren weiter nach Krosno (6,90 Zł, 1 Std.). Regelmäßig fahren PKS-Busse und die Stadtbuslinie 1 nach Gorlice (3,80 Zł, 25 Min.). Zwei Busse fahren täglich nach Nowy Sącz (7,80 Zł, 1½ Std.), Nowy Targ (16 Zł, 2½ Std.) und Zakopane (19 Zł, 3½ Std.).

BINAROWA

Binarowa liegt 5 km nordwestlich von Biecz und hat eine wunderschöne katholische **Holzkirche** aus dem Jahr 1500. Der Innenraum ist vollständig mit Malereien ausgeschmückt, die bemerkenswert gut erhalten sind. Die Deckengemälde wurden kurz nach Fertigstellung der Kirche angelegt, aber der Wandschmuck ist in einem völlig anderen Stil gehalten und stammt aus der Mitte des 17. Jhs. Die Kirche wird zwar nur zu den Gottesdiensten geöffnet (an Werktagen frühmorgens, an Sonntagen den ganzen Vormittag), aber der Priester schließt bestimmt auch für Besucher auf. Er wohnt im Haus hinter der Kirche.

Binarowa erreicht man mit dem Bus von Gorlice über Biecz. Die Busse fahren werktags etwa jede Stunde, an Wochenenden seltener.

GORLICE

☎ 18 / 31 000 Ew.

Gorlice hatte seine große Zeit zusammen mit Bóbrka zu Beginn der polnischen Erdölindustrie. 1853 gewann Ignacy Łukasiewicz in der Apotheke von Gorlice erstmals Paraffin aus Rohöhl. Gorlice war 1915 auch Schauplatz einer großen Schlacht, die 126 Tage tobte und damit endete, dass die Österreicher die russische Karpatenfront durchbrachen. 20 000 Tote blieben zurück.

Gorlice selbst hat nicht viel zu bieten, aber die Region im Süden war einst lemkisches Land und beherbergt ein paar schöne orthodoxe und unierte Kirchen. Die Stadt ist ein Verkehrsknotenpunkt für die Region und das hilfreiche Fremdenverkehrsamt gibt gern nützliche Informationen.

Die Stadt eignet sich als Ausgangspunkt für Wanderungen in die Niederen Beskiden. Zwei blau und grün markierte Wanderwege winden sich von der Stadt aus nach Südosten in die Berge hinauf und treffen dort auf den roten Hauptwanderweg, der die Gebirgskette von Westen nach Osten überquert.

Praktische Informationen

GELD

Die Filiale der Bank Pekao befindet sich in der Ul Legionów 12; außerdem gibt es im Stadtzentrum mehrere *kantors* und Geldautomaten.

INTERNETZUGANG

Toxic Internet café (☎ 353 67 00; Ul Piekarska 5; 1 Std. 2–3 Zł)

TOURISTENINFORMATION

Gorlickie Centrum Informacji (☎ 353 50 91; www.it.gorlice.pl auf Polnisch; Ul Legionów 3; 🕑 Mo–Fr 8–18 Uhr, Sa 9–15 Uhr)

Sehenswertes

Das **Regionalmuseum** (☎ 352 26 15; Ul Wąska 7/9; Erwachsene/ermäßigt 3/2 Zł; 🕑 ganzjährig Di–Fr 9–16 Uhr, Sa 10–14 Uhr, Mai–Sept. So 10–14 Uhr) neben dem Rynek zeigt Ausstellungen über die Lemken, die Ölindustrie und die Schlacht von Gorlice im Jahr 1915.

Gorlice rühmt sich der ersten kerosinbetriebenen **Straßenlaterne** der Welt. Sie hängt an einer Kapelle mit der Figur eines nachdenklichen Christus an der Ecke Ul Kościuszki und Ul Węgierska; nur ein kurzer Fußweg vom Zentrum in südliche Richtung.

Schlafen & Essen

Dwór Karwacjanów (☎ 353 56 18; Fax 353 56 01; Ul Wróblewskiego 10A; DZ 80 Zł) Das Dwór neben dem Dom Nauczyciela ist ein attraktives Herrenhaus mit Zinnen, dessen Wurzeln bis ins Jahr 1417 reichen. Das vollständig renovierte Gebäude beherbergt heute eine Kunstgalerie, eine Kneipe und acht Doppelzimmer.

Hotelik Dark Pub (☎ 352 02 38; www.hotelik.gorlice.pl in Englisch; Ul Wąska 11; EZ/DZ 85/120 Zł) Dieses einladende kleine Hotel in Museumsnähe hat nur drei Doppelzimmer, alle mit hellen und modernen Bädern. Im Erdgeschoss gibt's ein englisch inspiriertes Pub und ein Restaurant.

Hotel Max (☎/Fax 353 61 73; Ul Legionów 6D; DZ 100 Zł) Das Max ist ein weiteres kleines, zentral gelegenes Hotel mit sechs ordentlichen Zimmern. An den Wochenenden gibt es hin und wieder Rabatte.

Dom Nauczyciela (☎ 353 52 31; Fax 353 56 32; Ul Wróblewskiego 10; EZ/DZ ab 50/100 Zł) Das preiswerteste zentral gelegene Hotel (100 m vom Rynek entfernt) ist einfach, aber akzeptabel ausgestattet.

An- & Weiterreise

BUS

Reisen mit dem Bus ist hier am bequemsten. Sechs Schnellbusse fahren täglich nach Krakau (16 Zł, 2½ Std.) und zwölf nach Nowy Sącz (Neu Sandez; 6,80 Zł, 1 Std.). Außerdem fahren Busse nach Nowy Targ (Neumarkt; 13,50 Zł, 2 Std., 5-mal tgl.), Krosno (7,80 Zł, 1½ Std., 5-mal tgl.) und Biecz (3,20 Zł, 30 Min., alle ½ Std.).

Es gibt verlässliche Verbindungen nach Łosie, Ujście Gorlickie, Hańczowa und Wysowa, sowie gelegentliche Busse nach Izby, Kwiatoń, Smerekowiec und Gładyszów.

Der Busbahnhof liegt 1,5 km vom Rynek entfernt neben dem Bahnhof.

ZUG

Gorlice hat keinen richtigen Bahnhof. Die Hauptzugstrecke führt 5 km nördlich von Gorlice durch das Dorf Zagórzany. Alle zwei oder drei Stunden fährt ein Zubringerzug von Gorlice nach Zagórzany. Von dort gibt es eine Verbindung nach Jasło und zwei Züge täglich nach Krakau.

SĘKOWA

Im ehemaligen Grenzgebiet zwischen Polen und Lemken war Sękowa ein südlicher Vorposten des römischen Katholizismus. Noch weiter südlich herrschte orthodoxer und unierter Glaube, weshalb es jenseits von Sękowa auch keine alten katholischen Kirchen gibt.

Die kleine **Holzkirche** in Sękowa ist ein schönes Beispiel für Holzarchitektur. Der Hauptteil des Gebäudes stammt aus den 1520er Jahren, während der Glockenturm und die *soboty* im 17. Jh. hinzukamen. Die *soboty* – das Wort bedeutet „Samstage" – sehen wie um das Gebäude laufende Veranden aus und sollten Kirchgänger aus weit entfernten Dörfern, die spät in der Samstagnacht für die Sonntagsmesse eintrafen, vor Wind und Wetter schützen. Sie sind an vielen Kirchen in der Region zu sehen.

Die Kirche traf es im Ersten Weltkrieg besonders hart: Österreichisch-ungarische Soldaten rissen ganze Teile ab, befestigten ihre Schützengräben damit und machten Feuerholz daraus. Zum Glück konnte die grazile Silhouette der Kirche durch sorgfältige Rekonstruktion wieder hergestellt werden. Im Innenraum gibt es nicht viel Mobiliar, aber er ist trotzdem sehenswert – die Nonnen im Nachbarhaus haben den Schlüssel.

An- & Weiterreise

Die Kirche steht 5 km südöstlich von Gorlice. Erreichbar ist sie mit den Vorortbuslinien 6 (nach Ropica), 7 (nach Owczary) oder 17 (nach Sękowa). Man steigt in Siary aus, läuft 50 m in Fahrtrichtung weiter bis zur Straßengabelung, biegt links ab und geht über die 300 m entfernte Brücke. Die Kirche ist dann rechter Hand zu sehen.

SZYMBARK

☎ 18 / 2800 Ew.

Szymbark ist nur eine 3 km lange Ansammlung von Häusern an der Straße von Gorlice nach Grybów. Ohne die Schilder würde man den Ort vermutlich gar nicht wahrnehmen. Auf halbem Weg durch den Ort steht eine große moderne Kirche; hier hält auch der Bus.

Die alten Bauernhäuser im Obstgarten neben der Kirche gehören zu einem Skansen: dem **Zentrum für Volksarchitektur** (Ośrodek Budownictwa Ludowego; ☎ 351 31 14; Erwachsene/ermäßigt 3/2 Zł; ⏲ Mai–Sept. Di–Fr 9–16 Uhr, Sa & So 10–14 Uhr, Okt.–April Mo–Fr 9–15 Uhr). Der Skansen ist recht klein, hat aber einige Kuriositäten zu bieten, zum Beispiel ein schlossartiges Herrenhaus aus dem 16. Jh. mit charakteristischen Renaissancezinnen. Einige Bauernhäuser sind möbliert und dekoriert und können besichtigt werden.

Schlafen & Essen

Pensjonat Perełka (☎ 351 30 11; Bett im DZ/3BZ/4BZ 20–25 Zł) Dieses schlichte Gasthaus befindet sich in einer achtzig Jahre alten Holzvilla gegenüber vom Skansen. Auf Anfrage werden auch Mahlzeiten serviert.

Hotel Restauracja Watra (☎ 801 00 14; DZ 50 Zł) Das Watra liegt 500 m vom Skansen in Richtung Gorlice und serviert vernünftiges Essen. Es vermietet sechs Doppelzimmer mit eigenem Bad.

An- & Weiterreise

Busse fahren auf der Hauptstraße regelmäßig nach Gorlice (2,80 Zł, 20 Min.) und nach Nowy Sącz (Neu Sandez; 5,90 Zł, 50 Min.).

DIE SANDEZER BESKIDEN (BESKID SĄDECKI)

Die Sandezer Beskiden liegen im Süden von Nowy Sącz und sind eine weitere schöne Bergkette zum Wandern, Sightseeing oder Relaxen in einem der Bergkurorte, zum Beispiel in dem äußerst beliebten Krynica. Die Berge sind von Nowy Sącz aus über zwei Straßen leicht zugänglich. Sie winden sich durch die Flusstäler nach Süden, treffen schließlich aufeinander und bilden eine praktische Schleife. Öffentlicher Nahverkehr ist auf dieser Strecke kein Problem.

Die Sandezer Beskiden bestehen aus zwei Gebirgszügen: dem Pasmo Jaworzyny und dem Pasmo Radziejowej. Sie sind durch das Tal des Poprad voneinander getrennt. Es gibt eine Reihe von Gipfeln über 1000 m; der Höhenzug Radziejowa ist mit 1262 m am höchsten. Die Landschaft ist toll zum Wandern ohne Zelt und Kochgeschirr, denn an den Wanderwegen gibt es viele Berghütten.

Die Sandezer Beskiden waren das westlichste Siedlungsgebiet der Lemken. Diese haben vor allem in der Umgebung von Krynica und Muszyna viele charmante, rustikale Kirchen hinterlassen. Die Karte *Beskid Sądecki* (Maßstab 1:75 000) ist nicht nur hilfreich für Wanderer, sondern auch für Kirchenfans.

NOWY SĄCZ

☎ 18 / 81 000 Ew.

Nowy Sącz (Neu Sandez) ist eine kleine, verschlafene Stadt mit einem hübschen Marktplatz und ein paar Attraktionen, wie zum Beispiel dem Volkskundlichen Park. Hier tobt nicht gerade das pralle Leben, aber der Ort ist ein guter Ausgangspunkt für Ausflüge in die Umgebung.

Nowy Sącz wurde 1292 von König Kazimierz Wielki gegründet und in den 1350er Jahren befestigt. Die Stadt entwickelte sich dank ihrer strategischen Lage an einer Kreuzung von Handelsstraßen bis ins 16. Jh. schnell. Zwischen 1430 und 1480 war sie das Zentrum der renommierten Sącz-Schule (Skoła Sądecka) der Malerei. Die hier in dieser Periode geschaffenen Kunstwerke schmücken heute zahlreiche Sammlungen, unter anderem die im Königsschloss auf dem Wawel in Krakau.

Wie andere Orte auch, erlebte die Stadt im 17. Jh. einen Niedergang und erholte sich gegen Ende des 19. Jhs. teilweise wieder. Nowy Sącz wuchs nach dem Zweiten Weltkrieg beträchtlich und in den letzten Jahren wurde ein großer Teil des historischen Stadtkerns restauriert.

Praktische Informationen

BUCHLÄDEN

EMPiK (☎ 443 72 41; Rynek 17) Führt eine kleine Auswahl an Karten und ein paar englische Bücher.

GELD

Die **Bank Pekao** (Ul Jagiellońska 50A) gibt gegen Visa und Mastercard Bargeld aus. Die Filiale liegt außerhalb des Zentrums, aber es gibt praktischerweise einen Geldautomaten in der Ul Jagiellońska 15, nahe dem Rynek.

Noch zentraler ist der Geldautomat an der Westmauer des Rathauses.

INTERNETZUGANG

Internetzugänge im Zentrum:

C@ffe Internet (☎ 443 84 33; Ul Kościuszki 22)

Kawiarnia Cechowa (☎ 443 88 47; Rynek 11)

TOURISTENINFORMATION

Centrum Informacji Turystycznej (☎/Fax 443 55 97; www.nowy-sacz.info auf Polnisch; Ul Piotra Skargi 2; 🕑 Mo–Fr 8–18 Uhr, Sa 9–14 Uhr) In unmittelbarer Nähe zum Rynek, hat einige Broschüren und Karten. Das Personal spricht nur Polnisch.

Sehenswertes

Mit 160 mal 120 m ist der **Rynek** einer der größten Marktplätze Polens und wird von einer harmonischen Kombination alter Häuser umringt. Das 1897 mitten auf dem Platz errichtete **Rathaus** ist zwar ziemlich groß, wirkt aber auf dem weitläufigen Platz nicht überdimensioniert. Es wurde in einem interessanten Stilmix mit einem guten Schuss Jugendstil gestaltet.

Die **Margaretenkirche** (Kościół Św Małgorzaty) steht einen Häuserblock östlich vom Rynek, stammt aus dem 17. Jh. und ist die älteste Kirche in der Stadt. Sie wurde umfangreich und häufig erweitert und umgebaut. Die eklektische Innendekoration erstreckt sich von der Gotik bis ins Zeitgenössische. Der große Renaissancealtar trägt ein kleines Christusbild aus dem 15. Jh. mit deutlich byzantinischem Einfluss.

Das Gebäude im Süden der Kirche beherbergt das **Regionalmuseum** (Muzeum Okręgowe; ☎ 443 77 08; Ul Lwowska 3; Erwachsene/ermäßigt 3/2 Zł; 🕑 Di–Do 10–15 Uhr, Fr 10–17.30 Uhr, Sa & So 9–14.30 Uhr). Es hat sich völlig der Sakralkunst verschrieben und zeigt naive religiöse Gemälde und primitive Holzschnitzerei aus Dorfkirchen, Hausaltären und Wegkapellen der Region. Eine größere Kunstfertigkeit zeigt sich in der Sammlung ruthenischer orthodoxer Ikonen, die auch eine prächtige Ikonostase aus dem 17. Jh. enthält. Leider sind die Exponate ausschließlich auf Polnisch beschriftet.

Zwei Häuserblocks nördlich vom Rynek steht die ehemalige **Synagoge** (☎ 444 23 70; Ul Joselewicza 12; Erwachsene/ermäßigt 3/2 Zł; 🕑 Mi & Do 10–14.30 Uhr, Fr 10–17.30 Uhr, Sa & So 9–14.30 Uhr). Sie wurde in der ersten Hälfte des 18. Jhs. im Barockstil erbaut, in den 1920er Jahren aber umgestaltet. Nachdem sie im Zweiten Weltkrieg teilweise zerstört und später restauriert wurde, beherbergt sie heute eine Kunstgalerie mit wechselnden Ausstellungen und eine kleine Dauerausstellung mit jüdischen Erinnerungsstücken.

100 m weiter steht die Ruine des **Königsschlosses** (Zamek Królewski). König Kazi-

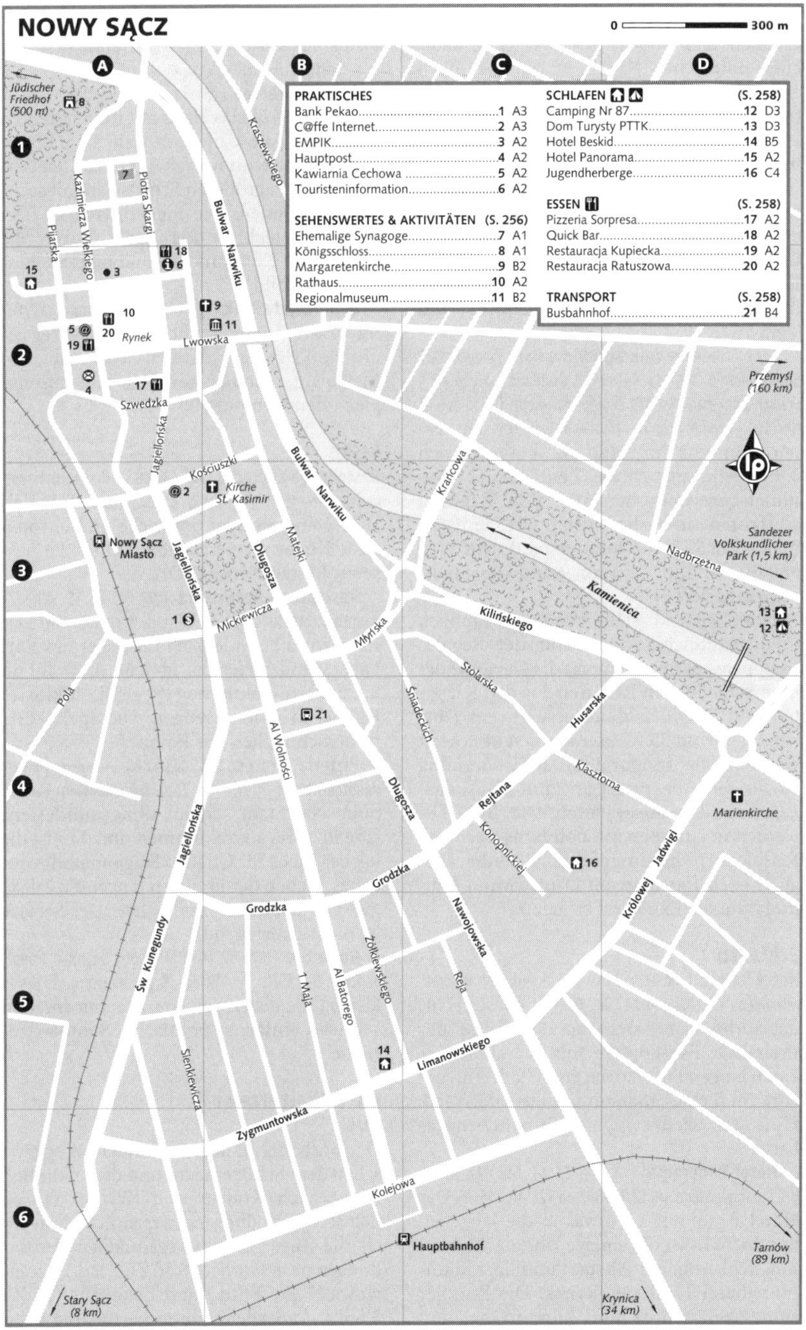

DIE KARPATEN

mierz Wielki ließ es in den 1350er Jahren erbauen. Das Schloss beherbergte so manchen polnischen König, wurde aber nach einem Brand im Jahr 1616 und weiteren Naturkatastrophen nicht wieder aufgebaut. Heute sind nur noch ein paar vor sich hin bröselnde Mauern zu sehen.

Weitere 500 m nach Norden liegt der **Jüdische Friedhof** in der Ul Rybacka. Er bietet einen bewegenden Anblick: 200 zerstörte Grabsteine inmitten von wucherndem Gras. Die Schlüssel zum Friedhof erhält man in der Ul Rybacka 3, direkt gegenüber vom Tor.

Der **Sandezer Volkskundliche Park** (Sądecki Park Etnograficzny; ☎ 441 44 12; Ul Długoszowskiego 83B; Erwachsene/ermäßigt 4/3 Zł; 🕑 Mai–Sept. Di–So 10–17 Uhr, Okt.–April Mo–Fr 10–14 Uhr) ist einer der besten Skansens im Land. Er befindet sich 3,5 km südwestlich des Zentrums (1,5 km hinter dem Campingplatz). Vom Bahnhof aus fahren die Buslinien 14 und 15 unregelmäßig dorthin und kommen auf dem Weg am Busbahnhof und am Rand des Stadtzentrums vorbei.

Der Skansen bietet einen guten Einblick in die ländliche Architektur der Region. Gruppenweise werden hier die Gebäude der unterschiedlichen Kulturen aus den Karpaten und ihrem Vorland gezeigt. Ein Dutzend der rund 55 Häuser können besichtigt werden. Die Innenräume sind sorgfältig eingerichtet, dekoriert und mit Haushaltsgegenständen ausgestattet. Die Besucher werden in Gruppen mit polnischsprachigen Reiseleitern herumgeführt. Es gibt aber auch noch Kataloge auf Deutsch und Englisch, die die Exponate erklären.

Schlafen

Hotel Beskid (☎ 443 57 70; beskid@orbis.pl; Ul Limanowskiego 1; EZ/DZ 180/212 Zł; Ⓟ ⊠) Dieses Haus der Orbis-Kette steht an der Spitze der Preisskala. Es ist 300 m vom Bahnhof, aber einen langen Fußmarsch vom Stadtzentrum entfernt (besser, man nimmt Bus oder Taxi). Hin und wieder gibt es Wochenendrabatte.

Hotel Panorama (☎ 443 71 10; Fax 442 36 00; Ul Romanowskiego 4A; EZ/DZ/3BZ ab 92/140/165 Zł) Das Hotel Panorama ist etwas in die Jahre gekommen. Es ist die einzige Übernachtungsmöglichkeit in der Altstadt und liegt in unmittelbarer Nähe des Rynek. Die Zimmer sind groß, sauber und komfortabel und haben Satelliten-TV und moderne Bäder. Frühstück kostet 13 Zł extra, lohnt sich aber für den Preis nicht.

Jugendherberge (☎/Fax 442 38 97; Ul Reytana 18; Schlafsaal 16–20 Zł) Das Haus mit fünfzig Betten ist die billigste Unterkunft am Ort. Es hat zwei Dreibettzimmer, aber die meisten Betten stehen in größeren Schlafsälen mit sechs bis zehn Betten. Die Jugendherberge liegt etwas versteckt – man geht durch die schmale Ul Konopnickiej und folgt am besten den Schildern.

Dom Turysty PTTK (☎ 441 50 12; Ul Jamnicka 2; DZ/3BZ 30/50 Zł) Dieses schlichte, ganzjährig geöffnete Gästehaus der PTTK betreibt von Mai bis September auch einen Campingplatz, den Camping Nr. 87.

Essen

Restauracja Kupiecka (☎ 442 08 31; Rynek 10; Hauptgerichte 15–45 Zł; 🕑 Mittag- & Abendessen) Das Kellergewölbe, in dem polnische und europäische Küche serviert wird, ist eines der besseren Restaurants am Ort.

Restauracja Ratuszowa (☎ 443 56 15; Rynek 1; Hauptgerichte 10–20 Zł; 🕑 Mittag- & Abendessen) Das Ratuszowa befindet sich im Keller des Rathauses und bietet die übliche Auswahl an herzhaften polnischen Speisen, inklusive Knödel in rauen Mengen. Die Speisekarte ist ausschließlich auf Polnisch.

Pizzeria Sorpresa (☎ 443 41 89; Ul Jagiellońska 14; Hauptgerichte 6–20 Zł; 🕑 Mittag- & Abendessen) Keine polnische Stadt scheint ohne mindestens eine Pizzeria auszukommen und dies ist die lokale Quelle für Quattro Stagioni und Ähnliches. Neben der üblichen langen Pizzaliste gibt es auch Steaks und Salate. Der Service ist nicht überragend.

Quick Bar (☎ 442 14 48; Ul Piotra Skargi 4; Hauptgerichte 5–15 Zł; 🕑 Mittag- & Abendessen) Dieses kleine Café neben der Touristeninformation serviert einfache polnische Standardgerichte.

An- & Weiterreise

BUS

Der Busbahnhof liegt auf halbem Weg zwischen dem Stadtzentrum und dem Bahnhof. Busse nach Krakau und Krynica fahren halbstündlich und sind wesentlich schneller als die Züge. Es gibt regelmäßige Verbindungen nach Gorlice (6,50 Zł, 2 Std.), Szczawnica (7 Zł, 2 Std.) und Zakopane (15 Zł, 3 Std.). Außerdem fahren regelmäßig PKS-

und Stadtbusse nach Stary Sącz (Alt Sandez; 2,60 Zł, 20 Min.).

ZUG

Der Hauptbahnhof liegt 2 km südlich der Altstadt, aber es fahren regelmäßig Stadtbusse dorthin. Es gibt ein paar Züge nach Krakau (30 Zł, 3 Std.), aber hier sind Busse sinnvoller. Tagsüber fahren regelmäßig Züge über Stary Sącz (Alt Sandez) nach Krynica (18 Zł, 2½ Std.). Es gibt ungefähr stündlich eine Verbindung nach Tarnów (17 Zł, 2 Std.) und drei Züge fahren täglich nach Warschau.

Der Bahnhof Nowy Sącz Miasto liegt nahe am Stadtzentrum, aber die Züge (sechs pro Tag) fahren von hier aus nur nach Chabówka (auf halber Strecke zwischen Krakau und Zakopane).

STARY SĄCZ

☎ 18 / 8500 Ew.

Stary Sącz (Alt Sandez) ist die älteste Stadt der Region und verdankt ihre Existenz der Herzogin Kinga (1234–92), der Frau König Bolesław Wstydliwys (Bolesławs des Scheuen). Sie gründete hier in den 1270er Jahren den Konvent der Klarissinnen (Klasztor Klarysek). Nach dem Tod des Königs trat Kinga in den Konvent ein, wo sie die letzten 13 Jahre ihres Lebens verbrachte und die erste Äbtissin wurde. Dies und die zahlreichen wohltätigen Handlungen und Spenden, die sie in der Stadt machte, führten zum Kult von der Seligen Kinga, der sich bald in der Region verbreitete. Der Name Kinga ist beim Nachwuchs der Stadt sehr verbreitet.

Die Lage an der Handelsroute zwischen Krakau und Budapest machte Stary Sącz außerdem zu einem geschäftigen Handelszentrum. Es musste jedoch nach und nach Bedeutung und Handel an die jüngere, fortschrittlichere Schwester Nowy Sącz abgeben. Heute gibt es keine Konkurrenz mehr zwischen den beiden Städten – Stary Sącz ist nur noch eine kleine Satellitenstadt. Es hat sich allerdings viel von seiner Atmosphäre und Architektur erhalten.

Sehenswertes

In Polen gibt es nicht mehr viele Marktplätze mit intaktem Original-Kopfsteinpflaster, aber der **Rynek** in Stary Sącz zählt definitiv dazu. In der Mitte des Platzes steht ein alter Brunnen im Schatten einer einsamen Baumgruppe. Das einstige Rathaus brannte 1795 nieder. Die hübschen Häuser am Rynek sind fast alle einstöckig. Das älteste, die Nr. 6, stammt aus dem 17. Jh. und beherbergt heute das **Regionalmuseum** (☎ 446 00 94; Rynek 6; Eintritt 2 Zł; 🕑 Di–So 10–13 Uhr, im Sommer länger geöffnet). Seine Sammlung von Gegenständen, die irgendwie mit der Stadt verbunden sind, erinnert an einen charmanten Antiquitätenladen.

Hinter dem Tor der Hausnummer 21 verbirgt sich ein schmuckvolles Gewölbe. Im Hinterhof steht ein verfallenes **Haus**, das von folkloristischen Figuren bewacht wird. Bis 1990 war dies das Zentrum der naiven Künstler der Stadt mit einer Galerie für Volkskunst. Geleitet wurde es von dem Amateurmaler, Bildhauer und Schriftsteller Józef Raczek, aber nach seinem Tod verfiel das Haus langsam zu einer Ruine. Mit ein bisschen Glück können auch zukünftige Besucher noch etwas von dem übrig gebliebenen Schmuck dieses einzigartigen Hauses sehen.

Die **Pfarrkirche** steht einen Häuserblock südlich vom Rynek und stammt aus der Anfangszeit der Stadt. Seitdem wurde sie beträchtlich verändert und ist heute mit ihren fünf großen, prachtvollen Altären, die in den kleinen Innenraum gestopft wurden, ein Lehrbuchbeispiel für entfesselten Barock. Die kunstvoll ausgestaltete Kanzel, die Orgel und das einzigartige Gestühl unter der Chorempore vervollständigen die Dekoration.

Die ebenfalls prächtige **Klarissinnenkirche** (Kościół Klarysek) steht ein paar Schritte weiter östlich. Von einer hohen Wehrmauer umgeben, ist sie die Geburtsstätte der Stadt. Das ursprünglich gotische, 1332 fertig gestellte Gebäude wurde ebenfalls mit barocker Opulenz ausgestattet. Die Spuren der geistigen Urheberin sind deutlich zu erkennen: Die barocken Fresken im Schiff zeigen Szenen aus dem Leben der Hl. Kinga und auf dem Altar in der Kapelle (nach Betreten der Kirche direkt geradeaus) steht eine Statue der Herzogin aus dem Jahr 1470. Die gegenüberliegende Kanzel von 1671 ist ein außergewöhnliches Kunstwerk.

Schlafen & Essen

Zajazd Szałas (☎ 446 00 77; Ul Jana Pawła II 77; DZ 35 Zł)
Die einzige ganzjährig geöffnete Unterkunft in der Stadt liegt 1,5 km außerhalb an der

Straße nach Nowy Sącz. Sie hat nur ein paar Zimmer und das Restaurant serviert preiswerte Mahlzeiten. Frühstück kostet extra.

Restauracja Marysieńka (☎ 446 00 72; Rynek 12; Hauptgerichte 10–20 Zł; ⌚ Mittag- & Abendessen) Im 1. Stock des höchsten Hauses am Marktplatz befindet sich das Marysieńka – wahrscheinlich das angenehmste Restaurant in der Stadt. Bei schönem Wetter lädt der Balkon zum Essen mit Blick über den Rynek ein.

An- & Weiterreise

BUS

Alle Busse halten am Rynek. Sowohl PKS-Busse (2,60 Zł, 20 Min.) als auch Stadtbusse (Linien 8, 9, 10, 11, 24 und 43) unterhalten regelmäßige Verbindungen nach Nowy Sącz (Neu Sandez).

ZUG

Der Bahnhof liegt 2 km östlich des Zentrums und bietet regelmäßige Verbindungen nach Krynica (15 Zł, 1½ Std.) im Süden und Nowy Sącz (Neu Sandez; 9 Zł, 15 Min.) im Norden. Vor allem nachmittags und abends fahren mehrere Züge nach Krakau und Tarnów.

KRYNICA

☎ 18 / 13 500 Ew.

Krynica ist auch als Bad Krynica (Krynica-Zdrój) bekannt und liegt in einer schönen Landschaft inmitten der bewaldeten Hügel der Sandezer Beskiden. Es ist wahrscheinlich der beliebteste Bergkurort Polens. Die Heilkräfte der Mineralquellen sind zwar schon seit Jahrhunderten bekannt, aber die Stadt begann erst in den 1850er Jahren, sich richtig zu entwickeln. Gegen Ende des 19. Jhs. war sie ein mondäner Treffpunkt für die künstlerische und intellektuelle Elite und blieb es auch bis zum Zweiten Weltkrieg. In dieser Zeit entstanden prächtige Villen und Pensionen, die sich nahtlos in die Waldlandschaft einfügten. Die Entwicklung ging nach dem Krieg weiter, aber die Prioritäten verschoben sich zugunsten eines billigen Massentourismus und die Hänge der umgebenden Hügel wurden mit massiven Betonklötzen der Ferienheime und Sanatorien zugebaut. Nichtsdestotrotz hat sich Krynica viel von seiner entspannten und eleganten Atmosphäre bewahrt und ist immer noch ein sehr angenehmer Ort zum Relaxen.

Praktische Informationen

GELD

Geldautomaten stehen in der Ul Piłsudskiego 3 und 19, in der Ul Zdrojowa 35 und in der Ul Kraszewskiego 1. Außerdem gibt es einige *kantors*, zum Beispiel in der Ul Piłsudskiego 9 und im **Postamt** (Ul Zdrojowa 1).

TOURISTENINFORMATION

Touristeninformation (☎ 471 61 05; www.kot.org.pl auf Polnisch; Ul Piłsudskiego 8; ⌚ Mo–Fr 10–18 Uhr, Sa 10–14 Uhr) Hat eine große Auswahl an Broschüren und vermittelt Zimmer in der Stadt und Umgebung.

Sehenswertes & Aktivitäten

In Krynica werden etwa zwanzig Mineralquellen angezapft – die Hälfte des Wassers läuft in die öffentlichen Trinkhallen, wo jeder es für 1 Zł probieren kann. Die größte ist die **Haupttrinkhalle** (Pijalnia Główna; ☎ 471 22 23; Al Nowotarskiego 9; ⌚ 6.30–18 Uhr) in einem großen, modernen Gebäude in der Mitte der Al Nowotarskiego. Dies ist die zentrale, verkehrsfreie Promenade (auch *deptak* genannt), auf die sich das gesellschaftliche Leben der Stadt konzentriert.

In der Pijalnia kann man zwischen verschiedenen Wässern wählen, deren chemische Zusammensetzung jeweils aufgelistet ist. Das schwerste ist das Zuber, das über 21 g lösliche Feststoffe pro Liter enthält – ein Rekord unter derartigen Flüssigkeiten in Europa. Das schwefelige Gebräu ist allerdings nicht jedermanns Sache.

Man muss sein eigenes Trinkgefäß mitbringen. Es darf ruhig eine Flasche oder ein Plastikbecher sein, aber stilvoller sind die kitschigen Porzellankrüge, die es direkt am Zapfhahn und in den Läden in der Pijalnia zu kaufen gibt. Es ist üblich, das Wasser beim Lustwandeln auf der Promenade langsam in kleinen Schlucken zu trinken. Alternativ lässt man sich in einem der Gebäude mit tropischen Pflanzen nieder und nippt ruhig an seinem Porzellankrug oder seinem geblümten Gefäß.

Für Kulturliebhaber gibt es zum Beispiel das interessante **Nikifor-Museum** (Muzeum Nikifora; ☎ 471 53 03; Bulwary Dietla 19; Eintritt 5 Zł; ⌚ Di–So 10–13 Uhr & 14–17 Uhr). Es liegt westlich der Promenade und zeigt fünfzig Arbeiten von Nikifor (1895–1968), dem wahrscheinlich bekanntesten Maler Polens. Er war Lemke, schuf Hunderte Aquarelle und Zeichnungen und gilt als der Matejko von Krynica, seiner

Heimatstadt. Zudem gibt es hier verschiedene wechselnde Ausstellungen.

Lohnend ist ein kleiner Ausflug mit der **Seilbahn auf den Góra Parkowa** (Kolej Linowa na Górę Parkową; ☎ 471 22 62; Ul Nowotarskiego 1; Hinfahrt/ Hin- & Rückfahrt 15/17 Zł). Die Talstation liegt am Nordende der Promenade. Die Gondel fährt je nach Saison und Nachfrage alle halbe Stunde (in der Hochsaison öfter) bis 21 oder 22 Uhr. Der Aufstieg auf 142 m dauert keine drei Minuten. Man kann zurück laufen oder wieder die Seilbahn nehmen.

Für einen längeren Ausflug empfiehlt sich die moderne **Seilbahn auf den Jaworzyna** (Kolej Gondolowa na Jaworzynę; ☎ 471 38 68; Ul Czarny Potok 75; Erwachsene/ermäßigt Hinfahrt 15/12 Zł, Hin- & Rückfahrt 17/13 Zł). Das Seilbahnsystem aus österreichischer Fertigung wurde 1997 fertig gestellt und besteht aus 55 Sechspersonen-Gondeln, die von der Talstation im Czarny Potok-Tal (5 km vom Zentrum Krynicas entfernt) bis zum Gipfel des Jaworzyna (1114 m) fahren. Die Strecke ist 2210 m lang und die Gondeln überwinden in sieben Minuten 465 Höhenmeter.

Schlafen & Essen

Krynica hat insgesamt rund 120 Ferienheime, Hotels und Pensionen; dazu kommen noch zahlreiche Privatzimmer. Wie bei allen Kurorten dieser Art schwankt das Angebot an Unterkünften je nach Jahreszeit erheblich. Es erreicht seine Spitze im Sommer, vor allem im Juli und August, und im Winter, vorwiegend im Januar und Februar. Die Preise variieren je nach Saison, Wetter, Veranstaltungen etc. und sind in der Nebensaison manchmal Verhandlungssache.

Viele Anbieter – vor allem Ferienheime und Pensionen – bieten Vollpension an, was ziemlich praktisch sein kann.

Die Touristeninformation vermittelt auch Privatzimmer (um 35 Zł pro Person). Allerdings sind in der Hochsaison nur wenige private Anbieter an Reisenden interessiert, die nur eine oder zwei Nächte bleiben. Es gibt aber kaum andere preiswerte Möglichkeiten.

BUDGETUNTERKÜNFTE

Dom Wypoczynkowy PTTK Rzymianka (☎ 471 22 27; Ul Dąbrowskiego 17; Bett 35 Zł) Die PTTK bietet nur Gemeinschaftseinrichtungen an. Das Haus liegt ziemlich zentral nur 300 m von der Touristeninfo entfernt.

MITTEL- & SPITZENKLASSEHOTELS

Małopolanka (☎ 477 73 25; www.malopolanka.com.pl auf Englisch; Ul Bulwary Dietla 13; EZ/DZ/Apt. ab 80/120/180 Zł; Ⓟ ☒) Das Małopolanka ist eine elegante, altmodische Kurpension aus den 1930er Jahren und liegt mitten im Stadtzentrum. Die Zimmer sind sehr modern und es gibt verschiedenen Kur-, Gesundheits- und Fitnessangebote. Das Hotel hat ein Yogastudio, ein Restaurant und eine Bar.

Hotel Saol (☎ 471 58 58; Ul Zdrojowa 16; www.hotel.saol.com.pl auf Polnisch; EZ/DZ/3BZ 100/200/270 Zł; Ⓟ 💻) Dies ist eines der moderneren Hotels Krynicas. Nicht weit vom Zentrum bietet es helle, saubere Zimmer und eine gute Ausstattung, inklusive Sauna, Solarium und Restaurant.

Pensjonat Witolodówka (☎ 471 55 77; www.witoldowka.com.pl auf Englisch; Ul Bulwary Dietla 10; EZ/DZ 105/120 Zł) Dieser große Holzbau sieht von außen wie eine große gotische Skihütte aus, während man im Inneren das Dekor der 1970er Jahre bevorzugt. Das Hotel liegt superzentral direkt an der Haupttrinkhalle und die Zimmer sind in Ordnung, wenn auch etwas in die Jahre gekommen. Außerdem gibt's eine Bar und ein Restaurant.

Ośrodek Panorama (☎ 471 28 85; Fax 471 54 15; www.panorama.krynica.pl auf Polnisch; Ul Wysoka 15; EZ/DZ ab 90/160 Zł) Das große Ferienheim liegt hoch am Hang. Es hat 140 Betten mit ausreichendem Standard, aber das Ambiente ist nicht gerade überwältigend.

Hotel Rapsodia (☎/Fax 471 27 85; Ul Ebersa 5; EZ/DZ/3BZ 135/160/195 Zł) Ein typisches Mittelklassehotel mit Privatbädern, gutem Komfort und einem Restaurant. Das Rapsodia liegt nahe am Bahnhof und Busbahnhof und eignet sich gut für Spätankommer.

Hotel Wysoka (☎ 471 58 93; www.wysoka.com auf Polnisch; Ul Polna 2; EZ/DZ/Apt. 120/160/340 Zł; Ⓟ) Das Wysoka ist ein großes Berghotel mit vielfältiger Ausstattung und brauchbaren Zimmern, auch wenn es sich nicht unbedingt durch besonders gemütliche Atmosphäre auszeichnet.

Wie die Unterkünfte ist auch die kulinarische Situation stark saisonabhängig. In der Hochsaison öffnen massenweise Lokale, Speiseräume und Cafés in Ferienheimen und Pensionen sowie kleine Bistros und Snackbars in den Straßen im Zentrum.

An- & Weiterreise

Bahnhof und Busbahnhof liegen nebeneinander an der Ul Dr Henryka Ebersa im Süden der Stadt, ca. 1 km von der Promenade entfernt.

BUS

Busse nach Nowy Sącz (Neu Sandez; 4,50 Zł, 1½ Std.) nehmen eine andere, wesentlich kürzere Strecke als Züge und fahren halbstündlich bis stündlich. Die Busse Richtung Grybów (4,40 Zł, 50 Min., 6-mal tgl.) fahren durch Berest und Polany. Es fahren zahlreiche PKS- und Stadtbusse via Powroźnik nach Süden Richtung Muszyna (2,80 Zł, 25 Min.). Es gibt relativ regelmäßige Verbindungen nach Mochnaczka, Tylicz und Muszyna.

ZUG

Es gibt eine regelmäßige Verbindung nach Nowy Sącz (Neu Sandez; 14 Zł, 2½ Std.) über eine umständliche, aber schöne Strecke via Muszyna und Stary Sącz (Alt Sandez). Zehn Züge fahren weiter nach Tarnów (20 Zł, 3 Std.) und mehrere von ihnen weiter bis Krakau (29 Zł, 4 Std.).

RUND UM KRYNICA

☎ 18

Krynica ist ein guter Ausgangspunkt für Wanderungen in die Umgebung mit ihren schönen bewaldeten Tälern und Hügeln und zauberhaften kleinen Dörfern. In einigen ehemals von Lemken bewohnten Dörfern stehen noch deren alte Kirchen. Eine wichtige Hilfe bei der Erkundung der Region, sowohl für Wanderungen als auch für Kirchenbesichtigungen, ist die Karte *Beskid Sądecki* im Maßstab 1:75 000, die es überall zu kaufen gibt.

Sehenswertes & Aktivitäten

Die meisten Kirchen sind mit dem Bus erreichbar. Alle hier aufgeführten Kirchen waren ursprünglich unierte Kirchen der Lemken, wurden aber nach dem Zweiten Weltkrieg von den Katholiken übernommen. Bei allen handelt es sich um für die Region typische Holzbauten.

Im Norden von Krynica gibt es an der Straße nach Grybów schöne *cerkwie* in **Berest** und **Polany**, beide mit teilweise intakter Inneneinrichtung und Ikonostase. Busse fahren stündlich, sodass es unproblematisch ist, zurück nach Krynica oder weiter nach Grybów zu fahren. Von dort gibt es regelmäßige Verbindungen nach Nowy Sącz im Westen und nach Szymbark oder Gorlice im Osten.

Die Schleife über Mochnaczka, Tylicz und Powroźnik ist ein interessanter Trip. Die Kirche in **Mochnaczka Niżna** von 1846 hat noch ihre alte Ikonostase, die jedoch durch einen zentralen Altar verunstaltet ist. 600 m weiter an der Straße nach Tylicz steht auf der gegenüberliegenden Straßenseite noch die kleine alte *cerkiew*. 1787 erbaut, enthält sie eine wunderschöne winzige Ikonostase mit den ursprünglichen Ikonen. Wenn die Kirche verschlossen ist, kann man die Nonnen fragen, die nebenan wohnen. Es fahren täglich mehrere Busse von Krynica nach Mochnaczka, es lohnt sich aber, einen frühen Bus zu nehmen, um auf der Route noch weiter zu kommen.

Das nächste Dorf, **Tylicz**, hat eine katholische und eine unierte Kirche. Letztere wird nur noch für Trauerfeiern genutzt. Der Priester ist nicht allzu begeistert von dem Gedanken, für Besucher aufzuschließen, veranstaltet aber im Juli und August Führungen durch die Innenräume.

Von Tylicz aus führt eine spektakuläre Straße durch das Muszyna-Tal nach **Powroźnik**, das eine weitere *cerkiew* zu bieten hat. Sie ist eine der ältesten (1643) der Region und gleichzeitig die bekannteste. Das Äußere ist beeindruckend und der Innenraum glänzt mit einer Ikonostase aus dem 18. Jh. und mehreren weiteren Ikonen an den Seitenwänden. Die Kirche kann nur kurz vor oder nach dem Gottesdienst besichtigt werden. Er findet sonntags um 7 und um 11 Uhr und wochentags einmal täglich statt: montags und freitags um 18 Uhr, an den übrigen Tagen um 6.30 Uhr.

Wer ein eigenes Auto hat, kann die Gegend um Muszyna und **Wojkowa** in die Schleife mit einbeziehen. In beiden Orten stehen alte Kirchen. Die Busverbindungen sind auf diesen Seitenstraßen ziemlich unzuverlässig. An der Marienkirche in Krynica (der Hauptkirche der Stadt) stehen die Gottesdienstzeiten aller Kirchen in der Region angeschlagen, was bei der Reiseplanung hilfreich ist.

WANDERN

Zwei grün und rot markierte Wanderwege führen von Krynica nach Westen bis zum

Gipfel des Jaworzyna (1114 m). Auf beiden Strecken benötigt man zwei bis drei Stunden bis zum Gipfel; schneller geht es mit der Seilbahn. Vom Gipfel bietet sich ein toller Ausblick, an klaren Tagen sogar bis zur Tatra. Direkt unterhalb des Gipfels gibt es eine **PTTK-Berghütte** (☎ 471 54 09) mit Übernachtungsmöglichkeit in Doppelzimmern oder günstigen Schlafsälen und Verpflegung. Man kann aber auch am gleichen Tag nach Krynica zurückkehren. Der rote Weg führt weiter nach Hala Ůabowska (2½ Std. vom Jaworzyna entfernt), wo es auch eine **PTTK-Berghütte** (☎ 442 07 80) mit günstigen Betten und Verpflegung gibt. Von hier aus führt der rote Weg Richtung Westen nach Rytro (5 Std.). Diese Strecke verläuft überwiegend durch den Wald am Rücken der Hauptkette der Sandezer Beskiden. Sie ist einfach und spektakulär und Wanderer brauchen dank der Unterkünfte auf dem Weg kein schweres Gepäck. Von Rytro fahren Busse und Züge zurück nach Krynica.

MUSZYNA

☎ 18 / 4900 Ew.

Muszyna ist wesentlich kleiner als Krynica und lebt ebenfalls vom Tourismus. Auch hier wurden Mineralquellen entdeckt und genutzt und in der Umgebung gibt es eine Reihe Sanatorien. Im ehemaligen Gasthof befindet sich ein kleines **Regionalmuseum** (☎ 471 41 40; Ul Kity 26; Eintritt 2 Zł; Mi–Fr 9–16 Uhr, Sa & So 9–13.30 Uhr), das Artefakte und alte Haushaltsgegenstände aus der Region zeigt. Ansonsten gibt es in Muszyna nichts wirklich Sehenswertes, aber es ist eine bequeme Basis für Ausflüge in die Umgebung (s. Kasten S. 265), die bestimmt genauso interessant ist wie die von Krynica.

Praktische Informationen

Die **Touristeninformation** (☎ /Fax 477 79 22; Rynek 31; Mo–Fr 8.30–15.30 Uhr) liegt im Stadtzentrum. Das **Reisebüro Vector** (☎ 471 80 03; info@btvector.com; Ul Kity 24; ganzjährig Mo–Sa 8–18 Uhr, Juni–Aug. So 8–15 Uhr) informiert ebenfalls, vermittelt Unterkünfte und organisiert fremdsprachige Führungen.

Schlafen

Es gibt in der Region etwa dreißig Ferienhäuser und reichlich Privatzimmer; das Reisebüro Vector hilft bei der Vermittlung. Außerdem gibt es ein reiches Angebot an Wellness- und Gesundheitsbehandlungen.

Ośrodek Sanatoryjno-Wczasowy Geovita (☎ / Fax 471 41 83; www.geovita.pl auf Deutsch; Złockie 80; EZ/DZ/Suite ab 48/62/102 Zł; P) Dieses Hotel in Złockie, 3 km nördlich von Muszyna, ist eines der besten Häuser am Ort mit verschiedenen Hydrotherapie-Programmen, eigener Sauna und Tennisplätzen. Das Hotel bietet auch Vollpension an.

Ośrodek Wypoczynkowy Mimoza (☎ 471 40 23; www.mimoza.pl auf Deutsch; Ul Nowa 4; DZ 20–30 Zł, mit Mahlzeiten 35–50 Zł; P) Dieses zentral gelegene „Erholungszentrum" ist eines der preiswertesten Häuser in der Stadt. Die Zimmer sind ziemlich schlicht, aber sauber. Einige haben Balkone mit phantastischen Ausblicken. Zu den vielfältigen Einrichtungen gehören auch ein Spielplatz und ein Basketballplatz.

Pensjonat Jaworzyna (☎ 471 47 33; www.sabturyst.republika.pl auf Polnisch; Ul Polna 24; DZ/3BZ 50/90 Zł) Das Jaworzyna ist ein nettes kleines Berghotel mit gemütlichen, modernen Zimmern. Es bietet für den Preis ein sehr hohes Niveau.

Sanatorium Uzdrowiskowe Korona (☎ 471 43 90; www.sanatoriumkorona.pl auf Polnisch; Ul Mściwujewskiego 2; EZ/DZ/Apt. 55/80/120 Zł; P) Ein weiteres modernes Hotel und Therapiezentrum mit hellen, gepflegten Zimmern und gutem Wellnessangebot.

An- & Weiterreise

Muszyna liegt an der Bahnstrecke Nowy Sącz–Krynica und es fahren regelmäßig Züge in beide Richtungen. Busse nach Krynica (2,80 Zł, 25 Min.) fahren häufig und es gibt eine gute Verbindung nach Nowy Sącz (Neu Sandez; 7,50 Zł, 1½ Std.).

RUND UM MUSZYNA

Muszyna war fast 500 Jahre lang (von 1288 bis 1772) im Besitz der Bischöfe von Krakau und traditionell eine polnische Stadt. Es überrascht also nicht, dass es zwar eine katholische Kirche, aber keine *cerkiew* gibt. Die umliegenden Dörfer wurden allerdings überwiegend von Lemken bewohnt, deren unierten Holzkirchen immer noch die Landschaft schmücken. In einem Umkreis von 5 km um Muszyna gibt es mindestens fünf dieser *cerkiew.*

Drei davon stehen nördlich der Stadt in **Szczawnik, Złockie** und **Jastrzębik**. Alle drei wurden im 19. Jh. erbaut – die Kirche in Złockie stammt aus den 1860er Jahren, ist damit die jüngste und hebt sich im Stil ab – und jede besitzt noch ihre originale Ikonostase. Die Vorortbusse aus Krynica fahren mehrmals täglich über Muszyna in diese Dörfer und verkürzen den Weg erheblich.

Zwei weitere Holzkirchen mit Original-Ikonostase stehen im Westen Muszynas in **Milik** und **Andrzejówka**. Beide Orte sind mit den regulären Bussen oder Zügen in Richtung Nowy Sącz erreichbar. In Andrzejówka muss man in dem senfgelben Haus, 50 m von der Kirche entfernt die Straße hinunter nach dem Schlüssel fragen. In Milik wohnt der Priester im Haus bei der *cerkiew*.

Zwei **Wanderwege** beginnen in Muszyna und winden sich nach Norden in die Berge. Der grüne Weg führt zum **Jaworzyna** (1114 m), während der gelbe zum Gipfel des **Pusta Wielka** (1061 m) führt. Beide Ziele sind in drei bis vier Stunden zu erreichen; von dort aus geht es dann weiter nach Krynica, Żegiestów oder Rytro – genaue Details stehen in der Karte *Beskid Sądecki* (s. S. 256).

DIE PIENINY

Die Pieniny sind ein Gebirgsrücken zwischen den Sandezer Beskiden und der Tatra. Berühmt sind sie vor allem wegen der Floßfahrten durch den spektakulären Dunajec-Durchbruch: ein absolutes Highlight einer Polenreise. Aber es gibt noch mehr zu sehen und zu erleben. Naturfreaks werden von den Wanderwegen nicht enttäuscht sein: die Szenerie ist noch dramatischer als in den Sandezer Baskiden oder den Bieszczady. Architekturfans können erstaunliche alte katholische Holzkirchen entdecken. Außerdem gibt es eine pittoreske Bergfestung in Niedzica oder Zeit zum Relaxen im Kurort Szczawnica.

Die Pieniny bestehen aus drei Abschnitten, die vom Dunajec unterteilt werden. Sie erstrecken sich über 35 km von Osten nach Westen. Der höchste und beliebteste Teil ist die zentrale Bergkette mit dem Drei Kronen Berg (Trzy Korony; 982 m). Dieser höchste Gipfel überragt den Dunajec-Durchbruch. Fast das gesamte Gebiet gehört heute zum Pieniny-Nationalpark (Pieniński Park Narodowy). Im Osten, jenseits des Dunajec, liegen die Małe Pieniny (Kleine Pieniny) und im Westen erstrecken sich die Pieniny Spiskie. Der letzte Abschnitt ist am niedrigsten und unspektakulärsten. In dieser Gegend, die Spisz genannt wird, gibt es aber einen interessanten polnischen und slowakischen Kulturmix.

SZCZAWNICA

☎ 18 / 6800 Ew.

Szczawnica ist das Hauptreiseziel der Region. Die Stadt liegt malerisch am Grajcarek und hat sich zu einem beliebten Ferienort entwickelt. Ihre Mineralquellen machen sie gleichzeitig zu einem wichtigen Kurort. Hier ist auch das Ziel der Floßfahrten durch den Dunajec-Durchbruch.

Die Stadt erstreckt sich über 4 km an der Hauptstraße Ul Główna und ist in zwei Stadtteile unterteilt: Niżna (unterer Teil) im Westen und Wyżna (oberer Teil) im Osten. Der Busbahnhof liegt dazwischen. Die meisten Wellnessangebote befinden sich im oberen Teil. Hier stehen auch viele schöne alte Holzhäuser.

Szczawnica ist ein guter Ausgangspunkt für Wanderungen in die Pieniny oder die Sandezer Beskiden. Drei Wanderwege beginnen hier und zwei weitere starten in Jaworki, 8 km weiter östlich.

Schlafen & Essen

Die Unterkünfte in Szczawnica sind so ähnlich wie in vielen Ferienorten in den Bergen: reichlich vorhanden, preiswert und je nach Saison recht unterschiedlich. Es gibt einige ganzjährig geöffnete Hotels und eine Reihe kleiner Pensionen und Ferienheime (die meisten öffnen nur im Sommer). Außerdem vermieten viele Einheimische Privatzimmer.

Zu den Reisebüros, die auch Zimmer vermitteln, zählen u. a. **Orbis Travel** (☎ 262 22 57, ☎ /Fax 262 22 37; Ul Główna 32), 150 m östlich des Busbahnhofs, **Podhale Tour** (☎ 262 23 70, ☎ / Fax 262 27 27; Ul Główna 20), 150 m weiter Richtung Osten, und **PTTK** (☎ 262 23 32, ☎ /Fax 262 22 95; Ul Główna 1), noch einmal 150 m Richtung Osten an derselben Straße. Ein weiteres Reisebüro, das **Pieniny** (☎ 262 14 79, ☎ /Fax 262 21 74; Ul Skotnicka 8), liegt 400 m westlich des Busbahnhofs.

Alle Reisebüros schließen gegen 16 oder 17 Uhr, aber das ist kein Grund zur Panik – wer später ankommt, muss nur auf die

Schilder *„noclegi"*, *„pokoje"* or *„kwatery"* an Privathäusern achten. Sie weisen auf private Zimmervermietungen hin. An diesen Schildern herrscht in der Ul Główna und in den Seitenstraßen kein Mangel. Betten kosten 20 bis 30 Zł.

In und um die Ul Główna gibt es eine Menge kleine Lokale, von denen die meisten nur im Sommer geöffnet haben.

An- & Weiterreise

Busse nach Nowy Targ (Neumarkt; 6,20 Zł, 1½ Std.) fahren stündlich. Es gibt regelmäßige Busse nach Nowy Sącz (Neu Sandez; 7 Zł, 2 Std.) via Stary Sącz (Alt Sandez; 6,50 Zł, 1½ Std.). Sechs Schnellbusse fahren täglich nach Krakau (13,50 Zł, 2½ Std.).

Zum Dunajec-Durchbruch nimmt man einen Bus (in der Hochsaison 4-mal tgl.) nach Sromowce Niżne und steigt in Kąty (4,50 Zł, 40 Min.) aus – der Fahrer hält an der richtigen Stelle. Außerdem gibt es private Sammeltaxen, die losfahren, wenn sie voll sind. Die PTTK organisiert Touren, wenn mindestens zehn Teilnehmer zusammenkommen. Preislich macht das aber wahrscheinlich keinen Unterschied zu einem Ausflug auf eigene Faust.

KROŚCIENKO

☎ 18 / 4500 Ew.

Das kleine Krościenko wurde 1348 am Nordrand der Pieniny gegründet und ist heute ein Ferienort, der sich im Sommer mit Urlaubern füllt. Im 19. Jh. wurden hier ergiebige Mineralquellen entdeckt, aber die Stadt nutzte sie nicht. Das benachbarte Szczawnica nutzte hingegen die Vorteile des heilkräftigen Wassers und wurde zum Kurort ernannt. Mit der Zeit wurde Szczawnica beliebter als Krościenko, das aber bis heute die Nummer Eins als Basis für Wanderungen in die Pieniny ist.

In der **Kirche** der Stadt gibt es Fragmente von Fresken aus dem 15. Jh., die Szenen aus dem Leben Christus zeigen. Vor der Kirche erstreckt sich der hübsche **Rynek**.

Praktische Informationen

TOURISTENINFORMATION

Touristeninformation (☎ 262 33 04; Rynek 32; 🕑 Mo–Fr 8–16 Uhr)

WANDERN IN DEN PIENINY

Das Wandergebiet liegt in der zentralen Bergkette der Pieniny – eine Fläche von 40 km2, die zum Nationalpark erklärt wurde. Die Wanderwege sind gut markiert und kurz; eine Trekkingausrüstung ist nicht notwendig. Es gibt drei Ausgangspunkte mit Unterkünften und Gastronomie am Rand des Parks. Der beliebteste ist Krościenko am Nordrand, gefolgt von Szczawnica am Ostrand und Sromowce Niżne im Süden. Die Karte *Pieniński Park Narodowy* zeigt alle Wanderwege an.

Die meisten Wanderer starten in Krościenko. Sie folgen dem gelben Weg bis zum Pass **Przełęcz Szopka**, wechseln dann auf den blauen Weg, der nach links abzweigt, und steigen auf den Gipfel der **Drei Kronen** (Trzy Korony, 982 m). Er ist der höchste Gipfel der zentralen Bergkette. Die Belohnung für diese zweistündige Wanderung ist ein atemberaubendes Panorama: Bei klarem Wetter reicht der Blick bis zu der 35 km südwestlich gelegenen Tatra. Dieser Punkt liegt 520 m über dem Fluss Dunajec.

Ein toller Blick bietet sich auch vom **Sokolica** (747 m), 2 km Luftlinie von den Drei Kronen und eine halbe Stunde zu Fuß auf dem blauen Weg entfernt. Von hier führt der grüne Weg in weniger als einer Stunde zurück nach Krościenko, während der blaue in der gleichen Zeit nach Szczawnica führt.

Wer eine Floßfahrt durch den Dunajec-Durchbruch machen will, kann die Strecke nach Kąty auch wandern. Es führen mehrere Wege dorthin, die auf der Karte *Pieniński Park Narodowy* eingezeichnet sind. Der kürzeste Weg führt über die blaue Route vom Przełęcz Szopka nach Westen und am Bergrücken entlang. Nach dreißig oder vierzig Minuten zweigt der rote Weg nach links (Süden) ab und führt bergab. Nach einer halben Stunde erreicht man den Floßableger.

Alternativ kann man den gelben Weg nehmen, der vom Przełęcz Szopka nach Süden in eine Schlucht hinabführt. Nach einer halben Stunde erscheint die schön gelegene PTTK-Hütte. Hier kann man übernachten oder 1 km weiter bergab ins Dorf Sromowce Niżne gehen. Im Dorf gibt es einen einfachen Campingplatz und ein paar Privatzimmer. Weiter geht's mit dem Bus (9-mal tgl.) oder zu Fuß (5 km) nach Kąty.

Schlafen & Essen

Willa Maria (☎ 262 61 51; www.kroscienko.info auf Englisch; Ul Św Kingi 75a; Bett im EZ/DZ/3BZ 25 Zł; Ⓟ) Eines der attraktiveren kleinen Hotels mit verschiedenen Zimmerkategorien. Die meisten Zimmer haben Balkone mit Blick auf den Dunajec. Mahlzeiten sind gegen Aufpreis erhältlich.

Restauracja U Walusia (☎ 262 30 95; Ul Jagiellońska; Hauptgerichte 10–30 Zł; Mittag- & Abendessen) Das beste Restaurant in Krościenko, 800 m vom Rynek entfernt an der Straße nach Nowy Targ. Zu den Spezialitäten zählt *placki po góralsku* (Reibekuchen mit Gulasch).

Es gibt ein halbes Dutzend Pensionen wie die **Pensjonat Granit** (☎ 262 57 07; Ul Jagiellońska 70), die **Pensjonat Leśnik** (☎ 262 30 22; Ul Jagiellońska 102), die **Pensjonat Hanka** (☎ 262 55 28; Ul Jagiellońska 55) und die **Pensjonat U Gerwazego** (☎ 262 34 52; Ul Zdrojowa 23). Sie sind alle einfach, aber akzeptabel und berechnen zwischen 25 und 35 Zł pro Bett.

Das **PTTK-Büro** (☎ 262 30 59; Ul Jagiellońska 28) im Zentrum vermittelt Privatzimmer. Alternativ muss man nur auf die Schilder *„noclegi"* oder *„kwateri"* an Privathäusern achten.

An- & Weiterreise

Da Krościenko an der Strecke Nowy Sącz–Nowy Targ (Neu Sandez–Neumarkt) liegt, fahren regelmäßig Busse zu diesen Zielen. Ungefähr alle zwanzig Minuten fährt ein Bus nach Szczawnica (2,40 Zł, 15 Min.). Vier Busse fahren täglich nach Sromowce Niżne (4,40 Zł, 25 Min.), was auch der richtige Weg zum Floßableger in Kąty (16 km) ist. Außerdem fahren im Sommer private Sammeltaxen nach Kąty. Man kann auch dorthin laufen (s. u.). Fünf Schnellbusse fahren direkt nach Zakopane. Die Hauptbushaltestelle in Krościenko liegt am Rynek.

DUNAJEC-DURCHBRUCH

☎ 18

Der **Dunajec-Durchbruch** (Przełom Dunajca) ist ein spektakulärer Abschnitt des Dunajec, der sich 8 km zwischen steilen Klippen hindurch windet; einige davon sind über 300 m hoch. Der Fluss ist schmal, zwängt sich an einer Stelle durch einen 12 m breiten Flaschenhals und verändert seinen Charakter mehrmals – von einem majestätisch ruhigen, tiefen Gewässer zu flachen Stromschnellen.

Der Durchbruch ist seit Mitte des 19. Jhs eine Besucherattraktion: Damals transportierten primitive Holzflöße die Gäste des Kurorts Szczawnica flussabwärts. Heute zieht der Durchbruch jedes Jahr 200 000 Menschen an, plus diejenigen, die mit dem eigenen Kajak anreisen. Es handelt sich aber keineswegs um ein Wildwasserabenteuer, sondern eher um eine gemütliche Spazierfahrt: Die Stromschnellen sind sanft und keiner wird nass.

Das Floß selbst ist auf fünf schmalen, pontonartigen Booten befestigt, die mit Seilen zusammengebunden sind. Bis in die 1960er Jahre waren es echte Einbäume, aber heute bestehen sie aus Fichtenbrettern. Ein Floß nimmt zehn Passagiere auf und wird von zwei Steuermännern in traditionellen, reich bestickten Trachten mit langen Stangen gesteuert.

Die Floßfahrt beginnt im kleinen Dorf Kąty an der **Floßablegestelle** (Przystań Flisacka; ☎ 262 97 21, ☎/Fax 262 97 93; Mai–Aug. 8.30–17 Uhr, Sept. 8.30–16 Uhr, Okt. 9–14 Uhr) und endet nach 17 km in Szczawnica. Die Reise dauert je nach Wasserstand zwei bis drei Stunden. Einige Flöße fahren noch weiter flussabwärts nach Krościenko, aber an diesem Flussabschnitt gibt es nicht mehr allzu viel zu sehen.

Man kann den Ausflug in jedem Reisebüro in Zakopane oder in der Touristeninfo buchen. Er kostet zwischen 35 und 43 Zł pro Person und beinhaltet Transport, Ausrüstung und Reiseleitung.

Etwa 250 Flöße sind in Betrieb. Sie legen ab, sobald sie zehn Passagiere zusammen haben. In der Regel muss niemand lange auf die Abfahrt warten.

Die Flöße fahren normalerweise zwischen dem 1. Mai und dem 31. Oktober; beide Termine sind vom Schneefall abhängig. Wenn das Wetter mitspielt, gibt es sogar Fahrten Ende April oder Anfang November. Die Fahrten können für einen oder zwei Tage ausgesetzt werden, wenn der Wasserstand des Flusses zu hoch wird.

An- & Weiterreise

Kąty wird täglich von fünf Bussen aus Nowy Targ (Neumarkt; 5,60 Zł, 45 Min.) und von vier Bussen aus Szczawnica angefahren (4,40 Zł, 30 Min.). Außerdem gibt es private Sammeltaxen aus Szczawnica und Krościenko sowie zwei PKS-Busse täglich aus Zakopane. Eine andere Möglichkeit sind Wanderungen von Krościenko oder

Szczawnica. Die Reisebüros in Krakau, Zakopane, Krynica und anderen Orten organisieren Touren.

Den eigenen Wagen lässt man entweder in Kąty stehen und holt ihn nach der Floßfahrt wieder ab, oder man parkt in Szczawnica und fährt am Ende der Fahrt direkt weiter. In beiden Städten gibt es Parkplätze und der Floßbetreiber organisiert einen Shuttleservice zwischen Start und Ziel.

NIEDZICA

☎ 18 / 3000 Ew.

Niedzica liegt 5 km westlich von Kąty und ist vor allem für seine **Burg** bekannt. Sie wurde in der ersten Hälfte des 14. Jhs. auf einem Felsen hoch über dem Dunajec erbaut und gehörte zu den Grenzfestungen der ungarischen Grenze. Anfang des 17. Jhs. wurde sie erweitert. Seitdem hat sie sich kaum verändert und damit ihre elegante Renaissanceform erhalten.

In der Anlage ist heute ein **Museum** (☎ 262 94 89; Erwachsene/ermäßigt 5/2 Zł; 🕑 Mai–Sept. 9–17 Uhr, Okt.–April Di–So 9–16 Uhr) mit kleinen Sammlungen zur Archäologie und Geschichte der Region. Außerdem gibt es einen schönen Ausblick auf die Umgebung und den Stausee von einem Wasserkraftwerk am Fuß der Burg. Die ethnografische Abteilung des Museums ist im Sommer in einem alten hölzernen Kornspeicher 150 m von der Burg entfernt untergebracht.

Schlafen & Essen

Zespół Zamkowy (☎ 262 94 89; Fax 262 94 80; EZ/DZ/Apt. 52/67/104 €) Ein Teil der Burg wurde zu einem Hotel mit 32 Betten umgebaut, von denen einige in historischen Burgzimmern liegen. Die Burgverwaltung hat auch billigere Zimmer (einige ohne eigenes Bad) in der Celnica im Angebot. Dieses hübsche Holzhaus im lokalen Stil steht 200 m die Straße hinauf. Im Burgrestaurant gibt es Mahlzeiten und in der Hochsaison öffnen einige Snackbars in der Nähe des Burgeingangs.

Hotel Lokis (☎ 262 85 40; www.lokis.com.pl auf Englisch, deutsche Version im Aufbau; Zamek 76; DZ/Apt. 90/360 Zł) Das Lokis ist schön gelegen, 500 m vom Schloss entfernt mit Blick auf den Czorsztyn-See. Es ist eines der attraktiveren Hotels in der Umgebung und hat 21 Doppelzimmer und zwei geräumige Apartments. Außerdem gibt es einen großen Balkon mit Blick auf den See.

Pensjonat Pieniny (☎/Fax 262 94 08; pieniny@noclegi.com; Ul 3 Maja 12; Bett in Zimmer/Hütte mit Gemeinschaftsbad 30–40 Zł) Diese große Pension steht in Niedzica, etwa 2 km südlich der Burg. Sie bietet ganzjährig hundert preiswerte Betten, sowie weitere fünfzig Betten in saisonal genutzten Hütten. Mahlzeiten gibt's auch.

Hotel Pieniny (☎ 262 93 83; hotel.pieniny@niedzica.pl; Ul Kanada 38; EZ/DZ/3BZ 65/120/160 Zł; Ⓟ 💻) Auf halben Weg zwischen Niedzica und der Burg bietet dieses Hotel schlichte, aber komfortable Zimmer zu vernünftigen Preisen. Außerdem hat es einen Tennisplatz und eine Sauna.

An- & Weiterreise

Von Nowy Targ (Neumarkt; 4,40 Zł, 40 Min.) fahren täglich mehrere Busse direkt zur Burg Niedzica. In den Ort selbst fahren ebenfalls zehn Busse aus Nowy Targ, aber nicht alle halten vorher an der Burg. Beim Ticketkauf sollte man deutlich „Niedzica Zamek" (Burg) verlangen. Die Busverbindungen zwischen der Burg und anderen Städten in der Region sind eher sporadisch.

CZORSZTYN

☎ 18 / 2500 Ew.

Das Dorf Czorsztyn gegenüber von Niedzica am Ufer des Dunajec besitzt ebenfalls eine **Burg** (Eintritt 2,50 Zł; 🕑 Mai–Sept. 9–17 Uhr, Okt.–April Di–So 10–15 Uhr). Sie wurde als polnisches Gegenstück zur ungarischen Festung Niedzica gebaut. Heute ist sie eine malerische Ruine mit einem schönen Blick über das Dunajec-Tal und die Tatra. Außerdem gibt es eine kleine Ausstellung zur Geschichte der Burg.

Die Burg liegt 2 km westlich vom neuen Dorf Czorsztyn. Zur Burg fahren keine öffentlichen Verkehrsmittel. Das Dorf wurde in den 1990er Jahren für die Bewohner des weiter westlich gelegenen alten Czorsztyn gebaut, das dem Stausee weichen musste. Das Dorf liegt direkt neben der Straße von Krośnica nach Kąty und wird von denselben Bussen angefahren, die auch zum Floßableger in Kąty fahren.

DĘBNO PODHALAŃSKIE

☎ 18 / 3000 Ew.

Dieses kleine Dorf besitzt eine der ältesten und geschätztesten Holzkirchen Polens. Die **Kirche** wurde in den 1490er Jahren am Standort einer älteren Kirche errichtet und wie üblich aus Lärchenholz ohne einen einzigen Nagel zusammengebaut. Die Gemälde an der Decke und den Wänden stammen etwa von 1500 und wurden noch nicht restauriert – die Farben leuchten aber immer noch.

Ein Triptychon aus dem späten 15. Jh. schmückt den Hauptaltar, während das Kruzifix aus dem Jahr 1380 stammt und vermutlich aus der früheren Kirche übernommen wurde. An den Seitenwänden gibt es noch einige antike Objekte, darunter ein hölzerner Tabernakel aus dem 14. Jh.

Eine weitere Kuriosität ist ein kleines Musikinstrument – eine Art primitives Hackbrett aus dem 15. Jh., das während des Gottesdienstes anstelle der Glocke verwendet wird. Dieses Instrument erscheint unlogisch: Je dicker die Stangen sind, mit denen geschlagen wird, desto höher werden die Töne.

Der Priester wohnt auf der gegenüberliegenden Straßenseite und führt Besucher werktags von 8.30 bis 12 Uhr und von 14 bis 16.30 Uhr (im Herbst und Winter bis 15.30 Uhr) durch die Kirche. Er wartet, bis er zehn Leute zusammen hat, es kann also etwas dauern.

DIE TATRA (TATRY)

Die Tatra ist die höchste Gebirgskette der Karpaten und deren einziger alpiner Teil mit hohen Gipfeln, steilen Felshängen und vereisten Seen. Es gibt in der Tatra zwar keine Gletscher, aber ganzjährige Schneeflächen. Die Winter sind lang, die Sommer sind kurz und das Wetter ist wechselhaft.

Die Vegetation verändert sich mit zunehmender Höhe: von Mischwäldern (unter 1200 m) über Fichtenwälder (bis zu 1500 m), Zwergsträucher und Hochlandweiden (bis zu 2300 m) bis hin zu Moosen und Flechten. Die Tierwelt verändert sich ebenfalls: Rehwild und Wildkatzen leben in den tiefer gelegenen Wäldern und Murmeltiere und Gemsen in den höheren Lagen.

Die gesamte, 60 km lange und 15 km breite Gebirgskette erstreckt sich quer über die polnisch-slowakische Grenze. Nur ein Viertel davon liegt auf polnischer Seite und bildet heute den 212 km² großen Tatra-Nationalpark (Tatrzański Park Narodowy). In der polnischen Tatra prangen zahlreiche Gipfel über 2000 m Höhe; der höchste ist der **Rysy** mit 2499 m.

Im nördlichen Vorland erstreckt sich zwischen Zakopane und Nowy Targ die Region Podhale. Sie ist von kleinen Dörfern der Goralen (wörtlich: Hochländer) durchzogen und eine der wenigen polnischen Regionen, in denen bis heute alte Traditionen im täglichen Leben präsent sind.

NOWY TARG

☎ 18 / 34 000 Ew.

Nowy Targ (Neumarkt) wurde im 13. Jh. gegründet und ist eine der ältesten Siedlungen am Fuß der Tatra. 1784 wurde die Stadt fast vollständig bei einem Brand verwüstet, sodass kaum etwas von der alten Bausubstanz übrig blieb. Günstig in der Gabelung von Weißem (Czarny) und Schwarzem (Biały) Dunajec gelegen, ist Nowy Targ heute ein geschäftiges Handelszentrum und ein Verkehrsknoten zwischen Tatra, Gorce, Pieniny, Spisz und Orawa. Außerdem ist Nowy Targ ein Zentrum fürs Segelfliegen. Der Flugplatz befindet sich am Südostrand der Stadt.

Die Stadt ist ein möglicher Ausgangspunkt für Reisen in die Umgebung, auch wenn das Übernachtungsangebot dünn ist. Zakopane und Szczawnica haben eine bessere Auswahl.

Praktische Informationen

Es gibt keine Touristeninformation. Die Filiale der Bank Pekao ist in der Al Tysiąclecia 44. Außerdem gibt es mehrere *kantors* und Geldautomaten im Zentrum.

Sehenswertes

Das Rathaus auf dem Rynek beherbergt das **Regionalmuseum** (Muzeum Podhalańskie; ☎ 266 77 76; Rynek 1; Erwachsene/ermäßigt 3/1 Zł; 🕒 Mo 10–18 Uhr, Di–Fr 8.30–15.30 Uhr). Es zeigt Ausstellungen zur Volkskunst und Geschichte der Region.

Einen Häuserblock nördlich vom Rynek steht die **Katharinenkirche** (Kościół Św Katarzyny). Sie wurde Mitte des 14. Jhs. erbaut (das Presbyterium ist immer noch gotisch geprägt), aber im frühen 17. Jh. umfangreich umgestaltet. Im Innenraum gibt es die übliche Barockausstattung.

Etwas weiter nördlich auf der anderen Seite des Flusses liegt der Friedhof. An seinem Eingang steht die **Friedhofskirche St. Anna**

DIE TATRA & PODHALE

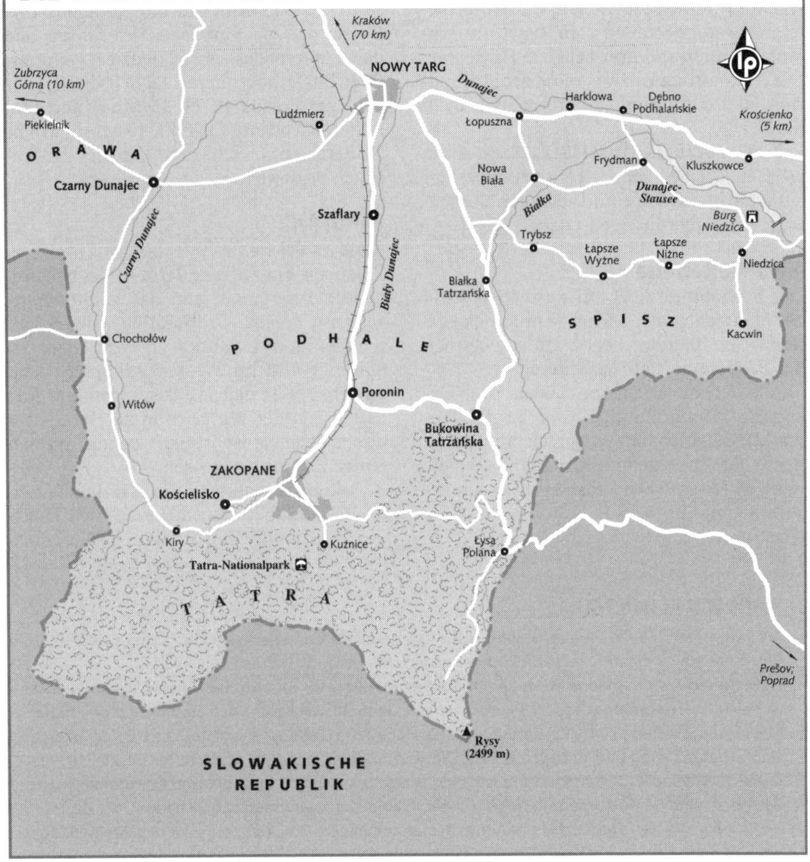

(Kościół Św Anny). Ihr Innenraum ist mit Wandmalereien von 1866 geschmückt. Die Kirche wird zu den Sonntagsgottesdiensten um 10.30 und 16 Uhr geöffnet.

Die bekannteste Attraktion der Stadt ist der **Donnerstagsmarkt**, der schon seit einem halben Jahrtausend stattfindet und auf ein königliches Privileg aus dem Jahr 1487 zurückgeht. Leider wird zunehmend Massenware angeboten, wodurch der Markt viel von seinem früheren Charakter und seiner Atmosphäre eingebüßt hat. Für handgestrickte Pullis, landestypische Hüte oder andere Handwerkserzeugnisse ist heute Zakopane die bessere Adresse. Der Markt findet auf dem Plac Targowy, einige Häuserblocks östlich vom Rynek statt. Auf dem Rynek gibt es mittlerweile samstags einen vergleichbar großen Markt. Wie zu erwarten, ziehen solche Märkte auch Taschendiebe an, also aufgepasst!

Am 15. August (Mariä Himmelfahrt) lohnt sich ein Besuch in dem kleinen, 5 km entfernten Dorf **Ludźmierz**. Hier zieht die Statue der Muttergottes in der Pfarrkirche Scharen von Pilgern in traditionellen Trachten an.

Schlafen

Hotel Limba (☎ 266 70 64; Fax 266 89 43; Ul Sokoła 8; EZ/DZ/3BZ ab 35/60/80 Zł) Das nur einen Häuserblock vom Rynek entfernte Limba liegt günstig, ist aber spartanisch. Die Zimmer mit eigenem Bad sind etwas teurer.

Klub Sportowy Gorce (☎/Fax 266 26 61; Al Tysiąclecia 74; Bett im DZ/3BZ 20–30 Zł) Das Hotel bietet nur wenige Straßen vom Rynek entfernt Hotelzimmer und drei beheizte Hütten an. Die Ausstattung ist zwar nicht gerade luxuriös, aber dafür sind die Preise auch nicht hoch.

Dom Turysty PTTK (☎ 441 50 12; Ul Nadbrzeżna 40; DZ/3BZ 60/70 Zł; Ⓟ) Die PTTK setzt auch hier auf schlichte, saubere und adäquate Ausstattung ohne überflüssigen Luxus.

An- & Weiterreise

Der Busbahnhof liegt am westlichen Rand des Stadtzentrums, 1,5 km vom Rynek entfernt. Der Bahnhof liegt 1 km südwestlich des Busbahnhofs am Stadtrand.

Alle Verbindungen von Krakau nach Zakopane führen durch Nowy Targ (Neumarkt), daher ist hier entsprechend viel los. Busse fahren regelmäßig nach Zakopane (6 Zł, 45 Min.). Nach Krakau geht es schneller mit dem Bus (9,60 Zł, 2 Std.), da der Zug einen weiten Umweg macht (14 Zł, 3 Std.).

Stündlich fährt ein Bus nach Szczawnica (6,20 Zł, 50 Min.). Es gibt morgens drei Busse, die zur Burg Niedzica fahren und dabei durch das Dorf Niedzica kommen. Drei Busse überqueren täglich die Grenze bei Łysa Polana (6 Zł, 45 Min.) und fünf fahren nach Kąty (5,50 Zł, 40 Min.), wo die Floßfahrten durch den Dunajec-Durchbruch beginnen.

ZAKOPANE

☎ 18 / 30 000 Ew.

Zakopane am Fuß der Tatra ist der bekannteste Bergferienort und das Wintersportzentrum Polens. Die Stadt zieht jedes Jahr eine Million Urlauber an, vor allem im Sommer und im Winter. Zakopane dient zwar hauptsächlich als Ausgangspunkt zum Skifahren oder Wandern in der Tatra, aber die Stadt selbst ist attraktiv genug, um hier einige Zeit zu verbringen.

Zakopane entstand im 17. Jh., entwickelte sich aber erst in der zweiten Hälfte des 19. Jhs. über den Status eines Bergdorfs

WANDERN IN DER TATRA

Mit insgesamt 250 km Wanderwegen ist die Tatra ein Trekkingparadies. Keine andere Gegend in Polen hat ein so dichtes Netz von Wanderwegen und ist landschaftlich so vielfältig.

Es führen zwar markierte Wege durch die gesamte Region, aber das beliebteste Wandergebiet ist der **Tatra-Nationalpark** südlich von Zakopane. Geografisch gliedert sich die Tatra auf polnischer Seite in die Westtatra (Tatry Zachodnie) und die Hohe Tatra (Tatry Wysokie) im Osten. Beide Gebiete sind attraktiv, aber sehr unterschiedlich. Die Westtatra ist niedriger und sanfter und leicht und sicher zu erwandern. Die Hohe Tatra ist völlig anders: eine Gegend mit blanken Granitgipfeln und Bergseen, eine Herausforderung für Wanderer in einer faszinierenden Landschaft.

Für einen kurzen Spaziergang bieten sich mehrere malerische, dicht bewaldete Täler im Süden von Zakopane an: Das schönste ist das **Dolina Strążyska**. Das Tal ist schon lange ein beliebtes Wander- und Picknickgebiet der Einheimischen. Wer bei guter Kondition ist, braucht für den roten Weg durch das Tal hinauf nach Polana Strążyska nicht länger als fünfzig Minuten. Von dort aus führt der gleiche Weg wieder zurück oder der schwarze Weg in eines der Nachbartäler, ins **Dolina Białego** im Osten. Der Weg in dieses zauberhafte Tal dauert etwa eine Stunde und der Rückweg hinunter nach Zakopane eine weitere Stunde.

Der beliebteste Gipfel der Tatra bei Wanderern ist der **Gierwont** (1894 m), das Wahrzeichen von Zakopane. Einen Teil seiner Anziehungskraft verdankt er dem riesigen Gipfelkreuz. Es wurde 1901 errichtet und machte den Gipfel zu einem Wallfahrtsort. Für den Aufstieg muss man eine gute Kondition haben.

Vor dem Aufbruch lohnt sich der Kauf der Karte *Tatrzański Park Narodowy* von Sygnatura im Maßstab 1:25 000. Sie beschreibt alle Wanderwege der Gegend mit Zeitangaben.

Ein Wanderführer ist in der Tatra eigentlich nicht nötig, da die Wege gut markiert sind. Wer einen deutsch- oder englischsprachigen Bergführer engagieren möchte, wendet sich an das **Centrum Przewodnictwa Tatrzańskiego** (Fremdenführerzentrum Tatra; ☎ 206 37 99; Ul Chałubińskiego 42/44; ⌚ 9–15 Uhr) in Zakopane.

Camping ist im Nationalpark nicht erlaubt, aber es gibt mehrere einfache PTTK-Berghütten; Einzelheiten gibt's bei der Touristeninfo in Zakopane.

hinaus und begann, Urlauber und Künstler anzuziehen. Als sich in den 1890er Jahren in Krakau die Künstlerbewegung Junges Polen entwickelte, wurde Zakopane in Künstlerkreisen sehr schick. Viele Künstler zogen nach Zakopane und arbeiteten hier. Die bekanntesten waren der Komponist Karol Szymanowski und der Schriftsteller und Maler Witkacy. Witkacys Vater, Stanisław Witkiewicz (1851–1915), ließ sich von der lokalen Architektur inspirieren und schuf den so genannten „Zakopaner Stil"; einige von ihm entworfene Gebäude gibt es heute noch.

In der Zwischenkriegszeit wuchs die Stadt schneller und kurz vor dem Zweiten Weltkrieg wurden die Schwebe- und Standseilbahnen gebaut, die heute zu den Hauptattraktionen zählen. Die Entwicklung ging zwar nach dem Krieg weiter, aber Zakopane ist relativ klein geblieben. Es wurde nicht mit den typischen Betonklötzen vieler polnischer Innenstädte verunstaltet. Abgesehen von einigen zentralen Straßen, wirkt Zakopane mehr wie ein Dorf als wie eine Stadt, was sicherlich auch an den villenartigen Häusern und Vorgärten liegt.

Orientierung

Zakopane liegt in 800 bis 1000 m Höhe am Fuß des Giewont. Busbahnhof und Bahnhof befinden sich nebeneinander im Nordosten der Stadt. Über die Ul Kościuszki ist es weniger als 1 km ins Zentrum – zur Fußgängerzone Krupówki, die immer voller Urlauber ist.

Die Zahnradbahn auf den Gubałówka startet am Nordwestende der Krupówki. Die Bodenstation der Seilbahn zum Kasprowy Wierch ist in Kuźnice, 3 km südöstlich.

Praktische Informationen

BUCHLÄDEN

Księgarnia Górska (☎ 201 24 81) Im Dom Turysty PTTK. Hat die beste Auswahl an Karten und Büchern über die Tatra und andere Bergregionen.

GELD

Die **Bank Pekao** (Al 3 Maja 5) zahlt Bargeld gegen Visa und Mastercard aus. Die **Bank Przemysłowo Handlowy** (Ul Krupówki 19) akzeptiert ebenfalls Visa. *Kantors* findet man in der Ul Krupówki ungefähr alle 50 m, außerdem gibt es viele Geldautomaten.

INTERNETZUGANG

Internetcafés:

Internet Club Mikrokomputery (☎ 201 33 10; Ul Krupówki 54)

Top Net (☎ 206 42 31; Ul Krupówki 2)

KARTEN

Die Karte *Zakopane Falk* im Maßstab 1:13 000 von Pascal ist überall erhältlich.

REISEBÜROS

Orbis Travel (☎ 201 48 12; Ul Krupówki 22) Vermittelt Privatzimmer.

Weitere hilfreiche Reisebüros sind **Trip** (☎ 202 02 00; Ul Tetmajera 18), **Teresa** (☎ 201 43 01; Ul Kościuszki 7) und **Infotour** (☎ 206 42 64; Ul Kościeliska 11B). Sie vermitteln Privatzimmer, verkaufen Fahrkarten und bieten Ausflüge zu beliebten Zielen in der Region an, wie zum Beispiel zum Dunajec-Durchbruch (s. S. 266).

TOURISTENINFORMATION

Centrum Informacji Turystycznej (☎ 201 22 11; www.zakopane.pl auf Deutsch; Ul Kościuszki 17; 🕒 Sommer- & Wintersaison 8–20 Uhr, Nebensaison 9–17 Uhr)

Sehenswertes

Ein beliebter Ausgangspunkt ist die schicke Flanier- und Einkaufsmeile Krupówki, die mit ihren Restaurants, Cafés, Boutiquen und Souvenirläden ein gutes Gefühl für die Atmosphäre der Stadt vermittelt. Die Krupówki ist eine angesagte Location und es gibt Besucher, die tagelang nichts anderes tun, als auf dieser Straße auf und ab zu flanieren.

Das **Tatramuseum** (Muzeum Tatrzańskie; ☎ 201 52 05; Ul Krupówki 10; Eintritt 4 Zł; 🕒 Di–So 9–16 Uhr) hat Abteilungen zu Geschichte, Ethnografie, Geologie und Flora und Fauna und bietet eine gute Einführung in die Region.

Am unteren Ende der Krupówki steht die neoromanische **Pfarrkirche zur hl. Familie.** Sie wirkt, als hätte man sie aus einer völlig anderen Kultur importiert. Die Kirche wurde Ende des 19. Jhs. errichtet, als die **ehemalige Pfarrkirche** die Gläubigen nicht mehr aufnehmen konnte. Letztere ist ein rustikaler Holzbau aus dem Jahr 1847 und steht 100 m weiter in der Ul Kościeliska. Ihr Innenraum ist mit hübscher Volkskunst ausgeschmückt.

Daneben steht die **Steinkapelle.** Sie ist dreißig Jahre älter und war das erste Gotteshaus in Zakopane. Tatsächlich ist sie das

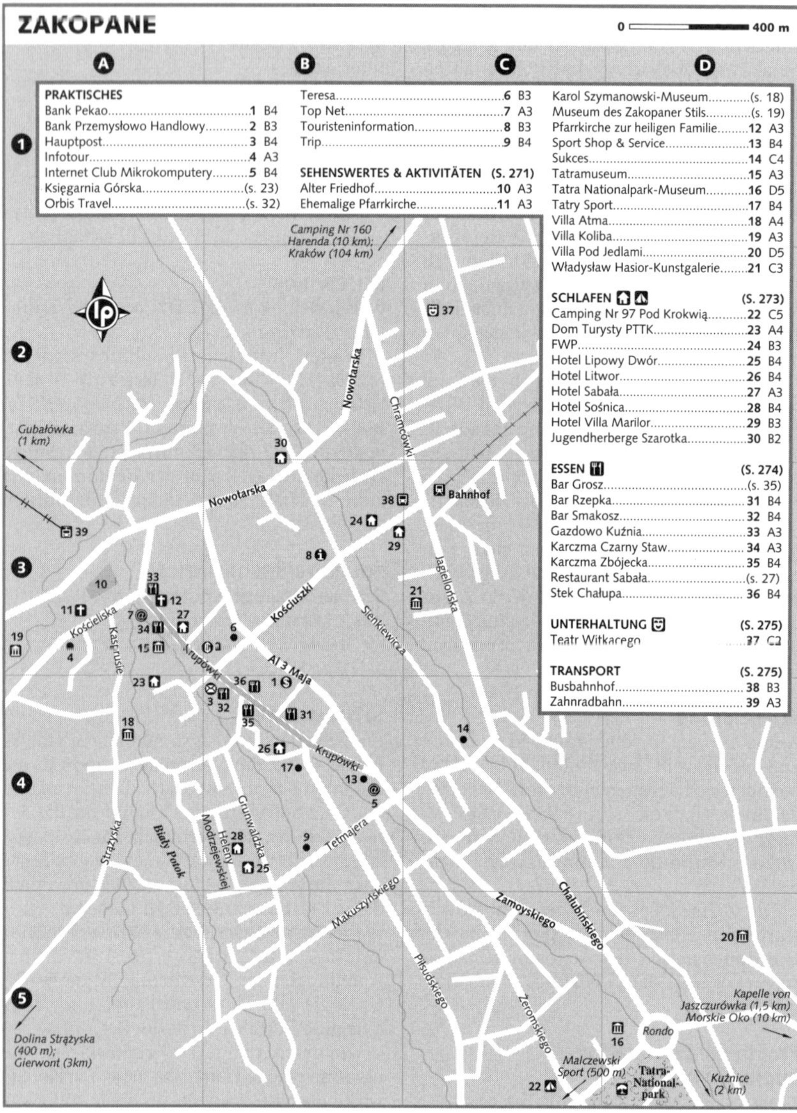

älteste Gebäude der Stadt. Direkt dahinter liegt der **Alte Friedhof** mit einigen faszinierenden Holzgrabmalen.

Weiter westlich in der Ul Kościeliska steht die **Villa Koliba** – der erste Entwurf von Witkiewicz im Zakopaner Stil aus dem Jahr 1892. Hier ist heute das **Museum des Zakopaner Stils** (Muzeum Stylu Zakopiańskiego; ☎ 201 36 02; Ul Kościeliska 18; Eintritt 4 Zł; Mi–So 9–16 Uhr).

Etwa 500 m südöstlich steht die **Villa Atma**, die einst Karol Szymanowski gehörte. Heute ist sie ein **Museum** (☎ 206 31 50; Ul Kasprusie 19; Eintritt 2 Zł; Di–So 10–16 Uhr). Es ist dem Komponisten gewidmet und im Sommer finden hier Klavierkonzerte statt.

Sehr beeindruckend ist die **Władysław Hasior-Galerie** (☎ 206 68 71; Ul Jagiellońska 18C; Eintritt 4 Zł; Mi–Sa 11–18 Uhr, So 9–15 Uhr). Sie zeigt beeindruckende Assemblagen des verstorbenen Künstlers, der Zakopane ebenfalls eng verbunden war.

2 km weiter südlich am Rondo (Kreisverkehr) steht das **Tatra Nationalpark-Museum** (Muzeum TPN; ☎ 201 41 92; Ul Chałubińskiego 42a; Eintritt 4 Zł; ⌚ Mo–Sa 9–14 Uhr) mit einer Ausstellung zur Naturgeschichte des Parks.

Ein kurzer Spaziergang nach Osten den Hügel hinauf führt zur **Villa Pod Jedlami**: ein weiteres schönes Haus im Zakopaner Stil. Das Interieur kann allerdings nicht besichtigt werden. Die wahrscheinlich größte Arbeit Witkiewicz' ist die **Kapelle von Jaszczurówka**, nach 1,5 km an der Straße zum Morskie Oko Richtung Osten.

Aktivitäten

RADFAHREN

Das Fahrrad ist ein angenehmes und praktisches Transportmittel in der Region um Zakopane und den nicht ganz so steilen Gegenden der Tatra. In bestimmten Bereichen des Tatra-Nationalparks sind Fahrräder erlaubt, allerdings nur auf ausgeschilderten Wegen wie zum Beispiel Dolina Chochołowska und Dolina Suchej Wody. Diese beiden malerischen Routen eignen sich gut zum Radfahren. Auch die Droga Pod Reglami am Nordrand des Parks ist gut mit dem Rad befahrbar. Man sollte sich bei der Ankunft erkundigen, welche Strecken für Fahrräder zugelassen sind, da sich dies manchmal ändert. Die Zufahrtstraße zum Morskie Oko-See ist mittlerweile ab dem Parkplatz in Polana Palenica für Fahrräder gesperrt.

In Zakopane gibt es mehrere Fahrradvermietungen: **Sukces** (☎ 206 41 97; Ul Sienkiewicza 39), **Sport Shop & Service** (☎ 201 58 71; Ul Krupówki 52A), **Tatry Sport** (☎ 201 44 23; Ul Piłsudskiego 4) und **Malczewski Sport** (☎ 201 20 05; Ul Bronisława Czecha).

SKIFAHREN

Zakopane gilt als Wintersporthauptstadt Polens. In der Umgebung liegen zahlreiche Skigebiete für Anfänger und Könner, von flachen Abfahrten bis hin zu Steilhängen. Es gibt insgesamt fünfzig Skilifte.

Am **Kasprowy Wierch** sind die schwierigsten Abfahrten und die besten Wetterbedingungen der Region. Sie verlängern die Skisaison bis Anfang Mai. Eine **Seilbahn** (Hin- & Rückfahrt 29 Zł; ⌚ Sommer 7.30–20 Uhr, Winter 7.30–15.30 Uhr) fährt auf den Gipfel. Oben angekommen, stehen einem in den Goryczkowa- und Gąsienicowa-Tälern beiderseits des Kasprowy Wierch zwei Sessellifte zur Verfügung.

Der **Gubałówka** ist ein weiteres beliebtes Skigebiet mit ein paar steilen Hängen und guten Wintersportbedingungen. Der Berg ist vom Zentrum Zakopanes aus leicht zu erreichen und hat mehrere Schlepplifte. Die **Zahnradbahn** (Hinfahrt/Hin- & Rückfahrt 8/14 Zł) braucht für die 1388 m von der Bodenstation im Norden der Ul Krupówki bis zum Gipfel weniger als fünf Minuten und überwindet dabei 300 Höhenmeter. Zwischen 1. Mai und 30. September fährt sie zwischen 9 und 21 Uhr, ansonsten nur am Wochenende. Eine Tageskarte für Skifahrer kostet 70 Zł; zu anderen Zeiten kostet eine Tageskarte für zehn Fahrten 50 Zł.

2 km weiter westlich befindet sich der **Butorowski Wierch** – mit seinem 1,6 km langen Sessellift ein weiteres gutes Skigebiet.

Sehr gute Skibedingungen bieten auch die Hänge des **Nosal** am südöstlichen Rand Zakopanes. Hier gibt es einen Sessel- und ein Dutzend Schlepplifte. Der Nosal ist auch bei Paraglidern sehr beliebt.

In den meisten Skigebieten und in Zakopane kann man Skiausrüstungen leihen. Viele Fahrradvermietungen verleihen im Winter auch Skiausrüstungen.

Festivals & Events

In der zweiten Augusthälfte findet das wichtigste kulturelle Event statt: das **Internationale Festival der Bergfolklore**. Im Juli gibt es in der Villa Atma im Rahmen der **Tage der Szymanowski-Musik** klassische Konzerte mit Werken von Szymanowski und anderen Komponisten.

Schlafen

In Zakopane herrscht kein Mangel an Unterkünften und in der Regel ist es kein Problem, ein Bett zu finden. Selbst wenn Hotels und Hostels ausgebucht sind, gibt es immer noch Privatzimmer – ohnehin die preiswertesten und besten Unterkünften in der Stadt. Die Touristeninformation hilft bei der Vermittlung; Doppelzimmer kosten 40 bis 50 Zł. Ansonsten werben zahlreiche private Vermieter für ihre Zimmer mit Schildern, auf denen *„pokoje"*, *„noclegi"* oder *„Zimmer frei"* steht.

In Zakopane gibt es viele öffentliche Ferienheime, die ihre Zimmer entweder direkt oder über Reisebüros vermieten. Der größte Vermittler ist **FWP** (☎ 201 27 63; Ul Kościuszki 19; ganzjährig Mo–Fr 8–17 Uhr, in der Hochsaison Sa 8–17 Uhr) im DW „Podhale". Das Büro vermietet Zimmer in neun FWP-Ferienheimen in der ganzen Stadt. Die Zimmerkategorien reichen von Doppel- bis zu Vierbettzimmern, einige mit eigenen Bädern. Es gibt Zimmer mit oder ohne Vollpension.

Wie bei allen saisonabhängigen Ferienorten variieren auch in Zakopane die Preise (manchmal beträchtlich) zwischen Hoch- und Nebensaison. Spitzenzeiten sind die zweite Dezemberhälfte, Januar und Februar und dann wieder Juli und August. Alle genannten Preise gelten für die Hochsaison.

BUDGETUNTERKÜNFTE

Jugendherberge Szarotka (☎ 201 36 18; Ul Nowotarska 45; Schlafsaal/DZ 35/50 Zł) Diese freundliche, gemütliche Jugendherberge ist in der Hochsaison packvoll (und schmutzig), aber zu anderen Zeiten sind die Preise durchaus verhandelbar.

Dom Turysty PTTK (☎ /Fax 206 32 81; Ul Zaruskiego 5; Schlafsaal/EZ/DZ/3BZ ab 16/50/60/84 Zł; P) Das Touristenheim der PTTK liegt sehr zentral und bietet 470 Betten in unterschiedlich großen Zimmern, meist Schlafsälen. Zimmer mit eigenem Bad kosten mehr. Das Haus ist oft mit Schulklassen überlaufen.

Camping Nr 97 Pod Krokwią (☎ 201 22 56; Ul Żeromskiego 34; Camping pro Person/Zelt 10/7 Zł, Bett im Bungalow 20–35 Zł; P) Der Campingplatz hat große, beheizbare Bungalows mit jeweils mehreren Doppel- und Dreibettzimmern, die im Juli und August oft ausgebucht sind. Vom Bahnhof/Busbahnhof nimmt man einen der Busse nach Kuźnice oder Jaszczurówka und steigt am Rondo aus.

Camping Nr 160 Harenda (☎ 201 47 00; Ul Harenda 51B; Camping pro Person/Zelt 10/8 Zł, Bett in Hütte 20–35 Zł; P) 10 km vor der Stadt an der Straße nach Krakau bietet der Campingplatz Harenda gepflegte und gemütliche Hütten zum super Preis-Leistungs-Verhältnis und Platz für Zelte und Wohnmobile. Es gibt sogar eine Sauna.

MITTEL- & SPITZENKLASSEHOTELS

Neben den preiswerten Optionen gibt es jede Menge teure Hotels. Sie bieten nicht alle einen guten Gegenwert fürs Geld, aber es stehen einige passable Häuser zur Auswahl.

Hotel Villa Marilor (☎ 206 44 11; www.hotelmarilor.com auf Deutsch; Ul Kościuszki 18; EZ/DZ/Suite 450/550/1100 Zł; P ☒) Das Marilor ist ein elegantes, gehobenes Hotel aus dem Jahr 1912. Es ist eines der besten Häuser am Ort und bietet entsprechend stilvolle Zimmer und angemessenen Service, einen Tennisplatz und ein hervorragendes Restaurant.

Hotel Sabała (☎ 201 50 92; www.sabala.zakopane.pl auf Deutsch; Ul Krupówki 11; EZ/DZ ab 195/260 Zł) Das Sabała ist in wunderschönem, lokalem Stil gehalten und wurde in den letzten Jahren akribisch restauriert. Die Villa aus dem Jahr 1894 ist eine der besten und atmosphärischsten Unterkünfte der Stadt. Sie liegt hervorragend mit Blick auf die pittoreske Fußgängerzone und hat gemütliche Zimmer. Es gibt auch Halbpension.

Hotel Litwor (☎ 201 27 39; www.litwor.pl auf Englisch; Ul Krupówki 40; EZ/DZ 119/157 €; P ☒) Ein luxuriöses Vier-Sterne-Haus mit großen, ruhigen Zimmern und Topausstattung wie Fitnessraum und Sauna. Das exzellente Restaurant serviert traditionelle Wildgerichte.

Lipowy Dwór (☎ 206 67 96; Fax 201 43 36, Ul Heleny Modrzejewskiej 7; EZ/DZ 94/128 Zł; P) Diese charmante Holzhaus im Chaletstil liegt an einer ruhigen Straße südlich vom Zentrum. Es hat kleine, sehr gepflegte Zimmer und ein gutes Preis-Leistungs-Verhältnis. Gäste können die Einrichtungen des Schwesterhauses Sośnica mitbenutzen.

Hotel Sośnica (☎ 206 67 99; sosnica@gat.pl; Ul Heleny Modrzejewskiej 7; EZ/DZ 94/128 Zł; P) Direkt gegenüber dem Lipowy Dwór und unter dem gleichen Management bietet das größere Sośnica 93 Betten. Viele Zimmer haben Balkone mit Bergblick. Das Haus ist ein wenig in die Jahre gekommen, bietet aber in der Lage einen guten Gegenwert fürs Geld.

Essen

In der Hauptstraße Ul Krupówki gibt es viele Cafés und Restaurants. Preiswert essen gehen ist in Zakopane kein Problem – es ist erstaunlich, wie viele Fastfoodketten sich in der Stadt niedergelassen haben. Daneben gibt es auch noch inoffizielle Restaurants in Privathäusern in den abgelegeneren Straßen, erkennbar an den Schildern *„obiady domowe"* (hausgemachtes Mittagessen). Absolut empfehlenswert ist der geräucherte Schafsmilchkäse, der an Ständen in der Ul Krupówki verkauft wird.

Bar Rzepka (☎ 201 54 16; Ul Krupówki 43; Hauptgerichte 10–15 Zł; ⌚ Mittag- & Abendessen) Das Rzepka serviert leckere polnische Gerichte zu sehr fairen Preisen.

Gazdowo Kuźnia (☎ 201 72 01; Ul Krupówki 1; Hauptgerichte 10–15 Zł; ⌚ Mittag- & Abendessen) Hat eine kurze Speisekarte mit charakteristischer lokaler Küche.

Karczma Zbójecka (☎ 201 38 56; Ul Krupówki 28; Hauptgerichte 18–30 Zł; ⌚ Mittag- & Abendessen) Das Karczma bietet in attraktiver Kellerlage regionale Küche in netter Atmosphäre und an manchen Abenden einheimische Folkmusik.

Stek Chałupa (☎ 201 59 18; Ul Krupówki 33; Hauptgerichte 15–25 Zł; ⌚ Mittag- & Abendessen) Das Chałupa ist mit rustikalem Holzmobiliar auf Wildwest getrimmt und serviert Grillwürste, Steaks, gebackene Kartoffeln und lokalen Spezialitäten.

Karczma Czarny Staw (☎ 201 38 56; Ul Krupówki 2; Hauptgerichte 10–25 Zł; ⌚ Mittag- & Abendessen) Das Restaurant steht unter dem gleichen Management wie das Zbójecka, hat aber ein deutlich höheres Niveau. Hier gibt es köstliche polnische Gerichte und jede Nacht Livemusik.

Restaurant Sabała (☎ 201 50 92; Ul Krupówki 11; Hauptgerichte 15–25 Zł; ⌚ Mittag- & Abendessen) Ein lebendiges, freundliches Restaurant mit einer großen Auswahl lokaler Spezialitäten und Livemusik.

Zu den preiswertesten Lokalen zählen die spartanische **Bar Grosz** (Krupówki 28) und **Bar Smakosz** (Ul Krupówki 22). Hier zahlt man für eine einfache Mahlzeit rund 10 Zł.

Unterhaltung

Teatr Witkacego (Witkacy-Theater; ☎ 206 82 97; www.witkacy.zakopane.pl auf Englisch; Ul Chramcówki 15) Dies ist eines der besten Theater in Polen mit einem Programm mit Stücken von Pirandello, Christopher Marlowe und Arthur Miller (alles auf Polnisch).

An- & Weiterreise

Die meisten Orte der Region werden von Bussen angefahren, während der Zug sich für weiter entfernte Ziele wie zum Beispiel Warschau anbietet.

BUS

Die schnellen PKS-Busse fahren alle dreißig bis vierzig Minuten nach Krakau (9 Zł, 2 Std.). Außerdem gibt es zwei Privatunternehmen, Trans Frej und Szwagropol, die stündlich vor dem DW „Podhale“ in der Ul Koúciuszki 19 nach Krakau (10 Zł, 1¾ Std.) starten. Es gibt jeden Tag mehrere PKS-Busse nach Nowy Sącz (Neumarkt; 15 Zł, 3 Std.) und tägliche Verbindungen nach Tarnów (24 Zł, 4 Std.), Przemyúl (26 Zł, 4½ Std.) und Rzeszów (25 Zł, 4½ Std.). Außerdem betreibt PKS im Sommer zwei Direktverbindungen nach Kŕty (zur Floßfahrt durch den Dunajec-Durchbruch).

In der Region um Zakopane verkehren regelmäßig Busse. PKS-Busse fahren bis zu den Kościeliska- und Chochołowska-Tälern und nach Polana Palenica, dem Tor zum Bergsee Morskie Oko (Meeresauge). Außerdem fahren auf den beliebtesten Urlaubsstrecken private Minibusse, die gegenüber vom PKS-Busbahnhof starten.

In der Woche gibt es auch einige internationale Verbindungen. Fahrpläne und Preise stehen auf der Website www.eurolines polska.pl (auf Englisch).

ZUG

Es gibt mehrere Züge nach Krakau (25 Zł, 3½ Std.), aber die Busse sind schneller und fahren häufiger. Ein Zug (in der Hochsaison mehrere) fährt täglich nach Warschau (58 Zł, 6 Std.). Tickets gibt's am Bahnhof oder bei **Orbis Travel** (☎ 201 48 12; Ul Krupówki 22).

Schlesien (Śląsk)

INHALT

Von allen polnischen Regionen ist Schlesien die eigenständigste. Es ist eng verwandt und vergleichbar mit Sachsen oder Böhmen. Seine Grenzen sind sehr viel älter als die des modernen polnischen Staates. Daher liegt Schlesien heute teilweise in der Tschechischen Republik.

Seine Kultur hat sich nicht kontinuierlich entwickeln können. Zwangsumsiedlungen und Vertreibungen nach dem Zweiten Weltkrieg haben die Überbleibsel einer starken regionalen Tradition weitgehend zerstört. Viele Städte standen länger unter preußischer, sächsischer und böhmischer Herrschaft, als dass sie zu Polen gehörten. Außerdem wohnte hier über Generationen eine deutsche Mehrheit. Die massenhafte „Repatriierung" der deutschen Gemeinden ist in einigen Bereichen noch lange nicht vergessen. Ihr einstiger Einfluss ist in der gesamten Region sichtbar. Glücklicherweise sind die Schlesier nicht nachtragend. Die Provinz ist allgemein offen und herzlich gegenüber ihren Besuchern. Die Provinzhauptstadt Breslau (Wrocław) ist ein historisches Juwel. Die Topattraktion aber sind die Sudeten: Unglaubliche Naturschönheiten und malerische Ferienorte entlang der tschechischen Grenze bieten alles, was sich Wanderer, Radfahrer und Wellnessfans wünschen.

Besonders attraktiv und charmant ist diese Region auch wegen ihrer reichen Geschichte. Die mittelalterlichen Burgen und barocken Kathedralen beeindrucken viele Besucher. Doch gibt es nicht nur kulturelle und unterhaltsame Highlights. Das Konzentrationslager Auschwitz ist zugleich schrecklich und eindrucksvoll. Es ist als Holocaustmahnmal erhalten und sollte unbedingt besichtigt werden. Denn nur wer in diesen Abgrund blickt, kann Schlesiens Geschichte wirklich erfassen.

HIGHLIGHTS

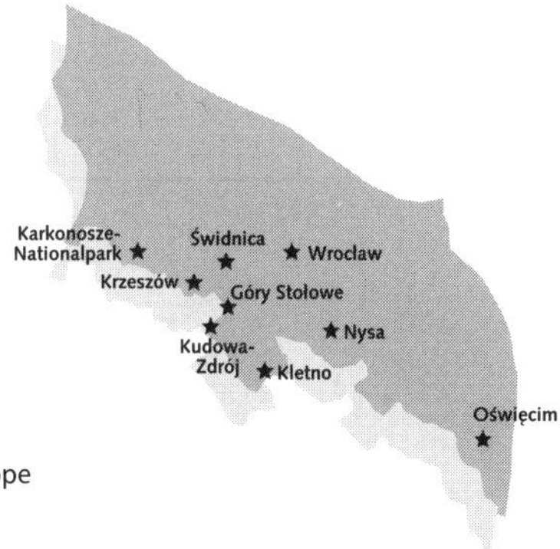

- **Nachtleben**
  In den Straßen von Breslau (S. 289)
- **Höhlenforschung**
  Die Bärenhöhle bei Kletno (Klessengrund; S. 315)
- **Morbide Neugier**
  Die Schädelkapelle bei Kudowa-Zdrój (Bad Kudowa; S. 309)
- **Steine gucken**
  Das Heuscheuer-Gebirge (S. 311)
- **Wandern**
  Der Wanderweg vom Reifträger zur Schneekoppe im Karkonosze-Nationalpark (S. 304)
- **Sakralkunst**
  Die Barockkirchen von Krzeszów (Grüssau; S. 305)
- **Fachwerkkirchen**
  Die Friedenskirche in Świdnica (Schweidnitz; S. 294)
- **Süße Träume**
  Zu Gast bei der Familie des Hotel Navigator in Nysa (Neisse; S. 319)
- **Schreckliche Erinnerung** Die Gedenkstätte des Konzentrationslagers Auschwitz-Birkenau (S. 323)

VORWAHLEN: 32, 33, 68, 71, 74, 75, 76, 77	BEVÖLKERUNG: 7,5 MIO.	FLÄCHE: 45 000 KM²

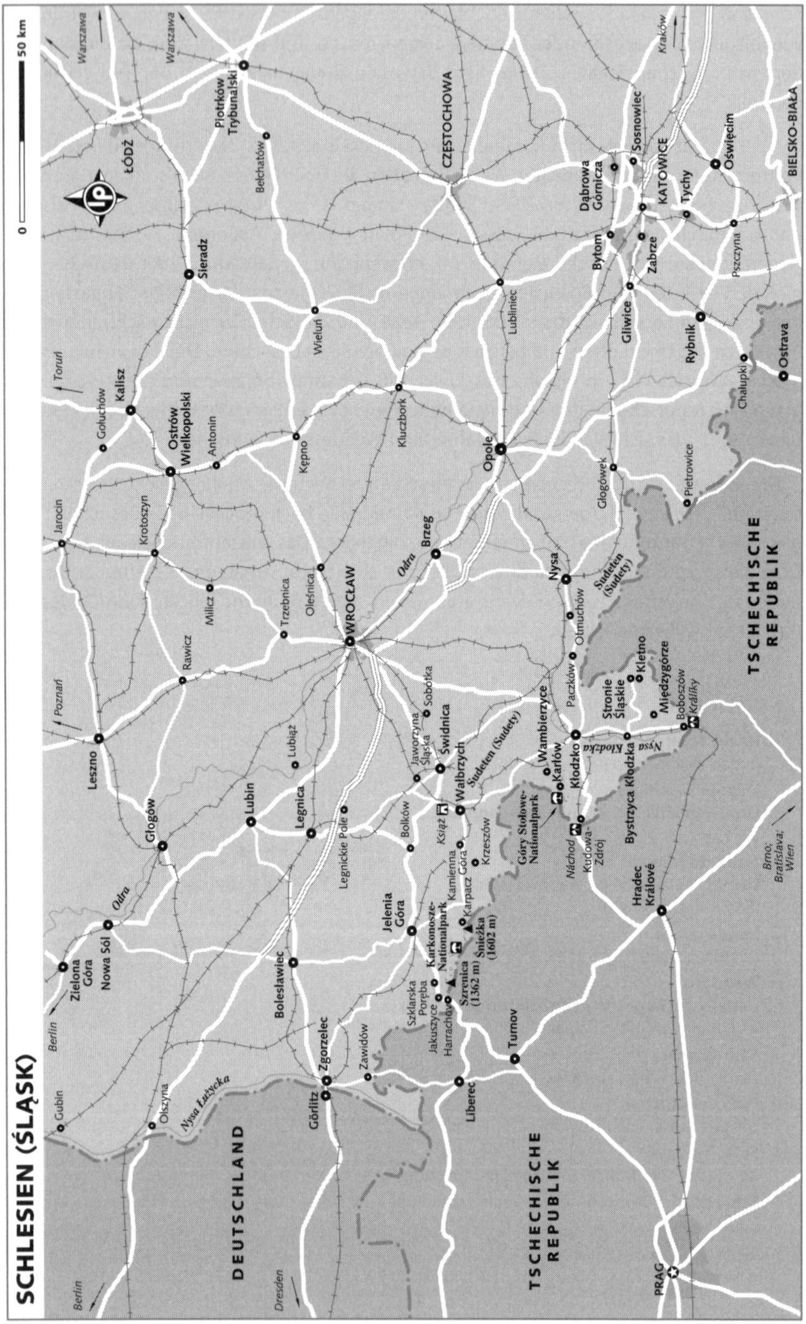
SCHLESIEN (ŚLĄSK)
0
50 km
DEUTSCHLAND
TSCHECHISCHE REPUBLIK
TSCHECHISCHE REPUBLIK
Berlin
Berlin
Dresden
Warszawa
Warszawa
Toruń
Poznań
Kraków
Brno; Bratislava; Wien
Gubin
Olszyna
Nysa Łużycka
Görlitz
Zgorzelec
Zawidów
Liberec
Turnov
Zielona Góra
Nowa Sól
Odra
Głogów
Leszno
Bolesławiec
Lubin
Legnica
Legnickie Pole
Lubiąż
Jelenia Góra
Szklarska Poręba
Jakuszyce
Harrachov
Szrenica (1362 m)
Karkonosze-Nationalpark
Śnieżka (1602 m)
Karpacz
Kamienna Góra
Krzeszów
Bolków
Książ
Wałbrzych
Jaworzyna Śląska
Świdnica
Sobótka
Sudeten (Sudety)
Góry Stołowe-Nationalpark
Náchod
Kudowa-Zdrój
Karłów
Wambierzyce
Kłodzko
Nysa Kłodzka
Bystrzyca Kłodzka
Hradec Králové
Praha
Stronie Śląskie
Kletno
Międzygórze
Boboszów
Králíky
Paczków
Otmuchów
Nysa
Sudeten (Sudety)
Rawicz
Milicz
Krotoszyn
Jarocin
Gołuchów
Kalisz
Ostrów Wielkopolski
Antonin
Trzebnica
Oleśnica
WROCŁAW
Odra
Brzeg
Kępno
Kluczbork
Opole
Głogówek
Pietrowice
Wieluń
Sieradz
Lubliniec
Bełchatów
Piotrków Trybunalski
ŁÓDŹ
CZĘSTOCHOWA
Bytom
Dąbrowa Górnicza
Sosnowiec
KATOWICE
Tychy
Zabrze
Gliwice
Rybnik
Pszczyna
Oświęcim
Chałupki
Ostrava
BIELSKO-BIAŁA

BRESLAU (WROCŁAW)

☎ 71 / 675 000 Ew.

Breslau ist Polens viertgrößte Stadt und liegt in Niederschlesien an der Oder (Odra). Sie ist das wichtigste Industrie-, Handels-, Bildungs- und Kulturzentrum in Südwestpolen. Sechs Jahrhunderte herrschten hier Böhmen, Österreicher und Preußen. Daher besitzt die Stadt eine einzigartig gemischte Architektur und Kultur. Der großartige alte Marktplatz zeigt das am deutlichsten. Und der unglaublich gut erhaltene Kirchendistrikt ist ein Paradies für Gotikfans. Breslau hat zwölf Inseln, 112 Brücken und Uferparks, deshalb wird es oft mit Venedig verglichen.

Breslau ist eine echte Kulturstadt. Es gibt hier mehrere Theater, einige große Festivals, ein buntes Nachtleben und viele Studenten. Die Stadt ist ungemein anziehend, sehr eigenständig und modern. Auf keinen Fall verpassen!

GESCHICHTE

Breslau wurde auf der Dominsel (Ostrów Tumski) in der Oder gegründet. Herzog Mieszko I. ist der erste urkundlich erwähnte polnische Herrscher. Er integrierte die Stadt zusammen mit dem Großteil Schlesiens ins polnische Reich. Um das Jahr 1000 herum war die Stadt wohl eine ziemlich beeindruckende Festung. Sie wurde wie Krakau und Kołobrzeg zu einem der drei Bistümer des Piastenreichs ernannt.

Im 12. und 13. Jh. waren die schlesischen Piastenfürstentümer geteilt und Breslau eine der Hauptstädte. Die Tataren brannten die Stadt nieder, wie die meisten Siedlungen in Südpolen. Das Stadtzentrum wurde auf der linken Oderseite wieder aufgebaut, bis heute ist das Schachbrettmuster sichtbar.

Auch unter böhmischer Herrschaft (1335–1526) wuchs Breslau weiter. Es erreichte seinen kulturellen und wirtschaftlichen Höhepunkt im 15. Jh., blieb dabei aber immer mit dem polnischen Königreich verbunden. Die schnelle Entwicklung führte am Beginn des 16. Jhs. zum Bau neuer Befestigungen, deren Lage heute noch am breiten Graben der Fosa Miejska ablesbar ist.

In den folgenden zwei Jahrhunderten regierten die Habsburger die Stadt. Sie waren der polnischen und tschechischen Bevölkerung gegenüber weniger tolerant. Für die slawischen Bevölkerungsteile verschlimmerte sich dieser Zustand noch, denn ab 1741 herrschten die Preußen über Breslau. Sie wurden in den nächsten 200 Jahren immer einflussreicher und bis in die 1930er Jahre war die Region praktisch fest in deutscher Hand.

Für Hitler sollte Breslau in den letzten Phasen des Zweiten Weltkriegs das Reich im Osten verteidigen. Er ließ die Stadt in eine Festung verwandeln, die von der Außenwelt abgeschnitten war. Die Rote Armee belagerte sie drei Monate lang; die Nazis verteidigten ihre letzte Bastion bis zum bitteren Ende und ermordeten jeden, der zu fliehen versuchte. 70 % der Stadt wurden bis auf die Grundmauern geschleift.

Der Versuch, die Stadt zu evakuieren, scheiterte. In der Folge starben von den mehr als 600 000 Einwohnern vor dem Krieg schätzungsweise 30 % (zehnmal mehr Zivilisten als Soldaten auf beiden Seiten). Die wenigen Deutschen, die noch übrig waren, wurden ausgewiesen. Die Bewohner der ehemaligen polnischen Ostgebiete sollten die zerstörte Stadt neu besiedeln. Sie kamen vor allem aus Lemberg, das an die Sowjetunion gefallen war.

Der Wiederaufbau war schmerzhaft und schwierig. Er dauerte bis in die 1980er Jahre hinein. Heute sieht man eine Menge Nachkriegsbeton, aber die wichtigsten historischen Gebäude wurden originalgetreu rekonstruiert. Mehr Einwohner als vor dem Krieg gab es erst wieder gegen Ende der 1980er Jahre.

ORIENTIERUNG

Bahnhof und Busbahnhof liegen nahe beieinander, 1 km südlich des Rings um die ovale Altstadt. Fast alle wichtigen Sehenswürdigkeiten befinden sich in Laufweite vom Stadtzentrum.

PRAKTISCHE INFORMATIONEN

Buchläden

Columbus (☎ 342 41 74; Ul Kuźnicza 57/58)

EMPiK Plac Kościuszki (☎ 341 70 15; Plac Kościuszki 21/23); Rynek (☎ 343 39 72; Rynek 50)

Podróżnika (☎ 346 00 71; www.mapy.wroclaw.pl auf Polnisch; Ul Wita Stwosza 19/20)

PolAnglo Rynek (☎ 341 79 60; Rynek 7); Ul Kuźnicza (☎ 341 97 60; Ul Kuźnicza 49a)

Vademecum (☎ 351 78 12; www.bookworld.com.pl auf Englisch; Ul Kuźnicza 22)

Ermäßigungen

Wrocław Touristenpass (in Warschau ☎ 22-615 83 30; www.wroclaw.pl auf Deutsch; 1/3 Tage 39/79 Zł) Unbegrenzte Nutzung öffentlicher Verkehrsmittel und freier oder ermäßigter Eintritt zu Museen und Sehenswürdigkeiten sowie Rabatte bei Hotels, Restaurants und Freizeiteinrichtungen.

Geld

Bank Pekao (☎ 344 44 54; Ul Oławska 2)

Internetzugang

Adan (☎ 781 86 69; Ul Ruska 60/61; pro Std. 3,50 Zł)
Cyber Tea Tavern (☎ 372 35 71; Ul Kuźnicza 29a; 1 Std 3–6 Zł; ⏲ Mo–Sa 10–22 Uhr, So 16–22 Uhr)
Galaxy (☎ 374 61 14; Ul Kazimierza Wielkiego 55; 1 Std. 4 Zł; ⏲ ab 9 Uhr)
Korbank (☎ 781 76 30; Ul Psie Budy Szajnochy; 1 Std. 4 Zł; ⏲ 24 Std.)
W Sercu Miasta (☎ 342 46 76; Przejście Żelaźnicze 8, Rynek-Ratusz; 1 Std. 4 Zł; ⏲ 24 Std.)

Post

Postamt Rynek (☎ 347 19 38; Rynek 28); Ul Piłsudskiego (☎ 343 09 06; Ul Piłsudskiego 12)

Reisebüros

Almatur (☎ 343 41 35; Ul Kościuszki 34)
PTTK (Polskie Towarzystwo Turystyczno-Krajoznawcze, Polnische Gesellschaft für Tourismus und Landeskunde; ☎ 343 83 31; Rynek-Ratusz 11/12)
Orbis Travel (☎ 344 44 08; Rynek 29)

Touristeninformation

Kulturinformationszentrum (Osrodek Kultury i Sztuki; ☎ 344 28 64; www.okis.pl auf Polnisch; Rynek-Ratusz 24; ⏲ Mo–Sa 10–18 Uhr)
Touristeninformation (☎ 344 31 11; www.wroclaw.pl auf Deutsch; Rynek 14; ⏲ 10–21 Uhr)

SEHENSWERTES

Rynek

Der Rynek ist der älteste Marktplatz Breslaus und nur der in Krakau ist noch größer. In der Mitte steht der Rathauskomplex. Er ist so groß, dass drei Straßen durch ihn hindurch führen. Der Marktplatz wurde ein paar Jahre lang renoviert und ist heute ein lebendiger und architektonisch vielfältiger Treffpunkt. Vor allem im Sommer unterhalten zahlreiche Straßenkünstler das Publikum auf den vielen Restaurantterrassen.

RATHAUS

Dies ist ganz sicher eins der schönsten Rathäuser in Polen. Es dauerte fast zwei Jahrhunderte (1327–1504), nur den Hauptbau zu errichten. Turm und Verzierungen wurden sogar erst hundert Jahre später fertig. Seitdem hat sich nicht viel verändert und auch der Zweite Weltkrieg konnte dem Rathaus nicht viel anhaben.

Die Ostfassade ist dreigeteilt. Alle Entwicklungsstufen sind hier zu sehen. Der nördliche Abschnitt ist der älteste und streng gotisch, während der Südteil, der jüngste, aus der Frührenaissance stammt. Ein reich verzierter dreieckiger Schmuckgiebel krönt den mittleren Abschnitt. Er sieht wirklich toll aus und ist das beliebteste Coverbild der Touristenbroschüren. Die astronomische Uhr aus Lärchenholz wurde 1580 eingefügt.

Die Südfassade stammt aus dem frühen 16. Jh. Die Erkerfenster, Steinfiguren und zwei Schmuckfriese sind besonders aufwändig gestaltet. Der Keller liegt auch auf dieser Seite und beherbergt ein berühmtes Brauhaus.

Die Westseite sieht ziemlich nüchtern aus. Nur der Eingang aus dem Jahr 1615 ist frühbarock, er führt in das **Museum für bürgerliche Kunst** (Muzeum Sztuki Mieszczańskiej; ☎ 344 14 34; Rynek-Ratusz; Erwachsene/ermäßigt 4/2 Zł, Mi Eintritt frei; ⏲ Mi–Sa 11–17 Uhr, So 10–18 Uhr). Die Innenräume sind nach Epochen geordnet und mindestens genauso beeindruckend wie das Äußere. Besonders erstaunlich ist der Rittersaal (Sala Rycerska) im 1. Stock. Die Ausstattung aus dem ausgehenden 15. Jh. ist noch original. Direkt daneben liegt der Prinzessinnensaal (Sala Książęca), ursprünglich eine Kapelle. In den historischen Räumen finden Ausstellungen statt. Dort gibt es unter anderem eine Sammlung von Gold- und Silberwaren, die aber praktisch in ihrer opulenten Umgebung untergehen.

Die schöne Säule vor dem Rathaus ist der **Schandpfahl** *(pręgierz)*, an dem im Mittelalter Auspeitschungen stattfanden. Er ist eine exakte Replik des Originals von 1492, das bis zum Zweiten Weltkrieg hier stand. Heute treffen sich hier Einheimische, aber auch jugendliche Trinker.

RUND UM DEN RYNEK

Der Rynek wurde in den 1240er Jahren angelegt. Die Holzhäuser, die ihn umringen, wurden später durch Ziegelbauten ersetzt. Nach und nach veränderte sich ihr Aussehen: Einige blieben ganz traditionell, andere passten sich der gerade angesagten Architektur an. Viele wurden durch den Krieg zerstört. Teilweise wurden sie so wiederaufgebaut, wie sie vorher ausgesehen hatten. Deshalb herrscht hier ein bunter Stilmix von der Gotik bis heute. Doch nur wenn man rund um den Rynek geht, sieht man, wie schön sie eigentlich sind – und das sogar bei trübem Wetter.

Eines der Gebäude beherbergt das **Museum der Medaillenkunst** (Muzeum Sztuki Medalierskiej; ☎ 344 39 83; Rynek 6; Erwachsene/ermäßigt 7/5 Zł; 🕑 Mi & Fr 10–17 Uhr, Do & Sa 11–17 Uhr, Mi, Fr & So 10–17 Uhr), eine Sammlung alter Abzeichen und militärischer Auszeichnungen aus der Geschichte Breslaus.

In der Nordwestecke des Rynek stehen zwei hübsche Häuser namens **Jaś i Małgosia** (Hänsel und Gretel). Ein barockes Tor von 1728, das einst auf den Kirchhof führte, verbindet sie miteinander. Direkt dahinter steht die monumentale **Elisabethkirche** (Kościół Św Elżbiety), ein Ziegelbau. Ihr 83 m hoher **Turm** ist begehbar (Eintritt 2 Zł; 🕑 Mo–Fr 9–18 Uhr, Sa 11–18 Uhr, So 13–18 Uhr) und bietet einen schönen Rundumblick. Die gotische Kirche brannte 1975 unter verdächtigen Umständen ab. Ein großer Teil der Einrichtung, einschließlich der Orgel, ging dabei verloren. 2003 erhielt sie den Ehrentitel Basilica minor.

An der Südwestecke des Rynek schließt sich der **Salzmarkt** (Plac Solny) an. Wie der Name schon sagt, wurde hier 500 Jahre lang mit Salz gehandelt. Die letzten Stände wurden 1815 geschlossen. Dafür gibt es hier heute Blumenstände, die 24 Stunden geöffnet sind, und die Restaurants am Rynek locken mit Außenterrassen.

Altstadt

Die große Altstadt Breslaus hat so viele historische Gebäude, dass man wochenlang herumlaufen könnte und immer noch das Gefühl hätte, nur einen Bruchteil gesehen zu haben. Am interessantesten ist für Besucher das Gebiet nördlich und östlich des Rynek.

PANORAMA RACŁAWICKA

Die größte Attraktion in Breslau ist das **Panorama Racławicka** (☎ 344 23 44; Ul Purkyniego 11; Erwachsene/ermäßigt 20/15 Zł; 🕑 Di–So 9.30–17 Uhr). Von einem erhöhten Balkon aus können die Besucher sich dieses gigantische Panorama (15 m hoch und 114 m lang) anschauen. Es ist auf die Wand einer Rotunde gemalt und befindet sich im Park hinter dem Architekturmuseum (S. 285).

Das Bild zeigt die Schlacht von Racławice (ein Dorf etwa 40 km nordwestlich von Krakau). Dort kämpfte die polnische Aufständischenarmee unter Tadeusz Kościuszko am 4. April 1794 gegen die Russen für ihre Unabhängigkeit. Am Anfang waren sie sogar erfolgreich, aber einige Monate später schlug die zaristische Armee den landesweiten Aufstand nieder. Die Dritte Teilung sorgte dafür, dass Polen bis zum Ersten Weltkrieg formal nicht mehr existierte. Trotzdem denken die Polen bis heute gern an diese ruhmreiche Schlacht zurück, in der sie sich gegen die Unterdrückung auflehnten.

Hundert Jahre später kam eine Gruppe von Patrioten in Lemberg auf die Idee, mit einem Panorama an das Ereignis zu erinnern. Das Gemälde ist hauptsächlich das Werk der beiden Künstler Jan Styka und Wojciech Kossak. Sieben weitere Maler arbeiteten an den Hintergrundszenen und Details. Nach nur neun Monaten und zwei Tagen war das monumentale Werk fertig. Gleichzeitig wurde speziell dafür eine Rotunde entworfen und gebaut. Das Bild war eine der größten Attraktionen in Lemberg, bis eine Bombe es 1944 schwer beschädigte.

Nach dem Krieg wurde es zusammen mit vielen anderen Dingen, die an die Kultur in Lemberg erinnerten, nach Breslau gebracht. Weil es aber eine Niederlage der Russen zeigte, die ja offiziell die Freunde und Befreier Polens waren, weigerten sich die kommunistischen Behörden, es wieder auszustellen. Erst nachdem die Solidarność kam und mit ihr die Anfänge der Demokratie in Polen, wurde das Bild 1980 restauriert und kann seither wieder besichtigt werden.

Die Führungen beginnen jede halbe Stunde. Die Besucher gehen am Rand des Balkons entlang und betrachten die Szenen, während ein Tonbandkommentar die Erklärung dazu liefert. Es sind deutsche, englische und französische Versionen verfügbar. Die Tickets gelten am selben Tag auch für das Nationalmuseum.

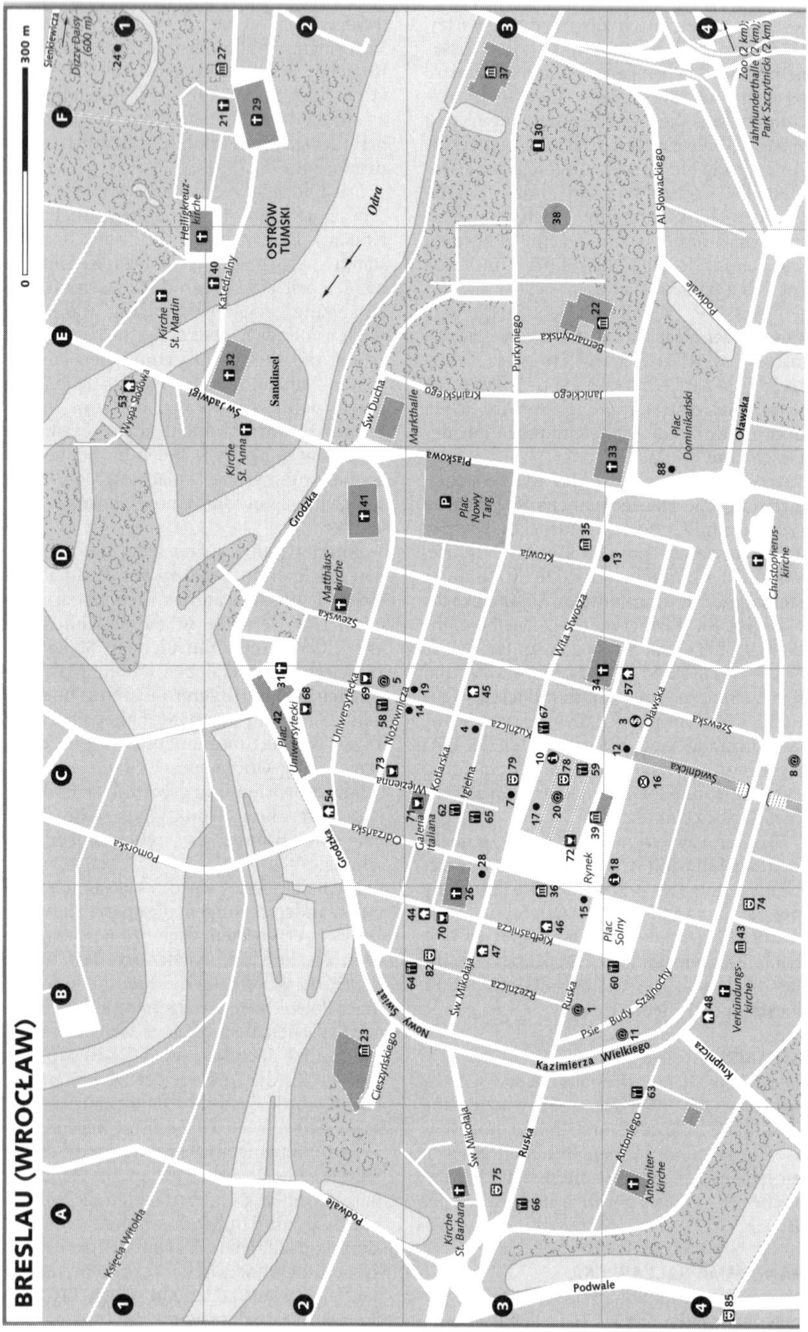
BRESLAU (WROCŁAW)
0
300 m
Odra
OSTROW TUMSKI
Sandinsel
Heiligkreuz-kirche
Kirche St. Martin
Kirche St. Anna
Matthäus-kirche
Christopherus-kirche
Verkündungs-kirche
Antoniter-kirche
Kirche St. Barbara
Markthalle
Plac Nowy Targ
Plac Dominikański
Plac Uniwersytecki
Plac Solny
Rynek
Galeria Italiana
Wyspa Słodowa
Katedralny
Św Jadwigi
Św. Ducha
Piaskowa
Grodzka
Szewska
Uniwersytecka
Nożownicza
Kuźnicza
Więzienna
Kotlarska
Igielna
Odrzańska
Pomorska
Krowia
Wita Stwosza
Oławska
Świdnicka
Kiełbaśnicza
Rzeźnicza
Św. Mikołaja
Ruska
Psie Budy
Szajnochy
Nowy Świat
Kazimierza Wielkiego
Krupnicza
Antoniego
Cieszyńskiego
Podwale
Księcia Witolda
Purkyniego
Bernardyńska
Janickiego
Kraińskiego
Al Słowackiego
Sienkiewicza
Dizzy Daisy (600 m)
Zoo (2 km); Jahrhunderthalle (2 km); Park Szczytnicki (2 km)
P

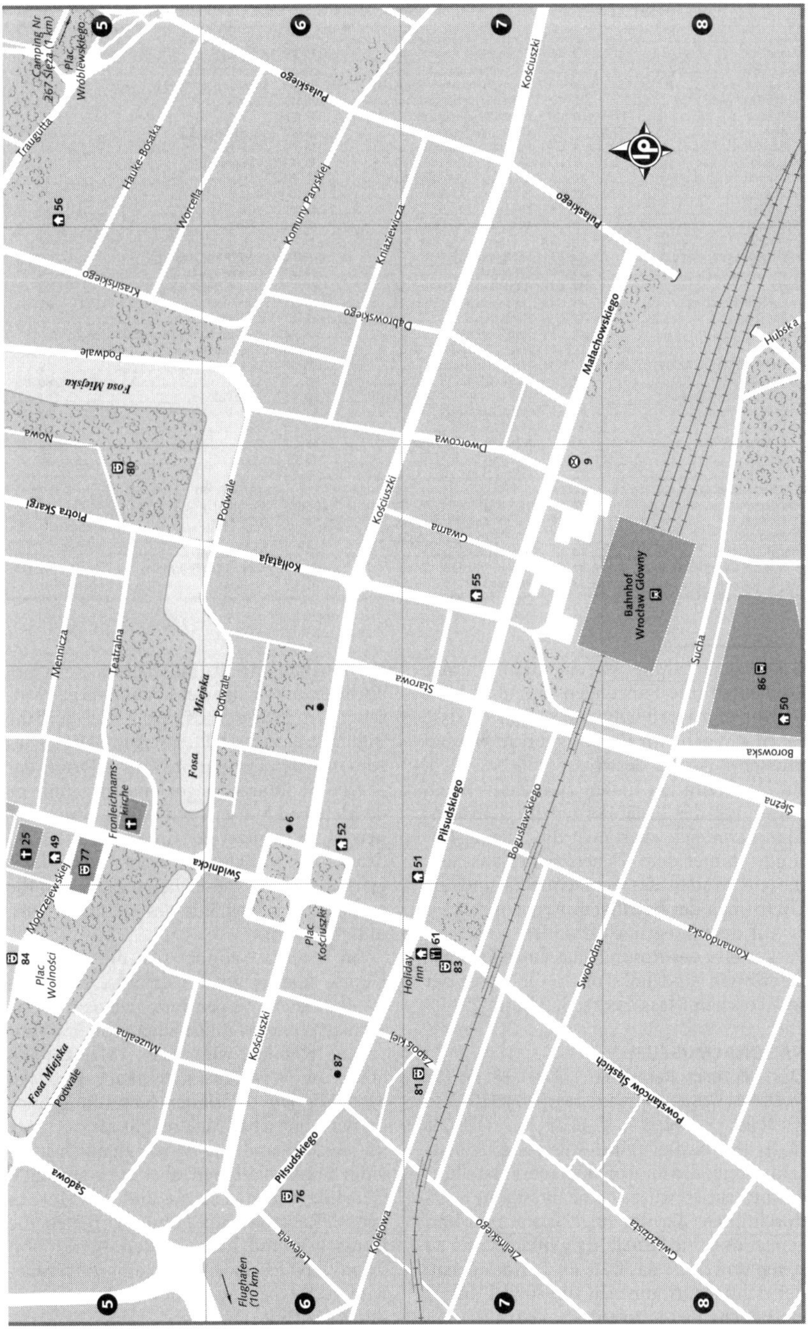
Camping Nr 267 Ślęża (1 km)
Plac Wróblewskiego
Traugutta
Hauke-Bosaka
Pułaskiego
Worcella
Komuny Paryskiej
Kniaziewicza
Kościuszki
Krasińskiego
Dąbrowskiego
Małachowskiego
Hubska
Podwale
Fosa Miejska
Nowa
Dworcowa
Piotra Skargi
Kołłątaja
Gwarna
Bahnhof Wrocław Główny
Sucha
Mennicza
Teatralna
Starowa
Borowska
Ślężna
Fronleichnams-kirche
Świdnicka
Piłsudskiego
Bogusławskiego
Modrzejewskiej
Plac Kościuszki
Holiday Inn
Komandorska
Swobodna
Plac Wolności
Muzealna
Zapolskiej
Powstańców Śląskich
Sądowa
Lelewela
Kolejowa
Zielińskiego
Gwiaździsta
Flughafen (10 km)
2
6
9
25
49
50
51
52
55
56
61
76
77
80
81
83
84
86
87
5
6
7
8

PRAKTISCHES
Adan 1 B3
Almatur 2 C6
Bank Pekao 3 C4
Columbus 4 C3
Cyber Tea Tavern 5 C2
EMPiK 6 C6
EMPiK 7 C3
Galaxy 8 C4
Hauptpost 9 D7
Kulturinformationszentrum 10 C3
Korbank 11 B4
Orbis Travel 12 C4
Podróżnik 13 D4
PolAnglo 14 C3
PolAnglo 15 B3
Post 16 C4
PTTK 17 C3
Touristeninformation 18 C4
Vademecum 19 C3
W Sercu Miasta 20 C3

SEHENSWERTES & AKTIVITÄTEN (S. 280)
Ägidienkirche 21 F2
Archäologisches Museum .... (s. 23)
Architekturmuseum 22 E3
Arsenal 23 B2
Aula Leopoldinum .... (s. 42)
Botanischer Garten 24 F1
Dorotheenkirche 25 C5
Elisabethkirche 26 B3
Erdiözesanmuseum 27 F2
Jaś i Małgosia 28 C3
Kathedrale 29 F2
Katyń-Denkmal 30 F3
Kirche des Namen Jesu 31 C2
Kirche Maria auf dem Sande 32 E2
Kirche St. Adalbert 33 D4
Kirche St. Maria Magdalena 34 C3
Kunstgalerie Awangarda 35 D3
Militärmuseum .... (s. 23)
Museum der Medaillenkunst 36 B3
Museum für bürgerliche Kunst .... (s. 39)
Nationalmuseum 37 F3
Oratorium Marianum .... (s. 42)
Panorama Racławice 38 F3
Rathaus 39 C3
St.-Peter-und-Pauls-Kirche 40 E2
St.-Vinzenz-Kirche 41 D2
Universität 42 C2
Volkskundemuseum 43 B4

SCHLAFEN (S. 287)
Art Hotel 44 B3
Bursa Nauczycielska 45 C3
Dwór Polski 46 B3
Hotel Dorint 47 B3
Hotel Europeum 48 B4
Hotel Monopol 49 C5
Hotel Podróżnik 50 C8
Hotel Polonia 51 C7
Hotel Savoy 52 C6
Hotel Tumski 53 E1
Hotel Zaułek 54 C2
MDK Jugendherberge 55 D7
Pokoje u Szermierzy 56 F5
Qubus Hotel 57 C4

ESSEN (S. 289)
Bar Mleczny Miś 58 C2
Bar Wegetariański Vega 59 C3
Blue Bar Café 60 B4
Kuchnia Marché 61 B7
Mercado 62 C3
Pastabar 63 B4
Restauracja Jaśka 64 B3
Restauracja St Petersburg 65 C3
Restauracja Vincent 66 A3
Złoty Pies 67 C3

AUSGEHEN (S. 289)
Café Uni 68 C2
Kalogródek 69 C2
Pożegnanie z Afryką 70 B3
Pub 4 Podkowy 71 C3
Spiż 72 C3
Więzienna 73 C2

UNTERHALTUNG (S. 290)
Dziwne Dni 74 B4
Express Jazz Club 75 A3
Filharmonia 76 A6
Opernhaus 77 C5
Osrodek Badan Tworczosci Jerzego Grotowskiego 78 C3
Radio Bar 79 C3
Scena 80 D5
Teatr Polski 81 B7
Teatr Współczesny 82 B3
VuleVu 83 B7
W-Z 84 B5
Wagon Club 85 A4

TRANSPORT (S. 291)
Busbahnhof 86 C8
LOT-Büro 87 B6

SONSTIGES
Galeria Dominikańska 88 D4

Die Ausstellung ist eigentlich immer überlaufen (die Führungen um 10.30 Uhr, 13 Uhr und 15.30 Uhr sind so beliebt, dass sie eine Woche im Voraus gebucht werden müssen); Tickets deswegen früh besorgen. Im Wartezimmer laufen zum Zeitvertreib Videos von der Restaurierung des Gemäldes. Man kann sich aber auch die „kleine Rotunde" hinter dem Ticketschalter ansehen, die ein Modell des Schlachtfelds und die Uniformen der beteiligten Armeen zeigt.

Auf dem Weg nach draußen wartet im Park hinter der Rotunde das **Katyń-Denkmal**. Es erinnert eindrucksvoll an die Opfer der sowjetischen Massaker (s. S. 24 und 79).

NATIONALMUSEUM

Das **Muzeum Narodowe** (☎ 343 88 39; Plac Powstańców Warszawy 5; Erwachsene/ermäßigt 15/10 Zł, Sa Eintritt frei; Mi, Fr & So 10–16 Uhr, Do 9–16 Uhr, Sa 10–18 Uhr) besitzt eine wertvolle Kunstsammlung, die in großen Dauerausstellungen präsentiert wird. Das phantastische lichtdurchflutete Atrium zeigt Skulpturen und zeitgenössische Kunst. Es gibt sehr viel zu sehen und da ist das Café im 1. Stock genau der richtige Ort, um sich von so viel Kultur ein bisschen zu erholen!

Die Abteilung für mittelalterliche schlesische Kunst ist eins der Highlights des Museums. Im Erdgeschoss wird mittelalterliche Bildhauerei ausgestellt, wie zum Beispiel das romanische Tympanon vom Portal der Kirche St. Maria Magdalena (gegenüber), das den Tod Mariens zeigt. Im 1. Stock stehen Holzschnitzereien und einige beeindruckende gotische Triptychen und Heiligenstatuen. Auf dieser Etage sind auch die europäischen Gemälde des 15. bis 19. Jhs. untergebracht.

Im 2. Stock befindet sich die polnische Kunst, überwiegend Gemälde, aus dem 17. Jh. bis zur Gegenwart. Die Sammlung enthält Werke von fast allen großen polnischen Namen wie Jacek Malczewski, Stanisław Wyspiański, Witkacy und Jan Matejko. Die Breslauer Sammlung moderner polnischer Malerei gilt als die beste im ganzen Land. Sie besitzt ziemlich individuelle Installationen, aber auch abstrakte Gemälde, wie man sie aus anderen Museen kennt. Religion „auf Polnisch" bieten die ironischen und humorvollen Werke von Władysław Hasior und Eugeniusz Stankiewicz-Get – besonders dessen Do-it-yourself-Kruzifix.

UNIVERSITÄTSVIERTEL

Das Universitätsviertel befindet sich im nördlichen Teil der Altstadt zwischen dem Fluss und der Ul Uniwersytecka. Nicht weit entfernt vom Museum liegt die gotische **St. Vinzenz-Kirche** (Kościół Św Wincentego). Das bedeutende historische Gebäude war ursprünglich eine vor 1240 erbaute romanische Basilika. Sie ist die größte Kirche Breslaus nach der Kathedrale, brannte 1945 aus und wurde erst in den 1990er Jahren rekonstruiert. Die unierte Gemeinde nutzt sie heute als Pfarrkirche.

Die barocke **Kirche des Namen Jesu** (Kościół Najświętszego Imienia Jezus) wurde in den 1690er Jahren errichtet. Früher stand dort das Piastenschloss. Ihr geräumiger Innenraum ist völlig überladen mit Zierrat und schönen Trompe-l'œil-Fresken, aber gerade deshalb wirklich außergewöhnlich.

Der Monumentalbau neben der Kirche ist das Hauptgebäude der **Universität**. Leopold I. gründete sie 1702 als Jesuitenakademie, erbaut wurde sie zwischen 1728 und 1742. Im 1. Stock liegt die **Aula Leopoldinum** (☎ 375 22 45; Plac Uniwersytecki; Erwachsene/ermäßigt 3/1,50 Zł; 🕓 Mo–Fr 10–15.30 Uhr). Sie ist der schönste barocke Innenraum der Stadt und besitzt elegante Stuckarbeiten, Statuen, Gemälde und ein Trompe-l'oeil-Deckenfresko. Gelegentlich finden hier auch Klassikkonzerte statt. Das **Oratorium Marianum** im Erdgeschoss ist etwas bescheidener; es hat die gleichen Öffnungszeiten.

NOCH MEHR SEHENSWERTES

Einen Häuserblock östlich vom Rynek steht die **Kirche St. Maria Magdalena** (Kościół Św Marii Magdaleny). Sie ist ein mächtiger gotischer Ziegelbau aus der Blütezeit der Stadt im 14. Jh. Das Highlight ist das romanische Portal von 1280, das ursprünglich die Benediktinerabtei auf der Elbling (Ołbin) zierte. Nach deren Zerstörung 1546 wurde es hierher gebracht. Das Originaltympanon kann im Nationalmuseum besichtigt werden.

Noch weiter östlich stößt man auf die hervorragende **Kunstgalerie Awangarda** (☎ 344 10 56; Ul Wita Stwosza 32; Erwachsene/ermäßigt 8/4 Zł; 🕓 Di–So 11–18 Uhr). Sie präsentiert in dem palastartigen historischen Gebäude wechselnde Ausstellungen zeitgenössischer Kunst. Ein bisschen schräg ist das Kneipencafé, das viele Künstlertypen anzieht. In zwei Anbauten werden Keramiken und Designobjekte ausgestellt.

In einem ehemaligen Bernhardinerkloster befindet sich heute das **Architekturmuseum** (Muzeum Architektury; ☎ 344 82 79; www.ma.wroc.pl auf Polnisch; Ul Bernardyńska 5; Erwachsene/ermäßigt 7/5 Zł, Mi Eintritt frei; 🕓 Di, Mi, Fr & Sa 10–16 Uhr, Do 12–18 Uhr, So 11–19 Uhr). Die Sammlungen zeigen Steinfiguren und Buntglasfenster aus diversen historischen Gebäuden der Region. Das älteste Exponat ist ein romanisches Tympanon, das aus dem Jahr 1165 stammt. Außerdem besitzt das Museum den ältesten jüdischen Grabstein Polens, der vom ersten jüdischen Friedhof Breslaus aus dem 12. Jh. gerettet wurde.

Westlich davon, gegenüber dem riesigen Einkaufs- und Hotelkomplex Galeria Dominikańska liegt die einschiffige Dominikanerkirche **St. Adalbert** (Kościół Św Wojciecha), ein weiterer großer gotischer Sakralbau. Das Highlight des Innenraums ist die barocke Kapelle neben dem südlichen Querschiff. Hier steht der Alabastersarkophag des Klostergründers, des Seligen Czesław.

Dominsel & Sandinsel (Ostrów Tumski & Ostrów Piaskowy)

Die Dominsel ist die Wiege der Stadt Breslau. Hier bauten die Silinger im 7. oder 8. Jh. ihre Festung. Nachdem die Stadt im Jahr 1000 zu einem polnischen Bistum geworden war, wurde hier die erste Kirche errichtet, auf die weitere folgen sollten. Im 13. Jh. wurde das Stadtzentrum an das linke Oderufer verlagert, aber die Kirchenfürsten blieben auf der Dominsel.

Mit der Zeit wurde eine ganze Reihe von Kirchen, Klöstern und anderen Sakralbauten errichtet, von denen viele heute noch existieren. Deshalb ist dieses Stadtviertel etwas ganz Besonderes. Hier gibt es Kopfsteinpflasterstraßen und kaum modernes städtisches Leben. Das Kirchenviertel auf der Dominsel scheint aus einem anderen Jahrhundert zu stammen und sollte beim Sightseeing nicht verpasst werden.

Das Zentrum der Insel ist die monumentale **Kathedrale** mit ihren zwei Türmen. Die dreischiffige gotische Basilika wurde zwischen dem 13. und 15. Jh. erbaut. Die Bomben des Zweiten Weltkriegs haben sie schwer beschädigt, aber heute ist sie in ihrer ursprünglichen Form wieder aufgebaut, mit wasserspeienden Drachen und anderen gotischen Ungeheuern. Im düsteren Innenraum gibt es zahlreiche Kunstwerke aus anderen Kirchen. Der Hauptaltar glänzt mit einem Triptychon von 1522, das den Tod Mariens zeigt und der Schule des Veit Stoß zugeschrieben wird. Den Turm zu besteigen ist ausnahmsweise ohne Mühe möglich – die Kathedrale verfügt als einzige historische Kirche Polens über einen Lift. Bei der Besichtigung ist ein wenig Feingefühl angebracht, weil die Kirche auch heute noch genutzt wird. Manche Führer platzen nämlich mit ihren Gruppen ziemlich rücksichtslos in Messen oder Hochzeiten hinein.

Im krassen Gegensatz zur Kathedrale steht die winzige **Ägidienkirche** (Kościół Św Idziego). Zwischen 1218 und 1230 errichtet, ist sie die älteste erhaltene Kirche in Breslau und besitzt noch ein echtes romanisches Portal.

Die kleine **St.-Peter-und-Pauls-Kirche** (Kościół Św Piotra i Pawła) aus dem 15. Jh. besitzt eine schöne gotische Gewölbedecke, die von einem einzigen zentralen Pfeiler getragen wird. Sie wird nur morgens und abends zum Gottesdienst geöffnet. Der Eingang liegt im Nebengebäude, einem ehemaligen Waisenhaus.

Ein paar Schritte weiter östlich befindet sich das **Erzdiözesanmuseum** (Muzeum Archidiecezjalne; ☎ 327 11 78; Plac Katedralny 16; Erwachsene/ermäßigt 3/2 Zł; 🕑 Di–So 9–15 Uhr) mit einer großen Sammlung schlesischer Sakralkunst und einigen wertvollen gotischen Altarstücken.

Die benachbarte Sandinsel (Ostrów Piaskowy) ist über die Sandbrücke (Most Piaskowy) mit der Altstadt verbunden. Das wichtigste Gebäude ist hier die **Kirche Maria auf dem Sande** (Kościół Najświętszej Marii Panny na Piasku), ein gewaltiger Bau aus dem 14. Jh., der die winzige Insel dominiert. Die Kirche wurde im Zweiten Weltkrieg schwer beschädigt, aber später bis hin zum großartigen Rippengewölbe sorgfältig rekonstruiert. Fast die gesamte Inneneinrichtung brannte im Krieg aus, weshalb die alten Triptychen, die man heute sehen kann, aus anderen schlesischen Kirchen zusammengetragen wurden. Das romanische Tympanon im rechten Schiff ist das einzige Überbleibsel der ursprünglichen Kirche aus dem 12. Jh. In der ersten Kapelle auf der rechten Seite befindet sich eine mechanische *szopka* (Weihnachtskrippe).

Wer genug hat von alten Ziegeln und Steinen, erholt sich im schönen **Botanischen Garten** (Ogród Botaniczny; ☎ 322 59 57; Ul Sienkiewicza 23; Erwachsene/ermäßigt 5/3 Zł; 🕑 April–Okt. 8–18 Uhr, Nov.–März 10–18 Uhr) der Universität auf der Dominsel.

Westlich & Südlich der Altstadt

Knapp außerhalb der Ringstraße liegt das **Arsenal** (Arsenał), das von den Befestigungen aus dem 15. Jh. übrig geblieben ist. Es beherbergt heute das **Militärmuseum** (Muzeum Militariów; ☎ 344 15 71; Ul Cieszyńskiego 9; Erwachsene/ermäßigt 7/5 Zł, Mi Eintritt frei; 🕑 Mi–Sa 11–17 Uhr, So 10–18 Uhr) mit alten Waffen, Uniformen und einer der größten europäischen Sammlungen von Helmen und Blechmützen.

Auch das **Archäologische Museum** (Muzeum Archeologiczne; ☎ 344 28 29; Ul Cieszyńskiego 9; Erwachsene/ermäßigt 5/3 Zł, Mi Eintritt frei; 🕑 Mi–Sa 11–17 Uhr, So 10–18 Uhr) befindet sich dort, das die üblichen archäologischen Funde zeigt, hauptsächlich solche, die die polnischen und slawischen Wurzeln der Region belegen.

Ein kurzer Spaziergang Richtung Osten führt zum **Volkskundemuseum** (☎ 344 33 13; Ul Kazimierza Wielkiego 34). Hier werden auch Gegenstände gezeigt, die die Siedler der Nachkriegszeit aus dem Osten mitgebracht haben. Es ist zurzeit wegen Renovierung geschlossen.

Der massive gotische Bau südlich der Altstadt ist die **Dorotheenkirche** (Kościół Św Doroty). Sie wurde 1351 errichtet, um an das Treffen zwischen dem polnischen König Kazimierz Wielki und seinem böhmischen Kollegen Karl IV. zu erinnern. Die beiden haben damals beschlossen, dass Schlesien böhmisch bleibt. Große Barockaltäre und ein beachtliches Rokokograb im Südschiff schmücken den hohen, weiß gekälkten Innenraum.

Östliche Vororte

Auch der Osten von Breslau lohnt einen Besuch. Die Straßenbahnlinien 2 und 10 fahren vom Plac Dominikański (2 Zł) zum **Zoo** (Ogród Zoologiczny; ☎ 348 30 24; Ul Wróblewskiego 1; Erwachsene/ermäßigt 10/4 Zł; 🕑 Sommer 9–18 Uhr, Winter 9–16 Uhr). Er wurde schon 1865 gegründet, ist also der älteste Zoo Polens. Mit etwa 4000 Tieren aus und 500 Arten auch der größte und wahrscheinlich beste.

Auf der anderen Straßenseite bietet die riesige, runde **Jahrhunderthalle** (Hala

Ludowa) Platz für 6000 Menschen. Sie wurde von dem deutschen Architekten Max Berg entworfen, 1913 erbaut und erinnert an die Niederlage Napoleons von 1813. Eine Kuppel mit 65 m Durchmesser, die noch heute die Besucher beeindruckt, krönt die Halle. Der 96 m hohe **Stahlturm** *(iglica)* vor dem Eingang entstand 1948 für die Ausstellung der Wiedergewonnenen Territorien. Heute finden in der Halle große Veranstaltungen, Ausstellungen und Sportereignisse statt. Dazwischen ist sie meist verschlossen, aber manchmal lassen die Wachleute Besucher für einen Blick ins Innere herein.

Hinter der Jahrhunderthalle liegt der **Scheitniger Park** (Park Szczytnicki). Er ist das älteste und größte Waldgebiet Breslaus (Grundfläche von 112 ha). Der Laubengang führt in den kleinen japanischen Garten, während weiter östlich eine schöne Holzkirche aus dem 16. Jh. steht. Sie stammt aus der Nähe von Oppeln und wurde 1914 hier wieder aufgebaut. Im Sommer finden in der Kirche wechselnde Ausstellungen statt.

FESTIVALS & EVENTS

Breslau hat jedes Jahr einige große Events zu bieten:

Festival zeitgenössischer Musik (Musica Polonica Nova; ☎ 0601 552 334; www.musicapolonicanova.pl auf Polnisch) Findet im Februar statt.

Jazz on the Odra (☎ 348 18 21) Findet im Mai statt.

Abende im Arsenal (☎ 788 80 99; www.wieczory-w-arsenale.pl auf Deutsch) Konzertreihe, findet im Juli statt.

Wratislavia Cantans International (Festival für Kunst und Musik; ☎ 342 72 57; www.wratislavia.art.pl auf Deutsch) *Das* Musik- und Kunstfestival Breslaus im September.

SCHLAFEN

Budgetunterkünfte

Ein billiges Bett zu finden, ist in der Regel kein Problem. Im Bahnhofsviertel gibt es viele günstige Unterkünfte. Im Bahnhof selbst hängen Poster mit Werbung für Hotels und Privatzimmer. Alle hier aufgeführten Budgetunterkünfte haben Gemeinschaftseinrichtungen und bieten kein Frühstück an.

JUGENDHERBERGEN & HOTELS

Bursa Nauczycielska (☎ 344 37 81; Ul Kotlarska 42; EZ/DZ/3BZ/4BZ 50/90/90/105 Zł) Bei einer solchen Lage ist man bereit, über so manches hinwegzusehen – zum Glück achtet das Management der zentralsten Lehrerunterkunft der Stadt auf einen gewissen Minimalstandard und für erfahrene Herbergsgäste gibt's nichts zu meckern.

Dizzy Daisy (☎ 321 00 14; www.hostel.pl auf Deutsch; Ul Górnickiego 22; EZ/DZ/3BZ/4BZ 45/80/105/120 Zł; Juli–Sept.;) Ein typisches Backpackerhotel in einem Studentenwohnblock auf der Dominsel, südlich des historischen Viertels. Ein Stand am Bahnhof verteilt Informationsmaterial und bietet einen freien Transport zum Hotel an.

MDK Jugendherberge (☎ 343 88 56; Ul Kołłątaja 20; Schlafsaal 16–22 Zł, DZ 60 Zł) In Spuckweite vom Hauptbahnhof gelegen, ist diese HI-Herberge wegen ihrer günstigen Lage oft ausgebucht. Es gibt mehr als fünfzig Betten, die meisten davon in Schlafsälen für fünf bis sieben Personen.

Pokoje U Szermierzy (☎ 343 49 89; Ul Krasińskiego 30b; EZ 50–75 Zł, DZ 70 Zł, 3BZ 75–90 Zł, 4BZ 100 Zł) Nicht so gut oder zentral wie die Bursa, aber billiger. Die Sportherberge bietet in bequemer Laufweite zur Altstadt 29 Betten. Sie liegt in einem von der Straße zurückgesetzten Haus – der Eingang ist das Tor der Hausnummer 30.

Eine weitere Unterkunft ist die Jugendherberge neben dem Hotel Tumski.

CAMPING

Camping Nr 267 Ślęża (☎ 343 44 42; Ul Na Grobli 16/18; Camping pro Person 14 Zł, Hütten 60–150 Zł) Der ganzjährig geöffnete Campingplatz hat einen guten Standort am Ufer der Oder, 2 km östlich der Altstadt, aber keine Anbindung an öffentliche Verkehrsmittel. Vom Bahnhof aus nimmt man die Straßenbahn 4 zum Plac Wróblewskiego und läuft noch 1 km Richtung Osten.

Mittelklassehotels

In der Mittelklasse hat Breslau nicht so viel zu bieten. Gerade in zentraler Lage lassen sich nur ganz wenige Hotels mit vernünftigen Preisen finden. Wenn diese Häuser ausgebucht sind, gibt es nur zwei Alternativen: weiter draußen suchen oder mehr als geplant zahlen.

Hotel Tumski (☎ 322 60 99; www.hotel-tumski.com.pl auf Deutsch; Wyspa Słodowa 10; EZ/DZ/FZ 199/270/310 Zł, Suite 380–480 Zł; P) Auf einer der Oderinseln in bequemer Laufweite von Altstadt und Dominsel liegt dieses kleine, nette Hotel direkt am Wasser (Achtung: Verkehrslärm). Preisbewusste finden im gleichen Haus eine offizielle HI-Jugendherberge (Schlafsaal 30–40 Zł).

Hotel Savoy (☎ 340 32 19; www.savoy.wroc.pl auf Englisch; Plac Kościuszki 19; EZ 90–100 Zł, DZ 110–130 Zł, 3BZ 141 Zł, Suite 150–180 Zł) Es macht vielleicht nicht viel her, aber das Savoy ist eines der besten und günstigsten Häuser am Ort. Topfpflanzen, halbwegs anständige Möbel und in den besten Zimmern gibt eine tolle Aussicht auf die Stadt. Alleinreisende kann das unerwartete Glück der größten Einzelzimmer der Stadt treffen.

Hotel Monopol (☎ 343 70 41; Ul Modrzejewskiej 2; EZ 115–170 Zł, DZ 150–260 Zł, 3BZ 290 Zł, Suite 380–430 Zł) Das älteste Hotel Breslaus hat in seiner über hundertjährigen Geschichte schon so manches berühmte Gesicht zu sehen bekommen, nicht zuletzt einen gewissen Herrn Hitler, der während der deutschen Besatzung vom Balkon herab zu brüllen pflegte. Es ist nicht mehr die erste Adresse, aber die öffentlichen Bereiche haben immer noch „Grandezza", in dieser Preislasse nicht besonders häufig. Die Zimmer sind fast alle mit Bad und durch die Bank annehmbar.

Hotel Europeum (☎ 371 45 00; www.europeum.pl auf Englisch; Ul Kazimierza Wielkiego 27a; EZ/DZ 230/270 Zł; Ⓟ) Die Preise befördern das Europeum beinahe schon aus der Mittelklasse heraus, aber im Sommer gibt es manchmal Rabatte. Die Krzyżowa-Stiftung, eine private schlesische Organisation, die den Jugendaustausch fördert, hat dafür gesorgt, dass die Unterkünfte der Konferenzklasse hier akzeptable Preise haben.

Hotel Zaułek (☎ 341 00 46; www.hotel.uni.wroc.pl auf Deutsch; Ul Garbary 11; EZ/DZ/3BZ 240/290/350 Zł; Ⓟ) Dieses sehr familiäre Gästehaus unter Leitung der Universität findet sich am oberen Ende der Preisskala und beherbergt gerade einmal 18 Gäste in einigermaßen gemütlichen Zimmern. Der späte Check-out ist ein Bonus für Langschläfer und die Wochenendpreise sind ein absolutes Schnäppchen.

Hotel Podróżnik (☎ 373 28 45; Ul Sucha 1; EZ 60–88 Zł, DZ/3BZ/4BZ/Suite 130/162/196/160 Zł; Ⓟ) Eine Unterkunft am Busbahnhof muss nicht unbedingt die letzte Möglichkeit für erschöpfte Busreisende sein: Tageslicht durchflutet dieses helle, saubere Haus und für ein oder zwei Nächte ist es komfortabel genug. Es gibt ein paar billige, spartanische Einzelzimmer – Schuhkartons mit Bett – und Studentenrabatte.

Hotel Polonia (☎ 343 10 21; www.odratourist.pl auf Deutsch; Ul Piłsudskiego 66; EZ 148–198 Zł, DZ 178–218 Zł; Ⓟ) Das Haus ist nichts Besonderes, aber es liegt nahe am Bahnhof und bietet an Wochenenden und im Sommer regelmäßig Rabattaktionen an. Es gibt zwei Zimmerkategorien, die sich in Größe und Qualität unterscheiden. Den besten Deal machen Studenten: ab 42 Zł pro Person.

Spitzenklassehotels

Breslau verfügt über die größte Auswahl an Spitzenhotels außerhalb von Warschau und Krakau. Sie konzentrierten sich um die Elisabethkirche herum und internationale Hotelketten dominieren. Alle hier genannten Hotels bieten Wochenendrabatte, Internetzugang und mindestens ein Restaurant. Daneben verfügen die meisten über behindertengerecht eingerichtete Zimmer.

Dwór Polski (☎ 372 34 15; www.dworpolski.wroclaw.pl auf Deutsch; Ul Kiełbaśnicza 2; EZ/DZ 240/290 Zł, Suite 400–470 Zł; Ⓟ ☒) Sehr schönes Ambiente in diesem restaurierten Haus direkt am Rynek, mit eigenwilligen Zimmern und viel dunklem Holz. Die Konkurrenz ist hier groß, deshalb bleiben die Preise im Rahmen und der atmosphärische Innenhof ist ein überzeugendes Argument.

Sofitel Wrocław (☎ 358 83 00; www.dorint.com auf Deutsch; Ul Św Mikołaja 67; EZ/DZ 114/130 Zł, Suite 150–500 Zł; Ⓟ) Das Sofitel ist das absolute Gegenstück zum historischen Charme des Dwór Polski. Es ist verblüffend modern. Chrom, Glas, Designmöbel und jeder erdenkliche Komfort machen das Haus zu einem Traumziel für Spesenritter, auch wenn die hervorragenden Stereoanlagen – ehrlich gesagt – an die Geschäftsreisenden verschwendet sind.

Art Hotel (☎ 787 71 00; www.arthotel.pl auf Deutsch; Ul Kiełbaśnicza 20; EZ 275–315 Zł, DZ 315–355 Zł, Suite 335–395 Zł; Ⓟ ☒ 💻) Wieso Kunst? Keiner weiß es, aber die Ausstattung ist komfortabel und die Restaurants in Keller und Wintergarten sind hervorragend. Insgesamt ein gutes unabhängiges Hotel in Bestlage.

Qubus Hotel (☎ 341 08 98; www.qubushotel.pl auf Deutsch; Ul Św Marii Magdaleny 2; EZ 89 Zł, DZ 105–132 Zł, Suite 153–297 Zł; Ⓟ ☒ ♿) Ein weiteres Hotel einer riesigen Kette im Herzen der Altstadt, direkt gegenüber der Kirche St. Maria Magdalena. Für den Preis enttäuschen die Standardzimmer ein bisschen, aber der Rest der Ausstattung ist top.

ESSEN

Ein Platz zum Essen ist in der Altstadt schnell gefunden – am Rynek gibt es überall unzählige Restaurants. Im Sommer ist der gesamte Platz ein einziger Biergarten und in den Seitenstraßen warten weitere Lokale darauf, ihre Gäste satt zu machen.

Restauracja Vincent (☎ 341 05 20; Ul Ruska 39; Hauptgerichte 35–85 Zł; 🕑 Mo–Sa Frühstück, Mittag- & Abendessen, So Mittag- & Abendessen; ☒) Das Vincent residiert in einem historischen Gebäude. Das wirklich traumhafte Interieur beschwört eine verführerische Atmosphäre herauf, die dem hemmungslosen Genuss sehr entgegenkommt. Die internationale Speisekarte bietet neben einer hervorragenden Auswahl an Tajines alles vom Wildschwein über die perfekte Präsentation bis hin zur Live-Akkordeonmusik.

Złoty Pies (☎ 372 37 60; Rynek 41; Hauptgerichte 14–55 Zł; 🕑 Mittag- & Abendessen) Der „Goldene Hund" haust in einem phantastischen Gewölbekeller, wo eine stets zahlreiche Kundschaft solide polnische und europäische Küche genießt. Der Koch brilliert vor allem mit seinen kreativen und äußerst reichlichen „Füllungen".

Restauracja JaDka (☎ 343 64 61; Ul Rzeźnicza 24/25; Hauptgerichte 18–72 Zł; 🕑 Mittag- & Abendessen) Wer – wie die meisten Polen – noch nie etwas von Magda Gessler gehört hat, kann hier herausfinden, was er verpasst hat. Die beste Chefköchin des Landes modernisiert hier polnische Küchenklassiker – in perfekter Umgebung und mit 1a-Service.

Bar Wegetariański Vega (☎ 344 39 34; Sukiennice 1/2; Hauptgerichte 3,40–4,20 Zł; 🕑 Mo–Fr Frühstück, Mittag- & Abendessen, Sa & So Frühstück & Abendessen) Vegetarier frohlocket: Das beste fleischlose Breslauer Restaurant, darüber hinaus billig, zentral und wirklich erstaunlich gut. Wie üblich ist der Eingang mit Flyern für Tai-Chi-Kurse und homöopathische Läden tapeziert.

Kuchnia Marché (☎ 343 95 55; Ul Świdnicka 53; Gerichte 3,80–18,30 Zł; 🕑 Frühstück, Mittag- & Abendessen) Nach dem Vorbild der Mövenpick-Kette präsentiert dieses Büfettrestaurant seine leckeren Köstlichkeiten in Form eines überdachten Marktes. An den Ständen gibt es alles, was das Herz begehrt, und jeder mischt nach Lust und Laune.

Restauracja St Petersburg (☎ 341 80 84; Ul Igielna 14/15; Hauptgerichte 26–82 Zł; 🕑 Mittag- & Abendessen) Russische *haute cuisine*? Doch, gibt es tatsächlich und wer bei großen kulinarischen Traditionen Russlands vor allem Bœuf Stroganoff und Wodka im Kopf hat, muss umdenken. Etwas arrogant kommt dieses Restaurant daher, aber Fleisch, Fisch und Wild oder süße und herzhafte Blinis sind eine echte Offenbarung.

Mercado (☎ 344 40 40; Ul Więzienna 30; Hauptgerichte 8–29 Zł; 🕑 Mittag- & Abendessen) Dieser Neuzugang der Sphinx-Kette wirkt mit seinen grob behauenen Mauern und handgetöpfertem Geschirr recht bodenständig und rustikal. Die Speisekarte ist ein vertrauter Mix aus mittelöstlichem und italienischem Essen mit griechischen, chinesischen und sogar indischen Zugaben.

Pastabar (Ul Św Antoniego 15; Hauptgerichte 3,50–6,80 Zł; 🕑 Mittag- & Abendessen) Mit der grellgelben Farbgebung und dem Retrostyling könnte dies auch eine hippe Bar in einer westeuropäischen Hauptstadt sein. Dabei ist es in Wirklichkeit ein günstiger Italiener, der für das Klientel der umliegenden Kneipen Fast-Food-Pasta auf große Teller häuft. An Wochenenden tut er dies sogar bis 2 Uhr morgens.

Blue Bar Café (Plac Solny 8/9; Hauptgerichte 6–28 Zł; 🕑 Frühstück, Mittag- & Abendessen) Der kleine, ruhige Platz mit dem Blumenmarkt hat an Lokalen unter anderem diese schicke Café-Bar zu bieten. Hier gibt es gigantische Salate, Snacks und Sandwiches, dazu Kabelfernsehen auf einer riesigen Leinwand.

Bar Mleczny Miś (☎ 343 49 63; Ul Kuźnicza 48; Hauptgerichte 1–5,30 Zł; 🕑 Mo–Sa Frühstück & Mittagessen) Das von Studenten aus dem benachbarten Universitätsviertel bevölkerte Miś ist eine altmodische Milchbar für Menschen mit Minibudget.

AUSGEHEN

Auch hier ist der Rynek der Startpunkt für einen Zug um die Häuser und wenn im Sommer die Stühle und Tische rausgeräumt werden, ist die Atmosphäre unschlagbar. Die Altstadt ist voll von sehr unterschiedlichen Kneipen für jeden Geschmack und Geldbeutel. Wem der Sinn nach den Randbereichen der bürgerlichen Gesellschaft steht, findet in den Kaschemmen unter den Eisenbahngleisen ein verlässlich fragwürdiges Ambiente.

Spiż (☎ 344 72 25; Rynek-Ratusz 2) Polens erstes Brauhaus einer Privbatbrauerei residiert in einem Keller unter dem Rathaus, wo hektisches Personal um kupferne Sudkessel hastet, um die unersättliche Klientel zu bedienen. Der Biergarten auf dem Rynek ist meist total überlaufen.

Pub 4 Podkowy (☎ 0697 100 831; Ul Więzienna; ab 10 Uhr) Das „4 Hufeisen" ist Teil des neuen Galeria-Italiana-Zentrums, auch wenn es kaum etwas Italienisches zu entdecken gibt. Ein unaufdringlicher Balkon überragt die Straße und die sonntäglichen Chill-out Sessions sind perfekt zum gepflegten Abhängen.

Kalogródek (Ul Kuźnicza 29b; 10–24 Uhr) Hinter groben Holzbrettern verborgen, ist diese große Stufenterrasse ein Spielzimmer der Studenten. Tischfußball, Dartscheiben und billiges Bier sorgen für ein volles Haus, selbst wenn das Wetter mal nicht mitspielt.

Więzienna (☎ 344 16 08; Ul Więzienna 6; 16–1 Uhr) Ein winziges Schild über Kopfhöhe ist fast der einzige Hinweis darauf, dass hinter der nackten Ziegelfassade eine quicklebendige Bar residiert. Der diskrete Hauseingang öffnet sich zu Breslaus bestverstecktem Innenhof.

Café Uni (☎ 375 28 38; Plac Uniwersytecki 11) Wie der Name bereits andeutet, ist dies Studententerritorium, nur einen Steinwurf von der Uni entfernt. Semischickes Dekor, geduldiges Personal und definitiv geschmackssichere Musik heben das Café von niederen Institutionen ab.

Pożegnanie z Afryką (☎ 341 77 32; Ul Kiełbaśnicza 24; Mo–Sa 8–22 Uhr, So 10–22 Uhr; ☒) Es ist wirklich bemerkenswert, wie diese private Franchise-Kette ihre internationale Konkurrenz in Schach hält: mit einer überragenden Auswahl der besten Kaffeesorten. Der Name „Jenseits von Afrika" weist zudem auf die Verbindung zur Fair-Trade-Bewegung hin.

UNTERHALTUNG

Breslau ist ein bedeutendes Kulturzentrum und so finden das ganze Jahr hindurch Veranstaltungen zuhauf statt. Die Termine stehen in den Tageszeitungen oder den kostenlosen Monatsmagazinen *Co Jest Grane* und *Aktivist*. Eine detaillierte Auflistung der Bars, Clubs etc. bringt das zuverlässlige *Wrocław in Your Pocket* (5 Zł), das alle 14 Tage erscheint.

Theater

Breslau ist international berühmt für das avantgardistische Teatr Laboratorium, das von dem radikalen Regisseur Jerzy Grotowski gegründet wurde. Er begann 1959 im Oppelner Theater der 13 Reihen, zog aber 1965 nach Breslau und leitete bis 1984 das Laboratorium. Nachdem Grotowski nach Italien gegangen war, um in Pontedera ein theaterwissenschaftliches Zentrum zu gründen, wurde das Ensemble aufgelöst. Er starb 1999.

Osrodek Badan Tworczosci Jerzego Grotowskiego (Centre of Studies on Jerzy Grotowski's Work; ☎ 343 42 67; www.grotcenter.art.pl auf Englisch; Rynek-Ratusz 27) Das 1990 im ehemaligen Haus des Theaters gegründete Grotowski-Zentrum besitzt Dokumentarfilme über das Teatr Laboratorium und kann sie auf Wunsch vorführen. Außerdem lädt es experimentelle Gruppen aus dem In- und Ausland zu Vorführungen in seinem kleinen Theater ein.

Wrocławski Teatr Pantomimy (☎ 337 21 03; www.pantomima.wroc.pl auf Polnisch) Breslaus wichtigster Botschafter des zeitgenössischen Theaters, gegründet vom Impresario Henryk Tomaszewski. Das Ensemble ist für gewöhnlich auf Tournee – die Touristeninfo weiß, wann es in der Stadt ist.

Teatr Polski (☎ 316 07 00; www.teatrpolski.wroc.pl auf Polnisch; Ul Zapolskiej 3) Dies ist das Mainstreamtheater der Stadt mit klassischen polnischen und ausländischen Dramen. Zwei kleinere Bühnen bedienen diverse Repertoirepflichten.

Teatr Współczesny (☎ 358 89 00; Ul Rzeźnicza 12) Nahe dem Stadtzentrum neigt das Teatr Współczesny eher den modernen polnischen und internationalen Stückeschreibern zu.

Clubs

Die Eintrittspreise für die Clubs variieren mit dem Wochentag, der Ankunftszeit, dem Geschlecht und allem anderen, was den Promotern noch so einfällt. Die übliche Spanne liegt so zwischen null und 15 Zł.

Radio Bar (☎ 372 50 13; www.radiobar.neostrada.pl auf Polnisch; Rynek 48) Fragt man Einheimische nach einem angesagten Ort zum Ausgehen, wird dieser Name vermutlich als erster fallen. Laut, stolz und zentral ist die Radio Bar ein wichtiger erster Stopp für Neuankömmlinge, die die lokale Szene abchecken wollen.

Dziwne Dni (☎ 788 91 07; Ul Kazimierza Wielkiego 39) Eine ungewöhnliche Kombination aus Bar-Club und Internetcafé. Die Bomber-Clock-Nächte bringen mit das beste, was die

Stadt an Electronica zu bieten hat, ansonsten bekommt man hier guten Drum 'n' Bass geboten.

VuleVu (☎ 0601 667 144; www.vulevu.pl auf „Ponglisch"; Ul Świdnicka 53; ⌚ Mi–Sa) Hinter dem großen Holiday Inn bringen House, Garage und Black Music das gestylte Publikum in echter Clubatmo zum Kochen.

Wagon Club (☎ 341 29 48; Plac Lwowskich 20a; ⌚ Mo–Sa ab 22 Uhr, So ab 19 Uhr) Der Wagon Club an der Ringstraße ist der Ort für Menschen, die die Beats hart und die Bässe straight mögen. Folgerichtig dominieren hier Techno, Drum 'n' Bass und Industrial die Klanglandschaft.

W-Z (☎ 790 00 33; www.wzklub.pl auf Polnisch; Plac Wolności 7; ⌚ Di–Fr ab 23 Uhr, Sa ab 18 Uhr) Der Platz für die Unentschiedenen – hier geht es eklektisch zu und es läuft keine zwei Abende hintereinander der gleiche Sound.

Scena (☎ 342 11 82; www.scenaclub.com auf Polnisch; Ul Piotra Skargi 18; ⌚ Mi–Sa) Als einer der ältesten Schwulenclubs Polens heißt das Scena eine offenherzige Menge zu energiegeladenen Tanznächten willkommen. Unter der Woche gibt's ruhigere Mixed Events.

Jazz

Express Jazz Club (☎ 344 91 81; Ul Ruska 34) Der Express Jazz Club ist der Treffpunkt der Jazzszene Breslaus und präsentiert im Sommer jeden Abend Livegigs aller Spielarten. Auch außerhalb der Saison gibt es ein vielfältiges Programm.

Oper & Klassische Musik

Filharmonia (Philharmonie; ☎ 342 20 01; www.filharmonia.wroclaw.pl auf Englisch; Ul Piłsudskiego 19) Freitags und samstags finden hier Konzerte des hart arbeitenden Breslauer Philharmonischen Orchesters statt, das alle Arten klassischer Musik beherrscht.

Oper (☎ 341 07 38; www.opera.wroclaw.pl auf Polnisch; Ul Świdnicka 35) Das eltehrwürdige Opernhaus gegenüber dem Hotel Monopol ist der traditionelle Aufführungsort für Oper und Ballett.

AN- & WEITERREISE

Bus

Der **Busbahnhof** (Ul Sucha) liegt im Süden des Hauptbahnhofs. Nur selten ist ein Bus nötig, um aus Breslau herauszukommen, es sei denn, es soll nach Trzebnica (Trebnitz; 8,60 Zł, 40 Min.), Sobótka (Zobten; 6,40 Zł, 1 Std.), Świdnica (Schweidnitz; 8,90 Zł, 1½ Std.) oder Nysa (Neisse; 13,50 Zł, 2 Std.) gehen, zu denen es keine direkten Zugverbindungen gibt. Einige Busse aus dem Norden halten in **Wrocław Nadodrze** (Dominsel) anstatt am PKS-Busbahnhof.

Es gibt eine Reihe internationaler Busverbindungen, zum Beispiel nach Prag und in viele westeuropäische Städte. Tickets in den Reisebüros vor Ort besorgen.

Flugzeug

Der kleine Flughafen Strachowice (☎ 358 13 10; www.airport.wroclaw.pl auf Englisch) liegt 10 km westlich des Stadtzentrums und ist vom Hauptbahnhof aus mit den Buslinien 406 und 117 erreichbar (2,60 Zł, 20 Min.). Ein Taxi sollte nicht mehr als 75 Zł kosten. Zurzeit gibt es Direktverbindungen nach Warszawa (Warschau; bis zu 6-mal tgl.), Frankfurt/Main (tgl.), Kopenhagen (6-mal wöchentl.), München (2-mal tgl.), Paris (2-mal wöchentl.) und Köln (5-mal wöchentl.).

Die **LOT** (☎ 0801 300 952; Ul Piłsudskiego 36) hat ein Büro in der Nähe des Bahnhofs.

Zug

Schnellzüge nach Katowice (Kattowitz; 34,03 Zł, 3 Std.) fahren ungefähr alle zwei Stunden ab und kommen auf dem Weg durch Opole (Oppeln; 21,62 Zł, 1¼ Std.). Die meisten fahren weiter nach Kraków (Krakau; 41,24 Zł, 4½ Std.). Es gibt mindestens ein halbes Dutzend Schnell- und drei Expresszüge nach Warszawa (Warschau; 48,13 Zł, 5–6 Std.); einige halten auf dem Weg in Łódý (39,66 Zł, 3¾ Std.). Breslau hat auch regelmäßige Zugverbindungen nach Poznań (Posen; 31,85 Zł, 2 Std., stündl.), Wałbrzych (Waldenburg; 10,50 Zł, 2 Std., alle 2 Std.), Jelenia Góra (Hirschberg; 17,20 Zł, 3½ Std., alle 2 Std.), Legnica (Liegnitz; 10,50 Zł, 1½ Std., stündl.) und Kłodzko (Glatz; 14,50 Zł, 1¾ Std., alle 2 Std.).

Internationale Zugverbindungen bestehen nach Berlin, Budapest, Dresden, Hamburg und Prag.

UNTERWEGS VOR ORT

Breslau besitzt ein gut funktionierendes Netz an Straßenbahnen und Bussen, die das Stadtzentrum und die Vororte bedienen. Fahrten innerhalb des Zentrums kosten 2 Zł, längere Strecken 2,60 Zł; Nachtbusse und Schnellverbindungen kosten 2,80 Zł. Gute Verbindungen bieten die Straßenbahnen 8, 9 und 32, die Busbahnhof und Bahnhof, Dominsel und Botanischen Garten miteinander verbinden. Zahlreiche Linien umkreisen die Altstadt, aber nur vier Straßenbahnen fahren mitten hindurch.

RUND UM BRESLAU

TRZEBNICA (TREBNITZ)

☎ 71 / 12 000 Ew.

Die kleine Stadt Trzebnica, 24 km nördlich von Breslau, ist für ihr ehemaliges Zisterzienserkloster (Opactwo Cysterskie) berühmt. Der Orden kam im Jahr 1140 nach Polen und errichtete sein erstes Kloster in Jędrzejów, von wo er sich schnell ausbreitete und nahezu vierzig Klöster im ganzen Land unterhielt.

In Trzebnica stand auch der erste Konvent der Zisterzienserinnen, der 1202 von Prinzessin Hedwig (Jadwiga), der Frau Henryks I. Brodaty (des Bärtigen), gegründet wurde. Nach dem Tod des haarigen Herzogs trat Hedwig in den Konvent ein und führte bis zum Ende ihrer Tage ein enthaltsames Leben. Nur 24 Jahre später, 1267, wurde sie heilig gesprochen. Sie ist die Schutzpatronin Schlesiens und die Kirche, in der sie beigesetzt wurde, ist ein Wallfahrtsort. Diese Kirche ist selbst für Nichtgläubige beeindruckend und den Halbtagestrip von Breslau aus wert.

Sehenswertes

Die **Kirche** gilt als einer der ersten Ziegelbauten dieser Art in Polen. Sie wurde später umgebaut, aber die Struktur besitzt noch viel von ihrer ursprünglichen romanischen Nüchternheit. Und vor allem: Beide **Original-Portale** sind noch vorhanden. Das am Haupteingang ist zwar teilweise hinter dem Barockturm (um 1785) verborgen, glänzt aber durch sein Tympanon aus den 1220er Jahren. Zu sehen ist König David auf seinem Thron, wie er für Königin Batsheba Harfe spielt.

Den Innenraum schmücken eine ausladende Barockornamentik, einer marmorne Kanzel und ein üppig verzierter Altar. Am Fuß des Altars liegt das sehr bescheidene Grab von Henryk Brodaty.

Das Highlight ist die **St.-Hedwigs-Kapelle** (Kaplica Św Jadwigi) rechts neben dem Altarraum. Sie wurde kurz nach der Heiligsprechung der Prinzessin gebaut und das elegante gotische Rippengewölbe ist unverändert erhalten geblieben, auch wenn der Schmuck aus einer späteren Epoche stammt. Das große Grab der hl. Hedwig ist das Zentrum der Kapelle, ein Kunstwerk aus schwarzem Marmor und Alabaster, das in mehreren Stufen zwischen 1680 und 1750 entstand. Neben dem Sarkophag liegt der Eingang zur dreischiffigen Krypta, dem ältesten Teil der Kirche.

Der Rest der Kapelle ist voller vergoldeter marmorner Altäre, von denen viele Szenen zeigen, die eher an die klassische Mythologie als an christliche Kunst erinnern. Die düster-schwarze Orgel bildet einen harten Kontrast zu den weißen Wänden und Pastellfarben der Verzierungen. Für etwas Kleingeld lässt sich mehr Licht ins Grab der hl. Hedwig bringen oder man entzündet ein paar elektrische Flackerkerzen – selbstverständlich alles zum Erhalt der Kirche.

An- & Weiterreise

Ein- bis zweimal die Stunde fahren Busse zur PKS-Station in Breslau (8,60 Zł, 40 Min.). Außerdem gibt es Sonderfahrten und private Minibusse, die stündlich nach Wrocław Nadodrze (4 Zł, ½ Std.) fahren.

LUBIĄŻ (LEUBUS)

☎ 71 / 1000 Ew.

Das kleine Dorf Lubiąż 50 km norwestlich von Breslau verdankt seine Bekanntheit ebenfalls den Zisterziensern. Hier gibt es ein riesiges **Zisterzienserkloster** (Opactwo Cystersów), eins der größten in Europa. 1175 gegründet, wurde das anfangs bescheidene Kloster nach und nach erweitert, während der Orden wuchs. Nach dem Dreißigjährigen Krieg begann für das Kloster eine Zeit des Wohlstands: Die Arbeit an dem großartigen barocken Komplex begann, er dauerte fast 100 Jahre und war erst 1739 abgeschlossen. Das Gebäude hat eine 223 m lange Fassade und 365 Zimmer. Viele bekannte Künstler, wie zum Beispiel der berühmte Maler Michael Willmann, waren an der Ausführung beteiligt.

1810 wurde das Kloster geschlossen und merkwürdige Nachmieter bewohnten, nutzten oder missbrauchten es: So war es ein Gestüt, ein psychiatrisches Krankenhaus, ein Zeughaus, eine Rüstungsfabrik der

Nazis, ein russisches Lazarett (1945–48) und schließlich ein Lagerhaus für einen staatseigenen Buchverlag. Nach dem Krieg wurde der Komplex eher minimal restauriert und ist bis heute zum größten Teil ungenutzt.

Erst 1991 nahm eine polnisch-deutsche Stiftung die Restaurierung des Klosters in die Hand. Einige Räume sind schon fertig, in denen sich ein kleines **Museum** (☎ 389 71 66; Erwachsene/ermäßigt 4/2 Zł; 🕑 Mai–Sept. 9–18 Uhr, Okt.–April 10–15 Uhr) befindet. Das Highlight ist ein riesiger Saal mit 15 m hoher Decke und einer opulenten barocken Dekoration aus den 1730er Jahren.

Andere Bereiche, wie das Refektorium und die Bibliothek, sind in Arbeit, aber die Restaurierung der gewaltigen Kirche und der benachbarten Kapelle wird wohl etwas länger dauern. Bisher sind sie noch schmucklos, abgesehen von den erhalten gebliebenen Portalen oder den Freskenfragmenten von Willmann. Angeblich liegen in der Krypta 98 mumifizierte Körper, einschließlich des toten Willmann, aber sie kann nicht besichtigt werden.

Lubiaz liegt abseits der Hauptstraßen und so ist der Transport mit nur einem Bus am Tag nach/aus Legnica (Liegnitz; 5,80 Zł, ¾ Std.) und mehreren nach/aus Breslau (8,90 Zł, 1½ Std.) immer ein bisschen unsicher.

SOBÓTKA & GÓRA ŚLĘŻA

☎ 71 / 6800 Ew.

Etwa 35 km südwestlich von Breslau erhebt sich der einsame, bewaldete Góra Ślęża 718 m hoch über die offene Ebene. Der Ślęża war einer der heiligen Berge eines uralten heidnischen Stammes, der seine Kultstätten auf Berggipfeln errichtete. Der Name des Stammes ist nicht überliefert, aber gesichert ist ein religiöses Zentrum, das hier spätestens ab dem 5. Jh. v. Chr. bis zum 11. Jh. n. Chr. Stand und dann vom Christentum übernommen (und gründlich zerstört) wurde. Der Gipfel war von einem Steinwall umringt, der das Heiligtum abgrenzte. Reste dieser Anlage sind immer noch zu sehen wie auch primitiv behauene Granitstatuen an den Berghängen.

Am nördlichen Fuß des Berges liegt die kleine Stadt Sobótka (Zobten), ein beliebter Ausgangspunkt für Wanderungen zum Berggipfel. Der Rynek der Stadt wird vom massiven Bau der ursprünglich romanischen **Jakobskirche** dominiert, die in späteren Jahren immer wieder umgebaut wurde. Im Nordwesten steht die **Annakirche** auf dem Plac Wolności und daneben ist eine der Steinstatuen aufgestellt, die hier Pilz *(grzyb)* genannt werden.

Etwa 200 m südlich des Rynek befindet sich das kleine **Regionalmuseum** (Muzeum Ślężańskie; ☎ 316 26 22; Ul Św Jakuba 18; Eintritt 2 Zł; 🕑 Di–So 9–16 Uhr), erkennbar am schönen Renaissance-Eingang von 1568. Das Museum zeigt einige Ausgrabungsfunde aus der Gegend.

Danach geht's 300 m die Straße hinunter, nach rechts in die Ul Garncarska, über die Hauptstraße und einmal nach links: Von hier aus führt der rot markierte Wanderweg in etwa einer Stunde auf den **Góra Ślęża** hinauf. Am Wegesrand stehen zwei weitere Statuen, ein Fernsehsendemast und auf dem Gipfel eine Kirche aus dem 19. Jh. Der schöne Ausblick verführt zur verdienten Pause.

Bergab bietet sich der gelbe Weg direkt zur Jugendherberge (s. u.) an, etwa 800 m vom Ausgangspunkt entfernt. Auf halber Strecke gibt's einen **Aussichtsturm** und weiter unten den Mönch *(mnich)*, die schönste und am besten erhaltene Statue.

Schlafen & Essen

Dom Turysty Góra Ślęży (☎ 342 61 42; Schlafsaal 22–24 Zł, DZ 55–69 Zł) Gegenüber der Kirche auf dem Berggipfel bietet diese schlichte Jugendherberge Zimmer mit und ohne eigenes Bad. Die Snackbar ist die einzige Nahrungsquelle auf dem Gipfel.

Dom Turysty Pod Wieżycą (☎ 316 28 57; Ul Armii Krajowej 13; Zi. 55–90 Zł) Die PTTK-Jugendherberge am Fuß des Berges ist sehr spartanisch, aber völlig in Ordnung. Sie hat sogar ein Restaurant mit so ungewöhnlichen Gerichten wie Känguruhsteak. Hier beginnt auch der gelbe Wanderweg.

Zajazd Pod Misiem (☎ 316 20 34; Ul Mickiewicza 7/9; DZ/3BZ 60/75 Zł, Suite 140 Zł) Das Zajazd ist ein annehmbarer Hotelklotz in unmittelbarer Nachbarschaft zum Rynek und hat ebenfalls ein eigenes Restaurant.

An- & Weiterreise

Sobótka ist von Wrocław (Breslau; 6,40 Zł, 1 Std., 2-mal stdl.) und Świdnica (Schweidnitz; 5,60 Zł, 40 Min., 18-mal tägl.) gut zu erreichen. Die Busse halten neben der Annakirche.

DIE SUDETEN (SUDETY)

Jeder, der schon einmal etwas über deutsch-polnische Geschichte gehört hat, kennt das Sudetenland. Die Sudeten sind der nördlichste Teil dieses Gebiets und erstrecken sich über mehr als 250 km entlang der tschechisch-polnischen Grenze. Der höchste Teil dieser alten und zerklüfteten Berge ist das Riesengebirge (Karkonosze), das seine höchste Erhebung in der 1602 m hohen Schneekoppe (Śnieżka) hat. Die Sudeten sind vielleicht ein bisschen weniger dramatisch als die Alpen, aber trotzdem ein absolutes Highlight. Dichte Wälder wechseln sich ab mit geologisch bizarren Formationen wie dem Heuscheuer-Gebirge (Góry Stołowe), das wirklich spannende Fotomotive bietet. Im Sommer wimmelt's daher von Touristen.

Im Norden fallen die Sudeten sanft zum hügeligen Sudetenvorland (Przedgórze Sudeckie) ab. Diese Region ist dichter besiedelt und viele Städte und Dörfer besitzen noch jahrhundertealte Gebäude. Besucher sollten diese historischen Siedlungen unbedingt besichtigen, aber auch in den Bergen und der umliegenden Landschaft wandern gehen. Es lohnt sich auf jeden Fall, für diese Gegend ein paar Tage einzuplanen.

ŚWIDNICA (SCHWEIDNITZ)

☎ 74 / 65 000 Ew.

Świdnica wurde im 12. Jh. gegründet, war ab 1290 Hauptstadt des gleichnamigen Herzogtums und eine der reichsten Städte Schlesiens im Mittelalter. Zwei begabte Herrscher machten das Herzogtum zu einem der mächtigsten im Piastenreich: Bolko I., der es gründete, und sein Enkel Bolko II., der es umfassend ausbaute.

Die Hauptstadt selbst war ein florierendes Handelszentrum, berühmt für ihr Bier, das auch in Prag, Buda und Krakau getrunken wurde. Nach dem Dreizehnjährigen Krieg (1454–66) war Świdnica mit 6000 Einwohnern eine der größten polnischen Städte. Im Jahr 1648 waren es nur noch 200 und Świdnica hat es seither niemehr geschafft, zu seiner früheren Rivalin Breslau auch nur annähernd aufzuschließen.

Der Kampfflieger Manfred von Richthofen, der als „Roter Baron" im Ersten Weltkrieg berühmt wurde, stammt aus Świdnica. Im Zweiten Weltkrieg blieb die Stadt relativ unversehrt und wichtige historische Gebäude sind heute noch erhalten. Es ist ein schöner Ort für einen Zwischenstopp und eine gute Basis für einen Besuch von Schloss Fürstenstein (S. 296) – und das Bier ist immer noch Spitze.

Praktische Informationen

Bank Pekao (☎ 852 03 43; Rynek 30)

Café Internet (☎ 852 04 63; Ul Spółdzielcza 14; 1 Std. 3 Zł; 🕒 Mo–Sa 10–20 Uhr, So 12–20 Uhr)

Touristeninformation (☎ 852 02 90; www.um.swidnica.pl auf Polnisch; Ul Wewnętrzna 2, Rynek; 🕒 Mo–Fr 9–17 Uhr, Sa 8–16 Uhr)

Sehenswertes

Die einzigartige **Friedenskirche** (Kościół Pokoju; ☎ 852 28 14; Plac Pokoju 6; Erwachsene/ermäßigt 4/2 Zł; 🕒 Mo–Sa 9–13 Uhr & 15–17 Uhr, So 15–17 Uhr) wurde nach dem Westfälischen Frieden von 1648 (daher der Name) zwischen 1656 und 1657 in nur zehn Monaten als protestantische Kirche errichtet. Der Fachwerkbau hat einen kreuzförmigen Grundriss, wurde angeblich ohne einen einzigen Nagel zusammengefügt und verfügt angeblich über 28 Türen.

Die barocke Innenausstattung aus dem 17. Jh. mit komplett ausgemalter Decke und Wänden ist vollständig erhalten. Die große Orgel erwies sich als unzuverlässig. Deshalb gibt es eine weitere über dem Hauptaltar. An den Wänden wurden zwei- bis dreistöckige umlaufende Emporen angebracht. Auf diese Weise besitzt die Kirche 3500 bequeme Sitz- und weitere 4000 Stehplätze. Heutzutage kommen allerdings selten mehr als 50 Kirchgänger zusammen. 2001 wurde die Kirche in die Weltkulturerbeliste der Unesco aufgenommen.

Der **Rynek** von Świdnica hat alles von barocker bis hin zu Nachkriegsarchitektur zu bieten – das Resultat mehrerer Brände und der Schäden nach österreichischen, preußischen und napoleonischen Belagerungen. Die meisten Fassaden sind in den letzten Jahren restauriert worden und nachts beleuchtet. So ist der Platz auf den ersten Blick ziemlich schön, solange man nicht zu genau in einige der Ein- und Durchgänge schaut.

Das gut erhaltene **Rathaus** stammt aus den 1710er Jahren und wirkt ohne den 1967 eingestürzten Turm etwas gedrungen. Im

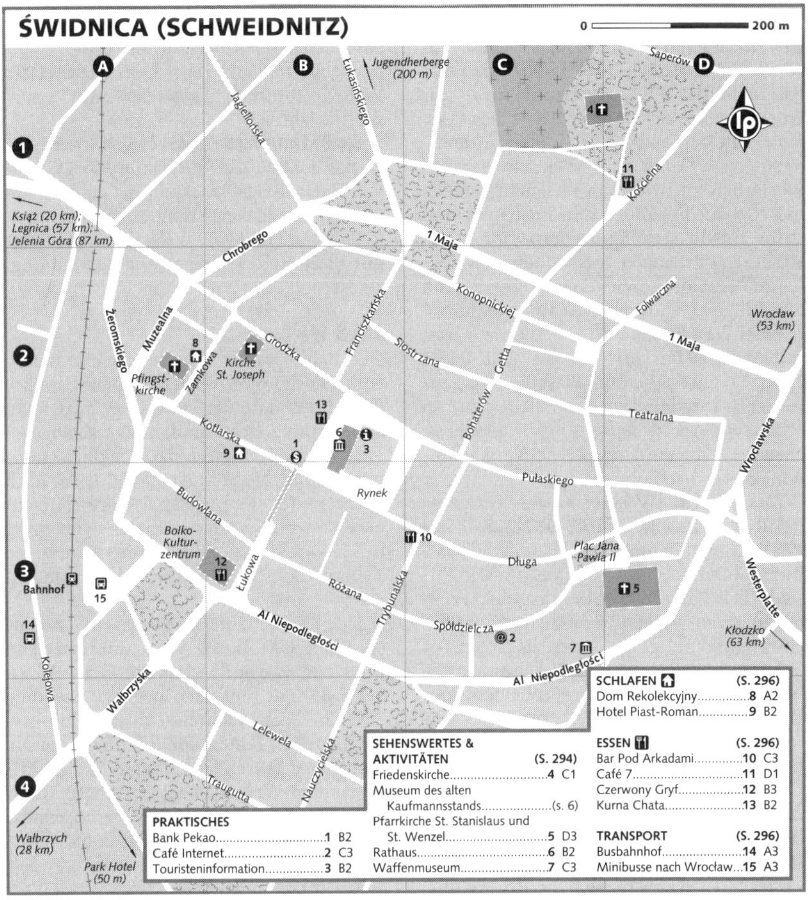

Inneren befindet sich das **Museum des alten Kaufmannsstands** (Muzeum Dawnego Kupiectwa; ☎ 852 12 91; Rynek 37; Erwachsene/ermäßigt 3/2 Zł; ⌚ Di–Fr 10–15 Uhr, Sa & So 11–17 Uhr). Es zeigt Nachbauten eines alten Gasthofs, einer Apotheke und eines Kolonialwarenladens sowie eine Sammlung historischer Waagen.

Die Pfarrkirche **St. Stanislaus und St. Wenzel** (Kościół Św Stanisława i Wacława; ☎ 852 27 29; Plac Jana Pawla II 1) im Osten des Rynek ist ein massiver gotischer Steinbau. Vier elegante Portale aus dem 15. Jh. und ein 18 m hohes Fenster schmücken die Fassade. Der Turm wurde 1565 fertig gestellt. Mit 103 m Höhe ist er der zweithöchste historische Kirchenturm nach dem der Basilika von Tschenstochau (106 m). Der geräumige Innenraum zeigt die vertraute gotische Struktur mit barockem Schmuck und Mobiliar. Die sechs hoch oben im Schiff hängenden Bilder scheinen in diesem erhabenen Gewölbe ganz zu Hause zu sein. Die ursprüngliche Kirche wurde 1532 versehentlich von dem unglückseligen voit (Bürgermeister) Franz Glogisch niedergebrannt, der vor der erzürnten Bevölkerung floh, aber in Nysa gestellt und totgeschlagen wurde. Führungen finden von Dienstag bis Freitag zwischen 10 und 16 Uhr statt.

Das **Waffenmuseum** (Muzeum Broni; ☎ 852 52 34; Ul Niepodległości 21; Eintritt 3 Zł; ⌚ Di–So 11–14 Uhr) ist praktisch eine Festung, in der leichte und schwere Waffen aus dem 19. und 20. Jh. ausgestellt sind.

Schlafen

Dom Rekolekcyjny (☎ 853 52 60; Ul Muzealna 1; EZ/DZ/3BZ 45/75/95, Apt. 110–170 Zł; Ⓟ ☒) Das Etablissement der Pfingstgemeinde liegt nur einen Häuserblock vom Rynek entfernt und bietet ein hervorragendes Preis-Leistungs-Verhältnis. Dabei geht es keineswegs zu klösterlich zu, wie man vielleicht meinen möchte, auch wenn es kein Frühstück und dafür Bibeln statt Fernsehern gibt. Auch Atheisten dürfen hier entspannen – die Teilnahme an Gottesdiensten ist keine Pflicht. Der Eingang ist in der Ul Zamkowa 6.

Hotel Piast-Roman (☎ 852 13 93; www.hotel-piast-roman.pl auf Deutsch; Ul Kotlarska 11; EZ/DZ 120/160 Zł; Ⓟ) Das preisgekrönte Piast-Roman ganz in der Nähe des Rynek ist nicht ganz so schick wie das Restaurant im Erdgeschoss, aber trotzdem ein Drei-Sterne-Haus in unschlagbarer Lage.

Park Hotel (☎ 853 70 98; www.park-hotel.com.pl auf Englisch; Ul Pionierów 20; EZ/DZ/3BZ 150/220/280 Zł, Suite 300–350 Zł; Ⓟ) Ein modernes Haus im Schlosshotelstil nur ein paar Minuten von der Altstadt. Das Park Hotel ist etwas schicker als die zentraler gelegene Konkurrenz und hat einige gute und große Suiten zu bieten.

Jugendherberge (☎ 852 26 45; Ul Kanonierska 3; Schlafssal 22–24 Zł) Die 700 m nördlich vom Rynek gelegene Jugendherberge bietet Unterkunft nach ordentlichem HI-Standard in Drei- bis Siebenbett-Schlafsälen.

Essen

Kurna Chata (☎ 856 94 94; Rynek 35; Hauptgerichte 6–16 Zł; 🕒 Mittag- & Abendessen) Dieses charmante Restaurant versteckt sich in der Hauptkneipe des Rynek. Es sieht aus wie eine rustikale Hütte, so richtig mit handgetöpfertem Geschirr, herzhafter Hausmannskost und einer auf Sackleinen geschriebenen Speisekarte an der Wand. Die deutschen und englischen Versionen sind ganz modern laminiert.

Café 7 (☎ 640 63 64; Plac Pokoju 7; Hauptgerichte 5–22 Zł; 🕒 Frühstück, Mittag- & Abendessen) Direkt neben der Friedenskirche liegt das Café 7 in einem eingezäunten Garten, im Sommer der coolste Ort für einen Drink und einen kleinen Snack. Auch das Holzhaus selbst ist sehenswert.

Czerwony Gryf (☎ 853 36 93; Plac Grunwaldzki 11; Hauptgerichte 6–17 Zł; 🕒 Abendessen) Der „Rote Greif" gehört zum Bolko-Kulturzentrum. Theoretisch gibt es hier eine gute kneipenübliche Speisekarte, aber wer an ruhigen Abenden Appetit bekommt, muss in die benachbarte Cafeteria gehen. Die meisten Leute kommen sowieso nur zum Biertrinken.

Bar Pod Arkadami (☎ 853 49 02; Ul Trybunalska 2; Hauptgerichte 3–10,80 Zł; 🕒 Mo–Sa Frühstück & Mittagessen) Eine winzige Snackbar, genau der richtige Ort, um mal eine richtige *barszcz* (Rote-Bete-Suppe) und ein *pasztecik* (heiße Pastete mit Fleisch, Käse oder Kohl-Pilz-Füllung) zu essen.

An- & Weiterreise

Der Bahnhof liegt nur fünf Gehminuten vom Rynek entfernt. Der PKS-Busbahnhof liegt direkt dahinter, allerdings muss man außen rum gehen, um dahin zu gelangen.

Direkte Züge fahren nach Legnica (Liegnitz; 9,30 Zł, 1½ Std., 2-mal tägl.); wer nach Wrocław (Breslau), Jelenia Góra (Hirschberg) oder zu anderen Zielen will, muss in Jaworzyna Śląska oder Kamieniec Ząbkowicki (Abfahrt alle 2 Std.) umsteigen.

Jede Stunde fährt ein Bus nach Wrocław (Breslau; 8,90 Zł, 1½ Std.), während zehn Busse am Tag nach Kłodzko (Glatz; 10 Zł, 1¾ Std.) und fünf nach Legnica (Liegnitz; 8,90 Zł, 1½ Std.) fahren. Private Minibusse nach Breslau fahren vor dem Bahnhof ab. Außerdem fahren Privatbusse alle 20 Minuten nach Wałbrzych (Waldenburg; sonntags seltener) und kommen dabei an Schloss Fürstenstein (Książ ; 3,30 Zł, ½ Std.) vorbei.

KSIĄŻ (FÜRSTENSTEIN)

☎ 74

Mit seinen 415 Räumen ist **Schloss Fürstenstein** (Zamek Książ) das größte in Schlesien. Herzog Bolko I. erbaute es im späten 13. Jh. und bis ins 20. Jh. hinein wurde es weiter vergrößert oder umgestaltet. So entstand ein Stilmix von der Romanik bis zur Moderne. Der Mittelteil mit seinen drei massiven Arkaden ist der älteste. Der barocke Anbau östlich davon ist aus dem 18. Jh., während der westliche zwischen 1908 und 1923 im Neorenaissancestil entstand.

Im Zweiten Weltkrieg wollten die Nazis das Schloss als Stabshauptquartier Hitlers nutzen und schlugen einen riesigen Bunker in den Fels direkt unter dem Innenhof. Die wertvolle Kunstsammlung wurde geraubt.

Die Russen nutzten es bis 1949 als Kaserne, danach stand es 20 Jahre lang mehr oder weniger leer. Schließlich begannen die Behörden doch noch mit der Renovierung und zwar von Grund auf. Heute befindet sich in dem Gebäude ein **Museum** (☎ 840 58 62; www.zamekksiaz.pl auf Polnisch, deutsche Version in Vorbereitung; Ul Piastów Śląskich 1; Erwachsene/ermäßigt 9/6 Zł; 🕑 Mai–Sept. 10–17 Uhr, April & Okt. Di–So 10–16 Uhr, Nov.–März Di–So 10–15 Uhr).

Das Highlight ist der **Maximiliansaal** aus der ersten Hälfte des 18. Jhs. Er ist der größte Raum im Schloss und als einziger restauriert. Jetzt strahlt sogar das Deckengemälde mit seinen mythologischen Szenen (1733) wieder in altem Glanz. Neben den Haupträumen bietet das Schloss viele kleine Wechsel- und Themenausstellungen in den kleineren Kammern, die meist extra bezahlt werden müssen. In den Korridoren hängen historische Gemälde und Fotos – unter anderem von den letzten Eigentümern des Schlosses, Herzog Bolko VI. und seine Frau Daisy von Pless, die offensichtlich in den 1920er Jahren regelmäßig im *Country Life* abgelichtet waren.

Die zwölf **Gärten** an den Hängen um das Schloss herum entstanden nach und nach, als ab dem 17. Jh. die mittelalterlichen Befestigungen abgebaut wurden. Ein Spaziergang über diese Terrassen bietet auch die Aussicht in den dichten Wald, der die Mauern umgibt.

Auf dem Weg vom Parkplatz in Richtung Schloss aber liegt der beste **Aussichtspunkt**, direkt hinter dem großen, schönen, freistehenden Tor. Von hier aus wirkt das majestätisch auf dem steilen Hügel thronende Schloss genauso beeindruckend wie aus der Nähe.

Fünf Minuten zu Fuß vom Schloss entfernt befinden sich die ehemaligen Stallungen, in denen heute ein **Gestüt** (Stadnina Koni; ☎ 840 58 60; Ul Jeździecka 3; Eintritt 3 Zł; 🕑 Di–So 10–17 Uhr) untergebracht ist. Es kann besichtigt werden und bietet Reitstunden und Mietpferde an.

Schlafen & Essen

Hotel Książ (☎ 664 38 90; Ul Piastów Śląskich 1; EZ/DZ/3BZ 170/260/360 Zł, Suite 360–480 Zł; Ⓟ) Das Hotel residiert in mehreren Außengebäuden des Schlosses. Alle Standards und Einrichtungsstile sind vorhanden, wobei von dem historischen Charme leider kaum etwas bis in die Zimmer vorgedrungen ist. Darüber hinaus gibt es zwei Restaurants und ein Café.

An- & Weiterreise

Das Schloss liegt an der nördlichen Gemeindegrenze von Wałbrzych (Waldenburg), etwa 8 km vom Zentrum entfernt. Von Wałbrzych aus fährt alle dreißig bis fünfzig Minuten der Stadtbus 8 (1,80 Zł, ¼ Std.) bis zum Schlosseingang.

Als Alternative fahren alle zwanzig Minuten Privatbusse die Route Nr. 31 von Wałbrzych nach Świdnica (Schweidnitz; 3,30 Zł, ½ Std.) und lassen Passagiere an der Hauptstraße, zehn Gehminuten vom Schloss entfernt, aussteigen.

JELENIA GÓRA (HIRSCHBERG)

☎ 75 / 96 000 Ew.

Jelenia Góra liegt in einem Tal und besitzt reichlich historisches Flair. 1108 von König Bolesław Krzywousty (Schiefmaul) als Grenzfestung gegründet, fiel die Stadt unter die Herrschaft des mächtigen Fürstentums Schweidnitz-Jauer. Im 15. Jh. wich die Goldförderung in der Region der Glasproduktion, aber ihre solide wirtschaftliche Grundlage verdankt die Stadt der Weberei. Das hochwertige Leinen aus Jelenia Góra wurde nach ganz Europa exportiert.

Im Gegensatz zu vielen schlesischen Städten überstand Jelenia Góra den Zweiten Weltkrieg weitgehend unbeschadet und ist heute ein perfektes Basislager für Trips ins Riesengebirge.

Wer sich vorher noch ein bisschen entspannen will, bleibt entweder einfach im etwas verschlafenen historischen Zentrum oder fährt ans Südende der Stadt ins hübsche Cieplice Śląskie-Zdrój: Von hier aus geht es ab in die Sudeten.

Praktische Informationen

GELD

Bank Pekao (☎ 764 72 17; Plac Wyszyńskiego 35)
Bank Zachodni (☎ 752 54 07; Plac Niepodległości 4)

INTERNETZUGANG

H@ker (☎ 0506 996 365; Ul Górna 3; pro Std. 2 Zł; 🕑 ab 11 Uhr)
PCNet Caffe (☎ 642 94 40; Ul Bankowa 20; 1 Std. 2–3 Zł; 🕑 Mo–Sa 9–22 Uhr, So 12–21 Uhr)
Sigmar (☎ 752 53 04; Ul Klonowica 3; 1 Std. 3 Zł; 🕑 Mo–Fr 10–18 Uhr, Sa 10–14 Uhr)

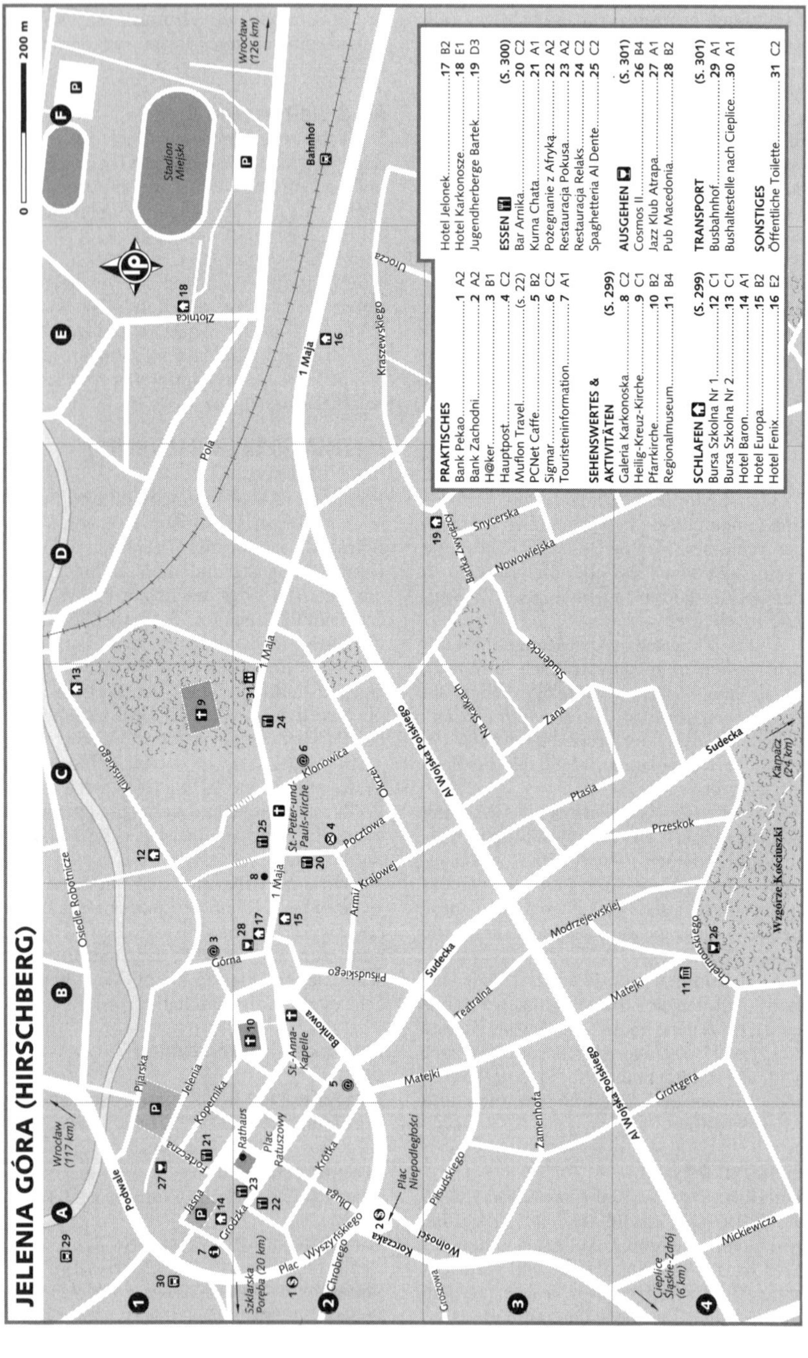
JELENIA GÓRA (HIRSCHBERG)
0
200 m
PRAKTISCHES
Bank Pekao 1 A2
Bank Zachodni 2 A2
H@ker 3 B1
Hauptpost 4 C2
Muflon Travel (s. 22)
PCNet Caffe 5 B2
Sigmar 6 C2
Touristeninformation 7 A1
SEHENSWERTES & AKTIVITÄTEN (S. 299)
Galeria Karkonoska 8 C2
Heilig-Kreuz-Kirche 9 C1
Pfarrkirche 10 B2
Regionalmuseum 11 B4
SCHLAFEN (S. 299)
Bursa Szkolna Nr 1 12 C1
Bursa Szkolna Nr 2 13 C1
Hotel Baron 14 A1
Hotel Europa 15 B2
Hotel Fenix 16 E2
Hotel Jelonek 17 B2
Hotel Karkonosze 18 E1
Jugendherberge Bartek 19 D3
ESSEN (S. 300)
Bar Arnika 20 C2
Kurna Chata 21 A1
Pożegnanie z Afryką 22 A2
Restauracja Pokusa 23 A2
Restauracja Relaks 24 C2
Spaghetteria Al Dente 25 C2
AUSGEHEN (S. 301)
Cosmos II 26 B4
Jazz Klub Atrapa 27 A1
Pub Macedonia 28 B2
TRANSPORT (S. 301)
Busbahnhof 29 A1
Bushaltestelle nach Cieplice 30 A1
SONSTIGES
Öffentliche Toilette 31 C2
Wrocław (117 km)
Wrocław (126 km)
Szklarska Poręba (20 km)
Cieplice Śląskie-Zdrój (6 km)
Karpacz (24 km)
Stadion Miejski
Bahnhof
Rathaus
Plac Ratuszowy
Plac Niepodległości
St.-Anna-Kapelle
St.-Peter-und-Pauls-Kirche
Wzgórze Kościuszki
Al Wojska Polskiego
1 Maja
Sudecka
Podwale
Bankowa
Pola
Złotnicza
Kraszewskiego
Nowowiejska
Snycerska
Studencka
Na Skałkach
Klonowica
Pocztowa
Armii Krajowej
Piłsudskiego
Teatralna
Matejki
Modrzejewskiej
Chełmońskiego
Grottgera
Mickiewicza
Zamenhofa
Wolności
Korczaka
Chrobrego
Wyszyńskiego
Długa
Krótka
Grodzka
Jasna
Fortezna
Kopernika
Jelenia
Pijarska
Górna
Osiedle Robotnicze
Kilińskiego
Ptasia
Przeskok
Zana
Okrzei
Groszowa

POST

Hauptpost (☎ 752 35 30; Ul Pocztowa 9/10)

TOURISTENINFORMATION

Muflon Travel (☎ 752 31 63; Plac Ratuszowy 2/3; ⌚ Mo–Fr 10–17 Uhr, Sa 10–13 Uhr)

Touristeninformation Cieplice (☎ 755 88 44; www.karkonosze.it.pl auf Deutsch; Plac Piastowski 36, Cieplice; ⌚ Mo–Fr 9–17 Uhr, Sa 10–14 Uhr)

Touristeninformation (☎ 767 69 25; www.jeleniagora.pl auf Polnisch; Ul Grodzka 16; ⌚ Mo–Fr 9–18 Uhr, Sa 10–14 Uhr)

Sehenswertes & Aktivitäten

Die Hauptattraktion Jelenia Góras ist die riesige **Heilig-Kreuz-Kirche**. Von einem Schweden wurde sie nach dem Vorbild der St.-Katharinen-Kirche in Stockholm entworfen und in den 1710er Jahren für die evangelische Gemeinde gebaut. Sie gilt als die größte evangelische Kirche in Schlesien (auch wenn sie heute der katholischen Gemeinde gehört). Die zweistöckigen Emporen und der dunkle, voll gepackte Innenraum können 4000 Gläubige aufnehmen. Die Decke ist mit barocken Trompe-l'œil-Szenen aus dem Alten und Neuen Testament geschmückt, während die schöne verzierte Orgel aus dem Jahr 1720 über dem Hauptaltar genauso edel klingt wie sie aussieht.

Die Stadt besitzt ein gutes **Regionalmuseum** (Muzeum Okręgowe; ☎ 752 34 65; Ul Matejki 28; Erwachsene/ermäßigt 5/3 Zł; ⌚ Di, Do & Fr 9–15.30 Uhr, Mi, Sa & So 9–16.30 Uhr), das für seine umfangreiche Glassammlung (die größte in Polen) vom Mittelalter bis zur Gegenwart berühmt ist. Etwa 1200 Exponate der insgesamt 7000 sind ausgestellt. Darunter gibt es zum Beispiel faszinierende Jugendstilstücke aus dem späten 19. und frühen 20. Jh. Außerdem besitzt das Museum eine große Sammlung folkloristischer Glasmalerei, die aber nicht immer besichtigt werden kann.

Das Zentrum des Stadtlebens ist der langgestreckte **Rynek**, der früher Plac Ratuszowy (Rathausplatz) hieß. Hier stehen wirklich tolle Bürgerhäuser. Das Schönste aber sind die Arkaden, die einen überdachten Rundgang rund um den Rynek bilden. Das Rathaus wurde in den 1740er Jahren auf dem Platz erbaut, nachdem sein Vorgänger in sich zusammengefallen war.

Die benachbarte **Pfarrkirche** wurde im 15. Jh. errichtet. Das besterhaltene Stück aus dieser Zeit ist das gotische Portal am Südeingang. Der Innenraum mit seinem Rokokoaltar aus orangem Marmor ist ansonsten überwiegend barock ausgestattet.

An der Hauptstraße zwischen Rynek und Heilig-Kreuz-Kirche lohnt sich ein Besuch in der **Galeria Karkonoska** (☎ 752 32 93; Ul 1 Maja 27), einem Kaufhaus in einem echt schön restaurierten Gebäude aus dem Jahr 1905 – allein wegen der Jugendstildeckenleuchter.

CIEPLICE ŚLĄSKIE-ZDRÓJ (BAD WARMBRUNN)

Wie der polnische Namenszusatz „Zdrój" schon andeutet, ist Cieplice ein Kurort – einer der ältesten in der Gegend. Die heißen Schwefelquellen werden wahrscheinlich schon seit 1000 Jahren genutzt und das erste Badehaus entstand im 13. Jh. Allerdings wurden die Heilkräfte der Quellen erst im späten 18. Jh. ordentlich anerkannt, woraufhin die Bewohner von Cieplice begannen, aus dem kleinen Städtchen einen richtigen Kurort zu machen. 1976 wurde die Stadt von Jelenia Góra eingemeindet, konnte sich aber ihre entspannte Atmosphäre bewahren.

Der Stadtkern besteht aus einem **Kurpark** (Park Zdrojowy) mit einem **Kurtheater** (Teatr Zdrojowy). Am westlichen Ende der Hauptpromenade steht die **Pfarrkirche Johannes der Täufer** mit barocker Ausstattung und einem Hauptaltar, der ein Gemälde von Michael Willmann trägt.

Die **Trinkhalle** *(pijalnia)* liegt nahe der Kirche in der Ul Ściegiennego und liefert Wasser aus vier der acht Heilquellen, die die Stadt betreibt.

Südlich des Kurparks liegen der Norwegische Park und das hübsche Holzhaus des Museums für **Naturgeschichte** (Muzeum Przyrodnicze; ☎ 755 15 06; Ul Wolności 268; Erwachsene/ermäßigt 3,50/2,50 Zł; ⌚ Mai–Sept. Di–Fr 9–18 Uhr, Sa & So 9–17 Uhr, Okt.–April Di–So 9–16 Uhr). Seine Vögel und Schmetterlinge aus aller Welt stammen aus der Sammlung der Grafen Schaffgotsch, die das Museum 1876 gründeten.

Die Stadtbuslinien 4, 6, 7, 9, 14, 17, 18, 26 und 29 fahren regelmäßig vom Busbahnhof nach Cieplice (2,10 Zł, ¼ Std.).

Schlafen

Hotel Baron (☎ 752 53 91; Ul Grodzka 4; EZ/DZ 165/220 Zł; Ⓟ) Selbst der anspruchsvollste Reisende sollte die individuell eingerichteten, großen Zimmer des Hotel Baron als echtes Schnäppchen anerkennen. Die ausgesprochen freundlichen Besitzer sorgen für eine ungezwungene Atmosphäre, vor und hinter der Rezeption, so dass das Etikett „Gasthaus" absolut treffend wäre. Das Frühstück wird im schickeren der beiden Restaurants im Erdgeschoss serviert.

Hotel Jelonek (☎ 764 65 41; www.hotel-jelonek.com.pl auf Polnisch; Ul 1 Maja 5; EZ/DZ 155/195 Zł, Suite 295–450 Zł) Dieses in einem schönen historischen Bürgerhaus untergebrachte Haus ist ein sehr ansprechendes Hotel garni (die Pizza-Hut-Filiale im Erdgeschoss wird ignoriert). Die Suiten sind ideal für Selbstversorger.

Hotel Fenix (☎ 641 66 00; www.hotelefenix.pl auf Deutsch; Ul 1 Maja 88; EZ/DZ 189/249 Zł; P ⊠) Näher am Bahnhof als am Stadtzentrum bietet das schickste neue Hotel Jelenia Góras eine gelungene moderne Ausstattung mit Bar, Sauna, Jacuzzi und Fitnessraum. Das hervorragende Restaurant (Hauptgerichte 12 bis 68 Zł) wirbt mit Themenwochen und Specials wie Krokodilschwanz.

Hotel Europa (☎ 764 72 31; Ul 1 Maja 16/18; EZ/DZ 120/170 Zł, Suite 250 Zł; P) Der große Klotz gegenüber dem Jelonek kann mit diesem in Sachen Ambiente und Charme nicht mithalten, bietet aber große Zimmer, eine Hausdisko, ein McDonald's und 20 % Wochenendrabatt. Der Blick nach hinten raus ist besser.

Jugendherberge Bartek (☎ 752 57 46; Ul Bartka Zwycięzcy 10; Schlafsaal 15–22 Zł; P) Die schlichte, aber angenehme Jugendherberge hat etwa 50 Betten in Doppel-, Drei- und Vierbettzimmern und Schlafsälen mit sechs und zehn Betten.

Bursa Szkolna Nr 1 (☎ 752 68 48; Ul Kilińskiego 5/7; Schlafsaal 15–20 Zł; ⌚ Juli & Aug.) Die Bursa ist ein spartanisches Schulheim, das seine 130 Betten in den Ferien vermietet. Es gibt noch ein zweites Haus ein Stück die Straße hinunter und auch während des Schuljahres (vor allem an Wochenenden) finden sich hier manchmal freie Betten.

Hotel Karkonosze (☎ 752 67 56; Ul Złotnica 12; DZ/3BZ/4BZ 100/110/120 Zł; P) Eine der besseren Sportherbergen, trotz der Tartanteppiche. Leider kann man aus den Zimmern nicht ins benachbarte Stadion sehen, dafür bleibt dann Zeit, das chinesische Restaurant kennenzulernen.

Hotel Pod Różami (☎ 755 14 53; www.podrozami.pl auf Deutsch; Plac Piastowski 26, Cieplice; EZ/DZ 120/170 Zł, Suite 200–250 Zł; P) Das Hotel „Unter den Rosen" ist eine elegante Wahl mit geräumigen Doppelzimmern und reichlich Holzvertäfelung für alle, die das Kurangebot in Cieplice voll nutzen wollen. Es liegt direkt gegenüber dem Schaffgotsch-Palast (heute eine höhere Schule).

Ośrodek Wczasowo-Sanatoryjny Śnieżka (☎ 755 16 73; Plac Piastowski 28, Cieplice; EZ/DZ 53,50/64,20 Zł) Direkt nebenan bietet die „Schneekoppe" 30 schlichte, aber absolut akzeptable Zimmer der Budgetklasse. Die Badezimmer sind Gemeinschaftseinrichtungen und das Frühstück kostet extra.

Essen

Restauracja Relaks (☎ 753 30 85; Ul 1 Maja 60; Hauptgerichte 4–18 Zł; ⌚ Frühstück, Mittag- & Abendessen) Im kleinen städtischen Kulturzentrum ist das Relaks ein Restaurant der alten Schule, wo es vor allem ganz traditionelle Gerichte gibt. Da es gegenüber der Heilig-Kreuz-Kirche liegt, ist es bei Reisegruppen zur Mittagszeit sehr beliebt.

Restauracja Pokusa (☎ 752 53 47; Plac Ratuszowy 12; Hauptgerichte 5–20 Zł; ⌚ Mittag- & Abendessen) Mit Außengastronomie im Arkadengang um den Rynek ist das Pokusa vor allem im Sommer sehr angenehm. Wie in der Nachbarschaft dominiert die polnische Küche.

Kurna Chata (☎ 642 58 50; Plac Ratuszowy 23/24; Hauptgerichte 6–19 Zł; ⌚ Mittag- & Abendessen) Ein kleines, gemütliches Café mit Kneipenflair und eher folkloristisch eingerichtet (so was wie „Zwerge im Stroh"). Aber es hat eine innovative und gute Speisekarte.

Spaghetteria Al Dente (Ul 1 Maja 31; Hauptgerichte 5,50–22 Zł; ⌚ Mittag- & Abendessen) Im Foyer des Kinos bietet die Spaghetteria leckere Versionen der bekannten italienischen Standards, wie gemacht für die Gangsterfilmnächte danach.

Bar Arnika (☎ 767 61 24; Ul Pocztowa 8; Hauptgerichte 5–15,50 Zł; ⌚ Mo–Fr Frühstück & Mittagessen, Sa Mittagessen) Das winzige Arnika ist im Zentrum unschlagbar billig, mit schlichter polnischer Küche.

Café Sonata (☎ 755 72 12; Plac Piastowski 13, Cieplice; Gerichte 6–12 Zł; ⌚ Mittag- & Abendessen) Das netteste der relativ beschränkten Auswahl an Lokalen in Cieplice. Das Sonata residiert in einem traditionellen Einzelhaus, die Pluspunkte sind eine nicht übertrieben elegante Einrichtung und der hausgemachte Kuchen.

Außerdem gibt es wöchentlich Klavierkonzerte.

Ausgehen

Pub Macedonia (☎ 753 53 55; Ul 1 Maja 3) Die verqualmte Kellerkneipe mit sporadischem Livemusikangebot neben der Hauptstraße ist für die Einheimischen so eine Art „Wasserloch". Beliebt und zentral gelegen, dehnt es sich im Sommer auf eine große Außenterrasse aus. Trotz des Namens gibt es hier nichts auch nur andeutungsweise Jugoslawisches oder Griechisches.

Pożegnanie z Afryką (☎ 755 03 76; Plac Ratuszowy 4; ⌚ Mo–Fr 10–18 Uhr, Sa 10–17 Uhr, So 11–17 Uhr) Eine weitere Filiale der absolut unabhängigen Kaffeehauskette, die solche Köstlichkeiten wie Papua New Guinea Peaberry, Yemen Matań und auch Espresso serviert. Trinken, genießen und die Vorräte auffüllen.

Jazz Klub Atrapa (☎ 642 47 84; Ul Forteczna 1; ⌚ 18–4 Uhr) Das Atrapa ist einer der besten Clubs in der Stadt mit Tanzfläche, billigem Bier und gelegentlicher Livemusik. Und Jazz steht nicht immer oben auf dem Programm.

Cosmos II (☎ 0606 621 583; www.cosmos.jelenia.pl auf Polnisch; Ul Chełmonskiego; ⌚ Do–Sa 20–6 Uhr) Am Wochenende kriegt das Publikum der angesagtesten Location der Stadt Trance, Dance und Techno auf die Ohren.

An- & Weiterreise

Der Bahnhof liegt etwa 1 km östlich der Altstadt, 15 Gehminuten vom Rynek entfernt, während sich der Busbahnhof auf der anderen Seite der Stadt nordwestlich der Ringstraße befindet.

Zugverbindungen bestehen nach Szklarska Poręba (Schreiberhau; 6,80 Zł, 1 Std., 6-mal tägl.), Wrocław (Breslau; 17,20 Zł, 3½ Std., 13-mal tägl.) und jeweils einmal täglich nach Kraków (Krakau; 27,50 Zł, 7½ Std.), Warszawa (Warschau; 31,50 Zł, 10¼ Std.) und Gdynia (Gdingen; 33,50 Zł, 12½ Std.). Es gibt keinen Zug nach Karpacz.

Busse nach Karpacz (Krummhübel; 5,30 Zł, 1 Std.) und Szklarska Poręba (Schreiberhau; 5,30 Zł, 40 Min.) fahren etwa jede Stunde und zwar sowohl vom Bahnhof als auch vom PKS-Busbahnhof aus. Von dort aus gibt es auch eine regelmäßige Verbindung nach Kamienna Góra (7 Zł, 1 Std.), Legnica (Liegnitz; 13,80 Zł, 2½ Std.) und Wrocław (Breslau; 16 Zł, 3½ Std.). Im Sommer fahren Buslinien nach Prag und Berlin. Informationen gibt es am Busbahnhof und in den Reisebüros.

SZKLARSKA PORĘBA (SCHREIBERHAU)

☎ 75 / 8700 Ew.

Am Fuß des Reifträgers (Szrenica, 1362 m), am Westrand des Karkonosze-Nationalparks, ist Szklarska Poręba neben Karpacz einer von zwei großen Ferienorten. Die Hauptstraße Ul Jedności Narodowej folgt dem Fluss Zacken (Kamienna) auf seinem Weg in die Hügel. An ihrem unteren Ende liegt der Busbahnhof, am oberen der Bahnhof. Es ist eine lebendige kleine Stadt, die den größten Teil des Jahres voller Wanderer und Skifahrer ist und ein gutes Basiscamp für alle möglichen Outdooraktivitäten abgibt.

Praktische Informationen

Bank Zachodni (☎ 753 81 90; Ul Jedności Narodowej 16)

BT WNW (☎ 717 21 00; www.szklarska.com.pl auf Polnisch; Ul Wzgórze Paderewskiego 4) Reisebüro.

Bergrettung (GOPR; ☎ 985)

Sudety IT (☎ 717 29 39; www.sudetyit.com.pl auf Polnisch; Ul Turystyczna 26; ⌚ Mo–Sa 9–16 Uhr, So 9–13 Uhr) Reisebüro.

Touristeninformation (☎ 717 24 49; www.szklarskaporeba.pl auf Deutsch; Ul Pstrowskiego 1; ⌚ Mo–Fr 8–18 Uhr, Sa & So 10–18 Uhr)

Sehenswertes & Aktivitäten

Die Stadt hat einige kleine Museen (Näheres in der Touristeninfo), aber die meisten Besucher kommen hierher, weil sie in superschöner Umgebung viel unternehmen können. Es gibt einen **Sessellift** zum Reifträger (Kolej Linowa na Szrenicę; ☎ 717 30 35; www.sudetylift.com.pl auf Englisch; Ul Turystyczna 25a; Hinfahrt/Hin- & Rückfahrt 22/25 Zł; ⌚ Mai–Okt. 9–16.30 Uhr), der in zwei Abschnitten auf 603 m hoch fährt und die Gipfelstation in etwa 25 Minuten erreicht. Die Bodenstation liegt rund 1 km südlich vom Zentrum an der Ul Turystyczna. Für eine Fahrt zum Gipfel wird die Nationalparkgebühr (S. 304) fällig. Während der Skisaison gelten andere Liftpreise und Öffnungszeiten.

Es gibt auch ein paar Attraktionen innerhalb bequemer Laufweite von Szklarska

Poręba. Die Straße nach Jelenia Góra windet sich Richtung Osten durch das schöne Tal des Zacken. Nach etwa 3 km (auch auf dem grünen Wanderweg auf der anderen Uferseite) liegt der 13 m hohe **Kochelfall** (Wodospad Szklarki). Von hier aus führt der blaue Wanderweg in zwei bis drei Stunden bis auf den Reifträger.

Die Straße von Szklarska Poręba Richtung Westen nach Jakuszyce an der tschechischen Grenze führt auch an den Felsklippen Rabenstein (Krucze Skały) vorbei. Etwa 500 m weiter zweigt ein roter Weg nach links ab. Er erreicht nach 1,5 km den **Zackelfall** (Wodospad Kamieńczyka), mit 27 m der höchste und schönste Wasserfall im polnischen Teil der Sudeten, führt aber auch in rund 1½ Stunden zum Reifträger.

Schlafen & Essen

Hier finden sich mit zehn Hotels, 90 Ferienhäusern, 50 Pensionen und 60 registrierten Privatunterkünften zahlreiche Übernachtungsmöglichkeiten. Die Touristeninfo hat alle Adressen und die Reisebüros vor Ort übernehmen die Zimmerbuchung.

Husarz (☎ 717 33 63; www.husarz.wczasy.net.pl auf Deutsch; Ul Kilińskiego 18; Zi. pro Person 120 Zł; Ⓟ) Eine dezente Jagdhütte aus dem 19. Jh. beherbergt ein echt individuelles Hotel in den Bergen mit unterschiedlichen Zimmern und einem toprestaurierten Speisesaal – der Esstisch stammt aus der Festung in Kłodzko.

Scots British Pub (Ul Kilińskiego 11a; Zi. pro Person 65 Zł) Das Nebengebäude des Husarz ist wahrscheinlich das unpassendste Stück britischer Nostalgie, das Polen je gesehen hat.

Schronisko Hala Szrenicka (☎ 717 24 21; Schlafssal 16–30 Zł, DZ/Suite 90/180 Zł; 💻) Diese Jugendherberge auf dem Gipfel des Reifträgers ist etwas in die Jahre gekommen und häufig von Schülergruppen überlaufen, die sich vor dem Wetter verstecken. Die spartanischen Zimmer mit zwei bis zwölf Betten erfüllen ihren Zweck und wer mehr Privatsphäre braucht, nimmt eins der zwei Zimmer mit Bad. Die beste Wahl für ernsthafte Wanderer.

OSSiR Mauritius (☎ 717 20 83; Ul Dworcowa 6; EZ/DZ 77,50/134 Zł; Ⓟ 💻) Nur 100 m vom Bahnhof entfernt am nördlichen Stadtrand überrascht dieses gute Hotel unter Leitung der Post mit einem irreführenden tropischen Namen. Saubere, komfortable Zimmer, Balkone, Fitnessraum und Café-Bar tragen alle zum guten Preis-Leistungs-Verhältnis bei.

Hotel Las (☎ 717 52 52; www.hotel-las.pl auf Deutsch; Ul Turystyczna 8; EZ/DZ 160/220 Zł, Suite 300–600 Zł; Ⓟ 💻 🏊) Auf eigener Lichtung 4 km vom Stadtzentrum ragt das Las ausgesprochen auffällig aus dem Wald. Spitze sind die Sportmöglichkeiten: Neben dem üblichen Fitnesskram gibt es auch Volleyball- und Basketballplätze und im Winter sogar eine Eislaufbahn.

Camping Pod Klonem (☎ 717 35 25; Ul Armii Krajowej 2; pro Person 9 Zł) Dieser Campingplatz ist eine eher spartanische Angelegenheit, liegt dafür aber nur 500 m vom Stadtzentrum entfernt.

An- & Weiterreise

Nach Jelenia Góra (Hirschberg; 5,30 Zł, 40 Min.) fahren täglich fünf Züge und mindestens stündlich ein Bus. Außerdem gibt es drei Züge (18,60 Zł, 4½ Std.) und fünf Busse (24 Zł, 3 Std.) am Tag nach Wrocław (Breslau).

Der Bus über Jakuszyce (2,20 Zł, ¼ Std.) fährt nach Harrachov in die Tschechische Republik, von wo aus mehrere Busse in verschiedene Richtungen gehen.

KARPACZ (KRUMMHÜBEL)

☎ 75 / 5400 Ew.

Karpacz liegt am Hang der Schneekoppe (Śnieżka, 1602 m), dem höchsten Gipfel der Sudeten. Es ist einer der Topurlaubsorte für Wanderer und, weil die Schneekoppe schneesicher ist, eins der wichtigsten Wintersportzentren des Landes.

Orientierung

Über 3 km erstreckt sich Karpacz an der gewundenen Ul Konstytucji 3 Maja – ein Dorf ohne erkennbares Stadtzentrum. Der östliche Teil, Karpacz Dolny, hat die meisten Lokale und Übernachtungsmöglichkeiten. Der westliche Teil, Karpacz Górny, ist nur eine Ansammlung von Ferienhäusern. In der Mitte liegen der Busbahnhof und das leider aufgelassene Hotel Biały Jar. Etwa 1 km bergauf steht die Bodenstation des Sessellifts zur Kleinen Koppe (Kopa, 1375 m).

Praktische Informationen

Bank Zachodni (☎ 753 81 20; Ul Konstytucji 3 Maja 43)

BT Karpacz (☎ 761 95 47; www.btkarpacz.com.pl auf Deutsch; Ul Konstytucji 3 Maja 50) Reisebüro.

BT Sudety (☎ 761 63 92; www.btsudety.com.pl auf Polnisch; Ul Konstytucji 3 Maja 55) Reisebüro.

Hoteli.pl (☎ 761 92 65; www.hoteli.pl auf Deutsch; Ul Konstytucji 3 Maja 72B) Zimmervermittlung.

Touristeninformation (☎ 761 97 16; www.karpacz.pl auf Deutsch; Ul Konstytucji 3 Maja 25a, Karpacz Dolny; Mo–Sa 9–17 Uhr, So 10–14 Uhr)

Sehenswertes & Aktivitäten

Inmitten all der Ferienvillen und Hotels findet sich in Karpacz ein echtes architektonisches Kleinod – die **Wang-Kirche** (Świątynia Wang; ☎ 752 82 99; Ul Na Śnieżkę 8; Erwachsene/ermäßigt 4/3 Zł; April–Okt. Mo–Sa 9–18 Uhr, So 11.30–18 Uhr, Nov.–März jeweils bis 17 Uhr) in Karpacz Górny, die einzige norwegische Stabholzkirche Polens.

Diese bemerkenswerte Kirche enstand zu Beginn des 12. Jhs. am Ufer des Wang-Sees in Südnorwegen als eine von 400 ihrer Art (heute gibt es noch 23). Im 19. Jh. war die Gemeinde zu groß geworden und beschloss, sie zu verkaufen, um Platz für ein größeres Gotteshaus zu machen. Sie wurde 1840 vom Preußenkönig Friedrich Wilhelm III. erstanden, der sie Stück für Stück auseinander nehmen und nach Berlin verfrachten ließ. Von dort aus wurde sie nach Karpacz transportiert, über zwei Jahre hinweg akribisch wieder zusammengesetzt und in Anwesenheit des Königs geweiht. Sie ist nicht nur die älteste Kirche in den Sudeten, sondern mit 886 m auch die höchstgelegene.

Ihr hartes norwegisches Kiefernholz wurde ohne einen einzigen Nagel zusammengesetzt. Der Kreuzgang hilft gegen die Kälte im Winter. Ein Teil der ursprünglichen Holzschnitzereien ist erstklassig erhalten, besonders die geschnitzten Durchgänge und die Kapitelle der Säulen. Der freistehende steinerne Glockenturm wurde zur selben Zeit errichtet. Audiokassetten führen auf Deutsch und Englisch durch die Kirche und es finden regelmäßig Gottesdienste in deutscher Sprache statt.

Karpacz ist der ideale Ausgangspunkt für **Wanderungen** in den Karkonosze-Nationalpark im Süden. Die meisten Touristen zieht es zur Schneekoppe, so dass es ein halbes Dutzend Wanderwege dorthin gibt. Die populärsten starten am Hotel Biały Jar und führen in drei oder vier Stunden auf den Gipfel. Manche Routen führen an den beiden malerischen Bergseen Großer Teich (Wielki Staw) und Kleiner Teich (Mały Staw), die von hohen Felsen umgeben sind, vorbei – unbedingt einplanen.

Lauffaule können den Sessellift zur **Kleinen Koppe** (Kolej Linowa na Kopę; ☎ 761 92 84; Ul Turystyczna 4; Hinfahrt/Hin- & Rückfahrt 17/22 Zł; 8.30–17 Uhr) nehmen, der in 17 Minuten 528 Höhenmeter überwindet. Von dort aus ist der Gipfel der Schneekoppe über den schwarz ausgezeichneten Weg in weniger als einer Stunde zu erreichen.

Schlafen & Essen

Ein Zimmer in Karpacz zu finden fällt selbst in der Hochsaison nicht schwer – es gibt etwa 12 000 Betten, mehr als doppelt so viele wie Einwohner! Zu Spitzenzeiten (Sommer und Winter) kosten die meisten Ferienheime und Privatzimmer etwa 20 bis 40 Zł pro Person ohne Badezimmer (mit: 30–70 Zł). Die Touristeninfo hat einen vollständigen Zimmernachweis und hilft bei der Buchung. Zimmer in Privathäusern und Ferienheimen können auch über die lokalen Reisebüros gebucht werden.

Hotel Vivaldi (☎ 761 99 33; www.vivaldi.pl auf Deutsch; Ul Olimpijska 4; EZ 220 Zł, DZ 250–290 Zł, Suite 340 Zł; P) Mitten im Wald liegt das Vivaldi, eine klasse Unterkunft an der Straße zum Sessellift und zum Eingang zum Nationalpark. In den schicken, modernen Zimmer setzt sich das Blassgelb des Außenanstrichs fort, während sich Modellflugzeuge über der Bar verbissene Luftkämpfe liefern.

Hotel Kolorowa (☎ 761 95 03; www.hotelkolorowa.imx.pl auf Deutsch; Ul Konstytucji 3 Maja 58; EZ/DZ 120/180 Zł, Suite 200–250 Zł) Dieses mehrsprachige Hotel und Gasthaus unter deutscher Führung bietet im Zentrum von Karpacz ein gutes Niveau, das unverzichtbare Schokoladenbetthupferl auf dem Kissen und einige Zimmer mit schöner Aussicht. Außerdem gibt es hier ein Restaurant.

Schronisko PTTK Strzecha Akademicka (Hampelbaude) (☎ 753 52 75; www.strzecha-akademicka.com.pl auf Polnisch; Schlafsaal/EZ/DZ 25/35/60 Zł) Die PTTK-Herberge, über einen separaten Sessellift erreichbar, schmiegt sich in einen flachen Talkessel auf der Złotówka (1258 m) neben der Kleinen Koppe. Die Unterbringung ist absolut spartanisch, aber bei Schnee ausgesprochen beliebt. Heizung und Decken kosten extra.

Hotel Karolinka (☎ 761 98 66; www.karolinka.karpacz.pl auf Deutsch; Ul Linowa 3b; Zi. pro Person 70 Zł;

(P) Das beste an diesem großen, modernen Hotel ist, dass die Fassade von innen nicht zu sehen ist. Zum Glück macht die Aussicht der vorderen Zimmer diese optische Zumutung einigermaßen wieder wett, außerdem gibt's einen eigenen Skilift.

Camping Nr 211 Pod Brzozami (☎ 761 88 67; Ul Obrońców Pokoju 4; Erw./Kind. 6/4 Zł; Juni–Sept.) Einer der beiden Campingplätze in Karpacz, die beide dem gleichen Betreiber gehören. Er liegt auf der linken Seite, 1 km die Straße vom alten Bahnhof hinauf.

An- & Weiterreise

Es halten keine Züge mehr in Karpacz, aber es gibt regelmäßige Busverbindungen nach Jelenia Góra (Hirschberg; 5,30 Zł, 1 Std., bis zu 2-mal stdl.). Sie fahren über die Hauptstraße und halten an acht Punkten, auch wenn einige direkt bis zur Haltestelle in Karpacz Górny (Oberkrummhübel) durchfahren. Im Sommer gibt es auch täglich zwei Busse nach Szklarska Por´ba (Schreiberhau; 5,80 Zł, 50 Min.).

KARKONOSZE-NATIONALPARK

Der Nationalpark Riesengebirge oder **Karkonosze-Nationalpark** (Karkonoski Park Narodowy; ☎ 75-755 33 48; www.karkonosze.it.pl auf Deutsch; Erwachsene/ermäßigt 4/2 Zł) im Süden von Karpacz und Szklarska Porba erstreckt sich bis zur tschechischen Grenze . Der 56 km² große Park ist ein schmaler Streifen, der sich über 25 km an der Grenze, also an den höchsten Gipfeln des Riesengebirges entlang zieht. Auf der anderen Seite schützt sein tschechisches Gegenstück den südlichen Teil des Gebirges.

Die Gebirgskette wird durch den Spindlerpass (Przełęcz Karkonoska, 1198 m) zweigeteilt. Der höchste Gipfel im Osten ist die Schneekoppe (Śnieżka, 1602 m), während der westliche Teil vom Hohen Rad (Wielki Szyszak, 1609 m) gekrönt wird. Bis zu einer Höhe von 1250 m besteht der Park hauptsächlich aus Fichtenwald, weiter oben wachsen Zwergkiefern und alpine Pflanzen, die auf den höchsten Gipfeln Moosen weichen.

Ein charakteristisches Merkmal der Riesengebirgslandschaft sind die **kotły** (Steinkessel): große, flache Senken, die durch die eiszeitlichen Gletscher entstanden und von steilen Felshängen umgeben sind. Auf der polnischen Seite gibt es davon gleich sechs. Die spannendsten sind der Talkessel des Kleinen Teichs (Kocioł Małego Stawu), der des Großen Teichs (Kocioł Wielkiego Stawu) nahe der Schneekoppe und die Große und die Kleine Schneegrube (Śnieżne Kotły) am Fuß des Hohen Rads.

Das Riesengebirge ist für sein raues Klima mit schweren Niederschlägen (im Winter als Schnee) und ausgesprochen wechselhaftem Wetter bekannt – starke Winde und Nebel sind das ganze Jahr über möglich. Statistisch gesehen, bieten Januar, Februar, Mai und September die besten Chancen für gutes Wetter. In höheren Lagen bleibt der Schnee sechs Monate im Jahr liegen.

Der Nationalpark ist das beliebteste **Wandergebiet** der Sudeten. Die beiden Haupteinfallstore sind Karpacz und Szklarska Poręba, von wo aus die meisten Touristen die Schneekoppe bzw. den Reifträger besteigen. Für längere Wanderungen verläuft der rote Wanderweg über den Rücken zwischen den beiden Gipfeln und bietet nach beiden Seiten wirklich schöne Ausblicke. Außerdem führt er an den Rändern der *kotły* entlang. Die gesamte Strecke lässt sich in sechs bis sieben Stunden bewältigen. Wer früh genug aufbricht, schafft die Strecke Karpacz–Szklarska Porba an einem Tag, vor allem wenn er den Sessellift für den ersten Aufstieg nutzt.

Unterbrechungen sind jederzeit möglich; Wanderer nehmen entweder einen der abzweigenden Wege oder machen Pause an einer der sechs Berghütten. Die **Odrodzenie Gebirgsherberge** (☎ 752 25 46; Schlafsaal 13 Zł) liegt ungefähr auf halbem Weg zwischen den beiden Gipfeln, während die **Kleine Teichbaude** (☎ 761 93 76; www.samotnia.com.pl auf Deutsch; Schlafsaal 19–26 Zł, EZ/DZ/3BZ 31/58/87 Zł) im Talkessel des Kleinen Teichs den besten Ausblick des ganzen Parks bietet. Zimmer müssen in beiden reserviert werden.

Wandern, Radfahren, Abfahrt oder Skitouren, Snowboarding, Carving und Schlittenfahren sind hier die Lieblingsaktivitäten.

Die Touristeninfos und Reisebüros halten jede Menge Informationen bereit und die passende Ausrüstung für die aktuelle Jahreszeit kann in jeder Stadt geliehen werden. Absolutes Muss: eine detaillierte Karte der Umgebung und warme, wasserdichte Kleidung gegen das unberechenbare Wetter!

KRZESZÓW (GRÜSSAU)

☎ 75 / 1000 Ew.

Wenn nur ein paar von den schönen Barockkirchen Polens auf dem Reiseprogramm stehen, darf Krzeszów nicht fehlen. Dieses Dorf abseits der Hauptstraßen und Touristenströme besitzt sogar gleich zwei außergewöhnliche Exemplare.

Krzeszów wurde 1242 gegründet und Bolko I., Herzog des neuen Herzogtums Schweidnitz-Jauer, sprach es dem Zisterzienserorden zu. Die Klosterkirche wurde das Mausoleum der nachfolgenden Herzöge, bis die Linie im späten 14. Jh. ausstarb. Von den Hussiten bis zu den Schweden wurde die Klosteranlage immer wieder zerstört, gleichzeitig aber über die Jahrhunderte systematisch ausgebaut. Ende des 17. Jhs. wurde eine große Kirche errichtet, auf die 40 Jahre später eine weitere, doppelt so große und noch prächtigere folgte.

Obwohl der Zisterzienserorden 1810 säkularisiert wurde und das Kloster über 100 Jahre leer stand, haben die beiden Kirchen bis heute praktisch unverändert überlebt und wurden 2004 in die Weltkulturerbeliste der Unesco aufgenommen. Jeder mit einem noch so geringen Interesse an Sakralarchitektur wird einen Besuch nicht bereuen.

Sehenswertes

Die ältere **Kirche St. Joseph** (Kościół Św Józefa) wurde zwischen 1690 und 1696 gebaut. Von außen wirkt sie etwas schmucklos, was vor allem an den fehlenden Türmen liegt, die schon kurz nach der Fertigstellung in sich zusammenbrachen und nie ersetzt wurden. Das Innere ist dafür überwältigend mit seinen Fresken, die das gesamte Gewölbe, den Altarraum und die zehn Seitenkapellen überziehen. Sie stammen alle von Michael Willmann und gehören zum Besten, was er geschaffen hat. Rund 50 Szenen zeigen das Leben des hl. Joseph und das Deckengewölbe des Altarraums gehört der Heiligen Dreifaltigkeit. Für ihre Entstehungszeit gegen Ende des 17. Jhs. sind einige der Fresken ungewöhnlich frei komponiert und ausgeführt, Assoziationen zum zweihundert Jahre späteren Impressionismus drängen sich auf. Willmann verewigte sich in guter Hitchcock-Manier auch selbst – er steht vor der Tür eines Gasthofs an der Wand der letzten Kapelle rechts vor dem Altarraum. Sehenswert sind auch die Rokokokanzel und die winzige Orgel.

Die **Abteikirche der Allerheiligsten Jungfrau Maria** (Kościół Opacki Najświętszej Marii Panny; 1728–35) ist architektonisch ausgefeilter als St. Joseph und mit 118 m Länge auch viel größer. Ihre zweitürmige Fassade (70 m hoch) ist von oben bis unten voller Ornamente. Einer der beiden Türme ist begehbar.

Der luftige Innenraum ist stilistisch absolut einheitlich, da die Kirche praktisch auf dem Reißbrett entstand und nicht von einem früheren Bau übernommen wurde. Außerdem stammen das ganze Dekor und Mobiliar aus der kurzen Bauzeit und blieben anschließend weitgehend unverändert. Das große Gemälde des Hauptaltars ist von Peter Brandl und zeigt Mariä Himmelfahrt, die Orgel am anderen Ende der Kirche gilt als eins der hervorragendsten Instrumente in Schlesien. Die Fresken im Deckengewölbe sind das Meisterwerk von Georg Wilhelm Neunhertz, dem Enkel und Schüler Willmanns.

Hinter dem Hauptaltar liegt das **Mausoleum der Schweidnitzer Piasten**, es ist, mit separatem Zugang von außen, in die Kirche integriert. Jede seiner zwei kreisrunden Kammern schmückt eine Kuppel mit Fresken und beide sind über einen dekorativen Arkadengang miteinander verbunden. Hier finden sich die Grabsteine von Bolko I. und seinem Enkel Bolko II. aus dem 14. Jh., während ihre Asche und die anderer Herrscher in dem dazwischen liegenden Pfeiler ruht. Die Fresken stammen ebenfalls von Neunhertz und zeigen Szenen aus der Geschichte der Abtei.

Die Abtei ist praktisch das Zentrum des Dorfs, in ihrer Mitte steht die Hauptkirche, die zweite nur 50 m weiter nördlich. Das Informationsbüro zwischen den beiden Kirchen verkauft Broschüren und Tickets für den Turm und das Mausoleum. Außerhalb der Gottesdienste können die Kirchen kostenlos von 9 bis 18 Uhr (im Winter bis Sonnenuntergang) besichtigt werden.

An- & Weiterreise

Üblicherweise kommen Besucher aus Kamienna Góra, 8 km nördlich. Busse fahren unter der Woche alle ein bis zwei Stunden, am Wochenende seltener. Von Kamienna Góra gibt es regelmäßige Busverbindungen nach Jelenia Góra (Hirschberg; 7 Zł, 1 Std.) und Wałbrzych (Waldenburg; (4,50 Zł, 40 Min.).

KŁODZKO (GLATZ)

☎ 74 / 32 000 Ew.

Als eine der ältesten Städte Schlesiens startete Kłodzko als wichtiges Handelszentrum in optimaler Lage am Fluss. Wie in dieser Gegend üblich, wechselte so etwa jedes Jahrhundert die Herrschaft zwischen Böhmen, Österreich und Preußen. Erst nach dem Zweiten Weltkrieg gehörte Kłodzko wieder zu Polen.

Die Altstadt liegt an einem Hang, die Gassen verlaufen steil und stark gewunden, der Marktplatz ist schief und die Häuser beugen sich manchmal über die Straßen: Das alles verleiht ihr einen ganz eigenen Charme. Wer hierher kommt, findet einen architektonischen Stilmix, der sehenswert, weil historisch gewachsen ist.

Dank seiner strategisch wichtigen Lage hat Kłodzko eine lange Tradition als Festung. 1662 begannen die Österreicher, die ersten Burgen durch eine monströse Backsteinfestung zu ersetzen, und nur zweihundert Jahre später wurde sie von den Preußen vollendet. Heute ist sie das beherrschende, wenn auch etwas apokalyptische Wahrzeichen der Stadt und der beste Grund für einen Besuch in Kłodzko.

Praktische Informationen

Bank Pekao (☎ 867 41 10; Plac Bolesława Chrobrego 20)

Bank Zachodni (☎ 867 22 52; Ul Kościuszki 7)

KKO.pl (☎ 647 60 45; Ul Okrzei 17; 1 Std. 3 Zł; 🕑 Mo–Sa 10–24 Uhr, So 15–24 Uhr) Internetzugang im Süden der Altstadt.

Orbis Travel (☎ 867 27 75; Plac Grottgera 1)

PTTK-Büro (☎ 867 37 40; Ul Wita Stwosza 1; 🕑 Mo–Fr 8–16 Uhr)

Touristeninformation (☎ 865 89 70; www.ziemia-klodzka.org.pl auf Polnisch, deutsche Version in Vorbereitg.; Plac Bolesława Chrobrego 1; 🕑 Mo–Fr 10–18 Uhr, Sa 10–16 Uhr)

Sehenswertes

Die mächtige **Festung Glatz** (Twierdza Kłodzka; ☎ 867 34 68; Ul Grodzisko 1; Erwachsene/ermäßigt 6/4 Zł; 🕑 April–Okt. 9–18 Uhr, Nov.–März 9–16 Uhr) wurde im 17. Jh. unter österreichischer Herrschaft begonnen und ist so angelegt wie alle ordentlichen Festungsbauten, die der holländischen Schule im Mittelalter folgten. Über 200 Jahre hinweg erweitert, modernisiert und umgebaut, bedeckt der Komplex heute eine Fläche von 17 ha und ist damit die größte und besterhaltene Festung ihrer Art in Polen. Die Mauern der unteren Bereiche sind bis zu 11 m dick und messen selbst an der Krone nie weniger als 4 m.

Heute sind mehrere Wege, Kammern und Mauern für einen Blick über die Stadt begehbar und es gibt auf dem Gelände mehrere Ausstellungen (wie zum Beispiel Feuerwehrfahrzeuge, Glaswaren aus den lokalen Manufakturen, Geschichte der Festung) und ein Lapidarium mit alten Steinskulpturen (vorwiegend Grabsteinen) aus historischen Gebäuden der Umgebung.

Die wirkliche Highlight ist aber das ausgedehnte Netzwerk an Wehrtunneln. 40-minütige Führungen durch das **Labyrinth** (Erwachsene/ermäßigt 6/4 Zł) beginnen zur vollen Stunde und führen über einen 1 km langen Rundkurs, der auch einige Gänge umfasst, durch die man nur tief gebückt kommt. Die Durchschnittstemperatur beträgt 8 °C und die Luftfeuchtigkeit liegt bei fast 100 %. Die Gänge sind heute beleuchtet, aber früher mussten die Soldaten hier in absoluter Dunkelheit arbeiten; die einzige Lichtquelle war damals ein offenes Feuer, was bei all dem hier gelagerten Schießpulver ein bisschen riskant war.

Insgesamt wurden 40 km Gänge in den Fels gegraben, aus zwei Gründen. Die unter der Festung dienten vor allem der Kommunikation, dem Schutz und als Lagerräume, während die anderen, die sich bis zu 500 m vor der Festung erstrecken, die feindliche Artillerie zerstören sollten. Sie waren in Sektoren unterteilt und mit Schwarzpulver vollgestopft. Wenn der Feind seine Geschütze in einem bestimmten Sektor aufstellte, wurde die entsprechende Kammer gesprengt. Dieses bizarre Minenfeld wurde 1743 von einem holländischen Ingenieur entwickelt und bis 1807 hatte man ein riesiges Tunnellabyrinth an gebaut, das aber glücklicherweise nicht einmal genutzt wurde.

Am Fuß der Treppe zum Festungshügel liegt der **Unterirdische Jahrtausendweg** (Podziemna Trasa Turystyczna; ☎ 867 30 48; Ul Zawiszy Czarnego 3; Erwachsene/ermäßigt 7/5 Zł; 🕑 April–Okt. 9–17 Uhr, Nov.–März 10–15 Uhr), noch so ein interessantes Tun-

KŁODZKO (GLATZ)

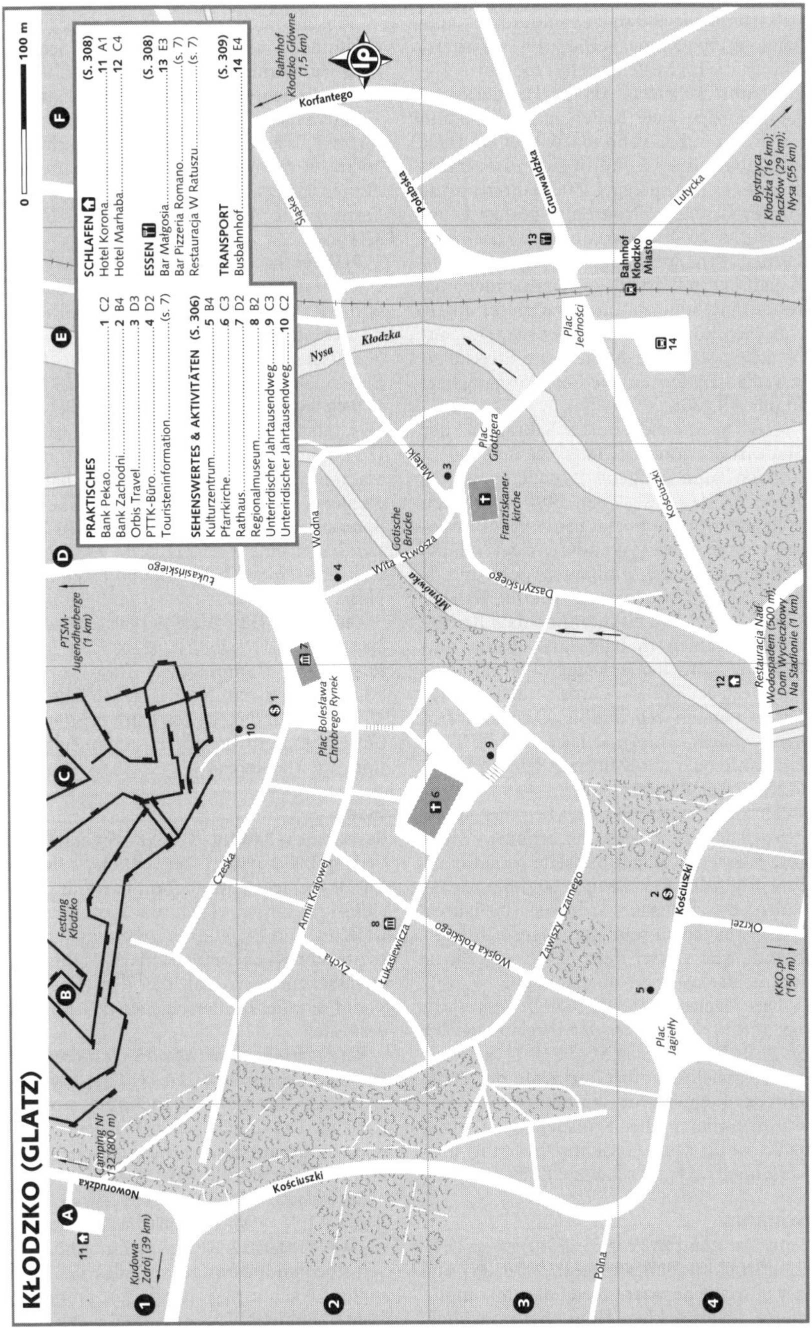

nelsystem. Die 600 m lange Route nutzt die zahllosen manchmal verliesartigen Vorratsräume, die im Mittelalter fast die ganze Altstadt unterkellerten. Als der Handel nachließ, wurden viele Keller aufgegeben und vergessen, außer wenn mal wieder ein Haus scheinbar ohne Grund in sich zusammenstürzte. In den späten 1950er Jahren wurde ein umfassendes Programm gestartet, um die Keller zu erhalten, und die Zusammenarbeit von Speleologen, Bergleuten und Bauarbeitern führte dazu, dass sie nicht nur restauriert, sondern direkt zu dieser unterirdischen Route verbunden wurden. Es dauert zehn Minuten die gesamte Strecke zu durchlaufen. Der andere Ein-/Ausgang liegt in der Altstadt.

Der beeindruckendste Sakralbau der Stadt ist die gotische **Pfarrkirche** neben dem unteren Tunneleingang. Es dauerte fast 150 Jahre, bis der riesige Bau 1490 schließlich vollendet wurde. Er hat seine Form insgesamt nicht mehr verändert. Aber im Inneren gingen die Umbauten noch mindestens 250 Jahre weiter. Altäre, Kanzel, Bänke, Orgel und elf monumentale Beichtstühle strahlen in barockem Prunk und selbst das gotische Deckengewölbe, das üblicherweise kahl blieb, wurde verziert. In der Kirche finden regelmäßig Orgelkonzerte statt – nähere Informationen hat die Touristeninfo oder das Kulturzentrum (☎ 867 33 64; www.kok.ng.pl; Plac Jagiełły 1).

Ein paar Schritte bergauf liegt der **Rynek**, offiziell der Plac Bolesława Chrobrego. Mehrere Häuser an seiner Südseite haben noch ihre originalen Renaissance- und Barockfassaden. Das **Rathaus** wurde vor 100 Jahren gebaut, nachdem sein Vorgänger niedergebrannt war. Außer dem Renaissanceturm hat nichts das Feuer überstanden.

Das **Regionalmuseum** (Muzeum Ziemi Kłodzkiej; ☎ 867 35 70; Ul Łukasiewicza 4; Erwachsene/ermäßigt 5/3 Zł; 🕑 Di–Fr 10–17 Uhr, Sa & So 11–17 Uhr) zeigt eine Ausstellung zur Geschichte der Stadt und der Region, eine Sammlung von Glaswaren einheimischer Künstler (das Glatzer Land ist für seine Glaskunst bekannt) und verschiedene Wechselausstellungen.

Schlafen

Hotel Marhaba (☎ 865 99 33; Ul Daszyńskiego 16; EZ 90–100 Zł, DZ 100–130 Zł, 3BZ/Suite 135/190 Zł; Ⓟ) Auf der Südseite der Stadt bietet das unkomplizierte zweistöckige Haus hauptsächlich Wohnschlafzimmer mit Dusche oder Badezimmer – und das nur ein paar Schritte vom Busbahnhof entfernt. Das Frühstück im hoteleigenen Restaurant kostet extra.

Hotel Korona (☎ 867 37 37; Ul Noworudzka 1; EZ/DZ 125/150 Zł, Suite 170–200 Zł; Ⓟ) Das frisch und gelungen renovierte Korona in einem modernen Haus an der Ringstraße gegenüber Festung und Altstadt hat Platz für bis zu 40 Gäste.

PTSM Jugendherberge (☎ 867 25 24; Ul Nadrzeczna 5; Schlafsaal 16,37–21,94 Zł) Nur 1 km nördlich vom Rynek liegt die Jugendherberge: 53 Schlafgelegenheiten in Zimmern und Schlafsälen mit zwei, drei, vier und mehr Betten. Die Rezeption schließt um 21 Uhr.

Dom Wycieczkowy Na Stadionie (☎ 867 24 25; www.noclegi.pop.pl auf Deutsch; Ul Kusocińskiego 1; DZ/3BZ/4BZ 60/80/100 Zł; Ⓟ) Das Sportzentrum am Stadion, 500 m südlich der Altstadt, hat eine einfache Unterkunft und eine Reihe von Sportanlagen zu bieten. Die meisten Zimmer haben eine eigene Dusche. Es gibt eine Cafeteria, einen Grillplatz und einen Spielplatz.

Camping Nr 132 (☎ 867 30 31; Ul Nowy Świat 57; Zeltplatz Erw./Kind 12/6 Zł, DZ/3BZ/4BZ 60/75/100 Zł, Hütte 80 Zł) Dieser Campingplatz 1 km nördlich vom Stadtzentrum hat das ganze Jahr über 45 Zimmer und 30 Betten extra in Sommerhütten. Außerdem gibt es einen Zeltplatz und eine Cafeteria.

Essen

Restauracja w Ratuszu (☎ 865 81 45; Plac Bolesława Chrobrego 3; Hauptgerichte 7–25 Zł; 🕑 Mittag- & Abendessen) Das schickste Restaurant in Kłodzko residiert in einem eleganten Speisesaal im Rathaus und bietet eine gute Auswahl an regionaler Küche, eine schattige Sommerterrasse und Personal, das dem Gast gekonnt ein Gefühl der eigenen Wichtigkeit vermittelt.

Bar Pizzeria Romano (☎ 867 09 35; Plac Bolesława Chrobrego 1; Hauptgerichte 8–22 Zł; 🕑 Mittag- & Abendessen) Auch das Romano befindet sich im Rathaus. Die üblichen italienischen Leckereien treffen auf das übliche polnische Essen und beides schmeckt gut.

Bar Małgosia (☎ 867 36 40; Ul Połabska 2; Hauptgerichte 4–15 Zł; 🕑 Mo–Fr Frühstück, Mittag- & Abendessen, Sa & So Frühstück & Mittagessen) Ein schlichtes Selbstbedienungsrestaurant, das bis zum späten Nachmittag herzhafte polnische Speisen anbietet.

Restauracja Nad Wodospadem (☎ 867 61 45; Ul Malczewskiego 7a; Hauptgerichte 9–18 Zł; 🕑 Mittag- & Abendessen) Das „Wasserfall" auf der Südseite der Stadt ist ein gutes, traditionelles Brauhaus, das beeindruckende Portionen polnischer Hausmannskost serviert.

An- & Weiterreise

BUS

Der Busbahnhof neben dem Bahnhof Kłodzko Miasto ist der Verkehrsknotenpunkt der Region. Jede Stunde fahren Busse nach Kudowa-Zdrój (Bad Kudowa; 6 Zł, 50 Min.) und Bystrzyca Kłodzka (Habelschwerdt; 4 Zł, ½ Std.). Außerdem gibt es eine regelmäßige Verbindung nach Wrocław (Breslau; 17,40 Zł, 1¾ Std.). Es gibt keine direkte Verbindung nach Kletno (Klessengrund), man muss den Bus nach Stronie Slaskie (Seitenberg) nehmen und dort umsteigen oder zu Fuß gehen.

Tschechische Republik

Es gibt zwei Grenzübergänge in der Nähe, die 24 Stunden für Fußgänger und Fahrzeuge geöffnet sind. Einer liegt bei Kudowa-Zdrój/Náchod, 37 km westlich von Kłodzko (Glatz) an der Straße nach Prag. Der andere befindet sich bei Boboszów (Bobischau)/Králíky (Grulich), 40 km südlich von Kłodzko an der Straße nach Brno (Brünn).

Ein Bus überquert täglich um 7 oder 8 Uhr von Kłodzko aus über Kudowa-Zdrój (Bad Kudowa) die Grenze nach Náchod (9,90 Zł, 1½ Std.).

Wer über Boboszów (Bobischau) fahren will, nimmt den Bus dorthin (9,90 Zł, 1½ Std., nur wochentags um 6 Uhr) und lä uft die 2 km über die Grenze nach Králíky. Von Bystrzyca Kłodzka (Habelschwerdt) nach Boboszów gibt es regelmäßigere Verbindungen.

ZUG

Kłodzko hat zwei Bahnhöfe. Der zentrale Bahnhof Kłodzko Miasto fertigt Regionalverbindungen, einschließlich der Züge nach Bystrzyca Kłodzka (Habelschwerdt; 4,60 Zł, 20 Min., 9-mal tägl.), Kudowa-Zdrój (Bad Kudowa; 6,80 Zł, 1 Std., 9-mal tägl.) und Wrocław (Breslau; 14,50 Zł, 1¾ Std., 11-mal tägl.), sowie die meisten Fernverbindungen ab. Weitere Fernverbindungen gehen über den Hauptbahnhof Kłodzko Główne, 2 km nördlich.

KUDOWA-ZDRÓJ (BAD KUDOWA)

☎ 74 / 11 000 Ew.

Westlich von Kłodzko gibt es drei beliebte Kurorte: Polanica-Zdrój (Bad Altheide), Duszniki-Zdrój (Bad Reinerz) und Kudowa-Zdrój. Letzteres ist wahrscheinlich das schönste mit mildem Klima und mehreren Mineralquellen. Außerdem ist es sehr beliebt, von hier aus ins Heuscheuer-Gebirge (Góry Stołowe) zu wandern.

Kudowa-Zdrój ist das größte Bad im Glatzer Land, die Kurarchitektur ist gut erhaltenen und ein hübscher Park verschönert die einzige Hauptstraße. Es ist auch einer der ältesten Kurorte und konnte 2004 seinen 650. Geburtstag feiern. Die Atmosphäre ist ideal zum Relaxen und weil es so viel zu unternehmen gibt, können viele Besucher eine Auszeit in Kudowa gebrauchen.

Praktische Informationen

Raj Internet (☎ 866 41 36; Park Zdrojowy; 1 Std. 3 Zł; 🕑 10–22 Uhr)

Touristeninformation (☎ 866 13 87; www.kudowa.pl auf Polnisch; Ul Zdrojowa 44; 🕑 Mai–Sept. Mo–Fr 8–20 Uhr, Sa 8–18 Uhr, So 9–17 Uhr, Okt.–April Mo–Fr 9–17 Uhr, Sa 9–14 Uhr)

Verwaltung des Nationalparks Góry Stołowe (Dyrekcja PNGS; ☎ 866 14 36; Ul Słoneczna 31)

Sehenswertes & Aktivitäten

Wirklich unverzichtbar ist hier ein Besuch in der makabren **Schädelkapelle von Czermna** (Kaplica Czaszek; ☎ 866 14 33; Erwachsene/ermäßigt 3/2 Zł; 🕑 Di–So 9.30–13 Uhr & 14 –17.30 Uhr) auf dem Gelände der Kirche St. Bartholomäus. Im Inneren sind Decke und Wände vollständig mit menschlichen Schädeln und Knochen ausgekleidet – oben sind es etwa 3000, in der Krypta darunter ruhen weitere 21 000. Ein Wärter lässt dazu ein Band laufen, das auf Deutsch, Polnisch oder Tschechisch erklärt, was es mit dieser Kapelle auf sich hat. Der Gesamteindruck ist echt überwältigend und macht sicherlich den einen oder anderen nachdenklich.

Wesentlich entspannter geht es im attraktiven **Kurpark** (Park Zdrojowy) von Kudowa-Zdrój zu, der mit 17 ha einen ziemlich großen Teil der Stadt bedeckt. Die **Trinkhalle** (Pijalnia; 🕑 Mo–Fr 7–18 Uhr, Sa & So 9–18 Uhr) steht in der Südostecke des Parks und spendet mehrere der heimischen Wässerchen. Für eine gründlichere „Kur" bieten sich die **Salz- und Jodhölen Galos** (☎ 868 04 81; www.galos.pl auf

Deutsch) an, die mit ihren künstlichen Meersalzkammern angeblich alle Krankheiten lindern. Der **Aqua Park** (☎ 866 45 02; Ul Św Moniuszki 2a; Eintritt 7,50–11 Zł; ⌚ Mo–Fr 9–21 Uhr, Sa & So 10–21 Uhr) am Rand des Kurparks bietet Spiel und Spaß, diesmal nicht mit, sondern im Wasser.

Fans von Absonderlichkeiten sollten sich einen Besuch im Hauptquartier des Góry-Stołowe-Nationalparks gönnen und das allererste **Polnische Froschmuseum** (Muzeum Żaby; Ul Słoneczna 31; Eintritt frei; ⌚ Mo–Fr 9–17 Uhr, Sa & So 9–13 Uhr) besichtigen. Die Sammlung zeigt einfach alles, was einem Bezug zum Amphibischen hat (etwa molchförmige Seifenschalen) und ist vermutlich das einzige Museum der Welt, das auch eigene mitgebrachte Exponate, die etwas mit Fröschen zu tun haben, in die Sammlung aufnehmen. Das erklärte Ziel ist ein gesteigertes Bewusstsein für den Froschschutz.

Schlafen & Essen

Wie die meisten Kurorte dieser Art hat auch Kudowa mit insgesamt über 3000 Betten mehr als nur ausreichend Unterkünfte zu bieten. Die Touristeninfo hilft mit Rat und Buchung weiter.

Willa Sanssouci (☎ 866 13 50; www.sanssouci.info.pl auf Deutsch; Ul Buczka 3; EZ/DZ/3BZ/Suite 90/120/140/180 Zł; Ⓟ) Das Sanssouci residiert in einer der hübschesten historischen Villen der Stadt. Neben 48 Betten in komfortablen, großen Zimmern und einem guten Service gibt es als Bonbon im Garten einen Wunschbrunnen.

Pensjonat Akacja (☎ 866 27 12; www.akacja.info.pl auf Deutsch; Ul Kombatantów 5; EZ/DZ/3BZ 95/140/165 Zł; Ⓟ 💻) Ein modernes Haus im klassischen Villenstil. Die Familie betreibt diese ruhige, erstklassige Pension mit viel Platz und Balkonen in den oberen Etagen.

Recepcja FWP (☎ 866 12 61; Ul Zdrojowa 36; Schlafsaal 18–22 Zł, EZ 58–86 Zł, DZ 112–160 Zł; ⌚ 7–19 Uhr) Diese hilfreiche Organisation bucht Zimmer in einem ihrer sieben preiswerten Ferienheime mit insgesamt 580 Betten.

Pensjonat Sudety (☎ 866 37 56; www.kudowa.net.pl auf Polnisch; Ul Zdrojowa 32; EZ 26–30 Zł, DZ 44–80 Zł, 3BZ 60–105 Zł, 4BZ 80–92 Zł; Ⓟ) Die beiden Gebäude des Sudety wirken von außen mehr als renovierungsbedürftig, bieten innen aber preiswerte und akzeptable Gästezimmer und sogar einige Doppel- und Dreibettzimmer mit eigenem Bad.

Recepja ZUK (☎ 868 04 01; www.zuk-sa.pl auf Deutsch; Ul Moniuszki 2; Schlafsaal 26–33 Zł, EZ 34–88 Zł, DZ 60–130 Zł, 3BZ 77–155 Zł, 4BZ 136–176 Zł, Suite 153–242 Zł; Ⓟ ⊠) Die ZUK (Glatzer Kurunternehmen) betreibt ein paar der schönsten Sanatorien im Stadtzentrum. Sogar einfache Feriengäste dürfen unter den wirklich tollen

KOPFSCHMUCK

Die Schädelkapelle von Czermna wurde 1776 erbaut und wirkt von außen ziemlich bescheiden. Im Inneren wandelt sich das Bild dann: Tausende ordentlich arrangierte Schädel und Knochen säumen die Wände und hängen von der Decke. Von drei solchen Kapellen, die es in ganz Europa geben soll, ist sie die einzige in Polen.

Der Schöpfer dieses ungewöhnlichen „Heiligtums des Schweigens" war Václav Tomášek, ein tschechischer Priester (Czermna gehörte zu dieser Zeit zur Prager Erzdiözese). Er und der Totengräber des Ortes sammelten zwei Jahrzehnte lang menschliche Skelette, vermutlich insgesamt mehr als 30 000, die sie reinigten und konservierten. Die „Dekoration" der Kapelle war erst 1804 abgeschlossen. Schädel und Knochen, die nicht mehr an Wand und Decke passten, wurden in einer 4 m tiefen Krypta gelagert.

Da die Region im Grenzland zwischen polnischen, tschechischen und deutschen Kulturkreisen sowie zwischen Katholiken, Hussiten und Protestanten liegt, sind hier viele Knochen von Opfern nationalistischer und religiöser Konflikte aufgebahrt. Sie stammen hauptsächlich aus den zahlreichen Massengräbern, die infolge zweier Schlesischer Kriege (1740–42 und 1744–45) und des Siebenjährigen Kriegs (1756–63) übrig blieben. Auch die Choleraepidemie, die die Region heimsuchte, trug zur beeindruckenden Materialfülle bei.

Sieben anatomisch interessante Schädel sind auf dem Hauptaltar ausgestellt, einschließlich dem eines tatarischen Kriegers, eines Riesen und eines Opfers der Syphilis. Daneben ruhen die Schädel der beiden Masterminds der gesamten Operation: der Priester und der Totengräber, endlich eins mit ihrem Werk.

Zimmern wählen, wenn auch die medizinische Behandlung im Vordergrund steht. Einige Zusatzeinrichtungen kommen besonders behinderten Gästen sehr entgegen.

Pod Palmani (☎ 866 38 33; Park Zdrojowy; Hauptgerichte 7–17 Zł; Frühstück, Mittag- & Abendessen;) Dieses Restaurant am Park untersteht auch der ZUK, ist eins der besten Lokale in der Stadt und verwandelt sich an Wochenenden bis 1 Uhr in eine Musikbar.

An- & Weiterreise

BUS

Busse fahren im Zentrum in der Ul 1 Maja ab. Es gibt regelmäßige Verbindungen nach Kłodzko (Glatz; 6 Zł, 50 Min., stdl.) und Wrocław (Breslau; 18 Zł, 3 Std., 10-mal tägl.).

Wer ins Heuscheuer-Gebirge will, nimmt den Bus nach Karłów (Karlsberg; 4,20 Zł, 25 Min., 6-mal tägl.), der auch am Abzweig zu den Wilden Löchern (Błędne Skały) vorbeikommt. In der Hochsaison fahren zudem private Minibusse.

Ein Morgenbus aus Kłodzko (Glatz; nicht an Sonntagen) fährt über die tschechische Grenze nach Náchod (S. 309). Zu Fuß sind es 3 km bis zur Grenze, von dort 2 km bis nach Náchod, wo es weitere Bus- und Zugverbindungen gibt.

ZUG

Der Bahnhof liegt weit im Süden der Stadt und ist nicht wirklich praktisch, wenn nicht gerade Warszawa (Warschau; 49,80 Zł, 9½ Std., 1-mal tägl.) das Wunschziel ist. Richtung Kłodzko (Glatz) und Wrocław (Breslau) lohnt sich eher der Bus.

HEUSCHEUER-GEBIRGE (GÓRY STOŁOWE)

☎ 74

Die Tafelberge (Góry Stołowe) des Heuscheuer-Gebirges sind eine Topattraktion der Sudeten. Etwa 10 km südöstlich von Kudowa-Zdrój liegt das Hauptplateau, oben so flach, wie schon der Name sagt. Diese magische Landschaft entstand, als die oberste Schicht aus weichem Sandstein erodierte und härteres Felsgestein freilegte, so dass sich die phantastischen Felsformationen bildeten.

Die üppige Vegetation bringt zusätzlich Farbe ins Spiel.

1994 wurde das gesamte Gebiet zum 63 km² großen Góry-Stołowe-Nationalpark (Park Narodowy Gór Stołowych) erklärt. Die Highlights des Parks sind die Große Heuscheuer (Szczeliniec Wielki) und die Wilden Löcher (Błędne Skały).

Praktische Informationen

Die Parkverwaltung in Kudowa-Zdrój hält alle nötigen Informationen bereit. Die PPWK-Karte *Góry Stołowe* ist für Wanderer, aber auch für Autofahrer wirklich hilfreich. In ihr sind alle Wanderwege und wichtigen Felsformationen eingezeichnet und sie enthält Karten der Großen Heuscheuer und der Wilden Löcher.

Sehenswertes

GROSSE HEUSCHEUER (SZCZELINIEC WIELKI)

Die **Große Heuscheuer** (Erwachsene/ermäßigt 5/2,50 Zł) ist die höchste Erhebung der gesamten Bergkette (919 m) und ist schon seit Ewigkeiten ein Besuchermagnet – 1790 war der begeisterte Wanderer Goethe einer der ersten Touristen, die hier durchkamen, woran heute eine Plakette erinnert. Von weitem sieht das Plateau wie ein hoher Rücken mit Zinnen aus, der abrupt aus den Feldern herrausragt. Der beliebteste Aufstieg beginnt in dem kleinen Dorf Karłów, etwa 1 km südlich des Plateaus, von wo aus eine kurze Straße bis zu den Ausläufern führt. 665 Steinstufen führen seit 1790 bis zur Snackbar der PTTK auf dem Plateau hinauf – was ungefähr eine halbe Stunde dauert.

Um den Gipfel herum geht's am Klippenrand entlang (mit toller Aussicht) und weiter landeinwärts. Die „Langen Stufen" führen hinunter in die „Teufelsküche", wer die Schlucht von „Hölle" und „Fegefeuer" durchquert hat, steigt über schmale Felsstufen zum „Himmel", einem weiteren Aussichtspunkt, hinauf. Weniger gläubige Wanderer fühlen sich durch die Landschaft vielleicht an die Ruinen einer längst untergegangenen Zivilisation erinnert. Wie dem auch sei, die Erfahrung bleibt unvergesslich.

Der Wanderweg führt noch zu zwei anderen Aussichtspunkten auf der gegenüberliegenden Seite des Plateaus und schlängelt sich dann zum Ausgangspunkt zurück. Zeit und Erosion haben an den Felsen hier die wildesten Spuren hinterlassen. Sie tragen

Schilder mit den Namen jeder einzelnen Formation. Bei einigen braucht es schon eine gehörige Portion Phantasie, aber bei anderen, wie dem Kamel und dem Pferd, muss wohl jeder lächeln, sobald er es begriffen hat. Ein Knaller ist der große Affe, der über die Ebene blickt – es ist erstaunlich, was die Natur manchmal so anstellt.

Der gesamte Rundgang dauert etwa eine Stunde und da bleibt genug Zeit zum Gucken. Es gibt keine Öffnungszeiten und außerhalb der Sommersaison ist auch schon mal keiner da, um den Eintritt zu kassieren.

WILDE LÖCHER (BŁĘDNE SKAŁY)

Etwa 4 km Luftlinie nach Westen warten die Wilden Löcher (Błędne Skały). Die Gletscher der Eiszeit hinterließen hier Hunderte monströser Felsen in ansatzweise geometrischen Formen, die ein riesiges Labyrinth bilden. Ein Wanderweg führt zwischen den Felsen hindurch, die an einigen Stellen so eng stehen, dass man sich seitlich hindurchquetschen muss.

Für den Rundgang und die unvermeidlichen Fotos reicht eine Stunde. Die Wilden Löcher können das ganze Jahr über erwandert werden; es gibt sogar abenteuerlustige Trekker, die mitten im Winter hierher kommen, um sich durch den brusthohen Schnee zu buddeln! Der Eintritt beträgt 4 Zł für Erwachsene und 2 Zł Sommerzuschlag; Fahrzeuge kosten extra. Autos werden jede Stunde einmal 15 Minuten lang rein und raus gelassen, aber wer drin ist, darf bleiben, solange er will.

Ungefähr auf halber Strecke zwischen Kudowa-Zdrój und Karłów zweigt eine schmale, aber befestigte Straße ab, die nach etwa 3,5 km die Wilden Löcher erreicht. Öffentliche Verkehrsmittel gibt es leider keine. Nur einen rot markierten Wanderweg zwischen der Großen Heuscheuer und den Wilden Löchern.

An- & Weiterreise

Das Heuscheuer-Gebirge ist von der Fläche her nicht besonders groß, deshalb reicht für die Highlights normalerweise ein Tagesausflug. Von Kudowa-Zdrój (Bad Kudowa) fährt ein halbes Dutzend Busse nach Karłów (Karlsberg; 4,20 Zł, 25 Min.), einige davon aber nur im Sommer und nicht an Wochenenden. Sie folgen der Straße der Hundert Kurven, die sich spektakulär durch den Wald windet und praktisch keinen einzigen geraden Abschnitt hat. Außerdem gibt es in Kudowa-Zdrój private Minibusse. Radfahrer können die Fahrradroute nutzen, die direkt bis in die Tschechische Republik führt.

WAMBIERZYCE (ALBENDORF)

☎ 74 / 1200 Ew.

Das kleine Wambierzyce ist nicht nur ein bedeutender, sondern auch noch einer der ältesten Wallfahrtsorte Polens. Der Legende nach soll 1218 ein blinder Bauer sein Augenlicht zurückerhalten haben, nachdem er vor einer Marienfigur gebetet hatte, die in einer hohlen Linde stand. Am Ort des Wunders wurde eine hölzerne Kapelle errichtet und später durch eine Kirche ersetzt. Mundpropaganda verbreitete diese Geschichte und weil die Pilgerzahlen zunahmen, wurde zwischen 1695 und 1711 eine große zweitürmige Basilika gebaut. Kaum war sie fertig, brach sie schon wieder zusammen, ein neues Gotteshaus – mit der alten unzerstörten Renaissancefassade – musste her, das bis heute mehr oder weniger unverändert blieb.

Die größten Pilgerscharen versammeln sich an den Marienfeiertagen am 2. Juli, 15. August und 8. September sowie an den Sonntagen davor und danach.

Sehenswertes

Eine Treppe mit 33 Stufen (die Jesus Alter bei der Kreuzigung symbolisieren) führt zur 50 m breiten Fassade der **Wallfahrtskirche** (🕑 7.30–18 Uhr). Sie erscheint mehr wie ein Palast, auch weil sie keine Türme besitzt. Der Seiteneingang führt in den Kreuzgang um die Kirche herum, in ihm finden sich zahlreiche Kapellen und die Kreuzwegstationen. Die Wände sind voll mit Marien- und Votivbildern. Eine Reliquie des modernen polnischen Heiligen Zygmunt Gorazdowski (1845–1920), der ein gebürtiger Pole aus Lvov war, wird hier aufbewahrt. Trotz schwerer Atemprobleme kämpfte er im Aufstand von 1863 und wurde später Priester, Autor und Lehrer. 2001 sprach der Papst ihn selig.

Der Kreuzgang täuscht ein bisschen und so ist die Kirche im Zentrum des Komplexes wesentlich kleiner als sie von außen scheint. Ihr Grundriss beruht auf zwei Ellipsen, wobei die eine das Schiff und die andere den Altarraum bildet. Beide besitzen eine ausgemalte Kuppel. Zur Barockausstattung gehört eine besonders reich geschmückte Kanzel. Im Presbyterium hinter einem Ziergitter von 1725 zeigt der verzierte Hauptaltar die wundertätige Miniatur (nur 28 cm hoch) der Muttergottes mit dem Kind. Die Gemälde stammen unter anderem von den Meistern Bonoro und Willmann.

An jedem Samstag- und Sonntagabend im Sommer wird die Fassade mit raffinierter Beleuchtung dramatisch angestrahlt. Zu dieser Zeit lohnt sich ein Gang die Treppen hinunter besonders.

Der Hügel gegenüber der Kirche ist mit einer bunten Mischung aus Kapellen, Toren, Grotten, Skulpturen usw. geschmückt, die alle die **Stationen der Passion** darstellen. Dieser Kalvarienberg wurde im späten 17. Jh. nach dem Vorbild des Originals in Jerusalem errichtet und enthält zurzeit 79 Stationen, aber noch mehr schießen in der ganzen Stadt aus dem Boden.

Im Osten der Kirche findet sich die **Szopka** (☎ 871 91 97; Ul Objazdowa; Eintritt 3 Zł; 🕑 Mai–Sept. 9–16 Uhr, Okt.–April 10–16 Uhr), eine große mechanisch betriebene Krippe mit Szenen aus der Bibel. Die Hauptszene mit der Geburt Jesu enthält 800 winzige Figuren (aus Lindenholz), von denen sich 300 bewegen können. Andere Szenen zeigen die Kreuzigung, das Letzte Abendmahl und den Mord an den Unschuldigen Kindern. Der einheimische Künstler Longinus Wittig (1824–95) schuf die Krippe über einen Zeitraum von 28 Jahren.

Etwa 2,5 km westlich der Kirche liegt der private **Skansen** (☎ 871 91 84; Ul Wiejska 52; 🕑 9 Uhr–Sonnenuntergang) der Stadt. Dieses Museum ist das Resultat einer zehnjährigen Arbeit des exzentrischen Eigentümers und zeigt so ziemlich alles, was man sich nur vorstellen kann: Antiquitäten, alte Haushaltsgeräte, Mineralien, ausgestopfte Vögel und Bergmannsuniformen, dazu gibt es einen Minizoo. Der Eintritt ist frei, aber Spenden sind jederzeit willkommen. Der Skansen bietet zudem preiswerte Unterkunft und Essen.

Schlafen & Essen

Hotel Wambierzyce (☎ 871 91 86; www.hotel-wambierzyce.pl auf Deutsch; Plac NMP 1; EZ/DZ/3BZ/Suite 150/240/280/600 Zł; Ⓟ) Alles, was man braucht, in einem praktischen Paket – und das nicht mal eine Minute Pilgerreise von der Kirche entfernt. Die Zimmer sind alle gleich anheimelnd altmodisch (inklusive einiger Kachelöfen), das Restaurant ist das Beste am Ort und Pooltisch, Bar, Disko und Minifitnessraum sollten für den einen oder anderen Abend reichen.

Noch einiges günstiger sind die Privatzimmer, die von den Einheimischen vermietet werden. Auch die Priester bieten preiswerte Unterkünfte an – einfach den Schildern zum Dom Pielgrzyma Nazaret oder Dom Pielgrzyma Betlejam folgen. Rund um den Marktplatz gibt es einige eher einfache Restaurants.

An- & Weiterreise

Es gibt regelmäßige Busverbindungen nach Kłodzko (Glatz; 6,40 Zł, 1 Std.) über Polanica-Zdrój (Bad Altheide), aber nur drei Busse fahren direkt nach Kudowa-Zdrój (Bad Kudowa; 6,10 Zł, 55 Min.). In Wambierzyce gibt es keine Bahnlinie.

BYSTRZYCA KŁODZKA (HABELSCHWERDT)

☎ 74 / 14 000 Ew.

Bystrzyca Kłodzka ist nach Kłodzko die zweitgrößte Stadt der Region und liegt auf einer ähnlichen Hügelkuppe über der Glatzer Neiße (Nysa Kłodzka). Die Stadt wurde seit ihrer Gründung im 13. Jh. mehrfach zerstört und wiederaufgebaut, überstand aber ironischerweise den Zweiten Weltkrieg völlig unbeschadet. Es gibt hier nicht allzu viele Attraktionen, aber der Ort ist eine gute Basis für Ausflüge ins südliche Glatzer Land.

Praktische Informationen

Touristeninformation (☎ 811 37 31; www.bystrzycaklodzka.pl auf Polnisch; Baszta Rycerska, Ul Rycerska 20; 🕑 Mo–Fr 8–17 Uhr, Sa 10–16 Uhr)

Sehenswertes

Die schmuddeligen Häuser um den **Marktplatz** (Plac Wolności) sind aus allen möglichen Stilepochen. Der achteckige Renaissanceturm des **Rathauses** in der Mitte verleiht dem Platz ein beinahe italienisches Flair. 1567 gebaut, ist er das einzige wirklich Alte an diesem Gebäude, das sein heutiges Aussehen im 19. Jh. erhielt. Direkt neben dem Rathaus steht die schöne, barocke **Dreifaltigkeitssäule**.

Im 14. Jh. war die Stadt von Wehrmauern umgeben, von denen einige heute noch erhalten sind. Zu den größten Bauten zählen das **Wassertor** (Brama Wodna) südlich vom Markplatz und der **Glatzer Turm** (Baszta Kłodzka) auf der gegenüberliegenden Seite der Altstadt.

Der benachbarte **Ritterturm** (Baszta Rycerska) wurde im 19. Jh. zum Glockenturm der angebauten evangelischen Kirche. Nach dem Zweiten Weltkrieg zog hier das **Streichholzmuseum** (Muzeum Filumenistyczne; ☎ 811 06 37; Mały Rynek; Eintritt 3 Zł; 🕒 Di–So 8–16 Uhr) ein. Den Kern der Sammlung bilden alte Feuerzeuge und Streichholzschachteln aus den verschiedensten Ländern. Auf dem Platz vor dem Museum steht der alte **Schandpfahl** (pręgierz) von 1556; die lateinische Inschrift am oberen Ende lautet: „Gott bestraft die Gottlosen".

Auf dem höchsten Punkt der Altstadt, nur einen Häuserblock nordwestlich vom Marktplatz, steht die **Pfarrkirche**. Sie besitzt einen ungewöhnlichen doppelschiffigen Innenraum mit sechs gotischen Pfeilern entlang der Mittelachse.

Schlafen & Essen

Hotel Piast (☎ 811 03 22; Ul Okrzei 26; EZ 35–60 Zł, DZ 50–80 Zł) Dieses einfache Hotel am Rand der Altstadt hat Zimmer mit und ohne Bad. Die Fernseher sind praktisch unbrauchbar und es gibt keine Duschvorhänge, aber deutsche Jugendgruppen scheinen es zu lieben.

Bistro Bałuszek (Ul Sienkiewicza; Hauptgerichte 4–10 Zł; 🕒 Frühstück, Mittag- & Abendessen) Einfache Kneipe, ziemlich traditionell; es gibt ein paar nette Terrassenplätze für das sommerliche Bier.

An- & Weiterreise

Der Bahnhof liegt östlich der Altstadt. Von hier aus fahren täglich Züge nach Kłodzko (Glatz; 4,60 Zł, 9-mal tägl.), Międzylesie (Mittelwalde; 4,60 Zł, 10-mal tägl.) und Wrocław (Breslau; 15,90 Zł, 8-mal tägl.).

Außerdem gibt es einen Bus nach Kłodzko (Glatz; 4 Zł, ½ Std.), der mindestens einmal pro Stunde vom Busbahnhof 200 m nördlich der Pfarrkirche abfährt. Die Busverbindungen nach Międzygórze (Wölfelsgrund; 4 Zł, 40 Min., stdl.) sind gut und einige Busse fahren nach Stronie Slaskie(Seitenberg; 6,80 Zł, 1 Std.) und Boboszów (Bobischau; 5 Zł, 50 Min.). Die Haltestellen zu den meisten Zielen in der näheren Umgebung liegen auf der anderen Seite der Ul Sienkiewicza in einer Seitengasse.

MIĘDZYGÓRZE (WÖLFELSGRUND)

☎ 74 / 700 Ew.

Międzygórze ist das Muster eines Bergdorfs, ein kleiner, charmanter Ort in wunderschöner Lage in einem tiefen, bewaldeten Tal. Es war im späten 19. und frühen 20. Jh. ein exklusiver deutscher Ferienort und besitzt heute noch ein paar prachtvolle (wenn auch vernachlässigte) Villen, die wie ein Direktimport aus Tirol wirken.

Praktische Informationen

Bibliothek (Ul Santoryjna 2; 1 Std. 4 Zł) Internetzugang.

PTTK-Büro (☎ 813 51 95; www.pttkmiedzygorze.ta.pl auf Polnisch; Ul Wojska Polskiego 2; 🕒 Mo–Fr 8–16 Uhr, Juni–Sept. zusätzl. Sa 8–14 Uhr) Touristeninformation.

Sehenswertes & Aktivitäten

Die Umgebung von Międzygórze ist ein Paradies für Spaziergänger, Wanderer und Outdooraktivisten. Im Nordwesten erhebt sich der **Spitzige Berg** (Igliczna, 845 m) mit einer kleinen Barockkirche auf dem Gipfel. Es gibt drei Wege – rot, grün und blau markiert –, die in etwa einer Stunde dorthin führen.

Etwa auf halber Höhe den gelben Weg hinauf lockt der **Ogród Bajek** (Märchenwald; Erwachsene/ermäßigt 3,50/2 Zł; 🕒 Mai–Sept. 10–18 Uhr, Okt.–April 10–16 Uhr), eine Miniaturwelt mit Hütten und Figuren aus polnischen Märchen, die ursprünglich in den 1920er Jahren zusammengestellt und in den 1970er und späten 1980er Jahren vollständig restauriert wurde. Es ist nicht immer auf Anhieb zu erkennen, welches Märchen gemeint ist (was machen eigentlich der Roadrunner und der Koyote hier?), aber die bizarren Konstruktionen aus Holz, Tannenzapfen und anderen Rohstoffen sind ziemlich lustig.

Es gibt mindestens fünf längere Wanderwege, die im Ort beginnen oder durch ihn hindurchführen. Der beliebteste ist der Weg hinauf auf den **Schneeberg** (Śnieżnik, 1425 m), den höchsten Gipfel der Gegend. Der rote Wanderweg dorthin dauert etwa drei Stunden. Wanderer sollten sich die Karte *Ziemia Kłodzka* (Maßstab 1:90 000) zulegen.

Etwas weiter weg liegt Czarna Góra, der Schwarze Berg, ein hervorragendes modernes **Skizentrum** (☎ 814 12 45; www.czarnagora.pl auf Polnisch) mit sicherer Schneedecke.

Międzygórze selbst glänzt mit dem 27 m hohen **Wölfelsfall** (Wodospad Wilczki) neben der Straße am Westrand des Dorfs. Wege durchziehen den Wald um den Wasserfall herum, so dass sich schöne Fotomotive aus verschiedenen Winkeln ergeben, einschließlich einer Brücke direkt über dem Fall.

Schlafen & Essen

Pensjonat Millennium (☎ 813 52 87; www.millennium.maxi.pl auf Polnisch; Ul Wojska Polskiego 9; EZ 75 Zł, DZ 95–99 Zł, Suite 135 Zł; Ⓟ ☒) Zentrale Unterkunft im alpinen Stil zu Schnäppchenpreisen. Der Name ist unserer Zeit etwas hinterher, aber das Hotel ist mit seinem Restaurant und dem charmanten Gemeinschaftsbalkon absolut akzeptabel.

Centralna Recepcja FWP (☎ 813 51 09; www.fwp.pl auf Polnisch; Ul Sanatoryjna 2; Zi. pro Person 20–35 Zł, Suite 125–150 Zł; ⏲ 7–21 Uhr) Die FWP führt neun der besseren Ferienheime vor Ort. Das Angebot reicht von Einzelzimmern mit Gemeinschaftsbad bis hin zu Suiten mit allem Drum und Dran. Das Büro erledigt den gesamten Papierkram, kassiert die Zimmermiete und gibt die passenden Schlüssel heraus.

Dom Wczasowy Nad Wodospadem (☎ 813 51 20; www.miedzygorze.net; Ul Wojska Polskiego 12; DZ 65–90 Zł, 3BZ/4BZ/Suite 80/90/150 Zł; Ⓟ) Am westlichen Ende des Dorfes, direkt neben dem Wasserfall, bietet das Nad Wodospadem vernünftige Zimmer, die mehr oder weniger zeitgemäß sind, und ein eigenes Restaurant.

Schronisko Na Śnieżniku (☎ 813 51 30; Schlafsaal 15–20 Zł) Wanderer auf dem Schneeberg, die nicht direkt zurück wollen, können in dieser PTTK-Berghütte mit 48 Betten eine halbe Stunde unter dem Gipfel übernachten. Kerzen sind eine gute Investition – es gibt keinen elektrischen Strom.

An- & Weiterreise

Alle Busse, die Międzygórze verlassen, fahren nach Bystrzyca Kłodzka (Habelschwerdt; 5,50 Zł, 40 Min.), was etwa alle zwei Stunden geschieht. Sechs Busse fahren weiter nach Kłodzko (Glatz; 7,40 Zł, 1 Std.).

Zu Fuß zur Bärenhöhle in Kletno (Klessengrund) führen zuerst die schwarze Langlaufloipe, vom Dorf aus östlich neben der unbefestigten Straße, und dann der gelbe Weg, der nach Norden abbiegt. Die Strecke sollte in zwei Stunden zu bewältigen sein.

KLETNO (KLESSENGRUND)

☎ 74 / 300 Ew.

Kletno ist ein Weiler, der sich über 3 km an einer Straße entlang streckt. Die Topattraktion ist hier die schönste Höhle Polens, die sich hinter dem Dorf zwischen den Bäumen versteckt und Scharen von Neugierigen anlockt. Die Knochen eines eiszeitlichen Höhlenbären, die man hier fand, gaben ihr den Namen **Bärenhöhle** (Jaskinia Niedźwiedzia; ☎ 814 12 50; Erwachsene/ermäßigt 18/13 Zł; ⏲ Feb.–April 10–17.40 Uhr, Mai–Aug. 9–16.40 Uhr, Sept.–Nov. 10–17.40 Uhr, Mo & Di geschlossen).

Die Höhle wurde 1966 zufällig beim Marmorabbau entdeckt und seit 1977 kann die Öffentlichkeit 400 m des 3 km langen Labyrinths betreten. Der Eingang liegt hinter einem Schutzpavillon mit Snackbar und einer Ausstellung zur Geschichte dieser Höhle. Dann geht es durch spektakuläre Gänge und Kammern voller Stalagmiten und Stalaktiten. Die Luftfeuchtigkeit beträgt nahezu 100 % und die Temperatur liegt ganzjährig bei 6 °C.

Die Führungen (nur auf Polnisch) nehmen bis zu 15 Teilnehmer mit, beginnen alle 20 Minuten und dauern rund 40 Minuten. Die Höhle ist sehr beliebt und kann vor allem im späten Frühjahr und im Sommer von Schulklassen und Individualtouristen überlaufen sein. Tipp: Die Verwaltung anrufen und bei Bedarf eine Führung im Voraus buchen.

An der Straße von Kletno gibt es Pensionen, Campingplätze und Agrotourist-Höfe in Hülle und Fülle.

An- & Weiterreise

Am besten ist Kletno (Klessengrund) über Stronie Slaskie (Seitenberg) zu erreichen, von wo aus es regelmäßige Busbverbindungen nach Kłodzko (Glatz; 7,40 Zł, 1¼ Std., 15-mal tägl.) und Bystrzyca Kłodzka (Habelschwerdt; 6,80 Zł, 1 Std., 10-mal tägl.) gibt. Von hier aus sind es 9 km über den gelben Weg zu Fuß bis zur Höhle (2½ Std.). Wem das zuviel ist, der nimmt den Bus nach Bolesławów (Wilhelmsthal; 12-mal tägl.), steigt in Stara Morawa (Altmohrau) aus und läuft die restlichen 5 km. Es gibt nur einen Nachmittagsbus von Kletno nach Stronie Slaskie (Seitenberg; 3,30 Zł, ¼ Std.), der aber sofort wieder umkehrt, das bedeutet entweder zurückzulaufen oder rechtzeitig aufzubrechen, um den letzten Bus aus Stara Morawa zu erreichen (gegen 17 Uhr).

Auch von Międzygórze aus führt ein Wanderweg zur Bärenhöhle.

PACZKÓW (PATSCHKAU)

☎ 77 / 8600 Ew.

Paczków ist ein verschlafenes Nest auf halbem Wege zwischen Nysa und Kłodzko, dafür aber mit 750-jähriger Geschichte und einer der besterhaltenen mittelalterlichen Befestigungen im ganzen Land. Die winzige Altstadt innerhalb der Mauern hat sich einiges von ihrem alten Aussehen und viel von ihrem Charme bewahrt.

Praktische Informationen

Bank Zachodni (☎ 431 65 55; Rynek 11)

Touristeninformation (☎ 431 67 90; www.paczkow.pl auf Deutsch; Ul Słowackiego 4; ⌚ Mo–Fr 7–20 Uhr, Sa 9–17 Uhr)

Sehenswertes

Der ovale Ring der **Stadtmauern** wurde um 1350 errichtet und mit einem Graben umgeben. Dieses System konnte die Stadt einige Zeit schützen, aber als im 15. Jh. die Feuerwaffen in Mode kamen, wurde ein zweiter, äußerer Befestigungsring außerhalb des Grabens gezogen (er wurde im 19. Jh. geschleift).

Die ursprünglichen Mauern blieben glücklicherweise erhalten und da die Stadt im Zweiten Weltkrieg weitgehend unbeschädigt blieb, umringen sie noch immer das historische Viertel. Früher waren sie über die gesamte Länge (1200 m) 9 m hoch und besaßen einen hölzernen Wehrgang.

Es gab vier Tore mit Türmen und Ziehbrücken (drei davon stehen noch) und es gab 24 halbrunde Mauertürme (von denen noch 19 vorhanden, wenn auch nicht ganz unbeschadet sind). Der älteste der drei Tortürme, das **Breslauer Tor** (Brama Wrocławska; Eintritt 3 Zł; ⌚ Mai–Sept. 10–17 Uhr) aus dem 14. Jh., kann bestiegen werden.

Der **Rynek** nimmt einen großen Teil der Altstadt ein. Das **Rathaus** wurde Mitte des 16. Jhs. erbaut, aber nur der Turm ist noch aus dieser Zeit; das Hauptgebäude wurde in den 1820er Jahren umfassend modernisiert. Der Rundblick vom **Turm** (Eintritt 3 Zł; ⌚ Mai–Sept. 10–17 Uhr) aus übertrifft den vom Breslauer Tor.

Die **Pfarrkirche** St. Johannes der Täufer im Süden des Rynek ist ein gedrungener gotischer Kubus aus der zweiten Hälfte des 14. Jhs. – eine echte Wehrkirche. Die Renaissancezinnen wirken etwas schwerfällig und unattraktiv, aber das gotische Portal macht dies zum Teil wieder wett. Der Innenraum ist heute überwiegend neogotisch, von der ursprünglichen Ausstattung ist nicht viel geblieben. Das Bemerkenswerteste ist ein Brunnen im rechten Schiff, der in Zeiten der Belagerung die Einwohner mit Wasser versorgte.

Einen kurzen Fußweg vom Rynek nach Norden findet sich das interessante **Museum der Gasindustrie** (Muzeum Gazownictwa; ☎ 431 68 34; Ul Pocztowa 6; Eintritt frei; ⌚ Mo–Fr 8–14 Uhr) im alten roten Backsteinbau des Gaswerks, das hier von 1902 bis 1977 in Betrieb war. Das Museum gibt einen Einblick in die Erdgasförderung und zeigt Fördermaschinen sowie Verwandtes: Heizöfen, Bügeleisen, Lampen und Küchenherde. Außerdem gibt es hier die größte Gasuhrensammlung Europas mit über 500 Exponaten.

Schlafen

Hotel Korona (☎ 431 62 77; Ul Wojska Polskiego 31; DZ/3BZ/4BZ 80/95/115 Zł; Ⓟ) Das Korona ist ein kleines Hotel mit zehn Zimmern im Südosten der Altstadt. Schöne Zimmer, ein freundlicher Familienbetrieb und eine gemütliche Atmosphäre werden durch einen hübschen Garten mit Terrasse abgerundet.

PTSM-Herberge Pod Basztą (☎ 431 64 41; Ul Kołłątaja 9; Schlafsaal 20–30 Zł; ⌚ Juli & Aug.) Die Herberge liegt auf der dritten Etage der Schule auf der Westseite der umfriedeten Stadt. Der Eingang ist auf der Rückseite des Hauses. Die meisten Betten stehen in großen Schlafsälen.

Camping Nr 258 (☎ 431 65 09; Ul Jagiellońska 8; Zeltplatz/Hütte/Apt. 5/45/90 Zł; ⌚ Juni–Sept.) Dieser Campingplatz im Süden der Altstadt bietet eine Reihe rustikaler Hütten und einen Zeltplatz. Er liegt im örtlichen Sportzentrum, das über ein Schwimmbad verfügt.

An- & Weiterreise

Vom Busbahnhof am Rand der Altstadt gibt es mindestens zweimal in der Stunde Verbindungen nach Nysa (Neisse; 6 Zł, ¾ Std.) und Otmuchów (Ottmachau; 4,80 Zł, ½ Std.). An der Strecke befinden sich einige wunderschöne Bergpanoramen. In der Gegenrichtung fahren alle zwei bis drei Stunden Busse nach Kłodzko (Glatz; 6,80 Zł, 50 Min.).

OTMUCHÓW (OTTMACHAU)

☎ 77 / 5500 Ew.

Otmuchów an der Strecke von Kłodzko nach Nysa lohnt einen Zwischenstopp. Die Stadt gehörte über 500 Jahre den Bischöfen von Breslau und wurde zu einem bedeutenden kirchlichen Zentrum. Zwischen zwei Seen, dem Ottmachauer See im Westen und dem Stausee der Glatzer Neiße im Osten, ist Otmuchów heute ein beliebter Ferienort für die Leute aus der Umgebung.

Sehenswertes

Der abschüssige Marktplatz besitzt kaum noch etwas von seinem früheren Charakter, sieht man einmal vom **Rathaus** aus dem 16. Jh. ab. Dessen Renaissanceturm mit seiner schönen doppelten **Sonnenuhr** wurde 1575 errichtet. Die barocke **Pfarrkirche** mit Blick über den Rynek wurde gegen Ende des 17. Jhs. erbaut. Fast die gesamte Innenausstattung, einschließlich der Fresken von Dankwart und der Gemälde von Willmann, stammt aus dieser Zeit.

Im Süden der Kirche liegt auf dem Hügel das gewaltige **Schloss**, das auf den Grundmauern einer Burg aus dem 12. Jh. steht. Es ist heute ein Hotel, aber im Sommer dürfen Besucher den Turm besteigen und sich bei **Gruppenführungen** (pro Person 3–4 Zł) den Rest des Gebäudes erklären lassen. Die Vorderterrasse und den Park um den Hügel herum dürfen sie ungeführt erkunden.

Schlafen & Essen

Gościniec Zamek (☎ 431 46 91; www.zamek.otmuchow.pl auf Deutsch; Ul Zamkowa 4; EZ/DZ/3BZ/Suite 130/160/190/200 Zł; Ⓟ) Wer eine Weile bleiben will, muss auf jeden Fall im Schloss übernachten, sonst entgeht ihm das schöne Drumherum: das weinlaubgeschmückte Restaurant, die vielen Pflanzen, die ein oder andere Kanone und die überall herumstehenden landwirtschaftlichen Werkzeuge. Das Frühstück ist nicht im Übernachtungspreis inbegriffen.

An- & Weiterreise

Otmuchów liegt an der Straße von Nysa (Neisse) nach Paczków (Patschkau), auf der regelmäßig Busse verkehren. Der Busbahnhof liegt auf der Südseite des Schlosshügels.

NYSA (NEISSE)

☎ 77 / 48 000 Ew.

Über Jahrhunderte war Nysa eines der bedeutendsten religiösen Zentren in Schlesien. Im 17. Jh. wurde es Sitz der katholischen Bischöfe, die aus dem neuerdings protestantischen Breslau fliehen mussten. Sie machten Nysa schnell zu einer Bastion der Gegenreformation, die so stark wurde, dass man vom schlesischen Rom sprach. In dieser Zeit entstand eine ganze Reihe Kirchen, von denen einige heute noch stehen.

Etwa 80 % der Gebäude Nysas wurden während der erbitterten Schlachten von 1945 zerstört und ästhetische Erwägungen spielten beim Wiederaufbau nach dem Krieg keine besonders große Rolle. Trotzdem blieben ein paar historische Gebäude erhalten. Darüber hinaus punktet Nysa mit der beeindruckenden Kathedrale, dem lebendigen Kleinstadtfeeling und einem wirklich netten Hotel.

Praktische Informationen

JTR (☎ 448 10 00; Ul Bracka 1; 1 Std. 3 Zł) Internetzugang.

Postamt (☎ 433 22 25; Ul Krzywoustego 21)

PTTK-Büro (☎ 433 41 71; Ul Bracka 4; Mo–Fr 9–16 Uhr) Touristeninformation.

Sehenswertes

Die mächtige **Backsteinkathedrale** St. Jakobus beeindruckt durch ihr schon fast schwarz gewordenes Äußeres und das schöne Doppelportal. In den 1420er Jahren erbaut, wurde sie nach einem Brand 1542 neu aufgebaut und hat sich seitdem kaum mehr verändert. Das 4000 m² große Dach ist das steilste Kirchendach Europas.

Der riesige Innenraum ist einmal nicht mit dem üblichen Barock überfüllt, sondern wirkt in seiner Luftigkeit schlicht und erhaben. Doch wer genau hinsieht, erkennt in den Seitenkapellen (18 an der Zahl) funkelndes Buntglas und einen Schatz an Grab-

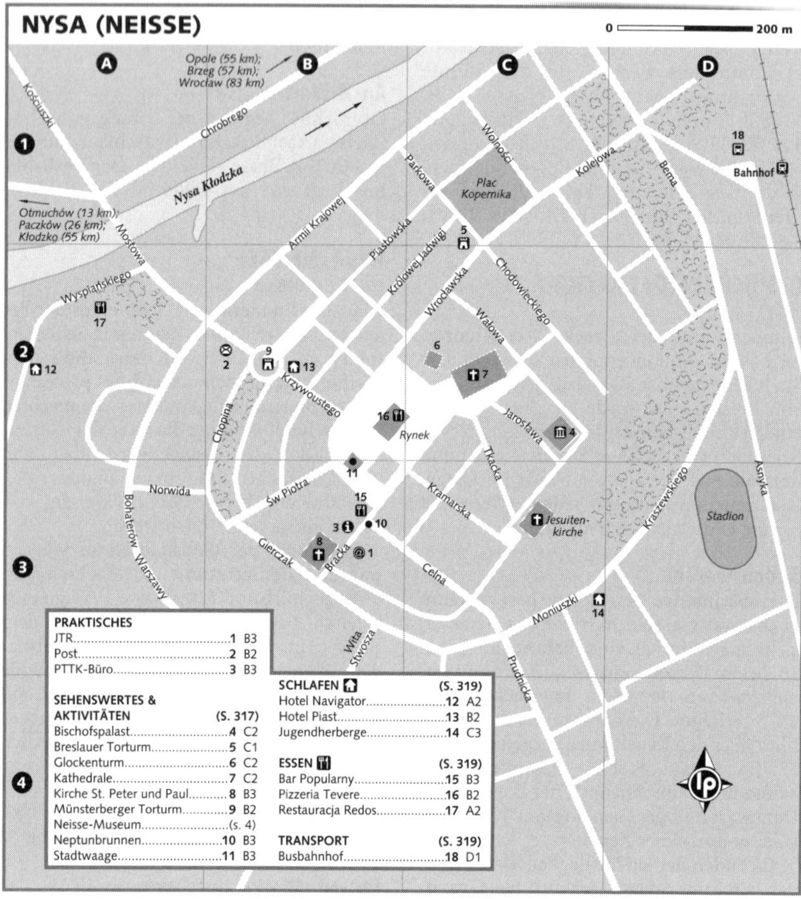

steinen und Epitaphen, die zusammen die größte Sammlung von Grabbildhauerei in einer schlesischen Kirche darstellen.

Der freistehende **Glockenturm** wurde 50 Jahre nach der Kirche begonnen und sollte ursprünglich 100 m hoch werden. Nach 40 Jahren Arbeit hatte er gerade mal die Hälfte geschafft und wirkt von daher etwas seltsam, vor allem mit dem später aufgesetzten albernen Türmchen.

Im Osten der Kathedrale steht der Bischofspalast (Pałac Biskupi) aus dem 17. Jh., eine geräumige ehemalige Residenz, die heute das **Neisse-Museum** (☎ 433 20 83; Ul Jarosława 11; Erwachsene/ermäßigt 4/2 Zł, Sa Eintritt frei; ⌚ Di 9–17 Uhr, Mi–Fr 9–15 Uhr, Sa & So 10–15 Uhr) beherbergt. Die Sammlung befasst sich mit der Stadtgeschichte und die Exponate reichen von archäologischen Funden bis hin zu Fotos von den Kriegsschäden und einem Modell der Stadt aus ihrer Blütezeit. Darüber hinaus zeigt das Museum europäische Gemälde aus dem 15. bis 19. Jh., überwiegend aus der flämischen und holländischen Schule.

Vor der Kathedrale zeigt der riesige **Rynek** das ganze Ausmaß der Kriegsverwüstungen. Nur die Südseite des Platzes mit ihren restaurierten Häusern aus dem 16. Jh. ist halbwegs erhalten geblieben. Das Haus gegenüber ist die **Stadtwaage** (Dom Wagi Miejskiej) von 1604 mit Fragmenten eines Mauerbildes aus dem 19. Jh. Um die Ecke, in der Ul Bracka, befinden sich noch mehr historische Gebäude und der barocke **Neptunbrunnen** von 1701.

Hinter dem Brunnen steht die zweitürmige Kirche **St. Peter und Paul,** in den 1720er Jahren für die Kreuzherren gebaut. Sie besitzt einen der schönsten barocken Innenräume Schlesiens, komplett mit opulentem Hauptaltar, Orgel und Trompe l'œil-Wandgemälden. Die Kirche wird nur für die Gottesdienste (an Wochentagen 8 und 18 Uhr, an Sonntagen 10 Uhr) aufgeschlossen.

Die einzigen nennenswerten Spuren einer mittelalterlichen Stadtbefestigung sind zwei Backsteintürme aus dem 14. Jh.: Der **Münsterberger Torturm** (Wieża Ziębicka; Ul Krzywoustego) und der **Breslauer Torturm** (Wieża Wrocławska; Ul Wrocławska).

Schlafen

Hotel Navigator (☎ 433 41 70; www.aro.pl/navigator auf Polnisch; Ul Wyspiańskiego 11; EZ 80–150 Zł, DZ 100–180 Zł; Ⓟ) Warum gibt es in Polen nicht mehr Hotels wie dieses? Das zauberhafte Etablissement ist genau so, wie ein Gasthaus sein soll, von antiken Möbeln bis zum geselligen Frühstück in der Familienküche. Die Zimmer im obersten Stock sind kleiner und einfacher, aber immer noch vollkommen in Ordnung. Echte Klasse bietet das Danzig-Zimmer. Insgesamt: höchste Empfehlung.

Hotel Piast (☎ 433 40 84; Ul Krzywoustego 14; EZ/DZ/3BZ/Suite 135/170/255/230 Zł) Gute Touristenklasse, ein Kühlschrank in jedem Zimmer und kleine Balkone lenken wirkungsvoll von den gelegentlichen Löchern in den Wänden ab (die Sanierung sollte mittlerweile abgeschlossen sein). Das Piast leistet auch mit seinem eigenen Restaurant einen wertvollen Beitrag zur kulinarischen Szene in Nysa.

Jugendherberge (☎ 433 37 31; Ul Moniuszki 9; Schlafsaal 15–25 Zł) Nur wenige Häuserblocks vom Rynek entfernt, bietet diese Jugendherberge 54 Betten in kleinen Zweier- und Viererzimmern und damit etwas mehr Privatsphäre als die meisten ihrer Art.

Essen

Restauracja Redos (☎ 433 49 72; Ul Wyspańskiego 1a; Hauptgerichte 8–18 Zł; 🕑 Mittag- & Abendessen) Ein scheinbar unschuldiger Pavillon in Flussnähe beherbergt dieses lebhafte Brauhaus, das ein eher junges Publikum mit Pizza und anderen modernen Grundnahrungsmitteln füttert. Gelegentliche Clubnächte fordern die Boxen heraus.

Pizzeria Tevere (☎ 433 30 03; Rynek 36b; Hauptgerichte 7–25 Zł; 🕑 Mittag- & Abendessen) Diese verklinkerte Höhle der Pasta, Pizzen, Steaks und Schnitzel ist bei Trinkern und Hungrigen gleichermaßen beliebt, die die laute Musik, die durchbrochene Bar und die Fotokunst an den Wänden genießen.

Bar Popularny (☎ 433 30 15; Rynek 23/24; Hauptgerichte 3–8,70 Zł; 🕑 Mo–Sa Frühstück & Mittagessen) Diese Milchbar ist praktisch noch im Originalzustand und wirkt öde und spartanisch, aber das Essen ist zumindest immer annehmbar.

An- & Weiterreise

Bahnhof und Busbahnhof liegen 600 m vom Rynek entfernt einander gegenüber. Die größte Beweglichkeit bietet der Bus – es gibt Verbindungen nach Paczków (Patschkau; 6 Zł, ¾ Std., 9-mal tägl.), Kłodzko (Glatz; 8,90 Zł, 1¾ Std., 9-mal tägl.), Opole (Oppeln; 8,90 Zł, 1¾ Std., stdl.) und Wrocław (Breslau; 13 Zł, 2 Std., 15-mal tägl.). Die Zugverbindungen sind dünner gesät, empfehlen sich aber für die Fahrt nach Opole (9,80 Zł, 1½ Std., 7-mal tägl.).

OBERSCHLESIEN (GÓRNY ŚLĄSK)

Nach der unberührten Natur und den gemütlichen Kurorten der Sudeten kann Oberschlesien wie ein Schock wirken. Das dicht besiedelte und stark industrialisierte Gebiet umfasst zwar nur 2 % des polnischen Territoriums, trotzdem leben und arbeiten hier 10 % der Gesamtbevölkerung.

Dank großer Kohlevorkommen konzentriert sich hier die Schwerindustrie und das Gebiet ist so dicht besiedelt wie sonst keins in Zentraleuropa, von der höchsten Umweltverschmutzung ganz zu schweigen.

Selbstverständlich kommen die wenigsten Besucher wegen der Aussicht nach Oberschlesien. Aber ungeachtet der wuchernden Ballungszentren gibt es hier einige wichtige Sehenswürdigkeiten wie zum Beispiel das Museum des Konzentrationslagers Auschwitz.

KATOWICE (KATTOWITZ)

☎ 32 / 385 000 Ew.

Katowice ist das administrative Zentrum des so genannten Oberschlesischen Industriegebiets (Górnośląski Okręg Przemysłowy). Dieses Gebiet umfasst 14 Groß- und eine Reihe benachbarter Kleinstädte, die zusammen einen riesigen Ballungsraum mit einer Bevölkerung von über 3 Mio. Menschen bilden. Es ist eines der größten Industriezentren Europas und eines der veraltetsten. Mittlerweile besteht die Hoffnung, dass EU-Gelder eine umfassende Modernisierung ermöglichen.

Historisch ist Katowice ein Produkt des Industriebooms des 19. Jhs., wurde aber erst in der Zwischenkriegszeit zur Großstadt. Nach dem Zweiten Weltkrieg wurde die Stadt auf der Höhe des Stalinismus in Stalinogród umbenannt, erhielt aber ihren ursprünglichen Namen zurück, nachdem Genosse Josef das Zeitliche gesegnet hatte. Katowice verfügt über nur wenige bedeutende Baudenkmäler, ist aber wie jede große Stadt ein Wirtschafts- und Kulturzentrum, in dem kein Mangel an Aktivitäten, internationalen Reiseverbindungen und schicken Unterkünften herrscht.

Praktische Informationen

GELD

Bank Pekao Ul Św Jana (☎ 253 90 51; Ul Św Jana 5); Ul Warszawska (☎ 259 60 41; Ul Warszawska 8)
PKO Bank (☎ 357 90 61; Ul Chopina 1)

INTERNETZUGANG

Café Kontakt (☎ 781 59 08; cafekontakt.pl auf Polnisch; Ul Stawowa 3; 1 Std. 3,50 Zł; 🕓 8–23 Uhr)
Café Net.Pl (www.cafe.net.pl auf Polnisch; Ul Kochanowskiego 16; 1 Std. 3 Zł; 🕓 Mo–Sa 10–1 Uhr, So 14–1 Uhr) Freier Zugang bei Getränkeverzehr.
Eurocafé (☎ 257 53 61; Bahnhof; 1 Std. 3 Zł; 🕓 24 Std.)
Internet Bob Café (☎ 0501 406 567; Ul Chopina 8; 15 Min. 1 Zł; 🕓 Mo–Do 10–24 Uhr, Fr & Sa 10–2 Uhr)

REISEBÜROS

Orbis Travel (☎ 355 99 60; Ul Staromiejska 21)

TOURISTENINFORMATION

Orbis Travel (☎ 355 99 60; Ul Staromiejska 21)

Sehenswertes

Katowice hat den besterhaltenen **Jüdischen Friedhof** (Cmentarz Żydowski; ☎ 251 28 26; Ul Kozielska 16; 🕓 So–Do 8–17 Uhr, Fr 8–12 Uhr) Schlesiens. 1869 eröffnet, ist er in zwei Bereiche unterteilt, von denen der vordere der ältere ist. Zwischen Bäumen und dichtem Unterholz finden sich Hunderte Grabsteine, viele in bemerkenswert gutem Zustand. Die Inschriften auf den älteren Steinen sind in Hebräisch und Deutsch gehalten, während die jüngeren hebräische und polnische Inschriften tragen – ein kleiner Hinweis auf die wechselhafte Geschichte der Region.

Der **Wojewodschaftspark für Kultur und Erholung** (Wojewódzki Park Kultury i Wypoczynku) ist wahrscheinlich die beliebteste Attraktion Katowices (auch wenn er in der Nachbargemeinde Chorzów liegt). Der über 5 km² große Park ist das Hauptnaherholungsgebiet des Ballungsraums. Hier gibt es ein Stadion, einen Zoo, einen Vergnügungspark, ein Planetarium und einen Skansen, den Oberschlesischen Ethnografischen Park (Górnośląski Park Etnograficzny). Der Park liegt etwa 3 km nordwestlich vom Stadtzentrum und ist mit Bahnen und Bussen nach Chorzów (Königshütte) erreichbar.

Im Zentrum von Katowice zeigt das **Schlesische Museum** (Muzeum Śląskie; ☎ 258 56 61; www.muzeumslaskie.art.pl auf Deutsch; Al Korfantego 3; Erwachsene/ermäßigt 9/4,50 Zł, Sa Eintritt frei; 🕓 Di–Fr 10–17 Uhr, Sa & So 11–17 Uhr) eine Dauerausstellung polnischer Malerei von 1800 bis 1939 sowie verschiedene Wechselausstellungen aus seinen umfangreichen Sammlungen. Das imposante Gebäude aus dem 19. Jh. war einst das erste Hotel am Platz.

800 m südlich des Rynek steht der **König-Christus-Dom** (Katedra Chrystusa Króla; Ul Powstancow), ein massiver Sandsteinbau, der zwischen 1927 und 1955 erbaut wurde. Er ist eine der größten Kirchen Polens. Der riesige Innenraum ist von einer großen Kuppel überdacht, aber von den farbenfrohen Kirchenfenstern und einem ungewöhnlichen Kruzifix mal abgesehen, wirkt er relativ schmucklos.

Rechts hinter dem Dom liegt das **Diözesanmuseum** (☎ 608 14 52; Ul Jordana 39, Eingang in der Ul Wita Stwosza 16; Eintritt 4 Zł; 🕓 Di & Do 14–16 Uhr, So 14–17 Uhr). Es besitzt eine Sammlung von Sakralkunst des 14. Jhs., zu der auch einige wunderschöne gotische Altarstücke und Madonnen gehören.

Etwa 1,5 km weiter südwestlich steht die hübsche Holzkirche **St. Michael** (Kościół Św

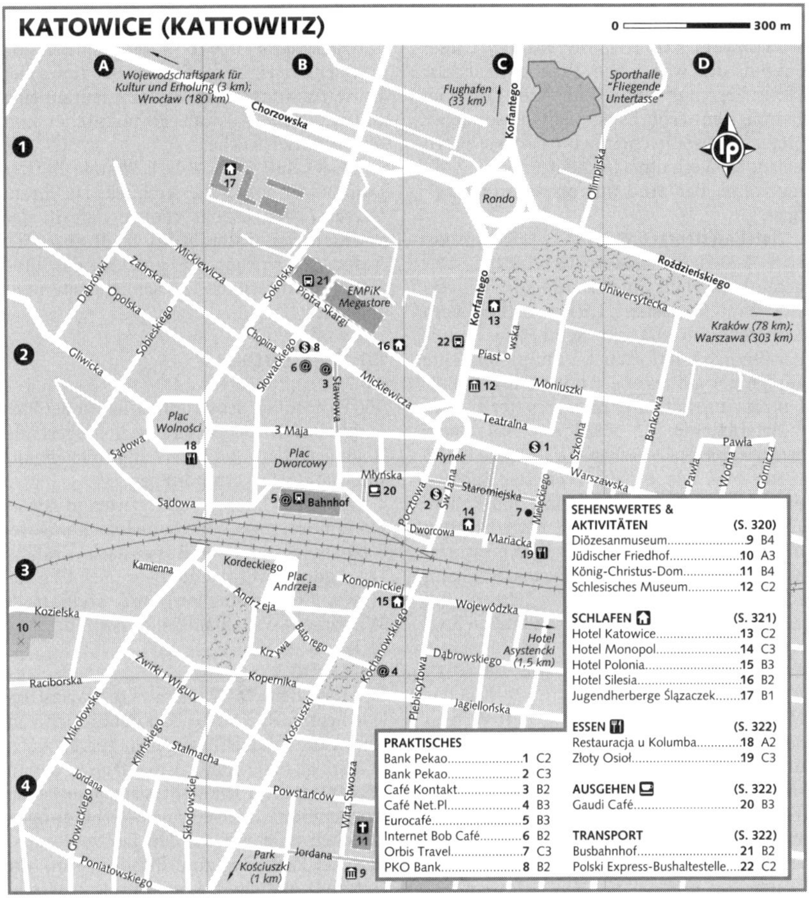

Michała) von 1510. Sie wurde 1939 aus dem oberschlesischen Dorf Syrynia hierhergebracht und wieder aufgebaut.

Leider hat der zentrale **Rynek** von Katowice statt Bürgerhäusern nur graue Nachkriegsblöcke zu bieten. Er ist ein sprechendes Beispiel für den frühen Gierek-Stil – diese sarkastische Bezeichnung haben die Polen für Architektur erfunden, die in der flüchtigen Periode scheinbaren Wohlstands Anfang der 1970er Jahre entstand, als die Regierung unter Edward Gierek versuchte, Polen mit heftigen westlichen Krediten zu einem „zweiten Japan" zu machen. Auch nach dem EU-Beitritt haben ausländische Geldgeber in die Stadtentwicklung investiert, aber bisher sind solch extreme Scheußlichkeiten ausgeblieben.

Schlafen

Hotel Monopol (☎ 782 82 82; www.hotel.com.pl auf Polnisch; Ul Dworcowa 5; EZ/DZ 490/560 Zł, Suite 650–790 Zł;) Eine Reinkarnation des nobelsten Hotels der Vorkiegszeit: brandneu, modern und mit jeder Menge Walnussholz und Chrom. Das Vorbild eines Spitzenhotels, das strahlend aus den eher mittelmäßigen Alternativen am Ort herausragt. Zu den Highlights zählen das durch und durch freundliche Personal, riesige Duschköpfe, zwei Restaurants, ein Fitnesscenter und eine Lobby mit Mosaik. Die Eckzimmer sind die besten.

Hotel Polonia (☎ 251 40 51; hotelpolonia@o2.pl; Ul Kochanowskiego 3; EZ/DZ/3BZ 120/190/270 Zł) Dieses eher in der wirklichen Welt angesiedelte Hotel liegt nur fünf Minuten zu Fuß vom Bahnhof entfernt. Es ist nichts Besonderes, bietet aber wahrscheinlich das beste Preis-Leistungs-Verhältnis im Zentrum. Die Zimmer ohne Bad sind nur unwesentlich billiger.

Hotel Asystencki (☎ 255 44 33; Ul Paderewskiego 32; s 56-70 Zł, DZ/3BZ/Studio 105/135/200 Zł) Das gemütliche Haus unter Leitung der Universität von Schlesien, 1,5 km östlich vom Stadtzentrum, ist für seine Klasse ungewöhnlich komfortabel. Von Juli bis Mitte September gibt es sogar noch billigere Betten im Angebot, aber in begrenzter Zahl.

Hotel Katowice (☎ 258 82 81; www.hotel-katowice.com.pl auf Deutsch; Al Korfantego 9; EZ/DZ/3BZ 180/224/298 Zł, Suite 272–292 Zł; Ⓟ) Ein typischer Bau aus der kommunistischen Ära mit 308 Betten, aber ohne Charakter und mit ausgesprochen hässlichen Teppichen. Das Niveau ist akzeptabel, es gibt ein paar Extras (wer kann schon einer Konditorei widerstehen?) und das Stadtzentrum ist nur einen kurzen Spaziergang entfernt.

Jugendherberge Ślązaczek (☎ 259 68 49; zowptsm@wp.pl; Ul Sokolska 26; Schlafsaal 22–40 Zł) Die HI-Jugendherberge mit 50 Betten liegt 800 m nördlich des Bahnhofs und bietet die üblichen schlichten Unterkünfte in Schlafsälen für bis zu acht Personen an.

Hotel Silesia (☎ 259 62 11; silesia@orbis.pl; Ul Piotra Skargi 2; EZ/DZ 230/260 Zł; Ⓟ) Ein wenig ansprechendes Orbis-Hotel der gehobenen Klasse, das in etwa mit dem Katowice vergleichbar ist, aber zentraler liegt und teurer ist.

Essen & Ausgehen

Zwei Fußgängerzonen weisen die höchste Konzentration an Lokalen auf: die Ul Stawowa im Norden des Bahnhofs hat Snackbars und schmucklose Restaurants, während das Viertel um die Ul Staromiejska im Osten des Bahnhofs ein etwas weltläufigeres und gehobeneres Publikum anzieht.

Złoty Osioł (☎ 203 50 05; Ul Mariacka 1; Hauptgerichte 3,50–8 Zł; 🕑 Mo–Sa Frühstück, Mittag- & Abendessen, So Mittag- & Abendessen) Ein lebhaftes vegetarisches Café, wie man es in jeder westeuropäischen Großstadt findet, mit schnell wachsenden Topfpflanzen und einem leicht hippiesken Ambiente.

Restauracja U Kolumba (☎ 253 08 64; Plac Wolności 12a; Hauptgerichte 25–50 Zł; 🕑 Mittag- & Abendessen) Auf der Westseite der Stadt bietet dieses elegante, traditionsreiche Kellerrestaurant eine umfangreiche Auswahl an polnischer und europäischer Küche.

Gaudi Café (☎ 206 98 11; Ul Wawelska 2) Hier kommt der spanische Architekt zu Ehren. Dieser Laden ist das coolste Café in der coolsten Seitenstraße des Stadtzentrums. Kaffee und Kuchen sind gut, aber das futuristische Interieur ist schlicht atemberaubend.

An- & Weiterreise

BUS

500 m nördlich des Bahnhofs fertigt der **PKS-Busbahnhof** (Ul Piotra Skargi) Busse in die gesamte Region ab, darunter auch Langstrecken und internationale Verbindungen.

Die Polski Expressbusse starten in der Al Korfantego, gegenüber dem Hotel Katowice. Täglich fahren zwei Busse nach Kraków (Krakau; 80 Min.) und zwei über Częstochowa (Tschenstochau) und Łódż nach Warszawa (Warschau; 54 Zł, 6½ Std.).

FLUGZEUG

Der **Flughafen** (☎ 392 73 85; www.gtl.com.pl auf Englisch) liegt in Pyrzowice, 33 km nördlich von Katowice. Inlandsflüge gehen zurzeit nach Warszawa (Warschau; 4-mal tägl.), Poznań (Posen) und Wrocław (Breslau; beide 2-mal wöchentlich). Internationale Verbindungen bestehen zu einem runden Dutzend europäischer Ziele, wie zum Beispiel Frankfurt (bis zu 3-mal tägl.), London (bis zu 7-mal tägl.), Paris (10-mal wöchentlich) und Stockholm (tägl.).

ZUG

Züge sind in der Region das Hauptverkehrsmittel. Der Bahnhof liegt im Stadtzentrum und fertigt regelmäßig Züge in alle Richtungen ab, wie zum Beispiel nach Oświęcim (Auschwitz; 6,80 Zł, 1 Std.), Pszczyna (Pleß; 6,80 Zł, ¾ Std.), Kraków (Krakau; 19,47 Zł, 1½ Std.), Opole (Oppeln; 23,93 Zł, 1¾ Std.), Wrocław (Breslau; 34,03 Zł, 3 Std.), Poznań (Posen; 44,65 Zł, 5½ Std.), Czćstochowa (Tschenstochau; 13,10 Zł, 80 Min.) und Warszawa (Warschau; 43,04 Zł, 2¾ Std.). Zu den internationalen Zielen zählen Berlin, Bratislava, Budapest, Hamburg, Prag und Wien.

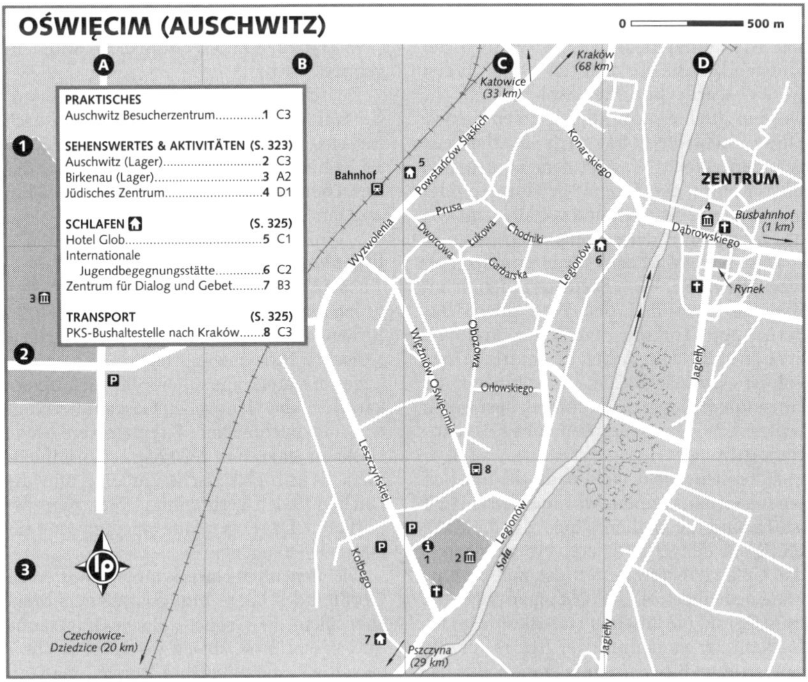

OŚWIĘCIM (AUSCHWITZ)

☎ 33 / 48 000 Ew.

Oświęcim ist eine mittelgroße, ruhige Industriestadt an der Grenze zwischen Schlesien und Kleinpolen, etwa 30 km südlich von Katowice und 60 km westlich von Krakau. Der polnische Name sagt manchem vielleicht nicht viel, dafür aber der deutsche – Auschwitz – umso mehr.

Das Konzentrationslager Auschwitz wurde im April 1940 in polnischen Armeebaracken der Vorkriegszeit am Rand von Oświęcim eingerichtet. Es wurde Stätte des größten Völkermords in der Geschichte der Menschheit. Ursprünglich hatten es die Nazis für polnische politische Gefangene vorgesehen, später bestimmten sie das Lager zu einem Zentrum der Judenvernichtung um. Zu diesem Zweck wurde 1941/42 etwa 2 km westlich vom ersten Lager das wesentlich größere Lager Birkenau (Brzezinka), auch Auschwitz II genannt, erbaut. Danach folgte ein weiteres in Monowitz (Monowice), mehrere Kilometer östlich. Nach und nach errichteten die Nazis noch 39 Nebenlager in der Umgebung.

In diesem Todeslager sind schätzungsweise rund 1,5 Mio. Menschen aus 27 Nationalitäten ermordet wurden, darunter 1,1 Mio. Juden, 10 000 Russen, 145 000 Polen und 20 000 Roma. Das Gelände gilt heute als der größte Massenfriedhof der Welt.

Meist steht der Name Auschwitz für den gesamten Auschwitz-Birkenau-Komplex, der heute als **Staatliches Museum Auschwitz-Birkenau** (☎ 843 20 22; www.auschwitz-muzeum.oswiecim.pl auf Deutsch; Ul Więźniów Oświęcimia 20; ⏲ Juni–Aug. 8–19 Uhr, Mai & Sept. 8–18 Uhr, April & Okt. 8–17 Uhr, März & Nov. 8–16 Uhr, Dez.–Feb. 8–15 Uhr) für die Öffentlichkeit zugänglich ist.

Auschwitz

Auschwitz wurde von den fliehenden Nazis nur teilweise zerstört und viele Originalgebäude legen bis heute ein bedrückendes Zeugnis von der Geschichte des Lagers ab. In einem Dutzend der 30 erhaltenen Gefängnisblöcke sind heute Ausstellungen untergebracht, die entweder allen Opfern oder den Angehörigen einzelner Nationalitäten gewidmet sind, die hier ermordet wurden.

Die Kommunisten verstanden das Museum als antifaschistische Ausstellung – der Umstand, dass die meisten Opfer Juden waren, wurde heruntergespielt, vielmehr wurden die hier ermordeten Polen betont. Diese Sichtweise hat sich mittlerweile geändert: Block Nr. 27, „dem Leiden und dem Kampf der Juden" gewidmet, zeigt Auschwitz heute auch und vor allem als Ort des Martyriums der europäischen Juden.

Das Gelände ist wie früher von Stacheldraht umzäunt. Vom Besucherzentrum am Eingang aus führt der Weg durch das berüchtigte Tor mit dem unbeschreiblich zynischen Spruch „Arbeit macht frei". Sinnvoll ist es, zunächst die Ausstellungen, die einen interessieren, zu besuchen, bevor man weiter zur Gaskammer und zum Krematorium geht.

Es braucht nicht viel Phantasie, um sich vorstellen zu können, was hier geschehen ist. Es sind die kleinen Dinge, die die Kaltblütigkeit der SS-Offiziere verdeutlichen – das Gefangenenorchester, das zur Beruhigung neu eingetroffener Gefangener spielen musste, und die falschen Duschköpfe in der Gaskammer sind nur zwei Belege für die gewissenlose Effizienz, mit der das Lager betrieben wurde.

Im Besucherzentrum läuft jede halbe Stunde ein 15-minütiger **Dokumentarfilm** (Erwachsene/ermäßigt 3,50/2,50 Zł) über die Befreiung des Lagers durch die Rote Armee am 27. Januar 1945. Das Besucherzentrum informiert darüber, wann die deutsche oder die englische Version läuft, auch wenn der Film eigentlich ohne Worte auskommt.

Fotografieren und Filmen ist im ganzen Lager erlaubt. Personen unter 14 Jahren rät die Museumsdirektion vom Besuch des Lagers ab, aber die letztendliche Entscheidung liegt bei den begleitenden Erwachsenen. Es gibt einen billigen Selbstbedienungsimbiss am Eingang zum Parkplatz. Außerdem gibt es einen *kantor* (private Wechselstube), eine kostenlose Gepäckaufbewahrung und mehrere Buchläden mit Publikationen über das Lager.

Empfehlenswert ist der kleine Museumsführer (4 Zł, erhältlich in 17 Sprachen, darunter Deutsch, Englisch und Französisch) mit Plänen der Lager Auschwitz und Birkenau, der zur Orientierung auf dem Gelände völlig ausreicht. Im Sommer können fremdsprachige Führungen für Einzelpersonen (26 Zł, 3½ Stunden) und Gruppen (192 Zł bis 224 Zł pro Gruppe, 3½ Stunden) gebucht werden.

Zwischen dem 15. April und Ende Oktober fährt ein Shuttlebus von Auschwitz nach Birkenau (2 Zł). Abfahrt ist jede Stunde von 11.30 bis 16.30 Uhr vor dem Eingang des Besucherzentrums. Zu Fuß sind es 2 km und ein Taxi dorthin kostet 10 Zł.

Birkenau

Tatsächlich fand der Völkermord an den Juden nicht in Auschwitz selbst, sondern in Birkenau statt. Das mit der für die Nazis typischen Effizienz angelegte, 175 ha große Lager bestand aus über 300 Gefängnisbaracken und vier großen Gaskammern mit den dazugehörigen Krematorien. Jede Gaskammer konnte 2000 Menschen aufnehmen. Es gab elektrische Aufzüge, um die Leichen zu den Verbrennungsöfen zu transportieren. Das Lager hatte eine Kapazität für 200 000 Gefangene.

Die fliehenden Nazis konnten zwar einen Großteil des Vernichtungslagers zerstören, aber allein die Größe – Stacheldrahtzäune und Wachtürme, soweit das Auge reicht – vermittelt eine ungefähre Vorstellung vom Ausmaß dieses Verbrechens. Den besten Überblick bietet der Turm am Eingang. Einige der erhaltenen Baracken stehen Besuchern offen.

In vielerlei Hinsicht ist Birkenau noch schockierender als Auschwitz, weil die riesige leere Fläche die Besucher zwingt, die Lücken selbst zu füllen. Auf der Rückseite des Komplexes steht ein Denkmal für die Toten, auf beiden Seiten flankiert von den schroffen Ruinen der gesprengten Gaskammern und Krematorien. In der äußersten nordwestlichen Ecke des Lagers ist ein Teich, in den die Asche der Opfer gekippt wurde. Er hat immer noch eine deutlich graue Färbung, die jedem einen Schauer über den Rücken jagt.

Birkenau hat die gleichen Öffnungszeiten wie Auschwitz und der Eintritt ist frei. Ein Rundgang durch das Lager dauert mindestens eine Stunde – es ist wirklich riesig.

Von Birkenau fahren keine Busse zum Bahnhof, zu Fuß sind es 2 km, ein Taxi kostet 10 Zł. Es gibt Shuttlebusse (zwischen dem 15. April und Ende Okt.) zurück nach Auschwitz (Abfahrt jede Std. von 12–17 Uhr), von dort gibt es Busse zum Bahnhof.

Das jüdische Zentrum

Im Zentrum von Oświęcim selbst, etwa 3 km von den Lagern entfernt, widmet sich das ausgezeichnete **Centrum Żydowskie w Oświęcimiu** (☎ 844 70 02; www.ajcf.org auf Deutsch; Plac Skarbka 5; ⌚ April–Sept. So–Fr 8.30–20 Uhr, Okt.–März So–Fr 8.30–18 Uhr) der jüdischen Sichtweise des Holocaust und zeichnet mit Dauerausstellungen ein lebendiges Bild von der blühenden jüdischen Gemeinde Oświęcims in den Jahren vor dem Zweiten Weltkrieg. Die restaurierte Synagoge und die Archivbilder sind zwar nicht so erschreckend wie die Exponate in den Lagern, aber schnell drängt sich die Verbindung zwischen den Familienportraits und den Gefangenenfotos im Lagermuseum auf, und schlagartig denkt der Besucher an das, was geschehen ist, und dass er hier vor den letzten Überbleibseln einer ausgelöschten Kultur steht.

Schlafen & Essen

Für die meisten Besucher ist Auschwitz-Birkenau ein Tagesausflug, in der Regel von Krakau aus. Das Besucherzentrum liefert alle nötigen Informationen für die Weiterreise. Oświęcim bietet aber auch eine Auswahl an Unterkünften und Lokalen.

Centrum Dialogu i Modlitwy (Zentrum für Dialog und Gebet; ☎ 843 10 00; www.centrum-dialogu.oswiecim.pl auf Deutsch; Ul Kolbego 1; Camping pro Erwachsener/Student 6/5 Zł, Bett pro Erwachsener/Student 22/17 Zł; Ⓟ) Das Zentrum ist eine katholische Einrichtung 700 m südwestlich des Museums mit 45 Betten. Es bietet komfortable und ruhige Zimmer mit zwei bis zehn Betten (die meisten davon mit Bad) sowie ein Restaurant.

Międzynarodowy Dom Spotkań Młodzieży (Internationale Jugendbegegnungsstätte; ☎ 843 21 07; www.mdsm.pl auf Deutsch; Ul Legionów 11; Camping 15 Zł, EZ/DZ/3BZ 100/135/150 Zł; Ⓟ) Die in deutsch-polnischer Gemeinschaftsarbeit entstandene IJBS 1 km östlich des Bahnhofs ist eigentlich für länger bleibende Gruppen gedacht, nimmt aber jeden auf, solange Platz ist. Mahlzeiten und billigere Zimmer mit Gemeinschaftseinrichtungen sind ebenfalls vorhanden.

Hotel Glob (☎ 843 06 43; Ul Powstańców Śląskich 16; EZ/DZ/3BZ 70/100/120 Zł; Ⓟ) Das Glob sieht aus wie ein Flughafentower und vermittelt den Eindruck, dass sich seit dem Kommunismus nicht viel getan hat, liegt aber in praktischer Nähe zum Bahnhof. Frühstück ist im Zimmerpreis nicht inbegriffen.

An- & Weiterreise

Für die meisten Touristen ist Kraków (Krakau) die Ausgangsbasis für einen Be-

ST. MAXIMILIAN

Maximilian Kolbe ist ein Prophet und ein Zeichen der neuen Ära, der Zivilisation der Liebe.

Papst Johannes Paul II.

Eines der berühmtesten polnischen Opfer von Auschwitz ist Maximilian Kolbe, geboren als Rajmund Kolbe, ein katholischer Priester, der die Missionsorganisation Militia Immaculatae (Soldaten der Unbefleckten) mitbegründete. Kolbe wurde nach Auschwitz abtransportiert, weil er von seinem Missionszentrum in der Nähe Warschaus aus religiöse Schriften verbreitete. Im Lager wirkte er weiterhin heimlich als Priester und gab sein Leben schließlich für einen anderen Gefangenen. Er wurde 1941 mit einer Giftspritze ermordet, nachdem er zwei Wochen im „Hungerbunker" überlebt hatte.

1982 wurde Maximilian Kolbe vom Papst heilig gesprochen und sein Bild hängt in vielen polnischen Kirchen, wo er als Schutzheiliger der Journalisten, Familien, Gefangenen und Suchtopfer verehrt wird. Seine Seligsprechung war allerdings kontrovers gewesen – es gab Andeutungen, er habe vor dem Krieg antisemitische Schriften gedruckt, die seine Eignung als Heiliger in Zweifel zogen. Auf der anderen Seite jedoch hieß es, das Missionszentrum in Warschau habe mehrere Tausend polnische und jüdische Flüchtlinge vor den Nazis versteckt. Angesichts der anhaltenden Diskussion um die Rolle der katholischen Kirche im Holocaust ist es unwahrscheinlich, dass diese Fragen jemals erschöpfend beantwortet werden.

Was auch immer die Wahrheit sein mag, St. Maximilian ist einer der beliebtesten modernen Heiligen und Märtyrer Polens und repräsentiert für Millionen eine Spur der Menschlichkeit inmitten des Horrors von Auschwitz. Vielleicht hat er ja keine drei Wunder vollbracht, aber das Beispiel seines Todes sichert ihm auf jeden Fall einen Platz in der Geschichte.

such in Oúwićcim. Busse (8 Zł, 1½ Std., bis zu 15-mal tägl.) sind etwas praktischer als Züge, da sie in der Ul Wićýniów Oúwićcimia, direkt am Auschwitz-Museum, halten. Achtung: Haltestelle nicht verpassen, sonst muss man die 4 km von der Endhaltestelle zurücklaufen. Auch zurück nach Krakau fährt ein Bus, der letzte gegen 18 Uhr. Danach bleibt nur noch der Zug.

Von Krakau aus gibt es zahlreiche organisierte Touren (S. 156), wobei selbst die billigste mehr kostet als die öffentlichen Verkehrsmittel.

Von Katowice (Kattowitz) aus fahren täglich acht Züge (6,80 Zł, 1 Std.) und etwa zehn Busse (5,40 Zł, 1½ Std.), von denen allerdings nur einer das Museum anfährt.

Von Oświęcim nach Pszczyna (Pleß; 5,70 Zł, 1 Std.) nimmt man den Zug nach Czechowice-Dziedzice (14-mal tägl.) und steigt dort um. Die Fahrt sollte insgesamt eine Stunde dauern.

Vom Bahnhof zum Museum fahren alle Stadtbusse, die nach Süden fahren. Taxen zu einem der beiden Lager kosten 10 Zł Festpreis.

PSZCZYNA (PLESS)

☎ 32 / 38 000 Ew.

Im komplett industrialisierten Oberschlesien ist Pszczyna so etwas wie ein Kulturschock – im ländlichen Pommern würde diese Kleinstadt mit ihrem perfekt restaurierten Schloss, das direkt aus Deutschland hierher gebeamt worden sein könnte, niemanden überraschen. Aber aus Katowice kommend, wirkt dieser Ort gelinde gesagt unpassend – ein schönes Kontrastprogramm.

Pszczyna ist eine der ältesten Städte Schlesiens, die ihre Ursprünge bis ins 11. Jh. belegen kann. 1847 wurde sie nach Jahrhunderten wechselnder Herrschaftsverhältnisse Eigentum der preußischen Familie Hochberg.

In den letzten Monaten des Ersten Weltkriegs war Pszczyna die Wiege des ersten von drei aufeinanderfolgenden schlesischen Aufständen, in denen die polnischen Bauern zu den Waffen griffen und eine Integration in den polnischen Staat forderten. 1921 führte der Völkerbund eine Volksabstimmung über die staatliche Zugehörigkeit des Gebiets durch und ihr Wunsch wurde daraufhin erfüllt.

Praktische Informationen

Bit-Touristeninformation (☎ 212 99 99; Brama Wybranców 1; 🕐 Mo–Fr 8–16 Uhr, Sa & So 10–16 Uhr) Im Schlosstor.

ING Bank Śląski (☎ 327 94 00; Ul Bankowa 1)

PTTK-Büro (☎ 210 35 30; www.pttk-pszczyna.slask.pl auf Polnisch; Rynek 16; 🕐 Mo–Fr 8–17 Uhr, Sa 9–13 Uhr)

Sehenswertes

Das großartige **Schloss** auf der Westseite der Stadt stammt aus dem 12. Jh., als die Oppelner Herzöge hier eine Jagdresidenz bauten. Das Gebäude wurde mehrfach erweitert und umgebaut, zum letzten Mal Ende des 19. Jhs. So entstand aus dem schlichten mittelalterlichen Schloss ein prächtiger Palast in verschiedenen Stilen, von der Gotik bis zum Neoklassizismus.

Die Hochbergs, denen das Schloss bis 1945 gehörte, richteten ihr Heim statusgemäß ein – sie zählten zu den reichsten Familien Europas und beherrschten von ihrem Familiensitz Schloss Fürstenstein (S. 296) aus riesige Ländereien. Von den vielen wertvollen Kunstwerken aus dem Schloss von Pszczyna gingen die meisten leider im Zweiten Weltkrieg verloren.

Nach dem Krieg wurde der Palast – geplündert, aber nicht zerstört – vom Staat übernommen, restauriert und in ein **Schlossmuseum** (Muzeum Zamkowe; ☎ 210 30 37; www.zamek-pszczyna.pl auf Deutsch; Erwachsene/ermäßigt 11/6 Zł; 🕐 Di 10–15 Uhr, Mi 9–16 Uhr, Do & Fr 9–15 Uhr, Sa & So 10–18 Uhr; April–Okt. zusätzlich Mo 11–15 Uhr) umgewandelt. Letzter Einlass ist kurz vor Schluss, der im Winter früher liegt. Es gibt einen Führer (auf Deutsch und Englisch) zur Geschichte des Schlosses und zur Sammlung des Museums.

Möbel und Verzierungen im Innern spiegeln verschiedene Perioden der Schlossgeschichte und manche Räume sind wirklich grandios, wie zum Beispiel der Spiegelsaal, in dem hin und wieder Kammerkonzerte stattfinden. In einigen Zimmern gibt es Ausstellungen, einschließlich einer Waffensammlung im Erdgeschoss und einer Sammlung von Jagdtrophäen im 2. Stock. Im Hof lockt ein Café, das nach dem Komponisten Georg Philipp Telemann aus dem 18. Jh. benannt ist, der hier als junger Mann vier Jahre lebte.

Direkt hinter dem Schloss beginnt ein 84 ha großer **Englischer Park**. Mit seinen Seen,

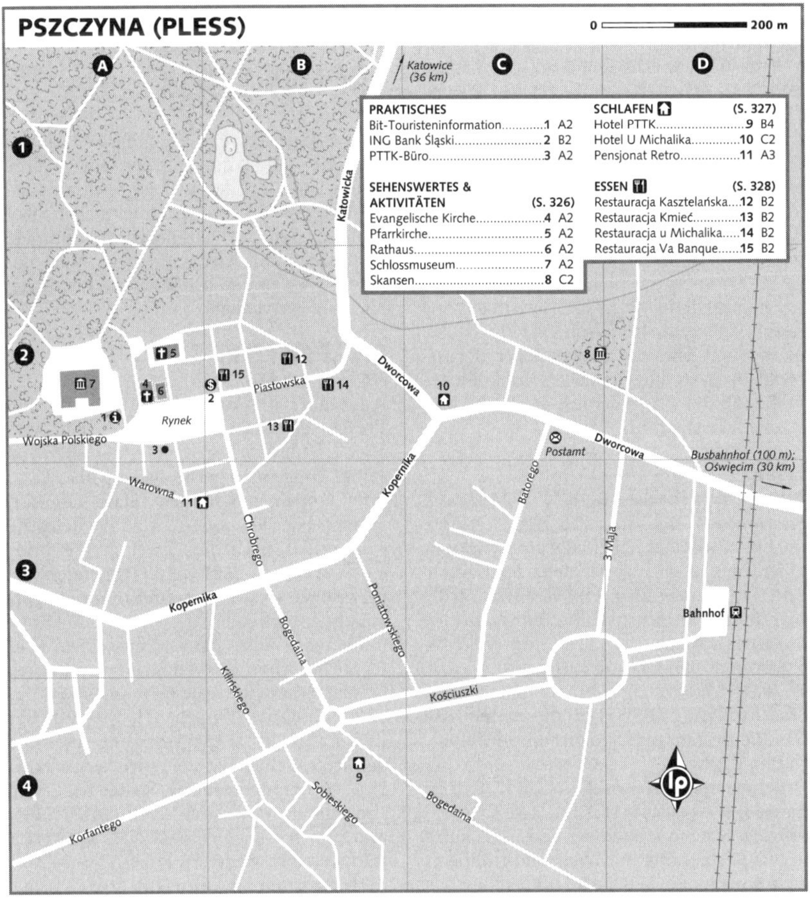

Bächen, Bogenbrücken, Pavillons und den vielen verschiedenen exotischen Bäumen und Sträuchern gilt er als der malerischste Landschaftspark Schlesiens und sollte selbst den Lauffaulsten zu einem Spaziergang verleiten.

Das Eingangstor des Schlosses liegt am lang gestreckten **Rynek**, rundum alte Bürgerhäuser, vorwiegend aus dem 18. und 19. Jh. Auf seiner Nordseite stehen die **evangelische Kirche** und direkt daneben das **Rathaus**, die beide Anfang des letzten Jahrhunderts saniert wurden. Hinter dem Rathaus befindet sich die **Pfarrkirche** aus dem 14. Jh., die immer wieder umgebaut wurde und ein typisch opulentes Interieur besitzt, mit der Himmelfahrt Christi im Deckengemälde.

Fünf Gehminuten östlich des Rynek findet sich der kleine, aber interessante **Skansen** (Zagroda Wsi Pszczyńskiej; ☎ 0603 131 186; Ul Parkowa; Eintritt 4 Zł; 🕑 April–Nov. Di–Sa 10–15 Uhr), mit einem halben Dutzend alter Holzhäuser aus der Region. Die meisten sind etwa 200 Jahre alt und beherbergen volkskundliche Ausstellungen.

Schlafen

Hotel U Michalika (☎ 210 13 55; www.umichalika.com.pl auf Deutsch; Ul Dworcowa 11; EZ/DZ 95/130 Zł; Ⓟ) Seit der Koch Stefan Michalika sich zum Geschäftsmann gewandelt hat, bietet er die besten Unterkünfte der Touristenklasse in der Stadt an. So auch in seinem jüngsten Unternehmen. Das hauseigene Restaurant (Hauptgerichte 7–29 Zł) ist ein gelungener

Klon des ursprünglichen Lokals des Chefs im Stadtzentrum.

Hotel PTTK (☎ 210 38 33; Ul Bogedaina 16; Schlafsaal 26 Zł, EZ 45–70 Zł, DZ 80–100 Zł; P) Das PTTK-Hotel im Süden des Rynek residiert charmanterweise in einem ehemaligen Gefängnisbau, der seinen letzten Insassen 1975 entließ. In den Zimmern erinnert heute nichts mehr an die Vergangenheit und auch die Gemeinschaftseinrichtungen haben nichts Spartanisches mehr. Das Frühstück ist im Zimmerpreis nicht enthalten.

Pensjonat Retro (☎ 210 12 63; www.retro.of.pl auf Polnisch; Ul Warowna 31; EZ/DZ/3BZ 99/140/160 Zł) Benannt (und dekoriert), lange bevor „Retro" cool wurde, ist dies ein kleines, freundliches und zentrales Gasthaus mit 44 Betten und eigenem Restaurant.

Essen

Restauracja Va Banque (☎ 210 34 72; Ul Bankowa 2; Hauptgerichte 10–21 Zł; Frühstück, Mittag- & Abendessen) Ein klassisches Kellerlokal am Rynek mit einer französisch ausgerichteten Speisekarte und Tanz am Freitag. Hohes Niveau trifft hier auf ein anspruchsvolles Publikum.

Restauracja Kmieć (☎ 210 36 38; www.kmiec.pna.pl auf Deutsch; Ul Piekarska 10; Hauptgerichte 10–30 Zł; Mittag- & Abendessen) In einem historischen Stadthaus von 1756 serviert dieses etablierte Familienrestaurant solide traditionelle polnische Küche.

Restauracja Kasztelańska (☎ 210 52 78; Ul Bednarska 3; Hauptgerichte 8–19 Zł; Mittag- & Abendessen) Dieses neue Brauhaus ist etwas lockerer als die Restaurants am Rynek und empfiehlt sich sowohl für ein entspanntes Bier als auch für eine Mahlzeit.

An- & Weiterreise

Busbahnhof und Bahnhof liegen 200 m voneinander entfernt im Osten des Zentrums. Züge nach Katowice (Kattowitz; 6,80 Zł, ¾ Std.) fahren etwa jede Stunde. Wer nach Oświęcim (Auschwitz; 5,70 Zł, 1 Std.) will, nimmt einen der Züge nach Czechowice-Dziedzice, die regelmäßig fahren, und steigt dort um. Es gibt nur zwei Busse nach Oúwićcim (6,60 Zł, 40 Min.), die beide nach Kraków (Krakau; 15,30 Zł, 2¼ Std.) weiterfahren. Außerhalb der Busfahrtzeiten fahren aber Züge nach Katowice und von dort aus wieder jede Stunde einer nach Krakau.

NIEDERSCHLESIEN (DOLNY ŚLĄSK)

Niederschlesien, das fruchtbare Flachland am Ober- und Mittellauf der Oder, wurde schon früh besiedelt und ist reich an alten Städten und Dörfern. Architekturliebhaber können sich auf wunderschöne Burgen, Schlösser und Kirchen freuen und das Nachtleben in den größeren Städten bietet alles für Partygänger.

OPOLE (OPPELN)

☎ 77 / 132 000 Ew.

Auf halber Strecke zwischen Katowice und Breslau, an der Grenze zwischen Ober- und Niederschlesien liegt Opole, das aber von seiner Umgebung gerne als Oppelner Land oder Oppelner Schlesien (Śląsk Opolski) spricht. Hier lebt eine sehr aktive deutsche Minderheit, nach dem Zweiten Weltkrieg eine der letzten deutschen Gemeinden, die inzwischen wieder stark im Kommunalparlamenten vertreten ist.

Es mag nicht danach aussehen, aber Opole hat schon 1000 Jahre auf dem Buckel. Das erste Kastell wurde im 9. Jh. erbaut, im 13. Jh. wurde Oppeln Hauptstadt der Provinz und bis 1532 regierte hier eine Linie der schlesischen Piasten, auch wenn es ab 1327 zu Böhmen gehörte. Später fiel Opole zunächst an Österreich, dann an Preußen und kam erst nach dem Zweiten Weltkrieg stark zerstört wieder zu Polen.

Heute ist Opole ein relativ großes regionales Industriezentrum. Berühmt ist es in der Umgebung vor allem für sein **Polnisches Liederfestival**, das bereits seit 1963 jedes Jahr im Mai oder Juni stattfindet und landesweit im Fernsehen übertragen wird. An diesen Tagen ist die Stadt überfüllt, das restliche Jahr über verlaufen sich nur wenige Besucher hierher. Wer sich also ein bisschen Urbanität wünscht, aber ohne Touristenhorden wie in Breslau, der ist in Opole genau richtig, denn auch hier gibt es ziemlich viel Kultur.

Praktische Informationen

GELD

Bank Pekao (☎ 453 02 12; Ul Osmańczyka 15)
Bank Zachodni (☎ 451 68 00; Ul Ozimska 6)

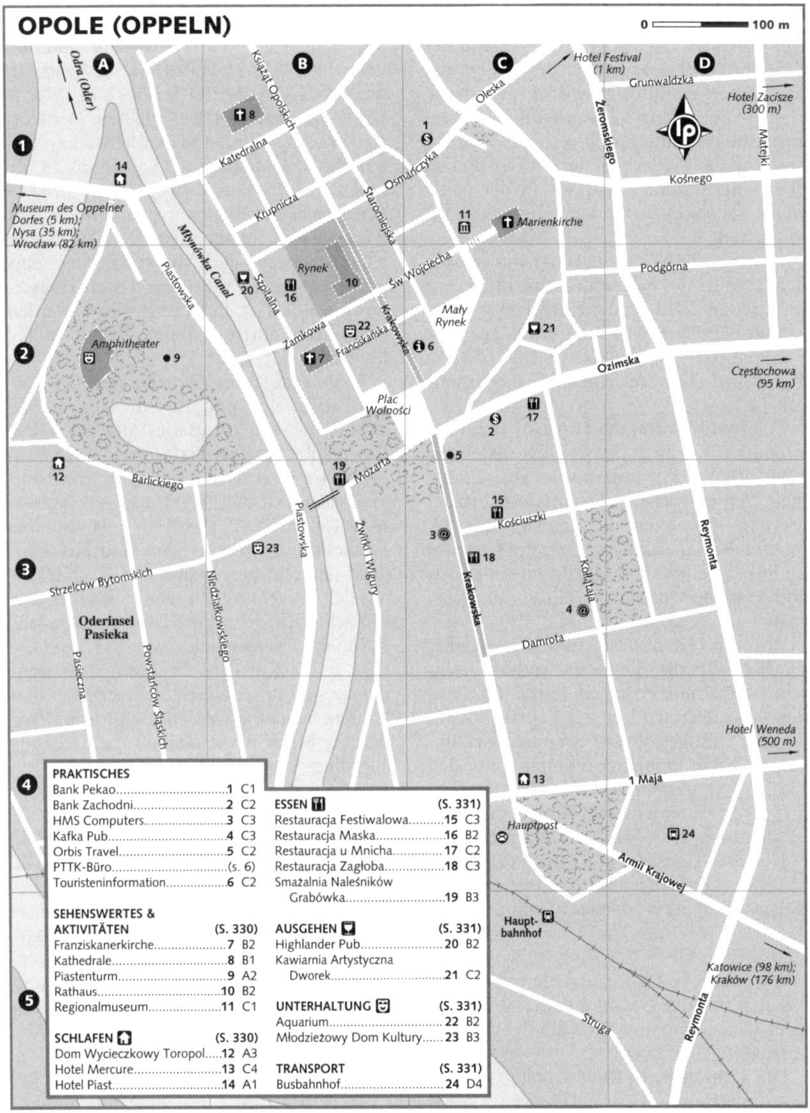

INTERNETZUGANG

HMS Computers (☎ 453 12 00; Ul Krakowska 26; 1 Std. 3 Zł; ⌚ Mo 9–17 Uhr, Di–Fr 8–18 Uhr, Sa 8–15 Uhr)

Kafka Pub (☎ 453 60 70; Ul Kołłątaja 9; 1 Std. 4 Zł; ⌚ 12–23 Uhr)

TOURISTENINFORMATION

Orbis Travel (☎ 453 97 30; www.orbis.opole.pl auf Polnisch; Ul Krakowska 31)

PTTK-Büro (☎ 454 51 13; Ul Krakowska 15/17; ⌚ Mo–Fr 9–18 Uhr, Sa 9–14 Uhr)

Touristeninformation (☎ 451 19 87; www.opole.pl auf Englisch; Ul Krakowska 15; ⌚ Mo–Fr 10–18 Uhr, Sa 10–13 Uhr)

Sehenswertes

Der **Marktplatz** (Rynek) wurde während des Zweiten Weltkriegs schwer beschädigt, danach aber erstklassig wieder aufgebaut. Heute ist der Platz mit seinen teilweise rekonstruierten Bürgerhäusern aus Barock und Rokoko wieder das Herz der Stadt. Das überdimensionierte Rathaus in der Mitte wirkt, als sei es aus einer anderen Kultur importiert.

Der 64 m hohe Turm (1864) wurde nach dem Vorbild des Palazzo Vecchio in Florenz gestaltet und fällt bei der restlichen, typisch osteuropäischen Bebauung etwas aus dem Rahmen. Das Rathaus brach 1934 zusammen, wurde aber im selben Stil wieder aufgebaut.

Die **Franziskanerkirche** (Kościół Franciszkanów) südwestlich des Rynek wurde etwa 1330 erbaut, ihr Innenraum aber später mehrfach umgestaltet. Sehenswert sind der verzierte Hauptaltar, die Orgel aus dem 18. Jh. und die Renaissancekapelle mit Gewölbe im linken Seitenschiff, die durch ein kunstvolles schmiedeeisernes Gitter aus dem späten 16. Jh. abgetrennt ist.

Absolutes Glanzstück der Kirche ist aber die **Piastenkapelle**, die an das rechte Seitenschiff grenzt und durch ein Portal mit Tympanon betreten wird. In der Kapelle mit gotischem Sterngewölbe ist ein massives Doppelgrab (der Oppelner Fürsten) aus den 1380er Jahren untergebracht. Ursprünglich war das Sandsteingrabmal bemalt, die Farbe ist aber über die Jahrhunderte verblasst.

Nur zwei Häuserblocks östlich des Rynek beherbergt das ehemalige Jesuitenkolleg das **Museum des Oppelner Schlesien** (Muzeum Śląska Opolskiego; ☎ 453 66 77; Mały Rynek 7; Erwachsene/ermäßigt 4/2 Zł, Sa Eintritt frei; 🕒 Di–Fr 10–16 Uhr, Sa 10–15 Uhr, So 12–17 Uhr). Die Dauerausstellung beschäftigt sich mit der Geschichte der Stadt und ihrer Umgebung und wird durch Wechselausstellungen ergänzt.

Die **Kathedrale zum Heiligen Kreuz** (Kościół Katedralny Św Krzyża) liegt ein wenig nördlich vom Rynek. Heute ist die gotische Kirche innen hauptsächlich barock. In der Kapelle neben dem rechten Seitenschiff liegen die sterblichen Überreste des 1532 verstorbenen letzten Oppelner Fürsten. Sein Grabmal ist aus rotem Marmor. Dort befindet sich auch ein gotisches Triptychon, das einzige Überbleibsel der früheren 26 Kunstwerke aus der Entstehungszeit.

Von der ehemaligen Fürstenburg ist nur der 51 m hohe **Piastenturm** (Wieża Piastowska; ☎ 452 42 24; Ul Piastowska 14; Erwachsene/ermäßigt 4/2 Zł; 🕒 Di–Fr 10–12.30 Uhr & 14–18 Uhr, Sa & So 10–12.30 Uhr & 14–17 Uhr) erhalten. Der trutzige Wachturm mit 3 m dicken Mauern und 6 m tiefen Fundamenten wurde im 14. Jh. erbaut. Die passende Burg dazu wurde in den 1920er Jahren abgetragen, um Platz für Bürogebäude zu schaffen. Der Turm, der glücklicherweise der „Modernisierung" entging, setzt sich hinter dem tristen Häuserblock deutlich ab. Er kann bestiegen werden und bietet einen schönen Rundumblick über die Stadt.

5 km westlich des Zentrums liegt der Vorort Bierkowice und in ihm der schöne Skansen (Freilichtmuseum) der Stadt, das **Museum des Oppelner Dorfes** (Muzeum Wsi Opolskiej; ☎ 474 30 21; Ul Wrocławska 174; Erwachsene/ermäßigt 6/4 Zł, Sa Eintritt frei; 🕒 16. April–15. Okt. Di–So 10–18 Uhr, 16. Okt.–15. April Mo–Fr 9–14 Uhr). Das Freilichtmuseum wird vom Stadtbus 5 angefahren und zeigt ländliche Architektur aus der Umgebung. Zu sehen sind hier eine mit Schindeln gedeckte Kirche aus dem Jahr 1613, eine Wassermühle von 1832 und ein paar große Kornspeicher. Einige Bauernhäuser sind originalgetreu eingerichtet und können besichtigt werden. Von Mitte Oktober bis Mitte April bleiben die Gebäude allerdings verschlossen.

Schlafen

Hotel Piast (☎ 454 97 10; www.hotelpiast.com.pl auf Deutsch; Ul Piastowska 1; EZ/DZ 299/359 Zł; Ⓟ) Die schönste Lage der Stadt besitzt eindeutig das Hotel Piast an der Nordspitze der Oderinsel Pasieka, nur wenige Schritte von der Altstadt entfernt. Wie bei solchen Preisen zu erwarten, sind die Zimmer geräumig und komfortabel und das hauseigene Restaurant mit Bar ist immer gut gefüllt. Einziger Minuspunkt ist ein wenig Verkehrslärm.

Dom Wycieczkowy Toropol (☎ 453 78 83; Ul Barlickiego 13; Schlafsaal 30 Zł; Ⓟ) Diese gute Budgetunterkunft liegt direkt neben der Freilichtbühne auf der ruhigen Oderinsel Pasieka. Doch leider sind die 13 Dreibettzimmer oft mit Gruppen ausgebucht.

Hotel Weneda (☎ 456 44 99; www.hotel-weneda.opole.pl auf Englisch, Deutsch in Vorbereitung; Ul 1 Maja 77; EZ/DZ/Suite 220/270/320–370 Zł; Ⓟ) Das etwas triste Aussehen dieses Kastens wirkt ein bisschen abschreckend, aber dieses vernünftige Mittelklassehotel bietet tolle Wochenendrabatte und ein Restaurant mit griechischer und polnischer Küche. Es liegt nur 1 km vom Bahnhof entfernt und verschiedene Busse halten direkt in der Nähe.

Hotel Zacisze (☎ 453 95 53; Ul Grunwaldzka 28; EZ/DZ/3BZ 65/100–130/120 Zł, EZ/DZ mit eigenem Bad 110/200 Zł; P) Etwa zehn Minuten zu Fuß vom Rynek entfernt besitzt das Zacisze eine Reihe kleiner, aber akzeptabler Zimmer in einem grünen Wohnviertel.

Hotel Mercure (☎ 451 81 00; www.orbis.pl auf Deutsch; mer.opole@orbis.pl; Ul Krakowska 57–59; EZ/DZ 299/325 Zł; P) Das Hotel der Orbis-Kette liegt strategisch günstig direkt am Bahnhof und lockt Neuankömmlinge mit modernem Komfort. An Wochenenden (Freitag bis Montag) gibt's bis zu 100 Zł Rabatt.

Hotel Festival (☎ 455 60 11; www.festival.com.pl auf Deutsch; Ul Oleska 86; EZ/DZ 240/250–270 Zł, 4BZ/Suite 360/380 Zł; P) Das moderne Konferenzhotel liegt 2 km nordöstlich des Zentrums und bietet anständige, geräumige Zimmer und viele Extras.

Essen

Restauracja Maska (☎ 453 92 67; www.pubmaska.pl; Rynek 4; Hauptgerichte 8–28 Zł; Mittag- & Abendessen) Das Maska ist ein charmantes Lokal mit Bar und Restaurant, das abwechslungsreiche polnische Küche serviert. Etwas merkwürdig ist die Hintergrundmusik mit Klassikern aus Funk und House. In den Räumlichkeiten residierte von 1959 bis 1964 Jerzy Grotowskis Theater der 13 Reihen (siehe S. 290), was bis heute Spuren in der Einrichtung hinterlassen hat.

Smażalnia Naleśników Grabówka (☎ 454 17 96; Ul Mozarta 2; Crêpes 3,50–8,50 Zł; Frühstück, Mittag- & Abendessen) Dieser kleine Laden profitiert nicht nur von seiner tollen Lage direkt am Fluss und bietet eine herrlich mediterrane, mit Weinlaub überrankte Terrasse, sondern hat auch noch Spitzencrêpes mit mindestens zwei Dutzend Füllungen.

Restauracja U Mnicha (☎ 454 52 34; Ul Ozimska 10; Hauptgerichte 12–18,50 Zł; Frühstück, Mittag- & Abendessen) Das moderne Kellerlokal mit Mönchsthema serviert polnische und orientalische Küche und im Sommer gibt es regelmäßig Grillabende im kleinen Garten.

Restauracja Zagłoba (☎ 441 78 60; Ul Krakowska 39; Hauptgerichte 14–30 Zł; Mittag- & Abendessen) Das Zagłoba ist ebenfalls ein schickes kleines Kellerlokal mit solider, traditionell polnischer Küche in einem historischen Gewölbe. Es ist schon mehrfach mit Preisen ausgezeichnet worden.

Restauracja Festiwalowa (☎ 441 78 55; Ul Kościuszki 3; Hauptgerichte 4,50–16 Zł; Mittag- & Abendessen) Elegant ist der Laden mit der langen Glasfront nun gerade nicht, liegt dafür aber genau zwischen einem preiswerten Imbiss und einem exklusiven Restaurant. Topfpflanzen und Mosaike sorgen hier für ein wenig Atmosphäre.

Ausgehen & Unterhaltung

Kawiarnia Artystyczna Dworek (☎ 454 36 06; Ul Studzienna 1; 11–2 Uhr) Die begrünte Terrasse auf der Rückseite der alten Bunkeranlagen ist beliebte Kneipe, Kunstgalerie und Musikclub in einem, mit der Easy Radiostation verbandelt und es gibt regelmäßig Jazz live.

Highlander Pub (☎ 465 55 28; Ul Szpitalna 3) Gute, zentrale Möglichkeit zum Trinken und Tanzen. Das Highlander ist nicht wirklich schottisch und die DJs hier spielen alles von Tribal House über Latin bis zu Dancehall.

Aquarium (Ul Franciskańska 1; 17–4 Uhr) UV-Licht strömt durch das Aquarium. In diesem Keller ist Clubbing für Leute über 21 angesagt. Das Aquarium veranstaltet super Dancenights, darunter auch eine herrlich kultige Funkparty.

Młodzieżowy Dom Kultury (MDK; ☎ 425 27 14; www.mdk.opole.pl auf Polnisch; Ul Strzelców Bytomskich 1) Das Kulturzentrum der Stadt betreibt drei Veranstaltungsorte, an denen so einiges passiert. Dazu organisiert es auch die meisten größeren Veranstaltungen im Amphitheater (Freilichtbühne). Am Hauptsitz auf der Oderinsel Pasieka gibt es eine Außenbühne mit Kinoleinwand und einen Kinderspielplatz.

An- & Weiterreise

Südlich der Altstadt liegen Bahn- und Busbahnhof einander gegenüber, vom Rynek aus zu Fuß etwa zehn Minuten entfernt.

Opole (Oppeln) befindet sich in verkehrsgünstiger Lage an der Hauptstrecke von Katowice (Kattowitz; 23,93 Zł, 1¾ Std., 17-mal tägl.) nach Wrocław (Breslau; 21,62 Zł, 1¼ Std., stündl.). Die meisten Züge nach Katowice fahren durch bis Kraków (Krakau; 31,85 Zł, 3½ Std.). Es gibt aber auch mehrere Zugverbindungen nach Częstochowa

(Tschenstochau; 14,50 Zł, 2 Std.) sowie morgens und am späten Nachmittag Schnellzüge nach Warszawa (Warschau; 44,65 Zł, 4¾ Std.).

Nysa (Neisse; 8,90 Zł, 1½ Std., 15-mal tägl.) und Kłodzko (Glatz; 15 Zł, 3 Std., 6-mal tägl.) werden regelmäßig mit Bussen angefahren, es gibt nicht so gute Zugverbindungen.

BRZEG (BRIEG)

☎ 77 / 40 000 Ew.

Brzeg wurde 1248 gegründet und ist eine ruhige, mittelgroße Stadt auf halbem Weg zwischen Opole und Breslau. Es löste Legnica (Liegnitz) als Fürstensitz ab, weil die Fürstenfamilie immer mehr Zeit in Brzeg verbrachte, das dadurch allmählich zur Hauptstadt eines der schlesischen Piastenfürstentümer, des Herzogtums Liegnitz-Brieg, aufstieg.

Während der Blüte der Stadt im 16. Jh. wurde die bestehende gotische Burg erweitert und zu einer prunkvollen Renaissanceresidenz umgebaut, die in Anlehnung an den Krakauer Königspalast auch „Schlesischer Wawel" genannt wird. Als 1675 der letzte Herzog der Familie verstarb, war das Ende der Piastendynastie in Polen gekommen und die Habsburger übernahmen die Herrschaft. Die später erbauten preußischen und napoleonischen Befestigungsanlagen wurden im Laufe der Zeit durch einen Ring aus Parkanlagen ersetzt, der heute die historische Altstadt umgibt.

Wie die gesamte Region wurde die Stadt 1945 von den Deutschen heftig verteidigt und etwa die Hälfte ihrer Gebäude dabei zerstört. Die wichtigsten Baudenkmäler wurden rekonstruiert und schon allein das Schloss ist einen kurzen Zwischenstopp wert.

Praktische Informationen

Bank Pekao (☎ 416 30 99; Rynek 9)

Spider Café Internet (☎ 416 88 34; Ul Mleczna 5; 1 Std. 3 Zł; ⌚ Mo–Fr 9–22 Uhr, Sa & So 12–24 Uhr)

Sehenswertes

Im Nordwesten der ovalen Alststadt liegt das **Piastenschloss** (Zamek Piastowski), mit Abstand das interessanteste Bauwerk der Stadt. Ursprünglich stand im 13. Jh. eine Burg an der Stelle des Schlosses, die Herzog Jerzy II. später zu einem Renaissancepalais umbauen ließ. Die reich verzierte Fassade des dreigeschossigen Stadttors in der Mitte lässt erahnen, wie pompös das Schloss einst gewesen sein muss. Direkt über dem Tordurchgang sind die Figuren von Herzog Jerzy und seiner Frau Barbara zu sehen. Von einem zweireihigen Fries darüber blicken 24 Büsten der Piastenkönige und -prinzen auf sie herab, vom ersten legendären Piastenherrscher bis hin zu Herzog Fryderyk II., dem Vater von Jerzy. Ganz oben prangt in der Mitte der Balustrade das Wappen von König Zygmunt August mit dem Adler der Jagiellonen.

Der Tordurchgang führt zu einem weiten Arkadenhof. Er erinnert ein wenig an den Hof auf dem Wawel, ist aber anders als dieser viereckig. Sehenswert sind die Renaissanceportale, von denen das am Haupttor besonders prächtig ist.

Ein Teil des Schlosses beherbergt heute das **Piastenmuseum** (Muzeum Piastów Śląskich; ☎ 416 32 57; Plac Zamkowy 1; Erwachsene/ermäßigt 5/3 Zł; ⌚ Di & Do–Sa 10–16 Uhr, Mi 10–18 Uhr), das sich mit der Geschichte der Piastendynastie beschäftigt. Es zeigt eine Sammlung schlesischer Kunstwerke vom 15. bis zum 18. Jh., darunter wertvolle Altaraufsätze und -gemälde sowie Statuen. Neben dem Torbau liegt die **Hedwigskirche** (Kościół Św Jadwigi), die ehemalige Schlosskirche (Kościół Zamkowy). In ihr wird heute die Sonntagsmesse abgehalten und manchmal wird sie auch für Führungen geöffnet.

Zwei weitere Kirchen zählen zu den sehenswerten Baudenkmälern Brzegs. Die monumentale **Nikolaikirche** (Kościół Św Mikołaja) aus dem 14. Jh. brannte während des Zweiten Weltkriegs teilweise nieder. Ihre Zwillingstürme wurden wieder aufgebaut, was bis heute deutlich an der unterschiedlichen Farbe der Steine erkennbar ist. Die insgesamt eher schlichte Kirche besitzt einige beeindruckende Buntglasfenster und Bürgergrabinschriften an den Wänden.

Dem Schloss gegenüber liegt die sehr viel schmuckvollere **Heiligkreuzkirche** (Kościół Św Krzyża), die in den 1730er Jahren vom Jesuitenorden erbaut wurde. Sie ist im überbordenden Barockstil ausgestattet. Die illusionistischen Fresken der Gewölbe scheinen den Altar bis zur Decke zu verlängern.

Schlafen & Essen

Hotel Piast (☎ 416 20 27; www.piast.strefa.pl auf Englisch; piast@piast.strefa.pl; Ul Piastowska 14; EZ/DZ/3BZ/

Suite 120/160/200/230 Zł; (P)) Am Südende der Stadt in der Nähe des Bahn- und Busbahnhofs liegt das Hotel mit dem total überraschenden Namen Piast. Es ist nicht gerade erstklassig, bietet aber alles Wesentliche. Es hat einige preiswertere Zimmer mit Gemeinschaftsbad, eine erstaunlich stilvolle Suite und ein eigenes Restaurant.

Restauracja Ratuszowa (☎ 416 52 67; Rynek-Ratusz; Hauptgerichte 15–30 Zł; 🕑 Frühstück, Mittag- & Abendessen) Wie der Name vermuten lässt, liegt das Restaurant im Keller des Rathauses und hat nicht nur das beste Essen der Stadt, sondern auch die längsten Öffnungszeiten: Samstags schließt es erst um 3 Uhr.

An- & Weiterreise

Bahn- und Busbahnhof liegen 1 km südlich der Altstadt einander direkt gegenüber. Alle Züge von hier fahren entweder über Wrocław (Breslau; Schnell-/D-Zug 14 Zł/8,20 Zł, ¾ Std.) oder Opole (Oppeln; 11,80 Zł/6,80 Zł, 35 Min.). Es gibt rund ein Dutzend Schnellzüge nach Kraków (Krakau; 36,12 Zł, 4 Std.) und täglich fahren acht Busse in südlicher Richtung nach Nysa (Neisse; 8,90 Zł, 1½ Std.).

LEGNICA (LIEGNITZ)

☎ 76 / 105 000 Ew.

Westlich von Breslau liegt Legnica, deren Wurzeln bis ins 10. Jh. zurückgehen. Aber erst im 13. Jh. begann sich die Stadt stärker zu entwickeln, als sie Hauptstadt (bzw. Mit-Hauptstadt) des Herzogtums Liegnitz-Brieg wurde.

Unter böhmischer Herrschaft erlebte sie im 16. Jh. ihre besten Zeiten: Sie wurde zu einem aktiven Kulturzentrum und zum Sitz der ersten schlesischen Universität. Nach dem Tod des letzten Fürsten der Piastendynastie, Georg Wilhelm, fiel die Stadt 1675 an die Habsburger und dann 1741 an Preußen.

Im Zweiten Weltkrieg stark beschädigt, wurde Legnica nach der Entdeckung von großen Kupfervorhaben in der Region zu einem Industriezentrum ausgebaut, wodurch weite Teile der Stadt ziemlich trist wirken. Die historischen Gebäude der Altstadt lohnen aber einen Besuch.

Praktische Informationen

Bank Pekao (☎ 852 52 63; Ul Wrocławska 26/28)
Bank Zachodni (☎ 852 26 44; Ul Gwarna 4A)
Strefa-mal Internet (☎ 856 58 75; Ul Złotoryjska 95; 1 Std. 4 Zł; 🕑 Mo–Do 10–21.30 Uhr, Fr & Sa 10–23 Uhr, So 14–21.30 Uhr)
Touristeninformation (☎ 851 22 80; Rynek 29; 🕑 Mo–Fr 9–17 Uhr, Sa 9–13 Uhr)

Sehenswertes

Als erste Station auf einem Rundgang bietet sich das **Schloss** am nördlichen Rand der Altstadt an. Die ursprüngliche Burg wurde im 13. Jh. errichtet, später im gotischen Stil umgestaltet (zwei Türme sind aus dieser Zeit erhalten) und in den 1530er Jahren umfassend modernisiert und zu einer Renaissanceresidenz umgebaut. 1835 machte der deutsche Architekt Karl Friedrich Schinkel es zu einem neoklassizistischen Schloss. Der Eingang ist ein prachtvolles Renaissanceportal und gleichzeitig einziges Relikt aus dem 16. Jh. Ein Pavillon im Innenhof birgt die Fundamente einer romanischen **Kapelle** (Eintritt 2,50 Zł; 🕑 Di–Sa 9.30–17 Uhr) aus dem 13. Jh., die gemeinsam mit der ursprünglichen mittelalterlichen Burg von Henryk Brodaty (dem Bärtigen) erbaut wurde. Heute ist das Schloss Teil der Universität und voller Studenten.

Die barocke **Johanniskirche** (Kościół Św Jana), südwestlich des Schlosses und nördlich des Rynek, ist Legnicas wichtigste Kirche. Derzeit wird die Kirche restauriert und ist nur selten für Besucher geöffnet. Die Kapelle in der rechten Wand ist eigentlich der Chor der früheren gotischen Kirche, die zum heutigen Bau im rechten Winkel liegt. Die mit sensationellen Deckenfresken verzierte Kapelle wurde zum Mausoleum der letzten Piasten und enthält ihre ausgefallenen Grabmale. Fragt man im nahen **Kupfermuseum** (Muzeum Miedzi; ☎ 862 49 49; Ul Partyzantów 3; 🕑 Di–Sa 11–17 Uhr) nach, wird die Kapelle für eine Besichtigung aufgeschlossen.

Direkt am Rynek erhebt sich die **Peter-und-Paul-Kirche** (Kościół Farny Św Piotra i Pawała). Sie ist das beeindruckendste Gebäude der Stadt, wegen ihres wunderschönen Ziegeldachs und der erstklassigen Restaurierung. Von zwei gotischen Originalportalen ist das auf der Nordseite (in Richtung Rynek) von einem grandiosen Tympanon gekrönt, das die Anbetung Jesu durch die Heiligen Drei Könige zeigt. Die Innenausstattung der Kirche ist ein Sammelsurium verschiedenster Epochen. Das bronzene, mit Reliefs verzierte Taufbecken (in einer Kapelle im linken Seitenschiff) aus dem 13. Jh. gehört zu den ältesten aus Metall gearbeiteten Taufbecken in Polen.

Die **Marienkirche** (Kościół Mariacki) ist ein weiteres sehenswertes Bauwerk und eine der ältesten Kirchen Schlesiens. Sie wurde allerdings im 19. Jh. im neogotischen Stil erneuert. Heute ist sie das Gotteshaus einer protestantischen Gemeinde, in der Sonntagsmessen abgehalten werden, und außerdem der Konzertsaal für Orgel- und Kammerkonzerte.

Schlafen & Essen

Hotel Kamieniczka (☎ 723 73 92; Ul Młnarska 15/16; EZ 80–140 Zł, DZ 120–205 Zł, 3BZ/4BZ/Suite 270/360/400 Zł; Ⓟ) Dieses neue Hotel liegt zentral, ist in einem erstklassig modernisierten Stadthaus aus dem 17. Jh. untergebracht und im kargen Unterkunftsangebot von Legnica wirklich eine Perle. Die Zimmer sind stilvoll, aber nicht kitschig, das Hotel bietet vier geräumige Suiten und das hauseigene Restaurant rundet das elegante Angebot ab.

Hotel Tramp (☎ 862 00 10; Ul Kominka 7; EZ 76–106 Zł, DZ 105–145 Zł, 3BZ 157,50–210 Zł) Dieses kleine Hotel sieht von außen besser aus als von innen, ist aber für die Preise immer noch keine schlechte Wahl. Knarzende Betten und Gemeinschaftsbäder sollten einem allerdings nichts ausmachen. Dafür sind die günstige Lage und das Frühstück eindeutige Pluspunkte.

Qubus Hotel (☎ 866 21 00; www.qubushotel.com auf Deutsch; legnica@qubushotel.com; Ul Skarbowa 2; EZ/DZ 64/84 Zł; Ⓟ) Kaum zu glauben, aber wahr: Das kleine Hotel Tramp gehört zur selben Kette wie dieser Klotz für Geschäftsreisende. Das riesige Hotel erscheint für Legnica eigentlich total überdimensioniert, wer aber modernsten Komfort wünscht, wird im Qubus keinen Grund zur Beschwerde haben. Zudem gibt es hier satte Rabatte.

PTSM Jugendherberge (☎ 862 54 12; Ul Jordana 17; Schlafsaal/DZ/3BZ 23/55/78 Zł) Die Jugendherberge liegt 800 m östlich von Zentrum und ungefähr genauso weit vom Bahnhof entfernt. Sie verfügt über 55 Betten, die vorwiegend in Schlafsälen mit fünf bis zehn Betten untergebracht sind.

Restauracja Tivoli (☎ 862 23 04; Ul Złotoryjska 21; Hauptgerichte 15–30 Zł; 🕑 Frühstück, Mittag- & Abendessen) Vollkommen ungeachtet des italienischen Namens, wird in diesem unauffälligen traditionellen Restaurant schon seit 1957 herzhafte polnische Küche serviert. Es liegt etwa 200 m westlich des Rynek.

Snac Bar Gusto (☎ 852 35 33; Rynek 9; Hauptgerichte 4–7 Zł; 🕑 Mo–Sa Frühstück, Mittag- & Abendessen, So Mittag- & Abendessen) Schnell, zentral und bei den Kids beliebt, ist das Gusto das Lokal für Fast Food.

An- & Weiterreise

Bahnhof und Busbahnhof liegen am nordöstlichen Rand des Zentrums direkt nebeneinander. Beide bieten regelmäßige Verbindungen nach Wrocław (Breslau; Zug 10,50 Zł, 1½ Std., ca. stündl.). Andere Ziele in der Region wie Jelenia Góra (Hirschberg; 13,50 Zł, 2½ Std., 11-mal tägl.), Świdnica (Schweidnitz; 8,90 Zł, 1½ Std., 5-mal tägl.) und Kłodzko (Glatz; 17 Zł, 3 Std., 2-mal tägl.) sind gut mit Bussen erreichbar. Zudem fahren täglich zwei Züge nach Warszawa (Warschau; 46,54 Zł, 7½ Std.).

LEGNICKIE POLE (WAHLSTADT)

☎ 76 / 2000 Ew.

Der polnische Name Legnickie Pole bedeutet Feld von Legnica. Berühmt ist der kleine Ort durch eine Schlacht, bei der die schlesischen Truppen 1241 unter dem Kommando von Herzog Henryk II. Pobożny (dem Frommen) den Tataren unterlagen. Der Herzog selbst wurde während der Schlacht getötet und enthauptet. Der Legende nach steckten die Tataren seinen Kopf auf einen Speer und zogen nach Legnica weiter, konnten die Stadt aber nicht einnehmen. Den Leichnam des Herzogs konnte seine Gemahlin, Prinzessin Anna, anhand der sechs Zehen an seinem linken Fuß erkennen.

Herzog Henryks Mutter, Prinzessin Hedwig (Księżna Jadwiga; siehe S. 292) ließ an der Stelle seiner Enthauptung eine kleine Kapelle errichten. Heute steht an ihrer Stelle eine gotische Kirche, in der das **Museum der Schlacht bei Liegnitz** (Muzeum Bitwy Legnickiej; ☎ 858 23 98; Erwachsene/ermäßigt 4/2 Zł; 🕑 Mi–So 11–17 Uhr) untergebracht ist. Die bescheidene Ausstellung zeigt ein Modell der Schlacht (Beschreibung auch in Deutsch und Englisch) und einige andere Exponate, wie etwa eine Kopie des Grabmals des Herzogs (das Original befindet sich im Nationalmuseum in Breslau).

Dem Museum gegenüber liegt die frühere Benediktinerabtei. Ihr Herzstück ist die

Kirche der hl. Hedwig (Kościół Farny Św Jadwigi), ein barockes Meisterstück des österreichischen Architekten Kilian Ignaz Dientzenhofer aus den 1730er Jahren. Durch das großartige verzierte Portal betritt man eine wohlproportionierte, helle und harmonische Kirche mit wirklich einzigartigen Fresken von dem bayerischen Maler Cosmas Damian Asman an den Deckengewölben. Das Fresko über der Orgelempore wie auch das Gemälde auf dem Hochaltar zeigen jeweils Prinzessin Anna mit dem Leichnam ihres Gatten nach der Schlacht.

Außer zu den Gottesdiensten ist die Kirche verschlossen (sie wird als Pfarrkirche genutzt). Eine Besichtigung ist im Eintrittspreis für das Museum enthalten, normalerweise wird aber gewartet, bis eine kleinere Besuchergruppe zusammengekommen ist.

Schlafen & Essen

Jurta Motel (☎ 858 20 94; Ul Kossak-Szczuckiej 7; EZ 55–70 Zł, DZ 65–90 Zł, 3BZ/Suite 90/140 Zł; Ⓟ) Das Motel ist die einzige ganzjährig geöffnete Übernachtungsmöglichkeit in Legnickie Pole. Es gibt Zimmer mit und ohne Bad und ein einfaches Restaurant – hungrig muss hier also keiner ins Bett.

Camping Nr 234 (☎ 858 23 97; Ul Henryka Brodatego 7; Zeltplatz/Hütte 9/70 Zł; 🕑 Mai–Sept.; 🏊) Der schlichte Campingplatz hat zehn dreieckige Hütten und einen Zeltplatz. Falls es mal nötig sein sollte, dürfen sich auch Nicht-Gäste gegen eine winzige Gebühr im Pool abkühlen.

An- & Weiterreise

Täglich fahren 16 PKS-Busse nach Legnica (Liegnitz; 3,70 Zł, ½ Std.), die Mehrzahl von ihnen morgens. Es verkehren aber auch ein paar private Minibusse (3 Zł).

ZIELONA GÓRA (GRÜNBERG)

☎ 68 / 118 000 Ew.

Wie die meisten Städte in dieser Gegend wurde auch Zielona Góra von den schlesischen Piasten gegründet. Die Stadt gehörte zu Glogau (Głogów), einem der zahlreichen Fürstentümer Schlesiens, bevor sie im 16. Jh. zunächst an die Habsburger und später an die Preußen fiel. Im Gegensatz zu vielen anderen Städten überstand Zielona Góra die Offensive von 1945 fast unbeschadet und sieht daher noch immer so aus wie früher, was die Stadt von vielen unterscheidet.

Berühmt ist sie aber auch als Polens einziger Weinbauort. Die Tradition geht auf das 14. Jh. zurück, weil das Klima aber nicht das idealste ist, wirft der Weinanbau nicht wirklich viel ab. Der Ertrag reicht gerade so für den Eigenbedarf, dennoch veranstaltet die Stadt jedes Jahr Ende September das **Weinfest** (Swieto Winobrania), das bereits eine fast 150-jährige Tradition hat.

Da Zielona Góra nur 60 km hinter der polnischen Grenze liegt, ist es bei der Anreise aus Deutschland eine schöne erste Etappe und ein guter Einstieg nach Polen. Geschichtlich hat die Stadt zwar nicht so viel zu bieten, ist aber ein einladender und zukunftsorientierter Ort mit einer hübschen Fußgängerzone und vielen Übernachtungsmöglichkeiten. Hier kann man sich am Anfang einer Reise bei einem Bier oder zwei hervorragend auf Polen einstimmen.

Praktische Informationen

Bank Pekao (☎ 327 26 34; Ul Chopina 21); Ul Pieniężnego (☎ 327 00 51; Ul Pieniężnego 24)

Bank Zachodni Ul Bohaterów Westerplatte (☎ 324 05 00; Ul Bohaterów Westerplatte); Ul Sikorskiego (☎ 325 46 21; Ul Sikorskiego 9)

Internet Pub (☎ 324 63 69; www.ipub.pl auf Polnisch; Ul Kupiecka 28; 1 Std. 5 Zł; 🕑 Mo–Fr 9–21 Uhr, Sa 10–20 Uhr, So 12–20 Uhr)

Hauptpostamt (☎ 322 10 80; Ul Bohaterów Westerplatte 21)

Touristeninformation (☎ 327 03 23; www.zielona-gora.pl auf Deutsch; Ul Kupiecka 17; 🕑 Mo–Fr 9–17 Uhr, 15. Juni–15. Sept. auch Sa & So 10–14 Uhr)

Sehenswertes

Der restaurierte **Rynek** (früher Stary Rynek genannt) ist durch seine bunt angestrichenen Bürgerhäuser ein wirklich einladender Platz. Er bildet gleichzeitig Ende und Höhepunkt der Fußgängerzone entlang der Al Niepodległości und Ul Żeromskiego. In seiner Mitte erhebt sich das **Rathaus** aus dem 17. Jh. mit seinem schlanken, 54 m hohen Turm, der mehrfach umgestaltet, aber nicht übermodernisiert wurde. Wer sich die Haube genau ansieht, kann Unregelmäßigkeiten erkennen, die auf kleinere Fehler während der Konstruktion zurückzuführen sind.

Das **Museum des Lebuser Landes** (Muzeum Ziemi Lubuskiej; ☎ 320 26 78; www.zgora.pl/muzeum auf

Deutsch; Al Niepodległości 15; Erwachsene/ermäßigt 6/4 Zł, Sa Eintritt frei; Di, Do & Fr 11–15 Uhr, Sa 10–15 Uhr, So 10–16 Uhr) dokumentiert die Weinbaugeschichte der Region. Zudem besitzt das Museum eine der größten polnischen Sammlungen an Werken von Marian Kruczek (1927–83), einem Künstler, der aus Alltagsgegenständen teilweise erstaunliche Assemblagen fertigte. In Wechselausstellungen zeigt das Museum Teile seiner Sammlungen des Jugenstils und der modernen Kunst.

Neben dem Museum liegt die **Galerie BWA** (☎ 325 37 26; Al Niepodległości 19; Eintritt 4 Zł; Di, Do, Fr & So 11–17 Uhr, Mi 10–15 Uhr, Sa 12–18 Uhr), die zeitgenössische Kunst ausstellt.

ZIELONA GÓRA (GRÜNBERG)

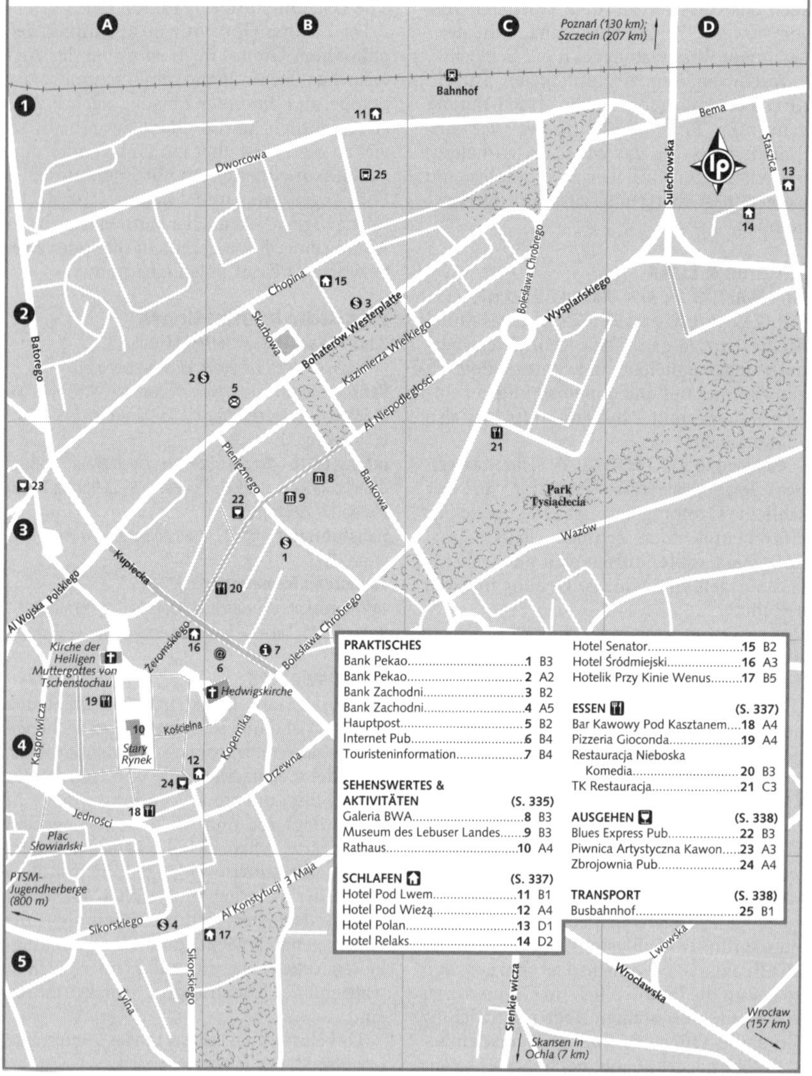

Der **Skansen** (Freilichtmuseum ☎ 321 15 91; Erwachsene/ermäßigt 6/4 Zł; ⌚ Di–So 10–17 Uhr) in Ochla, 7 km südlich von Zielona Góra, wird regelmäßig mit dem Bus 27 angefahren (auf Anfrage lassen einen die Fahrer in der Nähe des Eingangs vor der Ortschaft aussteigen). Auf dem Gelände stehen rund 20 traditionell schlesische Gebäude, von denen ein halbes Dutzend originalgetreu eingerichtet ist und besichtigt werden kann.

Schlafen

Hotel Śródmiejski (☎ 325 44 71; www.lubtour.pti.pl auf Polnisch; hotel11@wp.pl; Ul Żeromskiego 23; EZ 90–135 Zł, DZ 140–300 Zł, 3BZ 180 Zł) Bei einer so zentralen Lage kann man einfach nicht meckern – und selbst wenn, das Personal hier ist viel zu gut geschult, als dass es zurückmeckern würde. Die etwas tristen Gänge werden durch die komfortablen Zimmer allemal wettgemacht. Es gibt Zimmer mit oder ohne eigenes Bad und Wochenendrabatte.

Hotel Pod Lwem (☎ 324 10 55; Ul Dworcowa 14; EZ/DZ 135/190 Zł) Das „Hotel unter den Löwen" liegt direkt gegenüber dem Busbahnhof und sieht aus wie ein Landgasthof, der sich auf wundersame Weise irgendwie hier zwischen Straße und Zugstrecke wiederfand. Gemütliche Möbel führen das Landhausthema weiter und für alle, die hier nur eine Nacht auf den Bus warten möchten, gibt es ein paar einfachere und preiswertere Zimmer.

Hotel Senator (☎ 324 04 36; Ul Chopina 23a; EZ 256–296 Zł, DZ 296–384 Zł; Ⓟ) Die Preise sind hier zwar auf den ersten Blick etwas happig, schließen aber Halbpension und Getränke mit ein. Mit Wochenendrabatt sind die Preise volle 50 % niedriger (allerdings nur für die Zimmer). Das Hotel ist aber auf jeden Fall richtig schön, hat freundliches Personal, hübsche Zimmer und sehr viele Korbmöbel.

Hotelik Przy Kinie Wenus (☎ 327 13 29; Al Konstytucji 3 Maja 6; EZ/DZ 70/120 Zł, mit eigenem Bad 100/150 Zł) Dieses frühere Einfamilienhaus ist mit viel Phantasie in ein kleines Hotel verwandelt worden, wobei manchmal erstaunlich gemütliche Zimmer herausgesprungen sind – wozu dunkles Holz und Sofas so gut sein können.

Hotel Pod Wieżą (☎ 327 10 91; Ul Kopernika 2; EZ 75–130 Zł, DZ 120–190 Zł, 3BZ 154–199 Zł, Suite 240 Zł) Das Pod Wieżą spielt hinter dem Śródmiejski die zweite Geige, liegt ebenfalls sehr zentral und bietet verschiedene Zimmerkategorien. Leider sind die Fertigbauplastikbadezimmer nicht gerade schick. An Wochenenden gibt es 25 % Rabatt.

Hotel Polan (☎ 327 00 91; www.orbis.pl auf Deutsch; polan@orbis.pl; Ul Staszica 9a; EZ/DZ/Suite 235/324/460 Zł; ☒) Das Polan ist weder schick, noch liegt es besonders günstig, aber es bietet relativ komfortable Zimmer und ein wenig Ruhe. Bemerkenswert ist allerdings, dass es behindertengerechte Zimmer gibt.

Hotel Relaks (☎ 320 21 97; Ul Wyspańskiego 15b; Zi pro Person 27–100 Zł) Das Relaks ist eine der beiden Arbeiterunterkünften östlich des Bahnhofs. In den schlichten, sauberen Zimmern werden hauptsächlich Schülergruppen untergebracht, gelegentlich auch polnische Familien. Es gibt unterschiedliche Zimmerkategorien.

PTSM Jugendherberge (☎ 320 22 37; www.cku.zgora.pl auf Deutsch; Ul Długa 13; Schlafsaal 20–35 Zł, EZ/DZ 100/140 Zł) Diese neue Herberge kann in ihren Zimmern (vorwiegend Schlafsäle für sechs Personen) bis zu 70 müde Häupter betten. Sie liegt an der Ringstraße etwa 700 m westlich des Rynek.

Essen

Restauracja Nieboska Komedia (☎ 327 20 59; Al Niepodległości 3/5; Hauptgerichte 18–35 Zł; ⌚ Mittag- & Abendessen) Dieser freundliche Laden mit Künstlertouch liegt im Theatergebäude und bietet neben den üblichen Speisen eine Auswahl an leckeren polnischen Gerichten. Es hat lange genug offen, dass die Zeit nach einer Vorstellung noch für ein oder zwei Absacker reicht.

TK Restauracja (☎ 325 00 68; Ul Boleslawa Chrobrego 35/41; Hauptgerichte 12–30 Zł; ⌚ Mo–Sa Mittag- & Abendessen, So Mittagessen) Etwas außerhalb des Zentrums liegt das TK, das so „diskret" ist, dass man Mühe hat, es zu finden – bei einer 6 m langen Glasfront ist das schon eine Leistung. Im Inneren finden sich vier elegant gestaltete Speisezimmer, die oft für besondere Anlässe reserviert werden. Die verschiedenen Menüs sind alle stark fischlastig.

Bar Kawowy Pod Kasztanem (☎ 327 29 08; Plac Pocztowy 15; Hauptgerichte 1,50–8 Zł; ⌚ Frühstück, Mittag- & Abendessen) Hier gibt es die besten Kaffees und Milchshakes der Stadt sowie eine kleine, aber feine Speisekarte mit Frühstück, kleinen Snacks und Desserts und der Wirt steht selbst hinter der Theke. Aber bei 11 Zł für einen (wenn auch) großzügigen Irish Coffee muss manch einer doch schlucken.

Pizzeria Gioconda (☎ 324 65 65; Ul Mariacka 5; Hauptgerichte 6,40–15,30 Zł; Mittag- & Abendessen) Unter dem unergründlichen Blick der Mona Lisa gibt es am Rynek das schnellste italienische Essen der Stadt. Die Pizzeria Gioconda ist bestimmt kein Gourmettempel, aber die Pizzen sind nicht schlecht.

Ausgehen

Piwnica Artystyczna Kawon (☎ 324 43 86; Ul Zamkowa 5) Eigenartige Bierflascheninstallationen, Tische aus alten Mangeln, rostige Schwerter und Buntglasfenster mit kernigen Typen, die aus Steinkrügen trinken – so viel Klischee klingt beinahe unglaublich: Hingehen und selber sehen. Meistens ist der Laden mit Studenten voll gepackt, die versuchen herauszufinden, was von der Einrichtung nicht festgeschraubt ist.

Blues Express Pub (☎ 328 03 40; Al Niepodległości 10) Unter den verschiedenen Kneipen entlang der Fußgängerzone hat das Blues Express eine ordentliche Speisekarte und eine große Getränkeauswahl. Im Keller gibt es regelmäßig Jazz und Blues live.

Zbrojownia Pub (☎ 454 93 57; Ul Krawiecka 7/9; Mo–Sa 12–4 Uhr, So 16–1 Uhr) Und noch eine Kellerbar – aber die mit den längsten Öffnungszeiten der Stadt. Schlaflose, Nachtschwärmer und Partygänger versammeln sich hier, erfreuen sich an den gelegentlichen Gigs und bewundern die verstreuten Teile alter Rüstungen.

An- & Weiterreise

BUS

Der geschäftige Busbahnhof liegt 1 km nordöstlich des Stadtzentrums und ist mit verschiedenen Stadtbussen zu erreichen. Wichtigste Reiseziele von hier aus sind Poznań (Posen; 25 Zł, 2¾ Std., 8-mal tägl.) und Wrocław (Breslau; 28 Zł, 3½ Std.). Nach Jelenia Góra (Hirschberg) fahren täglich sechs Schnellbusse (26 Zł, 3 Std.), was wesentlich einfacher als mit dem Zug ist.

ZUG

Der Bahnhof liegt 200 m nordöstlich des Busbahnhofs.Täglich fahren von hier aus sieben Züge nach Wrocław (Breslau; 30,03 Zł, 3 Std.), einer nach Kraków (Krakau; 48,13 Zł, 8 Std.), vier nach Stettin (36,12 Zł, 4¼ Std.) und sieben nach Poznań (Posen; 28,38 Zł, 2½ Std.). Morgens geht ein Expresszug und nachmittags ein Schnellzug nach Warszawa (Warschau; 49,80 Zł, 5½ Std.).

Großpolen (Wielkopolska)

INHALT

Der Name Wielkopolska bedeutet nicht umsonst Großpolen: Hier liegen die Wurzeln Polens, hier wurden die kriegerischen slawischen Volksstämme als Polanen vereinigt, hier wurde im Mittelalter die polnische Nation begründet. Jeder in dieser Region ist davon überzeugt, Großpolen sei das wahre Herz Polens, der Ursprung seiner historischen Bedeutung und des nationalen Stolzes.

Doch außerhalb Polens ist die Gegend kaum bekannt. Sie besitzt weder einen so ausgeprägten Charakter wie Schlesien noch eine so gut ausgebaute touristische Infrastruktur wie Pommern. Mit dem Namen der Hauptstadt der Wojewodschaft, Poznań, können europäische Reisende und Geschäftsleute vielleicht noch etwas anfangen, aber für die meisten anderen Touristen, die eher nach Krakau, Warschau und Danzig strömen, ist diese Region ein unbeschriebenes Blatt.

Dabei ist ein Besuch absolut lohnenswert. Historische Sehenswürdigkeiten und Naturschönheiten sind vom touristischen Massenandrang noch unberührt. Einzigartige Siedlungen aus der Eisenzeit, Schlösser namhafter Familien, Palais, Kirchen, Naturschutzgebiete und nicht zuletzt der diskrete Charme Poznańs – es gibt viel zu entdecken. Und natürlich sollte auf jedem Reiseplan die große Kathedrale von Gniezno stehen, die Geburtsstätte des modernen katholischen Polens.

Überall finden sich Spuren der Vergangenheit. Jedes Städtchen ist Stolz auf seine eigenen, hoch geschätzten Sehenswürdigkeiten und Relikte vergangener Zeiten. Fast scheint Großpolen von der Vergangenheit besessen zu sein, was allerdings bei so viel Geschichte auch kein Wunder ist.

HIGHLIGHTS

- **Architektur & Ausgehen**
  Die Altstadt von Poznań (Posen; S. 346 und S. 354)
- **Nationalstolz**
  Die mächtige Kathedrale von Gniezno (Gnesen; S. 361)
- **Erstaunliches aus der Eisenzeit**
  Das 2700 Jahre alte Wehrdorf bei Biskupin (S. 365)
- **Schlösser**
  Kórnik (Kurnik; S. 357) und Gołuchów (S. 370)
- **Einzigartige Löcher**
  Meteoritenkrater bei Morasko (S. 359)
- **Nachtleben**
  Der schillernde Ekwador Club (S. 356) in Manieczki
- **Katholisches Glanzstück**
  Der Pilgerweg nach Licheń (S. 372)

VORWAHLEN: 52, 61, 62, 63	BEVÖLKERUNG: 3,36 MIO.	FLÄCHE: 30 000 KM^2

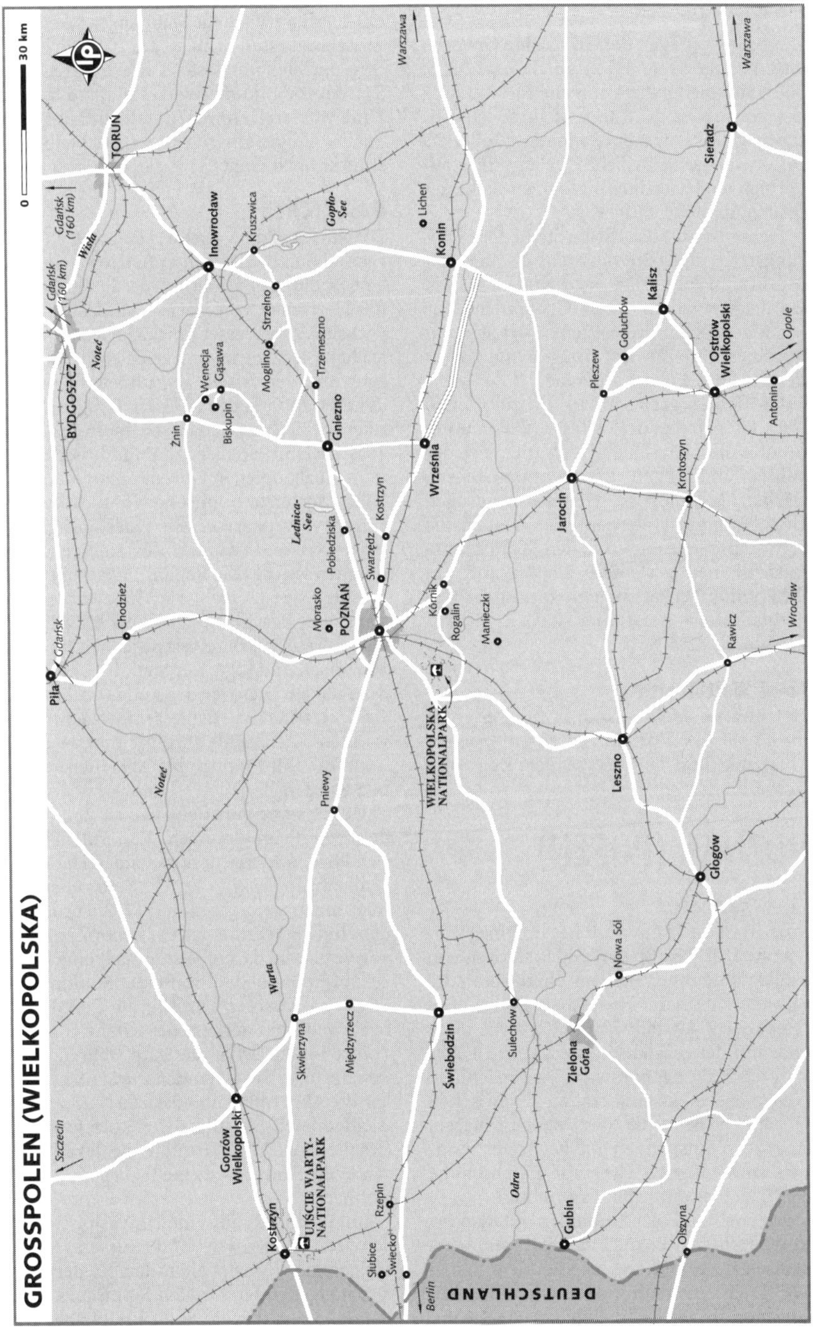
GROSSPOLEN (WIELKOPOLSKA)
0
30 km
Gdańsk (160 km)
Gdańsk (160 km)
Wisła
TORUŃ
Inowrocław
Kruszwica
Gopło-See
Lichen
Konin
Warszawa
Warszawa
Sieradz
Kalisz
Gołuchów
Pleszew
Ostrów Wielkopolski
Opole
Antonin
BYDGOSZCZ
Noteć
Strzelno
Mogilno
Trzemeszno
Wenecja
Gąsawa
Biskupin
Żnin
Gniezno
Września
Jarocin
Krotoszyn
Lednica-See
Pobiedziska
Kostrzyn
Swarzędz
Chodzież
Piła
Gdańsk
Morasko
POZNAŃ
Kórnik
Rogalin
Manieczki
WIELKOPOLSKA-NATIONALPARK
Rawicz
Wrocław
Leszno
Noteć
Pniewy
Głogów
Nowa Sól
Warta
Skwierzyna
Międzyrzecz
Świebodzin
Sulechów
Zielona Góra
Szczecin
Gorzów Wielkopolski
UJŚCIE WARTY-NATIONALPARK
Kostrzyn
Rzepin
Odra
Gubin
Słubice
Świecko
Berlin
Olszyna
DEUTSCHLAND

GROSSPOLEN

Geschichte

Zwei Städte prägen die Geschichte Großpolens: Poznań (s. S. 342) und Gniezno (s. S. 360). Sie spielten für die frühe Entwicklung der polnischen Nation und ihrer katholischen Traditionen eine wichtige Rolle. Da es nur wenige verlässliche Quellen gibt, streiten sich die Historiker bis heute, welche der beiden Städte wichtiger war.

Sicher ist nur, dass beide Städte ihre Führungsrolle abgeben mussten, als der Königssitz im Jahr 1038 nach Krakau verlegt wurde. Trotzdem blieb Großpolen eine wichtige Region im Piastenkönigreich, das in seiner Blütezeit fast das gesamte Gebiet des heutigen Polens umfasste.

Großpolen geriet im 19. Jh. zusammen mit weiten Teilen des östlichen Polen unter preußische Herrschaft Doch hier war der Widerstand gegen die Germanisierung stärker als anderswo. Dieser Drang nach Unabhängigkeit überlebte dann auch die Nationalsozialisten und den Kommunismus. Bis heute ist diese Region stolz auf ihre polnische Vergangenheit und der Gemeinschaftssinn ist hier stärker als anderswo.

An- & Weiterreise

Der übliche Ausgangspunkt für Reisen in die Region ist Poznań mit einem eigenen Flughafen und hervorragenden Zug- und Busverbindungen.

POZNAŃ (POSEN)

☎ 61 / 580 000 Ew.

Poznań ist die Hauptstadt der Provinz (Wojewodschaft) Großpolen und historisch von großer Bedeutung. In den frühen Jahren des Staates war sie die Hauptstadt Polens. Die restaurierte Altstadt kann sich zwar nicht ganz mit der Breslaus messen, spiegelt aber sehr lebendig die polnische Vergangenheit. Neben vielen faszinierenden historischen Gebäuden bietet die Stadt einige Museen. Aber auch Entspannen und gepflegtes Shoppen sind möglich (wer auf Pumaschuhe steht, ist hier auf jeden Fall richtig).

Die meisten Polen verbinden mit dem Industriezentrum Poznań die internationalen Messen (s. S. 350), die hier seit dem Ersten Weltkrieg regelmäßig stattfinden. Sie sind aber nur für das Fachpublikum interessant, das zu Messezeiten die Stadt überschwemmt. Es ist also besser, nicht gerade dann zu kommen und sich mindestens zwei bis drei Tage Zeit für die Erkundung der Stadt zu lassen. Und wer erst einmal damit anfängt, die nähere Umgebung zu erforschen, bleibt bestimmt noch länger.

GESCHICHTE

Poznańs Anfänge reichen bis ins 9. Jh. zurück, als auf der Dominsel (Ostrów Tumski) eine Siedlung errichtet wurde, die sich unter der Herrschaft von Herzog Mieszko I. entwickelte. Von Wasser umgeben, war Poznań leicht zu verteidigen und erschien als Machtzentrum der frisch gegründeten Nation sicherer als Gniezno (S. 360). Einige Historiker meinen sogar, dass die Taufe des Herzogs im Jahr 966 in Poznań und nicht, wie immer behauptet, in Gniezno stattfand. Sein Sohn, der erste polnische König Bolesław Chrobry, verstärkte die Befestigung der Insel. Als die Truppen des Heiligen Römischen Reiches die Region 1005 eroberten, machten sie sich nicht die Mühe, diese Festung zu belagern. Dies holte der böhmische Prinz Bratislav (Brzetysław) jedoch im Jahr 1038 nach und fügte der Stadt beachtlichen Schaden zu. Dies war das Ende von Poznań als Herrschersitz, denn seine Nachfolger wählten Krakau als ihre Heimat. – auch wenn die Könige noch bis 1296 hier begraben wurden.

Durch seine günstige Lage an den Handelsrouten von Ost nach West entwickelte sich Poznań zu einem florierenden Handelszentrum. Im 12. Jh. war die Stadt über die Insel hinausgewachsen und 1253 wurde auf dem linken Wartheufer ein neues Zentrum angelegt. Bald darauf wurde auch eine Burg gebaut und die Stadt mit einer Stadtmauer umgeben. Ostrów Tumski, die Dominsel, blieb weiterhin der Sitz der Kirche.

Ihre Blüte erlebte die Stadt während der Renaissance. Es entstanden zwei Hochschulen, die Akademia Lubrańskiego (Lubrański-Akademie; 1518) und die Szkoła Jezuicka (Jesuitenkolleg; 1578), und Ende des 16. Jhs. zählte die Stadt bereits mehr als 20 000 Einwohner.

Im 17. Jh. verursachten Invasionen der Schweden, Preußen und Russen sowie einige Naturkatastrophen den Niedergang der Stadt. Bei der Zweiten Polnischen Teilung 1739 wurde die Stadt Preußen zuge-

DER ERSTE STREIK

Der Streik der Arbeiter in 1956 war der erste Massenprotest im Ostblock. Als er nur drei Jahre nach dem Tod Stalins ausbrach, wurde er zum Meilenstein auf Osteuropas Weg zur Demokratie und beispielgebend – denn in den nächsten Jahrzehnten brachen wiederholt Revolten in Polen, Ungarn und der Tschechoslowakei aus.

Der Aufstand von Poznań begann in der größten Industrieanlage der Stadt, der Cegielski Metallfabrik (damals nach Stalin benannt), die für die Eisenbahn produzierte. Als die Arbeiter die Rückzahlung einer unfairen Steuer verlangten, wurde ihre Delegation von der Fabrikleitung schlicht und ergreifend aus dem Verhandlungsraum geworfen. Daraus entstand am nächsten Tag ein spontaner Streik, dem sich die Arbeiter anderer Industriezweige anschlossen, und gemeinsam zogen sie zum damaligen Plac Stalin (heute Plac Mickiewicz).

Die 100 000 (etwa ein Viertel der Stadtbevölkerung), die sich versammelten, forderten „Brot und Freiheit". Die Arbeits- und Lebensbedingungen der Arbeiter sollten verbessert werden und darüber wollten diese mit den Regierenden verhandeln. Die Demonstranten wurden aber von den Offiziellen der Stadt ignoriert.

Schon bald lief die Demonstration aus dem Ruder. Die wütende Menge stürmte das Polizeihauptquartier und das Gebäude der Kommunistischen Partei und befreite die 257 Insassen des Gefängnisses, nachdem sie die Wachen entwaffnet hatte. Kurz darauf umstellten die Arbeiter das Gebäude der Staatssicherheit und hier begann das Blutvergießen. Aus den Fenstern des Gebäudes wurde plötzlich in die Menge geschossen. Aus Breslau wurden eilig Panzer zu Hilfe geholt. Den Soldaten wurde gesagt, sie sollten einen Aufstand von Deutschen befrieden.

Heftige Straßenschlachten zogen sich durch die Nacht bis zum nächsten Tag hin. Das Ergebnis waren 76 Tote und 900 Verwundete. Mehr als 300 Personen wurden festgenommen und 58 von ihnen angeklagt.

Es ist der Protest mit den tragischsten Folgen in der kommunistischen Geschichte Polens, dennoch wurde lange Zeit nur wenig über ihn berichtet und seine Bedeutung unterschätzt. Erst in den letzten Jahren wurde seine politische Signalwirkung erkannt und ihm die Bedeutung zuerkannt, die er verdient. Heute wird er gleich bedeutend genannt mit dem Aufstand der Werftarbeiter in Danzig.

schlagen und erhielt ihren deutschen Namen Posen.

In der zweiten Hälfte des 19. Jhs. wurden hier viele Deutsche angesiedelt und intensive Germanisierungsversuche unternommen. Doch die Bevölkerung wehrte sich stärker als in anderen Regionen gegen diese Bestrebungen. Während dieser Zeit entwickelte sich Poznań nach und nach zu einer Industriemetropole, und beim Ausbruch des Ersten Weltkriegs war die Bevölkerung auf 150 000 angewachsen.

Der Großpolnische Aufstand, der im Dezember 1918 ausbrach, befreite die Stadt von der deutschen Besatzung und führte zu ihrer Rückkehr in den polnischen Staat. Poznańs lange Handelstradition wurde 1921 mit der Gründung einer Messe wiederbelebt. Schon vier Jahre später erhielt sie internationalen Status.

Während des Zweiten Weltkriegs fiel die Stadt erneut unter deutsche Besatzung. Die Befreiungsschlacht von 1945 dauerte einen Monat und verursachte große Schäden, die zum Teil bis heute sichtbar sind.

Nach dem Krieg war Poznań eine der ersten Städte, die während des Arbeiterstreiks 1956 (siehe „Der erste Streik") die Knute des kommunistischen Regimes zu spüren bekam. Das Militär schlug die spontanen Proteste brutal nieder, was 76 Tote und 900 Verwundete forderte.

Dies war aber erst der Beginn des Widerstands, der viele Jahre später schließlich zum Niedergang des Kommunismus führen sollte.

ORIENTIERUNG

Der Bahnhof Poznań Główny liegt 2 km südwestlich der Altstadt, die der Haupttouristenmagnet der Stadt ist. Dazwischen liegt das neue Zentrum mit vielen Geschäften und Hotels.

Die meisten Sehenswürdigkeiten finden sich am mittelalterlichen Markplatz, dem Stary Rynek, und um ihn herum. Es lohnt

POZNAŃ (POSEN)

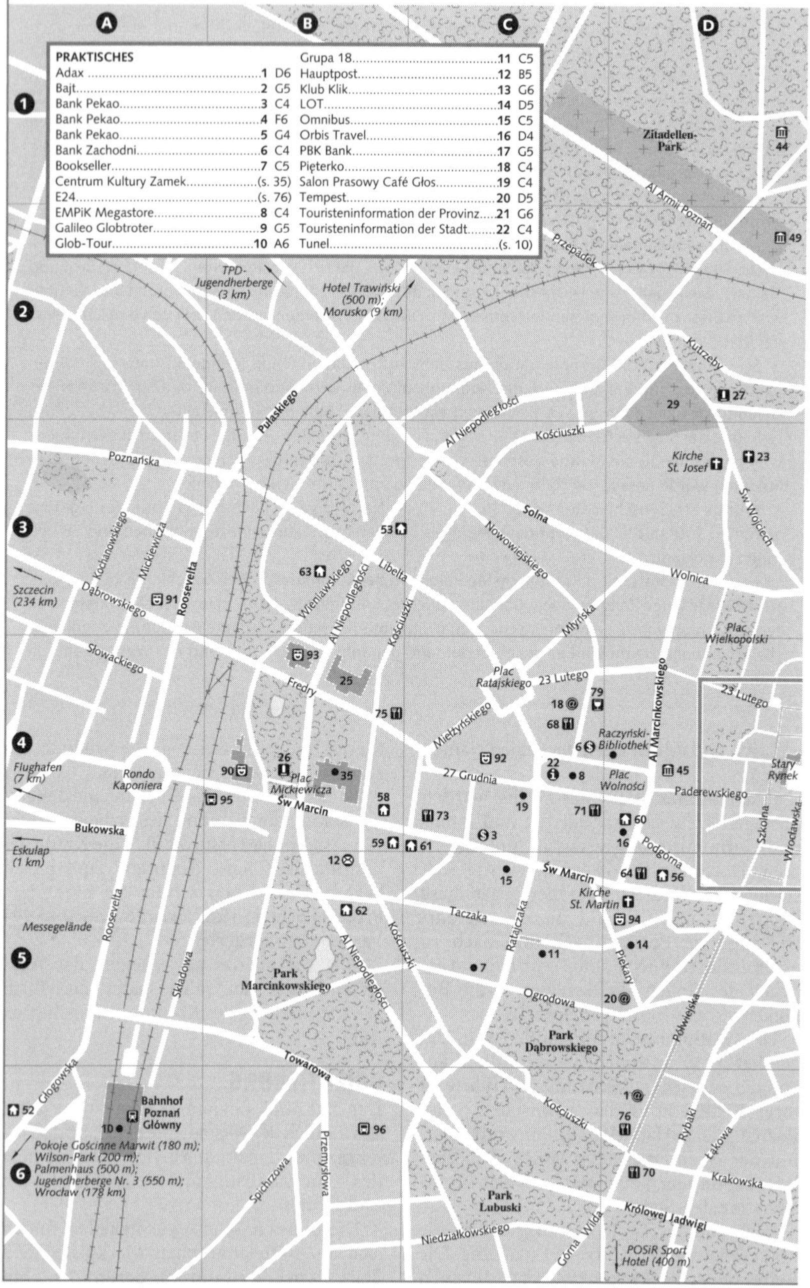

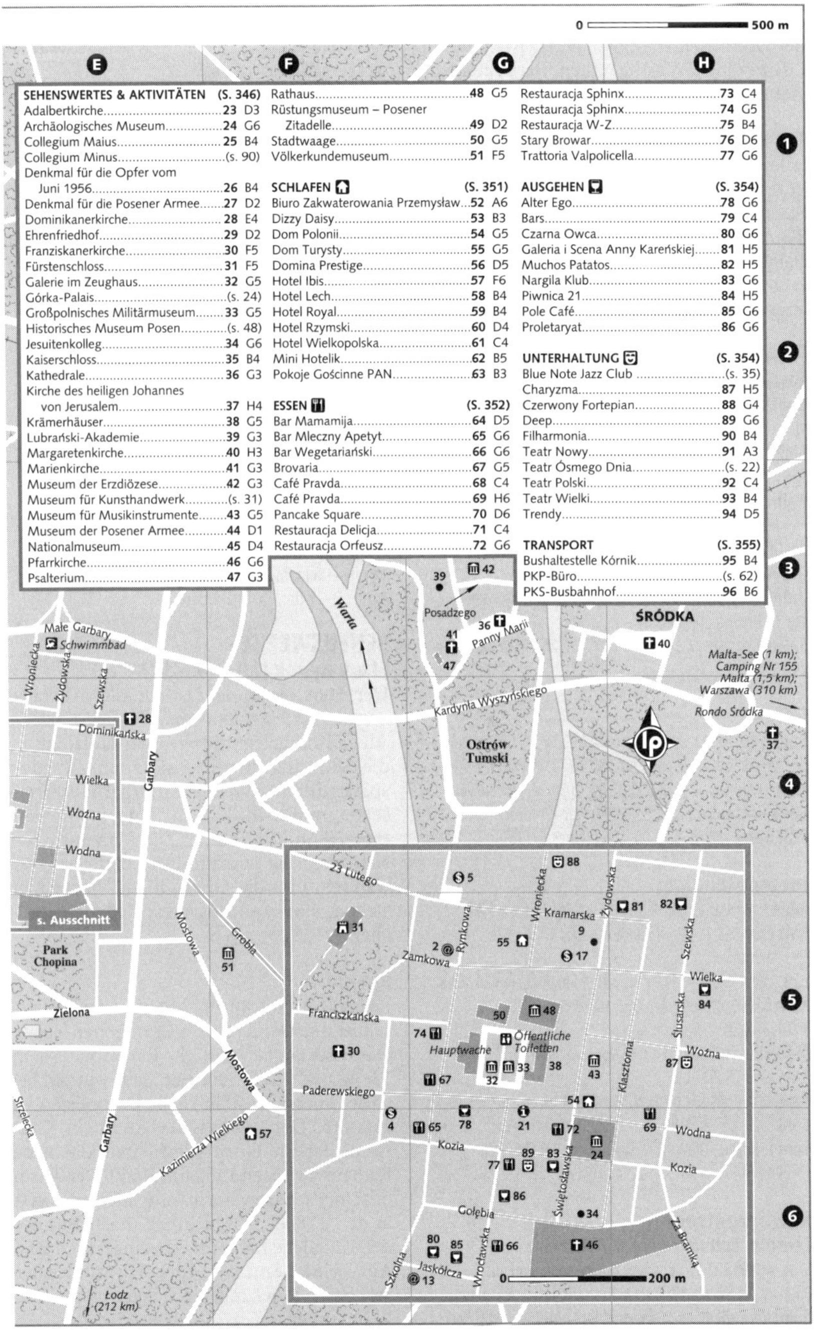
0 500 m
E
F
G
H
SEHENSWERTES & AKTIVITÄTEN (S. 346)
Adalbertkirche 23 D3
Archäologisches Museum 24 G6
Collegium Maius 25 B4
Collegium Minus (s. 90)
Denkmal für die Opfer vom Juni 1956 26 B4
Denkmal für die Posener Armee 27 D2
Dominikanerkirche 28 E4
Ehrenfriedhof 29 D2
Franziskanerkirche 30 F5
Fürstenschloss 31 F5
Galerie im Zeughaus 32 G5
Górka-Palais (s. 24)
Großpolnisches Militärmuseum 33 G5
Historisches Museum Posen (s. 48)
Jesuitenkolleg 34 G6
Kaiserschloss 35 B4
Kathedrale 36 G3
Kirche des heiligen Johannes von Jerusalem 37 H4
Krämerhäuser 38 G5
Lubrański-Akademie 39 G3
Margaretenkirche 40 H3
Marienkirche 41 G3
Museum der Erzdiözese 42 G3
Museum für Kunsthandwerk (s. 31)
Museum für Musikinstrumente 43 G5
Museum der Posener Armee 44 D1
Nationalmuseum 45 D4
Pfarrkirche 46 G6
Psalterium 47 G3
Rathaus 48 G5
Rüstungsmuseum – Posener Zitadelle 49 D2
Stadtwaage 50 G5
Völkerkundemuseum 51 F5
SCHLAFEN (S. 351)
Biuro Zakwaterowania Przemysław 52 A6
Dizzy Daisy 53 B3
Dom Polonii 54 G5
Dom Turysty 55 G5
Domina Prestige 56 D5
Hotel Ibis 57 F6
Hotel Lech 58 B4
Hotel Royal 59 B4
Hotel Rzymski 60 D4
Hotel Wielkopolska 61 C4
Mini Hotelik 62 B5
Pokoje Gościnne PAN 63 B3
ESSEN (S. 352)
Bar Mamamija 64 D5
Bar Mleczny Apetyt 65 G6
Bar Wegetariański 66 G6
Brovaria 67 G5
Café Pravda 68 C4
Café Pravda 69 H6
Pancake Square 70 D6
Restauracja Delicja 71 C4
Restauracja Orfeusz 72 G6
Restauracja Sphinx 73 C4
Restauracja Sphinx 74 G5
Restauracja W-Z 75 B4
Stary Browar 76 D6
Trattoria Valpolicella 77 G6
AUSGEHEN (S. 354)
Alter Ego 78 G6
Bars 79 C4
Czarna Owca 80 G6
Galeria i Scena Anny Kareńskiej 81 H5
Muchos Patatos 82 H5
Nargila Klub 83 G6
Piwnica 21 84 H5
Pole Café 85 G6
Proletaryat 86 G6
UNTERHALTUNG (S. 354)
Blue Note Jazz Club (s. 35)
Charyzma 87 H5
Czerwony Fortepian 88 G4
Deep 89 G6
Filharmonia 90 B4
Teatr Nowy 91 A3
Teatr Ósmego Dnia (s. 22)
Teatr Polski 92 C4
Teatr Wielki 93 B4
Trendy 94 D5
TRANSPORT (S. 355)
Bushaltestelle Kórnik 95 B4
PKP-Büro (s. 62)
PKS-Busbahnhof 96 B6
1
2
3
4
5
6
Warta
Posadzego
Panny Marii
ŚRÓDKA
Małe Garbary
Schwimmbad
Wroniecka
Żydowska
Szewska
Dominikańska
Wielka
Woźna
Wodna
Garbary
Kardynła Wyszyńskiego
Ostrów Tumski
Rondo Śródka
Malta-See (1 km); Camping Nr 155 Malta (1,5 km); Warszawa (310 km)
s. Ausschnitt
Park Chopina
Mostowa
Grobla
Zielona
Strzelecka
Kazimierza Wielkiego
Łodz (212 km)
23 Lutego
Rynkowa
Zamkowa
Kramarska
Franciszkańska
Hauptwache
Öffentliche Toiletten
Paderewskiego
Kozia
Gołębia
Jaskółcza
Szkolna
Wrocławska
Świętosławska
Klasztorna
Ślusarska
Za Bramką
0 200 m

sich aber auch, dem Geburtsort der Stadt, der Dominsel, 1 km östlich der Altstadt am Ostufer der Warthe einen Besuch abzustatten.

Karten

Alle großen polnischen Kartenverlage haben gute Stadtpläne von Poznań im Programm. Sie sind überall in der Stadt erhältlich. Die Touristeninformation verteilt kostenlose Pläne der Altstadt und des Zentrums, berechnet für die ausführlichen Stadtpläne aber etwas mehr als den Buchladenpreis.

PRAKTISCHE INFORMATIONEN

Buchläden

Bookseller (☎ 856 02 79; Ul Powstańców Wielkopolskich; 🕒 9–17 Uhr)
EMPiK Megastore (☎ 852 66 90; Ul Ratajczaka 44; 🕒 Mo–Sa 10–22 Uhr, So 11–17 Uhr)
Galileo Globtroter (☎ 853 29 15; Stary Rynek 98/100; 🕒 Mo–Fr 10–18 Uhr, Sa 10–14 Uhr) Der Eingang liegt in der Ul Żydowska.
Grupa 18 (☎ 855 10 85; Ul Ratajczaka 18)
Omnibus (☎ 853 61 82; Ul Św Marcin 39; 🕒 Mo–Fr 10–19 Uhr, Sa 10–14 Uhr)
Salon Prasowy Café Głos (☎ 852 26 12; Ul Ratajczaka 39)

Geld

Bank Pekao Ul Masztalarska (☎ 855 24 11; Ul Masztalarska 8A); Ul Paderewskiego (☎ 852 26 72; Ul Paderewskiego 3); Ul Św Marcin (☎ 855 81 05; Ul Św Marcin 52/56)
Bank Zachodni (☎ 856 49 00; Plac Wolności 16)
PBK Bank (☎ 856 78 00; Stary Rynek 97/98)

Internetzugang

Adax (☎ 850 11 00; Ul Półwiejska 28; 1 Std. 2,5 Zł)
Bajt (☎ 853 18 08; Ul Zamkowa 5/2; 1 Std. 3 Zł; 🕒 24 Std.)
E24 (☎ 859 63 04; Stary Browar; 1 Std. 3 Zł; 🕒 24 Std.)
Klub Klik (☎ 0609 276 072; Ul Szkolna 15/3; 1 Std. 3–4 Zł)
Pięterko (☎ 662 38 45; Ul Nowowiejskiego 7; 1 Std. 2–2,25 Zł)
Tempest (☎ 663 94 26; Ul Piekary 13B; 1 Std. 2 Zł; 🕒 24 Std.)
Tunel (Poznań Główny, Ul Dworcowa 1; 1 Std. 3 Zł; 🕒 24 Std.)

Kulturzentren

Centrum Kultury Zamek (Kulturzentrum im Schloss; ☎ 852 32 38; www.zamek.poznan.pl auf Polnisch; Ul Św Marcin 80/82) Das sehr aktive Kulturzentrum ist im ehemaligen Kaiserschloss untergebracht, hat ein eigenes Programmkino sowie mehrere Galerien. Es veranstaltet Musik- und andere Events und im Sommer gibt es Konzerte im Innenhof.

Post

Hauptpost (☎ 869 73 00; Ul Kościuszki 77; 🕒 Mo–Fr 7–21 Uhr, Sa 9–17 Uhr, So 10–16 Uhr)

Reisebüros

Atut Tourist (☎ 853 06 49; Plac Wolności 8; 🕒 Mo–Fr 10–17 Uhr, Sa 10–13 Uhr) Eurolines-Agentur.
LOT (☎ 858 55 00; Ul Piekary 6)
Orbis Travel (☎ 852 49 94; Al Marcinkowskiego 21; 🕒 Mo–Fr 9–18 Uhr, Sa 10–14 Uhr)

Touristeninformation

Touristeninformation der Stadt (CIM; ☎ 851 96 45; Ul Ratajczaka 44; 🕒 Mo–Fr 10–19 Uhr, Sa 10–17 Uhr)
Glob-Tour (☎ 866 06 67; Poznań Główny, Ul Dworcowa 1; 🕒 24 Std.)
Touristeninformation der Provinz (☎ 852 61 56; www.city.poznan.pl auf Deutsch; Stary Rynek 59/60; 🕒 Juni–Sept. Mo–Fr 9–18 Uhr, Sa 10–16 Uhr, Okt.–Mai Mo–Fr 9–17 Uhr, Sa 10–14 Uhr)

SEHENSWERTES

Stary Rynek (Alter Markt)

Der **Stary Rynek**, Herzstück der Altstadt, wurde 1253 gemeinsam mit der übrigen Altstadt angelegt. Die frühen Holzhäuser, die ihn ursprünglich säumten, wurden später durch gemauerte Bürgerhäuser ersetzt. Im 18. Jh. kamen dann Stadtpalais (Nr. 78 und 91) hinzu. Die Platzmitte hat sich über die Jahrhunderte mehrfach gewandelt, und die Gebäude, die heute hier stehen, stammen aus verschiedenen Epochen.

RATHAUS

Poznańs Architekturhighlight ist das Renaissancerathaus mit seinem 61 m hohen Turm. Das ursprünglich gotische Rathaus aus dem 13. Jh. und große Teile der Stadt wurden bei einer Feuersbrunst im 16. Jh. fast vollständig zerstört. Der italienische Architekt Giovanni Battista Quadro errichtete das neue Rathaus zwischen 1550 und 1560. Der Turm in seiner jetzigen Form kam allerdings erst in den 1780er Jahren hinzu, nachdem der ursprüngliche Rathausturm eingestürzt war. Auf seiner Spitze thront ein stattlicher gekrönter Adler mit 2 m Flügelspanne, das Wappentier Polens.

Einer dreistöckige **Arkadenloggia** schmückt die Ostfassade. Der Fries darüber zeigt die Könige der Jagiellonendynastie. In der Mitte der Attika über der Rathausuhr befinden sich zwei kleine Türen. Jeden Mittag um Punkt 12 kommen hier zwei metallene Ziegenböcke (die „Posener Böcke") heraus und rammen zum Schlag der Uhr zwölf Mal ihre Köpfe gegeneinander. Bei der Einweihung der ersten Uhr sollen auf der darüber befindlichen Attika zwei entlaufene Böcke, die eigentlich für das Bankett gedacht waren, zur großen Belustigung der versammelten Würdenträger gekämpft haben. Der Uhrmacher wurde beauftragt, dieses Ereignis in die Uhr zu integrieren.

Heute ist das **Historische Museum Posen** (Muzeum Historii Miasta Poznania; ☎ 852 56 13; Stary Rynek 1; Erwachsene/ermäßigt 5,50/3,50 Zł, Fr Eintritt frei; 🕑 Mo, Di & Fr 10–16 Uhr, Mi 12–18 Uhr, So 10–15 Uhr) im Rathaus untergebracht. Das Museum bietet eine sehr informative und interessante Ausstellung zur Stadtgeschichte, aber allein die wunderschönen Innenräume sind den Eintrittspreis wert.

Die gotischen **Gewölbekeller** sind die einzigen Überreste des ersten Rathauses. Zunächst dienten sie dem Handel, dann wurden sie als Gefängnis genutzt. Heute ist hier eine Ausstellung über das mittelalterliche Poznań untergebracht. Gezeigt werden Fragmente romanischer und gotischer Skulpturen und ein Modell der Stadt, wie sie vor 1000 Jahren ausgesehen hat. Sehenswert sind auch einige Sargportraits, eine polnische Kunstform, die besonders in Großpolen sehr verbreitet ist.

Die 1. Etage birgt drei prächtige Säle. Der größte, der reich verzierte **Renaissancesaal** (Sala Renesansowa) ist mit seinen Originalstuckarbeiten und Gemälden von 1555 ein echtes Schmuckstück. In der 2. Etage sind Exponate der jüngeren Vergangenheit ausgestellt: Kunstgegenstände aus der preußischen Besatzungszeit, Dokumente zum Leben in den 1920er und 1930er Jahren und eine Fotoausstellung, die die Zerstörung durch den Zweiten Weltkrieg dokumentiert.

Vor dem Gebäude, neben dem Haupteingang, steht der **Schandpfahl** *(pręgierz)*, der früher für öffentliche Auspeitschungen genutzt wurde. Die putzige kleine Figur auf der Spitze stellt einen Henker dar und deutet auch härtere Strafen an. Der Originalpfahl von 1535 steht heute im Museum.

DIE UMGEBUNG DES RYNEK

Hinter dem Rathaus liegt das Gebäude der **Stadtwaage** (Waga Miejska), das nach dem Krieg wiedererrichtet wurde. Das Original stammte aus dem 16. Jh., wurde aber im 19. Jh. abgetragen. Südlich davon liegen zwei große, moderne Gebäude, die die Harmonie des Platzes empfindlich stören. Sie ruinieren seine architektonische Einheit und verbauen fast jeden schönen Blick auf die erhaltenen historischen Häuser des Rynek. Diese hässlichen Klötze wurden in der Nachkriegszeit auf den Grundstücken des ehemaligen Zeughauses und der Tuchhallen errichtet.

An der Stelle des ehemaligen Zeughauses findet sich heute die **Galerie im Zeughaus** (Galeria Miejska Arsenał; ☎ 852 95 01; www.arsenal.art.pl auf Polnisch; Stary Rynek 3; Erwachsene/ermäßigt 3/2 Zł; 🕑 Di–Sa 11–18 Uhr, So 10–15 Uhr). Ausstellungen mit moderner Kunst, ein Restaurant und ein Buchladen lassen die Hässlichkeit des Gebäudes teilweise vergessen. Direkt daneben liegt das **Großpolnische Militärmuseum** (Wielkopolskie Muzeum Wojskowe; ☎ 852 67 39; Stary Rynek 9; www.mnp.art.pl; Erwachsene/ermäßigt 3,50/2,20 Zł; Sa Eintritt frei; 🕑 Di–Sa 9–16 Uhr, So 10–15 Uhr), das während der Arbeiten an diesem Reiseführer wegen Renovierung geschlossen war.

Auf der Ostseite der beiden modernen Scheußlichkeiten steht eine sehr hübsche Reihe kleiner Gebäude mit Arkadengängen, die **Krämerhäuser**. Sie wurden im 16. Jh. anstelle der alten Verkaufsstände erbaut. Nach dem Zweiten Weltkrieg erfuhren die stark beschädigten Gebäude eine liebevolle Rekonstruktion.

Direkt gegenüber liegt das **Museum für Musikinstrumente** (Muzeum Instrumentów Muzycznych; ☎ 856 81 78; Stary Rynek 45; Erwachsene/ermäßigt 5,50/3,50 Zł, Sa Eintritt frei; 🕑 Di–Sa 11–17 Uhr, So 11–15 Uhr). Die Sammlung umfasst Hunderte von Instrumenten aus dem 15. bis 20. Jh., von der Flöte bis zum Konzertflügel. Unter den europäischen und nichteuropäischen Instrumenten finden sich auch ausgefallene Folkloreinstrumente. Dem Komponisten Frédéric Chopin ist eine eigene Ausstellung gewidmet.

Die südöstliche Altstadt

Unmittelbar hinter der südöstlichen Ecke des Rynek liegt das **Górka-Palais** (Pałac Górków) aus dem 16. Jh. Hier ist das **Archäologische Museum** (Muzeum Archeologiczne; ☎ 852 82 51;

Ul Wodna 27; Erwachsene/ermäßigt 5/2 Zł, Sa Eintritt frei; Di–Fr 10–16 Uhr, Sa 10–18 Uhr, So 10–15 Uhr) untergebracht. Vor dem Eintritt in das Gebäude empfiehlt sich unbedingt die eingehende Betrachtung des wunderschönen Renaissanceeingangs und der Ostfassade. Das Museum selbst präsentiert archäologische Funde aus der Region, von der Steinzeit bis zum frühen Mittelalter. Es gibt aber auch eine ägyptische Sammlung. Zudem besitzt das Museum eine Replik der berühmten Bronzetüren der Gnieznoer Kathedrale (s. S. 361).

Einige Schritte vom Museum in Richtung Süden entfernt liegt die **Pfarrkirche** St. Stanislaus (Kościół farny Marii Magdaleny; Ul Gołębia), eine ehemalige Jesuitenkirche. Italienische Architekten benötigten 80 Jahre für den Bau (1651–1732) der beeindruckenden Barockkirche mit ihrer ornamentalen Fassade. Das hohe Mittelschiff wird von massiven Säulen getragen und ist angefüllt mir monumentalen Altären.

Gegenüber der Kirche liegt das ehemalige Jesuitenkolleg (Szkoła Jezuicka). König Zygmunt Waza billigte den Jesuiten später das Privileg einer eigenen Universität zu, was der Papst jedoch zurücknahm, weil die Krakauer Akademie dagegen protestiert hatte. Heute ist in dem Gebäude eine Ballettschule untergebracht, die im Sommer manchmal Stücke im Arkadenhof aufführt.

Ein fünfminütiger Spaziergang nach Osten führt zum **Völkerkundemuseum** (Muzeum Etnograficzne; ☎ 852 30 06; Ul Grobla 25; Erwachsene/ermäßigt 5,50/3,50 Zł, Sa Eintritt frei; Di, Mi, Fr & Sa 10–14 Uhr, So 10–15 Uhr). Dort werden folkloristische Holzschnitzereien und Trachten der Region gezeigt. Sehenswert sind die großen Wegkreuze und alte Wegweiser. Achtung: Die Postadresse lautet zwar Ul Grobla, der Eingang liegt aber in der Ul Mostowa!

Die westliche Altstadt

Der westliche Teil der Altstadt wird durch den **Plac Wolności** begrenzt, einen der Hauptplätze des modernen Poznań. Die wichtigste Sehenswürdigkeit dort ist das **Nationalmuseum** (Muzeum Narodowe; ☎ 856 80 00; Al Marcinkowskiego 9; Erwachsene/ermäßigt 10/6 Zł, Sa Eintritt frei; Di 10–18 Uhr, Mi 9–17 Uhr, Do & So 10–16 Uhr, Fr & Sa 10–17 Uhr) mit einer umfangreichen Sammlung polnischer und europäischer Kunst. Das unattraktive Gebäude wurde im frühen 20. Jh. erbaut und sollte als Preußisches Museum dienen. Leider wurde damals mehr auf den Zweck des Baus und weniger auf eine ästhetische Wirkung geachtet.

Die polnische Malerei ist hier mit fast allen großen Namen vertreten. So finden sich Werke von Jan Matejko, Stanisław Wyspiański und Jacek Malczewski. Daneben stellt das Museum eine beachtliche Sammlung an italienischen, spanischen, flämischen und niederländischen Gemälden aus. Lohnenswert sind aber auch die eindrucksvollen Wechselausstellungen.

Etwas ganz Besonderes ist die Sammlung der Sargportraits. Im Untergeschoss befindet sich eine Ausstellung sakraler Holzschnitzereien und Gemälde. Verschiedene Schaukästen zeigen darüber hinaus Plakate, Designobjekte und alte Münzen.

Zwischen dem Plac Wolności und dem Rynek steht das ehemalige **Fürstenschloss**. Ursprünglich im 13. Jh. erbaut, wurde das Schloss mehrfach zerstört und wieder aufgebaut. Das Bauwerk von heute hier ist die Nachkriegsrekonstruktion der Residenz des späten 18. Jhs., die kaum wie ein Schloss wirkt. Hier ist das **Museum für Kunsthandwerk** (Muzeum Sztuk Użytkowych; ☎ 852 20 35; Góra Przemysława 1; Erwachsene/ermäßigt 5,50/3,50 Zł, Sa Eintritt frei; Di, Mi, Fr & Sa 10–16 Uhr, So 10–15 Uhr) untergebracht, dessen Sammlung Möbel, Gold- und Silberwaren, Glas, Keramik, Waffen, Uhren und Sonnenuhren aus Europa und Asien umfasst, und zwar vom 13. Jh. bis zur Gegenwart.

Südlich des Schlosses liegt die von 1674 bis 1728 erbaute **Franziskanerkirche** (Kościół Franciszkanów; Ul Franciszkańska 2). Ihre barocke Innenausstattung ist wie die wunderbaren Fresken und reichen Stuckarbeiten erhalten geblieben. In der **Kapelle der Heiligen Jungfrau Maria** (Kaplica Najświętszej Panny Marii steht ein Eichenaltar mit einem kleinen Gemälde der „wundermächtigen Gottesmutter".

Dominsel (Ostrów Tumski)

Auf der Dominsel liegen sowohl die Wurzeln der Stadt Poznań als auch die des polnischen Staates. Die ursprüngliche Siedlung aus dem 9. Jh. wurde nach und nach in eine ovale Festung umgebaut und mit einem Verteidigungswall aus Erde und Holz umgeben. Einem frühen Steinpalast fügte Miezko I. eine Kathedrale hinzu und erweiterte die Befestigung der Siedlung. Am Ende des 10. Jhs. war Poznań die mächtigste Festungsanlage des Landes.

Einige Jahrhunderte später wuchs die Siedlung über die Insel hinaus, erst auf das rechte und dann auf das linke Flussufer. Als im 13. Jh. der neue Stadtkern entworfen und angelegt wurde, verlor die Insel ihre Bedeutung für den Handel und die Verwaltung, blieb aber bis heute Sitz der Kirche.

Heute ist Ostrów Tumski ein kleines ruhiges Kirchenviertel, das etwas geschichtslastig ist, dafür aber viel Atmosphäre besitzt. Blickfang ist die monumentale **Kathedrale** (Katedra) mit ihren Zwillingstürmen. Das Bauwerk setzt sich überwiegend aus gotischen Elementen zusammen, hat aber durch die Epochen hindurch mehrere Umgestaltungen über sich ergehen lassen müssen. Am auffälligsten sind die barocken Helme der Türme. 1945 wurde die Kathedrale stark beschädigt, und der Wiederaufbau dauerte elf Jahre. Nur sehr wenig blieb von der originalen Innenausstattung erhalten. Was heute in der Kathedrale zu sehen ist, stammt meist aus schlesischen Kirchen.

Zahlreiche Grabmale finden sich in dem Dutzend Kapellen, die das Langhaus umgeben. Die berühmteste ist die **Goldene Kapelle** (Złota Kaplica) hinter dem Altarraum, die im 15. Jh. erbaut wurde. In den 1830er Jahren wurde sie im neobyzantinischen Stil zum Mausoleum für die beiden ersten polnischen Herrscher, Miezko I. und Bolesław Chrobry, umgestaltet. Auf der einen Seite der Kapelle befindet sich das Doppelgrab der beiden Herrscher, auf der anderen stehen ihre Bronzestatuen.

Ursprünglich befand sich das Grab der beiden Herrscher in der **Krypta**, deren Eingang am hinteren Ende des linken Seitenschiffs liegt. Neben Fragmenten der früheren Herrschergräber sind hier die Reste der vorromanischen Kathedrale von 968 und ihres romanischen Nachfolgebaus aus der zweiten Hälfte des 11. Jhs. zu sehen.

Gegenüber der Kathedrale steht die **Marienkirche** (Kościół Najświętszej Panny Marii; Ul Panny Marii), die im 15. Jh. erbaut und seitdem kaum verändert wurde. Nur die Gestaltung des Innenraums ist modern. Direkt dahinter liegt das **Psalterium** (Psałteria) aus dem frühen 16. Jh., das für die Psalmensänger der Kathedrale gebaut wurde.

Nördlich der Kathedrale liegt die **Lubrański-Akademie** (Akademia Lubrańskiego), lateinisch auch Collegium Lubranscianum genannt. Sie ist Poznańs erste Hochschule (1518). Das gegenüberliegende **Museum der Erzdiözese** (Muzeum Archidiecezjalne; ☎ 852 61 95; Ul Posadzego 2; Erwachsene/ermäßigt 3/2 Zł; 🕑 Mo–Sa 9–15 Uhr) zeigt sakrale Kunst seit dem 12. Jh.

Nördlich der Altstadt

Vor dem Zweiten Weltkrieg war das Gebiet nördlich des Rynek ein vorwiegend jüdisches Wohnviertel, doch davon ist nur noch wenig zu sehen. Auch die ehemalige Synagoge wird schon seit langem anders genutzt – nämlich als Schwimmbad.

Das älteste Baudenkmal auf diesem Flussufer ist die frühere **Dominikanerkirche** (Kościół Podominikański), die heute dem Jesuitenorden gehört. Sie wurde im 13. Jh. erbaut und im Laufe der Zeit mehrfach umgestaltet. Eine frühgotische Tür am Hauptportal blieb jedoch bis heute erhalten.

Weiter nördlich, außerhalb der Grenzen der Altstadt, liegt die **Adalbertkirche** (Kościół Św Wojciecha) aus dem 15. Jh. Ihr freistehender Glockenturm ist Poznańs einziges erhaltenes historisches Gebäude aus Holz. Die gotischen Gewölbe der Kirche sind mit Jugendstilfresken geschmückt. In der Krypta, die für Besichtigungen offen steht, liegen angesehene Großpolen begraben, wie etwa Józef Wybicki, der Dichter des Textes der Nationalhymne.

Während der Weihnachtszeit wird in der Kirche eine mechanisch betriebene Krippe *(szopka)* mit Dutzenden beweglicher Figuren aufgestellt. Sie stellt u. a. die religiöse Geschichte Polens von Miezko I. bis zur Gegenwart dar.

Ganz in der Nähe der Kirche befindet sich das moderne **Denkmal für die Posener Armee** (Pomnik Armii Poznań), das den hiesigen Soldaten gewidmet ist, die der deutschen Invasion 1939 zwei Wochen lang standhielten. Direkt gegenüber liegt der hügelige **Ehrenfriedhof** (Cmentarz Zasłużonych), der älteste Friedhof der Stadt (1810).

Weiter nördlich liegt der **Zitadellen-Park** (Wzgórze Cytadela). Dort befand sich einst eine mächtige Festung, die **Zitadelle** (Cytadela). Sie wurde in den 1830er Jahren von den Preußen auf einem ehemaligen Weinberg errichtet – welch eine Verschwendung von Rebstöcken! Die letzten deutschen Trup-

GROSSPOLEN

pen verteidigten sich hier 1945 noch einen Monat lang, bevor sie kapitulierten. Dabei wurde die Zitadelle bis auf ein paar Überreste zerstört. Nach dem Krieg entstand an ihrer Stelle ein weitläufiger Park.

Heute befinden sich zwei Museen im Park, das **Rüstungsmuseum – Posener Zitadelle** (Muzeum Cytadeli Poznańskiej; ☎ 820 45 03; Erwachsene/ermäßigt 4/2 Zł, Fr Eintritt frei; 🕑 Di–Sa 9–16 Uhr, So & Feiertage 10–16 Uhr) und das **Museum der Posener Armee** (Muzeum Armii Poznań; ☎ 820 46 06; Eintritt frei; 🕑 Di–Sa 9–16 Uhr, So 10–16 Uhr). Am Südhang des Bergs liegen zudem Soldatenfriedhöfe für polnische, russische, britische und Commenwealthsoldaten.

Bahnhofsviertel

Westlich der Altstadt, kurz vor dem westlichen Ende der Ul Św Marcin, befindet sich der **Plac Mickiewicza**. Auf ihm steht das **Denkmal für die Opfer vom Juni 1956** (Pomnik Poznańskiego Czerwca 1956), das an die Arbeiter erinnert, die während des Streiks damals getötet wurden (s. „Der erste Streik", S. 343). Es besteht aus zwei 20 m hohen zusammengebundenen Kreuzen und wurde am 28. Juni 1981 enthüllt – am 25. Jahrestag des Aufstands. 100 000 Menschen wohnten der Einweihungszeremonie bei. Das Denkmal ist ähnlich monumental wie das Mahnmal für die Gefallenen Werftarbeiter in Danzig (s. S. 390).

In diesem Stadtviertel sind unzählige preußische Baudenkmäler erhalten. Unbedingt anschauen: das **Große Theater** (Teatr Wielki), das **Collegium Maius** und das **Collegium Minus**. Das größte erhaltene Bauwerk dieser Zeit ist das neoromantische **Kaiserschloss**, das zwischen 1904 und 1910 für Kaiser Wilhelm II. errichtet wurde. Das ziemlich düstere Gebäude heißt heute Kulturzentrum im Schloss (Centrum Kultury Zamek; s. S. 346) und beherbergt verschiedene bedeutende Kultureinrichtungen und Galerien.

Etwas weiter südlich und nur fünf Minuten vom Hauptbahnhof entfernt liegt an der Ul Głogowska der **Wilson-Park** (Park Wilsona). An seinem nördlichen Ende steht das **Palmenhaus** (Palmiarnia; ☎ 865 89 07; Ul Matejki 18; Erwachsene/ermäßigt 5,50/3,50 Zł; 🕑 Di–So 9–17 Uhr) aus dem Jahr 1910. Mit seiner Grundfläche von 4600 m² und einem Volumen von 46 000 m³ ist es eines der größten Palmenhäuser Europas. Superlative auch bei den Exponaten: 19 000 Pflanzen aus verschiedenen tropischen und subtropischen Regionen, die größte Kakteensammlung und der höchste Bambus der Welt! Und im benachbarten Aquarium sind exotische Fische zu bestaunen.

Vororte

Von der Dominsel führt eine Brücke über den Fluss Cybina hinüber zu den historischen Vororten der Stadt, die nur selten besucht werden. Das kleine Viertel Śródka war im 13. Jh. das Handelszentrum von Poznań. Damit war's aber vorbei, als sich die Stadt auf das andere Ufer der Warthe verlagerte. Die ursprünglich im 14. Jh. erbaute und mehrfach umgestaltete **Margaretenkirche** (Kościół Św Małgorzaty; Rynek Środecki) ist heute einer der wenigen Überreste der Blütezeit Poznańs.

Interessanter ist aber die **Kirche des hl. Johannes von Jerusalem** (Kościół Św Jana Jerozolimskiego; Ul Świetojańska 1) im Vorort Komandoria, von der Margaretenkirche zu Fuß Richtung Osten in fünf Minuten zu erreichen. Sie stammt aus dem späten 12. Jh. und ist somit eine der ältesten gemauerten Kirchen Polens. Die Kirche wurde um einen gotischen Anbau erweitert und erhielt später eine barocke Kapelle. Ihr Innenraum hat daher eine ungewöhnliche Gestalt: Links neben dem Mittelschiff befindet sich ein Seitenschiff – beide mit schönem gotischem Sterngewölbe – und auf der rechten Seite liegt die Kapelle. Vor dem Betreten des Innenraums lohnt sich ein Blick auf das reich verzierte romanische Portal am westlichen Haupteingang.

Südöstlich der Kirche liegt der 70 ha große **Malta-Stausee** (Jezioro Maltańskie), der im Sommer ein beliebtes Ausflugsziel und Wassersportgebiet ist. Während des Internationalen Theaterfestivals Malta (s. S. 351) im Juni werden die Ufer des Sees zu einem großen Freilichttheater.

FESTIVALS & EVENTS

Die internationalen Handelsmessen sind der ganze Stolz der Stadt, aber im Grunde nur für Fachbesucher interessant. Die wichtigsten Messen finden im Januar, Juni, September und Oktober statt. Juli, August und Dezember sind messefreie Monate.

Zu den wichtigsten kulturellen Ereignissen zählen:

Posener Jazz Festival (☎ 813 25 66; www.jazz.pl auf Polnisch; teils auf Englisch) Im März.

St. Johannes-Jahrmarkt (Jarmark Świętojański; ☎ 853 60 81) Kunsthandwerks- und Antikmarkt, der im Juni auf dem Stary Rynek stattfindet.

Internationales Theaterfestival Malta (☎ 646 52 43; www.malta-festival.pl auf Englisch) Alternatives Theaterfestival, Ende Juni.

Wieniawski Internationaler Violinwettbewerb (☎ 852 26 42; www.wieniawski.pl auf Englisch) Der Wettbewerb findet alle fünf Jahre im Oktober statt (nächster Termin 2006).

SCHLAFEN

Größere Handelsmessen lösen schon mal heftiges Chaos aus – die Unterkunftspreise steigen dann im Durchschnitt auf das Doppelte, und in Zentrumsnähe ist normalerweise alles gnadenlos ausgebucht. Die hier angegebenen Preise sind Standardpreise außerhalb der Messezeiten. Wo nicht anders vermerkt, beziehen sich die Preise auf Zimmer mit Bad inklusive Frühstück. Die Touristeninformationen und Glob-Tour (s. S. 346) können bei der Zimmerreservierung weiterhelfen.

Budgetunterkünfte

JUGENDHERBERGEN & HOTELS

Dizzy Daisy (☎ 829 39 02; www.hostel.pl Deutsch im Aufbau; Al Niepodległości 26; Schlafsaal 40 Zł, DZ 100 Zł; Juli & Aug.; P) Eine gemütliche Unterkunft für Backpacker in günstiger Entfernung zur Innenstadt. Es ist keine Nobelherberge, bietet aber alles, was man braucht. Die Stimmung ist immer top, und für alle, die sich talentiert genug fühlen, gibt es sogar ein Klavier.

Mini Hotelik (☎ 863 14 16; Al Niepodległości 8; EZ 53,50 Zł, DZ 107–135 Zł; P) Auf der Rückseite des Ticket Office der PKP (Staatlich Polnischen Eisenbahn) befindet sich diese kleine Unterkunft. Sie liegt eine Stufe über einer schlichten Jugendherberge, hat aber immer noch günstigste Preise, wenn man ein Zimmer ohne eigenes Bad nimmt. Kleine Extras wie Fernseher und Wasserkocher auf den Zimmern erhöhen den Wohlfühlfaktor.

Jugendherberge Nr. 3 (☎ 866 40 40; Ul Berwińskiego 2/3; Schlafsaal 20–35 Zł) Nur 500 m vom Bahnhof entfernt, ist dies die zentralste Jugendherberge, aber auch die schlichteste und kleinste, außerdem meist ausgebucht. Die meisten der 52 Betten stehen in Schlafsälen für acht oder zehn Personen.

TPD Jugendherberge (☎ 848 58 36; www.schronisko tpd.ta.pl in Planung; Ul Drzymały 3; Schlafsaal 16,50–25 Zł; P) Durch Etagenbetten aus Kiefernholz, helle Teppiche und die eine oder andere überwuchernde Topfpflanze gewinnt diese TPD-Herberge das gewisse freundliche Etwas, das ihre Schwesterhäuser so oft vermissen lassen. Sie liegt in der Nähe des Solacki-Sees, 3 km vom Bahnhof und der Altstadt entfernt. In der Nähe ist eine Haltestelle der Straßenbahnlinien 9 und 11.

PRIVATZIMMER

Biuro Zakwaterowania Przemysław (☎ 866 35 60; www.przemyslaw.com.pl Englisch im Aufbau; Ul Głogowska 16; EZ 40–65 Zł, DZ 60–90 Zł; Mo–Fr 8–18 Uhr, Sa 10–14 Uhr) Poznańs größte Agentur, die Privatzimmer vermittelt, liegt direkt gegenüber dem Hauptbahnhof. Hier gibt es außerdem ein *kantor* (Wechselstube), ein Buchladen und ein Handyladen. Zimmer sind praktisch immer erhältlich, zu Messezeiten sind die Preise aber oft doppelt so hoch und die Auswahl ist klein.

CAMPINGPLÄTZE

Camping Nr. 155 Malta (☎ 876 62 03; www.posir.poznan.pl auf Englisch; Ul Krańcowa 98; Camping 7 Zł pro Person, Bungalows 150–400 Zł) Nr. 155 Malta ist der beste der drei Campingplätze in Poznań. Er liegt am Nordostufer des Malta-Sees, 3 km östlich der Altstadt. Hier ist man das ganze Jahr hindurch gut aufgehoben, denn neben Zeltplätzen gibt es 66 beheizte Bungalows, von denen fünf sogar behindertengerecht ausgestattet sind.

Mittelklassehotels

Dom Polonii (☎ 852 71 21; Stary Rynek 51; EZ/DZ 117/181 Zł) Wer es schafft, früh genug zu buchen, kann eines der nur zwei Zimmer des Dom Polonii ergattern, das direkt an Poznańs Rynek in einem historischen Gebäude von 1488 untergebracht ist. Noch zentraler geht's nur noch direkt auf dem Rynek.

Hotel Rzymski (☎ 852 81 21; www.rzymskihotel.com.pl auf Deutsch; Al Marcinkowskiego 22; EZ/DZ/3BZ 195/250/300 Zł, Suite 280–430 Zł; P) Das historische, sehr gepflegte Hotel zählt von den Preisen her gerade noch zur Mittelklasse, seine beiden Restaurants liegen aber weit darüber. Rzymski ist das polnische Wort für Rom und eine schlichte Übersetzung des früheren Hotelnamens Hotel de Rome.

GROSSPOLEN

Hotel Lech (☎ 853 08 80; www.hotel-lech.poznan.pl auf Deutsch; Ul Św Marcin 74; EZ/DZ/3BZ 150/220/300 Zł) Ein komfortables, durchschnittliches Drei-Sterne-Hotel in günstiger Lage auf halbem Weg zwischen Bahnhof und Altstadt. Das Personal ist sehr gut geschult und das Hotel vorwiegend auf Touristen eingestellt.

Hotel Wielkopolska (☎ 852 76 31; Ul Św Marcin 67; EZ 140–160 Zł, DZ 180–200 Zł; Ⓟ) Direkt gegenüber des Lech liegt dieses ehrwürdige Gemäuer. Es wird gerade grundsaniert, um den heutigen Ansprüchen gerecht zu werden. Die neueren Zimmer sind um einiges besser, wer aber ein preiswertes Bett ohne eigenes Badezimmer sucht, wird hier auch noch fündig.

POSiR Sport Hotel (☎ 833 05 91; www.posir.poznan.pl auf Englisch; Ul Chwiałkowskiego 34; EZ/DZ/3BZ 150/180/ 260 Zł; Ⓟ) Für diese Preise bekommt man nicht oft kostenlose Schwimmbadnutzung geboten, und schon gar nicht mit zwei Becken. Das Sport Hotel wird vom Sportreferat der Stadt betrieben und hier stimmt einfach alles. Es liegt günstig neben dem Fußballstadion und direkt über der öffentlichen Schwimmhalle. Im Sommer wird das Außenbecken geöffnet. Das perfekte Hotel für Schwimmfans und Chlorsüchtige.

Pokoje Gościnne Marwit (☎ 661 10 44; Ul Śniadeckich 12A; EZ/DZ/3BZ 117,70/160,50/171,20 Zł) Wenn dieses Haus auch nur halbwegs als Standard gelten darf, ist es schade, dass es in Poznań so wenige Pensionen gibt. Gewagte Farbkombinationen, gemütliche Einrichtung und ein Frühstücksraum, der vor unechten tropischen Pflanzen überquillt, lassen kaum ein Auge trocken. Es gibt auch ein paar preiswertere Zimmer mit Gemeinschaftsbad.

Pokoje Gościnne PAN (☎ 851 68 41; zpg@man.poznan.pl; Ul Wieniawskiego 17/19; EZ/DZ/Suite 120/195/ 240 Zł; Ⓟ) Man darf sich durch die Beschilderung nicht ins Bockshorn jagen lassen: Das Hotel gehört tatsächlich zum PCSS (Posener Centrum für Supercomputing und Networking), einem großen Bürogebäude hinter dem Großen Theater. Glücklicherweise muss man nichts von Computern verstehen, um hier übernachten zu dürfen.

Hotel Ibis (☎ 858 44 00; Ul Kazimierza Wielkiego 23; Zi 235 Zł; Ⓟ ☒) Als typischer Vertreter seiner Hotelkette bietet das Ibis in Poznań 146 Zimmer mit Klimaanlage in bequemer Laufweite vom Zentrum. Wer also keine Überraschungen erleben möchte, ist hier genau richtig.

Dom Turysty (☎ 852 88 93; Stary Rynek 91; Schlafsaal 56–70 Zł, EZ/DZ 130/200 Zł) Das Dom Turysty ist genau wie das Dom Polonii in einem ehemaligen Stadtpalais untergebracht und liegt direkt am Rynek. Leider kann die Innenausstattung mit der Fassade bei weitem nicht mithalten. Es gibt genügend bessere Unterkünfte in der Stadt, wer aber meint, er müsse mitten im Trubel wohnen, der ist hier richtig. Der Hoteleingang liegt in der Ul Wroniecka.

Spitzenklassehotels

Domina Prestige (☎ 859 05 90; www.dominahotels.com auf Englisch; Ul Św Marcin 2; Apt. 175–240 €; Ⓟ) In einigen Hotels soll man sich wie zu Hause fühlen, in einigen wenigen wünscht sich wohl jeder, er wäre dort zu Hause: Das topmoderne Domina hat wahre Luxusappartements mit stilvoll-modernem Interieur, voll eingerichteter Küche und mehr Ausstattungsgimmicks als ein New Yorker Penthouse. Dazu gibt es dann noch diverse Hoteleinrichtungen.

Hotel Royal (☎ 858 23 00; www.hotel-royal.com.pl auf Englisch; Ul Św Marcin 71; EZ/DZ 320/395 Zł, Studio 435 Zł; Ⓟ ☒) Dezente Terrakottatöne bestimmen die Atmosphäre in diesem kleinen, feinen Hotel an einer der Hauptstraßen ins Zentrum. In einem der geräumigen Studios kann man auf dem Langlaufergometer etwas für seine Fitness tun oder im Foyer die Fotos berühmter polnischer Gäste bestaunen.

Hotel Trawiński (☎ 827 58 00; www.hoteltrawinski.com.pl auf Deutsch; Ul Żniwna 2; EZ/DZ 365/490 Zł, Suite 590–1200 Zł; Ⓟ ☒) Das Hotel im Zitadellen-Park ist wahrscheinlich nicht das hübscheste, bietet aber tadellosen Komfort. Es rangiert im Hotelangebot gemeinsam mit den vielen anderen Konferenzhotels am Stadtrand ganz oben und liegt nur 2,5 km nördlich des Zentrums.

ESSEN

Wie üblich ist die Altstadt der beste Ausgangspunkt für kulinarische Streifzüge. Sich einmal rund um den Rynek zu essen würde allein schon eine halbe Ewigkeit dauern. Und Poznań hat außerhalb der Altstadt auch einiges an Restaurants zu bieten. Die meisten finden sich rund um die Ul Św Marcin und die Ul 27 Grudnia.

Restauracja W-Z (☎ 665 88 01; Ul Fredry 12; Hauptgerichte 12–29,50 Zł; ⌚ Mittag- & Abendessen) W-Z steht für Wielkopolska Zagroda (Großpolnischer Bauernhof) und das Thema wird hier bis ins Detail durchdekliniert: Im Gebäude steht der Nachbau eines rustikalen Bauernhauses – komplett mit Holzdach. So können die Gäste im oder um dieses Bauernhaus herum sitzen und sich an hervorragender polnischer Küche laben. Wem dabei die Augen übergehen, der kann auch draußen sitzen und den Straßenkünstlern zuschauen.

Restauracja Delicja (☎ 852 11 28; www.delicja.com.pl auf Polnisch; Plac Wolności 5; Hauptgerichte 28–49 Zł; ⌚ Mittag- & Abendessen) Das Delicja ist eine von Poznańs Topadressen. Es liegt etwas vom Plac Wolności zurückgesetzt und hat einen eigenen, intimen Innenhof. Sein hervorragender Ruf für erstklassige internationale Küche mit italienisch-französischem Einschlag hat fast etwas Einschüchterndes. Keine Frage, dass Eleganz und Diskretion hier zum Standard gehören.

Bar Mamamija (Ul Św Marcin 12; Hauptgerichte 2–6,50 Zł; ⌚ Mittag- & Abendessen) Mit ihrem Retrolook in Regenbogenfarben ist diese ehemalige Milchbar immerhin schon in den 1970er Jahren angekommen, und den Studenden scheint es hier zu gefallen. Pasta, Stroganoff und andere angesagte Schmankerl gesellen sich zu den üblichen Verdächtigen auf der preiswerten Speisekarte.

Brovaria (☎ 858 68 68; www.brovaria.pl auf Englisch; Stary Rynek 73/74; Hauptgerichte 18–34 Zł; ⌚ Mittag- & Abendessen; ☒) Das Brovaria ist am Rynek keine schlechte Wahl und bietet eine wesentlich phantasievollere Karte als die meisten Touristenfallen. Oben im Haus gibt es sogar ein paar Hotelzimmer (zwischen 230 Zł für ein Einzel- und 290 Zł für ein Doppelzimmer). Biertrinker sind hier auf jeden Fall richtig, denn das Brovaria ist eine der vielen Privatbrauereien, die in Polen aus dem Boden sprießen. Das einfache Pils ist nichts Besonderes, aber das ungewöhnliche Honigbier könnte sich lohnen.

Pancake Square (☎ 0506 184 605; Ul Półwiejska 45; Hauptgerichte 4–8,50 Zł; ⌚ Frühstück, Mittag- & Abendessen) Nicht schwer zu erraten, was hier wohl auf der Speisekarte steht … Das modern-nüchterne Caféambiente entspricht der Luftigkeit des Ausgangsmaterials, und mit Variationen wie Waffeln und Frühstücksküchlein zählt dieser Laden wirklich zur Crème de la Crêpe.

Café Pravda (☎ 853 19 30; Ul Wodna 3/4; Hauptgerichte 14,50–26,90 Zł; ⌚ Frühstück, Mittag- & Abendessen) Das Pravda gehört zu einer Kette und ist die zweite Filiale in Poznań. Sie ist aber viel heller und ansprechender als ihre gewollt abgetakelte Schwester in der Ul Nowowiejskiego 7. Das Café wird von ansässigen Künstlern auch als Ausstellungsraum genutzt, also kann man hier bei Kaffee, Kuchen und leichten Snacks auch schon mal intellektuell-düster die Stirn in Denkerfalten legen.

Trattoria Valpolicella (☎ 855 71 91; Ul Wrocławska 7; Hauptgerichte 25–58 Zł; ⌚ Mittag- & Abendessen) Hier ist der Name Programm: Die italienische Trattoria serviert Pasta und andere italienische Spezialitäten und dazu einen ausgezeichneten – na, was wohl? – Valpolicella. Und das alles in überzeugend mediterran-rustikal angehauchtem Ambiente.

Stary Browar (☎ 850 10 76; www.starybrowar.pl auf Polnisch; Ul Półwiejska 42; ⌚ 9–21 Uhr) Das Stary Browar ist das Modernste, was Poznań an Shoppingcentern zu bieten hat. Logisch, dass es auch über eine eigene Fressmeile verfügt. Hier gibt es so einiges Ausgefallenes, von osmanisch-türkischer Küche bis hin zu ausgewählten Weinen in einer Weinboutique. Wer keinen Hunger hat, kann sich auf dem Dach zwischen Kunst einen Drink genehmigen.

Restauracja Orfeusz (☎ 851 98 44; Ul Świętosławska 12; Hauptgerichte 32–65 Zł; ⌚ Mittag- & Abendessen) Das Orfeusz bringt mit grün gestreiften Tapeten einen Hauch leicht angestaubter, aber bestechender Eleganz in die Stadt. Polnische und europäische Küche bestimmen die deftige Speisekarte, die wahre Herausforderung besteht aber darin, das gesamte Menü zu verspeisen, ohne auf die Giraffe aus Korbgeflecht vor der Tür zu sprechen zu kommen.

Bar Wegetariański (☎ 852 12 55; Ul Wrocławska 21; Hauptgerichte 1,30–4,80 Zł; ⌚ Mo–Sa Frühstück & Mittagessen; ☒) Dieser einfache, kleine Laden ist praktisch das einzige wirklich vegetarische Restaurant der Stadt und bietet die übliche Kantinenauswahl. Dank der supergünstigen Preise zieht es ein recht gemischtes Publikum an.

Restauracja Sphinx (Hauptgerichte 8,90–35,90 Zł; ⌚ Mittag- & Abendessen) Stary Rynek (☎ 852 80 25; Stary Rynek 77); Ul Św Marcin (☎ 852 07 02; Ul Św Marcin 66/72)

GROSSPOLEN

Die allgegenwärtige Imbisskette darf natürlich in Poznań nicht fehlen und ist auch hier eine feste Institution. Hier werden zwischen baumelnden Lampions Berge von Fleisch verkauft, und der riesige Fernsehapparat sorgt an Fußballabenden für noch heftigeres Gedränge.

Bar Mleczny Apetyt (☎ 852 13 39; Ul Szkolna 4; Hauptgerichte 2,91–6,16 Zł; 🕑 Frühstück, Mittag- & Abendessen) Die Milchbar mit den längsten Öffnungszeiten in sehr zentraler Lage serviert solide Snacks, wie man sie in einer Milchbar eben erwartet.

AUSGEHEN

Wer die Biergärten am Rynek bereits abgehakt hat, auf den warten im Rest der Stadt noch genügend Lokale, die sich auf ein, zwei Bierchen oder mehr lohnen. An der Ul Woźna und Ul Nowowiejskiego gibt es massenweise Studentenkneipen, an der Ul Żydowska trifft sich eher das gesetzte Publikum, und südlich der Altstadt findet sich eine bunte Mischung aus allem.

Alter Ego (☎ 851 80 35; Stary Rynek 63; 🕑 23–1 Uhr) Im Keller unter der Buchhandlung Powszechna versteckt sich diese beeindruckend schmale Bar des Deep Clubs, der rein auf Dance-Musik setzt. Vorsicht vor den Schlaglöchern zwischen den einzelnen Sitzecken, darin könnten lebende Wesen sein…

Proletaryat (☎ 0508 173 608; Ul Wrocławska 9; 🕑 13–2 Uhr) Es hat nach 1989 nicht lange gedauert, bis sich der Kommunismus zum Designtrend aufgeschwungen hat. Die „Ostalgie" ist aber auch in diesem Café-Club nicht ganz so ernst gemeint, wie die Deko belegt. Das ganze Sammelsurium aus vordemokratischem Kitsch wird von Lenin mit angemessener Verachtung betrachtet.

Muchos Patatos (☎ 851 91 73; Ul Szewska 2; 🕑 Mo–Sa 16–2 Uhr) Es ist nicht ganz klar, was Kartoffeln damit zu tun haben, aber in diesem Laden ist der Latinohype noch lange nicht vorbei, wie die Cocktails schlürfenden, hüftschwingenden *Chicas* und *Chicos* beweisen.

Czarna Owca (☎ 855 32 40; Ul Jaskółcza 13; 🕑 Mo–Fr ab 12 Uhr, Sa & So ab 19 Uhr) Ein Pub mit dem Namen „Schwarzes Schaf" inspiriert nicht gerade zum besten Benehmen, und so steht hier ruhiges, gemütliches Bierschlürfen selten auf dem Plan. Wer genug in der dunklen Bar (baha?) getankt hat, kann sich zu der wilden Herde auf der Tanzfläche gesellen.

Piwnica 21 (☎ 855 18 27; Ul Wielka 21; 🕑 ab 17 Uhr) In guten Nächten ist dieses gemauerte Kellergewölbe voll mit Fans der guten alten Kneipengigs aus der Jazz-Blues-Ecke oder auch guter Mucke aus der Konserve. Dazu gibt's Tischfußball und leckeres, frisch gezapftes Bier. In ruhigen Nächten verliert das Ganze deutlich an Atmosphäre und wirkt eher kühl. Für Freunde des Ersteren ist das Wochenende ein heißer Tip.

Pole Café (☎ 853 28 37; Ul Jaskółcza 16; 🕑 Mo–Sa 13–22 Uhr, So 16–22 Uhr) Das kleine, schummrige Café scheint immer leer zu sein. Wem es nichts ausmacht, der einzige Gast zu sein, kann hier hervorragenden Käsekuchen essen.

Galeria i Scena Anny Kareńskiej (☎ 852 08 85; Ul Kramarska 15; 🕑 11–22 Uhr) Mit Dresdner Porzellan, Chintzlehnstühlen und alten Aquarellen wirkt dieses Galeriecafé, als sei es dafür gemacht, Tee in alte Damen zu pumpen. Liebhaber von leicht angestaubten englischen Tearooms werden es sehr schätzen.

Nargila Klub (☎ 855 10 26; Ul Kozia 5/4; 🕑 14–24 Uhr) Wer nicht weiß, was eine Nargileh ist, braucht sich in diesem türkisch-arabisch eingerichteten Club nur einmal kurz umsehen. Ob Schischa, Huka oder Wasserpfeife: Angesagt sind hier gemütliches Rauchen aus verschiedenen Geräten und abhängen zwischen Kissen und Teppichen. Nicht authentisch arabisch ist allerdings, dass es hier auch Alkohol gibt.

UNTERHALTUNG

Poznańs umfangreiches monatliches Stadtmagazin *iks* (4 Zł) listet und kommentiert wirklich alles, von Museen bis hin zu Outdooraktivitäten. Es ist auf Polnisch, bringt aber eine kurze Zusammenfassung der wichtigsten Events auf Englisch. Das Magazin ist an den Ruch-Kiosken und in den Touristeninfos (s. S. 346) erhältlich. Was das Nachtleben angeht, sind auch die beiden monatlichen Magazine *Aktivist* und *City Magazine Poznań* sehr hilfreich.

Musikclubs

Eskulap (☎ 869 44 29; www.eskulapklub.pl auf Polnisch im Aufbau; Ul Przybyszewskiego 39; Eintritt 15–30 Zł; 🕑 Di–Sa) Das Eskulap gehört zum studentischen Kulturzentrum der Universität für

Medizin in Poznań und veranstaltet regelmäßig die wildesten und größten Dance- und Trancenächte. Es ist Magnet für Studenten wie auch echte Clubber.

Trendy (☎ 663 61 98; Ul Piekary 5; ⏲ ab 20 Uhr) Von dem „trendigen" Namen sollte man sich nicht abschrecken lassen. Die schicke Club-Bar mit Metallicdeko bevorzugt schnelle elektronische Beats, damit Party und Posing so richtig abgehen können.

Czerwony Fortepian (☎ 852 01 74; www.czerwony-fortepian.pl auf Englisch; Ul Wroniecka 18; ⏲ Mo–Sa ab 17 Uhr, So 14–22 Uhr) Edle Bar mit Restaurant und ein Jazztreff für Kenner, die Swing und Scat auseinanderhalten können und eine gute Zigarre zu schätzen wissen.

Charyzma (☎ 851 79 48; Ul Ślusarska 6; ⏲ ab 15 Uhr) Exzentrik und überspanntes Gezappel sind hier nicht angesagt. Hier gibt es intelligente, unaufdringliche und gut zusammengestellte Dancemusic. Und Leute, die ins Charyzma gehen, kommen genau deswegen.

Deep (☎ 855 73 02; Ul Wrocławska 5; ⏲ ab 20 Uhr) Das Deep ist eine unterirdische Höhle für Städter, ein Schmelztiegel aus Sportklamotten, kurzen Röcken und funky Black Music. Ein perfekter Ort für die ausgelassene Nacht mit den Kumpels.

Livemusik

Genau wie die Kneipen Dubliner, Balzac und Bogota, beherbergt das Centrum Kultury Zamek auch den **Blue Note Jazz Club** (☎ 851 04 08; www.bluenote.poznan.pl auf Polnisch; Ul Św Marcin 80/82). Er ist einer der wichtigsten Jazztreffpunkte der Stadt und dient ab und zu auch als Danceclub. Bei den regelmäßigen Konzerten und Jamsessions treten lokale Bands, aber auch internationale Größen auf.

Klassik, Oper & Ballett

Filharmonia (Philharmonie; ☎ 852 47 08; info@filharmonia.poznan.pl; Ul Św Marcin 81) Unter der Leitung des spanischen Dirigenten José Maria Florêncio gibt das hauseigene Symphonieorchester in der Philharmonie mindestens einmal wöchentlich Konzerte, bei denen häufig Gastkünstler auftreten, aber auch die Polskie Słowiki (Polnische Nachtigallen), der beste polnische Knabenchor.

Teatr Wielki (Großes Theater; ☎ 659 02 00; www.opera.poznan.pl Deutsch im Aufbau; Ul Fredry 9) Das Große Theater ist Poznańs Opern- und Ballettbühne sowie Gastspielhaus. Alljährliches Highlight ist das Verdifestival, aber auch die Aufführungen der berühmten Tanzgruppe Polski Teatr Tańca lohnen sich.

Theater

Teatr Polski (Polnisches Theater; ☎ 852 56 27; www.teatr-polski.pl auf Polnisch; Ul 27 Grudnia 8/10) Das Teatr Polski ist die wichtigste Schauspielbühne der Stadt. Es genießt einen soliden Ruf und hat neben modernen polnischen Werken jede Menge Klassiker wie Tschechow und Kafka im Repertoire.

Teatr Nowy (Neues Theater; ☎ 847 24 40; www.teatrnowy.pl Englisch im Aufbau; Ul Dąbrowskiego 5) Ein weiteres wichtiges Theaterhaus der Stadt mit mehreren Bühnen und Schwerpunkt auf zeitgenössischen Produktionen. Adaptionen amerikanischer Stücke sind derzeit anscheinend sehr beliebt, von David Mamet über Woody Allen bis hin zu Elizabeth Taylor.

Teatr Ósmego Dnia (Theater des Achten Tages; ☎ 855 20 86; osmego.dnia.info.poznan.pl Polnisch im Aufbau; Ul Ratajczaka 44) Dies ist eine von Polens besten alternativen Theatertruppen. Die ehemals politisch engagierte Studententruppe, die sich in den 1960er Jahren als Avantgardetheater gegründet hat, ist immer noch extrem kreativ und setzt stark auf Outdoorperformance und Gruppenimprovisation.

Teatr Biuro Podróży (Theater Reisebüro; ☎ 0605 217 668; www.teatrbiuropodrozy.ipoznan.pl auf Englisch) Das Theater Reisebüro ist eine hervorragende Straßentheatertruppe, die sich landesweit durch ihre spektakulären Produktionen und die Zusammenarbeit mit unterschiedlichen internationalen Projekten einen ausgezeichneten Ruf erarbeitet hat.

AN- & WEITERREISE

Bus

Der **PKS-Busbahnhof** (☎ 664 25 25; www.pks.poznan.pl auf Polnisch; Ul Towarowa 19) liegt 750 m östlich des Bahnhofs. Alle halbe Stunde fährt ein Bus nach Kórnik (Kurnik; 5,40 Zł, 40 Min.) und alle paar Stunden nach Rogalin (6,40 Zł, 1 Std.). Kórnik wird auch stündlich mit dem Vorstadtbus NB von der Ul Św Marcin aus angefahren. Busse nach Gniezno (Gnesen; 9,80 Zł, 1½ Std.) fahren mindestens einmal die Stunde ab. Eine Route nach Gniezno führt über Kostrzyn (Küstrin). Die andere Route über Pobiedziska bringt einen auch zum Lednica-See (6,40 Zł). Weitere Verbin-

RAUS AUS DER STADT!

Poznan hat ziemlich gute Discos und Clubs, aber für die begeisterten Raver des Landes gibt es für ein echtes Rave-Weekend nur ein Ziel: Manieczki. Wie? Noch nie gehört? Das ist nicht überraschend, denn selbst auf Landkarten mit kleinem Maßstab ist es schwer zu finden. Und selbst wenn, ist es schwer zu glauben, dass dieses winzige Städtchen südlich des Wielkopolska-Nationalparks das Mekka des polnischen Nachtlebens ist.

Wer aber am Wochenende hierher kommt, wird schnell eines Besseren belehrt. In Manieczki ist das **Ekwador** (☎ 282 08 50; www.ekwador.com.pl auf Polnisch; ul Wybickiego; 🕑 Fr & Sa) zu Hause, wahrscheinlich der berühmteste Club Polens und ein ewiger Botschafter im In- und Ausland für Dance, Rave & Trance. Die Liste der Djs, die hier auflegen, ist überwältigend. Der Club war als einziger Polens auf der Berliner Love Parade vertreten. Auch die sensationellen Riesenevents hier in Manieczki sind legendär. The Amsterdam Dance Mission ist die größte Technoparty Polens und findet im Mai am Ufer des Malta-Sees statt.

Liegt der Club zu weit ab von der eigenen Reiseroute, sollte man zumindest nach einer der viele Technopartys Ausschau halten. Im Sommer gibt es beispielsweise den Sunrise-Event, der immer an einem anderen Ort stattfindet. Ist man allerdings in Poznan, dann ist der Club genauso Pflicht wie das Fabric oder das Ministry in London oder das Twilo in New York. Herkommen, eingrooven und nach den Lasern greifen.

Am einfachsten ist Manieczki mit einem eigenen fahrbaren Untersatz zu erreichen. Es gibt aber auch täglich ein paar Busse von Poznan (7 Zł, 1¼ Std.).

dungen bestehen nach Kalisz (18 Zł, 2½ Std., 9-mal tägl.) und Zielona Góra (Grünberg; 22 Zł, 2¾ Std., 8-mal tägl.) – hierhin fahren die Busse häufiger als die Züge.

Flugzeug

Der **Flughafen** von Poznań (☎ 849 23 43; www.airport-poznan.com.pl auf Englisch) liegt im westlichen Vorort Ławica, 7 km außerhalb des Zentrums. Es gibt Flüge von Poznań nach Warszawa (Warschau; 4-mal tägl.), Brüssel (2-mal wöchentl.), Kopenhagen (bis zu 3-mal tägl.), München (bis zu 3-mal tägl.), Frankfurt (tägl.) und London (3-mal wöchentl.).

Zug

Poznań ist ein wichtiger Verkehrsknotenpunkt im Zugverkehr. Vom **Hauptbahnhof Poznań Główny** (☎ 866 12 12; Ul Dworcowa 1) fahren täglich etwa 20 Züge nach Warszawa (Warschau; InterCity/Schnellzug 88,50 Zł/43 Zł, 3–3½ Std.), darunter auch InterCity- und EuroCity-Züge. Ähnlich häufig bestehen Zugverbindungen nach Wrocław (Breslau InterCity/Schnell-/D-Zug 67,40 Zł/31,85 Zł/19,70 Zł, 2–3 Std.) und Szczecin (Stettin; InterCity/Schnellzug 55,80 Zł/36,12 Zł, 2½–3 Std.), und es gibt drei Direktzüge nach Kraków (Krakau; Express-/Schnellzug 80 Zł/49 Zł, 6–7 Std.).

Alle Züge nach Gdańsk (Danzig; 43,04 Zł, 4¾ Std., 7-mal tägl.) und Toruń (Thorn; Schnell-/D-Zug 30,03 Zł/18,60 Zł, 142 km, 4-mal tägl.) fahren über Gniezno (Gnesen; Schnell-/D-Zug 15,90 Zł/9,30 Zł, 45 Min.). Sieben Züge fahren täglich nach Zielona Góra (Grünberg; 28,38 Zł, 2¼ Std.).

Sechs Fernzüge fahren täglich nach Berlin (145 Zł, 261 km), darunter ein EuroCity, der nur drei Stunden benötigt. Es gibt zudem direkte Zugverbindungen nach Brüssel, Budapest, Köln, Kiew und Moskau.

Fahrscheine und Schlaf-/Liegewagenreservierungen gibt es am Bahnhof, in Reisebüros und im PKP-Büro (☎ 863 12 90; Al Niepodległości 8A).

UNTERWEGS VOR ORT

Vom/Zum Flughafen

Der Flughafen Poznań wird von verschiedenen Buslinien (2,40 Zł, 25 Min.) angefahren. Die Busse 59, 77 und 78 fahren alle in die Stadt, und zwar bis zur Haltestelle Bałtyk am Kreisverkehr Kaponiera (Rondo Kaponiera) in der Nähe des Bahnhofs. Mit dem Taxi kostet die Fahrt in die Stadt etwa 20 Zł und dauert rund zehn Minuten.

Öffentlicher Nahverkehr

Der Öffentliche Nahverkehr in Poznań hat sowohl zeit- als auch entfernungsabhängige Fahrscheine. Zeittickets kosten für zehn Minuten 1,20 Zł, für eine halbe Stunde 2,40 Zł, für eine Stunde 3,60 Zł und für 1½ Stunden 4,80 Zł. Auf den Aushängen an den Haltestellen sind ungefähre Fahrtzeiten angegeben. Entfernungstickets kosten 1,80 Zł für bis zu zehn Haltestellen und 3 Zł für jede Fahrt, die weiter geht als zehn Haltestellen. Die unkomplizierteste Lösung ist allerdings eine Tageskarte für 10,20 Zł.

RUND UM POZNAŃ

KÓRNIK (KURNIK)

☎ 61 / 6000 Ew.

Das Örtchen Kórnik 20 km südöstlich von Poznań würde wahrscheinlich ohne sein trutziges **Schloss** (Pałac Kórnik) nur wenige Besucher anziehen. Das Palais wurde im 15. Jh. von der mächtigen Górka-Familie errichtet und wechselte mehrfach die Besitzer – und dadurch auch sein Äußeres. Seit Tytus Działyński es in der Mitte des 19. Jhs. nach einem Entwurf von Karl Friedrich Schinkel umgestalten ließ, zeigt es sich im leicht exzentrischen Stil der englischen Neogotik. Es wirkt ein wenig, als hätte man zwei Hälften völlig unterschiedlicher Schlösser zusammengeklebt, was aus verschiedenen Winkeln betrachtet immerhin noch spannende Fotomotive hergeben kann.

Auch das Innere wurde ausgiebig umgebaut. Es diente als schicker Familiensitz, aber auch als Bleibe für die umfangreiche Kunststammlung des Besitzers. Der Maurische Saal auf der 1. Etage ist deutlich der Alhambra in Granada nachempfunden und wurde als extravagante Kulisse für eine Militariasammlung angelegt. Działyńskis Sohn Jan und sein Neffe Władysław Zamoyski vergrößerten die Kunstsammlung noch, bis Zamoyski 1924 das Schloss samt Inventar dem Staat spendete.

Glücklicherweise überstand das Palais mit all seinen Kostbarkeiten den Krieg. Heute beherbergt ein Teil des Schlosses ein **Museum** (☎ 817 00 81; Ul Zamkowa 5; Erwachsene/ermäßigt 8/4 Zł; 🕑 Mo–Fr 9–17.30 Uhr, Sa & So 10–17 Uhr), in dem teilweise die Kunstsammlung der ehemaligen Besitzer zu sehen ist. In Museumspantoffeln, die am Eingang ausgegeben werden, durchwandern die Besucher die im Stil des 19. Jhs. eingerichteten Zimmer. Diese Pantoffeln sind übrigens auch für Modebewusste obligatorisch, denn das kunstvolle Originalparkett wurde in mühevoller Arbeit restauriert und soll keine Kratzer bekommen– ein Blick nach unten lohnt sich also.

Hinter dem Palais liegt eine englische Parklandschaft, das **Arboretum** (☎ 817 01 55; Erwachsene/ermäßigt 3/2 Zł; 🕑 Mai–Sept. 9–17 Uhr, Okt.–April 9–15 Uhr), die während der Rekonstruktion des Palais angelegt wurde. Aus führenden europäischen Baumschulen wurden exotische Bäume und Sträucher hierher verfrachtet und brachten Kórnik den Ruf ein, der ausgefallenste und bestbestückte Park des Landes zu sein. Viele Gewächse wurden später nach Gołuchów verpflanzt, wo Jan Działyński eine neue Residenz errichtete. Heute wird das Arboretum von einem wissenschaftlichen Forschungsinstitut betrieben, das etwa 2500 verschiedenen Pflanzenarten und -sorten besitzt. Die besten Zeiten für einen Besuch sind die Blütezeiten Mai bis Juni oder September bis Oktober.

Einige der Nebengebäude des Schlosses werden heute für Kunstausstellungen genutzt. Die **Galeria Klaudynowka** (Erwachsene/ermäßigt 2/1 Zł; 🕑 Di–So 10–16 Uhr) ist in einem ehemaligen Gesindehaus von 1791 untergebracht und zeigt moderne Malerei. Gegenüber liegt das Kutschenhaus **Powozownia** (Eintritt frei), das drei Londoner Kutschen ausstellt, die Jan Działyński 1856 aus Paris hierher brachte.

An- & Weiterreise

Es verkehren häufig Busse zwischen Poznań (Posen) und Kórnik (Kurnik; 5,40 Zł, 40 Min.) Man nimmt entweder einen PKS-Bus vom Busbahnhof (Abfahrt ca. alle halbe Stunde) oder fährt mit dem Vorstadtbus NB ab Św Marcin (stündl.). Beide Busverbindungen halten in Kórnik am Rynek, nur drei Minuten zu Fuß vom Schloss entfernt.

Für alle, die von hier aus nach Rogalin (3,70 Zł, 25 Min.) weiterfahren möchten, gibt es ungefähr zwei Busverbindungen täglich (also vor dem Besuch des Schlosses einen Blick auf den Fahrplan werfen).

ROGALIN

☎ 61 / 800 Ew.

Das winzige Dörfchen Rogalin, 13 km westlich von Kórnik, war einst der Adelssitz der Aristokratenfamilie Raczyński, die sich Ende des 18. Jhs. hier ein **Palais** (Pałac Rogalin) errichtete und bis zum Zweiten Weltkrieg auch bewohnte. Wie zu allen Residenzen aus jener Zeit gehören auch zum Palais Rogalin ein Garten, ein Park und mehrere Nebengebäude inklusive Stallungen und Kutschenhaus. Das zwar geplünderte, aber nicht beschädigte Palais wurde nach dem Zweiten Weltkrieg vom Staat übernommen und ist heute eine Außenstelle des **Posener Nationalmuseums** (Muzeum Narodowe Poznań ☎ 813 80 30; Erwachsene/ermäßigt 8/5,50 Zł, Mi Eintritt frei; ⌚ Di–So 10–16 Uhr). Der Besuch ist wirklich lohnenswert – auch wenn das etwas übereifrige Personal einfach nicht von der hartnäckigen Verfolgung der Besucher ablassen will.

Das Palais Rogalin zieht weniger Touristen an als das Schloss in Kórnik. Es besteht aus einem zweigeschossigen Hauptbau, an den sich zu beiden Seiten halbkreisförmig geschwungene Seitenflügel anschließen, so dass das Schloss hufeisenförmig um einen großen Vorhof liegt. Während der Arbeiten an diesem Buch war das Haupthaus leider wegen Restaurierungsarbeiten geschlossen. In den Seitenflügeln wurden Teile der Raczyński-Sammlung ausgestellt. Im linken Seitenflügel befindet sich zudem die sehenswerte Orangerie.

Unmittelbar hinter dem linken Schlossflügel liegt die **Gemäldegalerie** (Galeria Obrazów), die in einem umgebauten Gewächshaus untergebracht ist und polnische und europäische Gemälde aus dem 19. und 20. Jh. zeigt. In der Sammlung polnischer Künstler ist Jacek Malczewski am häufigsten vertreten. Stilistisch sehr interessant sind die Portraits von weniger bekannten Künstlern in einem kleinen Seitenraum. Das dominierende Werk der Galerie ist aber Jan Matejkos *Johanna von Orleans*.

Im **Kutschenhaus** nahe dem Vorhof sind ein Dutzend Kutschen ausgestellt, darunter auch Poznańs letzte Pferdestraßenbahn.

Gegenüber dem Haupthaus liegt ein kleiner französischer Garten, an den sich ein größerer **Englischer Landschaftspark** anschließt. Er wurde ursprünglich in einem Eichenwald angelegt. Von der Parkanlage ist heute allerdings bis auf die alten Eichen nur noch wenig zu sehen. Die drei beeindruckendsten Exemplare werden von einem Zaun geschützt und sind nach den legendären Gründern der slawischen Brüderstaaten Lech (Polen), Czech (Tschechien) und Rus (Russland) benannt. Rus ist mit 9 m Stammumfang der dickste und scheinbar gesündeste der drei Bäume– was jeder deuten mag, wie er möchte.

Eine weitere Sehenswürdigkeit ist die **Kapelle** am östlichen Dorfrand. Sie wurde in den 1820er Jahren erbaut, ist eine Replik des römischen Tempels Maison Carrée in Nîmes und dient als Mausoleum der Familie Raczyński. Auf freundliche Nachfrage öffnet der Priester, der im Haus hinter der Kirche wohnt, die Kapelle vielleicht für eine Besichtigung.

Wem es hier gefällt oder wer den letzten Bus verpasst hat, kann im französischen Garten in einem der ehemaligen **Gesindehäuschen** (EZ/DZ 80/92 Zł) übernachten.

An- & Weiterreise

Von Poznań (Posen) aus fahren mehrere Busse über verschiedene Strecken nach Rogalin (6,40 Zł, 1 Std.). Bis zum späten Nachmittag kommen auch alle paar Stunden Busse nach Poznań durch Rogalin. Einen ausgehängten Fahrplan gab es zum Zeitpunkt, als dieses Buch verfasst wurde, jedoch nicht. Am besten fragt man das Museumspersonal im Schloss oder wartet einfach, bis der erste Bus in Richtung Kórnik vorbeikommt.

WIELKOPOLSKA-NATIONALPARK

☎ 61

Der 76 km^2 große **Wielkopolska-Nationalpark** (Wielkopolski Park Narodowy bzw. Großpolnischer Nationalpark; ☎ 813 22 06; wpnarod@optimus.poznan.pl) liegt nur wenige Kilometer südwestlich von Poznańs Stadtgrenze. Rund 80 % des Parks bestehen aus Wald, in dem vor allem Kiefern und Eichen wachsen. Seine vielen postglazialen Seen verleihen ihm darüber hinaus einen besonderen Charme. Der Park ist einer der interessantesten Landstriche Großpolens und für seine abwechslungsreiche Flora und Fauna berühmt. Ein Besuch im Nationalpark – und die Hektik der Stadt ist im Nu vergessen.

Am besten lässt sich der Park zu Fuß erkunden. **Wandern** ist die Freizeitbeschäftigung Nr. 1 im Park und es gibt verschiedene ausgeschilderte Routen. Für einen Tagesausflug bietet sich das Städtchen Mosina (21 km von Poznań) als Ausgangspunkt an, da es von Poznań regelmäßig mit Bus und Bahn angefahren wird. Von Mosina führt der blaue Wanderweg nordwestlich nach Osowa Góra (3 km). Am kleinen See Kociołek angekommen, wechselt man am besten zum roten Wanderweg, der sich nach Südwesten an einem weiteren See vorbeischlängelt, bevor er zum See Góreckie gelangt, dem schönsten Gewässer des Parks. Der Weg läuft am Ostufer des Sees entlang, bevor er nach Nordosten abbiegt und zur Ortschaft Puszczykowo führt. Von hier aus fahren Busse und Züge zurück nach Poznań. Die Route ist etwa 17 km lang und geht durch die schönsten Parkbereiche.

Für Wanderfans gibt es natürlich noch mehr Wege, die den Park kreuz und quer durchschneiden und sich an diversen Stellen treffen. Auf der Wanderkarte *Wielkopolski Park Narodowy* (Maßstab 1:35 000) von TopMapa sind alle Routen eingezeichnet.

Wer länger bleiben möchte, findet in Puszczykowo und Mosina Übernachtungsmöglichkeiten. Beide Orte liegen günstig am östlichen Rand des Parks an der Zuglinie Poznań–Breslau, nur 4 km voneinander entfernt. Es verkehren regelmäßig Züge von/nach Mosina (4,60 Zł, 20 Min.) und von/nach Puszczykowo (3,80 Zł, 15 Min.).

MORASKO

☎ 61

Wirklich außergewöhnlich ist dieses kleine Naturschutzgebiet nur 10 km vom Zentrum Poznańs entfernt, ganz in der Nähe des Berges Góra Moraska. Es wurde nicht wegen seiner Tier- und Pflanzenwelt, sondern wegen seiner imposanten Meteoritenkrater unter Naturschutz gestellt. Das **Naturreservat Meteoritenfeld Morasko** (Reserwat Meteoryt Morasko) ist eine von nur zwei registrierten Einschlagstellen in Europa und daher ein wahres Mekka für Geologen und andere Forscher. Es ist schwer vorstellbar, wie riesige Gesteinsbrocken aus dem All auf dieses ruhige Waldgebiet niedergehen, aber genau das ist hier vor etwa 10 000 Jahren passiert. Acht Krater sind bis heute deutlich erkennbar, von denen einige mit Wasser gefüllt sind. Der größte hat einen Durchmesser von mehr als 100 m und ist 13 m tief. Auch wenn er inzwischen stark zugewuchert ist, sind seine Abmessungen immer noch sehr beeindruckend.

Die Straßenbahnlinien 12, 14 und 15 fahren ab Bahnhof hierher. Wahlweise fährt man nach Sobieskiego und läuft die letzten 4 km zu Fuß oder steigt in Szymanowskiego in die Buslinie 88 nach Morasko um.

DIE PIASTENROUTE

Die Piastenroute (Szlak Piastowski) ist eine beliebte Touristenroute zwischen Poznań und Kruszwica. Sie führt an historischen Stätten vorbei, die eng mit den Wurzeln des polnischen Staates verbunden sind, wie etwa das Wehrdorf Biskupin aus der Eisenzeit. Dieser Weg ermöglicht einen interessanten Einblick in die frühen Jahre einer Nation, die auf eine lange und wechselhafte Historie zurückblickt – und das nicht nur für Geschichtscracks.

SEE LEDNICA

☎ 61

Der See Lednica, 30 km östlich von Poznań, ist die erste wichtige Station auf der Piastenroute. In dem 7 km langen postglazialen See liegen vier Inseln. Die größte, Ostrów Lednicki, war ein wichtiger Verteidigungs- und Verwaltungsposten des frühen polnischen Staates.

Ausgrabungen haben ergeben, dass Ostrów Lednicki neben Poznań und Gniezno im späten 10. und frühen 11. Jh. eine der wichtigsten Siedlungen des ersten Piasten war. Erste Spuren reichen bis in die Steinzeit zurück, und im 10. Jh. wurde neben einem Steinpalast und einer Kirche auch eine Festung errichtet. Die Insel war über zwei Brücken mit dem westlichen und dem östlichen Seeufer verbunden. Über diese beiden Brücken verlief auch die Handelsstraße zwischen Poznań und Gniezno. Die westliche Brücke war 428 m lang und ihre Fundamente lagen an der tiefsten Stelle fast 12 m unter Wasser.

1038 wurde die Siedlung von Böhmen überrannt und zerstört. Kirche und Verteidigungsanlagen wurden zwar wieder aufgebaut, die Insel konnte ihre frühere Bedeutung jedoch nicht wiedererlangen. Zwischen dem 12. und dem 14. Jh. wurde ein großer Teil der Insel als Friedhof genutzt. Mit rund 2000 Gräbern war er somit einer der größten Friedhöfe Europas zu dieser Zeit.

Ein Teil der Ausgrabungsfunde wird in einem Museum am Seeufer ausgestellt, zusätzlich gibt es einen interessanten Skansen

(Freilichtmuseum) ganz in der Nähe. Wem das zu trocken ist, der kann sich im Rahmen eines Festes, der Archäologischen Gala, die Geschichte mit historischen Kostümen und Vorführungen sehr lebendig vor Augen führen lassen.

Sehenswertes

MUSEUM DER ERSTEN PIASTEN

Am Seeufer gegenüber der Insel Lednicki liegt das **Museum der ersten Piasten** (Muzeum Pierwszych Piastów; ☎ 427 50 10; www.lednicamuzeum.pl auf Polnisch; Lednogóra; Erwachsene/ermäßigt 5/3 Zł; 🕑 14. Feb.–31. Okt. Di–So 9–17 Uhr). Auf dem Gelände sind unter anderem die älteste Windmühle Polens (erbaut 1585) und ein Kornspeicher aus dem 18. Jh. zu sehen. Im Speicher ist eine Ausstellung mit Ausgrabungsfunden von der Insel und dem Friedhof hinter dem Museum zu sehen.

Die größte Ausstellung mit archäologischen Funden ist jedoch in einem zweigeschossigen Gebäude untergebracht, das eher wie eine Kirche aussieht. Die Exponate stammen zumeist aus dem 10. und 11. Jh. – Waffen, Haushaltsgegenstände, Töpferwaren, Zierrat und ein Boot, das somit eines der wenigen hölzernen Artefakte ist, die fast ein Jahrtausend überdauert haben.

Von Mitte April bis Oktober können Besucher mit einer kleinen Fähre vom Museum zur nur 175 m entfernten Insel Lednicki (Ostrow Lednicki) übersetzen und die Ruinen des Palastes und der Kirche besichtigen. Zeichnungen im Museum zeigen, wie die Gebäude einst ausgesehen haben könnten.

ETHNOGRAFISCHER PARK GROSSPOLENS

Am Seeufer, 2 km südlich des Museums, liegt der **Ethnografische Park Großpolens** (Wielkopolski Park Etnograficzny; ☎ 427 50 40; Dziekanowice; Erwachsene/ermäßigt 5/3 Zł; 🕑 15. Feb.–14. April & 1.–15. Nov. Di–So 9–15 Uhr, 15.–30. April & 1. Juli–31. Okt. Di–So 9–17 Uhr, 1. Mai–30. Juni Di–So 10–18 Uhr, 16. Nov.– 14. Feb. geschlossen). Der Park liegt am Ostufer des Sees, 500 m nördlich der Straße von Poznań nach Gniezno.

Der Skansen (Freilichtmuseum) bietet einen guten Überblick über die ländliche Architektur Großpolens im 19. Jh. Ein halbes Dorf wurde hier originalgetreu aufgebaut und einige Häuser können von innen besichtigt werden. Im Südteil des Parks liegt darüber hinaus ein Landgut mit mehreren Nebengebäuden. Sie können leider nur von außen angesehen werden, da hier die Parkverwaltung untergebracht ist.

Es gibt ein Kombiticket, das den Besuch des Museums und des Skansens umfasst (Erwachsene/ermäßigt 8/5 Zł).

An- & Weiterreise

Der See liegt an der Straße von Poznań nach Gniezno und wird von beiden Städten regelmäßig mit Bussen angefahren – etwa 12-mal täglich von/nach Poznań (Posen; 6,40 Zł) und von/nach Gniezno (Gnesen; 4,50 Zł). Aus beiden Richtungen empfiehlt sich die Route über Pobiedziska und nicht über Kostrzyn. Aus Richtung Poznań sind auf einem Hügel links der Straße drei Windmühlen zu sehen; etwa 2,5 km dahinter liegt die Haltestelle am Abzweig nach Komorowo. Von hier aus sind es noch fünf Minuten Fußweg zum Skansen und weitere 2 km bis zum Museum.

GNIEZNO (GNESEN)

☎ 61 / 73 000 Ew.

Wer das heutige Gniezno besucht, wird kaum glauben, dass hier einst das politische Machtzentrum lag. Tatsächlich war Gniezno einst sowohl die königliche als auch die kirchliche Hauptstadt. Gemeinhin wird sie als Wiege des polnischen Staates betrachtet, da sich hier im 10. Jh. die zerstrittenen Stämme der Region zum ersten Mal einigten.

Der heutigen Stadt ist nur wenig von ihrer früheren Macht anzusehen. Sie führt die eher unauffällige Existenz einer typischen modernen Mittelstadt. Die Altstadt besitzt jedoch Charme und sieht hin und wieder ein paar neue Gesichter. Hier steht auch die große Kathedrale, durch die Gniezno einst in den Fokus der Weltgeschichte gerückt war.

Geschichte

Der Legende nach wurde Gniezno vom Stammesführer Lech, dem Enkel des ersten Piasten und Großvater von Miezko I. gegründet. Auf der Jagd fand er das Nest *(gniazdo)* eines weißen Adlers und gründete an dieser Stelle die Hauptstadt. Dadurch erhielt die Stadt ihren Namen und das Land sein Wappentier (nach Lech selbst ist eigentlich nur ein Bier benannt).

Spuren einer ersten Siedlung – vermutlich das Zentrum eines heidnischen Kultes – sind für das 7. oder 8. Jh. belegt. Archäologische Funde zeigen, dass Gniezno bereits im 8. Jh. mit einem Erd- und Holzwall befestigt war. Feste Handelsrouten verbanden die Stadt mit den großen Handelszentren außerhalb der Region – keine schlechte Ausgangsposition für die Entwicklung der Schlüsselrolle, die der Stadt noch zufallen sollte. Und als Fürst Miezko I. im Jahr 966 hier getauft wurde, wurde die eher unbedeutende autonome Region Großpolen schließlich in den Stand einer christianisierten Nation erhoben.

Miezko I. scheint aber langfristig Poznań als Stadt den Vorzug gegeben zu haben. Da aus der frühen Zeit nur wenige historische Belege existieren, meinen einige Historiker sogar, Gniezno sei nie Großpolens Hauptstadt gewesen – schließlich wurde die erste Kathedrale in Poznań errichtet, und in ihr liegt der Herrscher begraben.

Gniezno trat im Jahr 1000 erneut in Erscheinung, als hier ein Erzbistum eingerichtet wurde. Die Position der Stadt wurde 1025 noch gestärkt, als Bolesław Chrobry in der Kathedrale von Gniezno zum ersten König von Polen gekrönt wurde. Nur 13 Jahre später kam es zur Invasion der Böhmen, die die gesamte Region verwüstete und die Polen dazu veranlasste, ihren Königssitz nach Krakau zu verlegen.

Obwohl die polnischen Könige noch bis zum Ende des 13. Jhs. in Gniezno gekrönt wurden, verlor nun die Ex-Hauptstadt an Bedeutung. Immerhin behielt sie ihren Status als Sitz des polnischen Erzbischofs und ist bis heute die kirchliche Kapitale des Landes – auch wenn sich der Erzbischof meist nicht länger als ein paar Tage im Jahr hier aufhält.

Praktische Informationen

Bank Pekao (☎ 424 19 81; Ul Dąbrówki 14)
Intergniezno (☎ 424 19 96; Ul Bolesława Chrobrego 32; 1 Std. 2–2,50 Zł; 🕙 Mo–Fr 8–22 Uhr, Sa 9–22 Uhr, So 10–22 Uhr) Internetzugang.
Internet Pub Małpa (☎ 424 55 59; Ul Tumska 15; 1 Std. 3 Zł; 🕙 Mo–Fr 8.30–23 Uhr, Sa 12–24 Uhr, So 15–23 Uhr) Internetzugang.
Postamt (☎ 426 12 26; Ul Bolesława Chrobrego 36)
Touristeninformation (☎ 428 41 00; Ul Tumska 12; 🕙 Mo–Fr 9–17 Uhr, Sa 9–15 Uhr, So 10–14 Uhr)

Sehenswertes

KATHEDRALE

Logischerweise ist die **Kathedrale** (☎ 0602 708 231; 🕙 Mai–Sept. 9–17 Uhr, März, April & Okt. 9–16 Uhr, Nov.–Feb. nur nach Vereinbarung) und ihre unmittelbare Umgebung das Herz Gnieznos. Die gotische Backsteinkirche imponiert mit ihren Doppeltürmen und sieht ihrem Pendant in Poznań sehr ähnlich. Das heutige Gotteshaus ist bereits der dritte oder vierte Kirchenbau an dieser Stelle (das erste stammte aus den 970er Jahren) und wurde in der zweiten Hälfte des 14. Jhs. errichtet, nachdem die romanische Kathedrale von den Deutschrittern 1331 zerstört wurde. Seitdem wurde die Kirche über die Jahrhunderte mehrfach umgebaut und mit einem Kapellenkranz umgeben. Nachdem sie im Zweiten Weltkrieg stark beschädigt wurde, baute man die Kathedrale im gotischen Gewand wieder auf.

Ihre größte Sehenswürdigkeit im Inneren ist der **Sarkophag des hl. Adalbert** im Altarraum. Der barocke Sarg ist eine Arbeit von Peter van der Rennen und wurde 1662 in Danzig gefertigt, ihn schmückt das Reliefbildnis des Heiligen.

Adalbert war ein böhmischer Bischof, der die Prussen, einen baltischen Stamm im nordöstlichen Polen (heute Masuren) missionieren wollte. Auf seinem Weg zur Ostsee kam er 997 durch Gniezno. Die Prussen waren aber wenig erpicht darauf, einen neuen Glauben anzunehmen, und beendeten die Mission des Bischofs vorzeitig, indem sie ihn enthaupteten. Bolesław Chrobry löste den Leichnam gegen dessen Gewicht in Gold aus und ließ ihn 999 in der Kathedrale von Gniezno beisetzen. Noch im selben Jahr wurde Adalbert von Papst Silvester II. als Märtyrer heilig gesprochen. Im Jahr darauf wurde Gniezno zum Erzbistum erklärt und die Kathedrale mit verschiedenen Gedenkstätten für den Heiligen ausgestattet.

Dazu zählt der **Grabstein des hl. Adalbert** aus rotem Marmor, der etwa 1480 von Hans Brandt angefertigt wurde. Er wurde allerdings von der Mitte des Kirchenschiffs hinter den Altar verlegt und ist deshalb nur noch aus der Ferne zu bewundern.

An der Rückwand der Kathedrale finden sich zwei weitere Grabplatten. Zur Linken liegt das **Grab des Primas Zbigniew Oleśnicki** aus rotem Marmor, das Veit Stoß zugeschrieben wird, und rechts das **Grab des Erzbischofs Giacomo von Siena** aus Bronze, das aus dem späten 15. Jh. stammt. Außerdem sehenswert: ein ausdrucksstarkes hölzernes Kruzifix von etwa 1440, das hoch über dem Eingang zum Altarraum prangt.

Der wertvollste Besitz der Kirche ist jedoch die romanische Bronzetür von 1175 am Durchgang von der südlichen Vorhalle. Sie ist ein einmaliges Beispiel romanischer Schmiedekunst in Europa und zeigt das Leben des hl. Adalbert in 18 chronologisch aufeinander folgenden Szenen. Das Bildprogramm beginnt am unteren Ende des linken Türflügels mit der Geburt des Heiligen und endet unten auf dem rechten Türflügel mit seiner Beisetzung in der Kathedrale.

Eingerahmt wird die Tür von einem wunderbaren **gotischen Portal** aus dem 15. Jh. mit einer Szene des Letzten Gerichts im Tympanon. In der gegenüberliegenden Vorhalle, auf der anderen Seite des Langhauses, befindet sich ein weiteres reich verziertes **gotisches Portal** aus derselben Zeit, in dessen Tympanon die Kreuzigung dargestellt ist.

Ganz in der Nähe des Haupteingangs liegt auch der Abgang in die **Krypta**, in der neben den gotischen Grabmalen der Bischöfe auch die Überreste der früheren romanischen Kathedrale zu sehen sind

Ein **Kapellenkranz**, der zwischen dem 15. und dem 18. Jh. entstand, umgibt Kirchenschiff und Altarraum. Die einzelnen Kapel-

GNIEZNO (GNESEN)

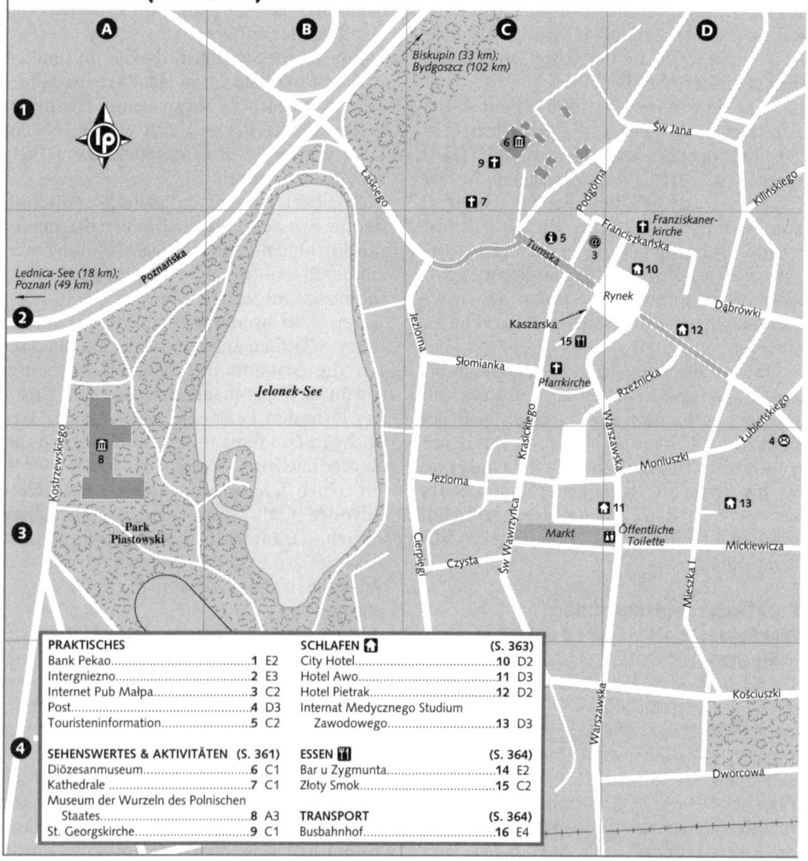

len sind durch kunstvolle schmiedeeiserne Gitter abgetrennt. Die insgesamt 17 Gitter stammen aus unterschiedlichen Epochen von der Gotik über die Renaissance bis zum Barock. Gemeinsam bilden sie eine der schönsten Sammlungen der Schmiedekunst in Polen. In den Kapellen finden sich einige sehr prunkvolle Grabmale, Altäre, Fresken und Stuckarbeiten – also unbedingt hineinschauen!

Es gibt aber auch ein interessantes mo dernes Kunstwerk in der Kirche: die **Statue des Kardinals Stefan Wyszyński**. Er war der polnische Primas, der sich während der Zeit des Kommunismus gegenüber der Sowjetunion für die Lockerung der antikirchlichen Politik stark machte. Verschiedene Tafeln zeigen Szenen aus dem bewegten Leben des Kardinals.

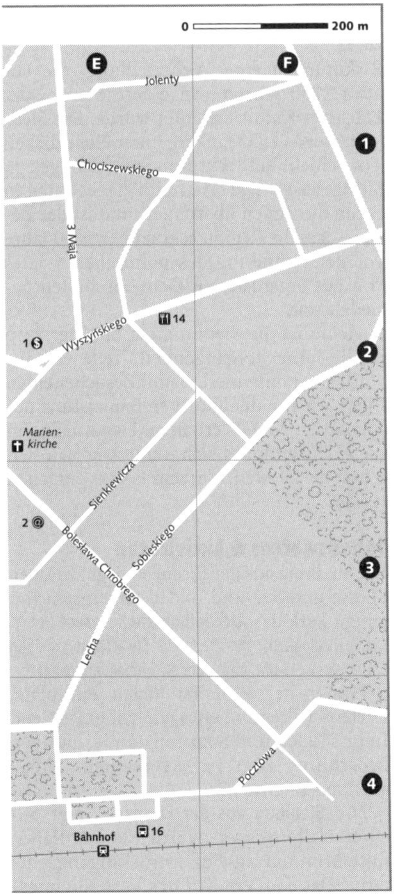

Die Kathedrale selbst kann kostenlos besichtigt werden. Eintritt wird allerdings für die Bronzetür und die Krypta verlangt (Erwachsene/ermäßigt 5/2 Zł; ⌚ Mai–Sept. 9–11.45 Uhr & 13–17 Uhr, März, April & Okt. nachm. bis 16 Uhr), die nur im Rahmen einer Führung besichtigt werden können. Die Führungen dauern 45 Minuten, kosten rund 80 Zł pro Gruppe und können auch in Deutsch und Englisch gebucht werden. Weitere Informationen gibt es im Büro in der Vorhalle am Eingang.

MUSEEN

Das **Museum der Wurzeln des Polnischen Staates** (Muzeum Początków Państwa Polskiego; ☎ 426 46 41; Ul Kostrzewskiego 1; Erwachsene/ermäßigt 5,50/3,50 Zł; ⌚ Di–So 9.30–17.30 Uhr) liegt auf der gegenüberliegenden Seite des Sees Jelonek und unterstreicht Gnieznos Rolle in der Geschichte Polens. Die ständige Sammlung umfasst archäologische Funde, architektonische Exponate, Dokumente und Kunstwerke, die mit der Entwicklung der polnischen Nation von vorslawischer Zeit bis zum Ende der Piastendynastie zu tun haben. Darüber hinaus gibt es eine Multimediaausstellung zum Thema Polen unter den Piasten (auch in Englisch) sowie verschiedene Wechselausstellungen zu verwandten Themen.

In der Nähe der Kathedrale liegt hinter der **St. Georgskirche** (Kościół Św Jerzego) das **Diözesanmuseum** (Muzeum Archidiecezji Gnieźnieńskiej; ☎ 426 37 78; Ul Kolegiaty 2; Eintritt 3 Zł; ⌚ April–Okt. Di–So 10–16 Uhr, Nov.–März Di–Sa 9–15 Uhr). Es stellt sakrale Skulpturen und Gemälde, liturgische Gewänder, Sargportraits und Votivgaben aus. Das Gebäude ist eines von mehreren, die im 18. und 19. Jh. als Domherrenhäuser errichtet wurden.

Schlafen

Hotel Pietrak (☎ 426 14 97; www.pietrak.pl auf Deutsch; Ul Bolesława Chrobrego 3; EZ/DZ 160/190 Zł; Ⓟ) Das in einem Bürgerhaus aus dem 18. Jh. direkt neben dem Rynek residierende Hotel Pietrak hat mit Minibars, Internetzugang, Fitnesscenter, Spa und behindertengerechtem Zugang die besten Einrichtungen der Stadt. Das Restaurant (Hauptgerichte von 9 Zł bis 35 Zł) ist ebenfalls erste Wahl.

Hotel Awo (☎ 426 11 97; www.hotel-awo.pl auf Deutsch; Ul Warszawska 32; EZ/DZ/3BZ/4BZ 150/170/210/

250 Zł) Dieses Mittelklassehotel kann dem Pietrak bei weitem nicht das Wasser reichen, ist aber sehr gemütlich. Es liegt direkt beim Marktplatz, wodurch die Zimmer nach Süden potenziell etwas lauter sind. Das Personal ist hier wesentlich zugänglicher und vermittelt nicht den Eindruck, es täte einem schon durch seine reine Existenz einen Gefallen.

City Hotel (☎ 425 35 35; Rynek 15; Zi. 65–90 Zł, Suite 100 Zł) Das Hotel City macht aus seiner einmaligen Lage direkt am Rynek eigentlich zu wenig – die Bettsofas und die tristen Grünbrauntöne sind nicht unbedingt schick. Die Preise sind aber vollkommen o.k., die Zimmer und das Café bieten einen Blick auf den Platz, und noch näher an der Kathedrale zu wohnen ist praktisch unmöglich.

Internat Medycznego Studium Zawodowego (☎ 426 34 09; Ul Mieszka I 27; DZ 65 Zł; P) Die Medizinische Fakultät (Zespół Szkół Medycznych) vermietet 24 Doppelzimmer in ihrem Wohntrakt, die ruhig, sauber und bescheiden sind – und sehr preiswert. Vier benachbarte Zimmer teilen sich dabei ein Badezimmer. Das Internat liegt im hinteren Teil des Geländes der Fakultät mit Eingang von der Ul Mieszka I.

Essen

Złoty Smok (☎ 426 74 08; Ul Kaszarska 1; Hauptgerichte 8–32 Zł; Mittag- & Abendessen) Grundsätzlich ist der „Goldene Drache" ein eher durchschnittliches chinesisches Restaurant, hebt sich in der Innenstadt aber als einziges „exotisches" Restaurant von seiner Umgebung ab. Es ist bei den Einwohnern von Gniezno sehr beliebt, und die Verwandtschaft des Personals scheint ebenfalls hier zu essen, was immer ein gutes Zeichen ist.

Bar U Zygmunta (☎ 426 37 74; Ul Wyszyńskiego 20; Hauptgerichte 0,60–5,10 Zł; Frühstück & Mittagessen) Diese Selbstbedienungscafeteria liegt im eher modernen Teil der Stadt und gilt als billigstes Lokal im Zentrum. Hier gibt's die üblichen Milchbarstandards.

An- & Weiterreise

BUS

Am **Busbahnhof** (☎ 426 38 93; Ul Dworcowa) fahren mindestens ein Mal die Stunde Busse nach Poznań (Posen; 9,80 Zł, 1½ Std.) ab. Für einen Ausflug zum See Lednica (4,50 Zł, 35 Min.) ist die Route über Pobiedziska (bis zu 13-mal tägl.) am günstigsten.

Neun Busse fahren täglich nach Żnin (6,40 Zł, 1 Std.), von wo aus man entweder mit einer Schmalspurbahn oder zu Fuß (2 km) nach Biskupin gelangt.

ZUG

Den ganzen Tag hindurch fahren regelmäßig Züge nach Poznań (Posen; Schnell-/D-Zug 15,90 Zł/9,30 Zł, 45 Min./1 Std.) und in entgegengesetzter Richtung nach Inowrocław (Hohensalza; 9,10 Zł, 55 Min.). Ebenso gibt es Zugverbindungen nach Bydgoszcz (Bromberg; 26,24 Zł, 1¾ Std., 13-mal tägl.), Toruń (Thorn; 14,50 Zł, 1¾ Std., 5-mal tägl.), Gdańsk (Danzig 41,24 Zł, 4 Std., 6-mal tägl.) und Wrocław (Breslau; 36,12 Zł, 3½ Std., 6-mal tägl.).

BISKUPIN

☎ 52

Biskupin ist eine Wehrsiedlung, die vor etwa 2730 Jahren von einem Stamm der Lausitzer Kultur errichtet wurde. Die Siedlung wurde 1933 zufällig unter einer dicken Torfschicht entdeckt und später freigelegt. Sie hat als einzige eisenzeitliche Siedlung in Polen die Zeiten überdauert und ist der Beweis, dass die Region schon über 1600 Jahre vor der Gründung des polnischen Staates von gut organisierten Gemeinschaften besiedelt war.

Heute ist die Siedlung ein einziger Trip in die ferne Vergangenheit. Teile von ihr wurden rekonstruiert, damit Besucher einen Eindruck von der enormen Bauleistung der Menschen damals erhalten. Der Ausflug in die Eisenzeit lohnt sich – und wer will sich schon die ältesten Wurzeln Polens entgehen lassen?

Sehenswertes & Aktivitäten

Die Siedlung aus der Eisenzeit liegt zwischen Straße und See und bildet gemeinsam mit einem Park das **Archäologische Reservat** (Rezerwat Archeologiczny; ☎ 302 50 25; Erwachsene/ermäßigt 6/4 Zł; 9–18 Uhr, im Winter bis Sonnenuntergang).

Hinter der Einfahrt liegen Parkplatz, Kartenschalter und etwa ein halbes Dutzend Imbissbuden und Souvenirstände, die auch Broschüren zum Park verkaufen (einige auch auf Englisch).

Die **Siedlung aus der Eisenzeit** liegt auf einer Halbinsel am Nordende des Parks, fünf Minuten zu Fuß vom Eingang entfernt. Das Tor, ein Teil des Verteidigungs-

GROSSPOLEN

walls und zwei Hüttenreihen sind rekonstruiert worden und verdeutlichen, wie die Siedlung früher einmal ausgesehen haben muss. Im Inneren einiger Hütten ist zu sehen, wie sie vermutlich vor 2700 Jahren eingerichtet waren. Vom Steg in der Nähe des Tors legt jeden Tag mehrfach ein **Ausflugsboot** (Fahrt 4 Zł) zu einer kurzen Rundfahrt über den See ab.

Das **Archäologische Museum Biskupin** (Muzeum Archeologiczne w Biskupinie) liegt etwa auf halbem Weg zwischen dem Parkeingang und der Halbinsel. Es zeigt ein Modell der Siedlung, Ausgrabungsfunde von der Halbinsel und gibt Hintergrundinformationen (teilweise auch auf Englisch) über das Dorf und seine eisenzeitlichen Bewohner.

An- & Weiterreise

BUS

Am Eingang des Archäologischen Parks ist eine Bushaltestelle, von der etwa alle ein bis zwei Stunden ein Bus nach Żnin (2,40 Zł, 20 Min.) im Norden und nach Gąsawa (2,20 Zł, 10 Min.) im Süden abfährt. Wer Richtung Gniezno will, nimmt zunächst den Bus nach Żnin und steigt dort um (7 Zł, 1¼ Std.).

ZUG

Von Mai bis September verkehrt zwischen Żnin (40 Min.) und Gąsawa (10 Min.) eine Schmalspurbahn, die in Biskupin hält. In der Nebensaison fahren täglich fünf Züge, in der Hauptsaison (Juli und August) sechs Züge in beide Richtungen. Sie verkehren zwischen 9 und 16 Uhr. Der Schmalspurbahnhof in Żnin liegt direkt neben dem normalen Bahnhof, in Gąsawa befindet er sich 700 m südlich des Rynek an der Straße nach Gniezno. Der Haltepunkt in Biskupin liegt direkt neben dem Eingang zum Archäologischen Park. Eine einfache Fahrt kostet 6 Zł; Hin- und Rückfahrt 11 Zł.

STRZELNO (STRELNO)

☎ 52 / 6000 Ew.

Strzelno besitzt zwei der schönsten romanischen Kirchen der Region sowie ein Museum. Kirchenfans und Architekturliebhaber sollten auf jeden Fall einen Ausflug hierher machen.

Sehenswertes

Alle Sehenswürdigkeiten des Ortes liegen nur 200 m östlich des Rynek direkt nebeneinander. Die Kirchen sind normalerweise verschlossen, der hiesige Fremdenführer

LEBEN IN DER EISENZEIT

Die eisenzeitliche Siedlung von Biskupin wurde zwischen 740 und 730 v. Chr. erbaut und in nur wenigen Jahren vervollständigt. Einem komplizierten und straff durchorganisierten Plan folgend, wurde eine Insel mit einer 6 m hohen Holzbarrikade umgeben, die mit Sand und Erde aufgefüllt wurde. Der Uferstreifen rund um die Insel wurde mit einer Palisade aus 20 000 Eichenpfählen, die in den Seeboden getrieben wurden, befestigt. Sie diente als Wellenbrecher und als Hindernis für mögliche Angreifer. Einziger Zugang zur Siedlung war ein Tor mit Wachturm, das über eine 250 m lange Brücke mit dem Seeufer verbunden war.

Umgeben von einer Ringstraße wurden innerhalb der Verteidigungsanlage dreizehn parallel verlaufende Häuserreihen und zwischen ihnen Straßen angelegt. Über 100 Häuser wurden gebaut, die jeweils von einer Familie von sieben bis zehn Personen bewohnt wurden. Die Gesamtbevölkerung der Siedlung wird auf 800 bis 1000 Menschen geschätzt, das war damals wahrscheinlich eine Großstadt. Die Stadt war weitestgehend autark, profitierte aber auch von nahen Handelswegen.

Etwa 400 v. Chr. wurde die Stadt wahrscheinlich von den Skythen zerstört und nie wieder aufgebaut. Dies lag aber auch an klimatischen Veränderungen, durch die der Wasserspiegel des Sees anstieg und die Insel unbewohnbar machte. Die Überreste der Holzkonstruktionen wurden im Schlamm des Seebodens 2300 Jahre lang konserviert. Zu Beginn des 20. Jhs. begann der Wasserspiegel zu sinken, die Insel tauchte wieder auf und wurde schließlich zur heutigen Halbinsel.

Nach der Wiederentdeckung der Siedlung wurden Wall und Häuser mit viel Mühe rekonstruiert und beeindrucken bis heute nicht nur die Besucher, die in Scharen hierher kommen. Wegen seiner Ursprünglichkeit ist der Ort auch bei den polnischen Filmemachern sehr beliebt. Biskupin taucht in Jerzy Hoffmans Historienfilmen Stara Baśń (2003) und Ogniem i Mieczem (1999) und in der TV-Serie Sagala auf. So kehrt die Eisenzeit zumindest auf Leinwand und Bildschirm kurzfristig zurück.

Damian Rybak (☎ 318 33 30; Kirchen 2 Zł, Museum 2 Zł; 🕒 Mo–Sa 9–17 Uhr, So 13.30–17 Uhr) gibt aber gerne eine Führung.

PROKOPKIRCHE

Die 1150 erbaute **Prokopkirche** (Kościół Św Prokopa; Plac Św Wojciecha) aus rotem Stein zeigt sich bis heute in ihrer trutzigen frühromanischen Form, wenn auch die oberen Teile des Bauwerks nach Beschädigungen im 18. Jh. mit Backstein rekonstruiert wurden. An den runden Zentralbau schließt sich auf der einen Seite ein quadratischer Chor und auf der anderen ein Turm an. An der Nordseite des Rundbaus liegen die typischen halbrunden Apsiden. Das fast schmucklose Innere der Kirche vermittelt einen sehr authentischen Eindruck. Neben dem Eingang steht ein Taufbecken aus dem 12. Jh.

KIRCHE ZUR HL. DREIFALTIGKEIT

Neben der Prokopkirche erhebt sich die etwa zehn bis zwanzig Jahre jüngere größere **Kirche zur hl. Dreifaltigkeit** (Kościół Św Trójcy; Plac Św Wojciecha). Sie wurde mehrfach gründlich umgestaltet und erhielt beispielsweise im 14. Jh. ein gotisches Gewölbe und vier Jahrhunderte später eine barocke Fassade. Innen ist die Kirche vorwiegend barock, wie auch der Hochaltar und das dekorative Kreuz über dem Lettner, die mit dem gotischen Gewölbe auf vier romanischen Säulen eine erstaunlich harmonische Komposition ergeben. Restaurierungsarbeiten nach dem Krieg haben diese Säulen freigelegt, die der kostbarste Schatz der Kirche sind. Zwei von ihnen sind mit jeweils 18 figurativen Darstellungen verziert. Die Figuren der linken Säule symbolisieren die Laster, die auf der rechten die Tugenden.

In der rechten Wand führt eine Tür in die Kapelle der hl. Barbara, deren feines Palmgewölbe auf einer weiteren, reich verzierten romanischen Säule ruht.

MUSEUM

Neben der Prokopkirche liegt das **Museum** (Plac Św Wojciecha), in dem verschiedene architektonische Überreste und archäologische Funde ausgestellt werden. Hierzu zählt ein romanisches Portal mit einem Tympanon, in dem der lehrende Christus abgebildet ist.

An- & Weiterreise

Der Busbahnhof liegt am westlichen Ende des Ortes und bietet regelmäßige Verbindungen nach Gniezno (Gnesen; 7,70 Zł, 50 Min.) und Inowrocław (Hohensalza; 4,50 Zł, 30 Min.).

KRUSZWICA (KRUSCHWITZ)

☎ 52 / 9000 Ew.

Kruszwica liegt an der Nordspitze des Gopło-Sees und existiert mindestens seit dem 8. Jh., als hier eine Wehrsiedlung des slawischen Stamms der Goplanen stand. Sie wurden von den Polanen, dem Stamm, aus dem später die Polen hervorgingen, im Lauf der Geschichte ausgelöscht.

DIE LEGENDE VON HERZOG POPIEL

Es war einmal ein Herzog, der lebte auf Schloss Kruszwica und herrschte über ein großes Land namens Polen. Der Herzog war ein grausamer und despotischer Herrscher und gierig nach Macht. Wie die meisten Tyrannen hatte er Angst davor, vom Thron gestoßen und durch jemand anderen, und sei es durch ein Mitglied seiner eigenen Familie, ersetzt zu werden. Um alle Konkurrenz aus dem Weg zu schaffen, beschloss der Herzog, seine gesamte Familie und andere wichtige Mitglieder seines Volkes zu ermorden.

Um seinen teuflischen Plan in die Tat umzusetzen, gab der Herzog ein großes Fest in seinem Schloss, zu dem er seine Familie und wichtige Persönlichkeiten einlud. Als die Begrüßungsreden beendet waren, wurde ausgewählten Gästen ein vergifteter Wein gereicht, an dem sie alle unter großen Schmerzen starben. Popiel ließ die Leichen aus dem Schloss werfen und weigerte sich, sie begraben zu lassen. Sie sollten als abschreckendes Beispiel dienen.

Nach einigen Wochen zogen die verwesenden Leichen Scharen von Mäusen an, die das Schloss stürmten. Popiel zog sich in den höchsten Turm seines Schlosses zurück, doch die Mäuse fanden ihn und fraßen ihn auf. Seitdem wird dieser Turm des Schlosses Mäuseturm genannt.

Nach Popiels Tod wurde ein bescheidener Bauer namens Piast vom Volk zum König gewählt. Er war der erste Herrscher der Piastendynastie, die Polen lange Jahre regierte und es zu einem großen und reichen Land machte. Die Mäuse waren seither nicht mehr gesehen.

Heute ist Kruszwica ein eher unauffälliges, kleines Industriestädtchen, das vor allem wegen seiner piastischen Vergangenheit und einiger Legenden berühmt ist (s. Kasten S. 366).

Sehenswertes & Aktivitäten

Der 32 m hohe, achteckige **Mäuseturm** (Mysia Wieża; Erwachsene/ermäßigt 3,60/2,90 Zł; ⌚ Mai–Sept. 9–18 Uhr) in der Nähe des Rynek ist der einzige Überrest der Burg, die König Kazimierz III. Wielki (der Große) im 14. Jh. errichtete. Der Name des Turms geht auf eine Legende über den grausamen Herrscher der Goplanen, Herzog Popiel, zurück, der darin von Mäusen aufgefressen worden sein soll. Vom Turm aus hat man einen schönen Blick über die Stadt und den See. Am Fuß des Turms legt im Sommer mehrfach täglich ein **Ausflugsboot** (Fahrt 7,20 Zł) zu einer einstündigen Rundfahrt über den Gopło-See ab.

Die romanische **Kollegiatskirche** (Ul Kolegiacka) aus dem frühen 12. Jh. wurde im Lauf der Zeit mehrfach umgestaltet, bei der Rekonstruktion nach dem Krieg aber praktisch wieder in ihre ursprüngliche Form zurückversetzt. Im Inneren findet sich unter anderem ein Taufbecken aus dem 12. Jh. Die Kirche liegt am nordöstlichen Ortsrand, etwa 800 m vom Rynek entfernt.

An- & Weiterreise

Die Hauptbushaltestelle des Ortes liegt am Rynek. Von hier fahren etwa alle zwei Stunden Busse nach Strzelno (Strelno; 3,70 Zł, 10 Min.) ab. Wer Anschlussmöglichkeiten zur Weiterreise sucht, nimmt am besten den Bus nach Inowrocław (Hohensalza; 3,70 Zł, 20 Min.).

SÜDÖSTLICHES GROSSPOLEN

KALISZ

☎ 62 / 108 000 Ew.

Kalisz ist zwar die größte Stadt im Südosten Großpolens, aber kein Touristenzentrum. Bei Reisen durch die Region bietet sie sich dennoch für einen Zwischenstopp an. Die von Parks umgebene Altstadt vermittelt trotz zunehmender moderner Einsprengsel bis heute den Eindruck eines kleinen Marktfleckens. So kann man alle Vorteile einer Stadt genießen, ohne in die übliche Hektik zu verfallen.

Geschichte

Die dokumentierte Geschichte der Stadt Kalisz reicht am weitesten von allen Städten Polens in die Vergangenheit zurück. Bereits im 2. Jh. n. Chr. erwähnt Claudius Ptolemäus in seiner berühmten *Geographia* den Ort Calisia, eine Handelssiedlung an der Bernsteinstraße – eine der wichtigsten Handelsrouten zwischen dem Römischen Reich und der Ostsee. Im 9. Jh. wurde eine Festung im heutigen Vorort Zawodzie errichtet, wo sich die Stadt bis zum 13. Jh. weiterentwickelte. 1233 von einer Feuersbrunst zerstört, wurde sie weiter nördlich an ihrem heutigen Standort wieder aufgebaut.

Während der Regentschaft Kazimierz III. Wielki erhielt Kalisz eine Stadtmauer mit 15 Türmen und eine Burg. Die Stadt wuchs beständig weiter, bis schließlich im 16. Jh. ihr Niedergang begann. 1792 wurde bei einem weiteren Großbrand die gesamte Stadt – bis auf die Kirchen – zerstört und im 19. Jh. wurden praktisch alle Befestigungsanlagen abgetragen.

Den größten Schlag, vergleichbar mit der Zerstörung Warschaus 1944, erlitt die Stadt allerdings im Ersten Weltkrieg, als sie von den einmarschierenden deutschen Truppen praktisch geschleift wurde. Innerhalb nur eines Monats wurde die Bevölkerung von 70 000 auf 5000 dezimiert und fast alle Gebäude dem Erdboden gleichgemacht. Wieder blieben nur die Kirchen stehen. Anhand alter Stadtpläne wurde die Stadt wiedererrichtet, aber in modernem Gewand. Den Zweiten Weltkrieg überstand sie fast unbeschadet, aber die anschließend begonnenen Renovierungs- und Modernisierungsarbeiten scheinen nur langsam voranzukommen.

Praktische Informationen

Bank Pekao Ul Grodzka (☎ 767 73 81; Ul Grodzka 7); Ul Śródmiejska (☎ 768 23 33; Ul Śródmiejska 29)
City Jungle (☎ 767 67 00; Al Wolności 6; 1 Std. 3 Zł; ⌚ Mo–Sa 9–22 Uhr, So 10–22 Uhr) Internetzugang.
Hauptpost (☎ 767 74 00; Ul Zamkowa 18/20)
Połanglo (☎ 502 98 98; Ul Złota 1) Buchladen.
Touristeninformation (☎ 764 21 84; Ul Garbarska 2; ⌚ Mo–Fr 10–17 Uhr, Sa 10–14 Uhr)

Sehenswertes

Die Altstadt liegt auf einer Landzunge zwischen den Flüssen Prosna und Bernardynka. Sie verfügt über rund ein halbes Dutzend Brücken, und an ihrer südöstlichen Spitze erstreckt sich der **Stadtpark** (Park Miejski). Als Ausgangspunkt für eine Besichtigungstour bietet sich der **Rathausturm** (Eintritt 2 Zł; Mo–Fr 10–14 Uhr, Sa & So 10–13 Uhr) am sonst eher unauffälligen Rynek an. Neben dem guten Rundumblick bietet der Turm eine Ausstellung zur Geschichte der Stadt und des Rathauses.

Mehr zum Thema Kaliszer Geschichte findet sich im **Museum des Kaliszer Landes** (Muzeum Ziemi Kaliskiej; ☎ 757 16 08; www.muzeum.kalisz.pl

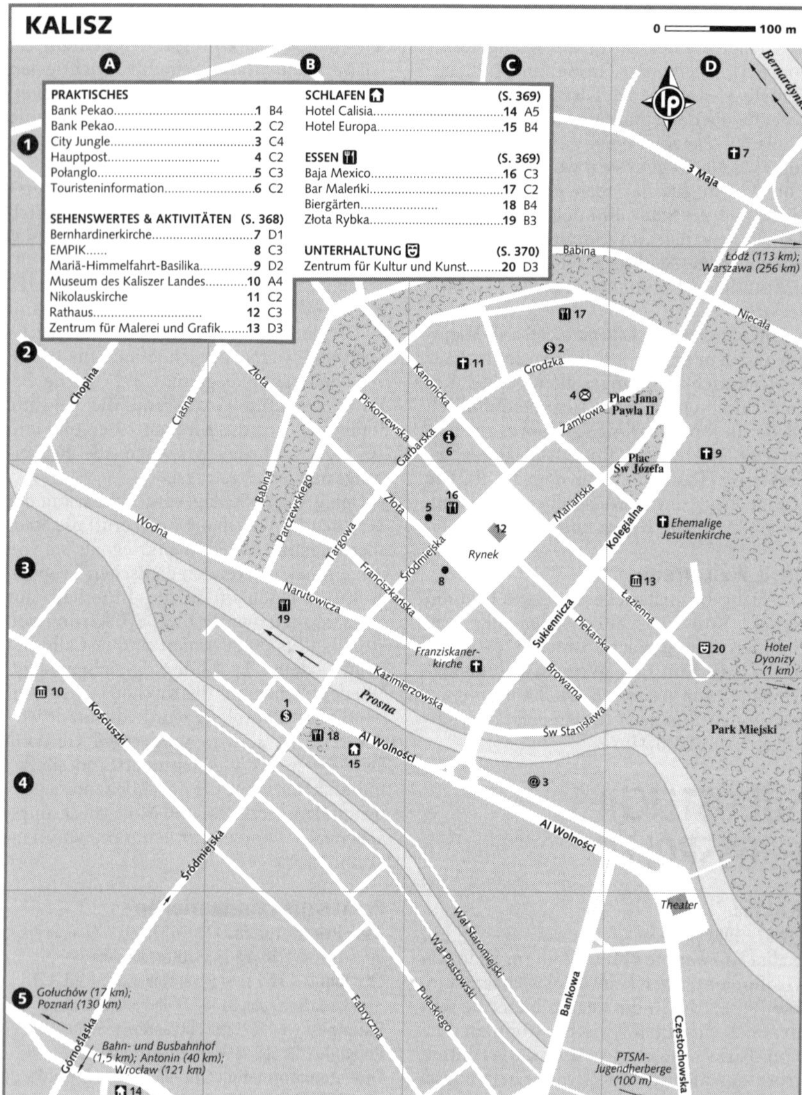

auf Deutsch; Ul Kościuszki 12; Erwachsene/ermäßigt 4/2 Zł; Di, Do, Sa & So 10–14.30 Uhr, Mi & Fr 12–17.30 Uhr). Die Ausstellung umfasst archäologische und historische Funde aus Kalisz und Umgebung. Eine Außenstelle des Museums, das **Zentrum für Malerei und Grafik** (Centrum Rysunku i Grafiki; 757 29 99; Ul Kolegialna 4; Erwachsene/ermäßigt 4/2 Zł; Do 12–17.30 Uhr, Mi, Fr & Sa 10–14 Uhr), ist im Jesuitenkolleg untergebracht. Hier werden in wechselnden Ausstellungen Gemälde und Grafiken verschiedener Künstler gezeigt, wie etwa die des Kaliszer Künstlers Tadeus Kulisiewicz (1899–1988), der vorwiegend für seine Zeichnungen bekannt ist. Der Eingang liegt in der Ul Łazienna.

Die Stadt besitzt auch einige interessante kirchliche Baudenkmäler. Die älteste Kirche ist die **Nikolauskirche** (Kościół Św Mikołaja; Ul Kanonicka 5) aus dem 13. Jh. Das Innere der ehemals gotischen, aber mehrfach umgestalteten Kirche ist heute überwiegend barock mit Renaissancegewölbe. Das Gemälde der Kreuzabnahme Christi über dem Altar ist eine Kopie. Das Original, das 1617 in Rubens' Malerwerkstatt entstand und der Kirche geschenkt wurde, ist bei einem mysteriösen Brand 1973 entweder gestohlen oder zerstört worden.

Die ehemalige **Bernhardinerkirche** (Kościół Pobernardyński; Ul Stawiszyńska 2) von 1607 besitzt ein schmuckvolles Inneres. Von außen eher unscheinbar, ist das weite Kirchenschiff im Barockstil prächtig ausgeschmückt. Sowohl die Altäre als auch die Gewölbemalereien gehen auf die Mitte des 18. Jhs. zurück.

Die **Mariä-Himmelfahrt-Basilika** (Bazylika pw. Wniebowzięcia NMP; Plac Jana Pawła II 3) schließlich ist ein weiteres typisches Beispiel für den überbordenden Schmuck des Barock. Die ursprünglich 1353 errichtete Kirche wurde im 18. Jh. neu aufgebaut und erstrahlt seitdem in Gold und Glanz. Dank eines wundertätigen Bildnisses der Heiligen Familie aus dem 17. Jh. ist sie heute eine beliebte Pilgerstätte.

Festivals & Events

Kaliszer Theatertreffen (502 32 22) Findet jährlich Anfang Mai statt.

Internationales Piano Jazz Festival (765 25 00) Findet Ende November statt.

Schlafen

Hotel Europa (767 20 32; www.hotel-europa.pl Deutsch im Aufbau; Al Wolności 5; EZ 55–125 Zł, DZ 80–150 Zł, 3BZ 130–170 Zł, 4BZ 165 Zł; P) Nach einer umfassenden Renovierung übertrifft dieses zentrale Hotel alle Erwartungen, vom freundlichen, unermüdlichen Personal bis hin zu den brandneuen Zimmern mit eigenem Bad. Es gibt insgesamt drei Zimmerkategorien: Standard, Deluxe (mit Klimaanlage, Eisschrank und Hydromassagebadewanne) und Niedriger Standard (mit Gemeinschaftsbadezimmer). Zudem bietet das Hotel Studenten- und Wochenendrabatte.

Hotel Calisia (767 91 00; www.hotel-calisia.pl auf Deutsch; Ul Nowy Świat 1–3; EZ/DZ/3BZ 160/220/260 Zł, Apt. 400 Zł; P) Rattanmöbel in dunklem Grün sind zwar nicht jedermanns Sache, dies ist aber trotzdem ein rundum empfehlenswertes, modernes und serviceorientiertes Hotel, das darüber hinaus Wochenendrabatte gewährt.

PTSM-Jugendherberge (757 24 04; Wał Piastowski 3; Schlafsaal 20–26 Zł) Die Jugendherberge bietet 52 Betten und liegt in einem Park am Flussufer, nur 200 m von der Ul Częstochowska entfernt. Einchecken ist bis 21 Uhr möglich.

Hotel Dyonizy (/Fax 757 46 50; Ul Łódzka 29; DZ/3BZ 119/130 Zł) Die ehemalige Jugendherberge, die heute von der PTTK (Polnische Gesellschaft für Tourismus und Landeskunde) geführt wird, ist die unattraktivste Übernachtungsmöglichkeit und nur im Notfall zu empfehlen. Zimmer gibt es mit oder ohne eigenes Bad. Die Jugendherberge liegt 1 km östlich des Zentrums und ist durch den Stadtpark in 15 Minuten zu Fuß erreichbar.

Essen

Wie üblich gibt es eine große Auswahl an Essensmöglichkeiten rund um den Rynek und seine Seitenstraßen. Im Sommer schießen am oberen Ende der Al Wolności, direkt beim Hotel Europa, Biergärten und Snackbuden (alle mit eigenem Fernseher) aus dem Boden.

Złota Rybka (501 86 74; Ul Narutowicza 4; Hauptgerichte 8–21 Zł; Mo–Sa Mittag- & Abendessen) Der „Goldene Fisch" ist eine Perle unter den Fischrestaurants – eigentlich untypisch für eine so meerferne Region wie Großpolen. Hinter den hübschen Buntglasscheiben zergeht das eine oder andere köstliche Fischgericht auf der Zunge.

Baja Mexico (767 55 04; Główny Rynek 3; Hauptgerichte 10–20 Zł; Frühstück, Mittag- & Abendessen) Diese Tex-Mex-Bar hat wenig Authentisches

GROSSPOLEN

zu bieten, wer aber einmal eine Abwechslung von der polnischen Küche mit Koteletts und *pierogi* sucht, findet hier genug Bekanntes auf der Speisekarte.

Bar Maleńki (☎ 501 93 03; Ul Parczewskiego 2–3; Hauptgerichte 5–9,50 Zł; Mo–Sa Frühstück & Mittagessen) *Maleńki* bedeutet winzig, und diese Cafeteria macht ihrem Namen alle Ehre. Hat der hungrige Gast aber erst einmal einen Platz ergattert, bekommt er hier das beste preiswerte Essen der Stadt.

Unterhaltung

Für Kulturinteressierte bietet das **Zentrum für Kultur und Kunst** (Centrum Kultury i Sztuki; ☎ 765 25 00; www.ckis.kalisz.pl auf Polnisch; Ul Łazienna 6) diverse Veranstaltungen und betreibt darüber hinaus seine eigene Kneipe.

Anreise & Unterwegs vor Ort

Bahn- und Busbahnhof liegen 2 km südwestlich der Altstadt nahe beieinander. Ab der Hauptstraße fahren die Buslinien 11, 12, 18 und 19 ins Zentrum (2 Zł).

BUS

Täglich fahren neun Busse über Gołuchów (6,60 Zł, 25 Min.) nach Poznań (Posen; 18 Zł, 2½ Std.) und sechs über Antonin (9 Zł, 1 Std.) nach Wrocław (Breslau 17 Zł, 2½ Std.). Der stündlich verkehrende Vorstadtbus 12A Richtung Kowalew fährt ebenfalls über Gołuchów. Seine Haltestelle im Zentrum von Kalisz ist am Plac Jana Pawla II.

ZUG

Den ganzen Tag hindurch fahren regelmäßig Züge nach Łódź (15,90 Zł, 2½ Std.). Es gibt Schnellzugverbindungen nach Warszawa (Warschau; 39,66 Zł, 4¼ Std., 4-mal tägl.) und Wrocław (Breslau; 28,38 Zł, 2 Std., 5-mal tägl.), aber nur eine direkte Zugverbindung am Tag nach Poznań (Posen; 17.20 Zł, 2½ Std.).

GOŁUCHÓW

☎ 62 / 1200 Ew.

Das Schloss des kleinen Dörfchens Gołuchów erinnert eher an die Schlösser der Loire als an die trutzigen Backsteinbauten, die sonst in Polen zu finden sind. Es ist von einem weitläufigen Park umgeben, der ein beliebtes Hintergrundmotiv für Hochzeitsfotos ist. Schloss und Park sind definitiv Grund genug, hier einen Zwischenstopp einzulegen.

Sehenswertes

SCHLOSS

Das Schloss von Gołuchów entstand um 1560 ursprünglich als befestigtes Herrenhaus mit vier achteckigen Türmen für die Familie Leszczyński. 50 Jahre später wurde es erweitert und zu einem Palais im Stil der Spätrenaissance umgestaltet. Ab dem 17. Jh. unbewohnt, zerfiel das Schloss langsam, bis es 1856 von der Familie Działyński, den Besitzern des Schlosses in Kórnik (s. S. 357), erworben wurde. Von 1872 bis 1885 wurde es vollständig im Stil der französischen Renaissance wieder aufgebaut.

Diese Umgestaltung ist hauptsächlich das Werk der Fürstin Izabela Czartoryska, Tochter von Prinz Adam Czartoryski and Ehefrau von Jan Działyński. Sie verpflichtete den französischen Architekten Viollet le Duc mit dem Wiederaufbau des Schlosses, der viele Bauelemente der Residenz aus Italien und Frankreich importieren ließ.

Izabella hatte eine große Kunstsammlung zusammengetragen, mit der sie nun ihren neuen Palast ausstattete. Auf diese Weise entstand eines der größten Privatmuseen Europas. Während des Zweiten Weltkriegs wurde der Kunstschatz von den Nationalsozialisten geraubt, nur das Schloss überstand den Krieg relativ unbeschadet. Ein Teil der Kunstsammlung konnte inzwischen wiederbeschafft werden und ist im Schloss ausgestellt.

Wer um das Schloss herumgeht, wird feststellen, dass es aus unterschiedlichen Perspektiven verschieden wirkt. Den schönsten Blick hat man von der Nordseite. Im Schloss selbst befindet sich ein Museum (☎ 761 50 90; Ul Działyńskich 2; Erwachsene/ermäßigt 8/5,50 Zł; Di–So 10–16 Uhr), in dessen zahlreichen Räumen historische Möbel, Gemälde, Skulpturen, Waffen, Wandteppiche, Teppiche aus Europa und anderen Kontinenten versammelt sind. Besonders sehenswert ist eine Sammlung griechischer Vasen aus dem 5. Jh. v. Chr. Man betritt das Schloss durch ein dekoratives Portal aus dem 17. Jh. und gelangt in einen Arkadenhof. Die Besichtigung des Schlosses ist nur in kleinen geführten Gruppen möglich. Führungen beginnen etwa alle halbe Stunde.

SCHLOSSPARK

Der riesige, 160 ha große englische **Schlosspark** (Eintritt frei; 8–20 Uhr) wurde im letzten Viertel des 19. Jhs. angelegt und weist mehrere Hundert Baum- und Strauchsorten auf. Der älteste Teil des Parks ist die 350 m lange Lindenallee, die 1856 angepflanzt wurde. Im Park stehen verschiedene Gebäude und Bereiche zur Besichtigung offen.

Südlich des Schlosses liegt die **oficyna**, die wie ein kleines Palais aussieht. Sie war ursprünglich eine Destille, wurde aber 1874 erweitert und zur Residenz umgebaut, in die die Besitzer einzogen, nachdem das Schloss zum Museum umgewandelt worden war. Heute beherbergt das Gebäude das **Forstmuseum** (Muzeum Leśnictwa; ☎ 761 50 36; Ul Działyńskich 2; Erwachsene/ermäßigt 3,50/2 Zł; Di–Fr 10–15 Uhr, Sa & So 10–16 Uhr), das sich mit der Geschichte der polnischen Forstwirtschaft und Holzindustrie beschäftigt. Dazu gibt es eine kleine Ausstellung mit modernen Kunstwerken zum Thema Forstwirtschaft und Holz. Die Innenausstattung des Gebäudes ist original erhalten und nach einem langen Spaziergang im Park schmeckt der Kaffee oder das Mittagessen im Museumscafé noch mal so gut. Im alten **Kutschenhaus** (Di–Fr 10–16 Uhr, Sa & So 10–16.30 Uhr) gibt es zudem eine Ausstellung zum Thema Ökologie.

Das **Museum für forstwirtschaftliche Technik** (Muzeum Techniki Leśnej; ☎ 761 50 10; Eintritt 1 Zł; Di–So 10–16 Uhr) liegt im Norden des Parks, etwa 750 m vom Schloss entfernt. Es ist ein weiterer Teil des Museums und zeigt Werkzeuge und Maschinen, die in der Forstwirtschaft eingesetzt werden.

In einem abgetrennten Teil des Parks, dem **Wisentgehege** (7 Uhr–Sonnenuntergang), leben etwa ein Dutzend Wisente. Es liegt im Westen des Parks, 500 m hinter dem Museum für forstwirtschaftliche Technik (der Beschilderung Żubr folgen).

Schlafen & Essen

Wer hier ein wenig länger bleiben möchte, kann im **Dom Pracy Twórczej** (☎ 761 50 44; Ul Borowskiego 2; DZ 100 Zł; P) übernachten. Das historische Gebäude liegt im Park, nur einen kurzen Spaziergang vom Schloss entfernt, und bietet einige hübsche Doppelzimmer. Das hauseigene Restaurant bietet eine feine Auswahl an polnischen Spezialitäten sowie Event Catering (bis hin zum ganzen Spanferkel) und besitzt im Sommer ein eigenes Festzelt.

An- & Weiterreise

Der Vorstadtbus 12A von/nach Kalisz (6,60 Zł, 25 Min.) verkehrt etwa stündlich. Zudem fahren täglich rund sechs PKS-Busse nach Poznań (Posen; 15 Zł, 2¼ Std.).

ANTONIN

☎ 62 / 500 Ew.

Antonin war vor dem Zweiten Weltkrieg die Sommerresidenz der Familie Radziwiłł, einer der reichsten und bekanntesten Aristokratenfamilien Polens. Der hübsche, ruhige Badeort ist ideal für einen kurzen Zwischenstopp oder ein paar entspannte Tage.

Sehenswertes & Aktivitäten

Antonin wurde nach Prinz Antoni Radziwiłł benannt, der hier zwischen 1822 und 1824 ein **Jagdschloss** (Pałac Myśliwski) errichten ließ. Der elegante Holzbau ist eines der Wahrzeichen des Örtchens. Entworfen wurde das Gebäude von Karl Friedrich Schinkel, der einer der herausragenden Architekten seiner Zeit war und zahlreiche berühmte Bauten in Preußen geplant hat.

Das Schloss besitzt eine ausgefallene Form. Es besteht aus einem großen achteckigen, viergeschossigen Haupttrakt mit einer großen Halle, dem so genannten Kaminzimmer. In seiner Mitte steigt eine Säule empor, die die Dachkonstruktion trägt und gleichzeitig als Abzug für den in der Mitte des Raums installierten Kamin dient. Das Achteck ist von vier Seitentrakten umgeben, die als Wohnquartiere für die Besitzer und ihre Gäste angelegt wurden. einer der Gäste war Frédéric Chopin, der bei seinen wiederholten Aufenthalten hier komponierte und Konzerte gab.

Heute gehört das Jagdschloss zum Kaliszer Zentrum für Kultur und Kunst. Es beherbergt ein Hotel, ein kleines Museum und ein „Zentrum für Kreativarbeit". Zu den regelmäßig hier stattfindenden Klavierkonzerten fahren Sonderbusse von Ostrów Wielkopolski und Kalisz nach Antonin.

Das Jagdschloss liegt in einem 46 ha großen **Naturschutzgebiet**, das durch rund 25 km ausgeschilderte Wanderwege erschlossen ist. Am benachbarten See gibt es neben vielen anderen Wassersportarten auch die Möglichkeit zum **Angeln** und **Rudern**.

LICHEŃ: BRICHT ALLE REKORDE

Die Basilika von Licheń sollte dem Guinness Buch der Rekorde Kopfschmerzen bereiten. Es ist Polens längste Kirche (120 m), die siebtlängste Kirche Europas und die elftlängste der Welt. Sie ist die breiteste (77 m) und höchste (97 m) Kirche des Landes und die mit dem größten Volumen (268 800 m^3), der größten Grundfläche (8290 m^2) und der größten Kapazität (17 000 Menschen). Auf dem Platz vor der Kirche finden locker 250 000 Menschen Platz.

Der Kirchturm ist mit 128 m der höchste Polens. Auf Rang zwei liegt mit 106 m der Turm des Klosters auf dem Jasna Góra in Czestochowa. Zudem hat Licheń Polens größte Glocke (die drittgrößte Europas), die 14 770 kg schwere Maryja Bogurodzica. Sie lässt den 11 000 kg schweren Zygmunt in der königlichen Kathedrale auf dem Wawel in Krakau etwas schwach aussehen. Vor der Kirche steht das größte, je für Papst Johannes Paul II. errichtete Denkmal – eine 9 m hohe und 8 Tonnen schwere Bronzestatue des Krakauer Bildhauers Marian Konieczny.

Die Basilika hält aber u. U. noch einen Rekord, nämlich den der Baukosten. Sie müssen astronomisch gewesen sein, denn die Türen und Fenster allein haben rund 2,4 Mio. € gekostet. Pater Makulski möchte aber keine genauen Summen nennen, denn man soll, wie er sagt, Gott nicht in die Taschen schauen. Aber seine Zurückhaltung nimmt ihm wohl keiner übel, denn schließlich wurde das Bauwerk allein durch Spenden von Gläubigen finanziert, die über 20 Jahre lang gesammelt wurden. Die Taschen Gottes mögen tief sein, aber er scheint nur selten hineingreifen zu müssen.

Festivals & Events

Chopin-Festival Das anerkannte, viertägige Festival findet im September/Oktober im Jagdschloss statt.

Schlafen & Essen

Jagdschloss (Pałac Myśliwski; ☎ 734 81 14; EZ 140 Zł, DZ 180–260 Zł; Ⓟ) Undenkbar, anderswo zu übernachten! Das Jagdschloss ist das romantischste Angebot weit und breit. Doch auch wer hier nicht übernachtet, sollte zumindest im eleganten Restaurant, dem Kaminzimmer, essen. Reservierung im Voraus wird empfohlen, da das Jagdschloss bei Hochzeitsgesellschaften sehr beliebt ist.

Motel Lido (☎ 734 81 91; Ul Wrocławska 6; Zelten 7–10 Zł pro Person, Hütten 24–55 Zł, DZ 60–65 Zł, 3BZ 80 Zł; Ⓟ) Wenn es nicht ganz so teuer sein soll (oder das Schloss von einer Hochzeitsgesellschaft belegt ist), ist das Lido eine anständige Alternative. Der Campingplatz bietet verschiedene Campingmöglichkeiten, Hütten und Zimmer sowie einige Freizeiteinrichtungen direkt am See.

An- & Weiterreise

Der Bahnhof liegt 1 km vom Schloss entfernt auf der anderen Seeseite. Von hier aus fahren täglich vier Züge nach Poznań (Posen; 17,20 Zł, 2 Std.), es gibt allerdings keine Direktverbindung nach Kalisz – man muss in Ostrów Wielkopolski umsteigen.

Es gibt täglich sieben Busse nach Breslau (13 Zł, 2 Std.) und fünf nach Kalisz (9 Zł, 1 Std.). Zudem fahren 10 Busse nach Ostrów Wielkopolski (4,50 Zł, 30 Min.), von wo aus Vorstadtbusse nach Kalisz verkehren.

LICHEŃ

☎ 63 / 1500 Ew.

Licheń ist nach Częstochowa nachweislich die meistfrequentierte Pilgerstätte Polens. Das Ziel der Pilger ist ein riesiger **Kirchenkomplex**, der sich im Zentrum des Dorfs erhebt: zwei Kirchen, eine steinerne Festung (Golgatha) mit Kreuzweg, Kapellen, Grotten und Statuen sowie unzählige Bilder der Jungfrau Maria. Rund 1,5 Mio. Menschen pilgern jährlich hierher, um in der Hauptkirche vor dem wundertätigen Gnadenbild der Muttergottes zu beten. (Das Bild ist in den Hochaltar integriert – am besten einfach der langen Menschenschlange folgen).

Seit 1994 hat sich Licheń jedoch dramatisch verändert. Der umtriebige Priester Eugeniusz Makulski beschloss, eine dritte Kirche als „Weihegeschenk der Nation für das Jahr 2000" zu errichten, um 2000 Jahre Christentum zu feiern. Die Bauarbeiten zu dieser riesigen Kirche begannen 1994 neben den Hauptgärten, und das monumentale Bauwerk wurde schließlich 2004 offiziell geweiht.

Auf den ersten Blick ist zu erkennen, dass es sich hier nicht um eine gewöhnliche Kirche handelt. Die **Basilika der heiligen Mutter-**

gottes Licheń (Bazilika Licheńska) ist die größte Kirche, die in den letzten 1000 Jahren in Polen erbaut wurde. Ihre goldene Kuppel ist kilometerweit zu sehen. Das Innere der Kirche ist mit vergoldeten Ornamenten, Kronleuchtern, Gemälden und zwei massiven Triptychen verschwenderisch ausgestattet. Eine halbe Hundertschaft reuiger Sünder kann gleichzeitig in den 50 Beichtstühlen um Ablass bitten.

Unter dem Mittelschiff liegt die unterirdische **Goldene Kapelle** in der Größe einer durchschnittlichen Kirche. 1996 fertig gestellt, ist sie über und über mit goldenen Stuckarbeiten und kristallenen Leuchtern geschmückt. Plaketten, auf denen die Namen der vielen Spender für den Kirchenbau eingraviert sind, bedecken die Außenwände (die Plakettengröße richtet sich nach der Größe der Spende). Der Boden ist in mehrfarbigem Marmor aus aller Welt ausgelegt. Die Seitenräume des Untergeschosses sind für Ausstellungen zu Themen wie dem Papst oder dem Turiner Leichentuch reserviert.

Für einen Besuch des Komplexes sollte man sich mindestens einen halben Tag Zeit nehmen, da es in der Basilika und den Gärten unendlich viel zu sehen gibt. Und durch die Pilgermassen auf dem Gelände herrscht hier eine ganz besondere Stimmung. An verschiedenen Stellen auf dem Gelände kann man Touristenführer in verschiedenen Sprachen buchen, die Erklärungen zu den einzelnen Attraktionen geben.

Schlafen

Dom Pielgrzyma Arka (☎ 270 81 62; www.lichen.pl teils auf Deutsch; Ul Klasztorna 4; Zi. 70–140 Zł) Die Kirche betreibt selbst die Hauptunterkunft des Ortes. Die Pilgerherberge bietet einfache, blitzsaubere Zimmer für eine bis zehn Personen (nicht nur für Pilger) und verfügt über eine Kapelle, ein Café, ein Restaurant, einen Videoraum und einen Buchladen.

DP Betania (Zi. 64–100 Zł) Eine weitere, praktisch identische Jugendherberge (ebenfalls von der Kirche betrieben), die auch auf dem Gelände des Kirchenkomplexes liegt und über mehr Betten verfügt. Ein dritter Bau wird derzeit errichtet.

An- & Weiterreise

Nach Licheń gelangt man nur über das 13 km weiter südwestliche Konin, eine mittelgroße Stadt an der Zuglinie Poznań–Warszawa Posen–Warschau). Zwischen Konin und Licheń verkehren täglich etwa sieben Busse (6,90 Zł, 1 Std.).

Pommern (Pomorze)

INHALT

Urlaub in Pommern ist Ausspannen und Erholen pur! Für die Polen ist diese Region mit ihren Sandstränden an der Ostsee und den Seen im südlichen Flachland schon lange ein beliebtes Ferienziel. Und seitdem der Grenzverkehr wesentlich erleichtert wurde, kommen auch immer mehr Deutsche hierher.

Kein Wunder: Die Region ist eng mit Deutschland verbunden – eine nicht immer ganz einfache Sache. Schließlich hat Pommern in seiner Geschichte dutzende Male zwischen den beiden Nationen hin und her gewechselt und je näher man in beiden Ländern der Grenze kommt, desto geringer wird der Unterschied. Weiter östlich allerdings bekommt das Land einen deutlichen polnischen Charakter, der mit schwedischen, dänischen und den Einflüssen anderer früherer Invasoren durchsetzt ist. Alle diese Einflüsse sind besonders in der historischen Stadt Danzig sichtbar. In der Mitte Pommerns, wo der Zahn der Zeit schon lange an Ortschaften und Städten nagt, lauern die Vermächtnisse mittelalterlicher Eroberer an jeder Ecke. Aus den Backsteinen der alten Burgen, Kirchen und Kornspeicher ließe sich locker eine zweite chinesische Mauer errichten und jedes noch so kleine Nest auf der Landkarte hat mindestens ein historisches Gemäuer. Dieser geschichtliche Reichtum ist der eine große Pluspunkt der Region, die Naturschönheiten sind der andere und mindestens genauso sehenswert.

Es ist egal, ob man Pommern zu Land oder zu Wasser kennen lernt, von einer Grenze zur anderen fährt oder nur den Küstenstreifen bereist – ein Urlaub hier bringt einen zwangsläufig dazu, seine Vorstellung von Polen noch einmal zu überdenken. Und das allein ist schon eine Reise wert.

HIGHLIGHTS

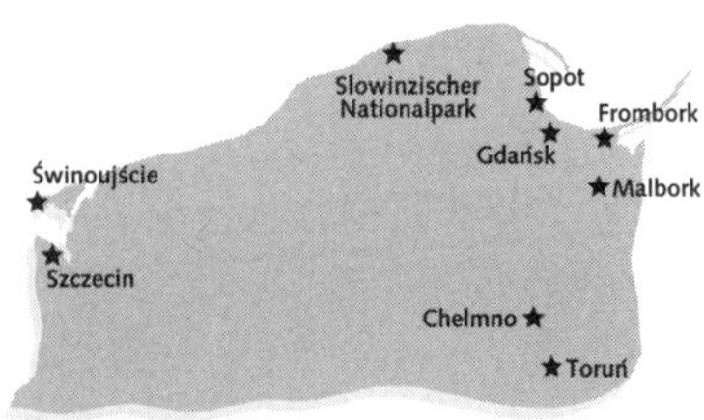

- **Café-Kultur**
  Shoppen und Kaffeetrinken in der Frauengasse im historischen Herzen Danzigs (S. 385)
- **Stadtplanung**
  Die Wehrmauer von Chełmno (Kulm; S. 419)
- **Strandleben**
  Sopot (Zoppot; S. 399), Urlaubsparadies der Dreistadt
- **Ritterspiele**
  Die prächtige Deutschordensburg Marienburg (Malbork; S. 423)
- **Gotische Relikte**
  Die mächtigen Backsteinbauten von Toruń (Thorn; S. 412)
- **Sommertraum**
  Sand und Meer bei Świnoujście (Swinemünde; S. 444)
- **Sternengucker**
  Frombork (Frauenburg; S. 428), die Heimat von Nikolaus Kopernikus
- **Naturschauspiel**
  Die Wanderdünen im Slowinzischen Nationalpark (S. 432)
- **Alljährliches Spektakel**
  Der St. Dominik-Jahrmarkt (S. 392) in Danzig

VORWAHLEN: 52, 55, 56, 58, 59, 91, 92, 94	BEVÖLKERUNG: 7 MIO.	FLÄCHE: 59 000 KM²

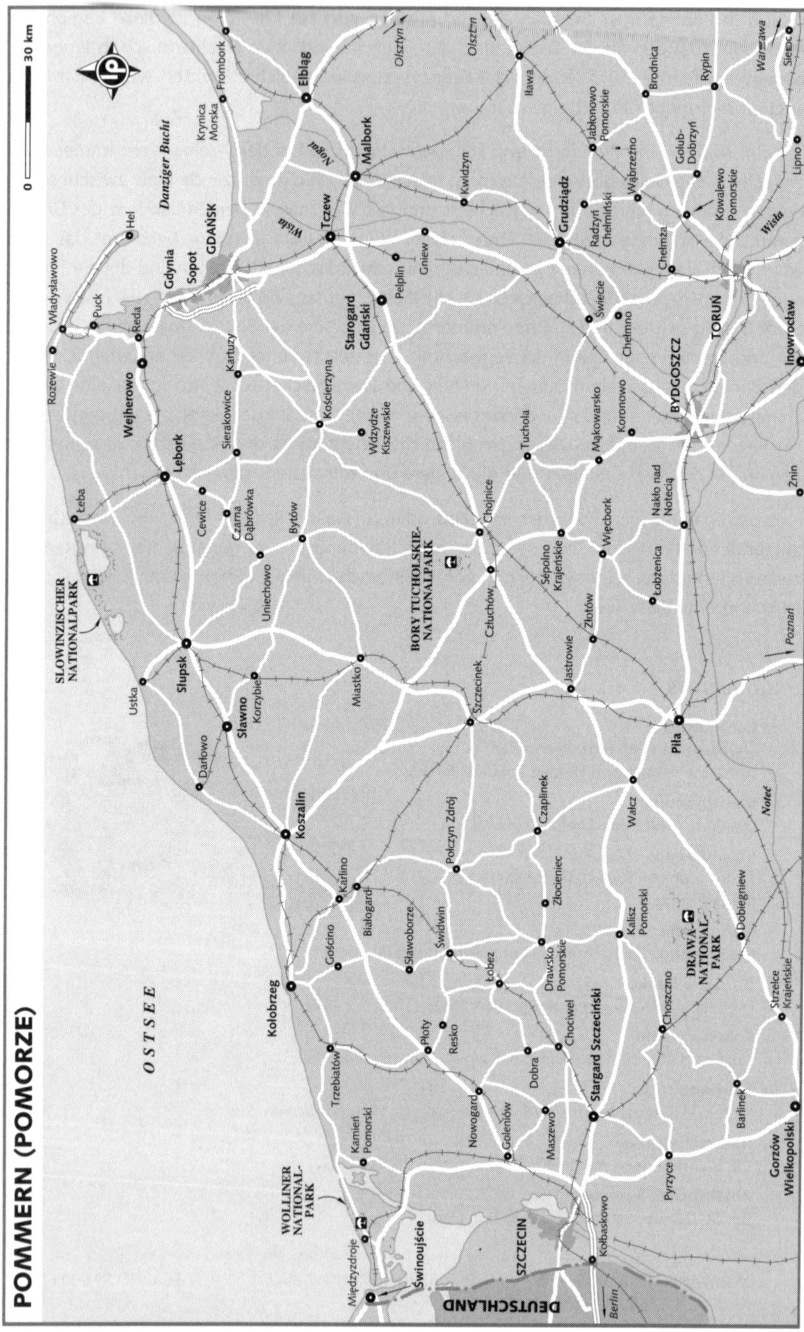
POMMERN (POMORZE)
0
30 km
OSTSEE
Danziger Bucht
DEUTSCHLAND
SLOWINZISCHER NATIONALPARK
WOLLINER NATIONAL-PARK
BORY TUCHOLSKIE-NATIONALPARK
DRAWA-NATIONAL-PARK
GDAŃSK
Gdynia
Sopot
Hel
Władysławowo
Puck
Rozewie
Reda
Wejherowo
Kartuzy
Sierakowice
Lębork
Łeba
Cewice
Czarna Dąbrówka
Kościerzyna
Wdzydze Kiszewskie
Starogard Gdański
Pelplin
Gniew
Tczew
Malbork
Elbląg
Frombork
Krynica Morska
Nogat
Wisła
Olsztyn
Kwidzyn
Iława
Grudziądz
Radzyń Chełmiński
Wąbrzeźno
Jabłonowo Pomorskie
Brodnica
Golub-Dobrzyń
Kowalewo Pomorskie
Rypin
Chełmża
Lipno
Sierpc
Warszawa
Świecie
Chełmno
TORUŃ
BYDGOSZCZ
Inowrocław
Koronowo
Mąkowarsko
Tuchola
Chojnice
Człuchów
Sępólno Krajeńskie
Więcbork
Nakło nad Notecią
Łobżenica
Złotów
Jastrowie
Żnin
Poznań
Piła
Bytów
Uniechowo
Słupsk
Ustka
Sławno
Korzybie
Miastko
Szczecinek
Darłowo
Koszalin
Połczyn Zdrój
Czaplinek
Wałcz
Noteć
Karlino
Białogard
Gościno
Sławoborze
Świdwin
Złocieniec
Kalisz Pomorski
Dobiegniew
Kołobrzeg
Łobez
Drawsko Pomorskie
Choszczno
Strzelce Krajeńskie
Trzebiatów
Płoty
Resko
Dobra
Chociwel
Stargard Szczeciński
Barlinek
Gorzów Wielkopolski
Kamień Pomorski
Nowogard
Goleniów
Maszewo
Pyrzyce
Międzyzdroje
Świnoujście
SZCZECIN
Kołbaskowo
Berlin

An- & Weiterreise

Danzig ist der wichtigste Verkehrsknotenpunkt der Region. Die Stadt hat einen internationalen Flughafen und bietet Straßen-, Zug-, Bus- und Schiffsverbindungen zu Zielen in Polen und im Ausland. Stettin (Szczecin) im Westen hat eine gute Anbindung nach Deutschland und an den Süden Polens.

DANZIG (GDAŃSK)

☎ 58 / 475 000 Ew.

Von allen Städten an der Ostseeküste hat Danzig wahrscheinlich die größte Ausstrahlung, ganz bestimmt aber die bewegteste Vergangenheit. Viele Jahrhunderte lang war Danzig unabhängig und konnte sich zu einer eigenständigen florierenden Hafenstadt entwickeln. Selbst in Zeiten politischer Irrungen und Wirrungen hat sich die Stadt immer ihr resolutes Selbstbewusstsein bewahrt. In der Geschichte des 20. Jhs. war sie das Symbol des modernen Polen.

Heute ist Danzig Aushängeschild der Region Pommern. Hierher kommen fast genauso viele Besucher wie nach Warschau und Krakau. Die originalgetreu rekonstruierte Altstadt und die herrliche Lage an der Küste sind die zwei Hauptgründe dafür. Historische Gebäude, Schiffe, Strände und das Nachtleben – es ist für jeden etwas dabei. Und wer dann noch nicht genug hat, kann den Rest der Dreistadt (Trójmiast) erkunden, wie der Stadtkomplex Sopot–Gdynia–Danzig genannt wird. Ob viel oder wenig Zeit für diese Region eingeplant ist, es lohnt sich, so viel wie möglich anzusehen.

BERÜHMTE SÖHNE DANZIGS

Danzig war schon immer ein lebhaftes kulturelles und intellektuelles Zentrum. Deswegen überrascht es nicht, dass es im Lauf der Zeit einige berühmte Persönlichkeiten hervorgebracht hat. Hier wurde geboren, lebte und arbeitete beispielsweise der Astronom Johannes Hevelius (1611–87). Er fertigte die erste detaillierte Karte des Mondes an. Nach ihm ist heute ein leckeres Bier benannt. Ebenfalls in Danzig ist Daniel Gabriel Fahrenheit (1686–1736) geboren, der die Fahrenheit-Temperaturskala eingeführt hat.

Danzig ist auch der Geburtsort des pessimistischen Philosophen Arthur Schopenhauer (1788–1860). Günter Grass (geb. 1927) ist wahrscheinlich der berühmteste noch lebende Sohn der Stadt. Sein wohl bekanntestes Werk ist der Roman *Die Blechtrommel*. Der Romancier, Dramatiker und Dichter wurde 1999 mit dem Nobelpreis für Literatur ausgezeichnet. Bis heute besucht er regelmäßig seine Heimatstadt.

Der berühmteste polnische Bewohner der Stadt ist zweifelsfrei der frühere polnische Präsident Lech Wałęsa. Bis heute fühlt man in der Stadt eine starke Verbundenheit mit der Solidarność-Bewegung, die hier 1980 gegründet wurde. Mit etwas Glück läuft einem Lech Wałęsa auf der Straße über den Weg, wenn er sein Büro im Grünen Tor aufsucht. Noch einem anderen ehemaligen Präsidenten ist die Stadt nicht ganz fremd: Aleksander Kwaśniewski lebte hier in den 1970er Jahren, um Wirtschaft zu studieren.

GESCHICHTE

Danzigs Wurzeln gehen auf ein kleines Fischerdorf im 9. Jh. zurück. Die offizielle Zeitrechnung der Stadt beginnt erst mit dem Jahr 977, als der böhmische Bischof Wojciech (Adalbert) auf seiner Missionsreise von Gnesen hier vorbeikam, bevor er sich unglücklicherweise nach Osten aufmachte, um die Prussen zu bekehren (s. S. 361). Die Siedlung entwickelte sich über die folgenden Jahrhunderte zum Hafen und expandierte nach Norden, wo heute die Altstadt liegt. Im 13. Jh. kamen Kaufleute aus Lübeck hierher, knüpften internationale Handelskontakte und verliehen der Stadt ihren kosmopolitischen Charakter.

1308 eroberte der Deutsche Orden Danzig und verwandelte die Stadt schnell in ein bedeutendes Handelszentrum, das 1361 der Hanse beitrat. Ständige Kriege mit den Polen ließen die Bevölkerung unruhig werden und so kam es 1454 zu einem Aufstand gegen den Orden, bei dem das Ordensschloss geschleift wurde und die Stadt sich dem polnischen König unterstellte. Als Gegenleistung erhielt die Stadt viele Privilegien, zum Beispiel eine größere politische Unabhängigkeit als jede andere polnische Stadt.

Mitte des 16. Jhs. kontrollierte Danzig schon drei Viertel des polnischen Handels

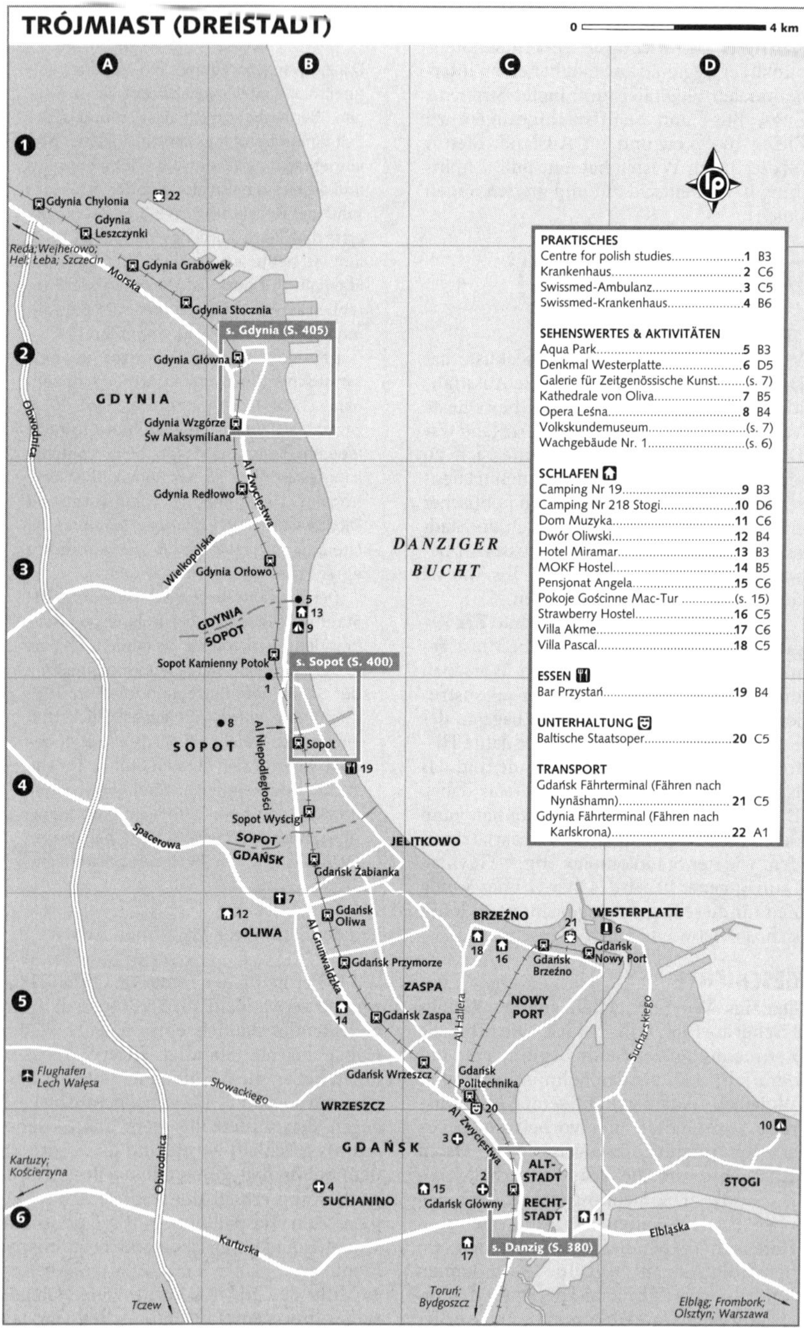
TRÓJMIAST (DREISTADT)
0
4 km
A
B
C
D
1
2
3
4
5
6
PRAKTISCHES
Centre for polish studies........................1 B3
Krankenhaus..2 C6
Swissmed-Ambulanz...............................3 C5
Swissmed-Krankenhaus...........................4 B6
SEHENSWERTES & AKTIVITÄTEN
Aqua Park...5 B3
Denkmal Westerplatte.............................6 D5
Galerie für Zeitgenössische Kunst........(s. 7)
Kathedrale von Oliva...............................7 B5
Opera Leśna...8 B4
Volkskundemuseum...............................(s. 7)
Wachgebäude Nr. 1...............................(s. 6)
SCHLAFEN
Camping Nr 19......................................9 B3
Camping Nr 218 Stogi...........................10 D6
Dom Muzyka...11 C6
Dwór Oliwski...12 B4
Hotel Miramar.......................................13 B3
MOKF Hostel...14 B5
Pensjonat Angela...................................15 C6
Pokoje Gościnne Mac-Tur ....(s. 15)
Strawberry Hostel..................................16 C5
Villa Akme..17 C6
Villa Pascal...18 C5
ESSEN
Bar Przystań...19 B4
UNTERHALTUNG
Baltische Staatsoper..............................20 C5
TRANSPORT
Gdańsk Fährterminal (Fähren nach Nynäshamn)..............................21 C5
Gdynia Fährterminal (Fähren nach Karlskrona)..............................22 A1
Gdynia Chylonia
Gdynia Leszczynki
Reda; Wejherowo; Hel; Łeba; Szczecin
Gdynia Grabówek
Morska
Gdynia Stocznia
s. Gdynia (S. 405)
Gdynia Główna
GDYNIA
Gdynia Wzgórze Św Maksymiliana
Obwodnica
Gdynia Redłowo
Al Zwycięstwa
Wielkopolska
Gdynia Orłowo
DANZIGER BUCHT
GDYNIA
SOPOT
Sopot Kamienny Potok
s. Sopot (S. 400)
SOPOT
Al Niepodległości
Sopot
Spacerowa
Sopot Wyścigi
SOPOT
GDAŃSK
JELITKOWO
Gdańsk Żabianka
OLIWA
Gdańsk Oliwa
Al Grunwaldzka
BRZEŹNO
WESTERPLATTE
Gdańsk Brzeźno
Gdańsk Nowy Port
Gdańsk Przymorze
ZASPA
NOWY PORT
Al Hallera
Gdańsk Zaspa
Sucharskiego
Flughafen Lech Wałęsa
Gdańsk Wrzeszcz
Gdańsk Politechnika
Słowackiego
WRZESZCZ
Al Zwycięstwa
GDAŃSK
ALT-STADT
RECHT-STADT
Kartuzy; Kościerzyna
Obwodnica
SUCHANINO
Gdańsk Główny
s. Danzig (S. 380)
STOGI
Elbląska
Kartuska
Tczew
Toruń; Bydgoszcz
Elbląg; Frombork; Olsztyn; Warszawa

POMMERN

mit dem Ausland. Mit einer Bevölkerung von 40 000 Menschen war sie Polens größte Stadt – sogar größer als der Königssitz Krakau – und das bedeutendste Handelszentrum Mittel- und Osteuropas. Kaufleute aus aller Welt zog es nach Danzig und sie alle brachten ihre Kultur mit. Es entwickelte sich zusammen mit der bereits ansässigen deutsch-polnischen Bevölkerung ein buntes und einzigartiges Kultur-Potpourri.

Danzig war eine der wenigen Städte, die der schwedischen Sintflut in den 1650er Jahren widerstand. Die Zerstörungen im Umland schwächten aber die Position der Stadt. Die Preußen konnten 1793 ohne Probleme die Stadt einnehmen, die inzwischen schrumpfte. Nur 14 Jahre später wurden die Preußen aber selbst vom napoleonischen Heer und dessen polnischen Alliierten belagert. Als sich Napoleon 1813 aus Moskau zurückzog, waren Franzosen und Polen zehn Monate lang durch die Belagerung der vereinten preußischen und russischen Truppen in der Stadt gefangen.

Auf dem Wiener Kongress 1815 fiel die Entscheidung, dass Danzig an Preußen zurückging. Im darauf folgenden Jahrhundert wurde die polnische Minderheit von den Preußen systematisch eingedeutscht, die Stadtbefestigung wurde verstärkt und bis zum Ersten Weltkrieg erfuhr die Stadt einen langsamen, aber stetigen ökonomischen und industriellen Aufstieg.

Nach der Niederlage Deutschlands im Ersten Weltkrieg erklärte der Versailler Vertrag Danzig zur Freien Stadt unter dem Protektorat des Völkerbundes. Zudem legte der Vertrag den Polnischen (Danziger) Korridor fest, der sich von Toruń (Thorn) bis Danzig erstreckte, wodurch Polen einen Zugang zur Ostsee erhielt. Da aber die Mehrheit der Bevölkerung deutsch war und die hier lebenden Polen nur wenig politischen Einfluss besaßen, wurde die Hafenstadt praktisch mit der Machtergreifung Hitlers zu einem deutschen Seehafen.

In Danzig nahm der Zweite Weltkrieg seinen Anfang, als das deutsche Kriegsschiff Schleswig-Holstein den polnischen Militärposten Westerplatte unter Beschuss nahm. Während der nationalsozialistischen Besatzungszeit mussten polnische Zwangsarbeiter in der Danziger Werft deutsche Kriegsschiffe bauen. Als 1945 die Russen nach Danzig kamen, wurde die Stadt in der heftigen Schlacht fast dem Erdboden gleich gemacht. Das Ausmaß der Zerstörung in der Altstadt war ähnlich groß wie in Warschau. Die meisten Deutschen waren tot oder auf der Flucht und so änderte sich die Zusammensetzung der Stadtbevölkerung erheblich. Polnische Flüchtlinge aus den polnischen Ostgebieten, die an die Sowjetunion gefallen waren, strömten in die Stadt.

Bereits 1949 begann man mit dem umfangreichen Wiederaufbau. Vorher aber mussten 2 Mio. m^3 Schutt weggeräumt werden. Die Arbeiten dauerten über zwanzig Jahre, die Innenrestaurierung der Gebäude lief teils bis in die 1990er Jahre hinein. Es gibt kein anderes Beispiel in Europa, wo ein so großer historischer Stadtbereich von den Grundmauern wieder vollständig aufgebaut wurde, wie in Danzig.

Im Dezember 1970 brach ein massiver Streik der Werftarbeiter aus. Die Machthaber beantworteten die Unruhen mit Gewalt, 44 Menschen starben. Es war nach dem Posener Aufstand von 1956 (s. Kasten S. 343) bereits die zweite Machtprobe für das kommunistische Regime. Danzig rückte 1980 wieder ins Licht der Weltöffentlichkeit, als eine breite Protestbewegung die Werften lahm legte. Diesmal aber folgten dem Protest Verhandlungen mit der Regierung. Die Solidarność gründete sich. Der Elektriker Lech Wałęsa führte den Streik und die darauf folgenden Gespräche. Er war später der erste frei gewählte Präsident Polens nach dem Zweiten Weltkrieg.

ORIENTIERUNG

Die meisten Besucher kommen am Danziger Hauptbahnhof Gdańsk Główny an. Von hier aus sind es nur zehn Minuten zu Fuß bis ins Herz des historischen Viertels. Auch Busreisende kommen direkt neben dem Bahnhof an. Stadtbusse und Straßenbahnen fahren um das Zentrum herum, aber nicht hinein.

Das Zentrum Danzigs besteht aus drei historischen Bezirken: der Rechtstadt (Głowne Miasto) in der Mitte, der Altstadt (Stare Miasto) im Norden und der Alten Vorstadt (Stare Przedmieście) im Süden. Gegenüber liegt in der Mottlau (Stara Motława) das vierte historische Stadtviertel, die Speicherinsel (Wyspa Spichrzów), auf der früher dicht gedrängt 300 Speicher standen.

DANZIG (GDAŃSK)

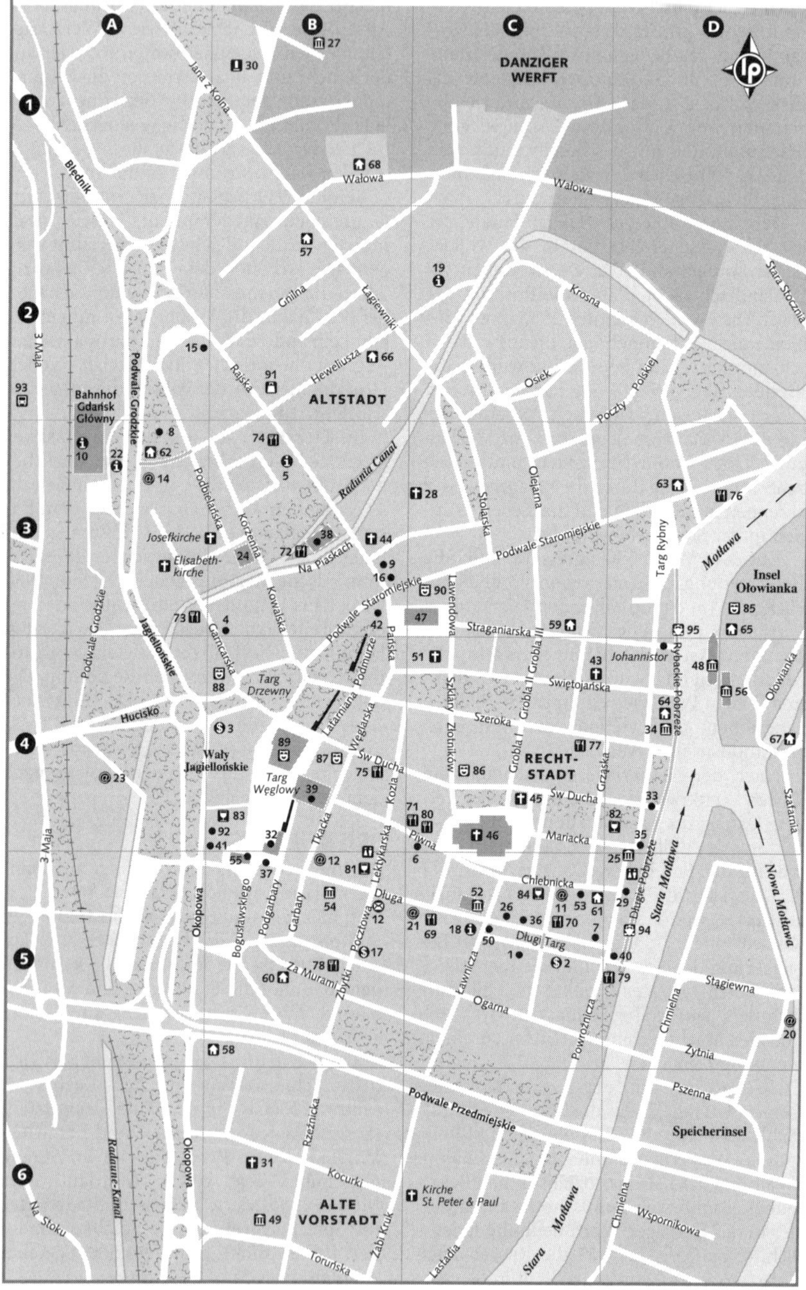

PRAKTISCHES
Almatur ... 1 C5
Bank Millennium ... 2 C5
Bank Millennium ... 3 B4
Bank Pekao ... 4 B3
Best Books Bank ... 5 B3
Biuro Turystyki Lauer ... 6 C4
EMPiK ... 7 C5
EMPiK Megastore ... 8 A3
English Unlimited ... 9 B3
Feniks Travel ... 10 A3
Flisak ... 11 C5
Hauptpost ... 12 B5
Jazz'n'Java ... 13 B5
Kawiarnia Internetowa ... 14 A3
Libri Mundi ... 15 A2
Orbis Travel ... 16 B3
Orbis Travel ... (s. 66)
PBK Bank ... 17 B5
PTTK Touristeninformation ... 18 C5
PTTK ... (s. 18)
Regionale Touristeninformation ... 19 C2
Regionaler Touristeninfopunkt ... (s. 91)
Spacja ... 20 D5
Telekomunikacja Polska ... 21 C5
Touristeninfostand ... 22 A3
Wojewódzka Biblioteka Publiczna ... 23 A4

SEHENSWERTES & AKTIVITÄTEN (S. 382)
Altstädter Rathaus ... 24 B3
Archäologisches Museum ... 25 D5
Artushof ... 26 C5
Ausstellung Wege in die Freiheit ... 27 B1
Brigittenkirche ... 28 C3
Brotbänketor ... 29 D5
Denkmal der gefallenen Werftarbeiter ... 30 B1
Dreifaltigkeitskirche ... 31 B6
St.-Georgs-Hof ... 32 B4
Heiliggeisttor ... 33 D4
Krantor ... 34 D4
Frauentor ... 35 D4
Goldenes Haus ... 36 C5
Goldenes Tor ... 37 B5
Große Mühle ... 38 B3
Großes Zeughaus ... 39 B4
Grünes Tor ... 40 D5
Haus der Naturforschenden Gesellschaft ... (s. 25)
Haus zu den Engeln ... (s. 61)
Historisches Museum der Stadt Danzig ... (s. 52)
Hohes Tor ... 41 B4
Hyazinthturm ... 42 B3
Johanniskirche ... 43 C4
Katharinenkirche ... 44 B3
Königliche Kapelle ... 45 C4
Marienkirche ... 46 C4
Markthalle ... 47 C3
Museumsschiff Sołdek ... 48 D4
Nationalmuseum ... 49 B6
Neptunbrunnen ... 50 C5
Nikolaikirche ... 51 C4
Rechtstädter Rathaus ... 52 C5
Schlieff-Haus ... 53 C5
Uhrenmuseum im Kirchturm ... (s. 44)
Uphagen-Haus ... 54 B5
Vortor ... 55 B5
Zentrales Meeresmuseum ... 56 D4
Zentrales Meeresmuseum Nebenstelle ... (s. 34)

SCHLAFEN (S. 393)
Dizzy Daisy ... 57 B2
Dizzy Daisy Hilton ... 58 B5
Dom Aktora ... 59 C3
Dom Harcerza ... 60 B5
Dom Studenta ASP ... 61 C5
Grand-Tourist ... 62 A3
Hostel Przy Targu Rybnym ... 63 D3
Hotel Hanza ... 64 D4
Hotel Królewski ... 65 D3
Hotel Mercure Hevelius ... 66 B2
Hotel Podewils ... 67 D4
MOKF Hostel ... 68 B1

ESSEN (S. 395)
Bar Mleczny Neptun ... 69 C5
Bar Pod Rybą ... 70 C5
Czerwone Drzwi ... 71 C4
Gospoda Pod Wielkem Młynem ... 72 B3
Green Way ... 73 A3
Kuchnia Rosyjska ... (s. 1)
Pesca Bar ... 74 B3
Restauracja Gdańska ... 75 B4
Restauracja Kubicki ... 76 D3
Restauracja Pod Łososiem ... 77 C4
Restauracja Wileńska ... 78 B5
Tawerna ... 79 D5
Towarzystwo Gastronomiczne ... (s. 24)
Złota Rybka ... 80 C4

AUSGEHEN (S. 396)
Celtic Pub ... 81 B5
Irish Pub ... (s. 24)
Kamienica ... 82 D4
Latający Holender ... 83 B4
Pub U Filipa ... (s. 52)
Punkt ... 84 C5

UNTERHALTUNG (S. 397)
Baltische Philharmonie ... 85 D3
Cotton Club ... 86 C4
Parlament ... 87 B4
Rudy Kot ... 88 B4
Teatr Wybrzeże ... 89 B4
U7 ... 90 C3
Yesterday ... (s. 80)

SHOPPEN (S. 397)
Madison Centre ... 91 B2

TRANSPORT (S. 398)
LOT-Büro ... 92 B4
PKS-Busbahnhof ... 93 A2
Żegluga Gdańska Quay ... 94 D5
Żegluga Pomeranka Quay ... 95 D3

Entlang der Küste erstreckt sich eine Reihe von Vororten, die Danzig, Sopot und Gdynia miteinander verbinden. Der SKM-Regionalzug bringt einen jederzeit schnell von einem Ende der Dreistadt zum anderen.

Karten & Stadtpläne

Die Touristeninfo und verschiedene Reisebüros verteilen kostenlose Stadtpläne der Danziger Innenstadt. Diese Blätter enthalten oft auch Infos über Sopot und Gdynia. Große Stadtpläne, die die ganze Dreistadt abdecken, sind in der Touristeninfo und im Buchhandel erhältlich.

PRAKTISCHE INFORMATIONEN

Buchläden

Best Books Bank (Karte S. 380; ☎ 300 08 36; www.bbb.com.pl auf Polnisch; Ul Rajska 4D/E)
EMPiK Długi Targ (Karte S. 380; ☎ 301 40 34; Ul Długi Targ 28/29; ⏲ Mo–Fr 9.30–20 Uhr, Sa 10–19 Uhr, So 10–18 Uhr); Ul Podwale Grodzkie (Karte S. 380; ☎ 301 72 44; Ul Podwale Grodzkie 8; ⏲ Mo–Sa 9–21 Uhr, So 11–20 Uhr)
English Unlimited (Karte S. 380; ☎ 301 33 73; Ul Podmłyńska 10)
Libri Mundi (Karte S. 380; ☎ 305 15 74; Ul Rajska 1)

Ermäßigungen

Gdańsk Touristenkarte (Gdańska Karta Turystyczna; www.turystyczna.pl auf Polnisch, Deutsch im Aufbau; 2/3 Tage 45/70 Zł) Die Karte gilt für das gesamte Netz des öffentlichen Nahverkehrs in Danzig; ermäßigter Eintritt in den meisten Museen.
Tri-City (Dreistadt) Touristenkarte (Karta Turystyczna Trójmiasta; www.touristcard.pl auf Polnisch; 3 Tage 16 Zł) Mit dieser Karte gibt es 50 % Rabatt auf die Eintrittspreise der Sehenswürdigkeiten, in Restaurants und bei Schiffstouren.

Geld

Bank Millennium Długi Targ (Karte S. 380; Długi Targ 14/16); Wały Jagiellońskie (Karte S. 380; ☎ 0801 121 000; Wały Jagiellońskie 14/16)
Bank Pekao (Karte S. 380; ☎ 346 37 22; Ul Garncarska 23)
PBK Bank (Karte S. 380; ☎ 323 14 00; Ul Ogarna 116)

Infos im Internet

gdansk.naszemiasto.pl Online-Stadtmagazin mit allen wichtigen Informationen und Terminen (auf Polnisch).

guide.trojmiasto.pl Ausführliche Informationen zur Dreistadt (auf Englisch).
roots.gdansk.pl Ungewöhnliche Seite für Menschen mit Danziger Wurzeln (teils auf Deutsch und Englisch).
www.gd ansk.pl Ausgezeichnete und informative Seite der Stadt Danzig (teils auf Deutsch).
www.ostsee-urlaub-polen.de Ausführliche Site auf Deutsch, auch über Danzig, mit Fotos und vielen Tipps.

Internetzugang

Flisak (Karte S. 380; ☎ 301 85 62; Ul Chlebnicka 9/10; 4 Zł/Std.) Kneipe-Restaurant.
Jazz'n'Java (Karte S. 380; ☎ 305 36 16; www.cafe.jnj.pl auf Polnisch; Ul Tkacka 17/18; 1 Std. 5 Zł; 🕓 10–22 Uhr)
Kawiarnia Internetowa (Karte S. 358; ☎ 320 92 30; Cinema City, Ul Karmelicka 1; 1 Std. 5 Zł; 🕓 Mo–Sa 9–1 Uhr, So 9.30–1 Uhr)
Spacja (Karte S. 358; ☎ 301 62 12; Ul Motławska 14; 1 Std. 4 Zł; 🕓 11–20 Uhr) Auf der Speicherinsel.
Telekomunikacja Polska (Karte S. 380; ☎ 320 10 33; Ul Długa 22/27; 🕓 Mo–Fr 10–18 Uhr) Kostenlos, aber mit 30 Minuten-Limit.
Wojewódzka Biblioteka Publiczna (Karte S. 380; ☎ 301 48 11; Targ Rakowy 5/6; 1 Std. 4 Zł; 🕓 Mo, Di, Do & Fr 11–20 Uhr) Bezirksbibliothek.

POMMERN

Medizinische Versorgung

Krankenhaus (Karte S. 378; ☎ 302 30 31; Ul Nowe Ogrody 1/6)
Swissmed (☎ 0603 344 999) Ambulanz (Karte S. 378; Ul Swłodowskiej-Curie 5); Krankenhaus (Karte S. 378; Ul Wileńska 44) Private medizinische Einrichtung.

Post

Hauptpost (Karte S. 380; ☎ 301 80 49; Ul Długa 23/28)

Reisebüros

Almatur (Karte S. 380; ☎ 301 29 31; Długi Targ 11)
Biuro Turystyki Lauer (Karte S. 380; ☎ 301 16 19; Ul Piwna 22/23) Organisiert Fahrten nach Kaliningrad.
Feniks Travel (Karte S. 380; ☎ 763 44 52) Am Bahnhof Gdańsk Główny.
Orbis Travel Ul Heweliusza (Karte S. 380; ☎ 301 21 32; Hotel Mercure Hevelius, Ul Heweliusza 22); Ul Podwale Staromiejskie (Karte S. 380; ☎ 301 44 25; Ul Podwale Staromiejskie 96/97)
PTTK (Karte S. 380; ☎ 301 60 96; Ul Długa 45) Über der Touristeninformation; arrangiert fremdsprachige Touren und Ausflüge.

Touristeninformation

PTTK Touristeninformation (Karte S. 380; ☎ 301 91 51; www.pttk-gdansk.pl auf Deutsch; Ul Długa 45; 🕓 Okt.–April Mo–Fr 9–17 Uhr, Mai–Sept. tgl. 10–18 Uhr)
Regionaler Touristeninfopunkt (Karte S. 380; ☎ 766 74 66; info@prot.gda.pl; Madison Centre, Ul Rajska 10; 🕓 Mo–Sa 9–21 Uhr, So 10–21 Uhr)
Regionale Touristeninformation (Stowarzyszenie Turystyczne Pomorze Gdańskie; Karte S. 380; ☎ 301 43 55; Ul Heweliusza 27; 🕓 Mo–Fr 9–18 Uhr)
Touristeninfostand (Karte S. 380; Ul Podwale Grodzkie; 🕓 Mo–Fr 9–18 Uhr, Sa & So 10–18 Uhr) Vor dem Bahnhof Gdańsk Główny.

GEFAHREN & ÄRGERNISSE

Generell ist Danzig sehr sicher, auch wenn die vollen Straßen (wie überall) eine Einladung für Taschendiebe darstellen. Vorsicht ist bei den „Geldwechslern" angebracht, die sich in der Umgebung des Langen Markts (Długi Targ) und der Uferpromenade (Długie Pobrzeże) herumtreiben und Ausländern attraktive Wechselkurse versprechen. Während der Hauptsaison ist die Polizeipräsenz in der Rechtstadt ziemlich hoch und es kommt regelmäßig zu Ausweiskontrollen.

SEHENSWERTES

Rechtstadt

Die Danziger Rechtstadt (Główne Miasto; Karte S. 380) ist das größte historische Viertel. Es hatte schon immer die meisten historischen Bauwerke und wurde nach dem Zweiten Weltkrieg besonders sorgfältig wieder aufgebaut.

Heute sieht es aus wie vor 300 bis 400 Jahren, dies war seine Blütezeit. Die preußischen Baudenkmäler aus der Ära der polnischen Teilungen wurden allerdings nicht wieder hergestellt.

Die Rechtstadt mitsamt der Hauptachsen Ul Długa (Langgasse) und Długi Targ (Langer Markt) entstand im 14. Jh. Der Lange Markt war als Marktplatz gedacht; ihm kam die Rolle zu, die in anderen polnischen Städten der Rynek innehat. Die Achse wurde auch als Königsweg (Droga Królewska) bekannt, da die polnischen Könige bei ihren gelegentlichen Besuchen auf diesem Weg feierlich in die Stadt einzogen.

KÖNIGSWEG

Der Danziger Königsweg ist mit nur 500 m Länge der kürzeste der drei Königswege Polens (die anderen liegen in Warschau und Krakau). Dafür ist er aber architektonisch sehr interessant.

Traditionell zogen die Könige durch das **Hohe Tor** (Brama Wyżynna; Karte S. 380) am westlichen Ende des Königswegs in Danzig ein. Es wurde 1574 als Teil der Stadtbefestigung errichtet, die um die mittelalterliche Stadtmauer herum erbaut wurde und das Verteidigungssystem verstärkte. Das ursprüngliche Tor gefiel den Ratsherren der Stadt aber nicht und so verlieh ihm der Flame Willem van den Block 1586 eine repräsentative Sandsteinfassade mit drei Wappen: dem preußischen Wappen (mit Einhörnern), dem polnischen Wappen (mit Engeln) und dem Danziger Stadtwappen (mit Löwen). Das von Löwen gehaltene Danziger Stadtwappen findet sich auf vielen öffentlichen Gebäuden der Stadt.

Direkt hinter dem Hohen Tor liegt ein weiterer Befestigungsbau aus dem 15. Jh., das so genannte **Vortor** (Przedbramie; Karte S. 380). Es besteht aus der **Peinkammer** (Katownia) und dem hohen **Stockturm** (Wieża Więzienna), die durch zwei Mauern miteinander verbunden sind.

Als das Hohe Tor errichtet wurde, verlor das Vortor seine strategische Bedeutung und wurde in ein Gefängnis umgewandelt. Die Peinkammer wurde um eine Etage aufgestockt, um Platz für einen Gerichtssaal zu erhalten, und bekam eine schmuckvolle Renaissance-Attika. Auf dem Platz nördlich des Gefängnisses stand ein Galgen, an dem Verurteilte hingerichtet wurden, die nicht Bewohner der Stadt waren (Danziger hatten das „Privileg" auf dem Langen Markt hingerichtet zu werden). Das Vortor war bis in die Mitte des 19. Jhs. ein Gefängnis. Während des Zweiten Weltkriegs wurde das Gebäude beschädigt und die Restaurierungsarbeiten, die 1951 begannen, sind bis heute nicht vollständig abgeschlossen.

Ein paar Schritte weiter östlich liegt das **Goldene Tor** (Złota Brama; Karte S. 380). Das Tor ist eine Art Triumphbogen und hat keine Verteidigungsfunktion. Es wurde von Abraham van den Block, dem Sohn des Architekten des Hohen Tors, entworfen und 1612 mit einer zweigeschossigen Kolonnade erbaut, auf der acht allegorische Statuen stehen. Die vier Figuren, alle dem Stockturm zugewandt, verkörpern Frieden, Freiheit, Reichtum und Ruhm (Ziele, die Danzig auch gegen die polnischen Könige immer verteidigt hat). Die Skulpturen auf der gegenüberliegenden Seite stellen die Bürgertugenden dar: Weisheit, Frömmigkeit, Gerechtigkeit und Eintracht. Die heutigen Skulpturen sind Kopien der Originale von 1648.

Nördlich grenzt der **St.-Georgs-Hof** (Dwór Bractwa Św Jerzego; Karte S. 380) an das Goldene Tor an, ein schönes Beispiel spätgotischer Säkulararchitektur aus den 1490er Jahren. Das Dach krönt ein achteckiger Turm aus dem 16. Jh. mit dem Hl. Georg und dem Drachen auf der Spitze (das Original von 1556 befindet sich heute im Danziger Nationalmuseum).

Auf der anderen Seite des Goldenen Tors liegt die leicht gebogene **Langgasse** (Ul Długa), die trotz ihres Namens nur 300 m lang ist. Heute zählt sie wieder zu den schönsten Straßen Polens, nachdem sie 1945 vollkommen zerstört war. Empfehlenswert ist eine Besichtigung des **Uphagen-Hauses** (Dom Uphagena; Karte S. 380; ☎ 301 23 71; Ul Długa 12; Erwachsene/ermäßigt 6/3 Zł, Mo Eintritt frei; 🕐 Mo 10–15 Uhr, Di–Sa 10–18 Uhr, So 11–18 Uhr), das innen wie außen rekonstruiert wurde und heute zum Historischen Museum der Stadt Danzig gehört.

RECHTSTÄDTER RATHAUS

Am östlichen Ende der Langgasse (Ul Długa) liegt das **Rechtstädter Rathaus** (Ratusz Głównego Miasta). Sein schlanker Turm ist der höchste in Danzig (81,5 m). Oben drauf steht die lebensgroße vergoldete Statue des polnischen Königs Zygmunt II. August. Er verlieh der Stadt großzügige Privilegien und die bedankte sich auf diese Weise.

Die Rathausfassade enthält Gotik- und Renaissanceelemente. Das ursprüngliche Gebäude wurde in den 1330er Jahren erbaut, aber bis zum Ende des 16. Jhs. mehrmals erweitert und umgestaltet. 1945 brannte es fast vollständig aus und wäre abgerissen worden, wenn die Bevölkerung nicht protestiert hätte.

Nachdem das Gebäude über ein halbes Jahrtausend als Sitz der Stadtverwaltung gedient hatte, beherbergt es heute das **Historische Museum der Stadt Danzig** (Muzeum Historii Miasta Gdańska; Karte S. 380; ☎ 301 48 71; Ul Długa 47; Erwachsene/ermäßigt 8/3 Zł; 🕐 Di–So 10–16 Uhr, im Sommer bis 17 Uhr). Man betritt das Gebäude über eine Doppeltreppe mit Balustrade und durch ein barockes Portal (1766) mit Stadtwappen. Aufmerksamen Betrachtern entgeht nicht, dass die beiden Löwen, die das Wappen halten, in eine Richtung, nämlich zum Goldenen Tor hin, blicken. Sie warten angeblich auf die Ankunft des Königs. Das Portal war das letzte Detail, das an der aufwändigen Fassade fertig gestellt wurde.

Das Rathaus verfügt über mehrere Säle. Einige sind stilecht nachgebildet, andere noch original erhalten und nur restauriert worden. Das Prunkstück ist der **Rote Saal** (Sala Czerwona), der frühere Ratssaal. Er wurde im niederländischen Manierismus des späten 16. Jhs. ausgestaltet. Blickfänge im Saal sind ein reich verzierter Kamin (1593) und ein prächtiges Portal (1596), überwältigend ist aber vor allem die reich bemalte Decke: Insgesamt 25 Gemälde kreisen um ein ovales Mittelstück, das *Die Apotheose Danzigs* darstellt. Der Künstler Isaac van den Block, ein weiteres Mitglied der berühmten flämischen Künstlerfamilie, griff in seinen Deckengemälden verschiedene Themen auf, von Szenen des alltäglichen Lebens bis hin zur Glorifizierung der Stadt Danzig, die auf einem Triumphbogen thront. Die gesamte Innenausstattung des Roten Saals ist im Original erhalten, weil sie 1942 abgebaut und außerhalb Danzigs versteckt wurde.

Im 2. Stock sind Ausstellungen zur Geschichte Danzigs zu sehen, darunter Fotos, die die Zerstörung der Stadt 1945 festhielten. Auf dieser Etage liegt auch der Eingang zum **Turm** (Eintritt 3 Zł; ⌚ Mo geschlossen). Die schöne Rundsicht über die Stadt lohnt sich.

Kombi-Tickets, die den Besuch des Artushofs und des Uphagen-Hauses mit einschließen, kosten 15 Zł.

POMMERN

LANGER MARKT (DŁUGI TARG)

Der Lange Markt, früher Danzigs Hauptmarktplatz, ist heute Touristenmagnet und voller Straßenkünstler, Verkaufsstände und Straßencafés.

Beim Rechtstädter Rathaus liegt der **Neptunbrunnen** (Fontanna Neptuna; Karte S. 380). Die Bronzestatue des Neptuns hat zwischen 1606 und 1613 der flämische Künstler Peter Husen angefertigt. Sie ist das älteste weltliche Denkmal Polens. Seit 1634 ist der Brunnen von einem schmiedeeisernen Gitter umzäunt, weil damals angeblich eines schönen Nachts Danziger Goldwasser (ein Likör mit echtem Blattgold) aus dem Dreizack sprudelte und Neptun Gefahr lief, von glücklich trunkenen Städtern vom Podest gekippt zu werden. Um 1750 kam im Rahmen von Restaurierungsarbeiten eine Menagerie von Meereswesen hinzu.

Ein paar Schritte weiter liegt das **Goldene Haus** (Złota Kamienica; Karte S. 380) mit reich verzierter Fassade. Der damalige Bürgermeister ließ es zwischen 1609 und 1618 erbauen. Die prächtigen Friese zwischen den Geschossen zeigen zwölf Szenen, dazwischen prangen die Büsten berühmter historischer Personen (darunter zwei polnische Könige). Die vier Statuen auf der Attika stellen Kleopatra, Ödipus, Achilles und Antigone dar.

Nach Osten wird der Lange Markt vom **Grünen Tor** (Zielona Brama; Karte S. 380) begrenzt, das Ende des Königswegs. Es wurde in den 1560er Jahren an der Stelle eines früheren Stadttors errichtet und sollte eigentlich königliche Residenz werden. Die Könige mochten das kalte und ungemütliche Gemäuer aber nicht, sie bevorzugten nahegelegene Häuser am Markt, vermutlich die gegenüber dem Artushof.

ARTUSHOF

Direkt hinter dem Neptunbrunnen liegt der **Artushof** (Dwór Artusa; Karte S. 380; ☎ 346 33 58; Długi Targ 43/44; Erwachsene/ermäßigt 8/3 Zł; ⌚ Mo–Sa 10–17.30 Uhr, So 11–17.30 Uhr). Es ist das bekannteste Gebäude Danzigs, nach ihm ist sogar eine Wodkamarke benannt. Schon immer war der Artushof beliebtes Ziel von VIPs auf der Durchreise. Im Eingang hängt eine beeindruckende Auswahl der hohen Gäste, von Englands König Heinrich IV. bis hin zu heutigen Staatschefs.

Das Gebäude, ursprünglich Ende des 15. Jhs. erbaut, erhielt seine monumentale Fassade 1610 von Abraham van den Block. Im Inneren öffnet sich eine große Halle, die von einem gotischen Sterngewölbe überspannt wird, das auf vier schlanken Granitsäulen ruht. Das Gewölbe ist mit Jagdszenen bemalt und wird von einem zentralen Deckenfresko dominiert, das die Schlacht von Grunwald darstellt. Die Patrizier der Stadt nutzten das prunkvolle Gebäude als Ort ihrer Versammlungen und für Festivitäten.

Wie der Großteil der Innenstadt wurde auch der Artushof im Zweiten Weltkrieg zerstört. Mit Hilfe von alten Fotografien und historischen Dokumenten hat ihn die Stadt originalgetreu wieder aufgebaut. Heutige Besucher erhalten so Einblick in die erstaunliche Vergangenheit des Gebäudes. Die große Halle ist immer noch das Schmuckstück des Artushofs. In den angrenzenden Räumen sind historische Kunstwerke und hervorragende Beispiele von klassischem Danziger Mobiliar ausgestellt. Die Stilmöbel aus dunklem Holz zeugen von den goldenen Zeiten der Stadt.

Die vollkommen renovierten oberen Stockwerke zeigen Historisches. Interessant ist vor allem eine Abbildung, die verdeutlicht, wie die große Halle in ihren besten Jahren einmal ausgesehen hat – selbst in dieser zweidimensionalen Ansicht ist der Saal, der vom Boden bis zur Decke mit Gemälden, Modellen und ausgestopften Tieren voll ist, ein überwältigender Anblick.

Einzigartig ist der riesige Renaissancekachelofen in einer Ecke der Halle. Er reicht fast bis zur Decke und wirkt wie ein fünfgeschossiger Turm (er ist mit 10,65 m der höchste Kachelofen Europas). Auf die Kacheln sind Herrscherportraits, allegorische Figuren und Wappen gemalt. Georg Stelzener hat diesen Ofen 1546 erbaut. 1943, während des Zweiten Weltkriegs, haben die Stadtkonservatoren den oberen Teil abgebaut und außerhalb der Stadt gelagert. Der untere Teil wurde während der Kämpfe 1945 stark beschädigt, die Fragmente wurden aber alle eingesammelt. So konnte der Ofen nach langwierigen Restaurierungsarbeiten wieder zusammengesetzt und 1995 der Öffentlichkeit präsentiert werden. Insgesamt 437 der 520 Kacheln sind Originale.

UFERPROMENADE

Direkt hinter dem Grünen Tor liegt der Fluss Motława (Mottlau). Früher existierte hier ein geschäftiger Kai, an dem Hunderte von Segelschiffen anlegten und ihre Waren löschten. Diese wurden dann entweder in den Kellern der Patrizierhäuser oder in den Speichern der gegenüberliegenden Speicherinsel gelagert. Heute ist der Kai eine Promenade mit Cafés, Kunstgalerien und Souvenirläden.

Im Mittelalter stand an allen Straßen der Rechtstadt, die in Ost-West-Richtung verliefen und am Flussufer endeten, ein Tor. Einige dieser Tore existieren heute noch, auch wenn die meisten mit der Zeit umgestaltet wurden. Folgt man der Długie Pobrzeże (wörtlich: Langes Ufer) nach Norden, gelangt man zuerst zum **Brotbänketor** (Brama Chlebnicka; Karte S. 380) am Ende der Ul Chlebnicka. Es wurde 1450 noch unter der Herrschaft des Deutschen Ordens erbaut, was man am früheren Stadtwappen mit den beiden Kreuzen erkennt. Als Danzig sich 1457 der polnischen Krone unterstellte, ließ König Kazimierz Jagiellończyk die Krone hinzufügen.

Durch das Tor hindurch sind es nur ein paar Schritte bis zum palastartigen **Haus zu den Engeln** (Dom Pod Aniołami; Karte S. 380), das nach der Herkunft seiner Besitzer im 17. Jh. auch Englisches Haus (Dom Angielski) genannt wird. Das damals größte Patrizierhaus Danzigs ist heute ein Studentenwohnheim – so ändern sich die Zeiten.

Das Haus Nr. 14 ist das spätgotische **Schlieff-Haus** (Karte S. 380) von 1520. Es ist nicht mehr der Originalbau, weil sich der preußische König Friedrich Wilhelm III. um 1820 in das Gebäude verliebte und es Stein für Stein abbauen und in Brandenburg wieder aufbauen ließ. Das Original steht heute noch in Potsdam.

Die winzige Ul Grząska führt hinüber in die **Frauengasse** (Ul Mariacka), eine der schönsten Straßen in ganz Polen. Sie wurde nach dem Krieg in mühevoller Kleinarbeit nach alten Dokumenten und Zeichnungen vollständig wieder hergestellt. Jedes noch so winzige Trümmerstück, das geborgen werden konnte, erhielt seinen alten Platz zurück. Kein Wunder, dass hier die Vergangenheit wirklich lebendig ist. Die Frauengasse ist auch die einzige Straße, in der alle Häuser wieder mit den für den Ostseeraum typischen Beischlägen (terrassenartigen Häuservorbauten) ausgestattet sind, was ihr einen besonderen Charme verleiht. Viele Besucher kommen aber auch wegen der vielen Juwelierläden, die Bernstein verkaufen, hierher. Beim alljährlichen St. Dominik-Jahrmarkt (s. S. 392) stehen in der Frauengasse einige der besten Stände.

Die Straße endet am **Frauentor** (Brama Mariacka; Karte S. 380), das in seinem Entwurf dem Brotbänketor ähnelt, nur jünger ist, was sich am Wappen ablesen lässt. Neben dem Tor liegt in einem relativ großen Renaissancegebäude das **Haus der Naturforschenden Gesellschaft** (Dom Towarzystwa Przyrodniczego; Karte S. 380) Es sticht aus dem Danziger Stadtbild durch seinen fünfgeschossigen Erker mit aufgesetztem Turm heraus. Heute beherbergt es das **Archäologische Museum** (Muzeum Archeologiczne; Karte S. 380; ☎ 301 50 31; Ul Mariacka 25/26; Erwachsene/ermäßigt 4/3 Zł, Sa Eintritt frei; ⌚ Di–So 10–17 Uhr). Die ausführliche Sammlung beleuchtet die kulturellen und ethnologischen Wurzeln der Region. Wer noch nicht genug von schönen Rundblicken hat, kann auch hier den **Turm** besteigen (Eintritt 2 Zł; ⌚ Mo 8–16 Uhr, Di–So 10–17 Uhr).

KRANTOR & ZENTRALES MEERESMUSEUM

Zurück an der Uferpromenade liegt direkt hinter dem bescheidenen **Heiliggeisttor** (Brama Św Ducha; Karte S. 380) das wohl bekannteste Wahrzeichen Danzigs, das **Krantor** (Żuraw Gdański; Karte S. 380; ☎ 301 53 11; Ul Szeroka 67/68; Erwachsene/ermäßigt 6/4 Zł; ⌚ Mai–Sept. 10–18 Uhr, Okt.–April Di–Fr 9.30–16 Uhr, Sa & So 10–16 Uhr). Das im 15. Jh. erbaute Doppelturm-Tor ist das massivste Tor am Flussufer und diente sowohl der Verteidigung als auch als Hebewerk zum Be- und Entladen der Schiffe. Deswegen gab es im Inneren des Krantors zwei große Holzräder (5 m im Durchmesser), um deren Achse ein Seil gewunden wurde und die von Menschenhand angetrieben wurden. Der Kran konnte bis zu 2000 kg heben, was das Krantor zum größten mittelalterlichen Hebewerk Europas macht. Im 17. Jh. kam ein weiteres Räderpaar weiter oben hinzu, mit dem dann Schiffsmasten aufgerichtet wurden.

Das Krantor erlitt 1945 starke Schäden, wurde aber wieder vollständig aufgebaut. Als einziges erhaltenes Hebewerk seiner Zeit ist es heute Teil des Zentralen Meeresmuseums. Im Krantor liegen Exponate zur Geschichte der Seefahrt aus und eine Sammlung an Muscheln, Korallen und anderen Meeresbewohnern. Darüber hinaus ist natürlich das Hebewerk für Besichtigungen zugänglich.

Direkt neben dem Krantor liegt das Hauptgebäude des **Zentralen Meeresmuseums** (Centralne Muzeum Morskie; Karte S. 380; ☎ 320 33 58; www.cmm.pl auf Polnisch, Englisch im Aufbau; Ul Szeroka 67/68; Erwachsene/ermäßigt 6/4 Zł; ⌚ Mai–Sept. 10–18 Uhr, Okt.–April 10–16 Uhr). In dem modernen Gebäude sind traditionelle Ruder- und Segelboote aus verschiedenen europäischen Ländern ausgestellt.

Weitere Abteilungen des Museums sind in drei **Speichern** (Karte S. 380; ☎ 301 86 11; Ul Ołowianka 9/13; Erwachsene/ermäßigt 6/4 Zł) auf der gegenüberliegenden Insel Ołowianka untergebracht. Mit der museumseigenen Fähre kann man zwischen Kran und Insel über die Motława (Mottlau) übersetzen. Eine nette Alternative ist ein 15-minütiger Spaziergang über die Grüne Brücke am Grünen Tor. In neun großen Räumen wird in den Speichern die Geschichte der polnischen Seefahrt von ihren Anfängen bis zur Gegenwart dargestellt. Zu den Ausstellungsstücken gehören Modelle alter Segel-Kriegsschiffe, ein Navigationsinstrument aus dem 9. Jh., Schiffsartillerie, Flaggen und Ähnliches.

Vor den drei Speichern liegt das Museumsschiff **MS Sołdek** (Karte S. 380; Erwachsene/ermäßigt 6/4 Zł) vor Anker. Sie war der erste Frachter, der nach dem Zweiten Weltkrieg in den Danziger Werften gebaut wurde (1948).

Für diese Sehenswürdigkeiten sind drei Stunden Zeit das Mindeste, denn es gibt wirklich viel zu sehen. Ein Kombi-Ticket für alle vier (inklusive Kran) kostet 14 Zł. Es werden Führungen auf Englisch oder Russisch angeboten, die je nach Gruppengröße 20 bis 40 Zł kosten.

MARIENKIRCHE

Direkt in der Mitte der Rechtstadt liegt die **Marienkirche** (Kościół Mariacki; Karte S. 380). Mit 105 m Länge, 66 m Breite (am Querschiff) und dem massiven, quadratischen 78 m hohen Turm ist sie vermutlich die größte Backsteinkirche der Welt. In ihrem 5000 m^2 großen Inneren finden locker 25 000 Menschen Platz.

1343 wurde mit dem Bau der Kirche begonnen; ihre bis heute gigantischen Ausmaße waren 1502 erreicht. Zunächst diente sie der katholischen Gemeinde als Pfarrkirche, bis die Reformation frischen Wind nach Danzig blies. Von 1572 bis zum Zweiten Weltkrieg nutzte dann die protestantische Gemeinde die Kirche.

Leider entging auch dieses Gebäude 1945 nicht den Zerstörungen. Die Hälfte des Deckengewölbes stürzte ein und ein Großteil der Innenausstattung brannte ab. Glücklicherweise waren die wertvollsten Kunstschätze rechtzeitig in Sicherheit gebracht worden und konnten nach dem langen und schwierigen Wiederaufbau in die Kirche zurückgebracht werden.

Die schiere Größe der Kirche ist schon von außen beeindruckend. Und nach Betreten des Hauptschiffs fühlt man sich noch kleiner. Durch die 37 großen Fenster (das größte misst 127 m^2) scheint Tageslicht in die Kirche. Alles wirkt innen sehr hell und luftig, die Wände sind weiß getüncht. Der dreischiffige Bau wird von einem filigranen gotischen Deckengewölbe überspannt und war früher reich mit Fresken verziert, von denen heute nur noch wenige Überreste in der hinteren rechten Ecke der Kirche zu sehen sind. Ein solcher Kirchenbau muss auf mittelalterliche Gläubige ziemlich einschüchternd gewirkt haben.

Auf den ersten Blick erscheint die Kirche fast leer, doch ein Rundgang durch die rund dreißig Kapellen macht klar, wie viele herausragende Kunstwerke hier zusammengetragen wurden. Allein in den Fußboden sind 300 Grabplatten eingelassen. In der Kapelle am Ende des Nordschiffs (links) steht eine Kopie des berühmten Altarbildes *Das Jüngste Gericht* von Hans Memling, dessen Original heute im Danziger Nationalmuseum hängt. Bemerkenswert ist auch die barocke Orgel.

Auf dem mittleren Altarbild des spätgotischen, fünfteiligen Hochaltars ist die Krönung der Jungfrau Maria abgebildet. Obwohl der Altar massiv und groß ist, wirkt er in dieser Umgebung wie eine Miniatur. Dasselbe gilt für das 4 m hohe Kruzifix auf dem Lettner. Direkt darunter liegt ein kunstvoll geschnitztes, hölzernes Sakrarium von 1482 in Form eines Turms.

An Größe und Seltenheit kaum zu überbieten ist die **Astronomische Uhr** aus dem 15. Jh. (s. Kasten unten) im nördlichen Querschiff. Ein weiterer Höhepunkt im wahrsten Sinne ist der **Kirchturm** (Erwachsene/ermäßigt 3/1,50 Zł) bzw. eher der grandiose Blick, der sich Besuchern nach einem Aufstieg über 405 Stufen von der Aussichtsplattform bietet. Die Dachrinnen direkt unterhalb der Plattform haben Touristen in „Wunschbrunnen" umfunktioniert – was natürlich die Frage aufwirft, was bei Regen mit den ganzen Münzen passiert.

KÖNIGLICHE KAPELLE

Nördlich der Marienkirche liegt die kleine **Königliche Kapelle** (Kaplica Królewska; Karte S. 380), eingeklemmt zwischen zwei Häusern im Schatten der großen Kathedrale. Die einzige barocke Kirche des alten Danzig wurde zwischen 1678 und 1681 erbaut, gemäß dem letzten Willen des damaligen Primas von Polen, Andrzej Olszowski. Er hatte vor seinem Tod Gelder auf die Seite gelegt, damit in der damals vorwiegend lutherischen Stadt endlich ein katholisches

DAS RAD DER ZEIT

Die riesige Astronomische Uhr der Marienkirche wurde um 1460 von Hans Düringer aus Toruń (Thorn) gebaut und war bis 1553 in Betrieb. Es wird behauptet, dass sie in dieser ganzen Zeit gerade einmal drei Minuten nachgegangen sei. Als die 14 m hohe Uhr angefertigt wurde, war sie die größte Uhr der Welt. Der Legende nach ließen die Stadtväter Danzigs den Erbauer Düringer blenden, damit er keine noch größere oder schönere Uhr anfertigen konnte. Er soll unter seinem Meisterwerk begraben liegen.

Die Uhr zeigte nicht nur Stunde, Tag, Monat und Jahr an, sondern auch die Mondphasen, die Stellung der Sonne und des Mondes sowie die Zeichen des Tierkreises und den Heiligenkalender. Sechs Mechanismen lassen Heiligenfiguren und Aposteln zu bestimmten Zeiten auftauchen. Sie werden vom Sensenmann gejagt. Zu jeder vollen Stunde läuten Adam und Eva die Glocken.

Die Uhr wurde jahrhundertelang vernachlässigt, blieb aber bis zum Zweiten Weltkrieg an ihrem Platz. Als die Ostfront kurz vor Ende des Kriegs näher rückte, wurde die Uhr abgebaut und außerhalb Danzigs versteckt. In den 1980er Jahren begann dann eine lange und kostspielige Rekonstruktion, die größtenteils durch Sponsoren und private Spenden von Danziger Bürgern finanziert wurde.

Etwa 70 % des ursprünglichen Uhrgehäuses waren noch erhalten. Sie wurden durch neue Teile und Mechanismen ergänzt. 1990 erhielt die Uhr dann wieder ihren ursprünglichen Platz zurück und nahm nach 437 Jahren der Stilllegung ihren Dienst wieder auf. Bis heute fehlen einige Figuren, die Uhr zeigt aber die Zeit an und manche Figuren können sich auch wieder bewegen. Jeden Tag um 12 Uhr kann das Schauspiel beobachtet werden.

Gotteshaus gebaut werden konnte. Der ansässige Klerus fühlte sich verpflichtet, den letzten Willen des Primas zu respektieren und trat widerstrebend einen Teil des 1. Stocks der Pfarrhäuser der Marienkirche an die Kapelle ab.

Die Kapelle hat der berühmte königliche Baumeister Tylman van Gameren entworfen und der Danziger Bartholomäus Ranisch erbaut. Die verlängerte Fassade lässt das Gebäude größer und eindrucksvoller erscheinen. Teile der Nachbarhäuser wurden zum Altarraum und Vorraum umgewandelt und das Schiff mit einer für van Gameren typischen Barockkuppel gekrönt. Die Fassade ist netter anzusehen als das schmucklose Innere der Kirche. Sie trägt die Wappen Polens, Litauens und das des Königs Jan III. Sobieski (dem Gründer der Kapelle). Bezeichnenderweise trägt sie nicht das Wappen der Stadt Danzig.

ZEUGHAUS

Westlich der Marienkirche liegt am Ende der Ul Piwna (Bierstraße) das **Große Zeughaus** (Wielka Zbrojownia; Karte S. 380), ein weiteres architektonisches Juwel der Stadt. Es wurde zu Beginn des 17. Jhs. nach Plänen von Anton van Opbergen erbaut und zeigt wie auch andere Gebäude Danzigs deutlich den Einfluss des niederländischen Manierismus. Die Hauptfassade ist von zwei Türmen eingefasst und reich ausgestaltet (wenn auch inzwischen etwas nachgedunkelt). Sie wird von Soldatenskulpturen gekrönt; überhaupt dominieren militärische Motive. Über dem Portal prangt das Stadtwappen. Eine kleine Steinkonstruktion in der Mitte der Fassade, die eher wie ein Brunnen wirkt, ist das ehemalige Hebewerk, mit dem Munition aus dem Keller gehoben wurde. In einer Nische darüber steht eine Skulptur von Pallas Athene, der Göttin des Krieges.

Heute befindet sich im Zeughaus eine Einkaufspassage. Wer einen Blick auf die rückwärtige Fassade am Kohlenmarkt (Targ Węglowy) werfen will, geht am besten durch diese Passage. Die Rückfront ist zwar bei weitem nicht so prachtvoll, sieht aber auch schön aus (wie vier Bürgerhäuser).

NÖRDLICHE RECHTSTADT

Die Hauptattraktion im Norden der Rechtstadt ist die **Nikolaikirche** (Kościół Św Mikołaja; Karte S. 380), eine der ältesten Kirchen Danzigs. Der Dominikanerorden ließ sie erbauen, als die Mönche 1227 von Krakau nach Danzig kamen. Der Bau wurde aber erst Ende des 15. Jhs. fertig gestellt. Im Gegensatz zu vielen anderen gotischen Kirchen in Danzig ist die Nikolaikirche innen reich ausgeschmückt. Als Erstes zieht der einzigartige Hochaltar der Spätrenaissance (1647) die Blicke auf sich und danach die imposante Barockorgel, die etwa ein Jahrhundert später entstand. Zu den Highlights der Kirche zählen unter anderem das Chorgestühl und eine prächtig ausgestaltete Taufkapelle im rechten Seitenschiff direkt hinter dem Eingang der Kirche. Sehenswert ist aber auch der bronzene Rosenkranz-Kronleuchter (1617) mit einer aus Holz geschnitzten Mutter Gottes mit Kind, direkt vor dem Eingang zum Altarraum im Mittelschiff.

Hinter der Kirche liegt eine große **Markthalle** (Hala Targowa; Karte S. 380) aus dem 19. Jh. Hier stand früher das Dominikanerkloster. Die preußische Obrigkeit hatte den Orden der Stadt verwiesen und die Ruine niedergerissen. Bei Redaktionsschluss dieses Reiseführers war die Markthalle wegen umfassender Restaurierungsarbeiten geschlossen und wird das wohl auch noch einige Zeit bleiben.

Auf dem Platz vor der Markthalle steht der hohe, achteckige **Hyazinthturm** (Baszta Jacek; Karte S. 380), ein Überrest der mittelalterlichen Stadtbefestigung. Der ehemalige Wachturm trug den deutschen Spitznamen „Kiek in de Kök", weil die Soldaten von den Schießscharten aus angeblich in die Küche des Dominikanerklosters sehen konnten. Heute sind im Turm ein Blumenladen und ein Fotolabor untergebracht.

Etwa 200 m östlich in Richtung Fluss liegt die massive gotische **Johanniskirche** (Kościół Św Jana; Karte S. 380). Sie wurde im 14. und 15. Jh. auf Marschboden errichtet und musste durch ein Strebewerk abgestützt werden. Im Zweiten Weltkrieg beschädigt, aber nicht zerstört, war die Kirche vier Jahrzehnte lang verschlossen. Die Innenausstattung wurde entfernt und auf die umliegenden Gemeinden verteilt. Orgel und Kanzel befinden sich heute zum Beispiel in der Marienkirche. Nur der monumentale Steinaltar blieb hier, er war einfach zu schwer. Heute ist das Kircheninnere teils restauriert und wird als Ausstellungs- und

Veranstaltungsraum mit kunterbuntem Programm genutzt (National Geographic-Fotoausstellung, Chorkonzerte, Ray Charles Tributes usw.).

Altstadt

Der Name ist ein bisschen irreführend, denn die Altstadt (Karte S. 380) ist nicht die Wiege Danzigs. Die älteste Siedlung auf städtischem Gebiet vermuten Archäologen im Bereich der Rechtstadt. Aber es gab auch bei der heutigen Altstadt im 10. Jh. schon eine Siedlung, die sich parallel zur Rechtstadt entwickelte.

Unter dem Deutschen Orden wuchsen die beiden Städte zu einer Stadt zusammen. Die Altstadt blieb immer der ärmere Teil und hatte kein eigenes Verteidigungssystem. In der Altstadt lebten mehr Polen, während die Rechtstadt immer ein eher „deutscher" Stadtbezirk war. Während des Zweiten Weltkriegs erlitt auch die Altstadt schwere Schäden, aber im Gegensatz zur Rechtstadt wurde sie bis auf ein paar Kirchen in ihrer ursprünglichen Form nicht wieder aufgebaut. Heute sieht sie mehr wie ein typisches Nachkriegsviertel aus, es gibt nur wenige rekonstruierte Gebäude. Der interessanteste Bereich liegt am Radaune-Kanal (Kanał Raduni) zwischen der Ul Garncarska und der Ul Stolarska.

Größtes Baudenkmal der Altstadt ist die **Katharinenkirche** (Kościół Św Katarzyny; Karte S. 380). Sie ist Danzigs älteste Kirche, mit deren Bau bereits um 1220 begonnen wurde. Bis zur Vollendung der Marienkirche diente sie als Gemeindekirche für die gesamte Stadt. St. Katharina wurde mehrmals umgestaltet und erhielt ihre endgültige Form erst in der Mitte des 15. Jhs. (bis auf den barocken Turmhelm, der 1634 hinzukam). Seitdem blieb die Kirche unverändert.

Das barocke Deckengewölbe war früher mit Fresken verziert, Überreste davon fand man später unter dem Putz. Beachtenswert ist das 11 m lange Gemälde Einzug Christi in Jerusalem unterhalb der Orgelempore im linken Seitenschiff und die reich verzierte Einfassung des Taufbeckens (1585) im gegenüberliegenden Seitenschiff. Der Astronom Johannes Hevelius liegt im Chorraum der Kirche begraben, sein Grab ist mit einem Epitaph aus dem 18. Jh. bedeckt.

Die Kirche beheimatet heute das **Uhrenmuseum im Kirchturm** (Muzeum Zegarów Wieżowych; Karte S. 380; ☎ 305 64 92; Ul Wielkie Młyny; Erwachsene/ermäßigt 4/2 Zł; 🕒 Di–So 10–17 Uhr) mit einer besonderen Sammlung an Turmuhren seit dem 15. Jh. Bei einer Turmbesteigung sehen Besucher auch das berühmte Glockenspiel (Eintritt 3 Zł) aus 49 Glocken, das zu jeder vollen Stunde Beethovens berühmte „Ode an die Freude" anstimmt.

Direkt hinter der Katharinenkirche liegt die **Brigittenkirche** (Kościół Św Brygidy; Karte S. 380), die vor 700 Jahren gegründet wurde. Sie wurde 1945 fast vollständig zerstört und bis 1970 standen nur ihre Außenmauern. Der Wiederaufbau dauerte dann fünf Jahre, bis die Kirche mitsamt „gotischem" Deckengewölbe und angesetztem Turm wieder in altem Glanz erstrahlte. Von der Vorkriegseinrichtung der Kirche blieb wenig erhalten und so gibt sie sich heute modern mit viel geschmiedetem Eisen und einem Altar, der Orgelpfeifen imitiert. Viel Bernstein wurde bei der Ausgestaltung des Innenraums eingesetzt, zum Beispiel bei der 174 cm hohen Monstranz und dem monumentalen Hochaltar. Der Altar ist relativ neu hinzugekommen, mehr als unvorstellbare 6500 kg Bernstein sind hierfür verarbeitet worden.

Lech Wałęsa ging in dieser Kirche zur Messe, als er noch ein unbekannter Elektriker auf der nahen Werft war. Mit der Streikwelle in den 1980er Jahren entwickelte sich die Kirche zum Stützpunkt der Werftarbeiter und der Priester Henryk Jankowski unterstützte sie mit leidenschaftlichen Predigten. Mehrere zeitgenössische Kunstwerke zur Geschichte des modernen Polen und der Gewerkschaft erinnern bis heute an die Zeit der Solidarność. So finden sich im nördlichen (linken) Seitenschiff der Grabstein des ermoderten Priesters Jerzy Popiełuszko, eine Gedenktafel für die Opfer von Katyń, eine Kreuzsammlung von den Streiks 1980 und 1988 und eine Tür, deren Reliefe die Geschichte der Solidarność nachzeichnen.

Das außergewöhnliche, siebengeschossige Gebäude gegenüber der Katharinenkirche ist die **Große Mühle** (Wielki Młyn; Karte S. 380), die die Deutschritter etwa 1350 errichteten. Sie war die größte mittelalterliche Mühle Europas (über 40 m lang, 26 m hoch, mit 18 Mühlsteinen à 5 m Durchmesser).

Sie war bis kurz vor Ausbruch des Zweiten Weltkriegs in Betrieb und konnte bis zu 200 t Mehl pro Tag produzieren. Wäre sie nicht 1945 vollständig ausgebrannt, könnte sie wahrscheinlich heute noch in Betrieb sein. Das Gebäude wurde nach dem Krieg wieder hergestellt, die Mühlenmechanik jedoch nicht. Heute ist hier ein modernes Einkaufszentrum.

Hinter der Mühle, auf der anderen Seite eines kleinen Parks, liegt das **Altstädter Rathaus** (Ratusz Staromiejski; Karte S. 380). Das großzügige Renaissancegebäude hat Ende des 16. Jhs. Anton van Opbergen entworfen, der später auch das Große Zeughaus baute. Den Abschluss des Backsteinrathauses bildet ein zentraler Turm, der für die flämische Architektur jener Zeit typisch war. An der Fassade stechen unter anderem der Haupteingang und ein Fries hervor, der die Wappen von Polen, Preußen und Danzig trägt.

Heute ist das **Baltische Kulturzentrum** (Nadbaltyckie Centrm Kultury) im Rathausgebäude untergebracht. Im Foyer im Obergeschoss sind Einrichtungsgegenstände zu sehen, die aus alten Bürgerhäusern der Rechtstadt zusammengetragen wurden, etwa die steinerne Wand (1560) mit den Reliefs dreier römischer Götter. Eine der Türen führt in den großen Ratssaal (kann ebenfalls besichtigt werden), in dem heute Konzerte veranstaltet werden (nähere Infos dem Programm entnehmen).

DANZIGER WERFT

Die **Danziger Werft** (Karte S. 380) ist nicht nur ein Industriegelände, es ist ein Stück Geschichte. Hier auf dem Gelände der ehemaligen Leninwerft kochte die Unzufriedenheit mit dem kommunistischen Regime über und brachen die Streiks aus. Auf der Danziger Werft schlugen die Sowjets die ersten Zeichen des Widerstands 1970 brutal nieder und ein unbekannter Elektriker namens Lech Wałęsa übernahm zehn Jahre später die Führung der Arbeiter und der Gewerkschaft Solidarność, was Polen letztendlich zur Demokratie führte.

Seit den frühen Tagen der Präsidentschaft Wałęsas hat das Werftgelände seinen Status weitgehend eingebüßt. Beim früher größten Arbeitgeber der Stadt liefen die Geschäfte nach Einführung des freien Markts nicht mehr besonders gut und schließlich ging die Werft bankrott.

Direkt vor den Toren der Werft steht auf dem Platz der Solidarität (Pl Solidarnośći) das **Denkmal der gefallenen Werftarbeiter** (Pomnik Poległych Stoczniowców; Karte S. 380). Es erinnert an die Arbeiter, die während der Aufstände 1970 getötet wurden. Das Denkmal besteht aus drei 42 m hohen Stahlkreuzen und wurde am 16. Dezember 1980, zehn Jahre nach der blutigen Streikniederschlagung, eingeweiht. Am Fuß der Kreuze finden sich mehrere Bronzereliefe. Auf einer Plakette stehen Zeilen aus einem Gedicht des Nobelpreisträgers Czesław Miłosz: „Ihr, die ihr dem einfachen Mann unrecht getan habt/Fühlt euch nicht sicher. Ein Dichter erinnert./Ihr könnt einen töten, aber ein anderer wird geboren."

Dieses erste Denkmal in einem kommunistischen Land, das an die Opfer des kommunistischen Regimes erinnert, wurde sofort zu einem Danziger Wahrzeichen. Es ist Pflichtprogramm für jeden Danzigbesucher.

Auf dem Werftgelände selbst kann die Ausstellung **Wege in die Freiheit** (Droga do Wolności; ☎ 769 29 20; www.fcs.org.pl auf Polnisch; Ul Doki 1; Erwachsene/ermäßigt 5/3 Zł; Di–So 10–17 Uhr) angeschaut werden. Mit Multimedia-Installationen und anderen Ausstellungsstücken dokumentiert sie Polens schwierigen Weg zur Demokratie, vom Aufstand 1956 über die Verhängung des Kriegsrechts bis zum Zusammenbruch des Kommunismus. Im Außenbereich sind ungewöhnliche Installationen zu sehen, die sich mit der moralischen und sozialen Verantwortung des Künstlers auseinander setzen. Die Ausstellung will festhalten, wie viel sich tatsächlich in den letzten fünfzig Jahren verändert hat und wie viel Entschlossenheit und Opferbereitschaft für diese Veränderungen notwendig waren.

Alte Vorstadt

Die Alte Vorstadt (Stare Przedmieście; Karte S. 380) südlich der Rechtstadt entstand, als sich die Stadt zwischen dem 15. und 17. Jh. ausbreitete. 1945 lag sie in Schutt und Asche und wurde in typisch trister Nachkriegsweise wieder aufgebaut. Die Alte Vorstadt hat trotzdem ein paar wichtige Sehenswürdigkeiten zu bieten.

Hauptziel von vielen Danzigbesuchern ist das **Nationalmuseum** (Muzeum Narodowe; Karte S. 380; ☎ 301 70 61; www.muzeum.narodowe.gda.pl teils auf Deutsch; Ul Toruńska 1; Erwachsene/ermäßigt 15/9 Zł; 10–20 Uhr), das im ehemaligen Franziskanerkloster untergebracht ist. Als eines der besten Museen Polens besitzt es eine große Bandbreite an polnischen und internationalen Kunstschätzen und Kunsthandwerk: eine große Gemäldesammlung, Holzschnitzereien, Gold- und Silberwaren, Stickereien, Stoffe, Porzellan, Fayencemalereien, Schmiedeeisernes und Möbel. Hier stehen die Originalstatue des Hl. Georg von der Spitze des St.-Georgs-Hofs, beeindruckende typisch Danziger Schränke (die von hier aus ins ganze Land gingen) und schöne Kachelöfen.

Im 1. Stock befindet sich die Gemäldesammlung mit einer eigenen Abteilung für niederländische und flämische Kunst. Glanzstück ist Hans Memlings (1435–94) Triptychon *Das jüngste Gericht*, eines der früheren Werke des Künstlers von 1472/73. Hier hängen auch Bilder von Brueghel d. J. und van Dyck sowie das wunderbar makabre Gemälde *Hölle* von Jacob van Swanenburgh, dem ersten Lehrer des jungen Rembrandt.

Im Norden grenzt die ehemalige Klosterkirche der Franziskaner, die **Dreifaltigkeitskirche** (Kościół Św Trójcy; Karte S. 380) an das Nationalmuseum an. Sie wurde im 15. Jh. errichtet, als die Spätgotik ihre dekorative Phase erreichte, was am deutlichsten am kunstvollen Giebel der Westfassade erkennbar ist. Nach der Marienkirche ist sie die größte Kirche der Stadt. Ihr geräumiges, luftiges, weiß getünchtes Inneres wird von einem prächtigen, netzartigen Gewölbe überspannt. Der Chorraum wurde während des Kriegs stark beschädigt und durch eine Mauer vom Kirchenschiff abgetrennt.

Die Bilder des Hochaltars stammen aus verschiedenen Triptychen und der Baldachin der filigranen spätgotischen Kanzel von 1541 entstand in der Zeit der Renaissance. Bemerkenswert ist auch der barocke Kronleuchter aus der Mitte des 17. Jhs. sowie der Fußboden, der fast ganz aus Grabplatten besteht.

Westerplatte

Die Westerplatte (Karte S. 378) ist eine lang gestreckte Halbinsel am Eingang zum Hafen, 7 km nördlich des historischen Kerns. Als Danzig nach dem Ersten Weltkrieg Freie Stadt wurde, bildete die Westerplatte die Spitze des Hafens, sie diente sowohl militärischen als auch Handelszwecken und wurde durch eine Garnison geschützt.

Hier begann am 1. September 1939 der Zweite Weltkrieg, als das deutsche Kriegsschiff *Schleswig-Holstein* das Feuer auf den polnischen Armeeposten eröffnete. Sieben Tage hielt die 182 Mann starke Garnison die Stellung, bevor sie sich ergab – was ihr den Respekt der Angreifer einbrachte. Zum Gedenken stehen hier heute noch die Ruinen und ein imposantes **Denkmal** (Karte S. 378). Das ehemalige **Wachgebäude Nr. 1** (Wartownia Nr 1; Karte S. 378; ☎ 343 69 72; Ul Sucharskiego; Erwachsene/ermäßigt 3/1,50 Zł; Mai–Okt. 8–19 Uhr) beherbergt eine kleine Ausstellung zu den Ereignissen mit einem Diorama der Schlacht.

Vom Hauptbahnhof fahren die Buslinien 106 und 158 zur Westerplatte, am schönsten ist die Fahrt hierher aber mit dem Boot. Die Boote fahren mehrmals täglich und legen am Grünen Tor ab. Eine der Touren schließt einen Hafenbesuch mit ein.

Oliva

Oliva (Oliwa; Karte S. 378) ist ein wunderschönes Stadtviertel im Norden. Es liegt 9 km vom historischen Stadtkern entfernt. Hier steht, malerisch in einem Park, eine Kathedrale – für einen Halbtagesausflug raus aus der engen Innenstadt wie geschaffen. Oliva erreicht man mit dem Vorstadtzug vom Danziger Hauptbahnhof und steigt am Bahnhof Gdańsk Oliva aus, von wo aus es noch zehn Minuten zu Fuß sind.

Die Ursprünge Olivas reichen über 800 Jahre zurück. Damals luden die in Danzig herrschenden Pomerellenfürsten 1186 den Zisterzienserorden ein, sich hier anzusiedeln. Sie boten ihnen Land und großzügige Privilegien an, zum Beispiel auch die Steuereinnahmen des Hafens.

Das errichtete Kloster hatte es trotzdem nicht leicht. Die ursprünglich um 1200 gebaute Kirche wurde erst von den heidnischen Pruzzen niedergebrannt und später vom Deutschen Orden. In der Mitte des 14. Jhs. wurde dann eine gotische Kirche errichtet und mit einem Verteidigungswall umgeben. Aber auch das konnte sie nicht vor Unglück schützen. Als die Mönche 1577 König Stefan Batory dabei unterstützten, die Unabhängigkeit der Stadt einzuschränken, brannten die Danziger Bürger die Kirche aus Protest nieder. Wieder bauten die Mönche ihre Kirche auf, doch dann begannen die Schwedenkriege und die Kirche wurde mehrmals geplündert. Dabei verlor sie unter anderem Orgel und Kanzel. 1831 vertrieb die preußische Regierung die Mönche dann endgültig aus der Stadt. Die Kirche ging an die örtliche Gemeinde über und erhielt 1925 den Rang einer **Kathedrale** (Karte S. 378). Sie überstand den Krieg fast unbeschadet und ist ein wichtiges, außergewöhnliches Beispiel hiesiger Kirchenarchitektur.

Die erste Überraschung bietet die Fassade, eine beeindruckende Komposition aus zwei schlanken, achteckigen gotischen Türmen mit einem barocken Mittelstück. Zum Portal der Kirche führen Treppen herab, denn die Kirche liegt etwa 1 m unter dem heutigen Bodenniveau. Wegen der außergewöhnlichen Proportionen wirkt das Kircheninnere besonders lang: Das Mittelschiff ist zwar 90 m lang, aber gerade einmal 8,30 m breit. Am gegenüberliegenden Ende steht der barocke Hochaltar (1688), der frühere Hochaltar, ein aus Eiche geschnitzter Renaissancealtar (1606), steht heute im linken Querschiff. Im rechten Querschiff findet sich das Marmorgrabmahl der Pomerellenfürsten (1613).

Prunkstück der Kirche ist die **Orgel**. Die Arbeiten daran begannen 1763 und waren rund dreißig Jahre später abgeschlossen. Das Instrument ist für seinen hervorragenden Klang und die mechanischen Engel bekannt, die Trompeten blasen und Glocken läuten, während die Orgel gespielt wird. Im Sommer (Juli und August) finden hier jeden Dienstag- und Freitagabend Orgelkonzerte statt. Vorführungen (Dauer 20 Min.) gibt es täglich alle ein bis zwei Stunden (zwischen 10 und 15 bzw. 16 Uhr; nachmittags nur sonntags). Infos zu den Konzerten sind in der Touristeninfo in Danzig erhältlich.

Hinter der Kathedrale liegt der Abtspalast aus dem 18. Jh., in dem heute eine Abteilung des Danziger Nationalmuseums, die **Galerie für Zeitgenössische Kunst** (Wystawa Sztuki Współczesnej; Karte S. 378; ☎ 552 12 71; Ul Cystersów 18; Erwachsene/ermäßigt 8/4 Zł; Di–So 9–16 Uhr), untergebracht ist. Im alten Abtsspeicher gegenüber dem Palast ist das **Volkskundemuseum** (Muzeum Etnograficzne; Karte S. 378; ☎ 552 41 39; Ul Cystersów 19; Erwachsene/ermäßigt 6/3 Zł; Di–So 9–16 Uhr). Es stellt interessante Haushaltsgegenstände und Kunsthandwerk der Region aus. Abgerundet wird dieser historische Komplex durch einen **Park** aus dem 18. Jh. mit Seen, alten exotischen Bäumen, einem Palmenhaus, einem Gewächshaus und einem kleinen französischen Garten.

FESTIVALS & EVENTS

Das älteste Fest der Stadt ist der **St. Dominik-Jahrmarkt** (Jarmark Dominikański; ☎ 554 93 34; www.mtgsa.pl auf Polnisch). Im Jahr 1260 erhielten die Mönche des Dominikanerordens die päpstliche Erlaubnis, am Tag ihres Heiligen einen Jahrmarkt zu veranstalten. Ursprünglich wurde der Jahrmarkt auf dem Plac Dominikański neben der Nikolaikirche (ehemalige Dominikanerkirche) abgehalten. Er hat sich über die Jahrhunderte stark ausgebreitet und belegt inzwischen jedes Jahr im August drei Wochen lang rund 6000 m² der Rechtstadt. Natürlich wird auch viel Schund angeboten, aber es gibt auch genügend Stände mit Antiquitäten, schönen Accessoires und Kunsthandwerk. Besonders Freunde von alten Militaria und Art déco werden sich hier wie im siebten Himmel fühlen. Inzwischen gibt es zum Jahrmarkt auch ein buntes Rahmenprogramm mit kulturellen Veranstaltungen (Straßentheater, Konzerte, Rennen und Paraden).

Weitere große Veranstaltungen:

Internationales Festival der Orgelmusik in Oliva (☎ 305 20 40; www.filharmonia.gda.pl auf Polnisch) Von Mitte Juni bis Ende August zweimal wöchentlich Orgelkonzerte in der Kathedrale von Oliva.

Internationales Festival der Orgel-, Chor- & Kammermusik (☎ 620 76 33) Musik jeden Freitagabend im Juli und August in der Marienkirche.

Internationales Festival für Freilicht- & Straßentheater (FETA; ☎ 557 42 47; www.feta.pl auf Polnisch, Englisch im Aufbau) Jedes Jahr im Juli.

Internationales Shakespeare-Festival (Festiwal Szekspirowski ☎ 305 68 00; www.teatr-szekspir.gda.pl auf Englisch) Im August.

Klänge des Nordens (www.nck.org.pl auf Englisch) Folklorefestival im August mit Musik aus nördlichen Regionen wie Grönland und Kamtschatka.

Weltmeisterschaft im Bernstein-Schleppnetzfischen (☎ 247 82 93) Ungewöhnlicher Wettbewerb, der jedes Jahr im Küstenörtchen Jantar 20 km östlich von Danzig ausgetragen wird.

SCHLAFEN

Budgetunterkünfte

Die hier genannten Preise sind ohne Frühstück und wo nicht anders beschrieben, werden die Badezimmer gemeinschaftlich genutzt.

HOSTELS

Przy Targu Rybnym (Karte S. 380; ☎ 301 56 27; www.gdanskhostel.com auf Deutsch; Ul Grodzka 21; Schlafsaal 40 Zł, Zi. 60 Zł pro Person; P 💻) Privat betriebenes Hostel; gemütliches Nest für Rucksackreisende, das sowohl dem ehrenamtlichen Personal als auch dem gemischten Publikum sofort ans Herz wächst. Der Schlafsaal in diesem kleinen, niedlichen Haus am Flussufer ähnelt einer Sardinenbüchse; es gibt noch fünf größere Zimmer und fast jeden denkbaren Service kostenlos oben drauf. Reservieren ist nicht möglich, denn die Gäste wollen hier manchmal gar nicht mehr abreisen.

Dizzy Daisy (Karte S. 380; ☎ 301 39 19; www.hostel.pl auf Polnisch, Deutsch im Aufbau; Ul Gnilna 3; Schlafsaal/EZ/DZ/3BZ 35/110/120/165 Zł; 🕓 Juli & Aug.; P 💻) Die Dizzy Daisy-Kette hat am Bahnhof einen eigenen Stand und auch hier gibt es die üblichen „Begrüßungskomitees", die unter den Ankommenden nach eventuellen Kandidaten für das Hostel Ausschau halten und sie dorthin begleiten. Die Lage des unspektakulären Hauses ist gut, das Personal freundlich.

Dizzy Daisy Hilton (Karte S. 380; ☎ 301 68 01; Ul Podwale Przedmiejskie 20; DZ/3BZ/4BZ 140/150/160 Zł) Das zweite Haus der Kette mit dem ironischen Beinamen „Hilton" bietet dasselbe in einem größeren Gebäudeblock südlich der Rechtstadt.

Strawberry Hostel (Karte S. 378; ☎ 342 94 79; www.strawberryhostels.com auf Deutsch; Ul Krasickiego 9/9a; EZ/DZ/3BZ/4BZ 18/24/30/40 €; 🕓 Juli & Aug.; P) Noch eine gute Sommerunterkunft mit Zielgruppe Backpacker. Der nahe Strand macht den weiten Weg hier raus nach Brzeżno wett; regelmäßige Strandpartys fördern neue Kontakte. Es gibt einen kostenlosen Shuttleservice oder die Straßenbahnlinie 13 nehmen. Haustiere sind willkommen, also Katze einpacken.

Dom Studenta ASP (Karte S. 380; ☎ 301 28 16; Ul Chlebnicka 13/16; Schlafsaal Erwachsene/Schüler & Studenten 30/26 Zł; 🕓 Juli–Mitte Sept.) Das Wohnheim der Akademie der Schönen Künste liegt idyllisch im historischen Haus zu den Engeln in der Rechtstadt. „Spartanisch" ist noch übertrieben (noch nicht einmal die Bettwäsche ist im Preis inbegriffen) und Gäste müssen mindestens vier Nächte bleiben – aber das Haus, die Lage ...!

MOKF-Hostel Al Grunwaldzka (Karte S. 378; ☎ 341 16 60; www.mokf.com.pl auf Englisch; Al Grunwaldzka 240/244; EZ 50,29 Zł, DZ 72,76–100,58 Zł, 4BZ 94,16 Zł; ⊠); Ul Wałowa (Karte S. 380; ☎ 301 23 13) Das Hostel in der Al Grunwaldzka ist unbestritten die bessere der beiden ganzjährig geöffneten HI-Herbergen in Danzig, aber wegen sehr strenger Regeln keine Alternative zu privat betriebenen Häusern. Die 208 Betten sind vorwiegend in Doppel- (einige mit eigenem Bad) oder Vierbettzimmern untergebracht. Das Hostel liegt in einem Sportkomplex 6 km nordwestlich der City. SKM (Vorstadtzug) bis Gdańsk Zaspa nehmen und nach Nordwesten gehen. Das zweite Haus liegt in der Ul Wałowa 21.

PRIVATZIMMER

Grand-Tourist (Karte S. 380; ☎ 301 26 34; www.gt.com.pl auf Deutsch; Ul Podwale Grodzkie 8; EZ 50–60 Zł, DZ 80–100 Zł; 🕓 Büro Mo–Fr 10–18 Uhr, Sa 10–14 Uhr) Grand-Tourist ist die wichtigste Agentur für Vermittlung von Privatzimmern und Ferienwohnungen in Danzig. Sie liegt direkt gegenüber dem Hauptbahnhof. Buchungen per Telefon oder E-Mail sind möglich, es ist aber notwendig, bei Ankunft erst persönlich ins Büro zu kommen, um den Papierkram zu erledigen und zu bezahlen. Es ist weniger wichtig, ob die Unterkunft nahe am Zentrum liegt, sondern mehr, wie weit es bis zur nächsten Haltestelle des SKM-Vorstadtzugs ist.

CAMPING

Camping Nr 218 Stogi (Karte S. 378; ☎ 307 39 15; www.kemping-gdansk.pl auf Englisch; Ul Wydmy 9; Zeltplatz Erwachsene 10 Zł, Kinder 5–9 Zł; Hütten 40–100 Zł; 🕓 Mai–Sept.) Danzigs komfortabelster Campingplatz liegt im Vorort Stogi, 5,5 km nordöstlich des Zentrums. Nur 200 m bis zu einem der schönsten Strände der Stadt mit dem saubersten Wasser weit und breit. Er ist mit den Straßenbahnlinien 8 und 13 gut zu erreichen.

Mittelklassehotels

Im historischen Zentrum gibt es kaum Übernachtungsmöglichkeiten dieser Preiskategorie. Dafür ist es aber oft nicht weit bis in die Vororte. Suchanimo liegt beispielsweise eine kurze Busstrecke entfernt und hat ein besonders gutes Angebot an Pensionen. Etwas weiter draußen gibt es noch viel mehr Möglichkeiten.

Dom Muzyka (Karte S. 378; ☎ 300 92 60; Ul Łąkowa 1/2; EZ 150 Zł, DZ 210–230 Zł; P) Danzig ist berühmt für seine musikalischen Ensembles. Etwas erstaunlich, dass die Danziger Akademie für Musik müde Reisende aufnimmt, um das Getute und Gefiedel ihrer talentierten Schüler zu finanzieren. Nein, ehrlich gesagt, ist dies eine sehr gemütliche und gastliche Unterkunft, sobald am späten Nachmittag die Instrumente wieder verstaut sind – und sie liegt nur ein paar Schritte vom Zentrum entfernt.

Pensjonat Angela (Karte S. 378; ☎ 302 23 15; Ul Beethovena 12; EZ/DZ 160/180 Zł; P) Diese Pension ist mit die beste Wahl in Suchanimo. Das Einfamilienhaus, das in eine erstklassige Pension verwandelt wurde, bietet schicke Zimmer mit Hotelstandard, große Betten, Sonnenbalkone und ein super Frühstücksbuffet. Per Buslinie 184 oder mit dem Taxi (12–15 Zł) erreichbar – die Pension ist gut ausgeschildert und leicht zu finden.

Pokoje Gościnne Mac-Tur (Karte S. 378; ☎ 302 41 70; www.mactur.gda.pl auf Deutsch; Ul Beethovena 8; EZ/DZ/3BZ 30/40/50 €; P) Direkt neben dem Angela bietet das Mac-Tur fast denselben Standard in kleineren, sehr individuellen Zimmern. Für dynamische Leute gibt es hier auch eine Tischtennisplatte. Direkt gegenüber liegt das Schwesterhaus Abak.

Villa Akme (Karte S. 378; ☎ 302 40 21; www.akme.gda.pl auf Deutsch; Ul Drwęcka 1; EZ/DZ/3BZ 110/150/210 Zł; P) Eine weitere kleine Privatpension nur 2 km südwestlich des Bahnhofs. Das Akme hat elf neu ausgestattete Zimmer und ist mit den Buslinien 118, 208 und 295 ab Bahnhof gut erreichbar. Nichts Ausgefallenes, aber bestimmt auch keine Enttäuschung.

Villa Pascal (Karte S. 378; ☎ 342 75 92; www.villapascal.com.pl auf Deutsch; Ul Łamana 5; EZ 160–190 Zł, DZ 250 Zł, Suite 280–400 Zł; P) Im Vorort Brzeźno liegt ganz in Strandnähe das massive, rot gedeckte Gästehaus, das fast Hotelstandard bietet. Die neutralen Zimmer sind in verschiedenen Farbthemen eingerichtet und das hauseigene Restaurant serviert mittags günstige Gerichte.

Dom Aktora (Karte S. 380; ☎ 301 59 01; www.domaktora.pl auf Deutsch; Ul Straganiarska 55/56; EZ/DZ/Apt. 200/250/300 Zł; P) Zentralere Apartments für Selbstversorger gibt's eigentlich nicht. Alle sind mit eigener Kitchenette ausgestattet. Die liebevolle Einrichtung soll an Italien erinnern, ist aber so italienisch wie polnische Pizza. Auch wenn hier die tolle Lage ihren Preis hat, ist das Geld gut angelegt.

Dom Harcerza (Karte S. 380; ☎ 301 36 21; www.domharcerza.prv.pl auf Englisch, Deutsch im Aufbau; Ul Za Murami 2/10; Zi. 104–300 Zł) Das Hotel ist in einem echten Theater unweit der Langgasse (Ul Długa) untergebracht, aber darüber hinaus bietet dieses einfache Arbeiterhotel wenig Dramatisches. Hier gibt es Ein- bis Zwölfbettzimmer und ein paar Doppel- und Dreibettzimmer mit eigenem Bad.

Old Town Apartments (☎ 22-887 98 00; www.warsawshotel.com auf Deutsch; Apt. 60–150 €) Die Agentur mit Sitz in Warschau vermittelt Apartments in vier größeren Städten zu vernünftigen Preisen. Langzeitaufenthalte sind möglich.

Spitzenklassehotels

In den einmalig restaurierten historischen Gebäuden der Rechtstadt finden sich natürlich Unterkünfte für alle diejenigen, die sich die schönen Dinge des Lebens leisten können. Wer nach großzügigen Wochenend- oder Nebensaisonrabatten Ausschau hält, kann auch schon mal ein tolles Schnäppchen machen.

Hotel Królewski (Karte S. 380; ☎ 326 11 11; www.hotelkrolewski.pl auf Deutsch; Ul Ołowianka 1; EZ 290 Zł, DZ 340–390 Zł, Suite 510–650 Zł; ☒) Luxus hat seinen Preis, ja, aber wenn das hier der Preis ist, kann sich niemand beschweren. Der neueste Zuwachs unter den Danziger Nobelherbergen hat eine unschlagbar schöne Lage direkt an der Motława (in einem historischen Speicher), unheimlich freundliches Personal und umwerfende moderne Zimmer – und das alles zu einem Preis, bei dem westlichen Hoteliers die Luft wegbliebe. Weit im Voraus buchen.

Hotel Podewils (Karte S. 380; ☎ 300 95 60; www.podewils-hotel.pl auf Deutsch; Ul Szafarnia 2; EZ 166–181 €, DZ 203–246 €, Suite 447–653 €; ☒) Direkt am Yachthafen verströmt dieses Hotel aus jeder Mauerritze zurückhaltende Eleganz und Charme. Die Lounge mit antiken Möbeln und die individuell eingerichteten Zimmer im Stil des 18. Jhs. machen das Hotel schon zu etwas Besonderem. Durch Extras wie DVD-Player und Wellness-

Badewanne setzt es sich zusätzlich deutlich von der Konkurrenz ab.

Hotel Hanza (Karte S. 380; ☎ 305 34 27; www.hanza-hotel.com.pl auf Deutsch; Ul Tokarska 6; EZ/DZ 665/695 Zł, Suite 885–1090 Zł; P ⊠ 💻) Spielt unbestritten ganz oben mit und macht das Beste aus seiner exklusiven Lage direkt neben Danzigs berühmtestem Wahrzeichen, dem Krantor. Es herrschen moderne, warme Orangetöne vor. Das inzwischen unvermeidliche Fitnesscenter und eine Terrasse am Fluss runden das Angebot ab.

Dwór Oliwski (Karte S. 378; ☎ 554 70 00; www.dwor-oliwski.com.pl auf Deutsch; Ul Bytowska 4; EZ/DZ 105/126 €, Suite 158–232 €; P ⊠) Oliva ist nicht gerade die günstigste Lage für einen Aufenthalt in Danzig, aber dieses traumhafte Herrenhaus gibt einem mindestens einen guten Grund für eine Übernachtung so weit draußen. Der Landsitz liegt auf einem weitläufigen Grundstück, die Zimmer sind Eleganz in Perfektion und das Restaurant genießt einen ausgezeichneten Ruf für exquisite französische Küche.

Hotel Mercure Hevelius (Karte S. 380; ☎ 321 00 00; www.orbis.pl auf Deutsch; mer.hevelius@orbis.pl; Ul Heweliusza 22; EZ 380 Zł, DZ 420–440 Zł, Suite 872–970 Zł; P ⊠ 💻) Das 17-geschossige moderne Hochhaus ist nicht gerade ein Glanzstück Danziger Architektur. Es gehört aber zu den besseren Häusern der Orbis-Kette und hat erstklassige Einrichtungen. In den Zimmern, die nach Süden rausgehen, haben Gäste einen schönen Blick über das historische Zentrum.

ESSEN

Im gesamten Zentrum gibt es mehr als genug zu Essen – für jeden Geldbeutel. Allein ein Bummel durch die Langgasse macht die Entscheidung schwer. Das Fischangebot ist sehr groß (gerade in den teureren Etablissements), typisch für eine Hafenstadt. Untypisch für einen Hafen und das sonst eher kosmopolitische Danzig ist dagegen das dünne Angebot ausländischer Küchen. Wer etwas Ausgefalleneres will als Schweinefleisch süß-sauer oder Döner-Kebab, muss schon lange suchen.

Restauracja Gdańska (Karte S. 380; ☎ 305 76 71; Ul Św Ducha 16; Hauptgerichte 19–100 Zł) Hier zu essen, ist ein wirkliches Erlebnis: Die fünf Speiseräume sind bis unter die Decke mit antiken Möbeln, Gemälden, Schiffsmodellen und anderen *Objets d'Art* voll gestopft. Dazwischen huschen flinke Kellner mit Epauletten herum. So mag der Artushof in seiner Blütezeit mal ausgesehen haben. Die gehobene polnische Küche macht den Besuch doppelt lohnenswert.

Gospoda Pod Wielkem Młynem (Karte S. 380; ☎ 305 30 69; Ul Na Piaskach 1; Hauptgerichte 12–40 Zł; 🕑 Mittag- & Abendessen) Das Fachwerkhaus hinter der Großen Mühle ist *der* Sommertipp schlechthin, es ist Danzigs schönstes Gartenlokal. Es liegt praktisch auf einer Insel im Radaune-Kanal, ein sehr romantisches Fleckchen zwischen schattigen Bäumen und rustikalen Heuwagen. Zum Essen gibt's Hevelius-Bier oder ungarischen Wein.

Restauracja Pod Łososiem (Haus zum Lachs; Karte S. 380; ☎ 301 76 52; www.podlososiem.com.pl auf Deutsch; Ul Szeroka 54; Hauptgerichte 45–90 Zł; 🕑 Mittag- & Abendessen) Danzigs berühmtestes Restaurant und wahre Institution, mit der höchstens das teurere und leerere Tawerna konkurrieren kann. Das 1598 gegründete Haus mit dem Lachs im Namen ist natürlich auf Fisch spezialisiert, bietet aber auch Fleischgerichte an. Eine weitere Spezialität des Hauses ist das berühmte Danziger Goldwasser, der Schnaps, in dem Blattgold schwimmt. Er wurde vom 16. Jh. bis zum Ausbruch des Zweiten Weltkriegs im Keller gebrannt. Wahrscheinlich hat jeder Promi, der schon mal in Danzig war, in diesem Restaurant gegessen.

Pesca Bar (Karte S. 380; ☎ 783 72 31; Ul Rajska 4C; Hauptgerichte 4,50–29 Zł; 🕑 Mittag- & Abendessen) In diesem Lokal sind Fisch und Meeresfrüchte definitiv erschwinglicher. Es zählt zu den wenigen preiswerteren Restaurants mit gutem Fischangebot. Neben Hauptgerichten stehen auf der Karte auch Snacks und Sandwiches.

Bar Pod Rybą (Karte S. 380; ☎ 305 13 07; Długi Targ 35/38; Hauptgerichte 6–17 Zł; 🕑 Mittag- & Abendessen) Eine so preiswerte Bar direkt an einem Touristenpfad kann nichts sein – könnte man denken, aber hier darf man sich getrost überraschen lassen. Besonders die Folienkartoffeln sind erste Klasse und während des Essens kann man in den alten Fotos von Danzig schwelgen.

Towarzystwo Gastronomiczne (Karte S. 380; ☎ 305 29 64; Ul Korzenna 33/35; Hauptgerichte 21–49 Zł; 🕑 Mittag- & Abendessen) Die „Freunde der Gastronomie" verfolgen einen modernen Ansatz der polnischen Küche. Im künstlerisch angehauchten Keller des Altstädter Rathauses werden zeitgenössische Kochideen an Fisch, Fleisch und Geflügel ausprobiert. Das Personal ist kundig, aufmerksam und lässt sich auch von großen Gruppen nicht aus der Ruhe bringen.

Restauracja Kubicki (Karte S. 380; ☎ 301 00 50; Ul Wartka 5; Hauptgerichte 25–45 Zł; Mittag- & Abendessen;) Seit 1918 wird in diesem Familienbetrieb direkt an der Uferpromenade solide, herzhafte polnische Küche serviert. Damit ist es Danzigs ältestes, durchgängig betriebenes Restaurant. Die lebhafte Bar ist eine neuere Ergänzung.

Czerwone Drzwi (Karte S. 380; ☎ 301 57 64; www.reddoor.gd.pl auf Englisch; Ul Piwna 52/53; Hauptgerichte 17–45 Zł; Mittag- & Abendessen) In gehobener und entspannter Atmosphäre lässt sich im Café-Restaurant hinter der „roten Tür" interessant polnisch-international speisen. Das mehrsprachige Personal verführt das gemischte Publikum zu immer neuen Bestellungen (es braucht aber gar nicht viel Überredungskunst). Angeblich ist hier geöffnet, bis der letzte Gast tatsächlich gehen möchte.

Green Way (Karte S. 380; ☎ 301 41 21; Ul Garncarska 4/6; Hauptgerichte 4,90–8,50 Zł; Mittag- & Abendessen;) Das Green Way gehört zu einer schnell wachsenden internationalen Kette, die in typisch modern-schlichtem Design vegetarisches und makrobiotisches Essen bietet. Es spricht für die Küche, dass auch Nichtvegetarier hierher essen kommen.

Restauracja Wileńska (Karte S. 380; ☎ 301 66 53; Ul Ogarna 11; Hauptgerichte 20–60 Zł; Frühstück, Mittag- & Abendessen;) Wer die osteuropäische Küche liebt, muss auf jeden Fall im Wileńska litauische Küche probieren. Das Restaurant hält Traditionen hoch und tischt ausgezeichnete, herzhafte Gerichte auf, die neugierig auf eine Rundreise durch die baltischen Staaten machen.

Bar Mleczny Neptun (Karte S. 380; ☎ 301 49 88; Ul Długa 33/34; Hauptgerichte 1–8 Zł; Mo–Fr Frühstück, Mittag- & Abendessen, Sa & So Frühstück & Mittagessen) Super preiswertes Essen in original Milchbar-Ambiente.

Auch empfehlenswert:

Kuchnia Rosyjska (Karte S. 380; ☎ 301 27 35; Długi Targ 11; Hauptgerichte 9–35 Zł; Mittag- & Abendessen)

Tawerna (Karte S. 380; ☎ 301 41 14; www.tawerna.pl auf Deutsch; Ul Powroźnicza 19/20; Hauptgerichte 50–120 Zł; Mittag- & Abendessen)

Złota Rybka (Karte S. 380; ☎ 301 39 24; Ul Piwna 50/51; Hauptgerichte 9,90–17,90 Zł; 11–14 Uhr)

AUSGEHEN

Die fotogene Frauengasse hat mehrere romantische kleine Cafés, die auf ihre hübschen Beischläge (Vorderterrassen) Tische stellen. Auch an der Uferpromenade, Długie Pobrzeże, gibt es zwischen den schicken Restaurants unzählige Straßencafés (besonders am nördlichen Ende Richtung Targ Rybny).

Latający Holender (Karte S. 380; ☎ 802 03 63; Wały Jagiellońskie 2/4) Der „Fliegende Holländer" gehört zu den seltsamsten Etablissements in ganz Polen. Es liegt verborgen im Keller auf der Rückseite des unsäglich hässlichen LOT-Plattenbaus. Die grimmige Fliegerfigur über dem Eingang ist ein schöner Vorgeschmack auf die bizarren Kreaturen dieser gruseligen Unterwelt.

Kamienica (Karte S. 380; ☎ 301 12 30; Ul Mariacka 37/39; 9–23 Uhr) Das Kamienica zählt zum Besten, das die Frauengasse zu bieten hat. Das zweigeschossige, ruhige Café strahlt Stil aus und besitzt den hübschesten Beischlag der Häuserreihe. Es ist für Kaffee und Kuchen genau so beliebt wie für die nette Getränkerunde am Abend.

Punkt (Karte S. 380; ☎ 0503 373 956; Ul Chlebnicka 2; ab 16 Uhr) Das Punkt zieht hippe Studenten an. Hinter den schmuddeligen Buntglasscheiben versteckt sich ein gewollt auf Großstadt getrimmter In-Laden mit entsprechender neuester Musik und gepflegter Langeweile. Schon von weitem ist das Punkt an der Menschentraube draußen auf den Stufen zu erkennen.

Irish Pub (Karte S. 380; ☎ 320 24 74; www.irish.pl auf Polnisch; Ul Korzenna 33/35) Im riesigen Gewölbekeller des Altstädter Rathauses liegt dieses nicht wirklich irische Pub. Britisch sind höchstens die wenig witzigen Scherze und preiswerten Getränke. Meist gibt es hier irgendwie Livemusik und an den Wochenenden ist der Laden extrem lang geöffnet. Weitere Infos auf der Website.

Celtic Pub (Karte S. 380; ☎ 301 29 99; Ul Lektykarska 3; ab 17 Uhr) Eine weitere Kellerbar mit nächtlichen Parties. Das Celtic Pub ist der gerammelt volle, chaotisch-schmuddelige Absturzkrater, um eine lange Sauftour würdig abzuschließen. Wer noch mehr Spaß haben möchte, kann seine Umgebung darüber aufklären, dass das Gebäude früher eine öffentliche Bedürfnisanstalt war.

Pub U Filipa (Karte S. 380; ☎ 320 23 23; Ul Długa 45) Die Tischchen sind im grellen Licht ungemütlich und das Laufpublikum ist so, wie es die zentrale Lage mit sich bringt. Aber irgendwie tut das dem Filipa keinen Abbruch. An einem der Ecktische kommt fast Gemütlichkeit auf. Spontane Tanzanfälle der Gäste verstopfen manchmal den Weg zur Bar.

UNTERHALTUNG

Die Lokalpresse listet aktuelle Kultur- und Unterhaltungsprogramme. *Gdańsk in Your Pocket* ist ein englischsprachiges Stadtmagazin mit den wichtigsten Infos und guten Kritiken zum Nachtleben. Wer aber wirklich einen drauf machen will, muss sowieso nach Sopot fahren– das wird einem jeder in Danzig bestätigen.

Musikclubs & Livemusik

Rudy Kot (Karte S. 380; ☎ 301 86 49; www.rudykot.pl; Ul Garncarska 18/20; Party 10 Zł; ⌚ ab 10 Uhr) Eine Kombination aus Bar-Club und Internetcafé ist nicht gerade nahe liegend, aber die „Rote Katze" macht aus der Idee etwas ganz Gutes. An den Wochenenden gibt es hier Partys von Dance bis Metal und durch die großen Fenster ist schon draußen klar, was drinnen abgeht.

Parlament (Karte S. 380; ☎ 320 13 65; Ul Św Ducha 2; Eintritt 5–10 Zł; ⌚ Do–Sa ab 21 Uhr) Der edelste Club im Zentrum mit großen Dance-Events von Industrial bis Asian Beats. Donnerstags ist Karaoke angesagt.

Yesterday (Karte S. 380; ☎ 301 39 24; Ul Piwna 50/51) Das Pop Art-Fenster des Yesterday vermittelt einen guten Eindruck, wie es im Inneren aussieht. Wer auch immer diesen Kellerschuppen eingerichtet hat, er hat kein Klischee ausgelassen. Trotzdem: Freier Eintritt, große Bierauswahl und die absolut wahllose Musikzusammenstellung bringt einen im „Gestern" schnell in den morgigen Tag.

Cotton Club (Karte S. 380; ☎ 301 88 13; Ul Złotników 25/29) Einer der wenigen Clubs in der Stadt, die relativ regelmäßig Livejazz veranstalten. Unter der Woche gibt es manchmal Jamsessions. Wenn keine Musik gespielt wird, gibt es hier zumindest drei Pool-Tische für einen gepflegten Billardabend.

Freizeiteinrichtungen

U7 (Karte S. 380; ☎ 305 55 77; www.u7.pl; Plac Dominikański 7; ⌚ 9–1 Uhr) Im U7 wird das Prinzip „Alles unter einem Dach" wirklich ins Extrem getrieben: Bowlingbahn, Snackbar, Fitnesscenter, Sauna und Solarium, Pool-Tische und Dart-Scheiben, Internetcafé und Schießstand. Und all das unterirdisch in der Nähe der Markthalle. Kein Wunder, dass diese schrille Kombination aus Spielhölle und scharfer Munition die Danziger Jugend magisch anzieht.

Oper, Klassische Musik & Theater

Baltische Philharmonie (Karte S. 380; ☎ 305 20 40; www.filharmonia.gda.pl auf Polnisch; Ul Ołowianka 1) Die Baltische Philharmonie ist das Haus für Kammermusikkonzerte und große Musikfestivals rund ums Jahr.

Baltische Staatsoper (Karte S. 378; ☎ 341 05 63; www.operabaltycka.pl auf Deutsch; Al Zwycięstwa 15) Das Opernhaus liegt im Stadtteil Wrzeszcz, in der Nähe des Bahnhofs Gdańsk Politechnika. Neben dem üblichen klassischen Repertoire bietet die Oper auch gelegentliche Neuheiten (zum Beispiel eine Adaption von *Star Wars)*. Auch Symphoniekonzerte werden hier gegeben.

Teatr Wybrzeże (Karte S. 380; ☎ 301 70 21; Targ Węglowy 1) Die Haupttheaterbühne der Stadt direkt neben dem Großen Zeughaus in der Rechtstadt. Auf der Bühne wird der übliche Mainstream mit polnischen und internationalen Klassikern aufgeführt. Im Untergeschoss ist ein guter Club.

SHOPPEN

Danzig ist für Bernstein berühmt (s. Kasten S. 399). Er wird entweder roh oder in Silberschmuck gefasst verkauft. Teils ist der Schmuck sehr hochwertig. Natürlich führen auch Juweliere in Warschau, Krakau und anderen großen Städten Bernstein, aber Danzig bietet wahrscheinlich die größte und beste Auswahl. Die meisten Bernsteinläden liegen im Bereich Frauengasse, Langer Markt und Uferpromenade. Dazu kommen im August einige Dutzend Stände auf dem St. Dominik-Jahrmarkt. Vorsicht bei überteuertem Schmuck und Souvenirläden, die unwissenden Touristen das Geld aus der Tasche ziehen.

Shoppen wird in Danzig groß geschrieben. Es gibt mehrere riesige Einkaufszentren. Dasjenige in der **Großen Mühle** (s. S. 389) ist allein schon wegen des Gebäudes einen Besuch wert. Das moderne **Madison Centre** (Karte S. 380; ☎ 766 75 41; www.madison.gda.pl auf Polnisch; Ul Rajska 10) bietet auf vier Geschossen internationale Marken, Essen, ein Fitnesscenter und kostenlose öffentliche Toiletten.

AN- & WEITERREISE

Bus

Der PKS-Busbahnhof (Karte S. 380) liegt direkt hinter dem Hauptbahnhof und ist über eine Unterführung mit diesem verbunden. Die Busse sind für diverse Ziele in die Region günstig, denn die sind oft nur schlecht oder gar nicht mit dem Zug erreichbar.

Es gibt einen morgendlichen Direktbus nach Frombork (Frauenburg; 14,50 Zł, 3 Std.). Alternativ nimmt man einen der vielen Busse nach Elbląg (Elbing; schnell/langsam 13/11 Zł, 1½ Std.) und steigt dort um. Vier Schnellbusse fahren täglich nach Olsztyn (Allenstein; 23 Zł, 4 Std.) und zwei nach Lidzbark Warmiński (Heilsberg; 23 Zł, 4¼ Std.). Um nach Łeba (Leba) zu gelangen, erst nach Lębork (Lauenburg; 9,50 Zł, 2¼ Std., 5-mal tgl.) fahren und dort umsteigen.

Für Abstecher nach Kaschubien gibt es stündlich Busse nach Kartuzy (Karthaus; 6,90 Zł, 1 Std.) und 15 Verbindungen täglich nach Kościerzyna (Berent; 9,50 Zł, 1¾ Std.).

Es bestehen zahlreiche Busverbindungen in westeuropäische Städte. Informationen und Tickets gibt es in den Reisebüros (etwa Almatur und Orbis, siehe S. 382). PKS-Busse fahren auch täglich nach Kaliningrad (Königsberg; 28 Zł, 5 Std., außer sonntags) und über Olsztyn (Allenstein) nach Vilnius (Wilna; 125 Zł, 16 Std.).

Flugzeug

Der **Lech Wałęsa-Flughafen** (Karte S. 378; ☎ 348 11 54; www.airport.gdansk.pl auf Englisch) liegt in Rębiechowo, 14 km westlich von Danzig. Ab Hauptbahnhof Gdańsk Główny fährt der Bus B den Flughafen etwa zweimal stündlich an (35 Min.; Fahrplan gut studieren) und ab Gdańsk Wrzeszcz die Buslinie 110 (23 Min.). Das **Büro der LOT** (Karte S. 380; ☎ 301 11 61; Wały Jagiellońskie 2/4) liegt direkt neben dem Hohen Tor.

Die einzigen Inlandsflüge gehen nach Warszawa (Warschau; mind. 5-mal tgl.), aber der kleine Terminal wird eine zunehmend wichtige Basis für europäische Billigflieger. Derzeit gibt es Auslandsflüge nach Kopenhagen (bis zu 4-mal tgl.), Malmö (3-mal wöchentl.), Frankfurt (2-mal tgl.), Hamburg (tgl.), München (tgl.) und London (1–2-mal tgl.). Da weitere Billig-Airlines Interesse zeigen, wird sich das nationale und internationale Angebot in den nächsten Jahren bestimmt stark entwickeln.

Schiff

Die Autofähren der **Polferries** (☎ 343 18 87; www.polferries.pl auf Deutsch) fahren von Gdańsk Nowy Port (Karte S. 378) nach Nynäshamn in Schweden (Erwachsene/ermäßigt 610/510 Skr, 18 Std., bis zu 4-mal wöchentl.). Infos, Buchung und Tickets gibt es bei Orbis und anderen Reisebüros, s. auch S. 382.

Zug

Danzigs Hauptbahnhof Gdańsk Główny (Karte S. 380) liegt am westlichen Rand der Altstadt. Das Bahnhofsgebäude, ein Baudenkmal, erstrahlt nach seiner Wiederherstellung im alten Glanz.

Fast alle Fernzüge von/nach Süden starten und enden in Gdynia (Gdingen). Die meisten Züge mit Zielen in westlicher Richtung wie Szczecin (Stettin) fahren ab Gdańsk (Danzig) und halten nur unterwegs in Gdynia (Gdingen). Bei den Fahrplänen sind die Abfahrtszeiten für alle wichtigen Haltestellen in der Dreistadt aufgeführt. Also aufpassen, dass man die richtige Spalte erwischt.

Danzig ist ein sehr geschäftiger Bahnhof mit 22 Zügen täglich nach Warszawa (Warschau; 44,65 Zł, 4 Std.). All diese Züge fahren über Malbork (Marienburg; 15,90 Zł, 40 Min.), der Intercity hält dort aber nicht. Die sieben Schnellzüge täglich nach Olsztyn (Allenstein; 31,85 Zł, 2¾ Std.) halten ebenfalls in Malbork. Wer nur mit dem Zug an Malbork vorbeifährt, sollte zumindest bei der Durchfahrt die Kamera bereit halten, um ein paar schöne Fotos von der Burg zu schießen.

Täglich fahren drei Schnellzüge nach Wrocław (Breslau; 49,80 Zł, 7 Std.), die alle auch in Bydgoszcz (Bromberg; 30,03 Zł, 2 Std.) und Poznań (Posen; 43,04 Zł, 4¼ Std.) halten. Zudem gibt es je fünf Schnellzüge nach Toruń (Thorn; 36,12 Zł, 3½ Std.) und Szczecin (Stettin; 44,65 Zł, 5½ Std.); nach Łeba (Leba) einen der vielen Züge nach Lębork (Lauenburg; 11,80 Zł, 1¼ Std.) nehmen und dort umsteigen.

UNTERWEGS VOR ORT

Bahn & Bus

Busse und Bahnen sind zwar langsamer als der SKM, decken aber ein wesentlich größeres Gebiet ab. Sie fahren von 5 Uhr morgens

DAS GOLD DER OSTSEE

Wenn es einen typisch polnischen Edelstein gibt, dann ist es Bernstein – oder besser, dann wäre es Bernstein, wenn Bernstein ein Edelstein wäre. Denn in Wahrheit ist Bernstein kein Stein, sondern versteinertes Baumharz. Verschiedene Bernsteinsorten sind auf der ganzen Welt zu finden, von Kanada bis Neuseeland, aber das größte Vorkommen liegt an den Küsten der Ostsee.

Der baltische Bernstein wurde vor rund 40 bis 60 Mio. Jahren geformt. Die riesigen subtropischen Wälder der Region produzierten tausende Tonnen von Harz. Dann kühlte das Klima stark ab und die Bäume wurden unter einer dicken Eisschicht begraben. Millionen von Jahren später erwärmte sich das Klima wieder und legte die Bäume in versteinerter Form frei. Aus dem Schmelzwasser der Eiszeit bildete sich die Ostsee, die ihre heutige Größe erst etwa 6000 v. Chr. erreichte.

Der Großteil des Bernsteins wird an den südöstlichen Küstenstreifen der Ostsee angespült, besonders an der Halbinsel Samland und in der Region um Kaliningrad (Königsberg). Kleinere Vorkommen gibt es an den Küsten Polens, Litauens und Lettlands; winzige Mengen findet man auch an den Küsten anderer Ostsee-Anrainerstaaten.

Mit dem Bernstein der Ostsee wird seit mindestens 12 000 Jahren gehandelt. Erst seit ungefähr 1860 wird er kommerziell ausgebeutet. Bis dahin wurde einfach der am Strand angespülte Bernstein eingesammelt oder aus dem Sand gewaschen. In den letzten Jahren ist Bernstein zu einem der beliebtesten Steine in der polnischen Schmuckindustrie geworden. Die Hersteller verarbeiten 220 bis 250 t pro Jahr. Allerdings stammen nur 10 bis 20 % davon aus Polen (hauptsächlich aus der Danziger Bucht). Der Rest wird aus der Region um Kaliningrad importiert. Etwa 85 % der polnischen Schmuckproduktion wird exportiert und bringt jährlich rund 250 Mio. Euro ein – gar nicht schlecht für simplen Baumharz …

bis etwa 23 Uhr. Danach gibt es noch eine Hand voll Nachtlinien. Fahrpreise sind von der Fahrtdauer abhängig und kosten bis 10 Minuten 1,20 Zł, bis dreißig Minuten 2,40 Zł und bis zu einer Stunde 3,60 Zł. Ein Tagesticket kostet 7,80 Zł. Die Fahrkarten müssen bei Antritt der Fahrt entwertet (abgestempelt) werden.

Schiff

Von Mai bis September betreibt **Żegluga Gdańska** (Karte S. 380; ☎ 302 72 31; www.zegluga.gda.pl auf Deutsch) Schiffe und Tragflügelboote ab der Uferpromenade in der Nähe des Grünen Tors nach Sopot (Zoppot; Hin/Hin & Zurück 35/48 Zł), Gdynia (Gdingen; 41/56 Zł) und über die Danziger Bucht zur Halbinsel Hela (Mierzeja Helska; 48/61 Zł). Ermäßigte Tickets kosten etwa zwei Drittel des Normalpreises. Für die Tragflügelboote gibt es keine Ermäßigungen. Ein Ausflug zur Halbinsel bringt einen schnell in Segelstimmung und ist perfekt für ein wenig Sightseeing und Baden am Strand (s. S. 407).

Sowohl Żegluga Gdańska als auch die Raddampfer-Reederei **Żegluga Pomeranka** (Karte S. 380; ☎ 301 13 00), ein Stück weiter nördlich an der Uferpromenade, bieten von April bis Oktober Fahrten zur Westerplatte inklusive Hafenbesuch an.

Vorstadtzug

Der Vorstadtzug SKM (Szybka Kolej Miejska; Schneller Stadtzug) verkehrt ständig zwischen dem Danziger Hauptbahnhof Gdańsk Główny und dem Bahnhof Gdynia Główna (4 Zł, 35 Min.). Dazwischen hält er an etwa einem Dutzend Haltestellen inklusive Sopot (Zoppot; 2,80 Zł). Die Fahrscheine sind am Bahnhof und in einigen Ruch-Kiosken erhältlich. Achtung: Die Tickets müssen in den großen gelben Ticketmaschinen am Bahnsteigeingang entwertet werden, nicht in den Zügen.

RUND UM DANZIG

SOPOT (ZOPPOT)

☎ 58 / 43 000 Ew.

Sopot liegt direkt nördlich von Danzig und ist seit über 200 Jahren das eleganteste Seebad Polens. Schon im 13. Jh. gab es hier ein kleines Fischerdorf, das den Zisterziensern von Oliva gehörte. „Entdeckt“ hat Sopot aber erst Johann Georg Haffner, ein früherer Militärarzt der Napoleonischen Armee, der hier 1823 ein Seebad einrichtete. Als Sopot nach dem Ersten Weltkrieg der Freien Stadt Danzig zugesprochen wurde, begann der Boom. Schnell entwickelte sich Sopot zum exklusiven Seebad, in dem sich die Wohlhabenden trafen. Bei Ausbruch des Zweiten Weltkriegs zählte der quirlige Erholungsort 30 000 Einwohner.

Nach dem Krieg berappelte sich Sopot schnell und bekam eine kräftige Injektion „moderner" Architektur, die glücklicherweise nicht die alten Bauten überschattet. Heute ist Sopot praktisch vollkommen dem Tourismus verschrieben. Die langen Sandstrände und das bunte Nachtleben zieht Besucherströme an. Auch wenn die Gästelisten heute nicht mehr so exklusiv sind, die schicken alten Hotels vermitteln hier immer noch einen Eindruck vom Glanz früherer Tage.

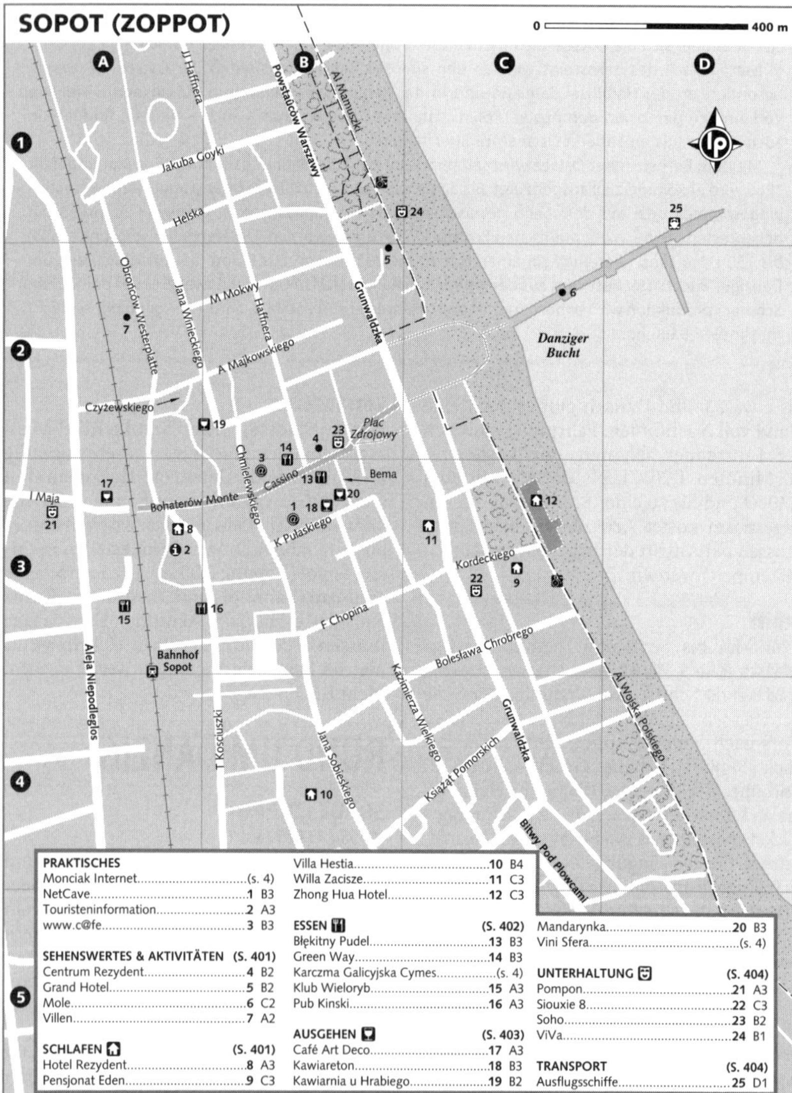

Praktische Informationen

Centre for polish studies (Karte S. 378; ☎ 550 68 59; www.learnpolish.edu.pl auf Englisch; Ul Podgórna 8) Polnischsprachkurse.

MONCIAK Internet Cafe (Karte S. 400; www.monciak.internetdsl.pl auf Polnisch; Centrum Rezydent, Ul Haffnera 6; 6 Zł/Std.; ⌚ 11–22 Uhr) Internetzugang.

NetCave (Karte S. 400; ☎ 551 11 83; www.netcave.coco.pl auf Polnisch; Ul Pułaskiego 7A; 1 Std. 4 Zł; ⌚ 10–22 Uhr) Internetzugang.

Touristeninformation (Karte S. 400; ☎ 550 37 83; www.sopot.pl auf Deutsch; Ul Dworcowa 4; ⌚ 9–20 Uhr)

www.c@fe (Karte S. 400; ☎ 555 14 24; Ul Chmielewskiego 5A; 1 Std. 4 Zł; ⌚ 8–24 Uhr) Internetzugang.

Sehenswertes & Aktivitäten

In Sopot führen alle Wege zur **Ul Bohaterów Monte Cassino**, der hübschen und immer vollen Fußgängerzone. Ganz besonders im Sommer ist die Straße mit den vielen Restaurants von Touristen, Einheimischen, Straßenkünstlern, Eisverkäufern und kostümierten Promoterinnen so verstopft, dass sie fast unpassierbar wird. Auf dem Weg durch die Straße fällt direkt die verzerrte Architektur des modernen **Centrum Rezydent** (Karte S. 400; ☎ 555 51 23; Ul Haffnera 6) ins Auge. Dahinter versteckt sich ein zweigeschossiges Einkaufszentrum mit nicht weniger als sechs Restaurants, einer Hand voll Läden und einem echt kaschubischen Markt.

Am Ende der Ul Bohaterów Monte Cassino liegt jenseits des Plac Zdrojowy die berühmte **Mole** (Molo; Karte S. 400; ☎ 551 00 02; www.molo.sopot.pl auf Polnisch; Erwachsene/ermäßigt Mo–Fr 2,50/1,20 Zł, Sa & So 3,30/1,70 Zł). Sie wurde 1928 gebaut und ist nicht nur Polens, sondern auch ganz Europas längster Pier (515 m). Der Pier ist je nach Saison Schauplatz unterschiedlicher Aktionen: Seelöwenshows, „Piratenschiffe" und Wachsfigurenkabinette scheinen zum üblichen Angebot zu gehören.

Nördlich der Mole liegt das altmodische **Grand Hotel** von 1927. Vor dem Hotel erstreckt sich am Ufer der **Kurpark** mit den Badeanstalten, die die Stadt früher so beliebt machten. Der Park reicht direkt an den **Strand** heran, der eindeutig der schönste in der gesamten Dreistadt ist. Schade nur, dass die Sommersaison in Sopot so kurz ist. Am nördlichen Ende des Strandstreifens liegt der große **Aqua Park** (Karte S. 378; ☎ 555 85 55; www.aquaparksopot.pl auf Polnisch; Ul Zamkowa Góra 3/5; Tagesticket 29 Zł; ⌚ Mai–Sept. 8–23 Uhr, Okt.–April 8–22 Uhr), ein modernes Spaßbad mit Rutschen, Röhren, Wellnessbereich und der einzigen Wildwasserbahn in Polen.

Bei einem Spaziergang durch die Seitenstraßen fallen die vielen schönen **Villen** (Karte S. 400) auf, die meist vom Ende des 19. Jhs. stammen. Angeblich stehen die schönsten Beispiele in der Obrońców Westerplatte. Leider wurden viele Häuser bisher nicht restauriert. Erstaunlich, wie ruhig und friedlich es nur 50 m vom Trubel der Ul Bohaterów Monte Cassino entfernt ist.

Im westlichen Teil Sopots, jenseits der Bahnstrecke, ziehen sich moderne Vororte über die langsam ansteigende Küste. Dahinter geht das Gelände in bewaldete Hügel über. Hier befindet sich die **Opera Leśna** (Waldoper; Karte S. 378; ☎ 555 84 00; Ul Moniuszki 12), ein Freilichttheater mit 5000 Sitzplätzen. Seit über vierzig Jahren steigt jedes Jahr im August das berühmte Internationale Liederfestival oder schlicht Sopot-Festival (☎ 22-647 76 05).

Schlafen

Wie bei vielen Seebädern schwanken in Sopot die Preise und Verfügbarkeit der Unterkünfte je nach Saison stark. Im Sommer kommen zu den ganzjährig geöffneten Häusern noch Pensionen und Ferienheime hinzu. Die aufgeführten Preise beziehen sich auf die Hochsaison (Höhepunkt von Juli bis August), in der es hier sehr voll ist.

Die Touristeninformation ist tatsächlich immer gut informiert, wo es noch freie Betten gibt, egal, ob Privatzimmer, Hostel, Ferienheim oder Villa. Eigentlich ist immer etwas frei. In der Hochsaison ergänzen Privatleute das Angebot rund um die Touristeninformation und vermieten Zimmer in ihren Wohnungen oder Häusern. Aber Achtung: Die Konkurrenz ist hoch und besonders alte Damen preisen ihre Unterkunft gern mit sehr viel Nachdruck an!

Zhong Hua Hotel (Karte S. 400; ☎ 550 20 20; www.zhonghua.com.pl auf Polnisch, Deutsch im Aufbau; Al Wojska Polskiego 1; Zi. 300 Zł, Apt. 400–500 Zł) Dieses chinesische Hotel ist in einem ausgefallenen, lang gestreckten Pagoden-Haus-Komplex untergebracht. Die asiatische Ausstattung grenzt ans Kitschige. Das Restaurant (☎ 550 20 19) des Hauses ist die beste Adresse der Stadt für asiatische Küche (Hauptgerichte 17–99 Zł) und bietet viele Gerichte des fernen Ostens, nicht nur die übliche Setchuan-Küche.

Hotel Miramar (Karte S. 378; ☎ 550 00 11; www.hotelmiramarsopot.com.pl auf Deutsch; Ul Zamkowa Góra 25; EZ/DZ/3BZ 190/265/330 Zł; Ⓟ) Das Miramar ist ein vernünftiges, ganzjährig geöffnetes Hotel, preiswert, mit einer großen Zimmerauswahl (mit oder ohne eigenes Bad). In der Nebensaison sind die Preise am Wochenende am niedrigsten. Wem der Strand zu weit ist, für den liegt der Aqua Park zum Greifen nah (20 m).

Willa Zacisze (Karte S. 400; ☎ 551 78 68; www.apartamenty.gda.pl auf Deutsch; Ul Grunwaldzka 22; Apt. 200 Zł; Ⓟ ⊠) Unkonventionelle moderne Apartments, ideal für Selbstversorger und Leute, die gerne lange schlafen. Im Sommer wird der Stromverbrauch extra abgerechnet und eine Endreinigungsgebühr von 40 Zł erhoben. Während der Hochsaison kostet ein Apartment pro Woche 4000 Zł.

Pensjonat Eden (Karte S. 400; ☎ 551 15 03; Ul Kordeckiego 4/6; Zi. 100–320 Zł) Nicht gerade das Paradies (wie der Name ja eigentlich verspricht), aber wegen der zentralen Lage doch ziemlich verlockend. Das Eden vermietet relativ günstige Zimmer in ehrwürdiger Stadthaus-Atmosphäre.

Villa Hestia (Karte S. 400; ☎ 550 21 00; Ul Władysława IV 3/5; Zi. 225–650 Zł; Ⓟ) In dieser traumhaft restaurierten Villa aus dem 19. Jh. gibt es ausgezeichneten Rundum-Service für nur neun Gäste. Die Villa ist wirklich eine Topunterkunft, sie betreibt auch ein exklusives Wintergarten-Restaurant.

Hotel Rezydent (Karte S. 400; ☎ 555 58 00; www.hotelrezydent.com.pl auf Deutsch; Plac Konstytucji 3 Maja 3; EZ 490 Zł, DZ 610–890 Zł, Suite 960 Zł; Ⓟ) Das stilvolle Hotel Rezydent ist nur einen Steinwurf von der Ul Bohaterów Monte Cassino entfernt und liegt direkt gegenüber dem Bahnhof. Es bietet alles, was ein gehobenes Nobelhotel verspricht und erinnert mit seiner diskretseriösen Atmosphäre an die Blütezeiten Sopots.

Camping Nr 19 (Karte S. 378; ☎ 550 04 45; Ul Zamkowa Góra 25; Zeltplatz Erwachsener/Kind 11/6 Zł, Bungalows 80–90 Zł; ⏲ Mai–Sept.) Am nördlichen Ende der Stadt (etwa fünf Minuten zu Fuß vom Bahnhof Sopot Kamienny Potok) liegt dieser gute und große Campingplatz in direkter Nähe zum Aqua Park und zum Strand.

Essen

Viele Restaurants in Sopot, besonders in Strandnähe, sind Saisonbetriebe. Aber auch im Winter ist die Auswahl groß genug.

Bar Przystań (Karte S. 378; ☎ 555 06 61; www.barprzystan.pl auf Englisch; Al Wojska Polskiego 11; Hauptgerichte pro 100 g 3,80–6,50 Zł; ⏲ Mittag- & Abendessen) Das Przystań ist ein Geheimtipp der Einheimischen und liegt in erstklassiger Strandlage rund 1 km südlich des Zentrums. Die Dachterrasse ist phantastisch und beliebt. Ein Stückchen den Strand rauf liegt ein Mini-Museum mit alter Fischerausrüstung, das sich kein Besucher entgehen lassen sollte.

Karczma Galicyjska Cymes (Karte S. 400; ☎ 555 52 21; Centrum Rezydent, Ul Haffnera 6; Hauptgerichte 12–30 Zł; ⏲ Mittag- & Abendessen) Eine gute Wahl unter den Restaurants im Centrum Rezyden ist dieses ungewöhnliche Lokal. Spezialität ist die polnisch-galizische Küche (gemeint ist die historische Region Galizien südlich von Krakau).

Pub Kinski (Karte S. 400; ☎ 802 56 38; Ul Kościuszki 10; Hauptgerichte 8,50–28 Zł; ⏲ Mittag- & Abendessen) Das Geburtshaus des legendären Schauspielers und Psychopathen Klaus Kinski (s. Kasten S. 403) ist in eine angemessen schräge Restaurant-Bar verwandelt worden. Die vielen Poster an den Wänden und die dekadente Deko hätten Kinski wahrscheinlich veranlasst, den Laden kurz und klein zu schlagen – aber das wäre ja schließlich ein Kompliment.

Klub Wieloryb (Karte S. 400; ☎ 551 57 22; www.klub-wieloryb.com.pl auf Englisch; Ul Podjazd 2; Hauptgerichte 24–60 Zł; ⏲ Mittag- & Abendessen) Ebenfalls eine Kombi aus Bar und Restaurant; der eigenwillige „Wal-Club" bietet ambitionierte, französisch inspirierte Küche und viel Hochprozentiges. Die phantasievolle Innenausstattung haben Gäste auch schon als „mystischen nautischen Blödsinn" beschrieben, Gleiches gilt für die unterhaltsame Website.

Błękitny Pudel (Karte S. 400; ☎ 551 16 72; Ul Bohaterów Monte Cassino 44; Hauptgerichte 15–36 Zł) Der gemütliche und gekonnt künstlerisch aufgemachte „Blaue Pudel" liegt direkt am nächtlichen Trampelpfad und ist mit Alltagsgegenständen dekoriert. Hier gibt's nicht nur gutes Essen, sondern auch Paulaner-Bier.

Green Way (Karte S. 400; ☎ 661 88 88; Ul Bohaterów Monte Cassino 67; Hauptgerichte 4,90–8,50 Zł; ⏲ Mittag- & Abendessen; ⊠) Das Green Way steht wie alle Filialen der Kette in Danzig und anderen polnischen Städten für gutes und preiswertes vegetarisches Essen.

Ausgehen

Vini Sfera (Karte S. 400; ☎ 555 51 23; Centrum Rezydent, Ul Haffnera 6) Weinliebhaber sollten sich diesen kleinen, aber feinen Laden auf keinen Fall entgehen lassen. Er hält erstklassige internationale Weine für bis zu 20 Zł das Glas auf Lager, darunter echte Topweine (Dom Perignon für 840 Zł die Flasche). Dazu gibt es eine kleine Speisenauswahl als Grundlage für den edlen Tropfen der Wahl.

Mandarynka (Karte S. 400; ☎ 550 45 63; www.mandarynka.pl auf Polnisch; Ul Bema 6) Das Mandarynka ist absolut angesagt, auch über Sopot hinaus. Mit dem Mandarynka ist der Trendsetter „Lounge"-Bar auch in Polen angekommen und lockt ein Szenepublikum mit hippen Ocker- bis Rot-Orangetönen, Sofas und coolen Installationen an. Posing gehört hier zum guten Ton.

Kawiareton (Karte S. 400; ☎ 555 07 21; Ul Pułaskiego 15) Jazzfreunde, aufgepasst: Das ist einer der wenigen Läden in Danzig und Umgebung, die tatsächlich regelmäßig richtig guten Jazz bringen. Das im Stil der 1920er Jahre eingerichtete Café im Erdgeschoss ist prima für ein letztes Glas nach einem Gig im 1. Stock.

Café Art Deco (Karte S. 400; ☎ 555 01 60; Ul Bohaterów Monte Cassino; 🕑 11–22 Uhr; ⊠) Am ruhigeren westlichen Ende der Ul Bohaterów Monte Cassino liegt das winzige Café Art Deco. Hier gibt es zwar auch alkoholische Getränke, wirklich erstklassig ist aber der Kaffee. Er macht es einem wirklich schwer, hier nicht an einem ruhigen Nachmittag einfach zu versacken.

Kawiarnia u Hrabiego (Karte S. 400; ☎ 550 19 97; Ul Czyżewskiego 12; 🕑 10–22 Uhr) Im ältesten Wohnhaus von Sopot ist heute ein kleines Café mit Kunstgalerie untergebracht. Das schnuckelige Ambiente abseits des Sommertrubels lädt zu Kuchen und gemütlichem Tratschen ein.

EINMAL KINSKI SEIN

Wer jemals einen Film mit Klaus Kinski gesehen hat, glaubt sofort jede der vielen verrückten Geschichten, die sich um den legendären Schauspieler spinnen (im wahrsten Sinne des Wortes). Seine wilden, stechenden Augen und das wüste blonde Haar ließen ihn wie einen durchgedrehten Engel erscheinen. Die manische Intensität, die er in seine Rollen legte, war weniger eine Übersteigerung als nur die abgedämpfte Version seiner privaten Persönlichkeit. Er war der ultimative Method Actor, der bei der Umsetzung seiner Rollen vollen Körpereinsatz gab.

Kinski war immer dann am besten, wenn er mit dem ebenso eigensinnigen Regisseur Werner Herzog zusammenarbeitete. Die beiden Künstler lernten sich in den 1950er Jahren in einer Wohngemeinschaft kennen. Der damals 13-jährige Herzog sah, wie Klaus Kinski bei einem seiner cholerischen Wutausbrüche die Wohnung verwüstete. Ihre berufliche Beziehung war von ebenso sprühender Explosivität geprägt – ein berühmtes Archivfoto zeigt Kinski, wie er den Regisseur mit einer Machete angreift. Bei einer anderen Gelegenheit hat Herzog seinem Star eine Pistole an den Kopf gesetzt, um ihn zum Weiterarbeiten „zu überreden".

Kinski erhielt viel Anerkennung für seine unabhängige Filmarbeit. Dabei lehnte er es ab, zwischen künstlerischen und kommerziellen Projekten zu unterscheiden. Er nahm den Job ungeachtet des Publikums und der Qualität an. Unvergessen ist sein Statement, Schauspielerei sei „Prostitution", bei der es nur darum ginge, an wen und für wie viel man sich verkaufe. Ob er nun in einer Berliner Bar französische Gedichte vortrug und dann den Hut rumgehen ließ oder für einen lukrativen privaten Klienten *Hamlet* aufführte, spielte für ihn keine Rolle.

Neben Schauspielerei und Geld waren Frauen Kinskis Obsession. Er sah sich selbst als die Wiedergeburt des legendären „Teufelsgeigers", Komponisten und Frauenhelden Niccolò Paganini. Kinski war ständig auf der Suche nach sexuellen Abenteuern – und das mit erschreckend viel Erfolg. Kurz vor Ende seines Lebens realisierte der große Schauspieler seinen über zwanzig Jahre gehegten Traum und verfilmte das Leben Paganinis. Das Produkt dieser Arbeit wurde von Filmverleihern wie Kritikern wegen seines im höchsten Maße expliziten Inhalts verrissen. Der Film ist ein einzigartiges, bruchstückhaftes und glorreiches Chaos, das über Kinski genau so viel aussagt, wie über dessen Idol. Von allen Filmen ist dies wahrscheinlich die größte Ehrung für ein wahrhaft getriebenes Genie.

Unterhaltung

ViVa (Karte S. 400; ☎ 551 62 68; www.vivaclub.pl auf Polnisch; Al Mamuszki 2; Eintritt 5–25 Zł; ⌚ ab 21 Uhr; P) Als selbsternannte „Nr. 1 in der Dreistadt" schmeißt der Club riesige Beachpartys mit gigantischem Hightech-Aufgebot. Das Special-Events-Programm ist legendär.

Soho (Karte S. 400; ☎ 0605 255 270; Ul Bohaterów Monte Cassino 61; ⌚ ab 12 Uhr) Für den derzeit angesagtesten Club bei den Scenies pflegt das Soho einen ziemlich groben Retro-Stil: Braune Wände, pinke und gelbe Streifen und quadratische Sitz-Poufs warten auf die Modegang.

Pompon (Karte S. 400; www.pompon.glt.pl auf Polnisch; Ul 1 Maja 3i) Das Pompom ist einer der wenigen bekennenden Schwulenclubs im konservativen katholischen Polen. Er veranstaltet super Dance- und Retro-Partys in einem umgebauten Wohnhaus an der Ul 1 Maja. Das Haus liegt nicht direkt an der Straße, sondern an einem Trampelpfad und ist im Dunkeln schwer zu finden. Wer sich gegenüber Passanten nicht outen will, fragt einfach nach dem Weg zum Klubowa, das direkt nebenan liegt.

Siouxie 8 (Karte S. 400; ☎ 551 74 76; Ul Grunwaldzka 11; ⌚ ab 9 Uhr) Diese sehr hübsche Fachwerkvilla in Strandnähe genießt im krassen Gegensatz dazu einen ziemlichen Ruf für Alkohol, Drogen und böse Mädchen. Die Hauptklientel aus Technokids und Bodybuildern in glänzenden Sportklamotten trägt zum mafiösen Glamour bei. Es ist chaotisch, schmuddelig – und macht Spaß.

An- & Weiterreise

Alle Züge aus Gdańsk (Danzig), die Gdynia (Gdingen) anfahren, halten auch in Sopot (Zoppot; s. S. 398). Der Vorstadtzug zwischen Danzig und Gdynia (2,80 Zł) fährt zu Stoßzeiten alle fünf bis zehn Minuten.

Ausflugsschiffe und Tragflügelboote fahren von Mai bis September an: Gdańsk (Danzig; Hin/Hin & Zurück 35/48 Zł), Gdynia (Gdingen; 20/35 Zł), Westerplatte (24/35 Zł) und Mierzeja Helska (Halbinsel Hela; 37/50 Zł). Anlegestelle ist die Mole.

GDYNIA (GDINGEN)

☎ 58 / 260 000 Ew.

Nördlich von Sopot liegt als Dritte im Bund der Dreistadt Gdynia. Auch wenn an dieser Stelle schon im 14. Jh. ein Fischerdorf lag, hatte der Ort bis zum Ausbruch des Ersten Weltkriegs gerade einmal 1000 Einwohner. Als Danzig zwischen den Kriegen Freie Stadt wurde, beschloss die polnische Regierung einen neuen Hafen zu bauen, um Polen einen Zugang zum Meer zu verschaffen. 1933 war Gdynia dann der größte und modernste Hafen an der Ostsee.

Während des Zweiten Weltkriegs wurde der Hafen stark beschädigt, nach dem Krieg aber wieder aufgebaut und modernisiert. Bis heute ist er Basis für Polens Handels- und Fischereiflotte. Die Stadt ist leider ziemlich gesichtslos, hat aber einen schönen Strand und ein paar Anziehungspunkte in Meernähe.

Praktische Informationen

Ostsee-Informationspunkt (Karte S. 405; ☎ 620 77 11; Molo Południowe; ⌚ Mo–Fr 9–18 Uhr, Sa 10–17 Uhr, So 10–16 Uhr)

Crist@l Internet (Karte S. 405; ☎ 0504 666 993; Ul Armii Krajowej 13; 1 Std. 4 Zł; ⌚ Mo–Fr & So 10–22 Uhr, Sa 10–23 Uhr) Internetzugang.

Orbis Travel (Karte S. 405; ☎ 620 48 44; Ul 10 Lutego 2)

Silver Zone (Karte S. 405; ☎ 628 18 00; Centrum Gemini, Ul Waszyngtona 21; 1 Std. 6 Zł; ⌚ 13–22 Uhr) Internetzugang; gehört zum Silver Screen Kino.

Touristeninformationsstand (Karte S. 405; ☎ 628 54 66; www.gdynia.pl auf Englisch; am Bahnhof Gdynia Główna; ⌚ Mai–Sept. Mo–Fr 8–18 Uhr, Sa 9–16 Uhr, So 9–15 Uhr, Okt.–April Mo–Fr 10–17 Uhr, Sa 10–15 Uhr)

Sehenswertes & Aktivitäten

Die **Südmole** (Molo Południowe; Karte S. 405) ist Gdynias touristischer Anziehungspunkt Nr. 1. An ihrer Nordseite liegen zwei Museumsschiffe vertäut, die viele Besucher anlocken. Ein echter Genuss fürs Auge ist die dreimastige Fregatte **Dar Pomorza** (Karte S. 405; ☎ 620 23 71; Erwachsene/ermäßigt 5/3 Zł; ⌚ Juni–Sept. tgl. 9–18 Uhr, Okt.–Mai Di–So 10–16 Uhr), die 1909 in Hamburg gebaut wurde und als Schulschiff diente. Wesentlich technischer ist da der kampferprobte Zerstörer **Błyskawica** (Karte S. 405; ☎ 626 36 58; Erwachsene/ermäßigt 4/2 Zł; ⌚ Mai–Sept. Di–So 10–13 Uhr & 14–17 Uhr), das einzige noch erhaltene polnische Schiff aus der Zeit vor dem Zweiten Weltkrieg.

Kurz vor der Spitze der Mole liegt das **Ozeanografische Museum & Aquarium** (Muzeum Oceanograficzne i Akwarium Morskie; Karte S. 405; ☎ 621 70 21; www.akwarium.gdynia.pl auf Englisch; Al Zjednoczenia 1; Erwachsene/ermäßigt 10/6 Zł; ⌚ Mai–Aug. tgl. 9–19 Uhr, Sept.–April Di–So 10–17 Uhr). Die Samm-

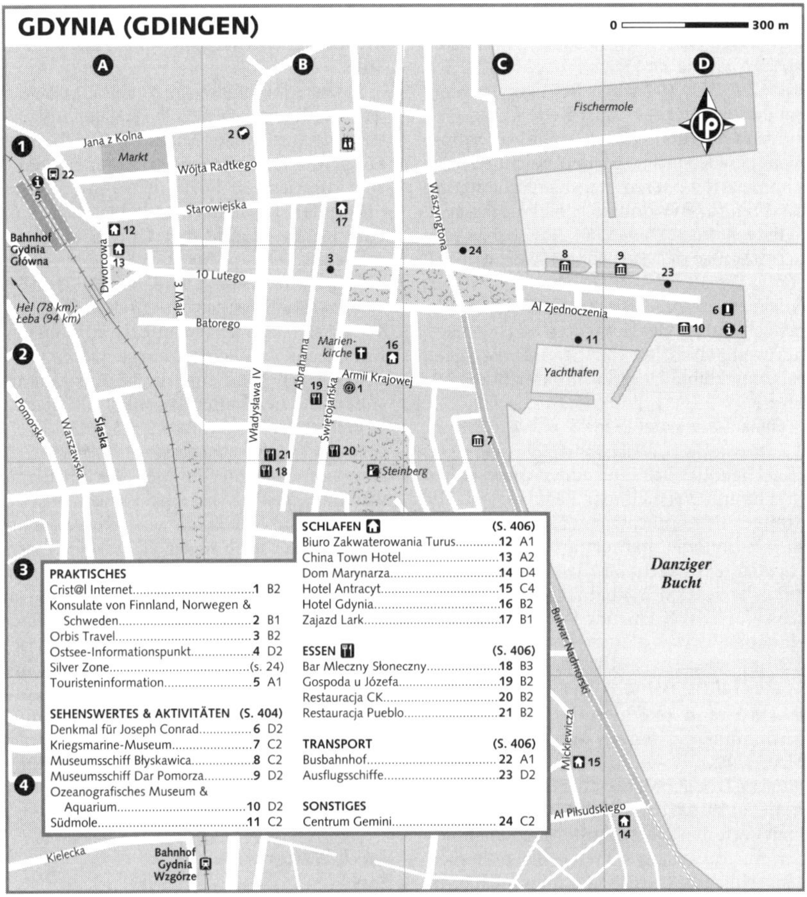

lung ist nicht gerade ausgefallen, umfasst aber doch ein paar interessante Meeresbewohner. Dahinter steht auf der Mole ein großes **Denkmal** (s. Karte oben) für Józef Konrad Korzeniowski, besser bekannt als der englischsprachige Schriftsteller Joseph Conrad.

Südlich der Mole liegt am Bulwar Nadmorski das **Kriegsmarine-Museum** (Muzeum Marynarki Wojennej; s. Karte oben; ☎ 626 39 84; Ul Sędzickiego 3; Erwachsene/ermäßigt 2/1 Zł, Fr Eintritt frei; ⏲ Di–So 10–16 Uhr) mit Geschützen, Kampffliegern, Helikoptern und Raketen. Das Hauptgebäude war bei Redaktionsschluss wegen Renovierung geschlossen.

Hinter dem Museum erhebt sich ein 52 m hoher Hügel, der **Steinberg** (Kamienna Góra; s. Karte oben). Vom hübschen Park auf der Spitze bietet sich eine schöne Sicht über den Strand, das Stadtzentrum und den Hafen. Für Radler und Wanderer ist die Uferstraße Bulwar Nadmorski bis nach Sopot und Danzig eine schöne Strecke.

Festivals & Events

Zwei große Veranstaltungen bringen Besucher nach Gdynia:

Sommer-Jazztage in Gdynia (☎ 0501 154 485; www.colosseum.gdynia.pl auf Polnisch) Holt im Juni Musik in die Stadt.

Festival des polnischen Spielfilms (Festiwal Polskich Filmów Fabularnyc; ☎ 301 52 44; www.festiwalfilmow.pl auf Polnisch) Zeigt im September das Beste der polnischen Filmindustrie.

Schlafen

Hotel Gdynia (Karte S. 405; ☎ 666 30 40; www.orbis.pl; gdynia@orbis.pl; Ul Armii Krajowej 22; EZ/DZ 305/365 Zł, Suite 670–755 Zł; P ☒ ♿) Bei dem Angebot hat dieses Hotel der Orbis-Kette wenig Konkurrenz zu fürchten, es sprüht allerdings nicht gerade vor Flair. Die Aussicht von den Zimmern der oberen Etagen entschädigt ein bisschen für die klobige Hochhausfassade.

Hotel Antracyt (Karte S. 405; ☎ 620 65 71; www.antracyt.home.pl im Aufbau; Ul Korzeniowskiego 19; EZ/DZ/3BZ 170/250/320 Zł; P) Das Antracyt ist eins von mehreren Hotels im begrünten Stadtbereich südlich des Zentrums. In Hügellage, nur wenige Schritte vom Strand weg, bietet es komfortable Unterkünfte mit Blick aufs Meer.

China Town Hotel (Karte S. 405; ☎ 620 92 21; Ul Dworcowa 11a; EZ/DZ/3BZ 90/120/220 Zł; P) Das Hotel befindet sich über einem chinesischen Restaurant, das nicht der Rede wert ist. Die Zimmer sind schlicht, aber bei weitem nicht so schäbig, wie man erwarten würde. Die Lage (direkt gegenüber dem Bahnhof und dem Gleis des SKM) hat zumindest logistische Vorteile. Frühstück ist nicht im Preis enthalten.

Dom Marynarza (Karte S. 405; ☎ 622 00 25; Al Piłsudskiego 1; EZ/DZ/3BZ 150/190/235 Zł) Ein weiteres Hotel am Strand im Süden des Zentrums mit vernünftigen Zimmern und einer frischen Meeresbrise.

Zajazd Lark (Karte S. 405; ☎ 621 80 47; Ul Starowiejska 1; EZ/DZ/3BZ 80/115/130 Zł) Das Lark ist eine der preiswertesten Unterkünfte, abgesehen von den nur saisonal geöffneten Jugendherbergen. Schlicht wäre hier allerdings noch übertrieben. Wer nichts Komfortables sucht, sondern nur einen Ort, an dem er sich für eine Nacht hinhauen kann, für den ist das zentrale Lark richtig. Die Badezimmer sind Gemeinschaftseinrichtungen und natürlich gibt es kein Frühstück.

Biuro Zakwaterowania Turus (Karte S. 405; ☎ 621 82 65; Ul Starowiejska 47) Turus ist eine Agentur gegenüber dem Hauptbahnhof (Eingang auf der Ul Dworcowa), die Privatzimmer, hauptsächlich im Zentrum, für um die 60/100 Zł pro Einzel-/Doppelzimmer vermittelt. Mindestaufenthaltsdauer: drei Nächte.

Essen

Eine Sache, die in Gdynia ganz hervorragend ist. Restaurants liegen in der gesamten Stadt verstreut und servieren eine erfreulich breite Palette an verschiedenen Küchen und Stilen.

Restauracja CK (Karte S. 405; ☎ 699 05 51; Ul Świętojańska 49; Hauptgerichte 8–55 Zł; ⏰ Mittag- & Abendessen) Tschechische Küche in Polen mag klingen, wie „Eulen nach Athen tragen", aber die riesigen Portionen und leckeren und guten Gerichte hier laden dazu ein, eine Runde „Finde den Unterschied" zu spielen.

Gospoda u Józefa (Karte S. 405; ☎ 620 30 51; Ul Świętojańska 49; Hauptgerichte 6,50–16 Zł; ⏰ Mittag- & Abendessen) Ein charmantes traditionelles Kaffeehaus, das gute hausgemachte polnische Küche und eine riesige Auswahl an süßen und herzhaften Pfannkuchen bietet.

Restauracja Pueblo (Karte S. 405; ☎ 621 60 07; Ul Abrahama 56; Hauptgerichte 15–40 Zł; ⏰ Mittag- & Abendessen) Eine gute Tex-Mex-Bar mit allem, was dazu gehört: kräftige Farben, lustige Lampen und Musik, die wirklich versucht, in Richtung Latino zu gehen. Das gute Essen kommt als Bonus oben drauf.

Bar Mleczny Słoneczny (Karte S. 405; ☎ 620 53 16; Ul Władysława IV; Hauptgerichte 1,52–6,76 Zł; ⏰ Mo–Fr Frühstück, Mittag- & Abendessen, Sa Frühstück & Mittagessen) Direkt neben dem Pueblo, aber Lichtjahre von dessen westlichen Exzessen entfernt. Diese originale Milchbar aus kommunistischen Zeiten tischt rein Vegetarisches auf und das kostet praktisch nichts. Effizient, sauber, lecker – die Bar ist bei den Einheimischen zu Recht sehr beliebt.

An- & Weiterreise

BUS

Der Busbahnhof (Karte S. 405) liegt direkt neben dem Bahnhof. Zu den regionalen Zielen zählen Hel (Hela; 11,20 Zł, 2½ Std., stündl.) und Łeba (Leba; 13,20 Zł, 3 Std., 3-mal tgl.).

SCHIFF

Die **Stena Line** (☎ 660 92 00; www.stenaline.pl auf Englisch) betreibt Fähren von/nach Karlskrona in Schweden (Erwachsene 150–240 Zł, ermäßigt 115–190 Zł, 10½–12 Std., 1–2-mal tgl.). Die Fähren legen am **Terminal Promowy** (Karte S. 378; Ul Kwiatkowskiego 60), 5 km nordwestlich des Zentrums, ab. Infos, Buchungen und Fahrscheine gibt es bei Orbis und anderen Reisebüros. Siehe auch S. 510.

Von Gdynia (Gdingen) fahren von Mai bis September Ausflugschiffe/Tragflügelboote nach Gdańsk (Danzig; Hin/Hin & Zurück 41/56 Zł), Sopot (Zoppot; 35/20 Zł) und Hel (Hela; 48/35 Zł). Mit dem Tragflügelboot ist die Fahrt nach Hel sogar um einiges schneller als mit dem Zug. Einstündige Bootsausflüge zum Hafen in Gdynia (15–23 Zł) fahren von April bis Oktober mehrmals täglich.

ZUG

Informationen über Fernzüge, s. S. 398. Täglich fahren mehrere Züge nach Hel (Hela; 11,80 Zł, 2 Std., im Sommer stündl.) und etwa stündlich gibt es eine Zugverbindung nach Lębork (Lauenburg; 9,30 Zł, 1 Std.), wo Anschlusszüge nach Łeba (Leba) abfahren.

HALBINSEL HELA (MIERZEJA HELSKA)

☎ 58

Die Halbinsel ist eine 34 m lange, geschwungene Sandbank nördlich der Dreistadt. Sie ist am landseitigen Ende nur 300 m breit und auch sonst selten breiter als 500 m. Nur an der Spitze erreicht sie eine Breite von 3 km. Der höchste Punkt der Halbinsel liegt 23 m über dem Meeresspiegel. Ein Großteil der Insel ist mit Bäumen bestanden – hauptsächlich Kiefern, die der Wind malerisch verformt hat. Es gibt aber auch typische Küstenpflanzen wie Sandsegge und Dünendistel.

Die Halbinsel haben Meeresströmungen und der Wind über einen Zeitraum von 8000 Jahren geformt, bis sie schließlich zu einem einzigen Sandgürtel zusammenwuchs. Alte Landkarten zeigen, dass der Dünenstreifen Ende des 17. Jhs. noch von sechs Wasserdurchlässen unterbrochen war, also aus einer Kette von sieben Inseln bestand. Im letzten Jahrhundert haben Stürme die Halbinsel mehrmals durchtrennt. Inzwischen hat man die Ränder verstärkt und die Sandbewegung durch angepflanzte Vegetation verringert, aber der Sandgürtel wächst weiter.

Die Halbinsel wird von zwei Hafenstädten umklammert: Hel (Hela) an der Spitze und Władysławowo (Großendorf) am Ausgangspunkt. Dazwischen liegt mit Jastarnia (Heisternest) ein weiterer Hafen, außerdem die drei Dörfer Chałupy, Kuźnica und Jurata (Forst). Während der kurzen Sommersaison im Juli und August sind sie alle Badeorte. Eine Eisenbahnlinie und eine gut ausgebaute Straße führen bis zur Spitze der Halbinsel.

An der gesamten Nordküste der Halbinsel erstrecken sich Sandstrände, fast alle sauber und menschenleer. Nur in direkter Nähe der Badeorte quillen die Strände im Sommer vor Badegästen über.

Die Halbinsel Hela ist von der Dreistadt mit Bus, Zug und Schiff gut zu erreichen. Bus und Zug fahren alle Orte der Insel an; Schiffe, Fähren und Tragflügelboote von Danzig, Sopot und Gdynia steuern den Ort Hel an der Spitze an. Eine Schiffspartie ist die beliebteste Möglichkeit, die Halbinsel zu beschnuppern.

Hel (Hela)

Die Stadt Hel ist ein Fischereihafen, dessen Geschichte irgendwann im 9. Jh. begann. Das ursprüngliche Dorf lag etwa 2 km nordwestlich der heutigen Stadt. Es wurde nicht lange nach Danzig gegründet und profitierte von der strategischen Lage praktisch an der Einfahrt zur Danziger Bucht und damit zu dem prosperierenden Hafen. Im 14. Jh. lebten in Hel 1200 Menschen, es war ein wohlhabender Fischerhafen und Handelszentrum.

Danach wuchs die Stadt nicht mehr viel. Ständige Stürme und die sich verschiebende Küstenlinie bedrohten den Ort und wegen der fehlenden Landverbindung blieb es vom Festland relativ isoliert. Bald unterstand die Stadt dann Danzig, folgte so deren politischen und religiösen Wechseln und dem Niedergang im 18. Jh.

Während der deutschen Invasion 1939 war Hel der letzte Ort Polens, der sich ergab. Eine Garnison von rund 300 polnischen Soldaten verteidigte die Stadt bis zum 2. Oktober. 1945 wurde die Halbinsel dann erneut Schlachtfeld, als etwa 60 000 Wehrmachtssoldaten hier festsaßen und sich erst am 9. Mai der Roten Armee ergaben. Damit war die Halbinsel auch das letzte Stück Polen, das befreit wurde.

SEHENSWERTES

Wichtigste Sehenswürdigkeit in Hel ist das **Fokarium** (☎ 675 08 36; www.fokarium.com auf Polnisch; Ul Morska 2; Eintritt 2 Zł; 🕓 8.30 Uhr–Sonnenuntergang). Hier kann man Kegelrobben beobachten. In den drei großen Bassins lebt rund ein halbes Dutzend Robben. Ein Museum wird gerade gebaut. Fütterungen finden um

9 Uhr und um 15 Uhr statt. Die Kegelrobbe, die größte Robbenart der Ostsee, hat auch die größte Population. Ihre Zahl wird auf rund 6500 Tiere geschätzt. Trotzdem ist ihr Bestand durch moderne Entwicklungen und Meerwasserverschmutzung bedroht. Sogar im Fokarium waren die Tiere einmal in Lebensgefahr, weil Besucher es nicht lassen konnte, Münzen ins Wasser zu werfen. Ein Tier starb 2001; es hatte über mehrere Jahre eine große Menge an Kleingeld gefressen. Heute weisen Poster die Besucher auf die Folgen hin.

In der Stadt selbst hat an der Hauptstraße (Ul Wiejska) etwa ein Dutzend **Fachwerk-Fischerhäuser** aus dem 19. Jh. die verschiedenen Kriege überstanden. Das älteste Gebäude ist die gotische Kirche aus den 1420er Jahren, die heute als **Fischereimuseum** (Muzeum Rybołówstwa; ☎ 675 05 52; Bulwar Nadmorski 2; Erwachsene/ermäßigt 5/3 Zł; ⌚ Juli & Aug. tgl. 10–18 Uhr, Sept.–Juni Di–So 10–16 Uh) genutzt wird. Es zeigt Fischerei- und Bootsbaumethoden und alte Fischerboote. Wer auf den **Turm** (Eintritt 2 Zł) steigt, wird mit einem schönen Blick über die Stadt, die Halbinsel und die Danziger Bucht belohnt.

1 km nördlich der Stadt liegt ein wunderschöner, 1 km breiter Strand. Dort steht ein **Leuchtturm** (42 m hoch), der im Sommer für Besucher geöffnet ist.

POMMERN

SCHLAFEN & ESSEN

Die Stadt hat ganz vernünftige Restaurants und Unterkünfte, die meisten sind aber nur im Sommer geöffnet. Viele Einheimische vermieten Privatzimmer – eine freundliche Nachfrage hilft oft weiter. Der durchschnittliche Preis für ein Doppelzimmer liegt bei etwa 65 Zł; die wenigsten vermieten gern nur für eine Nacht.

Viele Touristenrestaurants der Halbinsel vermieten auch Zimmer. Einen Versuch wert sind **Tawerna Helska** (☎ 675 12 05; Ul Wiejska 82), **Captain Morgan Pub Hotel** (☎ 675 00 91; Ul Wiejska 21) und **Pensjonat Nelson** (☎ 675 11 55; Ul Wiejska 62). Ein Doppelzimmer sollte zwischen 100 und 140 Zł kosten.

AN- & WEITERREISE

Hel (Hela) ist per Bus und Zug gut erreichbar (es gibt einigermaßen regelmäßige Verbindungen von Gdynia aus). Von Mai bis September verkehren zwischen Gdańsk (Danzig; s. S. 398), Sopot (Zoppot; s. S. 404), Gdynia (Gdingen; s. S. 406) und Hel (Hela) auch Ausflugsschiffe/Tragflügelboote. Auf den Booten ist das Ticket für Hin- und Rückfahrt wesentlich günstiger als ein Einzelticket. Man kann auch eine Strecke mit dem Ausflugsschiff und die andere mit dem Tragflügelboot fahren. Der Schiffsfahrplan erlaubt einen Aufenthalt von bis zu acht Stunden in Hel.

Rund um Hel

Statt in Hel nur rumzuhängen, bietet sich ein Strandspaziergang nach **Jurata** (Forst; 12 km) oder 2 km weiter nach **Jastarnia** (Heisternest) an. Von hier aus geht es dann mit dem Zug zurück, wenn man nicht übernachten möchte. Beide Orte haben einen Campingplatz, mehrere Restaurants, ein überschaubares Nachtleben und Ferienheime.

Etwas weiter nordwestlich liegen die beiden winzigen Häfen **Kuźnica** und **Chałupy**, die sich ihre Ursprünglichkeit mehr erhalten haben als die anderen Örtchen in der Nachbarschaft. Am nördlichen Ende der Halbinsel liegt **Władysławowo**, der größte der Fischereihäfen und eine Stadt mit 13 000 Einwohnern. Hier gibt es nicht nur einen schönen breiten Strand, sondern auch verschiedene Übernachtungsmöglichkeiten und Restaurants.

Zwischen Chałupy und Władysławowo liegen insgesamt acht Campingplätze mit Windsurf-Schulen, die auch Ausrüstung verleihen. Die Halbinsel ist eine der beliebtesten Küsten Polens für **Windsurfen** und besonders empfehlenswert für Anfänger. Die Schulen bieten verschiedene Kurse an. Bei einigen gehört auch **Kitesurfen** zum Programm.

Rund 8 km westlich von Władysławowo liegt das **Kap von Rixhöft** (Przylądek Rozewie), die nördlichste Spitze Polens. Im 33 m hohen Leuchtturm auf den Klippen gibt es ein kleines Museum rund um das Thema Leuchttürme. Oben auf dem Turm schweift der Blick weit.

KASCHUBIEN (KASZUBY)

☎ 58

Der Legende nach haben Riesen in der Region Kaschubien (Kaszuby) gelebt. Sie haben ihre Fußabdrücke hinterlassen und so die vielen Hügel und Seen geschaffen, die hier die Landschaft prägen. Kaschubien erstreckt sich südwestlich von Danzig über etwa 100 km. Es ist eine malerische Region, mit kleinen Dörfern und Menschen, die noch sehr ursprünglich leben. Große Städte gibt es gar nicht und auch Kleinstädte sind rar gesät. Die Großindustrie ist noch nicht bis hierher vorgedrungen – die Gewässer der Region sind deswegen nur wenig verschmutzt.

Benannt ist die Region nach dem slawischen Volksstamm der Kaschuben, der eng mit den Pomoranen verwandt ist. Im Gegensatz zu den vielen anderen Volksstämmen, die nach und nach in der großen polnischen Familie aufgegangen sind, haben sich die Kaschuben bis heute einen Teil ihrer ursprünglichen Identität bewahrt. Sie besitzen eine eigene Sprache und Kultur, was sich in Kleidung, Architektur und Kunsthandwerk niederschlägt. Erstaunlicherweise hat das kommunistische Regime sie nach dem Zweiten Weltkrieg nicht umgesiedelt, was ja mit vielen anderen Volksstämmen geschah, die nicht ins einheitliche Bild passten.

Die kaschubische Sprache, die bis heute von der älteren Generation gesprochen wird, ist ein sehr ausgeprägter polnischer Dialekt. Wahrscheinlich stammt er von der alten Sprache der Pomoranen ab. Das Kaschubische ist in seiner altertümlichen Form erhalten, hat aber auch Elemente anderer Sprachen aufgenommen, vor allem aus dem Deutschen (vermutlich in der Zeit der preußischen Herrschaft).

Die Region zwischen Kartuzy (Karthaus) und Kościerzyna (Berent) ist der topografisch abwechslungsreichste Teil Kaschubiens. Hier liegt auch die höchste Erhebung der Region, der Wieżyca (Turmberg; 329 m). Gleichzeitig ist dieser Teil Kaschubiens auch touristisch am besten erschlossen. Er soll als Urlaubsregion weiter entwickelt werden. Der öffentliche Nahverkehr ist schon ganz gut ausgebaut: Alle ein bis zwei Stunden verkehren Busse zwischen Kartuzy und Kościerzyna.

Wer allerdings auf die öffentlichen Verkehrsmittel angewiesen ist, verpasst einige der schönsten Ecken Kaschubiens. Die Region lässt sich wesentlich besser mit einem eigenen Fortbewegungsmittel erkunden. Abseits der großen Verbindungsstraßen wird die Infrastruktur sehr dünn. In den beiden hier aufgeführten Orten ist viel über die kaschubische Kultur zu erfahren, aber leider nicht ganz so viel über Natur und Schönheit der Landschaft.

Kartuzy (Karthaus)

☎ 58 / 16 000 Ew.

Kartuzy liegt 30 km westlich von Danzig und verdankt seine Entstehung dem Karthäuserorden, der 1380 aus Böhmen hierher kam. Der 1084 in Grenoble gegründete Orden war für seine strengen Ordensregeln berühmt-berüchtigt. Die Mönche lebten in Askese in Einsiedeleien und verbrachten ihre Tage ähnlich ungesellig und kontemplativ wie der Kamaldulenserorden (s. S. 152), immer getreu dem Motto „Memento Mori" (Bedenke, dass du sterben musst).

Nach ihrer Ankunft errichteten die Mönche eine Kirche und 18 Einsiedeleien, die in Form eines Hufeisens angeordnet waren. Die Preußen haben den Orden 1826 aufgelöst, heute wird die Kirche als Gemeindekirche genutzt. Von den Einsiedeleien ist nur noch eine erhalten. Die Kirche liegt zehn Minuten zu Fuß vom Bahn- und Busbahnhof nach Westen, am anderen Ende des Zentrums.

Die **Kirche** (☎ 681 20 85; Ul Klasztorna 5) ist ein gotischer Backsteinbau. Irgendwie sieht das aufgesetzte Barockdach (um 1730) wie ein Sarg aus. In Anlehnung an das Lebensmotto der Mönche? An der Außenwand des Altarraums ist eine Sonnenuhr angebracht und direkt darunter ein Totenschädel – mit der Inschrift „Memento Mori".

Ein weiteres Memento-Mori-Symbol trägt die Uhr an der Balustrade der Orgelempore. Ihr Pendel hat die Form eines Todesengels mit Sense. Die Uhr wird taktvoll angehalten, wenn sich im Ort die Sterbefälle häufen.

Die Innenausstattung der Kirche ist vorwiegend barock. Das aufwändig geschnitzte Chorgestühl verdient näheres Hinsehen. Der Altarraum verfügt über eine außergewöhnliche Ledertapete (1685) und in der Kapelle auf der rechten Seite steht das älteste Kunstwerk der Kirche, ein außergewöhnliches Gemälde aus einem gotischen Triptychon aus dem 15. Jh.

Ebenso sehenswert ist das **Kaschubische Museum** (Muzeum Kaszubskie; ☎ 681 14 42; www.muzeum-kaszubskie.gda.pl; Ul Kościerska 1; Erwachsene/ermäßigt 8/6 Zł; ganzjährig Di–Fr 8–16 Uhr, Sa 8–

POMMERN

15 Uhr, Mai–Sept. zusätzlich So 10–14 Uhr), südlich des Bahnhofs in der Nähe der Bahnstrecke. Es beschäftigt sich mit der kaschubischen Kultur und Tradition und zeigt alles Mögliche vom Folkloreinstrument bis zu typischen Haushaltsgegenständen und Möbeln. Führungen auf Deutsch kosten pro Gruppe 60 Zł.

Es gibt nur ein Hotel in der Stadt, aber stündlich fahren Busse nach Gdańsk (Danzig; 6,90 Zł, 50 Min.).

Wdzydze Kiszewskie (Sanddorf)

☎ 58 / 1000 Ew.

Der kleine Ort Wdzydze Kiszewskie 16 km südlich von Kościerzyna (Berent) hat ein interessantes **Skansen** (Kaszubski Park Etnograficzny; ☎ 686 12 88; Erwachsene/ermäßigt 8/6 Zł; ⌚ Juli & Aug. 9–18 Uhr, Mai–Juni & Sept. Di–So 9–16 Uhr, Okt.–April Di–So 10–15 Uhr) mit typisch kaschubischen Bauten. Das Freilichtmuseum hat 1906 ein Lehrer gegründet, es ist Polens erstes Skansen. Es liegt idyllisch am Ufer eines Sees und umfasst Gebäude aus Mittel- und Südkaschubien, darunter Landhäuser, Scheunen, eine Schule, eine Windmühle und eine Kirche aus dem 18. Jh., die heute noch für die Sonntagsmesse genutzt wird. Einige der Häuser sind originalgetreu mit kaschubischen Möbeln, Haushaltsgegenständen und Ähnlichem ausgestattet – so, wie die Kaschuben vor einem oder zwei Jahrhunderten eben gelebt haben.

Im Dorf gibt es ein paar preiswerte Pensionen (insgesamt rund 100 Betten). Täglich fahren mehrere Busse von Wdzydze Kiszewskie (Sanddorf) nach Kościerzyna (Berent).

POMMERN

DER UNTERLAUF DER WEICHSEL

Das Tal der unteren Weichsel ist ein fruchtbares Land. Es wird durch den breiten, träge fließenden Fluss durchschnitten. Die flache, offene Region ist überwiegend landwirtschaftlich geprägt und birgt ein reiches Kulturerbe, auch wenn vieles im Zweiten Weltkrieg verloren gegangen ist.

Die Weichsel war früher eine bedeutende Wasserstraße, über die Waren bis zur Ostsee und ins Ausland verschifft wurden. Im 13. und 14. Jh. entstanden zwischen Toruń (Thorn) und Danzig viele Handelshäfen. Die meisten dieser Städte verdanken ihre Gründung den Deutschrittern, einem mächtigen Ritterorden, der zu dieser Zeit den größten Teil des Tals beherrschte. Die Hinterlassenschaften des Ordens zählen heute zu den bedeutendsten Sehenswürdigkeiten dieser Region.

BYDGOSZCZ (BROMBERG)

☎ 52 / 390 000 Ew.

Bydgoszcz wurde im 12. Jh. gegründet und entwickelte sich im Lauf der Zeit zu einem Handelszentrum, einer Bierbrauerstadt und einer Militärbasis. Während der ersten polnischen Teilung 1737 hatten die Preußen es besetzt, 1920 kam die Stadt wieder unter polnische Herrschaft zurück und entwickelte sich zu einer Industriestadt. Bydgoszcz ist heute Polens achtgrößte Stadt.

Trotzdem: Die Stadt muss nicht unbedingt auf dem Programm stehen. Die Altstadt besitzt nur noch wenig historischen Charakter und alles andere ist ein reines Industriegebiet der Nachkriegszeit. Die unkontrollierte Entwicklung am Flussufer und der lebhafte zentrale Platz sind irgendwie typisch für das sich entwickelnde „neue" Polen. Die Behörden bemühen sich, mit Ausstellungen, Parks und Dienstleistungen Auswärtige anzulocken. Es lohnt sich bestimmt nicht, für einen Trip nach Bydgoszcz das Highlight Toruń (Thorn) einzutauschen oder zeitlich zu begrenzen. Aber für diejenigen, die Zeit haben, gibt es auch schlimmere Orte, um einen Nachmittag zu verbringen.

Praktische Informationen

Bank Pekao (☎ 321 53 53; Ul Dworcowa 6)

Touristeninformation (☎ 348 23 73; www.it.byd.pl auf Deutsch; Stary Rynek 15; ⌚ Mo–Fr 9–18 Uhr, Sa 9–14 Uhr)

Sehenswertes & Aktivitäten

Die Altstadt liegt am Südufer der Brda (Brahe), zwanzig Minuten zu Fuß vom Bahnhof entfernt. Ihr Herzstück, der **Stary Rynek,** wird vom palastartigen Rathaus und dem sowjetischen Denkmal der Opfer des Faschismus beherrscht. Das Uferviertel um die Altstadtbrücke herum entwickelte sich rasch zu einem urbanen Mittelpunkt. Hier stehen sehr moderne Prestigebauten Wand an Wand mit restaurierten Kornspeichern. In den Cafés der Umgebung brummt es den ganzen Tag über.

Der Ziegelbau der **Pfarrkirche** aus dem 16. Jh., direkt neben dem Platz, hat sich seine gotische Form ganz gut erhalten. Der vergoldete barocke Hauptaltar trägt ein Madonnenbild von 1466 und die Buntglasfenster auf beiden Seiten sind gekonnte Nachbildungen der mittelalterlichen Originale. Das blau und violett ausgemalte Gewölbe und die Motive an den Wänden aus den 1920er Jahren steuern das Ihre zum beeindruckenden Interieur bei. Die Eingangstür aus Metall zeigt Szenen aus 1000 Jahren Stadtgeschichte.

Das Bezirksmuseum verteilt sich auf mehrere interessante Gebäude der Stadt. Das bedeutendste ist der **Biały Spichrz** (Weißer Kornspeicher; ☎ 327 03 93; Ul Mennica 1; Erwachsene/ermäßigt 4/2 Zł; 🕒 Di–Fr 10–18 Uhr, Sa & So 12–16 Uhr) aus dem 18. Jh. auf der kleinen Mühleninsel (Wyspa Młyńska), westlich vom Rynek. Es dokumentiert die Geschichte der Region und zeigt traditionelles Handwerk und Kunsthandwerk. Ein benachbartes Lagerhaus bietet eine interaktive Technologieausstellung.

Entspannt besichtigen lässt sich die Stadt per **Dampferfahrt** (☎ 323 32 31; Erwachsene/ermäßigt 10/8 Zł) auf der Brda; im Sommer bis zu achtmal täglich ab Altstadtufer.

Schlafen & Essen

Hotel Pod Orłem (☎ 583 05 30; www.hotelpodorlem.pl auf Deutsch; Ul Gdańska 14; EZ/DZ 399/478 Zł, Suite 585–669 Zł; Ⓟ ☒) Wenn schon in Bydgoszcz übernachten, dann hier. Das „Unter dem Adler“ ist seit seiner Eröffnung 1898 das erste Haus am Ort und hatte schon viele preußische und polnische VIPs zu Gast. Das Hotel ist auch die regionale Basisstation von Orbis Travel, die das Gebäude am Ende der kommunistischen Ära im eleganten Jugendstil der Vorkriegszeit restauriert haben. Paradoxerweise sinken die Preise im Hochsommer.

Jugendherberge (☎ 322 75 70; Ul Sowińskiego 5; Schlafsaal 25–50 Zł) Am anderen Ende der Preis- (und Komfort-)Skala bietet die Jugendherberge (nur fünf Gehminuten vom Bahnhof entfernt) ganzjährig 100 Betten, in Ein- bis Zehnbettzimmern.

Hotel Ratuszowy (☎ 322 88 61; www.hotelratuszowy.com.pl auf Deutsch; Ul Długa 37; EZ 160–200 Zł, DZ 230–280 Zł) Für Besucher, die in der Altstadt übernachten möchten, ist dies wahrscheinlich die einzige Option. Zum Glück ist es ein nettes, unprätentiöses Haus in ruhiger, zentraler Lage und die Zimmer sind hinreichend gemütlich.

Hotel Brda (☎ 585 01 00; www.hotelbrda.com.pl auf Deutsch; Ul Dworcowa 94; EZ 180–280 Zł, DZ 260–350 Zł; Ⓟ ☒) Weniger interessant als das Pod Orłem, dafür aber auch deutlich preiswerter. Ein typischer Konferenzklotz in Bahnhofsnähe mit sauberen Zimmern und guter Ausstattung. Zum Wochenende sinken die Preise.

Hotel Centralny (☎ 322 88 76; Ul Dworcowa 85; EZ 138 Zł, DZ 218–260 Zł, 3BZ 315 Zł, 4BZ 308 Zł) Nur einen Häuserblock vom Bahnhof entfernt. Schlechtes Preis-Leistungs-Verhältnis, die Lage kann aber nützlich sein, wenn man ein mittelteures Bett in Zugnähe braucht. Es gibt auch billigere Zimmer mit Gemeinschaftseinrichtungen. Das Frühstück ist im Preis nicht enthalten.

Restauracja Kaskada (☎ 324 93 32; Ul Mostowa 2; Hauptgerichte 8–16 Zł; 🕒 Mittag- & Abendessen) Ein großes, modernes Lokal auf mehreren Ebenen, das eine Ecke des Rynek einnimmt. Entscheidungsschwache Gäste können ihre Wahl drinnen, draußen und in der benachbarten Snackbar abwägen. Wenn alle Stricke reißen, hat wenigstens der Kiosk 24 Stunden geöffnet.

Gallery Restaurant (☎ 322 60 23; Stary Rynek 15/21; Hauptgerichte 10–28 Zł; 🕒 Mittag- & Abendessen) „Gutes Essen“ lautet die Parole in den beiden unterschiedlich gestalteten Kellerräumen. Eine Bar, Zigarren und Tanz am Wochenende ergänzen das Flair. Das Straßencafé bietet eine entspannte Alternative. Der Namen des Lokals sagt eigentlich gar nichts: Moderne Kunst gibt's kaum.

An- & Weiterreise

Der Bahnhof liegt 1,5 km nordwestlich der Altstadt, der Busbahnhof 1 km östlich. Die Stadtbuslinien 77 und 104 verbinden beide Orte und fahren dabei durch das Zentrum.

Sowohl Züge als auch PKS-Busse fahren regelmäßig nach Toruń (Thorn; Zug 15,90 Zł, Bus 8,40 Zł) und Inowrocław (Hohensalza; Zug 8,20 Zł, Bus 8,40 Zł). Täglich fahren etwa zwanzig Züge direkt nach Gdańsk (Danzig; 30,03 Zł, 2 Std.) und sechs nach Warszawa (Warschau; 43,04 Zł, 4 Std.). Polski Express schickt Busse so ungefähr jede Stunde über Toruń (Thorn) und Płock nach Warszawa (Warschau; 52 Zł, 4½ Std.).

TORUŃ (THORN)

☎ 56 / 208 000 Ew.

Die frühere Hansestadt Toruń ist berühmt für ihre reiche Geschichte und die Fülle erhaltener gotischer Gebäude. Sie besitzt eine der besterhaltenen Altstädte Pommerns mit monumentalen Backsteinbauten, Barockfassaden und Deckengewölben. Die Behörden haben bei der Konservierung, Restaurierung und Präsentation der städtischen Schätze viel Initiative bewiesen und die Innenstadt in ein kulturelles Kleinod verwandelt.

Toruń ist die Geburtsstadt von Nikolaus Kopernikus (1473–1543). Der berühmte Astronom verbrachte zwar nur seine Jugend hier, aber die Stadt ist trotzdem sehr stolz auf den Mann, der „die Sonne anhielt und die Erde bewegte". Sein Name (Mikołaj Kopernik auf Polnisch) findet sich überall in der Stadt wieder.

1997 wurde die Altstadt von Toruń in die Weltkulturerbeliste der Unesco aufgenommen. Spätestens seitdem ist ein Zwischenstopp in Toruń ein Muss auf jeder halbwegs ernst zu nehmenden Reiseroute. Es ist bestimmt keine Zeitverschwendung, sich für einige Tage im Herzen des historischen Polen unter die Touristenhorden (Lebkuchen mampfend) zu mischen.

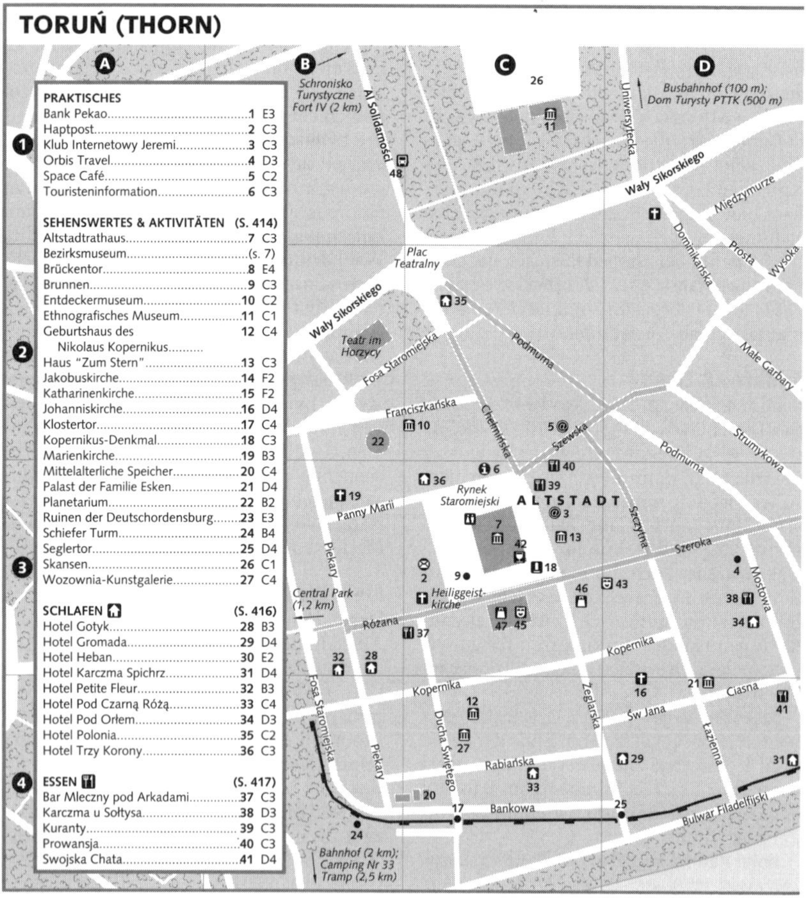

Geschichte

Im 11. Jh. hat es an dieser Stelle eine Slawensiedlung gegeben, aber richtig zum Leben erwachte Toruń erst 1233, als die Deutschritter es zu einem ihrer ersten Außenposten umbauten. Die Ritter umgaben die Stadt mit einem Ring aus Mauern und bauten eine Burg, was – zusammen mit der strategisch günstigen Lage am Weichselufer – zu einem schnellen Wachstum führte. Das bedeutete aber auch, dass die neu eingetroffenen Kaufleute und Handwerker außerhalb der Mauern siedeln mussten. Es entstand das, was als Neue Stadt bekannt werden sollte. In den 1280er Jahren trat Toruń der Hanse bei, das beschleunigte die Entwicklung weiter.

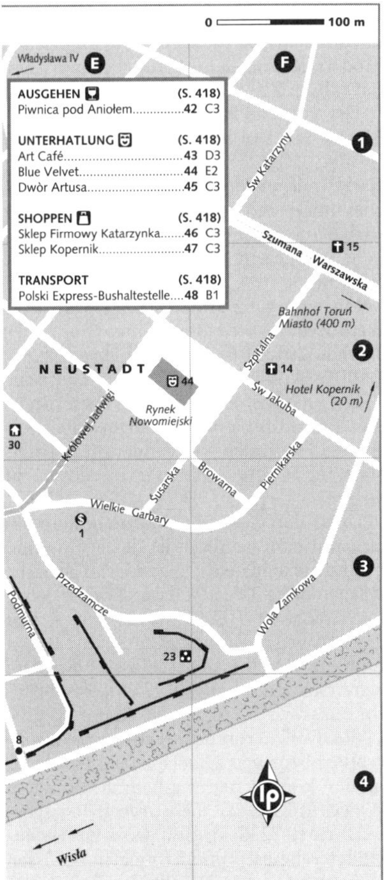

Toruń war Zentrum des Konflikts zwischen Polen und dem Deutschen Orden. Als der Dreizehnjährige Krieg 1466 schließlich endete, besiegelte der Vertrag von Thorn den Frieden. Ein großes Gebiet von Toruń bis Danzig fiel an Polen zurück.

Die darauf folgende Zeit des Wohlstands endete mit den Schwedenkriegen. Mit der zweiten Teilung 1793 fiel die Stadt unter preußische Herrschaft und kehrte erst nach dem Ersten Weltkrieg mit dem Vertrag von Versailles unter polnische Hoheit zurück.

Nach dem Zweiten Weltkrieg, den die Stadt relativ unbeschadet überstand, expandierte Toruń enorm. Es entstanden neue Vorstädte und Industriegebiete. Das mittelalterliche Viertel blieb davon quasi unberührt und hat sich bis heute sein historisches Stadtbild erhalten. In den letzten Jahrzehnten wurde schon viel Geld und Arbeit in die Restaurierung gesteckt und es stehen immer noch viele Projekte in der Warteschlange.

Orientierung

Das historische Viertel von Toruń liegt am Nordufer der Weichsel. Es besteht aus der Altstadt (Stare Miasto) im Westen und der Neustadt (Nowe Miasto) im Osten. Beide Städte waren ursprünglich durch Mauern und einen Wehrgraben voneinander getrennt und entwickelten sich um ihre jeweiligen Marktplätze herum. Sie wuchsen nach und nach zusammen, im 15. Jh. wurden schließlich die Mauern geschleift. Alle Topattraktionen befinden sich in diesem historischen Bereich.

Der Busbahnhof liegt fünf Gehminuten nördlich des historischen Viertels. Der Hauptbahnhof befindet sich im Süden auf der anderen Seite des Flusses und ist am besten mit dem Bus zu erreichen. Auf dem Weg vom Bahnhof über die Brücke hat man einen schönen Blick auf das historische Viertel, das von der Silhouette der Kathedrale beherrscht wird.

Praktische Informationen

GELD

Bank Pekao (☎ 652 14 06; Ul Wielkie Garbary 11)

INTERNETZUGANG

Klub Intertnetowy Jeremi (☎ 633 51 00; www.jeremi.pl auf Polnisch; Rynek Staromiejski 33; 1 Std. 4 Zł; 24 Std.)

Space Café (☎ 621 01 91; Ul Szewska 6; 1 Std. 4 Zł; ⌚ Mo–Sa 10–22 Uhr, So 14–22 Uhr)

POST

Hauptpost (☎ 619 43 00; Rynek Staromiejski 15)

TOURISTENINFORMATION

Orbis Travel (☎ 658 42 21; Ul Mostowa 7)

Touristeninformation (☎ 621 09 31; www.it.torun.pl auf Englisch; Rynek Staromiejski 25; ⌚ ganzjährig Mo & Sa 9–16 Uhr, Di–Fr 9–18 Uhr, Mai–Aug. zusätzlich So 9–13 Uhr)

Sehenswertes

ALTSTADT

Der **Altstadtmarkt** (Rynek Staromiejski) ist fast immer der erste Anlaufpunkt für Besucher. Er wird dominiert vom roten Ziegelbau des Rathauses und ist von schönen restaurierten Häusern gesäumt, meist mit reich verzierten Fassaden. Die Konzentration von Geschäften und Restaurants macht ihn zum natürlichen Zentrum des Stadtlebens.

Das **Altstadtrathaus** (Ratusz Staromiejski) wurde zum Ende des 14. Jhs. gebaut und hat sich seitdem nicht stark verändert. Heute ergänzen nur einige Renaissanceanbauten die nüchterne gotische Struktur. Das Rathaus war Verwaltungssitz, beherbergte aber auch Markthallen, die im Rahmen eines Umbaus im 19. Jh. verloren gingen. Nach dem Zweiten Weltkrieg wurde es dann auch administrativ nicht mehr genutzt und so beherbergt es heute die Hauptabteilung des **Bezirksmuseums** (Muzeum Okręgowe; ☎ 622 70 38; www.muzeum.torun.pl auf Englisch; Rynek Staromiejski 1; Erwachsene/ermäßigt 7,49/5,35 Zł; ⌚ Di & Do 12–18 Uhr, Mi & Fr–So 10–16 Uhr).

In den original erhaltenen Innenräumen finden sich mehrere Abteilungen, zum Beispiel gotische Kunst (Malerei, Holzschnitzerei und Buntglas), regionales Kunsthandwerk des 17. und 18. Jhs. und polnische Malerei vom 18. Jh. bis zur Gegenwart. Der **Turm** (Erwachsene/ermäßigt 6,42/4,28 Zł; Mai–Sept. Di–So 10–18 Uhr) ist für Besucher offen – eine Chance, über die Stadt zu blicken. Einige Schritte vom Eingang entfernt steht ein **Kopernikus-Denkmal**, eines der ältesten Denkmäler zu Ehren des Astronomen und ein beliebtes Fotomotiv.

Das **Geburtshaus des Nikolaus Kopernikus** (Dom Mikołaja Kopernika; ☎ 622 67 48; Ul Kopernika 15/17; Erwachsene/ermäßigt 7,49/5,35 Zł; ⌚ Di, Do & So 10–16 Uhr, Mi, Fr & Sa 12–18 Uhr) sollte auf jeden Fall auf dem Programm stehen. In dem Haus ist Biografisches ausgestellt, darunter Kopien von Kopernikus astronomischen Instrumenten. Außerdem läuft ein kurzer **Film** (in mehreren Sprachen; Erwachsene/ermäßigt 8,56/5,35 Zł) über Kopernikus Zeit in Toruń. Ein Kombiticket für Geburtshaus und Bezirksmuseum kostet 12,48 Zł bzw. 8,56 Zł.

Als ob das noch nicht genug Kultur wäre, nutzt das Bezirksmuseum auch noch mehrere alte Häuser der Stadt als Außenstellen für zahlreiche Ausstellungen.

Das **Haus „Zum Stern“** (Kamienica Pod Gwiazdą; ☎ 622 70 38; Rynek Staromiejski 35; Erwachsene/ermäßigt 5,35/3,21 Zł; ⌚ Di–So 10–16 Uhr) ist ein besonders reich geschmücktes Haus am Marktplatz. In ihm finden alle möglichen Wechselausstellungen statt. Die prächtige barocke Fassade ist das Resultat einer umfangreichen Modernisierung der ursprünglich gotischen Bausubstanz.

Der gotische **Palast der Familie Esken** (Dom Eskenów; ☎ 622 86 80; Ul Łazienna 16; Erwachsene/ermäßigt 5,35/3,21 Zł; ⌚ Di–So 10–16 Uhr) hinter der Kathedrale wurde im 19. Jh. in einen Speicher umgewandelt und bringt heute den Besuchern Historisches zur Stadtgeschichte nahe, außerdem alte Waffen und Archäologisches.

Mal was ganz anderes zeigt das **Entdeckermuseum** (Muzeum Podróżników; ☎ 622 70 38; Ul Franciszkańska 11; Erwachsene/ermäßigt 6,42/4,28 Zł; ⌚ Di–So 10–16 Uhr). Hier sucht man gotische Ziegel oder historische Stücke umsonst: Es gibt Fotos und Volkskundliches aus exotischen Gegenden wie Vanuatu (ein Inselstaat im Pazifik – für alle, die das nicht wissen).

Unter den Gebäuden, die nicht dem Bezirksmuseum gehören, ist das größte und beeindruckendste die gigantische gotische **Johanniskirche** (Kościół Św Janów; Ul Św Jana; Spende Erwachsene/Kinder 2/1 Zł, Turm 6/4 Zł). Die Arbeit am Bau begann um 1260 und wurde erst Ende des 15. Jhs. abgeschlossen. Seitdem beherrscht die Kirche die Skyline der Stadt. Ihr massiver Turm bietet Raum für die „Tuba Dei“ (Trompete Gottes), die zweitgrößte historische Glocke Polens (nach der in der königlichen Kathedrale auf dem Wawel in Krakau). Sie wurde 1530 gegossen, wiegt 7238 kg und wird zu bedeutenden religiösen und nationalen Anlässen aktiviert. Auf der Südseite des Turms, zur

POMMERN

Weichsel hin, befindet sich eine große Uhr aus dem 15. Jh., deren Original-Ziffernblatt und einziger Zeiger bis heute funktionieren.

Das Gebäudeinnere wird nach und nach restauriert. Insgesamt wirkt die Kirche trotzdem wie eine verstaubte Antiquität; die Ornamente an den kunstvollen Altären sind verblasst, das Gewölbe weiß gestrichen. Die ehemals leuchtend bunten Wandgemälde haben die Protestanten übertüncht, die die Kirche während der Reformationszeit nutzten. Mittlerweile hat man kleine Fragmente wieder freigelegt, sie können im Altarraum und in den Seitenschiffen besichtigt werden. Die schönsten Wandmalereien sind die monochromen Bilder hoch oben im hinteren Teil jedes Schiffs, die einen Mönch und einen Teufel oder einen Seuchendämon zeigen. Sie stammen von einem unbekannten Künstler; der Schwarzweiß-Stil ist ziemlich ungewöhnlich für diese Form sakraler Kunst.

Der mit einem gotischen Triptychon und einem Kruzifix geschmückte Hauptaltar steht vor einem Hintergrund aus sechs überragenden Buntglasfenstern in bestem mittelalterlichem Stil. Die letzte Kapelle im rechten Seitenschiff beherbergt das älteste Objekt in der Kirche, den Taufstein, wo auch Kopernikus getauft wurde. Auf einer Seite findet sich das Grabmal des Astronomen.

Der dritte große gotische Bau der Altstadt ist die **Marienkirche** (Kościół NMP; Ul Panny Marii). Sie wurde gegen Ende des 13. Jhs. von den Franziskanern errichtet. Ernst und nüchtern wirkt sie von außen, erhaben von drinnen. Sie besticht durch hohe, aufwändig gestaltete Buntglasfenster und ein auffälliges goldenes Altarstück, das von einem hölzernen Torbogen mit vollständiger Kreuzigungsszene umrahmt wird. Im rechten Seitenschiff finden sich Fragmente von Fresken aus dem späten 14. Jh. wieder. Das beeindruckende Chorgestühl aus dem frühen 15. Jh. steht im Kontrast zu den schlichten Kirchenbänken. Die Orgel (ungewöhnlicherweise an einer Seitenwand angebracht) kam erst zwei Jahrhunderte später hinzu.

Geschichtsfans sollten die Gelegenheit nutzen, die Überbleibsel der mittelalterlichen Befestigung anzusehen. Im Osten, in einem Dreieck zwischen Alt- und Neustadt, stehen die Ruinen der **Deutschordensburg**. Die Einwohner haben die Burg 1454 aus Protest gegen die Handelsbeschränkungen des Ordens zerstört. Die übrig gebliebenen Keller wurden geräumt und werden heute für Kulturveranstaltungen genutzt.

Im Verlauf der alten Stadtmauer östlich der Burg steht das erste der drei erhaltenen Stadttore, das **Brückentor** (Brama Mostowa). Hier führte früher einmal die alte Brücke über den Fluss. Sie wurde zwischen 1497 und 1500 errichtet und stand über 300 Jahre. Es war die zweitälteste Weichselbrücke; die erste, in Krakau, war wesentlich kürzer (zum Vergleich: Die Warschauer Brücke entstand erst zwischen 1568 und 1573). Im weiteren Verlauf der Mauern stößt man auf die beiden anderen Tore, das **Seglertor** (Brama Żeglarska) und das **Klostertor** (Brama Klasztorna). Am westlichen Ende stehen **mittelalterliche Speicher** und der **Schiefe Turm** (Krzywa Wieża).

Unter den vielen Kuriositäten der Stadt ist der kleine **Brunnen** von 1914 auf dem Marktplatz besonders bezaubernd. Auf seinem Rand sitzen bronzene Frösche und bewundern einen Jungen, der Geige spielt und Janko Muzykant heißt. Toruń hat nämlich eine eigene Version des Rattenfängers von Hameln. Der Legende nach kam einst eine Hexe in die Stadt, was den Einheimischen alles andere als Recht war. Diese rächte sich, indem sie Scharen von Fröschen in die Stadt schickte. Der Bürgermeister bot demjenigen, der die Stadt rettete, einen Sack Gold und die Hand seiner Tochter dazu. Da tauchte ein einfacher Bauernjunge auf und begann auf seiner Fiedel zu spielen. Die Frösche waren von seinen Melodien bezaubert und folgten ihm in die Wälder. Die Stadt war gerettet.

Toruń ist voller Geschichte. Ein paar moderne Sachen hat es aber auch zu bieten. Die **Wozownia-Kunstgalerie** (☎ 622 63 39; Ul Rabiańska 20; Eintritt 5 Zł, Di Eintritt frei; 🕑 Di–Fr 10–18 Uhr, Sa & So 11–18 Uhr) zeigt wechselnde Ausstellungen zeitgenössischer Kunst. Angehende Astronomen können im **Planetarium** (☎ 622 60 66; www.planetarium.torun.pl auf Polnisch; Ul Franciszkańska 15/21; Erwachsene/ermäßigt 9,50/7,50 Zł) auf Kopernikus Spuren wandeln. Das Hightech-Auditorium ist in einem alten Gas-Tank untergebracht, bietet Platz für 160 Besucher und zeigt täglich mehrere Vorführungen auf Englisch.

NEUSTADT

Nördlich der Burg liegt die Neustadt um den **Neustadtmarkt** (Rynek Nowomiejski) herum: schmuddelig und planlos modernisiert, nicht so spektakulär wie sein älteres Gegenstück und nicht mal mit Rathaus. Das Gebäude in der Mitte des Platzes ist die ehemalige evangelische Kirche, die im 19. Jh. errichtet wurde, nachdem man das Rathaus abgerissen hatte. Heute beherbergt es den Blue Velvet Club (S. 418). Die beiden schönsten Häuser am Rynek liegen am südwestlichen Ende einander gegenüber.

Die **Jakobuskirche** (Kościół Św Jakuba; Ul Św Jakuba) an der östlichen Ecke des Platzes stammt aus der gleichen Zeit wie ihre Gegenstücke in der Altstadt. Auch sie ist riesig, aber geformt wie eine Basilika und architektonisch stärker mit Details (zum Beispiel Spitzen am Dachrand) ausgearbeitet. Ihr Innenraum ist überwiegend barock. An verschiedenen Stellen wurden gotische Wandmalereien freigelegt, vor allem unter der Orgelempore. Der Hauptaltar und der Bogen des Lettners stammen aus den 1730er Jahren.

Einen Häuserblock dahinter steht die **Katharinenkirche** (Kościół Garnizonowy; Plac Św Katarzyny), die lokale Garnisonskirche. Auch sie hat die Silhouette der Stadt geprägt. Gegen Ende des 19. Jhs. entstand dieser beeindruckende neogotische Ziegelbau mit der erstaunlichen weißen Christusfigur als Altarstück.

NOCH MEHR SEHENSWERTES

In einem Park im Norden der Altstadt steht das **Ethnografische Museum** (Muzeum Etnograficzne; ☎ 622 80 91; Wały Sikorskiego 19; Erwachsene/ermäßigt 8/5 Zł; 🕙 Mai–Sept. Mo, Mi & Fr 9–16 Uhr, Di, Do Sa & So 10–18 Uhr, Okt.–April Di–Fr 9–16 Uhr, Sa & So 10–16 Uhr). Es konzentriert sich auf traditionelle Fischerei und zeigt Werkzeuge, Boote und Netze. Der Eintritt beinhaltet auch den Besuch des kleinen, aber interessanten **Skansen** mit schönen regionalen Beispielen der ländlichen Architektur und darüber hinaus (Bauernhöfe, Schmiede, Wind- und Wassermühle). Der Eintritt zur Dauerausstellung ist montags frei (im Winter sonntags).

Festivals & Events

Probaltica Musik- & Kunstfestival der Ostseestaaten Findet im Mai statt.

Contact Internationales Theaterfestival Findet im Mai/Juni statt.

Internationales Sommerfestival der Musik & Architektur Findet im Juli & August statt.

Schlafen

Im Zentrum von Toruń eine Übernachtungsmöglichkeit zu finden, ist nicht schwer. Die Stoßzeiten liegen unter der Woche, so dass viele Hotels Wochenendrabatte anbieten. Die Touristeninfo kennt das Angebot an Unterkünften und auch die saisonalen Angebote wie Studentenwohnheime. Sie nimmt auch Buchungen vor.

BUDGETUNTERKÜNFTE

Schronisko Turystyczne Fort IV (☎ 655 82 36; www.fort.torun.pl auf Polnisch; Ul Chrobrego 86; Schlafsaal 18–28 Zł; 🕙 ganzjährig) In einem charaktervollen preußischen Fort bietet dieses Hostel 110 Betten, in Zimmern mit zwei bis 18 Kojen, und eine billige Cafeteria. Es liegt etwas außerhalb, ist aber über die Buslinie 14 mit Stadtzentrum und Bahnhof verbunden.

Dom Turysty PTTK (☎ 622 38 55; Ul Legionów 24; EZ/DZ/3BZ/4BZ 60/70/90/100 Zł) Das PTTK-Hostel mit 65 Betten residiert in einem Wohnhaus zehn Minuten zu Fuß von der Altstadt (fünf Minuten vom Busbahnhof) entfernt. Die Rezeption ist 24 Stunden geöffnet; es gibt eine Snackbar.

Hotel Trzy Korony (☎ 622 60 31; www.hotel3korony.pl auf Englisch; Rynek Staromiejski 21; EZ mit/ohne Bad 150/90 Zł, DZ 190/110 Zł) Die Preise scheinen für die schlichten Zimmer etwas hoch, aber der Blick auf den Altstadtmarkt versöhnt einen wieder. Das Hotel „Drei Kronen" hat einen makellosen Stammbaum und eine bemerkenswerte Geschichte – und eine erstklassige Lage sowieso.

Hotel Kopernik (☎ 652 25 73; Ul Wola Zamkowa 16; EZ 105–145 Zł, DZ 130–185 Zł; Ⓟ) In der Neustadt, nur zwei Häuserblocks vom Markt entfernt, zeigt diese ehemalige Soldatenherberge nur noch wenig von ihrer militärischen Vergangenheit. Es gibt Zimmer mit Waschbecken, Toilette oder vollständigem Bad.

Camping Nr 33 Tramp (☎ 654 71 87; www.tramp.mosir.torun.pl auf Deutsch; Ul Kujawska 14; Zeltplatz Erwachsene/Kinder 7/4 Zł, DZ 60 Zł, 3BZ 75–80 Zł, Hütten 30–100 Zł; 🕙 Mitte Mai–Mitte Sept.) Dieser nur fünf Gehminuten vom Hauptbahnhof entfernte Campingplatz vermietet schlichte Hotelzimmer, baufällige Hütten und Stellplätze für Zelt/Wohnwagen. Ein paar Dreibettzimmer verfügen über ein eigenes Bad.

MITTELKLASSEHOTELS

Ganz offensichtlich spricht Toruń eine bestimmte Klasse Reisender an, denn die Anzahl an Drei-Sterne-Hotels im Zentrum ist erstaunlich. Der Wettbewerb hält das Niveau hoch, auch wenn Reisegruppen zu Spitzenzeiten viel Platz belegen.

Hotel Pod Czarną Różą (☎ 621 96 37; www.hotelczarnaroza.pl auf Deutsch; Ul Rabiańska 11; EZ/DZ/3BZ 170/210/250 Zł) Die „Schwarze Rose" ist ein echtes Juwel in einem historischen Bürgerhaus mit 15 stattlichen Zimmern. Der Boden ist mit tollen Teppichen und Läufern ausgelegt, das Mobiliar antik, das Personal freundlich. Haustiere sind willkommen.

Hotel Petite Fleur (☎ 663 44 00; www.hotel.torun.com.pl auf Deutsch; Ul Piekary 25; EZ 180–270 Zł, DZ 240–290 Zł) Genauso historisch und noch zentraler. Gepflegte Unterkunft in zwei Kategorien, mit ruhiger Lounge, die zum Zeitunglesen einlädt. Das exzellente Restaurant (Hauptgerichte zwischen 10 und 49 Zł) hat sich auf französische Küche spezialisiert, aufgetischt wird im gotischen Keller.

Hotel Gotyk (☎ 658 40 00; www.hotel-gotyk.com.pl auf Deutsch; Ul Piekary 20; EZ 150 Zł, DZ 250–300 Zł) Dieses relativ neue Hotel gegenüber dem Petite Fleur residiert ebenfalls in einem restaurierten Stadthaus. Wie bei der bereits etablierten Konkurrenz erwarten den Gast hier individuell eingerichtete Zimmer, klassisches Mobiliar und ein anständiger Service.

Hotel Pod Orłem (☎ 622 50 24; www.hotel.torun.pl auf Deutsch; Ul Mostowa 17; EZ 110 Zł, DZ 140–180 Zł; P 💻) Das Pod Orłem schaut auf über hundert Jahre Geschichte zurück, es ist damit eines der ältesten Hotels in Toruń. Hinter ledergepolsterten Türen verbergen sich relativ geräumige Zimmer; irgendwie schleicht sich bei den billigeren das Gefühl ein, bei Oma zu übernachten. Das Frühstück kostet 15 Zł extra.

Hotel Polonia (☎ 657 18 00; www.polonia.torun.pl auf Deutsch; Plac Teatralny 5; EZ 150 Zł, DZ 190–220 Zł, 3BZ 245 Zł, 4BZ 280 Zł) Feine, aber kompakte Zimmer mit getürktem Antikmobiliar in praktischer Lage am Rand der Altstadt. Verwirrenderweise liegt das hauseigene Restaurant im Keller, erreichbar über einen Lift.

Hotel Gromada (☎ 622 60 60; Ul Żeglarska 10/14; EZ 180–190 Zł, DZ 245–350 Zł) Dieses Stadthaus aus dem 14. Jh. ist ein weiteres unkompliziertes Hotel in der gleichen Klasse wie das Polonia mit komfortablen Zimmern, leider aber mit etwas wenig Charakter.

SPITZENKLASSEHOTELS

Hotel Karczma Spichrz (☎ 657 11 40; www.spichrz.pl auf Polnisch; Ul Mostowa 1; EZ/DZ 190/250 Zł, Suite 300–350 Zł; P) Ein alter Kornspeicher neben dem Brückentor ist die Kulisse für dieses einzigartige, mit viel Holz ausgestattete Hotel. Die Standardzimmer sind angenehm normal, die auf zwei Ebenen angelegten Studios großartig und die Luxussuiten schlichtweg phantastisch. Das Restaurant mit Flair und der zauberhafte Innenhof runden den Luxus ab.

Hotel Heban (☎ 652 15 55; www.hotel-heban.com.pl; Ul Małe Garbary 7; EZ 190–250 Zł, DZ 300–350 Zł, Suite 350–500 Zł) Das Heban ist Toruńs luxuriösestes Haus im Zentrum. Das liebevoll restaurierte Stadthaus strahlt die Patina und Eleganz alter Schule aus. Die stilecht eingerichteten Zimmer bieten Komfort und das elegante Restaurant genießt einen guten Ruf.

Essen

Karczma U Sołtysa (☎ 622 66 74; Ul Mostowa 17; Hauptgerichte 9,90–35 Zł; 🕑 Mittag- & Abendessen) Als altes polnisches Gasthaus angelegt, komplett mit kostümiertem Personal. Serviert solide traditionelle Landesküche. Die riesigen Braten für vier oder mehr Personen beginnen bei 69 Zł.

Prowansja (☎ 622 21 11; Ul Szewska 19; Hauptgerichte 8–15 Zł; 🕑 Mittag- & Abendessen) Schräg ausgestattetes, charmantes Café mit provençalischem Patio – aber drinnen, nicht draußen (was angesichts des hiesigen Klimas wohl auch besser ist). Quiches, Crêpes und Salate tragen zum frankophilen Ambiente bei, ein echtes Highlight ist die Weinkarte.

Swojska Chata (☎ 621 12 87; Ul Mostowa 7; Hauptgerichte 8–20 Zł; 🕑 Mittag- & Abendessen) Das Swojska setzt sich von der Konkurrenz auf der belebten Ul Mostowa durch Speisen nach klassischem teutonischem Vorbild wie „Kutteln in Sahnesauce" ab. Abgerundet wird das mittelalterliche Bild durch ein rustikales Strohdach.

Kuranty (☎ 662 52 52; Rynek Staromiejski 29; Hauptgerichte 9–18,50 Zł; 🕑 11–2 Uhr) Die Speisekarte

POMMERN

zielt auf ein jüngeres Publikum ab und verlässt sich auf drei „P“: Pizza, Pasta, Polnisch. Willkürlich an der Wand verteilte Fotos, außergewöhnliche Art déco-Lampen und ein eindeutig gestohlenes Kneipenschild tragen zur Atmosphäre bei. Dazu gibt es regelmäßig DJs und Livemusik.

Bar Mleczny Pod Arkadami (☎ 622 24 28; Ul Różana 1; Hauptgerichte 2–6,50 Zł; Mo–Sa Frühstück & Mittagessen) Toruńs zentralste Milchbar liegt direkt neben dem Altstadtmarkt und bietet reichlich solides Essen zu unschlagbar günstigen Preisen.

Ausgehen

Piwnica Pod Aniołem (☎ 622 70 39; Rynek Staromiejski 1) Dieser prächtige geräumige Keller im Rathaus ist eine der beliebtesten Kneipen in der Altstadt. Manchmal gibt es hier Livemusik und exotische Events wie Tarot-Seancen. Kostenloser Internetzugang.

Unterhaltung

Dwór Artusa (☎ 622 88 05; Rynek Staromiejski 6) Der Artushof, eines der beeindruckendsten Bürgerhäuser am Marktplatz, ist heute ein bedeutendes Kulturzentrum mit Konzertsaal. Das kultivierte Café wird von den Gästen hoch gelobt.

Art Café (☎ 652 20 76; Ul Szeroka 35) Die Insideradresse für alles Neue und Coole in der elektronischen Musik von House bis Hardcore mit gelegentlichen Hip-Hop-Nächten. Daneben eignet sich das Art Café auch hervorragend für einen Absacker.

Central Park (☎ 622 67 63; www.centralpark.torun.com.pl auf Polnisch; Szosa Bydgoska 3) Das Central Park ist einer der größten Dance Clubs Polens; hierher kommen nationale und internationale Größen.

Blue Velvet (Rynek Nowomiejski 28) Selten voll, aber immer interessant. In der riesigen Halle der früheren Kirche der Neustadt gibt's jetzt Ausstellungen, Filmnächte, Bands und DJs und nebenbei auch noch billiges Bier und Kebabs.

Shoppen

Toruń ist für seine *pierniki* (Lebkuchen) berühmt, die hier schon seit der Stadtgründung gebacken werden. Die Kopernik-Fabrik ist einer der größten Hersteller. Den Lebkuchen gibt es in verschiedenen Formen, zum Beispiel als Nikolaus Kopernikus – natürlich. Einige besonders ausgearbeitete Exemplare sind zum Essen fast zu schade. Gute Einkaufsmöglichkeiten bieten **Sklep Firmowy Katarzynka** (☎ 622 37 12; Ul Żeglarska 25) und **Sklep Kopernik** (☎ 622 88 32; Rynek Staromiejski 6), im Dwór Artusa.

An- & Weiterreise

BUS

Der PKS-Busbahnhof am Nordrand der Altstadt fertigt regelmäßige Busse ab nach: Chełmno (Kulm; 9,30 Zł, 1½ Std.), Golub-Dobrzyń (7,80 Zł, 1½ Std.) und Bydgoszcz (Bromberg; 8,40 Zł, 1 Std.). Polski Express fährt stündlich von der Al Solidarności nach Bydgoszcz (Bromberg) und Warszawa (Warschau; 48 Zł, 3¾ Std.).

ZUG

Der Hauptbahnhof Toruń Główny liegt etwa 2 km südlich der Altstadt am anderen Weichselufer. Daneben gibt es noch den Bahnhof Toruń Miasto, 500 m östlich der Neustadt, an dem aber nicht alle Züge halten. Die Buslinien 22 und 27 (1,80 Zł) verbinden beide miteinander.

Die Region ist leicht zu bereisen, denn mindestens jede zweite Stunde fahren Züge nach Grudziądz (Graudenz; 10,50 Zł, 1½ Std.), Bydgoszcz (Bromberg; schnell/langsam 15,90 Zł/9,30 Zł, 50 Min.), Inowrocław (Hohensalza; 11,80 Zł/6,80 Zł, 1¾ Std.) und Włocławek (9,30 Zł, 50 Min.). Weiter entfernte Ziele sind Malbork (Marienburg; 17,20 Zł, 3½ Std., 3-mal tgl.), Gdańsk (Danzig; 36,12 Zł, 3½ Std., 7-mal tgl.), Olsztyn (Allenstein; schnell/langsam 31,85 Zł/19,70 Zł, 2¼–2¾ Std., 8-mal tgl.) und Poznań (Posen; 18,60 Zł, 2¾ Std., 5-mal tgl.). Ein Express- und vier Schnellzüge fahren nach Warschau (37,64 Zł, 3½ Std.).

GOLUB-DOBRZYŃ

☎ 56 / 12 500 Ew.

Die Stadt Golub-Dobrzyń liegt 40 km östlich von Toruń (Thorn). 1951 hat man die zwei Siedlungen links und rechts der Drwęca (Drewenz) vereint. Dobrzyń am Westufer ist neu und nicht der Erwähnung wert, aber Golub (Gollub) wurde im 13. Jh. als Grenzposten der Deutschritter gegründet, die hier eine Burg hinterließen.

Burg

Die stabile, viereckige **Burg** von Golub ist kaum zu übersehen, so wie sie auf einem zentralen Hügel über der Stadt thront. Die massive gotische Backsteinbasis bekam im 17. Jh. eine etwas elegantere Renaissancebrüstung dazu. Das gesamte Gebäude wurde nach dem Zweiten Weltkrieg umfassend restauriert. Das kleine **Museum** (☎ 683 24 55; Erwachsene/ermäßigt 7/3,50 Zł; ⌚ 9–16 Uhr) im Inneren glänzt eher durch die original gotische Ausstattung als durch seine bescheidene volkskundliche Sammlung.

Festivals & Events

Im Juli findet in der Burg das **Internationale Ritterturnier** statt, ein auf mittelalterlich getrimmtes Volksfest mit Ritterkämpfen, Musik und Kostümen.

Schlafen & Essen

Dom Wycieczkowy PTTK (☎ 683 24 55; Fax 683 26 66; Schlafsaal/DZ 40/90 Zł) Die obere Burgetage beherbergt eines der billigsten „Burghotels" in Polen. Ein hübsches Café im Kellergewölbe serviert Snacks und Drinks.

An- & Weiterreise

Es gibt regelmäßige Busverbindungen nach Toruń (Thorn; 7,80 Zł, 1½ Std.) und vier Busse fahren täglich nach Grudziądz (Graudenz; 9,50 Zł, 2 Std.). Am Fuß des Burgbergs gibt es eine Haltestelle, aber nicht alle ankommenden Busse halten auch hier. Unter Umständen muss man die 1,5 km bis zum Busbahnhof in Dobrzyń laufen.

CHEŁMNO (KULM)

☎ 56 / 22 000 Ew.

Chełmno liegt 40 km nördlich von Toruń (Thorn) und ist alles andere als eine langweilige Provinzstadt. Hier ist nicht nur der mittelalterliche Stadtmauerring fast vollständig erhalten – vermutlich die vollständigste Anlage in Polen –, es besitzt auch noch ein halbes Dutzend gotischer Backsteinkirchen und ein wunderschönes Rathaus. Diese Sehenswürdigkeiten und die Atmosphäre der Stadt kompensieren die geringe Größe und machen aus einem Zwischenstopp hier ein schönes Erlebnis.

Chełmno war schon im 10. Jh. eine polnische Siedlung. Sie entwickelte sich aber erst richtig, als die Ritter des Deutschen Ordens hier ihren ersten Sitz einrichteten und die Stadt sogar ursprünglich zu ihrer Hauptstadt machen wollten. Die Deutschordensritter kamen in den späten 1220er Jahren und begannen sofort mit dem Bau einer Burg, die sie 1265 fertig stellten. Chełmno profitierte von der Lage an der Handelsroute entlang der Weichsel und der lukrativen Verbindung zur Hanse. Nach dem Frieden von Thorn kehrte Chełmno unter polnische Herrschaft zurück, aber trotz königlicher Privilegien war die große Zeit vorbei. Die schwedischen Invasionen richteten große Schäden an. Im 18. Jh. verringerte sich die Einwohnerzahl durch Kriege auf rund 1600 und Chełmno war nur noch ein unbedeutender Ort. Es überstand den Zweiten Weltkrieg weitgehend unbeschadet, konnte sich aber nie wieder wirklich erholen. Heute ist es eine unaufgeregte Kleinstadt, die noch genauso von ihren Mauern umgeben ist, wie vor sechs Jahrhunderten.

Praktische Informationen

Bank Gdański (☎ 686 16 20; Ul Dworcowa 3)
Kredyt Bank (☎ 676 11 95; Ul Dworcowa 24A)
Netclub (Ul Wodna 9; 1 Std. 0,50 Zł; ⌚ 9–23 Uhr) Internetzugang.
Touristeninformation (☎ 686 21 04; Ratusz, Rynek; ⌚ Mo & Sa 8–15 Uhr, Di–Fr 8–16 Uhr)

Sehenswertes

Der Weg vom Busbahnhof führt durch das **Graudenzer Tor** (Brama Grudziądzka) in die Altstadt. Dieses einzige Stadttor, das noch aus dem Mittelalter mehr oder weniger erhalten ist, wurde im 17. Jh. umgebaut, um eine Kapelle aufzunehmen. In der Nische in der Ostfassade steht eine ausdrucksstarke Pietà.

Hinter dem Tor erstrecken sich die Straßen im Schachbrettmuster mit dem Rynek als Herzstück. In der Mitte des Platzes steht das elegante Renaissancer-Rathaus, das 1570 auf den Überresten des gotischen Baus errichtet wurde und heute das **Regionalmuseum** (Muzeum Ziemi Chełmińskiej; ☎ 686 16 41; Eintritt 5 Zł; ⌚ Di–Fr 10–16 Uhr, Sa 10–15 Uhr, So 11–14 Uhr) beherbergt. Die Ausstellung zur Stadtgeschichte findet in den Original-Interieurs statt; unbedingt den schönen Gerichtssaal anschauen.

In die Rückwand des Rathauses ist ein Modell des Kulmer Stabes *(pręt chełmiński)* eingearbeitet. Die gesamte Stadt wurde auf Grundlage dieses Maßes (4,35 m) angelegt, so dass alle Straßen gleich weit voneinander entfernt sind. Es ist außerdem in „Fuß" unterteilt (etwas kleiner als das englische Fuß-Maß). Dieses einzigartige Maß war bis ins 19. Jh. hinein in Gebrauch. Die Stadt hatte auch ihre eigenen Gewichte.

Neben dem Rynek steht die riesige gotische **Pfarrkirche** aus dem späten 13. Jh. Der großartige Innenraum ist mit kunstvoll verziertem Barock- und Rokokomobiliar ausgestattet, zum Beispiel der Hauptaltar von 1710, die muschelförmige Kanzel, die dreiteilige Orgel von 1690 und zahlreiche Altarstücke im Haupt- und in den Seitenschiffen. Außerdem gibt es zahlreiche Stücke aus früheren Zeiten, wie das romanische Taufbecken und Fragmente gotischer Fresken.

Die Kirche **Hl. Johannes der Täufer und Hl. Johannes der Evangelist** (Kościół Św Jana Chrzciciela i Jana Ewangelisty) am Westende der Altstadt wurde zwischen 1266 und 1325 als Teil des Zisterzienserkonvents neben der Burg hochgezogen (die nicht mehr steht). Sie besitzt einen über und über vergoldeten Hauptaltar und daneben eine verzierte Orgel. Unter der Orgel findet sich ein schwarzer Marmorgrabstein von 1275, einer der ältesten der Region. Die Kirche ist meist geschlossen. Hinter dem Tor in der Ul Dominikańska 40 kann man fragen, ob man hineinschauen darf.

Die anderen Kirchen der Stadt sind weniger aufregend und werden selten besucht (selbst im katholischen Polen braucht eine Stadt dieser Größe keine sechs Gotteshäuser). Nichtdestotrotz lohnen sie einen Abstecher – allein wegen ihrer gotischen Architektur (13. und 14. Jh.).

Am Schluss steht ein Abstecher zur 2,2 km langen **Stadtmauer**, die – zusammen mit der im schlesischen Paczków (Patschkau) – die einzige vollständig erhaltene Wehrmauer in Polen ist. Früher gab es 23 Wehrtürme; einige stehen noch, wenn auch nicht immer in gutem Zustand.

Schlafen & Essen

Karczma Chełminska (☎ 679 06 05; www.karczmachelminska.pl auf Deutsch; Ul 22 Stycznia 1b; EZ/DZ 120/160 Zł; Ⓟ) Dieses Hotel im Südwesten der Altstadt zielt auf den Touristenmarkt. Es ist mit viel Holz auf Alt getrimmt und wirkt manchmal etwas billig (siehe die große Holzfigur vor der Tür). Die Zimmer sind dafür brandneu mit großartigen Marmoreffekten im Badezimmer. Die Rezeption verkauft Karten und Infomaterial.

Hotelik (☎ 676 20 30; Ul Podmurna 3; EZ/DZ 120/140 Zł) Fachwerkhaus in einer ruhigen Ecke der Altstadt neben dem Graudenzer Tor. Bietet viel fürs Geld und hat auch ein Restaurant mit langen Öffnungszeiten.

Hotel Centralny (☎ 686 02 12; Ul Dworcowa 23; EZ/DZ/3BZ/4BZ 90/120/150/180 Zł) Das Hotel Centralny außerhalb der Stadtmauern ist schlicht, aber sehr angenehm. Das Haus bietet Wochenendrabatte an und einige preiswerte Zimmer mit Gemeinschaftseinrichtungen. Es liegt nahe am Busbahnhof und hat ein gutes Restaurant (Hauptgerichte 5,50–16 Zł).

Ośrodek Wypoczynkowy (☎ 686 12 56; DZ/4BZ-Hütten 40/70 Zł; 🕑 Mai–Sept.) Das Ośrodek betreibt am See Starogrodzkie, 2 km westlich der Stadt, eine Kolonie spartanischer Hütten und einen Zeltplatz.

Restauracja Spichlerz (☎ 686 99 12; Ul Biskupia 3; Hauptgerichte 6–15 Zł; 🕑 Mittag- & Abendessen) Kombi aus Brauhaus und Jugendtreff neben dem Rynek. Die Holzbalken und Phantasiemalereien an der Wand schaffen eine interessante Atmosphäre. Cocktails, Pooltische und eine gut bestückte MP3-Jukebox erhöhen den Reiz.

An- & Weiterreise

Es gibt keine Zugverbindungen mehr, aber Busse fahren jede Stunde nach Bydgoszcz (Bromberg; 8,40 Zł, 1½ Std.), Toruń (Thorn; 13 Zł, 1 Std.) und Grudziądz (Graudenz; 6,20 Zł, 50 Min.); außerdem zwei Busse täglich direkt nach Gdańsk (Danzig).

GRUDZIĄDZ (GRAUDENZ)

☎ 56 / 100 000 Ew.

Etwa 30 km weichselabwärts von Chełmno (Kulm) liegt Grudziądz, eine große Industriestadt. Ihren Ursprung hat sie in einer frühen Piastensiedlung. Sie wurde wiederholt von den Preußen zerstört, fiel um 1230 unter die Herrschaft des Deutschen Ordens und kehrte 1454 nach einem Aufstand gegen Preußen unter die Fittiche der polnischen Krone zurück. Während der ersten Teilung 1773 wurde Grudziądz von Preußen geschluckt. Es kam erst nach dem Ersten Weltkrieg wieder unter polnische Herrschaft.

Die Stadt wurde 1945 schwer beschädigt. Die neuen Machthaber beschlossen, sie wieder zu dem bedeutenden Industriezentrum zu machen, das sie schon vor dem Krieg gewesen war. Heute ist Grudziądz eine aktive, aber wenig bemerkenswerte, moderne Stadt, die sich nur durch ihre paar historischen Gebäude (vor allem die gigantischen Kornspeicher) auszeichnet.

Praktische Informationen

Bank Millennium (☎ 0801 125 000; Ul Sienkiewicza 19)
Bank Pekao (☎ 465 82 88; Ul Chełmińska 68)
Café Internet (Ul Pańska 6; 1 Std. 3,50 Zł; 🕑 10–22 Uhr)
Touristeninformation (☎ 461 23 18; www.it.gdz.pl auf Polnisch; Ul M Skłodowskiej-Curie 19; 🕑 Mo–Fr 9–17 Uhr, Sa 9–14 Uhr, So 10–14 Uhr)

Sehenswertes

Die außergewöhnlichen vor sich hin bröselnden **Kornspeicher** (spichrze) sind der beste Grund für einen Zwischenstopp in Grudziądz. Sie nehmen die gesamte Flussfront der Stadt ein, um genügend Lagerraum und gleichzeitig Schutz vor Eindringlingen zu bieten. Größe und Standort sind einzigartig in Polen. Seit dem 14. Jh. wurden sie bis ins 18. Jh. hinein nach und nach erneuert und erweitert. Einige wurden später in Wohnhäuser umgebaut und erhielten Fenster. Die Kornseicher mögen heute verfallen aussehen, aber die mit Pfeilern verstärkten Backsteinbauten - manche von ihnen sind sechs Stockwerke hoch - sind immer noch ein beeindruckender Anblick. Die beste Sicht bietet das gegenüberliegende Ufer der Weichsel. Allerdings ist es ein langer Weg bis zur Brücke und auf der anderen Seite wieder zurück. Kommt man mit dem Bus aus Richtung Chełmno, hat man von der linken Fensterreihe aus die größte Wirkung bei geringstem Aufwand.

Der andere Anziehungspunkt der Stadt ist das **Regionalmuseum** (☎ 465 90 63; Ul Wodna 3/5; Erwachsene/ermäßigt 6/3 Zł; 🕑 Di 10–16 Uhr, Mi–Sa 10–15 Uhr, So 10–14 Uhr), auch weil es in einem ehemaligen Benediktinerinnenkonvent am Südende der Altstadt untergebracht ist. Das Hauptgebäude enthält zeitgenössische Malerei aus der Region und wechselnde Ausstellungen. In zwei alten Speichern im Westen wird Archäologisches und Geschichtliches gezeigt.

In der City gibt es noch weitere historische Gebäude. Die gotische **Pfarrkirche** hinter den Speichern ist ein gut erhaltener roter Backsteinbau. Daneben stehen das **Rathaus**, ursprünglich ein Jesuitenkolleg, und die frühere **Jesuitenkirche** (Kościół Pojezuicki) von 1715. Den größten Raum nimmt im Inneren der Kirche der schöne barocke Hauptaltar ein. Die umgebende Dekoration besteht aus ungewöhnlicher Chinoiserie (besonders deutlich unter der Orgelempore zu sehen); so etwas ist in polnischen Kirchen nahezu unbekannt.

Auf dem Hügel, der hinter den Speichern ansteigt, stehen noch Reste der **Deutschordensburg** aus dem 13. Jh. Außer ein paar Mauern und einem Brunnen ist praktisch nichts davon übrig geblieben. Der Park wird vor allem nachts von Alkis genutzt (Achtung: Glasscherben). Einen schönen Blick über die Weichsel hat man aber allemal von hier.

Schlafen & Essen

Hotelik (☎ 462 61 41; Ul Kwiatowa 28; DZ 50–75 Zł, 3BZ 75 Zł) Dieses vernünftige und preiswerte Hotel liegt in einem umgebauten Wohnhaus auf halbem Weg zwischen Bahnhof und Altstadt. Fast gemütlich.

Hotel Karolewicz (☎ 462 60 37; Ul Toruńska 28; EZ 60–80 Zł, DZ 90–105 Zł; Ⓟ) Das Karolewicz empfiehlt sich 1. wegen seiner praktischen Lage und 2. wegen der unspektakulären Zwei-Sterne-Einrichtung. Es verfügt über ein eigenes Restaurant und einen kantor (private Wechselstube). Die Preise hängen davon ab, ob es ein Zimmer mit oder ohne Fernseher sein soll.

Jugendherberge (☎ 643 55 40; Ul Hallera 37; Schlafsaal 17–20 Zł; 🕑 ganzjährig) Die Jugendherberge mit 150 Betten ist Teil der Bursa Szkolna (Schulwohnheim). Der große unauffällige elfstöckige Wohnblock liegt 1,5 km südlich der Altstadt. Es gibt nur Zwei- und Dreibettzimmer und damit mehr Privatsphäre als in den meisten vergleichbaren Häusern.

Ośrodek Wypoczynkowy Rudnik (MORiW; ☎ 462 25 81; Ul Zaleśna 1; Bungalows 45–100 Zł) Zwei-Sterne-Campingplatz (gut eingestuft!) an einem Seeufer 5 km südlich der Stadt. Hier profitieren die Gäste von unglaublich vielen Einrichtungen: Restaurants, Sportanlagen, Boote, Spielplätze, Planschbecken, Shuttel-Service (im Sommer) und ein eigenes Polizeirevier. Das Beste ist aber, dass der Platz auch auf die Bedürfnisse behinderter Besucher eingerichtet ist.

An- & Weiterreise

Der Bahnhof liegt etwa 1 km oder 15 Gehminuten südöstlich der Altstadt. Der Busbahnhof liegt im Norden des Bahnhofs. Sieben oder acht Züge fahren täglich nach Toruń (Thorn; 10,50 Zł, 1½ Std.) und Kwidzyn (Marienwerder; 6,80 Zł, 1 Std.); die meisten der letzteren Destination fahren weiter nach Malbork (Marienburg; 10,50 Zł, 1¾ Std.), zwei sogar bis nach Gdynia (Gdingen). Busse nach Bydgoszcz (Bromberg; 10,50 Zł, 1¾ Std.) und Chełmno (Kulm; 6,20 Zł, 50 Min.) fahren etwa jede Stunde. Darüber hinaus gibt es täglich acht Busse nach Kwidzyn (Marienwerder; Schnellbus 10 Zł, ¾ Std.).

KWIDZYN (MARIENWERDER)

☎ 55 / 40 000 Ew.

Etwa 30 km flussabwärts von Grudziądz liegt Kwidzyn, wieder eine mittelalterliche Deutschordensfestung mit Burg und Kathedrale. Wie der Rest der Region wurde die Stadt erst nach 1945 polnisch.

Sehenswertes

Die quadratische **Burg** mit dem zentralen Innenhof entstand in der ersten Hälfte des 14. Jhs. Sie erlebte wechselhafte Zeiten und wurde schwer beschädigt, als die Preußen 1798 Ost- und Südseite und den Hauptturm schleiften. Den Zweiten Weltkrieg überstand sie dagegen ohne Probleme.

Nach dem Krieg behandelten die polnischen Behörden die Burg mit mehr Respekt als die Vorgänger und restaurierten sorgfältig, was noch zu retten war. Der größte Teil des Gebäudes ist heute das **Burgmuseum** (☎ 279 38 89; Ul Katedralna 1; Erwachsene/ermäßigt 7/5 Zł; Di–So 9–17 Uhr). Hier ist mittelalterliche Sakralkunst, Kunsthandwerk und landwirtschaftliches Gerät der Region sowie eine Darstellung archäologischer Ausgrabungen auf dem Gelände zu sehen. Auch wenn die Beschriftungen auf Polnisch sind, lohnt sich ein Besuch.

Das interessanteste Merkmal der Burg sind zwei Türme, die etwas abseits der Anlage an der West- und der Südseite stehen. Überdachte Brücken verbinden sie mit dem Hauptkomplex. Der kleinere Turm enthielt einen Brunnen, der Westturm war früher ein Dansker (Abtritt) und später auch Hinrichtungsstätte. Beide können bei einer Besichtigung von innen angeschaut werden, aber auch nur ein Rundgang um die Anlage lohnt sich.

Die angebaute **Kathedrale** ist ein weiterer gotischer Backsteinbau, eine Wehrkirche mit einem Turm aus dem 19. Jh. Über dem Südportal befindet sich an der Außenwand ein interessantes Mosaik (1380). Der geräumige Innenraum mit massiven Pfeilern birgt noch Fragmente von Fresken aus dem 14. Jh. Das Mobiliar stellt eine Mischung aus gotischen und neogotischen Stilen dar.

Schlafen & Essen

Hotel Kaskada (☎ 279 37 31; Ul Chopina 42; EZ/DZ 130/150 Zł) Direkt gegenüber dem Bahnhof steht das gerade renovierte Kaskada mit einem einfachen Restaurant. Eine gute Wahl für eine Übernachtung.

Pensjonat Miłosna (☎ 279 40 52; Ul Miłosna 2; DZ/3BZ 180/230 Zł; P) Das Miłosna ist eine schicke Villa im Wald neben der Straße nach Grudziądz (Graudenz). Weil es 4 km außerhalb der Stadt liegt, ist es eigentlich nur für Reisende mit eigenem Auto interessant. Die Zimmer sind gemütlich; es gibt ein gutes Restaurant.

An- & Weiterreise

Bahnhof und Busbahnhof liegen 200 m auseinander und rund zehn Minuten zu Fuß von der Burg entfernt. Über den Tag verteilt fahren regelmäßig Züge nach Malbork (Marienburg; 6,80 Zł, ¾ Std.) und Grudziądz (Graudenz; 6,80 Zł, 1 Std.). Es gibt drei direkte Verbindungen nach Toruń (Thorn; 14,50 Zł, 2½ Std.) und zwei nach Gdańsk (Danzig; 13,10 Zł, 2¼ Std.). Täglich fahren 15 Busse nach Malbork (Marienburg; 6,30 Zł, 50 Min.), sechs nach Elbląg (Elbing; 9,50 Zł, 1½ Std.) und vier nach Gdańsk (Danzig; 12 Zł, 2 Std.).

GNIEW (MEWE)

☎ 58 / 7200 Ew.

Gniew ist weniger bekannt und steht seltener auf dem Reiseprogramm als Kwidzyn (Marienwerder), obwohl es auf der anderen Seite der Weichsel eine ebenso prominente und bemerkenswert gut erhaltene Burg besitzt. Außerdem hat sich die Stadt ihren ursprünglichen mittelalterlichen Grundriss in der winzigen Altstadt bewahrt. Wenig Modernes stört die Harmonie und macht Gniew zu einem hübschen Zwischenstopp für eine oder zwei Stunden.

Sehenswertes

Die **Burg** entstand im 13. Jh. als erste Festung der Deutschritter am linken Weichselufer und ist ein massiver, mehrstöckiger Backsteinbau mit einem tiefen Innenhof. Von 1464 bis zur ersten polnischen Teilung 1773 stand Gniew unter polnischer Herrschaft. Die Preußen bauten die Burg dann zu einer Kaserne, einem Gefängnis und einem Munitionsdepot um. 1921 brannte sie vollständig aus, aber die 2 m dicken Mauern blieben stehen. Die Restaurierung begann 1976 und ist noch nicht abgeschlossen.

Heute beherbergt die Burg das **Archäologische Museum** (☎ 535 21 62; www.zamek-gniew.pl auf Englisch; Plac Zamkowy 2; Erwachsene/ermäßigt 8/5 Zł; ⌚ Di–So 9–17 Uhr). Die Ausstellung erstreckt sich nur über zwei Räume. Besucher bekommen im Rahmen der obligatorischen Führung auch die Kapelle, wechselnde Ausstellungen in anderen Räumen und einen Großteil der übrigen Burg zu sehen. Die Führung dauert 1½ Stunden und findet auf Polnisch statt; eine fremdsprachige Führung kostet 50 Zł. Am Wochenende finden zweimal täglich Historienspiele statt.

Schlafen & Essen

Pałac Marysieńki (☎ 535 49 49; www.hotelmarysienki.pl auf Polnisch; Plac Zamkowe 3; EZ 95–125 Zł, DZ 155–195 Zł, 4BZ 240 Zł, Suite 250–350 Zł; Ⓟ) Das Pałac ist ein großes Gebäude neben der Burg, vollständig renoviert und mit schönen komfortablen Zimmern. Das Hausrestaurant kann dasselbe Niveau mühelos halten.

Dormitorium (☎/Fax 535 21 62; Schlafsaal 35 Zł; ⌚ ganzjährig) In einem Teil der Burg bietet das Dormitorium 90 Betten in geräumigen Gewölbesälen, die im Winter beheizt werden. Einfach, aber sauber. Es gibt kaum ein billigeres Bett in einer Burg in Polen. Die Kellergewölbe der Burg sind eine großartige Location für das Restaurant Piwnica Rycerska, das Getränke und preiswerte Mahlzeiten serviert.

An- & Weiterreise

Der Busbahnhof von Gniew (Mewe) liegt etwa 200 m nordwestlich des Rynek. Es fahren ungefähr stündlich Busse nach Tczew (Dirschau; 5,60 Zł, ¾ Std.) und täglich neun Busse nach Gdańsk (Danzig; 10,50 Zł, 1½ Std.), drei nach Grudziądz (Graudenz; 9 Zł, 1 Std.) und drei nach Toruń (Thorn; 12 Zł, 2½ Std.).

MALBORK (MARIENBURG)

☎ 55 / 42 000 Ew.

Malbork ist eine ruhige Kleinstadt, die vor allem für eines berühmt ist: die größte gotische Burg Europas. Dieser prächtige klassische Festungsbau hat es auf die Welterbeliste der Unesco geschafft. Im Sommer ist die Anlage von Touristenhorden überlaufen, aber sie ist tatsächlich mit Recht eine der Highlights der Region. Malbork ist im Rahmen eines Tagesausflugs von Danzig aus gut zu erreichen und es lohnt sich, etwas Zeit mitzubringen.

Praktische Informationen

Bank Pekao (☎ 272 81 62; Ul Piłsudskiego 9)
Touristeninformation (☎ 273 49 90; Ul Piastowska 15; ⌚ Mo–Fr 10–18 Uhr, Sa & So 10–14 Uhr)

Sehenswertes

Der ganze Stolz Malborks ist die gleichnamige Burg am Ufer der Nogat, einem Seitenarm der Weichsel und früher das Hauptbett des Flusses. Die **Marienburg** war über 150 Jahre lang der Hauptsitz des Deutschen Ordens.

Die gewaltige Burganlage entstand in mehreren Stufen. Die erste war die so genannte Hochburg, die zentrale Bastion, mit deren Bau 1276 begonnen wurde und die drei Jahrzehnte später vollendet war. Als Malbork 1309 Hauptsitz des Ordens wurde, wurde die Festung beträchtlich ausgebaut, um sowohl ihren neuen Funktionen gerecht zu werden als auch dem gestiegenen Sicherheitsbedürfnis Rechnung zu tragen. Zunächst wurde die Mittelburg neben die Hochburg gesetzt und zuletzt folgte die Vorburg. Den gesamten Komplex umschließen drei Mauerringe; unterirdische Verliese und oberirdische Türme verstärken ihn. Die Anlage bedeckte schließlich eine Fläche von gut 21 ha, was sie zur größten Burg des Mittelalters macht.

Sie wurde erst 1457 im Dreizehnjährigen Krieg erobert, als die militärische Macht der Deutschritter längst geschwunden war. Anschließend erhoben die polnischen Könige Malbork zur Residenz auf ihren Reisen durch Pommern. Sie verfiel aber mit Beginn der schwedischen Invasion. Nach der ersten Teilung verwandelten die Preußen die Burg in eine Kaserne, zerstörten sehr viel von der Ausstattung und rissen Teile nieder, die keinen unmittelbaren militärischen Nutzen hatten.

Im 19. Jh. war die Marienburg eines der ersten historischen Gebäude, die unter staatlichen Schutz gestellt wurden. Sie sollte den Ruhm des mittelalterlichen Deutschland symbolisieren. Umfassende Restaurierungen bis zum Ausbruch des Ersten Weltkriegs brachten sie dem Original wieder sehr nahe. Im Zweiten Weltkrieg wurde der Ostflügel der Festung allerdings beschossen und die Restaurierungsarbeiten begannen von vorne, dieses Mal unter polnischer Federführung. Der größte Teil der Arbeiten wurde in den 1970er Jahren abgeschlossen. Die Burg sieht heute weitgehend so aus wie vor sechs Jahrhunderten. Sie beherrscht immer noch die Stadt und die umgebende Landschaft.

Der erste Eindruck von der Burg ist: unglaublich groß – fast die gesamte Anlage ist erhalten, inklusive mehrerer Mauerringe, Türme und einem dicht gepackten Grundriss. Den besten Blick darauf gewährt das andere Flussufer (es gibt eine Fußgängerbrücke), vor allem am späten Nachmittag, wenn die tief stehende Sonne die Backsteine in dunklem Rotbraun erglühen lässt.

Die Festung enthält heute das **Burgmuseum** (Muzeum Zamkowe; ☎ 647 08 02; www.zamek.malbork.pl auf Deutsch; Ul Starościńska 1; Führungen Erwachsene/ermäßigt 23/14 Zł; ⏲ Mai–Sept. Di–So 9–20 Uhr, Okt.–April Di–So 10–15 Uhr). Der Zugang ist streng geregelt. Die meisten Räume stehen Besuchern offen und beherbergen insgesamt 23 Ausstellungen zu verschiedenen historischen und archäologischen Themen.

Der Eingang zur Anlage liegt auf der Nordseite, es war und ist der einzige Weg hinein. Vom Haupttor geht es über die Zugbrücke durch fünf eisenverstärkte Tore auf den großen Innenhof der **Mittelburg** (Zamek Średni). Auf der Westseite (rechts) steht der **Hochmeisterpalast** (Pałac Wielkich Mistrzów) mit einer prächtigen Innenausstattung. Daneben befindet sich der **Rittersaal** (Sala Rycerska), mit 450 m² der größte Raum der Burg. Die bemerkenswerte Decke besitzt immer noch ihr originales Palmengewölbe, aber die Fundamente sinken ab und mittlerweile sind Maßnahmen zu ihrer Rettung eingeleitet worden. Das Gebäude auf der gegenüberliegenden Seite des Hofs beherbergt

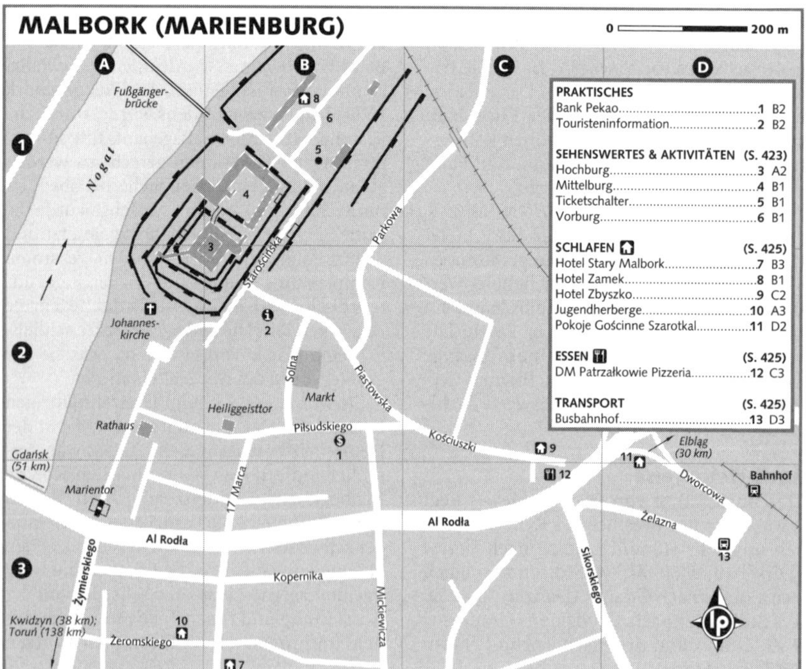

KRZYSZTOF DYDYŃSKI

Blick auf die Bergstationen am Kasprowy Wierch (S. 273), Tatra

Stacheldrahtzaun im ehemaligen Vernichtungslager Auschwitz-Birkenau (S. 323)

KRZYSZTOF DYDYNSKI

KRZYSZTOF DYDYNSKI

Fichtenwälder in der Tatra (S. 268)

Bürgerhäuser, Salzmarkt (S. 281), Breslau

KRZYSZTOF DYDYNSKI

KRZYSZTOF DYDYŃSKI

Kathedrale (S. 361), Gniezno

KRZYSZTOF DYDYŃSKI

Ehemalige Bernhardinerkirche (S. 369), Kalisz

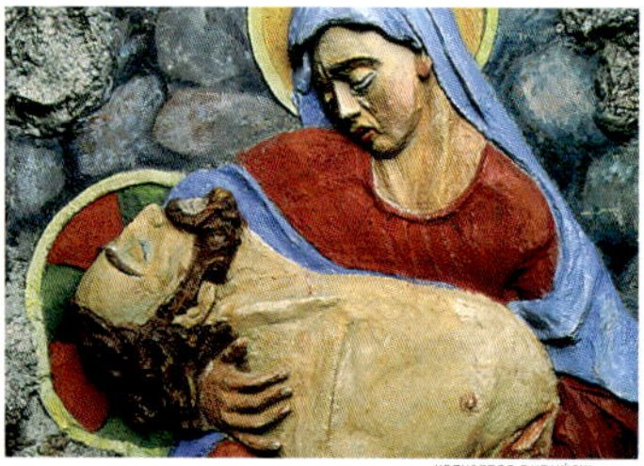

KRZYSZTOF DYDYŃSKI

Kreuzweg, Golgotha (S. 372), Licheń

Alter Markt (S. 346), Poznań

KRZYSZTOF DYD

MANFRED GOTTSCHALK

Neptunbrunnen und Rechtstädter Rathaus (S. 384), Danzig

WAYNE WALTON

Altstadt (S. 389), Danzig

Deutschordensburg (S. 423), Marienburg

KRZYSZTOF DYDYŃSKI

Slowinzischer Nationalpark (S. 432)

KRZYSZTOF DYDYŃSKI

MANFRED GOTTSC

Segelboote auf den Großen Masurischen Seen (S. 469)

KRZYSZTOF DYDYŃSKI

Orgel in der Wallfahrtskirche (S. 468), Święta Lipka

Backsteinburg, Reszel (S. 467)

KRZYSZTOF DYDY

Schiffsrampen, Oberländischer Kanal (S. 464)

KRZYSZTOF DYDYŃSKI

eine Waffensammlung und eine sehr schöne Bernsteinausstellung.

Die Führung geht weiter in die **Hochburg** (Zamek Wysoki), über eine weitere Zugbrücke und durch ein Tor (ein dekoratives Portal von 1280) auf einen spektakulären Arkadenhof mit einem rekonstruierten Brunnen in der Mitte. Anschließend geht es durch Zimmer in verschiedenen Stockwerken, einschließlich Dormitorium, Küche, Bäckerei, Domkapitel und Refektorium. Der Eingang zur **Burgkirche** ist ein wunderschönes gotisches Portal, das als Goldenes Tor bekannt ist. Unter dem Presbyterium der Kirche liegt die Annenkapelle, unter deren Boden die Krypta der Hochmeister liegt.

Abschließend bietet der quadratische **Burgturm** einen hervorragenden Blick über die gesamte Anlage und die flache Landschaft der Umgebung. Am Ende steht der Besuch der Terrassen der **Hochburg**, die zwischen den Hauptgebäuden und den Mauern verlaufen.

Besucher müssen sich einer Führung anschließen, um die Burg besichtigen zu können. Verkleidete Führer holen alle halbe Stunde Gruppen zu den bis zu dreistündigen Rundgängen ab. Im Sommer gibt es täglich jeweils drei Führungen auf Deutsch und Englisch, die einen kleinen Aufpreis kosten. Späte Führungen (Erwachsene/ermäßigt 14/9 Zł), die kurz vor Schluss beginnen, werden in halsbrecherischem Tempo durch die Anlage getrieben und lassen einige Ausstellungen aus. Der Zugang zum Gelände kostet an Montagen, wenn alle Gebäude und Ausstellungsräume geschlossen sind, nur 4,50 Zł.

Außerhalb der regulären fremdsprachigen Führungen und/oder der Saison stehen auf Anfrage deutsch- und englischsprachige Führer für 150 Zł/Gruppe (zzgl. regulärem Eintrittspreis) zur Verfügung. Ansonsten gibt es zwei Möglichkeiten: warten, bis eine entsprechende Reisegruppe eintrifft, und den Reiseführer fragen, ob man mitgehen darf, oder mit einer polnischen Gruppe hineingehen und dann unauffällig zu einer fremdsprachigen Gruppe wechseln.

Schlafen & Essen

Hotel Zamek (☎/Fax 272 33 67; Ul Starościńska 14; EZ/DZ 250/300 Zł; Ⓟ) Das Hotel Zamek residiert mit 42 Zimmern in einem restaurierten Gebäude der Vorburg und ist bei weitem nicht so palastähnlich, wie man meinen möchte. Die schöne Umgebung, dunkles Holz und ein exzellentes Restaurant machen es trotzdem zur ersten Wahl am Ort.

Hotel Stary Malbork (☎ 647 24 00; www.hotelstarymalbork.com.pl auf Deutsch; Ul 17 Marca 26/27; EZ 210 Zł, DZ 300–360 Zł, Suite 550–650 Zł; Ⓟ 💻) Vom Standort her kann das Stary Malbork zwar nicht mit dem Zamek konkurrieren, aber in jeder anderen Hinsicht kommt es an dieses heran oder übertrifft es sogar. Gut ausgebildetes Personal, umfassende Einrichtungen und makellose Zimmern zielen eindeutig auf internationale Kundschaft ab.

Hotel Zbyszko (☎ 272 26 40; Ul Kościuszki 43; EZ/DZ 140/190 Zł, 3BZ 250–280 Zł; Ⓟ) Das 50-Betten-Haus (in den letzten Jahren renoviert) profitiert von seiner guten Lage und bietet ein vernünftiges Preis-Leistungs-Verhältnis. Das Hotel hat ein eigenes Restaurant mit großem Speisesaal. Außerdem hat es noch einige billigere, wenn auch minderwertige Zimmer mit Gemeinschaftseinrichtungen.

Pokoje Gościnne Szarotka (☎/Fax 612 14 44; Ul Dworcowa 1A; EZ/DZ/3BZ/4BZ 25/45/65/80 Zł) Liegt praktisch um die Ecke vom Bahnhof. Das Arbeiterwohnheim mit 56 Betten bietet spartanische, aber akzeptable Zimmer mit Gemeinschaftsbad.

Jugendherberge (☎ 272 24 08; Ul Żeromskiego 45; Bett 20–35 Zł; 🕑 ganzjährig) Die Jugendherberge ist in der Schule untergebracht und verfügt über einige Doppelzimmer; die meisten Betten stehen in Schlafsälen für acht oder mehr Leute. Die Herberge ist nur wenige Minuten zu Fuß von der Burg entfernt.

DM Patrzałkowie Pizzeria (☎ 272 39 91; Ul Kościuszki 25; Hauptgerichte 5,90–15,50 Zł; 🕑 Mittag- & Abendessen) Richtung Bahnhof gelegen; das freundliche Personal serviert Pizza, Pasta, Pierogi und andere Grundnahrungsmittel.

An- & Weiterreise

Bahnhof und Busbahnhof liegen am östlichen Ende des Stadtzentrums, 1 km von der Burg entfernt. Malbork (Marienburg) liegt an der viel befahrenen Strecke Danzig–Warschau, so dass es reichlich Züge nach Gdańsk (Danzig; express/schnell 21,40 Zł/15,90 Zł, 40 Min.) und Warszawa (Warschau; 60,60 Zł/41,24 Zł, 3½ Std.)

gibt. Außerdem gibt es regelmäßige Verbindungen nach Elbląg (Elbing; 5,70 Zł, ½ Std.) und bis zu neun Züge täglich nach Kwidzyn (Marienwerder; 6,80 Zł, ¾ Std.), Grudziądz (Graudenz; 10,50 Zł, 1¾ Std.) und Olsztyn (Allenstein; 28,38 Zł, 2 Std.). Außerdem fahren PKS-Busse die meisten Ziele in der Region an.

Vom Zug aus Richtung Gdańsk (Danzig) gibt es auf der rechten Seite einen wunderschönen Blick auf die Burg, während der Zug den Fluss überquert.

ELBLĄG (ELBING)

☎ 55 / 130 000 Ew.

Elbląg ist kein typisches Reiseziel: Der Zweite Weltkrieg verwandelte die geschichtsträchtige Stadt in einen Trümmerhaufen und heute hat sie vor allem Bedeutung für die Industrie. Trotzdem kommen immer wieder Besucher hierher, um sich das neue Zentrum anzusehen, denn hier wurde auf innovative Weise versucht, eine „moderne Altstadt" zu schaffen.

Historisch gesehen war Elbląg eine der ersten Festungen des Deutschen Ordens und es entwickelte sich zu seinem ersten Hafen. Zu dieser Zeit reichte das Weichseldelta nämlich weiter nach Süden als heute, so dass die Stadt über Jahrhunderte ein Seehafen war. Als Elbląg nach dem Frieden von Thorn unter polnische Herrschaft fiel, wurde es zu einem der wichtigsten Tore zum Meer und nahm dem zunehmend unabhängigen Danzig viel Handelsverkehr ab. Später machten die schwedischen Invasionen und die wachsende Versandung des Deltas den Wohlstand zunichte. Erst die Industrielle Revolution des ausgehenden 19. Jhs. brachte eine teilweise Wiederbelebung.

Der Hafen mag Geschichte sein, aber die Stadt genießt immer noch die Vorteile ihrer geografischen Lage: Sie ist Zugang nach Frombork (Frauenburg), der Anfang/das Ende des Oberländischen Kanals (Kanał Elbląski; S. 464) und Ausgangspunkt für eine Fahrt in die russische Region Kaliningrad (Königsberg).

Praktische Informationen

GELD

Bank Pekao Stary Rynek (☎ 232 80 17; Stary Rynek 18A); Ul Hetmańska (☎ 235 47 00; Ul Hetmańska 3)
Kredyt Bank (☎ 236 57 45; Ul 1 Maja 16)

INTERNETZUGANG

Inferno (Ul Czerwonego Krzyża 6; 1 Std. 3 Zł; ⌚ 10–22 Uhr)
Meteor (Plac Dworcowy 1; 1 Std. 3 Zł; ⌚ 8–20 Uhr)

REISEBÜROS

Elzam (☎ 230 61 91; Elzam Hotel, Plac Słowiański 2)
Lobos (☎ 642 19 52; Ul Nitschmana 20/22)
Orbis Travel (☎ 236 85 55; Ul Hetmańska 24)
Watur (☎ 232 40 90; Ul Garbary 7)

TOURISTENINFORMATION

PTTK (☎ 232 64 69; Ul Krótka 5; ⌚ Mo–Mi & Fr 9–15 Uhr, Do 10–18 Uhr)
Touristeninformation (☎ 232 42 34; www.it.elblag.com.pl auf Deutsch; Ul Czerwonego Krzyża 2; ⌚ Mo–Fr 9–17 Uhr, Sa 10–14)

Sehenswertes

Nach dem Zweiten Weltkrieg war die Altstadt für lange Zeit nicht mehr als ein Trümmerberg. Mit Demokratie und Reformen kam auch der Wunsch nach einer Restaurierung. Anfang der 1990er Jahre begann die Arbeit an einem Projekt, das moderne und traditionelle Elemente miteinander verband und eine stilisierte **Neue Altstadt** entstehen ließ, die an die Kaufmannsquartiere der großen Hansestädte erinnern soll. Die Arbeiten sind noch in Gang und die bisherigen Resultate eher lückenhaft. Das Stilchaos und der Fassadenmix hat dem Viertel trotzdem einen ganz eigenen Charakter gegeben, der durch die Neueröffnung neuer Restaurants, Bars und Hotels verstärkt wird, die von eben diesem einzigartigen Charakter profitieren.

Ein Überbleibsel aus der Vergangenheit beherrscht aber doch das Viertel: Die **Nikolaikirche** (Kościół Św Mikołaja) ist ein stabiler Backsteinbau mit einem sorgfältig restaurierten Turm (95 m hoch). Leider kam dem Innenraum weniger Sorgfalt zu, denn das ehemalige gotische Deckengewölbe ist heute eine flache Betondecke. Zumindest überstand ein Teil der Holzschnitzereien, einschließlich mehrerer Triptychen, die Zerstörungen im Krieg.

Etwa 200 m nördlich steht die **Galeria EL** (☎ 232 53 86; Ul Kuśnierska 6; Erwachsene/ermäßigt 4/2 Zł; ⌚ Mo–Sa 10–18 Uhr, So 10–17 Uhr), die ehemalige Marienkirche. Der massive gotische Backsteinbau wurde entkernt und beherbergt heute eine Galerie für zeitgenössische

Kunst, es finden auch mal Konzerte und Events statt. Sie lohnt einen Besuch – und sei es nur wegen des imposanten, hohen Innenraums. Einige Schritte weiter steht das einzige erhaltene Stadttor, das **Markttor** (Brama Targowa).

Fünf Minuten zu Fuß am Flussufer entlang geht es nach Süden, dort liegt das **Elbląg Museum** (☎ 232 72 73; Bulwar Zygmunta Augusta 11; Erwachsene/ermäßigt 7/5 Zł; ⌚ Di, Mi, Fr & Sa 10–16 Uhr, Do & So 10–18 Uhr). Es nimmt zwei Häuser ein und hat Abteilungen zu Archäologie und Stadtgeschichte sowie ein Fotoarchiv der Stadt vom 19. Jh. bis zum Zweiten Weltkrieg.

Schlafen

Pensjonat Boss (☎ 239 37 28; boss@elblag.com.pl; Ul Św Ducha 30; EZ/DZ/3BZ/Suite 150/220/300/300 Zł) Als eines von mehreren kleinen Hotels in der Altstadt bietet es 13 komfortable Zimmer über dem hauseigenen Café und Restaurant. Das Gebäude ist eines der hübscheren Beispiele für die neue Architektur, vor allem wegen der Blumenkästen vor den Fenstern.

Hotel Sowa (☎ 233 74 22; Ul Grunwaldzka 49; EZ 125–165 Zł, DZ 165–225 Zł; Ⓟ) Dieses schicke, neue Zwei-Sterne-Haus ist zwar etwas vom Stadtzentrum entfernt, aber der Busbahnhof ist praktischerweise direkt gegenüber. Das freundliche Personal und die Zimmerauswahl sind ein zusätzlicher Bonus.

Hotel Viwaldi (☎ 236 25 42; www.viwaldi.m.walentynowicz.pl auf Deutsch; Stary Rynek 16; EZ/DZ/Suite 230/300/385 Zł) Trotz der Namensstreitigkeiten mit andern Hotels, die Vivaldi im Namen führen, hat die Topadresse in der Altstadt keine Mühe, ihren hohen Anspruch zu verteidigen. Restaurant, Bar und 10 % Wochenendrabatt.

MOSiR Hotel (☎ 642 11 81; Ul Związku Jaszczurczego 17; Schlafsaal/EZ/DZ 40/75/110 Zł; Ⓟ) Örtliches Sporthotel in vertretbarer Laufweite von der Altstadt, bietet überdurchschnittlich gute Zimmer der Budgetklasse, einige sogar mit Fernseher.

Camping Nr 61 (☎ 232 43 07; www.camping-elblag.alpha.pl auf Deutsch; Ul Panieńska 14; Zeltplatz Erwachsene/Kinder 12/6 Zł, DZ/4BZ 60/80 Zł; ⌚ Mai–Sept.) Angenehm schattiger Campingplatz mit außergewöhnlich günstiger Lage am Flussufer, nahe der Altstadt und nur etwa 1 km westlich von Bahnhof und Busbahnhof.

Essen & Ausgehen

Café Carillon (☎ 232 52 95; Ul Mostowa 22; Hauptgerichte 9–18 Zł; ⌚ Frühstück & Mittagessen) Café mit einem der schönsten Designs der Altstadt: Die kleine Terrasse überblickt ein ruhiges, unerschlossenes Grundstück in Sichtweite des Markttors, drinnen Art déco-Buntglas-Nachahmung mit musikalischer Thematik. Die umfangreiche Getränkekarte ist verlockend, die Auswahl an leichten Mahlzeiten scheint eher symbolisch gemeint.

Restauracja Pod Aniołami (☎ 236 17 26; Ul Rybacka 23/24B; Hauptgerichte 12–29,90 Zł; ⌚ Mittag- & Abendessen) Die lateinamerikanische Speisekarte lockt Touristen und hippe Einheimische an. Lockstoff ist die Spur von Chili in diesem Land, wo Gewürze immer noch ein bisschen exotisch sind. Hier fällt es schwer, ein Olé! zu unterdrücken.

Green Way (☎ 641 90 19; Ul 1 Maja 9; Hauptgerichte 2,50-11 Zł; ⌚ Mo–Sa Frühstück, Mittag- & Abendessen, So Mittag- & Abendessen) Die vegetarisch ausgerichtete Kette landet hier in zentraler Lage einen weiteren Hit und zieht die üblichen Mengen bewusster Esser an.

Złoty Żuraw (☎ 642 22 33; Stary Rynek 35C; Hauptgerichte 8–19 Zł; ⌚ Mittag- & Abendessen) Eines von zwei chinesischen Restaurants, die einander an der Ul Św Ducha gegenüberliegen. Der „Goldene Kranich" punktet mit reellen Preisen, nicht so mit ambitionierter Küche. Die Buddhastatue vor dem Haus sagt eigentlich schon alles.

Bar Słoneczny (☎ 641 66 16; Ul Hetmańska 16/22; Hauptgerichte 4–9 Zł; ⌚ Mo–Fr Frühstück, Mittag- & Abendessen, Sa & So Mittag- & Abendessen) Eines der billigsten Lokale im Zentrum; serviert akzeptables Cafeteria-Essen.

An- & Weiterreise

BUS

Der Busbahnhof liegt neben dem Bahnhof. PKS-Busse fahren mindestens stündlich nach Gdańsk (Danzig; schnell/langsam 13 Zł/11 Zł, 1½ Std.), und über Braniewo (Braunsberg) nach Frombork (Frauenburg; 7,30 Zł, 40 Min.). Die gleiche Strecke über Braniewo nach Frombork fahren auch private Minibusse.

SCHIFF

Schiffe zum Oberländischen Kanal (Kanał Elbląski) fahren vom Kai an der Altstadt ab. Infos und Tickets gibt es beim Camping Nr 61 (s. o.)

Die benachbarte Werft ist die Ablegestelle für die Tragflügelboote der **Żegluga Gdańska** (☎ 232 73 19; www.zegluga.gda.pl auf Deutsch; Hin & Zurück am selben Tag Erwachsene/Kinder 42/32 €) ins russische Kaliningrad (Königsberg). Die Boote fahren zwischen Mai und September täglich um 7.30 Uhr ab, legen auf dem Weg in Krynica Morska (Kahlberg-Diep) und Frombork (Frauenburg) an und fahren um 18 Uhr russischer Zeit zurück, so dass etwa fünf Stunden für eine Stadtbesichtigung bleiben. Infos und Tickets gibt es in den meisten Reisebüros der Stadt. Außerdem organisiert die Touristeninfo Tagesgruppenausflüge für rund 85 € pro Person.

ZUG

Der Bahnhof liegt 1 km südöstlich des Zentrums. Es gibt regelmäßige Züge nach Malbork (Marienburg; 5,70 Zł, ½ Std., etwa stdl.), Gdańsk (Danzig; 11,80 Zł, 1½ Std., 14-mal tgl.) und Olsztyn (Allenstein; 14,50 Zł, 1½ Std., 11-mal tgl.), aber nur drei nach Frombork (Frauenburg; 6,80 Zł, 1 Std.).

POMMERN

FROMBORK (FRAUENBURG)

☎ 55 / 2600 Ew.

Frombork (Frauenburg) verdankt seinen Namen wie Malbork (Marienburg) einer Festung, die die Geschicke der Stadt bestimmte. Die Burg von Frombork ist in diesem Fall eine Kathedrale auf dem Hügel, die im 13. Jh. von den ermländischen Bischöfen (s. S. 458) nach ihrer überstürzten Flucht aus dem benachbarten Braniewo (Braunsberg) gebaut wurde. Der klerikalen Siedlung fehlte leider eine wehrhafte Befestigung um ihr Schmuckstück herum und so wurde es mehrmals eingenommen. Die Schweden richteten im 17. Jh. den größten Schaden an. Im Zweiten Weltkrieg wurde fast die gesamte Stadt zerstört, die Kathedrale aber blieb unbeschädigt stehen.

Während die Anlage alleine schon für regelmäßige Besucherzahlen in Frombork garantiert, kommt dazu noch die Verbindung zu Nikolaus Kopernikus. Deswegen legt fast jeder hier einen Halt ein. Auch wenn Krakau, Toruń (Thorn) und Olsztyn (Allenstein) enge Beziehungen zu dem Astronomen für sich in Anspruch nehmen, war es doch Frombork, wo er die zweite Hälfte seines Lebens verbrachte und seine meisten Beobachtungen und Untersuchungen für das heliozentrische Weltbild machte. Kopernikus wurde in der Kathedrale (wo sonst?) beerdigt, auch wenn die genaue Stelle unbekannt ist.

Sehenswertes

KATHEDRALENHÜGEL

Der Komplex auf dem Kathedralenhügel (Wzgórze Katedralne) beherbergt heute das **Kopernikusmuseum** (Muzeum Mikołaja Kopernika; ☎ 243 72 18; www.frombork.art.pl auf Deutsch). Die Anlage besteht aus mehreren Sehenswürdigkeiten, für die unterschiedliche Tickets nötig sind. Eingang ist das massive **Haupttor** (Brama Główna) auf der Südseite, wo auch die Kasse ist.

Die **Kathedrale** (Erwachsene/ermäßigt 3/2 Zł; ⌚ Mai–Sept. Mo–Sa 9.30–17 Uhr, Okt.–April Mo–Sa 9–16 Uhr) steht in der Mitte der Anlage. Es ist ein gigantischer gotischer Backsteinbau mit einer verzierten Westfassade und einem schlanken achteckigen Turm an jeder Ecke. Die größte Kirche, die die ermländischen Bischöfe jemals gebaut haben, entstand zwischen 1329 und 1388 und war Vorbild für die meisten später errichteten Kirchen in der Region.

Schiff und Altarraum (zusammen 95 m lang) werden von einem gotischen Sterngewölbe überspannt und sind mit überwiegend barocken Altären vollgestellt. Der große marmorne Hauptaltar entstand um 1750. Bis zu diesem Jahr stand an dieser Stelle ein Polyptychon (1504), das sich heute im linken Seitenschiff befindet.

Die barocke Orgel von 1683 ersetzte diejenige, die 1626 die Schweden gestohlen haben. Das Instrument ist für seinen vollen Klang berühmt. Zu hören ist die Orgel bei den Sonntagskonzerten im Juli und August. Nähere Auskünfte geben die Touristeninfos der Region.

Es gibt insgesamt 97 Grabsteine, von denen einige noch immer in den Boden eingelassen sind. Andere hat man herausgehoben und an die Wände geschraubt, um Bilder und Inschriften zu schützen. Am Eingang zum Altarraum hängt ein besonders schönes Exemplar (um 1416). Außerdem gibt es zwei beeindruckende barocke Marmorepitaphe, jedes mit dem Bild eines Skeletts und eines Schädels: Eines hängt am ersten Nordpfeiler (nahe dem Altarraum), das andere am fünften Südpfeiler.

In der Südostecke der Anlage steht der **Alte Bischofspalast** (Stary Pałac Biskupi; Erwachsene/ermäßigt 3/2 Zł; 🕑 Mai–Sept. Di–So 9–16.30 Uhr, Okt.–April Di–So 9–16 Uhr), heute der Hauptausstellungsraum des Museums. Im Erdgeschoss sind Funde, die während der archäologischen Ausgrabungen der Nachkriegszeit entdeckt wurden. Die übrigen Stockwerke sind Leben und Wirken Nikolaus Kopernikus gewidmet.

Kopernikus ist in erster Linie für seine astronomischen Leistungen bekannt. Er ersetzte das ptolemäische Weltbild durch das heliozentrische, denn er hatte entdeckt, dass die Erde um die Sonne rotiert (und nicht die Erde der Mittelpunkt des Universums ist). Seine Interessen erstreckten sich darüber hinaus auch auf andere Felder wie Medizin, Wirtschaft und Recht. Neben einer frühen Ausgabe des berühmten *De Revolutionibus Orbium Coelestium* (Über die Umdrehungen der Himmelskörper) finden sich hier auch Kopien von Kopernikus Abhandlungen und Manuskripte zu vielfältigen Themen, astronomische Instrumente und ein Porträt des Astronomen bei der Arbeit, gemalt von Jan Matejko.

Der hohe Turm an der Südwestecke der Wehrmauer ist der ehemalige **Glockenturm** (Wieża Dzwonna; Erwachsene/ermäßigt 4/2 Zł; 🕑 Mai–Sept. 9.30–17 Uhr, Okt.–April 9–16 Uhr) der Kathedrale mit einem **Planetarium**, das alle halbe Stunde Vorführungen auf Polnisch zeigt. Von der Turmspitze aus hat man einen schönen Blick über die Kathedrale und die Stadt. Hinter dem kleinen Hafen liegt das Weichseldelta. Der lange, flache Landstreifen ist durch eine schmale Nehrung, die sich bis zur einzigen Mündung nahe Kaliningrad (90 km entfernt) erstreckt, vom Meer abgetrennt.

In der Nordwestecke der Anlage steht der **Kopernikus-Turm** (Wieża Kopernika; Erwachsene/ermäßigt 4/2 Zł; 🕑 Mai–Sept. Di–Sa 9.30–17 Uhr, Okt.–April Di–Sa auf Anfrage) aus dem 14. Jh. Von hier aus soll der Astronom einige seiner Beobachtungen gemacht haben. In der obersten Etage gibt es eine Nachbildung seiner Arbeitsstube zu sehen. Beim Blick nach unten hat er wohl auch sein Haus sehen können, das auf der anderen Straßenseite stand.

NOCH MEHR SEHENSWERTES

Das Spitalgebäude des Hl. Geistes (☎ 243 75 62; Ul Stara; Erwachsene/ermäßigt 4/2 Zł; 🕑 Mai–Sept. Di–Sa 10–18 Uhr, Okt.–April Di–Sa 9–16 Uhr) aus dem 15. Jh., die frühere Annenkapelle, glänzt immer noch mit den originalen Wandmalereien, die das Jüngste Gericht darstellen, sowie Ausstellungen mit Sakralkunst und alter Medizin. Auf dem Dach befindet sich ein gigantisches Storchennest, eines der ältesten dokumentierten Nester in Polen. Das Spital liegt einen kurzen Fußweg östlich der Kathedrale.

Der **Wasserturm** (Wieża Wodna; ☎ 243 75 00; Ul Elbląska 2; Eintritt 2 Zł; 🕑 Mai–Aug. 8–18 Uhr, Sept.–April 8–15 Uhr) gegenüber der Kathedrale an der Hauptstraße wurde 1571 als Teil eines der ersten Wasserversorgungssysteme Europas gebaut. Es versorgte den Kathedralhügel über Eichenrohre mit Wasser. Das Wasser stammte aus der Bauda und wurde durch einen eigens für diesen Zweck gebauten 5 km langen Kanal geleitet. Das Eintrittsgeld umfasst auch das Besteigen des Turms, aber der Ausblick ist nicht so schön wie vom Hügel aus.

Schlafen & Essen

Dom Familijny Rheticus (☎ 243 78 00; domfamilijny@gabo.pl; Ul Kopernika 10; EZ/DZ/3BZ 88/120/150 Zł, Apt. 120–240 Zł) Es ist nicht nur die schöne Familienvilla, die das Rheticus zur besten Adresse in der Stadt macht: Die zehn großen Apartments gibt es in verschiedenen Ausstattungen für bis zu fünf Personen. Solarium, Friseur und Florist tragen zum informellen Charakter des Hauses bei. Will man nicht die eigene Küche nutzen, kostet das Frühstück 7 Zł extra.

Pensjonat Natalia (☎ 243 74 24; Ul Rybacka 12; EZ/DZ 70/140 Zł; P) Dieses frei stehende alte Lagerhaus am Hafen hat eine polnisch-russische Kulturstiftung zu einem Hotel umbauen lassen. Es bietet saubere, sparsam möblierte Zimmer mit Blick über das Weichseldelta. Das Personal hilft, russische Visa zu beschaffen.

Hotel Kopernik (☎ 243 72 85; hotel.kopernik@wp.pl; Ul Kościelna 2; EZ/DZ 120/160 Zł; P) Das moderne Hotel Kopernik hat 32 vernünftige Zimmer, ein eigenes preiswertes Restaurant und das einzige kantor (private Wechselstube) in der Stadt. Der Motel-Look passt nicht so wirklich zu den traditionelleren Häusern Fromborks, aber die Inneneinrichtung ist ok.

Kwatery Prywatne Koczergo (☎ 243 73 57; Ul Kapelańska 5; Zi. pro Person 40 Zł; P) Bequeme, nett hergerichtete Zimmer in einem Wohnhaus neben dem Rynek. Weitere Privatleute in der Stadt vermieten Zimmer an Besucher zu vergleichbaren Preisen – die Schilder mit *„kwatery prywatne" verraten, wo.*

Camping Nr 12 (☎ 243 73 83; Ul Braniewska 14; DZ/3BZ 40/65 Zł; Mitte Mai–Mitte Sept.) Der PTTK-Campingplatz liegt am östlichen Ende der Stadt an der Straße nach Braniewo (Braunsberg). Es gibt auch spartanische Hütten und eine Snackbar.

Restauracja Akcent (☎ 243 72 75; Ul Rybacka 4; Hauptgerichte 5–12 Zł; Frühstück, Mittag- & Abendessen;) Anständiges Lokal und eine Alternative zu den oben genannten Hotelrestaurants. In Sichtweite der Kathedrale und mit einer Speisekarte, die über die Basics hinausgeht.

Selbstversorger können sich im großen **Rojalmarket** (☎ 58-343 03 90; Ul Mickiewicza 3) am Rynek mit dem Notwendigen eindecken.

An- & Weiterreise

Bahnhof und Busbahnhof liegen nebeneinander in der Nähe des Ufers. Busse fahren stündlich nach Elbląg (Elbing; 7,30 Zł, 40 Min.) und vier Schnellbusse pro Tag fahren weiter nach Gdańsk (Danzig; 18 Zł, 2½ Std.). Zugfahren ist weniger interessant – es gibt nur zwei Abfahrten pro Tag nach Elbląg (Elbing; 6,80 Zł, 1 Std.).

Direkt nördlich fahren am Fluss Vergnügungsboote nach Krynica Morska (Kahlberg-Diep; 25 Zł, 1½ Std.) ab; eins fährt weiter nach Kaliningrad (Königsberg; Rückfahrticket 150 Zł; s. S. 427).

NORD- & WESTPOMMERN

Nordwestlich von Danzig liegt die Hauptferienregion der polnischen Ostseeküste. Die Küste ist überwiegend flach und verläuft relativ gerade. Dünen, Wälder und Seen verleihen ihr viel Charme und die Dutzenden Ferienorte sind gerade klein genug, um liebenswert und trotzdem lebendig zu sein. Sandstrände erstrecken sich fast über die gesamte Strecke von der Halbinsel Hela bis nach Świnoujście (Swinemünde). Zwei besonders interessante Küstenabschnitte sind zu Nationalparks erklärt worden.

Die Ostsee ist ziemlich kalt, so dass sich die Badesaison je nach Wetter auf wenige Wochen im Juli und August beschränkt. Insgesamt sind die Sommer an der Küste nicht so heiß wie in der Landesmitte; dafür sind aber auch die Winter weniger kalt.

Auf dem Weg von der Küste nach Süden übernehmen wieder Seen und Wälder das Landschaftsbild; sie werden erst im Stettiner Tiefland an der Oder und der Grenze zu Deutschland weniger. Nord- und Mittelpommern sind ländlich strukturiert und wenig besiedelt; die Städte liegen weit verstreut, es gibt kaum Industrie. Ob mit öffentlichen Transportmitteln, per Auto, Fahrrad oder Kajak – Nord- und Westpommern sind wunderschöne Ferienregionen.

ŁEBA (LEBA)

☎ 59 / 4100 Ew.

Łeba ist ein kleiner, alter Fischereihafen, der heute ein Doppelleben als beliebter Badeort führt. Die ursprüngliche Siedlung wurde am Westufer des Flusses Łeba gegründet, aber nach einem katastrophalen Sturm 1558 auf das Ostufer verlegt. Selbst am neuen Standort störten Wanderdünen immer wieder den Hafenbetrieb und die Landwirtschaft. Gegen Ende des 19. Jhs. wurde ein neuer Hafen gebaut und auf den Dünen Vegetation angepflanzt, um ihren Wandertrieb zu bremsen. Dies sowie der Bau von Straßen und einer Zugverbindung brachte ein bescheidenes wirtschaftliches Wachstum.

Heute ist Łeba immer noch mehr ein großes Dorf als eine kleine Stadt. Wenn allerdings die Sommerurlauber anrücken, schwillt die Bevölkerung regelmäßig um den Faktor zehn an und das Örtchen verwandelt sich in einen brummenden Ferienort. Der breite Sandstrand erstreckt sich in beide Richtungen, so weit das Auge reicht, und das Wasser ist das sauberste an der ganzen polnischen Küste. Der Ort ist auch idealer Ausgangspunkt für Trips in den nahe gelegenen Slowinzischen Nationalpark (S. 432). Für Wasserratten ist Łeba ein schöner Einstieg in den polnischen Sommer.

Orientierung

Bahnhof und Busbahnhof liegen nebeneinander im südwestlichen Teil Łebas, zwei

Häuserblocks westlich der Ul Kościuszki, der Hauptflaniermeile der Stadt. Diese Einkaufsstraße erstreckt sich nach Norden bis zum Hafen am Fluss Łeba, der den Łeba-See mit dem Meer verbindet. Der Fluss teilt den Strand in zwei Hälften. Der Ort liegt hinter dem östlichen Strandabschnitt, wo sich auch das Hauptferiengebiet befindet. Der Strand auf der Westseite des Flusses ist weniger überlaufen, der breite weiße Sandstreifen ist zwischen Meer und Dünen 75 m breit. Es ist einer der schönsten Strände an der polnischen Ostseeküste.

Praktische Informationen

Bank Pekao (☎ 866 29 03; Ul Kościuszki 87)

Biuro Wczasów Przymorze (☎ 866 13 60; Ul Dworcowa 1) Infos und Zimmernachweis.

Café Internet (☎ 0604 221 375; Ul Morska 1; 1 Std. 6 Zł; ⌚ ab 10 Uhr)

Centrum Turystyczne Łeba (☎ 866 22 77; Ul Kościuszki 64) Infos und Zimmernachweis.

Net & Games (☎ 864 48 65; Ul Chełmońskiego; 1 Std. 5 Zł; ⌚ 24 Std.) Internetzugang.

Postamt (☎ 866 15 62; Ul Kościuszki 23) Post, *kantor* und Internetzugang.

Touristeninformation (☎ 866 25 65; www.leba.pl auf Polnisch; Ul 11 Listopada 5A; ⌚ Juni–Aug. Mo–Fr 8–20 Uhr, Sa 8–18 Uhr, So 10–16 Uhr, Sept.–Mai Mo–Fr 8–16 Uhr)

Schlafen & Essen

Wie in den meisten Badeorten schwankt das Angebot an Unterkünften und Restaurants stark zwischen der Hochsaison und dem Rest des Jahres. Im Juli und August bieten fast alle Privathäuser Zimmer an. Dann wird alles – von alten Eisenbahnwagons bis hin zu Hütten – in den Dienst der Touristen gestellt. Die meisten Häuser bieten auch Essen an. Es gibt aber auch massenhaft Fisch- und Imbissbuden.

Reisende ohne Vorausbuchung werden in der Touristeninfo und bei diversen anderen Agenturen vor Ort mit Rat und Tat versorgt. Alle angegebenen Preise gelten für die Hochsaison.

Arkun (☎ 866 24 19; arkun@ta.pl; Ul Wróbleskiego 11; EZ/DZ 100/190 Zł; Ⓟ) Das modern-traditionelle Haus an der Fischereiwerft sieht recht viel versprechend aus, aber tatsächlich sind die Zimmer eher untere Mittelkasse. Die Preise sinken bei einem längeren Aufenthalt, das Frühstück kostet auf jeden Fall extra. Beliebt bei französischsprachigen Touristen.

Hotel Gołąbek (☎ 866 29 45; www.hotel-golabek.leb.pl auf Deutsch; Ul Wybrzeże 10; EZ 240 Zł, DZ 280–330 Zł; Ⓟ ⊠) Das makellos schicke Gołąbek steht auf der gegenüberliegenden Seite der Werft und bietet von Fenstern und Terrasse aus einen Blick auf zauberhafte alte Fischerboote und das Hafenleben. Sauna, Solarium und Restaurant am Wasser steigern den Wohlfühlfaktor.

Hotel Neptun (☎ 866 23 57; www.neptunhotel.pl auf Polnisch; Ul Sosnowa 1; EZ 405 Zł, DZ 425–605 Zł, 3BZ 645–725 Zł, Suite 805–1020 Zł; Ⓟ) Das Schwergewicht unter den Hotels in Łeba residiert in einer grandiosen alten Villa direkt am Strand und setzt den Standard für Klasse und Kultiviertheit. Der Terrassenpool bietet schöne Strandblicke und großartige Sonnenuntergänge. Außerhalb der Saison halbieren sich die Preise praktisch.

Mazowsze (☎ 866 18 70; www.zwmazowsze.pl auf Deutsch; Ul Nadmorska 15; EZ/DZ/3BZ 140/160/230 Zł; Ⓟ) Östlich des Zentrums, nur 150 m vom Strand entfernt, beherbergt der Mazowsze-Komplex bis zu 250 Gäste in komfortablen Zimmern. Im Hauptgeschäft ist es als Wellness-Resort mit allen möglichen Anwendungen und Fitnessaktivitäten auch auf körperbehinderte Gäste eingerichtet.

Dom Turysty PTTK (☎ 866 13 24; Ul Kościuszki 66; Schlafsaal 40 Zł) Die PTTK-Herberge ist ein überraschend gutes Haus der Superpreiswert-Klasse. Sind keine Gruppen anwesend, ist es praktisch leer. Dann ist es gut möglich, sogar ein Zimmer für sich allein zu bekommen. Die Gemeinschaftsbäder zeigen deutliche Gebrauchsspuren, aber bei einem Preis wie diesem (inklusive Frühstück) kann man nicht meckern.

Camping Nr 41 Ambré (☎ 866 24 72; www.ambre.leba.pl auf Polnisch; Ul Nadmorska 9A; Zeltplatz Erwachsene/Kinder 12/6 Zł, Bungalows 150–320 Zł) Unter dem runden Dutzend Campingplätze in Łeba ist dies eine der besseren Optionen mit verschiedenen Räumen und Einrichtungen. Er ist für Wohnwagen das ganze Jahr geöffnet.

Relaks (☎ 866 12 50; Ul Nadmorska 13; Hütten 210–390 Zł, Zi. 255–475 Zł; Ⓟ) Das Relaks am Ostrand des Ortes ist ein Unikum: Gibt es wirklich so schöne Campingplätze? Ja. Dieser hier ist ein wahrer Genuss mit allen Annehmlichkeiten, Zugang zum Strand, hölzernen Toblerone-Hütten (für bis zu sechs Leute) und einigen wirklich großen Zimmern; der Swimmingpool ist eine Wucht.

An- & Weiterreise

Der übliche Transitpunkt von/nach Łeba (Leba) ist Lębork (Lauenburg, 29 km im Süden mit guten Verbindungen nach Gdańsk (Danzig), Gdynia (Gdingen) und weiteren Zielen. Züge nach Lębork (Lauenburg; 6,80 Zł, 50 Min.) fahren im Sommer täglich 18-mal, aber nur zweimal im Rest des Jahres. Busse (4 Zł, 35 Min.) bedienen die Strecke mindestens jede Stunde, dazu kommen private Minibusse. Es gibt drei direkte Busverbindungen zwischen Łeba und Gdynia (Gdingen; 13,20 Zł, 3 Std.).

SLOWINZISCHER NATIONALPARK

☎ 59

Der 186 km² große **Slowinzische Nationalpark** (Słowiński Park Narodowy; ☎ 811 72 04; Erwachsene/ermäßigt 4/2 Zł; Mai–Sept. 7–21 Uhr, Okt.–April 8–16 Uhr) umfasst die 33 km Küste zwischen Łeba und dem Bade- und Fischereiort **Rowy** (Rowe) mit zwei Seen – dem Leba-See (Jezioro Łebsko) und dem Garder See (Jezioro Gardno) – und den sie umgebenden Gürteln aus Torfmoor, Wiesen und Wäldern. Der Park ist nach dem slawischen Stamm der Slowinzen (Słowińcy) benannt, einem westlichen Zweig der Kaschuben, deren Nachkommen diesen Teil der Ostseeküste bis ins 19. Jh. hinein bewohnten.

Der Park umfasst eine Vielzahl von Lebensräumen: Wälder, Seen, Sümpfe, Strände und Dünen. Außerdem gibt es einen Skansen (Freilichtmuseum) und ein Naturkundemuseum. An den Seen leben viele Wildtiere, vor allem Vögel. Der Park wurde 1977 in die Liste der Biosphärenreservate der Unesco aufgenommen.

POMMERN

Sehenswertes

WANDERDÜNEN

Das ungewöhnlichste Phänomen des Nationalparks sind seine **Wanderdünen** *(wydmy ruchome)*, die eine echte Wüstenlandschaft schaffen. Sie finden sich auf einem Sandstreifen, der den Łeba-See von der Ostsee trennt, etwa 8 km westlich von Łeba. Es handelt sich eigentlich um einen riesigen, 40 m hohen Sandrücken … und der bewegt sich. Im Zweiten Weltkrieg trainierte hier Rommel mit seinem Afrika-Korps; zwischen 1940 und 1945 war es ein geheimes Raketentestgelände.

Die Dünen sind von Łeba aus leicht über die Straße nach **Rąbka** (2,5 km) zu erreichen. Dort gibt es einen Parkplatz und das Tor zum Nationalpark. Private Minibusse (4 Zł) und motorisierte Züge (5 Zł) befahren im Sommer die Strecke. Die befestigte Straße erstreckt sich noch etwa 3,5 km weit in den Park hinein bis zum ehemaligen Raketenstartplatz, der heute ein **Freilichtmuseum** (Erwachsene/ermäßigt 8/5 Zł) ist. Von hier aus führt ein breiter Pfad 2 km durch den Wald bis zum südlichen Fuß der Dünen, wo halb verschüttete Bäume aus dem Sand ragen. Von einem Dünenkamm aus schweift der Blick weit über Wüste, See, Strand, Meer und Wald.

Hinter dem Parkplatz ist es nicht mehr erlaubt, mit Autos zu fahren. Als Ersatz bieten sich ein Fußmarsch (eine gute Stunde), einer der kleinen Elektrokarren (25 Zł für drei Personen), eine Pferdekutsche (60 Zł für fünf Personen) oder ein Mietfahrrad (3 Zł/Std.) an. Außerdem gibt es große Elektrokarren (3 Zł pro Person) und Boote (10 Zł), aber beide fahren nur bis zum Startplatz, so dass immer noch ein 2 km-Marsch zu den Dünen übrig bleibt. Für den Rückweg empfiehlt sich entweder der gleiche Weg wie hin oder ein Strandspaziergang nach Łeba (8 km), während dem sich ein Sprung ins Wasser anbietet – das geht in der Sahara mit Sicherheit nicht.

SEEN

Es gibt zwei große und zwei kleine Seen im Park. Diese flachen Gewässer waren zuerst Buchten und wurden dann nach und nach durch eine Sandbank vom Meer abgetrennt. Mit ihren dicht bewachsenen, nahezu unzugänglich sumpfigen Ufern bieten sie etwa 250 Vogelarten Lebensraum, die hier ganzjährig oder saisonal leben. Dazu zählen Schwäne, Wildenten, Möwen, Gänse und Tauchvögel, um nur einige zu nennen. Im Nationalpark nistet auch der Seeadler, der größte Vogel Polens. Er ist heute äußerst selten geworden. Große Abschnitte der Seeufer unterliegen strengstem Schutz und dürfen nicht betreten werden.

Der etwa 16 km lange und 71 km² große **Łeba-See** ist der größte See Pommerns und drittgrößte See Polens nach dem Spirding-See (Śniardwy) und dem Mauer-See (Mamry) in Masuren. Auf Grund der ständigen Dünenbewegung, der wachsenden Vegetation und zunehmenden Versandung ist er im Schrumpfen begriffen.

KLUKI (KLUCKEN)

Kluki ist ein Weiler mit vielleicht 200 Einwohnern an der Südwestküste des Leba-Sees. Gegen Ende des 19. Jhs. zählte die Bevölkerung noch 500 Köpfe. Es waren überwiegend Nachkommen der Slowinzen. Abgeschnitten von der Außenwelt konnten an diesem letzten Ort ihre Traditionen überleben. Das Wenige, das von ihrer Kultur übrig geblieben ist, kann heute im Skansen angeschaut werden.

In der Mitte des Dorfes steht der bescheidene, aber authentische **Skansen** (Muzeum Wsi Słowińskiej; ☎ 846 30 20; Erwachsene/ermäßigt 7,50/4,50 Zł; ⌚ Juni–Aug. Mo 9–15 Uhr, Di–So 9–18 Uhr, Sept.–Mai Di–So 9–15 Uhr). Er zeigt die meisten Gebäude in originaler Lage und nicht zusammengesuchte Häuser aus der ganzen Region, wie das bei den meisten anderen Museen dieser Art der Fall ist. Die lang gestreckten, weiß getünchten Zweifamilienhäuser sind mit traditionellen Möbeln und Ausstattungen versehen.

Per Bus ist Kluki (Klucken) nur von Słupsk (Stolp; 8,90 Zł, 1 Std.) aus erreichbar. Im Sommer fährt ein halbes Dutzend Busse in beide Richtungen (sonntags weniger); im Winter befahren nur zwei Busse die Route.

Im Sommer gibt es täglich einen Bus zwischen Kluki (Klucken) und Łeba (Leba), der aber nicht sehr praktisch ist. Besser ist ein privater Minibus. Im Sommer fahren täglich Boote im Rahmen einer sechsstündigen Rundfahrt (Erwachsene/ermäßigt 29 Zł/25 Zł) zum Skansen. Und man kann natürlich auch hierher Radeln.

SMOŁDZINO (SCHMOLSIN)

Smołdzino, außerhalb des Nationalparks im Westen von Kluki, besitzt ein schönes **Naturkundemuseum** (Muzeum Przyrodnicze; ☎ 811 72 04; Erwachsene/ermäßigt 3/1,50 Zł; ⌚ Mai–Sept. tgl. 9–17 Uhr, Okt.–April 7.30–15.30 Uhr), mit Sammlungen der Flora und Fauna aus den verschiedenen Lebensräumen des Parks. Außerdem befindet sich hier der Sitz der Parkverwaltung.

Nur 1 km südwestlich des Dorfes liegt der **Rowokół**, mit 115 m über Meeresspiegel der höchste Hügel der Region. Auf seinem „Gipfel" steht ein Aussichtssturm mit einem weiten Blick über Wald, Seen und Meer. Der Weg den Hügel hinauf beginnt neben der Tankstelle und führt in 15 Minuten nach oben.

WANDERNDER SAND

Die Wanderdünen im Slowinzischen Nationalpark sind in dieser Größe weltweit einzigartig. Das Phänomen entsteht dadurch, dass Sand von den Wellen aufgewirbelt wird. Von Wind und Sonne getrocknet, bilden die Sandkörner Dünen, die sich stetig landeinwärts bewegen. Der „Weiße Berg" wandert abhängig vom Gelände mit einer Geschwindigkeit von 2 bis 10 m pro Jahr und begräbt alles unter sich, was ihm im Weg steht. Das größte Opfer ist der Wald, der nach und nach unter dem Sand verschwindet. Jahrzehnte später geben die Dünen die Baumskelette wieder frei.

Dieser Prozess begann vor mindestens 5000 Jahren. Die Dünen haben bis heute eine Fläche von rund 6 km^2 bedeckt und erreichen eine Höhe von 30 bis 40 m. Der Spitzenwert liegt zurzeit bei 42 m. Die Dünen wachsen mittlerweile offensichtlich nicht weiter in die Höhe, sondern breiten sich landeinwärts aus. Das Ganze wirkt wie eine Mini-Sahara, nur am Meer!

Busse nach Słupsk (Stolp; 6,70 Zł, ¾ Std.) fahren bis in den späten Nachmittag relativ regelmäßig. Während der Sommerferien gibt es einen Morgenbus nach Łeba.

SŁUPSK (STOLP)

☎ 59 / 105 000 Ew.

Słupsk ist eine größere Stadt 18 km von der Kürste entfernt. Ihre Geschichte ist so wechselhaft, wie die anderer pommerscher Siedlungen, nur dass nicht mehr viel von dem übrig ist, das darauf hindeutet. Nach der Gründung als slawische Festung an der Handelsroute Danzig–Stettin im 11. Jh. fiel die Stadt 1236 unter die Herrschaft der Danziger Herzöge. Sie ging 1307 an die Brandenburger Markgrafen über und wurde später Teil des Herzogtums Westpommern. 1648 kam es zu den Brandenburgern zurück und blieb bis zum Zweiten Weltkrieg unter preußischer Verwaltung.

Słupsk wirkt auf den ersten Blick nicht wie ein Touristenziel, hat aber einige Sehenswürdigkeiten, eine hübsche City und auch ein paar Hotels und Restaurants. Es eignet sich gut als Basis für Stippvisiten in die nahe gelegenen Ferienorte oder als Zwischenstopp entlang der Küstenroute.

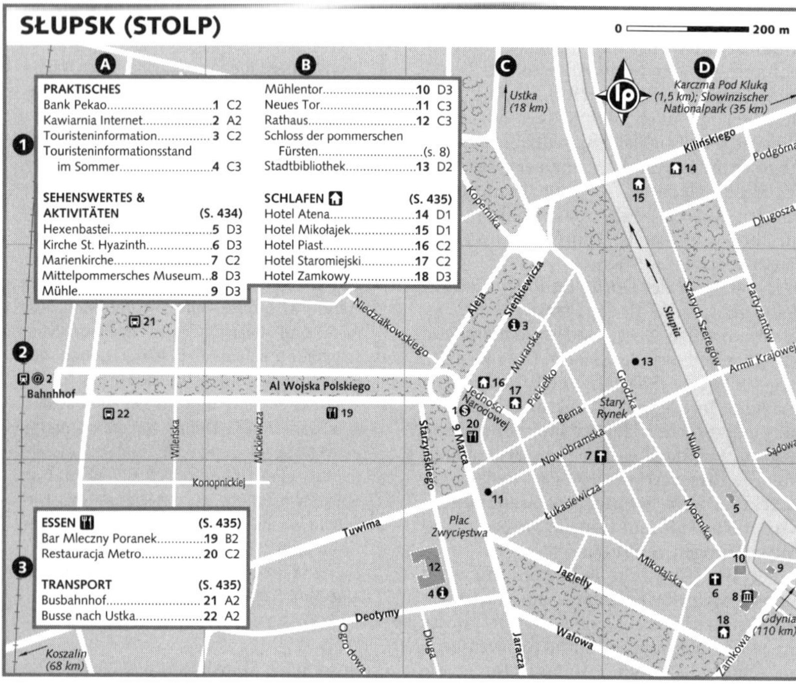

Praktische Informationen

Bank Pekao (☎ 841 20 00; Ul 9 Marca 6)
Kawiarnia Internet (☎ 0601 641 003; 4 Zł/Std.; ⏲ 10–22 Uhr) Am Bahnhof.
Touristeninformation Plac Zwyciêstwa (Infostand im Sommer; Plac Zwycięstwa); Ul Sienkiewicza (☎ 842 43 26; www.slupsk.pl auf Englisch; Ul Sienkiewicza 19; ⏲ Juni–Sept. Mo–Fr 8–18 Uhr, Sa 9–15 Uhr, Okt.–Mai Mo–Fr 8–16 Uhr)

Sehenswertes

Die größte Sehenswürdigkeit von Słupsk ist das **Schloss der pommerschen Fürsten** aus dem 16. Jh., ein unprätentiöses Gebäude, das heute des **Mittelpommersche Museum** (Muzeum Pomorza Środkowego; ☎ 842 40 81; Ul Dominikańska 5; Erwachsene/ermäßigt 6/4 Zł; ⏲ Mo 10–15 Uhr, Di–Sa 10–17 Uhr, So 10–18 Uhr) beherbergt. Sakrale Holzschnitzereien, alte Möbel und andere Exponate illustrieren die Stadtgeschichte. Das Highlight sind 200 Portraits von Stanisław Ignacy Witkiewicz, dem Künstler, der gemeinhin als Witkacy bekannt ist. Als kontroverser Schriftsteller, Fotograf und Maler war Witkacy eine der Galionsfiguren der polnischen Kunst der Zwischenkriegszeit.

Die Mühle gegenüber dem Schloss stammt aus dem 14. Jh. und gehört zum Museum. In ihr liegt die volkskundliche Sammlung aus.

Die **Kirche St. Hyazinth** (Kościół Św Jacka) aus dem 15. Jh., neben der Mühle, erlebte mehrere substantielle Umbauten. Sie besitzt einen Renaissance-Hochaltar und eine Kanzel von 1602. Die Kirche ist zwar oft geschlossen, aber der Vorraum birgt ergreifende Gedächtnistafeln und ein makabres Holzkruzifix. Durch ein Gitter ist ein Blick in den Innenraum möglich. Die schöne Orgel erklingt regelmäßig bei Sommerkonzerten, die im Juli und August in der Wochenmitte stattfinden.

Von den Stadtmauern aus dem 15. Jh., die einst die Stadt umringten, blieben nur zwei Überreste: das **Mühlentor** (Brama Młyńska) neben der Mühle und die **Hexenbastei** (Baszta Czarownic), die etwas weiter nördlich steht. In Letzterer wurden im 17. Jh. Frauen eingesperrt, die der Hexerei verdächtigt wurden – seinerzeit ein weidlich genutzter Ort. Die letzte „Hexe“ beendete ihr Leben 1714 auf dem Scheiterhaufen.

Eine ihrer Vorgängerinnen, Trina Papisten, ging sogar in die Stadtannalen ein.

Ein weiteres Überbleibsel der Befestigung ist das **Neue Tor** (Brama Nowa) gegenüber dem reich verzierten, schlossähnlichen **Rathaus**. Der **Hauptturm** (Erwachsene/ermäßigt 2/1 Zł; Mo–Fr 9–17 Uhr, Sa & So 9–15 Uhr) des Rathauses kann bestiegen werden und bietet einen Rundblick über Słupsk. Fans des roten Backsteins sollten sich auch die kompakte gotische **Marienkirche** und die restaurierte **Stadtbibliothek** (zwischen 1276 und 1281 erbaut) ansehen, die selbst früher einmal ein Gotteshaus war.

Festivals & Events

Polnisches Klavierfestival (☎ 842 64 87) Findet im September statt.

Komeda-Jazzfestival (☎ 841 09 29; www.komedajazzfestival.slupsk.pl auf Polnisch) Findet im November statt und ist dem Vater des polnischen Jazz, Krzysztof Komeda, gewidmet.

Schlafen

Słupsk scheint irgendwie genau die richtige Anzahl an Unterkünften zu haben. Es liegt nicht an der Küste und deswegen sollte es kein Problem sein, ein Zimmer zu finden. Gruppen sollten bei den besseren Hotels im Sommer allerdings vorbuchen.

Hotel Piast (☎ 842 52 86; Ul Jedności Narodowej 3; EZ 122–263 Zł, DZ 139–280 Zł, 3BZ 240 Zł, Suite 390–490 Zł; P) Dieses zentral gelegene Haus stellt seine Gäste vor die Qual der Wahl: Lieber ein spartanisches Gästezimmer oder doch die Luxussuite? Oder etwas dazwischen?

Hotel Atena (☎ 842 88 14; www.hotel.atena.prv.pl auf Deutsch; Ul Kilińskiego 7; EZ/DZ/3BZ 100/155/177 Zł; P) Das griechische Thema geht hier nicht über den Namen hinaus. Wenn es aber eine Göttin der Badezimmer geben sollte, dann wacht sie mit Sicherheit über die genialen Sanitäreinrichtungen dieses Hotels. Die Zimmer selbst sind das Zückerchen auf der Torte.

Hotel Zamkowy (☎ 842 52 94; Ul Dominikańska 4; EZ 90–150 Zł, DZ 160–200 Zł; P) Ein gutes, bescheidenes Hotel in direkter Schlossnähe mit winzigen Einzelzimmern bis hin zu Zweiraum-Doppelzimmern. Der Gast hat die Wahl zwischen Kirchenseite (mit Blick auf St. Hyazinth) und Straßenseite (besser als es klingt). Die Zimmer im Obergeschoss sind auf beiden Seiten super.

Hotel Mikołajek (☎ 842 50 12; Ul Szarych Szeregów 1; EZ 70 Zł, DZ 80–90 Zł) Unter Leitung der PTTK sind die Standards hier nicht allzu schlecht für das Geld, das man hinlegt. Es gibt Fernsehen in jedem Zimmer, viele bunte Tagesdecken und die Wahl zwischen Zimmern mit oder ohne Bad.

Hotel Staromiejski (☎ 842 84 64; Ul Jedności Narodowej 4; EZ 130–190 Zł, DZ 220–250 Zł, 3BZ 270 Zł) Direkt neben dem Hotel Piast ist das Staromiejski hochnäsiger, aber tatsächlich eleganter und in seinen Standards einen Tick konsistenter. Das schicke Restaurant (Hauptgerichte 15 bis 32 Zł) serviert gute polnische Küche.

Essen

Alle oben genannten Hotels verfügen über Restaurants. Hier weitere Optionen:

Bar Mleczny Poranek (☎ 844 33 97; Al Wojska Polskiego 46; Hauptgerichte 1,45–6,58 Zł; Mo–Fr Frühstück, Mittag- & Abendessen, Sa & So Frühstück & Mittagessen) Einfache Milchbar und Pizzeria.

Karczma Pod Kluką (☎ 842 34 69; Ul Kaszubska 22; Hauptgerichte 16–25 Zł; Mittag- & Abendessen) Regionale Hausmannsküche.

Restauracja Metro (☎ 842 25 83; Ul 9 Marca 3; Hauptgerichte 13,60–38 Zł; Mittag- & Abendessen) Gute traditionelle Küche.

An- & Weiterreise

BUS

PKS-Busse fahren nach Łeba (Leba; 10,50 Zł, 1½ Std., 6-mal tgl.), Gdynia (Gdingen; 14,50 Zł, 3 Std., 5-mal tgl.), Koszalin (Köslin; 10,50 Zł, 1½ Std., 13-mal tgl.) und Darłowo (Rügenwalde; 10,50 Zł, 1½ Std., 9-mal tgl.). Außerdem fahren regelmäßig über den Tag verteilt Busse nach Smołdzino (Schmolsin; 6,70 Zł, ¾ Std.); einige fahren darüber hinaus bis nach Kluki (Klucken; 8,90 Zł, 1 Std.).

Fünf Unternehmen, darunter PKS und der örtliche Busunternehmer MZK, betreiben Busse nach Ustka (Stolpmünde; 3,60 Zł, ½ Std.). Von der Al Wojska Polskiego fahren mehrere Busse in der Stunde ab.

ZUG

Vom PKP-Bahnhof fahren etwa stündlich Züge Richtung Osten nach Gdańsk (Danzig; 28,38 Zł, 2 Std.) und Richtung Westen nach Koszalin (Köslin; schnell/langsam 17,50 Zł/10,50 Zł, 55 Min., 67 km); fünf Züge fahren weiter nach Westen Richtung Szczecin (Stettin; 39,66 Zł, 3½ Std.). Drei

Züge fahren direkt nach Warszawa (Warschau; 49,80 Zł, 6 Std.). Im Sommer kommen noch drei weitere Verbindungen hinzu.

USTKA (STOLPMÜNDE)

☎ 59 / 17 500 Ew.

Der Fischereihafen Ustka ist ein typischer Badeort: langer Strand, lebhafte Promenade, dazu noch eine halbwilde Parklandschaft. Ustka kann Łeba nicht das Wasser reichen, aber das hält die Horden von Besuchern nicht davon ab, beim ersten Anzeichen von Sommer über den Ort herzufallen. Die saisonal bestimmte Infrastruktur hat entsprechend nette Unterkünfte für all diejenigen hervorgebracht, die gerne mit dem Strom schwimmen.

Praktische Informationen

Doma Ustka (☎ 814 5623; www.doma.ustka.pl auf Deutsch; Ul Wilcza 22) Buchungsservice.

Post (☎ 814 44 04; Ul Marynarki Polskiej 47) Auch Internetzugang.

Touristeninformation (☎ 814 71 70; www.ustka.pl auf Deutsch; Ul Marynarki Polskiej 87; 🕑 Juli & Aug. Mo–Sa 8–20 Uhr, So 10–18 Uhr, Sept.–Juni Mo–Fr 7.30–15.30 Uhr)

Schlafen & Essen

Die Touristeninfo hilft beim Finden und Buchen eines Zimmers. Die billigste Unterkunft sollte im Sommer nicht mehr als 40 Zł pro Person kosten.

Ostsee Kunstgalerie (Bałtycka Galeria Sztuki; ☎ 814 60 89; www.hotel.baltic-gallery.art.pl auf Englisch; Ul Zaruskiego 1A; EZ/DZ/3BZ 48/64/80 Zł; 💻) Eine echte Entdeckung für Kunstliebhaber und preisbewusste Reisende gleichermaßen. Dieser Speicher aus dem 19. Jh. am Hafen hat hübsche, kieferngetäfelte Zimmer mit Gemeinschaftsbädern und -küche. Im Erdgeschoss liegen die Galerie selbst und die hauseigene Kneipe – noch zwei Gründe für eine Übernachtung.

Pensjonat Oleńka (☎ 814 85 22; Ul Zaruskiego 1; DZ/Suite 250/450 Zł) Direkt nebenan, in der Mitte der Speicherreihe, bietet das elegante Oleńka nur drei Zimmer und vier Suiten, die allesamt unverrückbar die Spitze der Skala markieren. Leider verstellen Bäume jeden Meerblick.

Hotel Rejs (☎ 814 78 50; www.hotelrejs.com auf Polnisch; Ul Marynarki Polskiej 51; EZ 150 Zł, DZ 170–195 Zł, Suite 200–280 Zł; 🅿) Ein neues, sehr zentral gelegenes Hotel, nur wenige Minuten weg vom Strand. Das Hotel Rejs bietet in seinen 14 Zimmern topmodernen Standard, Vollpension und ein preisgekröntes Restaurant.

Villa Red (☎ 814 80 00; www.villa-red.pl auf Deutsch; Ul Żeromskiego 1; EZ/DZ/3BZ/Suite 260/320/330/440 Zł; 🅿 💻) Die prominenteste Strandvilla von Ustka wurde 1886 für den „Eisernen Kanzler" Otto von Bismarck gebaut und ist immer noch im Geschäft – wie damals voller antiker Möbel und mit dem feinsten Leinen der gesamten Küste. Trotz der Lage an der Promenade gibt es ärgerlicherweise keinen direkten Strandzugang.

Camping Słoneczny (☎ 814 42 10; Ul Grunwaldzka 35; Hütten pro Person 30 Zł) Der bequemere der beiden Campingplätze (saisonal geöffnet), etwa 1200 m vom Strand entfernt. Die freien Hütten schwinden im Sommer so schnell wie Schnee in der Sonne.

An- & Weiterreise

Die einzige nennenswerte Verkehrsverbindung besteht mit Słupsk (Stolp), 18 km weiter südlich (s. S. 433). Züge halten hier alle zwei Stunden (4,60 Zł, 20 Min.), öfter fahren Busse. Außerdem fahren regelmäßig Busse nach Rowy (Rowe) am Rand des Slowinzischen Nationalparks.

DARŁOWO (RÜGENWALDE)

☎ 94 / 16 000 Ew.

Der erste Ort westlich von Ustka (Stolpmünde), der größer als ein Dorf ist, heißt Darłowo. Die früher wohlhabende Hansestadt gehört heute zu den paar Städtchen in Westpommern, die sich etwas von ihrem ursprünglichen Charakter bewahrt haben. Die Straßen wurden 1312 im Schachbrettmuster angelegt und daran hat sich bis heute nichts geändert. Es gibt auch noch alte Gebäude.

Darłowo selbst liegt 2,5 km landeinwärts an der Wieprza (Wipper). Der Zugang der Stadt zum Meer ist Darłówko (Rügenwaldermünde), ein kleiner Fischereihafen, der sich zu einem Badeort entwickelt hat und eine ganz andere Atmosphäre ausstrahlt als der Hauptort. Die Verbindung zwischen beiden halten Busse, die regelmäßig auf beiden Seiten des Flusses fahren.

Praktische Informationen

Touristeninformation (☎ 314 35 72; www.cit.darlowo.pl auf Polnisch; 🕑 Mo–Fr 10–18 Uhr, Sa & So 10–16 Uhr) Im Hauptturm der Burg.

Sehenswertes

DARŁOWO (RÜGENWALDE)

Südlich des zentralen Rynek steht die Burg aus dem 14. Jh. Es ist die älteste und besterhaltene gotische Festung in Nord- und Westpommern. Hier residierten die pommerschen Herzöge, bis die Schweden sie im Dreißigjährigen Krieg zerstörten. Nach dem Westfälischen Frieden übernahmen die Preußen die Burg. Der entthronte König Erik, der von 1396 bis 1438 Dänemark, Norwegen und Schweden regierte und als der „letzte Wikinger" bekannt wurde, verbrachte die letzten zehn Jahre seines Lebens auf der Burg. Es heißt, er habe seinen riesigen, verbrecherisch erworbenen Schatz hier versteckt. Leider hat ihn bisher niemand gefunden – zumindest, soweit man weiß ...

Die Burg ist heute ein **Museum** (Muzeum Zamku Książąt Pomorskich; ☎ 314 23 51; www.muzeumdarlowo.pl auf Polnisch; Ul Zamkowa 4; Erwachsene/ermäßigt 8/4 Zł; ⌚ Mo–Fr 10–18 Uhr, Sa & So 10–16 Uhr). In den originalgetreu restaurierten Innenräumen (für sich schon eine Attraktion) sind Holzschnitzereien, Portraits pommerscher Prinzen, original Danziger Möbel, Sakralkunst, Waffen und sogar einige Exponate aus Fernost ausgestellt. Amüsante Dreingaben sind die gemauerte Folterkammer im Keller und der (ehrlich gesagt kitschige) Wandteppich von 1993, der den berühmten Erik verewigt hat.

Neben dem Hauptgebäude gibt es noch ein **Nautineum** (Eintritt 3 Zł) unter dem Wall. Andere Abteilungen wie der **Hauptturm** (Eintritt 2 Zł) zeigen wechselnde Ausstellungen.

Die Westseite des Rynek wird vom **Rathaus** eingenommen, einem großen Barockbau ohne Turm und relativ nüchtern in der Ausgestaltung, mit Ausnahme des ursprünglichen Haupteingangs. Direkt dahinter erhebt sich der gewaltige Backsteinbau der **Pfarrkirche St. Marien**. Mit ihrem Bau wurde in den 1320er Jahren begonnen. Die gotische Architektur ist ganz gut erhalten (besonders die Gewölbe sind wunderschön), auch wenn die Ausstattung mit vielen kreuzfahrenden Putten und einem modernen Gemälde, das die verschiedenen Stationen der Kirchengeschichte zeigt, aus verschiedenen Perioden stammt.

Besondere Aufmerksamkeit verlangen drei **Gräber** in der Kapelle unter dem Turm. Das Grab aus Sandstein birgt die selige Asche König Eriks, der 1459 in Darłowo starb. Nach seiner unfreiwilligen Abdankung ging er zunächst ins Exil nach Visby auf Gotland, von wo aus er Piratenüberfälle auf Hanseschiffe befehligte, bis er nach Pommern fliehen musste. Sein Grabstein wurde 1882 von Kaiser Wilhelm II. in Auftrag gegeben. Beeindruckender als dieser sind die beiden reich verzierten Zinnplatten aus der Mitte des 17. Jhs., die Erik links und rechts einrahmen. Die Gräber enthalten die sterblichen Überreste des letzten westpommerschen Herzogs Jadwig und seiner Frau Elisabeth.

Ein paar hundert Meter nördlich des Rynek steht die phantastische **St.-Gertrud-Kapelle** (Kaplica Św Gertrudy). Das ungewöhnlichste Gebäude der Stadt hat zwölf Seiten und einen hohen, Schindel gedeckten, zentralen Turm. Die Kapelle wurde renoviert und sieht toll aus, ist aber leider nur für Gottesdienste geöffnet.

DARŁÓWKO (RÜGENWALDERMÜNDE)

In Darłówko gibt es keine historischen Sehenswürdigkeiten, es gibt im Sommer nur eins: Touristen. Der hübsche Badeort wird durch die Wieprza in zwei Teile zerschnitten. Sie sind über eine Fußgängerziehbrücke miteinander verbunden. Zur Gaudi der Touristen öffnet sie sich, sobald ein Boot in die Bucht hinein oder aus der Bucht heraus will. Zwei Molen führen an der Flussmündung hinaus aufs Meer – Zeit für einen Spaziergang.

Schlafen

Die Zahl der Unterkünfte schwankt sehr je nach Saison. Ganzjährige Angebote sind dünn gesät und die Sommerunterkünfte konzentrieren sich in Darłówko. Privatzimmer kosten ab 25 Zł pro Person.

Róża Wiatrów (☎ 314 21 27; www.windrose.darlowo.de auf Deutsch; Ul Muchy 2, Darłówko; Zeltplatz Erwachsene/Kinder 10/8 Zł, DZ/3BZ 65/58 Zł, Hütten 54–105 Zł, Apt. 91–116 Zł; ⌚ Mai–Okt., Camping Juni–Aug.) Diese vielseitige Ferienanlage hat Zeltplätze für 100 Leute und eine Menge anderer Unterkünfte.

Klub Plaza (☎ 314 24 07; Ul Słowiańska 3, Darłówko; Apt. 250–1170 Zł; P 💻 🏊) Was immer man sonst von Ferienanlagen halten mag, es fällt schwer, bei diesem Angebot die Nase zu rümpfen. Das Frühstück ist im Preis enthalten (auch für Selbstversorger), die riesigen Penthouse-Apartments nehmen bis zu sechs

Gäste auf und man kann zwischen Meer- oder Parkblick wählen.

Hotel Irena (☎ 314 36 92; Al Wojska Polskiego 64, Darłowo; EZ/DZ/3BZ/4BZ/Suite 70/90/110/130/150 Zł) Eines der wenigen Angebote im Zentrum von Darłowo. Das Irena ist eine normale, anständige Pension mit bequemem Zugang zur Burg und zum Busbahnhof.

An- & Weiterreise

Der Busbahnhof liegt am Südwestende von Darłowo (Rügenwalde), zehn Minuten zu Fuß vom Rynek. Viele Intercity-Verbindungen halten auch in Darłówko (Rügenwaldermünde). Busse fahren etwa stündlich nach Koszalin (Köslin; 7,20 Zł, ¾ Std.) und etwa ein Dutzend Mal am Tag nach Ustka (Stolpmünde; 8,20 Zł, 50 Min.) und Słupsk (Stolp; 10,50 Zł, 1½ Std.).

KOSZALIN (KÖSLIN)

☎ 94 / 115 000 Ew.

Dank idealer Lage auf halbem Weg zwischen Stettin und Danzig war Koszalin einst eine wohlhabende Hansestadt, die mit Kołobrzeg (Kolberg) um den Seehandel konkurrierte. Im 17. Jh. war der Zugang der Stadt zum Meer allerdings versandet und das „erstickte" auch die Wirtschaft. Nach Zerstörungen im Zweiten Weltkrieg wurde Koszalin ohne große Sorgfalt wieder aufgebaut und ist heute hauptsächlich als Verkehrsknotenpunkt und Basis für Ausflüge an die Küste interessant.

Praktische Informationen

Bank Pekao (☎ 346 61 00; Ul Jana z Kolna 11)

BT Turysta (☎ 342 45 11; www.koszalin.pl auf Deutsch; Ul Andersa 2) Info und Reisebüro.

PTTK (☎ 342 26 52; Ul Dworcowa 4)

Sehenswertes

Das einzige historische Überbleibsel von Substanz ist die **Kathedrale** neben dem Rynek, die den Beschuss 1945 auf wundersame Weise überstanden hat. Sie besitzt ein hohes, schön restauriertes gotisches Gewölbe. Ansonsten ist leider nicht viel von der Originalausstattung übrig geblieben. Die farbenfrohe Orgel kommt bei Sommerkonzerten regelmäßig zum Einsatz – mit etwas Glück übt während der Besichtigung ein Organist.

Die Hauptabteilung des **Regionalmuseums** (☎ 343 20 11; www.muzeum.koszalin.px.pl auf Polnisch; Ul Młyńska 37; Erwachsene/ermäßigt 6/4 Zł; ⌚ Di–So 10–16 Uhr), 300 m nördlich des Rynek, zeigt wechselnde Ausstellungen zu historischen Themen. Neben dem Hauptgebäude gibt es noch eine kleine volkskundliche Ausstellung in einem 200 Jahre alten Bauernhaus. Die **Museumsverwaltung** (☎ 343 21 53; Ul Piłsudskiego 53) liegt weitere 1,2 km nordöstlich und konzentriert sich auf die Archäologie der Region und die Geschichte der Stadt. Der Eintritt gilt für beide Gebäude.

Schlafen & Essen

Hotel Arka (☎ 342 79 11; Ul Zwycięstwa 20/24; EZ 139–245 Zł, DZ 175–320 Zł, Suite 190–449 Zł; Ⓟ) Ein vielseitiges Businesshotel der Gromada-Kette über der eigenen Einkaufspassage, mit eigener Bar und einem sehr bekömmlichen Restaurant. Das Hotel lässt fast den Wunsch nach einem längeren Aufenthalt hier aufkommen – fast.

Hotel Posejdon (☎ 342 78 51; Ul Zwycięstwa 4; EZ/DZ/3BZ 52/63/88 Zł; Ⓟ) Darf es auch etwas weniger Service und Komfort sein? Dann ist dieses klassische Billighotel gegenüber dem Busbahnhof ein prima Sprungbrett für die Weiterreise. Gemeinschaftsbäder, kein Frühstück.

An- & Weiterreise

Bahnhof und Busbahnhof liegen 800 m westlich des Rynek. Alle Stunde fahren Busse zu den nächst gelegenen Badeorten und regelmäßige Züge fahren nach Szczecin (Stettin; 31,85 Zł, 2¾ Std.) und Gdańsk (Danzig; 34,03 Zł, 3 Std.). Alle ein oder zwei Stunden fahren Züge nach Kołobrzeg (Kolberg; 14 Zł, 55 Min.) und es gibt mindestens vier Schnellzüge nach Poznań (Posen; 39,66 Zł, 4 Std.). Busse, die über Darłowo (Rügenwalde) nach Słupsk (Stolp) fahren, brauchen fast doppelt so lang, wie Busse auf der Direktroute.

KOŁOBRZEG (KOLBERG)

☎ 94 / 48 000 Ew.

Mit 1300 Jahren Geschichte ist Kołobrzeg eine der ältesten polnischen Siedlungen. Die Geschichte reicht bis ins 7. Jh. zurück, als hier Salzquellen entdeckt wurden und die Stadt ein wichtiges Handelszentrum wurde. Im Jahr 1000 wurde sie Sitz des polnischen Bistums, was sie auf eine Stufe mit Krakau und Breslau stellte.

Ab dem Dreißigjährigen Krieg begann der Stern Kołobrzegs zu sinken. Nacheinander haben Schweden, Preußen, Russen und die napoleonische Armee die Stadt besetzt. Als die Franzosen abgezogen waren, berappelte sich die verwüstete Stadt langsam und mauserte sich zu einem Kur- und Badeort. Das Schlimmste stand ihr aber leider noch bevor: Im März 1945 wurde sie in einer zweiwöchigen Schlacht vollständig zerstört.

Das heute wieder aufgebaute Kołobrzeg ist eine lebhafte Stadt mit einem bedeutenden Hafen. Von Geschichte quasi keine Spur mehr. Für die Besucher, die hierher kommen, zählen aber sowieso nur der Strand, der Kurpark und die vielen Ferienheime und Sanatorien. Kołobrzeg ist größer als die Nachbarorte an der Ostseeküste und hat sogar ein bisschen Kultur zu bieten. Es gibt schlechtere Orte, seinen Urlaub zu verbringen. Also: Den Busladungen deutscher Touristen hinterher und etwas Seeluft tanken!

Praktische Informationen

GELD

Bank Pekao (☎ 354 68 50; Ul Żródlana 5)
PBK Bank (Ul Łopuskiego 6)

INTERNETZUGANG

M@trix (☎ 354 43 50; Ul Armii Krajowej 24/7; 1 Std. 5 Zł; 🕑 ab 11 Uhr)
Net Spin (☎ 354 73 66; Giełdowa 7C; 1 Std. 4 Zł; 🕑 10–22 Uhr)
Vobis (☎ 354 08 91; Ul Armii Krajowej 20; 1 Std. 4 Zł; 🕑 10–22 Uhr)

POST

Hauptpost (☎ 354 50 20; Ul Armii Krajowej 1)

TOURISTENINFORMATION

Albatros (☎ 354 28 00; www.kwatera.prv.pl auf Polnisch; Ul Morska 7A; 🕑 Mo–Fr 9–16 Uhr) Zimmernachweis.
Hoteli.pl (☎ 354 82 00; www.hoteli.pl auf Deutsch; Ul Żródlana 5C; 🕑 8.30–20 Uhr) Zimmernachweis.
PTTK (☎ 354 46 93; butpttk@interia.pl; Baszta Prochowa, Ul Dubois 20; 🕑 Mo–Fr 8–16 Uhr) Zimmernachweis und Informationen.
Touristeninformation (☎ 352 79 39; www.kolobrzeg.pl auf Deutsch; Ul Dworcowa 1; 🕑 Juli & Aug. tgl. 7–13 Uhr & 15–19 Uhr, Sept.–Juni Mo–Fr 7–15 Uhr)

Sehenswertes

Von der Altstadt Kołobrzegs steht nicht mehr viel. Immerhin: Das Viertel rund um den Rynek wurde als eine Art **neue Altstadt** wiederaufgebaut – eine interessante Mischung aus alt und neu. Sie verleiht den eher abschreckenden Hochhäusern drum herum ein bisschen Charakter. Fußgängerzonen und das eine oder andere Café steuern in der Sommersaison etwas Farbe bei. In diesem Viertel liegen auch die Sehenswürdigkeiten, die nichts mit Strand und Meer zu tun haben.

Die **Kathedrale** aus dem 14. Jh. ist das wichtigste historische Gebäude der Stadt. Sie wurde zwar 1945 schwer beschädigt, ist aber in ihrer ursprünglichen Form wiederhergestellt worden. Ihre kolossalen Zwillingstürme nehmen die gesamte Breite des Gebäudes ein. In die Fassade sind erstaunlich willkürlich Fenster eingelassen.

Der fünfschiffige Innenraum – beeindruckend geräumig – enthält immer noch Überreste alter Fresken. Auffällig aber sind vor allem die zur Seite neigenden Pfeiler auf der rechten Seite des Mittelschiffs. Es sieht fast so aus, als ob die Kathedrale kurz vor dem Umfallen stünde. Aber keine Sorge: So stehen die Pfeiler schon seit dem 16. Jh.

Zur alten Ausstattung gehören drei Triptychen aus dem 16. Jh. und ein einzigartiger gotischer Leuchter (1523) im Mittelschiff. Noch älter sind das bronzene Taufbecken (1355) mit Szenen aus dem Leben Christi, ein 4 m hoher siebenarmiger Leuchter (1327) und das Chorgestühl (1340). Vor der Kathedrale feiert ein modernes Denkmal 1000 Jahre polnischen Katholizismus. Das von einer Friedenstaube zusammengefügte, symbolisch gespaltene Kreuz trägt die Konterfeis der einflussreichen Herrscher Bolesław Chrobrego und Otto III.

Das **Rathaus,** direkt östlich der Kathedrale, ist ein neogotischer Bau von Karl Friedrich Schinkel. Er wurde um 1830 errichtet, nachdem Napoleons Truppen 1807 das Vorgängergebäude aus dem 14. Jh. geschleift hatten. Ein Gebäudeflügel beherbergt eine moderne Kunstgalerie (🕑 Di–So 10–18 Uhr).

Für Militärfans befasst sich das **Waffenmuseum** (Muzeum Oręża Polskiego; ☎ 352 52 53; Ul Gierczak 5; Erwachsene/ermäßigt 7/4 Zł; 🕑 Juni–Aug. Mo, Di & Do–So 9.30–17 Uhr, Mi 9–12 Uhr, Sept.–Mai Di–So 9–15 Uhr) mit der Geschichte der polnischen Armee und stellt vor der Tür ganz schön einschüchternde Waffen und Fahrzeuge

POMMERN

aus. Das **Geschichtsmuseum** (☎ 352 52 53; Ul Armii Krajowej 13; Erwachsene/ermäßigt 7/4 Zł; ⏲ Mai–Sept. Mi & Fr–So 10–16 Uhr, Do 12–18 Uhr, Okt.–April Di, Mi & Fr–So 9–15 Uhr, Do 11–17 Uhr) zeigt historische und archäologische Ausstellungen sowie einen Film über die Stadt und alte Gewichte und Maße.

Richtung Strand gibt es keine echten Sehenswürdigkeiten. Der Strand selbst ist hier die Attraktion. Es wimmelt von den üblichen Verkaufsbuden, Gewinnspielen, Bootsausflügen und Straßenkünstlern. Auf der Mole kann man 200 m weit aufs Meer hinausgehen – ein Pflichtprogramm für Strandbummler. Neben dem Hafen im Westen steht der **Leuchtturm**, der einen Panoramablick über Land und Meer bietet.

Schlafen

Die sommerlichen Besucherhorden stellen das vernünftige Unterkunftsangebot Kołobrzegs gelegentlich auf eine harte Probe. Zu den billigsten Möglichkeiten zählen Privatzimmer, aber die Vermieter fordern oft eine bestimmte Mindestaufenthaltsdauer. Nicht selten stehen Einheimische mit *wolne pokoje*-Schildern (Zimmer frei) vor der Touristeninfo. Es ist ein heiß umkämpfter Markt und da kann es auch schon mal hitzig zugehen!

Viele der Ferienheime im Strandviertel vermieten Zimmer an Einzelreisende, wenn sie nicht von Gruppen ausgebucht sind. Die Touristeninfo hält eine vollständige Liste parat.

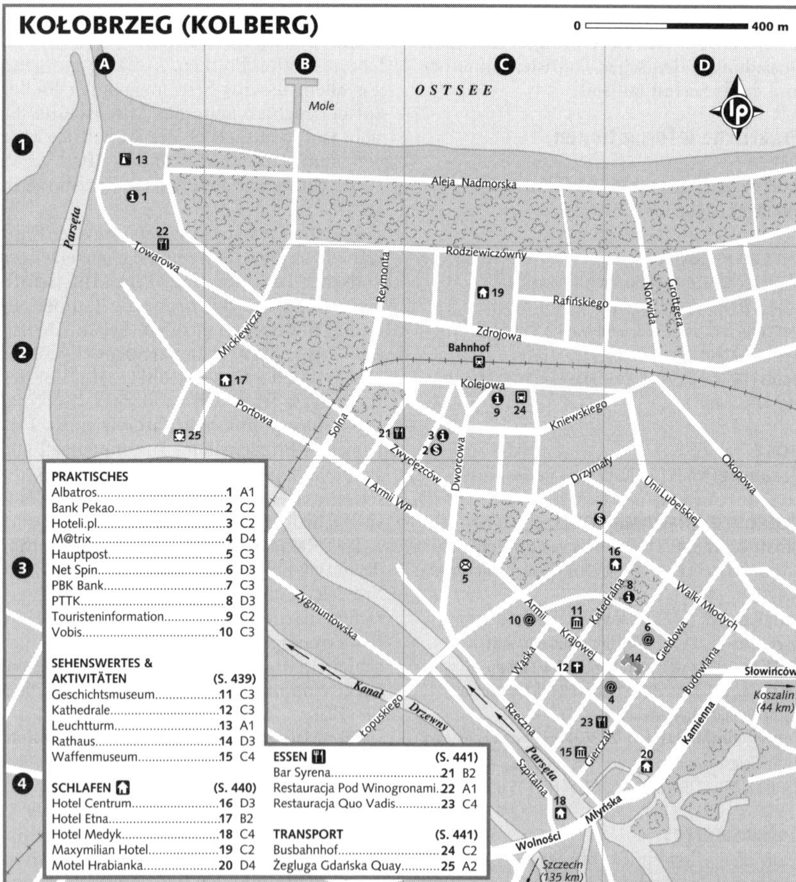

Maxymilian Hotel (☎ 354 00 12; www.maxymilian-hotel.pl auf Deutsch; Ul Borzymowskiego 3; EZ/DZ/3BZ 250/320/390 Zł, Suite 500–570 Zł; P) Eine der hübschesten Villen im Strandviertel. Das prachtvolle Maxymilian glänzt mit ruhiger Lage, gehobenen Drei-Sterne-Zimmern und einer Finesse, die Hotels in Ferienorten häufig abgeht. Das Restaurant und die Wellness-Einrichtungen im Haus halten den Weg zu Muße und Entspannung kurz.

Motel Hrabianka (☎ 354 28 68; www.hrabianka.com auf Deutsch; Ul Budowlana 35A; EZ/DZ 115/180 Zł) Das Highlight dieses kleinen, zwanglosen Motels ist klar das umfangreiche Frühstück, das im sehr atmosphärischen, traditionellen Restaurant im Erdgeschoss serviert wird.

Hotel Medyk (☎ 352 34 51; www.hotelmedyk.ta.pl auf Deutsch; Ul Szpitalna 7; EZ 90–140 Zł, DZ 140–190 Zł, 3BZ 190 Zł) Zehn Stockwerke mit verschiedenen Standards direkt am Fluss, südlich der Altstadt. Die einfacheren Zimmer sind ohne Frühstück. Auf jeden Fall kann man hier immer sein Kanu vertäuen.

Hotel Centrum (☎ 354 55 60; www.centrum.info.pl auf Deutsch; Ul Katedralna 12; EZ/DZ/3BZ/Suite 140/200/240/280 Zł; P) Das bei Reisegruppen beliebte Hotel Centrum bietet komfortable Unterkünfte im Stadtzentrum mit eigenem Restaurant, Café und Bar. Satin-Tagesdecken verleihen den ansonsten eher nüchternen Zimmern einen leicht halbseidenen Touch.

Hotel Etna (☎ 355 00 12; www.hoteletna.pl auf Polnisch; Ul Portowa 18; EZ/DZ 190/280 Zł, Suite 350–400 Zł; P) Der massige Hotelklotz am Strand ist keine Schönheit, zugegeben. Er birgt aber Einrichtungen der Spitzenklasse mit der vollen Bandbreite an Wellness-Behandlungen. Alle Zimmer haben kleine Balkone. Die Westseite (Meerblick) ist besser als die Ostseite (Baustellenblick).

Essen

Im Strandviertel bieten die meisten Ferienunterkünfte Mahlzeiten für ihre Gäste (und häufig auch für Nichtgäste) an. Ansonsten gibt's überall saisonal geöffnete Fastfood-Buden und Cafés, zusätzlich einige gute ganzjährige Angebote.

Restauracja Pod Winogronami (☎ 354 73 36; www.winogrona.pl auf Polnisch; Ul Towarowa 16; Hauptgerichte 24–36 Zł; Mittag- & Abendessen) Das Restaurant „Unter den Trauben" verbreitet im Hafenviertel französisches Flair. Allerdings speist sich das herzhafte Angebot eher aus polnischen und deutschen Kochbüchern; Specials wie „diabolisches Essen im Brotteig" verbreiten Suspense am Tisch.

Restauracja Quo Vadis (☎ 352 89 61; Ul Gierczak 26A; Hauptgerichte 15–37 Zł; Mittag- & Abendessen) Ein weiterer schicker Laden in einem gemütlichen Keller; das Quo Vadis tischt solide und verlässliche polnische Küche auf.

Bar Syrena (☎ 352 31 88; Ul Zwycięzców 11; Hauptgerichte 3,50–10 Zł; Mittag- & Abendessen) „Back to basics" ist das Motto dieses schlichten Selbstbedienungsladens im Bahnhofsviertel. Er verkauft die üblichen leckeren polnischen Sachen.

An- & Weiterreise

Bahnhof und Busbahnhof liegen auf halbem Weg zwischen Strand und historischem Zentrum nebeneinander. Der Hafen befindet sich 1 km nordwestlich.

Kołobrzeg (Kolberg) liegt abseits der Hauptstrecke Stettin–Danzig, so dass nur wenige Züge in diese Städte fahren. Es gibt eine regelmäßige Verbindung nach Koszalin (Köslin; 14 Zł, 55 Min.). Zwei Schnellzüge fahren jede Nacht nach Warszawa (Warschau; 52,62 Zł, 8 Std.).

Die dichteste Busverbindung besteht mit Koszalin (Köslin; 8,90 Zł, 1½ Std., mind. stdl.). Drei oder vier Busse fahren täglich nach Świnoujście (Swinemünde; 18 Zł, 2½ Std.) und Słupsk (Stolp; 18 Zł, 2¾ Std.).

Im Juli und August betreibt **Żegluga Gdańska** (☎ 354 24 64; www.zegluga.pl auf Deutsch) wöchentlich vier Katamaranfahrten nach Nexo auf Bornholm (Hin/Hin & Zurück 90 Zł/130 Zł, 5 Std.). Weitere Boote fahren von Ustka (Stolpmünde) und Darłowo (Rügenwalde). Das regelmäßiger fahrende Tragflügelboot sollte seinen Dienst Ende 2005 aufgenommen haben.

KAMIEŃ POMORSKI (CAMMIN)

☎ 91 / 9500 Ew.

Kamień Pomorski, im 9. Jh. gegründet, war einmal ein bedeutendes religiöses Zentrum, außerdem Hafen und Handelszentrum. Es kam erst nach dem Zweiten Weltkrieg zu Polen. Die Zerstörung 1945 hat die Stadt weit zurückgeworfen, aber die Lage am Meer und die Kathedrale (1176) machen sie trotzdem zu einem lohnenden Ziel für eine Stippvisite.

Praktische Informationen

Bank Pekao (☎ 382 03 24; Ul Gryfitów 2A)
Post (☎ 382 01 05; Ul Pocztowa 1)

Sehenswertes

Die Bischöfe von Wollin haben den Bau der **Kathedrale St. Johannes** im romanischen Stil begonnen. Im 14. Jh. wurde sie gründlich nach gotischer Mode umgebaut und ist praktisch bis heute in dieser Form zu sehen. Im Inneren hat sich der Altarraum etwas von seiner ursprünglichen Ausstattung erhalten, etwa das beeindruckende Triptychon auf dem Hauptaltar, das der Schule von Veit Stoß zugeschrieben wird. Der hat auch das berühmte Pentaptychon in der Marienkirche in Krakau (S. 144) geschaffen. Das Chorgestühl aus Eiche sorgt für angemessenen Sitzplatz und vom ausgemalten Deckengewölbe hängt ein großes Kruzifix. Über dem Altar sind noch Reste der ursprünglichen Wandmalereien aus dem 13. Jh. erhalten.

In der zweiten Hälfte des 17. Jhs. kamen barocke Elemente hinzu: der gusseiserne Lettner, der den Altarraum vom Kirchenschiff trennt, die reich geschmückte Kanzel und die Orgel. Letztere verdient dank ihrer beeindruckenden Erscheinung und ihres hervorragenden Klangs besondere Aufmerksamkeit. Das landesweit berühmte Festival der Orgel- & Kammermusik wurde hier erstmals 1965 veranstaltet und findet seitdem jedes Jahr an jedem Freitagabend zwischen Mitte Juni und Ende August statt. Aber auch an den anderen Tagen gibt es während des Festivals jeweils zwei kurze Orgelkonzerte.

Vom linken Querschiff führen Stufen hinauf zur ehemaligen bischöflichen Schatzkammer, die heute ein kleines Museum beherbergt. Einen Blick lohnt auch der **Klosterhof** (wirydarz; Eintritt 1 Zł) – Eingang durch eine Tür im linken Seitenschiff. Das Taufbecken von 1124 ist der älteste Besitz des Klosters. Die Grabsteine an den Wänden des Hofs wurden 1890 vom Kichenboden gehoben und hierher gebracht. Auch der Turm kann bestiegen werden, aber der Ausblick lohnt sich nicht.

Westlich vom Stadtzentrum steht das **Wollintor** (Brama Wolińska). Es ist Teil der Stadtmauer aus dem 14. Jh. und einziges noch erhaltenes Stadttor von ehemals fünf Toren. Es beherbergt heute das **Edelsteinmuseum** (Muzeum Kamieni; ☎ 382 42 43; Ul Słowackiego 1; Erwachsene/Kinder 5/3 Zł; ⏰ 10–18 Uhr), das Halbedelsteine und Ähnliches aus Schlesien zeigt.

Festivals & Events

Festival der Orgel- & Kammermusik (☎ 382 05 41) Findet jedes Jahr von Mitte Juni bis Ende August statt. Konzerte jeden Freitagabend.

Schlafen & Essen

Hotel Pod Muzami (☎ 382 22 41; www.podmuzami.pl auf Deutsch; Ul Gryfitów 1; EZ/DZ/3BZ 110/158/218 Zł) Das freundliche Pod Muzami residiert in einem schönen historischen Fachwerkhaus an einer Ecke des Rynek und bietet zwölf geräumige Zimmer und ein gutes Hausrestaurant.

Hotel Staromiejski (☎ 382 26 44; www.hotelstaromiejski.pl auf Deutsch; Ul Rybacka 3; EZ/DZ/3BZ 125/181/237 Zł; Ⓟ) Direkt nebenan ist das Staromiejski etwas schicker und serviceorientierter als sein Nachbar, aber das Hotel ist wesentlich kleiner und besitzt auch keinen Charme.

Jugendherberge (☎ 382 08 41; Plac Katedralny 5; Schlafsaal 15–20 Zł; ⏰ Juli & Aug., Rezeption 7–10 Uhr & 17–22 Uhr) Die Jugendherberge in der Schule gegenüber der Kathedrale bietet sechzig Betten in großen Schlafsälen, aber das beeindruckende Backsteingebäude hat was.

An- & Weiterreise

Der Busbahnhof liegt 600 m südlich vom Zentrum. Von hier fahren stündlich Busse nach Szczecin (Stettin; 18 Zł, 2 Std.), Międzyzdroje (Misdroy; 8,90 Zł, 1½ Std.) und Świnoujście (Swinemünde; 11,40 Zł, 1¾ Std.). Außerdem fahren täglich vier Schnellbusse nach Kołobrzeg (Kolberg; 13,40 Zł, 1½ Std.) und zwei nach Gdynia (Gdingen; 40 Zł, 7 Std.) über Koszalin (Köslin) und Słupsk (Stolp).

MIĘDZYZDROJE (MISDROY)

☎ 91 / 6000 Ew.

Międzyzdroje ist einer der beliebtesten polnischen Badeorte. Es ist gesegnet mit relativ warmem Meer und sauberen Stränden. Der lange Sandstrand und malerische Klippen bestimmen den Nordosten der Stadt; der Wolliner Nationalpark erstreckt sich im Südosten. Die Einwohner von Międzyzdroje leben fast ausschließlich vom Sommertourismus. Den Rest des Jahres ist der Ort ziemlich tot.

Praktische Informationen

Bałtyk Travel (☎ 328 15 18; Ul Zwycięstwa 2A) Reisebüro.

Danagro Travel (☎ 328 08 70; www.danagro.republika.pl auf Polnisch; Bahnhof, Ul Kolejowa 57) Reisebüro.

Internetcafé (☎ 328 04 21; Ul Norwida 17A; 1 Std. 3 Zł; ab 11 Uhr)

Touristeninformation (☎ 328 27 78; www.miedzyzdroje.pl auf Deutsch; MDK, Ul Bohaterów Warszawy 20; 10–17 Uhr)

Viking Tour (☎ 328 07 68; www.vikingtour.com.pl auf Deutsch; Ul Niepodległości 2A) Reisebüro.

Sehenswertes

Das **Museum für Naturgeschichte** (Muzeum Przyrodnicze; ☎ 328 07 37; Ul Niepodległości 3; Erwachsene/ermäßigt 5/3 Zł; Di–So 9–17 Uhr) zeigt die vielgestaltige Flora und Fauna des Wolliner Nationalparks. Es hat eine schöne Ausstellung mit ausgestopften Vögeln, darunter auch ein Seeadler, das Symbol des Parks und Element des polnischen Staatswappens. Kurios: Das Museum hat rund 150 verschiedene Halskrausen gesammelt und damit eine der größten Sammlungen in Europa.

Auf jeder Seite des Museumsbaus steht eine große Voliere: Eine enthält zwei Waldohreulen, die andere einen Seeadler (der ziemlich gerupft aussieht). Die Nationalparkverwaltung ist genau gegenüber der Adlervoliere.

Schlafen & Essen

Międzyzdroje ist voller Ferienheime und Pensionen; dazu gibt es noch reichlich Privatzimmer. Insgesamt bietet Międzyzdroje immerhin mehrere Tausend Betten. Statt sich selbst auf die Jagd zu machen, empfiehlt sich der Besuch eines der lokalen Reisebüros (s. o.). Privatzimmer fangen im Juli und August bei 30 Zł pro Person an, in anderen Monaten bei 20 Zł. Pensionen/Ferienheime kosten ab 40/30 Zł pro Kopf.

Hotel Amber Baltic (☎ 328 10 00; www.hotel-amber-baltic.pl auf Deutsch; Promenada Gwiazd 1; EZ/DZ 91/128 €, Suite 200–260 €; P) Wenn es ein bisschen Luxus sein darf, ist das Amber Baltic der richtige Ort. Der riesige Komplex ist eines der besten Ferienhotels an der Küste mit Einrichtungen wie eine Kleinstadt. Golfer können den Shuttlebus zum nahe gelegenen (hoteleigenen) Golfplatz benutzen.

FWP Posejdon (☎ 328 05 67; www.fwp.pl auf Polnisch; Promenada Gwiazd 4; EZ/DZ/3BZ 100/190/270 Zł; P) Neben den Zimmern im Hotelstandard in drei Hauptgebäuden bietet die FWP 500 Betten in über 33 preiswerten Ferienheimen. Die zentrale Rezeption im Posejdon informiert über alles Notwendige.

Dom Turysty PTTK (☎ 328 03 82; Ul Kolejowa 2; EZ/DZ 35/90 Zł; P) Die beiden PTTK-Herbergen gehören zu den billigsten Unterkünften in Międzyzdroje. Ihr Niveau und der Standort sind allerdings wirklich nicht gerade First Class. Das Haupthaus übernimmt Buchungen für die anderen Häuser, zum Beispiel die Dąbrówka-Herberge (EZ/DZ 25/60 Zł), die näher am Strand liegt, und bietet unter Umständen auch Privatzimmer an.

Camping Nr 24 Gromada (☎ 328 02 75; Ul Polna 10A; Zelt pro Person 13–15 Zł; Juni–Sept.) Der Gromada-Campingplatz am südwestlichen Ende des Ortes ist der größte Campingplatz hier. Es gibt näher am Strand zwei weitere Campingplätze.

An- & Weiterreise

Der Bahnhof liegt am Südende der Stadt, davor gibt es eine PKS-Haltestelle. Międzyzdroje (Misdroy) liegt an der Bahnlinie Szczecin (Stettin)– Świnoujście (Swinemünde) und alle Züge halten hier, so dass täglich rund 20 Züge in jede Richtung fahren. Außerdem gibt es Züge, die weiter nach Wrocław (Breslau; 49,80 Zł, 9½ Std.) und Warszawa (Warschau; 54,60 Zł, 9¼ Std.) fahren.

Die Haupt-Bushaltestelle liegt in der Ul Niepodległości gegenüber dem Museum. PKS und Privatbusse fahren bis zu sechsmal die Stunde nach Świnoujście (Swinemünde; 3,80 Zł, ½ Std.). Sechs Schnellbusse fahren täglich nach Kołobrzeg (Kolberg; 18 Zł, 2½ Std.) und zwei bis nach Gdynia (Gdingen; 44 Zł, 8 Std.). Im Sommer gibt es stündlich Busse nach Kamień Pomorski (Cammin; 8,90 Zł, 1½ Std.), im Rest des Jahres seltener.

WOLLINER NATIONALPARK

Im äußersten Nordwesten des Landes nimmt der Wolliner Nationalpark den zentralen Teil der Insel Wolin (Wollin) ein. Die Insel liegt südöstlich von Międzyzdroje. Mit einer Gesamtfläche von etwa 50 km^2 ist der Park einer der kleineren in Polen. Trotzdem: Hier lohnt sich ein Abstecher, um ein oder zwei Tage zu wandern.

Zum Park gehört ein Moränenhügel, der an seinem Nordrand 115 m hoch ist und scharf ins Meer abfällt. Die 11 km lange Klippe ist an einigen Stellen fast 100 m hoch. Im Süden senkt sich die Moräne sanft zum Stettiner Haff (Zalew Szczeciński) ab.

Im Park gibt es mehrere Seen. Die meisten liegen am Ostrand des Nationalparks und bilden eine kleine Seenplatte. Der schönste ist der hufeisenförmige **Czajcze-See**. Dann gibt es noch den **Türkissee** (Turkusowe), der tatsächlich türkis ist, am Südende das Parks und den hübschen **Gardno-See** nahe am Meeresufer neben der Straße von Międzyzdroje (Misdroy) nach Dziwnów (Dievenow). Flora und Fauna sind relativ vielfältig, es herrscht ein reges Vogelleben. Der Park umfasst auch ein kleines **Wisentreservat** (Erwachsene/ermäßigt 5/3 Zł; Di–So 10–18 Uhr), 2 km östlich von Międzyzdroje. Die Wisente stammen aus Białowieża (s. S. 127), es sind aber auch schon Tiere im Reservat geboren. Der letzte wild lebende Wisent wurde in Pommern im 14. Jh. getötet. 2004 war sogar das „Jahr des Wisents", um das Bewusstsein für diese Tiere im Land zu stärken.

Aktivitäten

Den Park lernt man am besten auf einer Wanderung kennen. Das ist ohne Probleme machbar, denn er ist dafür klein genug. Von Międzyzdroje aus führen drei markierte Wanderwege in den Park. Der rote Weg geht nach Nordosten entlang der Küste und windet sich dann landeinwärts nach **Wisełka**, um dann durch die bewaldeten Hügel zum kleinen Dorf **Kołczewo** zu führen. Der grüne Weg verläuft Richtung Osten durch die Mitte des Parks an der Seenplatte vorbei ebenfalls nach Kołczewo. Der blaue Weg führt zum Südende des Parks und kommt dabei am Türkissee vorbei. Von da aus führt er weiter nach Westen nach **Wolin** (Wollin).

Alle Wege sind gut markiert und gut zu laufen. Hilfreich ist die Karte Woliński Park Narodowy (Maßstab 1:30 000). Weitere Informationen gibt es bei der Parkverwaltung in Międzyzdroje.

ŚWINOUJŚCIE (SWINEMÜNDE)

☎ 91 / 45 000 Ew.

Świnoujście ist die westlichste Stadt an der polnischen Küste. Es ist ein relativ großer Fischerei- und Handelshafen und eine wichtige Marinebasis. Außerdem entwickelte sich Świnoujście dank eines Sandstrandes und mehrerer Mineralquellen zum Seebad und Kurort, in dem seit über einem Jahrhundert viele kranke Menschen Heilung finden. Literaturfreunde wird es interessieren, dass der Romancier und Reiseautor Theodor Fontane um 1830 hier vier Jahre gelebt hat.

Die Stadt ist ein praktisches Tor für Reisen zwischen Polen und Skandinavien. Es bestehen Fährverbindungen nach Dänemark und Schweden. Außerdem gibt es den kleinen Grenzverkehr per Boot und zu Fuß mit Deutschland. Świnoujście hat zwar kulturell wenig zu bieten, aber es ist ein geschäftiger Seehafen und ein brummendes

WO DER ADLER KREIST

Der prominenteste Einwohner des Wollin-Nationalparks ist der Seeadler *(Haliaeetus albicilla)*, der auf Polnisch *bielik* heißt. Mit einer Spannweite von bis zu 2,50 m ist er die größte Greifvogelart in Europa. Seeadler lebten früher auf dem gesamten Kontinent, wurden aber mit der Zerstörung ihres natürlichen Lebensraums immer mehr nach Osten verdrängt. Anfang des 20. Jhs. kamen sie nur noch in Nordosteuropa und Nordasien vor. Die weltweite Population wird heute auf 9000 bis 11 000 Paare geschätzt. Dank diverser Schutzmaßnahmen in den letzten Jahrzehnten steht der Seeadler zumindest nicht mehr unmittelbar vor der Ausrottung.

Ein erwachsener Vogel kann bis zu 6 kg schwer und bis zu dreißig Jahre alt werden. Der Seeadler bevorzugt ein Leben nah am Wasser und baut seinen Horst in Baumkronen. Über mehrere Jahre genutzte Nester können monumentale Dimensionen annehmen: bis zu 4 m hoch, 2 m im Durchmesser und 500 kg schwer. Der Seeadler jagt über offenem Wasser nach Fischen und Wasservögeln, lehnt aber im Winter auch Aas nicht ab.

In Polen lebt der Seeadler im Norden des Landes, vor allem in Westpommern und Masuren. Die hiesige Population beträgt etwa 450 Paare und ist die zweitgrößte nach Norwegen. Im Wollin-Nationalpark leben vier oder fünf Paare.

ŚWINOUJŚCIE (SWINEMÜNDE)

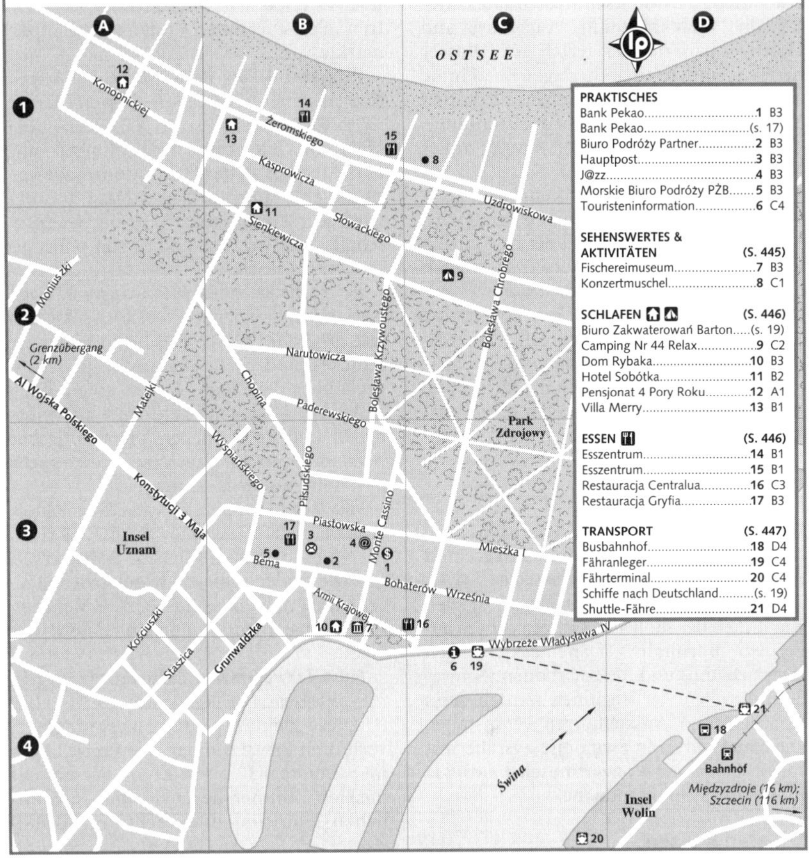

Urlaubszentrum, wo eine lebhafte Mischung aus Polen, Skandinaviern und Deutschen gerne die schönsten Tage des Jahres zubringen.

Orientierung

Świnoujście (Swinemünde) liegt auf zwei Inseln an der Mündung der Świna (Swine). Der Ostteil der Stadt liegt auf der Insel Wolin (Wollin) und besitzt den Hafen und die logistische Infrastruktur. Der Hauptteil der Stadt liegt auf der Insel Usedom (Uznam auf Polnisch). Beide sind mit einem regelmäßig fahrenden Fährdienst miteinander verbunden. Auf Usedom befindet sich das bescheidende Stadtzentrum und 1 km weiter hinter einem Parkgürtel der Badeort.

Praktische Informationen

Bank Pekao Ul Monte Cassino (☎ 322 05 40; Ul Monte Cassino 7); Ul Piłsudskiego (☎ 321 57 40; Ul Piłsudskiego 4)

Biuro Podróży Partner (☎ 322 43 97; Ul Bohaterów Września 83/14) Informationen und Fährtickets.

Hauptpost (☎ 321 42 26; Ul Piłsudskiego 1)

J@zz (☎ 321 03 09; Ul Monte Cassino 35; 1 Std. 4 Zł; 🕒 ab 10 Uhr) Internetzugang.

Morskie Biuro Podróży PŻB (☎ 322 43 96; Ul Bema 9/2) Informationen und Fährtickets.

Touristeninformation (☎ 322 49 99; www.swinoujscie.pl auf Deutsch; Wybrzeże Władysława IV; 🕒 9–17 Uhr)

Sehenswertes & Aktivitäten

Selbstverständlich ist der **Strand** die Hauptattraktion von Świnoujście. Er gilt als der breiteste und längste in Polen. Allerdings reklamieren Umweltschützer immer wieder die Verschmutzung von Fluss und Hafen. Im Urlauberviertel am Wasser herrscht immer noch diese gewisse Fin de siècle-Atmosphäre. Zwischen eleganten Villen stehen aber auch Touristenhotels und die Promenade ist im Sommer voller Buden.

Das Stadtzentrum macht einen deutlich weniger gepflegten Eindruck. Überall wird rege gebaut. Der Hafen eignet sich prima für einen Spaziergang. Interessant ist auch das **Fischereimuseum** (Muzeum Rybołówstwa Morskiego; ☎ 321 23 26; Plac Rybaka 1; Erwachsene/ermäßigt 5/3 Zł; Di–So 10–18 Uhr). Es zeigt Meeresfauna, Fischereiausrüstung und Navigationsinstrumente, außerdem wechselnde Ausstellungen, bei denen auch schon mal Themen wie „Wüstenreisen durch Afrika" vorkommen.

Festivals & Events

Wenn Ende September die Touristensaison allmählich abflaut, findet unter anderem in Świnoujście die **Kulturwoche „Vier Ecken"** (☎ 321 37 05; www.cultureweek.org auf Deutsch) statt. Zu den Vier Ecken der südlichen Ostsee gehören außerdem Bornholm (Dänemark), Rügen (Deutschland) und Südostschonen (Schweden). In allen vier Regionen werden dann Konzerte und Ausstellungen veranstaltet. Die Hauptbühne in Świnoujście ist die verspielte Open Air-Konzertmuschel (Muszla Koncertowa) in Strandnähe.

POMMERN

Schlafen & Essen

Wie auch in den anderen Ferienorten an der Ostseeküste liegt die Hochsaison im Juli und August – zu anderen Zeiten sind die Preise niedriger und es fällt leichter, ein freies Bett zu finden. Viele der Ferienheime nehmen auch Individualreisende auf; manche bestehen auf Vollpension. Die Preise variieren je nach Nachfrage und gewünschtem Standard, im Durchschnitt sind 80 bis 150 Zł pro Bett inklusive drei Mahlzeiten realistisch. Die Touristeninfo hält einen vollständigen Zimmernachweis bereit.

Vor allem im Zentrum gibt es ganzjährig geöffnete Restaurants. Die meisten Lokale haben jedoch nur im Sommer geöffnet. Rund um das Strandviertel schießen dann Bistros, Stände, Bars und Nightclubs aus dem Boden. An der Strandpromenade Ul Żeromskiego gibt es viele Imbissbuden und so etwas wie zwei größere „Esszentren". Selbstversorger finden genug Supermärkte vor.

Pensjonat 4 Pory Roku (☎ 321 16 94; www.4poryroku.com.pl auf Deutsch; Ul Ujejskiego 8; DZ 50–60 €, 3BZ/4BZ 80/90 €, Suite 70–90 €; P ⊠) Diese schöne Villa mit Kiefernholzvertäfelungen und Parkettböden an der Hauptpromenade versprüht eine Spur Rustikales. Das Frühstück wird sehr kommunikativ in der Gemeinschaftsküche serviert und es gibt selbst geräucherten Fisch.

Hotel Sobótka (☎ 321 49 64; www.sobotka.uznam.net.pl auf Deutsch; Ul Sienkiewicza 13; DZ/3BZ 184/255 Zł, Suite 200–360 Zł; P) Das Sobótka ist ein schickes modernes Sanatorium und Hotel gegenüber dem Park. Es hat einen Spielplatz, ein Volleyball-Feld und alle möglichen und unmöglichen therapeutischen Behandlungen auf Lager. Außerdem bietet das Hotel Vollpension an.

Villa Merry (☎ 321 26 19; www.villa-merry.uznam.net.pl auf Deutsch; Ul Żeromskiego 16; Apt. 24–89 €; P) Eine der Spitzenadressen für Selbstversorger. Die beiden schicken historischen Häuser halten eine große Auswahl an Mehrpersonen-Apartments und ein Café-Bistro bereit.

Biuro Zakwaterowań Barton (☎ 321 11 55; www.barton.com.pl auf Deutsch; Wybrzeże Władysława IV) Diese kleine Agentur am Fähranleger vermittelt Privatzimmer. Die Preise liegen im Schnitt bei 30 bis 50 Zł pro Person. Die meisten Zimmer liegen in den südwestlichen Vororten und nicht im Strandviertel.

Dom Rybaka (☎ 321 29 43; Wybrzeże Władysława IV 22; EZ/DZ 40/80 Zł) Wenn es nicht die einzige Option in der Nähe der Fähre wäre, stünde es nicht in dieser Liste. Ja, es ist billig, aber die Gemeinschaftsbäder müssen dringend überholt werden und die Zimmer riechen, als habe es jemand nicht weiter als bis zum Waschbecken geschafft. Das geht wirklich nur, wenn man die erste Fähre erwischen muss.

Camping Nr 44 Relax (☎ 321 39 12; www.camping-relax.com.pl auf Deutsch; Ul Słowackiego 5; Zeltplatz Erwachsene/Studenten/Kinder 11/9/6 Zł, Bungalows 85–200 Zł) Dieser große, beliebte Campingplatz liegt perfekt zwischen Strand und Kurpark; es gibt ganzjährig gute Bungalows – im Juli und August ist es nur durch ein Wunder möglich, noch einen freien zu bekommen. Bis zu 1200 Gäste finden Platz.

Restauracja Gryfia (☎ 321 25 78; Ul Piłsudskiego 10; Hauptgerichte 10–30 Zł; ⌚ Frühstück, Mittag- & Abendessen) Dieses traditionelle polnische Lokal belebt das Zentrum der Stadt mit herzhaftem Essen, Musik und Tanz bis 5 Uhr morgens (an Wochenenden).

Restauracja Central'a (☎ 321 26 40; Ul Armii Krajowej 3; Hauptgerichte 10–45 Zł; ⌚ Mittag- & Abendessen) Das Central'a ist mit seinem tiefroten Interieur, der phantastischen Terrasse auf der Rückseite und dem sporadischen Livejazz bei hippen jungen Einheimischen und älteren Zigarrenrauchern beliebt. Schön sind auch die Tische mit Blick über den Hafen.

An- & Weiterreise

Der Grenzübergang zu Deutschland liegt 2 km westlich der Stadt. Der erste Ort auf deutscher Seite, Ahlbeck, bietet weiterführende Verkehrsanbindung. Der Grenzübergang ist nur für Fußgänger geöffnet (auf Wunsch mit Fahrrad).

AUTO & MOTORRAD

Für Autos und Motorräder steht die Shuttle-Fähre nur an Wochenenden und an Werktagen nach 22 Uhr zur Verfügung. Ansonsten bleibt nur der Grenzübergang an der Dźwina, 7 km südlich von Świnoujście. In der Hauptsaison kann es zu Wartezeiten kommen (selten mehr als zwei Stunden). Der Grenzübergang für Fahrzeuge und Passagiere ist kostenlos.

SCHIFF

Tickets für alle Schiffe gibt es an den Anlegestellen und in den meisten Reisebüros der Stadt.

Deutschland

Das deutsche Unternehmen **Adler-Schiffe** (☎ 322 42 88; www.adler-schiffe.de) betreibt bis zu sieben Schiffsverbindungen täglich von Świnoujście (Swinemünde) nach Ahlbeck, Heringsdorf, Bansin und Sassnitz auf der deutschen Seite. Ein Rückfahrticket inklusive Zwischenstopp kostet für Erwachsene 20 Zł und ermäßigt 10 Zł. **Hanse-Schiffe** (☎ 321 87 75) hat zwei Verbindungen täglich nach Ahlbeck (Erwachsene/ermäßigt 12/8 Zł, ¾ Std.).

Adler-Schiffe und die **Reederei Peters** (www.reederei-peters.de) betreiben täglich Autofähren nach Altwarp (2 Std.), die vom Fährterminal auf der Insel Wolin (Wollin) auf der anderen Seite der Świna abfahren.

Skandinavien

Polferries (☎ 322 61 40; www.polferries.pl auf Deutsch) betreibt Fähren nach Ystad (Schweden; Erwachsene/ermäßigt 535/445 Skr, 9½ Std., tgl.), Rønne (Dänemark; 225/205 kr, 6 Std., wöchentl.) und Kopenhagen (425/355 kr, 9 Std., 5-mal wöchentl.). **Unity Line** (☎ 359 55 92; www.unityline.pl auf Englisch) hat tägliche Fähren nach Ystad (520/430 Skr, 7 Std.).

Alle Fähren fahren vom Terminal auf Wolin ab.

ZUG & BUS

Bahnhof und Busbahnhof liegen nebeneinander am rechten Świna-Ufer. Passagierfähren fahren ständig zwischen dem Stadtzentrum und den Bahnhöfen hin und her (kostenlos, 10 Min.).

Alle Züge fahren über Międzyzdroje (Misdroy; schnell/langsam 6,80/3,80 Zł, ¼ Std.) und Szczecin (Stettin; 28,24/15,90 Zł, 2¼ Std.). Abfahrten sind etwa jede Stunde. Es gibt einen schnellen Schlafwagenzug direkt nach Warszawa (Warschau; 56,03 Zł, 9¾ Std.) und zwei Schnellzüge über Poznań (Posen; 43,04 Zł, 5½ Std.) und Wrocław (Breslau; 49,80 Zł, 8 Std.) nach Kraków (Krakau; 61,10 Zł, 12½ Std.).

Nur drei Busse fahren am Tag nach Szczecin (Stettin; 20 Zł, 2½ Std.), aber es gibt viele Verbindungen entlang der Küste. Ein halbes Dutzend Busse fährt nach Kamień Pomorski (Cammin; 11,40 Zł, 1¾ Std.) und drei oder vier fahren nach Kołobrzeg (Kolberg; 18 Zł, 2½ Std.). Alle Strecken führen über Międzyzdroje (Misdroy), das auch noch von halbstündlich startenden Privatbussen (3,60 Zł, ½ Std.) angefahren wird.

Busse der Europa-Linie (1,70 €) verbinden die polnische Seite der Insel mit der deutschen – sie überqueren zwar nicht die Grenze, aber die Fahrpläne sind so aufeinander abgestimmt, dass man aus dem einen Bus aussteigen, zu Fuß über die Grenze gehen und in den nächsten Bus einsteigen kann. Ein Tagesausweis für sechs Einzelfahrten kostet 8 Zł oder auf der deutschen Seite 4 €. Die Stadtbuslinie 8 fährt ebenfalls zur Grenze (2 Zł, 10-mal tgl.).

SZCZECIN (STETTIN)

☎ 91 / 425 000 Ew.

Nur 130 km von Berlin (und viermal soweit von Warschau) entfernt, ist die ehemalige Hauptstadt Westpommerns immer noch das wichtigste urbane Zentrum Nordwestpolens. Die große Universitätsstadt besitzt auch den größten Umschlaghafen Polens. Stettin hat eine bunte und stürmische Geschichte hinter sich. Leider wurden viele historische Zeugnisse im Zweiten Weltkrieg zerstört. Die Stadt sieht immer noch unvollendet aus, trotzdem ist sie umtriebig und liefert Beschäftigung für eine knappe halbe Million Einwohner.

Geschichte

Die Anfänge Stettins liegen im 8. Jh., als an dieser Stelle eine Festung der Slawen entstand. 967 annektierte Mieszko I. die Stadt und verleibte sie zusammen mit einem großen Stück der Küste dem neu gegründeten polnischen Staat ein. Er konnte sie aber weder halten noch christianisieren. Erst Bolesław Krzywousty nahm Stettin 1121 erneut ein und brachte den Einwohnern den Katholizismus nahe.

Krzywousty starb 1138 und das polnische Königreich zerfiel. Pommern wurde formal ein unabhängiges Fürstentum. Zu dieser Zeit stieß das expansionswütige Deutsche Reich vor und ab 1181 musste der pommersche Fürst Bogusław I. an Kaiser Friedrich Barbarossa Tribut zahlen.

Drei Jahre später eroberte Dänemark Pommern. Es kontrollierte die Ostseeküste bis hinauf nach Estland. 1227 wurden die Dänen endgültig besiegt und aus dem Land getrieben. Stettin kam wieder unter die Herrschaft der pommerschen Fürsten, die zu dieser Zeit stark von den Brandenburger Markgrafen abhängig waren.

1478 vereinte Fürst Bogusław X. Westpommern und Stettin wurde Hauptstadt. Da der Fürst am polnischen Hof aufgewachsen war und die Tochter des polnischen Königs Kazimierz Jagiellończyk geheiratet hatte, suchte er eine größere Nähe zu Polen. Dagegen protestierten aber die Brandenburger und Pommern musste 1521 widerwillig seinen Treueid gegenüber dem westlichen Nachbarn bestätigen.

Der nächste Machtwechsel erfolgte 1630: Die Schweden nahmen die Stadt ein und hielten sie besetzt, bis der Westfälische Frieden von 1648 sie ihnen offiziell zusprach. Sobald der Stockholmer Frieden den Großen Nordischen Krieg 1720 beendet hatte, verkaufte Schweden Stettin an das Königreich Preußen, das die Region bis zum Zweiten Weltkrieg behielt. Unter der preußischen Herrschaft wuchs Stettin beträchtlich. Es entwickelte sich zum Haupthafen Berlins, das keinen eigenen Zugang zum Meer hat. Bei Ausbruch des Zweiten Weltkriegs lebten in der Stadt etwa 300 000 Menschen.

Im April 1945 kam die Rote Armee auf ihrem Weg nach Berlin durch die Stadt. Als sie die Stadt wieder verließ, lagen 60 % des Stadtgebiets in Schutt und Asche. Nur 6000 Einwohner waren geblieben, die meisten anderen geflohen.

Nach dem Krieg begann die zerschlagene Stadt ein neues Leben unter neuen Machthabern. Nur eine Hand voll Gebäude wurde wiederaufgebaut, die anderen durch die üblichen Betonklötze ersetzt. Seit kurzem sind einige zaghafte Schritte der Behörden zu erkennen, das alte Viertel rund um das erhalten gebliebene Rathaus wieder entstehen zu lassen.

Praktische Informationen

GELD

Bank Pekao Al Wojska Polskiego (☎ 440 61 00; Al Wojska Polskiego 1); Plac Żołnierza Polskiego (☎ 440 06 21; Plac Żołnierza Polskiego 16); Ul Grodzka (☎ 434 36 30; Ul Grodzka 9); Ul Obrońców Stalingradu (☎ 440 62 88; Ul Obrońców Stalingradu 10/11)

Deutsche Bank (☎ 431 48 80; Al Wyzwolenia 12)

INTERNETZUGANG

Bondi (1 Std. 3 Zł; 🕑 9–23 Uhr) Al Wyzwolenia (Al Wyzwolenia 1–3); Ul Jedności Narodowej (☎ 812 20 28; Ul Jedności Narodowej 1)

Portal (☎ 488 40 66; Ul Kaszubska 52; 1 Std. 5 Zł; 🕑 24 Std.)

POST

Postamt Hauptpost (☎ 440 11 03; Al Niepodległości 41/42); Bahnhofsfiliale (☎ 440 12 39; Ul Dworcowa 20B)

TOURISTENINFORMATION

Orbis Travel (☎ 434 26 18; Plac Zwycięstwa 1)

PTTK (☎ 434 56 24; Al Jedności Narodowej 49A)

Touristeninformation Al Niepodległoœci (☎ 434 04 40; Al Niepodległości 1; 🕑 ganzjährig Mo–Fr 9–17 Uhr, Juni–Aug. zusätzlich Sa 10–14 Uhr); Filiale im Schloss (☎ 489 16 30; www.zamek.szczecin.pl auf Deutsch; 🕑 10–18 Uhr)

POMMERN

SZCZECIN (STETTIN)

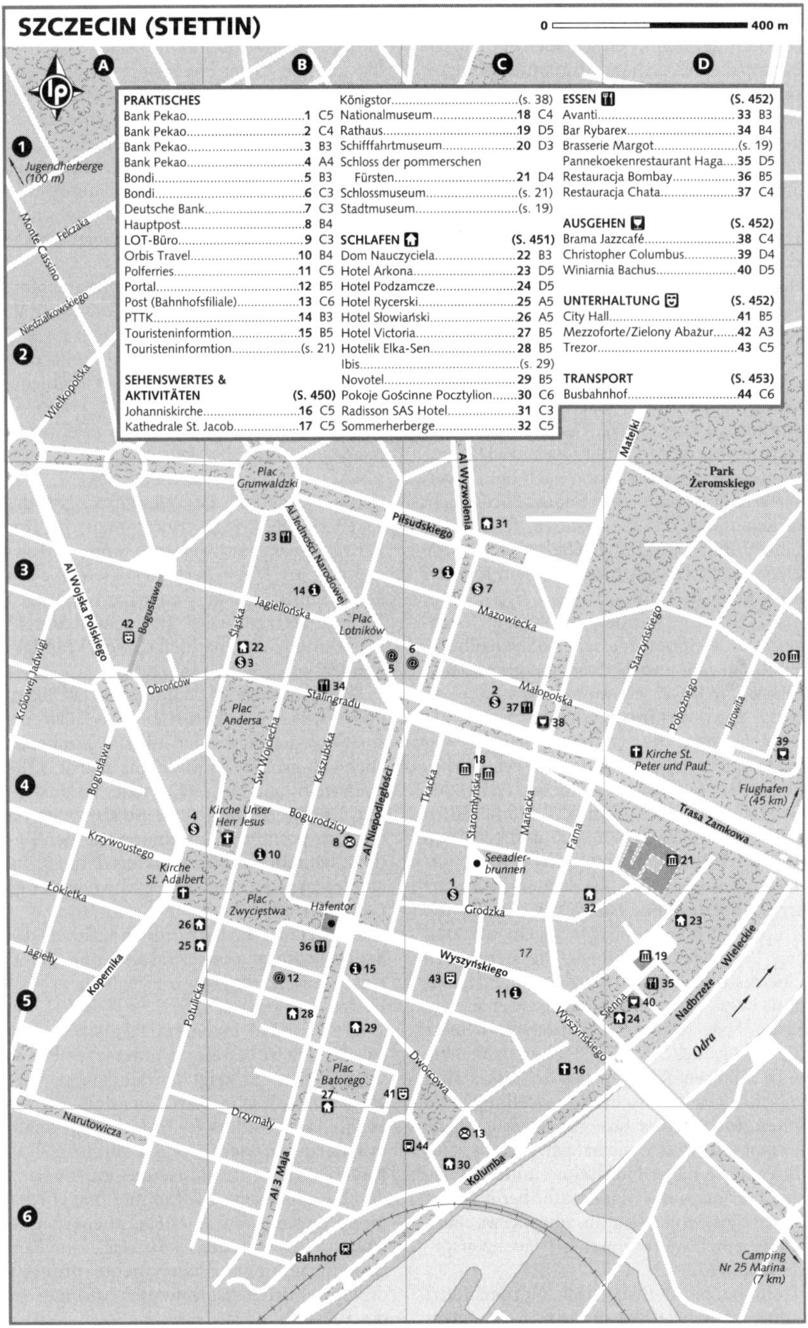

Sehenswertes & Aktivitäten

Die Stettiner Behörden scheinen endlich das Potential einer aktiven Tourismuspolitik erkannt zu haben. Sehr viel Arbeit wurde in neue Initiativen und Infrastruktur gesteckt. Eine praktische Neuerung ist die Rote Touristenroute, ein 7 km langer Rundgang durch die Stadt, der 42 der wichtigsten Sehenswürdigkeiten und Gebäude abdeckt. Die Touristeninfo hat davon einen Plan mit Erklärungen. Der Weg ist mit roten Pfeilen wie ein Graffito aufs Pflaster gesprüht.

Das größte Baudenkmal ist das **Schloss der pommerschen Fürsten** (Zamek Książąt Pomorskich). Die große, relativ schlicht wirkende Residenz mit ihrem quadratischen Innenhof wurde im 14. Jh. erbaut, erhielt aber ihre jetzige Form 1577. Das Schloss wurde mehrmals erweitert und umgebaut. Die umfangreiche Rekonstruktion nach dem Zweiten Weltkrieg hat ihr ein Renaissancegesicht verliehen, das auf das späte 16. Jh. zurückgeht. Vom 58,6 m hohen **Glockenturm** (Erwachsene/ermäßigt 3/2 Zł) aus bietet sich ein schöner Blick über die Stadt.

Das Schloss beherbergt heute den Opernsaal, das Westpommersche Marschallbüro, ein Restaurant und das **Schlossmuseum** (Muzeum Zamkowe; ☎ 434 22 62; www.zamek.szczecin.pl auf Deutsch; Ul Korsarzy 34; Erwachsene/ermäßigt 6/3 Zł; 🕑 Di–So 10–18 Uhr). Die Dauerausstellung zur Schlossgeschichte umfasst auch sechs Sarkophage der pommerschen Fürsten. Es handelt sich dabei um große Zinnkästen mit feinen Gravuren, die zwischen 1606 und 1637 von Künstlern aus Königsburg angefertigt wurden. Nach dem Tod des letzten pommerschen Fürsten Bogusław XIV. wurde die Krypta mit 14 Sarkophagen zugemauert und erst 1946 wieder geöffnet. Die sterblichen Überreste der Fürsten wurden in der Kathedrale beigesetzt, während die besterhaltenen Sarkophage restauriert wurden und heute die Prunkstücke der Ausstellung darstellen.

In anderen Räumen des Schlosses sind verschiedene wechselnde Ausstellungen zu sehen. Im Sommer finden Konzerte im Innenhof oder in der ehemaligen Kapelle statt, die fast die halbe Nordseite einnimmt. Da sich hier auch das Standesamt befindet, ist das Schloss vor allem an Sommerwochenenden ein Dauerbrenner für Hochzeitsgesellschaften.

Ein kurzer Fußweg nach Norden führt zum gotischen **Rathaus** aus dem 15. Jh., einem der schönsten Gebäude der Stadt. Dies ist das einzige Überbleibsel der Altstadt, die 1945 bis auf die Grundmauern geschleift und nicht wieder aufgebaut wurde. Das Viertel durchläuft heute eine Sanierungsphase: Direkt hinter dem Rathaus wurde eine Reihe von stilisierten Bürgerhäusern hochgezogen, die in starkem Kontrast zu den Häuserblocks aus der kommunistischen Ära gegenüber steht. Im Viertel etablieren sich jetzt schicke Cafés und teure Bars.

Das Rathaus beherbergt das interessante **Stadtmuseum** (Muzeum Historii Miasta Szczecina; ☎ 488 02 49; Plac Rzepichy 1; Erwachsene/ermäßigt 2/1,50 Zł; 🕑 Di–Fr 10–18 Uhr, Sa & So 10–16 Uhr). Leitthema ist hier die lange und turbulente Geschichte der Stadt.

In der Nachbarschaft stehen zwei historische Kirchen. Die **Johanniskirche**, ein typischer gotischer Sakralbau des 14. Jhs., konnte irgendwie den Verwüstungen des Zweiten Weltkriegs entkommen. Ihr Innenraum zeigt erfrischend wenig Ausgestaltung und ein perfektes Gewölbe im Hauptschiff, das von charmant schrägen Pfeilern getragen wird. Im rechten Seitenschiff sind noch Überbleibsel von Wandgemälden von 1510 zu sehen.

Die **Kathedrale St. Jacob** (Katedra Św. Jakuba; erbetene Spende 1 €; 🕑 Gruppen Mo–Sa 14–17 Uhr) entspricht in der Form der Johanniskirche, ist aber viel größer als diese. Sie wurde 1187 eingeweiht und erst 1972 wieder rekonstruiert. Der Innenraum ist heute überwiegend modern gestaltet. Auf einer Seite der Kathedrale steht das Pfarrhaus aus dem 15. Jh., auf der anderen eine fast 6 t schwere, riesige Glocke (1681).

Zwei Häuserbocks nördlich residiert das **Nationalmuseum** (Muzeum Narodowe; ☎ 433 50 66; www.muzeum.szczecin.pl auf Polnisch; Ul Staromłyńska 27; Erwachsene/ermäßigt 2/1,50 Zł; 🕑 Di–Fr 10–17 Uhr, Sa & So 10–16 Uhr) in einem Palais aus dem 18. Jh., das früher als pommersches Parlament diente. Es zeigt sakrale Kunst, vorwiegend Holzschnitzerei aus dem 14. bis 16. Jh., und andere historische Exponate mit Bezug zu Stettin und Pommern. Das Nebengebäude des Museums auf der anderen Straßenseite stellt immer mal wieder moderne Kunst aus. Das Haus beherbergte früher den „Klub der 13 Musen“, eine Parlamentarierkneipe. Noch heute prangen die Steinbüsten prominenter Stettiner in der Fassade.

Teil des Nationalmuseums ist auch das beeindruckende **Schifffahrtsmuseum** (Muzeum Morskie; ☎ 433 60 02; Wały Chrobrego 3; Erwachsene/ermäßigt 6/3 Zł; ⌚ Di–Fr 10–15 Uhr, Sa & So 10–16 Uhr) auf dem Hügel am Fluss. Abgesehen von den Bezügen zur Seefahrt gibt es auch Archäologisches der Region und Ethnografisches aus Afrika und Asien zu sehen.

Schlafen

BUDGETUNTERKÜNFTE

Pokoje Gościnne Pocztylion (☎ 440 12 09; Ul Dworcowa 20B; Schlafsaal 41,73 Zł; Ⓟ) Der bewachte Eingang darf hier nicht abschrecken – das von der Post geleitete Hotel ist im Inneren überraschend nett mit geräumigen Zimmern, brandneuem Mobiliar, Kühlschränken und Fernsehern (der Empfang ist allerdings lausig). Außerdem gibt es einen Gemeinschaftsraum (mit Pooltisch) und eine Küche.

Hotelik Słowiański (☎ 812 54 61; Ul Potulicka 1; EZ 73–108 Zł, DZ 88–120 Zł, 3BZ 117–135 Zł) Als früherer Polizeikaserne kann man dem Słowiański keine Wegelagererpreise vorwerfen. Die bescheidenen, aber sauberen Räume präsentieren sich mit ganz neuen Kiefernholzmöbeln. Gäste haben die Wahl zwischen eigenem und Gemeinschaftsbad.

Jugendherberge (☎ 422 47 61; www.ptsm.home.pl auf Polnisch; Ul Monte Cassino 19A; Schlafsaal 20–22 Zł, EZ/DZ/4BZ 50/56/96 Zł; Ⓟ ⊠ 💻) Freundlich und gut geführt, gut aufgeteilte Zimmer mit bis zu 14 Betten. Das Haus liegt 2 km nordwestlich der City; am Plac Rodła die Straßenbahnlinie 3 nehmen und in die Linie 1 nach Westen umsteigen.

Sommerherberge (☎ 433 29 24; Ul Grodzka 22; Schlafsaal 16–25 Zł; ⌚ Juli & Aug.) Eine andere, zentraler gelegene Möglichkeit.

Camping Nr 25 Marina (☎ 460 11 65; camping.marina@pro.onet.pl; Ul Przestrzenna 23; Erwachsene/Kinder 12/6 Zł, Hütten 27–100 Zł; ⌚ Mai–Sept.) Stettin hat auch einen guten Campingplatz mit Hütten am Ufer des Dammschen Sees (Jezioro Dąbie) im Ortsteil Dąbie (Altdamm), etwa 7 km südöstlich des Stadtzentrums. Wer mit dem Zug ankommt, steigt in Szczecin Dąbie aus, nimmt den Stadtbus 56 oder läuft die 2 km.

MITTELKLASSEHOTELS

Hotel Podzamcze (☎ 812 14 04; Ul Sienna 1; EZ/DZ 175/210 Zł, Suite 230–260 Zł; Ⓟ) In einer Ecke der rekonstruierten Altstadt bietet dieses kleine Gästehaus über einem traditionellen Restaurant mit Kneipe gemütliche Zimmer und persönlichen Service. Sobald die Baustelle gegenüber verschwunden ist, müsste dies eine der dynamischsten Ecken der Stadt werden.

Hotel Victoria (☎ 434 38 55; Plac Batorego 2; EZ/DZ 130/180 Zł; Ⓟ) Bergauf von Bahnhof und Busbahnhof gelegen, setzt das Victoria mit großer Wirkung auf traditionelle Muster. Die Zimmer sind unterschiedlich groß, so dass sich ein kurzer Blick vor der Buchung lohnt. Anspruchsvolle Gäste sollten vorsichtig sein: Ein Schild in der Lobby warnt „Keiner Ihrer Wünsche bleibt ohne Konsequenzen". Es gibt eine Bar im Haus.

Hotelik Elka-Sen (☎ 433 56 04; elka-sen@zse2.szczecin.pl; Al 3 Maja 1A; EZ/DZ 110/170 Zł; Ⓟ) Seltsamer Name, seltsamer Standort: Das Elka-Sen hat einen Aufzug als Eingang und nimmt das Kellergeschoss der Wirtschaftsschule ein, die wiederum direkt neben dem Stadtgefängnis liegt. Zum Glück ändert all das nichts daran, dass die Zimmer ein guter Deal sind.

Hotel Rycerski (☎ 488 81 64; www.hotelrycerski.pl auf Deutsch; Ul Potulicka 2A; EZ/DZ/Suite 180/240/360 Zł; Ⓟ) Hat dieser Backsteinbau erst einmal die Aufmerksamkeit des potentiellen Gastes, gibt er ihn mehr frei: Das schicke Restaurant, sehr viel Nussbaumfurnier und zwei sehr geräumigen Suiten sind drei der Gründe. Das freundliche Personal und die zentrale Lage bringen dem Rycerski weitere Bonuspunkte ein.

Dom Nauczyciela (☎ 433 04 81; domnauczyciela@pf.pl; Ul Śląska 4; EZ 130 Zł, DZ 160–190 Zł, 3BZ 210 Zł) Ruhig, adrett und zentral. Eine unprätentiöse Unterkunft mit einem internationalen Buchladen, Hausmannskost und massiven Rabatten für Studenten. Die Zimmer sind mit Telefon, Wasserkocher und Fernseher ausgestattet. Der einzige Nachteil sind die etwas dünnen Matratzen.

Hotel Arkona (☎ 488 02 61; arkona@orbis.pl; Ul Panieńska 10; EZ/DZ 160/200 Zł; Ⓟ) Das Gebäude des Hotel Arkona ist ein derart grässliches kommunistisches Monstrum, dass man glatt ein schlechtes Gewissen bekommt, hier zu schlafen. Zum Glück wurde das Interieur beachtlich überarbeitet. Damit ist das Haus heute eine gute Wahl im aufstrebenden Altstadtbereich.

SPITZENKLASSEHOTELS

Radisson SAS Hotel (☎ 359 51 11; info.szczecin@radissonsas.com; Plac Rodła 10; EZ 89–109 €, DZ 100–120 €, Suite 189–289 €; P ⊠) Die schickste, wenn auch nicht die schönste Option in Stettin. Komplett mit Einkaufszentrum, Taxiservice, barrierefreiem Zugang, drei Restaurants, Sauna, Fitnessraum, Bars und einem überraschend glaubwürdig auf Tropen getrimmten Nachtclub. Kurz gesagt: Das lachsrosa Radisson ist genau das, was man von einem modernen Fünf-Sterne-Komplex erwartet.

Novotel (☎ 480 14 00; h3367@accor-hotels.com; Al 3 Maja 31; EZ/DZ 71/79 €; P ⊠) Ein Neuzugang auf dem Hochpreismarkt mit vielen Zimmern und dem kompletten Programm an Einrichtungen. Der Standort ist ideal für die Weiterreise.

Ibis (☎ 480 18 00; Zi. 185 Zł) Die billigere Variante, untergebracht im Novotel.

Essen

Restauracja Bombay (☎ 488 49 32; www.india.pl auf Deutsch; Ul Partyzantów 1; Hauptgerichte 10–48 Zł; Mittag- & Abendessen; ⊠) Das ist ein richtig gutes Restaurant (nicht nur für polnische Verhältnisse): gute indische Küche (z. B. Thali-Platten), geschmackvoll exotische Einrichtung und Kellner, die makelloses Englisch sprechen. Das Restaurant gehört einer ehemaligen Miss India (1973).

Pannekoekenrestaurant Haga (☎ 812 17 59; Ul Sienna 10; Hauptgerichte 9–20 Zł; Mittag- & Abendessen) Das Haga ist auf holländische Pfannkuchen- und Crêpekreationen spezialisiert. Insgesamt 300 (in Worten: dreihundert) Varianten beweisen, dass auch der Niederländer nicht am Teig spart. Eine Auswahl weiterer holländischer und auch polnischer Gerichte rundet das preiswerte Angebot ab.

Restauracja Chata (☎ 488 73 70; Plac Hołdu Pruskiego 8; Hauptgerichte 24–72 Zł) Die „Hütte" ist ein charmantes Lokal, das traditionelle polnische Küche in rustikalem Holzambiente serviert. Es gibt auch Spezialitäten wie Slivovitz-Kaffee, Wildplatten für vier Personen und „Käse auf einem Brett". Am Wochenende lassen polnische Pop-Oldies die Tanzbodendielen erbeben.

Avanti (☎ 434 31 31; Al Jedności Narodowej 43; Hauptgerichte 14–45 Zł; Mittag- & Abendessen) Authentische italienische Küche für Menschen, die nie auf die Idee kämen, Ketchup auf die Pizza zu tun. Das atmosphärische Interieur würde auch in einer westeuropäischen Hauptstadt nicht aus dem Rahmen fallen.

Brasserie Margot (☎ 488 34 81; Księcia Mściwoja 8; Hauptgerichte 24–33 Zł; Mittag- & Abendessen) Ein weiterer Stern im Stettiner Pantheon internationaler Küche. Das Restaurant im Kellergewölbe des Rathauses bietet intelligente, französisch beeinflusste Küche und eine Speisekarte in vier Sprachen. Am Wochenende ist auch Abzappeln angesagt.

Bar Rybarex (☎ 434 32 22; Ul Obrońców Stalingradu 6; Hauptgerichte 3–10 Zł; Mo–Fr Frühstück, Mittag- & Abendessen, Sa Frühstück & Mittagessen) Fischfans können hier das ganze Aroma des Meeres genießen. Die preiswerte Cafeteria mit dem schnellen und effizienten Personal bietet eine vernünftige Auswahl an Fisch- und anderen Gerichten.

Ausgehen

Die aktuellen Hotspots liegen in der Altstadt (gepflegte Drinks und Konversation); moderner geht's in der Flaniermeile Ul Bogusława (Terrassen und dezente Musik) zu.

Winiarnia Bachus (☎ 488 37 21; www.bachus.szin.pl auf Polnisch; Ul Sienna 6) Exzellentes Weingeschäft mit Bar und Restaurant. Hier ist zu erkennen, dass in der Altstadt anspruchsvollere Besucher angesprochen werden sollen. Eine Zuflucht für Liebhaber gepflegter Getränke aller Art.

Christopher Columbus (☎ 489 34 01; www.columbuspub.pl auf Deutsch; Wały Chrobrego 1; So–Do 10–1 Uhr, Fr & Sa 10–2 Uhr) Kneipenrestaurant mit Blick über den Fluss, bootsförmiger Bar, einem großen Balkon darüber und – einem riesigen Biergarten. Von Zeit zu Zeit gibt es auch Livemusik.

Brama Jazzcafé (☎ 804 62 95; www.brama.szczecin.pl auf Polnisch; Plac Hołdu Pruskiego 1) Im barocken Königstor, einem Überrest vergangener Zeiten, bringt das Brama regelmäßig Livejazz und sonst entspanntes Easy listening.

Unterhaltung

Tageszeitungen und Flyer listen aktuelle Termine rund ums Nightlife. Die Internetseite www.clubbing.szn.pl ist leider nur auf Polnisch.

Mezzoforte/Zielony Abażur (☎ 814 41 44; www.abazur.pl auf Polnisch; Ul Bogusława 8; Hauptgerichte 6,40–31 Zł) Dieses Haus führt ein Doppelleben: einerseits italienisches Restaurant, andererseits einer der hippsten Bar-Clubs Stettins, der im Obergeschoss jeden Tag einen ande-

POMMERN

ren Musikgeschmack befriedigt und nachts im Keller unter anderem die besten Elektro- und Downbeat-Acts als Gäste (z. B. aus Berlin) auffährt.

City Hall (Czerwony Ratusz, Ul Dworcowa; Eintritt 5-10 Zł; ab 18 Uhr) Der Keller des massiven Roten Rathauses nimmt bis zu 400 Clubber mit in die größten Nächte der Stadt mit Riddims von Soul über House bis R&B. Der beste Abend ist der Samstag, wenn Berliner DJs häufig kurz über die Grenze hüpfen, um hier aufzulegen.

Trezor (☎ 812 55 52; www.trezor.szczecin.pl auf Polnisch; Ul Wyszyńskiego 14; Eintritt 10–15 Zł; Mi–Sa 9–16 Uhr) Ein unauffälliger Eingang zwischen dem Tardis und einem Dixieklo führt abwärts in drei Stockwerke gute alte Diskowelt. Eintritt ab 20 Jahre.

An- & Weiterreise

BUS

Der Busbahnhof liegt über dem Bahnhof. Es bestehen regelmäßige Verbindungen nach Stargard Szczeciński (Stargard; 6,16 Zł, 50 Min., 2-mal stdl.) und Kamień Pomorski (Cammin; 18 Zł, 2 Std., bis zu 10-mal tgl.). Im Sommer fahren regelmäßig Busse in die nahen Badeorte, aber kaum nach Świnoujście (Swinemünde) und Międzyzdroje (Misdroy) – hier hilft nur der Zug.

Evatrans (www.evatrans.pl) und einige andere Unternehmen betreiben tägliche Minibusse nach Berlin (Hin/Hin & Zurück 19/29 €, 2½ Std.). Infos gibt es am Busbahnhof oder am Bahnhof.

FLUGZEUG

Von Stettin gehen Flugzeuge nach Warschau (bis zu 5-mal tgl.), Kopenhagen (3-mal wöchentl.), Malmö (werktags) und London (2-mal wöchentl.). Der **Flughafen** (☎ 484 74 00; www.airport.com.pl auf Englisch) liegt in Goleniów, etwa 45 km nordöstlich der Stadt. Minibusse fahren vom Busbahnhof aus (6 Zł); ein Taxi sollte um die 15 Zł kosten. Angesichts des anhaltenden Booms der Billigflieger wird es hier wahrscheinlich bald noch mehr internationale Verbindungen geben.

ZUG

Der Hauptbahnhof Szczecin Główny liegt am Oderufer, 1 km südlich des Stadtzentrums. Von hier fahren täglich zwölf Schnellzüge nach Poznań (Posen; 35,91 Zł, 2¾ Std.) und fünf nach Gdańsk (Danzig; 44,65 Zł, 5½ Std.). Außerdem gibt es drei Expresszüge nach Warszawa (Warschau; 72 Zł), einschließlich eines Intercitys (5½ Std.). Drei Züge fahren täglich nach Kołobrzeg (Kolberg; 16,80 Zł, 3 Std.) und sechs nach Zielona Góra (Grünberg; 21,50 Zł, 5 Std.). Etwa alle 30 Minuten fahren Züge nach Stargard Szczeciński (Stargard; 6,80 Zł, 25 Min.) und jede Stunde nach Świnoujście (Swinemünde; 15,50 Zł, 2 Std.; im Winter seltener).

STARGARD SZCZECIŃSKI (STARGARD)

☎ 92 / 73 000 Ew.

Es ist kaum zu glauben, aber die kleine Stadt Stargard Szczeciński war mal ein florierender Hafen und ein Wirtschaftszentrum, das mit Stettin um die Kontrolle über den Handel auf der Oder konkurrierte. Der erbitterte Wettstreit zwischen den beiden Häfen führte 1454 sogar zu einem Krieg, bei dem man sich gegenseitig die Schiffe plünderte und versenkte.

Das Bild heute ist ein völlig anderes: Stargard Szczeciński hat keinen Hafen mehr. Es ist nur wenig mehr als eine Satellitenstadt der einstigen Rivalin. Mehr als 70 % der Gebäude wurden im Zweiten Weltkrieg zerstört und der Wiederaufbau hat ein graues Ballungszentrum mit viel Industrie entstehen lassen.

Das Altstadtviertel ruft gemischte Gefühle hervor: Teile der mittelalterlichen Stadtmauer, die einmal zum fortschrittlichsten Festungssystem Pommerns gehörte, sind erhalten geblieben, aber der größte Teil des Viertels besteht aus grauen, freudlosen Nachkriegsblocks. Die zwei großen Kirchen, die die Skyline der Stadt bestimmen, sind einen Besuch wert. Empfindsame Architekturfans werden beim Gedanken an all die Verluste wahrscheinlich ziemlich deprimiert sein.

Praktische Informationen

www.mapa.stargard.com.pl Interaktiver Stadtplan auf Polnisch.

Sehenswertes

Der ganze Stolz der Stadt ist die **Pfarrkirche St. Marien,** ein mächtiger Backsteinbau (einer der größten in Westpommern). Mit dem Bau wurde 1292 begonnen, er wurde bis zum Ende des 15. Jhs. nach und nach erweitert. Erstaunlicherweise hat es seitdem keine größeren Veränderungen mehr gegeben.

Der reiche Außenschmuck besteht aus glasierten Backsteinen und Kacheln sowie aus drei kunstvoll gestalteten Portalen. Im Inneren faszinieren die bemalten Pfeiler und das Deckengewölbe.

Neben der Kirche steht das **Regionalmuseum** (☎ 577 25 56; Rynek Staromiejski 2/4; Erwachsene/ermäßigt 5/3 Zł, Sa Eintritt frei; 🕑 Di–So 10–16 Uhr) mit Ausstellungen zur Stadtgeschichte, Archäologie und Gewichten und Maßen. Daneben befindet sich das **Rathaus**, ein spätgotischer Bau mit einem wunderschön verzierten Renaissancegiebel. Die übrigen Gebäude am Rynek sind Beispiele für den schlimmsten phantasielosen Nachkriegsmodernismus. Am besten einfach ausblenden.

Die **Johanniskirche** auf der anderen Seite der Altstadt wurde im 15. Jh. gebaut und später umfangreich umgebaut. Sie hat den höchsten Turm in Westpommern (99 m).

Der Bau der **Stadtmauer** wurde im 13. Jh. begonnen und zu Beginn des 16. Jhs. abgeschlossen. Zu diesem Zeitpunkt war sie 2260 m lang. Knapp die Hälfte ist heute noch erhalten, zusammen mit drei Toren und vier Türmen, die im Sommer Ausstellungen des Museums zeigen. Fast alle sind für Besucher zugänglich.

POMMERN

Schlafen & Essen

Hotel PTTK (☎ 578 31 91; Ul Kuśnierzy 5; EZ 79 Zł, DZ 90–150 Zł, 3BZ 130 Zł) Nur wenige Minuten zu Fuß von der Kathedrale entfernt. Das charmante (wenn auch vor sich hin bröselnde) Giebelhaus mit Blick über einen kleinen Kanal ist eines der wenigen alten Gebäude des Viertels. Die ungewöhnlich geschnittenen Zimmer sind für den Preis ganz gut, auch wenn das Frühstück extra kostet.

Hotel Staromiejski (☎ 577 22 23; Ul Spichrzowa 2; EZ 55–80 Zł, DZ 75–110 Zł, 3BZ 87 Zł, Suite 150–180 Zł; Ⓟ) Dieser große Apartmentblock ist auf Busreisegruppen ausgerichtet. Es gibt viele Zimmer (mit und ohne eigenes Bad), aber wenig Individuelles. Das Restaurant im Speicher gegenüber macht das teilweise wieder wett.

An- & Weiterreise

Bahnhof und Busbahnhof liegen dicht beieinander 1 km westlich der Stadt. Sie werden von den Stadtbussen angefahren.

Szczecin (Stettin) ist leicht mit dem Bus (6,16 Zł, 50 Min.) und dem Zug (6,80 Zł, 25 Min.) erreichbar, die beide zweimal stündlich fahren. Die meisten Züge aus Stettin Richtung Osten halten auch hier.

Ermland & Masuren (Warmia & Mazury)

INHALT

Diese Region ist von Wasser geprägt. Es gibt zwar nur wenig Küste, aber das Hinterland gilt als *das* polnische Seengebiet schlechthin. Flüsse, Kanäle, Feuchtgebiete, Sümpfe und Seen durchziehen diese einzigartige Landschaft, sie wirkt wie ein Magnet auf alle, die gern aktiv Urlaub am und auf dem Ufer machen.

Im Sommer brummt es in den Ferienorten; jeder Hafen, jede Anlegestelle ist mit Einheimischen und Besuchern voll gepackt. Aber selbst in der Hochsaison ist hier weniger Trubel als in den Seebädern weiter westlich. Hier fällt es leicht, sich auf die Großen Masurischen Seen hinaustreiben zu lassen und die Menschenmengen einfach hinter sich zu lassen. Besucher, die sich sportlich betätigen wollen, sollten eine längere Kajaktour unternehmen, ins reizvolle Hinterland oder auf dem Fluss Czarna Hańcza.

Natürlich gibt es in dieser Region auch kulturelle Highlights. Dieser Teil Polens, wo Russland an der Ostseeküste angrenzt, hat eine sehr bewegte Geschichte und viele Kämpfe erlebt. Überall finden sich Spuren der Vergangenheit, von gotischen Burgen bis hin zu Nazibunkern. Rechts und links der Boots- und Buslinien gibt es viel zu entdecken.

Die Region liegt ein wenig abseits und strahlt dadurch etwas Friedvolles aus, gleichzeitig ist sie ausreichend touristisch erschlossen, um gut erreichbar zu sein. Die frühere Eigenständigkeit einiger Gegenden mag verschwunden sein, doch die Menschen hier sind immer noch sehr stolz auf ihre Region und ihre bewegte Vergangenheit. Es ist schwer, der einzigartigen Atmosphäre dieser nordöstlichsten Landschaft Polens mit ihren verschiedenen kulturellen Einflüssen nicht zu verfallen. Aber jetzt heißt es hinaus auf Wasser und sich selbst ein Bild machen.

HIGHLIGHTS

- **Kajaktouren**
  Auf dem bezaubernden Fluss Krutynia (S. 460)
- **Mittelalterliches Spektakel**
  Das Fest „Tage von Grunwald" (Grünfeld; S. 463)
- **Schifffahrt**
  Auf dem einzigartigen Oberländischen Kanal (S. 464)
- **Wehrhafte Gotik**
  Die Burg in Lidzbark Warmiński (Heilsberg; S. 466)
- **Barockes Schmuckstück**
  Die Wallfahrtskirche in Święta Lipka (Heiligelinde; S. 468)
- **Segeltörn**
  Auf den Großen Masurischen Seen (S. 469)
- **Mit dem Boot über die Grenze**
  Auf dem Fluss Czarna Hańcza (S. 483)
- **Ruinen des Krieges**
  Die Wolfschanze (S. 472) bei Kętrzyn (Rastenburg)
- **Billardpartie im Verlies**
  In den Kellergewölben der Burg von Reszel (Rößel; S. 467)

VORWAHLEN: 87, 89	BEVÖLKERUNG: 41,5 MIO.	FLÄCHE: 24 000 KM^2

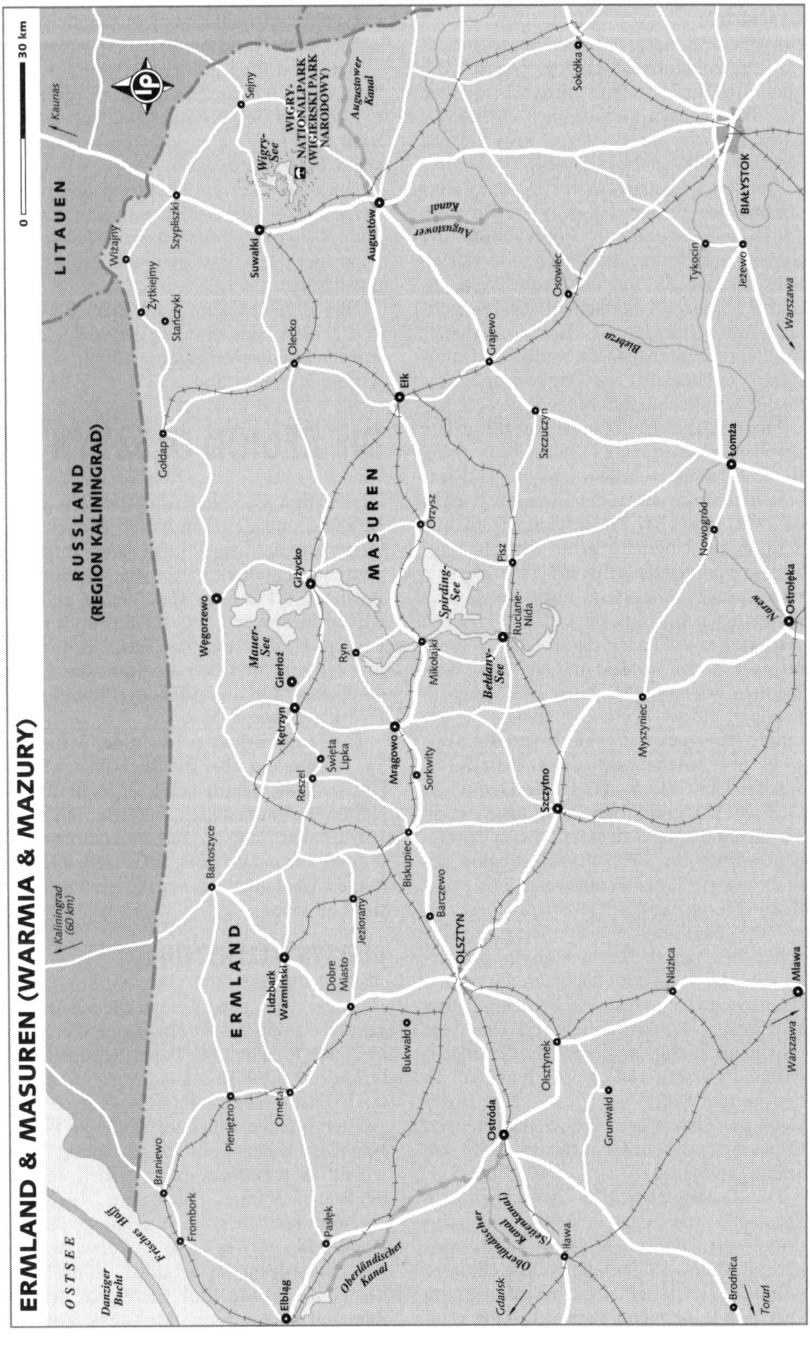
ERMLAND & MASUREN (WARMIA & MAZURY)
0
30 km
LITAUEN
RUSSLAND
(REGION KALININGRAD)
OSTSEE
Danziger Bucht
Frisches Haff
Kaunas
Kaliningrad (60 km)
ERMLAND
MASUREN
WIGRY-NATIONALPARK (WIGIERSKI PARK NARODOWY)
Wigry-See
Augustower Kanal
Mauer-See
Spirding-See
Bełdany-See
Oberländischer Kanal
Oberländischer Kanal (Seitenkanal)
Biebrza
Narew
Gdańsk
Toruń
Warszawa
Elbląg
Frombork
Braniewo
Pasłęk
Pieniężno
Orneta
Lidzbark Warmiński
Bartoszyce
Dobre Miasto
Jeziorany
Bukwałd
Barczewo
Biskupiec
OLSZTYN
Olsztynek
Grunwald
Ostróda
Iława
Brodnica
Nidzica
Mława
Szczytno
Myszyniec
Ostrołęka
Nowogród
Łomża
Reszel
Święta Lipka
Kętrzyn
Gierłoż
Mrągowo
Sorkwity
Ryn
Mikołajki
Ruciane-Nida
Pisz
Orzysz
Giżycko
Węgorzewo
Gołdap
Olecko
Ełk
Szczuczyn
Grajewo
Osowiec
Augustów
Suwałki
Szypliszki
Wiżajny
Żytkiejmy
Stańczyki
Sejny
Sokółka
BIAŁYSTOK
Tykocin
Jeżewo

Geschichte

Ermland und Masuren bilden heute eine administrative Einheit. Sie waren ursprünglich getrennte Regionen mit unterschiedlichen Bevölkerungsgruppen, einer eigenen – allerdings sehr ähnlichen – Geschichte und weitgehender Unabhängigkeit.

Der Name Ermland leitet sich vom Volksstamm der Ermen (Warmy) ab, die im 13. Jh. wie viele andere Volksstämme der Region vom Deutschen Orden unterworfen wurden. Was die Region deutlich von anderen Herrschaftsbereichen der Deutschritter unterscheidet, ist, dass sie mehr als fünf Jahrhunderte lang ein weitgehend autonomer Kirchenstaat war, der von einem katholischen Bischof geführt wurde.

Die ermländische Diözese war die größte der vier Diözesen, die 1243 durch päpstliche BUlle gegründet wurden. Obwohl das Ermland dem Ordensstaat der Deutschritter angehörte, nutzte der Bischof den päpstlichen Schutz, um möglichst große Unabhängigkeit zu erlangen. Das Bistum erstreckte sich von Olsztyn (Allenstein) nach Norden bis zur heutigen Staatsgrenze und vom Frischen Haff an der Weichselmündung im Westen bis nach Reszel (Rößel) im Osten. Mit dem Zweiten Frieden von Thorn 1466 ging das Ermland an das Königreich Polen, die Bischöfe behielten aber weitgehend die Kontrolle und unterstanden direkt dem Papst. Als der letzte Hochmeister des Deutschen Ordens 1525 zum Protestantismus übertrat, wurde das Ermland zu einer Bastion der Gegenreformation. 1773 fiel die Region gemeinsam mit Teilen Westpolens unter preußische Herrschaft.

Die Region Masuren war mit eigenen Unruhen beschäftigt. Die hier ansässigen Jatwinger (Jaćwingowie) gehörten zur selben ethnischen Gruppe wie die Pruzzen, Letten und Litauer. Für ein Bauernvolk waren sie sehr kampflustig, sie bereiteten den masowischen Fürsten viele Kopfschmerzen. In der zweiten Hälfte des 13. Jhs. dehnte der Deutsche Orden sein Hoheitsgebiet nach Osten aus und unterwarf um 1280 den Stamm endgültig.

Die Region entwickelte sich schnell zum Zankapfel zwischen dem Deutschen Orden und Litauen und blieb bis ins 16. Jh. umkämpft. Dann fiel das Gebiet offiziell unter polnische Herrschaft, seine Besiedlung ging aber nur schleppend voran. Erschwerend kamen die schwedischen Invasionen in den 1650er Jahren und die Pest 1710 hinzu.

Bei der dritten polnischen Teilung 1795 vereinnahmten die Preußen die Region, sie wurde 1815 Teil Kongresspolens und fiel nach dem fehlgeschlagenen Novemberaufstand 1830 an Russland.

Nach dem Ersten Weltkrieg übernahm Polen wieder das Gebiet, wenn auch nicht ohne Gegenwehr der Litauer. Die Region blieb aber relativ entlegen und ökonomisch unwichtig.

Das Ermland kam nach dem Zweiten Weltkrieg wieder an Polen. Beide Regionen wurden zu einer Verwaltungseinheit vereint, was sie bis heute sind.

DIE REGION OLSZTYN

Die Region Olsztyn (Allenstein) umfasst Ermland und den Landstrich südlich von Olsztyn. In der Umgebung gibt es einige bedeutende Baudenkmäler, wie die Burg in Lidzbark Warmiński (Heilsberg) und die Kirche in Święta Lipka (Heiligelinde), außerdem ein interessantes Freilichtmuseum in Olsztynek und den einzigartigen Oberländischen Kanal von Elbląg (Elbing) nach Ostróda (Osterode).

Die Deutschritter fielen in der Mitte des 13. Jhs. hier ein, aber die Bischöfe des Ermlands, die die Region schließlich christianisierten und besiedelten, behielten mehrere Jahrhunderte lang die Kontrolle. Besonders an den ehemaligen Bischofssitzen sind bis heute viele Relikte aus der Blütezeit des Bistums zu sehen.

OLSZTYN (ALLENSTEIN)

☎ 89 / 170 000 Ew.

Die Geschichte von Olsztyn, wie die der gesamten Region, ist von häufigen Wechseln zwischen Preußen und Polen geprägt. Olsztyn wurde im 14. Jh. als südlichster Vorposten Ermlands gegründet und fiel nach dem zweiten Frieden von Thorn 1466 an Polen. Nach der ersten polnischen Teilung 1773 wurde es preußisch (und erhielt seinen deutschen Namen Allenstein). Bis zum Zweiten Weltkrieg blieb es in deutscher Hand. 1945 ging es dann an Polen zurück. Nach intensivem Wiederaufbau ist die Stadt heute das größte und wichtigste urbane Zentrum Ermlands und Masurens. Von der reichen Vergangenheit ist leider wenig übrig geblieben.

Für Reisende ist Olsztyn wahrscheinlich eher ein günstiger Ausgangspunkt für Trips ins Umland als ein eigenständiges Reiseziel. Die historischen Sehenswürdigkeiten der Stadt sind in ein paar Stunden besichtigt. Wer nur gemütlich herumschlendern und etwas essen möchte, für den bietet die historische Altstadt mehr als genügend Möglichkeiten.

Praktische Informationen

Bank Pekao (☎ 534 90 60; Ul 1 Maja 10)
Gex (☎ 0603 454 094; Ul Kościuszki 26; 1 Std. 3 Zł; ⏲ Mo–Sa 10–21.30 Uhr, So 11–20 Uhr) Internetzugang.
Kawiarnia.net (☎ 527 22 90; Ul Okopowa 23; 1 Std. 3–4 Zł; ⏲ Mo–Sa 12–24 Uhr, So 16–22 Uhr) Internetzugang.
Hauptpost (☎ 527 90 01; Ul Pieniężnego 21)
Orbis Travel (☎ 535 16 78; orbis.olsztyn@pbp.com.pl; Ul Dąbrowszczaków 1)
PBK-Bank (☎ 535 22 74; Ul Mickiewicza 2)
Regionale Touristeninformation (☎ 535 35 65; www.warmia.mazury.pl auf Deutsch; Ul Staromiejska 1; ⏲ ganzjährig Mo–Fr 8–18 Uhr, Juli & Aug. Sa & So 10–14 Uhr)

Sehenswertes

Das wichtigste historische Gebäude der Stadt ist die **Burg**, ein imposanter Backsteinbau aus dem 14. Jh. Neben einer Galerie, einem Restaurant und einem Freilichtmuseum beherbergt sie heute den größten Teil des **Museums für das Ermland und Masuren** (Muzeum Warmii i Mazur; ☎ 527 95 96; Ul Zamkowa 2; Erwachsene/ermäßigt 6/4 Zł; ⏲ Juni–Aug. Di–So 9–17 Uhr, Sept.–Mai Di–So 10–16 Uhr). Es stellt Kunstgegenstände, Gemälde und Silberwaren aus. Ein Teil des 1. Stocks ist dem großen polnischen Astronomen Nikolaus Kopernikus gewidmet, der Verwalter des Ermland-Kapitels war und von 1516 bis 1520 in der Burg lebte. Hier nahm er auch seine astronomischen Beobachtungen vor. Bis heute ist an der Wand des Innenhofes ein Diagram zu sehen, mit dem er eine Tagundnachtgleiche notierte, um die exakte Länge eines Jahres zu berechnen. In seinen früheren Wohnräumen sind Modelle seiner Instrumente ausgestellt. An allen erdenklichen Stellen in der Stadt sind Kopernikusstatuen aufgestellt, damit sich jeder Tourist damit ablichten lassen kann.

Das **Hohe Tor** (Wysoka Brama), das historische Tor zur Altstadt, ist das einzige Relikt der Stadtmauer aus dem 14. Jh. Direkt westlich davon, am ruhigen alten Fischmarkt, steht das Haupthaus des **Museums für das Ermland und Masuren** (☎ 534 01 19; Targ Rybny 1; Erwachsene/ermäßigt 6/4 Zł; ⏲ Juni–Aug. Di–So 9–17 Uhr, Sept.–Mai Di–So 10–16 Uhr). Es ist im früheren Gebäude der Tageszeitung *Gazeta Olsztyńska* untergebracht. Die Zeitung war während der deutschen Besatzung im Zweiten Weltkrieg für ihre unverblümte und politisch unabhängige Berichterstattung bekannt. Die Nationalsozialisten exekutierten den Herausgeber 1940 und zerstörten die Büros der Zeitung. Seit dem Wiederaufbau werden in dem Gebäude Ausstellungen zur Geschichte der Stadt und der Region sowie zur politischen Rolle des Journalismus gezeigt.

Einen Häuserblock weiter südlich liegt der **Rynek** (eigentlich Ul Stare Miasto), der während des Zweiten Weltkriegs zerstört wurde. Er wurde in prächtigem Stil wieder aufgebaut und ist nachts besonders hübsch, wenn das Rathaus hell angestrahlt wird und sich die halbe Stadt hier zu einem Spätschoppen versammelt.

Die gotische **Kathedrale St. Jakob** (Katedra Św Jakuba) am anderen Ende der Altstadt stammt aus derselben Zeit wie die Burg. Ihr riesiger, 60 m hoher Turm kam erst 1596 hinzu. In den Seitenschiffen der Kirche und in der Burg sind alte Kreuzgewölbe erhalten. Das Mittelschiff weist Netzgewölbe aus dem 17. Jh. auf. Zu den bemerkenswerten Kunstwerken zählt ein Triptychon aus dem 16. Jh. im linken Seitenschiff und ein reich mit Gold und Silber verziertes Altarstück der Jungfrau Maria.

Kopernikus-Fans können im **Astronomischen Observatorium** (☎ 527 67 03; Ul Żołnierska 13; Erwachsene/ermäßigt 6/3,50 Zł; ⏲ Mo–Sa) selbst in den Himmel schauen. Es ist in einem alten Wasserturm am Ostrand der Stadt untergebracht. Bei klarem Himmel werden hier tagsüber (stündlich von 9 bis 15 Uhr) die Sonne und nachts (insgesamt zweimal) die Sterne am Himmel beobachtet.

Spektakuläre Himmelsbilder sind auch im **Planetarium** (☎ 533 49 51; www.planetarium.olsztyn.pl auf Polnisch; Al Piłsudskiego 38; Erwachsene/ermäßigt 7,50/6 Zł) zu sehen. Hier gibt es wechselnde Ausstellungen und stündlich eine Vorführung. Zwei Mal täglich werden auch Vorführungen auf Deutsch, Englisch, Französisch und Russisch angeboten.

Ornithologisch interessant ist ein Tagesausflug in das kleine Örtchen **Bukwałd**, 12 km von Olsztyn. Dort liegt **Straußenland** (Strusiolandia ☎ 530 57 06; www.strusiolandia.olsztyn.pl auf Deutsch), eine echte Straußenfarm. Ähnliche Farmen sind in ganz Polen aus dem Boden geschossen und bieten neben dem Fleischverkauf Führungen und Shows für Besucher an. Straußenreiten ist wahrscheinlich das Lustigste, das man sich vorstellen kann.

Aktivitäten

KAJAKFAHREN

Der Reiseveranstalter **PTTK Mazury** (☎ 527 40 59; www.pttkmazury.pl auf Polnisch; Ul Staromiejska 1) bietet zehntägige Kajaktouren auf der Krutynia an (die Kajakroute ist als „Szlak Kajakowy Krutyni" bekannt). Der 103 km lange Ausflug beginnt am **Wasserquartier der PTTK** (Stanica Wodna PTTK ☎ 742 81 24) in Sorkwity, 50 km östlich von Olsztyn, und führt über den Fluss Krutynia und den Bełdany-See bis nach Ruciane-Nida (s. S. 480). Von Juni bis Mitte August startet täglich eine Gruppe (250 €). Im Preis sind das Kajak, Essen, Versicherung, Unterkunft in Hütten und ein Polnisch sprechender Führer enthalten. Die maximale Gruppengröße beträgt 19 Personen.

Eine Kajaktour auf eigene Faust ist natürlich auch möglich. Das Wasserquartier der PTTK in Sorkwity vermietet Kajaks (25–30 Zł/Tag). Unbedingt vorher abklären, ob

OLSZTYN (ALLENSTEIN)

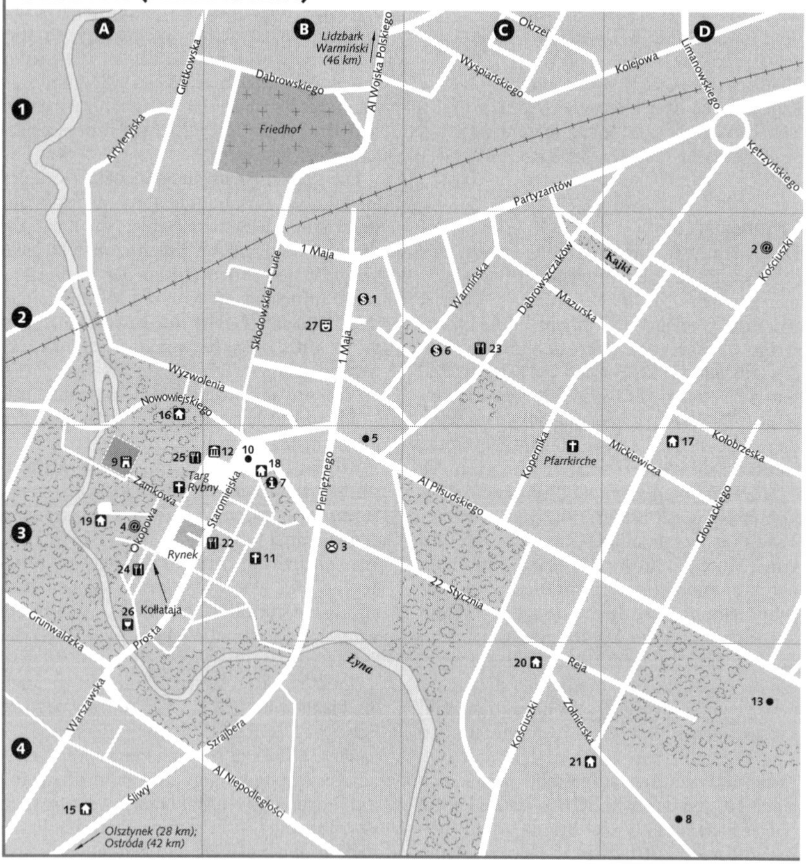

noch Boote frei sind. Ausflüglern auf eigene Faust stehen die gleichen Übernachtungsstellen wie den Gruppen offen. Nur sind die Hütten meist schon ausgebucht, ein eigenes Zelt im Gepäck ist deswegen nicht schlecht. Juli und August sind meist total ausgebucht, einfacher ist es im Juni und September.

Deutsch- und englischsprachige Broschüren mit ausführlichen Beschreibungen und Karten der Kajakroute auf der Krutynia gibt es im Mazury-Büro der PTTK. Ebenso finden sich Informationen auf Deutsch im Internet (www.masuren-online.de).

Festivals & Events

Kunstsommer (Olsztyńskie Lato Artystyczne, OLA; ☎ 527 09 64; www.mok.olsztyn.pl auf Englisch)

Großes Festival vom 15. Juni bis 15. September mit großem Kulturangebot.

Olsztyn Bluesfestival (☎ 527 09 64; www.mok.olsztyn.pl auf Englisch) Eines der ältesten Bluesfestivals in Polen; findet Mitte Juli statt.

Schlafen

Die in diesem Kapitel aufgeführten Preise beziehen sich, wenn nicht anders angemerkt, auf Zimmer mit eigenem Bad.

Hotel Pod Zamkiem (☎ 535 12 87; www.hotel.olsztyn.com.pl auf Deutsch; Ul Nowowiejskiego 10; EZ/DZ/3BZ 150/190/230 Zł; Ⓟ) In einer großen historischen Villa, die einmal der einflussreichen Familie Sperl gehörte, befindet sich dieses traditionelle Gasthaus. Es liegt im Park neben der Burg in der Altstadt. Das Hotel ist mit seinen Holzbalken, Wandgemälden und vielen Kiefernmöbeln eine sehr stimmungsvolle Übernachtungsmöglichkeit.

Hotel Wysoka Brama (☎ 527 36 75; Ul Staromiejska 1; Schlafsaal/EZ 22/58 Zł, DZ 58–100 Zł) Das von der PTTK betriebene Hotel mit siebzig Betten liegt extrem günstig direkt am Rand der Altstadt. Die mittelgroßen Schlafsäle befinden sich sogar in einem Teil des Hohen Tores. Im neueren Gebäudeteil gibt es leicht schäbige Zimmer, aber auch eine Hand voll hübscherer Zimmer mit eigenem Bad. Im Sommer ist es von Backpackern überlaufen.

Villa Pallas (☎ 535 01 15; www.villapallas.pl auf Polnisch; Ul Żołnierska 4; EZ inkl. Frühstück 199 Zł, DZ 249–270 Zł, Suite 370 Zł; Ⓟ) Die beste Möglichkeit östlich der Altstadt. Dieses stilvolle Hotel ist nach der griechischen Göttin Athene benannt. Über einen Irrgarten aus Treppen gelangt man in ruhige, blitzblanke Zimmer und einige Suiten (die roten Venylsofas muss man einfach ausblenden). Ein schickes Restaurant und ein kleines Wellnesscenter runden das Angebot ab.

Polnisch-Deutsches Jugendzentrum (Polsko-Niemieckie Centrum Młodzieży ☎ 534 07 80; www.pncm.olsztyn.pl auf Deutsch; Ul Okopowa 25; EZ/DZ 150/200 Zł; Ⓟ) Das Jugendzentrum liegt ideal direkt neben der Burg. Um hier übernachten zu können, muss man weder Pole noch Deutscher sein und noch nicht einmal jung. Hier ist alles sehr sauber und ordentlich; es gehört auch ein gutes Restaurant dazu.

Hotel Kopernik (☎ 522 99 29; www.kopernik.olsztyn.pl auf Deutsch; Ul Warszawska 37; EZ/DZ 190/230 Zł, Suite 340–380 Zł; Ⓟ) Die Ausstattung des Hotel Kopernikus ist (neben ein paar anderen kräftigen Farben) hauptsächlich in Blautönen gehalten. Ein lebhaftes Mittelklassehotel südlich der Altstadt mit Zugang, der auch für Rollstuhlfahrer geeignet ist, und hilfsbereitem Personal.

Hotel Warmiński (☎ 522 14 00; www.hotel-warminski.com.pl auf Englsich, Deutsch im Aufbau; Ul Kołobrzeska 1; EZ/DZ 230/270 Zł, Suite 320–350 Zł; P) Der charakterlose Kasten ist Olsztyns modernes Full-Service-Hotel. Im Preis inbegriffen ist Vollpension sowie die Nutzung des „Zentrums für biologische Erneuerung". Das Restaurant ist auf die regionale Küche spezialisiert; die hauseigene Reiseagentur organisiert vom Lagerfeuer bis zum Jagdausflug alles, was das Herz begehrt.

Hotel Gromada (☎ 534 58 64; www.gromada.pl auf Deutsch; kormoran@gromada.pl; Plac Konstytucji 3 Maja 4; EZ/DZ 152/168 Zł; P) Direkt gegenüber von Bahn- und Busbahnhof ist von dieser Hotelkette kein Charme zu erwarten, aber saubere Zimmer, ein Restaurant, ein Geldautomat und Schallisolierung. Genau richtig, wenn Frühaufsteher morgens um 4 Uhr den Bus kriegen wollen.

PTSM Jugendherberge (☎ 527 66 50; ssmolsztyn@ptsm.pl; Ul Kościuszki 72/74; Schlafsaal 19 Zł, EZ 54 Zł, DZ mit Gemeinschaftsbad 46 Zł; P) Die Jugendherberge ist gut geführt und sauber und bietet sowohl kleinere Zimmer als auch Schlafsäle für bis zu sechs Personen. Es gibt eine Gemeinschaftsküche und einen Fahrradverleih für Gäste.

Essen

Restauracja u Artystów (☎ 527 43 21; Ul Kołłątaja 20; Hauptgerichte 8–18 Zł; Mittag- & Abendessen) Im Gegensatz zu vielen anderen „Kunstlokalen" beschränkt sich die Kunst hier nicht nur auf wahllos zusammengestellten Kram: Ortsansässige Künstler (Profis wie Amateure) haben rund um den Eingang Cartoons und Karikaturen hinterlassen, die regelmäßig ergänzt werden.

Różana Café (☎ 523 50 39; www.rozanacafe.pl auf Englisch; Targ Rybny 14; Hauptgerichte 16–44 Zł; Mittag- & Abendessen) Die Speisekarte – leicht humoristisch und in drei Sprachen gut übersetzt – präsentiert raffinierte polnische Gerichte, während Kellner mit Hosenträgern zurückhaltend die Tagesspezialitäten erläutern. Die Portionen hauen einen nicht gerade um, umso lieber bestellen Gäste noch ein Dessert oder bleiben für einen weiteren Drink.

Restauracja Corner Café (☎ 527 57 26; www.restauracje.olsztyn.pl auf Englisch; Ul Dąbrowszczaków 8/9; Hauptgerichte 16–46 Zł; Mittag- & Abendessen) Das Restaurant zielt auf ein junges, betuchtes Publikum ab und serviert internationale Küche ohne Schickschnack, aber mit viel Salat. Irritierenderweise ist der Name wirklich Programm: Drinnen sieht es aus wie an einer alten Straßenecke mit Straßenlaterne und Hausfassade. Das Restaurant liegt außerhalb der Altstadt.

Bar Dziupla (☎ 527 50 83; Ul Stare Miasto 9/10; Hauptgerichte 3–8,50 Zł; Frühstück, Mittag- & Abendessen) Das Dziupla gibt sich als traditionelle Milchbar und bietet mit das beste preiswerte Essen in der Altstadt. Sehr lecker sind die *pierogi* (gefüllte Teigtaschen) und die *chłodnik* (kalte Rote Bete-Suppe)

Ausgehen

Bohema Jazzclub (☎ 0604 483 789; Targ Rybny 15) Der Jazzclub hat erst kürzlich sein schickes modernes Quartier in Olsztyns hipper Alternativecke bezogen und verteidigt seinen Ruf für erstklassigen Livejazz. Dazu kommen leider auch Cocktails, Karaoke und eine Chill-Out-Area. Der Bohema Jazzclub ist wahrscheinlich Polens einziger Kellerclub mit Aufzug.

Klub SARP (☎ 535 96 49; Ul Kołłątaja 14) Die Gegend am Fluss am südlichen Ende der Altstadt ist eine Amüsiermeile mit Kneipen, Clubs und Restaurants. Der Klub SARP gehört mit zur Crème de la Crème. Der zweigeschossige Club in einem alten Speicher wird von der örtlichen polnischen Architektenvereinigung betrieben.

Unterhaltung

Boomtown (☎ 0608 499 839; www.boomtown.net.pl auf Polnisch; Ul 1 Maja 5A; Mo–Do 13–2 Uhr, Fr & Sa 15–4 Uhr, So 18–2 Uhr) Olsztyns Nr. 1 unter den Dance-Clubs. Er liegt in einem Keller unter einem Theater- und Kinokomplex und bietet breite Auswahl an Elektronika und Black Music.

An- & Weiterreise

Bahn- und Busbahnhof sind beide sehr geschäftig und liegen gemeinsam in einem l-förmigen Gebäude am Plac Konstytucji 3 Maja. Die Altstadt ist in 15 Minuten zu Fuß oder mit einem der häufig verkehrenden Stadtbusse zu erreichen, die direkt vor dem Hohen Tor halten.

BUS

Mindestens einmal die Stunde fahren Busse nach Olsztynek (Hohenstein; 5,60 Zł, 50 Min.) und Lidzbark Warmiński (Heilsberg; 8,40 Zł, 1 Std.). Es gibt regelmäßige Verbindungen nach Giżycko (Lötzen; 16 Zł, 3 Std., 10-mal tgl.), Kętrzyn (Rastenburg; 14 Zł, 2¼ Std., stdl.) und Elbląg (Elbing; 21 Zł, 2¼ Std., 7-mal tgl.). Zudem fahren etwa ein halbes Dutzend Busse nach Warszawa (Warschau; 32 Zł, 4 Std.).

Es gibt Fernbusse in insgesamt 14 europäische Länder. Zu den häufigsten Verbindungen zählen die täglichen PKS-Busse nach Kaliningrad (Königsberg; 20 Zł, 4 Std.) und die vier wöchentlichen Verbindungen nach Vilnius (Wilna; 60 Zł, 9 Std.).

ZUG

Täglich fahren etwa fünf Schnellzüge über Elbląg (Elbing; 31,85 Zł, 3 Std.) nach Gdańsk (Danzig; 31,85 Zł, 3 Std.). Ein Expresszug und zwei Schnellzüge fahren ganzjährig Warszawa (Warschau; Schnellzug 37,64 Zł, 3½ Std.) an und es gibt ein paar zusätzliche Züge im Sommer. Täglich fahren zudem ein halbes Dutzend Züge nach Toruń (Thorn; 31,85 Zł, 2¼ Std.), wohin es keine Busverbindung gibt.

OLSZTYNEK (HOHENSTEIN)

☎ 89 / 8000 Ew.

Von Olsztyn aus bietet sich ein Halbtagesausflug in den nahen kleinen Ort Olsztynek an, der einen interessanten Skansen hat, das **Museum für Volksbaukunst** (Muzeum Budownictwa Ludowego; ☎ 519 21 64; Ul Sportowa 21; Erwachsene/ermäßigt 6/4 Zł; April–Okt. Di–So 9–15 Uhr, Mai tgl. 9–17 Uhr, Juni & Aug. tgl. 9–17.30 Uhr, Sept. Di–So 9–16 Uhr, Nov.–März Mo–Fr 9–15 Uhr). Das Freilichtmuseum liegt am nordöstlichen Ortsrand und zeigt vierzig Bauten in der traditionellen Holzarchitektur Ermlands und Masurens sowie einige litauische Gebäude. Es gibt ein paar Bauernhäuser mit den dazugehörigen Nebengebäuden, verschiedene Windmühlen und eine Kirche mit Reetdach. Einige der Gebäude sind originalgetreu eingerichtet.

Die im 14. Jh. erbaute protestantische Kirche auf dem hübschen Rynek wurde nach dem Zweiten Weltkrieg wieder aufgebaut. Sie dient heute als **Kunstgalerie** (☎ 519 24 91; Rynek 1; Erwachsene/ermäßigt 3/2 Zł; Mai–Sept. Di–So 9–17 Uhr, Okt.–April Di–So 9–16 Uhr), die Kunsthandwerk und Wanderausstellungen zeigt.

Der Bahnhof liegt 1 km nordöstlich des Zentrums in der Nähe des Skansens. Täglich fahren neun Züge nach Olsztyn (Allenstein; 6,80 Zł, ½ Std.).

Der Busbahnhof liegt nur 250 m südlich des Rynek, viele der regionalen Busverbindungen halten aber auch am Bahnhof. Es gibt Busverbindungen nach Olsztyn (Allenstein; 5,60 Zł, 50 Min., 1–2-mal stdl.), Grunwald (Grünfeld; 5 Zł, ½ Std., bis zu 8-mal tgl.) und Ostróda (Osterode; 6,30 Zł, 1 Std., 7-mal tgl.). Private Minibusse verkehren oft zusätzlich auf den kurzen Strecken.

GRUNWALD (GRÜNFELD)

☎ 89

Selbst auf detaillierten Landkarten ist Grunwald schwer zu finden, trotzdem kennt jedes Kind in Polen den polnischen Namen Grunwald. Denn hier besiegten die vereinigten polnischen und litauischen Streitkräfte (mit Unterstützung von Tartaren) am 15. Juli 1410 unter Führung von König Władysław II. Jagiełło die Armee des Deutschen Ordens. Die Schlacht bei Tannenberg, wie sie auf deutscher Seite genannt wird, ist ein wichtiges Ereignis in der polnischen Geschichte und gilt als größte mittelalterliche Schlacht in Europa. Bei der Schlacht, an der angeblich 70 000 Soldaten beteiligt waren, wurde der Hochmeister des Deutschordens, Ulrich von Jungingen, getötet und sein Heer vernichtend geschlagen.

Das Schlachtfeld ist heute eine offene, sanft hügelige Wiese, auf der drei Denkmäler stehen. Auf dem Hügel in der Mitte befindet sich das **Museum der Schlacht bei Grunwald** (Muzeum Bitwy Grunwaldzkiej; ☎ 647 22 28; Erwachsene/ermäßigt 6/3 Zł; 1. Mai–15. Okt. 8–18 Uhr), das Waffen, Karten und Standarten aus der Zeit der Schlacht und einen Film dazu zeigt. 500 m vom Museum entfernt steht die Ruine einer **Kapelle**. Der Deutsche Orden errichtete sie ein Jahr nach der Schlacht an der Stelle, an der der Hochmeister starb. Die Beschriftungen sind ausschließlich auf Polnisch, im kleinen Laden am Eingang zum Schlachtfeld sind aber Broschüren auf Deutsch und Englisch erhältlich.

Grunwald wird von vielen Polen besucht und gilt als wichtige historische Gedenkstätte. Für ausländische Besucher ist es vielleicht nicht ganz so interessant. Am besten ist ein Besuch wahrscheinlich an den **„Tagen von Grunwald"** (☎ 647 20 59; www.republika.pl/

grunwald auf Englisch), einem mittelalterlichen Fest mit vielen Ständen, Turnieren, Wettkämpfen und Kostümierten. Höhepunkt ist eine „Wiederaufführung" der Schlacht. Das Festival zieht fast so viele Menschen an, wie damals gekämpft haben, und ist eines der größten und buntesten mittelalterlichen Spektakel Polens.

Ganzjährig fahren ab dem Schlachtfeld täglich mindestens vier bis fünf Busse nach Olsztynek (Hohenstein; 5 Zł, ½ Std.) und Olsztyn (Allenstein; 9,50 Zł, 1½ Std.), weitere zwei bis drei nach Ostróda (Osterode; 6,30 Zł, ¾ Std.).

OSTRÓDA (OSTERODE)

☎ 89 / 35 000 Ew.

Ostróda ist die Endstation des Oberländischen Kanals, der von Elbląg nach Süden verläuft. Wer eine Schiffstour auf dem Kanal machen will, wird also wahrscheinlich zumindest eine Nacht in Ostróda verbringen. Angeblich hat Napoleon Europa eine Zeit lang von diesem verschlafenen See-Ort aus regiert. Heute würde er das wahrscheinlich nicht mehr tun: Hier geht das Leben einen geruhsamen Gang, was aber Einheimischen wie Besuchern zu gefallen scheint.

Schlafen & Essen

Hotel Hindenburg (☎ 646 30 35; Ul Mickiewicza 7; DZ/3BZ 92/130 Zł; Ⓟ) Zuvorkommend, freundlich und angenehm. Dieser Familienbetrieb hat ein gutes Gespür dafür, was Rucksacktouristen suchen. Das Hotel ist nicht nach dem tragisch verunglückten Luftschiff, sondern nach dem Reichspräsidenten Paul von Hindenburg benannt, der ebenfalls vom Schicksaal nicht begünstigt war. Er hat 1934 in Zimmer 12 übernachtet. Die Badezimmer sind Gemeinschaftseinrichtungen und es gibt ein gemeinsames Wohnzimmer.

Hotel Promenada (☎ 642 81 00; www.hotelpromenada.com.pl auf Polnisch; Ul Mickiewicza 3; EZ/DZ 120/180 Zł; Ⓟ) Direkt um die Ecke vom Hotel Hindenburg bietet dieses Hotel einen leicht gehobenen Standard. Das Haus direkt am Bootsanleger wurde während der Arbeit an diesem Reiseführer gerade erweitert.

An- & Weiterreise

Bahn- und Busbahnhof liegen direkt neben einander, nur 500 m westlich des Kais. Alle paar Stunden fahren Züge nach Olsztyn (Allenstein; 6,80 Zł, 39 km) und Iława (Deutsch Eylau; 5,70 Zł, 30 km), es gibt sechs tägliche Zugverbindungen nach Toruń (Thorn; 17,20 Zł, 124 km). Züge nach Elbląg (Elbing), Warszawa (Warschau) und Gdańsk (Danzig) verkehren ab Iława.

Busse fahren Olsztyn (Allenstein; 8,80 Zł, 1¼ Std., 10-mal tgl.), Olsztynek (Hohenstein; 6,30 Zł, 1 Std., 7-mal tgl.), Grunwald (Grünfeld; 6,30 Zł, ¾ Std., 2 oder 3-mal tgl.) und Elbląg (Elbing; 11,40 Zł, 1¾ Std., 11-mal tgl.) an.

Das Boot nach Elbląg legt von Mai bis September täglich um 8 Uhr ab (s. u.).

DER OBERLÄNDISCHE KANAL

Der Oberländische Kanal ist 82 km lang und der längste schiffbare Kanal Polens, der noch genutzt wird. Er ist aber auch der ungewöhnlichste Kanal: Auf seiner gesamten Länge müssen 99,50 m Höhenunterschied im Wasserniveau bewältigt werden, was durch ein einmaliges System von **Schiffsrampen** (Rutschen) erreicht wird. Die Boote werden hier auf Loren verladen und per Seil über schiefe Ebenen gezogen.

Der Kanal folgt auf seinem Weg einer Kette von sechs Seen, von denen die meisten heute unter Naturschutz stehen. Der größte See ist der reichlich zugewachsene **Drausensee** (Jezioro Drużno) in der Nähe von Elbląg. Er ist ein Überbleibsel des Frischen Haffs, das sich früher bis hier erstreckte.

Die fünf Schiffsrampen liegen auf einem etwa 10 km langen Abschnitt im nördlichen Teil des Kanals. Jede der geneigten Ebenen hat zwei Loren, die an einem gemeinsamen Zugseil hängen. Das Zugseil wird durch Wasserkraft angetrieben. Der Mechanismus funktioniert wie das Prinzip bei einer Seilbahn.

Schiffstouren

Von Mai bis September verkehren Ausflugsschiffe der **Ostróda-Elbląg-Reederei** (Żegluga Ostródzko-Elbląska; in Ostróda ☎ 89-646 38 71; www.zegluga.com.pl auf Deutsch) auf dem Kanal zwischen Ostróda und Elbląg. Die Schiffe legen in beiden Orten um 8 Uhr morgens ab und kommen am anderen Kanalende um 19 Uhr abends an (Erwachsene/unter 18 Jahren 80/60 Zł). Großes Gepäck kostet zusätzlich 16 Zł, ein Fahrrad 32 Zł.

Wer nicht die vollen elf Stunden fahren möchte, kann von Elbląg bis Buczyniec (Buchwalde; 65/45 Zł, 5 Std.) mitfahren.

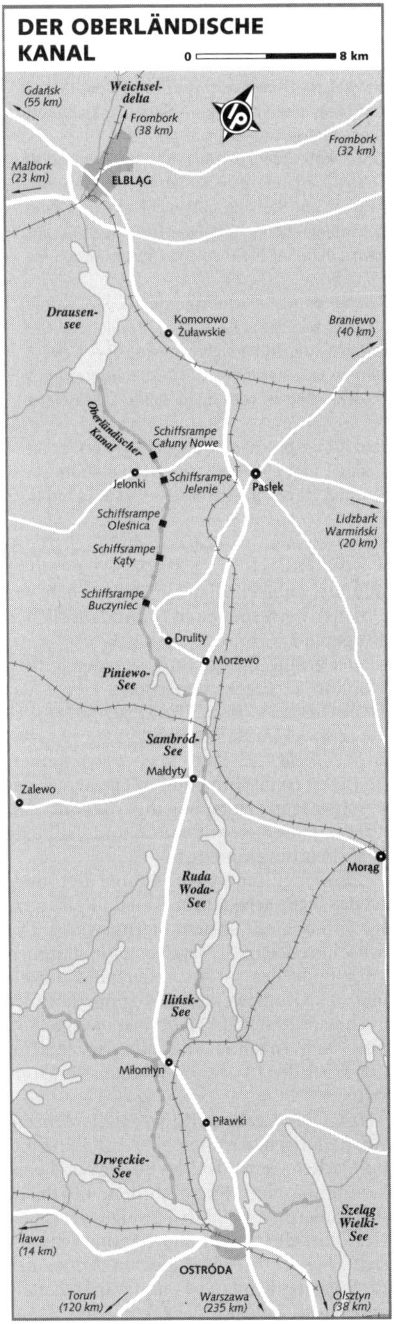

Das ist der interessanteste Teil der Strecke inklusive aller fünf schiefen Ebenen. Praktisch auch für alle, die mit einem eigenen Fahrzeug unterwegs sind, das sie in Elbląg stehen lassen müssen, oder für Ungeduldige mit wenig Zeit.

Die Boote fassen 65 Personen und fahren erst, wenn mindestens zwanzig Passagiere zusammenkommen. Von Juli bis August fahren sie quasi regelmäßig, in der Nebensaison kann der Ausflug schon mal mehrere Tage flach fallen. Es lohnt sich also, die Reederei im Voraus anzurufen und sich nach dem aktuellen Stand der Dinge zu erkundigen. Auf den Schiffen gibt es kleine Snackbars, die einfache Speisen, Tee, Kaffee und Bier verkaufen.

Wer nicht Schiff fahren, die schiefen Ebenen aber dennoch sehen möchte, kommt am besten zwischen 12 und 14 Uhr nach **Buczyniec** (Buchwalde). Hier treffen sich die Boote auf ihrem Weg nach Süden und Norden. Zudem gibt es hier ein kleines **Museum**, in dem die beeindruckende Maschinerie, die die Loren antreibt, angeschaut werden kann.

Ebenfalls täglich verkehren Schiffe auf dem weit weniger spannenden Kanalstück zwischen Ostróda und Iława (Deutsch Eylau; 46/34 Zł, 6 Std.). Sie legen um 9 Uhr in Ostróda ab.

LIDZBARK WARMIŃSKI (HEILSBERG)

☎ 89 / 16 500 Ew.

Lidzbark Warmiński liegt 46 km nördlich von Olsztyn und ist ein ruhiges, normales Städtchen. Die Vergangenheit der einstigen Hauptstadt des Ermländischen Bistums ist ganz sicher glanzvoller gewesen als die Gegenwart. 1350 wählten die Bischöfe Lidzbark Warmiński als ihre Hauptresidenz, eine Burg und eine Kirche wurden gebaut. Bald war die Stadt ein wichtiges religiöses und kulturelles Zentrum. Kopernikus lebte zwischen 1503 und 1510 hier und arbeitete als Leibarzt und Ratgeber seines Onkels, Bischof Łukasz Watzenrode.

Als die Reformation im 16. Jh. Einzug hielt, wurde Lidzbark Warmiński, wie weite Teile der Provinz, zum Bollwerk des Katholizismus und blieb dies bis zur ersten polnischen Teilung 1773. Der letzte Bischof, Ignacy Krasicki, wandte sich nach seiner Absetzung der Literatur zu und wurde ein erstklassiger Satiriker und Schriftsteller.

KANAL MIT GESCHICHTE

Die waldreiche Region um Ostróda hat schon im Mittelalter Kaufleute aus Danzig und Elbląg angezogen. Bis zum 19. Jh. verlief der einzige Wasserhandel zur Ostsee über die Flüsse Drwęca und Weichsel vorbei an Toruń. Ingenieure entwickelten die Idee, einen Kanal als Abkürzung zu bauen, mussten aber feststellen, dass das Terrain für normale Schleusen zu steil war.

1836 entwickelte der preußische Ingenieur Georg Jakob Steenke (1801–82) aus Königsdorf ein ausgeklügeltes System aus Schiffsrampen für den Oberländischen Kanal. Die preußischen Behörden lehnten seinen Vorschlag als undurchführbar ab. Steenke gab nicht auf und fand schließlich beim preußischen König Gehör. Dem eigenwilligen König gefiel der Plan nicht nur aus technischen und ökonomischen Gründen, sondern vor allem, weil ein solches System noch nie zuvor gebaut worden war.

Der Kanalabschnitt zwischen Elbląg und Miłomłyn, an dem alle Schiffsrampen liegen, wurde zwischen 1848 und 1860 erbaut. Der hintere Teil des Kanals bis Ostróda wurde 1872 vollendet. Der Kanal erwies sich als zuverlässig und profitabel und verkürzte den früheren Wasserweg über Drwęca und Weichsel fast um das Fünffache. Es wurden mehrere Erweiterungen geplant, darunter eine, die den Kanal mit den Großen Masurischen Seen 120 km östlich verbinden sollte. Diese Pläne wurden nie realisiert.

Der Kanal wurde 1945 bei einer Offensive der Roten Armee beschädigt. Bereits 1946 war er für den Holztransport wieder geöffnet. Schon ein Jahr später fuhr ein Touristenschiff die Route ab. Auch wenn die Holzboote schon lange verschwunden sind, ist der Oberländische Kanal weiterhin einzigartig in Europa und immer noch in Betrieb.

Heute finden sich nur noch wenige historische Spuren in dieser Stadt, die einmal als reichste und kultivierteste des Ermlands galt. Allein die Burg ist einen Ausflug hierher wert.

Burg

Der mächtige, quadratische Backsteinbau mit den vier Ecktürmen ist das wichtigste historische Gebäude in Lidzbark Warmiński und eines der bedeutendsten Kulturdenkmäler des Ermlands. Der Eingang zur Burg erfolgt über ein palastartiges, hufeisenförmiges Gebäude am Plac Zamkowy, das im 18. Jh. wieder errichtet wurde. Eine breite Backsteinbrücke führt hinauf zum Haupteingang der Burg.

Die Burg wurde in der zweiten Hälfte des 14. Jhs. errichtet. Die quadratische Feste umschließt einen Innenhof und ist von einem Wassergraben und Befestigungsmauern umgeben. Als die Burg nach den polnischen Teilungen nicht mehr als Bischofssitz diente, wurde sie vernachlässigt und diente unter anderem als Militärlager, Lagerhaus, Krankenhaus und Waisenhaus. Durch umfangreiche Restaurierungsarbeiten in den 1920er Jahren erlangte sie nach rund zehn Jahren mehr oder weniger wieder ihre ursprüngliche Form. Den Zweiten Weltkrieg überstand sie wie durch ein Wunder unbeschädigt. Sie ist heute eine von Polens besterhaltenen mittelalterlichen Burgen.

Der größte Teil der Burg, von den Kellern bis zur 2. Etage, beherbergt heute das **Ermlandmuseum** (Muzeum Warmińskie; ☎ 767 21 11; Plac Zamkowy 1; Erwachsene/ermäßigt 6/3 Zł; 🕑 Juni–Aug. Di–So 9–17 Uhr, Sept.–Mai Di–So 10–16 Uhr). Bemerkenswert ist der Innenhof mit seinem zweigeschossigen Arkadengang, der in den 1380er Jahren erbaut wurde und bis heute praktisch unverändert ist.

Einer der schönsten Räume der Burg ist das **Große Refektorium** (Wielki Refektarz) im 1. Stock mit seinem Sterngewölbe. Die schachbrettartigen Wandgemälde stammen vom Ende des 14. Jhs. Hier sind mittelalterliche Kunstwerke der Region, darunter auch wunderschöne Madonnen, ausgestellt. Die angrenzende Kapelle wurde in der Mitte des 18. Jhs. im Rokokostil rekonstruiert.

Im Obergeschoss finden sich mehrere Ausstellungen, darunter eine Abteilung mit polnischen Gemälden des 20. Jhs. und eine Sammlung von Ikonen ab dem 17. Jh. In den außergewöhnlichen, zweigeschossigen Gewölbekellern sind alte Kanonen ausgestellt. Sie gehörten der kleinen Armee der Bischöfe des Ermlands – und waren damals wichtigstes Zubehör der Ökumene.

Schlafen & Essen

Hotelik Przy Bramie (☎ 767 20 99; Ul Konstytucji 3 Maja 18; DZ 180 Zł; P) Ein kleines modernes Hotel kurz hinter dem Hohen Tor, dem Eingang zu Lidzbark Warmińskis farblos rekonstruierter Altstadt. Nichts Umwerfendes, aber die beste der bescheidenen Alternativen an Unterkünften.

Gościniec Myśliwski (☎ 767 52 59; Ul Konstytucji 3 Maja 26; DZ 90 Zł; P) Das Myśliwski ist in einem alten Fachwerkgebäude untergebracht und hat den Charme einer Jagdhütte. Das Haus bietet vier Doppelzimmer, aber nur eines mit eigenem Badezimmer. Es gibt auch ein Restaurant.

Restauracja Happy End (☎ 767 58 21; Ul Konstytucji 3 Maja 6; Hauptgerichte 7,60–20,80 Zł) Dies ist ein gemütliches kleines Café-Restaurant mit guter polnischer Hausmannskost in nettem Ambiente.

An- & Weiterreise

Der Busbahnhof ist im stillgelegten Bahnhof, 500 m nordwestlich der Altstadt, untergebracht. Busse nach Olsztyn (Allenstein; 8,40 Zł, 1 Std.) fahren mindestens einmal die Stunde und werden durch private Minibusse ergänzt (6 Zł).Täglich gibt es fünf Busse nach Gdańsk (Danzig; 23 Zł, 2½ Std.) und vier nach Kętrzyn (Rastenburg; 10,50 Zł, 1½ Std.), die auf ihrem Weg Reszel (Rößel) und Święta Lipka (Heiligelinde) passieren.

RESZEL (RÖSSEL)

☎ 89 / 6000 Ew.

Reszel ist ein kleiner Marktflecken, der im 13. Jh. als östlichster Außenposten des Ermländischen Bistums entstand. Ein Jahrhundert später hatte er sich zu einer kleinen, befestigten Stadt mit zentralem Marktplatz, Burg und Kirche entwickelt. Bis zu den Kriegen im 18. Jh. blühte das Handwerk des Ortes. Danach erholte er sich nicht mehr wirklich und ist heute eher ein verschlafenes Provinznest. Das winzige Zentrum lässt noch den ursprünglichen Straßenverlauf erkennen und verfügt über eine hübsche Burg.

Sehenswertes

Die kleine Altstadt Reszels ist um den Rynek mit seinem unauffälligen Rathaus herum angelegt. Einen Block östlich davon liegt die **Backsteinburg** (☎ 755 02 16; Ul Podzamcze 3; Erwachsene/ermäßigt 1,50/1 Zł) aus dem 14. Jh. Sie wurde etwa zur selben Zeit errichtet wie die Burg in Lidzbark Warmiński und hat ebenfalls viel von ihrer ursprünglichen Form behalten. Nur die Südseite wurde im 19. Jh. in eine protestantische Kirche mit Turm verwandelt. Später wurde auch ein vollkommen unpassender Betongiebel aufgesetzt. Heute sind in der Burg ein Hotel, ein Restaurant, ein paar Festsäle und eine **Kunstgalerie** (Erwachsene/ermäßigt 6/3 Zł; Di–So 10–16 Uhr) untergebracht. Der massive, zylindrische Turm der Burg bietet einen schönen Blick über die roten Ziegeldächer der Altstadt. In den Kellergewölben des ehemaligen Verlieses steht ein Pooltisch – etwas ungewöhnlich für eine Partie Billard.

Das zweite wichtige Gebäude der Stadt ist die **Pfarrkirche** aus dem 14. Jh. Der riesige gotische Backsteinbau hat einen quadratischen Turm und wurde in den 1820er Jahren nach einem Brand weitreichend umgestaltet. Die Innenausstattung der Kirche ist nicht außergewöhnlich, aber sehr harmonisch.

Am Altstadtausgang Richtung Rastenburg steht eine ungewöhnlich massive Backsteinbrücke, die **Fischerbrücke** (Most Rybacki) oder auch **Gotische Brücke** (Most Gotycki) genannt wird. Die aus dem 14. Jh. stammende Konstruktion wurde erst kürzlich umfassend restauriert und wirkt wie neu. Der

BRENNENDER HASS

Reszel genießt den zweifelhaften Ruf, die letzte Stadt in Europa zu sein, in der eine Frau als Hexe verbrannt wurde. Obwohl es seit dem frühen 18. Jh. eigentlich keine Hexenverbrennungen mehr gab, entstand unter den Einwohnern von Reszel nach mehreren Feuersbrünsten 1806 und 1807 eine derartige Unruhe, dass sie die hier lebende Barbara Zdunk der Hexerei beschuldigten und sie in der Burg einkerkerten. Der Fall erregte die Aufmerksamkeit der preußischen Behörden, wurde vor mehreren Gerichten verhandelt und gelangte schließlich vor König Friedrich Wilhelm II. Doch es half alles nichts. Barbara Zdunk wurde 1811 auf dem Scheiterhaufen verbrannt. Die Legende besagt, dass der Henker die Verurteilte gnädigerweise erwürgt habe, bevor er den Scheiterhaufen entzündete.

Name allerdings verspricht zu viel: Um hier wirklich etwas zu fangen, brauchte man eine extrem lange Angelschnur und wesentlich mehr Fluss!

Schlafen & Essen

Wenn es schon eine Übernachtung in Reszel sein soll, dann wenigstens stilvoll in der Burg. Die großen, suiteähnlichen Zimmer des **Kreativ Hotel** (☎ 755 01 09; www.zamek-reszel.com auf Deutsch; Ul Podzamcze 3; EZ 140–170 Zł, DZ 230–250 Zł, 4BZ 360 Zł; Ⓟ) sind sehr anheimelnd, wenn auch wenig luxuriös. Das **Restaurant** (Hauptgerichte 9–30 Zł) mit Gewölbedecke lagert an warmen Sommertagen Tische in den Innenhof aus.

An- & Weiterreise

Züge halten nicht mehr in Reszel, aber die Anbindung per Bus ist recht gut. Der Busbahnhof liegt am alten Bahnhof, fünf Minuten zu Fuß nördlich der Altstadt. Es gibt viele Busverbindungen nach Kętrzyn (Rastenburg; 5,40 Zł, ½ Std.), die Święta Lipka (Heiligelinde) passieren (3 Zł). Etwa ein Dutzend Busse fährt täglich nach Olsztyn (Allenstein; 10,50 Zł, 1½ Std.). Zwei Busse fahren in westlicher Richtung nach Lidzbark Warmiński (Heilsberg; 8,50 Zł, 1 Std.), von denen einer ein Schnellbus nach Gdańsk (Danzig; 33 Zł, 4 Std.) ist.

ŚWIĘTA LIPKA (HEILIGELINDE)

☎ 89

Der deutsche Name Heiligelinde und der polnische Name Święta Lipka bedeuten dasselbe und beziehen sich auf eine der bekanntesten Wundergeschichten Polens. Einem zum Tode verurteilten Gefangenen erschien im Gefängnis von Kętrzyn am Abend vor seiner Hinrichtung die hl. Jungfrau Maria. Sie gab ihm ein Stück Holz, damit er ihr Bildnis schnitze. Das Marienbildnis, das der Gefangene anfertigte, war so schön, dass die Richter es am nächsten Tag als Zeichen des Himmels sahen und den Verurteilten frei ließen. Auf seinem Heimweg band der Mann das Bildnis an einen Lindenbaum und dort entstand der Ort Heiligelinde bzw. Święta Lipka.

Sofort traten Wunder auf und sogar Schafe sollen vor dem Marienbild niedergekniet haben. Immer mehr Pilger strömten hierher, darunter auch der letzte Hochmeister des Deutschen Ordens, Albrecht von Hohenzollern, der seine Pilgerreise barfuß unternahm (nur sechs Jahre später konvertierte er allerdings zum Protestantismus). Zunächst wurde eine Holzkirche zum Schutz des Schreins errichtet und später durch den heutigen Kirchenbau ersetzt. Die Kirche ist wahrscheinlich die prächtigste Barockkirche des Landes und bis heute sowohl Touristenattraktion als auch wichtige Pilgerstätte.

Wallfahrtskirche

Die **Kirche** (🕑 8–18 Uhr, außer zu Gottesdienstzeiten) wurde zwischen 1687 und 1693 erbaut und später mit einem rechteckigen Laubengang umgeben. Die vier identischen Ecktürme des Laubengangs beherbergen Kapellen. Die besten Künstler aus dem Ermland, Kaliningrad (Königsberg) und Vilnius (Wilna) wurden zur Ausgestaltung der Kirche (etwa 1740 beendet) verpflichtet. Seitdem wurde an der Kirche weder innen noch außen viel verändert. Sie gilt als einer der am besten erhaltenen spätbarocken Kirchenbauten des Landes.

Den Eingang zum Klosterkomplex ziert ein kunstvolles schmiedeeisernes **Tor**. Direkt dahinter erhebt sich die doppeltürmige, gelbe Fassade, die eine **Steinskulptur** der heiligen Linde in ihrer zentralen Nische trägt. Auf der Linde steht eine Statue der Muttergottes.

Im Innenraum erstrahlt die Kirche in ornamentalem barockem Glanz. Die Fresken sind eine Arbeit von Maciej Mayer aus Lidzbark Warmiński und der Mode der Zeit entsprechend illusionistisch gehalten. Der Trompe l'œil-Effekt ist sowohl in den Gewölben als auch an den Säulen deutlich erkennbar. Die Säulen wirken wie geschnitzt. Mayer hat sich auch selbst in der Kirche verewigt. Er ist mit blauer Weste und Pinseln in der Hand im Eckgemälde über der Orgel zu sehen.

Der dreigeschossige, 19 m hohe **Altar** nimmt die gesamte Rückwand des Altarraums ein. Er ist aus Walnussholz geschnitzt und so bemalt, dass er wie Marmor aussieht. Das untere der drei Altarbilder stellt die Jungfrau Maria von Święta Lipka mit dem Jesuskind dar.

Die Kanzel ist mit Gemälden und Skulpturen geschmückt. Gegenüber der Kanzel steht ein **heiliger Lindenbaum** mit einer Marienfigur. Er steht angeblich genau an der

Stelle, an der die ursprüngliche Linde gestanden haben soll.

Ganzer Stolz der Kirche ist die **Orgel**, ein prunkvoll ausgearbeitetes Instrument mit über 4000 Orgelpfeifen. Sie ist eine Arbeit von Johann Jozue Mosengel aus Kaliningrad und ist mit mechanischen Figuren ausgestattet. Wenn die Orgel gespielt wird, tauchen Heiligenfiguren und Engel auf und tanzen. Von Mai bis September wird das Figurenspiel täglich mehrmals vorgeführt. In der übrigen Zeit gibt es nur sporadisch Vorführungen. Von Juni bis August werden jeden Freitagabend Orgelkonzerte in der Kirche gegeben.

Auch der Laubengang, der die Kirche umgibt, ist mit reichen Fresken von Mayer verziert. Der Künstler gestaltete die vier Eckkapellen und Teile des nördlichen und westlichen Gangs, starb aber, bevor er seine Arbeit vollenden konnte. Die übrigen beiden Laubengänge wurden von anderen Künstlern im gleichen Stil fertig gestellt, aber mit deutlich weniger Erfolg.

Święta Lipka ist ein beliebtes Ziel für Reisende wie Pilger. Die wichtigsten religiösen Feierlichkeiten finden am letzten Sonntag im Mai sowie am 11., 14. und 15. August statt.

Schlafen & Essen

Hotel w Świętej Lipce (☎ 755 37 37; Święta Lipka 16; EZ/DZ 180/230 Zł; Ⓟ) Diese neueste Unterkunft ist groß, modern und nur eine blasse Kopie eines traditionellen Fachwerk-Bauernhofes. Die schöne Lage und der unverstellte Blick auf die Kirche machen dies wieder wett. Die Zimmer sind gut und das Personal sehr bemüht. Das Haus wird auch Hotel 500 genannt.

Dom Pielgrzyma (☎ 755 14 81; Fax 755 14 60; Schlafsaal 25 Zł) Die einfache Pilgerherberge innerhalb des Klosterkomplexes bietet 85 Betten in Zimmern bis zu fünf Personen. Im Juli und August ist es hier oft sehr voll. Die Herberge bietet bei Vorausbuchung preiswerte Mahlzeiten an.

An- & Weiterreise

Busse nach Kętrzyn (Rastenburg; 4 Zł, 20 Min.) und Reszel (Rößel; 3 Zł, 10 Min.) fahren etwa jede Stunde. Es gibt mehrere Busse nach Olsztyn (Allenstein; 11,20 Zł, 1¾ Std.) und Mrągowo (Sensburg; 4,60 Zł, ½ Std.) sowie einige nach Lidzbark Warmiński (Heilsberg; 8,40 Zł, 1¼ Std.).

DIE GROSSEN MASURISCHEN SEEN

Die Große Masurische Seenplatte (Kraina Wielkich Jezior Mazurskich) östlich von Olsztyn ist eine grüne Hügellandschaft, die mit unzähligen Seen, kleinen Bauernhöfen, verstreuten Waldgebieten und hübschen Städtchen übersät ist. Im Zentrum der Seenplatte liegt der Spirding-See (Jezioro Śniardwy), mit 114 km² Polens größter See, und der angrenzende Mauer-See (Jezioro Mamry) mit nochmals 104 km² Größe. Über 15 % der Region sind von Wasser bedeckt, weitere 30 % mit Wald.

Die Seen sind durch Flüsse und Kanäle verbunden und bilden ein weit verzweigtes System von Wasserstraßen. Das gesamte Gebiet hat sich zum Hauptreiseziel für Segler und Ruderer entwickelt, ist aber auch bei Anglern, Wanderern, Fahrradfahrern und Naturfreunden beliebt. Bootsnarren sollten sich Masuren auf keinen Fall entgehen lassen.

Die beiden wichtigsten Ziele an den Seen sind Giżycko (Lötzen) und Mikołajki (Nikolaiken), zwei kleinere Zentren sind Węgorzewo (Angerburg) und Ruciane-Nida, die am nördlichen bzw. südlichen Ende der Seenplatte liegen. Von Juli bis zum 15. August ist Hauptreisezeit, danach lassen die Touristenströme nach.

Unterwegs vor Ort

Segelfreunde können fast alle größeren Seen zwischen Węgorzewo (Angerburg) und Ruciane-Nida abfahren. Die Seen sind über die wichtigste Wasserstraße der Region miteinander verbunden. Kajakfahrer bevorzugen wahrscheinlich die ruhigeren Gewässer der Flüsse und kleineren Seen. Die beliebteste und am besten ausgebaute Kajaktour beginnt in Sorkwity und folgt dem Fluss Krutynia und dem Bełdany-See bis nach Ruciane-Nida (s. S. 480). Eine weitere schöne Kajakroute verläuft weiter östlich über den Fluss Czarna Hańcza in der Umgebung von Augustów (s. S. 483).

Wer nicht selbst die Ruder schwingen möchte, kann die Seen auch gemütlich vom Deck eines der Ausflugsschiffe genießen, die von der Reederei **Żegluga Mazurska** (in Giżycko ☎ 87-428 53 32; www.zeglugamazurska.com.pl

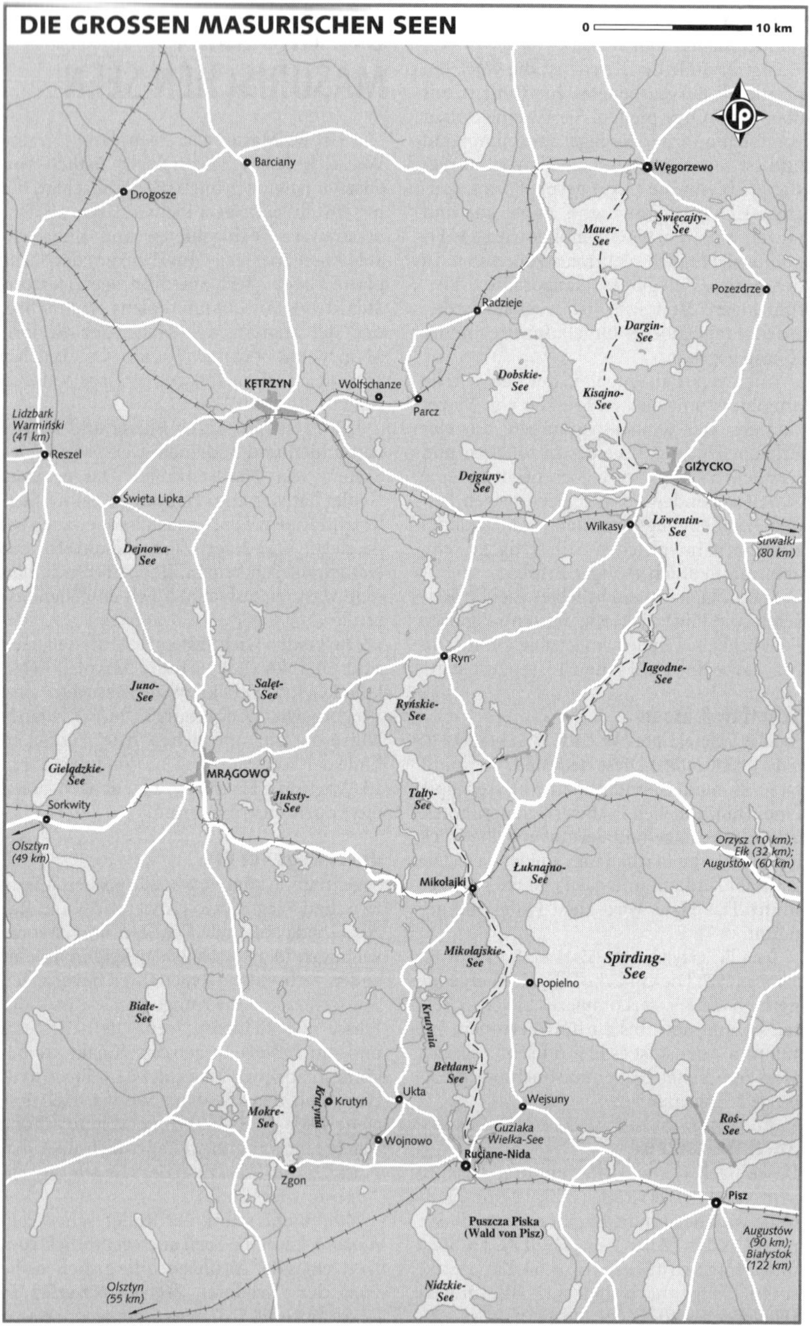
DIE GROSSEN MASURISCHEN SEEN
0
10 km
Barciany
Drogosze
Węgorzewo
Mauer-See
Święcajty-See
Pozezdrze
Radzieje
Dargin-See
Dobskie-See
Kisajno-See
KĘTRZYN
Wolfschanze
Parcz
Lidzbark Warmiński (41 km)
Reszel
Dejguny-See
GIŻYCKO
Święta Lipka
Wilkasy
Löwentin-See
Suwałki (80 km)
Dejnowa-See
Ryn
Jagodne-See
Juno-See
Salęt-See
Ryńskie-See
Gielądzkie-See
MRĄGOWO
Sorkwity
Juksty-See
Tałty-See
Olsztyn (49 km)
Orzysz (10 km); Ełk (32 km); Augustów (60 km)
Łuknajno-See
Mikołajki
Mikołajskie-See
Spirding-See
Popielno
Krutynia
Białe-See
Bełdany-See
Ukta
Krutyń
Wejsuny
Mokre-See
Guziaka Wielka-See
Roś-See
Wojnowo
Ruciane-Nida
Zgon
Pisz
Puszcza Piska (Wald von Pisz)
Augustów (90 km); Białystok (122 km)
Olsztyn (55 km)
Nidzkie-See

auf Englisch) betrieben werden. In den großen Schiffen ist ein Café untergebracht, es gibt ein offenes Oberdeck. Rucksäcke und Fahrräder dürfen mitgenommen werden.

Theoretisch verkehren die Schiffe von Mai bis September täglich zwischen Giżycko (Lötzen), Mikołajki (Nikolaiken) und Ruciane-Nida, von Juni bis August nach Węgorzewo (Angerburg). In der Praxis werden Fahrten kurzfristig gestrichen, wenn nicht genügend Passagiere vorhanden sind. Von Ende Juni bis Anfang August fahren die Schiffe am regelmäßigsten. Die Fahrpläne der Schiffe hängen in den Häfen aus.

Die ausführliche Karte *Wielkie Jeziora Mazurskie* (Die großen Masurischen Seen; Maßstab 1:100 000) ist für jeden eine große Hilfe, der die Region erkundet – per Boot, Kajak, Fahrrad, Auto oder zu Fuß. Auf ihr sind Wanderwege, Kajakrouten, Unterkünfte, Tankstellen und vieles mehr eingetragen. Normalerweise ist sie vor Ort erhältlich, wer aber sicher gehen will, kauft die Karte in einer großen Stadt vor der Reise hierher.

KĘTRZYN (RASTENBURG)

☎ 89 / 32 000 Ew.

Kętrzyn wurde im 14. Jh. vom Deutschen Orden gegründet. Obwohl die Bevölkerung teils polnisch war, blieb es bis zum Zweiten Weltkrieg preußisch bzw. deutsch. Erst nach dem Krieg fiel es an Polen. Der polnische Ortsname geht auf den Historiker und Gelehrten Wojciech Kętrzyński (1838–1919) zurück, der die polnische Vergangenheit der Region dokumentiert hat.

Heute ist Kętrzyn eine ruhige, mittelgroße Stadt mit einer großen Mayonnaisefabrik. Viel mehr gibt es eigentlich nicht zu sagen. Kętrzyn ist aber ein gutes Sprungbrett für den westlichen Rand der Masurischen Seenplatte und liegt ganz in der Nähe der Wolfschanze im Osten (S. 472) und von Święta Lipka (Heiligelinde, S. 468) im Westen.

Sehenswertes

Die Stadt besitzt bis heute einige Relikte ihrer deutschen Vergangenheit. Die in der Mitte des 14. Jhs. erbaute **Backsteinburg** wurde mehrfach zerstört und wieder aufgebaut. Sie beherbergt heute das **Regionalmuseum** (☎ 752 32 82; Plac Zamkowy 1; Erwachsene/ermäßigt 4/2 Zł; Juni–Sept. 10–17 Uhr, Okt.–Mai Di–Fr 9–16 Uhr, Sa & So 9–15 Uhr). Es zeigt eine Dauerausstellung zur Stadtgeschichte, Wechselausstellungen und an den Wochenenden gibt es regelmäßig Mittelalter-Vorführungen.

Die gotische **St.-Georgs-Kirche** (Kościół Św Jerzego) ein wenig die Straße herauf hat wenige bauliche Veränderungen durchlaufen, die Innenausstattung weist aber verschiedene Stilrichtungen auf. Das Gemälde der Auferstehung stammt von Heinrich Königswieser, einem Schüler des Reformationskünstlers Lukas Cranach dem Jüngeren. Bemerkenswert sind auch die kunstvolle Kanzel und die drei Grabplatten in der Wand in der Nähe des Eingangs.

Schlafen & Essen

Zajazd Pod Zamkiem (☎ 752 31 17; www.zajazd.ketrzyn.pl teils auf Englisch; Ul Struga 3; EZ/DZ/3BZ/4BZ 100/140/180/240 Zł; P) Die Pension ist in einem charmanten Landhaus aus dem 19. Jh. untergebracht und liegt direkt neben dem Burgeingang. Sie hat insgesamt nur vier Zimmer à vier Betten, die aber auch als Einzel-, Doppel- oder Dreibettzimmer vermietet werden. Zudem hat die Pension eine schöne Terrasse für den Sommer. Neben der üblichen polnischen Küche bringen chinesische Gerichte Abwechslung auf die Speisekarte.

Hotel Koch (☎ 752 20 58; Ul Traugutta 3; EZ/DZ 180/250 Zł; P) Die Zimmer sind für die Preise zwar relativ schlicht, der Standard ist aber allgemein hoch. Die Badezimmer sind hübsch und geräumig und es gibt viele Annehmlichkeiten (ein eigenes Restaurant und eine 24 Stunden geöffnete Bar). Wer freundlich fragt, hat eine Chance, das Zimmer mit dem Wasserbett zu bekommen.

An- & Weiterreise

Bahn- und Busbahnhof liegen 600 m vom Stadtzentrum entfernt direkt neben einander.

BUS

Es gibt Busverbindungen nach Giżycko (Lötzen; 6,90 Zł, 40 Min., 8-mal tgl.), Węgorzewo (Angerburg; 8 Zł, 55 Min., stdl.), Olsztyn (Allenstein; 14 Zł, 2¼ Std., 16-mal tgl.) und Mrągowo (Sensburg; 6,20 Zł, 40 Min., mind. stdl.). Wer zur Wolfschanze will, nimmt an Wochentagen zuerst

DAS ATTENTAT AUF HITLER

Hitler pflegte zu sagen, die Wolfschanze sei einer der wenigen Orte in Europa, an denen er sich sicher fühle. Ausgerechnet hier fand das Attentat auf Hitler statt, das von allen die besten Erfolgschancen hatte. Der Anschlag wurde von einer Gruppe hochrangiger deutscher Offiziere geplant, die eine Fortführung des Krieges für selbstmörderisch hielten und keine Chance für einen deutschen Sieg sahen. Nach dem Attentat auf Hitler wollten sie mit den Alliierten Friedensverhandlungen führen.

Der Anführer des Komplotts war Claus Schenk Graf von Stauffenberg. Er reiste am 20. Juli 1944 unter dem Vorwand an, Hitler über die neu aufgestellte Reservearmee zu informieren. Er war ein häufiger Gast an der Wolfschanze und das Personal vertraute dem Grafen. So konnte er unbemerkt eine Bombe in seinem Aktenkoffer in den Bunker schmuggeln. Diese platzierte er ganz in der Nähe von Hitlers Schreibtisch und verließ das Treffen, um einen vorher vereinbarten Telefonanruf entgegen zu nehmen. Die Explosion tötete zwei Angestellte und verwundete etwa ein Dutzend Menschen, Hitler selbst erlitt aber nur kleinere Blessuren und konnte Stunden später sogar Mussolini empfangen. Von Stauffenberg und weitere 5000 Menschen, die direkt oder indirekt mit dem Attentat zu tun hatten, wurden hingerichtet.

Wäre das Attentat geglückt, hätte dies das Ende des Zweiten Weltkriegs bedeuten können. Ein Friedensschluss zwischen Deutschland und den Alliierten im Jahr 1944 hätte vielleicht rund 5 Mio. Menschen das Leben gerettet und unglaubliche Zerstörungen in Polen und Deutschland verhindern können.

den Stadtbus 1 (9-mal tgl.) nach Gierłoż (Görlitz; 2,50 Zł, ¼ Std.) oder an Wochenenden die Linie nach Zielona (5-mal tgl.). PKS-Busse über Radzieje nach Węgorzewo (Angerburg) passieren ebenfalls Gierłoż (Görlitz). In Święta Lipka (Heiligelinde; 4 Zł, 20 Min.) halten alle Busse nach Reszel (Rößel) und Olsztyn (Allenstein) sowie der Bus über Pilec nach Mrągowo (Sensburg).

ZUG

Täglich fahren zwei Schnellzüge über Elbląg (Elbing; 34,03 Zł, 3 Std.) nach Gdańsk (Danzig; 41,24 Zł, 4½ Std.). Es gibt regelmäßige Zugverbindungen nach Giżycko (Lötzen; 5,70 Zł, 35 Min., 5-mal tgl.) und Olsztyn (Allenstein; 13,10 Zł, 1¾ Std., 9-mal tgl.). Ein Blick auf den Busfahrplan kann sich lohnen.

WOLFSCHANZE (WILZCY SZANIEC)

☎ 89

Versteckt in einem dichten Wald in der Nähe der kleinen Ortschaft Gierłoż, 8 km östlich von Kętrzyn (Rastenburg), liegt ein unheimliches historisches Vermächtnis: ein 18 ha großes, überwuchertes Gelände mit Bentonbunkern, die teils zerstört sind. Dieses Gelände war während des Zweiten Weltkriegs Hitlers „Führerhauptquartier"

Wolfschanze (Wilczy Szaniec; ☎ 752 44 29; www.wolfsschanze.home.pl auf Polnisch, Deutsch und Englisch in Vorbereitung; Erwachsene/ermäßigt 8/5 Zł; 🕑 8 Uhr–Sonnenuntergang).

Der Standort war sorgfältig in einem entlegenen Teil Ostpreußens gewählt worden. Das Hauptquartier lag weit weg von den wichtigen Städten und Transportwegen, aber günstig als Kommandozentrale für die geplante Expansion des Deutschen Reiches nach Osten. Im Herbst 1940 begannen 3000 deutsche Arbeiter mit dem Bau. Zement, Stahl und Basalt wurden aus Deutschland hierher gebracht. Insgesamt achtzig Bauten wurden errichtet, darunter sieben extrem starke Bunker für die Führungsriege, zum Beispiel für Bormann (Hitlers Stellvertreter und Privatsekretär), Göring (Reichsmarschall und Oberbefehlshaber der Luftwaffe) und natürlich für Hitler selbst. Die Wände und Decken dieser Bunker waren bis zu 8 m dick.

Der gesamte Komplex wurde von Flakgeschützen gesichert und war von einem Minengürtel und Stacheldraht umgeben. 5 km entfernt gab es einen Flugplatz und auf dem Gelände selbst eine Notlande- und -startbahn. Neben der natürlichen Tarnung durch den umliegenden Wald wurden auf dem gesamten Gelände an Drahtseilen Tarnnetze aufgehängt, die je nach Jahreszeit gewechselt wurden. Die Wolfschanze war so gut getarnt, dass die Alliierten sie erst 1945 entdeckt haben.

Hitler kam am 26. Juni 1941 zum ersten Mal zur Wolfschanze (vier Tage nach dem deutschen Überfall auf Russland); er gab sie erst am 20. November 1944 auf.

Als die Rote Armee näher rückte, verließ Hitler die Wolfschanze und das Hauptquartier wurde evakuiert. Die Bunker wurden zur Sprengung vorbereitet, falls der Feind versuchen sollte, sie einzunehmen. Etwa 10 t Sprengstoff wurden in jeden der Bunker gepackt. Sie gingen am 24. Januar 1945 in die Luft. Drei Tage später erreichte die Rote Armee die Wolfschanze, aber das Minenfeld schützte das Terrain sehr effektiv. Es dauerte zehn Jahre, bis das Gelände geräumt war. Rund 55 000 Minen wurden gefunden und entschärft.

Heute ist die Wolfschanze eine viel besuchte Touristenattraktion. Der Parkplatz ist immer voll. Am Eingang steht eine Tafel mit der Karte des Geländes, von wo ein rot markierter Weg sich durch die Bunkerruinen schlängelt. Alle Gebäude tragen Nummern. Große Schilder warnen vor dem Betreten der einsturzgefährdeten Bunker, was aber viele Besucher ignorieren. Von Hitlers Bunker (Nr. 13) blieb nur noch eine Wand stehen, Görings Unterkunft (Nr. 16) ist noch relativ gut erhalten. Eine Gedenkplakette (1992 angebracht) markiert die Stelle, an der Claus Schenk Graf von Stauffenberg 1944 den Anschlag auf Hitler unternahm (s. Kasten S. 472). In einem kleinen Ausstellungsraum liegt ein Modell der früheren Bebauung.

Führungen auf Deutsch, Englisch und Russisch kosten 50 Zł und dauern etwa 1½ Stunden. Wem das zu lange dauert, kann vielleicht eine kürzere Führung für den späten Nachmittag vereinbaren oder erkundet das Gelände mit der detaillierten Broschüre (12 Zł) in der Hand selbst. Im Sommer unbedingt ein Mückenschutzmittel mitbringen.

Schlafen & Essen

Hotel Wilcze Gniazdo (☎ 752 44 29; EZ 70 Zł, DZ 80–90 Zł, 3BZ 130 Zł; Ⓟ) Das ehemalige Offiziersquartier am Eingang des Komplexes ist vollständig renoviert, dient heute als Hotel und ist bestimmt wesentlich komfortabler, als eine der feuchten Bunkerruinen. Auf dem Gelände gibt es eine Snackbar und ein preiswertes Restaurant. Hotelgäste haben freien Eintritt auf dem Bunkergelände.

An- & Weiterreise

Die PKS-Busse von Kętrzyn (Rastenburg; 3,30 Zł, ¼ Std.) nach Węgorzewo (Angerburg; 6,30 Zł, ¾ Std.) halten hier mehrfach am Tag. Kętrzyn ist aber auch über den Stadtbus 1 erreichbar.

WĘGORZEWO (ANGERBURG)

☎ 87 / 12 500 Ew.

Die kleine geschäftige Stadt Węgorzewo am Mauer-See (Jezioro Mamry) ist der nördlichste Hafen an der Seenplatte, sowohl für die Ausflugsschiffe als auch für Privatsegler. Die Stadt selbst liegt nicht direkt am Seeufer, ist aber über einen 2 km langen Kanal an den See angeschlossen. Weniger überlaufen als ihre Schwesterhäfen Giżycko und Mikołajki im Süden, ist Węgorzewo ein hübscher Ort. Ideal als Anfangs- oder Endpunkt einer Tour über die Seen. Die Stadt ist nach Osten wie Westen verkehrstechnisch gut angeschlossen. Seit 25 Jahren findet hier jedes erste Wochenende im August eine große Handwerksmesse statt, die viele Kunsthandwerker aus der Region und darüber hinaus anlockt. Die Messe bietet einen schönen Einblick in die masurische Kultur.

Praktische Informationen

Klub Internetowy (☎ 427 50 74; Ul Teatralna 1D; 1 Std. 3 Zł; ⌚ 10–21 Uhr) Internetzugang.

PKO Bank (☎ 427 40 60; Plac Wolności 18)

Touristeninformation (☎ 427 40 09; www.wegorzewo.pl auf Polnisch; Plac Wolności 11; ⌚ Mo–Fr 9–18 Uhr, Sa & So 10–15 Uhr)

Aktivitäten

Masuren ist nicht unbedingt ein Urlaubsziel für Extremsportler, aber das Unternehmen **S-Borg** (☎ 427 49 39; www.s-borg.pl auf Polnisch) scheint dies ändern zu wollen. Off-Road-Touren, Klettern, Tauchen, Paint-Ball-Schießen und Bungee-Jumping sind nur ein kleiner Ausschnitt aus dem Angebot für alle diejenigen, denen eine einfache Bootstour zu normal ist.

Radwandern ist eine gute Möglichkeit, die bezaubernde Landschaft Masurens zu erkunden. Radlern stehen 18 markierte Routen mit gut durchdachten Rundtouren zwischen 25 km und 109 km zur Verfügung.

Schlafen & Essen

Da der See die Hauptattraktion ist, gibt es wenige Unterkünfte im Zentrum. In der

Umgebung liegen zahlreiche Pensionen und größere Ferieneinrichtungen, vor allem im Vorort Kal am Seeufer. Sie sind teils schwer erreichbar und meist nur im Sommer geöffnet.

Pensjonat Nautic (☎ 427 20 80; www.nautic.pl auf Deutsch; Ul Słowackiego 14; EZ 100 Zł, DZ 180–210 Zł, 4BZ 400 Zł, Apt. 250–580 Zł; Ⓟ) Eine ausgezeichnete und sehr vielseitige Familienpension am Kanal in der Nähe des Bootsanlegers. Das Zimmerangebot reicht von einem komfortablen Standardzimmer mit eigenem Bad und blauer Holzausstattung bis hin zu zwei außergewöhnlichen Apartments mit eigener Küche und Terrasse. Auch das hauseigene Restaurant ist empfehlenswert.

Stanica Wodna PTTK (☎ 427 24 43; Ul Wańkowicza 3; Schlafsaal/EZ/DZ 35/70/90 Zł; Ⓟ) Die PTTK deckt mal wieder hervorragend das untere Preisspektrum ab und bietet eine günstige zentrale Lage. Preiswertere Zimmer mit Gemeinschaftsbad sind nur im Sommer erhältlich.

Pensjonat Pod Dębami (☎ 427 22 18; Ul Łuczańska 33; Zi. pro Person 40 Zł; Ⓟ) Zwei Kilometer vom Zentrum an der Straße nach Giżycko (Lötzen) bietet diese hübsche Landhaus-Pension einen Hauch von traditionell-rustikalem Landleben. Die Pension liegt in einem großen Garten, wo ein Badmintonnetz gespannt ist.

Camping Nr 175 Rusałka (☎ 427 21 91; www.cmazur.pl auf Deutsch; Ul Leśna 2; Zeltplatz Erwachsene/Kinder 13/8 Zł, Hütten 100–176 Zł; Mai–Sept.) Der Campingplatz liegt idyllisch auf einem bewaldeten Gelände, hat ein Restaurant, Boots- und Kajakverleih und ist sehr gut geführt. Die meisten Hütten sind allerdings ziemlich schlicht. Der Platz liegt am Święcajty-See, 4 km von Węgorzewo an der Straße nach Giżycko. In der Saison wird er unregelmäßig von PKS-Bussen angefahren. Wer nicht warten will, nimmt irgendeinen Bus nach Giżycko, steigt am Abzweig Richtung Campingplatz aus und geht den letzten Kilometer zu Fuß.

An- & Weiterreise

Węgorzewo wird nicht mehr mit Zügen angefahren, hat aber einen Busbahnhof 1 km nordwestlich des Zentrums. Er bietet recht gute Verbindungen nach Giżycko (Lötzen; 6,20 Zł, 55 Min., mind. stdl.) und Kętrzyn (Rastenburg; 8 Zł, 55 Min., stdl.). Busse über Radzieje nach Kętrzyn lassen Passagiere an der Wolfschanze aussteigen. Diverse Busse fahren nach Gołdap (8,40 Zł, 1½ Std.), von wo es Verbindungen nach Stańczyk und Suwałki gibt. Darüber hinaus fahren vier Schnellbusse direkt nach Warszawa (Warschau; 38 Zł, 5½ Std.); in der Hochsaison empfiehlt sich eine Buchung im Voraus.

Von Juli bis August fährt nachmittags ein Ausflugsschiff nach Giżycko (Erwachsene/ermäßigt 37/27 Zł, 2½ Std.).

GIŻYCKO (LÖTZEN)

☎ 87 / 31 000 Ew.

Giżycko liegt am Nordufer des Löwentin-Sees (Jezioro Niegocin) und ist das größte Segelzentrum der Seenplatte – in der Hauptsaison also das beliebteste Touristenziel der Region. Die Stadt wurde vom Deutschen Orden gegründet, im Lauf der Geschichte aber häufig zerstört, zum Beispiel von den Litauern, Polen, Schweden, Tataren, Russen und Deutschen.

Heute ist Giżycko eine eher durchschnittliche Stadt mit mehr Trubel als echten Sehenswürdigkeiten. Sie ist vor allen Dingen Verkehrsknotenpunkt und Einkaufszentrum für die umliegenden Ferienheime und Wassersportorte. Und natürlich ist die Stadt wichtiger Ankunftsort für die vielen Urlauber, die hier in der kurzen Sommersaison in Massen eintreffen. Giżycko ist ein günstiger Ausgangspunkt für eine Erkundung der Masurischen Seenplatte. Wer Zeit übrig hat, kann sich auch mal die gewaltige Festung der Stadt ansehen.

Orientierung

Giżycko liegt am Ufer des Löwentin-Sees (Jezioro Niegocin). Der Łuczański-Kanal teilt es in zwei Teile: das Stadtzentrum mit der Burg und den Yachthafen. Die Drehbrücke an der Ul Moniuszki wird täglich sechsmal geöffnet, um den Schiffsverkehr durchzulassen. Dabei wird der Straßenverkehr jedes Mal gestoppt; das kann zwischen ½ Stunde und 1¾ Stunden dauern. Wer nicht warten kann oder will, sollte den Umweg über die Ul Obwodowa nehmen. Für Fußgänger gibt es 100 m nördlich der Drehbrücke eine extra Brücke.

Praktische Informationen

Bank Pekao (Ul Olsztyńska 15A) Geldautomat.
Hauptpost (☎ 429 28 34; Ul Pocztowa 2)
Orbis Travel (☎ 428 31 12; Ul Dąbrowskiego 3)

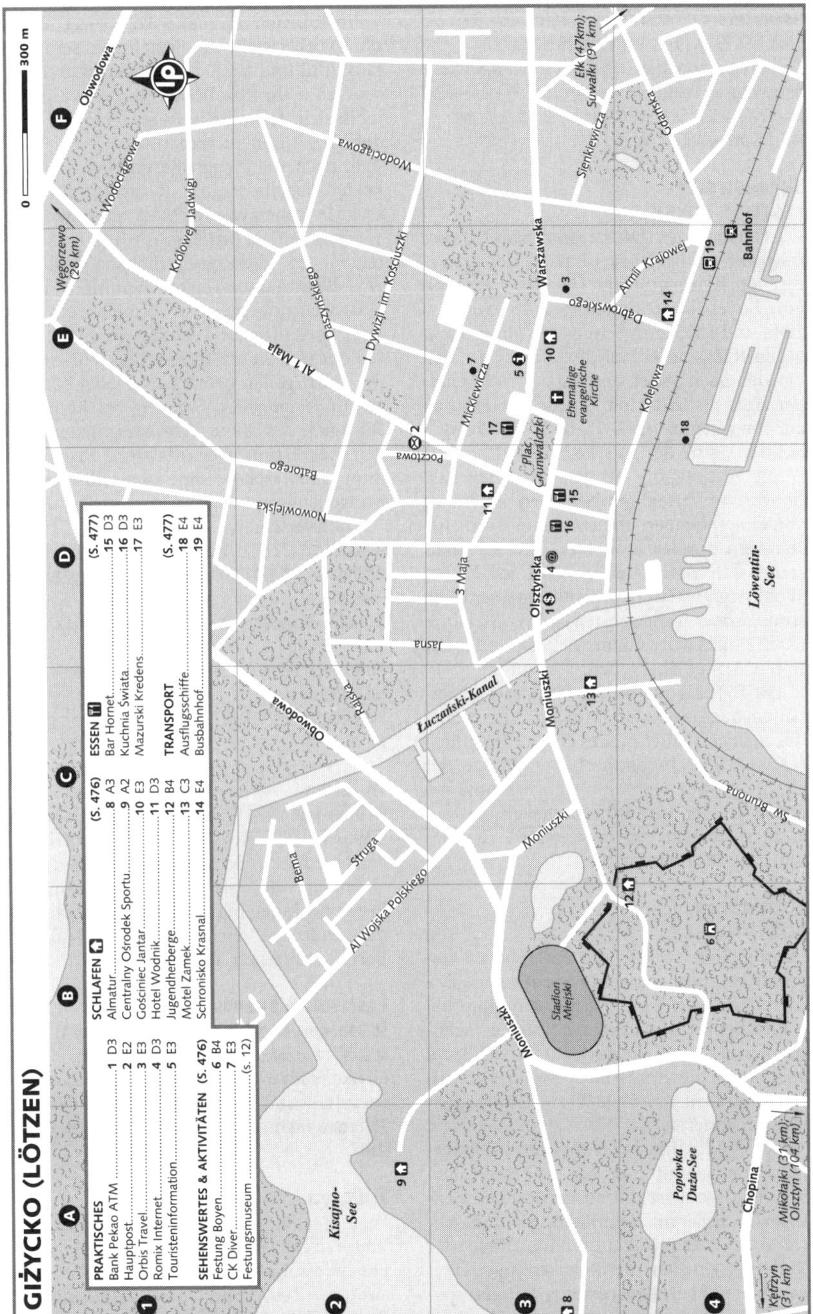
GIŻYCKO (LÖTZEN)
0 300 m
PRAKTISCHES
Bank Pekao ATM 1 D3
Hauptpost 2 E2
Orbis Travel 3 E3
Romix Internet 4 D3
Touristeninformation 5 E3
SEHENSWERTES & AKTIVITÄTEN (S. 476)
Festung Boyen 6 B4
CK Diver 7 E3
Festungsmuseum (s. 12)
SCHLAFEN (S. 476)
Almatur 8 A3
Centralny Ośrodek Sportu 9 A2
Gościniec Jantar 10 E3
Hotel Wodnik 11 D3
Jugendherberge 12 B4
Motel Zamek 13 C3
Schronisko Krasnal 14 E4
ESSEN (S. 477)
Bar Hornet 15 D3
Kuchnia Świata 16 D3
Mazurski Kredens 17 E3
TRANSPORT (S. 477)
Ausflugsschiffe 18 E4
Busbahnhof 19 E4
Kisajno-See
Löwentin-See
Popówka Duża-See
Łuczański-Kanal
Stadion Miejski
Plac Grunwaldzki
Ehemalige evangelische Kirche
Bahnhof
Węgorzewo (28 km)
Ełk (47km); Suwałki (91 km)
Mikołajki (31 km); Olsztyn (104 km)
Kętrzyn (31 km)
Obwodowa
Wodociągowa
Królowej Jadwigi
Al 1 Maja
Daszyńskiego
I Dywizji im Kościuszki
Mickiewicza
Warszawska
Dąbrowskiego
Armii Krajowej
Kolejowa
Sienkiewicza
Gdańska
Pocztowa
Batorego
Nowowiejska
3 Maja
Olsztyńska
Jasna
Rajska
Moniuszki
Struga
Bema
Al Wojska Polskiego
Św Brunona
Chopina

Romix Internet (☎ 429 29 97; Ul Olsztyńska 11B; 1 Std. 3,50 Zł; 🕑 9–21 Uhr) Internetzugang.
Touristeninformation (☎ 428 52 65; www.gizycko.turystyka.pl auf Deutsch; Ul Warszawska 7; 🕑 Juni–Aug. Mo–Fr 8–19 Uhr, Sa & So 10–16 Uhr, Juni & Sept. nur Mo–Sa, Okt.–April nur Mo–Fr)

Sehenswertes

FESTUNG BOYEN

Die **Festung Boyen** (Twierdza Boyen; Festung & Museum Erwachsene/ermäßigt 5/2 Zł) ist nach dem preußischen Kriegsminister General Hermann von Boyen benannt und wurde zwischen 1844 und 1855 zum Schutz des Königreichs gegen Russland erbaut. Da die Grenze von Norden nach Süden entlang der 90 km langen Seenplatte verlief, wurde die Festung auf einer Landzunge bei Giżycko strategisch auf der Hälfte der Strecke errichtet.

Die Festung, die aus verschiedenen Bastionen und Verteidigungstürmen besteht, ist von einem Graben umgeben und wurde beständig verändert und verstärkt. Sie überstand den russischen Angriff im Ersten Weltkrieg. Im Zweiten Weltkrieg war sie ein strategischer Außenposten der Wolfschanze (S. 472) und wurde dann 1945 kampflos der Roten Armee übergeben.

Die Befestigungsanlage ist relativ gut erhalten, auch wenn langsam aber sicher alles überwuchert. Hier gibt es ein Freilichttheater und eine Jugendherberge. Einige der alten Gebäude werden als Lagerräume genutzt. In der Jugendherberge gibt es ein kleines **Museum** (🕑 nur im Sommer) zur Geschichte der Festung.

Aktivitäten

BOOTSTOUREN

Da die Bootsvermietung ein riesiges Geschäft ist, machen immer wieder neue Firmen auf. Die Touristeninformation hat wahrscheinlich eine aktuelle Liste der Agenturen und kann weiterhelfen. Hilfreich kann aber auch die monatliche Segelzeitschrift *Żagle* sein, in der viele Vermietungsagenturen inserieren.

In Giżycko gibt es die meisten Bootsverleiher und damit auch das breiteste Angebot. Die Stadt ist ein ausgewiesenes Zentrum für Segler mit Behinderungen und richtet regelmäßig Regatten aus. Viele der Verleiher sind auf Behinderte eingerichtet und bieten Spezialausrüstung, Rat und spezielle Segelkurse.

Im Juli und August wird schwer, etwas ohne vorherige Buchung zu finden sein. Anfang Juni und Ende September gibt es wesentlich mehr freie Boote, ein Preisvergleich lohnt sich. Teilweise ist es auch möglich, mit den Agenturen zu verhandeln.

Je nach Kabinengröße und Ausstattung kosten Segelboote mit Raum für fünf bis sechs Personen von Juli bis August zwischen 150 und 900 Zł pro Tag. Im Juni und September sind die Preise erheblich niedriger. Das Benzin muss selbst bezahlt werden, auch wenn die meisten Vermieter ein paar Liter kostenlos zur Verfügung stellen.

Boot und Ausrüstung sollten vor Antritt der Fahrt genau geprüft und jeder Mangel genau festgehalten werden. So kann bei Rückgabe des Bootes Ärger vermieden werden. Ausrüstung wie Schlafsäcke, Regenkleidung und Taschenlampe sind selbst mitzubringen.

Bootsverleiher:
Bełbot (☎ 428 03 85; www.marina.com.pl auf Polnisch)
Grzymała (☎ 428 62 76; czarter.mazury.info.pl auf Polnisch)
Osmolik Romuald (☎ 428 86 86; www.osmolik.trinet.pl auf Polnisch)
PUH Żeglarz (☎ 428 20 84; www.zeglarz-czartery.pl auf Polnisch)
Sygnet (☎ 89-751 86 77; www.sygnet-czarter.com.pl auf Deutsch)

TAUCHEN

CK Diver (☎ 428 43 62; www.ckdiver.suw.pl auf Polnisch; Ul Mickiewicza 9) bietet ganzjährig Tauchtrips in verschiedenen Schwierigkeitsgraden, für Gruppen oder als Einzelunterricht, an. Preise beginnen bei 100 Zł für eine Schnupperstunde und reichen bis 1600 Zł für ein Fortgeschrittenen-Training.

Festivals & Events

St. Johannis-Nacht (Noc Świętojńska; ☎ 428 43 26) Straßenfest zu Ehren des Apostels im späten Juni.
Giżycko-Festival (☎ 428 43 26) Konzerte, Aufführungen und besondere Veranstaltungen im Juli in der Festung.
St. Bruno-Jahrmarkt (☎ 428 43 26) Findet im Juli statt.

Schlafen

Wie in allen Ferienregionen steigen die Preise in der Hochsaison (Juli und August). Die hier aufgeführten Preise beziehen sich auf diese Zeit. Viele Unterkünfte sind den Rest des Jahres geschlossen.

Gościniec Jantar (☎ 428 54 15; Ul Warszawska 10; EZ/DZ 120/180 Zł; Ⓟ) Dies ist ein hervorragendes kleines Gästehaus mit zwölf Zimmern, ausgestattet mit Kiefernmöbeln und dicken Teppichen. Der Inhaber ist sehr freundlich und spricht Deutsch. Es hat ein traditionelles Restaurant. Die Zimmer auf der Rückseite haben Balkone – viel zu sehen gibt es aber nicht.

Hotel Wodnik (☎ 428 38 72; www.cmazur.pl auf Deutsch; Ul 3 Maja 2; EZ/DZ/Suite 180/250/400 Zł; Ⓟ) Giżyckos einzige Unterkunft der gehobenen Klasse ist eher wegen des großen Serviceangebots (Wechselstube, Restaurant, Bar, Solarium, Poolbillard-Tisch) etwas Besonderes, als wegen der Zimmer (klein und verwirrend nummeriert). Der Standard ist in Ordnung; außerhalb der Saison fallen die Preise um 40 %.

Jugendherberge (☎ 428 29 59; Ul Turystyczna 1; Schlafsaal 15 Zł; Ⓟ) Eine Übernachtung hinter den Backsteinmauern der Festung Boyen hat schon was Cooles, auch wenn die großen, schlichten Schlafsäle nicht besser sind, als man es von einer Militärkaserne erwarten würde.

Schronisko Krasnal (☎ 428 22 24; www.ssmkrasnal.prv.pl auf Polnisch; krasnal@ssmkrasnal.prv.pl; Ul Kolejowa 10; Schlafsaal 15 Zł) Das zu Hostelling International gehörende Krasnal bietet ganzjährig dreißig Betten sowie von Juli bis August zusätzliche zwanzig Betten. Das Gebäude ist eigentlich eine Vorschule und wesentlich heller als die meisten Jugendherbergen. Es gibt einen Spielplatz im Garten.

Centralny Ośrodek Sportu (COS; ☎ 428 23 35; recepcja@gizycko.cos.pl; Ul Moniuszki 22; EZ/DZ/Hütten 110/150/175 Zł; Ⓟ) Das COS ist eine typische Sport-Urlaubsanlage am Kisanjo-See und bietet Ferienhütten und Hotelzimmer an. Es verfügt über Restaurants und Sporteinrichtungen und bietet Ausrüstung und Boote zur Miete an.

Almatur (☎ 428 59 71; www.sail-almatur.pl auf Polnisch; Ul Moniuszki 24; DZ 85 Zł, Hütten 60–360 Zł; Ⓟ) Wie das COS ist auch das Almatur eine große Ferienanlage am Wasser. Hier gibt's das gesamte Spektrum an Freizeitaktivitäten. Es wird von der Studenten-Reiseagentur Almatur betrieben.

Motel Zamek (☎ 428 24 19; www.cmazur.pl auf Deutsch; Ul Moniuszki 1; Camping pro Person 25 Zł, DZ 130–160 Zł; Ⓟ) Das Motel ist nur eine von zahllosen Möglichkeiten auf der Halbinsel der Festung Boyen. Das Zamek folgt tatsächlich der amerikanischen Motel-Tradition und bietet eine Garage unter jedem Zimmer. Es liegt an einer hübschen Stelle. Nebenan kann man im Sommer sogar campen. Boote, Fahrräder und Kajaks können hier gemietet werden.

Essen

Im Sommer finden sich am Seeufer endlos viele Cafés, Stände und Imbissbuden. Außerhalb der Saison beschränkt sich die Auswahl auf die Hotelrestaurants und eine Hand voll ganzjährig geöffnete Restaurants im Zentrum.

Mazurski Kredens (☎ 428 58 41; Plac Grunwaldzki 1; Hauptgerichte 8,90–39,90 Zł; ⏲ Mittag- & Abendessen) In diesem schicken kleinen Restaurant mit der üblichen rustikalen Einrichtung lässt sich die reiche masurische Küche hervorragend testen. Trotz der Hauptstraße direkt vor der Tür ist die Atmosphäre hier sehr entspannt.

Kuchnia Świata (☎ 429 22 55; Ul Olsztyńska 3A; Hauptgerichte 7,90–39,90 Zł; ⏲ Mittag- & Abendessen) Die einzige Restaurant-Bar, die diesen Namen verdient. Die abwechslungsreiche Speisekarte (von Polnisch über Italienisch bis hin zu Chinesisch), gelegentliche Livemusik und die überrankte Sommerterrasse locken viele Gäste an.

Bar Hornet (☎ 428 12 67; Plac Grunwaldzki 12; Hauptgerichte 7–21 Zł; ⏲ Frühstück, Mittag- & Abendessen) Das Hornet besteht aus zwei Bereichen: der Selbstbedienungs-Cafeteria und dem schickeren Restaurantbereich. Der einzige Unterschied besteht darin, dass im einen Teil serviert wird. Trotzdem schön, die Wahl zu haben! Das Essen ist für den Preis sehr gut und die Holzterrasse nett für laue Abende.

An- & Weiterreise

BUS

Der Busbahnhof liegt neben dem Bahnhof und bietet stündliche Busverbindungen nach Węgorzewo (Angerburg; 6,20 Zł, 55 Min.) und Mrągowo (Sensburg; 8,40 Zł, 1¼ Std.). Regelmäßig fahren Busse nach Mikołajki (Nikolaiken; 6,90 Zł, 1 Std., 10-mal tgl.), Kętrzyn (Rastenburg; 6,90 Zł, 40 Min., 8-mal tgl.), Olsztyn (Allenstein; 16 Zł, 3 Std., 11-mal tgl.) und Suwałki (16 Zł, 2 Std., 7-mal tgl.). Zwei Busse fahren nach Lidzbark Warmiński (Heilsberg; 13,20 Zł, 1¾ Std.) und bis zu sieben Busse verkehren nach Warszawa (Warschau; 35 Zł, 5 Std.).

Dreimal wöchentlich hält ein Fernbus in Richtung Vilnius (Wilna; 50 Zł, 8 Std.) an der Ostseeküste in Giżycko.

SCHIFF

Die Schiffe der Reederei Żegluga Mazurska fahren von Mai bis September und bieten von Juli bis August einen erweiterten Fahrplan. Täglich fahren zwei Schiffe über Rydzewo nach Mikołajki (Nikolaiken; Erwachsene/ermäßigt 48/35 Zł, 4½ Std.) und eins in nördlicher Richtung nach Węgorzewo (Angerburg; 37/27 Zł, 2½ Std.). Wer in der Stadt bleiben möchte, kann eine Rundfahrt (25/20 Zł, 80 Min.) über den Löwentin-See (Jezioro Niegocin) oder eine abendliche Discofahrt (48 Zł, 2 Std.) unternehmen. Die Anlegestelle ist in der Nähe des Bahnhofs.

ZUG

Der Bahnhof liegt am Südrand der Stadt in Seenähe. Züge fahren nach Ełk (8,20 Zł, 50 Min., 11-mal tgl.) und über Kętrzyn (Rastenburg; 5,70 Zł, 35 Min.) nach Olsztyn (Allenstein; 15,90 Zł, 2 Std., 9-mal tgl.). Darüber hinaus gibt es drei Schnellzüge nach Gdańsk (Danzig; 43,04 Zł, 5¼ Std.) und Białystok (30,03 Zł, 2½ Std.). Die Züge nach Warszawa (Warschau; 44,65 Zł, 6 Std.) fahren einen ziemlichen Umweg – mit dem Bus geht es schneller.

MIKOŁAJKI (NIKOLAIKEN)

☎ 87 / 4000 Ew.

Mikołajki ist zwar kleiner als Giżycko, aber mindestens ein genauso beliebtes und wichtiges Ferienzentrum an der Masurischen Seenplatte. Das Örtchen liegt an einer malerischen Seeenge, über die drei Brücken führen. Es hat hübsche, rot gedeckte Häuser und eine lebhafte Uferpromenade, an der im Sommer Hunderte von Yachten festmachen. Hier ist alles auf den Tourismus ausgerichtet, vor allem auf die vielen deutschen Besucher. Im Sommer scheint sich fast jedes zweite Haus dem Saisongeschäft zu verschreiben.

Wie viele Badeorte versinkt auch Mikołajki im Juli und August im hektischen Trubel, ist im Juni und September ganz entspannt und wirkt den Rest des Jahres fast ausgestorben. Da es an der Hauptwasserstraße von Giżycko nach Rucina-Nida liegt und ein wichtiger Ausgangspunkt für Touren über den Spirding-See (Jezioro Śniardwy) ist, staut sich im Sommer der Schiffs- und Bootsverkehr hier oft. Charme und Lebensgeist des kleinen Städtchens lassen so manchen kleinen Frust schnell vergessen und wer den Weg aufs Wasser dann einmal geschafft hat, wird es nicht bereuen, hierher gekommen zu sein.

Praktische Informationen

Piwnica Internetowa (Ul Szkolna 4D; 1 Std. 6 Zł; 🕙 10–22 Uhr) Internetzugang.

PKO Bank (☎ 421 69 36; Plac Wolności 7)

Touristeninformation (☎ 421 68 50; www.mikolajki.pl auf Polnisch; Plac Wolności 3; 🕙 9–20 Uhr)

Aktivitäten

BOOTSVERMIETUNG

Genau wie in Giżycko ist der Bootsverleih ein großes Geschäft im Sommer und Dutzende von Unternehmen tummeln sich am See. **Wioska Żeglarska** (☎ 421 60 40; Ul Kowalska 3) liegt direkt am Seeufer und vermietet Segelboote. Sollten sie ausgebucht sein, kann das Personal andere Verleiher empfehlen. Weitere Infos zum Bootsverleih s. S. 476.

Für kürzere Ausflüge vermietet **Port Rybitwa** (☎ 421 61 63; surf@su.onet.pl; Ul Okrężna 5) kleine Motorboote (ab 70 Zł/Std., 350 Zł/Tag).

Schlafen & Essen

Im Zentrum gibt es hauptsächlich „richtige" Hotels. In der Umgebung brummt im Sommer das Geschäft mit kleinen Pensionen und Privatzimmern. Eine vollständige Liste gibt es bei der Touristeninformation. Die Preise sind im Großen und Ganzen flexibel. Wer im Hochsommer am späten Nachmittag ankommt, muss mit gepfefferten Preisen rechnen.

Im Sommer ist die Strandpromenade immer ein guter Tipp für die Suche nach etwas Essbarem. Hier reißen sich Restaurants, Stände, Cafés und Bars um die Gäste. Aber auch für die Nebensaison gibt es genügend ganzjährig geöffnete Läden. Hier verhungert keiner.

Hotel Mazur (☎ 421 69 41; Plac Wolności 6; DZ 200 Zł; Ⓟ) Das elegante Hotel Mazur dominiert den zentralen Platz von Mikołajki – was nicht überrascht, da es im ehemaligen Rathaus untergebracht ist. Nicht nur Politiker dürfen die stilvollen Zimmer und die zahlreichen Annehmlichkeiten des Hotels genießen.

Hotel Król Sielaw (☎ 421 63 23; Ul Kajki 5; EZ/DZ/3BZ 80/140/180 Zł, Apt. 240–320 Zł; Ⓟ) Rustikale Holzbalken und putziges Kunsthandwerk geben den Zimmern einen charmanten Touch. Das Landhausthema wird im schlichten Fischrestaurant nahtlos fortgeführt. Das Personal ist über ausländische Gäste vielleicht überrascht, aber doch immer freundlich.

Pensjonat Mikołajki (☎ 421 64 37; www.pensjonat-mikolajki.prv.pl auf Deutsch; Ul Kajki 18; EZ 120 Zł, DZ 160–180 Zł, Suite 340 Zł) Dieses hübsche moderne Haus bietet den paar Auserwählten, die früh genug buchen, einen erstklassigen Blick auf den See. Es gibt auch Zimmer ohne eigenes Bad.

Pensjonat As (☎ 421 68 89; Osiedle Na Górce 7; EZ/DZ/3BZ 100/130/150 Zł; ⊠) Eine der vielen Pensionen an der Straße nach Ruciane-Nida. Die Besitzer dieses freundlichen Familienunternehmens lassen den Gästen die Wahl, welches der seltsam geformten Gästezimmer genehm ist, sind freundlich und sehr bemüht.

Hotel Gołębiewski (☎ 429 07 00; www.golebiewski.pl auf Deutsch; Ul Mrągowska 34; EZ 330–395 Zł, DZ 385–470 Zł, Suite 700 Zł; Ⓟ) All-Inclusive trifft auf Masuren. In diesem Fünf-Sterne-Komplex bleibt kein Wunsch offen. Es gibt drei Restaurants, einen Nachtclub, eine Bowlingbahn, eine Sauna, Tennisplätze, einen Yachthafen und ein eigenes Spaßbad. Die Preise sind erstaunlich moderat für das riesige Angebot; es gibt überwältigende Sonderangebote.

Camping Nr 2 Wagabunda (☎ 421 60 18; www.wagabunda-mikolajki.pl auf Deutsch; Ul Leśna 2; Camping pro Person 10 Zł, Hütten 80–250 Zł; Mai–Sept.) Wagabunda ist der größte Campingplatz am Ort. Er liegt 600 m zu Fuß vom Zentrum nach Südwesten am anderen Ufer. Zusätzlich zum Campingangebot gibt es viele unterschiedliche Hütten, die in Preis und Ausstattung variieren.

Restauracja Prohibicja (☎ 0602 472 27 13; Plac Handlowy 13; Hauptgerichte 14–38 Zł; Ⓟ) Mikołajki ist wahrscheinlich der letzte Ort auf der Welt, an dem man eine Gangster-Bar/Restaurant erwarten würde. Man kann sogar hier übernachten: Darüber gibt es auch ein paar Hotelbetten. Trotz des Namens wird hier Alkohol ausgeschenkt und das Lokal ist für die ganze Familie geeignet. Passenderweise gibt es auch noch ein „Alcatraz" in der Stadt.

An- & Weiterreise

BUS

Der Busbahnhof liegt im Zentrum, in der Nähe der protestantischen Kirche. Busse nach Mrągowo (Sensburg; 5,60 Zł, 40 Min.) fahren praktisch jede Stunde; dort gibt es Anschlussbusse nach Olsztyn (Allenstein) und Kętrzyn (Rastenburg). Täglich fahren zehn Busse nach Giżycko (Lötzen; 6,90 Zł, 1 Std.) und einer nach Suwałki (15,50 Zł, 1¾ Std.). Zudem verkehren im Sommer täglich sechs Busse nach Warszawa (Warschau; 39 Zł, 5 Std.), die viel schneller sind als der Zug.

SCHIFF

Von Mai bis September verkehren Schiffe von Mikołajki (Nikolaiken) nach Giżycko (Lötzen; Erwachsene/ermäßigt 40/32 Zł, 3 Std.) und Ruciane (36/27 Zł, 2 Std.). Darüber hinaus gibt es Rundfahrten über den Spirding-See (Jezioro Śniardwy) und Kombifahrten (zum Beispiel Mikołajki–Jezioro Śniardwy–Ruciane; 40/32 Zł, 2½ Std.).

ZUG

Der verschlafene Bahnhof liegt 1 km vom Zentrum entfernt an der Straße nach Giżycko (Lötzen). Hier fahren täglich ein paar Züge nach Ełk (10,50 Zł, 1¼ Std.), Olsztyn (Allenstein; 13,10 Zł 2 Std.) und Białystok (19,70 Zł, 3½ Std.).

UNESCO BIOSPHÄRENRESERVAT ŁUKNAJNO

Der flache, 700 ha große **Łuknajno-See** liegt 4 km östlich von Mikołajki und ist die Heimat der größten europäischen Population wilder Höckerschwäne *(Cygnus olor)* sowie vieler anderer Vogelarten – 128 verschiedene wurden gezählt. Die zwischen 1200 und 2000 Tiere starke Schwanenpopulation nistet von April bis Mai und bleibt den Sommer über am See. Von einigen Beobachtungstürmen am Seeufer kann man die Tiere sehen.

Von Mikołajki führt eine holprige Straße an den See. Es gibt keine Verbindung mit öffentlichen Verkehrsmitteln. Etwa 3,5 km die Straße hinunter weist ein Schild den Weg „zum Beobachtungsturm" *(do wieży widokowej)*, dann sind es noch zehn Minuten zu Fuß bis zum Seeufer. Im Frühjahr und nach Regen ist der Weg ziemlich matschig, gutes Schuhwerk ist also angesagt. Je nach Wind können die Schwäne ganz in der Nähe, aber auch am anderen Seeufer sein.

RUCIANE-NIDA

☎ 87 / 6000 Ew.

Ruciane-Nida ist der südlichste Hafen der Masurischen Seenplatte. Der Ort liegt am Ufer gleich zweier Seen, des **Guzianka Wielka-Sees** und des **Nidzkie-Sees.** Rund herum ist Wald. Wie der Name nahe legt, besteht der Ort aus zwei Teilen. Nida ist eine uninteressante Ansammlung von Wohnblöcken. Ruciane liegt 2 km nordöstlich und ist der eigentliche Badeort am Seeufer. Die beiden Ortsteile sind durch die von Ferienheimen gesäumte Al Wczasów verbunden, die durch ein Wäldchen verläuft. Rund 1,5 km nördlich von Ruciane liegt die Śluza Guzianka, die einzige Schleuse der Großen Masurischen Seen.

Ruciane-Nida ist ein netter Zwischenstopp auf einer Rundreise durch Masuren. Von hier aus bieten sich Ausflüge nach Mikołajki (Nikolaiken) im Norden und zum wunderschönen Nidzkie-See im Süden an. Der Ort ist aber auch ein guter Ausgangspunkt für eine Erkundung der **Johannisburger Heide** (Puszcza Piska), einem dicht bewaldeten Gebiet im Südosten. Dort gibt es keine ausgeschilderten Wanderwege, aber der Wald ist von vielen Pfaden durchzogen, von denen die meisten sich auch für Fahrräder eignen.

Schlafen

Ośrodek Wypoczynkowy NBP Guzianka (☎ 424 06 00; guzianka@infowm.pl; Ul Guzianka 7; EZ/DZ/3BZ/Hütten 70/130/195/280 Zł; Ⓟ) Der erstklassige neue Guzianka-Komplex gehört der Nationalbank von Polen, ein etwas seltsames Projekt. Egal – die Zimmer sind modern, komfortabel und geräumig und auf dem Gelände gibt es zudem Hütten mit vier Betten, Tennisplätze und einen eigenen Yachthafen. Der Komplex liegt etwa 2 km nördlich des Bahnhofs, in der Nähe der Guzianka-Schleuse.

Dom Wczasowy Perła Jezior (☎ 423 10 44; ruciane@fwp.pl; Al Wczasów 15; EZ/DZ 65/110 Zł; Ⓟ) Wohnblöcke und eine Hütte machen diesen Ferienkomplex aus. Er bietet einfache, saubere Zimmer und Gemeinschaftsbäder am Nida-Ende des Ortes. Vollpension ist möglich.

PTTK Camping No 7 (☎ 423 10 12; Al Wczasów 17; Camping 10 Zł pro Person, Hütten 80–90 Zł, DZ 100–140 Zł, Apt. 200–240 Zł; Mai–Sept.) Ein wenig weiter die Straße entlang liegt der Campingplatz der PTTK mit praktisch jeder erdenklichen Unterkunftsvariante. Er liegt sehr idyllisch zwischen Bäumen.

An- & Weiterreise

BUS

Täglich fahren neun Busse nach Mrągowo (Sensburg; 7,30 Zł, ¾ Std.) und fünf nach Mikołajki (Nikolaiken; 7,50 Zł, 35 Min.). Zudem verkehren ein bis zwei Busse täglich in östlicher Richtung bis nach Suwałki.

SCHIFF

Im Sommer fährt täglich ein Ausflugsschiff der Reederei Żegluga Mazurska nach Mikołajki (Nikolaiken; Erwachsene/ermäßigt 34/25 Zł, 2 Std.) und ein zweites über den Śniardwy-See (38/30 Zł, 2½ Std.). Täglich legen mehrere Boote zu Rundfahrten über den südlich gelegenen Nidzkie-See (18/14 Zł, 1 Std.) ab. Die ortsansässige Reederei **Faryj** (☎ 423 10 06; www.faryj.pl auf Polnisch) bietet ähnliche Touren, darunter auch eine Rundfahrt über den Nidzkie-See (10/8 Zł), eine Fahrt über Guzianka nach Mikołajki (Nikolaiken; 30/25 Zł) sowie eine Tour nach Pisz (40/35 Zł, 3 Std.).

ZUG

Zwei Züge fahren täglich Olsztyn (Allenstein; 15,90 Zł, 2 Std.) und Pisz (4,60 Zł, ¾ Std.) an und es gibt eine Wochenendverbindung nach Warszawa (Warschau; 23,80 Zł, 6 Std.) und Łódź (27,50 Zł, 8¼ Std.).

DIE REGION AUGUSTÓW-SUWAŁKI

Die nordöstliche Ecke Polens, auch als Suwalszczyzna bekannt, ist ebenfalls ein Seengebiet. Die Seen der Suwałki-Seenplatte (insgesamt etwa 200) sind aber kleiner und tiefer, als die Großen Masurischen Seen und – wenn das überhaupt möglich ist – noch kristallklarer. Mit 108,50 m ist der Hańcza-See der tiefste des Landes und vielleicht sogar des gesamten europäischen Flachlands. Nur 20 % der Region sind bewaldet,

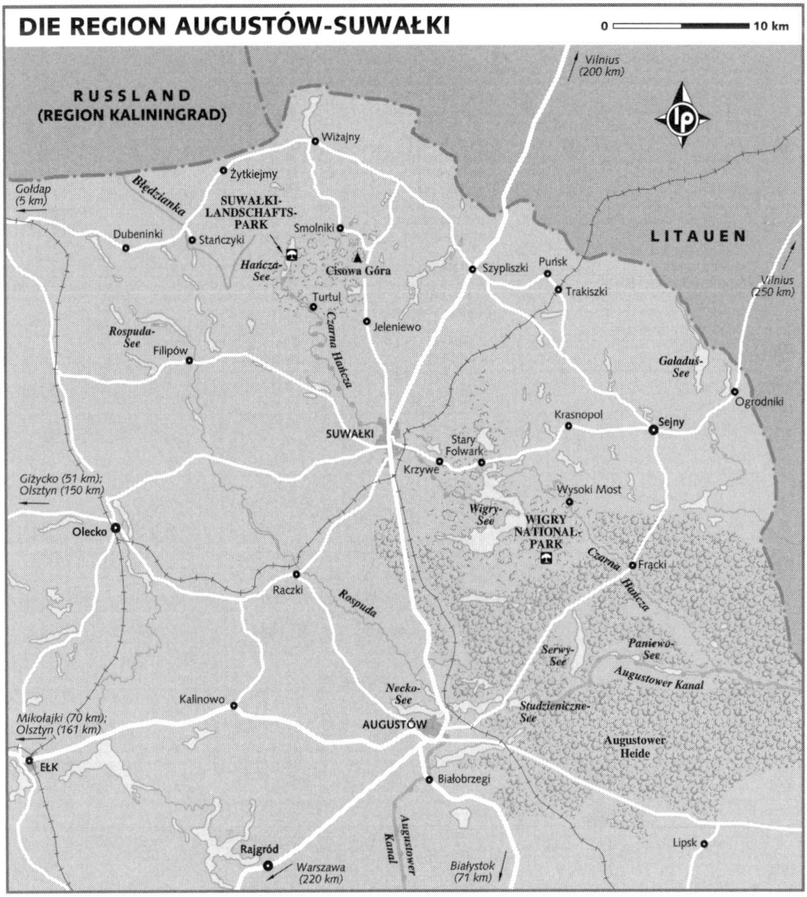

das Terrain ist mit steilen Hügeln und tiefen Tälern schroffer als im Westen.

Nach Süden, in Richtung Augustów, wird die Landschaft flacher und waldreicher. Östlich von Augustów, entlang der Grenze, liegt ein durchgängiges Waldgebiet, die Augustower Heide (Puszcza Augustowska). Sie wird vom Augustower Kanal (Kanał Augustowski) in zwei Teile geteilt.

Die Bevölkerung der Region ist heute vorwiegend polnisch, war früher aber eine bunte ethnische und religiöse Mischung aus Polen, Litauern, Weißrussen, Tataren, Deutschen, Juden und Russen. Spuren dieses kulturellen Mixes sind teils heute noch zu finden, wenn auch manchmal nur auf den Dorffriedhöfen.

Trotz ihrer Naturschönheiten wird die Region wesentlich weniger besucht als die Großen Masurischen Seen. Das liegt vielleicht daran, dass es Polens kälteste Region ist, in der bis zu einem Drittel des Jahres Schnee liegt.

Segeln ist nur eingeschränkt möglich, weil die Seen kleiner und nicht durch Kanäle verbunden sind. Ruderer werden die Flüsse der Region lieben: Sie gehören zu den schönsten des gesamten Landes. Wanderer, Fahrradfahrer und Reiter finden hier ebenfalls gute Möglichkeiten vor.

Es gibt in der Region nur zwei wichtige Städte, Augustów und Suwałki, die sich beide als Sprungbrett für Ausflüge eignen. Sie liegen nahe beieinander, sind aber doch

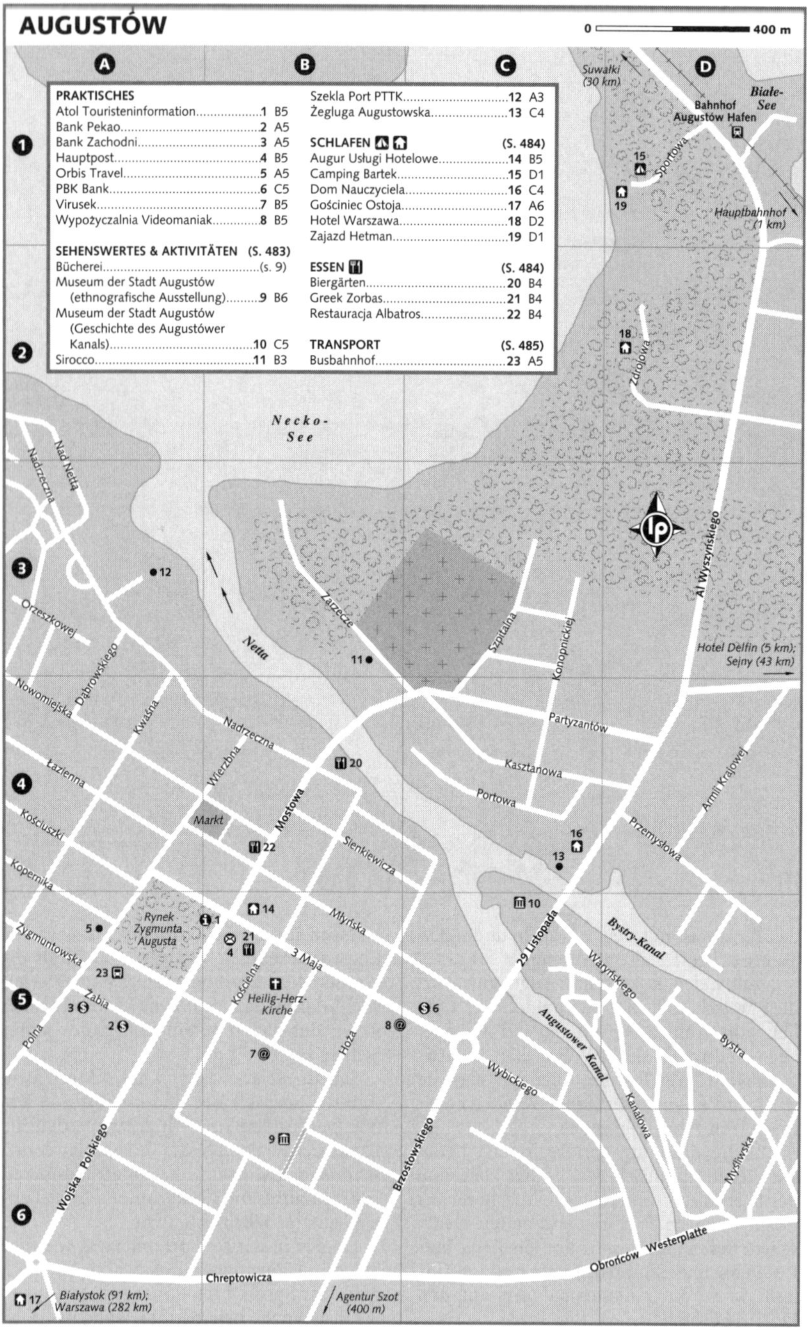
AUGUSTÓW
0 400 m
A
B
C
D
1
2
3
4
5
6
PRAKTISCHES
Atol Touristeninformation ... 1 B5
Bank Pekao ... 2 A5
Bank Zachodni ... 3 A5
Hauptpost ... 4 B5
Orbis Travel ... 5 A5
PBK Bank ... 6 C5
Virusek ... 7 B5
Wypożyczalnia Videomaniak ... 8 B5
SEHENSWERTES & AKTIVITÄTEN (S. 483)
Bücherei ... (s. 9)
Museum der Stadt Augustów (ethnografische Ausstellung) ... 9 B6
Museum der Stadt Augustów (Geschichte des Augustówer Kanals) ... 10 C5
Sirocco ... 11 B3
Szekla Port PTTK ... 12 A3
Żegluga Augustowska ... 13 C4
SCHLAFEN (S. 484)
Augur Usługi Hotelowe ... 14 B5
Camping Bartek ... 15 D1
Dom Nauczyciela ... 16 C4
Gościniec Ostoja ... 17 A6
Hotel Warszawa ... 18 D2
Zajazd Hetman ... 19 D1
ESSEN (S. 484)
Biergärten ... 20 B4
Greek Zorbas ... 21 B4
Restauracja Albatros ... 22 B4
TRANSPORT (S. 485)
Busbahnhof ... 23 A5
Suwałki (30 km)
Białe-See
Bahnhof Augustów Hafen
Sportowa
Hauptbahnhof (1 km)
Zdrojowa
Necko-See
Nad Nettą
Nadrzeczna
Netta
Zarzecze
Szpitalna
Konopnickiej
Al Wyszyńskiego
Hotel Delfin (5 km); Sejny (43 km)
Orzeszkowej
Dąbrowskiego
Nowomiejska
Kwaśna
Partyzantów
Kasztanowa
Portowa
Armii Krajowej
Łazienna
Wierzbna
Mostowa
Markt
Kościuszki
Sienkiewicza
Przemysłowa
Kopernika
Młyńska
Rynek Zygmunta Augusta
Zygmuntowska
Bystry-Kanal
29 Listopada
Waryńskiego
3 Maja
Kościelna
Heilig-Herz-Kirche
Żabia
Polna
Hoża
Augustower Kanal
Bystra
Wybickiego
Kanałowa
Wojska Polskiego
Brzostowskiego
Myśliwska
Obrońców Westerplatte
Chreptowicza
Białystok (91 km); Warszawa (282 km)
Agentur Szot (400 m)

sehr unterschiedlich und bieten Zugang zu unterschiedlichen Ecken des Umlandes.

AUGUSTÓW

☎ 87 / 30 000 Ew.

Augustów ist eine kleine, aber wachsende Stadt an der Mündung der Netta in den Necko-See. Sie wurde 1557 von König Zygmunt II. August gegründet und nach ihm benannt. Trotz ihrer strategisch günstigen Lage begann ihre Entwicklung erst im 19. Jh. mit dem Bau des Augustower Kanals (s. S. 485). Einen weiteren Schub erhielt die Stadt durch die Vollendung der Eisenbahnlinie Warschau–St. Petersburg 1862.

Mit dem Zweiten Weltkrieg wurden die Uhren kräftig zurückgedreht. Während der zweimonatigen Kämpfe 1944 wechselte die Stadt mehrfach die Seiten und wurde zu 70 % zerstört. Nur ganz wenig der ursprünglichen Bausubstanz blieb erhalten. Das meiste wurde durch große Wohnblocks ersetzt, die so verwirrend nummeriert sind, dass die Adressen auf die Häuserwände gemalt sind.

Augustów selbst ist nicht gerade eine Attraktion, die Umgebung dafür umso mehr. Die wunderschöne Augustower Heide beginnt direkt am östlichen Stadtrand und wird vom traumhaften Fluss Czarna Hańcza und dem ungewöhnlichen Augustower Kanal durchflossen. Über die letzten Jahre hat sich die Stadt zu einem beliebten Wassersportzentrum gemausert und entwickelt am grünen Seeufer auch wieder etwas Charme.

Praktische Informationen

Atol Touristeninformation (☎ 643 28 83; www.augustow.pl auf Polnisch; Rynek 44; ⌚ Mo–Fr 8–20 Uhr, Sa & So 10–18 Uhr)
Bank Pekao (☎ 643 66 27; Ul Żabia 3)
Bank Zachodni (☎ 643 57 30; Ul Żabia 9/1)
Hauptpost (☎ 643 41 12; Rynek 3)
Orbis Travel (☎ 643 26 13; Rynek 22)
PBK Bank (☎ 643 34 06; Ul 3 Maja 43)
Virusek (☎ 644 51 28; Ul Ks Skorup 10/3; 1 Std. 3 Zł; ⌚ 12–22 Uhr) Internetzugang.
Wypożyczalnia Videomaniak (☎ 643 53 39; Ul 3 Maja 46; pro Std. 3 Zł; ⌚ 10–22 Uhr)

Sehenswertes

Die wichtigste Sehenswürdigkeit der Stadt ist das **Museum der Stadt Augustów** (Muzeum Ziemi Augustowskiej) mit zwei Standorten. Die Hauptstelle zeigt eine **ethnografische Ausstellung** (☎ 643 27 54; Ul Hoża 7; Erwachsene/ermäßigt 3/2 Zł; ⌚ Di–So 9–16 Uhr) auf der 3. Etage der schmuddelig-modernen Bücherei. Die zweite und interessantere Ausstellung beschäftigt sich mit der Geschichte des **Augustower Kanals** (☎ 643 23 60; Ul 29 Listopada 5A; Erwachsene/ermäßigt 3/2 Zł; ⌚ Di–So 9–16 Uhr) und ist in einer hübschen Holzhütte aus dem 19. Jh. neben Verwaltungsbüros untergebracht.

Aktivitäten

KAJAKTOUREN

Die wunderbaren Kajakrouten locken viele Besucher in die Region und die traumhafte Landschaft ist das bisschen Muskelkater allemal wert. Verschiedene lokale Anbieter organisieren Kajaktouren, darunter auch Hotels und Herbergen. Es werden verschiedene Routen auf den Flüssen der Region angeboten. Es ist auch möglich, sich persönliche Routen je nach Können und Zeit zusammenstellen zu lassen oder einfach ein Kajak zu mieten (für rund 18 Zł/Tag) und sich auf eigene Faust auf den Weg zu machen.

Der Fluss Czarna Hańcza ist das beliebteste Ziel der Ruderer. Die traditionelle Flussroute ist eine Rundtour. Sie beginnt in Augustów, führt über den Augustower Kanal bis zum Serwy-See und hinüber bis zum Nordufer des Sees. Dann werden die Kajaks über Land bis zum Wigry-See oder zum Örtchen Wysoki Most am Fluss Czarna Hańcza gebracht. Von dort folgen die Kanuten dem Fluss bis zum Augustower Kanal und kehren nach Augustów zurück. Die gesamte Rundtour dauert mit Unterbrechungen zwölf Tage und kostet normalerweise mit allem Drum und Dran um die 800 Zł (Unterkunft auf Campingplätzen). Es gibt auch kürzere Touren. Die Agentur **Szot** (☎ 643 43 99; www.szot.pl auf Polnisch, Deutsch im Aufbau; Ul Konwaliowa 2) bietet beispielsweise Tagesausflüge zum schönsten Abschnitt der Czarna Hańcza, einer 25 km langen Strecke zwischen Frącki und Jałowy Róg (130 Zł/38 € pro Person), an.

Andere Flüsse aus dem Tourenangebot der Agenturen sind die Rospuda (sechs Tage) und die Biebrza (sieben bis zehn Tage). Einige Touren führen sogar hinüber nach Litauen (sieben Tage).

Weitere Anbieter:
Sirocco (☎ 643 31 18; sirocco@formica.pl; Ul Zarzecze 5A)

Szekla Port PTTK (☎ 643 38 50; www.szekla.pl auf Polnisch; Ul Nadrzeczna 70A)

SCHIFFSTOUREN

Von Mai bis September verkehren Ausflugsschiffe der Reederei **Żegluga Augustowska** (☎ 643 28 81; Ul 29 Listopada 7) auf den umliegenden Seen und einem Teil des Augustower Kanals östlich der Stadt. Alle Touren legen am **Kai** (Ul 29 Listopada) ab.

Zwischen 10 Uhr und 17.15 Uhr legen die Schiffe im Juli und August stündlich ab und den restlichen Sommer über zweimal täglich. Die kürzeste Fahrt (15 Zł, 1½ Std.) führt über die Seen Necko und Białe, aber nicht über den Kanal. Interessanter sind die längeren Fahrten, die weiter nach Osten über das Kanalsystem führen. Die längste Tour ist derzeit eine Route bis zum Studzieniczne (35 Zł, 3½ Std.).

Festivals & Events

Augustower Theatersommer Findet im Juli und August statt.

Polnische Meisterschaften „Wir segeln mit Allem" (Mistrzostwa Polski w Pływaniu na Byle Czym; ☎ 643 36 59) Schräger und sehr lustiger Wettbewerb, bei dem in selbstgebauten Booten gesegelt wird. Findet im August statt.

Schlafen

Es gibt über die 4 km lange Stadt verteilt eine Auswahl an ganzjährig geöffneten Hotels und Herbergen. Im Sommer öffnen viele Ferienheime, die auch Individualtouristen aufnehmen, so lange sie freie Zimmer haben.

Gościniec Ostoja (☎ 643 02 22; Ul Wojska Polskiego 53A; EZ/DZ 60/100 Zł; P) Diese Pension liegt am südlichen Ende der Stadt und bietet hervorragende, individuell gestaltete Zimmer. Die Räume sind groß, die Badezimmer glänzen und das Frühstück ist reichhaltig. Da fallen ein paar Kleinigkeiten wie der schlechte Fernsehempfang, der Straßenlärm und die fehlenden Vorhänge kaum auf.

Hotel Warszawa (☎ 643 28 05; www.hotelwarszawa.pl auf Polnisch, Deutsch im Aufbau; Ul Zdrojowa 1; EZ/DZ/3BZ/Suite 200/300/370/550 Zł; P) Warum sich jemand mitten im schönen Masuren ein Stück Warschau wünsche sollte, ist nicht ganz klar, aber glücklicherweise bleibt der Bezug zu Warschau nur im Namen. Das hübsche Haus liegt zwischen Bäumen versteckt direkt am Seeufer. Zu den Services des Hotels gehören ein Restaurant, eine Bar, eine Sauna, Fahrräder, Boote und eine Autovermietung.

Dom Nauczyciela (☎ 643 20 21; www.dn.augustow.pl auf Polnisch; Ul 29 Listopada 9; EZ/DZ/3BZ 85/120/140 Zł; P) Direkt am Kai ist das Dom Nauczyciela ein ganz ordentliches, modernes Hotel mit eigenem Restaurant und eigenem Reisebüro, das das übliche Freizeitangebot am Ort bietet. Es gibt auch preiswertere Zimmer mit Gemeinschaftsbädern.

Augur Usługi Hotelowe (☎ 643 62 17; www.augur.pl auf Polnisch; Ul 3 Maja 1; EZ/DZ/3BZ 75/100/120 Zł, 6BZ 180 Zł; P) Eine Unterkunft für Selbstversorger mitten im Stadtzentrum. Die Zimmer sind schlicht, haben ein eigenes Bad und Fernseher. Es gibt eine Gemeinschaftsküche. Sehr hübsch sind das mit Bruchsteinen ausgekleidete Ess-/Kaminzimmer und der kleine gepflasterte Gartenbereich.

Hotel Delfin (☎ 644 31 12; www.hotel-delfin.com.pl auf Deutsch; Ul Turystyczna 81; EZ/DZ/3BZ/Suite 62,50/75/87,50/107,50 €; P) Wer die Rundumversorgung einer Ferienanlage möchte, ist in diesem ständig wachsenden Komplex östlich der Stadt richtig. Zum umfassenden Angebot zählen ein Fitnessclub, Bootstouren, Vermietung von Sportausrüstung und ein eigenes Spaßbad. Das kostenlose Kinderprogramm kommt erholungsbedürftigen Eltern entgegen.

Zajazd Hetman (☎ 644 53 45; Ul Sportowa 1; DZ/3BZ 115/140 Zł; P) Das Hetman wurde 1939 vom polnischen Architekten Maciej Nowicki (Mit-Designer des UN-Gebäudes in New York) entworfen und galt einst als „Modell einer guten Investition in den Tourismus". Heute gilt es gerade einmal als akzeptable Unterkunft, bietet aber verschiedene Zimmer in hübscher Uferlage am See. Das Hotel betreibt auch den einfachen Campingplatz Bartek direkt gegenüber.

Essen

In Augustow ist das Angebot ganzjährig geöffneter Restaurants sehr dünn. Im Sommer gibt es in den **Biergärten** (Ul Mostowa) an der Netta-Brücke jede Menge preiswerte Speisen und Getränke in Festival-Atmosphäre.

Greek Zorbas (☎ 643 29 39; Ul Kościelna 4; Hauptgerichte 9,50–29,50 Zł; Mittag- & Abendessen) Unverständlicherweise ist das Greek Zorbas der populärste Laden am Ort. Es ist so griechisch wie Pavarotti; der Maestro würde aber bestimmt die Pizza- und Pastaauswahl der Speisekarte lieben – und die Moussaka, die dann doch griechisch ist.

ERMLAND & MASUREN

Restauracja Albatros (☎ 643 21 23; Ul Mostowa 3; Hauptgerichte 9–18 Zł; Mittag- & Abendessen) Das Albatros ist ein bisschen Cafeteria und ein bisschen Restaurant. Es bietet preiswerte Mittagsmenüs und abends Disco.

An- & Weiterreise

BUS

Der Busbahnhof liegt auf der Südseite des Rynek und bietet etwa stündliche Busse nach Białystok (13,20 Zł, 2 Std.) und Suwałki (7,50 Zł, ¾ Std.). Es gibt fünf direkte Busse nach Warszawa (Warschau; 33 Zł, 4½ Std.), die alle aus Suwałki kommen und teils sehr voll sind.

Täglich fahren vier Busse nach Sejny (8,40 Zł, 1 Std.) und es gibt jede Woche zwei Fernbusse nach Vilnius (Wilna; 45 Zł, 6½ Std.).

ZUG

Augustów hat zwei Bahnhöfe, die beide weit außerhalb des Zentrums liegen. Vom Bahnhof am Hafen sind einige der Hotels am See gut erreichbar, aber die Schnellzüge halten dort nicht und der Bahnhof hat auch keinen Fahrscheinverkauf.

Vom Hauptbahnhof fahren täglich zwei Schnellzüge über Sokółka und Białystok nach Warszawa (Warschau; 43,04 Zł, 5 Std.). Darüber hinaus fahren sechs Züge täglich nach Suwałki (6,80 Zł, 50 Min.).

RUND UM AUGUSTÓW

Augustower Kanal

Der in den 1820er Jahren erbaute Augustower Kanal (Kanał Augustowski) ist 102 km lang und verbindet die Flüsse Biebrza und Niemen. Der Kanal verläuft durch Seen und Flüsse und prägt mit seinen Schleusen und Fluttoren einen Teil dieser malerischen Landschaft. Der Kanal wird heute zwar nicht mehr kommerziell genutzt, erlebt aber durch den wachsenden Tourismus derzeit ein Revival.

Der Kanal beginnt am Zusammenfluss von Netta und Biebrza und fließt dann 33 km weit durch flaches, sumpfiges Grasland nach Augustów im Norden. Von dort fließt er ostwärts durch eine Reihe von Seen bis zur Grenze nach Weißrussland. Etwa 19 km hinter der Grenze liegt das Ende des Kanals. Der östlich verlaufende Teil ist der interessanteste und sollte auf jedem Reiseplan für diese Region stehen.

Der Kanal ist eine Meisterleistung des Ingenieurswesens des 19. Jh. und wurde zur Zeit des kurzlebigen „Kongresspolens" erbaut. Er sollte dem Land einen weiteren Zugang zur Ostsee erschließen, da das Mündungsgebiet in preußischer Hand war. Ziel des Projekts war es, die Nebenflüsse der Weichsel mit dem Fluss Niemen zu verbinden und die Ostsee am lettischen Hafen Ventspils zu erreichen. Trotz des riesigen Umwegs schien dies die einzige Möglichkeit zu sein, Güter ins Ausland zu transportieren.

Der polnische Teil der Wasserstraße wurde vom Armeeingenieur General Ignacy Prądzyński in nur sieben Jahren (1824–30) erbaut. Abschließende Arbeiten gingen jedoch bis 1839 weiter. Die Russen sollten ihren Teil des Kanals in etwa derselben Zeit von der Stadt Kaunas bis nach Ventspils bauen; die Arbeiten daran wurden aber nie vollendet.

Der Augustower Kanal endete als regionale Wasserstraße. Das trieb die Entwicklung der Region zwar auch voran, wurde aber nie internationale Handelsroute. Die Strecke umfasst 28 km Seen, 34 km kanalisierte Flüsse und 40 km künstlich angelegten Kanal. Es gibt 18 Schleusen (14 davon in Polen), die insgesamt 55 m Höhenunterschied ausgleichen. Die Schleuse in Augustów hat eine ganz besondere Geschichte: Im Zweiten Weltkrieg wurde sie stark beschädigt und 1947 wieder neu erbaut – an einer vollkommen anderen Stelle!

Der gesamte polnische Teil des Kanals ist schiffbar, die Ausflugsschiffe von Augustów fahren aber in östlicher Richtung nur bis zum Gorczyckie-See, da die dahinter liegenden Schleusen außer Betrieb sind. Mit dem Kajak kann die Fahrt bis hinter die Grenze fortgesetzt werden. Informationen, Tourvorschläge und Mietkonditionen für Kajaks können bei den Vermietungsagenturen erfragt werden (s. S. 483)

Augustower Heide

Die Augustower Heide (Puszcza Augustowa) erstreckt sich östlich von Augustów bis zur litauisch-weißrussischen Grenze. Mit 1100 m² ist es nach Bory Dolnośląskie in Niederschlesien Polens größtes zusammenhängendes Waldgebiet. Es ist ein Überbleibsel eines Urwaldes, der einst große Teile Ostpolens und des südlichen Litauens bedeckte.

Der Wald besteht hauptsächlich aus Kiefern und Tannen, dazwischen stehen Birken, Eichen, Ulmen, Linden, Ahorne und Espen. Auch die Fauna ist reich und bietet Bibern, Wildschweinen, Wölfen, Rehen und Elchen Lebensraum. Darüber hinaus sind auch viele Vogelarten hier vertreten. Die 55 Seen des Waldgebiets sind sehr fischreich.

Bis ins 17. Jh. war der Wald praktisch unerforscht. Heute durchziehen ihn gepflasterte Straßen und unbefestigte Wege und Pfade. Dennoch sind weite Teile des Waldes auch heute noch unberührt. Wer der Zivilisation einmal richtig den Rücken kehren möchte, kann das in diesem sehr ursprünglichen Wald ohne weiteres tun.

Das Waldgebiet muss nicht unbedingt zu Fuß erkundet werden. Straßen führen am Augustower Kanal entlang bis zur Grenze. Viele der unbefestigten Wege sind für Fahrradfahrer und Reiter gut geeignet. Zu Fuß kommt man – bis auf die Sumpfgebiete – praktisch überall hin. Fahrräder können in Augustów gemietet werden. Infos über die Augustower Heide gibt es in der **Atol Touristeninformation** (in Augustów ☎ 643 28 83; www.augustow.pl auf Polnisch; Rynek 44; 🕑 Mo–Fr 8–20 Uhr, Sa & So 10–18 Uhr), darunter beispielsweise eine Broschüre mit Radwegen durch den Wald. Auf der detaillierten Wanderkarte *Puszcza Augustowska* (Augustower Heide; Maßstab 1:70 000) sind Straßen, Wege und Wanderpfade eingezeichnet.

SUWAŁKI

☎ 87 / 65 000 Ew.

Suwałki erschien gegen Ende des 17. Jhs. auf der Landkarte und wurde wie viele andere Dörfer von den Kamaldulensermönchen aus Wigry gegründet. Die kleine, multinationale Gemeinde aus Juden, Litauern, Tataren, Russen, Deutschen und Altgläubigen (die sich im 17. Jh. von der Russisch-orthodoxen Kirche abspalteten) wuchs nur langsam.

Suwałki ist die größte Stadt der Region, aber bei Touristen nicht so beliebt wie Augustów, da es nicht direkt am See und Waldrand liegt. Hier gibt es keine Ferienheime und auch sonst wenig touristische Infrastruktur. Die Stadt dient hauptsächlich als Tor zur Erkundung der Umgebung, weniger als eigenständiges Reiseziel. Außer der landschaftlich schönen Gegend hat die Stadt tatsächlich wenig zu bieten.

Praktische Informationen

Bank Pekao (☎ 565 32 41; Ul Noniewicza 95)
Internet Café Grand (☎ 565 06 69; Ul Korczaka 2A; 1 Std. 3 Zł) Internetzugang.
Post (☎ 565 17 72; Ul Sejneńska 13)
Touristeninformation (☎ 566 58 72; www.suwalki.com.pl auf Polnisch; Ul Kościuszki 45; 🕑 Juni–Aug. Mo–Fr 8–18 Uhr, Sa 9–14 Uhr, Sept.–Mai Mo–Fr 8–16 Uhr)

Sehenswertes

Es mag etwas makaber erscheinen, den **Friedhof** als Sehenswürdigkeit zu bezeichnen, aber er gibt einen guten Einblick in die multikulturelle Vergangenheit der Stadt. Für jede religiöse Gemeinschaft gibt es hier einen eigenen Bereich – die religiöse Toleranz hat schließlich auch ihre Grenzen.

Auffällig ist das große Areal des **Jüdischen Friedhofs**. Zu Beginn des 20. Jhs. stellten die Juden über die Hälfte der Stadtbevölkerung. Ihr Friedhof wurde im Zweiten Weltkrieg verwüstet und so steht hier heute nur noch ein Monument. Es wurde aus den Überresten der Grabsteine errichtet. Der kleine **Muslimische Friedhof** ist das einzige Relikt der Tataren, deren Gräber heute kaum noch erkennbar sind.

Im hinteren Teil des **Orthodoxen Friedhofs** liegt der **Friedhof der Altgläubigen**. Eine Hand voll von Gläubigen dieser Splittergruppe trifft sich bis heute Sonntags in der **Kirche** (molenna; Ul Sejneńska 37A) auf der anderen Seite der Stadt. Die schlichte Holzkirche stammt vom Anfang des 20. Jhs., die hier aufbewahrten Ikonen sind aber um einige älter. Die Kirche wird nur zu den Gottesdiensten geöffnet.

An der Hauptstraße der Stadt, Ul Kościuszki, stehen neoklassizistische Bauten aus dem 19. Jh. Hier liegt auch das **Regionalmuseum** (☎ 566 57 50; Ul Kościuszki 81; Erwachsene/ermäßigt 5/3 Zł; 🕑 Di–Fr 8–16 Uhr, Sa & So 9–17 Uhr), das sich mit den Ureinwohnern der Region, den Jatzwingern, beschäftig. Im Anbau liegt das **Maria Konopnicka-Museum** (Erwachsene/ermäßigt Kombiticket 7/4 Zł), das sehr beliebten polnischen Autorin und Dichterin gewidmet ist.

Aktivitäten

Das **PTTK-Büro** (☎ 566 59 61; Ul Kościuszki 37) bietet Kajaktouren auf dem Fluss Czarna Hańcza (s. S. 483) und für all diejenigen, die lieber eine Tour auf eigene Faust unternehmen, Informationen und Kajakvermietung (18 Zł/Tag) an.

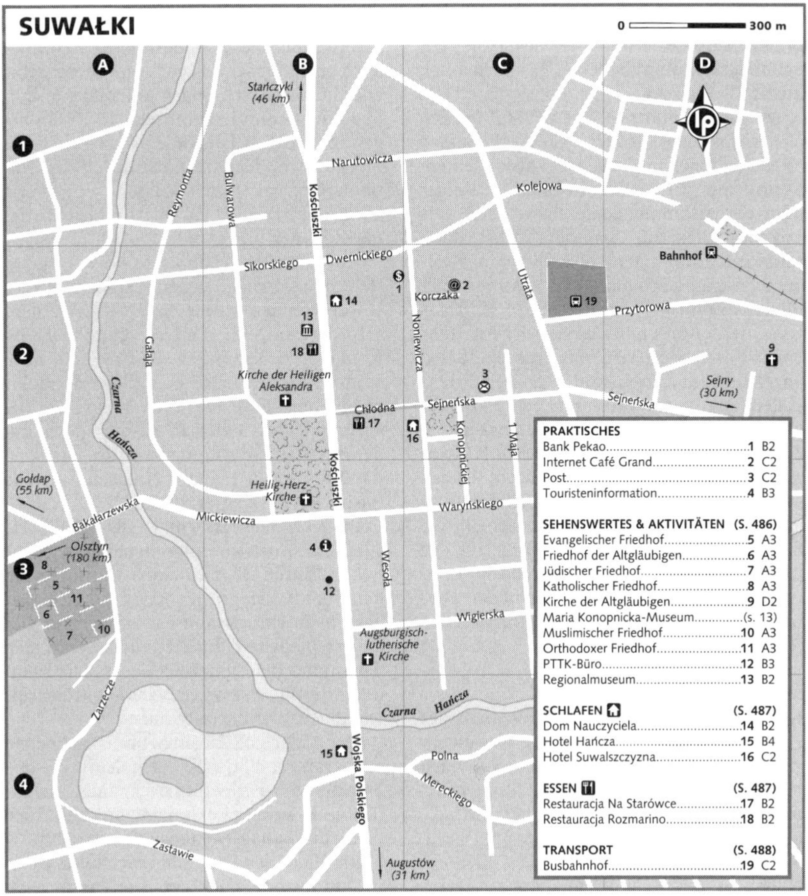

Schlafen & Essen

Suwałki weist eine vernünftige Unterkunftspalette auf. Aber warum sollte jemand überhaupt in der Stadt bleiben wollen? Schließlich ist dies eine der wichtigsten Agrotourismus-Regionen. Die Touristeninformation und örtlichen Reisebüros helfen gern, eine dieser idyllischen ländlichen Unterkünfte zu finden.

Hotel Suwalszczyzna (☎ 565 19 00; www.hotel-suwalszczyzna.suwalki.com.pl auf Polnisch; Ul Noniewicza 71A; EZ/DZ 140/170 Zł; Ⓟ) Hinter einer wenig ansprechenden Fassade verbirgt sich eins der besten Hotels und Restaurants von Suwałki. Die Sammlung signierter, gerahmter Fußballtrikots an der Treppe sprechen entweder für eine ungezügelte Leidenschaft oder für einen ungewöhnlich hohen Anteil an prominenten Gästen aus der Sportwelt.

Dom Nauczyciela (☎ 566 69 00; www.domnauczyciela.suwalki.pl auf Deutsch; Ul Kościuszki 120; EZ 116–148 Zł, DZ 148–168 Zł, 3BZ/4BZ 192/216 Zł, Suite 196–240 Zł; Ⓟ) Das frühere Wohnheim für Lehrer ist heute ein Hotel. Es bietet Zimmer verschiedener Kategorien an. Die preiswertesten sind nichts Besonderes, aber die Studio-Suiten sind ganz elegant. Das Hotel verfügt über ein gutes Restaurant – empfehlenswert ist der „Wildbraten".

Hotel Hańcza (☎ 566 66 33; www.hotelhancza.com; Ul Wojska Polskiego 2; EZ/DZ/3BZ/Suite 70/98/145/180 Zł; Ⓟ) Dieser riesige Kasten wirkt eher abschreckend, im Grunde ist das Hotel aber keine schlechte Wahl. Der Blick auf den See ist einzigartig und das Restaurant sehr preisgünstig. Allerdings ist das Hotel bei Schulklassen sehr beliebt. Das Frühstück kostet 10 Zł extra.

Restauracja Rozmarino (☎ 566 59 04; Ul Kościuszki 75; Hauptgerichte 8,90–24,90 Zł; ⏲ Frühstück, Mittag- & Abendessen) Noch nie ist so viel auf so kleinem Raum mit so wenig negativem Beigeschmack zusammengepfercht worden: Das Lokal ist Pizzeria, Pianobar, Kunstgalerie und Restaurant in einem. Es bietet im zweigeschossigen Gartenlokal im Sommer auch noch Livemusik. Die Speisekarte sieht aus wie eine Zeitung und das vorwiegend italienische Angebot wird mit Ausgefallenem wie Krabbenscheren und Straußen-Frikadellen aufgepeppt. Zur einfachen Pizza gibt es eine Karaffe mit extra Tomatensauce.

Restauracja Na Starówce (☎ 563 02 57; Ul Chłodna 2; Hauptgerichte 19,60–31,85 Zł; ⏲ Frühstück, Mittag- & Abendessen) Das Na Starówce bietet richtig gute, traditionelle Küche und erscheint für Suwałki fast eine Nummer zu ehrgeizig. Die phantasievolle Speisekarte wechselt regelmäßig und nimmt sich immer neuer Themen an (die französischen Monate sind ziemlich empfehlenswert).

An- & Weiterreise

Der Bahnhof liegt 1,5 km nordöstlich des Zentrums, der Busbahnhof ist etwas näher. Züge von hier aus lohnen sich hauptsächlich für weitere Strecken. Täglich fahren mehrere Züge nach Białystok (17,20 Zł, 2¾ Std.) und Warszawa (Warschau; 39,53 Zł, 5½ Std.) und unregelmäßig hält hier ein Nachtzug mit Schlafwagen nach Vilnius (Wilna; 100 Zł, 6¼ Std.).

Die Busse bedienen hauptsächlich Ziele in der Region. Es verkehren natürlich auch Stadtbusse. Zweimal wöchentlich fährt ein Bus der PKS (20 Zł) nach Vilnius (Wilna; 4½–5½ Std.) und nach Biacomex (56 Zł); die örtlichen Reisebüros bieten außerdem regelmäßig Tagesausflüge nach Vilnius (60 Zł) an.

RUND UM SUWAŁKI

Wigry-Nationalpark

☎ 87

Der Wigry-Nationalpark umfasst den Wigry-See und einen breiten, hauptsächlich bewaldeten Landstrich drum herum, in dem fünfzig weitere kleine Seen liegen. Der 21 km² große **Wigry-See** ist der größte See der Region. Mit 73 m ist er nicht nur einer der tiefsten Seen, sondern ganz bestimmt auch einer der schönsten Seen Polens. Seine Uferlinie ist verschlungen und bildet unzählige Buchten und Halbinseln. 15 Inseln liegen im See. Der bei Ruderern sehr beliebte Fluss Czarna Hańcza fließt durch den Nationalpark, wo zahlreiche Fisch-, Vogel- und Säugetierarten leben. Wahrzeichen des Parks ist der Biber.

Auf einer der Halbinseln im Wigry-See steht in einmaliger Lage das **Kloster Wigry**. Es wurde von den Mönchen des Kamaldulenserordens (s. S. 152) erbaut, kurz nachdem König Jan II. Kazimierz Wasa sie 1667 nach Wigry gebracht hatte. Der Klosterkomplex mit Kirche und 17 Einsiedeleien lag ursprünglich auf einer Insel, die später mit dem Festland verbunden wurde. Heute ist das Kloster ein Hotel – eine sehr stilvolle Basis, den Park zu erkunden.

Im gesamten Park gibt es ausgeschilderte Wege, von denen einige in sehr entlegene Ecken führen. Es gibt einen Rundweg um den See (49 km, grüner Weg), der etwa drei Tage in Anspruch nimmt. Am Seeufer gibt es verschiedene Zeltplätze, die je etwa einen Tagesmarsch auseinander liegen. Die Wanderkarte *Wigierski Park Narodowy* führt alle wichtigen Wanderwege auf.

Der einfachste Zugang zum Park liegt an der Straße von Suwałki nach Sejny, die den Nordteil des Parks durchschneidet. An ihr liegt in Krzywe, ca. 5 km von Suwałki, auch die **Nationalparkverwaltung** (☎ 566 63 22).

Rund um den Park gibt es reichlich Übernachtungsmöglichkeiten. Die Parkverwaltung betreibt mehrere Hütten und Campingplätze und es gibt mehrere Agrotourist-Höfe in der näheren Umgebung. Infos dazu gibt es in der Touristeninformation in Suwałki.

Auf der Straße von Suwałki nach Sejny verkehren regelmäßig Busse. Der Bus nach Wigry (im Sommer 4-mal tgl.) fährt auch das Kloster an.

Sejny

☎ 87 / 5000 Ew.

Sejny liegt 30 km östlich von Suwałki und ist die letzte polnische Ortschaft vor dem Grenzübergang nach Litauen im 12 km entfernten Ogrodniki. Der Ort ist um ein Dominikanerkloster herum entstanden, das 1602 von Mönchen aus Wilna errichtet wurde. 1804 vertrieben die Preußen den

Orden. Die stolze, zweitürmige Fassade der **Kirche** dominiert auch heute noch die Stadt. Die Kirche (um 1610) wurde 150 Jahre später von außen in prächtigem Wilnaer Barock umgestaltet. Der Innenraum präsentiert sich in harmonischem Rokokostil.

Am anderen, südlichen Ende der Stadt liegt die große **Synagoge**, in den 1880er Jahren von der großen jüdischen Gemeinde des Ortes errichtet. Während der deutschen Besatzung diente sie als Feuerwehrstation und nach dem Krieg als Lagerraum. Heute beherbergt sie eine Kunstgalerie, die von der **Stiftung Grenzland** (Fundacja Pogranicze; ☎ 516 27 65) betrieben wird. Sie zeigt Kunst und Kultur der unterschiedlichen ethnischen und religiösen Traditionen der Region.

Stündlich fahren Busse von Sejny nach Suwałki (6,30 Zł, ¾ Std.).

Suwałki-Landschaftspark

☎ 87

Der Suwałki-Landschaftspark wurde 1976 gegründet, ist 63 km² groß und war der erste Naturpark dieser Art in Polen. Er umfasst eine malerische Landschaft im Norden Suwałkis, die von schönen Wäldern (etwa 24 % der Fläche) bestanden und von insgesamt 26 Seen (etwa 10 % der Fläche) durchzogen wird.

Das Dörfchen **Smolniki** liegt 20 km nördlich von Suwałki und ist wahrscheinlich die beste Basis zur Erkundung des Naturparks. Verschiedene der ausgeschilderten Wege führen durch den Ort Es gibt eine Hand voll Unterkünfte. Weitere Informationen hierzu sind in der **Touristeninformation** (☎ 566 58 72; www.sirt.suwalki.com.pl auf Polnisch; Ul Kościuszki 45) in Suwałki erhältlich.

Die Umgebung von Smolinki ist eine raue, stark bewaldete Region mit Dutzenden kleinen Seen. Im Ort selbst gibt es drei schöne Aussichtspunkte, die einen Überblick über die Landschaft erlauben. Eine der unzähligen Wanderoptionen ist der Weg nach Westen zum **Hańcza-See**, dem tiefsten See des Landes. Er zeichnet sich durch steile Ufer, steinigen Boden und kristallklares Wasser aus und liegt oben in den Bergen.

Wer von Smoliki in Richtung Suwałki reist, sollte einen Zwischenstopp in **Gulbieniszki** am Berg **Cisowa Góra** einlegen. Der 256 m hohe Hügel direkt neben der Straße ist kegelförmig wie ein Vulkan und bietet eine schöne Aussicht auf die umliegenden Seen.

Die Landkarte *Suwalski Park Krajobrazowy i Okolice* mit einem Maßstab von 1:50 000 eignet sich gut für Ausflüge. Alle wichtigen Wanderwege und Sehenswürdigkeiten sind (zumindest auf Englisch) aufgeführt.

Stańczyki

☎ 87 / 200 Ew.

Zwischen bewaldeten Hügeln nahe der nördlichen Parkgrenze steht ein ungewöhnliches Paar **Eisenbahnbrücken** (s. Kasten), die sich weit über die Baumgipfel erheben. Sie verbinden die steilen Wände des Tals der

UNRUHIGE WASSER?

Die beiden Eisenbahnbrücken von Stańczyki wurden von Italienern entworfen und im damaligen Ostpreußen von Deutschen erbaut. Sie sollten die Zuglinie von Gołdap nach Żytkiejmy schließen. Die erste Brücke wurde zwischen 1912 und 1914 erbaut. Nur zwölf Jahre später erstand eine identische Brücke gerade einmal 15 m daneben. Während des Zweiten Weltkriegs lagen die Bauarbeiten brach, aber die nördliche Brücke wurde bis 1944 genutzt. Dann baute die Rote Armee die Schienen ab, um sie mit nach Russland zu nehmen, wodurch die Brücken nutzlos wurden.

Es ist nicht nötig, ein Architekt zu sein, um zu erkennen, dass diese beiden Brücken einige Fragen aufwerfen: Warum überhaupt zwei gleiche Konstruktionen in einer so entlegenen Region? Sollte die Bahnlinie durch eine zweite Brücke entlastet werden, obwohl hier sowieso nie mehr als drei Züge pro Tag verkehrten? Es widerspricht so ganz dem üblichen preußischen Pragmatismus.

Aber vielleicht haben sich die Preußen ganz einfach von der Schönheit der monumentalen Bauten hinreißen lassen, denn die Brücken sind unbestritten sehr elegant. Leider sind sie nicht ganz so solide gebaut, wie es den Anschein hat, und die wachsenden Touristenströme beginnen, die Brücken sowie die beiden Talwände, auf denen sie aufliegen, zu beschädigen. Bungee-Jumping wurde bereits verboten. Wenn nicht bald Restaurierungsmaßnahme eingeleitet werden, sind die Brücken von Stańczyki wahrscheinlich für immer verloren.

Błędzianka. 36 m über der Wasserlinie wurden diese beiden 180 m langen Konstruktionen direkt nebeneinander gebaut. Ihre hohen Stützen tragen weite, elegante Bögen, die an römische Aquädukte erinnern. Die heute ungenutzten Brücken haben keine Schienen mehr und wirken so wie zwei riesige, surrealistische Skulpturen mitten im Nirgendwo. Die Brücken sind beide begehbar. Sowohl der Blick hinunter ins Tal als auch von unten nach oben lohnt sich. Die lange Zeit praktisch in Vergessenheit geratenen Brücken entwickeln sich langsam zu einer Touristenattraktion. Ein Parkplatz und schlichte Einrichtungen werden hier im Sommer bereits betrieben.

Von Suwałki fahren im Sommer zwei Busse zu den Brücken (8,40 Zł, 70 Min.). Ab der Straße von Gołdap nach Wiżajny gibt es eine Zufahrtsstraße, auf der täglich sechs Busse verkehren. Am besten steigt man am Abzweig nach Stańczyki aus. Nach 1,5 km sieht man die Brücken auf der linken Seite.

Allgemeine Informationen

INHALT

AKTIVITÄTEN

Hanggliding & Paragliding

Sowohl Hang- als auch Paragliding sind in Polen ziemlich beliebt, gerade natürlich in den bergigen Regionen im Süden. Einer der beliebtesten Startplätze ist der Nosal über Zakopane. In Zakopane gibt es mehrere Schulen und Agenturen, die Unterricht und/oder Tandemflüge anbieten. Die Touristeninfo in Zakopane (S. 271) weiß mehr darüber.

Höhlen

Es gibt über 1000 Höhlen ganz unterschiedlicher Art in Polen. Die meisten liegen im Krakau-Tschenstochauer Oberland und in der Tatra. Zu besichtigen ist allerdings nur eine Hand voll. Die spektakulärsten sind die Bärenhöhle in Kletno (Klessengrund; S. 315) und die Paradies-Höhle nahe Kielce (S. 182).

Kajakfahren

Polen hat einige fast unberührte Landschaften, die beste Bedingungen für Kanuten und Kajakfahrer bieten. Die Krutynia und die Czarna Hańcza in Masuren bieten zum Beispiel super Voraussetzungen (s. S. 460 und S. 483).

Radfahren

Mit dem eigenen Fahrrad ist es leicht, abseits der Besucherströme das Land kennen zu lernen. Die meisten Straßen sind in ganz akzeptablem Zustand und Polen ist überwiegend flach. Die Touristeninfos vor Ort geben Auskunft, wo es Fahrräder zu mieten gibt.

Rafting

Der zurzeit einzige Rafting-Trip geht durch den Dunajec-Durchbruch (S. 266) – es ist eine gut organisierte Floßfahrt.

Reiten

Die Polen reiten gern. Es gibt viele Gestüte und Reiterhöfe, von denen die meisten Reitstunden auch für Anfänger anbieten und erfahrenen Reitern Pferde zum Ausreiten ausleihen.

Segeln

Die Masurischen Seen sind ideal zum Segeln und im Sommer voller Boote. Bootsvermietungen gibt es in Giżycko (Lötzen; S. 474), in Mikołajki (Nikolaiken; S. 478) und in mehreren anderen masurischen Ferienorten. Einige Reisebüros organisieren auch Segeltörns.

Skifahren

Skifahren konzentriert sich in den Karpaten. Zakopane am Fuß der Tatra ist das Skizentrum Nr. 1 in Polen, danach folgt Szczyrk in den Schlesischen Beskiden. Die vielen anderen, kleineren Skiorte besitzen oft nur bescheidene Einrichtungen.

PRAKTISCH & KONKRET

- Nachrichten und Artikel rund um Polen stehen in der englischsprachigen Wochenschrift *Warsaw Weekly.* Alle größeren Zeitungskioske verkaufen sie. Ausländische Zeitungen gibt es bei EMPiK, in fremdsprachigen Buchläden und bei den Zeitungskiosken in den Lobbys der besseren Hotels.
- Der staatliche Sender Polskie Radio ist über UKW und Mittelwelle im ganzen Land zu empfangen (nur auf Polnisch). Über die Sendefrequenzen und das Programm der Deutschen Welle informiert: DW-WORLD, 53110 Bonn; Tel.: 0228-429-0.
- Polen hat zwei staatliche Fernsehsender: TVP1 und TVP2 (vor allem Bildungs- und Kulturthemen). Außerdem gibt es mehrere Privatsender und die international empfangbaren Satellitenprogramme.
- Videorekorder verwenden das PAL-System.
- Steckdosen liefern 220 V und entsprechen der Euro-Norm.

Vogelbeobachtung

In Polen gibt es viele Gelegenheiten und gute Bedingungen, um Vögel zu beobachten, vor allem an den Seen und in den Feuchtgebieten im Nordosten des Landes. Die Spezialagentur Bird Service (☎ 292 14 60; www.bird.pl auf Deutsch; Ul Św Krzyża 17) in Krakau ist einer der besten Anbieter und organisiert entsprechende Touren.

Wandern

Wandern gehört zu den beliebtesten Outdoor-Sportarten Polens. Tausende Kilometer markierter Wanderwege ziehen sich durch die schönsten Landschaften, vor allem in den Bergen. Die Wege sind in der Regel gut ausgewiesen und stellen auch Gelegenheitswanderer vor keine allzu großen Herausforderungen. Die beliebtesten Wanderwege liegen in der Tatra (s. „Wandern in der Tatra“, S. 270). Weitere schöne Wege sind unter anderem in den Pieniny, den Bieszczady und im Riesengebirge. Die Wandersaison beginnt im Mai.

Windsurfen

Windsurfen wird an der Ostküste betrieben. Das Zentrum ist die Danziger Bucht zwischen Władysławowo (Großendorf) und Chałupy (s. S. 408).

ALLEINREISENDE

Alleine reisen ist in Polen einfach und völlig problemlos. Die Fahrt per Anhalter ist wie in allen Ländern allerdings nicht zu empfehlen. Der größte Ärger für Alleinreisende sind die Unterkunftspreise, denn im Vergleich zu einem geteilten Doppelzimmer sind Einzelzimmer oft teuer. Herbergen und Internetcafés sind die idealen Orte, wo sich neue Kontakte zu anderen Ausländern oder zu Polen ergeben.

Alleine reisende Frauen haben es in Polen nicht schwerer als anderswo – solange sie sich vernünftig verhalten und die Vorsichtsmaßnahmen beachten, die auch in anderen westeuropäischen Ländern gelten.

BOTSCHAFTEN & KONSULATE

Botschaften & Konsulate in Polen

Deutschland Warschau (Botschaft) (Karte S. 60; ☎ 22-6 17 30 11; www.ambasadaniemiec.pl; Ul Dąbrowiecka 30, PL-03-932 Warszawa); Danzig (Generalkonsulat) (☎ 58-3 41 43 66; Al Zwycięstwa 23, PL-80-219 Gdańsk); Krakau (Generalkonsulat) (☎ 12-4 21 84 73; Ul Stolarska 7, PL-31-043 Kraków); Breslau (Generalkonsulat) (☎ 71-3 42 52 52; Ul Podwale 76, PL-50-449 Wrocław); Oppeln (Vizekonsulat) (☎ 77-4 54 21 84; Ul Strzelcow Bytomskich 11, PL-45-084 Opole)

Lettland Warschau (Karte S. 60; ☎ 22-617 43 89; embassy.poland@mfa.gov.lv; Ul Królowej Aldony 19, Warszawa)

Litauen Sejny (☎ 87-516 22 73; Ul 22 Lipca 9, Sejny); Warschau (Karte S. 60; ☎ 22-625 34 10; litwa_amb@waw.pdi.net; Al Szucha 5, Warszawa)

Österreich Warschau (Botschaft) (☎ 22-8 41 00 85; Ul Gagarina 34, PL-00-748 Warszawa)

Russland Danzig (☎ 58-341 10 88; Ul Batorego 15, Gdańsk); Krakau (☎ 12-422 26 47; Ul Biskupia 7, Kraków); Posen (☎ 61-841 75 23; Ul Bukowska 53a, Poznań); Warschau (Karte S. 60; ☎ 22-621 34 53; www.poland.mid.ru; Ul Belwederska 49, Warszawa)

Schweiz Warschau (Botschaft) (☎ 22-6 28 04 81; Al Ujazdowskie 27, PL-00-540 Warszawa)

Slowakische Republik Warschau (Karte S. 60; ☎ 22-525 81 10; www.ambasada-slowacji.pl; Ul Litewska 6, Warszawa)

Tschechische Republik Kattowitz (☎ 32-609 99 52; Ul Stalmacha 21, Katowice); Warschau (Karte S. 64-65; ☎ 22-628 72 21; www.mfa.cz/warsaw; Ul Koszykowa 18, Warszawa); Breslau (☎ 71-782 60 60; Rynek 13, Wrocław)

Ukraine Warschau (Karte S. 60; ☎ 22-629 34 46; www.ukraine-emb.pl; Al Szucha 7, Warszawa)
Weißrussland Białystock (Karte S. 119; ☎ 85-744 55 01; Ul Elektryczna 9, Białystok); Danzig (☎ 58-341 00 26; Zi. 905, Ul Wały Piastowskie 1, Gdańsk); Warschau (☎ 22-742 09 90; Ul Wiertnicza 58, Warszawa)

Polnische Vertretungen im Ausland

Polen unterhält Botschaften in den Hauptstädten von rund neunzig Ländern. Die Konsulate haben in der Regel die gleiche Adresse wie die Botschaft. In manchen Ländern gibt es zusätzliche Konsulate in anderen Städten.

Deutschland Berlin (Botschaft) (☎ 030-22 31 30; Lassenstraße 19-21, D-14193 Berlin); Berlin (Konsularabteilung) (☎ 030-22 31 30; Richard-Strauß-Straße 11, D-14193 Berlin); Köln (Generalkonsulat) (☎ 0221-93 73 00; Lindenallee 7, D-50968 Köln); Hamburg (Generalkonsulat) (☎ 040-61 18 70; Gründgensstraße 20, D-22309 Hamburg); Leipzig (Generalkonsulat) (☎ 0341-5 62 33 00; Trufanowstraße 25, D-04105 Leipzig); München (Generalkonsulat) (☎ 089-4 18 60 80; Röntgenstr. 5, D-81679 München)
Lettland Riga (☎ 2-703 15 00; Mednieku iela 6b, 1010 Riga)
Litauen Wilna (☎ 27-09 001; Smelio gatve 20 A, Vilnius)
Österreich Wien (Botschaft) (☎ 01-87 01 50; Hietzinger Hauptstraße 42c, A-1130 Wien)
Russland Königsberg (☎ 0112-27 35 77; ulitsa Kasztanova 51, 236000 Kaliningrad); Moskau (☎ 095-231 15 00; ulitsa Klimashkina 4, 123557 Moskwa); St. Petersburg (☎ 812-274 41 70; ulitsa 5 Sovietskaya 12/14, 193130 Sankt Petersburg)
Schweiz Bern (Botschaft) (☎ 031-3 52 04 52; Elfenstrasse 20A, CH-3000 Bern 16)
Slowakische Reublik Pressburg (☎ 7-544 13 175; Ul Hummelova 4, 81491 Bratislava)
Tschechische Republik Ostrava (☎ 69-611 80 74; Ul Blahoslavová 4, 70100 Ostrava); Prag (☎ 2-257 530 388; Valdštejnská 8, Malá Strana, Praha)
Ukraine Kiew(☎ 44-224 80 40; vulitsya Yaroslaviv 12, 252034 Kyiv); Lemberg (☎ 322-97 08 61; vulitsya Ivana Franko 110, 290000 Lviv)
Weißrussland Minsk (☎ 017-213 43 13; Ul Rumiancewa 6, Minsk 220034)

ERMÄSSIGUNGEN

Nähere Infos zur Warschauer Touristenkarte gibt es auf S. 64.

Jugendherbergsausweis

Ein Mitgliedsausweis von Hostelling International (HI) lohnt sich vielleicht: Er kann 10 bis 25 % Rabatt auf den Übernachtungspreis in einer Jugendherberge bringen. Einige Herbergen gewähren Ausländern grundsätzlich keine Ermäßigung. Wer keinen Jugendherbergsausweis besitzt, kann in den Büros des PTSM (Polnisches Jugendherbergswerk) in allen größeren Städten einen kaufen.

Studentenausweis

Studenten sollten ihren internationalen Studentenausweis (International Student Identity Card, ISIC) in den Rucksack packen. Bei Vorlage des deutschen Studentenausweises plus eines Dokuments, das ein Vollstudium belegt, lässt sich der ISIC auch in Polen besorgen.

Almatur (Reise- und Touristikbüro der Vereinigung Polnischer Studenten) hat Büros in den meisten Großstädten und gibt ISICs für rund 30 Zł aus (Passfoto mitbringen).

Der Ausweis berechtigt zu Ermäßigungen in Museen (normalerweise 50 %), auf Polferries-Fähren (20 %), Inlandsflügen der polnischen Fluglinie LOT (10 %) und im öffentlichen Nahverkehrsnetz in Warschau (50 %). Außerdem gibt es Ermäßigungen bei internationalen Tickets; Züge und Überlandbusse gewähren keine Ermäßigungen für Studenten.

ESSEN

Die Restaurants, die in diesem Reiseführer empfohlen werden, sind in den jeweiligen Abschnitten der größeren Städte nach den durchschnittlichen Preisen für ein Hauptgericht sortiert. Preiswert ist bis 15 Zł (20 Zł in Warschau), mittelteuer 15 bis 30 Zł (20 bis 40 Zł in Warschau) und teuer ab 30 Zł (40 Zł in Warschau). Wissenswertes zu polnischem Essen und Trinken steht auf S. 51.

FEIERTAGE

Gesetzliche Feiertage in Polen sind:
Neujahr 1. Januar
Ostermontag Im März oder April
Tag der Arbeit 1. Mai
Tag der Verfassung vom 3. Mai 1791 3. Mai
Fronleichnam Ein Donnerstag im Mai oder Juni
Mariä Himmelfahrt 15. August
Allerheiligen 1. November
Tag der Wiedergewinnung der Unabhängigkeit 1918 11. November
Weihnachten 25. und 26. Dezember

FESTIVALS & EVENTS

Neben einigen etablierten nationalen und internationalen Film-, Theater- und Musikfestspielen finden über das Jahr verteilt noch zahlreiche kleinere, lokale Feste, Wettbewerbe und Events statt. Viele sind folkloristisch oder kirchlich ausgerichtet. Im Folgenden eine Auswahl der größten Festivals und Events.

JANUAR

Theaterfestival (www.teatrdramatyczny.pl auf Englisch; Warschau) Internationales Programm mit Aufführungen von Meistern des modernen Theaters.

FEBRUAR

Festival der Seemannslieder „Shanties" (www.shanties.pl auf Polnisch; Krakau) Seemannslieder singen und viel Bier trinken.

Musica Polonica Nova (www.musicapolonicanova.pl auf Polnisch; Breslau) Internationales Festival zeitgenössischer Musik.

MÄRZ

Posener Jazzfestival (www.jazz.pl auf Polnisch; Poznań) Eine Woche lang treten nationale und internationale Jazz-Stars auf.

MAI

Gaude Mater (www.gaudemater.pl auf Englisch; Tschenstochau) Einwöchiges internationales Festival sakraler Musik.

Juvenalia (www.juvenalia.krakow.pl auf Polnisch; Krakau) Studentenkarneval mit Kostümen, Maskeraden und Tanz in den Straßen.

JUNI/JULI

Festival der Jüdischen Kultur (www.jewishfestival.pl; Krakau) Die größte Veranstaltung dieser Art in Europa.

Mozart-Festspiele (Warschau) Aufführung aller 26 Bühnenstücke Mozarts.

Sommer-Jazz-Festival (www.cracjazz.com auf Polnisch; Krakau) „Best of" des modernen polnischen Jazz.

Warsaw Summer Jazz Days (www.adamiakjazz.pl auf Polnisch; Warschau) Konzertreihe im Juli und August.

AUGUST

Internationales Festival der Bergfolklore (www.zakopane.pl auf Polnisch; Zakopane) Polens ältestes und größtes Festival der Volkskultur.

SEPTEMBER

Warschauer Herbst (www.warsaw-autumn.art.pl auf Englisch; Warschau) Zehntägiges internationales Festival zeitgenössischer Musik.

OKTOBER

Internationales Filmfest (www.wff.pl auf Englisch; Warschau) Ein dicht gepacktes Programm mit Kunstfilmpremieren, Vorlesungen und Workshops.

Religiöse Feste

Der Katholizismus ist in Polen überall zu spüren. Besonders in den konservativen ländlichen Regionen spielen die Feste und Feiertage des Kirchenjahres eine große Rolle. Höhepunkte sind natürlich das Weihnachtsfest (Boże Narodzenie) und die Osterzeit (Wielkanoc). Es gibt viele Tage, die Heiligen gewidmet sind. Der Marienkult hat größte Bedeutung.

WEIHNACHTEN

Die Weihnachtszeit beginnt auch in Polen wie üblich mit dem Advent (Adwent). In diesen vier Wochen werden die Weihnachtskrippen in den Kirchen vorbereitet. Krakau nimmt dabei eine besondere Position ein: Traditionell wird hier ein Wettbewerb der schönsten Krippen ausgetragen.

Der Heiligabend (Wigilia) ist der wichtigste Abend der Weihnachszeit. Sobald der erste Stern am Himmel leuchtet, beginnt das Festessen. Vor dem Mahl teilt die Familie eine Oblate (Opłatek) und wünscht sich alles Gute für die Zukunft. Das Festessen besteht traditionell aus zwölf Gängen und bringt das Beste auf den Tisch, das die polnische Küche zu bieten hat. Ein Platz am Tisch wird für den unerwarteten Gast eingedeckt. Kinder finden ihre Geschenke unter dem Weihnachtsbaum (Choinka) oder werden vom Hl. Nikolaus (Święty Mikołaj) beschenkt.

In den traditionelleren ländlichen Gegenden erzählt man sich immer noch Geschichten, in denen Magie und Zauberei vorkommen, zum Beispiel, dass Tiere in dieser Nacht mit menschlichen Stimmen sprechen und sich das Wasser im Brunnen um Mitternacht in Wein verwandelt.

Nach dem Festmahl geht die Familie gemeinsam in die Mitternachtsmesse (Pasterka). Der Gottesdienst findet quasi in allen Kirchen statt – und alle sind sie voll.

Der erste Weihnachtsfeiertag gehört der Familie. Er vergeht mit Gottesdienst, Essen und gemütlichem Faulenzen. An Silvester (Sylwester) wird der Jahreswechsel in den Städten mit offiziellen Bällen und privaten Partys gefeiert.

Am 6. Januar, dem Tag der Heiligen Drei Könige (Dzień Trzech Króli), ziehen Sternsänger mit kleinen Krippen oder religiösen Symbolen von Tür zu Tür. In der Kirche wird ein Stück Kreide gesegnet, mit dem anschließend „K+M+B" (die Initiale der Heiligen Drei Könige) an die Haustüren geschrieben wird, um sich den himmlischen Segen zu sichern.

OSTERN

Ostern ist ein bewegliches Fest, das auf den ersten Sonntag nach dem ersten Vollmond nach dem 21. März fällt (also irgendwann zwischen dem 22. März und dem 25. April). Voraus geht die Fasten- und Bußzeit (Wielki Post), die mit dem Aschermittwoch (Środa Popielcowa), vierzig Tage vor dem Osterfest, beginnt.

Die Karwoche (Wielki Tydzień) beginnt mit dem Palmsonntag (Niedziela Palmowa), der an den triumphalen Einzug Christi in Jerusalem erinnert, wo er mit Palmzweigen begrüßt wurde. Als Ersatz kommen heute meist Weidenzweige mit weißen Kätzchen zum Einsatz, wobei die Tradition in manchen Dörfern wie Rabka, Tokarnia und Łyse (in der Region Kurpie) noch sehr ernst genommen wird: Hier werden kunstvolle „Palmen" angefertigt, die bis zu 10 m hoch sind.

Der Palmsonntag markiert auch den Beginn der Feierlichkeiten in Kalwaria Zebrzydowska (S. 223) nahe Krakau. Sie finden ihren Höhepunkt im Gründonnerstag (Wielki Czwartek) und Karfreitag (Wielki Piątek), wenn das Passionsspiel aufgeführt wird. In einer Mischung aus religiöser Feier und Volkstheater schlüpfen einheimische Laiendarsteller in die Rollen von römischen Soldaten, Aposteln, jüdischen Priestern und Christus selbst. Die Prozession mit Pilgern und Zuschauern führt an Kalwarienkapellen vorbei, die die Stationen des Kreuzweges symbolisieren.

Am Karfreitag versammeln sich die Gläubigen in den Kirchen vor den dort aufgebauten Heiligengräbern; am Karsamstag (Wielka Sobota) bringt man Körbe mit Brot, Wurst, Kuchen und Eiern in die Kirche, um sie segnen zu lassen. Die Eier sind manchmal kunstvoll bemalt.

Der Ostersonntag (Niedziela Wielkanocna) beginnt mit einem Gottesdienst, in der Regel folgt eine Prozession. Danach gibt es ein festliches Frühstück, bei dem die gesegneten Speisen gegessen werden. Vor dem Frühstück verteilt die Familie Eier und wünscht sich gegenseitig Glück.

Am Ostermontag (Lany Poniedziałek) bespritzen sich die Menschen gegenseitig mit Wasser. Der Wassermenge sind keine Grenzen gesetzt: Sie reicht von einem symbolischen Tropfen Duftwasser bis hin zu einem Eimer Wasser über den Kopf oder einer Dusche aus dem Gartenschlauch.

Pfingsten (Zielone Święta) fällt auf den fünfzigsten Tag nach Ostersonntag, zehn Tage später ist Fronleichnam (Boże Ciało) mit Prozessionen im ganzen Land. Die bekannteste Prozession findet in Łowicz (S. 108) statt.

WEITERE FESTE

Das wichtigste Marienfest ist Mariä Himmelfahrt (Święto Wniebowzięcia NMP) am 15. August. Es wird an vielen Orten Polens gefeiert, besonders umfangreich im Kloster von Jasna Góra in Tschenstochau (S. 177). Pilger aus dem ganzen Land kommen hier zusammen, einige haben mehrtägige Fußmärsche hinter sich.

Allerheiligen (Dzień Wszystkich Świętych) am 1. November ist ein Tag der Besinnung und der Gebete für die Seelen der Toten. An keinem anderen Tag hinterlassen die Menschen so viele Blumen, Kränze und Kerzen auf den Gräbern ihrer verstorbenen Verwandten. Die Feierlichkeiten setzen sich in geringerem Umfang am nächsten Tag fort.

FOTOS & VIDEO

Negativ- und Diafilme sind in allen Großstädten und auch den größeren Provinzstädten zu bekommen. Die EMPiK-Läden verkaufen nicht nur Filme, hier können auch Filme zum entwickeln abgegeben werden. Es gibt darüber hinaus zahllose Mini-Fotolabore. Ein Film mit 36 Bildern kostet etwa 10 Zł, ein Diafilm mit 36 Bildern etwa 24 Zł, jeweils inklusive Entwicklung und Abzügen. Eine 3-er Packung DV-Mini-Kassetten kostet etwa 55 Zł.

Auch in Polen ist es verboten, Militär-, Industrie-, Transport- und Telekommunikationseinrichtungen zu fotografieren. Ansonsten kann man so ziemlich alles fotografieren oder filmen. In den meisten Kirchen darf fotografiert werden; wegen der schlechten Lichtverhältnisse ist oft ein Blitz notwendig, der aber erst eingeschaltet werden sollte, wenn man die Erlaubnis dafür hat. Viele Museen verbieten Aufnahmen oder berechnen eine (teils heftige) Gebühr für die Erlaubnis.

Freilichtmuseen (Skansen) bieten sich an, um die traditionelle ländliche Architektur im Bild festzuhalten. Volksfeste und religiöse Feiern sind gute Gelegenheiten für Portrait- und Gruppenaufnahmen. Einheimische tragen dann die traditionellen Trachten. Märkte sind dagegen oft ein bisschen farblos. Es ist eigentlich selbstverständlich: Beim Fotografieren von fremden Menschen gebietet es die Höflichkeit, immer sehr diskret und respektvoll vorzugehen.

Wer bespielte Videokassetten kaufen möchte, sollte auf das Format achten. Früher kam das französische Secam-System zum Einsatz, aber heute ist das in Europa gebräuchliche PAL-System Standard.

FRAUEN UNTERWEGS

Frauen on tour stoßen in Polen kaum auf Schwierigkeiten, solange sie vor allem in den Städten die übliche Wachsamkeit walten lassen. Frauen können die meisten Kneipen unbegleitet betreten, auch wenn es einige Etablissements gibt, in denen das unerwünschte Aufmerksamkeit erregt. In den gut besuchten Stadtkneipen sind Frauen immer auf der sicheren Seite, ebenso in den Lokalen, die auch von anderen ausländischen Reisenden besucht werden. Viele Bereiche im Warschauer Zentrum sollten nachts besser gemieden werden (s. Gefahren & Ärgernisse).

Eine Frau, die in entlegenen ländlichen Gegenden allein unterwegs ist, kann oft mit der Hilfe, Gastfreundlichkeit und Großzügigkeit der Einheimischen rechnen. Allein reisende Männer haben es da schwerer.

GEFAHREN & ÄRGERNISSE

Polen ist ein relativ sicheres Reiseland, auch wenn die Kriminalitätsrate seit dem Zusammenbruch des Kommunismus zunimmt. Augen offen halten und den Verstand einschalten, ist die Devise. Probleme gibt es überwiegend in den Großstädten, wobei Warschau wahrscheinlich der unsicherste Ort des Landes ist. Vorsicht ist bei nächtlichen Spaziergängen vor allem im Zentrum und im Vorort Praga sowie am Hauptbahnhof Warszawa Centralna, dem beliebtesten Jagdrevier der Kleinkriminellen und Taschendiebe, angebracht. Andere Großstädte mögen sicherer wirken, aber Nachlässigkeit ist bestimmt die falsche Reaktion darauf. Als Faustregel gilt: Je kleiner die Stadt, desto sicherer ist sie.

Besonders nach Einbruch der Dunkelheit sind heruntergekommene Gegenden, düstere Vororte und verlassene Parks zu meiden; im Zweifelsfall lieber ein Taxi nehmen. Vorsicht ist auch bei Gruppen suspekt aussehender Männer auf Märkten, in zwielichtigen Bars und an Bus- und Bahnhaltestellen angebracht. Menschen, die Angst vor Hunden haben, seien gewarnt: Die Polen mögen große Hunde und lassen diese auch gern ohne Leine und Maulkorb herumlaufen.

Den Inhalt von Jackentaschen und das Gepäck sind in Menschenmengen (auf dem Markt oder in öffentlichen Verkehrsmitteln) besonders gut im Auge zu behalten. Es ist praktisch, kleinere Geldscheine und Münzen griffbereit zu haben, um beim Wechselgeld nicht übers Ohr gehauen zu werden. Hotels sind in der Regel sicher, aber Wertgegenstände sind an der Rezeption noch am besten aufgehoben.

Diebstahl aus Autos wird zunehmend zu einer Unsitte. In Warschau und anderen Großstädten ist die Taximafia (S. 96) ein Problem, auch Raubüberfälle im Zug sind auf dem Vormarsch.

Ist etwas gestohlen worden oder sind Papiere, Wertsachen oder andere Gegenstände verloren gegangen, sollte das sofort bei der Polizei angezeigt werden. Die Kopie der Anzeige gilt als Notdokument und Beleg gegenüber der Versicherung zu Hause. Eine Begleitperson, die deutsch und polnisch spricht, ist dabei oft hilfreich. Die gestohlenen Sachen tauchen in den seltensten Fällen wieder auf. Die Polizisten werden ziemlich schlecht bezahlt und verhalten sich „reichen" Ausländern gegenüber, die ein paar Euro verloren haben, oft eher gleichgültig.

Alkoholexzesse gehören in Polen zum alltäglichen Bild. Manchmal sind die Betrunkenen aber ganz schön nervig. Im Land hat bisher niemand vehement gegen das Rauchen protestiert. So müssen Nichtraucher damit leben, dass die Polen gerne und viel rauchen und der Rauch der oft billigen Zigaretten in Schwaden unter der Decke hängt.

Kundenorientierung ist in den Läden, Büros und Restaurants nicht immer das Leitmotiv. Das Schneckentempo, das dort manchmal noch an den Tag gelegt wird, verschwindet zwar zunehmend, ist aber längst nicht ausgerottet. Betrug ist nicht die Regel. Trotzdem ist es nicht übertrieben, vor allem in den Touristengebieten aufmerksam zu sein.

Übrigens: Wenn junge Burschen einem an der Supermarktkasse anbieten, die Taschen zu packen, ist das kein Bettel- oder Betrugsversuch – es sind Pfadfinder, die für wohltätige Zwecke sammeln.

Seit dem Zweiten Weltkrieg ist Polen eine ethnisch nahezu homogene Nation. Die Bevölkerung in den entlegenen ländlichen Regionen hat kaum Kontakt mit Fremden. Aus diesem Grund müssen Reisende, die anders aussehen als die Einheimischen, damit leben, hin und wieder angestarrt zu werden. In den meisten Fällen ist das reine Neugier ohne jede Feindseligkeit. In den großen Städten gibt es dagegen schon Rassismus, der aber noch kein gesellschaftliches Problem als solches darstellt.

GELD

Im Rahmen des EU-Beitritts erklärte Polen seine Absicht, den Euro so schnell wie möglich als Landeswährung zu übernehmen. Die schlechte Wirtschaftssituation im Land macht dies allerdings frühestens für 2008 wahrscheinlich. Die offizielle polnische Währung ist der Złoty (wörtlich „golden"), abgekürzt Zł. Er unterteilt sich in 100 Groszy (Abkürzung: gr). Banknoten haben die Stückelung 10, 20, 50 und 100 Zł, die Münzen 1, 2, 5, 10, 20 und 50 gr sowie 1, 2 und 5 Zł. Die Banknoten zeigen polnische Könige, sind unterschiedlich groß und leicht zu unterscheiden.

Es empfiehlt sich, in Geschäften, Cafés und Restaurants mit kleinen Scheinen zu zahlen. Die 100 Zł-Scheine, die die Geldautomaten gern ausspucken, sind oft schwierig zu wechseln.

Wie viel eine Reise durch Polen ungefähr kostet, steht auf S. 11. Wechselkurse siehe vorderer Umschlag innen.

Bargeld

Geld wechselt man in den privaten Wechselstuben *(kantors)*, die sich in den Großstädten an fast jeder Straßenecke finden lassen. Es sind entweder eigenständige Büros oder einfach ein Schreibtisch in einem Reisebüro, Bahnhof, Postamt, Kaufhaus oder gehobenen Hotel. Außerhalb der großen Städte gibt es weniger kantors, aber in jeder mittelgroßen Stadt immer noch genug. Die Wechselstuben sind in der Regel zwischen 9 und 18 Uhr an Werktagen und bis 14 Uhr an Samstagen geöffnet. Einige sind auch länger geöffnet, wenige sogar rund um die Uhr.

Kantors wechseln nur Bargeld, sie akzeptieren alle relevanten Währungen. Euro und Dollar stellen überhaupt kein Problem dar. Es gibt keine Gebühren für den Wechsel. Der aktuelle Wechselkurs ist auf eine Tafel geschrieben. Der ganze Vorgang dauert nur Sekunden – man braucht weder einen Ausweis, noch muss man irgendwelche Formulare ausfüllen.

Kantors kaufen und verkaufen Devisen. Die Differenz zwischen den An- und Verkaufskursen ist normalerweise nicht größer als 2 %. Die Wechselkurse variieren leicht in den verschiedenen Städten und von *kantor* zu *kantor* (um etwa 1 %). Kleinere Städte bieten oft um bis zu 2 % schlechtere Kurse, deshalb ist es besser, in den großen Städten zu wechseln.

Um Ärger zu vermeiden, sollten Banknoten in gutem Zustand sein. *Kantors* können Scheine zurückweisen, auf die Zahlen geschrieben sind (was manche Bankkassierer bei der Abrechnung tun), selbst wenn sie sonst in makellosem Zustand sind.

Geldautomaten

Es gibt ein dichtes Netz von Geldautomaten *(Bankomaty)* in Polen. Die meisten akzeptieren ec-, Visa-, MasterCard-, Cirrus- und Maestro-Karten.

Am einfachsten und billigsten sind Scheck- oder Kreditkarten, mit denen man Bargeld am Bankschalter erhält oder am Geldautomaten ziehen kann. Die Gebühren der großen polnischen Banken sind gering (irgendwo zwischen 0 und 2 %). Dafür muss man nur seine PIN im Kopf haben und die Gebühren und Limits für Abhebungen der eigenen Bank kennen.

Internationale Überweisungen

Western Union bzw. die Postämter in den jeweiligen Ländern (in Deutschland die Postbank) als Agentur wickeln internationale Geldtransfers ab. Das Geld erreicht den Empfänger 15 Minuten, nachdem der Absender es (zusammen mit einer Überweisungsgebühr) bei der Agentur eingezahlt hat. Filialen von Western Union finden sich in allen polnischen Großstädten und den meisten größeren Kleinstädten.

Ausführliche Informationen zur nächsten Agentur und zu den Geschäftsbedingungen gibt es unter www.westernunion.com/info/homePageasp?country=DE (auf Englisch) und bei den Postbank-Filialen in Deutschland, den Postämtern in Österreich und der Schweizerischen Post.

Kreditkarten

Kreditkarten werden weltweit zunehmend als Zahlungsmittel akzeptiert, vor allem in den besseren Läden, Restaurants und Hotels in großen Städten. Die beste Akzeptanz in Polen haben Visa, MasterCard, Amex, Diners Club, Eurocard und Access.

Mit Kreditkarten kann man auch am Bankschalter Geld abheben. Am besten funktioniert das mit Visa-Karten, die von den meisten Banken akzeptiert werden, auch der Bank Pekao, die zusätzlich MasterCard annimmt.

Steuern

Die polnische Mehrwertsteuer kennt drei Stufen: 0 % (Bücher, Presseerzeugnisse, einige Grundnahrungsmittel), 7 % (die meisten Lebensmittel) und 22 % (Feinkost, Hotels, Restaurants, Benzin, Luxusgüter).

Trinkgeld & Handeln

In Restaurants ist die Bedienung im Preis enthalten, es wird gezahlt, was auf der Rechnung steht. Ob der Gast ein Trinkgeld gibt, ist ihm überlassen. In Billigrestaurants wird das eher selten passieren, schon eher, dass man den Rechnungsbetrag glatt aufrundet. In besseren Lokalen ist ein Trinkgeld von bis zu 10 % des Rechnungsbetrags üblich.

Bei Hotels ist Trinkgeld nur in Spitzenhäusern üblich, Zimmerservice und Portiers erwarten alle ein Tip. Taxifahrer bekommen kein Trinkgeld, außer sie haben wirklich Außerordentliches geleistet.

Handeln ist in Polen nicht üblich. Es kann auf Basaren, Obst- und Gemüsemärkten und an Straßenständen schon mal vorkommen.

INTERNETZUGANG

Mit dem Laptop sollte es problemlos möglich sein, sich über die Telefonsteckdose im Hotelzimmer einzuloggen. Dabei hilft ein Roaming-Service wie **MaGlobe** (www.maglobe.com), der Einwahlnummern in Polen hat. Eine andere Möglichkeit ist der Internetservice von Telekomunikacja Polska zum Preis eines Ortsgesprächs: Einfach das Modem ☎ 020 21 22 wählen lassen und als Usernamen und Passwort „ppp" eingeben. Die Downloadgeschwindigkeiten sind allerdings quälend langsam. Die meisten neueren Mittel- und Spitzenklassehotels haben heute Telefondosen (normale RJ-11-Buchsen) mit Möglichkeit, Modemkabel anzuschließen.

Es lohnt sich, in einen so genannten Line Tester zu investieren, der zwischen Computer und Telefonstecker geschaltet wird und verhindert, dass das Modem „gegrillt" wird. Verbindungen sollten so kurz wie möglich gehalten werden, denn Anrufe im Hotel sind teuer. In den polnischen Städten nimmt die Zahl der Hotspots für den drahtlosen Internetzugang ständig zu. Eine Liste gibt es bei intel.jiwire.com. Weitere Informationen zum Reisen mit dem Laptop gibt es bei www.kropla.com.

Die großen Internetanbieter wie AOL halten für ihre Mitglieder Listen mit Einwahlknoten in Polen zum Download bereit.

Wer zu Hause über eine Arbeitsplatz- oder Uni-Adresse mailt, für den empfiehlt sich für unterwegs eine Webmail-Adresse bei Yahoo, Web.de oder Hotmail, die man an Freunde und Bekannte weitergibt, oder man versucht, über diesen Account auf den heimischen Account zuzugreifen (was nicht immer funktionieren wird).

Eine Liste nützlicher polnischer Internetressourcen gibt es auf S. 11.

KARTEN & STADTPLÄNE

In Polen gibt es viel gutes und preiswertes Kartenmaterial. Neben dem staatlichen Verlag **PPWK** gibt es noch eine ganze Reihe privatwirtschaftlicher Verlage.

Es gibt eine große Vielfalt an Generalkarten. Manche Karten stellen das ganze Land dar, andere sind in vier oder acht Blätter unterteilt, mit größerem Maßstab und mehr Details. Der Straßenatlas Atlas *Samochodowy* enthält auch Pläne der wichtigsten Städte, polnische Straßenschilder und ein vollständiges Ortsregister.

Alle Großstädte und die meisten größeren Kleinstädte haben ihre eigenen Pläne. Sehr gut sind die orangefarbenen Demart-Stadtpläne mit alphabetischen Straßenverzeichnissen und ausführlichen Infos zu Straßenbahn- und Buslinien, Postämtern, Hotels, Krankenhäusern, Apotheken usw.

Ebenfalls sehr hilfreich sind die Touristenkarten (zwischen 1:50 000 und 1:75 000) der populärsten Reiseziele. Sie decken einen relativ kleinen Bereich (eine einzelne Bergkette oder eine Seenplatte) ab und sind sehr detailliert. Außerdem sind markierte Wanderwege eingezeichnet und praktisch alles, woran ein Wanderer, Auto- oder Radfahrer interessiert sein könnte. Für Wandertouren sind sie unerlässlich.

Alle diese Karten sind in den größeren Städten mühelos zu kaufen (in Buchläden und/oder Touristeninfos). Deswegen ist es gut, sie dort auch für andere Regionen der Reise zu besorgen, denn in den kleineren Orten sind sie eventuell schwer zu bekommen. Karten und Stadtpläne kosten zwischen 5 und 15 Zł. Polnische Karten sind leicht zu lesen. Die meisten Symbole beruhen auf internationalen Normen und werden in der Legende auch in drei Fremdsprachen erläutert.

In diesem Buch wird in den Stadtplänen das Wort für „Straße“, ulica oder abgekürzt Ul, meist weggelassen; Aleje oder Aleja, kurz Al, ist eingetragen, um die großen Straßen von den normalen zu unterscheiden.

KINDER

Das Reisen mit Kindern ist in Polen einfach. Kinder erhalten in öffentlichen Verkehrsmitteln, in Unterkünften und Freizeiteinrichtungen oft Vergünstigungen. Die Altersgrenzen für Rabatte schwanken von Ort zu Ort, werden aber nur selten streng überprüft. Alles Notwendige für Kinder jeden Alters ist in den größeren Städten problemlos erhältlich. Es gibt Bekleidungsgeschäfte für Kinder und Spielzeugläden. In den Supermärkten und Apotheken werden Einwegwindeln und Babynahrung verkauft.

KLIMATABELLEN

Das Klima in Polen wird durch das Kontinentalklima im Osten und das Meeresklima im Westen beeinflusst. Das Resultat: Das Wetter ist wechselhaft und kann von Tag zu Tag und Jahr zu Jahr stark schwanken. Der Winter kann in einem Jahr fast schneefrei sein und im nächsten den Verkehr mit Schneemassen für Tage lahm legen. Der Sommer ist mal kalt und nass, mal sonnig und warm.

Die Jahreszeiten heben sich deutlich voneinander ab. Der Frühling beginnt im März kalt und windig und wird mit der Zeit angenehm warm und sonnig. Der Sommer beginnt im Juni und ist überwiegend warm, manchmal auch heiß; viel Sonnenschein wechselt sich mit heftigen Niederschlägen ab. Der heißeste Monat ist Juli. Ab September beginnt der Herbst und es ist anfangs warm und meist sonnig und wird zum November hin kalt, feucht und neblig. Der Winter dauert von Dezember bis März. Mal gibt es viel Schnee, mal weniger. Hoch oben in den Bergen hält sich der Schnee bis weit in den Mai hinein. Januar und Februar sind die kältesten Monate. Die Temperaturen

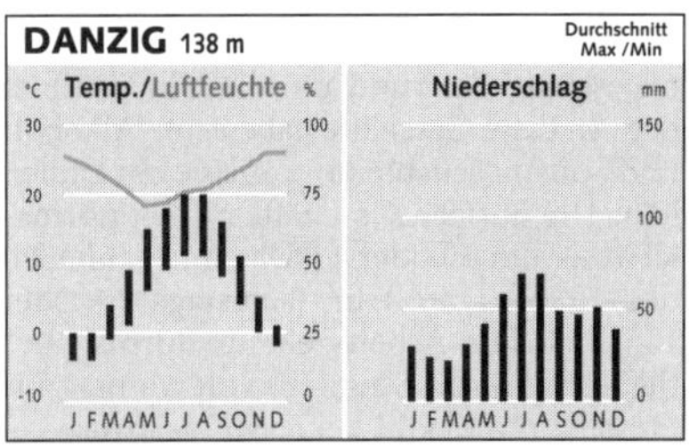

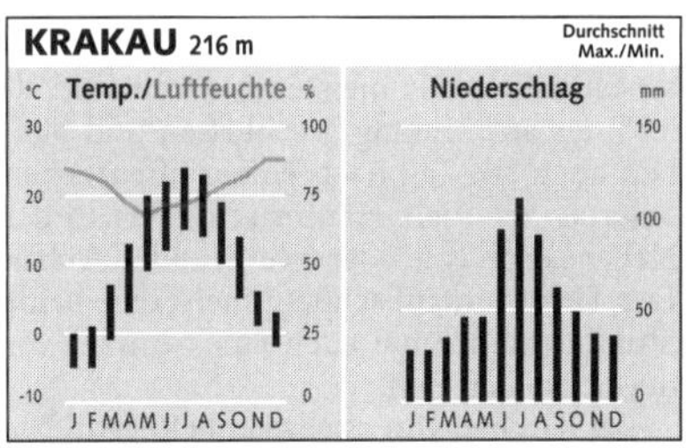

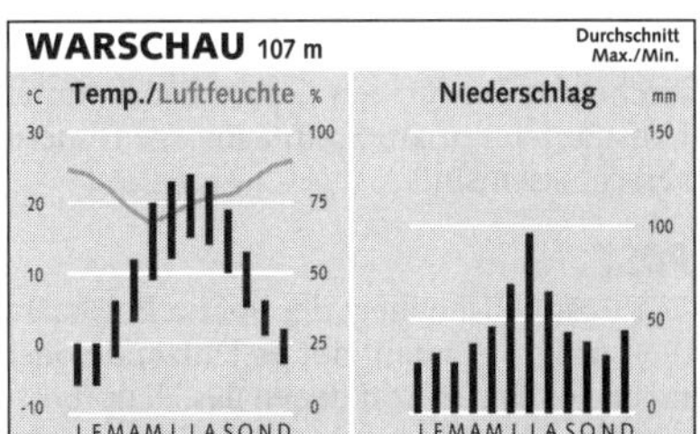

können unter -15 °C, im Extremfall sogar unter -20 °C fallen.

Der durchschnittliche jährliche Niederschlag liegt bei 600 mm mit der größten Menge in den Sommermonaten. Zentralpolen ist mit 450 mm pro Jahr die trockenste Region, während es in den Bergen mehr regnet (bzw. im Winter schneit): rund 1000 mm Niederschlag/Jahr.

ÖFFNUNGSZEITEN

Die Öffnungszeiten variieren von Laden zu Laden, von Büro zu Büro und von Stadt zu Dorf ganz erheblich.

Allgemeingültige Öffnungszeiten gibt es nicht, nur grobe Anhaltspunkte: Die meisten Lebensmittelläden öffnen unter der Woche ab 7 oder 8 Uhr und schließen um 18 oder 19 Uhr, an Samstagen um 14 Uhr. Tante-Emma-Läden und große Supermärkte haben meist länger bis 20 oder 21 Uhr geöffnet (einige auch sonntags zwischen 9 und 19 Uhr). In jeder großen Stadt und in jedem Viertel gibt es mindestens ein Lebensmittelgeschäft, das rund um die Uhr geöffnet hat. All diese Geschäfte haben eine Alkohol- und Spirituosenabteilung, die sie am Laufen hält. Die übrigen Geschäfte öffnen normalerweise um 10 oder 11 Uhr und schließen um 18 oder 19 Uhr (samstags 14 oder 15 Uhr). Die Arbeitszeit im Büro dauert theoretisch acht Stunden, von Montag bis Freitag, und es gibt keine Mittagspause.

Die Öffnungszeiten für Museen und andere Sehenswürdigkeiten sind mehr als unterschiedlich. Die meisten Museen sind allerdings am Montag geschlossen und bleiben auch am Tag nach einem öffentlichen Feiertag zu. Viele Häuser schließen in der Nebensaison eine oder zwei Stunden früher. Der Ticketverkauf schließt meist eine halbe Stunde (manchmal auch eine Stunde) vor der offiziellen Zeit.

Bei Kirchen gibt es gar keine Regeln. Die großen Kirchen in den Städten sind häufig den ganzen Tag geöffnet, während die Dorfkirchen außer für den Gottesdienst (unter Umständen nur am Sonntagmorgen) meist verschlossen sind.

POST

Der Postdienst obliegt der Poczta Polska. In den großen Städten gibt es Dutzende oder mehr Postämter, von denen das Hauptpostamt (Poczta Główna) in der Regel die meisten Dienstleistungen (auch Postlagerdienst und Faxgeräte) bereithält. Die Postämter in den größeren Städten sind meist unter der Woche von 8 bis 20 Uhr geöffnet, eines hat für gewöhnlich rund um die Uhr auf. Samstags öffnen die Ämter ungefähr von 8 bis 14 Uhr. In den kleineren Städten machen sie werktags häufig schon um 16 Uhr zu.

Briefe und Postkarten brauchen etwa eine Woche zu europäischen Zielen und bis zu zwei Wochen zu anderen Destinationen. Ein Standardbrief (bis zu 20 g) oder eine Postkarte in ein europäisches Land kostet 2,10 Zł, nach Nordamerika oder Australien 2,50 Zł bzw. 3,30 Zł. Pakete und Päckchen sind relativ billig, wenn man sie über Land versendet, brauchen aber auch bis zu drei Monate. Die Kosten für Luftpostsendungen entsprechen in etwa denen in Westeuropa.

Post kann in den großen Städten wie Warschau, Krakau und Danzig postlagernd empfangen werden. Die Postsendungen werden 14 Tage aufbewahrt und, falls nicht abgeholt, an den Absender zurückgeschickt. Amex-Kunden können sich ihre Sendungen postlagernd an die Amex-Filialen (S. 62) schicken lassen.

RECHTSFRAGEN

Ausländer unterliegen in Polen selbstverständlich den polnischen Gesetzen. Im Notfall ist die Botschaft oder das Konsulat die erste Anlaufstelle bei Problemen. Hier kann einem aber auch nicht bei allen rechtlichen Schwierigkeiten geholfen werden. Vor allem können sie nicht vor einer polizeilichen Ermittlung schützen oder selbst ermittelnd tätig werden.

Allerdings kann ein Konsul Notfallausweise ausstellen, Verwandte benachrichtigen, in Fragen der Geldüberweisung beraten, verlässliche Ärzte, Anwälte und Dolmetscher nennen und Besuche im Gefängnis machen.

REISEN MIT BEHINDERUNG

Polen ist nicht gerade ein Land ohne Hindernisse. In den letzten Jahren hat sich aber viel getan und die Situation für behinderte Menschen ist heute deutlich verbessert. Nach wie vor gibt es nur in teuren Restaurants und Hotels Rollstuhlrampen und die öffentlichen Verkehrsmittel sind für jeden Menschen, der nur eingeschränkt mobil ist, eine echte Herausforderung. Nur wenige

Ämter, Museen und Banken bieten Einrichtungen für behinderte Menschen. Mit dem Rollstuhl zugängliche Toiletten sind dünn gesät.

Die Polnische Gesellschaft für den Kampf gegen das Gebrechen (Polskie Towarzystwo dla Walki z Kalectwem) hat einen Reiseführer für Warschau, für die Museen in Warschau und Landkarten für Blinde herausgegeben: **Centralny Ośrodek Informacji do Inwalidów** (☎ 22-3 23 50 05 und 8 23 73 06; Ul Oleandrów 4, PL-00-629 Warszawa). Weitere Informationen gibt es auch bei:

Bundesverband Selbsthilfe Körperbehinderter (BSK-Reisedienst) (☎ 0 62 94-6 83 03; Altkrautheimer Str. 17, D-74238 Krautheim/Jagst)

Verband aller Körperbehinderten Österreichs (VAKÖ) (☎ 01-9 11 32 25; Lützowgasse 24-28, A-1140 Wien)

Mobility International Schweiz (☎ 062-2 06 88 30; Frobergstr. 4; CH-4600 Olten)

SCHWULE & LESBEN

Homosexualität ist in Polen legal. Das gesetzliche Mindestalter für sexuelle Kontakte ist generell 15 Jahre. Ungeachtet dieser relativ liberalen Rechtslage ist die polnische Gesellschaft überwältigend konservativ und Homosexuellen gegenüber sehr feindselig eingestellt.

Die polnische Schwulen- und Lesbenszene ist zurückhaltend. In Warschau und Krakau gibt es die meisten Homobars, -clubs und schwulenfreundliche Unterkünfte. Die kostenlose Touristenbroschüre *Visitor* nennt einige schwul-lesbische Nachtclubs.

Die beste Infoquelle in Warschau ist die **Pride Society** (☎ 0604 883 554; www.pridesociety.org auf Englisch; 🕑 7–21 Uhr). Weitere interessante Websites sind warsaw.gayguide.net (auf Englisch) und www.innastrona.pl (auf Englisch, Deutsch in Vorbereitung).

SHOPPEN

Die Ladenkette Cepelia hat Filialen in allen großen Städten und hat sich auf Kunsthandwerk spezialisiert. Typisch polnisches Handwerk sind Scherenschnitte, Holzschnitzereien, Wandteppiche, Stickereien, Glasmalerei, Töpferwaren und handbemalte Holzschachteln und -kisten.

Bernstein ist typisch für Polen. Die durchsichtigen blassgelben bis rötlich braunen Stücke fossilen Baumharzes werden ebenfalls in den Cepelia-Läden verkauft. Echte Schmuckstücke verkaufen die spezialisierten Juweliere und Kunstläden. Die Preise richten sich nach der Qualität des Bernsteins und der Goldschmiedearbeit. Die größte und schönste Auswahl an Bernsteinschmuck gibt's in Danzig.

Polnische zeitgenössische Malerei, Originaldrucke und Skulpturen genießen einen internationalen Ruf und werden in den kommerziellen Kunstgalerien verkauft. Die Galerien in Warschau und Krakau haben die größte und repräsentativste Auswahl. Polnische Poster zählen zu den besten der Welt (schönes Souvenir). Auch hier findet sich die beste Auswahl in Warschau und Krakau.

Der größte Händler für Kunstgegenstände und Antiquitäten ist die staatliche Kette Desa Unicum. Diese Geschäfte bieten häufig eine erstaunliche Auswahl an altem Schmuck, Uhren, Möbeln und allen möglichen anderen Dingen. Es ist offiziell verboten, Gegenstände zu exportieren, die vor dem 9. Mai 1945 gefertigt wurden, darunter fallen auch Kunstwerke und Bücher. Es ist möglich, dennoch eine Genehmigung zu erhalten (S. 507).

In Polen werden viele schöne Bildbände über das Land herausgegeben. Viele sind auch in Deutsch und/oder Englisch erhältlich. Und für die Polen-Party nach dem Urlaub: Polnische Musik (Pop, Folk, Jazz, Klassik und Moderne Musik) ist in allen Facetten auf CD erhältlich.

TELEFON

Die staatliche Telefongesellschaft ist die Telekomunikacja Polska (TP), die meist ein Telefonzentrum in oder neben dem Hauptpostamt betreibt.

Kartentelefone stehen fast überall. Alle Festnetznummern sind siebenstellig mit einer zweistelligen Ortsnetzvorwahl für Ferngespräche.

Handys

Mobilnummern beginnen meist mit ☎ 05, ☎ 06 oder ☎ 09. Polen nutzt wie der Rest Europas auch das GSM 900/1800-Netz. Statt teurer Roaming-Gebühren lohnt sich unter Umständen der Kauf einer polnischen SIM-Karte für 59 Zł.

Der Empfang ist in den ländlichen Regionen nicht immer der beste.

International telefonieren

Für einen Anruf aus dem eigenen Land nach Polen wählt man die internationale Vorwahl (in der Regel ☎ 00) und dann die Vorwahl Polens (☎ 48), die Ortsnetzvorwahl (ohne Null) und schließlich die siebenstellige Anschlussnummer.

Für Anrufe aus Polen ins Ausland wählt man die internationale Vorwahl (☎ 00), die Landesvorwahl (s. u.), die Ortsnetzvorwahl (ohne Null) und die Anschlussnummer. Auslandsgespräche kosten unabhängig von der Tageszeit immer dasselbe. In Polen gelten folgende Auslandsvorwahlen:

Deutschland (☎ 00 49)
Österreich (☎ 00 43)
Schweiz (☎ 00 41)

Für R-Gespräche oder Gespräche, die der Kreditkarte belastet werden, gibt es den HCD-Service (Home Country Direct), der auch mit einer Vermittlung im Heimatland verbinden kann. Die Ämter der staatlichen Telefongesellschaft TP haben die kostenlosen Rufnummern für das gewünschte Land. Es ist möglich, von jedem öffentlichen oder privaten Anschluss aus zu telefonieren (es ist zwar immer noch eine Telefonkarte nötig, kostet aber nur eine Einheit). Es gelten die folgenden HCD-Nummern:

Deutschland (☎ 00 800 49 111 49)
Österreich (☎ 00 800 43 111 43)
Schweiz (☎ 00 800 41 111 41)

Orts- & Ferngespräche

Für ein Ortsgespräch genügt die siebenstellige Anschlussnummer. Für ein Ferngespräch wählt man die 0, dann die zweistellige Ortsnetzvorwahl, gefolgt von der Anschlussnummer. Ferngespräche sind zwischen 18 und 8 Uhr billiger.

Telefonkarten

In Polen gibt es keine Münztelefone. Alle Apparate funktionieren mit Telefonkarten, die im Postamt, an Zeitungskiosken und bei einigen Touristeninfos und Hotelrezeptionen erhältlich sind. TP-Karten kosten 9/15/24 Zł für ein Guthaben von 15/30/60 Einheiten (Impuls).

Als Alternative gibt es Telefonkarten von privaten Telefonanbietern wie **Intrafon** (www.intrafon.pl auf Englisch), deren Auslandsgebühren wesentlich billiger sind – 0,57 Zł/Minute nach Deutschland zum Beispiel. Die Anleitung liegt der Karte bei.

TOILETTEN

Öffentliche Toiletten sind in Polen rar. Eigentlich sind sie auch nur was für Hartgesottene. Sonst kann man es nur den Polen gleich tun und das nächste McDonald's aufsuchen. Hotels, Museen und Bahnhöfe sind Notlösungen, aber da muss der Druck schon groß sein. Toiletten tragen die Bezeichnung „toaleta" oder einfach „WC". Herrentoiletten haben die Beschriftung „dla panów" oder „męski" und/oder schlicht ein Dreieck, Damentoiletten „dla pań", „damski" und/oder einen Kreis.

Die Benutzung einer öffentlichen Toilette (auch in Restaurants und Bahnhöfen) kostet fast immer Geld. Die Gebühr – meist 1 Zł – wird von einer/einem Toilettenfrau/-mann an der Tür kassiert, die dafür ein Stück Toilettenpapier herausgeben. Es lohnt sich, immer eigenes Toilettenpapier dabei zu haben.

TOURISTENINFORMATION

Fremdenverkehrsämter im Ausland

Die polnischen Fremdenverkehrsämter sind unter folgenden Adressen erreichbar:

Deutschland (☎ 030-210 09 2-0; www.polen-info.de; Polnisches Fremdenverkehrsamt, Kurfürstendamm 71, D-10709 Berlin)
Österreich (☎ 01-5 24 71 91 12; polska@netway.at; Mariahilferstr. 32–34, A-1070 Wien)

Touristeninformationen vor Ort

Die meisten größeren Städte besitzen eine eigene Touristeninformation, die Infos, Karten und Broschüren bereit halten. Die Angestellten sprechen meist Englisch und/oder Deutsch.

In kleineren Orten übernimmt das Büro der PTTK (s. S. 505) diese Funktion. Die PTTK war früher eine ziemlich nützliche Organisation, die sich auf Outdoor-Aktivi-

GESETZLICHES MINDESTALTER

In Polen gelten die folgenden Bestimmungen für Mindestalter:

- Alkohol: ab 18 Jahren
- Autofahren: ab 17 Jahren
- Geschlechtsverkehr: ab 15 Jahren
- Ehe: ab 18 Jahren
- Stimmrecht: ab 18 Jahren

täten wie Wandern, Segeln, Radfahren und Zelten konzentriert hat. Heute ist sie einfach nur ein Reisebüro wie andere auch, aber viele der Büros sind gut mit Karten und Broschüren ausgestattet und können Fremdenführer organisieren, Unterkünfte buchen und mit touristischen Informationen aller Art weiterhelfen.

UNTERKUNFT

Auswahl und Verfügbarkeit von Unterkünften haben in den letzten zehn Jahren erheblich zugenommen. Natürlich sind auch die Preise gestiegen, auch wenn sie immer noch weit unter denen in Westeuropa liegen. Budgetunterkünfte können immer noch sehr billig sein, der Standard ist es in der Regel aber auch.

In diesem Buch ist alles unter 150 Zł für ein Doppelzimmer in die Budgetklasse eingestuft worden. Die Mittelklasse erfasst Hotels mit einem Doppelzimmerpreis von 150 bis 300 Zł. Alles jenseits der 300 Zł gilt als Spitzenklasse. In Warschau und Krakau sind die Zimmer teurer, deshalb liegt die Mittelklasse in diesen Kapiteln zwischen 200 und 400 Zł.

Die Zimmerpreise liegen in der Regel an der Rezeption aus. Die üblichen Bezeichnungen sind *pokój 1-osobowy* (Einzelzimmer), *pokój 2-osobowy* (Doppelzimmer), manchmal *z łazienką* (mit Bad) oder *bez łazienki* (ohne Bad) oder *z umywalką* (nur mit Waschbecken). Normalerweise ist die Mehrwertsteuer enthalten, so dass die angegebenen Preise Endpreise sind.

Warschau hat die teuersten Hotels, gefolgt von Krakau, Posen und anderen Großstädten. Je weiter man von den großen Städten weg ist, desto billiger werden die Unterkünfte. Die Sommerferienorte, vor allem die an der Ostseeküste, den Masurischen Seen und in den Bergen, sind in der Hochsaison (Juli und August) teurer. Das Gleiche gilt für die Winterferienorte in der kalten Jahreszeit. Dabei gelten die gleichen Preise für Polen wie für Ausländer, außer in den Jugendherbergen, die Ausländern etwas mehr berechnen.

Agrotourist-Unterkünfte

„Ferien auf dem Bauernhof", das gibt es auch in Polen. Unter der Bezeichnung *kwatery agroturystyczne* vermieten Landwirte Zimmer an Touristen. Sie bieten auf Wunsch auch Mahlzeiten an und manchmal zusätzlich Reiten, Angeln, Kanufahren, Fahrradverleih und Ähnliches. In den meisten Fällen sind die Zimmer einfach und verfügen selten über ein eigenes Bad, doch dafür sind die Preise mit 20 bis 50 Zł pro Bett ok.

Die Vermieter sind in einem **Agrotourist-Dachverband** (stowarzyszenia agroturystyczne) organisiert, der eine Zentrale in Warschau und etwa fünfzig Regionalbüros im ganzen Land betreibt.

Agrotourist-Höfe sind für alle diejenigen interessant, die einmal auf dem Land ausspannen wollen. Das Leben ist hier weniger hektisch, das Essen ist gesund und Folklore und Traditionen sind noch lebendig – und das alles zu einem vernünftigen Preis. Ideal, wenn man mit dem eigenen Auto unterwegs ist und in die abgelegeneren Landstriche vordringen will.

In diesem Buch stehen keine Adressen, die Touristeninfos vor Ort wissen aber alles Notwendige oder zumindest die Adresse des nächsten Agrotourist-Büros.

Camping

Polen hat über 500 Camping- und Zeltplätze, die dem **Polnischen Verband für Camping und Caravaning** (PFC; www.pfcc.info auf Deutsch) angehören. Sie sind über das ganze Land verteilt und finden sich vor allem in den beliebten Ferienregionen.

Etwa 40 % der Plätze bieten Beleuchtung, Strom, fließendes Wasser, Duschen, Küche und Caravan-Stellflächen, viele auch noch Holzhütten, die sehr spartanischen Hotelzimmern ähneln. Alle anderen Campingplätze sind sehr einfach ausgestattet, es gibt gerade einmal Toiletten.

Die offizielle Campingkarte des PFC *(Polska mapa campingów)* enthält Daten und Lagepläne der angeschlossenen Campingplätze.

Adressen und Informationen gibt es auch bei:

Polska Federacia Campingu i Caravaningu (☎ 22-8 10 60 50; Ul Grochowska 331, PL-03-828 Warszawa)

Deutscher Camping-Club (☎ 089-3 80 14 20; Mandlstr. 28, D-80802 München)

Camping- und Caravaning-Club Austria (☎ 01-89 12 12 22; Mariahilfer Str. 180, A-1015 Wien)

Schweizerischer Camping- und Caravanning-Verband (SCCV) (☎ 041-2 10 48 22; Habsburgerstr. 35, CH-6000 Luzern 4)

In den vergangenen Jahren haben in ganz Polen diverse private Campingplätze eröffnet. Das können Gärten sein mit Badezimmer im Haus des Besitzers oder große Anlagen mit Bungalows, Cafés, Läden, Fahrrad- und Bootsverleih. Diese Plätze stehen nicht auf der Karte des PFC.

Die meisten Plätze sind von Mai bis September geöffnet, einige auch nur zwischen Juni und August. Viele Plätze öffnen und schließen sogar je nach Wetter, Auslastung oder Laune des Betreibers.

Die Preise gelten in der Regel pro Zeltstellplatz; es ist eine Zusatzgebühr pro Person und Auto fällig.

Ferienheime

In beliebten Ferienregionen wie den Bergen oder der Küste existieren zahlreiche Arbeiterferienheime, die in Polen *domy wczasowe* oder *domy wypoczynkowe* genannt werden. Zu Zeiten des Kommunismus wurden Arbeiter von einzelnen Werken oder einer zentralen Stelle, dem Fundusz Wczasów Pracowniczych (FWP; Fonds für Arbeiterurlaube), zum Urlaub in diese Heime geschickt. Individualurlauber blieben außen vor. Heute stehen die Heime jedem offen. Die meisten sind nur im Sommer geöffnet, manche aber auch ganzjährig. Viel Andrang herrscht im Juli und August, im Juni oder September ist es dagegen leicht, ein Zimmer zu bekommen. Die Standards und Preise schwanken, sind aber beide oft gar nicht so schlecht. Fast alle Ferienheime besitzen eigene Speisesäle. Vollpension ist in der Regel optional, kann aber in Einzelfällen auch obligatorisch sein.

Herbergen

JUGENDHERBERGEN

Die polnischen Jugendherbergen *(schroniska młodzieżowe)* werden vom **Polskie Towarzystwo Schronisk Młodzieżowych** (PTSM; Polnisches Jugendherbergswerk; ☎ 22-849 81 28; www.ptsm.com.pl auf Englisch, Deutsch in Vorbereitung; Zi. 20, Ul Chocimska 28, Warschau; 🕑 Mo–Fr 8–15 Uhr) betrieben. Es ist Mitglied von Hostelling International (HI). Das PTSM betreibt ein Hauptbüro in Warschau und Filialen in allen Provinzhauptstädten. Das Werk wurde 1926 gegründet und ist damit die drittälteste Organisation nach Deutschland und der Schweiz. Als einziges Werk in Osteuropa arbeitete es auch in der Zeit des Kommunismus.

Polen verfügt über 580 Jugendherbergen. Davon sind 130 ganzjährig und 450 saisonal (nur im Juli und August) geöffnet. Sie sind mehr oder weniger gleichmäßig übers Land verteilt, es gibt mindestens eine in jeder größeren Stadt. Das PTSM bringt alle zwei Jahre den Leitfaden *Informator PTSM* mit einer vollständigen Liste aller Jugendherbergen in Polen heraus. Nähere Informationen gibt es auch bei:

Deutsches Jugendherbergswerk (DJH) (☎ 05231-7 40 10; Postfach 1455, D-32756 Detmold)

Österreichischer Jugendherbergsverband (☎ 01-5 33 53 53; Gonzagagasse 22, A-1010 Wien)

Schweizer Jugendherbergen (☎ 01-3 60 14 14; Schaffhausener Str. 14, CH-8042 Zürich)

Außerdem gibt die International Youth Hostel Federation das Handbuch *Hostelling International*. Europe mit einem Abschnitt zu Polen heraus. Es kann u. a. über das DJH bestellt werden.

Die ganzjährig geöffneten Herbergen sind zum einen verlässlicher, zum anderen besser ausgestattet (Dusche, Kochstelle und Essraum). Der Zustand der Häuser ist uneinheitlich.

Nur saisonal geöffnete Unterkünfte gibt es meist in Schulen, die kaum auf die Aufgabe als Jugendherberge eingerichtet sind – sie verfügen in den seltensten Fällen über Duschen oder eine Küche und heißes Wasser ist auch rar. Ein Problem ist, dass die Öffnungszeiten dieser Unterkünfte nicht klar sind.

Viele der früher strikten Jugendherbergsregeln werden heute nicht mehr ganz so streng gesehen oder wurden ganz aufgegeben. Die Häuser stehen heute allen Reisenden offen, nicht nur Mitgliedern. Es gibt keine Altersbeschränkung. Um 22 Uhr sind offiziell die Türen zu, aber hin und wieder drückt das Personal ein Auge zu. Fast alle Jugendherbergen schließen tagsüber zwischen 10 und 17 Uhr. Check-in ist normalerweise bis 21 oder 22 Uhr, kann aber auch schon mal um 20 Uhr enden. Am besten möglichst bald nach 17 Uhr einchecken.

Ein Bett im Schlafsaal kostet je nach Kategorie der Herberge zwischen 15 und 40 Zł. Decken kosten zwischen 4 und 6 Zł (manche saisonal geöffneten Herbergen haben gar keine Decken). Ein Jugendherbergsausweis bringt für Einheimische (manchmal auch für Ausländer) einen Rabatt von 10 bis 25 %. Es lohnt sich also, den eigenen Jugendherbergsausweis mitzubringen oder einen beim PTSM zu kaufen.

Jugendherbergen sind nach dem Zelten die billigste Option, in Polen zu übernachten. Natürlich sind aber auch die Standards nur sehr schlicht. Angesichts der niedrigen Preise sind die Herbergen sehr beliebt und häufig ausgebucht. Eine besondere Stoßzeit ist von Anfang Mai bis Mitte Juni, wenn polnische Schülergruppen sie bevölkern.

Jugendherbergen sind an dem PTSM-Logo in einem grünen Dreieck über dem Eingang zu erkennen.

PTTK-HERBERGEN & BERGHÜTTEN

Die **Polskie Towarzystwo Turystyczno-Krajoznawcze** (PTTK; Polnische Gesellschaft für Tourismus und Landeskunde; ☎ 22-826 22 51; www.pttk.pl auf Deutsch; Ul Senatorska 11, Warszawa) hat ein eigenes Netzwerk aufgebaut. Die Häuser finden sich in Städten, Dörfern und auf dem flachen Land, werden meist als *dom turysty* oder *dom wycieczkowy* bezeichnet und zielen auf Reisende mit kleinem Budget wie Wanderer und Backpacker ab.

Die PTTK-Herbergen haben selten Einzelzimmer, bieten aber immer eine Auswahl an Drei- und Vierbettzimmern, in der Regel mit Gemeinschaftseinrichtungen. Oft kostet ein Bett in den Zimmern zwischen 20 und 40 Zł. Einige Häuser stehen heute unter privater Verwaltung und sind teurer.

Die PTTK betreibt auch Berghütten *(schroniska górskie)* für Wanderer. Sie punkten häufig durch eine wunderschöne Lage. Die Unterkunft ist meist sehr einfach, dafür billig. Die Stimmung in diesen Hütten kann einfach großartig sein. Es gibt auch billige warme Mahlzeiten. In einsamen Lagen sind die Hütten verpflichtet, jeden aufzunehmen, der anklopft – egal, wie überfüllt sie bereits sind. Das kann schon mal dazu führen, dass in der Hochsaison (Sommer und/oder Winter) nur noch auf dem Boden Platz ist. Diese Hütten sind ganzjährig geöffnet, vorsichtshalber sollte man sich aber trotzdem vorher beim entsprechenden Regionalbüro der PTTK erkundigen.

STUDENTENHEIME

Einige Studentenwohnheime vermieten während der Sommerferien (von Juli bis Ende September) Zimmer an Reisende. Jede große Universitätsstadt hat mindestens ein paar dieser Einrichtungen. Einige Wohnheime bieten auch ganzjährig Zimmer an. Ein Doppelzimmer kostet rund 60 bis 120 Zł. Es gibt oft Gemeinschaftseinrichtungen, aber zum Teil auch nur Zimmer mit Bad.

Hotels

Dies ist die umfangreichste Unterkunftskategorie und sie wächst stetig weiter. Es ist auch die vielfältigste Kategorie, die neue und alteingesessene Häuser umspannt, ultraspartanische und superluxuriöse.

Die alte Hotelgeneration aus der Zeit des Kommunismus wurde je nach Qualität und Preis mit einem bis fünf Sternen bewertet. Die rudimentären Ein-Stern-Häuser finden sich meist in den kleineren Provinzstädten, während die gehobenen Fünf-Sterne-Häuser (heute ausnahmslos von Orbis betrieben) in den Zentren der Großstädte zuhause sind.

Die Einführung der Marktwirtschaft hat das Bild grundlegend verändert. Auf der einen Seite sind viele kleine, meist privat betriebene Hotels entstanden, die vor allem das mittlere Preissegment abdecken. Sie schließen die Lücke zwischen den Jugendherbergen (PTSM) und Orbis. Auf der anderen Seite bedienen mittlerweile viele internationale Ketten ein Bedürfnis nach hohem Standard, das Orbis nicht befriedigen kann. Nicht zuletzt sind heute auch verschiedene staatliche Unterkunftsnetzwerke, die früher nur einigen Wenigen vorbehalten waren, für die breite Öffentlichkeit zugänglich. Zu dieser letzten Kategorie zählen die Sport- und Arbeiterhotels, die beide das untere Ende der Preisskala besetzen.

Die meisten Hotels bieten Einzel- und Doppelzimmer, hin und wieder auch Dreibettzimmer an. Ein Doppelzimmer kostet in der Regel 20 bis 40 % mehr als ein Einzelzimmer. Zimmer mit eigenem Bad können deutlich teurer sein als Zimmer mit Gemeinschaftseinrichtungen. Es lohnt sich immer, das konkrete Zimmer vor dem Einchecken anzusehen. Die Rezeptionen sind manchmal im Vergleich zum Rest des Hotels großartig herausgeputzt und der Eindruck kann täuschen. Es soll ja auch nicht das schlechteste Zimmer des Hauses sein – was ohne Vorabcheck durchaus passieren kann.

ARBEITERHOTELS

Arbeiterhotels entstanden nach dem Zweiten Weltkrieg, als die industrielle Entwicklung vorangetrieben wurde. Die großen Fabriken und Werke mussten Wohnmöglichkeiten für ihre Arbeiter bereitstellen, die oft aus anderen Regionen des Landes kamen. So entstand ein ausgedehntes Netz an Arbeiterunterkünften, die nur den Angestellten eines bestimmten Werks zur Verfügung standen. Die meisten dieser Häuser stehen heute jedem offen.

Arbeiterhotels liegen aus diesen vorgenannten Gründen meist in den Industriestädten. Es handelt sich durchgängig um große, graue Apartmentblocks, oft weit außerhalb des Stadtzentrums. Die offizielle Bezeichnung lautet *hotel pracowniczy* oder *hotel robotniczy*, auch wenn die meisten sich heute hinter einem Hotelnamen verstecken. Das Niveau ist normalerweise genauso niedrig wie der Preis (20 bis 40 Zł pro Bett in einem Zwei-, Drei- oder Vierbettzimmer). Einzelzimmer sind ebenso selten wie private Badezimmer. Arbeiterhotels sind so ziemlich die billigsten Hotels am Markt und könnten, gemessen an ihren Standards, auch als Herbergen klassifiziert werden.

ORBIS & ANDERE BESSERE HOTELS

Orbis (www.orbis.pl auf Deutsch) betreibt die größte Hotelkette Polens: 55 Häuser mit insgesamt über 10 000 Zimmern in den meisten Großstädten und touristischen Hotspots. Orbis zielt auf Reisende und Geschäftsleute aus dem Ausland und gut situierte Polen. Die Preise sind deshalb hoch: etwa 160 bis 350 Zł für ein Einzelzimmer und 250 bis 500 Zł für ein Doppelzimmer, zum Teil auch mehr in einigen Häusern in Warschau, Krakau und Breslau.

Orbis hatte bis vor kurzem noch das Monopol inne. Heute sieht es sich mit einer zunehmenden Konkurrenz konfrontiert, die durch verschiedene Joint Ventures mit internationalen Hotelketten entstanden ist und vor allem in den Großstädten noch luxuriösere Etablissements hochzieht. Diese Häuser brauchen den Vergleich mit Spitzenhotels im Westen überhaupt nicht zu scheuen.

SPORTHOTELS

Sporthotels entstanden in den Sportzentren, um einheimische Sportler und Besucher von außerhalb zu beherbergen. Über eine lange Zeit nahmen sie nur Sportler auf, stehen aber heute meist auch der breiten Öffentlichkeit zur Verfügung. In vielem ähneln sie den PTTK-Herbergen und Arbeiterhotels: Sie haben selten Einzelzimmer, bieten meist Gemeinschaftseinrichtungen und berechnen den Preis pro Bett, nicht pro Zimmer. Die Preise für ein Bett liegen bei 20 bis 50 Zł. Meist stehen diese Hotels neben einem Stadion, weit außerhalb des Stadtzentrums. Die Bezeichnungen lauten *hotel sportowy*, *hotel* OSiR oder *hotel* MOSiR. Einige dieser Häuser bieten im Sommer auch Zeltstellplätze an.

Pensionen

Die kleinen, privat betriebenen *pensjonaty* (Pensionen) findet man hauptsächlich in den begehrten Sommerferienorten. Diese Gästehäuser bieten Übernachtung mit Halb- oder Vollpension an. Im Großen und Ganzen sind die polnischen Pensionen sauber, komfortabel, freundlich geführt und preiswert: Einzel-/Doppelzimmer kosten rund 80/120 Zł. Einige von ihnen sind besonders auf Touristen aus dem Westen, vor allem auf Deutsche, eingerichtet und haben unter Umständen höhere Preise.

Privatzimmer

Manche Privathäuser in großen Städten und vor allem in den vielen kleineren Ferienorten vermieten Zimmer an Touristen. Die Vermittlung erfolgt über spezielle Agenturen oder geht direkt über den Besitzer.

In Großstädten wie Warschau oder Krakau kosten Zimmer zwischen 60 und 80 Zł (EZ) bzw. zwischen 100 und 120 Zł (DZ). Die Agenturen informieren über das Angebot; hier wird auch gezahlt und erst dann geht es zur angegebenen Adresse. Wichtig sind Lage und Erreichbarkeit des Zimmers. Manche Häuser liegen weit vom Stadtzentrum entfernt und sind nur umständlich und zeitraubend mit öffentlichen Verkehrsmitteln zu erreichen. In diesem Fall lieber den teureren Preis für ein zentral gelegenes Hotelzimmer hinnehmen.

Privatzimmer sind Glückssache: Man weiß nie, was für ein Zimmer und was für Vermieter man vorfindet. Eine gute Strategie ist, das Zimmer zuerst für eine oder zwei Nächte zu buchen und dann zu verlängern.

In beliebten Ferienorten stehen an vielen Häusern Schilder mit der Aufschrift „pokoje“ (Zimmer) oder „noclegi“ (Unterkunft). Die Übernachtung ist hier oft billiger als in den Städten – in der Regel kosten Zimmer zwischen 25 und 50 Zł pro Kopf.

VERSICHERUNG

Nicht nur im Krankheitsfall ist eine Versicherung wichtig, lohnen kann sich auch eine Versicherung gegen Diebstahl und verlorene Wertsachen oder Reiseausfälle. Reisebüros und Versicherungen im Heimatland bieten umfassende Beratung an.

Die Krankenversicherung sollte nicht nur die Behandlung in Polen, sondern nach Möglichkeit auch den Rücktransport abdecken. Informationen zur Krankenversicherung gibt es auf S. 520 und zur Autoversicherung auf S. 512.

Achtung beim Kleingedruckten: Einige Policen schließen „gefährliche Tätigkeiten" wie Tauchen, Motorradfahren, Skifahren, Bergsteigen und sogar Trekking ausdrücklich aus.

VISA

EU-Bürger und Schweizer benötigen kein Visum für die Einreise nach Polen. Sie können sich hier bis zu neunzig Tage aufhalten.

ZEIT

Polen liegt in derselben Zeitzone wie der größte Teil Kontinentaleuropas. Hier gilt auch die Sommerzeit, für die die Uhr am letzten Sonntag im März um 2 Uhr um eine Stunde vorgestellt wird. Am letzten Sonntag im Oktober wird sie um 3 Uhr wieder eine Stunde zurückgestellt.

ZOLL

Bei der Einreise darf man Artikel zum persönlichen Gebrauch zollfrei einführen. Dazu zählen Foto-, Film- und Videokameras plus Zubehör, tragbare Elektronikgeräte wie PC, Videorekorder, Radio, CD-Player und Ähnliches samt Zubehör, ein tragbares Musikinstrument, Sport- und Reiseausstattung wie Surfboard, Kajak (bis zu 5,50 m Länge), Fahrrad, Zelt, Skier usw. und Medikamente sowie medizinische Instrumente für den Eigenbedarf. In den seltensten Fällen wird man aufgefordert, diese Dinge zu deklarieren.

Es gibt keine Beschränkung beim Einführen von Devisen, aber ein Ausländer darf ohne Erklärung nicht mehr als 5000 € (in der Landeswährung) ausführen. Will man mehr als den Gegenwert von 5000 € ein- und wieder ausführen, muss man bei der Einreise ein Formular ausfüllen und von einem Zollbeamten abstempeln lassen. Der Im- und Export polnischer Währung ist erlaubt.

Reisende aus Nicht-EU-Staaten dürfen bis zu 200 Zigaretten oder 50 Zigarren oder 250 g Pfeifentabak, bis zu 2 l Wein (kein Schaumwein) und bis zu 1 l Spirituosen einführen. EU-Bürger dürfen 800 Zigaretten oder 200 Zigarren oder 1 kg Pfeifentabak und bis zu 110 l Bier, 90 l Wein und 10 l Spirituosen einführen.

Bei der Ausreise sind Geschenkartikel und Souvenirs im Gesamtwert von 90 € zollfrei. Der Export von Gegenständen, die vor dem 9. Mai 1945 hergestellt wurden, ist streng verboten, außer man kann eine Exportgenehmigung *(pozwolenie eksportowe)* vorweisen. Offizielle Antiquitätenhändler – so wie Desa Unicum (Karte S. 66-67; ☎ 22-621 66 15; Rynek Starego Miasta 4/6; 🕑 Mo–Fr 11–19 Uhr, Sa & So 11–16 Uhr) in Warschau – können beim Papierkrieg helfen; der Vorgang ist zeitaufwändig und bürokratisch und kostet 25 % des Warenwerts an Gebühren. Achtung bei Händlern, die erzählen, das Gesetz sei mit dem EU-Beitritt geändert worden – das ist falsch!

Verkehrsmittel & -wege

INHALT

DIE DINGE ÄNDERN SICH

Die Angaben in diesem Kapitel sind besonders anfällig für Änderungen. Flug-, Bahn- und Busgesellschaften sowie Reisebüros liefern aktuelle Infos und stehen mit Rat und Tat zur Seite. Die hier genannten Angaben sind Anhaltspunkte und können eine Recherche zum Zeitpunkt der Reise nicht ersetzen.

AN- & WEITERREISE

EINREISE

Pass

Für die Einreise nach Polen benötigen EU-Bürger und Schweizer einen mindestens sechs Monate gültigen Reisepass. Alle anderen Reisenden müssen sich bei ihren diplomatischen Vertretungen nach den aktuellen Einreisebedingungen erkundigen.

FLUGZEUG

Flughäfen & Fluglinien

Die meisten internationalen Flüge nach Polen landen auf dem Flughafen Warszawa-Frédéric Chopin (Port Lotniczy im F Chopina, WAW; Karte S. 60; ☎ 22-650 41 00; www.lotnisko-chopina.pl auf Englisch).

Weitere Internationale Flughäfen in Polen sind:

Gdańsk – Lech Wałęsa (GDN; ☎ 58-348 11 54; www.airport.gdansk.pl auf Englisch) Danzig.

Katowice (KTW; ☎ 32-392 72 85; www.gtl.com.pl auf Englisch) Kattowitz.

Kraków-Balice (KRK; ☎ 12-639 30 00; www.lotnisko-balice.pl auf Englisch) Krakau.

Wrocław (WRO; ☎ 71-358 13 10; www.airport.wroclaw.pl auf Englisch) Breslau.

Die nationale Fluggesellschaft **LOT** (Airline Code LO; ☎ 0801 300 952, aus dem Mobilnetz ☎ 22-9572; www.lot.com auf Englisch) fliegt alle großen europäischen und die meisten großen deutschen Städte an.

Eine ganze Reihe von Billig-Airlines wie EasyJet, GermanWings, SkyEurope und Wizz Air ist auf den polnischen Markt gedrängt und bietet preiswerte Flüge sowohl nach Warschau als auch zu anderen polnischen Destinationen an.

Direktverbindungen von Deutschland: Von Berlin und Frankfurt/Main nach Danzig, Kattowitz, Krakau, Warschau und Breslau; von Hamburg nach Danzig, Kattowitz, Stettin, Warschau und Breslau; von Köln/Bonn nach Danzig, Krakau und Warschau; von Düsseldorf und München nach Warschau.

GermanWings fliegt ab Köln/Bonn und Stuttgart nach Warschau und Krakau, Wizz Air fliegt ab Dortmund nach Kattowitz und Warschau.

Direktverbindungen von Österreich: Von Wien nach Danzig, Kattowitz, Warschau und Breslau.

Direktverbindungen aus der Schweiz: Von Zürich nach Danzig, Warschau und Breslau; von Genf nach Danzig, Warschau und Breslau.

Die Flugpreise variieren je nach Flugstrecke und Jahreszeit. Große Nachfrage ist im Sommer (Juni bis August) und in der Weihnachtszeit. Der Rest des Jahres ist ruhiger und billiger.

Diese Airlines fliegen nach und ab Polen:

Aeroflot (Airline Code SU; in Warschau ☎ 22-628 25 57; www.aeroflot.com; Zentrale Moskau)
Air France (Airline Code AF; in Warschau ☎ 22-556 64 00; www.airfrance.com; Zentrale Paris)
Alitalia (Airline Code AZ; in Warschau ☎ 22-826 28 01; www.alitalia.it; Zentrale Rom)
British Airways (Airline Code BA; in Warschau ☎ 22-529 90 00; www.ba.com; Zentrale London)
EasyJet (Airline Code EZY; www.easyjet.com; Zentrale London)
GermanWings (Airline Code 4U; www.germanwings.com; Zentrale Köln/Bonn)
KLM (Airline Code KL; in Warschau ☎ 22-862 70 00; www.klm.com; Zentrale Amsterdam)
Lufthansa (Airline Code LH; in Warschau ☎ 22-338 13 00; www.lufthansa.com; Zentrale Frankfurt)
Malev (Airline Code MA; in Warschau ☎ 22-697 74 72; www.malev.hu; Zentrale Budapest)
SAS (Airline Code SK; in Warschau ☎ 22-850 05 00; www.scandinavian.net; Zentrale Stockholm)
SkyEurope (Airline Code NE; www.skyeurope.com; Zentrale Wien)
WizzAir (Airline Code WZZ; in Warschau ☎ 22-500 94 99; www.wizzair.com; Zentrale Kattowitz)

Tickets

Der erbitterte Wettbewerb auf den europäischen Strecken hat zu Preiskriegen zwischen den Billigfluglinien und den staatlichen Airlines geführt. Onlinebuchungen sind oft am preisgünstigsten. One-way-Tickets machen es möglich, in die eine Stadt zu fliegen und von einer anderen wieder abzufliegen. Kurzfristige Buchungen (d.h. drei oder vier Wochen vor Abflug) sind häufig bei den nationalen Gesellschaften günstiger als bei den Billigfliegern. Ein gründlicher Preisvergleich lohnt sich auf jeden Fall.

Hier einige gute Reisebüros und Ticketagenturen in Deutschland:
Expedia (www.expedia.de)
Just Travel (☎ 089 747 3330; www.justtravel.de)
Lastminute.com (☎ 01805 284 366; www.de.lastminute.com)
STA Travel (☎ 01805 456 422; www.statravel.de) Für Reisende unter 26 Jahre.

FLUGHAFENSTEUER

Bei der Ausreise fällt keine Flughafensteuer an.

AUF DEM LANDWEG

Grenzübergänge

Polen liegt im Zentrum Europas und hat gemeinsame Grenzen mit sieben Ländern. Der grenzüberschreitende Verkehr über Schiene und Straße ist gut ausgebaut. Dabei bestehen im Westen nach Deutschland und im Süden zur Tschechischen und der Slowakischen Republik mehr Grenzübergänge als im Osten und Nordosten zur Ukraine, nach Weißrussland, Litauen und Russland.

Die Ostgrenze Polens ist gleichzeitig die Außengrenze der EU. Bei Reisen über Land nach Russland braucht man unter Umständen ein Transitvisum für Weißrussland, das im Voraus beantragt werden muss. Die folgenden Straßenübergänge Richtung Osten sind 24 Stunden geöffnet:
Litauen (von Osten nach Westen): Ogrodniki, Budzisko
Russland (von Osten nach Westen): Bezledy, Gronowo
Ukraine (von Süden nach Norden): Medyka, Hrebenne, Dorohusk
Weißrussland (von Süden nach Norden): Terespol, Kuźnica Białostocka

Deutschland, Österreich & Schweiz

BUS

Eurolines (www.eurolines.com) betreibt ein ausgedehntes Busstreckennetz in ganz Westeuropa. Standard, Verlässlichkeit und Komfort mögen schwanken, sind aber insgesamt ok. Die meisten Busse sind relativ neu und verfügen über Klimaanlage, Toiletten und Video.

Hier die durchschnittlichen One-way-Preise und Fahrtzeiten zwischen einigen deutschen Städten und Warschau zum Beispiel (es gibt auch zahlreiche Verbindungen ab Österreich und der Schweiz):

Nach	Einfache Fahrt	Fahrtzeit
Köln	65 €	20 Std.
Frankfurt	60 €	19 Std.
Hamburg	50 €	16 Std.
München	60 €	20 Std.

ZUG

Mit vielen deutschen Städten bestehen Zugverbindungen (mit und ohne Umsteigen) in große polnische Städte. Direktverbindungen gibt es von Berlin, Köln, Dresden und Leipzig nach Warschau. Außerdem gibt es

Direktzüge von Berlin nach Krakau (über Breslau; 50 €, 9½ Std.).

Die Strecke von Warschau nach Berlin (über Frankfurt/Oder und Posen; 36 €, 6½ Std.) wird von sechs Zügen täglich in beiden Richtungen bedient, darunter drei Eurocity-Züge, die die Strecke in 6½ Stunden zurücklegen.

Zugverbindungen mit Österreich unter www.oebb.at oder www.euro26.at und der Schweiz unter www.sbb.ch.

Tschechische Republik

BUS

Eurolines-Sodeli CZ (☎ 02-224 239 318; www.eurolines.cz auf Englisch; Senovážné nám 6, Nové Město, Praha) betreibt Verbindungen von Prag über Breslau (670 Kà, 4¾ Std.) nach Warschau (800 Kà, 10½ Std.).

ZUG

Es gibt täglich Expresszüge von Prag über Breslau oder Kattowitz nach Warschau (1140 Kà, 9½ Std.) und nach Krakau (885 Kà, 8½ Std.).

Weißrussland, Litauen & Ukraine

BUS

Das polnische Partnerunternehmen der Eurolines **PKS** (www.pekaesbus.com.pl auf Englisch) betreibt tägliche Verbindungen nach Lviv (Lemberg; 85 hv, 10 Std.) in der Ukraine, Minsk (65 Zł, 12 Std.) in Weißrussland und Vilnius (Wilna; 110 Lt, 12 Std.) in Litauen.

Außerdem gibt es regelmäßige Busverbindungen zwischen Przemyśl und Lviv und eine wöchentliche Verbindung zwischen Suwałki und Vilnius.

ZUG

Von Warschau gibt es direkte Zugverbindungen nach Kiew in der Ukraine, Minsk und Hrodna in Weißrussland und nach Vilnius in Litauen. Die Züge haben nur Schlafabteile, so dass mit dem Ticketkauf automatisch ein Schlafplatz gebucht wird.

Die Hauptverbindung zwischen Warschau und Vilnius führt über Hrodna in Weißrussland. Unter Umständen ist hier ein Transitvisum nötig, sonst kann es passieren, dass man an der Grenze sofort in den nächsten Zug zurück nach Warschau gesetzt wird.

Die Alternative ist ein Zug von Warschau über Suwałki nach Kaunas und dort in einen Zug nach Vilnius umsteigen.

SCHIFF

Es gibt regelmäßige Fährverbindungen von Danzig und Świnoujście (Swinemünde) zu Häfen in Dänemark und Schweden. Die angegebenen Fahrpreise gelten für einen Passagier zu Fuß/ein kleines Auto mit Fahrer im Sommer.

Dänemark

Polferries (www.polferries.pl auf Deutsch) Von Kopenhagen nach Świnoujście (425/595 kr, 10 Std., 5-mal wöchentl.).

Schweden

Polferries (www.polferries.pl auf Deutsch) Bedient die Routen Ystad– Świnoujście (535/805 Skr, 9 Std., tägl.) und Nynäshamn-Danzig (610/1005 Skr, 18 Std., tägl.).

Stena Line (www.stenaline.com auf Deutsch) Von Karlskrona nach Gdynia (ab 290/575 Skr, 11 Std., tägl.).

Unity Line (www.unityline.pl auf Englisch) Von Ystad nach Świnoujście (375/1240 Skr, 8 Std., tägl.).

ÜBERFÄLLE IM ZUG

Diebstähle in internationalen Zügen werden zunehmend zum Problem. Vor allem auf der Strecke Berlin–Warschau dringen Banden in die Abteile ein und stehlen schlafenden Reisenden die Wertsachen. Es gab sogar schon Berichte über bewaffnete Überfälle in diesen Zügen. Die meisten Übergriffe kommen zwischen der Grenze und Posen vor, Wachsamkeit ist aber auch auf den Strecken Berlin–Krakau und Prag–Warschau geboten.

Reisende, die allein in einem Abteil saßen, sind selbst in langsamen Regionalzügen mit vorgehaltenem Messer schon ausgeraubt worden. Deshalb immer die Gesellschaft von Mitreisenden suchen.

Beim Aussteigen auf Gepäck und Taschen achten – es ist der perfekte Moment, auf den Taschendiebe warten. Der Warschauer Hauptbahnhof ist ein beliebter Tummelplatz für Diebe.

UNTERWEGS VOR ORT

AUTO & MOTORRAD

Viele Reisende aus dem Westen kommen mit dem eigenen Wagen nach Polen. Es sind keine besonderen Einreiseformalitäten zu beachten: Man braucht nur Reisepass, Führerschein, Kfz-Schein und Grüne Versicherungskarte (zwingend vorgeschrieben). Hat man seine Grüne Karte vergessen, kann man auch an der Grenze noch eine Versicherung für die Aufenthaltsdauer abschließen. Ein Nationalitätenaufkleber muss sichtbar angebracht oder ein EU-Kennzeichen vorhanden sein.

Autobesitzer schlafen ruhiger, wenn der Wagen nicht gerade brandneu ist. Teure, aktuelle Modelle ziehen professionelle Diebesbanden in den großen Städten magisch an. Je schäbiger die Karre aussieht, desto besser. Ein Tipp: Das Auto während der Reise nicht waschen.

Es gibt ein relativ dichtes Netz an Werkstätten, die westeuropäische Automarken (Motorräder eher selten) reparieren können, aber sie kennen sich meist nur mit den älteren, noch überwiegend mechanisch gesteuerten Modellen aus. Je mehr Elektronik und computergesteuerte Teile das Auto hat, desto schwieriger wird eine Reparatur vor Ort. Ersatzteile können bestellt werden, aber das dauert seine Zeit.

Automobilclubs

Der **Polski Związek Motorowy** (PZM, Polnischer Automobilverband; ☎ 22-849 93 61; www.pzm.pl auf Englisch; Ul Kazimierzowska 66, 02-518 Warszawa) ist der nationale Automobilclub. Er ist Mitglied der Alliance Internationale de Tourisme und der Fédération Internationale de l'Automobile und bietet einen **Pannenhilfsdienst** (☎ 9637) rund um die Uhr.

Für ADAC-Mitglieder (und Mitglieder anderer angeschlossener Automobilclubs) ist die Hilfe im Umkreis von 25 km um den nächsten PZM-Stützpunkt sowie das Abschleppen über eine Strecke von bis zu 25 km kostenlos. Ansonsten muss die Hilfe bezahlt werden.

Führerschein

Nationale Führerscheine werden in Polen in Kombination mit einem Reisepass anerkannt.

Gefahren

Vor allem nachts ist auf den Landstraßen Vorsicht geboten. Es gibt immer noch sehr viele Pferdekarren und je weiter man sich von den Hauptstraßen weg bewegt, desto mehr Karren, (ältere) Fahrradfahrer, Traktoren und Landmaschinen teilen sich mit den Autos die Straße. Sie sind oft schlecht oder gar nicht beleuchtet.

Mietwagen

Autovermietungen verlangen die Vorlage des Reisepasses, des Führerscheins (seit mindestens einem Jahr gültig) und einer Kreditkarte. Der Fahrer muss (je nach Unternehmen) mindestens 21 oder 23 Jahre alt sein, wobei das Mindestalter für Luxusmodelle und Geländewagen manchmal noch höher liegt.

One-way-Mieten sind möglich, das Unternehmen erhebt meist eine zusätzliche Gebühr. Keine Vermietung wird eine Fahrt über die Ostgrenze (zum Teil auch Westgrenze) erlauben.

Die hohen Versicherungsprämien machen einen Mietwagen in Polen nicht billig. Als Faustregel fangen die Mieten für Mittelklassefahrzeuge bei einem angesehenen polnischen Unternehmen bei rund 135/990 Zł pro Tag/Woche (inkl. Versicherung und ohne Kilometerbeschränkung) an. Die Preise der großen internationalen Vermietungen beginnen bei rund 470/1800 Zł. Es ist in der Regel billiger, das Auto schon von zu Hause aus zu buchen.

Achtung bei den Verträgen: Es gibt Diebstahlklauseln, die dem Mieter einen großen Prozentsatz des Verlustes aufladen. Das Auto vor der Abfahrt unbedingt selbst genau auf Schäden untersuchen.

POLNISCHE & INTERNATIONALE AUTOVERMIETUNGEN

Avis (gebührenfrei ☎ 0801 120 010; www.avis.pl)
Budget (in Warschau ☎ 22-650 40 62; www.budget.pl)
E-car (gebührenfrei ☎ 0801 332 232; www.e-car.pl)
Europcar (in Warschau ☎ 22-650 25 64; www.europcar.com.pl)
Hertz (gebührenfrei ☎ 0800 143 789; www.hertz.com)
Local Rent-a-Car (in Warschau ☎ 22-826 71 00; www.lrc.com.pl)

Treibstoff & Ersatzteile

Benzin *(benzyna)* ist an Hunderten von Tankstellen im ganzen Land problemlos erhältlich. Es gibt unterschiedliche Benzinsorten; die meisten Mietwagen fahren mit bleifreiem 98-Oktan-Benzin (bezołowiowa; entspricht dem deutschen Super) oder mit Diesel. Der Spritpreis kann sich von Tankstelle zu Tankstelle um bis zu 10 % unterscheiden. Immer mehr Tankstellen akzeptieren Kreditkarten.

An fast allen Tankstellen gilt Selbstbedienung. Luft und Wasser, Öl, Schmierstoffe und einfache Ersatzteile wie Glühbirnen, Sicherungen usw. können hier oft gekauft werden. Immer mehr Tankstellen verkaufen darüber hinaus Lebensmittel und Getränke. Vor allem an den Hauptverkehrsstraßen und in den Großstädten gibt es Tankstellen, die rund um die Uhr geöffnet sind.

Verkehrsregeln

Es gelten die gleichen Verkehrsregeln wie in Westeuropa. Ein Auto muss mit einem Verbandskasten, einem Warndreieck und einem Nationalitätenkennzeichen am Heck ausgestattet sein. Es bestehen Gurtpflicht und striktes Alkoholverbot (die tolerierte Grenze liegt bei 0,2 ‰). Die Polizei darf bei Geschwindigkeitsübertretungen und anderen Regelverstößen sofort kassieren (immer eine Quittung geben lassen).

In geschlossenen Ortschaften gelten Höchstgeschwindigkeiten von 20 oder 60 km/h, auf offener Strecke sind 90 km/h erlaubt, auf zweispurigen Schnellstraßen 110 km/h und auf Autobahnen 130 km/h. Motorräder dürfen höchstens 80 km/h fahren. Auf Bahnübergängen gilt Tempo 30. Die Einhaltung der Geschwindigkeitsbeschränkungen wird überwacht. Von Oktober bis Februar müssen Autos und Motorräder selbst bei Sonnenschein mit eingeschaltetem Abblendlicht fahren. Motorradfahrer und Beifahrer unterliegen der Helmpflicht.

Solange nichts anderes ausgeschildert ist, dürfen Autos und Motorräder auf dem Gehweg parken, vorausgesetzt, es bleibt ein 1,5 m breiter Weg für Fußgänger frei. Auch das Parken entgegen der Fahrtrichtung ist erlaubt.

In der Stadt dürfen Straßenbahnen nur dann rechts überholt werden, wenn sie fahren. Gibt es keinen Bahnsteig, dürfen Bahnen, die Fahrgäste aus- und einsteigen lassen, nicht überholt werden. Eine Straßenbahn hat beim Abbiegen Vorfahrt, wenn sie die Richtungsänderung durch Blinken anzeigt.

Versicherung

Auto und Eigentum sollten gut versichert sein. Organisierter Autodiebstahl ist in den größeren Städten ein echtes Problem. Einige Banden arbeiten mit Russen zusammen und schmuggeln die Autos auf Nimmerwiedersehen über die Ostgrenze.

Auch wenn das Auto nicht gestohlen, sondern „nur" aufgebrochen wurde, können die Verluste schmerzlich sein. Alles, was man nicht mitnehmen kann, unbedingt verstecken und den Eindruck erwecken, dass das Auto leer ist. Nach Möglichkeit immer auf einem bewachten Parkplatz *(parking strzeżony)* parken. Hotels ohne eigene bewachte Parkmöglichkeiten wissen, wo es sichere Plätze gibt.

In den Städten ist es unter Umständen bequemer und sicherer, den Wagen in der Hotelgarage einzuschließen und sich mit Taxi und öffentlichen Verkehrsmitteln fortzubewegen.

Zustand der Straßen

Die massive Zunahme des Straßenverkehrs in den letzten Jahren und mangelnde Instandsetzung haben zu einem insgesamt mehr oder weniger schlechten Zustand der Fahrbahnen geführt.

Polen hat nur wenige Autobahnen im engeren Sinn, dafür viele zwei- und vierspurige Schnellstraßen durch das ganze Land. Die Landstraßen sind schmal, aber oft wenig befahren – mit Sicherheit entspannteres Reisen als auf der Autobahn. Die noch schmaleren Nebenstraßen sind auch oft ok, aber nicht wirklich gut ausgeschildert; sie winden und schlängeln sich durch jedes Dorf.

BUS

Busse sind auf Kurzstrecken oft praktischer als Züge. Auch für längere Touren kann ein Bus manchmal besser und schneller sein, wenn der Zug zum Beispiel einen großen Umweg fährt. In den Bergen ist Busfahren fast immer besser, Züge sind hier langsam und selten. Normale Busse kosten auf Kurzstrecken weniger als ein Ticket für die 2. Klasse im Zug.

Die meisten Linien werden von der ehemals staatlichen PKS (Państwowa Komunikacja Samochodowa) bedient, die sich in kleinere regionale Ableger aufgesplittert hat. Immer mehr regionale Betreiber werden von privaten Firmen aufgekauft, so dass sich in den nächsten Jahren eine Menge verändern wird, bis sich die Dinge wieder eingespielt haben.

Detaillierte Informationen zu Verbindungen und Fahrplänen gibt es auf den einzelnen Websites der PKS, zum Beispiel www.pks.warszawa.pl oder www.pks.krakow.pl (für Infos zu anderen Städten einfach in der Webadresse warszawa bzw. krakow durch den jeweiligen Stadtnamen ersetzen). Die meisten Sites sind auf Polnisch, aber es gibt auch die eine oder andere Seite auf Englisch.

Das Busstreckennetz ist wesentlich dichter als das Schienennetz. Die meisten Orte werden angefahren. Die Verbindungstakte sind dabei sehr unterschiedlich: auf den Hauptstrecken vielleicht alle Viertelstunde, in den kleinen, entlegenen Dörfern eventuell nur einmal am Tag. Fast alle Busse fahren tagsüber; sie starten manchmal sehr früh am Morgen.

Der größte Konkurrent von PKS ist **Polski Express** (www.polskiexpress.pl auf Polnisch), ein Joint Venture mit der britischen Eurolines National Express. Polski Express bedient mehrere Langstrecken ab Warschau nach Białystok, Danzig (via Ostróda und Elbląg), Krakau (via Łódź und Kattowitz), Rzeszów (via Puławy und Lublin) und Bydgoszcz (via Płock und Toruń). Diese Busse sind schneller und komfortabler als die PKS-Busse und kosten oft nicht mehr.

Der lokale PKS-Busbahnhof (*dworzec autobusowy* PKS) liegt meist direkt neben dem Bahnhof. Abgesehen von den großen Terminals in den Großstädten haben die Busbahnhöfe selten eine Gepäckaufbewahrung und sind auch sonst eher spartanisch ausgestattet. Sie schließen nachts.

Buskategorien

Es gibt zwei PKS-Buskategorien: normal und schnell. Die normalen oder lokalen Busse *(autobusy zwykłe)* stoppen an allen Haltestellen auf der Strecke, sie fahren selten schneller als 35 km/h im Durchschnitt und sind nicht gerade in bestem Zustand. Abfahrt- und Ankunftszeiten werden auf den Fahrplänen in schwarzer Schrift angegeben. Die Schnellbusse *(autobusy pospieszne)*, auf den Fahrplänen in Rot, bedienen vorwiegend die Langstrecken und schaffen eine Durchschnittsgeschwindigkeit von 45 bis 55 km/h. Sie nehmen grundsätzlich nur so viele Passagiere auf, wie sie Sitzplätze haben, und sind etwas besser gepflegt.

Fahrpläne

Fahrpläne hängen entweder innen oder außen an den PKS-Busbahnhöfen, außerdem an den Haltestellen (wenn sie nicht zerstört oder gestohlen wurden). Der Fahrplan *(rozkład jazdy)* mit den Abfahrtzeiten *(odjazdy)* listet die Ziele (kierunek) und die Zwischenstationen *(przez)* auf.

Unter Umständen fahren mehr Busse, als in der Spalte der Fahrtziele angegeben werden. In diesem Fall lohnt sich auch ein Blick in die Spalte der Zwischenstationen der weiter entfernten Ziele.

Immer sinnvoll ist auch, die Symbole neben der Abfahrtzeit zu lesen. Sie geben Auskunft darüber, ob der Bus nur an bestimmten Tagen oder zu bestimmten Jahreszeiten fährt. Am Fuß des Fahrplans gibt es eine Legende mit Erklärungen der Symbole.

Online-Fahrpläne gibt es unter www.polskibus.pl (auf Englisch).

Preise

Für Langstrecken-Busreisen gelten ungefähr folgende Preise:

Strecke	Fahrpreis
20 km	5 Zł
40 km	8 Zł
60 km	10 Zł
80 km	12 Zł
100 km	14 Zł
150 km	18 Zł
200 km	23 Zł
250 km	28 Zł
300 km	33 Zł

Tickets

Tickets für PKS-Busse gibt's nur am Busbahnhof selbst. Tickets für Langstrecken mit Schnellbussen können bis zu dreißig Tage im Voraus gebucht werden, Tickets für kurze Ortsstrecken sind nur am Fahrttag erhältlich.

Die Scheine sind nummeriert und gelten als Sitzplatzreservierung, wenn man sie am Schalter im Busbahnhof kauft. Beim Zusteigen auf der Strecke verkauft der Fahrer das Ticket, ein Sitzplatz ist dann aber nicht garantiert.

Fahrscheine für Polski Expressbusse gibt es an den Busbahnhöfen und in einigen Orbis Travel-Büros.

FAHRRAD

Polen ist nicht das schlechteste Land für Radtouren. Die Landschaft ist größtenteils relativ flach, so dass sich Radler nicht allzu sehr abstrampeln müssen oder spezielle Fahrräder brauchen. Es lohnt sich nicht unbedingt, ein Zelt im Gepäck zu haben, weil die nächste Unterkunft in aller Regel innerhalb einer Tagestour erreichbar ist. Flexibler ist man damit natürlich schon.

Die Hauptverbindungsstraßen sind stark befahren. Besser ist, die weniger befahrenen Nebenstrecken zu benutzen. In den detaillierten Touristenkarten sind auch kleinste Straßen eingezeichnet, außerdem ob Straßen befestigt sind oder nicht und die ausgeschilderten Wanderwege, die sich manchmal auch gut zum Radfahren eignen.

Fahrradfahrer sollten wissen, dass das Verkehrsverhalten der meisten Polen rüder als im eigenen Land ist. Es gibt Autofahrer, die sich streng an der Fahrbahnmitte orientieren und gar nicht daran denken, auf ihre Spur auszuweichen, um Platz zu machen. Andere müssen einfach alles überholen, was ihnen vor die Motorhaube kommt – vor allem Radfahrer und ungeachtet des Gegenverkehrs. Auch in Polen ist es übrigens verboten, nebeneinander Rad zu fahren.

In den Städten ist die Situation nicht besser: Es gibt kaum Radwege und manche Autofahrer verhalten sich gegenüber Zweirädern nicht besonders höflich. Der Straßenbelag, zum Teil Kopfsteinpflaster, ist oft in einem schlechten Zustand.

Viele Hotels erlauben ihren Gästen, das Rad nachts ins Haus oder sogar ins Zimmer mitzunehmen. Vielleicht ist es generell keine schlechte Idee, das Rad tagsüber im Hotel zu lassen und die Stadt zu Fuß und per Nahverkehr zu besichtigen. Besonders teure Räder aus dem Westen sind sehr attraktiv für Diebe. Die Anschaffung (und vor allem die Verwendung) eines stabilen Schlosses und einer soliden Kette empfiehlt sich.

Räder dürfen im Zug mitgenommen werden. Einige Intercity-Züge verfügen über einen Gepäckwagen. In diesem Fall kann das Fahrrad als Fracht aufgegeben werden (alles, was nicht niet- und nagelfest ist, abnehmen und darauf achten, dass das Rad auch wirklich verladen wird).

In Expresszügen und Zügen mit Reservierung sind Fahrräder nicht erlaubt, weil sie keinen Gepäckwagen haben. Auch viele normale Züge haben keinen Gepäckwagen, aber man kann versuchen, das Rad wie die Einheimischen mit ins Abteil zu nehmen (vorher am Bahnhof erkundigen). Busse nehmen in der Regel keine Fahrräder mit.

In den großen Städten und zum Teil auch in den großen Ferienorten machen immer mehr Fahrradläden und -werkstätten auf. Sie verkaufen heute auch westliche Marken und die wichtigsten Ersatzteile. Bei Fahrten über Land trotzdem alle entscheidenden Ersatzteile selbst mitnehmen (gut ist immer ein Vorrat an Schrauben und Muttern).

Fahrradvermietungen sind immer noch selten. Sie bieten wenig mehr als simple polnische Räder an, deren Zustand manchmal etwas zu wünschen übrig lässt.

FLUGZEUG

Die **LOT** (www.lot.com auf Englisch) bedient mehrere Inlandsstrecken. Es gibt tägliche Flüge zwischen Warschau und Bydgoszcz, Danzig, Kattowitz, Łódź, Posen, Rzeszów, Stettin, Breslau und Zielona Góra. Alle Inlandsflüge gehen über Warschau; die Verbindungen sind nicht immer praktisch.

Der reguläre Preis für einen einfachen Flug von/nach Warschau liegt bei rund 140 Zł. Jeder kombinierte Flug via Warschau (z. B. Stettin–Krakau oder Danzig–Breslau) kostet rund 285 Zł. Tickets gibt es in jedem LOT- oder Orbis-Büro und bei einigen Reisebüros.

Senioren über 60 Jahre zahlen auf Inlandsflügen 80 % des Flugpreises. Ausländische Studenten mit ISIC-Ausweis erhalten einen 10 %-igen Rabatt. Es gibt attraktive Standby-Angebote (etwa 25 % des regulären Preises) für junge Leute unter 20 und Studenten unter 26. Die Tickets müssen unmittelbar vor dem geplanten Abflug gekauft werden. Außerdem gibt es auf ausgesuchten Strecken und zu bestimmten Zeiten (zum Beispiel für frühe oder späte Flüge und bestimmte Wochenendflüge) Werbepreise, die bis zu einem Drittel des regulären Preises betragen können und für jeden gelten.

Die meisten Flughäfen sind nicht allzu weit vom jeweiligen Stadtzentrum entfernt

– zwischen 10 und 20 km – und mit den öffentlichen Verkehrsmitteln zu erreichen. Nur die Flughäfen von Stettin und Kattowitz liegen weiter draußen. Der Check-in ist mindestens dreißig Minuten vor Abflug. Der Reisepass muss zur Identifizierung vorgezeigt werden. Auf Inlandsflügen gibt es keine Flughafensteuer.

GEFÜHRTE TOUREN

Die folgenden Unternehmen bieten organisierte Touren in Polen an:

Bird Service (Karte S. 140; ☎ 12-292 14 60; www.bird.pl auf Deutsch; Ul Św Krzyża 17, Kraków) Bietet Naturexkursionen (Vogelbeobachtung, Kajakfahren, Radfahren usw.) in die entlegenen Regionen sowie einwöchige Radtouren entlang des Dunajec an.

Jarden Tourist Agency (Karte S. 149; ☎ 12-421 71 66; www.jarden.pl auf Englisch; Ul Szeroka 2, Kraków) Eine Agentur, die sich auf jüdische Themen in Krakau spezialisiert hat und auch Touren nach Auschwitz-Birkenau organisiert.

Kampio (Karte S. 60; ☎ 22-823 70 70; www.kampio.com.pl auf Deutsch; Ul Maszynowa 9/2, Warszawa) Spezialisiert auf Ökotourismus; organisiert Fahrradtouren durch Masuren, Vogelbeobachtung in Białowieża und Kajaktouren im Biebrza-Nationalpark.

Our Roots (Karte S. 64-65; ☎ /Fax 22-620 05 56; Ul Twarda 6, Warszawa) Spezialisiert auf Touren zu Schauplätzen jüdischer Geschichte in Warschau und des Holocaust wie in Treblinka.

PTTK Mazury (Karte S. 460; ☎ /Fax 89-527 40 59; www.pttkmazury.pl auf Polnisch; Ul Staromiejska 1, Olsztyn) Organisiert von Ende Juni bis Mitte August zehntägige Kajaktouren auf der Krutinna.

NAHVERKEHR

Bus, Straßenbahn & Oberleitungsbus

Die meisten Großstädte haben Busse *(autobus)* und Straßenbahnen *(tramwaj)*, manche zusätzlich Oberleitungsbusse *(trolejbus)*. Sie fahren zwischen 5 und 23 Uhr und können in der Rushhour (montags bis freitags 7 bis 9 Uhr und 16.30 bis 18.30 Uhr) überlastet sein. Die größten Städte bieten auch Nachtverkehr mit Bussen oder Straßenbahnen an. Die Fahrpläne hängen meist an den Haltestellen aus – ob sie stimmen, ist eine andere Frage.

In vielen Städten gilt ein Einheitsfahrpreis, Fahrtzeit und Strecke spielen dann keine Rolle. Beim Umsteigen wird ein weiteres Ticket fällig. Der normale Fahrpreis liegt im Durchschnitt bei 2,40 Zł. In einigen Städten hängt der Preis von der Fahrtdauer ab (das Ticket gilt z.B. nur für 30 Min. oder 1 Std.). Nachtlinien sind teurer.

Es gibt keine Schaffner an Bord. Die Tickets werden im Voraus gekauft und in Entwertern an den Türen abgestempelt. Fahrscheine gibt es bei den Ruch- oder Relay-Kiosken und in einigen Städten auch an Ständen *(bilety)* in der Nähe der großen Haltestellen. Am besten gleich mehrere Tickets kaufen, wenn man länger bleiben will. Die wenigsten Kioske haben übrigens am Sonntag geöffnet (deswegen schon Samstagmorgen vorsorgen).

Kontrolleure in Zivil sind immer auf der Pirsch und ausländische Backpacker eine beliebte Beute. Die Kontrollettis sind häufig anmaßend, stur und ziemlich unangenehm im Umgang.

Wird ein Fahrgast ohne Ticket erwischt, zahlt er die Strafe am besten sofort. Niemals dem Kontrolleur den Reisepass in die Hand drücken, auch wenn der mit der Polizei droht.

Taxi

Taxen sind ausreichend auf den Straßen unterwegs und nicht zu teuer. Faustregel: 5 km mit dem Taxi kosten rund 12 Zł, 10 km sollten nicht mehr als 20 Zł kosten. Die Preise sind nachts (22–6 Uhr), sonntags und außerhalb der Stadtgrenzen um 50 % höher. Wie viele Fahrgäste (in der Regel bis zu vier) und Gepäckstücke transportiert werden, ist für den Fahrpreis nicht entscheidend.

Es gibt zahlreiche Taxiunternehmen, darunter den ehemaligen staatlichen Monopolisten **Radio Taxi** (☎ 919), immer noch das größte Unternehmen und in den meisten Großstädten unterwegs. Taxen sind an den großen Schildern auf dem Dach mit Namen und Telefonnummer des Unternehmens erkennbar. Vorsicht vor der Taximafia, die meist nur ein kleines „Taxi"-Schild ohne Namen oder Telefonnummer auf dem Dach haben. Es ist besser, auf die Dienste dieser Wagen zu verzichten.

Taxen können zwar aus dem fließenden Verkehr heran gewunken werden, es ist aber einfacher, zu einem Taxistand *(postój taksówek)* zu gehen, wo fast immer mehrere Wagen warten. Es gibt viele Taxistände, einfach Einheimische nach dem nächsten fragen. Für eine Taxibestellung per Telefon wird kein Aufpreis berechnet.

Beim Einsteigen sollte der Fahrer den Taxameter einschalten (die richtige Einstellung ist: „1“ für Tagespreis und „2“ für Nachtpreis). Gern wird bei Ausländern der Schalter tagsüber auf Nachtbetrieb umgestellt ...

Möglichst immer mit kleinen Geldscheinen bezahlen. Die Fahrer geben ungern Wechselgeld heraus. Hotel- oder Flughafenangestellte kennen übrigens oft den ungefähren Fahrpreis für eine Strecke.

SCHIFF

Polen hat eine lange Küste, viele Flüsse und Kanäle. Passagierschiffe sind trotzdem selten und fahren nur im Sommer. Auf den großen Flüssen oder an der Küste gibt es keine regelmäßigen Verbindungen. Mehrere Städte wie Stettin, Danzig, Toruń, Breslau und Krakau betreiben im Sommer Ausflugsschiffe, in einigen Küstenstädten (Kołobrzeg und Danzig) werden auch Trips aufs Meer angeboten.

Auf den Masurischen Seen (S. 469) fahren im Sommer Ausflugsboote zwischen Giżycko, Mikołajki, Węgorzewo und Ruciane-Nida. Außerdem gibt es Boote auf dem Augustów-Kanal (S. 483). Die ungewöhnlichste Strecke ist der Tagesausflug auf dem Oberländer Kanal (Elbląg-Ostróda; S. 464).

TRAMPEN

Trampen *(autostop)* ist nirgendwo auf der Welt wirklich sicher. Tramper gehen immer ein Risiko ein. Sicherer ist das Trampen zu zweit und bevor es losgeht, sollte immer jemand darüber informiert sein, wohin die Reise geht. Trampen ist in Polen nicht exotisch, aber doch eher selten. Private Autofahrer halten selten an, und Berufsfahrer (die leichter zum Stoppen zu bewegen sind) erwarten eine Bezahlung, die einer Busfahrkarte gleichkommt.

ZUG

Züge sind vor allem auf Langstrecken das wichtigste Transportmittel für alle, die ohne Auto unterwegs sind. Polnische Züge sind ziemlich preiswert, einigermaßen verlässlich und in der Regel pünktlich. Außerhalb der Hochsaison im Juli und August ist eigentlich immer noch ein Platz frei.

Die Eisenbahnen stehen unter der Verwaltung der Polskie Koleje Państwowe (Polnische Staatsbahnen), kurz PKP. Mit über 27 000 Schienenkilometern ist das Bahnstreckennetz gut ausgebaut und deckt alle wichtigen Ziele ab. Erwartungsgemäß ist die Versorgung in den Bergen Südpolens dünner und die Züge dort sind langsamer.

Bahnhöfe

Die meisten Bahnhöfe haben Wartesäle, Imbissbuden, Zeitungskioske, Gepäckaufbewahrung und Toiletten. Die Hauptbahnhöfe in den großen Städten haben auch Restaurants, *kantors* (private Wechselstuben) und ein Postamt. In den kleineren Dörfern kann der Bahnhof im Gegensatz dazu manchmal nur ein Schuppen mit Ticketschalter sein, der nur auf hat, wenn ein Zug hält. Gibt es mehr als einen Bahnhof in der Stadt, trägt der Hauptbahnhof den Namenszusatz „Główny“ oder „Centralny“.

Einige Bahnhöfe – selbst die großen – sind schlecht ausgeschildert, so dass es schnell passieren kann, dass man die richtige Haltestelle verpasst. Im Zweifel am besten die Mitreisenden fragen.

Alle großen Bahnhöfe haben Gepäckaufbewahrung *(przechowalnia bagażu)*, die in der Regel rund um die Uhr geöffnet ist. Hier wird Gepäck bis zu zehn Tage aufbewahrt. Die Grundgebühr pro Gepäckstück beträgt 3 Zł, plus 1 % des deklarierten Werts als Versicherung.

Die Schalter schließen oft ein oder zwei Mal am Tag für eine Stunde. Die Pausenzeiten hängen am Schalter aus. Das Gepäck sollte mindestens eine halbe Stunde vor Abfahrt des Zuges ausgelöst werden, denn Anstehen und der Papierkram dauern. Bezahlt wird bei Abholung.

Ermäßigungen

Eurodomino-Tickets gibt es für drei bis acht Tage innerhalb eines Monats in drei Preisstufen: Jugendliche (bis 25 Jahre), Erwachsene (ab 26 Jahre) und Senioren (ab 60 Jahre). Voraussetzungen sind die europäische Staatsbürgerschaft und der Kauf des Tickets vor Reiseantritt nach Polen. Ein Eurodomino-Ticket kostet für Jugendliche/Erwachsene für drei Tage in der 2. Klasse 50/58 €; jeder weitere Tag zusätzlich 10/13 €.

Weitere günstige Angebote sind Interrail-Tickets und Ähnliches. Infos gibt es unter www.interrailers.net, aber auch unter den Websites der Bahngesellschaften www.bahn.de, www.oebb.at und www.sbb.ch.

Entfernungen (km)

	Białystok	Bydgoszcz	Częstochowa	Gdańsk	Katowice	Kielce	Kraków	Łódź	Lublin	Olsztyn	Opole	Poznań	Rzeszów	Szczecin	Toruń	Warszawa	Wrocław	Zielona Góra
Białystok	---																	
Bydgoszcz	389	---																
Częstochowa	410	316	---															
Gdańsk	379	167	470	---														
Katowice	485	391	75	545	---													
Kielce	363	348	124	483	156	---												
Kraków	477	430	114	565	75	114	---											
Lódź	322	205	121	340	196	143	220	---										
Lublin	260	421	288	500	323	167	269	242	---									
Olsztyn	223	217	404	156	479	394	500	281	370	---								
Opole	507	318	98	485	113	220	182	244	382	452	---							
Poznań	491	129	289	296	335	354	403	212	465	323	261	---						
Rzeszów	430	516	272	642	244	163	165	306	170	516	347	517	---					
Szczecin	656	267	520	348	561	585	634	446	683	484	459	234	751	---				
Toruń	347	46	289	181	364	307	384	159	375	172	312	151	470	313	---			
Warszawa	188	255	222	339	297	181	295	134	161	213	319	310	303	524	209	---		
Wrocław	532	265	176	432	199	221	268	204	428	442	86	178	433	371	279	344	---	
Zielona Góra	601	259	328	411	356	422	427	303	542	453	245	130	585	214	281	413	157	---

Fahrpläne

Zugfahrpläne *(rozkład jazdy)* hängen in den Bahnhöfen aus, die Abfahrten stehen auf gelbem Papier, die Ankünfte *(przyjazdy)* auf weißem.

Personenzüge sind schwarz gedruckt, Schnellzüge in Rot, ein „Ex" bedeutet Expresszug. Intercity-Züge sind mit dem vertrauten „IC" angegeben. Der Buchstabe „R" in einem Quadrat zeigt eine obligatorische Sitzreservierung an. Es gibt noch mehr Buchstaben und/oder Zahlen, die in der Legende am Fuß des Fahrplans erläutert werden. Sie geben an, ob der Zug nur zu bestimmten Zeiten fährt *(kursuje)* bzw. nicht fährt *(nie kursuje)*. Außerdem zeigen die Fahrpläne den Bahnsteig *(peron)* an, von dem der Zug abfährt.

Preise

Tickets für Schnellzüge kosten etwa 60 % mehr als für Personenzüge, ein Expresszug kostet wiederum 50 % mehr als ein Schnellzug. Die 1. Klasse ist um 50 % teurer als die 2. Klasse. Die Höhe des Fahrpreises richtet sich nach der Entfernung, die zurückgelegt wird. Die in der Tabelle angegebenen Fahrpreise sind ungefähre Angaben für Fahrkarten der 2. Klasse.

Entfernung	Personenzug	Schnellzug
50 km	8 Zł	14 Zł
100 km	15 Zł	24 Zł
150 km	19 Zł	30 Zł
200 km	21 Zł	34 Zł
250 km	24 Zł	40 Zł
300 km	26 Zł	43 Zł
350 km	27 Zł	45 Zł
400 km	28 Zł	47 Zł
450 km	30 Zł	50 Zł
500 km	31 Zł	52 Zł

Eine Reservierung kostet 8 Zł zusätzlich (12 Zł in Intercity-Zügen). Ein Liegewagen der 2./1. Klasse kostet 50/60 Zł, ein Schlafwagen 90/130 Zł extra.

Die ungefähren Preise für ICs betragen (einschließlich der obligatorischen Sitzreservierung) von Warschau nach Danzig, Kattowitz, Krakau oder Posen 80/120 Zł in der 2./1. Klasse.

DAS SCHIENENNETZ IN POLEN

Es gibt keine Rabatte auf ISIC-Ausweise, auch wenn polnische Studenten Ermäßigungen genießen.

Tickets

Seit die meisten Ticketschalter in den Bahnhöfen computerisiert wurden, ist der Ticketkauf wesentlich problemloser geworden. Schlangen gibt es aber immer noch. Man sollte mindestens eine halbe Stunde vor Abfahrt des Zuges am Bahnhof sein und darauf achten, dass man am richtigen Schalter ansteht. Die Verkäufer sind in den seltensten Fällen einer Fremdsprache mächtig, deswegen am besten auf einem Zettel die relevanten Daten (Ziel, Abfahrtszeit, Klasse – 1. Klasse *pierwsza klasa* oder 2. Klasse *druga klasa*) notieren. Bei einer obligatorischen Sitzreservierung wird automatisch eine Sitzreservierung *(miejscówka)* ausgedruckt. Anderenfalls muss man sie explizit anfordern.

Tickets können gegen einen kleinen Aufpreis direkt beim Zugbegleiter gekauft werden. Man sollte ihn aber schnell finden, sonst wird eine Strafgebühr fällig.

Liege- und Schlafwagen können in den größeren Bahnhöfen an speziellen Schaltern gebucht werden. Es lohnt sich sehr, sie im Voraus zu buchen. Vorausbuchungen für Reisen über 100 km und mit Liege- oder Schlafwagen sind auch bei Orbis Travel und einigen anderen Reisebüros möglich – wahrscheinlich die schnellere Alternative.

Zugkategorien

Es gibt drei Hauptkategorien: Express-, Schnell- und Personenzug. Der Expresszug (*pociąg ekspresowy* oder *ekspres*) ist der schnellste und bequemste, bedient die langen Intercity-Strecken und hält nur in den großen Städten. Hier müssen Sitzplätze reserviert werden; sind alle Sitze ausgebucht, gibt es keine Stehplätze. Expresszüge fahren eher am Tag als über Nacht. Die Durchschnittsgeschwindigkeit beträgt 80 bis 100 km/h.

Seit den frühen 1990er Jahren gibt es mit dem Intercity eine luxuriösere Version des Expresszugs. ICs sind schneller und komfortabler, im Preis ist ein leichter Imbiss inbegriffen. Diese Züge fahren auf einigen der Hauptverbindungen ab Warschau ohne Zwischenhalt. Die Hauptziele sind: Danzig (3 Std. 20 Min., 333 km), Kattowitz (2 Std. 40 Min., 303 km), Krakau (2 Std. 35 Min., 297 km), Posen (3 Std. 10 Min., 311 km) und Stettin (5 Std. 40 Min., 525 km).

Schnellzüge *(pociąg pospieszny)* halten zwischendrin. Meist sind nicht alle Wagen reservierungspflichtig; in einige können jederzeit Fahrgäste zusteigen, egal, wie voll sie sind. Mit einer Durchschnittsgeschwindigkeit von 60 bis 80 km/h ist das Reisen bequem. Sie sind um ein Drittel billiger als Expresszüge, fahren oft über Nacht und die Entfernungen rechtfertigen Liege- *(kuszetki)* oder Schlafwagen *(miejsca sypialne)*. Auf diese Weise kann man Hotelkosten sparen und früh am Morgen am Ziel sein. Schlaf- und Liegewagen sollten so frühzeitig wie möglich reserviert werden, da sie schnell ausgebucht sind.

Ein Personenzug (pociąg osobowy) ist wesentlich langsamer, weil er an allen Bahnhöfen auf dem Weg anhält. Diese Züge werden oft auf kürzeren Strecken eingesetzt, bedienen aber auch Langstrecken. Die Durchschnittsgeschwindigkeit beträgt 30 bis 40 km/h. Personenzüge sind nicht so komfortabel wie ein Express- oder Schnellzug und erfordern keine Reservierung. Für Kurzstrecken ist das ganz in Ordnung, aber über weitere Distanzen doch ermüdend.

Fast alle Züge haben zwei Klassen. Die Wagen der Langstreckenzüge sind normalerweise nach Abteilen unterteilt: die Abteile der 1. Klasse haben sechs Sitzplätze, die Abteile der 2. Klasse acht. Das Rauchen ist in einigen Abteilen und auf den Gängen erlaubt, so dass der Rauch schon mal etwas dicker werden kann. Es ist besser, ein Nichtraucherabteil zu reservieren und zum Rauchen auf den Rauchergang zu gehen.

Die Liegeabteile der 2. Klasse haben sechs Liegen, drei auf jeder Seite. Die 1. Klasse-Abteile haben vier Liegen, zwei auf jeder Seite. Auch bei den Schlafabteilen gibt es zwei Klassen: Die 2. Klasse nimmt drei Fahrgäste auf, die 1. zwei; beide haben Waschbecken, Laken und Decken.

Gesundheit

Dr. Caroline Evans

INHALT

Ob man während der Reise gesund bleibt, ist immer auch eine Frage der richtigen Vorbereitung, Vorsorge und Vorgehensweise, wenn gesundheitliche Probleme auftauchen. Ein polnisches Sprichwort lautet: „Wer in Polen krank wird, sollte eine stabile Gesundheit haben."

Dieser leicht makabre Scherz fasst den Zustand des polnischen Gesundheitswesens in treffende Worte: Politisches Missmanagement und fehlende finanzielle Mittel haben dem Gesundheitssystem in den letzten fünf Jahren geschadet. In den größeren Städten gibt es aber Privatkliniken und Krankenhäuser, die auf westlichem Niveau arbeiten (siehe auch Medizinische Versorgung S. 62 und S. 522).

VOR DER REISE

Prävention ist das beste Mittel, um auf Reisen gesund zu bleiben. Mit ein wenig Planung vor Antritt der Reise, besonders bei bereits bestehenden Erkrankungen, lassen sich Probleme im Ausland verhindern: Vor Reisebeginn ist ein Kontrollbesuch beim Zahnarzt ratsam, ins Reisegepäck gehören eine Ersatzbrille oder ein Ersatzpaar Kontaktlinsen und ein Augen- bzw. Brillenpass vom Augenarzt. Medikamente sollten immer in ihrer Originalverpackung mitgenommen werden.

Ein vom Hausarzt unterzeichneter Brief mit genauen Angaben zu chronischen Erkrankungen kann sehr hilfreich sein. Wer auf Spritzen angewiesen ist, sollte immer einen Brief seines Arztes mit Erklärungen dazu mitführen.

EMPFOHLENE IMPFUNGEN

Die Weltgesundheitsorganisation WHO empfiehlt Reisenden grundsätzlich und unabhängig vom Reiseziel, sich gegen Diphtherie, Tetanus, Masern, Mumps, Röteln und Polio impfen zu lassen. Da bei den meisten Impfungen ein ausreichender Immunschutz erst frühestens zwei Wochen nach der Impfung entsteht, wird empfohlen, den Arzt spätestens sechs Wochen vor Antritt der Reise aufzusuchen.

INFOS IM INTERNET

International Travel and Health ist eine Publikation der WHO, die jährlich überarbeitet wird und im Internet unter www.who.int/ith abrufbar ist (nur auf Englisch). Zusätzliche Infos zum Thema Reisegesundheit sind bei vielen Behörden bzw. auf den Websites der Regierungen und Krankenversicherungen erhältlich.

Deutschland (www.auswaertiges-amt.de; www.bzga-reisegesundheit.de)
Österreich (www.bmaa.gv.at)
Schweiz (www.bag.admin.ch)

VERSICHERUNG

EU-Bürger sollten sich bei ihrer Krankenversicherung das Formular E111 besorgen, das die meisten Notfälle abdeckt. Ärztliche Leistungen müssen dennoch vor Ort bezahlt werden und ein Rücktransport ins Heimatland ist ebenfalls nicht abgedeckt. Daher macht es Sinn, vor Reiseantritt eine Auslandsreisekrankenversicherung mit Rückholgarantie abzuschließen (bieten viele Versicherungen und Banken an).

UNTERWEGS

REISEÜBELKEIT

In der Apotheke gibt es diverse Mittel gegen Reisekrankheit (Bewegungskrankheit). Wer zu starken Symptomen neigt, sollte vor Antritt einer Reise seinen Arzt aufsuchen. Ein natürliches Mittel gegen Übelkeit ist Ingwer.

THROMBOSE

Während längerer Reisen kann sich auf Grund mangelnder Bewegung ein Blutgerinnsel in einer Beinvene bilden, ein so genannter Thrombus. Daher besteht auf längeren Reisen, ob im Flugzeug, im Auto, im Bus oder Zug, ein erhöhtes Thromboserisiko. Die häufigsten Symptome sind geschwollene oder schmerzende Füße, Knöchel oder Waden, die meist, aber nicht immer einseitig auftreten. Thrombose ist deshalb so gefährlich, weil sich ein Blutgerinnsel lösen und über den Blutkreislauf in die Lunge gelangen kann. Verstopft ein Thrombus ein Blutgefäß in der Lunge, kann es zur Lungenembolie kommen, die sich durch starke Brustschmerzen und Atemnot ankündigt. Reisende, bei denen diese Symptome auftreten, sollten sofort einen Arzt aufsuchen.

Einer Reisethrombose kann durch häufigeres Aufstehen und Herumlaufen, durch gezielte Fußgymnastik, ausreichendes Trinken nicht-alkoholischer Getränke und durch Verzicht auf Rauchen vorgebeugt werden. Die Blutzirkulation wird angeregt, wenn die Beinmuskulatur abwechselnd an- und entspannt wird.

IN POLEN

DURCHFALLERKRANKUNGEN

Um Durchfallerkrankungen vorzubeugen, Leitungswasser nur abgekocht, gefiltert oder durch Jodtabletten desinfiziert trinken. Speiseeis sollte gemieden werden. Auch frisches Obst und Gemüse nur gekocht oder geschält verzehren, Milch und Milchprodukten sollten pasteurisiert sein. Gekochtes sollte sofort heiß gegessen werden; Buffets besser ganz meiden. Es ist immer ein Zeichen für die gute Qualität des Essens, wenn ein Restaurant von vielen Einheimischen besucht wird.

Bei Durchfall ist es wichtig, viel zu trinken, am besten eine Mineralstofflösung. Für stärkere und häufige Durchfälle ist es ratsam, ein Gegenmittel in die Reiseapotheke zu legen. Der Hausarzt kann ein Medikament empfehlen. Ist der Durchfall blutig, hält länger als drei Tage an oder wird von Fieber, Schüttelfrost oder Bauchschmerzen begleitet, sollte auf jeden Fall ein Arzt aufgesucht werden.

FRAUEN & GESUNDHEIT

Grundsätzlich können auch schwangere Frauen auf Reisen gehen. Sie sollten aber vor der Reise mit ihrem Frauenarzt sprechen. Am riskantesten sind Reisen bis zur zwölften und ab der dreißigsten Schwangerschaftswoche.

GESUNDHEITSRISIKEN

Insektenstiche & -bisse

Mücken gibt es praktisch überall. Besonders stark treten sie an den Großen Masurischen Seen auf. Ihre Stiche können allergische Reaktionen und Entzündungen auslösen. Bei Reisen zu den Seenplatten ist ein Mückenschutzmittel zu empfehlen.

Bienen und Wespen sind hauptsächlich für Menschen mit Insektenallergie gefährlich. Wer auf Bienen- und Wespenstiche allergisch reagiert, sollte im Sommer immer ein vom Arzt verschriebenes Notfallset bei sich führen und es bei einem Stich sofort anwenden.

Die Bisse von Bettwanzen führen zu stark juckenden Quaddeln. Um sie los zu werden, muss das Bett abgezogen und die Matratze mit einem Insektizid behandelt werden.

Krätze wird von kleinen Milben (Krätzmilben) ausgelöst, die in der Haut leben. Häufig werden die Fingerzwischenräume zuerst befallen. Die Krätze ist von heftigem Juckreiz begleitet. Es gibt gut und schnell wirkende Mittel gegen die Krätze, die in der Apotheke erhältlich sind. Familienmitglieder müssen, auch wenn sie noch keine Symptome zeigen, mitbehandelt werden, damit sich die Krätze nicht weiter ausbreiten kann.

INFEKTIONEN

Durch Zeckenbisse übertragene Enzephalitis (Hirnhautentzündung) ist eine ernsthafte Erkrankung. Reisende, die sich viel in der Natur aufhalten, wie Camper, Wanderer usw. sollten sich dagegen impfen lassen. Über alles Notwendige klärt der Hausarzt vor der Reise auf.

MEDIZINISCHE VERSORGUNG & KOSTEN

Außerhalb der größeren Städte kann die medizinische Versorgung schon mal problematisch sein. Botschaften, Konsulate und Luxushotels (5 Sterne) können meist gute Ärzte und Kliniken empfehlen. Manchmal ist das benötigte Medikament im Krankenhaus nicht vorrätig und muss erst aus der Apotheke besorgt werden. Die stationäre oder ambulante Pflege kann zeitlich begrenzt sein.

Bei mangelnder Hygiene und Vorsorge besteht ein höheres Infektionsrisiko für Hepatitis B und HIV.

MIT KINDERN REISEN

Wer mit Kindern reist, sollte kleine Verletzungen selbst versorgen können und wissen, wann es Zeit ist, einen Arzt aufzusuchen. Kinder sollten alle empfohlenen Routineimpfungen erhalten haben. Mögliche Zusatzimpfungen vor der Abreise mit dem Kinderarzt abklären, da manche Impfungen erst bei Kindern ab einem Jahr vorgenommen werden können.

Besonders in heißem, feuchtem Klima können sich auch kleinste Hautverletzungen stark entzünden. Jede Wunde muss gereinigt und trocken gehalten werden.

Kinder achten nicht immer selbst darauf, was sie essen und trinken können. Hat ein Kind Durchfall oder Erbrechen, muss der Flüssigkeits- und Mineralstoffhaushalt auf jeden Fall ausgeglichen werden. Es gibt spezielle Mineralstoffpulver, die in abgekochtem Wasser aufgelöst werden können.

Es ist gut, Kindern vor der Reise zu erklären, dass man streunenden Tieren lieber nicht zu nahe kommt und sie nicht streichelt. Alle Säugetiere können Tollwut und andere Krankheiten übertragen. Bisse, Kratzer und Leckstellen gründlich reinigen und desinfizieren. Besteht die Gefahr einer Tollwutinfektion, sofort einen Arzt aufsuchen.

SEX & GESUNDHEIT

Nach ungeschütztem Geschlechtsverkehr kann innerhalb der folgenden 24 Stunden die „Pille danach" eingenommen werden. Informationen hierzu gibt der Frauenarzt. Beratung zum Thema Verhütung bietet in Deutschland zum Beispiel **Profamilia** (www.profamilia.de), in Österreich die **Österreichische Gesellschaft für Familienplanung** (www.oegf.at) und in der Schweiz **PLANes - Fondation Suisse pour la Santé Sexuelle et Reproductive** (www.plan-s.ch).

Beim Kauf von Kondomen auf das Europäische Prüfzeichen CE achten; damit ist gewährleistet, dass die Produkte regelmäßig geprüft werden. Kondome immer kühl und trocken lagern, weil sie sonst rissig werden können.

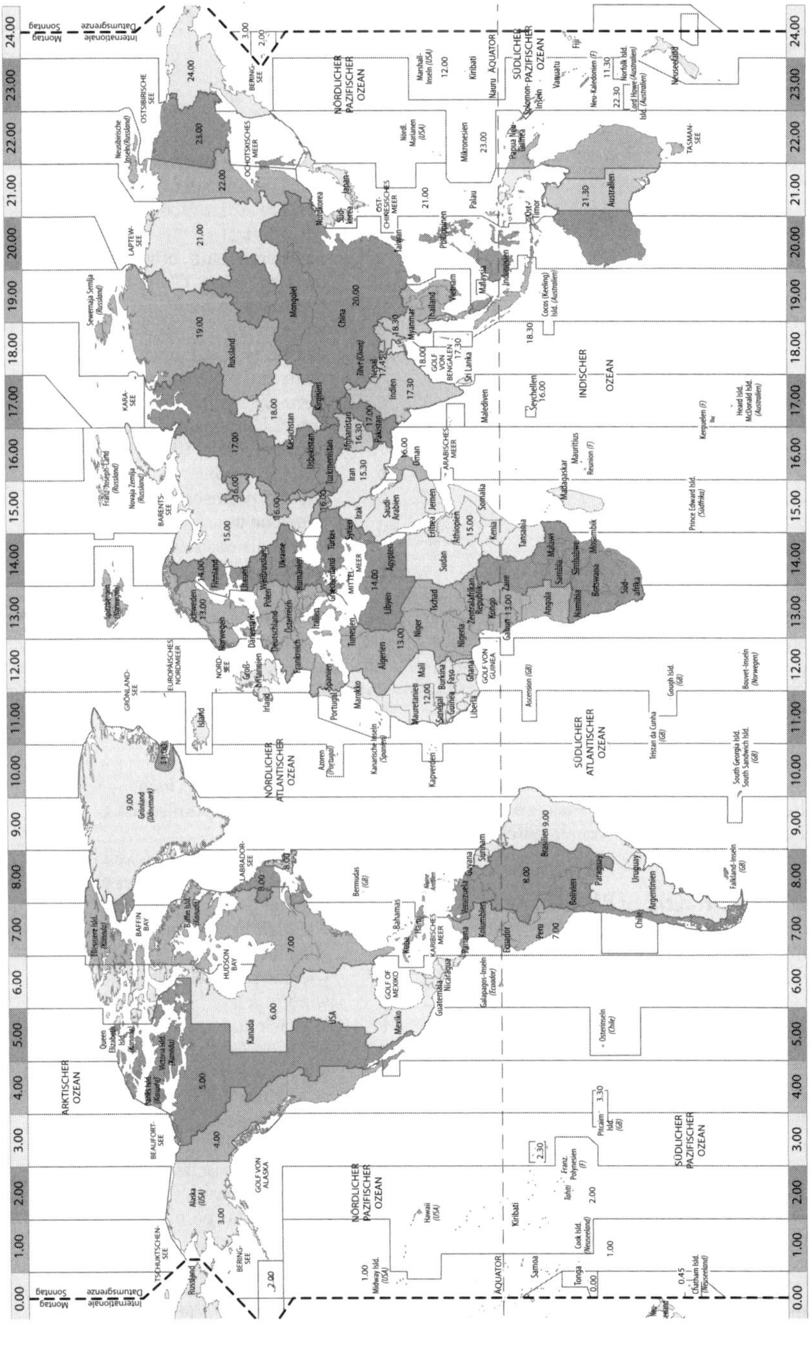

0.00
1.00
2.00
3.00
4.00
5.00
6.00
7.00
8.00
9.00
10.00
11.00
12.00
13.00
14.00
15.00
16.00
17.00
18.00
19.00
20.00
21.00
22.00
23.00
24.00
Internationale Datumsgrenze
Montag
Sonntag
ARKTISCHER OZEAN
NÖRDLICHER PAZIFISCHER OZEAN
SÜDLICHER PAZIFISCHER OZEAN
NÖRDLICHER ATLANTISCHER OZEAN
SÜDLICHER ATLANTISCHER OZEAN
INDISCHER OZEAN
ÄQUATOR
GOLF VON ALASKA
BEAUFORT-SEE
HUDSON BAY
BAFFIN BAY
LABRADOR-SEE
GOLF VON MEXIKO
KARIBISCHES MEER
GRÖNLAND-SEE
EUROPÄISCHES NORDMEER
NORD-SEE
BARENTS-SEE
KARA-SEE
LAPTEW-SEE
OSTSIBIRISCHE SEE
OCHOTSKISCHES MEER
BERING-SEE
TSCHUKTSCHEN-SEE
MITTEL-MEER
ARABISCHES MEER
GOLF VON BENGALEN
GOLF VON GUINEA
OST-CHINESISCHES MEER
TASMAN-SEE
Alaska (USA)
Kanada
USA
Mexiko
Grönland (Dänemark)
Island
Russland
China
Mongolei
Indien
Australien
Neuseeland
Brasilien
Argentinien
Chile
Peru
Bolivien
Kolumbien
Venezuela
Ägypten
Libyen
Algerien
Sudan
Südafrika
Kasachstan
Iran
Japan

Sprache

INHALT

Das Polnische ist eine westliche Variante der slawischen Sprachen Zentral- und Osteuropas, wie zum Beispiel Kroatisch, Tschechisch, Russisch, Serbisch, Slowakisch und Slowenisch.

Idealerweise sollte jeder, der nach Polen reisen will, einen Grundwortschatz Polnisch beherrschen – je mehr, desto einfacher die Reise und desto mehr Kontakt zu Land und Leuten. Es lohnt sich, in einen guten Sprachführer zu investieren.

DAS POLNISCHE ALPHABET

Das polnische Alphabet in korrekter Reihenfolge (diakritische Zeichen gelten als eigene Buchstaben):

a ą b c ć d e ę f g h i j k l ł m n ń o ó p (q) r s ś t u (v) w (x) y z ź ż

Die Buchstaben **q**, **v** und **x** tauchen nur in Begriffen auf, die aus Fremdsprachen übernommen sind.

AUSSPRACHE

Das Schriftpolnisch ist konsistent, das heißt, dass sich die Aussprache von Buchstaben oder Buchstabengruppen nicht von Wort zu Wort verändert. Die Betonung liegt fast immer auf der vorletzten Silbe.

Vokale

Polnische Vokale sind rein, bestehen aus nur einem Ton und sind in etwa gleich lang. Die ungefähre Aussprache sieht so aus:

a	wie **a** in fast
ą	nasalierter Laut, etwa wie das deutsche Wort *Chance* oder das französische *mon*
e	wie **e** in *fett*
ę	nasalierter Laut; etwa wie das deutsche Wort *Teint* oder das französische *fin*; am Wortende wie **e**
i	langes **i**; etwa wie das **i** im deutschen Wort *fliegen*
o	wie **o** in *Sonne*
ó	wie das polnische **u;** kürzer als das deutsche **u**
u	kürzer als das deutsche **u**
y	kurzes **i**, wie in *Minute*

Konsonanten

Das Folgende kann nur ein Anhaltspunkt für die richtige Aussprache sein. Am besten entwickelt man im Land selbst ein Gehör für die feinen Nuancen:

c	wie *ts* in *zum*
ch	wie *ch* in *lachen*
cz	wie *tsch* in *Tschechien*
ć	ähnlich dem polnischen **c,** aber weicher
dz	wie *ds* in *ätzend*, nur weicher
dź	ähnlich dem polnischen **dz,** nur weicher
dż	wie *dsch* in *Dschungel*
g	wie *g* in *gehen*
h	wie das polnische **ch**
j	wie *j* in *jetzt*
ł	etwa wie das englische *w* in *what*
ń	wie *nj* in *Champignon*
r	wird mit der Zunge gerollt
rz	wie stimmhaftes *sch* in *Genie*
s	stimmlos wie *s* in *Hast*
sz	wie *sch* in *schauen*
ś	wie das polnische **s,** aber weicher
w	wie *w* in *Weg*
ź	etwa wie das polnische **z,** aber weicher
ż	wie das polnische **rz**
szcz	ungewöhnlichste Kombination; wie *sch* und *tsch* in Folge

Die folgenden Konsonanten sind stimmlos, wenn sie am Wortende stehen: **b** wird gesprochen wie „p", **d** wie „t", **g** wie „k", **w** wie „f", **z** wie „s" und **rz** wie „sz".

Hier noch ein beliebter Zungenbrecher zum Üben:

Chrząszcz brzmi w trzcinie.

Der Maikäfer summt durchs Gras.

FORMULARE

Vorname	*imiona*
Nachname	*nazwisko*
Nationalität	*narodowość*
Geburtsdatum	*data urodzenia*
Geburtsort	*miejsce urodzenia*
Geschlecht	*płeć*
Reisepass	*paszport*
Visum	*wiza*

FRAGEWÖRTER

Wann?	*Kiedy?*
Warum?	*Dlaczego?*
Was ist das?	*Co to jest?*
Was?	*Co?*
Welches?	*Który?*
Wer?	*Kto?*
Wie?	*Jak?*
Wo?	*Gdzie?*

GESUNDHEIT

Ich bin krank.	*Jestem chory/a.*
Ich habe hier Schmerzen.	*Tutaj mnie boli.*
Ich bin Asthmatiker/ Epileptiker.	*Mam astmę/epilepsję.*
Ich bin Diabetiker.	*Jestem diabetykiem.*
Ich bin allergisch gegen ...	*Mam uczulenie na...*
Antibiotika	*antybiotyki*
Penicillin	*penicylinę*
Bienenstiche	*pszczoły*
Antiseptika	*antyseptyczny*
Aspirin	*aspiryna*
Durchfall	*biegunka*
Kondome	*kondomy*
Medizin	*lek*
Sonnenschutzcreme	*krem do opalania*
Tampons	*tampony*
Übelkeit	*mdłości*
Verhütungsmittel	*środek antykoncepcyjny*

KONVERSATION & NÜTZLICHES

Hallo.	*Dzień dobry.*
Auf Wiedersehen.	*Do widzenia.*
Ja.	*Tak.*
Nein.	*Nie.*
Bitte.	*Proszę.*
Danke.	*Dziękuję.*
Bitteschön.	*Proszę bardzo.*
Entschuldigung.	*Przepraszam.*
Tut mir Leid.	*Przykro mi.*
Ich möchte ...	*Lubię...*
Ich mag nicht ...	*Nie lubię...*
Nur eine Minute.	*Chwileczkę.*
Wie heißen Sie?	*Jak masz na imię?*
Ich heiße ...	*Mam na imię...*
Ich komme aus ...	*Jestem z...*
Wo kommen Sie her?	*Skąd pan/pani jest?* *Skąd jesteś?*

NOTFÄLLE

Hilfe!	*Na pomoc!*
Das ist ein Notfall.	*To jest nagły przypadek.*
Ich habe mich verlaufen.	*Zgubiłem się.* (m) *Zgubiłam się.* (f)
Lassen Sie mich in Ruhe!	*Zostawcie mnie w spokoju!*
Rufen Sie ...!	*Proszę wezwać...!*
einen Arzt	*lekarza*
die Polizei	*policję*

REISEN MIT KINDERN

Wo kann ich einen Babysitter finden?
Gdzie można znaleźć opiekunkę do dziecka?

Können Sie ein zusätzliches Bett ins Zimmer stellen?
Poproszę o dodatkowe łóżko w pokoju.

Ich brauche ein Auto mit Kindersitz.
Potrzebuję samochód z fotelikiem dla dziecka.

Haben Sie eine Speisekarte für Kinder?
Czy są jakieś dania dla dzieci?

Können Sie daraus eine Kinderportion machen?
Czy mogę prosić o porcję dla dziecka?

Dürfen Kinder hier rein?
Czy dzieci mogą wejść?

Gibt es Einrichtungen für Kinder?
Czy są jakieś udogodnienia dla dzieci?

SHOPPEN & DIENSTLEISTUNG

Ich möchte kaufen ...	*Chcę kupić...*
Was kostet das?	*Ile to kosztuje?*
Es gefällt mir nicht.	*Nie podoba mi się.*
Darf ich es mir anschauen?	*Czy mogę to zobaczyć?*
Ich schaue mich nur um.	*Tylko oglądam.*
Das ist teuer.	*To jest drogie.*
Ich nehme es.	*Wezmę to.*

Kann ich mit Kreditkarte zahlen?
Czy mogę zapłacić kartą kredytową?

mehr	*więcej*
weniger	*mniej*
kleiner	*mniejszy*
größer	*większy*

Wo ist ...?	*Gdzie jest...?*
eine Bank	*bank*
die ... Botschaft	*ambasada...*
ein Hotel	*hotel*
ein Internetcafé	*kawiarnia internetowa*
die Kirche	*kościół*
ein Krankenhaus	*szpital*
der Markt	*targ*
das Museum	*muzeum*
das Polizeirevier	*posterunek policji*
das Postamt	*poczta*
das Stadtzentrum	*centrum*
ein öffentliches Telefon	*automat telefoniczny*
eine öffentliche Toilette	*toaleta publiczna*
die Touristeninformation	*biuro informacji turystycznej*

UHRZEIT & DATUM

Wie spät ist es?	*Która jest godzina?*
Es ist 10 Uhr.	*Jest dziesiąta.*

morgens	*rano*
nachmittags	*po południu*
abends	*wieczorem*
heute	*dziś/dzisiaj*
morgen	*jutro*
gestern	*wczoraj*
Montag	*poniedziałek*
Dienstag	*wtorek*
Mittwoch	*środa*
Donnerstag	*czwartek*
Freitag	*piątek*
Samstag	*sobota*
Sonntag	*niedziela*
Januar	*styczeń*
Februar	*luty*
März	*marzec*
April	*kwiecień*
Mai	*maj*
Juni	*czerwiec*
Juli	*lipiec*
August	*sierpień*
September	*wrzesień*
Oktober	*październik*
November	*listopad*
Dezember	*grudzień*

SCHILDER

Wejście	Eingang
Wyjście	Ausgang
Informacja	Information
Otwarte	Offen
Zamknięte	Geschlossen
Wzbroniony	Verboten
Posterunek Policji	Polizeirevier
Toalety	Toiletten/WC
Panowie	Herren
Panie	Damen

RESERVIERUNGEN

von ...	*od...*
bis ...	*do...*
Datum	*data*
Nachname	*nazwisko*
Ich möchte buchen ...	*Chcę zarezerwować...*
Preis	*cena*
Kreditkarte	*karta kredytowa*
Nummer	*numer*
gültig bis	*data ważności*

UNTERKUNFT

Wo finde ich ein(e/en) ...?
Gdzie mogę znaleźć...?

Campingplatz	*camping*
Hotel	*hotel*
Jugendherberge	*schronisko młodzieżowe*
Pension	*pensjonat*

Wo ist ein billiges Hotel?
Gdzie jest tani hotel?

Wie lautet die Adresse?
Jaki jest adres?

Bitte schreiben Sie die Adresse auf.
Proszę to napisać.

Haben Sie freie Zimmer?
Czy są wolne pokoje?

Ich hätte gerne (ein) ...
Poproszę o...

Bett	*łóżko*
Einzelzimmer	*pokój jednoosobowy*
Doppelbett	*podwójne łóżko*
Zimmer	*pokój*

Doppelzimmer mit zwei Betten
pokój dwuosobowy z dwoma łóżkami

Zimmer mit Bad	*pokój z łazienką*
Ein Bett im Schlafsaal	*łóżko w sali zbiorowej*

Wie viel kostet es pro Nacht?
Ile kosztuje za noc?

Kann ich es sehen?
Czy mogę go zobaczyć?

Wo ist das Badezimmer?
Gdzie jest łazienka?

Wo ist die Toilette?
Gdzie jest toaleta?

Ich reise heute ab.
Wyjeżdżam dziś.

VERKEHRSMITTEL & -WEGE

Nahverkehr

Wann fährt/kommt der/die/das ...?
O której odchodzi/przychodzi...?

das Flugzeug	*samolot*
das Schiff	*łódź*
der Bus	*autobus*
der Zug	*pociąg*
die Straßenbahn	*tramwaj*

Ich möchte ein ... Ticket kaufen.
Poproszę bilet...

einfaches	*w jedną stronę*
Rückfahrt-	*powrotny*

Ich möchte zur/zum ...
Chcę jechać do...

1. Klasse	*pierwszą klasę*
2. Klasse	*drugą klasę*
stornieren	*odwołać*
Verspätung	*opóźnienie*
das erste	*pierwszy*
das letzte	*ostatni*
Bahnsteig	*peron*
Ticketschalter	*kasa biletowa*
Fahrplan	*rozkład jazdy*
Bahnhof	*dworzec kolejowy*

Privater Transport

Ich möchte ein ... mieten
Chcę wypożyczyć...

Auto	*samochód*
Fahrrad	*rower*
Motorrad	*motocykl*

Wo ist die nächste Tankstelle?
Gdzie jest najbliższa stacja benzynowa?

Bitte volltanken.	*Proszę napełnić bak.*
Ich möchte ... Liter.	*Poproszę... litrów.*
Benzin	*benzyna*
normal	*zwykła*
verbleit	*ołowiowa*
unverbleit	*bezołowiowa*

Ist das die Straße nach ...?
Czy ta droga prowadzi do...?

Darf ich hier parken?
Czy można tu parkować?

Wie lange darf ich hier parken?
Jak długo można tu parkować?

Ich brauche einen Mechaniker.
Potrzebuję mechanika.

Das Auto ist kaputt.
Samochód się zepsuł.

Es springt nicht an.
Nie zapala.

Ich habe einen platten Reifen.
Złapałem gumę. (Mann)
Złapałam gumę. (Frau)

Mir ist das Benzin ausgegangen.
Zabrakło mi benzyny.

POLNISCHER COMPUTER-JARGON

In polnischen Internetcafés wird in Landessprache gesurft. Da ist es hilfreich, ein paar Worte Cyber-Polnisch zu sprechen:

Ansicht	*Widok*
Ausschneiden	*Wytnij*
Bearbeiten	*Edycja*
Beenden	*Zakończ*
Datei	*Plik*
Drucken	*Drukuj*
Einfügen	*Wstaw*
Einsetzen	*Wklej*
Hilfe	*Pomoc*
Kopieren	*Kopiuj*
Lesezeichen	*Zakładka*
Löschen	*Usuń*
Neu	*Nowy*
Öffnen	*Otwórz*
Schließen	*Zamknij*
Speichen als	*Zapisz Jako*
Speichern	*Zapisz*
Suchen	*Szukaj*

VERSTÄNDIGUNG

Sprechen Sie Deutsch?
Czy pan/pani mówi po niemiecku?

Spricht hier irgendwer Deutsch?
Czy ktoś tu mówi po niemiecku?

Wie sagt man ...?
Jak się mówi...?

Was heißt das?
Co to znaczy?

Ich verstehe.
rozumiem.

Ich verstehe nicht.
Nie rozumiem.

Können Sie es bitte aufschreiben?
Czy może pan(i) to napisać?

Können Sie es mir zeigen (auf der Karte)?
Może mi pan(i) pokazać to (na mapie)?

WEGWEISER

Wo ist ...?	*Gdzie jest...?*
Gehen Sie geradeaus.	*Proszę iść prosto.*
Biegen Sie links ab.	*Proszę skręcić w lewo.*
Biegen Sie rechts ab.	*Proszę skręcić w prawo.*
an der Ecke	*na rogu*
an der Ampel	*na światłach*
hinter	*z tyłu*

vor	*przed*
gegenüber	*naprzeciwko*
weit (von)	*daleko*
nahe (bei)	*blisko*
Altstadt	*stare miasto*
Brücke	*most*
Burg	*zamek*
Insel	*wyspa*
Kathedrale	*katedra*
Kirche	*kościół*
Markt	*targ*
Marktplatz	*plac główny*
Meer	*morze*
Palast	*pałac*
Platz	*plac*
Ruinen	*ruiny*
See	*jezioro*
Strand	*plaża*
Turm	*wieża*

STRASSENSCHILDER

Objazd	Umleitung
Parkowanie Wzbronione	Parkverbot
Uwaga	Vorsicht
Wjazd	Einfahrt
Wjazd Wzbroniony	Keine Einfahrt
Wyjazd	Ausfahrt

ZAHLEN

0	*zero*
1	*jeden*
2	*dwa*
3	*trzy*
4	*cztery*
5	*pięć*
6	*sześć*
7	*siedem*
8	*osiem*
9	*dziewięć*
10	*dziesięć*
11	*jedenaście*
12	*dwanaście*
13	*trzynaście*
14	*czternaście*
15	*piętnaście*
16	*szesnaście*
17	*siedemnaście*
18	*osiemnaście*
19	*dziewiętnaście*
20	*dwadzieścia*
21	*dwadzieścia jeden*
22	*dwadzieścia dwa*
30	*trzydzieści*
40	*czterdzieści*
50	*pięćdziesiąt*
60	*sześćdziesiąt*
70	*siedemdziesiąt*
80	*osiemdziesiąt*
90	*dziewięćdziesiąt*
100	*sto*
1000	*tysiąc*

Glossar

Das Folgende ist eine Liste von Begriffen und Abkürzungen, auf die Reisende in Polen häufiger stoßen.

Im Kapitel 8 (S. 51) stehen weitere Erklärungen rund ums Thema Essen & Trinken.

Aleja oder Aleje – Hauptstraße in einer Großstadt; wird in Adressen und auf Karten Al abgekürzt
apteka – Apotheke

bankomat – Geldautomat
bar mleczny – Milchbar; eine Art spartanische Suppenküche mit Selbstbedienung, die sehr billige, meist vegetarische Gerichte serviert
basen – Swimmingpool
bez łazienki – Zimmer ohne Bad
bilet – Ticket; Eintrittskarte/Fahrschein
biuro turystyczne – Reisebüro
biuro zakwaterowania – Büro, das Privatunterkünfte vermittelt; Zimmernachweis

Cepelia – Eine Ladenkette, die Kunsthandwerk einheimischer Künstler verkauft
cerkiew (cerkwie) – Orthodoxe oder unierte Kirche(n)
ciągnąć – Ziehen (Tür)
cocktail bar – Ein Café, das Kuchen, Gebäck, Milchshakes, Eiscreme und andere Süßigkeiten serviert
cukiernia – Konditorei

Desa – Eine Ladenkette, die Kunst und Antiquitäten verauft
dom kultury – Kulturzentrum
dom wycieczkowy – Bezeichnung für PTTK-Herbergen; auch dom turysty genannt
domek campingowy – Hütte, Bungalow, Ferienhaus

grosz – Polnische Währungseinheit, abgekürzt: gr; Plural: groszy; siehe auch złoty

kantor(s) – Private Wechselstube(n)
kasa – Ticketschalter
kawiarnia – Café
kino – Kino
kiosk Ruch – Zeitungskiosk
kolegiata – Kollegkirche
komórka – Wörtlich: „Zelle"; allgemein gebräuchlicher Begriff für Handy
kościół – Kirche
kościół farny – Pfarrkirche
księgarnia – Buchladen
kwatery agroturystyczne – Agrotourist-Hof
kwatery prywatne – Zimmer in Privathäusern, die an Touristen vermietet werden

miejscówka – Ticket mit Sitzreservierung

na zdrowie! – Prost!; wörtlich: „Auf die Gesundheit"
noclegi – Unterkunft

odjazdy – Abfahrten (auf Fahrplänen)
ogródek – Wörtlich: „kleiner Garten", wird allgemein für jeden Außenbereich eines Cafés, Restaurants oder einer Kneipe verwendet
otwarte – Offen

park narodowy – Nationalpark
parking strzeżony – Bewachter Parkplatz
pchać – Drücken (Tür)
pensjonat – Pension oder privates Gästehaus
peron – Bahnsteig
piekarnia – Bäckerei
PKS – Państwowa Komunikacja Samochodowa; ehemaliges Staatsunternehmen, das die meisten polnischen Buslinien betreibt
plac – Platz
poczta – Postamt
poczta główna – Hauptpostamt
pokój 1-osobowy – Einzelzimmer
pokój 2-osobowy – Doppelzimmer
prowizja – Provision (z. B. Überweisungsgebühr einer Bank)
przechowalnia bagażu – Gepäckaufbewahrung
przez – Via, über (auf Fahrplänen)
przyjazdy – Ankünfte (auf Fahrplänen)
PTSM – Polskie Towarzystwo Schronisk Młodzieżowych; Polnisches Jugendherbergswerk
PTTK – Polskie Towarzystwo Turystyczno-Krajoznawcze; Polnische Gesellschaft für Tourismus und Landeskunde

rachunek – Rechnung
rozkład jazdy – Fahrplan
Rynek – Alter Marktplatz einer Stadt

schronisko górskie – Berghütte, die einfache Kost und Logis bietet; meist von der PTTK betrieben
schronisko młodzieżowe – Jugendherberge
Sejm – Das Unterhaus des Parlaments
skansen – Freilichtmuseum
sklep – Geschäft, Laden

specjalność zakładu – Spezialität des Hauses (auf der Speisekarte)
stanica wodna – Herberge am Wasser, in der Regel mit Booten, Kanus und anderen Wassersportmöglichkeiten
stołówka – Kantine; Restaurant oder Cafeteria in einem Ferienheim, einer Herberge usw.
Święty/a – Heilige(r); abgekürzt: Św (Hl.)

toalety – Toilette

ulgowy (bilet) – Ermäßigt (Ticket)
Ulica – Straße; bei Adressen abgekürzt und vor den Namen gesetzt: ul; wird auf Stadtplänen oft weggelassen

wejście – Eingang; auch: wjazd (Einfahrt)
wódka – Wodka; die meist geliebte Spirituose der Polen
wyście – Ausgang; auch: wyjazd (Ausfahrt)

z łazienka – Zimmer mit Bad
zakaz parkowanie – Parken verboten
zakaz wstępu – Kein Eingang
zamek – Burg/Schloss
zamknięte – Geschlossen
zdrój – Kurort/Bad
złoty – Polnische Währungseinheit; abgekürzt: Zł; unterteilt sich in 100 groszy
zniżka studencka – Studentenermäßigung

Hinter den Kulissen

ÜBER DIESES BUCH

Dies ist die 1. deutsche Auflage von Lonely Planet *Polen,* basierend auf der mittlerweile 5. englischen Auflage. Autor der ersten vier Ausgaben war Krzysztof Dydyński. Recherche und Bearbeitung der 5. englischen Ausgabe koordinierte Neil Wilson. Er wurde von Tom Parkinson und Richard Watkins unterstützt. Das Kapitel Gesundheit schrieb Dr. Caroline Evans.

DANK DER AUTOREN

Neil Wilson *Dzękuję bardzo* an all die hilfreichen Geister in den Touristeninformationen in ganz Polen und an den Kurator des Mausoleums des jüdischen Kampfes & Martyriums für seine bewegenden Erzählungen aus der Zeit des Zweiten Weltkriegs. Danke ebenfalls an die hart arbeitenden Redakteure und Kartografen bei Lonely Planet für ihre Geduld und ihre Ermutigungen.

Tom Parkinson Wie immer hätte die Arbeit an diesem Buch nur halb so viel Spaß gemacht, wenn es nicht all die Leute gegeben hätte, die sich zufällig auf ein (oder mehr) Drinks zu mir gesetzt hätten und mir wertvolle Tipps geliefert haben: ein freudiges *chuj ci w dupe* an Lukasz, Ania und Freunde vom Czerwony Gryf; an Judd und Erica von der Wolfschanze; an Thomas, Erik, Tobias, Magda und die gesamte Herbergsbesatzung in Danzig; an Jenni für die tolle Abendgestaltung, an Kathryn Hanks für ihre individuelle Betreuung in Danzig und die schnelle Hilfe in Sopot; und natürlich an Nina K. für die vielen Dinge, die ich überhaupt nicht verdiene. Ganz besonderer Dank geht an Bartek Lisek von Euro-26, der mir eine Expertenführung durch Sopot verpasst hat und das nur, weil er den besten Freund von Neils Freundin kennt.

Danke auch an all diejenigen, die unterwegs auf mein Gepäck aufgepasst haben, und an all die Busfahrer, die mir gesagt haben, wo ich aussteigen muss. Natürlich auch an die Hotelbesitzerinnen in Grudziądz, die mir so freundlich zu meinen sechs Worten Polnisch gratuliert haben.

Und schließlich ein herzliches Danke an Neil W. und Fiona C. dafür, dass das gesamte Projekt so glatt gelaufen ist.

Richard Watkins Mein Dank gilt den hilfreichen und professionellen Angestellten der Touristeninformationen in Lublin, Przemyśl, Sanok, Rzeszów, Chełm, Zamość und Krynica. Zudem möchte ich mich ganz herzlich bei Adam Bogaczewicz in Rzeszów bedanken und bei Jan Piotrowski, Gosia Graczyk und den Angestellten der Polnischen Botschaft in London für ihre freundliche Unterstützung bei meinen Recherchearbeiten.

MITWIRKENDE

Die englische Ausgabe dieses Buches wurde von Fiona Christie und Imogen Franks vom Lonely Planet Büro in London entwickelt und in Auftrag gegeben. Sie wurden dabei von Stefanie Di Trocchio unterstützt. Die Karten für diesen Reiseführer wurden von Mark Griffiths entwickelt.

DIE LONELY PLANET STORY

Die Geschichte begann mit einem klassischen Reiseabenteuer: Tony und Maureen Wheeler tourten 1972 durch Europa und Asien nach Australien. Damals gab es für die Reise über Land keine wirklich hilfreichen Informationen, also veröffentlichten Tony und Maureen ihren ersten Lonely-Planet-Führer, der dem ständig wachsenden Bedarf nach solchen Informationen entsprach.

Am Küchentisch fing alles an – heute ist Lonely Planet der weltweit größte, unabhängige Verlag für Reiseliteratur mit Büros in Melbourne (Australien), Oakland (USA) und London. Lonely Planet deckt den ganzen Globus ab und die Liste der veröffentlichten Bücher und der Infos in verschiedenen Medien wird immer länger. Manche Dinge haben sich bis heute nicht verändert: Das Hauptziel ist nach wie vor, abenteuerlustigen Reisenden das an die Hand zu geben, was sie brauchen, um die Welt zu entdecken und besser zu verstehen.

Wir von Lonely Planet glauben, dass Traveller die Länder, die sie besuchen, bereichern können – sofern sie sich als Gäste respektvoll benehmen und ihr Geld klug ausgeben. Jedes Jahr spenden wir 5 % des Firmengewinns an karitative Einrichtungen rund um den Globus.

Sarah Sloane war für die Koordination der Kartografie verantwortlich und Helen Christins für die Redaktion. Eoin Dunlevy zeichnete für das Projektmanagement verantwortlich. Das Layout des Buches stammt von Sally Darmody und Margie Judd übernahm die Auswahl der Farbfotos. Der Buchumschlag wurde von Jane Hart gestaltet und Sonya Brooke kümmerte sich um die Druckvorstufe. Quentin Frayne koordinierte die Sprachredaktion.

An der Entstehung der englischen Ausgabe war außerdem ein Team von wunderbaren Redakteuren, Lektoren, Kartografen und Designern beteiligt: Katie Lynch, Victoria Harrison, Monique Choy, Anne Mulvaney, Peter Cruttenden, Evan Jones, Kate McLeod, Suzannah Shwer, Laura Jane, Jenny Jones, Michael Ruff, Katherine Marsh, Jacqueline McLeod, Nina Rousseau, Bonnie Wintle, Jovan Djukanovic, Piotr Czajkowski und Wayne Murphy.

DANK VON LONELY PLANET

Vielen Dank an die Hunderte von Reisenden, die die letzte Auflage des Reiseführers benutzt und uns praktische Tipps, hilfreiche Ratschläge und interessante Anekdoten geschickt haben:

A Rene Allen, Andrew Ambrosius, Brian & Mary Ashmore, Bev & Joe Atiyah, Olivier Auber **B** Steve Barnett, Janice Barrett, Marta Ewa Bartoszek, Tim J. Bertram, Sander Bots, Kees Botschuijver, Andy Bramwell, Michelle Brazier, Tomas Brisuda, Dr. John D. Brunton, Grzegorz Brzezicki, David Bugden, John T. Burke **C** Mairead & Edel Callanan, Alexandre Campanella, Alexander Cellmer, Cass Chan, Paul Church, Mark Cooper, Kevin Cullinane, Pat Culliton, Bryan Cumner **D** Cor Dam, Steve Davies, Nicolas Delerue, Mike Dickens, Nelson Duarte, Jane Duffy **E** Michael J. Eatroff, Elizabeth Elizabeth **F** Mario Falzon, Coralie Farlee, Stephen Fenech, Tim Finn **G** John Geddes, David Goldberg, Sam Golledge, Alessandro Grimaldi, Rafal Guzewicz **H** Beata Haber, Tim Hall, Lynn Halliday, Mariska Hansen, Adrian Holloway, Chris Howard, Kevin Hubbard, Denis Hughes, Gareth Hughes, Marcin Hunderuk **I** Gabrielle A. Iwanow **J** Arne Jansen, Mark Jitlal, Andrew Joseph, Maritta Jumppanen **K** Edward Kellow, Colin Kirk, Danielle Kriz, Agata Krynicka, Noriko Kumagai **L** Joerg Lehnert, Maria Loebig, Siria Lopez **M** Slava Madorsky, Gian Carlo Marciano, Mirek Marut, Howard Mathers, Jacek Matwiejczyk, Carol McGillivray, Dr. J. S. McLintock, Sarah Merrit, Tomasz Migdal, Jan Misiewicz, Richard Moriarty, Tracey Murphy **N** Jacques Noel, L. E. Nowosielska **O** Lucy Openshaw, Chris Owen **P** Duncan Paisley, Gregory A. Palermo, Alison Parfitt, Roger Parris, Michael Parsons, Agata Pietrzykowska, Jacek Pliszka, Adrian Pritchard **R** Peter Ratcliffe, Rachel Reeson, Wilfried Rekowski, Ronald Jan Rieger, Danyo Romijn, Jack Rush **S** Michal S., Marcin Sadurski, Eva Schrom, Larry Schwarz, Kerstin Seja, Aneta Singh, Jacek Sosnowski, Barry Stiefel, Rita Swiecilo **T** Julie Tabor, Wojciech Tyszlewicz **V** Dewy Van Hoogmoed, Muntsa Vilamitjana **W** Diana Weinert, Kate Wierciak, John Wilks, Mark Wilson, Joseph & Elaine Wojtowicz **Y** Pete Yates **Z** Mathieu Zagrodzki, Daniela Zambaldi, Paul Zoglin

WIR FREUEN UNS ÜBER EIN FEEDBACK

Post von Travellern zu bekommen ist für uns ungemein hilfreich – Kritik und Anregungen halten uns auf dem Laufenden und helfen, unsere Bücher zu verbessern. Unser reiseerfahrenes Team liest alle Zuschriften genau durch, um zu erfahren, was an unseren Reiseführern gut und was schlecht ist. Wir können solche Post zwar nicht individuell beantworten, aber jedes Feedback wird garantiert schnurstracks an die jeweiligen Autoren weitergeleitet, rechtzeitig vor der nächsten Nachauflage.
Wer uns schreiben will, schickt einfach eine Mail an lonelyplanet@mairdumont.com.
Hinweis: Da wir Beiträge möglicherweise in Lonely-Planet-Produkten (Reiseführer, Websites, digitale Medien) veröffentlichen, ggf. auch in gekürzter Form, bitten wir um Mitteilung, falls ein Kommentar nicht veröffentlicht oder ein Name nicht genannt werden soll. Wer Näheres über unsere Datenschutzpolitik wissen will, erfährt das unter www.lonelyplanet.com/privacy.

QUELLENNACHWEIS

Vielen Dank für die freundliche Genehmigung der Abbildung:
Globus auf der Umschlagrückseite © Mountain High Maps 1993 Digital Wisdom, Inc.

Register

000 Verweise auf Karten
000 Verweise auf Fotos

000 Verweise auf Karten
000 Verweise auf Fotos

000 Verweise auf Karten
000 Verweise auf Fotos

000 Verweise auf Karten
000 Verweise auf Fotos

REGISTER

000 Verweise auf Karten
000 Verweise auf Fotos

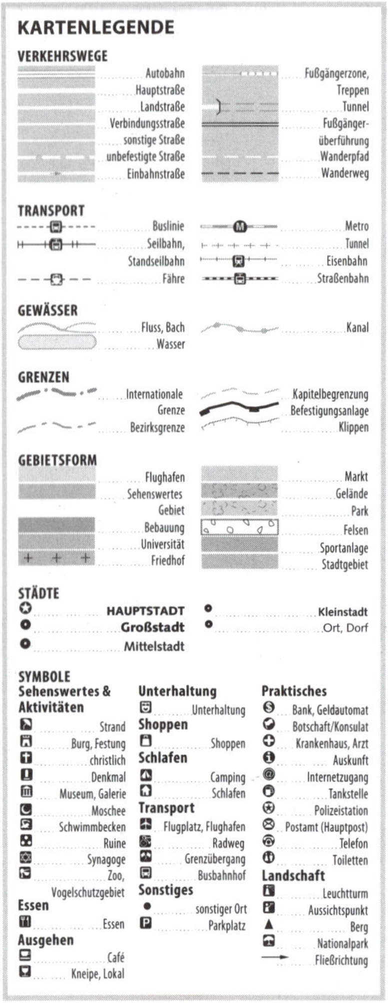

Lonely Planet Publications, Locked Bag 1, Footscray, Melbourne, Victoria 3011, Australia

Verlag der deutschen Ausgabe:
MAIRDUMONT, Marco-Polo-Str. 1, 73760 Ostfildern, www.mairdumont.com, lonelyplanet@mairdumont.com

Chefredakteurin deutsche Ausgabe: Marion Zorn
Redaktion: Bintang Buchservice GmbH, www.bintang-berlin.de
Übersetzung: Scriptorium Köln, Brigitte Rüßmann & Wolfgang Beuchelt
Lektorat: Dorit Aurich (Berlin), Tina Flecken (Köln), Heike Tekampe (Köln)
Technischer Support: Typomedia, Ostfildern/Scharnhausen

Polen
1. deutsche Auflage Mai 2006, übersetzt von *Poland 5th edition*, Mai 2005 Lonely Planet Publications Pty

Titelfotos: Königspalast, Warschau, Jon Arnold/Photolibrary.com (vorn); Strandleben an der Ostsee, Krzysztof Dydyński/Lonely Planet Images (hinten).
Die meisten Fotos in diesem Reiseführer können bei Lonely Planet Images, www.lonelyplanetimages.com auch lizenziert werden.